DIREITO AMBIENTAL E MEIO AMBIENTE DO TRABALHO

DESAFIOS PARA AS PRESENTES E AS FUTURAS GERAÇÕES

JULIANE CARAVIERI MARTINS
ZÉLIA MARIA CARDOSO MONTAL
JAIR APARECIDO CARDOSO
CICÍLIA ARAÚJO NUNES
ORGANIZADORES

DIREITO AMBIENTAL E MEIO AMBIENTE DO TRABALHO

DESAFIOS PARA AS PRESENTES E AS FUTURAS GERAÇÕES

PREFÁCIO

MINISTRA DO TST DELAÍDE ALVES MIRANDA ARANTES

LTr®

LTr®

LTr Editora Ltda.

Rua Jaguaribe, 571
CEP 01224-003
São Paulo, SP – Brasil
Fone (11) 2167-1101
www.ltr.com.br
Julho, 2020

Produção Gráfica e Editoração Eletrônica: LINOTEC
Projeto de Capa: DANILO REBELLO
Impressão: Meta Brasil

Versão impressa: LTr 6253.1 — ISBN: 978-85-301-0097-1
Versão digital: LTr 9686-5 — ISBN: 978-85-301-0198-5

Dados Internacionais de Catalogação na Publicação (CIP)
(Câmara Brasileira do Livro, SP, Brasil)

Direito ambiental e meio ambiente do trabalho : desafios para as presentes e as futuras gerações / organização Juliane Caravieri Martins... [et al.]. -- São Paulo : LTr, 2020.

Vários autores.

Outros organizadores: Zélia Maria Cardoso Montal, Jair Aparecido Cardoso, Cicília Araújo Nunes

Bibliografia.

ISBN 978-85-301-0097-1.

1. Ambiente de trabalho 2. Direito ambiental 3. Direito do trabalho 4. Meio ambiente do trabalho I. Martins, Juliane Caravieri. II. Montal, Zélia Maria Cardoso. II. Nunes, Cicília Araújo.

19-30142 CDU-34:331.042

Índice para catálogo sistemático:

1. Direito ambiental do trabalho 34:331.042

Cibele Maria Dias - Bibliotecária - CRB-8/9427

Efectivamente, los factores que determinan la competitividad de las empresas son su capacidad de innovación y cambio, la calidad de sus productos y su productividad. Y en este escenario, el capital más importante que éstas poseen son las personas. Entre las nuevas formas de gestión, el énfasis está puesto en la participación activa y responsable de quienes trabajan y en la formación e información que reciben. A ello se suma la preocupación de las empresas en torno a su imagen frente a la comunidad y a la sociedad en general que, entre otros, se traduce en la definición de juicios éticos en el con el personal. La muerte, el daño, la enfermedad adquirida por ocasión del trabajo, representan una denuncia a la falta de esos valores, que conllevan además costosas pérdidas económicas, poniendo en riesgo la viabilidade de la empresa. Por ello, tenemos la convicción de invertir en las trabajadoras y trabajadores, es invertir en la competitividad. La mejora de las condiciones de trabajo mediante la labor mancomunada de los actores de la producción en estos temas, se convierte así en un punto de encuentro entre las necesidades sociales y económicas y los valores éticos que se persiguen.

Laura Montanaro[1]

1. MONTANARO, Laura (Coord.). *Introducción a la salud y el trabajo.* Colección de módulos: La salud y el trabajo. Fundación para la Promoción de la Seguridad y Salud en el Trabajo (FUSAT) en el marco del Programa de Salud y Seguridad en el Trabajo, Proyecto BID/FOMIN. Argentina. 2003. p. 07-08. Disponível em: <https://higieneyseguridadlaboralcvs2.files.wordpress.com/2014/04/introducción-a-la-salud-y-el-trabajo.pdf>. Acesso em: 26 jul. 2019.

Sumário

Nota dos Organizadores

"Somos todos irmãos, nós, os vivos. Somos irmãos, porque somos biologicamente semelhantes, na aparelhagem miraculosa de nossas células. Descobrimos, de fato, que estamos realmente relacionados uns com os outros. Um mágico engenho, sempre o mesmo, no imo de cada um de nós, irmana os viventes de todas as espécies e de todos os gêneros. E eis que, à luz dessa visão, o critério cardial do comportamento ético, seu sistema de referência, que sempre pareceu circunstancial e relativo, se livra das sombras que o envolviam, sai das regiões obscuras da alma humana, e emerge, iluminando-se ao sol de nossa genética fraternidade."

Goffredo Telles Junior[1]

Primeiramente, agradecemos a **DEUS**, inteligência suprema, causa primária de todas as coisas, por nos ter inspirado na concepção desta obra coletiva **Direito Ambiental e Meio Ambiente do Trabalho: Desafios para as Presentes e as Futuras Gerações**, no intuito de refletir criticamente sobre as condições em que o labor é exercido pelos trabalhadores na contemporaneidade e os impactos em suas condições físico-psíquicas atuais e futuras.

O presente livro é oriundo de ideias debatidas no Grupo de Pesquisa Reformas Trabalhistas e os Retrocessos no Mundo do Trabalho: Perspectivas para a América Latina vinculado à Faculdade de Direito da Universidade Federal de Uberlândia e cadastrado no Diretório dos Grupos de Pesquisa do Brasil do Conselho Nacional de Desenvolvimento Científico e Tecnológico (CNPq).

Agradecemos à **LTr Editora** por mais uma vez ter aceito a publicação e divulgação de obra por nós organizada, enriquecendo as discussões sobre o trabalho humano em suas várias dimensões.

Nossos agradecimentos especiais aos coautores que, preocupados e atentos às significativas transformações no mundo do trabalho contemporâneo, investigaram questões atualíssimas sobre Direito Ambiental e o Meio Ambiente do Trabalho.

Agradecemos imensamente à **Drª. Delaíde Alves Miranda Arantes, Ministra do Tribunal Superior do Trabalho, Mestranda em Direito na Universidade de Brasília (UnB)**, Especialista em Direito Processual do Trabalho pela Universidade Federal de Goiás; Especialista em Docência Universitária pela Pontifícia Universidade Católica de Goiás (PUC-GO); Membro da Comissão de Regimento Interno do TST e Coordenadora do Comitê Gestor Nacional do Programa Trabalho Seguro e do Conselho Superior da Justiça do Trabalho (CSJT) e autora de diversas obras e artigos jurídicos na seara trabalhista, pois, com grande sensibilidade, honrou-nos com o prefácio deste livro, apontando com maestria a importância e o significado das investigações sobre o trabalho humano e sua inter-relação com o meio ambiente laboral.

Pela gentileza em nos prestigiar com o prólogo da obra, nossa inestimável gratidão ao **Dr. Élisson Miessa, Procurador do Trabalho da 15ª Região – Campinas/SP**; Professor de Direito Processual do Trabalho do Curso CERS; Professor da Escola Superior do Ministério Público da União; autor e coordenador de obras jurídicas; é integrante do Grupo de Pesquisa A Transformação do Direito do Trabalho na Sociedade Pós-Moderna e seus Reflexos no Mundo do Trabalho da Faculdade de Direito de Ribeirão Preto da Universidade de São Paulo (USP) onde também cursa o Mestrado em Direito.

Externamos nossos mais sinceros agradecimentos ao **Dr. João Batista Martins César, Desembargador do Trabalho no Tribunal Regional do Trabalho da 15ª Região – Campinas/SP**; Mestre em Direito pela Universidade Metodista de Piracicaba (UNIMEP); Especialista pelo Instituto Europeu de Relações Industriais (Sevilha-Espanha);

---

1. TELLES JUNIOR, Goffredo. *Ética*: do mundo da célula ao mundo dos valores. 3. ed. São Paulo: Saraiva, 2014, p. 279-280.

Especialista em Direitos Difusos pela Escola Superior do Ministério Público do Estado de São Paulo (ESMPSP) e Professor da Faculdade de Direito de Sorocaba (FADI), pois acolheu o presente projeto e fez a apresentação desta obra coletiva com esmero e acuidade, evidenciando os obstáculos e desafios que rondam o meio ambiente do trabalho e o exercício da atividade laborativa em condições dignas na contemporaneidade.

Após exitosas experiências anteriores em reunir professores e pesquisadores para enfrentar árduos temas sobre o trabalho humano[2], temos o prazer de apresentar ao mundo acadêmico nova obra atualíssima, inspirada com o mesmo mote científico de obras anteriores, para debater delicado tema da contemporaneidade: *a questão do meio ambiente e a necessidade de sua proteção*.

Por ser tema complexo, abrangente e inesgotável, seria pretensão demasiada enfrentá-lo sem um recorte objetivo. Por esta razão, optamos por lançar olhares sobre os diversos problemas atinentes ao meio ambiente na seara laboral. O tema chama a atenção por diversos aspectos que aqui se tornaria desnecessário enumerá-los, mas merece relevo, para confirmar esta assertiva, o fato de que todos os governos estão com a pauta ambiental em evidência, sendo que tal tema chamou a atenção até mesmo da Igreja Católica que, em 15 de maio de 1891, já havia se posicionado em defesa do trabalho humano por meio da *Rerum Novarum* do Papa Leão XIII que analisou a condição laborativa dos operários.

Esta Encíclica lançou princípios sociais relevantes que serviram de guia para diversos países na construção do Direito do Trabalho, pois os ricos e os patrões "[...] não devem tratar o operário como escravo, mas respeitar nele a dignidade do homem, realçada ainda pela do Cristão. O trabalho do corpo [...] longe de ser um objecto de vergonha, honra o homem, porque lhe fornece um nobre meio de sustentar a sua vida"[3].

Em 24 de maio de 2015, a Igreja Católica voltou a se posicionar sobre a questão do meio ambiente, incluindo o laboral, na Encíclica *Laudato Si'* na qual o Papa Francisco chamou a atenção *sobre o Cuidado da Casa Comum*. Após fazer longa crítica ao consumismo e ao desenvolvimento irresponsável, conclamou a todos os povos para o desenvolvimento de uma consciência global em defesa do meio ambiente, assim propondo[4]:

> 228. O cuidado da natureza faz parte dum estilo de vida que implica capacidade de viver juntos e de comunhão. Jesus lembrou-nos que temos Deus como nosso Pai comum e que isto nos torna irmãos. O amor fraterno só pode ser gratuito, nunca pode ser uma paga a outrem pelo que realizou, nem um adiantamento pelo que esperamos venha a fazer. Por isso, é possível amar os inimigos. Esta mesma gratuidade leva-nos a amar e aceitar o vento, o sol ou as nuvens, embora não se submetam ao nosso controle. Assim podemos falar duma fraternidade universal.
>
> 229. É necessário voltar a sentir que precisamos uns dos outros, que temos uma responsabilidade para com os outros e o mundo, que vale a pena ser bons e honestos. Vivemos já muito tempo na degradação moral, baldando-nos à ética, à bondade, à fé, à honestidade; chegou o momento de reconhecer que esta alegre superficialidade de pouco nos serviu. Uma tal destruição de todo o fundamento da vida social acaba por colocar-nos uns contra os outros na defesa dos próprios interesses, provoca o despertar de novas formas de violência e crueldade e impede o desenvolvimento duma verdadeira cultura do cuidado do meio ambiente.

É com este escopo que se organizou a elaboração desta obra sobre tema tão relevante e crucial no momento presente, sem a intenção de esgotá-lo, mas lançando luzes aos estudantes e profissionais da área jurídica e de áreas afins (Sociologia, Ciência Política, Educação, Economia etc.) para que se motivem e prossigam nos estudos e na defesa desta **Casa Comum** a todos nós, a qual será nossa morada ainda por muito tempo, sendo imperiosa a mudança da consciência antropocentrista do ser humano, conforme dispõe François Ost[5]:

> Apesar do narcisismo humanista, impõe-se assim um alargamento da categoria de sujeito. Segue-se, então, o argumento da continuidade histórica: o mandamento evangélico do amor ao próximo bem como a Declaração dos Direitos do Homem não se dirigiam, ainda, senão aos homens, esquecendo o mundo, como se ele não existisse. Pois bem; é chegada, agora, a hora de reparar neste esquecimento, de restabelecer o equilíbrio das balanças e de negociar com a natureza, novo sujeito de direito. Como todo contrato, este dá corpo à reciprocidade: é preciso darmos à natureza, em respeito, em

2. MARTINS, Juliane Caravieri; PASCHOALINO, Jussara Bueno Queiroz; MONTAL, Zélia Maria Cardoso; NUNES, Cicília Araújo (Orgs.). **Coleção Trabalho, cidadania e inclusão social**: diálogos interdisciplinares. Belo Horizonte: Arraes Editores, 2019 (02 volumes); MONTAL, Zélia Maria Cardoso; CARVALHO, Luciana Paula Vaz de (Orgs.). **Reforma trabalhista em perspectiva**: desafios e possibilidades. São Paulo: LTr (1ª edição, maio, 2018; 2ª edição, janeiro, 2019) e BARBOSA, Magno Luiz; MARTINS, Juliane Caravieri; MONTAL, Zélia Maria Cardoso (Orgs.). **Reforma trabalhista em debate**: direito individual, coletivo e processual do trabalho. São Paulo: LTr, 2017.
3. Disponível em: http://w2.vatican.va/content/leo-xiii/pt/encyclicals/documents/hf_l-xiii_enc_15051891_rerum-novarum.html. Acesso em: 02 ago. 2019.
4. Disponível em: http://w2.vatican.va/content/francesco/pt/encyclicals/documents/papa-francesco_20150524_enciclica-laudato-si.html. Acesso em: 02 ago. 2019.
5. OST, François. **A natureza à margem da lei**: a ecologia à prova do direito. Lisboa: Instituto Piaget, 1995, p. 194-195.

beleza, em moderação, o que dela recebemos; assim, instala-se a simbiose no lugar do parasitismo.

Então, nos capítulos do presente livro, os coautores se debruçaram sobre os seguintes aspectos do Meio Ambiente do Trabalho: I. Fundamentos do Meio Ambiente do Trabalho; II. Direito Internacional, Constitucional e Administrativo do Trabalho; III. Direito Individual e Coletivo do Trabalho; IV. Direito Processual do Trabalho e Seguridade Social e V. Interdisciplinaridade do Trabalho, dialogando com o trabalho humano assalariado e sua incansável necessidade de proteção para as presentes e as futuras gerações, sobretudo em face da "reforma" trabalhista (Lei n. 13.467/2019) já vigente e da "reforma" previdenciária aprovada pela Emenda Constitucional n. 103/2019 que são falácias alardeadas para "salvar" o Brasil da crise econômica em que se encontra. Ledo engano!

Na realidade, as elites econômicas e políticas avançam no processo de desconstrução dos direitos sociais dos cidadãos brasileiros, "colocando o país no caminho inverso ao que propõe a Constituição ao estabelecer que, dentre os objetivos do Estado brasileiro, está a construção de uma sociedade justa e solidária com a erradicação da pobreza, marginalização e redução das desigualdades sociais e regionais (art. 3º, I e III, CF)"[6]. Entretanto, muitos cidadãos ainda se encontrem anestesiados e não "acordaram" para esta lastimável situação em que o país se encontra a qual atingirá não apenas as atuais, mas também as futuras gerações cujos direitos[7] devem ser tutelados por normas labor-ambientais mais protetivas e efetivas. Porém, o Brasil está caminhando em sentido diverso em razão, por exemplo, da extinção e do "fatiamento" do Mistério do Trabalho e Emprego (MTE) pela Lei n. 13.844, de 18 de junho de 2019[8] (oriunda da conversão da Medida Provisória n. 870/2019), distribuindo suas atribuições a três Ministérios distintos: Economia, Justiça e Segurança Pública e Cidadania (art. 83). As atribuições relativas à fiscalização do trabalho e à segurança e saúde no trabalho ficaram sob a competência do Ministério da Economia (art. 31, incisos XXXII e XXXV), enfraquecendo, assim, a inspeção do trabalho e limitando a atuação mais ampla dos auditores fiscais.

Aprofundando o desmonte das normas labor-ambientais, o governo federal iniciou revogações parciais e totais das Normas Regulamentadoras (NR's), que são normas técnicas de extrema importância na regulamentação de questões de saúde e segurança no ambiente laboral, sob o mesmo argumento falacioso da necessidade de "modernização das regras a fim de estimular a economia e gerar mais empregos"[9].

Esse processo se iniciou em 30 de julho de 2019 com a aprovação das Portarias n. 915 e n. 916 do Ministério da Economia que, dentre outras medidas, revogaram integralmente a NR-2 (*inspeção prévia do auditor fiscal do trabalho antes da abertura de um estabelecimento*), alteraram a NR-1 que apresentava disposições gerais relativas à segurança e medicina do trabalho, de observância obrigatória, retirando várias garantias à saúde e ao bem-estar dos trabalhadores, bem como reviram, em exclusivo benefício dos empregadores, a NR-12 (*segurança no trabalho em máquinas e equipamentos*) que foi considerada "complexa, de difícil execução e não alinhada aos padrões internacionais"[10]. Ademais, o *Anexo II da NR-1*, alterada pela Portaria n. 915/2019, apresentou vários dispositivos revogados para as seguintes NR's: 05, 09, 10, 13, 20, 32, 33, 34 e 35[11] em nítida afronta à garantia de um meio ambiente do trabalho hígido e seguro, sendo apenas o começo da desregulamentação total dessas normas técnicas que contêm importantes dispositivos para evitar o agravamento dos acidentes de trabalho e do adoecimento dos trabalhadores.

No *Anuário do Sistema Público de Emprego, Trabalho e Renda 2016*, o Departamento Intersindical de Estatística e Estudos Socioeconômicos (DIEESE), em estudo comparativo entre os anos de 2005 e 2015, apontou que, no Brasil, em números absolutos de afastamentos segundo as suas causas, houve o aumento em razão de acidentes de trabalho e doenças profissionais e do trabalho. Em 2005, foi registrado no país 295.741 afastamentos por acidentes de trabalho típicos, 29.317 afastamentos por acidentes de trabalho de trajeto e 145.919 afastamentos por doenças profissionais/do trabalho. Já em 2015, registrou-se aumento desses números absolutos, constando 295.262 afastamentos por

6. MARTINS, Juliane Caravieri. **Contribuições da reforma trabalhista para a (in)efetividade social do processo do trabalho**, *in*: BARBOSA, Magno Luiz; MARTINS, Juliane Caravieri e MONTAL, Zélia Maria Cardoso (Orgs.). **Reforma trabalhista em debate**: direito individual, coletivo e processual do trabalho. São Paulo: LTr, 2017, p. 217.

7. Segundo Alexandre Kiss, os direitos das futuras gerações são aqueles que "[...] cada geração tem em beneficiar-se e em desenvolver o patrimônio natural e cultural herdado das gerações precedentes, de tal forma que possa ser passado às gerações futuras em circunstâncias não piores do que as recebidas. Isso exige conservação e, onde for possível, melhoria da qualidade e da diversidade dessa herança e, especificamente, a conservação dos recursos renováveis, dos ecossistemas e dos processos de suporte à vida, assim como do conhecimento humano e da arte" (KISS, Alexandre. **Os direitos e interesses das gerações futuras e o princípio da precaução**, *in*: VARELLA, Marcelo Dias e PLATIAU, Ana Flávia Barros (Orgs.). **Princípio da precaução**. Coleção Direito Ambiental em Debate. Belo Horizonte: Del Rey, 2004, p. 05).

8. BRASIL. **Lei n. 13.844, de 18 de junho de 2019**. Disponível em: http://www.planalto.gov.br/ccivil_03/_ato2019-2022/2019/Lei/L13844.htm. Acesso em: 02 ago. 2019.

9. MIGALHAS. **Bolsonaro altera normas de segurança e saúde no trabalho**. Disponível em: https://www.migalhas.com.br/Quentes/17,-MI307762,91041-Bolsonaro+altera+normas+de+seguranca+e+saude+no+trabalho. Acesso em: 02 ago. 2019.

10. Idem.

11. DOU. **Portaria n. 915, de 30 de julho de 2019**. Disponível em: http://www.in.gov.br/web/dou/-/portaria-n-915-de-30-de-julho-de-2019-207941374. Acesso em: 02 ago. 2019.

acidentes de trabalho típicos, 42.452 afastamentos por acidentes de trabalho de trajeto e 181.608 afastamentos por doenças profissionais/do trabalho[12].

Então, em dez anos, ocorreu no Brasil expressivo aumento no adoecimento de trabalhadores mesmo em face da legislação labor-ambiental até então existente, evidenciando que o desmonte, ora proposto, para as normas regulamentadoras, para a Consolidação das Leis do Trabalho via "reforma" trabalhista, com a extinção do Ministério do Trabalho e Emprego (MTE) e o enfraquecimento da inspeção do trabalho, dentre outros subterfúgios, enfraquecerão **ainda mais** a proteção ao meio ambiente do trabalho sadio e equilibrado, agravando os riscos à integridade físico-psíquica dos obreiros.

Não se pode olvidar que a preservação do meio ambiente laboral, da vida e da saúde dos obreiros possui nítida feição temporal, pois o aumento abusivo e indiscriminado da intensidade da atividade laborativa concomitantemente com a redução da proteção jurídica impactará tanto as presentes, quanto as futuras gerações. É imperioso que os seres humanos alterem sua interpretação antropocentrista e economicista da realidade como condição *sine qua non* para a continuidade de *Gaia* e da própria vida humana no planeta.

Esse "estado de coisas" deve ser enfrentado com reflexões críticas e construtivas fundamentadas na esperança do porvir, sobretudo em tempos de desconstrução de direitos sociais fundamentais (educação, trabalho, seguridade social etc.) que ora vivenciamos. Esta é a proposta dessa obra coletiva: deixar um legado construtivo e de solidariedade para o futuro porque "cada um dá o que tem no coração; cada um recebe com o coração que tem" (Oscar Wilde).

Excelente leitura a todos!

Verão de 2020.

12. DIEESE. **Anuário do sistema público de emprego, trabalho e renda 2016**: indicadores da saúde do trabalhador com base na RAIS – livro 7. Departamento intersindical de estatística e estudos socioeconômicos. São Paulo, 2017, p. 93.

Apresentação

João Batista Martins César[1]

Foi com muita honra e alegria que recebi o convite para fazer a apresentação da obra coletiva **Direito Ambiental e Meio Ambiente do Trabalho: Desafios para as Presentes e as Futuras Gerações**, organizada pelos professores Juliane Caravieri Martins, Zélia Maria Cardoso Montal, Jair Aparecido Cardoso e Cicília Araújo Nunes.

A obra vem sistematicamente organizada nos eixos: I – Fundamentos do meio ambiente do trabalho; II – Direito internacional, constitucional e administrativo do trabalho; III – Direito individual e coletivo do trabalho; IV – Direito processual do trabalho e seguridade social e V – Interdisciplinaridade do trabalho, o que facilita a compreensão da matéria e a consulta.

Os organizadores estão de parabéns, pois conseguiram reunir grandes expoentes, que há muitos anos desenvolvem suas pesquisas sobre a temática, a qual deve ser estudada permanentemente, vez que esconde um flagelo social.

De fato, segundo o *Observatório Digital de Segurança e Saúde do Trabalho*, o Brasil, entre 2012 e 2018, contabilizou 17.200 falecimentos em razão de algum incidente ou doença relacionados à atividade laboral. A cada 48 segundos, acontece um acidente de trabalho, e a cada 3h38m43s uma pessoa morre nessas circunstâncias. Em 2018, foram contabilizadas 2.022 mortes e mais de 800 mil acidentes.

Atualmente, em uma lista com mais de 200 países, ocupamos o desonroso quarto lugar no *ranking* das nações que mais registram mortes decorrentes de atividades laborais. Nos acidentes de trabalho, somos o quinto colocado.

O prejuízo social decorrente dos acidentes de trabalho é incomensurável, envolve não apenas o trabalhador e sua família, mas toda a sociedade, vez que, de acordo com a OIT, estima-se que, no mundo, aconteçam 374 milhões de acidentes a cada ano, com 2,78 milhões de mortes relacionadas ao trabalho.

Calcula-se que, de todos os benefícios da Previdência Social, cerca de 12 a 15% são de cunho acidentário.

Nas relações laborais, para a redução das doenças e acidentes, o tema deve convergir os esforços de todos os atores: governo, trabalhadores, empresários, seus respectivos sindicatos, Auditoria Fiscal do Trabalho, Ministério Público do Trabalho, Justiça do Trabalho, academias, associações etc. Isso tendo em vista o grande prejuízo ocasionado pelos acidentes e as doenças ocupacionais.

Pelo lado do trabalhador, além da lesão física ou emocional, os danos em potencial são múltiplos: danos materiais – compreendidos em dano emergente e lucro cessante; danos imateriais – danos morais, danos estéticos, danos pela perda de uma chance e danos existenciais. O outro lado da moeda é as indenizações que as empresas têm que suportar.

A Organização Internacional do Trabalho – OIT – calcula que os acidentes de trabalho custam cerca de 4% do PIB – Produto Interno Bruto mundial em termos de dias perdidos, gastos com saúde, pensões, reabilitação e reintegração. Considerando-se que o PIB foi de R$ 6,8 trilhões em 2018, as doenças e acidentes de trabalho custam cerca de R$ 272 bilhões, por ano.

Os acidentes de trabalho e as doenças ocupacionais foram alguns dos motivos que levaram à criação da OIT em 1919, com a consequente aprovação de Convenções e Recomendações. E, em sua última reunião, foi aprovada a Convenção sobre o combate à violência e ao assédio no ambiente de trabalho – o mal deste século.

Como se percebe, o tema é sempre atual e, por isso, deve ser objeto de contínua pesquisa científica, com o escopo

1. Desembargador do Tribunal Regional do Trabalho da 15ª Região – Campinas (vaga destinada ao quinto constitucional do MPT). Presidente do Comitê de Erradicação do Trabalho Infantil do TRT da 15ª Região – Campinas. Gestor Nacional do Programa de Erradicação do Trabalho Infantil e de Estímulo à Aprendizagem da Justiça do Trabalho (TST-CSJT). Mestre em Direito pela Universidade Metodista de Piracicaba (UNIMEP). Especialista em Direitos Difusos pela Escola Superior do Ministério Público do Estado de São Paulo (ESMPSP). Especialista pelo Instituto Europeu de Relações Industriais (Sevilha-Espanha). Professor na Faculdade de Direito de Sorocaba (FADI).

de obter melhorias progressivas no ambiente de trabalho, evitando-se os adoecimentos e os acidentes, pois, como se sabe, o conhecimento obtido na academia existe justamente para mudar a realidade que lhe cerca, ou seja, melhorar as condições de vida do ser humano e do planeta.

Por todas essas razões, a obra é muito bem-vinda, em razão dos proeminentes autores, será de consulta obrigatória para todos aqueles que se dispuseram a aprofundar os seus conhecimentos sobre a temática, sejam estudantes, advogados, professores, membros do Poder Judiciário e do Ministério Público, com certeza, contribuirá para a redução do número de acidentes e doenças ocupacionais, e para a construção de um ambiente de trabalho mais seguro para todos.

É uma obra de fôlego, que vale a leitura, contribuirá para que as trabalhadoras e trabalhadores brasileiros possam sair de suas casas para a labuta e, ao final do dia, voltarem com a saúde intacta.

Desejo-lhe uma boa leitura! Ao final, espero que venha somar forças para mudar o nosso presente e futuro, que os adoecimentos e acidentes de trabalho sejam coisas do passado.

Prefácio

Delaíde Alves Miranda Arantes[1]

> *"Ficam muitas indagações [...] Por que o labor humano tem sido, predominantemente, espaço de sujeição, sofrimento, desumanização e precarização [...] por que, apesar de tudo isso, o trabalho carrega consigo coágulos de sociabilidade, tece laços de solidariedade, oferece impulsão para a rebeldia e anseio pela emancipação?"*[2]

> *"Uma nação é construída a partir do trabalho humano. Não se construirá absolutamente nada sem a ação produtiva do homem, muito menos construir uma nação que se queira ver respeitada internacionalmente por garantir a dignidade do homem".*[3]

As primeiras palavras são dedicadas ao agradecimento, de coração grato e sincero, pela honra em prefaciar tão importante obra coordenada com eficiência e maestria por Juliane Caravieri Martins, Zélia Maria Cardoso Montal, Cicília Araújo Nunes e Jair Aparecido Cardoso, a quem rendemos homenagens pelo eficiente trabalho. A obra conta ainda com "Nota dos Organizadores", Prólogo por Élisson Miessa e Apresentação de João Batista Martins César.

A gratidão é compartilhada aqui com a preocupação pela enorme responsabilidade em prefaciar um trabalho de tamanha magnitude, nesse momento de tantas angústias, incertezas, indignações, de ataques à democracia, ao Judiciário, ao Supremo Tribunal Federal, ao Direito do Trabalho e Previdenciário e a Justiça do Trabalho. Tempos de flexibilização e precarização do trabalho e das condições de trabalho, com o maior retrocesso social da história do trabalho no Brasil.

Ao mesmo tempo e por iguais razões, assume grande relevo, falar de garantias fundamentais, da supremacia da Constituição Federal Cidadã de 1988, do Direito Ambiental do Trabalho, das garantias constitucionais à saúde e ao meio ambiente de trabalho saudável. Importante abordar, justamente nesse momento, o Direito do Trabalho, o direito ao Trabalho Decente no ano do centenário da OIT, a Organização Internacional do Trabalho; o Direito Ambiental do Trabalho, e principalmente diante das reformas consubstanciadas tanto em normas já aprovadas pelo Legislativo brasileiro quanto em outros tantos Projetos em discussão. E pode-se dizer que são alterações sem precedentes dos direitos sociais e trabalhistas conquistados ao longo de mais de uma década.

Reformas diversas por alterações legislativas e decretos do Executivo, com precarização de direitos sociais e trabalhistas, sem observar sequer normas e princípios alçados à condição de garantias fundamentais constitucionais da pessoa humana e do trabalho assegurados desde a promulgação da Consolidação das Leis do Trabalho, a CLT, em meados do século passado e alçados à condição de direitos constitucionalizados há mais de trinta anos.

Esta obra do mais alto relevo tem, ainda, o importante papel de assegurar imprescindível espaço democrático de fala, com pesquisas, dados e abordagens sobre aspectos constitucionais, legais, doutrinários e jurisprudenciais, no contexto do ordenamento jurídico pátrio, mas ao mesmo tempo, remetendo o leitor para um bem maior em tempos difíceis e de crises política, social e econômica, que é a conquista da democracia, e assim assegurar a sua consolidação, mesmo a despeito de tantas ameaças aos seus princípios nucleares e as suas diretrizes normativas.

Esta é uma obra voltada para um dos temas mais importantes da atualidade, no Brasil e no mundo, Direito

---

1. Ministra do Tribunal Superior do Trabalho. Mestranda da Universidade de Brasília – UnB, Internacionalização, Trabalho e Sustentabilidade, integrante do Grupo de Pesquisa da UnB/CNPq "Trabalho, Constituição e Cidadania".
2. ANTUNES, Ricardo. *O Privilégio da Servidão*. São Paulo: Ed. Boitempo, 2018. p. 23, último parágrafo.
3. RIBEIRO, Rafael E. Pugliese. *Reforma Trabalhista Comentada*. Paraná: Ed. Juruá, 2018. p. 14, último parágrafo.

Ambiental, Meio Ambiente do Trabalho e desafios. A prova de sua essencialidade pode ser aferida no próprio "Sumário" que contém o rol das temáticas abordadas e que formam, como um todo, o seu conjunto. A referência a seguir é tão somente exemplificativa, pois não é possível no espaço de um prefácio referir-se a todos os temas, nem a nomeação de cada um dos autores e autoras. E nessa linha de enumerar, ao menos em parte, a temática dos artigos que compõe o livro e já no prefácio demonstrar a sua grandiosidade e importância, a referência aos seguintes temas que compõe o prefácio da obra: *Fontes do direito ambiental: uma leitura contemporânea à luz do marco constitucional de 1988 e da "teoria do diálogo das fontes"; Questões social e ambiental: paralelismos e desencontros na perspectiva do meio ambiente do trabalho; O meio ambiente do trabalho na Agenda 2030; Fontes do direito ambiental: uma leitura contemporânea à luz do marco constitucional de 1988 e da "teoria do diálogo das fontes"; Os impactos das novas modalidades contratuais trabalhistas na relação de emprego e no meio ambiente laboral; Acesso à justiça como condição de possibilidade de um ambiente minimamente saudável de trabalho; Fator acidentário de prevenção (FAP) como instrumento de monitoramento do meio ambiente do trabalho; Saúde e meio ambiente do trabalho: motivação, pertencimento e doença psicossomática; Os impactos das novas modalidades contratuais trabalhistas na relação de emprego e no meio ambiente laboral; A proteção do trabalho humano e a duração do trabalho frente à reforma trabalhista;* assim como os demais artigos que compõe essa magnífica obra.

O livro está dividido em cinco capítulos, a saber: I – FUNDAMENTOS DO MEIO AMBIENTE DO TRABALHO; II – DIREITO INTERNACIONAL, CONSTITUCIONAL E ADMINISTRATIVO DO TRABALHO; III – DIREITO INDIVIDUAL E COLETIVO DO TRABALHO; IV – DIREITO PROCESSUAL DO TRABALHO E SEGURIDADE SOCIAL; e V – INTERDISCIPLINARIDADE DO TRABALHO.

A obra é composta de trinta e três (33) artigos, em parte de autoria compartilhada, em que se pode ressaltar a composição majoritária de mulheres autoras. São cinquenta e sete (57) colaboradores, ao todo, dentre os quais trinta e duas (32) mulheres, o que vem demonstrar o que já é sabidamente conhecido, que mesmo a despeito da dupla ou tripla jornada, dos desafios de conciliar carreira, família, estudos, pesquisas, elaboração, vida social e tudo o mais que na vida faz parte do cotidiano de uma mulher, não perdemos nunca a perspectiva da importância de se fazer presente, contribuir para as letras jurídicas e para a sociedade e participar!

Em breve reflexão, a lembrança sempre presente de que a análise e elaboração jurídica não deve se alienar da realidade prática das relações sociais e trabalhistas, e nesta obra não se faz diferente. A formalização da sistemática de proteção ao valor social do trabalho e sua elevação ao patamar constitucional, não se reverte automaticamente em efetivação dos direitos fundamentais assegurados em normas cogentes. A prova disso é a exploração impiedosa de milhões de trabalhadores e trabalhadoras no Brasil, no quadro de precarização e instabilidade laboral, submetidos, em pleno século XXI, ao trabalho análogo ao de escravo, à exploração do trabalho infantil e à outras formas de explorações consubstanciadas, por exemplo, no alto índice de acidentes do trabalho e doenças ocupacionais, estando o País incluído em estatísticas como o quarto (4º) do mundo em número de acidentes e adoecimentos decorrentes do trabalho, de acordo com dados da OIT, a Organização Internacional do Trabalho.

E para concluir essa breve reflexão, o pano de fundo da quebra de direitos sociais, expresso nas reformas como a trabalhista e a previdenciária, insere-se no contexto da lógica neoliberal da prevalência do mercado em relação ao Estado na regulação social. E o que esta concepção defende e tenta implementar é a liberdade completa do capital, o chamado liberalismo, que nos tempos atuais assume feições de ultraliberalismo, em curso no Brasil e em vários países do mundo, visto como um processo de desconstitucionalização das Constituições nacionais, de sua submissão à lógica do mercado, destinado a deslocar o foco do Estado do Bem-Estar social, uma das mais importantes conquistas da humanidade.

E de volta ao tema específico desta grandiosa obra, é preciso realçar que a maior tentação nessa tarefa de prefaciar este livro é a de mencionar um a um os artigos que a compõe, além de um forte desejo de nomear aqui cada um dos autores e autoras: doutores, mestres, professores, pesquisadores, magistrados, procuradores, advogados, estudiosos. E, ainda, deve-se confessar o desejo quase incontido de acrescer ao prefácio as informações curriculares de todos e todas, autores e autoras dos artigos que a compõe, a fim de mostrar ao leitor a magnitude da obra como conjunto harmônico, de técnica impecável, de conteúdos extremamente ricos. Acrescido a tudo isso, o orgulho dos dados curriculares de todos e todas participantes desta obra que é grandiosa e magnífica pela forma, pelo conteúdo, por seu conjunto e pelo perfil e formação de cada um dos colaboradores e colaboradoras que se dispuseram a emprestar seus conhecimentos, o seu tempo escasso e precioso, para a concretização do projeto e do sonho da publicação de uma obra jurídica.

E pode-se afirmar, depois de conhecer o universo da obra: artigos, autores, autoras, ricas referências bibliográficas, dados técnicos, pesquisas: um verdadeiro presente para o mundo jurídico, para acadêmicos, operadores do direito, estudantes e estudiosos, pesquisadores, enfim: um grande presente para o mundo do trabalho, para toda a sociedade e para a comunidade jurídica, nacional e internacional.

Impossível conhecer a obra em seu todo, sem recomendar como leitura e pesquisa indispensáveis, cada um dos artigos que compõe esta grandiosa obra, que considero completa, densa, composta de artigos de conteúdo jurídico com abordagens teóricas, filosóficas imprescindíveis como instrumento para a prática jurídica, e justamente num momento inusitado de mudanças, de flexibilizações, de retrocesso social. Com toda certeza, obra indispensável!

E finalizando, a reafirmação de agradecimentos pela honra do convite em prefaciar tão importante obra e os cumprimentos às coordenadoras e coordenador, a todos os autores e autoras dos artigos que compõe tão completa, harmônica e indispensável obra jurídica. Parabéns pela excelência do trabalho, pela dedicação, pelo esforço e a competência. A reafirmação da importância, da magnitude e da indispensabilidade desta grande obra: *"Direito ambiental e meio ambiente do trabalho: desafios para as presentes e as futuras gerações"*. Imprescindível a sua leitura, a qual recomendo!

Prólogo

Élisson Miessa[1]

Foi com grande felicidade que recebi o convite para escrever o prólogo da obra "**Direito ambiental e meio ambiente do trabalho: desafios para as presentes e as futuras gerações**", organizada por importantes pesquisadores na área do direito do trabalho: Juliane Caravieri Martins, Zélia Maria Cardoso Montal, Jair Aparecido Cardoso e Cicília Araújo Nunes.

A análise do meio ambiente, em sentido amplo, há tempos vem despertando estudos pelos mais diversos ramos e organizações. No contexto do meio ambiente do trabalho, a Constituição Federal de 1988 o assegura principalmente nos arts. 7º, XXII, e 225, reconhecendo que, diferentemente do Estado liberal em que bastava assegurar a liberdade/autonomia aos indivíduos que eles próprios deveriam regular suas relações, é dever do Estado Democrático de Direito realizar seus objetivos, exigindo uma atuação positiva do Estado na preservação do meio ambiente laboral.

Nessa perspectiva ganha relevância a atuação do Ministério Público do Trabalho como instituição responsável pela defesa da ordem jurídica, do regime democrático e dos interesses sociais e individuais indisponíveis (art. 127 da CF/88), bem como pela valorização social do trabalho e da justiça social, sendo o responsável na consolidação e manutenção dos direitos sociais. Impõe-se, pois, que este ramo ministerial atue na efetivação dos direitos fundamentais, mormente no âmbito horizontal entre empregado e empregador, a fim de minimizar ou eliminar os riscos no ambiente do trabalho, atenuando os acidentes dos trabalhos, os quais tem diminuído consideravelmente a capacidade laborativa do trabalhador brasileiro, com danos imensuráveis para a sociedade, além de efeito danoso à economia do país, com dispêndio de recursos públicos para atender às despesas de auxílios-doença, auxílios-acidente etc.

Esse cenário, reforça a ideia de que discursos, no sentido de eliminação de proteções ambientais diminuirão as burocracias para os empresários viabilizando a retomada da economia, são falaciosos, vez que ampliarão os acidentes do trabalho, exigindo ainda mais da sociedade para custear os cofres públicos.

Portanto, incumbe ao Ministério Público do Trabalho, por determinação constitucional, atuar de forma demandista, por meio da ação civil pública, mas especialmente de modo resolutivo, buscando solução dos conflitos com a participação da sociedade e sem a utilização, necessariamente, do órgão jurisdicional, valendo-se, por exemplo, de audiências públicas, do Inquérito Civil e do Termo de Ajustamento de Conduta.

Nessa atuação preventiva do meio ambiente, exige-se esforço comum de todos envolvidos, governo, trabalhadores, empresários, entidades não governamentais e a sociedade em geral. Nesse sentido, tem-se a grande dádiva dessa obra, que promove estudo aprofundado dos mais diversos aspectos do meio ambiente laboral, levando à sociedade um rico material para conhecimento e preservação desse ambiente, resguardando as normas ligadas à saúde do trabalhador.

A obra conta com artigos escritos por diversos pesquisadores e profissionais da área trabalhista, estando dividido em cinco partes.

Na primeira parte, aborda os aspectos relacionados aos fundamentos do meio ambiente do trabalho, tratando da perspectiva ecossocialista, das questões sociais e ambientais, dos princípios da bidirecionalidade e da interdependência, bem como do futuro do trabalho na sociedade automatizada.

A segunda parte é direcionada aos temas que envolvem o direito internacional, constitucional e administrativo do trabalho, no qual são apresentados o direito comunitário europeu e a tutela jurídica da saúde e segurança no meio

1. Procurador do Trabalho da 15ª Região - São Paulo. Professor de Direito Processual do Trabalho do Curso CERS. Professor da Escola Superior do Ministério Público da União. Mestrando em Direito na Faculdade de Direito de Ribeirão Preto da Universidade de São Paulo (USP). Pesquisador do Grupo "A Transformação do Direito do Trabalho na Sociedade Pós-Moderna e seus Reflexos no Mundo do Trabalho" da Faculdade de Direito de Ribeirão Preto da Universidade de São Paulo (USP). Autor e coordenador de obras jurídicas.

ambiente do trabalho, o meio ambiente do trabalho na Agenda 2030, as fontes do direito ambiental, a proteção da liberdade religiosa como efetivação dos direitos fundamentais, meio ambiente laboral na administração pública e o papel do Ministério Público do Trabalho.

A terceira, dirigida ao direito individual e coletivo do trabalho, traz a análise do caso do rompimento da barragem em Brumadinho, as implicações da reforma trabalhista sobre os acidentes laborais, o desenvolvimento sustentável e o programa de prevenção de riscos ambientais no meio ambiente do trabalho, a proteção do trabalho humano e a duração do trabalho frente à reforma trabalhista, o tempo de trabalho e desconexão, os impactos das novas modalidades contratuais trabalhistas na relação de emprego e no meio ambiente laboral, a atuação preventiva do Ministério Público do Trabalho em defesa da saúde do trabalhador no triângulo mineiro e a inconstitucionalidade dos arts. 611-A e 611-B da CLT.

Na quarta parte, são discutidos os aspectos do direito processual do trabalho e seguridade social, incluindo-se o acesso à justiça, tutela coletiva inibitória, danos morais coletivos e a questão da tarifação em sede de ações coletivas laborais, a reparação do dano moral coletivo, a ação anulatória de cláusulas normativas/convencionais para a tutela ao meio ambiente do trabalho, os reflexos da Lei n. 13.467/2017 e da PEC n. 06/2019 na saúde do trabalhador, os benefícios previdenciários por incapacidade laboral no meio ambiente de trabalho e a necessidade de perícia médica, o fator acidentário de prevenção (FAP) como instrumento de monitoramento do meio ambiente do trabalho e o nexo técnico epidemiológico previdenciário (NTEP).

A quinta parte do livro é destinada aos temas interdisciplinares, tais como o trabalho das pessoas em situação de prisão, professores refugiados, o uso do *compliance* na educação ambiental laboral, clima organizacional na escola, saúde e meio ambiente do trabalho, saúde mental no trabalho e riscos psicossociais, o papel da regulação trabalhista, a problemática urbana e o direito ambiental das cidades e a inclusão dos portadores de necessidades especiais no mercado de trabalho.

A simples menção dos temas tratados já demonstra o impacto e a relevância da obra a todos os profissionais e pesquisadores que atuam na tutela da saúde do trabalhador e do meio ambiente de trabalho, principalmente no atual contexto de flexibilização de diversas garantias e de direitos trabalhistas, marcado pela Lei n. 13.467/2017 (Reforma Trabalhista), pela alteração das Normas Regulamentadoras n. 1 e 12 e pela revogação da NR-2, pela extinção do Ministério do Trabalho, bem como pelas discussões sobre a conversão em lei da Medida Provisória n. 881/2018, que já tem sido denominada Minirreforma Trabalhista.

Nesse momento, ganha ainda mais relevância a necessidade de informação e reflexão pelos operadores do direito acerca dos temas afetos à saúde do trabalhador.

Em suma, trata-se de livro completo sobre o direito ambiental e o meio ambiente do trabalho e que, com certeza, será referência no mundo editorial, sendo consultado muitas vezes por todos os seus leitores.

I

Fundamentos do Meio Ambiente do Trabalho

Onze proposições sobre o direito do trabalho desde a perspectiva ecossocialista[1]

1

Gustavo Seferian[2]

And some have sailed from a distant shore
And the company takes what the company wants
And nothing's as precious, as a hole in the ground
Who's gonna save me?
I pray that sense and reason brings us in
Who's gonna save me?
We've got nothing to fear
In the end the rain comes down
Washes clean, the streets of a blue sky town
– Blue sky mine, Midnight Oil

1. POUCO MAIS QUE PROPOSIÇÕES INICIAIS

O presente texto – elaborado a convite das colegas Juliane Caravieri Martins e Zélia Maria Cardoso Montal, às quais registramos o imenso prazer de, uma vez mais, participar dos esforços coletivos de elaboração pela dupla capitaneados – traz sínteses propositivas, por vezes arranjado como aforismas, acerca de tema que há algum tempo se localiza em nosso horizonte de reflexão e prática: a urgência da leitura do Direito do Trabalho não só a partir de uma perspectiva político-tática[3], mas sobremaneira afinada às perspectivas estratégico-revolucionárias ecossocialistas.

Não poderia ser mais oportuno reforçar tais disposições, de forma propositiva, lançando discussões em obra dedicada ao meio ambiente do trabalho.

Tais proposições intentam apenas pavimentar algumas sendas que o debate – bastante amplo – pode sugerir. Parte delas já foram trabalhadas e melhor assentadas, na forma do registro desenvolvido em outros escritos. Outras, porém, guardam natureza apenas embrionária, reclamando aprofundamento reflexivo e maior adensamento crítico, a ser futuramente por nós conduzido, ou ainda por outras pessoas que, imbuídas das mesmas percepções políticas, possam fazê-lo em prol da realização juslaboral em favor das mais urgentes demandas das classes trabalhadoras.

Dessa forma, o presente escrito se resume a pouco mais que pequenas teses. Aliás, chamar essas breves linhas de teses já seria bastante demasiado, ainda mais quando comparadas com outras 11 que há 170 anos conduzem nossa práxis. Um firmar de alicerces necessários para pensar um Direito do Trabalho novo, social, política e ecologicamente interessado desde a visão social de mundo das trabalhadoras e trabalhadores.

2. AFINAL, O QUE É ECOSSOCIALISMO?

Uma questão precede nosso lançar de proposições: como voltar-se ao Direito do Trabalho desde as lentes ecossocialistas sem compreender, propriamente, o que é o ecossocialismo? Daí a necessidade de firmarmos uma definição prévia.

---

1. Artigo originalmente publicado em *Teoria Jurídica Contenporânea*, Rio de Janeiro, v. 4, n. 1, 2019, p. 89-110.
2. Professor Adjunto do Departamento de Direito do Trabalho e Introdução ao Estudo do Direito da Universidade Federal de Minas Gerais (DIT-UFMG). Foi Professor de Direito e Processo do Trabalho da Universidade Federal de Lavras-UFLA (2016-2019). Bacharel em Direito (2008), Mestre (2012) e Doutor (2017) em Direito do Trabalho pela FDUSP. Pesquisador convidado, em sede pós-doutoral, do CéSor/EHESS/CNRS, sob supervisão de Michael Löwy (2018). Pesquisador-Líder do GPTC-USP, membro da RENAPEDTS. Membro do Instituto de Pesquisa Direitos e Movimentos Sociais – IPDMS.
3. SEFERIAN, Gustavo Scheffer Machado. *Direito do Trabalho como barricada*: sobre o uso tático da proteção jurídica dos trabalhadores. Tese (doutorado) defendida junto à Faculdade de Direito da FDUSP, 2017.

Podemos dizer que o ecossocialismo se coloca como uma alternativa político-estratégica afirmada por um conjunto de lutas sociais ao redor de todo globo e expresso em um corpo teórico que nutre profundas raízes no campo do marxismo e da ecologia crítica. Tais lutas sociais servem de subsídio constitutivo necessário destes marcos teóricos, a elas ligado dialeticamente enquanto *indutoras condicionadas*.

A simples remissão ao "socialista" na expressão já induziria a compreensão do caráter anticapitalista do projeto estratégico ecossocialista. Ou seja, se volta contra a lógica capitalista como um todo, bem como contra as leituras da questão ambiental – militantes ou não – que fazem vistas grossas ou compactuam diretamente com a continuidade da relação social do capital.

Tal leitura não se coloca apenas como antípoda das expressões do trato ambiental nas mais diversas formas de gestão políticas capitalistas – como as de caráter liberal, social-democrata, "Verde" e fascistas –, atentando contra a toda forma de "capitalismo verde", por impossível[4], mas também como "*uma crítica profunda, uma crítica radical das experiências e das concepções tecnocráticas, burocráticas e não ecológicas de construção do socialismo*", o que "*nos exige (...) uma reflexão crítica sobre a herança marxista, o pensamento e a tradição marxista, sobre a questão do meio ambiente*". Afinal, "*o objetivo do socialismo, explica Marx, não é produzir uma quantidade infinita de bens*", como se arvorava a prometéica intencionalidade soviética pós-degeneração burocrática, "*mas sim, reduzir a jornada de trabalho, dar ao trabalhador tempo livre para participar da vida política, estudar, jogar, amar*" [5].

Diz Löwy que esta crítica a uma leitura "oficializada" do marxismo, cartilhesca e vulgarizada, passa necessariamente pelo enfrentamento a uma costumeira abordagem das forças produtivas como se neutras fossem. Assumindo que o direcionamento das forças produtivas está imbuída de necessária carga política, afirma o sociólogo e militante que:

> "Esta crítica poderia inspirar-se (...) nas observações de Marx sobre a Comuna de Paris: os trabalhadores não podem se apoderar do aparelho do Estado capitalista e pô-lo a funcionar a seu serviço. Eles devem 'despedaçá-lo' e substituí-lo por um outro, de natureza completamente distinta, uma forma não governamental e democrática de poder político. O mesmo se aplica, *mutatis mutandis*, ao aparelho produtivo: por sua natureza, e sua estrutura, ele não é neutro, mas está a serviço da acumulação de capital e da expansão ilimitada do mercado. Opõe-se aos imperativos de defesa do meio ambiente e da saúde da força de trabalho. É preciso então fazer com que passe por uma 'revolução', que o transformará radicalmente. Isto pode significar que certos ramos da produção — as centrais nucleares, por exemplo — deverão ser 'feitos em pedaços'. Em todo caso, as próprias forças produtivas devem ser profundamente modificadas. Evidentemente, muitos conhecimentos científicos e tecnológicos do passado são preciosos, porém o conjunto do sistema produtivo deve ser questionado do ponto de vista de sua compatibilidade com as exigências vitais de preservação do equilíbrio ecológico."[6]

Trata-se, pois, de uma proposição revolucionária, anticapitalista, a reclamar um novo arranjo produtivo[7] e que não admite clivagens entre teoria e prática, não assentando seus principais cânones na ossificação acadêmica – em que pese guarde uma dimensão teórica proeminente – ou de qualquer outra oficialidade institucional – mesmo sabendo que reclame, transicional e taticamente, engendramento também institucional. Em síntese, assim, podemos afirmar – sempre baseados em Löwy – que

> "o ecossocialismo tem como objetivo fornecer uma alternativa de civilização radical àquilo que Marx chamava de 'o progresso destrutivo' do capitalismo [também encetada na lógica produtiva pós-capitalista dos estados operários burocraticamente degenerados, G.S.]. É uma escolha que propõe uma política econômica visando às necessidades sociais e ao equilíbrio ecológico e, portanto, fundada em critérios não-monetários e extra-econômicos."[8]

Superada essa etapa, e delineadas as principais referências ecossocialistas, passemos ao anunciar de nossas proposições.

3. PROPOSIÇÃO I: CRISES ECOLÓGICA E JUSLABORAL SÃO EXPRESSÕES DE UMA CRISE DE CIVILIZAÇÃO

A primeira das nossas elaborações se pauta em um diagnóstico comum a diversos teóricos e militantes no sentido

4. TANURO, Daniel. *L'impossible capitalisme vert*. Paris: La decouverte, 2010.
5. LÖWY, Michael. "Crise ecológica, crise capitalista, crise de civilização: a alternativa ecossocialista". *Caderno CRH*, Salvador, v. 26, 67, p. 79-86, jan.-abr. 2013, p. 82.
6. LÖWY, Michael. "Cenários do pior e alternativa ecossocialista". In: *Serviço Social & Sociedade*, São Paulo, n. 104, p. 681-694, out.-dez. 2010, p. 690.
7. "Uma reorganização do conjunto do modo de produção e de consumo é necessária, baseada em critérios exteriores ao mercado capitalista: as necessidades reais da população e a defesa do equilíbrio ecológico. Isto significa uma economia de transição ao socialismo, na qual a própria população – e não as 'leis do mercado' ou um Comitê Político autoritário – decide, num processo de planificação democrática, as prioridades e os investimentos. Esta transição conduziria, não só a um novo modo de produção e a uma sociedade mais igualitária, mais solidária e mais democrática, mas, também, a um modo de vida alternativo, uma nova civilização, ecossocialista, mais além do reino do dinheiro, dos hábitos de consumo artificialmente induzidos pela publicidade e da produção ao infinito de mercadorias inúteis" (LÖWY, Michael. *Crise ecológica, crise capitalista, crise de civilização*: a alternativa ecossocialista, *op. cit.*, p. 83).
8. LÖWY, Michael. "Ecossocialismo e planejamento democrático". In: *Crítica Marxista*, n. 28, p. 35-50, 2009. p. 35-36.

de que vivemos uma crise de civilização[9]. Tal crise não se afirma única e exclusivamente desde uma referência econômica, mas guarda também dimensões éticas, morais, familiares, e, de forma evidente, um componente ecológico gravíssimo.

Esse conjunto de componentes constituem, em conformação e arranjo particulares, os pilares de sustentação da sociedade capitalista industrial moderna, dominante no ocidente, que tem não só na exploração do homem pelo homem, conduzida pela lógica de assalariamento e produção de mais-valor, seu sustentáculo, mas também na apropriação crescente das reservas naturais. Esta última se dá pela expansão quantitativa do consumo, marcada pela opulência, desperdício e estímulo ao descarte de bens materiais produzidos – naquilo que se convenciona chamar de obsolescência programada –, mas também dentro de uma dimensão qualitativa, mormente expressa pela criação de novas necessidades humanas – em regra, para usar uma das expressões que inauguram *O Capital*, de Karl Marx, forjadas na ampliação da dominância mercantil pela criação de anseios não no plano de nossos estômagos, mas sim de nossa imaginação[10].

Essa gana expansiva e predatória do capital, que a tudo se volta com dedos de Midas, encontra, tal qual encontrou o rei da Frígia, contradições e barreiras insuperáveis para a sua reprodução. Ocorre que, ao contrário do mito grego, o capital não interrompe seu moto por razões de ordem ética, moral ou familiar, ou mesmo ante a urgência de atenção às suas mais vitais necessidades reprodutivas. O faz ante barreiras materiais – estruturais, dirá Mészáros[11] – postas em seu horizonte. Aqui, aquele intransponível obstáculo de lastro ecológico assume vulto, tanto no que tange as consequências daninhas que o avanço da produção e da submissão da natureza ao modelo de produção industrial moderno (tanto capitalista, como estatista-burocrático) produzem, expressos pelo aquecimento global e uma miríade de desastres deliberadamente encampados pela lógica de predação, como também pela impossibilidade de ampliar as fronteiras da apropriação mercantil (e aqui tratamos especificamente da particularidade capitalista), haja vista nosso planeta ser finito em suas reservas e potencialidades naturais.

E o que o Direito do Trabalho tem com isso?

Explicamos partindo de Ernest Mandel. O economista e militante belga afirmou que "*uma crise em um setor* [da sociedade capitalista, G.S.] *repercute em todos os demais setores*" da ordem produtiva[12]. E não seria de se espantar, pois, que o Direito do Trabalho também se visse abalado por tal cataclismo sistêmico. Historicamente assentado como uma resposta institucional burguesa no campo jurídico-político às demandas revolucionárias das classes trabalhadoras, serve de apaziguador de tal conflituosidade social por meio de garantias protetivas à força de trabalho – isso no que concerne aos tempos de trabalho, renda, condições de saúde, higiene e segurança etc. Isso ao mesmo tempo que em alguma medida impedem, ou trazem empecilhos, para que o capitalista individual dê azo ao seu ímpeto exploratório sem peias e garante renda e possibilidade de consumo às pessoas que trabalham, contrarrestando a queda tendencial da taxa de lucro, contradição interna a si fatal.

O cenário da crise civilizatória, fundamentalmente pelos reflexos oriundos da barreira ecológica, coloca as dinâmicas de reprodução e exploração do capital em um outro patamar. Se não se faz possível avançar a dominância mercantil, ao menos sem riscos cataclísmicos, junto ao *front* posto pela natureza que nos é externa – o que convencionalmente tratamos por meio ambiente –, passa a ampliação da exploração da força de trabalho a ser o direcionamento ofensivo capitalista em busca de alguma sobrevida. O Direito do Trabalho como conhecemos – capitalista que é – deixa de ser funcional à ordem burguesa e por ela é rifado. Não é por outra razão que a contrarrevolução preventiva de matiz neoliberal coloca em sua agenda prioritária a flexibilização precarizadora do Direito do Trabalho, o que se dá em praticamente todos os rincões do globo.

A crise juslaboral guarda, pois, uma raiz comum, e um laço de unidade, com a crise civilizacional burguesa. A alternativa estratégica ecossocialista, desse modo, se coloca como proposição a enfrentar, de forma comum, essas diversas expressões da crise, que reclama mais do que nunca, ante as bifurcações da história, a saída de uma nova civilização ecossocialista frente a barbárie.

4. PROPOSIÇÃO II: A REVOLUÇÃO DO SÉC. XXI RECLAMA UM NOVO E TRANSICIONAL DIREITO DO TRABALHO

Que então reconstruamos o Direito do Trabalho! Mas a partir de quais balizas entraremos nessa dividida?

Recompor o Direito do Trabalho desde a chave estratégica ecossocialista nos leva, reconhecida a crise que se instala na seara juslaboral, ter em conta ser esse conjunto normativo, politicamente forjado, o substrato material do qual este derivará. E, sim, a juridicidade expressa-se, como

9. Para nos esgotar em apenas duas principais referências, o já mencionado LÖWY, Michael. *Crise ecológica, crise capitalista, crise de civilização*: a alternativa ecossocialista", *op. cit.* e, BENSAÏD, Daniel. *Marx, o Intempestivo*: grandezas e misérias de uma aventura crítica. Trad. Luiz Cavalcanti de M. Guerra. Rio de Janeiro: Civilização brasileira, 1999. p. 431-495.

10. MARX, Karl. *O Capital*: crítica da economia política. Livro I: o processo de produção do capital. Trad. Rubens Enderle. São Paulo: Boitempo, 2013. p. 113.

11. MÉSZÁROS, István. *Para além do capital*. Trad. Paulo Sérgio Castanheira e Sérgio Lessa. São Paulo: Boitempo, 2009.

12. MANDEL, Ernest. *From class society to communism*: an introduction to marxism. Trad. Louisa Sadler. Londres: Ink Link, 1977. p. 51.

Pachukanis[13] nos ensina, não só em sua conformação ideológica, mas também desde as relações materiais. Logo, *o Direito do Trabalho pautado pelo ecossocialismo* não deve fazer tábula rasa do Direito do Trabalho em sua acepção clássica, senão o tomará, em suas contradições e potenciais minadores colocados pela ofensiva burguesa, como *referência e objeto de disputa e inflexões*.

O Direito do Trabalho ecossocialista é a suprassunção do Direito do Trabalho classicamente assentado, destinando sua proteção não só à individualidade do trabalho e de suas organizações coletivas, mas também ao conjunto de trabalhadores e trabalhadoras do planeta, desta geração e das futuras.

Esta tomada de rédeas atenta à perspectiva ecossocialista deve passar pela abertura de funcionalidades juslaborais. Se estas, tradicionalmente, servem à proteção do trabalhador e da trabalhadora, mas também a contrarrestar a queda tendencial da taxa de lucro – ou seja, cumprindo contraditória finalidade –, parece-nos indispensável que a dimensão de proteção seja politicamente priorizada, assumindo não só os marcos historicamente assentados (quais sejam, ligados ao tripé tempo do trabalho-renda-saúde, segurança e higiene no labor), mas também a outras tarefas, sendo as principais delas as interditoras das propensões ecocidas do capital.

Um Direito do Trabalho como o de outrora, assentado no bojo de uma sociedade em que o risco ecológico ou não existia, ou, como preferimos compreender, não se via evidenciado, não atende aos desafios políticos das trabalhadoras e trabalhadores de hoje. Os apegos ao supracitado tripé, a todo custo e desatentos às tarefas ecossocialistas, deve ser revisto.

Coragem! Sem nostalgia do fordismo, das imagens prometeicas ou das amarras predadoras do emprego, o fundamental para os nossos dias é recompor a proteção para atender aos nossos radicais anseios hodiernos.

5. PROPOSIÇÃO III: REDUÇÃO DA JORNADA DE TRABALHO COMO PREMISSA ANTIPRODUTIVISTA

Tem-se ordinariamente o trato da redução da jornada de trabalho (sem redução remuneratória) como uma das principais pautas históricas do movimento de trabalhadoras e trabalhadores, seja diante de suas disposições de ampliação de tempo livre, seja ante as demonstradas propriedades de harmonização com as políticas de redução de desemprego.

Todavia, a abordagem ecossocialista da redução da jornada de trabalho coloca a tal registro normativo uma outra disposição política. Esta caminha como contraface do dilaceramento das necessidades fictas de homens e mulheres que, subjugados à lógica de dominância do capital, trabalham cada vez mais, ainda que seu trabalho socialmente necessário à atenção das suas necessidades reprodutivas seja dia após dia menor. Ou seja, como necessário entrave à produção de excedentes, substância fundamental do mais-valor e da predação desmedida e insustentável do meio ambiente.

Dessa forma, a redução da jornada de trabalho deve se colocar, como pauta política, como indutora e consequência de uma inflexão política da lógica de consumo, sem, claro, referendar qualquer forma de redução da qualidade de vida de quem trabalha, mas como efetivadora de uma partilha igualitária do produto social pautado pelo decrescimento econômico, e não pelo fetiche de um crescimento sem fim propugnado pela lógica do capital como *deus ex machina* das mais diversas mazelas sociais, desde o desemprego à própria carência de bens materiais para proteção ambiental.

6. PROPOSIÇÃO IV: SOBRE A NECESSIDADE DO CONTROLE E DA DECISÃO DAS TRABALHADORAS E TRABALHADORES QUANTO AOS DESTINOS DA PRODUÇÃO

Nada disso parece soar passível de algum saldo positivo se a empreita de orientação ecossocialista não for guiada pelo próprio conjunto de trabalhadores e trabalhadoras, cônscios da relevância da pauta e da indispensabilidade de romper com a aparente segurança do imediato, visando a aposta melancólica – para nos utilizarmos da expressão pascaliana de Bensaïd [14]– que projeta em um futuro, tão próximo e tão distante, uma afirmação plena e liberta da humanidade.

Dessa forma, deve o Direito do Trabalho ecossocialista se colocar como artífice político-normativo dos mecanismos mais amplos e basais de construção da autogestão operária, sem recair em qualquer desvio "participativo" de baixo calibre, como o da comissão de empresas de papel formal ou a fantasiosa Participação nos Lucros e Resultados.

Por certo, e aqui nos baseamos uma vez mais em Mandel[15] em diálogo com nossas perspectivas ecossocialistas, os desafios sociais colocados para o controle da produção pelas trabalhadoras e trabalhadores, ou da planificação econômica, são diversos. É possível que as escolhas, tão logo esse novo arranjo de gestão da produção passe a se implementar, não se pautem em uma racionalidade ecossocialista, e até mesmo aprofundem o caráter ecocida posto em marcha. Vejamos, por exemplo, como seria difícil romper, tratando do ideário do conjunto das classes trabalhadoras, com a necessidade de se produzir automóveis particulares em massa e não fomentar a produção do transporte coletivo. Por certo, se tal opção fosse tomada, logo o despropósito

13. PACHUKANIS, Evgeni. *A teoria geral do direito e o marxismo e ensaios escolhidos (1921-1929)*. Marcus Orione (Coord.). Trad. Lucas Simone. São Paulo: Sundermann, 2017.
14. BENSAÏD, Daniel. *La pari melancolique*. Paris: Fayard, 2007.
15. MANDEL, Ernest. *Socialismo x Mercado*. 2. ed., Trad. José Almeida de Souza Júnior. São Paulo: Ensaio, 1995.

de tal escolha se revelaria – tanto no gasto de insumos, na incapacidade das malhas urbanas em suportar a ampliação de automóveis, da manutenção de longas horas de trabalho para produção de bens que, com muito menos trabalho despendido, atenderiam às mesmas necessidades – e tenderia a cumprir papel propriamente pedagógico na inflexão ecossocialista buscada.

Subverter a lógica empresarial, pautada na dominância e hierárquica verticalizada pelo proprietário dos meios de produção, é pré-condição para que, aqueles mais suscetíveis às mazelas ambientais – ou seja, como reiteradamente o Papa Francisco lançou em sua Encíclica *Laudato Si*, os mais pobres da sociedade[16] – possam conduzir as transformações para uma vivência mais harmônica entre a humanidade e o restante do planeta.

7. PROPOSIÇÃO V: ABANDONAR A MONETIZAÇÃO DE DIREITOS TRABALHISTAS COMO QUESTÃO URGENTE

Ainda que possa parecer a proposição sacrílega, parece-nos que uma abordagem ecossocialista do Direito do Trabalho reclamaria um desapego às saídas monetizadoras como garantidoras da salvaguarda jurídica juslaboral, reclamando sejam as medidas coercitivas – ou seja, politicamente sustentadas – que conferem eficácia concreta aos direitos de quem trabalha se coloquem como prioritárias.

Não se está aqui a falar no abandono das compensações materiais de quem trabalha e tem seus Direitos Trabalhistas frustrados, mas sim de uma alteração de condutas de todo o conjunto de atores sociais envolvidos com as relações de trabalho e com o Direito do Trabalho propriamente dito, visando inverter a regra posta na lida com a matéria juslaboral (de caráter reparatório) para assumir aquela que é sua exceção (a assecuratória de cumprimento de direitos).

De um lado, isso reclama uma recomposição de posturas da advocacia, do Ministério Público do Trabalho, dos órgãos do Judiciário. Não podemos aqui tratar da fiscalização laboral, haja vista que reputar à finada instituição responsabilidade algo deveras inadequado, já que historicamente cumpriu tal mister, sendo sua reestruturação indispensável para cumprimento desse novo e distinto *habitus* dos operadores institucionais do Direito do Trabalho.

Principal inflexão caberá à advocacia obreira, que monetiza sua prestação de serviços e por vezes, estranha aos interesses genuínos de seus clientes, prefere também uma contraprestação financeira que inibir a conduta ilícita do empregador antes que esta se operacionalize.

A mudança de postura, por óbvio, também recai na constituição material do Direito do Trabalho – ou seja, no processo de luta de classe encampado pelas trabalhadoras e trabalhadores, por meio de suas entidades de representação de classe –, visando a garantia da implementação continuada, e não uma tardia reparação pecuniária.

De outro lado, e sem aqui recair em qualquer apologia ao punitivismo ou ao populismo encarcerador, coloca-se como possível saída para tal impasse o aprofundamento das sanções nos casos de descumprimento da legislação trabalhista. Essas punições, de forma alguma, se associam ao cárcere. Afinal, ninguém merece ser preso, nem mesmo o mais inescrupuloso dos empregadores, que com o ardil frio da contabilidade empresarial e ao deixar de pagar direitos trabalhistas, ceifa tantas vidas, dissolve tantas famílias, interdita tantos sonhos quanto outros socialmente carimbados como "criminosos", ainda que ao burguês devedor tal alcunha acaba por não recair. O que se está aqui a falar é a aplicação da sanção mais gravosa aos proprietários dos meios de produção: a expropriação. Já viabilizada em nosso ordenamento jurídico pelo art. 243, da Constituição da República, aplica-se apenas aos casos em que se verifica que a propriedade foi utilizada para fins de plantio de plantas psicotrópicas ilícitas, ou então como *locus* em que se constata redução de trabalhadoras e trabalhadores a condições análogas à de escravo (na forma do art. 149, do Código Penal, ainda que sigam os setores da burguesia esperneando para restringir tal possibilidade[17], não posta em prática até o momento). O que resta é aprofundar e simplificar os meios da sua viabilização, isso aos proprietários privados (ou seja, os proprietários dos meios de produção), ampliando o espectro de danos sociais e ambientais que devem ser socialmente reparados – na mesma medida socioambientalmente – por meio da destituição indene da propriedade.

Para o bem do próprio capital – claro, para além do conjunto das classes trabalhadoras –, ao mal capitalista, que desrespeita direitos sociais e ambientais, e joga com os planos de contingência e riscos de judicialização a pretensa possibilidade de se desresponsabilizar pela simples reparação monetizada dos danos por si causados, não se deve conferir tal prerrogativa social do gozo do lucro (isso porquanto esse existir).

O importante, em outras palavras, é prevenir, antes de remediar.

8. PROPOSIÇÃO VI: SAÚDE, HIGIENE E SEGURANÇA NO AMBIENTE DE TRABALHO COMO UMA QUESTÃO COLETIVA QUE ATINGE TODA HUMANIDADE, E NÃO APENAS AQUELES E AQUELAS QUE SE COLOCAM DIRETAMENTE NA RELAÇÃO DE TRABALHO

As discussões quanto a reparação material e monetizada de eventuais danos ensejados aos trabalhadores e

---

16. FRANCISCO, Papa. *Carta Encíclica Laudato Si'*: sobre o cuidado da casa comum. São Paulo: Paulinas, 2015.
17. SEFERIAN, Gustavo Scheffer Machado. "Hoje, és nevoeiro...": linhas sobre o conteúdo e sentido do trabalho escravo contemporâneo. In: *Revista Videre (On-line)*, v. 10, p. 263-268, 2018.

trabalhadoras invariavelmente leva a recair em saídas individualistas de incidência jurídica ou, quando não, coletivas, dada a natureza individual homogênea, a que diversos trabalhadores e trabalhadoras de uma mesma unidade produtiva podem estar sujeitos. São situações frequentes aquelas que envolvem questões de saúde, segurança e higiene do trabalho, que por certo tão bem serão discutidas na presente obra.

Ocorre que estas questões, quando alcançadas por ilícito praticado pelo empregador – ou mesmo ante práticas lícitas, cujas consequências mediatas ou imediatas se desconhecem na saúde de quem trabalha e ao meio ambiente –, gerando riscos ou danos aos empregados e empregadas, em muitas circunstâncias transbordam os efeitos adstritos a esse conjunto de trabalhadoras e trabalhadores. Os recentes episódios ocorridos por força de ações e omissões da Samarco, em Mariana-MG, e da Vale, em Brumadinho-MG, trazem para próximo situações que remetem à memória dos jovens a mais tempo, como as atrocidades cometidas pela UnionCarbide, em Bhopal, Índia (1984), pela ICMESA, em Seveso, Itália (1976), e pela Chisso, em Minamata, Japão, os acidentes nucleares de Chernobyl (1986) e Fukushima (2011), e os naufrágios das plataformas P-36 da Petrobrás (2001) e Deepwater Horizon, da British Petroleum (2010), estes três últimos cronologicamente mais próximos.

A leitura dentro dos marcos da juridicidade burguesa, mesmo progressista, que consideraria tais danos transindividuais ou difusos, é insuficiente, e a abordagem do tema desde a perspectiva tático-transicional ecossocialista reclama a ampliação da compreensão dos efeitos de tais atividades econômicas, isso a fim do reconhecimento do *impacto socioambiental objetivo* existente na prática de tais empresas.

Tal reconhecimento deve por certo implicar não só em interdições jurídicas ao exercício de certas atividades econômicas – a produção de energia nuclear, a indústria armamentista, a produção de venenos para o agronegócio, entre outras –, como também passar pela compreensão que tais formas de atividade são prejudiciais à totalidade da humanidade, carregando em si mais marcas da barbárie e regresso humanístico do que suposto progresso técnico que possam acarretar. Só assim, com esse enfeixar de consciências, se poderá compor os indutores políticos à mobilização coletiva das trabalhadoras e trabalhadores para que tais ramos de atividade deixem de existir na prática.

Claro que tal fim só poderá ser alcançado com a articulação de outras salvaguardas sociais de transição e ampliação dos marcos de empregabilidade em outros setores de atividade econômica (que a redução da jornada de trabalho, por exemplo, poderia ser um bom motivador), até em razão de um número substancial de postos de trabalho virem a ser extintos em tais. Até em razão de que, na sociedade do capital, porquanto esta durar, a dependência dos despossuídos e despossuídas pela venda da sua força de trabalho seguirá estrutural e necessária.

Quanto a estes aspectos, os limites do direito burguês ainda se tornam mais perversos quando a tutela é dada pelo judiciário e suas modulações de efeitos decisórios. Para tratar do tema de forma exemplificada, que demonstra cabalmente tais limites da juridicidade burguesa, citemos um caso emblemático: no processo TST-ARR-22200-28.2007.5.15.0126, foram condenadas as multinacionais BASF[18] e SHELL condenada a reparar individual e coletivamente trabalhadores e trabalhadoras que, no município de Paulínia-SP, se viram expostos por décadas aos venenos – como era o caso dos “drins” – produzidos pelas empresas para uso pelo agronegócio. O desfecho do processo teve um desembocar dúplice: a pactuação do maior acordo já realizado na Justiça do Trabalho, e, de outro, a permanência em completo desamparo de uma série de vítimas da violência socioambiental burguesa – que vão desde o conjunto de trabalhadoras e trabalhadores terceirizados também expostos a tais males, que lá laboravam e não foram representados pelo sindicato proponente da ação em razão das mazelas da organização sindical de Estado brasileira; às vítimas diretas, em Paulínia-SP, que nunca trabalharam na empresa, bem como aquelas e aqueles que sofreram com o uso de tais produtos ao aplicar ou consumir os frutos do agronegócio.

A modulação da tutela jurídica burguesa não cabe aos olhos de atenção totalizante ecossocialistas. E é a essa paisagem que o novo Direito do Trabalho deve mirar seus olhos.

9. PROPOSIÇÃO VII: PENSAR TATICAMENTE O DIREITO DO TRABALHO DESDE O DIREITO AMBIENTAL

É fundamental, no mais, repensar o Direito do Trabalho desde a perspectiva daquele ramo jurídico que, ainda mais novo que o juslaboral, conta tanta conexão com a proteção jurídica das trabalhadoras e trabalhadores: o Direito Ambiental, tomado em sentido estrito.

Fruto de um processo histórico de todo interessante, decorrente de tomada de consciência quanto a indispensabilidade de proteção do meio ambiente e estruturado desde lutas sociais ecológicas, o Direito Ambiental guarda todo um complexo arcabouço de normas e princípios úteis à compreensão juslaboral. Quanto a estes últimos, uma série deles – o da precaução, da prevenção, do equilíbrio, da capacidade de suporte, entre outros – podem servir de lentes heurísticas para abordagem da matéria protetiva das trabalhadoras e trabalhadores, visando lhe conferir qualidades a enfrentar suas mais urgentes tarefas.

---

18. Empresa fruto da dissolução da IG Farben – produtora do Zyklon B, gás utilizado nos campos de concentração –, após a derrocada nazista na Alemanha.

No mais disso, a constituição das fontes materiais do Direito do Trabalho – este que deve ser compreendido em sua unidade processual histórica e textual-normativo –, mormente o processo de lutas sociais, devem incorporar os desígnios de proteção ambiental e articular suas lutas também amparadas nesses registros, animando dentro das "pautas corporativas", também aquelas constitutivas do Direito Ambiental. Os instrumentos e métodos de luta das trabalhadoras e trabalhadores deve, pois, se voltar também a tais interesses, em que pese saibamos a dificuldade de admissibilidade jurídica de medidas de tal natureza. O que imaginar, em condições conjunturais como as atuais, ter a admissão de greves por razões ambientais por nossos tribunais? Mas, enfim, já não sabemos que esse direito e essa institucionalidade não nos servem? Devemos distender seus limites ao máximo.

O tema é espinhoso e chama atenção até mesmo para que possamos olhar de forma crítica, ainda que reconhecida a importância de tais processos, para novas dinâmicas de organização e luta classista, a exemplo das articulações dos caminhoneiros brasileiros e dos *Gilet Jaunes* franceses, ambos despontando em 2018 e que tiveram, ao menos de início, sua motivação principal de luta política pautada pelo direito ao uso de combustíveis fósseis a preços mais baixos (ou seja, potencialmente ampliados), pouco ou nada tocando em temas concernentes ao meio ambiente. Melhor dizendo, caminhando ao revés das lutas ambientalistas, estimulando diretamente aspectos dos mais daninhos da política energética gerida pelo capital.

Assim, Direito do Trabalho e Direito Ambiental devem se articular, combinar e complementar, haja vista que as demandas sociais e ambientais, em sua busca por solução, possuem raízes comuns e atentam contra males estruturalmente convergentes.

10. PROPOSIÇÃO VIII: DIREITO INTERNACIONAL DO TRABALHO COMO DIMENSÃO DE NECESSÁRIA AFIRMAÇÃO

Outro campo que merece ser recomposto e fortalecido desde a perspectiva ecossocialista é o do Direito Internacional do Trabalho.

Em que pese saibamos da importância da dimensão nacional das lutas sociais no bojo da modernidade, questão deveras trabalhada no *Manifesto Comunista* de Marx e Engels[19], esta não exclui as dimensões internacionais da luta de classe e da revolução. Nesse processo complexo, dialeticamente, as lutas nacionais e internacionais devem necessariamente se articular. O temário ecológico traz um novo tempero ao trato da revolução permanente e das interdições estratégicas do "socialismo em um só país" e suas variações: a emergência da crise ambiental que nos assola nos faz relembrar, a todo tempo, que as agressões ao meio ambiente – bem como seus ricochetes, cada vez mais imprevisíveis e arrebatadores – não respeitam as fronteiras artificiais da política humana, em que pese, pela natureza das agressões sociais e ambientais, algumas parcelas do planeta sejam mais diretamente afetadas.

Desse modo, uma articulação que recomponha o Direito do Trabalho dentro de um registro ecossocialista deve também – ou melhor, deve fundamentalmente – passar pela esfera internacional. De modo algum isso sinaliza uma crença ingênua na Organização Internacional do Trabalho ou no Direito Internacional como hoje concebido – também objeto da crise estrutural, em suas diversas manifestações[20] –, mas apenas um apelo que este seja da mesma forma tocado taticamente na perspectiva de construção da revolução internacional.

Exsurge como chave fundamental desse novo Direito Internacional do Trabalho a imprescindibilidade de se desamparar dos cânones universalizantes burgueses em que se assenta o direito internacional, de modo geral. As políticas de implementação de políticas socioecológicas pautadas nesse conjunto normativo recomposto deve se atentar não só ao desenvolvimento desigual e combinado do capital em todo globo, como à *dívida histórica constituída, econômica e ecologicamente, pelos países do Norte para com os do Sul global*. Dessa forma, deverão ser mais profundas e contundentes, transicionalmente, as medidas de constrangimento socioecológico aos países centrais da ordem do capital, quando comparados com os países periféricos, isso com vistas de fomentar seu real desenvolvimento, que por certo não se confunde com um Progresso iniciado com maiúscula ou com as perspectivas daninhas de crescimento econômico.

Da mesma sorte, parece-nos que este conjunto de medidas deve contemplar toda uma série de novas questões sociais que reclamam respostas não particularizadas, mas internacionalmente articuladas, e que emergem contemporaneamente, afetando diretamente os arranjos do mundo do trabalho e o gozo de Direitos Sociais, como é o caso do trato das migrações por motivos climáticos, a resultar na cada vez maior existência dos chamados "refugiados climáticos" em todo globo.

11. PROPOSIÇÃO IX: UNIÃO XIFÓPAGA ENTRE O DIREITO DO TRABALHO E A CIDADE

Tema não discutido no campo da história do Direito do Trabalho é o da comum trajetória existente entre a estruturação da urbe moderna e a proteção jurídica das trabalhadoras e trabalhadores.

---

19. MARX, Karl; ENGELS, Friedrich. *Manifesto Comunista*, Trad. Álvaro Pina. São Paulo: Boitempo, 2010.
20. BENSAÏD, Daniel. *Qui est le juge?*: Pour en finir avec le tribunal de l'Histoire. Paris: Fayard, 1999 e BENSAÏD, Daniel. *Contes et legendes de la guerre* éthique. Paris: Textuel, 1999.

O mesmo *Manifesto*, já citado, sinaliza a tendência posta na sociedade capitalista de concentração das trabalhadoras e trabalhadores em razão das necessidades da crescente industrialização, dominância mercantil e aprofundamento da divisão social do trabalho. Trata-se, pois, de uma necessidade estrutural do capitalismo, e dessa forma mercado e cidade caminham conjuntamente em seu moderno forjar. Nesse processo, agudizam as contradições sociais da ordem capitalista (nascente, em desenvolvimento ou já madura), ao proporcionar que o conjunto das pessoas que trabalham, ao viver e compartilhar de espaços e momentos de forma mais intensa (seja na habitação, seja no próprio labor ou outros espaços de sociabilidade, mercado incluso), compartilham suas agruras, compreendem o papel de atuação unitária na busca de suas conquistas políticas, conduzem o necessário enfrentamento de classe nas mais diversas dimensões da sua vida – seja no trato de pautas consideradas "corporativas" ou imediatas, seja no processo de transformação radical e revolucionário da sociedade, de natureza anticapitalista –, ensejando, como uma das respostas paliativas burguesas a tais conflitos classistas, visando "*entregar os anéis para não perder os dedos*"[21] e buscar a "paz social", na estruturação do Direito do Trabalho.

12. PROPOSIÇÃO X: TAREFAS PARA O FENECIMENTO COMUM DO DIREITO DO TRABALHO E DA CIDADE

O esquema apresentado acima, bastante simplista e até mesmo perigosamente mecânico, denota alguns traços da indissociável conexão entre o Direito do Trabalho e a cidade, considerando-os construtos sociais da modernidade capitalista. Tais traços remetem a outra conexão, que da mesma forma que enfeixa tal liame a partir de dinâmicas históricas: a da comum dissolução do Direito do Trabalho e da organização urbana como conhecemos.

Não nutrimos qualquer crença que o direito burguês – e, logo, o Direito do Trabalho, enquanto seu ramo particular – terá existência adeterna. Assim como o direito, não obstante a cientificidade burguesa assim pretenda pintar a coisa, tem historicidade particular, e não existe desde sempre. O brocardo *ubi societas ibi ius* por certo é insustentável material. A forma jurídica, e o Direito do Trabalho, tão logo deixem de existir as necessidades de regulamentação social funcionais à existência e reprodução do capital, terão idêntico destino.

Logo, acabarão.

Esse processo por certo não é imediato, e reclamará toda uma série de processos, mais ou menos acelerados, articulados com as bases e resquícios materiais da própria sociedade burguesa, que colocarão o que podre está em fenecimento.

Dessa forma, um Direito do Trabalho voltado à perspectiva ecossocialista deve, em suas tarefas transicionais, da mesma forma fomentar e indicar, de forma articulada com outros campos jurídicos em fenecimento e com as práticas políticas que o sustentam, a dissolução das distinções entre campo e cidade, a decomposição das estruturas funcionais ao capital na organização dos territórios e buscar a recomposição dos espaços de vida dentro de uma outra racionalidade que não a da toxicidade mercantil. Isso ao mesmo tempo que estrutura o seu comum extinguir junto a toda juridicidade, junto à ordem do capital.

O Direito do Trabalho ecossocialista não intenta sua eternização. Cônscio de seu papel tático, deve direcionar seus fins à sua própria ruína. Que é a ruína da sociedade do capital.

13. PROPOSIÇÃO XI: DIREITO À CIDADE E DIREITO DO TRABALHO

Não só na construção e fenecimento históricos da cidade que o Direito do Trabalho se articula com a urbe. Certamente, porquanto o Direito do Trabalho existir, mesmo que com pouco impacto ou trazendo pouco ruído à lógica de exploração capitalista, sintomaticamente há muito já se verificam articulações dialéticas entre a regulamentação da contratação da força de trabalho e a gestão territorial do capital. Daí as reflexões que envolvem o trato de questões atinentes a tais pontos merecerem também um enfoque ecossocialista.

É um exemplo disso o trato dos aspectos relacionados à transferência de trabalhadoras e trabalhadores (tocados pelo nosso ordenamento de forma monetizada, como expusemos na proposição V) e à interpelação juslaboral ao transporte urbano. Quanto a esse último tema, diversas questões podem ser levantadas, como por exemplo o instituto do Vale-Transporte – previsto na Lei n. 7.418/1985 –, os ressarcimentos com combustíveis conferidos a trabalhadores e trabalhadoras e os descontos salariais resultantes de atrasos por falhas do transporte público.

Desde logo, e até que essa ordem tenha seu termo, o Direito do Trabalho deve se colocar como estimulador primeiro do fomento ao transporte público, à permanência do trabalhador e da trabalhadora junto ao seu local de labor, da impossibilidade de que quem trabalha seja responsabilizado por atos de terceiros resultantes da caótica organização urbana (caos compartilhado com o capital), bem como interditor da afirmação do transporte privado e individual como solução aos dilemas de gozo ao Direito à Cidade.

Deve ser, pois, também acessório à efetivação de um relacionamento pautado pelo bem-viver entre homens e mulheres e o território.

14. RENOVADAS INCONCLUSÕES

Com estas breves onze proposições, intentamos lançar inquietações, pistas e indicativos para uma reflexão e

21. A frase serve de esteio para as reflexões históricas. RAMOS FILHO, Wilson. *Direito capitalista do trabalho*. São Paulo: LTr, 2012.

construção juslaboral ecossocialistas. Por certo, esta não pode e jamais poderá ser pautada desde a teoria, desde um texto, desde as proposições intelectuais de um agente individual, por mais que inserido em processos coletivos específicos de luta social – que é muito mais ampla e plural do que qualquer agente isolado (ou coletivo) pode vir a alcançar, a contemplar.

A estruturação tática de um Direito do Trabalho ecossocialista, por mais que possa nessas proposições ser amparado, jamais deixará de tomar reflexões como *induções condicionadas*, com as quais se articula dialeticamente, influenciando em sua conformação.

Logo, não será a teoria ou a intervenção divina a nos salvar. Seremos salvos da barbárie ecocida capitalista pela transformação social revolucionária capitaneada pelas exploradas e explorados, pelas oprimidas e oprimidos da história. Desde que, claro, imbuída de tais valores ecossocialistas.

A compreensão da dependência, da colonialidade, das críticas à ideologia do progresso e do desenvolvimento, do desenvolvimento desigual e combinado do capitalismo, do internacionalismo operário, do bem-viver se imbricam e devem se imbricar nessa construção, que por ora é apenas inaugurada.

Ainda que pequenas, estão nossas proposições marcadas pela mais profunda esperança que nosso futuro será triunfante e harmônico com o todo natural, ainda que para que tal se dê necessitemos em muito lutar. A conjuntura é das piores que já pudemos imaginar ou viver. Mas não temos o que temer. O moto unidirecional capitalista e seu progresso não nos levará à libertação, e nossa destruição desponta como, senão imediata, muito próxima. Somente com nossa coragem transformadora, questionadora e ativa, também possamos não temer os componentes químicos que cairão junto à chuva que limpará nossa terra de toda forma de exploração e opressão.

15. REFERÊNCIAS

BENSAÏD, Daniel. *La pari melancolique*: métamorphose de la politique, politique des métamorphoses. Paris: Fayard, 2007.

_____. *Marx, o Intempestivo*: grandezas e misérias de uma aventura crítica. Trad. Luiz Cavalcanti de M. Guerra. Rio de Janeiro: Civilização brasileira, 1999.

_____. *Qui est le juge?*: Pour en finir avec le tribunal de l'Histoire. Paris: Fayard, 1999.

FRANCISCO, Papa. *Carta Encíclica Laudato Si'*: sobre o cuidado da casa comum. São Paulo: Paulinas, 2015.

LÖWY, Michael. "Cenários do pior e alternativa ecossocialista". In: *Serviço Social & Sociedade*, São Paulo, n. 104, p. 681-694, out.-dez. 2010.

_____. "Crise ecológica, crise capitalista, crise de civilização: a alternativa ecossocialista". *Caderno CRH*, Salvador, v. 26, 67, p. 79-86, jan.-abr. 2013.

MANDEL, Ernest. *From class society to communism*: an introduction to marxism. Trad. Louisa Sadler. Londres: Ink Link, 1977.

_____. *Socialismo x Mercado*. 2. ed., Trad. José Almeida de Souza Júnior. São Paulo: Ensaio, 1995.

MARX, Karl. *O Capital*: crítica da economia política. Livro I: o processo de produção do capital. Trad. Rubens Enderle. São Paulo: Boitempo, 2013.

_____. ENGELS, Friedrich. *Manifesto Comunista*, Trad. Álvaro Pina. São Paulo: Boitempo, 2010.

MÉSZÁROS, István. *Para além do capital*. Trad. Paulo Sérgio Castanheira e Sérgio Lessa. São Paulo: Boitempo, 2009.

RAMOS FILHO, Wilson. *Direito capitalista do trabalho*. São Paulo: LTr, 2012.

SEFERIAN, Gustavo Scheffer Machado. *Direito do Trabalho como barricada*: sobre o uso tático da proteção jurídica dos trabalhadores. Tese (doutorado) defendida junto à Faculdade de Direito da FDUSP, 2017.

TANURO, Daniel. *L'impossible capitalisme vert*. Paris: La decouverte, 2010.

2

Questões social e ambiental: paralelismos e desencontros na perspectiva do meio ambiente do trabalho

Ney Maranhão[1]
Platon Teixeira de Azevedo Neto[2]

1. INTRODUÇÃO

Francis Schaeffer declara haver "um paralelo entre o abuso do homem para com a natureza e o abuso do homem para com o homem"[3]. De fato, o senhorio desvairado suscitado pelo pensamento de René Descartes, reservando à natureza o gélido *status* de objeto a serviço dos interesses humanos[4], não apontou sua desproporcional força exploratória unicamente para os recursos *naturais*. Em verdade, como a dominação da natureza se dá pelo *trabalho* e o trabalho, por sua vez, é fenômeno intrinsecamente *humano*[5], a primeira grande vítima dessa tônica ambiental abusiva foi e continua sendo, diretamente, o próprio homem.

Tem razão Édis Milaré, portanto, quando destaca que esse espírito humano desmedido "desembocou nessa lamentável 'coisificação' da *natureza* e dos seus encantos"[6]. Mas esse é um problema bem mais grave e profundo: também o *homem* – e "seus encantos" – tem sido sistematicamente "coisificado".

Com efeito, é mesmo revelador perceber o interessante paralelismo histórico e científico entre as questões *social* e *ambiental*. É do que trataremos, em linhas gerais, a seguir.

2. QUESTÕES SOCIAL E AMBIENTAL: PARALELISMOS

A ânsia pelo lucro, ínsita ao capitalismo, intensificou-se sobremaneira com o deflagrar da *Revolução Industrial*, ocorrida a partir do século XVIII, trazendo consigo um sério agravamento das lesividades ambientais. A migração em massa para as cidades, formando uma imensa concentração de pessoas disponíveis como mão de obra, suscitou

---

1. Professor da Faculdade de Direito da Universidade Federal do Pará. Doutor em Direito do Trabalho pela USP. Especialista em Direito do Trabalho pela Universidade de Roma – La Sapienza (Itália). Juiz do Trabalho (TRT-8/PA-AP). Membro da Academia Brasileira de Direito do Trabalho. *E-mail:* <ney.maranhao@gmail.com> / Facebook: Ney Maranhão II / Instagram: @neymaranhao.
2. Professor Adjunto de Direito Processual do Trabalho da Universidade Federal de Goiás. Doutor em Direito pela Universidade Federal de Minas Gerais. Mestre em Direitos Humanos pela Universidade Federal de Goiás. Professor da Escola Nacional de Formação e Aperfeiçoamento de Magistrados do Trabalho (ENAMAT) e de diversas Escolas Judiciais de Tribunais Regionais do Trabalho. Ex-Diretor de Informática da Associação Nacional dos Magistrados da Justiça do Trabalho (ANAMATRA). Ex-Presidente da Associação dos Magistrados do Trabalho da 18ª Região (AMATRA18) e do Instituto Goiano de Direito do Trabalho (IGT). Membro Efetivo do Instituto Ítalo-Brasileiro de Direito do Trabalho. Titular da Cadeira n. 3 da Academia Goiana de Direito. Juiz Titular da Vara do Trabalho de São Luís de Montes Belos/GO (TRT da 18ª Região). *E-mail:* <platon.teixeira@gmail.com>
3. SCHAEFFER, Francis. *Poluição e a morte do homem*. Tradução de Sachudeo Persaud. São Paulo: Editora Cultura Cristã, 2003. p. 59.
4. DESCARTES, René. *Discurso do método*. Tradução de J. Guinsburg e Bento Prado Júnior. 3. ed. São Paulo: Abril Cultural, 1983. p. 63.
5. "Se se entender por trabalho uma atividade cultural humana, dir-se-á que só os homens trabalham e que as máquinas não trabalham [...].[...] não há trabalho sem finalidade, sem a ideia de um objectivo a atingir, ideia e objectivo que só o homem é capaz de fixar: os progressos da inteligência artificial nunca acabarão no juízo desenvolvido, por uma máquina, do carácter bom ou mau de uma finalidade. A máquina não passa de um meio; ora, trabalhar é ter uma finalidade e daí, aliás, o aspecto tão humano e penoso de qualquer trabalho. O trabalho é, como tal, a aposta de uma verdadeira autoprodução humana; [...]. A importância desta aposta eminentemente cultural (a produção, no trabalho, do homem por ele mesmo) exclui, pois, as máquinas de qualquer definição profunda e exigente da noção de trabalho" (CAVALLIER, François. O trabalho, as trocas, a técnica. In: *As grandes noções da filosofia* (autores vários). Lisboa: Instituto Piaget, 2002. p. 1.073-1.127, p. 1.114).
6. MILARÉ, Édis. *Direito do ambiente*. 9. ed. São Paulo: Revista dos Tribunais, 2014. p. 107.

aglomerados humanos em condições sanitárias precárias, com afetação direta dos rios. A aquisição de novos descobrimentos científicos permitiu inserir no processo de produção máquinas de manuseio extremamente perigoso e acionadas mediante novas fontes de energia, produzidas a partir de combustíveis sólidos e que, baseados em sistema de combustão, passaram a afetar consideravelmente a biosfera[7]. Não que o fenômeno poluente tenha *nascido* nesse momento da história, mas certamente nele se vê uma reunião de fatores propiciadora da *intensificação* e *multiplicação* dos tipos de poluição então existentes[8]. Some-se a isso o fomento ao empreendedorismo industrial e à liberdade absoluta de contratação, na conformidade de um Estado de cariz profundamente liberal, e o resultado foi um fatídico cenário de intensa exploração do meio ambiente, em todas as suas dimensões[9].

Deveras, quanto ao específico mundo do trabalho, uma triste realidade passa a chamar a atenção: trata-se do vertiginoso enriquecimento dos donos dos meios de produção e da sistemática violação da dignidade humana dos trabalhadores, materializada no manuseio de expedientes cruéis, tais como o uso do *sweating system*[10] e da chamada *meia-força* (trabalho de mulheres e crianças)[11], com a imposição de jornadas de trabalho desumanas (em regra, 16 horas)[12], exercidas em ambientes totalmente periculosos e insalubres, suscitando exposição direta dos trabalhadores a agentes físicos, químicos e biológicos altamente maléficos à saúde física e mental, em que acidentes e doenças ocupacionais eram situações tão trágicas quanto corriqueiras[13]. Esse contexto de horrenda *degradação-exploração* humana fez eclodir, depois de algum tempo, uma série de reflexões que girarão em torno da conhecida **questão social**, com o consequente advento do Estado Social[14].

Como corolário, ainda no século XIX surgem as primeiras leis de proteção do trabalhador, sendo importante registrar que o regramento de debute versava diretamente sobre aspectos do meio ambiente, mais precisamente do *meio ambiente laboral*. Cuida-se da "Lei de Saúde e Moral de Aprendizes", publicada na Inglaterra, em 1802, que instituía a jornada de trabalho em doze horas diárias, proibia o trabalho noturno e estabelecia a obrigatoriedade de medidas de melhoramento no ambiente de trabalho, impondo-se

7. SENENT, Juan. *A poluição*. Rio de Janeiro: Salvat Editora do Brasil, 1979. p. 26.
8. SILVA, Solange Teles da. O conceito de poluição ambiental e suas implicações jurídicas. In: D'ISEP, Clarissa Ferreira Macedo; NERY JUNIOR, Nelson; MEDAUAR, Odete (Coord.). *Políticas públicas ambientais*: estudos em homenagem ao Professor Michel Prieur. São Paulo: Revista dos Tribunais, 2009. p. 284-303, p. 285.
9. A Revolução Industrial produziu impactos inclusive no meio ambiente *cultural*. Conforme preleciona Eric J. Hobsbawn, "na medida em que as pessoas ficavam urbanizadas, as antigas tradições e práticas, que elas haviam trazido do campo ou da cidade pré-industrial, tornavam-se irrelevantes ou impraticáveis" (HOBSBAWN, Eric J. *A era do capital*: 1848-1875. Tradução de Luciano Costa Neto. 15. ed. São Paulo: Editora Paz e Terra, 2009. p. 324).
10. O *sweating system* ou "sistema do suor" era prática empresarial nefasta consistente em reunir dezenas de trabalhadores em locais extremamente apertados, sem qualquer mínima ventilação ou instalação sanitária, em um cenário de calor insuportável. Amauri Mascaro Nascimento afirma que esse insólito "sistema" estava relacionado ao "trabalho prestado em domicílio, no ramo da tecelagem, do calçado e da indumentária, com remuneração por unidade de obra" (NASCIMENTO, Amauri Mascaro. *Curso de direito do trabalho*. 26. ed. São Paulo: Saraiva, 2011. p. 41). Em obra clássica, Friedrich Engels faz uma espantosa exposição das péssimas condições de vida e de trabalho da classe operária inglesa do século XIX. Entre os inúmeros fatores degradantes, registra relatos da existência de "condições de locais de trabalho com tetos muito baixos, insalubres, poeirentos ou úmidos, com uma atmosfera demasiado quente, que determina uma incessante sudorese" (ENGELS, Friedrich. *A situação da classe trabalhadora na Inglaterra*. Tradução de B. A. Schumann. São Paulo: Boitempo, 2010, p. 193).
11. LOPEZ, Manuel Carlos Palomeque. *Direito do trabalho e ideologia*. Tradução de António Moreira. Coimbra: Almedina, 2001, p. 24.
12. "[...] o proprietário inteligente sabia que arrancar tudo da máquina, o mais depressa possível, era essencial porque, com as novas invenções, elas podiam tornar-se logo obsoletas. Por isso, os dias de trabalho eram longos, de 16 horas. Quando conquistaram o direito de trabalhar em dois turnos de 12 horas, os trabalhadores consideraram tal modificação como uma bênção. [...] Os fiandeiros de uma fábrica próxima de Manchester trabalhavam 14 horas por dia numa temperatura de 26 a 29ºC, sem terem permissão de mandar buscar água para beber. [...] como as máquinas representavam um investimento, e os homens não, preocupavam-se mais com o bem-estar das primeiras. [...] Buscavam o máximo de força de trabalho pelo mínimo necessário para pagá-las. Como mulheres e crianças podiam cuidar das máquinas e receber menos que os homens, deram-lhes trabalho, enquanto o homem ficava em casa, frequentemente sem ocupação. A princípio, os donos das fábricas compravam o trabalho das crianças pobres, nos orfanatos; mais tarde, como os salários do pai operário e da mãe operária não eram suficientes para manter a família, também as crianças que tinham casa foram obrigadas a trabalhar nas fábricas e minas" (HUBERMAN, Leo. *História da riqueza do homem*. Tradução de Valtensir Dutra. 21. ed. Rio de Janeiro: Editora Guanabara, 1986. p. 177-178).
13. "[...] em virtude da precariedade das condições de trabalho durante esse período inicial da industrialização, ocorriam, além de acidentes, enfermidades típicas ou intensificadas no ambiente de trabalho, sendo que mineiros e metalúrgicos, principalmente, foram os mais atingidos" (ROCHA, Julio Cesar de Sá da. *Direito ambiental do trabalho*: mudanças de paradigma na tutela jurídica à saúde do trabalhador. 2. ed. São Paulo: Atlas, 2013. p. 43).
14. "[...] a expressão *questão social* responde à intenção de dar um nome a uma série de fenômenos em torno do processo de industrialização e, particularmente, a disseminação de condições extremamente penosas e até miseráveis de vida e trabalho" (BARBAGELATA, Héctor-Hugo. *A evolução do pensamento do direito do trabalho*. Tradução de Sidnei Machado. São Paulo: LTr, 2012. p. 19).

a implementação de um ambiente minimamente arejado, limpo e seguro aos trabalhadores. **Infere-se daí, pois, que, de certo modo, a primeira questão ambiental que exigiu urgente intervenção estatal foi uma questão de labor-ambiente, porque alusiva à saúde e à segurança no âmbito do trabalho**[15]. Ou seja, nessa perspectiva, a necessária intervenção jurídica foi inaugurada, no que refere ao ente ambiental, não precisamente na seara de sua dimensão *natural* (tutela da preservação de bens naturais esgotáveis), mas na sua dimensão *social* ou estritamente *humana* (tutela da saúde de seres humanos vulneráveis). **Enfim, nessa ordem de ideias, a percepção da degradação do meio ambiente *laboral* precedeu a percepção da degradação do meio ambiente *natural***[16].

Na medida em que o capitalismo é fenômeno de escala mundial, o mesmo se dando com os problemas que esse modelo produz, o Direito do Trabalho já nasceu com um perfil intrinsecamente *cosmopolita*, no sentido de que veio à luz e amadureceu com a vocação de se internacionalizar, sendo um verdadeiro precursor de outros ramos do Direito que teriam essa mesma propensão, como o próprio Direito Ambiental. Essa assertiva é comprovada com a criação da Organização Internacional do Trabalho (OIT), em 1919[17]. Rememore-se, aliás, porque relevante, que a primeira convenção emitida pela OIT cuidou da limitação de jornada dos trabalhadores, assunto intimamente ambiental, porquanto ligado à saúde e à segurança humanas no trabalho. É que a qualidade da saúde física e mental dos trabalhadores está diretamente relacionada com a jornada de trabalho praticada. Noutras palavras: a *quantidade* e *qualidade* da jornada de trabalho constituem elementos centrais para a salvaguarda do necessário equilíbrio labor-ambiental, sob pena de afetação sistêmica lesiva da saúde e segurança de todos os trabalhadores nela envolvidos.

Sucede que essa consequência mais diretamente *humana*, advinda do deletério desequilíbrio proporcionado pelo capitalismo selvagem, revelou-se apenas a "ponta do *iceberg*". Com efeito, os horrores humanos só foram um sórdido prenúncio de horrores de dimensões bem mais amplas e estarrecedoras. Verdadeiramente, começaram a pulular, pelo meio do *século XX*, novas e intensas discussões ambientais, desta feita mais voltadas para a degradação do meio ambiente natural. Surge, assim, a famosa **questão ambiental** propriamente dita, tendo na Conferência de Estocolmo (1972)[18] o importante marco histórico de nascimento do Direito Ambiental, tal como ordinariamente o conhecemos.

Nesse contexto, a problemática denunciada ganha foro mais acentuadamente *global*. O risco da própria viabilidade da existência humana começa a ser colocado em discussão, pouco importando a classe social, à vista da irresponsável exploração dos recursos naturais então levada a efeito. Agora, não é que o problema seja uma ou mais vidas humanas lentamente destruídas por intoxicação química, pela abrupta mutilação de seus corpos ou pelo trágico adoecimento mental engendrados em um contexto de desequilíbrio labor-ambiental. A intensa propagação lesiva ganha contorno coletivamente desesperador. O ponto, então, passa a ser a própria possibilidade de, em um tempo bem próximo, desaparecerem as condições viabilizadoras da vida humana no Planeta Terra, em uma perspectiva catastrófica que é decorrência direta, agora, do que parece ser um quase incontornável desequilíbrio do meio ambiente *natural*. **Agora, a percepção da degradação do meio ambiente natural se sobrepõe à percepção da degradação do meio ambiente laboral.**

Já é possível perceber o curioso fato, também anotado com inteira percuciência por Norma Sueli Padilha[19]: **a degradação da qualidade de vida dos trabalhadores e a degradação do meio ambiente natural são originárias do mesmíssimo contexto socioeconômico**, cujas atrocidades geraram, cada qual em seu plano de influência mais direta

---

15. MARANHÃO, Ney. *Poluição labor-ambiental*: abordagem conceitual da degradação das condições de trabalho, da organização do trabalho e das relações interpessoais travadas no contexto laborativo. Rio de Janeiro: Lumen Juris, 2017. p. 63.

16. "A poluição atmosférica, a água de abastecimento público fora dos padrões de potabilidade, o contato com águas que contêm esgotos e o excesso de ruídos, entre inúmeros outros fatores, são fontes de doenças. Quando essas condições de desequilíbrio ocorrem no ambiente de trabalho, cabe a tutela dessa outra vertente ambiental – o meio ambiente do trabalho – que, na Revolução Industrial, foi o primeiro foco de preocupação com os efeitos das atividades humanas sobre a saúde e o bem-estar da população [...]" (GRANZIERA, Maria Luiza Machado. *Direito ambiental*. 4. ed. São Paulo: Atlas, 2015. p. 88).

17. Daí o porquê de Guilherme Guimarães Feliciano, acertadamente, destacar essa feição cosmopolita como uma das *características* do Direito do Trabalho, aduzindo que esse ramo jurídico "dialoga densamente com as normas jurídicas internacionais, em especial aquelas emanadas pela Organização Internacional do Trabalho, e com os próprios direitos positivos estrangeiros – cfr. art. 427 do Tratado de Versalhes e, no Brasil, o art. 8º, *caput*, da CLT, referindo textualmente a 'direito comparado'" (FELICIANO, Guilherme Guimarães. *Curso crítico de direito do trabalho*: teoria geral do direito do trabalho. São Paulo: Saraiva, 2013. p. 111).

18. ORGANIZAÇÃO DAS NAÇÕES UNIDAS. *Declaração da Conferência das Nações Unidas sobre o Meio Ambiente Humano*, 1972. Disponível em: <http://www.onu.org.br>. Acesso em: 14 nov. 2015.

19. PADILHA, Norma Sueli. O equilíbrio do meio ambiente do trabalho: direito fundamental do trabalhador e de espaço interdisciplinar entre o direito do trabalho e o direito ambiental. *Revista do Tribunal Superior do Trabalho*, Brasília, v. 77, n. 4, p. 231-258, out.-dez. 2011. p. 234 e 236. No mesmo sentido, Ingo Wolfgang Sarlet, Paulo Affonso Leme Machado e Tiago Fensterseifer, ao afirmarem que "o processo de industrialização levado a efeito de forma mais acentuada nos dois últimos séculos reproduziu não só um cenário de degradação ecológica, do ponto de vista do ambiente natural, mas também impôs ao ser humano um cenário degradante no contexto do seu ambiente de trabalho" (SARLET, Ingo Wolfgang; MACHADO, Paulo Affonso Leme; FENSTERSEIFER, Tiago. *Constituição e legislação ambiental comentadas*. São Paulo: Saraiva, 2015. p. 63-64).

e embora em momentos diferentes, uma forte *consciência de resistência*. Como resultado, operou-se a necessidade de contundentes intervenções normativas, primeiro com o Direito do Trabalho e, mais recentemente, com o Direito Ambiental, ambos, vale dizer, ramos jurídicos de propensão genuinamente *cosmopolita*. Não sem razão: **na medida em que *labor humano* e *recursos naturais* também são realidades globais, as problemáticas que se lhes seguiram acabam guardando idêntica abrangência.**

Veja-se, portanto, que a *questão social*, que ensejou o nascimento do *Direito do Trabalho*, e a *questão ecológica*, que deu azo ao exsurgir do *Direito Ambiental*, expressam relevantíssimas tomadas de consciência coletiva logo plasmadas em dimensão *internacional*, respectivamente, com a criação da OIT (1919) e a famosa Conferência de Estocolmo (1972). Assim se deu porque – há de se vincar bem – o surgimento de ambos esses segmentos jurídicos guarda relação direta com os desdobramentos e os enfrentamentos das mesmas nocividades verificadas já a contar da 1ª Revolução Industrial (século XVIII)[20]. Como bem acentua Guilherme Guimarães Feliciano:

> Assim como o desenvolvimento econômico não pode solapar as bases naturais da sociedade, tampouco pode vilipendiar a dignidade humana do trabalhador ou malferir seus direitos fundamentais (como, houve, às escâncaras, no auge da Primeira Revolução Industrial). Nesses termos, tanto a tutela constitucional do meio ambiente quanto a tutela constitucional do trabalhador são ilhas de resistência democrática à ação voraz do capitalismo industrial e pós-industrial.[21]

Nessa linha de raciocínio, a função do Direito Ambiental seria precisamente a de "disciplinar a técnica e a economia, subordinando a livre-iniciativa (lucro privado) aos interesses maiores do bem comum", estabelecendo, "pelo paradigma ético, limites normativos ao modelo econômico (e, por via de consequência, à tecnologia)"[22]. E o Direito do Trabalho, em essência, compartilha dessa mesma teleologia, já que, desde as suas origens, também tem se pautado nessa espécie de "intervenção corretiva" como elemento contributivo para uma "reforma social humanizadora"[23]. Ambos, portanto, alimentando-se de uma densa linha tuitiva apta a conferir maior sustentação jurídica para o ferrenho combate a uma problemática que, historicamente, vem refletindo tanto a degradação do meio ambiente natural quanto a degradação do meio ambiente laboral.

2. QUESTÕES SOCIAL E AMBIENTAL: DESENCONTROS

Como bem destaca Philippe Saint Marc, a intensidade da problemática ambiental não existia quando da formação do conjunto do pensamento ocidental. De fato, pensadores liberais, como Montesquieu e Adam Smith, ou socialistas, como Proudhon e Marx, "ignoraram" por completo os problemas do meio ambiente porque, em seu tempo, "não se apresentava com a mesma agudeza, o que faz com que, agora, nos vejamos obrigados a imaginá-los fora de todas as estruturas mentais em função das quais se determina o pensamento político do Ocidente"[24]. E arremata: "[...] Os homens do século XIX pensaram mais em termos de relações humanas do que em termos de relações entre o homem e a natureza"[25].

Partindo desse perspicaz raciocínio e levando em conta o conceito largo de meio ambiente acolhido em nossa Constituição Federal (a abranger, a um só tempo, elementos tanto da *biosfera* quanto da *sociosfera*, como se vê, por exemplo, de seu art. 200, VIII), é possível registrar que se, por um lado, no *século XIX*, o pensamento crítico se centrou na relação *homem/homem*, com todo o fervilhar que a *questão social* provocou, a ponto de gerar normatização protetiva de um *grupo humano vulnerável* (classe trabalhadora), por outro lado, eclode, no *século XX*, a necessidade de um pensamento crítico voltado para a relação *homem/natureza*, à vista da aflitiva *questão ambiental* então ventilada, a ponto de gerar normatização protetiva de *toda a humanidade*, vulnerável pelas duras e apocalípticas previsões

20. Nesse mesmo sentido: FIGUEIREDO, Guilherme José Purvin de. *Direito ambiental e a saúde dos trabalhadores*: controle da poluição, proteção do meio ambiente, da vida e da saúde dos trabalhadores no Direito Internacional, na União Europeia e no Mercosul. 2. ed. São Paulo: LTr, 2007. p. 24. Nesse particular e escrevendo ainda na década de 1970, ressoa importante a assertiva de Fábio Nusdeo no sentido de que, ao cabo, "a degradação ambiental é comum tanto aos sistemas centralizados de índole coletivista, como os regimes de mercado, de cunho capitalista. A esse respeito, o Mar Báltico fornece um exemplo eloquente: banhando sete países de diversa formação histórica, diferentes sistemas econômicos e constituídos por povos de variada origem étnica, como as duas Alemanhas, a Suécia, a Noruega, a Dinamarca, a Rússia, a Polônia e a Finlândia, suas águas recebem detritos de toda ordem provenientes de todos eles. A contaminação das mesmas atinge tais índices a ponto de praticamente não ser possível a pesca, bem como quaisquer atividades de lazer ou recreio, inclusive com prejuízo de algumas célebres estações balneárias" (NUSDEO, Fábio. *Desenvolvimento e ecologia*. São Paulo: Saraiva, 1975. p. 22).
21. FELICIANO, Guilherme Guimarães. *Teoria da imputação objetiva no direito penal ambiental brasileiro*. São Paulo: LTr, 2005. p. 359.
22. FELICIANO, Guilherme Guimarães. *Teoria da imputação objetiva no direito penal ambiental brasileiro*. São Paulo: LTr, 2005. p. 282 e 284.
23. FELICIANO, Guilherme Guimarães. *Curso crítico de direito do trabalho*: teoria geral do direito do trabalho. São Paulo: Saraiva, 2013. p. 109-110.
24. MARC, Philippe Saint. Entrevista. In: SENENT, Juan. *A poluição*. Rio de Janeiro: Salvat Editora do Brasil, 1979. p. 8-17, p. 10-11.
25. *Ibidem*, p. 12.

ambientais. Vem daí, então, a pergunta que não quer calar: **que se fará do século XXI?** Que se dirá dos sérios e variados impactos ambientais propiciados por uma chamada Revolução *Tecnológica*, que potencializa os riscos *globais* à vida no planeta e diuturnamente assalta a saúde – sobretudo a *mental* – de milhões de trabalhadores, em face do fenômeno da globalização e da implantação de novas formas de organização do trabalho?[26]

A estruturação do pensamento humano compartimenta problemas e, dentro dessa mesma estrutura, procura por soluções. Mas, por vezes, o homem é traído por sua própria "sabedoria". Um desses "nós intelectuais" é relatado por Richard Means, quando afirma que a ecologia é um problema de ética, todavia "a grande falha de toda ética até agora tem sido que eles acreditavam que eles mesmos teriam de lidar somente com a relação de homem para homem"[27]. Na esteira desse escólio, continuemos a refletir: **se a falha da ética foi conferir ênfase somente à relação *homem/homem*, não teria sido a falha do Direito Ambiental a assunção de foco exclusivo na relação *homem/natureza*?** Afinal, efetivamente, haveria alguma "ética" para as questões ecológicas? Haveria mesmo alguma "ecologia" para as questões humanas?

Não temos dúvida de que a resposta deva ser *afirmativa*. Mais que isso: talvez o grande desafio do século XXI seja precisamente este: à **luz de uma visão integrativa e sistêmica, romper barreiras intelectivas e culturais, enxergando a realidade na beleza de sua intrínseca *complexidade*, assimilando um saber que necessariamente se imponha *holístico* e *interdisciplinar*.** Afinal, como acentua Edgar Morin, "nosso modo de conhecimento fragmentado produz ignorâncias globais. Nosso modo de pensamento mutilado conduz a ações mutilantes"[28].

Com efeito, a separação cartesiana e mecanicista entre homem e natureza acabou migrando a questão ambiental, juridicamente, para o seu eixo *ecológico*. A dificuldade em compreender o homem como ser integrante do plexo ambiental e a enorme resistência em se reconhecer uma expressão verdadeiramente *sociolaboral* na realidade ambiental precisam ser logo suplantadas. Essa é uma crítica ao Direito Ambiental que precisa ser enfrentada com seriedade e sobriedade. E, realmente, parece-nos que a persistente negativa de integração do meio ambiente laboral junto ao meio ambiente humano passa por uma tal reflexão, importando, por certo, uma verdadeira mudança na forma de perceber e compreender o homem e o mundo.

Como bem destacam Ingo Wolfgang Sarlet e Tiago Fensterseifer, há danos ecológicos e ambientais ainda desconhecidos ou mesmo ainda não compreendidos, praticados por atividades humanas levadas a efeito por agentes públicos ou privados[29]. Nessa linha, cremos, por exemplo, que a pandemia de doenças mentais relacionadas ao trabalho que acomete o mundo constitui, sim, genuíno *dano ambiental* ou, mais precisamente, dano *labor-ambiental*, sendo esse um exemplo de danosidade que ainda reclama atenção e compreensão da parte de juristas em geral, em especial dos jusambientalistas.

Por isso, a indiscutível estampa antropocêntrica contida no Princípio 1 da *Declaração do Rio sobre Meio Ambiente e Desenvolvimento* (1992) não pode ser entendida como confirmação do "senhorio absoluto" do homem frente à natureza. Mesmo aí, há espaço para o reconhecimento de valores intrínsecos aos recursos naturais. Mas também haverá de existir espaço para aqueles que, desde priscas eras, estão à mercê do tormento, da doença e da morte no contexto do ambiente de trabalho. Acreditamos que afirmar que o vetor da *sustentabilidade* tem vinculação central com os seres humanos, de sorte a conferir-lhes vida saudável, significa também reacender a dimensão humana ou social da temática do meio ambiente. **Afinal, como já destacado, o combate ao arbítrio ambiental precisa atentar para este histórico flagelo bifronte: a exploração desumana da natureza e a exploração desumana do próprio homem.**

A partir desse quadro intelectivo, pensamos que o Direito Ambiental tem tudo para galgar mais um degrau em seu prodigioso percurso de amadurecimento científico. O reconhecimento da integração do meio ambiente do trabalho ao plexo jurídico-ambiental representa, em essência, a nosso ver, um "reencontrar-se consigo próprio" do Direito Ambiental. É um sadio retorno de foco ao homem, como fim em si de todo o regramento jurídico, desta feita em uma versão mais equilibrada e equânime. É **a admissão, ainda que tardia, de que "degradação ambiental" é termo que**

---

26. "A concorrência econômica mundial está promovendo trabalho insalubre, em parte por envolver milhões de pessoas nos mercados informais de trabalho e desprotegidos em países em desenvolvimento, expondo-os a ambientes nocivos de trabalho e, com isso, inibindo a realização de mudanças necessárias para garantir um ambiente de trabalho saudável para as pessoas que trabalham em todo o mundo" (SCHNALL, Peter L.; DOBSON, Marnie; ROSSKAM, Ellen; LANDSBERGIS, Paul. Conclusion: curing unhealthy work. In: SCHNALL, Peter L.; DOBSON, Marnie; ROSSKAM, Ellen (Ed.). *Unhealthy work*: causes, consequences, cures. Amityville, New York: Baywood Publishing Company, 2009. p. 331-350, p. 335). Tradução livre.

27. MEANS, Richard *Apud* SCHAEFFER, Francis. *Poluição e a morte do homem*. Tradução de Sachudeo Persaud. São Paulo: Editora Cultura Cristã, 2003. p. 17.

28. MORIN, Edgar. *A via para o futuro da humanidade*. Tradução de Edgard de Assis Carvalho e Maria Perassi Bosco. Rio de Janeiro: Bertrand Brasil, 2013. p. 183. Para uma impiedosa crítica à fragmentação do conhecimento, pugnando por uma educação cada vez mais interdisciplinar, confira-se também: MORIN, Edgar. *O método 1*: a natureza da natureza. Tradução de Ilana Heineberg. 2. ed. Porto Alegre: Editora Sulina, 2003.

29. SARLET, Ingo Wolfgang; FENSTERSEIFER, Tiago. *Direito ambiental*: introdução, fundamentos e teoria geral. São Paulo: Saraiva. 2014. p. 38.

expressa não só o enfraquecimento do solo, a contaminação de lençóis de água e sujeira no ar, mas também a dor, o sofrimento e o luto para milhares de seres humanos que têm no seu ambiente de trabalho um terrível foco de acidentes e doenças físicas e mentais. Tudo com repercussão deletéria amplíssima, porque tal danosidade afeta a si próprios, suas famílias e, em última instância, a sociedade como um todo. Trata-se, enfim, do benfazejo reconhecimento de que o combate à *poluição* não pode prescindir de incursões em terrenos *socioambientais* – que, em grande medida, podem até aninhar a própria *gênese* de grande parcela da problemática *ambiental* (*stricto sensu*).

Assim postas as coisas, descortina-se a possibilidade de se travar discussão ambiental relevante, malgrado ainda pouco abordada no plano jurídico brasileiro: o meio ambiente laboral como estratégica zona de prevenção e proteção ambiental. É hora de aprofundar um pouco mais.

3. QUESTÕES SOCIAL E AMBIENTAL – "PEDRA DE TOQUE" PARA A REAPROXIMAÇÃO CRÍTICA: DIMENSÃO LABOR-AMBIENTAL COMO HISTÓRICO PONTO DE VULNERABILIDADE DO MEIO AMBIENTE

Estudiosos da área têm atestado uma verdade tão simples quanto profunda: a saúde e o bem-estar dos trabalhadores são inseparáveis da saúde e do bem-estar da comunidade[30]. Essa assertiva não tem lastro apenas em uma importante invocação *isonômica* – o que seria já vetor jurídico de carga suficiente para tanto. O que está em jogo, na essência, é o reconhecimento de que a proteção do meio ambiente em geral supõe a proteção efetiva de uma de suas facetas mais vulneráveis, na qual costumeiramente se dá o foco de muitas tragédias ambientais: o *meio ambiente do trabalho*.

Ora, constatado que o combate à poluição tem angariado poucos efeitos práticos, fomentou-se ampla reflexão crítica em busca da identificação das causas dessa ineficácia, colocando-se, claro, à caça de novas estratégias de ação ambiental. Só então algo que parecia óbvio enfim passou a ser objeto de atenta análise: **a estreita ligação entre poluição e o manuseio de agentes fortemente lesivos ao meio ambiente no âmbito das fábricas e indústrias**. Com isso, enfim se chegou à conclusão de que o meio ambiente do trabalho sempre representou perigoso foco de exposição ambiental não apenas em face dos trabalhadores, mas também da população em geral, inclusive com riscos concretos aos integrantes das futuras gerações, máxime quando o agente lesivo é de ordem *química*. Aliás, constatamos, em nossas pesquisas, que esse fato, na verdade, vem sendo objeto de menção já desde as seminais denúncias de Rachel Carson, na década de 1960, em sua reconhecidíssima obra *Primavera Silenciosa*, como segue:

> Em 1775, *Sir* Percivall Pott declarou que o câncer escrotal, tão comum entre limpadores de chaminé, devia ser causado pela fuligem que se acumulava no corpo deles. [...] O primeiro reconhecimento de doenças malignas atribuíveis à era da indústria surgiu durante o último quarto do século XIX. Mais ou menos na mesma época em que Pasteur estava demonstrando a origem microbiana de muitas doenças infecciosas, outros pesquisadores estavam descobrindo a origem química dos cânceres de pele entre os trabalhadores da nova indústria de linhito na Saxônia e na indústria escocesa do xisto, ao lado de outros cânceres causados pela exposição ocupacional ao alcatrão e ao piche. [...] No intervalo de menos de dois séculos entre as descobertas de Pott e os dias atuais, a situação ambiental mudou assombrosamente. **As exposições a perigosos produtos químicos não mais apenas ocupacionais: eles haviam penetrado no meio ambiente de todos – até mesmo das crianças e dos que ainda não haviam nascido.**[31]

Guido Fernando Silva Soares também é bastante claro ao afirmar que as primeiras constatações poluentes se deram no âmbito do meio ambiente do trabalho, gerando, também, como acentuamos anteriormente, as primeiras intervenções em órbita internacional. Segue sua rica explanação:

> **As primeiras poluições que mereceram a imediata atenção do homem moderno foram o envenenamento dos microespaços, como os locais de trabalho, em uma sociedade cada vez mais industrializada.** A seguir, houve a consciência da necessidade de circunscrever o quanto fosse possível a extensão dos malefícios da industrialização, **que já se estendia para além dos locais de trabalho, como o lançamento de resíduos tóxicos nos rios, lagos e mares e, enfim, na atmosfera como um todo.** (...) As primeiras normas internacionais de proteção ao meio ambiente no relativo a poluições derivadas de atividades industriais emergiram pela atuação da Organização Internacional do Trabalho, a OIT, com sede em Genebra.[32]

Igualmente, Antônio Augusto Cançado Trindade, ao arrolar possíveis conflitos entre os direitos humanos e as normas de proteção ambiental, menciona restrições ao direito ao trabalho, qualquer que seja ele, diante de medidas de combate à poluição, em particular "as proibições de assentamentos humanos nas cabeceiras dos rios fornecedores

30. COELHO, José Guerra Pinto; PORTUGAL, Henrique Furtado. *Biologia geral, higiene e puericultura*. 9. ed. Belo Horizonte: Editora Bernardo Álvares S. A., 1970. p. 187.

31. CARSON, Rachel. *Primavera silenciosa*. Tradução de Claudia Sant'Anna Martins. São Paulo: Gaia, 2010. p. 188-189. Grifamos.

32. SOARES, Guido Fernando Silva. *A proteção internacional do meio ambiente*. Barueri, São Paulo: Manole, 2003. p. 117. Grifamos.

de água potável às cidades"[33]. Miguel A. Ozório de Almeida, da mesma forma, assevera que "nas zonas urbanas a maioria dos problemas relativos à deterioração do meio se origina do aproveitamento errôneo da força de trabalho na indústria"[34]. Luís Paulo Sirvinskas também reconhece a importância do meio ambiente do trabalho para a saúde da população e o combate à poluição, destacando que, se os trabalhadores de uma indústria vierem a sofrer qualquer tipo de doença, "com certeza também estará correndo riscos toda a comunidade, pois os poluentes emitidos por essa atividade poderão ultrapassar os limites do estabelecimento e causar danos à população"[35].

José Afonso da Silva, de sua parte, é bastante claro ao destacar que a proteção do meio ambiente de trabalho "significa proteção do ambiente e da saúde das populações externas aos estabelecimentos industriais, já que um ambiente interno poluído e inseguro expele poluição e insegurança externa"[36]. Por sua vez, Henrique Furtado Portugal disserta expressamente sobre a aludida proteção do meio ambiente do trabalho como fator de combate e prevenção de fenômenos poluentes, inclusive já prenunciando a importância de uma visão ampla, que assimile uma modalidade de degradação que, indo além de aspectos naturais, assuma também enfoque *social*. Eis sua preciosíssima lição:

> Para que os homens não se convençam porém de que dominaram realmente a natureza e não abusem das dádivas que Deus lhes prodigalizou, veio a idade atômica moderna, **vieram as indústrias com suas insalubridades, as necessárias aglomerações humanas, o trabalho em locais angustos, o agravamento e a expansão das pneumoconioses e, por fim, a poluição das águas e dos ares** [...] É a nova significação da Higiene Industrial essa de que **a saúde dos trabalhadores é inseparável da saúde e do bem-estar da comunidade**. [...] Medidas as consequências econômico-sociais de tal fato e a interdependência das indústrias com as comunidades de que fazem parte, claramente se vê a Higiene Industrial bem conduzida, oferecendo algumas soluções para muitos problemas gerais de Saúde Pública, Segurança Social, **concorrendo naturalmente para um relativo controle da poluição**. [...] a Medicina Preventiva (inicialmente restrita quase somente à epidemiologia infecciosa) hoje se estende à epidemiologia social, cultural, econômica etc., **dentro da qual se situa a poluição, considerada não somente como fator etiopatogênico, como também fator de degradação das condições da vida humana**.[37]

A propósito, não custa lembrar que boa parte das catástrofes ambientais poderia ter sido evitada caso se praticasse rigorosa ação preventiva no combate à poluição junto aos mais variados ambientes de trabalho, especialmente no que tange às condições laborais praticadas e ao processo produtivo aplicado. Recorde-se do caso da *Fundição Trail Center* (Trail Smelter – 1941), em que uma empresa que produzia zinco e chumbo na Columbia Britânica, no Canadá, emitia para a atmosfera partículas de fumaça contendo dióxido de enxofre. A intensidade e a toxicidade dessa emissão eram tão elevadas que danos a pessoas e plantações foram verificados nos Estados Unidos, em especial na cidade de Newport e no vizinho Estado de Washington, onde foram anotadas ocorrências de chuvas ácidas e depósitos de substâncias derivadas do ácido sulfúrico. A sentença final prolatada no caso trouxe à luz o caráter *transfronteiriço* da poluição e representa "a primeira manifestação formal do Direito Internacional do Meio Ambiente"[38], resultando, anos mais tarde, a teor da lição de José Cretella Neto[39], no enunciado do Princípio 21 da Declaração de Estocolmo de 1972[40], reiterado no Princípio 2 da Declaração do Rio de 1992[41].

33. TRINDADE, Antônio Augusto Cançado. The contribution of international human rights law to environmental protection, with special reference to global environmental change. In: WEISS, Edith Brown (Ed.). *Environmental change and international law*: new challenges and dimensions. Tóquio: United Nations University Press, 1992. p. 244-312. p. 311-312.
34. ALMEIDA, Miguel A. Ozório de. O mito do equilíbrio ecológico. In: MASRIERA, Miguel (Org.). *Luta contra a poluição*. Rio de Janeiro: Fundação Getúlio Vargas, 1976. p. 95-107, p. 104.
35. SIRVINSKAS, Luís Paulo. *Manual de direito ambiental*. 11. ed. São Paulo: Saraiva, 2013. p. 813.
36. SILVA, José Afonso da. *Direito ambiental constitucional*. 10. ed. São Paulo: Malheiros Editores, 2013. p. 24.
37. PORTUGAL, Henrique Furtado. Prefácio. In: PIAUÍ, Francelino. *Homem e poluição*: breve ensaio sobre o pesadelo do século. Edição própria. Campinas, 1972. p. 11-17, p. 14 e 16-17. Grifamos.
38. SOARES, Guido Fernando Silva. *Direito internacional do meio ambiente*: emergência, obrigações e responsabilidades. São Paulo: Editora Atlas, 2001. p. 44.
39. CRETELLA NETO, José. *Curso de direito internacional do meio ambiente*. São Paulo: Saraiva, 2012. p. 305.
40. Declaração de Estocolmo/1972. Princípio 21: "Em conformidade com a Carta das Nações Unidas e com os princípios de direito internacional, os Estados têm o direito soberano de explorar seus próprios recursos em aplicação de sua própria política ambiental e a obrigação de assegurar-se de que as atividades que se levem a cabo, dentro de sua jurisdição, ou sob seu controle, não prejudiquem o meio ambiente de outros Estados ou de zonas situadas fora de toda jurisdição nacional" (ORGANIZAÇÃO DAS NAÇÕES UNIDAS. *Declaração da Conferência das Nações Unidas sobre o Meio Ambiente Humano*, 1972. Disponível em: <http://www.onu.org.br>. Acesso em: 14 nov. 2015).
41. Declaração do Rio/1992. Princípio 2: "Os Estados, de conformidade com a Carta das Nações Unidas e com os princípios de Direito Internacional, têm o direito soberano de explorar seus próprios recursos segundo suas próprias políticas de meio ambiente e desenvolvimento, e a responsabilidade de assegurar que atividades sob sua jurisdição ou controle não causem danos ao meio ambiente de outros Estados ou de áreas além dos limites da jurisdição nacional" (Idem. *Declaração do Rio sobre Meio Ambiente e Desenvolvimento*. Disponível em: <http://www.onu.org.br>. Acesso em: 14 nov. 2015).

Há muito os pesquisadores da área da *saúde* fazem a acertada correlação entre a higidez do meio ambiente do trabalho e a correspondente higidez do meio ambiente que lhe é circundante. Por exemplo, René Mendes e Deilson Elgui de Oliveira, em denso estudo sobre a patogênese do adoecimento relacionado com o trabalho, arrolam interessantes casos de extensão de quadros de nocividade labor-ambientais para o ambiente domiciliar e a comunidade circunvizinha. Eis alguns exemplos: (i) evento cancerígeno causado pela exposição doméstica ao *asbesto* (amianto), quando da infância da vítima, trazido do ambiente de trabalho pelo próprio pai; (ii) afetação de crianças cujos pais trabalhavam em empresas com intensa exposição ocupacional a *chumbo*, havendo contaminação domiciliar por meio da roupa e outros objetos trazidos pelos pais, que eram os trabalhadores diretamente expostos ao referido agente nocivo; (iii) contaminação de parentes por *agrotóxicos*, não apenas pelas roupas dos trabalhadores levadas para casa, mas também, com muita frequência, porque tais produtos químicos ficavam estocados na casa do próprio obreiro, expondo todos os membros da família ao risco; (iv) o uso de *mercúrio* na bacia amazônica, em atividades de garimpo, afetando a qualidade da água e dos peixes consumidos pelos habitantes de toda uma região; (v) o efeito das fumaças das *queimadas de cana-de-açúcar* sobre a população local; (vi) o transporte de *cargas perigosas*, em que o veículo de transporte faz longos percursos, atravessando muitas áreas densamente povoadas; (vii) casos de *asma "paraocupacional"* causados pela inalação de vapores de tolueno diisocianato (TDI) e que afetam pessoas que moram ou trabalham nas proximidades de fábricas de espuma de látex, onde o TDI era utilizado[42].

Mais à frente, os nobres autores fazem relevante anotação, a demonstrar o *nítido viés publicista* que deve permear qualquer debate sobre a temática labor-ambiental, *verbis*:

> Conclui-se, portanto, que a extensão da nocividade potencial originada no interior de processos produtivos não se limita aos trabalhadores diretamente envolvidos. **Pode estender-se aos membros de suas famílias, aos moradores das comunidades circunvizinhas, às pessoas envolvidas na cadeia completa de produção-comercialização/distribuição e eventual aplicação, aos 'consumidores', no seu sentido mais amplo, levando as fronteiras da nocividade potencial a áreas geográficas e grupos populacionais remotos e desconhecidos.** Tal compreensão, construída a partir de distintos exemplos utilizados nesta seção, ajuda-nos, também, **a situar o problema da nocividade do trabalho para além da 'patologia do trabalho', no estrito senso, indo para a 'patologia ambiental', e, mais corretamente, para** o âmbito **da saúde pública.**[43]

Continuemos nossa reflexão, desta feita trazendo à baila o pensamento de Fábio Nusdeo, que, já em 1975, proclamava não ser mais possível "ignorar a origem, as transformações e o destino dos materiais e da energia utilizados pelo homem em sua atividade econômica, seja de produção, seja de consumo"[44]. E é justamente essa certeira constatação, de ordem essencialmente *preventiva*, que agigantou a importância do meio ambiente de trabalho como ponto estratégico de proteção ambiental, cujo raio de alcance haveria, finalmente, de invadir os muros das fábricas, imbricando-se em todas as etapas do processo de extração, produção, armazenamento, limpeza, descarte e transporte de produtos potencialmente lesivos à saúde e segurança dos trabalhadores e à qualidade do meio ambiente em geral.

Já na *Declaração de Estocolmo* (1972), considerada por muitos como a "certidão de nascimento" do Direito Ambiental, viu-se o expresso reconhecimento da forte ligação entre *saúde coletiva*, *meio ambiente* e *meio ambiente do trabalho*, fazendo escorreita e oportuna integração do meio ambiente laboral ao plexo ambiental quando expressou incontida preocupação para com a "destruição e esgotamento de recursos insubstituíveis e graves deficiências, nocivas para a saúde física, mental e social do homem, no meio ambiente por ele criado, *especialmente naquele em que vive e trabalha*" (grifamos)[45]. A *Declaração do Rio sobre Meio Ambiente e Desenvolvimento* (1992), de sua parte, afirma que "os seres humanos estão no centro das preocupações com o desenvolvimento sustentável", tendo direito "a uma *vida saudável e produtiva*, em harmonia com a natureza" (Princípio 1 – grifamos)[46].

Também a sempre citada *Agenda 21* (1992) traz referências importantes sobre o relevo do meio ambiente do trabalho na agenda *ambiental*, fazendo alusão, por exemplo, ao objetivo geral de operar a "mitigação da pobreza e o emprego pleno e sustentável, que contribui para ambientes seguros, limpos e saudáveis: o ambiente de trabalho, o da comunidade e o meio físico". Como objetivos específicos, propõe "reduzir os acidentes, ferimentos e moléstias de trabalho, segundo procedimentos estatísticos reconhecidos" e "aumentar a oferta de educação, treinamento e reciclagem para os trabalhadores, em particular na área de saúde e segurança no trabalho e do meio ambiente" (Capítulo 29)[47].

42. MENDES, René; OLIVEIRA, Deilson Elgui de. Patogênese do adoecimento relacionado com o trabalho. In: MENDES, René (Org.). *Patologia do trabalho*. 3. ed. São Paulo: Atheneu, 2013. v. 1, p. 49-120, p. 72.
43. MENDES, René; OLIVEIRA, Deilson Elgui de. Patogênese do adoecimento relacionado com o trabalho. In: MENDES, René (Org.). *Patologia do trabalho*. 3. ed. São Paulo: Atheneu, 2013. v. 1, p. 49-120, p. 74. Grifamos.
44. NUSDEO, Fábio. *Desenvolvimento e ecologia*. São Paulo: Saraiva, 1975. p. 16.
45. Disponível em: <www.mma.gov.br>. Acesso em: 27 maio 2015.
46. Disponível em: <www.onu.org.br>. Acesso em: 27 maio 2015.
47. Disponível em: <www.onu.org.br>. Acesso em: 27 maio 2015.

Vale rememorar, ainda no marco histórico pré-constitucional, importantes Convenções da OIT que versam sobre a saúde e segurança no meio ambiente do trabalho. Dentre tantas, destacam-se a *Convenção n. 136* (sobre a proteção dos trabalhadores contra os riscos da intoxicação pelo Benzeno, em vigor no plano internacional desde julho de 1973), a *Convenção n. 139* (sobre a prevenção e controle de riscos profissionais causados por substâncias ou agentes cancerígenos, em vigor no plano internacional desde junho de 1976), a *Convenção n. 148* (sobre a proteção dos trabalhadores contra os riscos devidos à contaminação do ar, ao ruído e às vibrações no local de trabalho, em vigor no plano internacional desde julho de 1979), a *Convenção n. 155* (sobre a segurança e saúde dos trabalhadores, em vigor no plano internacional desde agosto de 1983) e a *Convenção n. 161* (sobre serviços de saúde do trabalho, em vigor no plano internacional desde fevereiro de 1988).

Ainda na década de oitenta vem à lume relevante publicação gerenciada pela OIT cuidando das condições do meio ambiente do trabalho, ficando ali fixado, expressamente, na versão de idioma espanhol, a importância de se conferir atenção ao meio ambiente do trabalho como fator de prevenção de danos ambientais em geral, fazendo referência à previsão contida na Convenção n. 148 da OIT que proclama a prevenção de riscos na fonte, como segue:

> A contaminação do meio ambiente do trabalho por gases, vapores, fumos e poeiras de todos os tipos é um dos mais graves problemas da indústria. Essa contaminação não está limitada às áreas ocupadas pela empresa; é também ameaça para a área circundante e nos grandes centros industriais coloca em perigo a saúde da população em geral. [...] Os resíduos industriais são liberados para a atmosfera, muitas vezes em torno da fábrica ou em rios ou mar, sem submetê-los a qualquer tratamento prévio. Eles podem contaminar regiões situadas longe das áreas do estabelecimento empresarial onde a população não está ciente disso e onde, em consequência, não podem tomar medidas de segurança pertinentes. A Convenção n. 148 da OIT [...] salienta a importância da prevenção de riscos na fonte, sendo que seu art. 9 assim dispõe: na medida do possível, dever-se-á eliminar todo risco devido à contaminação do ar, ao ruído e às vibrações no local de trabalho: a) mediante medidas técnicas aplicadas às novas instalações e aos novos métodos no momento de sua elaboração ou de sua instalação, ou mediante medidas técnicas aduzidas às instalações ou operações existentes, ou quando isto não seja possível: b) mediante medidas complementares de organização do trabalho".[48]

A ligação entre proteção do meio ambiente do trabalho e reflexa proteção do meio ambiente em geral é bem mais marcante em outras Convenções da OIT. Confira-se, por exemplo, a *Convenção n. 170*, em vigor no plano internacional desde novembro de 1990, que versa sobre a segurança no trabalho com produtos químicos e em seu arrazoado de justificação expressamente se firma na crença de que "a proteção dos trabalhadores contra os efeitos nocivos dos produtos químicos contribua também para a proteção do público em geral e do meio ambiente", estabelecendo, ainda, que a expressão "utilização de produtos químicos no trabalho" aponta para toda atividade de trabalho que possa expor um trabalhador a um produto químico, abrangendo: a *produção* de produtos químicos, o *manuseio* de produtos químicos, o *armazenamento* de produtos químicos, o *transporte* de produtos químicos, a *eliminação* e o *tratamento* dos resíduos de produtos químicos, a *emissão* de produtos químicos resultantes do trabalho, bem como a *manutenção*, a *reparação* e a *limpeza* de equipamentos e recipientes utilizados para os produtos químicos (art. 2, alínea *c*)[49].

A *Convenção n. 174*, em vigor no plano internacional desde junho de 1993, trata da "prevenção de acidentes industriais maiores que envolvam substâncias perigosas e a limitação das consequências de referidos acidentes" (art. 1.1), sendo que em sua justificativa enuncia o seu propósito de "prevenir os acidentes maiores", "reduzir ao mínimo os riscos de acidentes maiores" e "reduzir ao mínimo as consequências desses acidentes maiores", considerando que geralmente constituem causas desses acidentes "erros de organização, fatores humanos, falhas de componentes, desvios das condições normais de funcionamento, interferências externas e fenômenos naturais"[50]. Claro está que o objetivo nodal dessa Convenção é a prevenção e redução de riscos de graves acidentes industriais, cujo impacto deletério, como bem se sabe, de regra vai bem além das fronteiras do ambiente laboral, afetando toda a comunidade vizinha e o meio ambiente natural circundante.

A propósito, acreditamos, inclusive, que nossa opção constitucional por reconhecer a integração jurídica do meio ambiente do trabalho junto ao meio ambiente humano (CRFB, art. 200, VIII) **permite reinserir a Organização Internacional do Trabalho (OIT) no cenário internacional de cooperação de esforços frente à complexa pauta ambiental**. Isso porque o assunto da saúde e segurança do trabalhador, que encontra no *meio ambiente do trabalho* seu ponto central de confluência jurídica e fenomênica, também permite articulação direta entre a rica temática do *trabalho decente* – proclamação ético-jurídica firmemente abraçada pela OIT – e a propalada inflexão ambiental preventiva de *combate na fonte* no tocante aos riscos ambientais.

De fato, há abalizada convicção doutrinária no sentido de que *condições seguras e sadias de trabalho* compõem o

---

48. CLERC, J.-M. (Dir.). *Introduccion a las condiciones y el medio ambiente de trabajo*. Ginebra: Oficina Internacional del Trabajo, 1987. p. 32 e 34. Tradução livre.
49. Fonte: <www.oitbrasil.org.br>. Acesso em: 27 maio 2015.
50. Fonte: <www.oitbrasil.org.br>. Acesso em: 27 maio 2015.

feixe mínimo de direitos subsumidos na expressão *trabalho decente*. Assim pensa, por exemplo, José Claudio Monteiro de Brito Filho, afirmando que "de nada adianta ao trabalhador um emprego, mesmo que com remuneração razoável, se sua saúde é comprometida"[51]. Também Platon Teixeira de Azevedo Neto considera a *saúde e segurança* como "requisito positivo endógeno essencial" para o conceito de *trabalho decente*, ao lado da dignidade, da liberdade e da igualdade, anotando que "trabalho é vida, e não se pode conceber o trabalho decente sem um bem-estar completo, físico e mental, e numa situação de riscos de acidentes"[52].

Pois bem. Ainda naquele compasso, Guido Fernando Silva Soares[53], ao abordar o Direito Internacional do Meio Ambiente, relata que a Agência Internacional de Energia Atômica (AIEA), organização especializada da ONU e fundada em 1957, com sede em Viena, detendo a dupla função de zelar pela utilização pacífica dos acordos e tratados internacionais relativos à energia nuclear e elaborar normas internacionais sobre os vários aspectos da proteção física dos materiais nucleares e os efeitos das radiações ionizantes sobre as pessoas e o meio ambiente, nasceu já atuando em estreita cooperação com a Organização Internacional do Trabalho (OIT) e a Organização Mundial de Saúde (OMS), citando como exemplo dessa junção de forças pela saúde humana e proteção ambiental a *Convenção n. 115 da OIT*, em vigor no plano internacional desde 1962 e que trata da proteção contra radiações ionizantes.

Toda essa problemática ambiental tinha colorido mais vívido no Brasil, que, na década de 1970, já ocupava o incômodo título de país recordista em acidentes de trabalho. Diante desse contexto tão vergonhoso, engendrou-se alguma movimentação para elaborar enfrentamento mínimo para essa perversa situação. Nasce, então, a *Portaria n. 3.214/1978*[54] do então Ministério de Estado do Trabalho, que, atenta ao disposto no art. 200 da Consolidação das Leis do Trabalho (CLT), aprovou as Normas Regulamentadoras (NR) do seu Capítulo V, Título II, relativas à segurança e medicina na seara laboral. À época, 28 (vinte e oito) normas regulamentadoras foram publicadas. Hoje, já chegam a 36 (trinta e seis). Importante gizar que o referido dispositivo celetista, com redação alterada em 1967, já naquela ocasião apontava para ações que atingiam o próprio núcleo da atividade produtiva e da organização do trabalho, prenunciando, assim, a necessidade de **rígida contenção de riscos na fonte**. Dessarte, estimula, por exemplo, medidas relacionadas ao "depósito, armazenagem e manuseio de combustíveis, inflamáveis e explosivos, bem como trânsito e permanência nas áreas respectivas" (inciso II); ao "trabalho em escavações, túneis, galerias, minas e pedreiras, sobretudo quanto à prevenção de explosões, incêndios, desmoronamentos e soterramentos, eliminação de poeiras, gases, etc. e facilidades de rápida saída dos empregados" (inciso III); e até "tratamento de resíduos industriais" (inciso VII)[55].

---

51. BRITO FILHO, José Claudio Monteiro de. *Trabalho decente*: análise jurídica da exploração do trabalho – trabalho escravo e outras formas de trabalho indigno. 2. ed. São Paulo: LTr, 2010. p. 48.

52. AZEVEDO NETO, Platon Teixeira de. *O trabalho decente como um direito humano*. São Paulo: LTr, 2015. p. 103-109 e 119. Após minuciosa exposição de cada elemento integrador, conclui o autor: "[...] trabalho decente corresponde à soma necessária da dignidade à liberdade (que abrange o pressuposto da erradicação do trabalho forçado), à igualdade (que abarca o pressuposto do fim da discriminação), à segurança e à saúde, à atividade lícita e à remuneração justa, bem como à liberdade sindical, desde que não haja trabalho infantil. [...] Com base nesses elementos, chegamos à seguinte 'fórmula': *Trabalho decente = dignidade + liberdade + igualdade + saúde + segurança + remuneração justa + atividade lícita + equidade + lazer + aposentadoria digna + liberdade sindical – trabalho infantil*. Considerando que somente podemos conceber dignidade no trabalho se houver a somatória dos elementos liberdade, igualdade, saúde e segurança, remuneração justa, atividade lícita, equidade, lazer e aposentadoria digna, propomos uma 'fórmula' simplificada: *Trabalho Decente = Dignidade no Trabalho + Liberdade Sindical – Trabalho Infantil*" (AZEVEDO NETO, Platon Teixeira de. *O trabalho decente como um direito humano*. São Paulo: LTr, 2015. p. 119). Grifos no original.

53. SOARES, Guido Fernando Silva. *Direito internacional do meio ambiente*: emergência, obrigações e responsabilidades. São Paulo: Editora Atlas, 2001. p. 49.

54. BRASIL. Ministério de Estado do Trabalho. Portaria n. 3.214, de 8 de junho de 1978. *Diário Oficial da União*, 6 jul. 1978. Disponível em: <http://www010.dataprev.gov.br>. Acesso em: 20 nov. 2015.

55. CLT, art. 200: "Cabe ao Ministério do Trabalho estabelecer disposições complementares às normas de que trata este Capítulo, tendo em vista as peculiaridades de cada atividade ou setor de trabalho, especialmente sobre: I – medidas de prevenção de acidentes e os equipamentos de proteção individual em obras de construção, demolição ou reparos; II – depósitos, armazenagem e manuseio de combustíveis, inflamáveis e explosivos, bem como trânsito e permanência nas áreas respectivas; III – trabalho em escavações, túneis, galerias, minas e pedreiras, sobretudo quanto à prevenção de explosões, incêndios, desmoronamentos e soterramentos, eliminação de poeiras, gases etc. e facilidades de rápida saída dos empregados; IV – proteção contra incêndio em geral e as medidas preventivas adequadas, com exigências ao especial revestimento de portas e paredes, construção de paredes contra-fogo, diques e outros anteparos, assim como garantia geral de fácil circulação, corredores de acesso e saídas amplas e protegidas, com suficiente sinalização; V – proteção contra insolação, calor, frio, umidade e ventos, sobretudo no trabalho a céu aberto, com provisão, quanto a este, de água potável, alojamento e profilaxia de endemias; VI – proteção do trabalhador exposto a substâncias químicas nocivas, radiações ionizantes e não ionizantes, ruídos, vibrações e trepidações ou pressões anormais ao ambiente de trabalho, com especificação das medidas cabíveis para eliminação ou atenuação desses efeitos, limites máximos quanto ao tempo de exposição, à intensidade da ação ou de seus efeitos sobre o organismo do trabalhador, exames médicos obrigatórios, limites de idade, controle permanente dos locais de trabalho e das demais exigências que se façam necessárias; VII – higiene nos locais de trabalho, com discriminação das exigências, instalações sanitárias, com separação de sexos, chuveiros, lavatórios, vestiários e armários individuais, refeitórios ou condições de

Infelizmente, porém, a abordagem tradicional tem primado pela separação entre as questões "ambientais" e as questões do meio ambiente do trabalho, tratando-as como realidades estranhas e incomunicáveis. Entretanto, imposições ligadas à já citada área da *saúde pública* têm dado novos rumos à questão, circunstância que decerto só expressa a forte necessidade de, hodiernamente, fomentarmos algo que um "reencontro" das questões social e ambiental, como já proclamamos em linhas transatas.

Nos Estados Unidos, por exemplo, com o *Pollution Prevention Act* (1990), tentou-se uma contundente mudança na estratégia jurídica de proteção ambiental. Em síntese, a proposta foi a de abandono da visão de mero *controle* e a adoção de uma tônica de efetiva *prevenção* da poluição, então retratada na promissora ideia de combate "na fonte". É que, ao analisar com mais vagar o complexo tema da poluição, desta feita em uma perspectiva adequada, de corte rigorosamente preventivo e centrada na correta investigação das "raízes" do problema, a conclusão dos estudiosos não poderia ter sido outra: **o meio ambiente do trabalho é um dos principais focos de nascimento e irradiação de poluição**[56].

Considerou-se que uma das falhas da primeira estratégia estava em ter admitido a probabilidade do risco associado ao próprio âmago do processo produtivo de muitas empresas. A própria *Occupational Safety and Health Administration* (OSHA) havia centrado muitos de seus esforços iniciais na fixação de *limites de tolerância* a produtos químicos e na *fiscalização* de sua observância, deixando de lado medidas ligadas à reforma do ambiente de trabalho, que certamente atingiriam o foco do problema. A mesma estratégia de *controle* havia norteado a *Environmental Protection Agency* (EPA)[57]. Daquela feita, com a citada alteração da linha de atuação, buscava-se reduzir, substituir ou mesmo eliminar, por exemplo, o uso de substâncias químicas nocivas, mas focando essas medidas já no processo produtivo empresarial, atacando, pois, com isso, como dissemos, a própria e verdadeira *fonte* dos riscos. **Isso gerou a inabalável convicção de que uma política pública séria de prevenção da poluição não pode deixar de levar em conta o meio ambiente laboral**[58].

Mas há duros problemas a enfrentar. Um deles é a perniciosa *cultura* de se lançar a responsabilidade pela segurança do meio ambiente laboral quase que exclusivamente para os ombros dos trabalhadores, uma realidade cruel tanto lá quanto aqui. Karla Armenti e outros pesquisadores relatam que a sedimentação dessa lógica de "culpabilização" da classe obreira para todo e qualquer incidente ou acidente no cenário labor-ambiental tem prejudicado sobremaneira a consideração conjunta das questões labor-ambientais com as questões ambientais em geral. Frisam, ademais, que os próprios engenheiros sanitaristas americanos atuantes em departamentos de saúde pública também pressupunham essa separação, agarrando-se em concepções tradicionais que dão mais ênfase ao controle que à prevenção de eventos poluidores, o que os fazia olvidar a influência de resíduos e produtos despejados por empresas enquanto fatores de adoecimento da comunidade[59].

Os mesmos estudiosos também destacam que, na esfera norte-americana, o simples fato de existirem agências públicas diferentes para tratar das questões de saúde *ambiental* e saúde *ocupacional* já retrata bem a dificuldade suscitada no bom enfrentamento preventivo do problema ambiental – realidade que, infelizmente, também ocorre no Brasil.

---

conforto por ocasião das refeições, fornecimento de água potável, condições de limpeza dos locais de trabalho e modo de sua execução, tratamento de resíduos industriais; VIII – emprego das cores nos locais de trabalho, inclusive nas sinalizações de perigo. Parágrafo único. Tratando-se de radiações ionizantes e explosivos, as normas a que se referem este artigo serão expedidas de acordo com as resoluções a respeito adotadas pelo órgão técnico" (BRASIL. Consolidação das Leis do Trabalho (1943). *CLT Saraiva & Constituição Federal*. 45. ed. São Paulo: Saraiva, 2015).

56. Segundo António Barreto Archer, é princípio fundamental do Direito Ambiental o "**princípio da correcção na fonte**, que aconselha a combater a poluição o mais próximo possível da sua fonte, quer em sentido subjectivo, procurando o primeiro sujeito poluidor, quer em sentido espacial, procurando o foco inicial, quer em sentido temporal, procurando actuar logo no início do fenómeno de poluição" (ARCHER, António Barreto. *Direito do ambiente e responsabilidade civil*. Coimbra: Almedina, 2009. p. 16).

57. ARMENTI, Karla; MOURE-ERASO, Rafael; SLATIN, Craig; GEISER, Ken. Joint occupational and environmental pollution prevention strategies: a model for primary prevention. In: LEVENSTEIN, Charles. *At the point of production*: the social analysis of occupational and environmental health. Amityville, New York: Baywood Publishing Company, 2009. p. 145-166, p. 148.

58. *Ibidem*, p. 146. A convicção de que o meio ambiente do trabalho é especial fonte de riscos ambientais pode ser encarada em perspectiva mais ampla, de forma a englobar a reflexão sobre os chamados "empregos verdes", assim considerados "aqueles que reduzem o impacto ambiental de empresas e de setores econômicos para níveis que, em última análise, sejam sustentáveis". Fonte: <http://www.oitbrasil.org.br>. Acesso em: 01 jan. 2016. Segundo Georgenor de Sousa Franco Filho, "esses empregos que necessitam ser criados encaminham-se para um novo rumo, mas indispensável, pena de prejudicar as gerações futuras. É que começa a surgir outra mentalidade e igualmente outras preocupações: proteger o ecossistema, a biodiversidade, mediante a adoção de formas para reduzir o consumo de energia, de minerais não renováveis, de água, evitando a contaminação. São empregos onde haja o uso adequado desses recursos ou a substituição deles por outros que realizem o mesmo papel com menos danos ambientais" (FRANCO FILHO, Georgenor de Sousa. *Curso de direito do trabalho*. São Paulo: LTr, 2015. p. 346).

59. ARMENTI, Karla; MOURE-ERASO, Rafael; SLATIN, Craig; GEISER, Ken. Joint occupational and environmental pollution prevention strategies: a model for primary prevention. In: LEVENSTEIN, Charles. *At the point of production*: the social analysis of occupational and environmental health. Amityville, New York: Baywood Publishing Company, 2009. p. 147-148.

Asseveram, ainda, que essa visão dual, refletida na própria estruturação do poder público, tem inclusive gerado situações insanas, como a constatação de que muitas vezes os limites de tolerância aceitos no ambiente de trabalho são bem superiores aos limites previstos para a sociedade no tocante à mesma substância química, o que demonstra que o clamor da classe trabalhadora por maior proteção no meio ambiente de trabalho não tem sido levado tão a sério pela sociedade, inclusive no que tange a assuntos de poluição[60]. Aliás, nesse tópico, os autores fazem interessante referência a respeito do uso de máscaras de respiração, frisando que, quando trabalhadores usam seus respiradores, fazem-no dentro dos muros da empresa, entretanto, se a população em geral, nas vias públicas, fosse obrigada a usar as mesmas máscaras de respiração, certamente não haveria qualquer tolerância com uma tal medida, já que todos teriam conhecimento de que as condições ambientais estariam perigosas, situação inaceitável e que decerto geraria alto grau de descontentamento público[61].

Ocorre que o *Pollution Prevention Act* (1990) acabou não vingando por conta de diversos fatores, especialmente pelo caráter de adesão voluntária das medidas, além de previsões que deram brechas para o esvaziamento de uma atuação efetivamente preventiva. No cenário do ambiente do trabalho, pouca influência exerceu, sobretudo porque suas diretrizes continuaram sendo pensadas e aplicadas de maneira totalmente desconectada das preocupações labor-ambientais[62]. Ao final, os pesquisadores defendem uma maior integração entre as agências americanas, passando-se a considerar o meio ambiente do trabalho e o meio "externo" como integrantes de um mesmo e único meio ambiente humano, cuja proteção há de ser total para se revelar minimamente eficaz[63]. Não há dúvida de que acertaram em cheio nesse parecer científico.

Não se esqueça que a estrutura jurídica das relações laborais, máxime da relação de emprego, forma contexto especialmente vulnerável não só no plano *social*, como também no *ambiental*. Focando a específica silhueta jurídica do elo empregatício, pelo menos tal qual delineada no Brasil, é possível mesmo perceber um cenário de *alta vulnerabilidade*, resultante da conjugação de uma série de fatores que lhe são próprios, como a *pessoalidade* do trabalhador, a vinculação *subordinativa* ao seu empregador, o caráter de *continuidade* da prestação do serviço que comumente os envolve, o histórico déficit democrático em tomadas de decisão, sobretudo em temas labor-ambientais, bem assim o escancarado declínio da força sindical.

Esse quadro assume representação muito mais preocupante quando pensado à luz de uma visão excessivamente *privatística* e *patrimonial* do meio ambiente do trabalho, presa à ideia de que o acontecido "dentro dos muros da empresa" só interessaria às partes do contrato de trabalho. Foi esse tipo de cosmovisão que legitimou durante muito tempo uma espécie de "intangibilidade" do local de trabalho, criando um ambiente de risco acentuado e intensa vulnerabilidade não só quanto à saúde e segurança da classe trabalhadora, mas também, como vimos, quanto à própria realidade que se encontra *além* dos muros das dependências empresariais, suscetível à incidência de drásticos fenômenos poluentes cuja origem se dava precisamente no meio ambiente de trabalho, então coberto por um pernicioso "manto cultural de invisibilidade".

Não se tem como negar, de qualquer modo, que a realidade americana é bem próxima à brasileira, no que respeita à resistência em se considerar o meio ambiente do trabalho como um tema genuinamente ambiental, bem assim no que diz com o trato público em separado das questões *ambiental* e *ocupacional*[64]. Sucede que esses "mitos" da *invisibilidade* e *intangibilidade* do labor-ambiente, se antes se legitimavam em ditames jurídicos de corte excessivamente liberal, hoje não mais se sustentam. **Na atual quadra jurídica, há fundamentos suficientes para nos levar a crer que o meio ambiente do trabalho é, a um só tempo, espaço privado e público, a depender do interesse e do assunto que especificamente estiver em causa**[65]. Destarte, o poder empregatício, antes de exercício livre e desenvolto, hodiernamente há de comportar *modulações solidarísticas* para atender a legítimos reclamos constitucionais, basicamente mercê da adstrição do direito de propriedade e do contrato ao cumprimento de uma necessária função *socioambiental* (CF,

60. *Ibidem*, p. 149.

61. *Ibidem*, p. 150 e 161, nota de rodapé n. 13.

62. *Ibidem*, p. 145-166, p. 154.

63. ARMENTI, Karla; MOURE-ERASO, Rafael; SLATIN, Craig; GEISER, Ken. Joint occupational and environmental pollution prevention strategies: a model for primary prevention. In: LEVENSTEIN, Charles. *At the point of production*: the social analysis of occupational and environmental health. Amityville, New York: Baywood Publishing Company, 2009. p. 145-166, p. 159-160.

64. A fragmentação institucional brasileira geradora de ineficiência também é denunciada por Édis Milaré, *verbis*: "[...] o planejamento integrado das políticas públicas ainda não existe no Brasil, mercê da excessiva setorização e verticalização dos diferentes Ministérios" (MILARÉ, Édis. *Direito do ambiente*. 9. ed. São Paulo: Revista dos Tribunais, 2014. p. 686).

65. "[...] o proprietário, seja ele público ou particular, não poderá dispor da qualidade do meio ambiente ecologicamente equilibrado, devido à previsão constitucional, considerando-o como macrobem de todos. Adita-se, no que se refere à atividade privada, que a qualidade do meio ambiente deve ser considerada, pois o constituinte diz que a atividade econômica deverá observar, entre outros, o princípio da proteção ambiental, conforme estatui o art. 170, VI, da Constituição Federal" (LEITE, José Rubens Morato; AYALA, Patryck de Araújo. *Dano ambiental*: do individual ao coletivo extrapatrimonial: teoria e prática. 4. ed. São Paulo: Revista dos Tribunais, 2011. p. 85).

art. 1º, III e IV, art. 5º, XXIII, art. 7º, XXII, art. 170, III e VI, art. 186 e art. 225[66], além do CC, art. 421[67])[68].

Por aqui, na realidade judicial brasileira, tem havido recentes e acalorados debates demonstrando a profunda ligação entre a proteção do meio ambiente do trabalho e a correspondente proteção do meio ambiente em geral e da população como um todo. Recorde-se, por exemplo, o conteúdo de sentença prolatada em 07 de abril de 2015, pelo Juiz Alessandro dos Santos, da MM. 2ª Vara do Trabalho de São José (SC), ocasião em que julgou procedentes pedidos deduzidos pelo Ministério Público do Trabalho em sede de Ação Civil Pública, condenando a empresa Comércio de Materiais de Construção Bela Vista LTDA – EPP a cumprir diversas obrigações de fazer, entre elas a de "eliminar os resíduos que contêm asbesto, de maneira que não se produza nenhum risco à saúde dos trabalhadores *e da população em geral*"[69]. E toda essa preocupação é justificada. Oportuno recordar que, em junho de 2013, a *Corte de Apelação de Turim*, na Itália, condenou o empresário suíço Stephan Schmidheiny, dono da empresa Eternit, a 18 (dezoito) anos de prisão por desastre doloso. A empresa usava fibra de amianto na produção de materiais de construção, o que teria provocado a morte de quase três mil pessoas, entre funcionários e moradores de áreas próximas às plantas da Eternit na Itália[70].

De fato, é tão elevado o risco ligado à extração, industrialização, utilização, comercialização e transporte do *asbesto/amianto* e dos produtos que o contenham, bem como das fibras naturais e artificiais, de qualquer origem, utilizadas para o mesmo fim, que foi necessário reger por *lei* a execução de tais empreendimentos, haja vista o *interesse público primário* no resguardo da saúde humana e na proteção do meio ambiente[71]. É o que ficou estabelecido na *Lei n. 9.055/1995*[72], que preceitua, por exemplo: (i) que os órgãos competentes de controle de segurança, higiene e medicina do trabalho desenvolverão programas sistemáticos de fiscalização, monitoramento e controle dos riscos de exposição ao asbesto/amianto da variedade crisotila e às fibras naturais e artificiais referidas no art. 2º da lei, diretamente ou através de convênios com instituições públicas ou privadas credenciadas para tal fim pelo Poder Executivo (art. 4º); (ii) que as empresas que manipularem ou utilizarem materiais contendo asbesto/amianto da variedade crisotila ou as fibras naturais e artificiais referidas e seu art. 2º deverão enviar, anualmente, ao Sistema Único de Saúde e aos sindicatos representativos dos trabalhadores uma listagem dos seus empregados, com indicação de setor, função, cargo, data de nascimento, de admissão e de avaliação médica periódica, acompanhada do diagnóstico resultante (art. 5º, *caput*); (iii) que, em todos os locais de trabalho onde os trabalhadores estejam expostos ao asbesto/amianto da variedade crisotila ou das fibras naturais ou artificiais referidas em seu art. 2º, deverão ser observados os limites de tolerância fixados na legislação pertinente e, na sua ausência, serão fixados com base nos critérios de controle de exposição recomendados por organismos nacionais ou internacionais, reconhecidos cientificamente (art. 7º, *caput*), sendo que os limites fixados deverão ser revisados anualmente, procurando-se reduzir a exposição ao nível mais baixo que seja razoavelmente exequível (art. 7º, § 2º); (iv) que o transporte do asbesto/amianto e das fibras naturais e artificiais referidas em seu art. 2º é considerado de alto risco e, no caso de acidente, a área deverá ser isolada, com todo o material sendo reembalado dentro de normas de segurança, sob a responsabilidade da empresa transportadora (art. 10).

Fácil perceber, diante de tudo o que já expusemos, que um enfrentamento ótimo da questão ecológica demanda

66. BRASIL. Constituição Federal (1988). *Constituição da República Federativa do Brasil*. 52. ed. São Paulo: Saraiva, 2015.

67. *Idem*. Código Civil (2002). *Código Civil e Constituição Federal*. 66. ed. São Paulo: Saraiva, 2015.

68. Isso porque, como bem assevera Guilherme Guimarães Feliciano, "a própria ideia de função social da propriedade compreende também a sua função ambiental" (FELICIANO, Guilherme Guimarães. *Teoria da imputação objetiva no direito penal ambiental brasileiro*. São Paulo: LTr, 2005. p. 346).

69. SÃO JOSÉ (SC). 2ª Vara do Trabalho. Sentença. Ação Civil Pública n. 0000340-96.2014.5.12.0032. *Diário da Justiça eletrônico*, 13 abr. 2015. Acesso em: 27 maio 2015. Grifamos.

70. DONO da Eternit é condenado a 18 anos de prisão. O GLOBO, 3 jun. 2013. Disponível em: <http://oglobo.globo.com>. Acesso em: 27 maio 2015.

71. O amianto é uma fibra altamente cancerígena, "usada na fabricação de telhas e caixas-d'água, pastilhas de freio, tintas, roupas especiais contra incêndio, papéis e papelões. A exposição por amianto é responsável por mais de mil casos de asbestose no Brasil, um tipo de doença que provoca o endurecimento do pulmão, matando o paciente por insuficiência respiratória. [...] Embora Asbestose seja quase o nome genérico das doenças provocadas pelo amianto, são várias as formas de câncer que a aspiração do produto provoca. O Mesotelioma é um dos mais graves e de difícil diagnóstico. Trata-se de um câncer da pleura, que demora de 30 a 40 anos para se manifestar. O paciente tem uma sobrevida máxima de um ano e meio, após o diagnóstico. Não há tratamento para esse tipo de câncer, que provoca dores tão intensas no paciente que nem a morfina consegue amenizar o sofrimento" (LAGE, Márcia. Doenças ocupacionais: asbestose – morte anunciada para os que lidam com amianto. *Revista da Anamatra*. Ano XVII, n. 49, p. 41-45, 2º semestre de 2005, p. 41 e 44).

72. BRASIL. Lei n. 9.055, de 1º de junho de 1995. Disciplina a extração, industrialização, utilização, comercialização e transporte do asbesto/amianto e dos produtos que o contenham, bem como das fibras naturais e artificiais, de qualquer origem, utilizadas para o mesmo fim e dá outras providências. *Diário da União*, 2 jun. 1995. Disponível em: <http://www.planalto.gov.br>. Acesso em: 20 nov. 2015.

abordagem integrativa e sistêmica do meio ambiente. Nessa linha, alcançada enfim a consciência de que grande parte da fonte de riscos ambientais se situa na ambiência laboral, **a preocupação com o meio ambiente do trabalho se torna também uma preocupação iniludivelmente *ambiental*.** Além disso, se a Constituição Federal fala em proteção ambiental para garantia de qualidade de vida e já legitima devassar questões até então consideradas assuntos de exclusiva ingerência patronal, retirando-se o manto de invisibilidade que historicamente encobriu o "d'além muro da fábrica", **não há como refutar a ilação de que a questão da saúde e segurança dos trabalhadores passa mesmo a compor, com destaque, a pauta *ambiental*, com todas as repercussões jurídicas que disso se possa extrair.**

Vale a pena reiterar: a relutância em admitir a importância do meio ambiente do trabalho como importante ponto de vulnerabilidade do meio ambiente humano é algo que não tem mais como se sustentar frente à atual quadra civilizatória e à presente agenda científica. Todas as vezes que um documento ambiental, preocupado em combater a poluição, reportar, por exemplo, à produção, ao manuseio, à conservação, ao transporte ou ao descarte de produtos químicos, bem como à simples reparação e limpeza de equipamentos e recipientes utilizados para a manutenção de produtos químicos, **estar-se-á referindo, invariavelmente, ao meio ambiente do trabalho, já que todas essas atividades envolvem labor humano consubstanciado em obrigação de fazer, sujeito ou não ao controle hierárquico de alguém, constituindo-se como incontornáveis focos de vulnerabilidade ambiental.**

Portanto, a invocada necessidade ambiental de destaque contemporâneo à proteção do meio ambiente do trabalho está arrimada em dupla percepção: (i) a uma, porque a ambiência laboral, em si, tem sido reconhecida como **palco de sistemática exploração humana**, com gravíssimas afetações sistêmicas da saúde física e mental de considerável parcela da sociedade (classe trabalhadora); (ii) a duas, porque essa mesma faceta ambiental também tem sido reconhecida como importante **fonte de surgimento e irradiação poluente**, por vezes representando perigoso ponto de fragilização do meio ambiente humano em geral e da sociedade como um todo.

Focar a coisa por esse prisma facilita sobremaneira a compreensão sobre o porquê de a Lei n. 6.938/1981[73], quando estabelece o conceito jurídico de *poluição*, estendê-lo à degradação da qualidade ambiental resultante de atividades que, direta ou indiretamente, "criem condições adversas às atividades sociais e econômicas" (art. 3º, *b*).

Por isso, havemos de reconhecer que também nesse particular a Constituição Federal de 1988 é merecedora de fervorosos elogios, porquanto navega nessa valiosíssima perspectiva de *reaproximação histórica* e *científica* das questões social e ambiental, arbitrariamente apartadas em algum ponto da trajetória humana. Ou seja, ao reconhecer a integração jurídica do meio ambiente do trabalho ao meio ambiente humano (art. 200, VIII), o Texto Magno dá concretude a esse sutil movimento de *conjunção socioambiental*. **Sob tal perspectiva, a Carta Magna serviu como verdadeiro ponto de culminância para um sadio processo de realinhamento jurídico-axiológico entre *saúde*, *meio ambiente* e *trabalho*, cujo elemento de intersecção é precisamente o *meio ambiente laboral*.** Resgata, assim, a importância da proteção e promoção do equilíbrio no meio ambiente do trabalho como técnica de atingimento do propósito mais amplo de se erigir, em nossa sociedade, um meio ambiente sadio e equilibrado, em todas as suas dimensões.

---

73. BRASIL. Lei n. 6.938, de 31 de agosto de 1981. Dispõe sobre a Política Nacional do Meio Ambiente, seus fins e mecanismos de formulação e aplicação, e dá outras providências. **Diário Oficial da União**, 2 set. 1981. Disponível em: <http://www.planalto.gov.br>. Acesso em: 14 nov. 2015.

3

A inter-relação trabalhador-ambiente e os princípios labor-ambientais da bidirecionalidade e da interdependência

Victor Hugo de Almeida[1]

1. INTRODUÇÃO

A discussão proposta neste capítulo considera a temática labor-ambiental como objeto de estudo interdisciplinar, ou seja, afeto à intersecção de duas searas jurídicas autônomas: o Direito Ambiental e o Direito do Trabalho. Entende-se, portanto, não se tratar da sobreposição de searas que percorrem caminhos próprios e ostentam regramentos, institutos e princípios específicos, mas, sim, da complementação e aproximação entre elas, tendo em vista que Direito é sistema e, portanto, é perfeitamente compreensível que um mesmo objeto ombreie duas ou mais searas jurídicas.

Assim, a partir dessa premissa, pauta-se este capítulo, especificamente, na abordagem de princípios que norteiam a matéria labor-ambiental, cuja perspectiva considera tanto a visão clássica positivista como a visão contemporânea neoconstitucionalista (ou pós-positivista), visando evidenciar a importância dos primados para o estabelecimento ou manutenção do equilíbrio do meio ambiente do trabalho, elevado ao patamar de direito fundamental pela Constituição da República Federativa do Brasil de 1988 (CRFB).

A visão neoconstitucionalista (ou pós-positivista) erigiu-se com a hegemonia axiológico-normativa dos princípios, elevando-os ao mesmo patamar vinculante das normas jurídicas e os reconhecendo como normas-princípios, ou seja, também integrantes do sistema jurídico para muito além da função integrativa do Direito. Assim sendo, nessa perspectiva, regras e princípios são normas jurídicas e compõem o sistema ou ordenamento jurídico, impondo-se, necessariamente, uma coexistência harmônica.

Essa concepção ainda encontra guarida no art. 8º da Consolidação das Leis do Trabalho (CLT), cujo dispositivo autoriza as autoridades administrativas e a Justiça do Trabalho, quando da ausência de disposições legais ou contratuais, a decidirem por analogia, equidade e outros princípios e normas gerais de direito, principalmente do Direito do Trabalho.

Em contraponto, na visão clássica positivista, os princípios também desempenham papel de extrema relevância em todos os estágios da regra jurídica (da criação à interpretação e aplicação), sobretudo no tocante ao objeto labor-ambiental, em cuja seara esse papel é ainda mais singular, em decorrência da insuficiência (ou não atualização) das regras existentes sobre o tema e das especificidades dos diversos contextos labor-ambientais, cada qual detentor de necessidades e desafios (de intervenção e de tutela) próprios.

Portanto, dedica-se o presente capítulo a perscrutar os princípios da Bidirecionalidade trabalhador-ambiente e da Interdependência ambiental, cujos primados se prestam à análise multidimensional da inter-relação trabalhador-ambiente e seus impactos na saúde e na segurança do trabalhador.

Dessa forma, analisam-se, primeiramente, as especificidades da intersecção entre Direito Ambiental e Direito do Trabalho, de modo a justificar a relevância da matéria labor-ambiental como objeto da complementação ofertada por essas duas searas jurídicas autônomas. Por conseguinte, propõe-se o presente capítulo ao exame das funções dos princípios, consoante à visão contemporânea, ou seja, neoconstitucionalista (ou pós-positivista), cuja perspectiva considera tanto as normas-regras como as normas-princípios componentes do sistema jurídico. E, por fim, evidencia-se a relevância dos princípios da Bidirecionalidade trabalhador-ambiente e da Interdependência ambiental,

---

1. Doutor pela Faculdade de Direito da Universidade de São Paulo – Largo São Francisco (FADUSP). Mestre pela Faculdade de Filosofia, Ciências e Letras de Ribeirão Preto da Universidade de São Paulo (FFCLRP/USP). Docente; Chefe do Departamento de Direito Privado, de Processo Civil e do Trabalho; e Vice-Coordenador do Programa de Pós-Graduação em Direito da UNESP – Universidade Estadual Paulista "Júlio de Mesquita Filho" – Faculdade de Ciências Humanas e Sociais, *Campus* de Franca (FCHS/UNESP). *E-mail:* <vh.almeida@unesp.br>.

cujos primados integram a vasta malha principiológica labor-ambiental e se encontram previstos implicitamente no ordenamento jurídico pátrio e alienígena.

2. A INTERSECÇÃO ENTRE DIREITO AMBIENTAL E DIREITO DO TRABALHO

A compreensão da abrangência e da dinâmica do meio ambiente do trabalho e seus impactos na saúde e na segurança do trabalhador conduziu a doutrina pátria a refletir sobre o despontar de uma nova seara jurídica, o Direito Ambiental do Trabalho, originada da intersecção entre Direito Ambiental e Direito do Trabalho, cuja existência é doutrinariamente controversa.

Para Júlio César de Sá da Rocha[2], por absorver elementos intrínsecos a duas searas jurídicas autônomas, ou seja, a proteção à incolumidade do trabalhador (Direito do Trabalho) e ao meio ambiente (Direito Ambiental), justifica-se o reconhecimento do Direito Ambiental do Trabalho como disciplina. Assim, diante da necessidade da tutela e da sistematização teórica acerca do meio ambiente do trabalho e da saúde do trabalhador, sustenta Júlio César de Sá da Rocha o surgimento do Direito Ambiental do Trabalho, "[...] que procura identificar, discutir e formular construções teóricas sobre o tema" [3], ocupando-se da tutela jurídica e do estudo doutrinário sobre o meio ambiente de trabalho. Tal perspectiva se justificaria em decorrência de que essas duas searas autônomas, isoladamente, não conseguiriam contemplar toda a completude e complexidade inerentes à temática labor-ambiental.

Nesse mesmo sentido, de acordo com João José Sady, o Direito Ambiental do Trabalho "[...] não é um sistema claramente articulado de forma a ir extraindo regras especiais a partir de regras gerais, como um silogismo de direito positivo". Para Sady, "Ao contrário, temos a proteção mediata que coloca as regras de sentido amplo e, depois, preceitos de caráter pontual que o constituinte considerou oportuno alçar ao nível constitucional"[4].

Sob outro prisma, afastando a autonomia do Direito Ambiental do Trabalho como seara jurídica, Norma Sueli Padilha sustenta ser a ampla dimensão do direito ao meio ambiente equilibrado propiciada e albergada pelo Direito Ambiental, "[...] revigorado pela nova roupagem constitucional dada ao tema do meio ambiente [...]", autorizando, portanto, sua atuação "[...] sobre toda e qualquer área que envolva tal temática, impondo a reformulação de conceitos, institutos e princípios, bem como exigindo a adaptação e reestruturação do modelo socioeconômico atual com o necessário equilíbrio do meio ambiente, tendo em vista a sadia qualidade de vida."[5] Explica, então, Paulo de Bessa Antunes, tratar-se de uma relação transversal entre o Direito Ambiental e os demais ramos do Direito, posto que "[...] as normas ambientais tendem a se incrustar em cada uma das demais normas jurídicas, obrigando a que se leve em conta a proteção ambiental em cada um dos demais 'ramos' do Direito"[6].

Todavia, ponderando não se tratar a temática labor-ambiental de objeto exclusivo do Direito Ambiental, tampouco de uma seara jurídica autônoma, qual seja, do Direito Ambiental do Trabalho, esclarece Guilherme Guimarães Feliciano que "Alguns autores já chegam a referir o *Direito Ambiental do Trabalho*, pretendendo reconduzir as questões de segurança, saúde e higiene no trabalho a uma das camadas deontológicas do próprio Direito Ambiental, dada a sua natural e histórica transversalidade epistemológica"[7], enquanto, em verdade, tem-se uma intersecção entre o Direito do Trabalho e o Direito Ambiental, cujos princípios normativos, que regem essas duas searas jurídicas, evidentemente se comunicam. Isso porque, conforme Guilherme Guimarães Feliciano, os clássicos princípios jurídicos ambientais (como, por exemplo, o Princípio da Prevenção, o da Precaução, o do Poluidor-pagador, o da Informação e o da Participação) "[...] são facilmente identificáveis na própria legislação trabalhista e previdenciária, como valores-conceitos entremeados, a despeito de maior ou menor antiguidade daquela legislação"[8].

Portanto, a discussão proposta neste capítulo filia-se à última corrente, por entender ser a temática labor-ambiental objeto de estudo interdisciplinar[9], ou seja, afeto à intersecção de duas searas jurídicas autônomas: o Direito

2. ROCHA, Júlio César de Sá da. *Direito ambiental do trabalho*: mudança de paradigma na tutela jurídica à saúde do trabalhador. São Paulo: LTr, 2002.
3. ROCHA, Júlio César de Sá da. *Direito ambiental do trabalho*: mudança de paradigma na tutela jurídica à saúde do trabalhador. São Paulo: LTr, 2002. p. 296.
4. SADY, João José. Repensando o direito ambiental do trabalho. *Revista do Advogado*, São Paulo, n. 82, p. 63-73, 2005.
5. PADILHA, Norma Sueli. *Do meio ambiente do trabalho equilibrado*. São Paulo: LTr, 2002. p. 22-23.
6. ANTUNES, Paulo de Bessa. *Direito ambiental*. 2. ed. Rio de Janeiro: Lumen Juris, 1998. p. 24.
7. FELICIANO, Guilherme Guimarães. O meio ambiente do trabalho e a responsabilidade civil patronal: reconhecendo a danosidade sistêmica. In: FELICIANO, Guilherme Guimarães; URIAS, João. *Direito ambiental do trabalho:* apontamentos para uma teoria geral. São Paulo: LTr, 2013. v. 1. p. 11.
8. FELICIANO, Guilherme Guimarães. O meio ambiente do trabalho e a responsabilidade civil patronal: reconhecendo a danosidade sistêmica. In: FELICIANO, Guilherme Guimarães; URIAS, João. *Direito ambiental do trabalho*: apontamentos para uma teoria geral. São Paulo: LTr, 2013. v. 1. p. 11.
9. De acordo com Daniel Stokols *et al.*, "[...] interdisciplinaridade é um processo em que os investigadores trabalham conjuntamente, porém cada um através de suas respectivas perspectivas disciplinares, para dirigir-se a um problema comum." (STOKOLS, Daniel *et al.* Evaluating transdisciplinary science. *Nicotine & Tobacco Research*, Madison, v. 5, n. 1, p. S21-S39, dec. 2003).

Ambiental e o Direito do Trabalho. Assim, não se trata da sobreposição de searas jurídicas que percorrem caminhos próprios e ostentam regramentos, institutos e princípios específicos, mas, sim, de complementação e aproximação entre elas, tendo em vista a natureza sistêmica do Direito.

Diante disso, propõe-se, por conseguinte, a analisar as funções dos princípios, consoante à visão contemporânea, ou seja, neoconstitucionalista (ou pós-positivista), evidenciando a relevância dos princípios da Bidirecionalidade trabalhador-ambiente e da Interdependência ambiental, bem como da concretização desses primados labor-ambientais, os quais integram a vasta malha principiológica labor-ambiental e se encontram previstos implicitamente no ordenamento jurídico pátrio e alienígena.

3. OS PRINCÍPIOS E SUAS FUNÇÕES FRENTE À VISÃO NEOCONSTITUCIONALISTA (OU PÓS-POSITIVISTA)

A visão neoconstitucionalista (ou pós-positivista) erigiu-se com a hegemonia axiológico-normativa dos princípios, elevando-os ao mesmo patamar vinculante das normas jurídicas e os reconhecendo como normas-princípios, ou seja, também integrantes do sistema jurídico para muito além da atividade de integração do Direito.

Assim, de acordo com Guilherme Guimarães Feliciano, "Em toda a Ciência do Direito, já não se acata mais a ideia de que os princípios são meras 'fontes subsidiárias', cedendo espaço à lei formal e a outras fontes ou métodos quando existirem"[10]; "[...] os princípios constituem o próprio fundamento das leis em sentido formal; consequentemente, não podem ser preteridos em favor delas."[11]

Conquanto haja crítica quanto à perspectiva neoconstitucionalista (ou pós-positivista) pautada na inobservância da tripartição de poderes pelo julgador, ao criar o direito por meio da aplicação de um princípio como fundamento decisório, explica Dalmo de Abreu Dallari que "Uma das mais importantes inovações introduzidas pelo neoconstitucionalismo foi o reconhecimento da natureza jurídica dos princípios referidos expressamente ou implícitos no texto constitucional [...]", de modo a equipará-los, quanto à eficácia e à imediata exigibilidade, às normas constitucionais[12]. Portanto, a partir de então, os princípios "[...] deixam de ser vistos e tratados como recomendações ou sugestões, que poderão ser acolhidas e respeitadas, ou não, sem que a recusa de acolhimento ou desrespeito acarrete qualquer consequência jurídica"[13].

O neoconstitucionalismo, inclusive, encontra fundamento nas teorias de Ronald Dworkin e Robert Alexy, por exemplo. Para Ronald Dworkin[14], regras e princípios são normas jurídicas e compõem o sistema ou ordenamento jurídico, impondo-se, necessariamente, uma coexistência harmônica. Robert Alexy também sustenta que "Tanto as regras como os princípios podem ser concebidos como normas. Assim sendo, então se trata de uma distinção dentro da classe das normas"[15].

Essa concepção ainda encontra guarida no art. 8º da Consolidação das Leis do Trabalho, cujo dispositivo autoriza as autoridades administrativas e a Justiça do Trabalho, quando da ausência de disposições legais ou contratuais, a decidirem por analogia, equidade e outros princípios e normas gerais de direito, principalmente do Direito do Trabalho[16].

Todavia, há distinções entre normas-regras e normas-princípios, caso contrário, não se justificaria tal classificação.

As normas-regras são binárias, ou seja, aplicadas por subsunção na base do "tudo-ou-nada" ("*all-or-nothing*"); cumpridas ou descumpridas – sendo válidas (tudo), devem ser cumpridas; inválidas (nada), não devem ser aplicadas. Há, portanto, uma relação condicional "se, então", decorrente da ligação entre o suporte fático e a consequência jurídica prevista. As normas-regras são pouco abstratas, autoaplicáveis e preveem suas exceções[17].

As normas-princípios, no entanto, são mais genéricas e abstratas, albergando uma dimensão mais valorativa, suscetível ao caso concreto; suas exceções, ao contrário das regras, não são teoricamente enumeráveis. Ademais, as normas-princípios são aplicadas na base da ponderação de interesses, do sopesamento, admitindo-se, portanto, a prevalência de uma em relação à outra, de acordo com o critério "peso-importância". Daí dizer que a aplicação das normas-princípios depende da interpretação, não existindo uma relação condicional "se, então", justamente em razão da

10. FELICIANO, Guilherme Guimarães. *Curso crítico de Direito do Trabalho*: teoria geral do Direito do Trabalho. São Paulo: Saraiva, 2013. p. 224.
11. FELICIANO, Guilherme Guimarães. *Curso crítico de Direito do Trabalho*: teoria geral do Direito do Trabalho. São Paulo: Saraiva, 2013. p. 224.
12. DALLARI, Dalmo de Abreu. *A Constituição na vida dos povos*. São Paulo: Saraiva, 2010. p. 320-321.
13. DALLARI, Dalmo de Abreu. *A Constituição na vida dos povos*. São Paulo: Saraiva, 2010. p. 320-321.
14. DWORKIN, Ronald. *Levando os direitos a sério*. Trad. Nelson Boeira. 2. ed. São Paulo: Martins Fontes, 2007.
15. ALEXY, Robert. *El concepto y la validez del derecho*. 2. ed. Barcelona: Ariel, 1995. p. 162.
16. BRASIL. Decreto-Lei n. 5.452, de 1º de maio de 1943. Aprova a Consolidação das Leis do Trabalho. *Diário Oficial*, Rio de Janeiro, 9 ago. 1943. Disponível em: <http://www.planalto.gov.br/ccivil_03/decreto-lei/del5452.htm>. Acesso em: 15 maio 2019.
17. DWORKIN, Ronald. *Levando os direitos a sério*. Trad. Nelson Boeira. 2. ed. São Paulo: Martins Fontes, 2007.

textura aberta da linguagem (*open texture*)[18] que pode conduzir a diferentes decisões, a depender do caso concreto[19].

Noutra perspectiva, palmilhando a corrente clássica positivista quanto às funções principiológicas, sustenta Homero Batista Mateus da Silva que os princípios atuam simultaneamente em diversos estágios da norma jurídica, desde a sua fase embrionária, inspirando o legislador para a edificação de uma regra equilibrada e harmônica, até o estágio da interpretação, tanto naquelas oportunidades em que a lei deixa a desejar soluções adequadas como no caso de dispositivo lacunoso.

Ainda de acordo com a corrente clássica positivista, esclarece Américo Plá Rodriguez que "Um princípio é algo mais geral do que uma norma, porque serve para inspirá-la, para entendê-la, para supri-la. E cumpre essa missão relativamente a um número indeterminado de normas".[20] Assim, para o jurista, os princípios de direito cumprem tríplice função, conquanto, por vezes, nem todos cumpram, na mesma medida e intensidade, esse tríplice papel: (a) informadora – inspirando o legislador e servindo de fundamento ao ordenamento jurídico; (b) normativa – prestando-se como fonte supletiva quando da ausência de lei, assumindo função integrativa do ordenamento jurídico; e (c) interpretadora – servindo como critério orientador do julgador ou do intérprete.

Quanto à função normativa, o art. 8º da CLT, nos termos já esclarecidos, encerra qualquer dúvida, cuja funcionalidade tem sido responsável por, de fato, efetivar a tutela labor-ambiental por meio das decisões judiciais dos tribunais trabalhistas pátrios.

Guilherme Guimarães Feliciano[21] esclarece que, além das funções hermenêutica e integrativa dos princípios, há a função normogenética. Por função normogenética, entendem-se os princípios como fundamentos de regras, ou seja, são normas que atestam a validade e constituem a *ratio* das regras jurídicas. Esse entendimento também é compartilhado por José Joaquim Gomes Canotilho[22], ao elucidar que os princípios são fundamentos de regras, posicionando-se na base ou constituindo a *ratio* de regras jurídicas.

Assim, os princípios também desempenham papel de extrema relevância em todos os estágios da regra jurídica (da criação à interpretação e aplicação), sobretudo no tocante ao objeto labor-ambiental, em cuja seara esse papel é ainda mais singular, em decorrência da insuficiência das regras existentes sobre o tema e das especificidades dos diversos contextos labor-ambientais, cada qual com necessidades e desafios (de intervenção e de tutela) próprios.

Por isso, dedica-se o presente capítulo a perscrutar os princípios da bidirecionalidade trabalhador-ambiente e da interdependência ambiental, cujos primados se prestam à análise multidimensional da inter-relação trabalhador-ambiente e seus impactos na saúde e na segurança do trabalhador.

Tais princípios, seja na visão clássica positivista ou na visão contemporâneo neoconstitucionalista (ou pós-positivista), podem (e devem) contribuir para que, em trabalhos periciais, seja conhecido o nexo causal entre a atividade profissional e a doença, sobretudo a atípica, e não apenas o nexo etiológico; para que o julgador, diante de uma lacuna normativa, promova a adequada prestação jurisdicional em matéria labor-ambiental; para o planejamento de intervenções no meio ambiente do trabalho, visando à manutenção ou ao restabelecimento de seu equilíbrio; para a elaboração e interpretação de normas de saúde e segurança no trabalho, buscando-se, efetivamente, reduzir ou eliminar os riscos labor-ambientais; e para que investigações científicas sobre a relação trabalho-doença contemplem a complexa e dinâmica inter-relação trabalhador-ambiente, ofertando efetivos e abrangentes resultados visando ao equilíbrio do meio ambiente do trabalho.

4. OS PRINCÍPIOS LABOR-AMBIENTAIS DA BIDIRECIONALIDADE E DA INTERDEPENDÊNCIA

Conquanto a Constituição da República Federativa do Brasil de 1988 tenha se dedicado a tipificar direitos e a arrolar princípios ao longo de seu texto, alguns dos principais primados em matéria labor-ambiental encontram-se implicitamente nele previstos. Ainda assim, embora não expressamente previstos, tais princípios também podem ser verificados explícita ou implicitamente na norma infraconstitucional, bem como em tratados e documentos alienígenas (como, por exemplo, declarações internacionais).

A elaboração de princípios em matéria ambiental, visando à proteção do meio ambiente e à garantia de qualidade de vida à coletividade, iniciou-se na Suécia, com a Conferência de Estocolmo de 1972, prosseguindo com a ECO 92, sediada no Rio de Janeiro. Dessa forma, criaram-se importantes princípios globais, adaptáveis às legislações de cada país, para orientação e aplicação das normas dedicadas à proteção do meio ambiente.[23]

18. Expressão adotada por Herbert Lionel Adolphus Hart, com base em Friedrich Waismann. Significa que a linguagem é ambígua, vaga, porosa, imprecisa, indeterminada; a linguagem não impõe o seu sentido por si mesma, pois está sujeita a diversos significados a depender do intérprete e do contexto. (HART, Herbert Lionel Adolphus. *O conceito de direito*. São Paulo: WMF Martins Fontes, 2009).
19. DWORKIN, Ronald. *Levando os direitos a sério*. Trad. Nelson Boeira. 2. ed. São Paulo: Martins Fontes, 2007.
20. PLÁ RODRIGUEZ, Américo. *Princípios de direito do trabalho*. Trad. Wagner D. Giglio. 2. ed. São Paulo: LTr, 1978. p. 16.
21. FELICIANO, Guilherme Guimarães. *Curso crítico de Direito do Trabalho*: teoria geral do Direito do Trabalho. São Paulo: Saraiva, 2013.
22. CANOTILHO, José Joaquim Gomes. *Direito Constitucional e Teoria da Constituição*. 5. ed. Coimbra: Almedina, 2002.
23. MELO, Raimundo Simão de. *Direito ambiental do trabalho e a saúde do trabalhador*: responsabilidades legais, dano material, dano moral, dano estético, indenização pela perda de uma chance, prescrição. 4. ed. São Paulo: LTr, 2010.

No Brasil, a internalização desses princípios ocorreu por meio do art. 225 da CRFB, que estabeleceu princípios próprios, conferindo autonomia à ciência do Direito Ambiental[24], sendo eles: o Princípio da Obrigatoriedade de Intervenção Estatal (art. 200, *caput*, inciso VIII; art. 225, § 1º, inciso V; art. 229, § 3º, da CRFB; entre outros); o Princípio da Prevenção (Declaração da Conferência das Nações Unidas sobre o Meio Ambiente Humano de 1972; art. 225 da CRFB); o Princípio da Precaução (Conferência das Nações Unidas para o Meio Ambiental e o Desenvolvimento ou ECO 92, Princípios 15 e 17; art. 4º, incisos I e IV da Lei n. 6.938/1981 – Lei de Política Nacional do Meio Ambiente; art. 225, § 1º, inciso V, da CRFB; art. 54, § 3º, da Lei n. 9.605/1998 – Lei de Crimes Ambientais); o Princípio do Poluidor-pagador (art. 225, § 3º, da CRFB; art. 3º, *caput* e § 3º, e art. 4º, *caput* e inciso VII, da Lei n. 6.938/1981; Princípios n. 13 e n. 16 da Declaração aprovada na Conferência das Nações Unidas para o Meio Ambiental e o Desenvolvimento ou ECO 92); o Princípio da Participação (art. 8º, inciso III, art. 225, § 1º, inciso VI, da CRFB; arts. 156, 201 e 161 da CLT; Convenções da Organização Internacional do Trabalho; Diretivas da União Europeia; Resoluções do MERCOSUL; entre outros); o Princípio da Educação Ambiental (art. 2º, inciso X, da Lei n. 6.938/1991); o Princípio da Ubiquidade; o Princípio da Informação (em diversos textos normativos); o Princípio do Desenvolvimento Sustentável (Conferência das Nações Unidas para o Meio Ambiental e o Desenvolvimento ou ECO 92, Princípios n. 3 e n. 4; art. 225 da CRFB; art. 4º, incisos I, IV e V da Lei n. 6.938/1981).

Todavia, além dos primados supramencionados, já consagrados pela doutrina pátria e, conforme Guilherme Guimarães Feliciano, "[...] facilmente identificáveis na própria legislação trabalhista e previdenciária, como valores-conceitos entremeados [...]"[25], dedica-se o tópico a seguir a examinar os princípios da Bidirecionalidade trabalhador-ambiente e da Interdependência ambiental, revolvendo seus fundamentos doutrinários e normativos.

4.1. O Princípio da Bidirecionalidade trabalhador--ambiente

A adequada compreensão do meio ambiente do trabalho requer que se considere o trabalhador como parte integrante e inseparável do *locus* laboral. Isso porque o trabalhador influencia, dialoga e intervém no meio ambiente do trabalho e por ele é igualmente influenciado, isto é, trata-se de uma transação dinâmica, recíproca e contínua. Daí decorre o Princípio da Bidirecionalidade trabalhador-ambiente, posto que o trabalhador é parte integrante e inseparável do meio ambiente do trabalho e não apenas *nele está*, cujo fenômeno influencia no modo como ele percebe, experimenta, vivencia e interage com o contexto laboral.[26]

Por ser o meio ambiente do trabalho arena e motor do desenvolvimento humano, "[...] não se pode pensar o contexto sem considerar as pessoas que dele participam e as interações que nele se estabelecem"[27]. Ademais, as "[...] relações pessoa-meio são compreendidas como mutuamente constitutivas", evidenciando que pessoa e meio se constroem e se transformam recíproca e dialeticamente[28].

Por isso, a adequada compreensão da abrangência e complexidade do meio ambiente do trabalho deve considerar tanto fatores ambientais como fatores pessoais (constituídos por aspectos biopsicossociais do trabalhador). Compreender essa complexa e dinâmica interação é o primeiro passo para se buscar o equilíbrio de um meio que não é apenas influenciado por fatores ambientais do *locus* laboral (geográficos, arquitetural-tecnológicos, organizacionais e culturais), mas, também, por fatores pessoais dos trabalhadores (biogenéticos, psicológicos e comportamentais).

Norma Sueli Padilha[29], por exemplo, além dos aspectos sociofísicos ambientais, inclui em sua concepção de meio

---

24. MELO, Raimundo Simão de. *Direito ambiental do trabalho e a saúde do trabalhador*: responsabilidades legais, dano material, dano moral, dano estético, indenização pela perda de uma chance, prescrição. 4. ed. São Paulo: LTr, 2010.
25. FELICIANO, Guilherme Guimarães. O meio ambiente do trabalho e a responsabilidade civil patronal: reconhecendo a danosidade sistêmica. In: FELICIANO, Guilherme Guimarães; URIAS, João. *Direito ambiental do trabalho*: apontamentos para uma teoria geral. São Paulo: LTr, 2013. v. 1. p. 11.
26. ALMEIDA, Victor Hugo de. *Consumo e trabalho*: impactos no meio ambiente do trabalho e na saúde do trabalhador. 2013. 241f. Tese (Doutorado em Direito) – Faculdade de Direito, Universidade de São Paulo, São Paulo, 2013.
    COSTA, Aline Moreira da; ALMEIDA, Victor Hugo de Almeida. Meio ambiente do trabalho: uma abordagem propedêutica. In: FELICIANO, Guilherme Guimarães; URIAS, João; MARANHÃO, Ney. (Coord.). *Direito ambiental do trabalho*: apontamentos para uma teoria geral. São Paulo: LTr, 2017. p. 49-63. v. 3.
    COSTA, Aline Moreira da; GONÇALVES, Leandro Krebs; ALMEIDA, Victor Hugo de Almeida. Meio ambiente do trabalho e proteção jurídica do trabalhador: (re)significando paradigmas sob a perspectiva constitucional. In: FELICIANO, Guilherme Guimarães; URIAS, João. (Coord.). *Direito ambiental do trabalho*: apontamentos para uma teoria geral. São Paulo: LTr, 2013. p. 123-142. v. 1.
27. ROSSETTI-FERREIRA, Maria Clotilde; AMORIM, Katia de Souza; SILVA, Ana Paula Soares da. Rede de significações: alguns conceitos básicos. In: ROSSETTI-FERREIRA, Maria Clotilde *et al.* (Orgs.) *Rede de significações e o estudo do desenvolvimento humano.* Porto Alegre: Artmed, 2004. p. 26.
28. ROSSETTI-FERREIRA, Maria Clotilde; AMORIM, Katia de Souza; SILVA, Ana Paula Soares da. Rede de significações: alguns conceitos básicos. In: ROSSETTI-FERREIRA, Maria Clotilde *et al.* (Orgs.) *Rede de significações e o estudo do desenvolvimento humano.* Porto Alegre: Artmed, 2004. p. 26.
29. PADILHA, Norma Sueli. *Do meio ambiente do trabalho equilibrado.* São Paulo: LTr, 2002.

ambiente os aspectos psíquicos humanos, os quais proporcionam condições necessárias e suficientes para que o ser humano se desenvolva na sua plenitude. Sustenta, ainda, ser o meio ambiente "[...] tudo aquilo que cerca um organismo (o homem é o organismo vivo), seja físico (água, ar, terra, bens tangíveis pelo homem), seja o social (valores culturais, hábitos, costumes, crenças), seja o psíquico (sentimento do homem e suas expectativas, segurança, angústia, estabilidade)", posto que "[...] os meios físicos, social, e psíquico são os que dão as condições interdependentes, necessárias e suficientes para que o organismo vivo (planta ou animal) se desenvolva na sua plenitude."[30]

O Princípio da Bidirecionalidade parte da premissa de que o trabalhador é parte integrante e inseparável do meio ambiente do trabalho e não apenas nele se encontra. Ignorar isso é descartar toda a inter-relação trabalhador-ambiente, desprezando todos os aspectos pessoais (biogenéticos, comportamentais e psicológicos) que influenciam o modo como o trabalhador enxerga, dialoga, vivencia e negocia com o contexto labor-ambiental[31]. Ademais, de acordo com Maria Clotilde Rossetti-Ferreira, Katia de Souza Amorim e Ana Paula Soares da Silva, "[...] não se pode pensar o contexto sem considerar as pessoas que dele participam e as interações que nele se estabelecem"[32].

Não bastassem tais argumentos, diversos institutos jurídicos afetos ao contexto laboral, como, por exemplo, o dano moral, o assédio moral e o assédio sexual existem apenas em decorrência da inter-relação trabalhador-ambiente laboral e dos atributos da pessoa humana. Logo, dificilmente se conseguiria explicar os impactos dessas modalidades de dano pessoal no equilíbrio labor-ambiental e na saúde do trabalhador sem considerá-lo (incluindo os atributos da personalidade humana) parte do meio ambiente do trabalho. A desconsideração ou a ignorância dessa inter-relação também tem contribuído para que peritos judiciais e da Previdência Social afastem a relação de algumas doenças (por exemplo, estresse, depressão, síndrome do pânico, síndrome de *burnout* etc.) com a atividade e/ou com o *locus* laboral, ainda que diversos estudos no campo da saúde do trabalhador atestem tal conexão[33].

Assim, considera-se que "[...] o entendimento do meio ambiente do trabalho estabelece-se com a percepção do espaço do trabalho e, mais ainda, do próprio trabalhador, na medida em que não existe tal ambiente sem o ser humano"[34], pois as condições internas do trabalhador influenciam e são influenciadas pelas condições externas [ambientais e de outros trabalhadores], evidenciando, pois, uma interação[35]. Logo, não existe meio ambiente do trabalho sem trabalhador, tampouco trabalhador sem meio ambiente do trabalho.

Por conseguinte, o Princípio da Bidirecionalidade também é conferido na Convenção n. 155 da Organização Internacional do Trabalho (OIT)[36], cujo tratado aborda a inter-relação trabalhador-ambiente como pressuposto a ser adotado por cada Estado, como política nacional em matéria de segurança e saúde dos trabalhadores, por meio das seguintes medidas: "[...] treinamento das pessoas envolvidas com a obtenção dos níveis adequados de higiene e segurança; comunicação e cooperação entre as pessoas envolvidas; proteção dos trabalhadores e de seus representantes contra medidas disciplinares em face de sua atuação na busca de objetivos de redução dos riscos inerentes ao trabalho."[37] Nota-se, portanto, que tal tratado internacional evidencia o trabalhador como elemento integrante do meio ambiente do trabalho, fundamental para o estabelecimento do equilíbrio labor-ambiental.

A Declaração Sociolaboral do MERCOSUL (Tratado de Assunção), de 1991, também alude aos aspectos psicofisiológicos do trabalhador para o equilíbrio labor-ambiental, ao prever, em seu art. 25, item 4, que:

> Os Estados Partes deverão instituir, manter e fortalecer os serviços de inspeção do trabalho, dotando-os de

30. PADILHA, Norma Sueli. *Do meio ambiente do trabalho equilibrado*. São Paulo: LTr, 2002. p. 27.
31. ALMEIDA, Victor Hugo de. *Consumo e trabalho*: impactos no meio ambiente do trabalho e na saúde do trabalhador. 2013. 241f. Tese (Doutorado em Direito) – Faculdade de Direito, Universidade de São Paulo, São Paulo, 2013.
32. ROSSETTI-FERREIRA, Maria Clotilde; AMORIM, Katia de Souza; SILVA, Ana Paula Soares da. Rede de significações: alguns conceitos básicos. In: ROSSETTI-FERREIRA, Maria Clotilde *et al.* (Orgs.) *Rede de significações e o estudo do desenvolvimento humano*. Porto Alegre: Artmed, 2004. p. 26.
33. Por exemplo, segundo Maria Célia Bruno Mundim (2012), nos últimos anos constatou-se um aumento de publicações sobre saúde mental do trabalhador, com a prevalência de investigações teóricas, seguidas de pesquisas empíricas qualitativas, sobretudo na região sudeste do país. Essas pesquisas têm apontado a interdependência entre alguns aspectos da organização do trabalho (por exemplo, intensificação do ritmo laboral, cobrança de produtividade, estrutura hierárquica assimétrica, precarização das condições de trabalho, etc.) e a saúde do trabalhador, evidenciando a inter-relação pessoa-ambiente, ou seja, entre meio ambiente do trabalho e trabalhador, um influenciando o outro, contínua e reciprocamente. (MUNDIM, Maria Célia Bruno. Saúde mental e trabalho: levantamento das publicações na Scielo e Pepsic. *Revista do Departamento de Ciências Humanas e do Departamento de Psicologia Barbarói*, Santa Cruz do Sul, n. 36, p. 110-119, jan.-jun. 2012).
34. ROSSIT, Liliana Allodi. *O meio ambiente de trabalho no direito ambiental brasileiro*. São Paulo: LTr, 2001. p. 130.
35. ROSSIT, Liliana Allodi. *O meio ambiente de trabalho no direito ambiental brasileiro*. São Paulo: LTr, 2001.
36. OIT. Convenção n. 155. Genebra, 20 jun. 2002. Disponível em: <http://www.ilo.org/ilolex/cgi-lex/convde.pl?P155>. Acesso em: 10 maio 2019.
37. SILVA, Otavio Pinto e. Meio ambiente e saúde do trabalhador. *Revista do TRT da 2ª Região*, São Paulo, n. 4, p. 69-119, 2010. p. 70.

> recursos materiais e legais necessários, para que possibilitem um desempenho efetivo no controle das condições e do meio ambiente de trabalho, para uma proteção adequada da saúde física e **psíquica** dos trabalhadores. (grifo nosso).[38]

Quanto ao ordenamento jurídico pátrio, frise-se a Norma Regulamentadora n. 17, do extinto Ministério do Trabalho, cujo regramento "[...] visa a estabelecer parâmetros que permitam a adaptação das condições de trabalho às características psicofisiológicas dos trabalhadores, de modo a proporcionar um máximo de conforto, segurança e desempenho eficiente"[39]. Ressalte-se, ainda, seu Anexo II[40], cuja elaboração decorreu do diálogo tripartite entre representantes dos trabalhadores, representantes dos empregadores e o Estado, resultando em um regramento abrangente e inovador, ao prever, expressamente, a influência dos aspectos psicológicos e comportamentais no equilíbrio do meio ambiente do trabalho.

Previu tal regramento o risco de esgotamento psicológico no desempenho da atividade, em decorrência do trato com superiores hierárquicos e clientes, registrando um importante precedente para o reconhecimento da causalidade ou concausalidade entre o trabalho e o infortúnio psicológico. Previu, também, em seu item 5.4.5 a garantia de pausas no trabalho imediatamente após a ocorrência de ameaças, abusos verbais e agressões por parte dos consumidores, para que os trabalhadores socializassem conflitos e dificuldades com supervisores, profissionais de saúde ocupacional ou com seus pares.

Visando à elaboração de programas preventivos, o Anexo II da Norma Regulamentadora n. 17 vedou a utilização de instrumentos de avaliação tendentes a causar impactos sobre a saúde dos trabalhadores, bem como a aceleração do ritmo de trabalho em horários de maior demanda (item 5.10, alíneas *c* e *d*).

Nota-se, portanto, sem qualquer pretensão de exaurimento, a verificação do princípio em questão implicitamente em regramentos infraconstitucionais, pátrios e alienígenas.

4.2. O Princípio da Interdependência ambiental

Destaca Guilherme Guimarães Feliciano[41] que, não obstante seja unitário, o meio ambiente humano (ou geral) é classificado pela doutrina brasileira em quatro manifestações particulares: o meio ambiente natural – constituído por elementos físicos e biológicos presentes no entorno, como o solo, a água, o ar atmosférico, a flora e a fauna, bem como pelas interações entre si e com o meio; o meio ambiente artificial – constituído pelo espaço urbano construído, incluindo edificações (espaço urbano fechado) e equipamentos públicos (espaço urbano aberto); o meio ambiente cultural, constituído pelo patrimônio histórico, artístico, arqueológico, paisagístico e turístico; e o meio ambiente do trabalho.

Assim, o meio ambiente do trabalho deve ser compreendido na perspectiva da *Gestalt*[42], como um sistema unitário, constituído por manifestações ambientais intra e interdependente. Tem-se, portanto, o Princípio da Interdependência, cujo primado pressupõe a existência de interação entre as diversas dimensões ambientais (natural, artificial, cultural e do trabalho) e dos fatores inerentes a cada uma delas (sociais, econômicos, políticos, jurídicos etc.), os quais dialogam entre si e influenciam no equilíbrio labor-ambiental e, consequentemente, na maneira como trabalhador enxerga, experimenta, negocia e dialoga com o *locus* laboral[43].

Conquanto pareça remota, tal dinâmica torna-se ainda mais evidente quando se considera que um trabalhador adoecido em decorrência da atividade ou do contexto laboral será também um ser humano adoecido em sua casa, na comunidade, no lazer, durante as férias, enfim, seu estado de saúde repercutirá na sua condição humana em todo e qualquer contexto ambiental e situação em que se encontre.

Significa dizer, em suma, que o trabalhador é influenciado tanto por aspectos de outras dimensões ou contextos ambientais, nas quais também se encontra ou não, como por fatores macrossistêmicos, mediatos e mais distais (sociais, econômicos, políticos, jurídicos etc.), que embora não sejam atributos imediatos do meio ambiente do trabalho, influenciam no seu equilíbrio, pois refletem na

38. MERCOSUL. Declaração Sociolaboral do MERCOSUL de 2015. I Reunião Negociadora. Brasília, 17 jul. 2015. Disponível em: <http://www.itamaraty.gov.br/pt-BR/notas-a-imprensa/10519-declaracao-sociolaboral-do-mercosul-de-2015-i-reuniao-negociadora-brasilia-17-de-julho-de- 2015>. Acesso em: 10 maio 2019.
39. BRASIL. Norma Regulamentadora n. 17. Portaria GM n. 3.214, de 8 de junho de 1978. Ministério da Economia, Secretaria de Trabalho, Brasília, 8 jun. 1978. Disponível em: <http://trabalho.gov.br/seguranca-e-saude-no-trabalho/normatizacao/normas-regulamentadoras/norma-regulamentadora-n-17-ergonomia>. Acesso em: 10 maio 2019.
40. BRASIL. Norma Regulamentadora n. 17, Anexo II. Portaria SIT n. 9, de 30 de março de 2007. Ministério da Economia, Secretaria de Trabalho, Brasília, 30 mar. 2007. Disponível em: <http://trabalho.gov.br/seguranca-e-saude-no-trabalho/normatizacao/normas-regulamentadoras/norma-regulamentadora-n-17-ergonomia>. Acesso em: 10 maio 2019.
41. FELICIANO, Guilherme Guimarães. Meio ambiente do trabalho: aspectos gerais e propedêuticos. *Síntese Trabalhista*, Porto Alegre, v. 14, n. 162, p. 122-153, dez. 2002.
42. FELICIANO, Guilherme Guimarães. Meio ambiente do trabalho: aspectos gerais e propedêuticos. *Síntese Trabalhista*, Porto Alegre, v. 14, n. 162, p. 122-153, dez. 2002.
43. ALMEIDA, Victor Hugo de. *Consumo e trabalho*: impactos no meio ambiente do trabalho e na saúde do trabalhador. 2013. 241f. Tese (Doutorado em Direito) – Faculdade de Direito, Universidade de São Paulo, São Paulo, 2013.

organização da atividade e nas políticas públicas[44] que afetam o campo do trabalho.

A intervenção estatal por meio da regulamentação das relações de trabalho e da solução de conflitos apresentados à Justiça do Trabalho evidencia a influência do sistema jurídico no contexto laboral, seja na seara preventiva, por meio das normas de saúde e segurança no trabalho e de políticas públicas, seja na seara reativa, por meio da fiscalização e do exercício da jurisdição.

A economia, o consumo, as políticas e crises econômicas nacionais e internacionais influenciam na dinâmica das contratações, do desemprego, na informalidade dos contratos e, inclusive, em alguns setores, na organização e nas condições de trabalho, impactando nas metas impostas aos trabalhadores, no ritmo da atividade, na dilação da jornada de trabalho e em outros aspectos labor-ambientais.

A Consolidação das Leis do Trabalho, em seu art. 555, alínea c, chancela essa interdependência ao prever a pena de cassação da carta de reconhecimento à entidade sindical que criar obstáculos à execução da política econômica adotada pelo Estado; e ao prever, no art. 623, a nulidade de pleno direito da disposição de negociação coletiva que, direta ou indiretamente, contrariar proibição ou norma disciplinadora da política econômico-financeira ou concernente à política salarial vigente. Por fim, prevê o art. 896-A que, em sede de Recurso de Revista, deve o Tribunal Superior do Trabalho examinar previamente se a causa oferece transcendência com relação aos reflexos gerais de natureza econômica.

Por isso, de acordo com Sérgio Pinto Martins, o Direito do Trabalho interage com a economia, cujo objeto de estudo é a produção, distribuição e consumo de bens essenciais ou úteis, a partir do momento em que o Estado intervém no sistema produtivo, estabelecendo políticas (econômica, salarial etc.) que refletem nos índices de emprego, ensejando modificações na estrutura jurídica[45] ou impactando condições de trabalho e, obviamente, repercutindo no equilíbrio labor-ambiental.

Quanto ao sistema político, evidencia-se sua interação com o contexto labor-ambiental, por ser o sistema de pressão para sensibilizar o Congresso, as autoridades e lançar luzes sobre alguma profissão esquecida ou, até mesmo, para precarizá-la. Portanto, a depender das medidas adotadas e dos interesses que as motivam, os efeitos podem ser positivos ou negativos. Nessa perspectiva, por exemplo, a reforma trabalhista brasileira pode ser considerada um aspecto oriundo do sistema político (posteriormente convertido em legislação) capaz de influenciar, positiva ou negativamente, na dinâmica do meio ambiente do trabalho e, inclusive, em seu equilíbrio. Embora não seja um aspecto imediato do *locus* laboral, não há dúvidas de que o meio ambiente do trabalho, por se encontrar imerso em um determinado sistema político, influencia e é por ele influenciado.

O sistema cultural é constituído pelos costumes predominantes num grupo ou classe social, compreendendo linguagem, técnicas, artefatos, alimentos, mitos, padrões estéticos e éticos[46], de modo a caracterizar um grupo, comunidade ou sociedade. Considerando que os costumes constituem formas de integração do ordenamento jurídico, nos termos do art. 4º do Decreto-Lei n. 4.657, de 4 de setembro de 1942 (Lei de Introdução às Normas do Direito Brasileiro), e do art. 8º da Consolidação das Leis do Trabalho, inegável a interdependência entre os sistemas cultural e social e o contexto labor-ambiental. Como exemplo, o art. 5º da Lei n. 5.889, de 8 de junho de 1973, cuja legislação abriga normas reguladoras do trabalho rural, prevê a concessão do intervalo para repouso e alimentação observados os usos e costumes regionais.

Outro exemplo é a identidade (ou coesão) de classe existente em determinadas categorias profissionais, como, por exemplo, a dos metalúrgicos da Grande São Paulo, cujo aspecto cultural daquela localidade (aspecto cultural) reforça a efetividade da atividade sindical regional e da representação dos trabalhadores das empresas, em benefício da melhoria das condições laborais desses trabalhadores. Essa cultura sindical favorece, por exemplo, a manutenção do equilíbrio do meio ambiente do trabalho por meio da atuação da comissão de fábrica, prevista na Convenção n. 138 da OIT, no art. 11 da Constituição Federal de 1988 e, recentemente, no art. 510-A da Lei n. 13.467/2017, que pode contribuir, efetivamente, para a redução de acidentes de trabalho, entre outros benefícios.

Quanto ao sistema social, evidencia-se a influência das políticas sociais no meio ambiente do trabalho, como, por exemplo, a Política Nacional de Saúde do Trabalhador, que apresenta interface com as políticas econômicas, além de se relacionar diretamente às políticas do trabalho, da Previdência Social e do meio ambiente, incluído o do trabalho, visando à promoção de condições dignas, seguras e saudáveis de trabalho[47].

Por derradeiro, não se quer dizer que todos esses sistemas (social, econômico, político, jurídico e cultural) influenciam,

---

44. Conquanto não exista uma única, nem um consenso sobre o que seja política pública, entende-se, nesta abordagem, "[...] como o conjunto organizado de normas e atos tendentes à realização de um fim público determinado" (SANTOS, 2006, p. 80), incluindo o reconhecimento ou a efetivação de um direito fundamental, como, por exemplo, ao meio ambiente do trabalho equilibrado (art. 225 c/c art. 200, VIII, CFRB).

45. MARTINS, Sergio Pinto. *Direito do Trabalho.* 28. ed. São Paulo: Atlas, 2012.

46. MARTINS, Sergio Pinto. *Direito do Trabalho.* 28. ed. São Paulo: Atlas, 2012.

47. MINISTÉRIO DA SAÚDE. Política Nacional de Saúde do(a) Trabalhador(a): Proposta para Consulta Pública. Brasília. *Portal da Saúde*, Brasília, jan. 2004. Disponível em: <http://portal.saude.gov.br/portal/ arquivos/pdf/proposta_pnst_st_2009.pdf>. Acesso em: 10 maio 2019.

necessariamente e com a mesma valência ou intensidade, em todo e qualquer contexto labor-ambiental, podendo, em determinados casos, um desses sistemas prevalecer a outro, dependendo da localidade, da conjuntura macrossistêmica, da atividade profissional, do momento histórico, entre outros elementos. Todavia, evidentemente, tratam-se de contextos interdependentes, nos quais o microssistema meio ambiente do trabalho se encontra imerso, influenciando-os e por eles sendo influenciado.

5. CONCLUSÃO

O neoconstitucionalismo (ou pós-positivismo) erigiu-se com a hegemonia axiológico-normativa dos princípios, elevando-os ao mesmo patamar vinculante das normas jurídicas e os reconhecendo como normas-princípios, também integrantes do sistema jurídico.

Esse permissivo, inclusive, encontra-se expresso no art. 8º da Consolidação das Leis do Trabalho, cujo dispositivo autoriza as autoridades administrativas e a Justiça do Trabalho, quando da ausência de disposições legais ou contratuais, a decidirem por analogia, equidade e outros princípios e normas gerais de direito, principalmente do Direito do Trabalho.

Conquanto a Constituição da República Federativa do Brasil de 1988 tenha se dedicado a tipificar direitos e a arrolar princípios ao longo de seu texto, alguns dos principais primados em matéria labor-ambiental encontram-se implicitamente nele previstos e também podem ser verificados, explícita ou implicitamente, na norma infraconstitucional, bem como em tratados e documentos alienígenas (como, por exemplo, declarações internacionais).

Noutra perspectiva, qual seja, na visão positivista clássica, as normas-princípios também desempenham papel de extrema relevância em todos os estágios da regra jurídica (da criação à interpretação e aplicação), sobretudo no tocante ao objeto labor-ambiental, em cuja seara esse papel é ainda mais singular, em decorrência da insuficiência das regras existentes sobre o tema e das especificidades dos diversos contextos labor-ambientais, cada qual com necessidades e desafios (de intervenção e de tutela) próprios.

Todavia, além dos primados já consagrados pela doutrina pátria e identificáveis na legislação trabalhista e previdenciária, dedicou-se o presente capítulo a examinar os princípios da Bidirecionalidade trabalhador-ambiente e da Interdependência ambiental, indicando seus fundamentos doutrinários e normativos.

O Princípio da Bidirecionalidade parte da premissa de que o trabalhador é parte integrante e inseparável do meio ambiente do trabalho e não apenas nele se encontra. Ignorar isso é descartar toda a inter-relação trabalhador-ambiente, desprezando todos os aspectos pessoais (biogenéticos, comportamentais, psicológicos) que influenciam o modo como o trabalhador enxerga, dialoga, vivencia e negocia com o contexto labor-ambiental. Por sua vez, o Princípio da Interdependência pressupõe a existência de interação entre as diversas dimensões ambientais (natural, artificial, cultural e do trabalho) e dos fatores inerentes a cada uma delas (sociais, econômicos, políticos, jurídicos etc.), os quais dialogam entre si e influenciam no equilíbrio labor-ambiental e, consequentemente, na maneira como o trabalhador enxerga, experimenta, negocia e dialoga com o meio ambiente do trabalho.

Conclui-se que tais princípios, seja na visão clássica positivista ou na visão contemporâneo neoconstitucionalista (ou pós-positivista), podem (e devem) contribuir para que, em trabalhos periciais, seja conhecido o nexo causal entre a atividade profissional e a doença, sobretudo a atípica, e não apenas o nexo etiológico; para que o julgador, diante de uma lacuna normativa, promova a adequada prestação jurisdicional em matéria labor-ambiental; para o planejamento de intervenções no meio ambiente do trabalho, visando à manutenção ou ao restabelecimento de seu equilíbrio; para a elaboração e interpretação de normas de saúde e segurança no trabalho, buscando-se, efetivamente, reduzir ou eliminar os riscos labor-ambientais; e para que investigações científicas sobre a relação trabalho-doença contemplem a complexa e dinâmica inter-relação trabalhador-ambiente, ofertando efetivos e abrangentes resultados visando ao equilíbrio labor-ambiental.

6. REFERÊNCIAS

ALEXY, Robert. *El concepto y la validez del derecho*. 2. ed. Barcelona: Ariel, 1995.

ALMEIDA, Victor Hugo de. *Consumo e trabalho*: impactos no meio ambiente do trabalho e na saúde do trabalhador. 2013. 241 f. Tese (Doutorado em Direito) – Faculdade de Direito, Universidade de São Paulo, São Paulo, 2013.

ANTUNES, Paulo de Bessa. *Direito ambiental*. 2. ed. Rio de Janeiro: Lumen Juris, 1998.

BRASIL. Decreto-Lei n. 5.452, de 1º de maio de 1943. Aprova a Consolidação das Leis do Trabalho. *Diário Oficial*, Rio de Janeiro, 9 ago. 1943. Disponível em: <http://www.planalto.gov.br/ccivil_03/decreto-lei/del5452.htm>. Acesso em: 15 maio 2019.

_____. Norma Regulamentadora n. 17, Anexo II. Portaria SIT n. 09, de 30 de março de 2007. *Ministério da Economia*, Secretaria de Trabalho, Brasília, 30 mar. 2007. Disponível em: <http://trabalho.gov.br/seguranca-e-saude-no-trabalho/normatizacao/normas-regulamentadoras/norma-regulamentadora-n-17-ergonomia>. Acesso em: 10 maio 2019.

_____. Norma Regulamentadora n. 17. Portaria GM n. 3.214, de 08 de junho de 1978. *Ministério da Economia*, Secretaria de Trabalho, Brasília, 8 jun. 1978. Disponível em: <http://trabalho.gov.br/seguranca-e-saude-no-trabalho/ normatizacao/normas-regulamentadoras/norma-regulamentadora- n-17-ergonomia>. Acesso em: 10 maio 2019.

CANOTILHO, José Joaquim Gomes. *Direito Constitucional e Teoria da Constituição*. 5. ed. Coimbra: Almedina, 2002.

COSTA, Aline Moreira da; ALMEIDA, Victor Hugo de Almeida. Meio ambiente do trabalho: uma abordagem propedêutica. In: FELICIANO, Guilherme Guimarães; URIAS, João; MARANHÃO,

Ney (Coord.). *Direito ambiental do trabalho*: apontamentos para uma teoria geral. São Paulo: LTr, 2017. p. 49-63. v. 3.

_____.; GONÇALVES, Leandro Krebs; ALMEIDA, Victor Hugo de Almeida. Meio ambiente do trabalho e proteção jurídica do trabalhador: (re)significando paradigmas sob a perspectiva constitucional. In: FELICIANO, Guilherme Guimarães; URIAS, João. (Coord.). *Direito ambiental do trabalho*: apontamentos para uma teoria geral. São Paulo: LTr, 2013. p. 123-142. v. 1.

DALLARI, Dalmo de Abreu. *A Constituição na vida dos povos*. São Paulo: Saraiva, 2010.

DWORKIN, Ronald. *Levando os direitos a sério*. Trad. Nelson Boeira. 2. ed. São Paulo: Martins Fontes, 2007.

FELICIANO, Guilherme Guimarães. *Curso crítico de Direito do Trabalho*: teoria geral do Direito do Trabalho. São Paulo: Saraiva, 2013.

_____. Meio ambiente do trabalho: aspectos gerais e propedêuticos. *Síntese Trabalhista*, Porto Alegre, v. 14, n. 162, p. 122-153, dez. 2002.

_____. O meio ambiente do trabalho e a responsabilidade civil patronal: reconhecendo a danosidade sistêmica. In: FELICIANO, Guilherme Guimarães; URIAS, João. *Direito ambiental do trabalho*: apontamentos para uma teoria geral. São Paulo: LTr, 2013. p. 11-25. v. 1.

HART, Herbert Lionel Adolphus. *O conceito de direito*. São Paulo: WMF Martins Fontes, 2009.

MARTINS, Sergio Pinto. *Direito do Trabalho*. 28. ed. São Paulo: Atlas, 2012.

MELO, Raimundo Simão de. *Direito ambiental do trabalho e a saúde do trabalhador*: responsabilidades legais, dano material, dano moral, dano estético, indenização pela perda de uma chance, prescrição. 4. ed. São Paulo: LTr, 2010.

MERCOSUL. Declaração Sociolaboral do MERCOSUL de 2015. I Reunião Negociadora. Brasília, 17 jul. 2015. Disponível em: <http://www.itamaraty.gov.br/pt-BR/notas-a-imprensa/10519-declaracao-sociolaboral-do-mercosul-de-2015-i-reuniao-negociadora-brasilia-17-de-julho-de-2015>. Acesso em: 10 maio 2019.

MINISTÉRIO DA SAÚDE. Política Nacional de Saúde do(a) Trabalhador(a): Proposta para Consulta Pública. Brasília. *Portal da Saúde*, Brasília, jan. 2004. Disponível em: <http://portal.saude.gov.br/portal/arquivos/pdf/proposta_pnst_st_2009.pdf>. Acesso em: 10 maio 2019.

MUNDIM, Maria Célia Bruno. Saúde mental e trabalho: levantamento das publicações na Scielo e Pepsic. *Revista do Departamento de Ciências Humanas e do Departamento de Psicologia Barbarói*, Santa Cruz do Sul, n. 36, p. 110-119, jan./jun. 2012.

OIT. Convenção n. 155. Genebra, 20 jun. 2002. Disponível em: <http://www.ilo.org/ilolex/cgi-lex/convde.pl?P155>. Acesso em: 10 maio 2019.

PADILHA, Norma Sueli. *Do meio ambiente do trabalho equilibrado*. São Paulo: LTr, 2002.

PLÁ RODRIGUEZ, Américo. *Princípios de direito do trabalho*. Trad. Wagner D. Giglio. 2. ed. São Paulo: LTr, 1978.

ROCHA, Júlio César de Sá da. *Direito ambiental do trabalho*: mudança de paradigma na tutela jurídica à saúde do trabalhador. São Paulo: LTr, 2002.

ROSSETTI-FERREIRA, Maria Clotilde; AMORIM, Katia de Souza; SILVA, Ana Paula Soares da. Rede de significações: alguns conceitos básicos. In: ROSSETTI-FERREIRA, Maria Clotilde *et al.* (Orgs.). *Rede de significações e o estudo do desenvolvimento humano*. Porto Alegre: Artmed, 2004.

ROSSIT, Liliana Allodi. *O meio ambiente de trabalho no direito ambiental brasileiro*. São Paulo: LTr, 2001.

SADY, João José. Repensando o direito ambiental do trabalho. *Revista do Advogado*, São Paulo, n. 82, p. 63-73, 2005.

SANTOS, Marília Lourido dos. *Interpretação constitucional no controle judicial das políticas públicas*. Porto Alegre: Fabris, 2006.

SILVA, Otavio Pinto e. Meio ambiente e saúde do trabalhador. *Revista do TRT da 2ª Região*, São Paulo, n. 4, p. 69-119, 2010.

STOKOLS, Daniel. et al. Evaluating transdisciplinary science. *Nicotine & Tobacco Research*, Madison, v. 5, n. 1, p. S21-S39, dec. 2003.

4 Direito ao trabalho e futuro do trabalho na sociedade automatizada do futuro

Rita de Cássia Marques Lima de Castro[1]
Paulo Sérgio de Castro[2]

1. INTRODUÇÃO

O mundo moderno do trabalho na sociedade do conhecimento apresenta-se como o mundo do ambiente marcado pela competitividade e pela exigência de vantagens competitivas que levem o ser humano, a principal 'máquina produtiva' das organizações, a um nível de produtividade considerado 'eficiente'. Eficiência, termo administrativo que caracterizou, por excelência, as organizações produtivas do início do século XX e vem, mesmo no século XXI, mantendo a sua importância aos olhos dos gestores organizacionais.

Eficiência está associada ao uso otimizado de recursos, sem desperdício. No mundo do trabalho, a eficiência é a tônica para as organizações sobreviverem competitivas e saudáveis. Contudo, o equilíbrio organizacional e a manutenção de sua saúde financeira não necessariamente implicam que o outro lado do processo produtivo – o ser humano – esteja, também, equilibrado e saudável.

O ser humano, parte integrante desse ambiente produtivo, busca no trabalho a garantia de sua sobrevivência material, a sustentação de seu equilíbrio psíquico, a ampliação da autoestima e a realização pessoal mediante seu labor alterando o ambiente que o envolve. Há, por conseguinte, uma relação simbiótica entre o ser humano e a atividade laboral – tanto de um lado quanto de outro dessa relação, o ser humano transforma e é transformado pelo trabalho que exerce.

Com o advento da sociedade da informação e da automação industrial, houve uma mudança que pode ser chamada de 'radical' no mundo do trabalho, considerando-se o tempo em que a transformação ocorreu e a abrangência desse impacto – as novas conformidades que a tecnologia trouxe às atividades laborais levaram o ser humano a ficar envolto em um ambiente altamente acelerado e assíncrono, no qual novas culturas e formas de trabalho surgem e são rapidamente difundidas e consolidadas, consoante existirem, nesse mundo digital, países e cidades que ainda vivem "abismos digitais"[3], vários deles concentrados na América Latina e na África.

Nesse ambiente assíncrono e sem fronteiras geográficas, um elemento que afeta o meio ambiente do trabalho e a saúde humana é o que se conceitua como 'estar conectado 24h'. Com essa conexão sem limite de jornada, o direito à desconexão vem se perdendo e o ser humano vê-se em uma teia do trabalho sem fim, no qual sua jornada, que é, "tempo de vida"[4], torna-se um elemento roubador da saúde e da dignidade do ser humano, por excluir da vida o tempo de lazer. Em resumo, os tempos modernos do trabalho são

---

1. Pesquisadora no CORS-USP e no NESPI-USP. Pós-Doutora pela Faculdade de Administração, Economia e Contabilidade da Universidade de São Paulo (FEA-USP). Doutora em Ciências (PROLAM-USP), Mestre em Administração (FGV-EAESP), Especialista em Administração (FGV-EAESP), Jornalista, Bacharel em Comunicação Social – Jornalismo (Fundação Cásper Líbero), professora na Universidade de Mogi das Cruzes – *Campus* Villa-Lobos – SP, avaliadora de cursos e instituições pelo MEC e participante da Cátedra José Bonifácio (CIBA-IRI-USP).
2. Estuda doutorado em Direito do Trabalho (Universidad de Buenos Aires – UBA) e doutorado (modalidade doutorado direto) no PROLAM-USP. Especialista em Direito Empresarial (FIG), Direito Educacional (CEU) e Direito Previdenciário (ESA-OAB), professor na Universidade de Mogi das Cruzes – *Campus* Villa-Lobos – SP e participante da Cátedra José Bonifácio (CIBA-IRI-USP).
3. FIORILLO, Celso Antonio Pacheco. *Curso de Direito Ambiental Brasileiro*. 14. ed., revista, ampliada e atualizada em face da Rio+20 e do novo "Código" Florestal. São Paulo: Saraiva, 2013. p. 586.
4. ALMEIDA, Almiro Eduardo de; SEVERO, Valdete Souto. *Direito à desconexão nas relações sociais*. 2. ed. São Paulo: LTr, 2016. p. 9.

denominados como tempos de "liofilização organizacional" [5], o que significa o processo de substituir o trabalho vivo pelo morto, mediante o uso da chamada "maquinaria tecno-informacional digital"[6].

Muitas poderiam ser as indagações nesse cenário moderno tecnológico de conexão 24h, em que a eficiência continua ditando as normas produtivas, envolvendo, por exemplo, o papel do trabalho na manutenção da saúde humana; o impacto das novas leis trabalhistas no frágil equilíbrio do ambiente do direito do trabalho; quais as mudanças que a sociedade da informação está trazendo para o mundo do trabalho etc. Uma, em especial, foi a escolhida para este presente trabalho de pesquisa: qual o futuro do trabalho na sociedade automatizada do futuro? Em outras palavras, quais as perspectivas que o 'futuro do trabalho' trará na 'sociedade automatizada do futuro', para as presentes e para as futuras gerações, em termos de construção da dignidade e do reconhecimento do ser humano?

Essa pergunta está associada à hipótese de que o futuro do trabalho pode trazer um cenário mais árido em termos de reconhecimento, de trabalho enquanto *lócus* privilegiado para a construção da autoestima e da autorrealização, cabendo ao ser humano a busca de seu equilíbrio psíquico em outras atividades sociais que permitam o estabelecimento desse espaço secularmente ocupado pelo trabalho no tocante à construção do sentido de existência e de reconhecimento, ou, em outras palavras, na construção de sua dignidade, cujo fundamento é a autonomia.[7]

Para realizar essa reflexão sobre o futuro do trabalho, adotou-se, como metodologia, pesquisa bibliográfica. Foram consultadas bases nacionais e internacionais sobre os temas: futuro do trabalho; direito ao trabalho no século XXI; automação e trabalho; meio ambiente e trabalho e três grandes blocos foram construídos, com base na leitura desses temas: o primeiro trata da evolução do sentido do trabalho e sua relação com o ser humano, para que se compreenda a associação histórica que o exercício do trabalho tem com o seu executor, o ser humano; no segundo bloco, tem-se uma abordagem sobre meio ambiente, direito ao trabalho e direito ao lazer, ampliando-se o foco original da compreensão do meio ambiente do trabalho em seu âmbito físico e abrangendo também os aspectos psíquicos que envolvem esse meio ambiente. No bloco seguinte, traz-se considerações sobre o futuro do trabalho, o reconhecimento e a dignidade humana, relacionando-se as ideias anteriormente expostas e trazendo as perspectivas para as atuais e para as futuras gerações acerca do trabalho, realizando-se, a seguir, as considerações finais acerca dos temas abordados.

2. EVOLUÇÃO DO SENTIDO DO TRABALHO E SUA RELAÇÃO COM O SER HUMANO

Ao longo da história do ser humano e do trabalho, este último teve diferentes conceitos e associações. Se durante muito tempo o trabalho foi associado a algo penoso, relacionado à punição ou castigo por ter o ser humano tomado uma atitude de desobediência[8], à escravidão, à dor e até a um instrumento de tortura (*tripalium*)[9], o trabalho foi tomando, de forma intencional, uma roupagem diferente; saindo de um conceito de algo ruim e penoso para algo que traz uma valorização do ser humano no contexto social, em uma visão de utilitarismo e bem-estar social; de transformação da natureza[10] e de construção da identidade por meio do trabalho[11].

---

5. ANTUNES, Ricardo. *Os sentidos do trabalho*. Ensaio sobre a afirmação e a negação do trabalho. 2. ed., 10ª reimpr., ed. revista e ampliada., São Paulo: Boitempo, 2009. p. 249.
6. ANTUNES, Ricardo. O infoproletariado, a informalidade e a nova morfologia do trabalho. In: RESENDE, Fabiana Savini Bernardes Pires de; HILÁRIO, Gloriete Marques Alves; ESTRADA, Manuel Martín Pino (Coord. e Org.). *O trabalho sob a ótica do direito e da sociologia*: pensar o trabalho como direito fundamental à dignidade da pessoa humana. Rio de Janeiro: Lumen Juris, 2016. p. 11.
7. Dignidade, aqui, reveste-se do princípio kantiano, o qual preconiza que a dignidade é tudo o que não tem preço e é insubstituível e inerente ao ser humano. "No reino dos fins tudo tem ou um preço ou uma dignidade. Quando uma coisa tem um preço, pode-se pôr em vez dela qualquer outra como equivalente; mas quando uma coisa está acima de todo o preço, e portanto não permite equivalente, então tem ela dignidade" (KANT, Immanuel, *Fundamentação da metafísica dos costumes*. Tradução: Paulo Quintela. Lisboa, Portugal: Edições 70, Lda., setembro de 2007, p. 77. Disponível em: <https://ufpr.cleveron.com.br/arquivos/ET_434/kant_metafisica_costumes.pdf>. Acesso em: 10 maio 2019.).
8. MARTINS, Sergio Pinto. *Direito do trabalho*. 25. ed. São Paulo: Atlas, 2009.
9. SILVA, Guilherme Oliveira Catanho da. *O meio ambiente do trabalho e o princípio da dignidade da pessoa humana*. [s/d.]. Disponível em: <http://www.egov.ufsc.br/portal/sites/default/files/anexos/32202-38307-1-PB.pdf>. Acesso em: 10 maio 2019.
10. MARX, Karl; ENGELS, Friedrich. *A ideologia alemã e outros escritos* (primeira parte); selecionados por Octavio Ianni; traduzidos por Waltensir Dutra e Florestan Fernandes. Rio de Janeiro: Zahar Editores, 1965.
    MARX, Karl; ENGELS, Friedrich. *A ideologia alemã*. [Introdução de Jacob Gorender]; tradução Luis Claudio de Castro e Costa. São Paulo: Martins Fontes, 1998. (Clássicos).
    MARX, Karl. *O Capital*: Crítica da economia política. Livro I: O processo de produção do capital. Trad. Rubens Enderle. São Paulo: Boitempo, 2013.
11. HEGEL, Guillermo Federico. *Filosofía del Derecho*. Prólogo de Carlos Marx. 5. ed. Trad. Angélica Mendoza de Montero. Buenos Aires: Editorial Claridad, 1968.
    HEGEL, Georg Wilhelm Friedrich. *Princípios da filosofia do direito*. Tradução: Orlando Vitorino. São Paulo: Martins Fontes, 1997.
    HEGEL, Georg Wilhem Friedrich. *Lecciones sobre la filosofía de la historia universal*. Prólogo de José Ortega y Gasset; advertencia de José Gaos, versión de José Gaos. Madrid: Alianza Editorial, 1999.

As revoluções industriais não apenas trouxeram impactos relevantes em termos de produtividade, mas afetaram profundamente a relação ser humano-trabalho. Desde a primeira revolução industrial, no século XVIII[12], fundamentalmente caracterizada pela utilização de carvão como energia e pela mecanização dos processos produtivos, passando pela segunda revolução industrial, ocorrida no século XIX, em que houve uma intensa aplicação da eletricidade e do aço no processo produtivo e a aplicação de pesquisa intensa da ciência aplicada aos processos industriais[13], a máquina não substituiu o ser humano em termos de necessidade de mão de obra porque, se por um lado a máquina intensificou o trabalho, ampliou-se a necessidade da mão de obra humana para atender à produção em escala. Na terceira revolução industrial, ocorrida em meados do século XX, houve uma ampliação da presença da tecnologia, agora sob a forma de microeletrônica e de utilização dos primeiros robôs na indústria. Esse uso dos robôs intensificou-se na quarta revolução industrial, que tem origem na transposição do século XX para o XXI, e veio acompanhada de uma revolução 'radical' da tecnologia aplicada ao ambiente do trabalho – atualmente, os robôs não apenas executam atividades braçais, como também atividades intelectuais (análise de processos, tanto no Direito quanto em outros ramos; tomadas de decisões sobre investimentos, seleção de pessoas em atividades de recrutamento e seleção etc.) e aprendem com outras máquinas, abalando o papel até então 'inabalável' da necessidade do ser humano no processo produtivo.[14] [15] [16] [17]

Na evolução das revoluções industriais, pode-se identificar, em menor ou maior intensidade, a problemática do ser humano e sua relação simbiótica com o trabalho. Na atual conjuntura, a geração atual está envolva em automatização e informatização, em uma reestruturação empresarial com mudanças profundas nas relações de trabalho, como a terceirização cada vez mais crescente, a precarização das relações de trabalho, mudanças substanciais nas relações de trabalho, concentração de riquezas e de poder, havendo uma redução da mobilidade social, um aumento da divisão social e até a criação de 'castas'[18] em ambientes competitivos nos quais o abismo da falta de formação leva a instituição 'trabalho' a se enfraquecer em sua função de trazer mobilidade e desenvolvimento social.

Pode-se, em um primeiro momento, pensar na problemática do enfraquecimento do poder do trabalho como transformador da realidade do ser humano sob uma ótica já consolidada de se preocupar apenas com as funções consideradas mais simples e padronizadas, que não exigem uma interação humana qualificada, ou seja, atividades consideradas como de baixo valor agregado. No entanto, o meio ambiente da automação e da inteligência artificial traz uma dinâmica muito mais abrangente e abaladora; não apenas funções simples irão para um processo de terceirização; as funções de maior valor agregado também poderão ser terceirizadas, por falta de pessoas qualificadas ou por impossibilidade de produção interna de conhecimento a custos que sejam considerados viáveis[19].

Adicionalmente, retoma-se o problema já apresentado da necessidade de desconexão e de separação do tempo do trabalho e do tempo de lazer. Há uma tendência à chamada "precarização estrutural do trabalho"[20], não apenas braçal, mas intelectual, visto haver distintas realidades no mundo do trabalho ao redor do mundo. Seria, analogamente, como se os estudiosos do trabalho tivessem que se deparar com distintos microambientes, alguns altamente tecnológicos, como os dos países altamente desenvolvidos, outros ainda precariamente tecnológicos, como alguns países da América Latina e muitos países africanos. Em todos esses ambientes, a questão acerca do reconhecimento e da busca de dignidade apresenta-se, constante, provocando pesquisadores e executores de políticas públicas a (re)discutirem

---

HEGEL, Georg Wilhelm Friedrich. *Fenomenologia do espírito*. Tradução de Paulo Meneses; com a colaboração de Karl-Heinz Efken e José Nogueira Machado. 3. ed. rev. Petrópolis, RJ: Vozes; Bragança Paulista: Editora Universitária São Francisco, 2005.

12. OLIVEIRA, Elisângela Magela. Transformações no mundo do trabalho da revolução industrial aos nossos dias. *Caminhos de Geografia*, v. 6, n. 11, p. 84-96, fev. 2004.
13. DATHEIN, Ricardo. Inovação e Revoluções Industriais: uma apresentação das mudanças tecnológicas determinantes nos séculos XVIII e XIX. *Publicações DECON*. Textos Didáticos 02/2003. DECON/UFRGS, Porto Alegre, fev. 2003.
14. SANSON, Cesar. *Quarta Revolução Industrial*. Revolução n. 4.0. 2017. Disponível em: <http://www.ihu.unisinos.br/images/ihu/apresentacoes_palestrantes/30_05_17_cesar_sanson_revolucao_4.0.pdf>. Acesso em: 18 jan. 2019.
15. TAMASHIRO, Ricardo de Melo; GANAKA, Cristiane; CARDOSO, André. Resenha: A quarta revolução industrial / Klaus Schwab; tradução Daniel Moreira Miranda – São Paulo: EDIPRO, 2016. *Revista Ciências do Trabalho*, n. 9, p. 127-134, dez. 2017. Disponível em: <https://rct.dieese.org.br/index.php/rct/article/download/154/pdf>. Acesso em: 18 jan. 2019.
16. TENENTE, Luiza. Adeus aos currículos: empresas usam robôs e games em seleção de vagas de emprego. Reportagem publicada no *O Globo on-line* em 16 jan. 2019. Disponível em: <https://g1.globo.com/educacao/guia-de-carreiras/noticia/2019/01/16/adeus-aos-curriculos-empresas-usam-robos-e-games-em-selecao-de-vagas-de-emprego.ghtml>. Acesso em: 18 jan. 2019.
17. *HUMANS Need Not Apply*: Direção: C.G.P. Grey. Inglaterra, 2014. (15:01 min). Disponível em: <https://www.youtube.com/watch?v=7Pq-S557XQU>. Acesso em: 28 dez. 2018.
18. ZUFFO, João Antonio. *A sociedade e a economia no novo milênio*: os empregos e as empresas no turbulento alvorecer do século XXI, livro 1: a tecnologia e a infossociedade. Barueri, SP: Manoel, 2003.
19. QUINTARELLI, Stefano. *Instruções para um futuro imaterial*. Tradução de Marcela Couto. São Paulo: Editora Elefante, 2019.
20. ANTUNES, Ricardo. *O privilégio da servidão*: o novo proletariado de serviços na era digital. 1. ed. São Paulo: Boitempo, 2018. p. 2.

a função social do trabalho e sua relação com a satisfação de vários níveis de necessidade humana, desde os mais básicos, como sobrevivência, aos mais sofisticados, como autoestima e autorrealização.

3. MEIO AMBIENTE, DIREITO AO TRABALHO E DIREITO AO LAZER

O termo 'meio ambiente' adotado neste ensaio está associado a um conceito mais amplo, que envolve a interdisciplinaridade que circunda a discussão em ciências sociais aplicadas e a complexidade do mundo do trabalho:

> Em termos de modernidade, o meio ambiente surge como uma nova instituição, pois como tal reconhecida é em documentos legais, ao menos implicitamente. Mas o meio ambiente é sobretudo uma realidade dinâmica e mutante, holística e sistêmica, ele é alvo de ciências e técnicas aplicadas, realidade interdisciplinar e mesmo transdisciplinar, que desafia abertamente qualquer competência exclusiva, seja científica, seja normativa.[21]

Logo, o meio ambiente vai, em seu impacto, muito além da classificação técnica de "conjunto de condições, leis, influências e interações de ordem física, química e biológica, que permite, abriga e rege a vida em todas as suas formas"[22]; nesse contexto desafiador, o ser humano atua em diversos micromundos, afetando e sendo afetado por eles, sendo que um dos micromundos, em especial, é o objeto desta investigação: o micromundo do trabalho.

O direito ao trabalho, conforme consta do art. 2º, Capítulo I, do Estatuto da Cidade, é conceituado "como toda e qualquer atividade humana vinculada à transformação dos recursos ambientais (...), visando satisfazer determinadas necessidades da pessoa humana"[23] (grifos nossos). A satisfação das necessidades da pessoa humana, portanto, é parte do direito ao trabalho. No ambiente moderno, esse direito ao trabalho é, paradoxalmente, permitido por um lado e solapado por outro; permitido e cumprido quando a modernidade e a tecnologia trazem mais ampliação de mercado e formas de trabalho, propiciando ao ser humano satisfazer suas necessidades por meio de seu trabalho; solapado quando o ser humano se vê como um servo involuntário do trabalho 24h que as novas tecnologias permitem que ocorra, perdendo o seu direito ao lazer como condição de equilíbrio e saúde humanas.

Há, pois, um desafio apresentado ao ser humano que é o de encontrar estratégias que permitam estruturar a vida no trabalho e a vida fora do trabalho como aspectos igualmente importantes na busca do equilíbrio físico, psíquico e mental. Em Administração, a escola ambiental considera a estratégia como um processo reativo, que envolve, fundamentalmente, a compreensão de que o ambiente é o vetor principal na formação da estratégia, correspondendo à organização responder às pressões ambientais para não ser eliminada[24]; nesse diapasão, o ser humano reagirá ao ambiente de forma a manter-se vivo. Fazendo uma transposição da teoria à ação do ser humano em seu micromundo do trabalho, aquele busca reagir aos estímulos e às ameaças do ambiente em que atua para manter-se empregado, ser produtivo e tornar-se resiliente, sempre que possível, para que possa sustentar sua saúde psíquica, mental e física e equilibrar tempo de trabalho e tempo de lazer.

O direito ao lazer está diretamente associado ao fundamento da dignidade humana, uma vez que o lazer é considerado como "valor fundamental"[25] para os seres humanos. O lazer, por definição, seria um tempo em que não se trabalha; um tempo em que o ser humano exerce uma atividade que lhe dá prazer ou lhe permite aproveitar os momentos de descanso com pessoas queridas, realizar uma ação que lhe traga satisfação, exercendo o direito de fazer algo ou até de não fazer. Uma vez que o lazer é um tempo em que não há trabalho, limitar a jornada de trabalho não é apenas uma questão histórica, é uma questão *sine qua non* para que haja lazer; justamente por esse ponto é que é tão danosa a eliminação do espaço de conexão, citado na introdução deste artigo. A desconexão é considerada essencial para que se preserve a saúde e a vida privada, para que se consiga o reequilíbrio necessário à execução da atividade laborativa.[26] Tanto essa desconexão é necessária que leis são criadas para dar sustento aos trabalhadores que decidirem não responder mensagens ou atender a contatos de sua chefia fora do horário normal de trabalho, como o exemplo da lei brasileira sobre disponibilidade dos empregados (Lei

---

21. MILARÉ, Edis. *Direito do ambiente*: doutrina, prática, jurisprudência, glossário. São Paulo: Revista dos Tribunais, 2000. p. 58.
22. BRASIL. *Lei n. 6.938, de 31 de agosto de 1981*. Dispõe sobre a Política Nacional do Meio Ambiente, seus fins e mecanismos de formulação e aplicação, e dá outras providências. Disponível em: <http://www.planalto.gov.br/ccivil_03/leis/l6938compilada.htm>. Acesso em: 10 maio 2019.
23. FIORILLO, Celso Antonio Pacheco. *Curso de Direito Ambiental Brasileiro*. 14. ed., revista, ampliada e atualizada em face da Rio+20 e do novo "Código" Florestal. São Paulo: Saraiva, 2013. p. 617.
24. MINTZBERG, Henry; AHLSTRAND, Bruce; LAMPEL, Joseph. *Safari de estratégia*: um roteiro pela selva do planejamento estratégico. 2. ed. Porto Alegre: Bookman, 2010.
25. FIORILLO, Celso Antonio Pacheco. *Curso de Direito Ambiental Brasileiro*. 14. ed., revista, ampliada e atualizada em face da Rio+20 e do novo "Código" Florestal. São Paulo: Saraiva, 2013. p. 618.
26. SOUTO MAIOR, Jorge Luiz. *Do Direito à Desconexão do Trabalho*. 2003. Disponível em: <https://www.jorgesoutomaior.com/uploads/5/3/9/1/53916439/do_direito_%C3%A0_desconex%C3%A3o_do_trabalho..pdf>. Acesso em: 10 maio 2019.

n. 12.551/2011)[27] e a lei francesa de desconexão, aprovada em 2016.[28]

Atualmente, considera-se evoluída a sociedade cujos indivíduos que dela fazem parte apresentam tempo livre, havendo uma relação direta entre evolução e tempo livre – quanto mais tempo livre, maior a evolução da sociedade.[29] Mas longo foi o tempo percorrido para que se chegasse à abordagem do lazer enquanto algo necessário ao ser humano. Se nos anos 1800 a jornada tinha uma média de 13h, somente após 68 anos que se chegou, nos EUA, às 8h de jornada no serviço público e, paulatinamente, foi-se adotando a jornada de 8h em outros países, não sem muita luta, reivindicação e até greves.[30]

É oportuno destacar os fundamentos que levaram ao estabelecimento de um limite para a jornada de trabalho, visto que tais fundamentos estão diretamente relacionados à saúde humana: envolvem aspectos humanos, no tocante à redução de acidentes de trabalho, visto que o cansaço decorrente da fadiga leva ao aumento da probabilidade de acidentes; econômicos, visto que uma maior jornada implica maior produtividade; biológicos, relacionados à fadiga e ao acúmulo de ácido lático no organismo quando se estende demasiadamente o trabalho; aspectos sociais, referentes à necessidade de convívio do ser humano com outras pessoas, em outros círculos além do trabalho.[31] Assim, a jornada de trabalho apresenta-se como elemento divisório entre o direito ao trabalho e o direito ao lazer; ela é, ainda, do ponto de vista dos limites legais, irrenunciável e indisponível, visto que a lógica que a envolve é a de o ser humano "trabaja para vivir, no vive para trabajar"[32].

Cumpre lembrar que ainda é muito forte a valorização do trabalho como fonte de dignidade e de promoção geral de bem-estar e desenvolvimento social e econômico[33] forma de reconhecimento social, e que a sociedade do consumo reforça o endeusamento do 'mercado'[34] e da produtividade, o trabalho como símbolo de *status* e até como um privilégio, sim, em face da situação em que há tantos desempregados, tantos outros em trabalhos sub-humanos, tantos em trabalhos que são realizados em um ambiente insalubre e/ou alienante; tantos buscando trabalho e outros tantos explodindo de tanto trabalhar, reduzindo sua saúde mental ou, ainda, alienando-se, como o proletariado na era da automação 4.0, considerados como estando no "privilégio da servidão"[35].

Esse privilégio de servir já está tão atrelado à vida do ser humano que este não consegue se enxergar 'funcional' se estiver fora do trabalho. Uma situação paradoxal, até, em que o empregado busca se mostrar sempre muito atarefado, mas em seu interior apresenta-se frustrado[36] por saber que poderia fazer o que tem a fazer em um tempo muito menor do que o estabelecido como jornada. Tanto é fato que muitos trabalhadores gastam bem mais tempo do que necessitariam para fazer suas tarefas, a fim de que não sejam sobrecarregados com mais tarefas e, ao mesmo tempo, aparentem estar sempre trabalhando. O que se destaca, no contexto do trabalho do século XXI, é o que denominaríamos uma espécie de 'encanto psíquico' que prende o ser humano ao trabalho ao mesmo tempo em que esse ser quer se desvencilhar do trabalho que o mantém servo.

O direito ao lazer ainda enfrenta muitos obstáculos, alguns derivados de uma cultura de 'ode' ao trabalho como forma de valorização da vida humana, inclusive; nesse diapasão, o trabalho é apresentado como uma espécie de ornamento do esforço humano, algo que traz orgulho pela realização feita[37], de ordem histórica (envolvida com o controle da produção nas linhas de montagem, que se originaram com a primeira revolução industrial e perduram até os dias atuais), tecnológica (mesmo que as máquinas tenham reduzido o tempo de produção, o controle sobre o ser humano permaneceu inalterado e o tempo de permanência no trabalho, idem; para compensar a redução de tempo, produz-se mais); e cultural (é valorizado aquele que cumpre o horário e vai além deste, demonstrando 'produtividade' e comprometimento ao realizar horas adicionais

27. BRASIL. *Lei n. 12.551, de 15 de dezembro de 2011*. Altera o art. 6º da Consolidação das Leis do Trabalho (CLT), aprovada pelo Decreto-Lei n. 5.452, de 1º de maio de 1943, para equiparar os efeitos jurídicos da subordinação exercida por meios telemáticos e informatizados à exercida por meios pessoais e diretos. Disponível em: <http://www.planalto.gov.br/ccivil_03/_Ato2011-2014/2011/Lei/L12551.htm>. Acesso em: 10 maio 2019.
28. QUINTARELLI, Stefano. *Instruções para um futuro imaterial*. Tradução de Marcela Couto. São Paulo: Editora Elefante, 2019.
29. COSTA, Laila de Castro. *Trabalho, ócio e lazer*: um olhar discursivo. 2015. 104 f. Tese de doutorado. Instituto de Estudos da Linguagem. Campinas, SP: Universidade Estadual de Campinas – UNICAMP, 2015.
30. MARTINS, Sergio Pinto. *Direito do trabalho*. 25. ed. São Paulo: Atlas, 2009.
31. MARTINS, Sergio Pinto. *Direito do trabalho*. 25. ed. São Paulo: Atlas, 2009.
32. SAMUEL, Osvaldo Mario. *Discriminación laboral*. 1. ed. Buenos Aires: Astrea, 2012. p. 66.
33. SAMUEL, Osvaldo Mario. *Discriminación laboral*. 1. ed. Buenos Aires: Astrea, 2012.
34. SOUTO MAIOR, Jorge Luiz. *Do Direito à Desconexão do Trabalho*. 2003. Disponível em: <https://www.jorgesoutomaior.com/uploads/5/3/9/1/53916439/do_direito_%C3%A0_desconex%C3%A3o_do_trabalho..pdf>. Acesso em: 10 maio 2019.
35. ANTUNES, Ricardo. *O privilégio da servidão*: o novo proletariado de serviços na era digital. 1. ed. São Paulo: Boitempo, 2018.
36. DE MASI, Domenico. *O futuro do trabalho*: fadiga e ócio na sociedade pós-industrial. Trad. Yadyr A. Figueiredo. 8. ed. Rio de Janeiro: José Olympio, 2003.
37. SAMUEL, Osvaldo Mario. *Discriminación laboral*. 1. ed. Buenos Aires: Astrea, 2012.

de trabalho)[38]. O trabalho é visto como um dogma[39], a ode ao trabalho como forma de valorizar a vida transforma-se em algo 'natural', parte da vida humana moderna.

4. O FUTURO DO TRABALHO, O RECONHECIMENTO E A DIGNIDADE HUMANA

Uma vez expostas algumas questões sobre direito ao trabalho e direito ao lazer, cabe a pergunta apresentada no início deste trabalho: quais as perspectivas que o 'futuro do trabalho' trará na 'sociedade automatizada do futuro', para as presentes e para as futuras gerações, em termos de construção da dignidade e do reconhecimento do ser humano?; ou seja, faz-se, aqui, uma ponderação acerca da relação futuro do trabalho e dignidade humana. Esta última, cujo conceito está associado a ter-se consciência do valor que se tem, por essência, é o que se busca, utopicamente ou não, em uma estreita relação com o trabalho. Este "dignifica o homem, mas sob outro ângulo, é o trabalho que retira esta dignidade do homem, impondo-lhe limites enquanto pessoa na medida em que avança sobre a sua intimidade e a sua vida privada"[40].

O futuro do trabalho, com a automação 4.0 e a inteligência artificial, coloca no centro da discussão a questão do papel do trabalho na construção do reconhecimento social e da dignidade humana, uma vez que poderá o ser humano ser substituído, cada vez mais, por máquinas na função 'trabalho', tanto braçal quanto intelectual e, consequentemente, perder seu local de reconhecimento pela atividade exercida.

Ao longo da história do trabalho, e como não dizer, ao longo da história do ser humano, este sempre quis ser reconhecido e este reconhecimento tem, como principal *lócus*, o espaço do trabalho. Encontra-se, na história, uma passagem muito antiga, registrada na Bíblia, que demonstra a necessidade de reconhecimento. Caim, personagem bíblico[41], no livro de Gênesis, Capítulo 4, verso 3, traz uma oferta de seu trabalho, oferta esta que, no contexto, demonstra ter sido feita de qualquer maneira, e em consequência, ela não é aceita. Já a oferta de seu irmão, Abel, foi fruto de um trabalho bem feito e teve a aceitação da entrega. O ponto o qual se quer destacar aqui é que o relato que retrata o fato da reprovação da oferta de um trabalho, na ocasião de sua entrega, pode ser considerado como o momento em que se inicia o sentimento do sentido do trabalho. Em tal passagem, identifica-se que a expectativa do reconhecimento da oferta derivada do trabalho, quando não concretizada, traz sofrimento, o que se coaduna com pesquisas realizadas sobre trabalho e sofrimento[42], trabalho e psicodinâmica.[43]

Dessa maneira, o relato demonstra que é uma necessidade vital para o ser humano ter um sentido para o seu trabalho no momento da sua realização, justamente porque este indivíduo faz comparações entre ele e os demais que atuam no mesmo ambiente e exercem funções semelhantes, bem como o ser humano tem uma relação intrínseca do trabalho, como forma de pertencimento no meio em que vive. Analogamente, ante a resposta daquele que recebe seu trabalho, seja ela positiva ou negativa, essa resposta faz com que o ser humano tenha reações, em virtude do sentimento externalizado do não reconhecimento da real intenção e objetivo central do seu labor, independentemente da conclusão de seu trabalho final.

A atitude, como reação à não aceitação da oferta, nem sempre é a mesma de Caim com a recusa ao reconhecimento de seu trabalho, que levou ao homicídio de seu irmão, como se pode observar na mesma passagem. A reação pode ser a decepção, um sentimento de baixa autoestima, a depressão, o abandono da profissão ou da atividade laboral... enfim, muitas podem ser as reações na busca que o ser humano tem de reconhecimento por meio do trabalho. Diversos estudos apontam como o reconhecimento, no meio laboral, está associado à manutenção e à saúde do ser humano. O reconhecimento é visto como um elemento que pode trazer motivação, que pode construir identidade e trazer satisfação no trabalho, contribuindo para a manutenção de um ambiente mais prazeroso e para a saúde do trabalhador. [44]

Cumpre ressaltar que a busca de reconhecimento é algo inerente ao ser humano, assim como é inerente a ele o conceito de dignidade, segundo o princípio kantiano aqui apresentado. O ser humano quer e busca ser reconhecido por um semelhante a ele, e aqui se pode voltar para o mito

38. DE MASI, Domenico. *O futuro do trabalho*: fadiga e ócio na sociedade pós-industrial. Trad. Yadyr A. Figueiredo. 8. ed. Rio de Janeiro: José Olympio, 2003.
39. LAFARGUE, Paul. *O direito à preguiça*. [s/l.]: Ed. E-books Brasil, 1999 (ano original de publicação: 1880; sendo traduzida a edição de 1883). Disponível em: <http://www.ebooksbrasil.org/adobeebook/direitopreguica.pdf>. Acesso em: 10 maio 2019.
40. SOUTO MAIOR, Jorge Luiz. *Do Direito à Desconexão do Trabalho*. 2003. p. 1. Disponível em: <https://www.jorgesoutomaior.com/uploads/5/3/9/1/53916439/do_direito_%C3%A0_desconex%C3%A3o_do_trabalho..pdf>. Acesso em: 10 maio 2019.
41. *A BÍBLIA sagrada*. Tradução em português por João Ferreira de Almeida. Revista e atualizada no Brasil, 2. ed., em letra gigante. Barueri: Sociedade Bíblica do Brasil, 1996. p. 7.
42. SILVA, Raquel Vitória Souza; DEUSDEDIT-JUNIOR, Manoel; BATISTA, Matilde Agero. A relação entre reconhecimento, trabalho e saúde sob o olhar da Psicodinâmica do Trabalho e da Clínica da Atividade: debates em psicologia do trabalho. *Gerais, Rev. Interinst. Psicol.*, Juiz de Fora, v. 8, n. 2, p. 415-427, dez. 2015. Disponível em: <http://pepsic.bvsalud.org/scielo.php?script=sci_arttext&pid=S1983-82202015000300010&lng=pt&nrm=iso>. Acesso em: 10 maio 2019.
43. DEJOURS, Christophe. *A loucura do trabalho*: estudo de psicopatologia do trabalho. 5. ed. São Paulo: Cortez; Oboré, 1992.
44. BENDASSOLLI, Pedro F. Reconhecimento no trabalho: perspectivas e questões contemporâneas. *Psicologia em Estudo*, Maringá, v. 17, n. 1, p. 37-46, jan.-mar. 2012. Disponível em: <http://www.scielo.br/pdf/pe/v17n1/v17n1a04.pdf>. Acesso em: 10 maio 2019.

do senhor e do escravo, ou servo, que Hegel pontuou em *Fenomenologia do Espírito*[45], no qual o trabalho se torna fonte de criação de identidade para aquele que se tornou escravo do que o dominou.

Em outras palavras, o papel do trabalho na criação da consciência identitária no ser humano, pode ser assim esquematizado: o ser humano consegue ter a consciência identitária somente quando ocorre uma relação de alteridade com alguém semelhante a ele. Assim, para a formação dessa consciência, é preciso que um ser humano reconheça que existe outro ser humano com o qual se relacione e busque, nesse relacionamento, que o outro o reconheça. Como essa busca é de sua natureza, tanto um quanto o outro irão lutar para serem reconhecidos pelo seu semelhante e 'oponente'. Possíveis resultados: (i) a morte dos dois oponentes; (ii) um ser subjugado, tornando-se escravo do que o venceu. Neste caso, o vencedor – o senhor – continuará buscando alguém semelhante (igual) para lutar; enquanto o subjugado – o escravo – construirá sua consciência por meio do trabalho, da modificação do mundo que o cerca. Desse modo, o trabalho ganha um *status* de criação de liberdade e de construção da própria história, que é bastante reforçado ao longo da história do trabalho.[46]

No ambiente globalizado do século XXI, o ser humano enfrenta um grande embate histórico com aquilo que era seu esteio desde o início do convívio social – o domínio da natureza como força de sobrevivência e autorrealização, algo que o trabalho materializou e tomou o espaço como fonte de construção da dignidade humana, sendo essa dignidade, como já apresentado, sinônimo de autonomia e de liberdade, além da satisfação das necessidades que garantam ao ser humano a sua sobrevivência.

5. CONSIDERAÇÕES FINAIS

Levando em conta a sociedade automatizada do futuro aqui apresentada, as perspectivas que o 'futuro do trabalho' traz para as presentes e para as futuras gerações, em termos de construção da dignidade e do reconhecimento do ser humano, poderiam ser sintetizadas no desafio de encontrar o equilíbrio salutar no meio ambiente do trabalho entre o sentido da atividade executada e o sentido que se deve encontrar ou labutar para criar fora do ambiente do trabalho e no desafio de se sentir no direito de estar desconectado, dedicando-se ao lazer de uma maneira descompromissada e 'sem culpa'.

Essa preocupação na busca do equilíbrio entre trabalho e não trabalho, ressalte-se, não é nova; no decorrer da história do ser humano e sua relação com o trabalho, esteve presente a problemática da relação simbiótica entre esses dois elementos que vêm transformando o meio ambiente e transformando-se, também, a si mesmos. Embora não usual, nos permitimos reproduzir uma frase que resume com precisão a discussão apresentada neste ensaio:

> (...) é essa processualidade contraditória, presente no ato de trabalhar, que emancipa e aliena, humaniza e sujeita, libera e escraviza, que (re)converte o estudo do trabalho humano em questão crucial de nosso mundo e de nossa vida. Neste conturbado século XXI, o desafio maior é dar *sentido autoconstituinte ao trabalho humano de modo a tornar a nossa vida fora do trabalho também dotada de sentido.*[47] (*itálicos* originais do autor da obra)

A tendência, aqui apresentada sob a forma de hipótese, é a de que o futuro do trabalho afunile o espaço de reconhecimento e de *lócus* privilegiado para a construção da autoestima e da autorrealização, visto que as novas relações de trabalho estão criando cada vez mais canais de trabalho individualizado, de redução do contato material, de diminuição das atividades laborais realizadas pelo ser humano; de criação de profissões voltadas ao auxílio e orientação do que fazer no tempo de lazer e de ócio.

De fato, aumenta a probabilidade de que o ser humano busque seu equilíbrio psíquico além do trabalho como ponto central; em outras palavras, o trabalho poderá perder a centralidade na construção da autorrealização, havendo outras atividades sociais que permitam a construção do sentido de existência e de reconhecimento, da saúde psíquica e da dignidade humana. Não se apregoa a extinção do trabalho, nem a redução do direito ao trabalho. O que se avizinha é uma possibilidade de o ser humano enxergar a sua relação com o trabalho de uma forma mais aberta à introdução do direito ao lazer como algo tão importante quanto o próprio direito ao trabalho, levando a geração futura à compreensão de que a vida vai além do trabalho e que há outras formas de se autorrealizar e ter sua dignidade reconhecida.

A substituição de valores tradicionais voltados ao consumismo, à competitividade, à valorização do sucesso a qualquer preço por outros valores, mais solidários e humanos, pode parecer, em um primeiro momento, uma quimera, mas o ser humano, em sua história na Terra, tem se mostrado um constante (re) transformador de si e de sua relação com o elemento que o acompanha desde o início dos tempos históricos: o trabalho, seu parceiro de luta pela liberdade e pela dignidade representada pela emancipação da pessoa humana por meio da atividade laboral e, quiçá, no futuro, por meio também de outras atividades fora do

45. HEGEL, Georg Wilhelm Friedrich. *Fenomenologia do espírito*. Tradução de Paulo Meneses; com a colaboração de Karl-Heinz Efken e José Nogueira Machado. 3. ed. rev. Petrópolis, RJ: Vozes; Bragança Paulista: Editora Universitária São Francisco, 2005.

46. HEGEL, Georg Wilhelm Friedrich. *Fenomenologia do espírito*. Tradução de Paulo Meneses; com a colaboração de Karl-Heinz Efken e José Nogueira Machado. 3. ed. rev. Petrópolis, RJ: Vozes; Bragança Paulista: Editora Universitária São Francisco, 2005.

47. ANTUNES, Ricardo. *O privilégio da servidão*: o novo proletariado de serviços na era digital. 1. ed. São Paulo: Boitempo, 2018. p. 2.

ambiente do trabalho, trazendo à dualidade ser humano-trabalho um terceiro elemento, o direito ao lazer, como componente dessa relação complexa de construção da identidade e da dignidade da pessoa humana.

6. REFERÊNCIAS

ALMEIDA, Almiro Eduardo de; SEVERO, Valdete Souto. *Direito à desconexão nas relações sociais*. 2. ed. São Paulo: LTr, 2016.

ANTUNES, Ricardo. *Os sentidos do trabalho*. Ensaio sobre a afirmação e a negação do trabalho. 2. ed., 10ª reimpr., ed. revista e ampliada. São Paulo: Boitempo, 2009. p. 249.

ANTUNES, Ricardo. O infoproletariado, a informalidade e a nova morfologia do trabalho. In: RESENDE, Fabiana Savini Bernardes Pires de; HILÁRIO, Gloriete Marques Alves; ESTRADA, Manuel Martín Pino (Coord. e Org.). *O trabalho sob a ótica do direito e da sociologia*: pensar o trabalho como direito fundamental à dignidade da pessoa humana. Rio de Janeiro: Lumen Juris, 2016.

ANTUNES, Ricardo. *O privilégio da servidão*: o novo proletariado de serviços na era digital. 1. ed. São Paulo: Boitempo, 2018.

BENDASSOLLI, Pedro F. Reconhecimento no trabalho: perspectivas e questões contemporâneas. *Psicologia em Estudo*, Maringá, v. 17, n. 1, p. 37-46, jan.-mar. 2012. Disponível em: <http://www.scielo.br/pdf/pe/v17n1/v17n1a04.pdf>. Acesso em: 10 maio 2019.

BRASIL. *Lei n. 6938, de 31 de agosto de 1981*. Dispõe sobre a Política Nacional do Meio Ambiente, seus fins e mecanismos de formulação e aplicação, e dá outras providências. Disponível em: <http://www.planalto.gov.br/ccivil_03/leis/l6938compilada.htm>. Acesso em: 10 maio 2019.

BRASIL. *Lei n. 12.551, de 15 de dezembro de 2011*. Altera o art. 6º da Consolidação das Leis do Trabalho (CLT), aprovada pelo Decreto-Lei n. 5.452, de 1º de maio de 1943, para equiparar os efeitos jurídicos da subordinação exercida por meios telemáticos e informatizados à exercida por meios pessoais e diretos. Disponível em: <http://www.planalto.gov.br/ccivil_03/_Ato2011-2014/2011/Lei/L12551.htm>. Acesso em: 10 maio 2019.

DATHEIN, Ricardo. Inovação e Revoluções Industriais: uma apresentação das mudanças tecnológicas determinantes nos séculos XVIII e XIX. *Publicações DECON*. Textos Didáticos 02/2003. DECON/UFRGS, Porto Alegre, fev. 2003.

DE MASI, Domenico. *O futuro do trabalho*: fadiga e ócio na sociedade pós-industrial. Trad. Yadyr A. Figueiredo. 8. ed. Rio de Janeiro: José Olympio, 2003.

DEJOURS, Christophe. *A loucura do trabalho*: estudo de psicopatologia do trabalho. 5. ed. São Paulo: Cortez; Oboré, 1992.

FIORILLO, Celso Antonio Pacheco. *Curso de Direito Ambiental Brasileiro*. 14. ed., revista, ampliada e atualizada em face da Rio+20 e do novo "Código" Florestal. São Paulo: Saraiva, 2013.

HEGEL, Guillermo Federico. *Filosofía del Derecho*. Prólogo de Carlos Marx. 5. ed. Trad. Angélica Mendoza de Montero. Buenos Aires: Editorial Claridad, 1968.

HEGEL, Georg Wilhelm Friedrich. *Princípios da filosofia do direito*. Tradução: Orlando Vitorino. São Paulo: Martins Fontes, 1997.

HEGEL, Georg Wilhem Friedrich. *Lecciones sobre la filosofía de la historia universal*. Prólogo de José Ortega y Gasset; advertencia de José Gaos, versión de José Gaos. Madrid: Alianza Editorial, 1999.

HEGEL, Georg Wilhelm Friedrich. *Fenomenologia do espírito*. Tradução de Paulo Meneses; com a colaboração de Karl-Heinz Efken e José Nogueira Machado. 3. ed. rev. Petrópolis, RJ: Vozes; Bragança Paulista: Editora Universitária São Francisco, 2005.

HUMANS Need Not Apply: Direção: C.G.P. Grey. Inglaterra, 2014. (15:01 min). Disponível em: <https://www.youtube.com/watch?v=7Pq-S557XQU>. Acesso em: 28 dez. 2018.

KANT, Immanuel. *Fundamentação da metafísica dos costumes*. Tradução: Paulo Quintela. Lisboa, Portugal: Edições 70, Ltda., setembro de 2007. Disponível em: <https://ufpr.cleveron.com.br/arquivos/ET_434/kant_metafisica_costumes.pdf>. Acesso em: 10 maio 2019.

LAFARGUE, Paul. *O direito à preguiça*. [s/l.]: Ed. E-books Brasil, 1999 (ano original de publicação: 1880; sendo traduzida a edição de 1883). Disponível em: <http://www.ebooksbrasil.org/adobeebook/direitopreguica.pdf>. Acesso em: 10 maio 2019.

MARX, Karl; ENGELS, Friedrich. *A ideologia alemã e outros escritos* (primeira parte); selecionados por Octavio Ianni; traduzidos por Waltensir Dutra e Florestan Fernandes. Rio de Janeiro: Zahar Editores, 1965.

MARX, Karl; ENGELS, Friedrich. *A ideologia alemã*. [Introdução de Jacob Gorender]; tradução Luis Claudio de Castro e Costa. São Paulo: Martins Fontes, 1998. (Clássicos).

MARX, Karl. *O Capital*: Crítica da economia política. Livro I: O processo de produção do capital. Trad. Rubens Enderle. São Paulo: Boitempo, 2013.

MARTINS, Sergio Pinto. *Direito do trabalho*. 25. ed. São Paulo: Atlas, 2009.

MILARÉ, Edis. *Direito do ambiente*: doutrina, prática, jurisprudência, glossário. São Paulo: Revista dos Tribunais, 2000.

MINTZBERG, Henry; AHLSTRAND, Bruce; LAMPEL, Joseph. *Safari de estratégia*: um roteiro pela selva do planejamento estratégico. 2. ed. Porto Alegre: Bookman, 2010.

OLIVEIRA, Elisângela Magela. Transformações no mundo do trabalho da revolução industrial aos nossos dias. *Caminhos de Geografia*, v. 6, n. 11, p. 84-96, fev. 2004.

QUINTARELLI, Stefano. *Instruções para um futuro imaterial*. Tradução de Marcela Couto. São Paulo: Editora Elefante, 2019.

SAMUEL, Osvaldo Mario. *Discriminación laboral*. 1. ed. Buenos Aires: Astrea, 2012.

SANSON, Cesar. *Quarta Revolução Industrial*. Revolução n. 4.0. 2017. Disponível em: <http://www.ihu.unisinos.br/images/ihu/apresentacoes_palestrantes/30_05_17_cesar_sanson_revolucao_4.0.pdf>. Acesso em: 18 jan. 2019.

SILVA, Guilherme Oliveira Catanho da. *O meio ambiente do trabalho e o princípio da dignidade da pessoa humana*. [s/d.]. Disponível em: <http://www.egov.ufsc.br/portal/sites/default/files/anexos/32202-38307-1-PB.pdf>. Acesso em: 10 maio 2019.

SILVA, Raquel Vitória Souza; DEUSDEDIT-JUNIOR, Manoel; BATISTA, Matilde Agero. A relação entre reconhecimento, trabalho e saúde sob o olhar da Psicodinâmica do Trabalho e da Clínica da Atividade: debates em psicologia do trabalho. *Gerais, Rev. Interinst. Psicol.*, Juiz de Fora, v. 8, n. 2, p. 415-427, dez. 2015. Disponível em: <http://pepsic.bvsalud.org/scielo.php?script=sci_arttext&pid=S1983-82202015000300010&lng=pt&nrm=iso>. Acesso em: 10 maio 2019.

SOUTO MAIOR, Jorge Luiz. *Do Direito à Desconexão do Trabalho*. 2003. Disponível em: <https://www.jorgesoutomaior.com/

uploads/5/3/9/1/53916439/do_direito_%C3%A0_desconex%C3%A3o_do_trabalho..pdf >. Acesso em: 10 maio 2019.

TAMASHIRO, Ricardo de Melo; GANAKA, Cristiane; CARDOSO, André. Resenha: A quarta revolução industrial / Klaus Schwab; tradução Daniel Moreira Miranda – São Paulo: EDIPRO, 2016. *Revista Ciências do Trabalho*, n. 9, p. 127-134, dez. 2017. Disponível em: <https://rct.dieese.org.br/index.php/rct/article/download/154/pdf>. Acesso em: 18 jan. 2019.

TENENTE, Luiza. Adeus aos currículos: empresas usam robôs e games em seleção de vagas de emprego. Reportagem publicada no *O Globo on line* em 16 jan. 2019. Disponível em: <https://g1.globo.com/educacao/guia-de-carreiras/noticia/2019/01/16/adeus-aos-curriculos-empresas-usam-robos-e-games-em-selecao-de-vagas-de-emprego.ghtml>. Acesso em: 18 jan. 2019.

ZUFFO, João Antonio. *A sociedade e a economia no novo milênio*: os empregos e as empresas no turbulento alvorecer do século XXI, livro 1: a tecnologia e a infossociedade. Barueri, SP: Manoel, 2003.

II

Direito Internacional, Constitucional e Administrativo do Trabalho

Direito comunitário europeu e tutela jurídica da saúde e segurança no meio ambiente do trabalho

5

Francisco Milton Araújo Júnior[1]
Guilherme Guimarães Feliciano[2]

"E todos os que criam estavam juntos, e tinham tudo em comum. E vendiam suas propriedades e bens, e repartiam com todos, segundo a necessidade de cada um. Diariamente, continuavam a reunir-se no pátio do templo. Partiam o pão em suas casas e juntos participavam das refeições, com alegria e sinceridade de coração".
(*Atos*, Capítulo 2, v. 44-46)

"Não há nenhum bem ou mal em si, como não há nem "elixir da vida" nem "elixir da morte", nem veneno em si. Tudo está contido na única e mesma essência universal, dependendo os resultados do grau de sua diferenciação e de suas várias correlações. O seu lado de luz produz vida, saúde, bem-aventurança, paz divina, etc.; o lado de trevas traz morte, doenças, tristezas e conflitos."
(BLAVATSKY, H. P. *A Doutrina Secreta*. São Paulo: Pensamento, 1999. v. III. p. 489)

1. CONSIDERAÇÕES INICIAIS: FORMAÇÃO DA UNIÃO EUROPEIA E AS PRIMEIRAS NORMAS DE PROTEÇÃO COMUNITÁRIA DO MEIO AMBIENTE DO TRABALHO

As aspirações difusas de uma *Europa una* não radicam no século XX. Já em 1848, Victor Hugo vaticinava que,

> [n]o século XX, existirá uma nação extraordinária. Ela será grande, o que não a impedirá de ser livre. Ela será ainda mais que uma nação: será uma civilização. Ela será ainda melhor que uma nação: será uma família [...].

Nada obstante, a história política do mais estável e formidável arranjo político de soberanias[3] de que se tem notícia – a União Europeia – tem como ponto de partida o período imediatamente posterior ao término da Segunda Guerra Mundial. Do cenário social, econômico e político que se instaura a partir de então, extraem-se importantes aspectos que marcaram profundamente a sociedade da época e que prosseguem gerando efeitos no reagrupamento geopolítico dos países europeus até os dias atuais.

Nesse período, o continente europeu, que havia sido palco de grande parte dos embates entre os países do Eixo (a

---

1. Juiz do Trabalho – Titular da 5ª Vara do Trabalho de Macapá/AP. Doutorando em Segurança e Saúde Ocupacional pela Universidade do Porto, Portugal. Mestre em Direito do Trabalho pela Universidade Federal do Pará – UFPa. Especialista em Higiene Ocupacional pela Universidade de São Paulo – USP. Professor das disciplinas de Direito do Trabalho e Processo do Trabalho na Faculdade SEAMA/AP e colaborador da Escola Judicial do TRT DA 8ª REGIÃO – EJUD8.
2. Juiz Titular da 1ª Vara do Trabalho de Taubaté/SP. Doutor em Direito Penal e Livre-Docente em Direito do Trabalho pela Faculdade de Direito da Universidade de São Paulo (FDUSP). Doutor em Direito Processual Civil pela Faculdade de Direito da Universidade de Lisboa (FDUL). Professor Associado do Departamento de Direito do Trabalho e da Seguridade Social da Universidade de São Paulo. Membro do Conselho Editorial da Revista ANAMATRA de Direito e Processo do Trabalho (ANAMATRA/LTr). Coordenador da Pós-Graduação *lato sensu* em Direito e Processo do Trabalho da Universidade de Taubaté (UNITAU). Presidente da Associação dos Magistrados da Justiça do Trabalho da 15ª Região (AMATRA XV) (gestão 2011-2013). Presidente da Associação Nacional dos Magistrados da Justiça do Trabalho (gestão 2017-2019). Membro da Academia Taubateana de Letras (cadeira n. 14).
3. Algumas eram, até então, altamente beligerantes entre si, como era o caso da França e da Alemanha. Desconsiderados os conflitos menores, seus povos estiveram em guerra entre 1618 e 1648 (Guerra dos Trinta Anos), em 1740-1748 (Guerra da Sucessão Austríaca), em 1756-1763 (Guerra dos Sete Anos), em 1870 (Guerra Franco-Prussiana), em 1914-1919 (1ª Guerra Mundial) e em 1942-1945 (2ª Guerra Mundial).

reunir a Alemanha nazista, a Itália fascista e o império japonês) e os países aliados (em coalizão que incluía os Estados Unidos da América, a França, o Reino Unido e a União Soviética), estava com grande parte do seu território devastado pela guerra, englobando inclusive áreas industriais e comerciais; os danos humanitários na Europa também foram severos, avassaladores e indescritíveis; e as grandes potências europeias, especialmente a Alemanha, França e Inglaterra, haviam perdido o protagonismo na economia mundial, sendo esses espaços preenchidos pelos Estados Unidos e pela União Soviética, que passaram a liderar a divisão do território europeu em bloco capitalista (Europa Ocidental) e socialista (Europa Oriental), e, no plano global, proporcionaram a divisão do planeta entre as áreas de influência do capitalismo e do socialismo, o que originou foco de tensão política e bélica permanente entre as duas novas potências mundiais (a que se denominou "Guerra Fria").

Centralizando-se na análise da Europa Ocidental capitalista, que anos depois originaria, em grande parte, a União Europeia, verifica-se que o passo inicial de reconstrução da Europa Ocidental no pós Segunda Guerra Mundial ocorreu com a execução do Plano Marshall ("*European Recovery Program*"), firmado em dois de abril de 1948 pelos Estados Unidos, que consistia na concessão de auxílio econômico e financeiro norte-americano aos países europeus sob sua influência, como forma de reativar a atividade econômica (CAMPOS, 2014, p. 38).

Ainda na esfera econômica, foi firmado em 16 de abril de 1948 a Convenção de Paris, que criou a Organização Europeia de Cooperação Econômica (OECE), objetivando a ampla difusão de cooperação econômica entre os países da Europa Ocidental.

No plano político, ao mesmo tempo em que o período do segundo pós-guerra ainda não havia arrefecido as animosidades, especialmente entre França e Alemanha, surgiam manifestações de intelectuais e políticos, como do britânico Winston Churchill, do alemão Konrad Adenauer e do francês Jean Monnet, que propagavam a formação de uma Europa unida como forma de fazer frente às superpotências mundiais – os Estados Unidos e a União Soviética (União Europeia, 2013) – que protagonizavam uma recém-nascida hegemonia bipolar.

Winston Churchill, no célebre pronunciamento proferido na Universidade de Zurique, em 1946, é enfático em firmar sua posição em defesa da Europa integrada para enfrentar os desafios vindouros do pós Segunda Guerra Mundial, ao afirmar: "é preciso criar os Estados Unidos da Europa" (CAMPOS, 2014, p. 32).

Konrad Adenauer, primeiro Chanceler da República Federal da Alemanha, mantendo-se à frente do novo Estado alemão no período de 1949 a 1963, contribuiu decisivamente para a integração europeia ao promover a reconciliação com a França. Na sua gestão à frente do governo alemão, manteve entendimentos com o Presidente francês Charles de Gaulle, viabilizando a assinatura, pelos respectivos chefes de governo, do Tratado de Amizade entre a República Federal da Alemanha e a França em 1963 (União Europeia, 2013).

Jean Monnet, consultor econômico e político francês, também teve papel decisivo não apenas como entusiasmado defensor da integração europeia, como também foi dele a proposição da Declaração Schumam firmada entre França e República Federal da Alemanha em 9 de maio de 1950, que fixou o controle bilateral da produção de matérias-primas fundamentais para o desenvolvimento econômico dos países envolvidos, de modo que a produção franco-alemã do carvão e do aço passou a ser realizada mediante o controle de uma autoridade comum entre os países (CAMPOS, 2014).

Sobre a importância da Declaração Schumam, João Mota Campos destaca que o teor da mencionada declaração pactuada entre França e Alemanha correspondia como grande oportunidade, clarividência e audácia, a três acutilantes questões com que a Europa se defrontava no início dos anos 50: a questão econômica – resultante da necessidade urgente de reorganizar a siderurgia europeia e, em geral, as indústrias de base; a questão política – vital para a paz da Europa, como Churchill lucidamente pusera em relevo no célebre discurso de Zurique, que consistia na necessidade imperiosa de regular em novas bases, adequadas a eliminar as causas de novos conflitos sangrentos, as relações franco-alemãs; e a questão mais ampla da unificação europeia, que exigia a superação de fórmulas tradicionais de simples cooperação, manifestamente incapazes de promover a integração da Europa Ocidental" (CAMPOS, 2014, p. 50).

A Declaração Schumam, portanto, lançou os pilares para a integração europeia, na medida em que conduziu para criação da Comunidade Europeia do Carvão e do Aço (CECA), assinada em Paris em 18 de abril de 1951, com a participação da França, República Federal da Alemanha, Itália e os países integrantes do BENELUX (Bélgica, Holanda e Luxembrugo), entrando em vigor em 25 de julho de 1952, "com o objetivo último de criar, mediante a instauração de uma comunidade econômica, os primeiros fundamentos de uma comunidade mais larga e mais profunda (...) e lançar assim as bases de instituições capazes de orientar um destino doravante partilhado" (CAMPOS, 2014, p. 51).

Com o efetivo objetivo de viabilizar a ações embrionárias de integração europeia, a CECA foi estruturada a partir de 04 (quatro) órgãos institucionais (VINCI, 2015):

- Assembleia Comum: órgão político e consultivo da CECA, composto por membros designados pelo Parlamento dos Estados-Membros, possuindo poder de veto no confronto com a Alta Autoridade;
- Alta Autoridade: órgão executivo da CECA dotado de poder de decisão contra atos ou ações do Estado-Membro ou das empresas que atuam no mercado do carvão e do aço, sendo composto por 09 (nove) membros independentes escolhidos de comum acordo com os governos dos Estados-Membros;

- Conselho dos Ministros: órgão de controle e fiscalização da CECA, composto pelos representantes dos Estados-Membros com competência para emitir parecer vinculativo sobre a Alta Autoridade;
- Corte de Justiça: órgão jurisdicional composto por magistrados designados pelos Estados-Membros com a competência para controlar a legitimidade dos atos praticados pela Alta Autoridade e julgar as possíveis violações do Tratado da CECA.

Cabe destacar que a CECA, em 1957, também adotou as primeiras medidas de iniciativa comunitária em matéria de saúde, segurança e higiene no ambiente laboral, particularmente motivada pela comoção social suscitada pelo desastre na mina de carvão em Marcinelle (Bélgica), na qual 262 trabalhadores italianos perderam suas vidas como resultado de um incêndio na mina de carvão da empresa *Bois du Cazier* (ROCCELLA, 2012). Tal acidente, ocorrido no dia 8 de agosto de 1956, deveu-se à combustão de óleo sob alta pressão, pela súbita ação de uma faísca elétrica, em um ambiente no qual, por razões econômicas, os cuidados básicos de segurança haviam sido reduzidos ao mínimo necessário; assim, p.ex., quase toda a estrutura do interior dos poços era feita de madeira, apesar dos óbvios riscos que essa opção envolvia. Como o incêndio se iniciou nas proximidades do principal duto subterrâneo de ar, a fumaça terminou por asfixiar 262 dos 275 trabalhadores em atividade, quase todos *imigrandes italianos*, em razão do protocolo ítalo-belga assinado em 20.6.1946 (pelo qual, em troca de carvão, a Itália enviaria 50.000 trabalhadores para a Bélgica, pouco atingida pela 2ª Guerra). O fogo alcançou apenas dois poços, mas terminou por bloquear todas as saídas nas primeiras horas cruciais do evento, entre 9h e 12h. Ainda hoje, é o terceiro maior acidente com vítimas italianas fora da própria Itália. Por tudo o que representa, o sítio original do acidente compõe patrimônio histórico tombado pela UNESCO.

Após esse terrível incêndio, o Conselho dos Ministros da CECA instituiu o Órgão Permanente de Segurança nas Minas de Carvão, com composição tripartite, na qual passou a deter a competência para fixar normatividade preventiva relacionada à saúde e segurança dos trabalhadores nas minas de carvão, estando os Estados-Membros sujeitos ao respectivo cumprimento (ROCCELLA, 2012).

Os bons resultados integrativos da CECA impulsionaram os seus Estados-Membros a instituírem a Comunidade Econômica Europeia (CEE) e a Comunidade Europeia da Energia Atômica (CEEA, também denominada como EURATOM), o que se deu com a assinatura do Tratado de Roma[4], em 25 de março de 1957 (GAJA, 2014), fortalecendo-se a integração europeia que, no decorrer dos anos, passou a ter a ampliação dos seus membros[5] e o aprofundamento dos projetos de integração comunitária.

O Tratado de Roma, nos seus 248 artigos[6], fixou extenso regramento de integração comunitária, na qual, dentre os seus capítulos, houve o reconhecimento do direito à livre circulação dos cidadãos e a vedação da discriminação baseada na nacionalidade dos trabalhadores dos Estados-Membros da Comunidade Europeia (art. 48), como também o estabelecimento da necessidade de os Estados-Membros promoverem, de forma progressiva e uniforme, a melhoria dos sistemas sociais e das condições de trabalho por meio de disposições legislativas, administrativas e regulamentares (art. 117), havendo expressa referência a que a Comunidade Europeia, dentre os seus objetivos sociais, promoverá a "prevenção de acidentes de trabalho e de doenças profissionais" e a "higiene ocupacional" (art. 118).

Nessa temática, outro importante passo para tutelar o meio ambiente do trabalho comunitário foi a criação do Comitê Consultivo para a Segurança, a Higiene, a Proteção da Saúde no Local de Trabalho, em 27 de junho de 1974, que passou a ter a atribuição de preparar e executar atividades atinentes à matéria de segurança, saúde e higiene ocupacional, inclusive no que tange à definição dos critérios sobre riscos de acidente de trabalho, perigos à saúde e métodos de avaliação para melhoramento do nível de proteção dos trabalhadores.

O Tratado de Roma passou por profunda revisão com a edição do Ato Único Europeu[7], firmado em Luxemburgo, em 28 de fevereiro de 1986, que realçou os espaços sem fronteiras e ampliou as possibilidades de livre circulação de mercadorias, pessoas, serviços e capitais (PRADO, 2012).

Note-se que o Ato Único Europeu, no seu preâmbulo, registra como objetivo fundamental dos Estados-Membros da Comunidade Europeia a maior integração das relações sociais, econômicas e políticas, ao estabelecer como propósito "melhorar a situação económica e social, pelo

4. A Comunidade Europeia do Carvão e do Aço (CECA), a Comunidade Econômica Europeia (CEE), a Comunidade Europeia da Energia Atômica (EURATOM) e, posteriormente, União Europeia organizam-se por meio de tratados aprovados voluntária e democraticamente pelos Estados-Membros, passando a ter força vinculativa entre os respectivos países. Nos Tratados estão consagrados os objetivos, a organização institucional, o processo de tomada de decisões e a relação entre a Comunidade ou a União Europeia e os países que a constituem.
5. Aderiram à Comunidade Europeia: o Reino Unido, a Dinamarca e a Irlanda em 1973; Grécia em 1981; Espanha e Portugal em 1985; Áustria, Finlândia e Suécia em 1995; República Checa, Chipre, Eslováquia, Eslovénia, Estónia, Hungria, Letónia, Lituânia, Malta e Polônia em 2004; Bulgária, Romênia e Croácia em 2013 (CAMPOS, 2014). Segue em tratativas a adesão da Turquia.
6. O texto integral dos tratados, da legislação, da jurisprudência e das propostas legislativas pode ser consultado na base de dados EUR-Lex. Disponível em: <http://eur-lex.europa.eu/homepage.html?locale=pt>. Acesso em: 08 out. 2015.
7. As alterações dos Tratados objetivam adaptá-lo para o funcionamento mais eficaz e adequado às necessidades funcionais da Comunidade Europeia e, posteriormente, da União Europeia.

aprofundamento das políticas comuns e pela prossecução de novos objetivos, e garantir um melhor funcionamento das Comunidades, dando às Instituições a possibilidade de exercerem os seus poderes nas condições mais conformes ao interesse comunitário" (Preâmbulo do Ato Único Europeu).

Em 7 de fevereiro de 1992 foi assinado o Tratado de Maastricht, que ampliou o Ato Único Europeu, estatuindo a designação de *União Europeia* para compreender toda a comunidade, como também fixando 03 (três) importantes pilares organizacionais: o pilar comunitário, integrando pelas Comunidades Europeias (CECA, CEE e EURATOM); o pilar da política externa e de segurança comum; e o pilar cooperação policial e judiciária em matéria penal (PRADO, 2009).

Cabe destacar que, com o Tratado de Maastricht, a Comunidade Europeia passa a conviver com dois documentos basilares, ou seja, o Tratado da Comunidade Europeia, de 1957 (Tratado de Roma com as alterações e ampliações proporcionada pelo Ato único Europeu) e o Tratado da União Europeia, de 1992.

Em 2 de outubro de 1997 foi assinado o Tratado de Amsterdam, que proprocionou nova ampliação das competências da União Europeia por meio da criação de uma política comunitária de emprego e, bem assim, por meio da "comunitarização" de algumas matérias que eram anteriormente da competência do Poder Judiciário dos Estados-Membros, tudo como forma de aproximar a União Europeia dos seus cidadãos (VINCI, 2015).

O Tratado de Amsterdam provoca alterações no Tratado da Comunidade Europeia (TCE, Roma, 1957) e no Tratado da União Europeia (TUE, Maastricht,1992), inclusive com a renumeração dos artigos e a consolidação das alterações nos respectivos tratados.

Em 26 de janeiro de 2001 foi assinado o Tratado de Nice, que apresenta uma racionalização das funcionalidades das principais instituições da União Europeia (VINCI, 2015):

- Parlamento: nova distribuição de lugares no Parlamento Europeu, de acordo com a densidade demográfica, numa proporcionalidade em que se considera o ingresso dos novos Estados-Membros;
- Comissão Europeia: a nomeação passa a ser de um comissário por Estado-Membro, alargando-se os poderes do Presidente da Comissão na tomada de decisões, inclusive para escolha do Vice-Presidente e para a fixação de responsabilidades aos demais comissários;
- Conselho: introdução do critério quantitativo de votos, de acordo com o quantitativo populacional representado, de modo a alterar os pesos dos votos em relação aos Estados-Membros, salvo em algumas matérias específicas;
- Tribunal de Justiça: adoção de nova configuração do sistema judicial, com a criação do Tribunal de 1º. Grau e de Tribunais Especializados por matéria, em estratégia de otimização e auxílio para as funções regulares do Tribunal de Justiça da União Europeia.

Por último, em 13 de dezembro de 2007, foi assinado o Tratado de Lisboa, que implementou amplas reformas organizacionais, procedendo a várias alterações no Tratado da União Europeia (TUE, Maastricht,1992) e no Tratado da Comunidade Europeia (TCE, Roma, 1957). O último passou a denominar-se "Tratado sobre o Funcionamento da União Europeia" (TFUE), inclusive com nova consolidação das alterações nos respectivos tratados.

Ressalta-se também que o Tratado de Lisboa ampliou os poderes do Parlamento, criou os cargos de Presidente permanente do Conselho Europeu e estabeleceu nova repartição das competências entre a União Europeia e os Estados-Membros, inclusive, nesse último aspecto, clarificando as matérias de competência exclusiva da União Europeia, as matérias de competência dos Estados-Membros e as competências partilhadas entre a União Europeia e os Estados-Membros.

Observa-se que as garantias de proteção do meio ambiente de trabalho originalmente estabelecidas pelo Tratado de Roma, em 1957, como a de vedação da discriminação baseada na nacionalidade dos trabalhadores dos Estados-Membros (art. 48) ou, ainda, o objetivo da Comunidade Europeia de promover a melhoria dos sistemas sociais e das condições de trabalho (art. 117), a higiene ocupacional e a prevenção de acidentes de trabalho e de doenças profissionais (art. 118), são todas *integralmente mantidas* pelo Ato Unico Europeu e pelos Tratados de Maastricht, Amsterdam, de Nice e de Lisboa, com pequenos ajustes na numeração dos artigos, de modo que a atual redação vigente permanece vedando a discriminação baseada na nacionalidade dos trabalhadores dos Estados-Membros (art. 45, alínea 2, TFUE), como também segue compreendida, entre os objetivos da União Europeia, a promoção da melhoria do ambiente de trabalho a partir da proteção de saúde e segurança dos trabalhadores, das condições de trabalho e da proteção social (art. 153, alínea *a*, *b* e *c*, TFUE).

Cabe registrar, enfim, que o Tratado de Lisboa também fixa o entendimento comunitário de que a proteção à saúde, à segurança e à higiene no ambiente laboral deve ser uma busca contínua pela União Europeia e pelos Estados-Membros, de modo que, conforme estabelece a nova redação do art. 114, alínea "1", do TFUE, "em matéria de saúde, de segurança, de protecção do ambiente e de defesa dos consumidores, basear-se-á num nível de protecção elevado, tendo nomeadamente em conta qualquer nova evolução baseada em dados científicos. No âmbito das respectivas competências, o Parlamento Europeu e o Conselho procurarão igualmente alcançar esse objectivo". Positivou-se, no particular, o chamado ***princípio da progressão contínua***, que obriga Estado e sociedade civil, em matéria ambiental (e, portanto, também no marco *labor-ambiental*), a se refinarem periodicamente, incorporando – no caso específico – tecnologias mais eficazes para a proteção psicossomática do trabalhador, conforme se tornem economicamente viáveis (*i.e.*, Estado e sociedade civil estão obrigados a acompanhar, em sede ambiental, *a evolução do estado da técnica*).

A intensa produção normativa pela Comunidade Europeia, especialmente com a sistematização do direito comunitário em fontes de direito primário ou originário (Tratado da União Europeia, Tratado sobre o Funcionamento da União Europeia e, por força do art. 6º, alínea 1, do TFUE, a Carta dos Direitos Fundamentais da União Europeia) e em fontes de direito derivado (regulamentos, diretivas, decisões, recomendações e pareceres)[8], tornou complexa a sua estrutura normativa, inclusive no âmbito da tutela do ambiente laboral, conforme pode ser verificado no tópico seguinte. Passemos a isto.

2. TUTELA JURÍDICA DO MEIO AMBIENTE DO TRABALHO NA UNIÃO EUROPEIA

A tutela jurídica do meio ambiente laboral no direito comunitário europeu pode ser analisada a partir de uma perspectiva dual que se autocomplementa, ou seja, o ordenamento comunitário de proteção do ambiente laboral é formado por normas principiológicas gerais (fontes primárias) e por normas reguladoras especiais de caráter técnico (fontes derivadas), que se destinam à eliminação e/ou à redução dos riscos inerentes ao meio ambiente de trabalho com a adoção de medidas mais gerais ou mais específicas, conforme o caso.

Primeiramente, as fontes primárias comunitárias fixaram um conjunto de princípios e diretrizes que devem nortear as políticas econômicas e sociais dos organismos públicos e privados inseridos na União Europeia, entre os quais se inclui a proteção do ambiente do trabalho. Vejam-se, a propósito, o art. 153, alíneas *a*, *b* e *c*, do TFUE; e, mais recentemente, o art. 31, alínea 1, e art. 37, *caput*, da Carta dos Direitos Fundamentais da União Europeia.

Por essa via, a norma principiológica de promoção da melhoria do ambiente de trabalho a partir da proteção de saúde, segurança e dignidade dos trabalhadores, das condições de trabalho e da proteção social, como também a diretriz de realização de políticas públicas que objetivem a elevação do nível de proteção do ambiente e a melhoria da qualidade de vida, em consonância com o princípio do desenvolvimento sustentável, passam a integrar o ordenamento jurídico interno de todos os Estados-Membros da União Europeia que, por conseguinte, devem assim orientar as respectivas políticas sociais e econômicas. Da mesma forma, as jurisdições nacionais devem guiar-se por tais vetores na resolução das lides judiciais.

Num segundo momento, a partir da base principiológica das fontes primárias, o direito comunitário europeu passou a estabelecer normas reguladoras especiais sobre a proteção do meio ambiente no trabalho, especialmente a partir da Decisão n. 74/325/CEE, do Conselho Europeu, que estabelece a criação do Comitê Consultivo para a Segurança, Higiene e Proteção da Saúde no Local de Trabalho, em 27 de junho de 1974.

A Decisão n. 74/325/CEE atribuiu ao Comitê Consultivo para a Segurança, Higiene e Proteção da Saúde no Local de Trabalho as seguintes competências: "assistir a Comissão na preparação e na execução de actividades nos domínios da segurança, da higiene e da protecção da saúde no local de trabalho" (art. 2º, *caput*); "proceder, com base nas informações postas à sua disposição, à troca de opiniões e de experiências relativas às regulamentações existentes ou previstas" (art. 2º, alínea *a*); "contribuir para a elaboração de um tratamento comum dos problemas que se levantam nos sectores da segurança, da higiene e da protecção da saúde no local de trabalho, assim como para a selecção das prioridades comunitárias e das medidas necessárias à sua realização" (art. 2º, alínea *b*); "chamar a atenção da Comissão para os sectores nos quais pareçam necessárias a aquisição de novos conhecimentos e a execução das acções adequadas de formação e de pesquisa" (art. 2º, alínea *c*); definir "os critérios e os objectivos da luta contra os riscos e acidentes de trabalho e os perigos para a saúde na empresa, e os métodos que permitam às empresas e ao seu pessoal avaliar e melhorar o nível de protecção" (art. 2º, alínea *d*); e "contribuir para a informação das administrações nacionais e das organizações de trabalhadores e empregadores sobre as acções comunitárias, a fim de facilitar a sua cooperação e encorajar as suas iniciativas tendo em vista a troca de experiências adquiridas e a definição de códigos de boa conduta" (art. 2º, alínea *e*).

Nessa esteira, o Comitê Consultivo para a Segurança, Higiene e Proteção da Saúde no Local de Trabalho, dentro do seu amplo espectro de competências, passou a ser responsável pela formatação de normas de direito derivado em matéria pertinente à saúde e segurança no ambiente de trabalho na União Europeia – logo, normas reguladoras do *meio ambiente do trabalho* –, especialmente de Diretivas que, após seguir os requisitos legislativos comunitários, passam a ser juridicamente vinculativas e têm de ser transpostas para as legislações nacionais dos Estados-Membros.

As diretivas europeias em matéria de proteção ao ambiente laboral estabelecem, em linhas gerais, requisitos mínimos de segurança, higiene e saúde laboral para as atividades econômicas e/ou profissionais a que se destinam, sempre baseadas nos princípios fundamentais da norma comunitária primária, como, por exemplo, o princípio da prevenção; e, para mais, fixam responsabilidades das entidades patronais e aos trabalhadores.

Dentre as primeiras diretivas sobre saúde e segurança no trabalho, pode-se mencionar a Diretiva n. 76/579/EURATOM, de 01 de junho de 1976, sobre medidas de prevenção da saúde dos trabalhadores expostos às radiações ionizantes; a Diretiva n. 77/312/CE, de 29 de março de 1977, sobre medidas de prevenção da saúde dos trabalhadores expostos a possível intoxicação com chumbo; e a Diretiva n. 77/576/CE, de 25 de julho de 1977, sobre sinalização de segurança nos locais de trabalho.

8. Sobre a sistematização das fontes do direito comunitário europeu ver em PRADO, Pilar Mellado; GONZÁLEZ, Santiago Sánchez; LLANO, María Isabel Martín. *Fundamentos de Derecho de la Unión Europea*. Madrid: Editorial Unisersitaria Ramón Areces, 2012.

Sob essa perspectiva dual de tutela jurídica do meio ambiente laboral, baseada em normas principiológicas gerais e normas reguladoras especiais de caráter técnico, encaminhou-se a construção de um direito ambiental laboral comunitário, que prossegue indefinidamente, em um processo contínuo de recriação, expansão e sistematização. Desde a fundação da Comunidade Europeia, com a assinatura do Tratado de Roma, em 25 de março de 1957 (GAJA, 2014), a integração europeia fixou, dentre os seus pilares, "o objetivo essencial de melhoria contínua nas condições de vida e de trabalho dos seus povos" (Preâmbulo do Tratado de Roma, 1957), objetivo este foi depois reproduzido pelo Ato Único Europeu e pelos Tratados de Maastricht, Amsterdam, de Nice e de Lisboa, e que também orienta a política da comunidade europeia de proteção do ambiente laboral. Do próprio art. 151, 1, *a* e *b*, do TFUE – onde se estatui, como dever dos Estados-Membros, a "melhoria, principalmente, do ambiente de trabalho, a fim de proteger a saúde e a segurança dos trabalhadores" (art. 153, 1, *a*, TFUE) – pode-se dessumir, por implícito, o *princípio do risco mínimo regressivo*[9] (tal como derivado, entre nós, do art. 7º, XII, da CRFB), daí decorrendo o dever comunitário de buscar constantemente a melhoria das condições de trabalho, notadamente por meio de normas especiais de caráter técnico, ou seja, "por meio de directivas, prescrições mínimas progressivamente aplicáveis, tendo em conta as condições e as regulamentações técnicas existentes em cada um dos Estados-Membros" (art. 153, 2, *b*, TFUE). Noutras palavras, porque as diretivas comunitárias são expressamente definidas como *prescrições mínimas progressivamente aplicáveis*, parece claro que os Estados-Membros devem considerá-las tão só como ponto inicial de proteção do ambiente laboral a se inserir no ordenamento nacional, que pode – e *deve* – ser ampliado pelas normas internas.

Cabe destacar que, embora a transposição das diretivas para as legislações nacionais seja obrigatória, pode ocorrer resistência dos Estados-Membros na sua aplicabilidade, como se deu, neste caso, com a Itália, a França e o Reino Unido da Grã-Bretanha e da Irlanda do Norte, que resistiram à transposição da Diretiva n. 93/104/CE (sobre aspectos da jornada de trabalho relacionados com a saúde e segurança dos trabalhadores). Como consequência, a matéria judicializou-se e tais países foram condenados pelo Tribunal de Justiça da Comunidade Europeia[10] a realizarem a transposição da Diretiva n. 93/104/CE para seus respectivos ordenamentos nacionais. No caso específico da Itália, tal transposição ainda encontraria imensa demora, a despeito da condenação[11].

A adoção obrigatória das diretivas editadas pela União Europeia possibilita o avanço de forma harmônica das políticas de saúde e segurança no trabalho por todos os Estados-Membros, na medida em que, consoante afirma Federico Navarro Nieto, *"avança a comunitarização dos direitos nacionais em matéria de segurança e saúde ocupacional mediante o processo de convergência que torna como referência a regulação comunitária"* (NAVARRO, 2011, p. 369).

Na tabela a seguir é possível verificar as principais diretivas editadas pela União Europeia sobre a temática da saúde e segurança no trabalho.

Tabela 1 – Principais Diretivas da EU em matéria de SST

Diretivas	Matéria
Diretiva n. 89/391/CE	Diretiva-Quadro sobre saúde e segurança ocupacional relativa à aplicação de medidas destinadas a promover a melhoria da segurança e da saúde dos trabalhadores no trabalho.

9. Sobre o *princípio do risco mínimo regressivo*, v. OLIVEIRA, Sebastião Geraldo de. Proteção Jurídica à Saúde do Trabalhador. 5. ed. rev. ampl. e atual. São Paulo: LTr, 2010. p. 124.

10. A Itália (Processo C-386/98) e a França (Processo C-46/99) foram condenadas pelo Tribunal de Justiça das Comunidades Europeias por não terem editado norma interna de transposição da Diretiva n. 93/104/CE. No caso do Reino Unido da Grã-Bretanha e da Irlanda do Norte (Processo C-84/94), o Tribunal de Justiça da Comunidade Europeia acolheu em parte do recurso do Estado-membro, para afastar apenas a segunda frase do art. 5º da Diretiva n. 93/104/CE, de modo que o Reino Unido da Grã-Bretanha e da Irlanda do Norte também foi obrigada a adotar na sua legislação interna os demais dispositivos da Diretiva n. 93/104/CE.

11. V., por todos: *"In seguito al ricorso proposto alla Corte di Giustizia delle Comunità Europee l'Italia è stata condannata (assieme alla Francia) per insufficiente adozione delle disposizioni di applicazione della direttiva 93/104/CE concernente taluni aspetti dell'organizzazione dell'orario di lavoro (Causa C-386/98, Commissione contro Repubblica dell'Italia, sentenza del 9 marzo 2000). La Commissione europea ha avvertito che, non avendo ricevuto alcuna comunicazione delle misure adottate in esecuzione della sentenza della Corte, queste procedure di infrazione continuano in base all'art. 228 del trattato CE. Il Governo intende prontamente porre rimedio a questa persistente inottemperanza degli obblighi comunitari, soprattutto in considerazione del fatto che già il 12 novembre 1997 le parti sociali avevano raggiunto un'intesa che avrebbe dovuto favorire una tempestiva e completa trasposizione. La mancata trasposizione di questa direttiva europea sta, infatti, dando luogo a non pochi problemi interpretativi (si pensi alla questione della esistenza o meno nel nostro ordinamento di un unico limite settimanale alla durata normale dell'orario di lavoro ovvero di due limiti concorrenti, uno giornaliero e l'altro settimanale). L'implementazione della direttiva consentirebbe in particolare di superare definitivamente alcune interpretazioni, tese a sminuire la riforma dell'orario di lavoro delineata nell'art. 13 della Legge 196/1997, che ancora oggi vorrebbero subordinare la possibilità di modulare l'orario di lavoro su base settimanale, mensile o annuale al vincolo delle otto ore di lavoro giornaliere come orario di lavoro normale. Occorrerà pertanto procedere rapidamente a completare la trasposizione con riferimento alle disposizioni riguardanti il riposo giornaliero, la pausa giornaliera e le ferie annuali. Il Governo auspica di ricevere tempestivamente eventuali suggerimenti a riguardo, trattandosi di una materia fondamentale per realizzare una politica effettiva di qualità del lavoro per realizzare le pari opportunità."* (Ministero del Lavoro e Delle Politiche Social, 2001, p. 74).

Diretivas	Matéria
Diretiva n. 90/269/CE	Diretiva sobre movimentação manual de cargas, relativa às prescrições mínimas de segurança e saúde sobre movimentação manual de cargas que comportem riscos, principalmente dorso-lombares para os trabalhadores.
Diretiva n. 90/270/CE	Diretiva sobre equipamentos dotados de visor, relativa às prescrições mínimas de segurança e de saúde respeitantes ao trabalho com equipamentos dotados de visor.
Diretiva n. 92/85/CE	Diretiva relativa à implementação de medidas destinadas a promover a melhoria da segurança e da saúde das trabalhadoras grávidas, puérperas ou lactantes no trabalho.
Diretiva n. 2000/43/CE	Diretiva sobre igualdade racial relativa à aplicação do princípio da igualdade de tratamento independentemente da origem racial ou étnica. Prevê a proteção contra a discriminação no emprego, abrangendo domínios como a educação, a proteção social, incluindo a segurança social e os cuidados médicos, os benefícios sociais e o acesso de bens e serviços.
Diretiva n. 2000/78/CE	Diretiva sobre igualdade no emprego e na atividade profissional, independentemente da religião ou convicções, deficiência, idade ou orientação sexual.
Diretiva n. 2000/79/CE	Diretiva sobre aviação civil (tempo de trabalho), relativo ao Acordo Europeu sobre a organização do tempo de trabalho do pessoal móvel da aviação civil.
Diretiva n. 2002/15/CE	Diretiva sobre tempo de trabalho (atividades móveis de transporte rodoviário), relativa à organização do tempo de trabalho das pessoas que exercem atividades móveis de transporte rodoviário.
Diretiva n. 2003/88/CE	Diretiva sobre tempo de trabalho (trabalho em turnos e noturno), relativa à organização do tempo de trabalho, que fixa as prescrições mínimas de segurança e de saúde em matéria de organização do tempo de trabalho aplicáveis aos períodos de descanso diário, pausas, descanso semanal, tempo máximo de trabalho semanal, férias anuais e a certos aspectos do trabalho noturno, do trabalho por turnos e do ritmo de trabalho.
Diretiva n. 2004/113/CE	Diretiva sobre tratamento entre homens e mulheres, tratando genericamente sobre a matéria atinente ao assédio moral e assédio sexual.
Diretiva n. 2005/47/CE	Diretiva sobre trabalhadores móveis que prestam serviços de transporte ferroviário (condições de trabalho), relativa ao Acordo entre a Comunidade dos Caminhos de Ferro Europeus (CER) e a Federação Europeia dos Transportes (ETF).
Diretiva n. 2006/54/CE	Diretiva sobre a aplicação do princípio da igualdade de oportunidades e igualdade de tratamento entre homens e mulheres em domínios ligados ao emprego e à atividade profissional (alterada pela 2002/73/CE).
Diretiva n. 2007/30/CE	Diretiva sobre segurança e saúde em geral.

Dentre as diretivas que tutelam a saúde e a segurança no trabalho, cabe ressaltar a Diretiva n. 89/391/CE, também denominada de *Diretiva-Quadro n. 89/391/CE*, que foi editada em 12 de junho de 1989 e se constitui em verdadeiro marco histórico na perspectiva da legislação comunitária. Essa diretiva institucionaliza, na órbita da União, a *cultura de prevenção* no ambiente laboral, como também sistematiza as garantias mínimas de saúde e segurança ocupacional em toda a UE, preordenando linhas mestras para as futuras diretivas que vierem a ferir a matéria.

Dentre os principais conteúdos da Directiva n. 89/391, podem-se mencionar os seguintes[12]:

- o termo "condições de trabalho" foi definido em conformidade com a Convenção n. 155 da Organização Internacional do Trabalho (OIT) e incorpora uma abordagem moderna, que tem em conta a segurança técnica e a prevenção geral dos problemas de saúde;
- a diretiva visa a estabelecer um nível de saúde e segurança igual para todos, que beneficie a generalidade dos trabalhadores (com exceção dos empregados domésticos e de determinados serviços públicos ou militares, pelas suas peculiaridades);
- a diretiva obriga as entidades patronais a tomarem medidas de prevenção adequadas, aptas a melhorar as condições de saúde e de segurança no trabalho; a diretiva introduz o *princípio da avaliação dos riscos laborais* e mapeia seus principais elementos de compreensão/concreção, como a identificação dos perigos labor-ambientais, a efetiva participação dos trabalhadores – que os jusambientalistas identificam como princípio autônomo, o da *cooperação* (MILARÉ, 2004, p. 138-151) –, a eliminação de riscos na fonte, a documentação e a reavaliação periódica dos perigos existentes no meio ambiente do trabalho, a adaptação do trabalho ao homem (e não o contrário) no que se refere à concepção dos postos de trabalho, à escolha dos equipamentos e à escolha dos métodos de produção, com especial atenção para a atenuação dos trabalhos monótonos e a racionalização dos ritmos de trabalho[13];

12. Cf., por todos. Disponível em: <https://osha.europa.eu/pt/legislation/directives/the-osh-framework-directive/the-osh-framework-directive-introduction>. Acesso em: 21 jan. 2016.
13. V. Art 6º, 2: "*The employer shall implement the measures referred to in the first subparagraph of paragraph 1 on the basis of the following general principles of prevention: (a) avoiding risks; (b) evaluating the risks which cannot be avoided; (c) combating the risks at source;*

- a diretiva também estabelece a obrigação de se implementarem medidas de prevenção, no meio ambiente de trabalho, com foco na adoção de novas formas de gestão da saúde e da segurança laboral no quadro dos processos gerais de gestão.

Disto se conclui que a Diretiva n. 89/391 mudou a abordagem da saúde e da segurança no trabalho no âmbito da União Europeia, inaugurando um sistema integrado de gestão do meio ambiente de trabalho que incorpora a exigência de contínua melhoria das condições de higiene, saúde e segurança, como também a fixação de responsabilidades para o empregador e para o trabalhador.

O Relatório da Agência Europeia para Segurança e Saúde no Trabalho indica que a Diretiva n. 89/391/CE teve diferentes impactos nos países integrantes da União Europeia, ressaltando, a propósito, que muito ainda precisa ser feito quanto aos temas da organização do trabalho, da prevenção do trabalho sob ritmo excessivamente intenso[14] e do trabalho repetitivo, como ainda no da prevenção dos riscos psicossociais (Leka *et al.*, 2010). Leia-se:

Tabela 2 – Avaliação do impacto da Diretiva-Quadro 89/391 em 15 Estados-membros da União Europeia (Leka *et al.*, 2010).

Área de Impacto	Efeitos da Implementação
Impacto jurídico nos Estados-membros da UE	– Na Grécia, Irlanda, Portugal, Espanha, Itália e Luxemburgo, a Diretiva n. 89/391/CE teve consequências jurídicas consideráveis, uma vez que esses países possuíam legislações sobre saúde e segurança no trabalho antigas e inadequadas quando a diretiva passou a ser adotada. – Na Áustria, França, Alemanha, Reino Unido, Holanda e Bélgica, a Diretiva n. 89/391 serviu para completar e/ou aperfeiçoar a legislação nacional existente. – Na Dinamarca, Finlândia e Suécia, a transposição da Diretiva n. 89/391/CE não exigiu grandes ajustamentos, uma vez que já havia legislação nacional semelhante aos termos da respectiva diretiva.
Efeitos positivos da implementação	– Diminuição do número de acidentes de trabalho. – Aumento da conscientização dos trabalhadores sobre a temática da saúde e da segurança laboral.
Efeitos positivos da implementação	– Ênfase na filosofia prevencionista. – Amplitude de escopo de abordagem do ambiente laboral, de modo que compatibiliza a prevenção de acidentes como base no comportamento dos indivíduos e nas estruturas organizacionais. – Fixação da obrigação patronal de realização de avaliações periódicas de risco e fornecimento de documentação pertinente. – Obrigação do empregador de informar aos trabalhadores a forma segura de realizar os serviços. – Enfatização dos direitos e das obrigações dos trabalhadores. – Consolidação e simplificação dos regulamentos nacionais sobre saúde e segurança no trabalho
Principais dificuldades de implementação	– Recrudescimento das obrigações acessórias e das formalidades administrativas, dos encargos financeiros, do tempo necessário para preparar apropriadamente as medidas pertinentes e da efetiva participação dos trabalhadores nos processos de gestão da segurança laboral. – Ausência de critérios de avaliação para as inspeções do trabalho nacionais, bem como falta de um sistema unificado europeu de informação estatística sobre os acidentes e doenças profissionais. – Dificuldades de implementação em pequenas e médias empresas.
Impacto sobre os riscos psicossociais[15]	– A maioria das práticas de avaliação de risco possui foco em riscos superficiais e genéricos, excluindo fontes causais mais complexas. – Sobre implementação prática das disposições relacionadas à avaliação de riscos, não há nenhuma consideração sobre os fatores de risco psicossociais. – Conquanto se assegure ampla cobertura de caráter preventivo, há deficiências na área dos fatores psicossociais.

O olhar macroscópico sobre a tutela jurídica do meio ambiente laboral na União Europeia permite perceber que a diversidade social, econômica e cultural dos Estados-Membros, se por um lado determina diferentes impactos

---

(d) adapting the work to the individual, especially as regards the design of work places, the choice of work equipment and the choice of working and production methods, with a view, in particular, to alleviating monotonous work and work at a predetermined work-rate and to reducing their effect on health; (e) adapting to technical progress; (f) replacing the dangerous by the non-dangerous or the less dangerous; (g) developing a coherent overall prevention policy which covers technology, organization of work, working conditions, social relationships and the influence of factors related to the working environment; (h) giving collective protective measures priority over individual protective measures; (i) giving appropriate instructions to the workers".

14. Preocupação que, no Brasil, identifica-se p.ex. no art. 17.6.2 da NR 17 (ergonomia): "*A organização do trabalho, para efeito desta NR, deve levar em consideração, no mínimo: a) as normas de produção; b) o modo operatório; c) a exigência de tempo; d) a determinação do conteúdo de tempo; e)* ***o ritmo de trabalho****; f) o conteúdo das tarefas*" (g.n.).

15. Mas, nesse particular, também houve avanços dignos de nota, conquanto pontuais. Relatório da Organização Internacional do Trabalho registrava, em 2013, que "[a]*lguns países registaram progressos na* ***prevenção de riscos psicossociais****. Por exemplo, em abril de 2008,*

e velocidades na absorção das diretivas relativas à saúde, à higiene e à segurança no trabalho, por outro lado, em face dos pilares democráticos e de desenvolvimento sustentável em que se funda a União (arts. 2º e 3º do Tratado da Comunidade Europeia), permite o compartilhamento comunitário de conhecimentos, de informações e de políticas públicas, fluida e rapidamente, objetivando a disseminação da cultura da prevenção dos riscos ocupacionais. Tais políticas passaram a ser geridas, no plano europeu, pela *Agência Europeia para a Segurança e a Saúde no Trabalho*, instituída em de 18 de julho de 1994, com sede em Bilbal (v. Regulamento n. 2062/94/CE).

O número crescente das medidas de proteção à saúde e à segurança dos trabalhadores adotadas pela União Europeia, de acordo com os dados estatísticos, tem proporcionado uma significativa redução dos acidentes de trabalho nos Estados-Membros, embora em proporções diferentes.

Na Alemanha, por exemplo, em 1994 ocorreram 1.763.961 acidentes de trabalho de natureza grave e 1.325 acidentes do trabalho que provocaram o óbito do trabalhador. Já no ano de 2012, os acidentes de trabalho de natureza grave foram reduzidos para 854.665 e os acidentes de trabalho que provocaram o óbito do trabalhador foram reduzidos para 604, ou seja, houve uma redução equivalente, respectivamente, de 48,45% e 54,41%.

Observando o mesmo período e a mesma tipologia dos acidentes do trabalho, verifica-se que na França, em 1994, ocorreram 673.297 acidentes de trabalho de natureza grave e 928 acidentes do trabalho que provocaram o óbito do trabalhador. No ano de 2012, entretanto, os acidentes de trabalho de natureza grave foram reduzidos para 587.090 e os acidentes de trabalho que provocaram o óbito do trabalhador foram reduzidos para 576, ou seja, houve uma redução equivalente, respectivamente, de 12,81% e 37,93%.

Em termos mais gerais, de 2000 a 2004, a taxa de acidentes de trabalho letais entre os países da União Europeia diminuiu em 17% (dezessete por cento), enquanto a taxa de acidentes do trabalho com ausência superior a três dias diminuiu em 20% (vinte por cento). Por outro lado, a redução dos riscos profissionais nunca foi homogênea, nem entre os países europeus, nem entre as categorias profissionais e econômicas. Como se lê na Comunicação da Comissão das Comunidades Europeias para o Parlamento Europeu, o Conselho, o Comitê Econômico e Social e o Comitê das Regiões, de 21.02.2007, a primeira década deste século revelou disparidades notáveis. *In verbis*:

> – Algunas categorías de trabajadores siguen estando demasiado expuestos a los riesgos profesionales (jóvenes trabajadores, trabajadores que tienen un empleo precario, trabajadores de más edad y trabajadores migrantes).
>
> – Algunas categorías de empresas son más vulnerables (las PYME, en particular, tienen menos recursos para dotarse de sistemas complejos de protección de los trabajadores; sin embargo, algunas de ellas tienden a verse más afectadas por el impacto negativo de los problemas de salud y de seguridad).
>
> – Algunos sectores de actividad siguen siendo particularmente peligrosos (construcción/obras públicas, agricultura, pesca, transportes, salud y servicios sociales).
>
> Varios retos en materia de salud y seguridad, a los que ya se hizo referencia en el período anterior, son cada vez más importantes. Se trata, en particular, de los siguientes:
>
> – la evolución demográfica y el envejecimiento de la población activa;
>
> – las nuevas tendencias en el empleo, incluido el desarrollo del trabajo por cuenta propia, la subcontratación y el aumento del empleo en las PYME;
>
> – nuevos flujos migratorios más importantes cuyo destino es Europa. (Comisión de las Comunidades Europeas, 2007)[16].

Mesmas distorções observam-se entre os países da UE. Os gráficos a seguir mostram, para os anos de 1994 e 2012, a evolução quantitativa dos dados sobre acidentes do trabalho de natureza grave e que provocaram o óbito do trabalhador em alguns Estados-Membros da União Europeia.

---

*a **Itália** introduziu legislação em matéria de segurança e saúde no trabalho que refere explicitamente que o estresse relacionado com o trabalho deverá ser incluído em qualquer avaliação de risco. O Código do Trabalho da **República Checa** adotado em 2006 inclui igualmente disposições em matéria de estresse relacionado com o trabalho. O Comité dos Altos Responsáveis das Inspeções do Trabalho (CARIT) lançou uma campanha europeia sobre riscos psicossociais em 2012 e, em colaboração com a **Agência Europeia para a Saúde e Segurança no Trabalho** (EU-OSHA), produziu um conjunto de ferramentas de inspeção, disponível em 22 línguas"* (ORGANIZAÇÃO INTERNACIONAL DO TRABALHO, 2013 – g.n.). Aliás, o tema escolhido pela OIT para o *Dia Mundial da Segurança e Saúde do Trabalho* (28/4), para o ano de **2016**, foi justamente *"Workplace Stress: A collective challenge"*. (cf. <http://www.ilo.org/safework/events/safeday/lang--en/index.htm>. Acesso em: 22 jan. 2016).

16. "PYME", em castelhano, é a sigla para micro, pequenas e médias empresas (no original, *pequeñas y medianas empresas*).

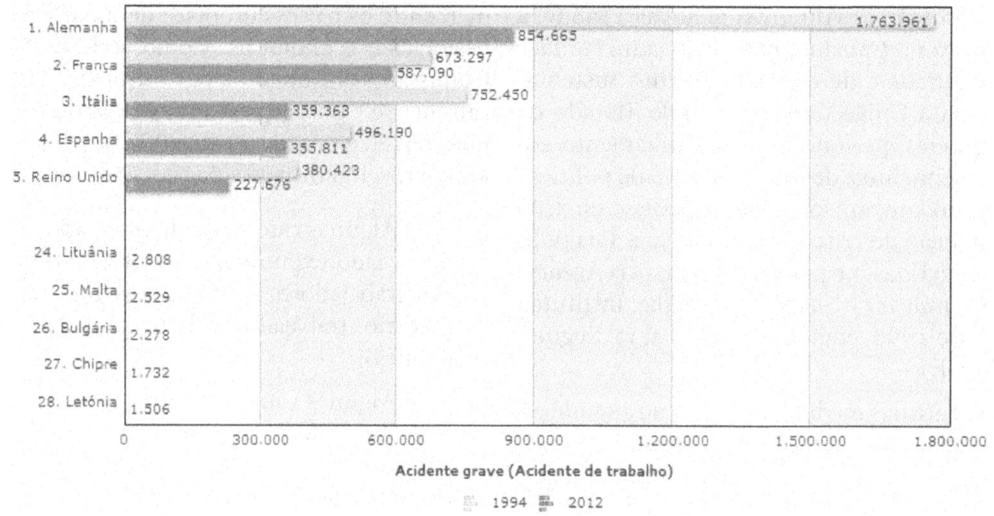

Figura 1 – Gráfico que indica o quantitativo de acidentes de trabalho graves em Estados-Membros da Europa nos anos de 1994 e 2012. Disponível em: <http://www.pordata.pt/Europa/Acidentes+de+trabalho+graves+e+mortais-1355>. Acesso em: 24 nov. 2015.

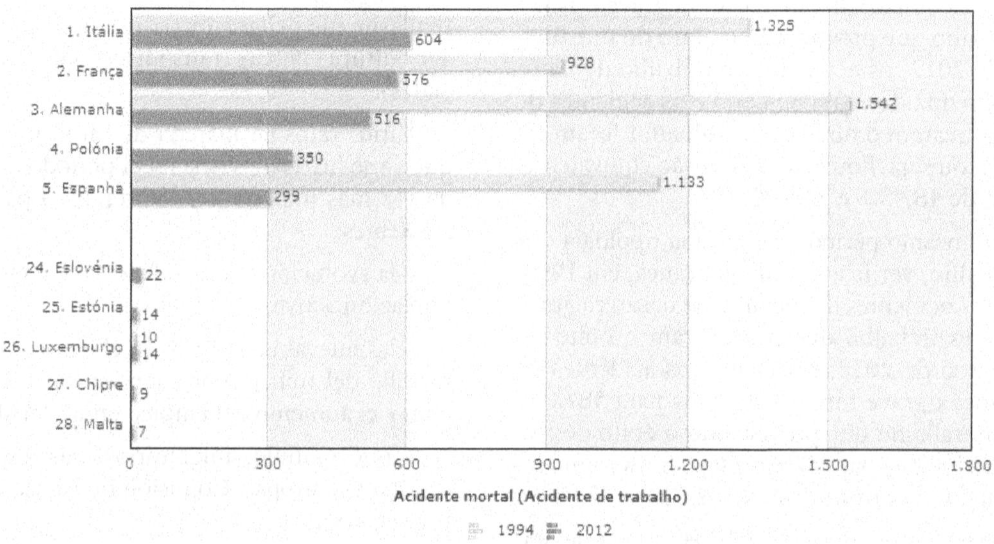

Figura 2 – Gráfico que indica o quantitativo de acidentes de trabalho mortais em Estados-Membros da Europa nos anos de 1994 e 2012. Disponível em: <http://www.pordata.pt/Europa/Acidentes+de+trabalho+graves+e+mortais-1355>. Acesso em: 24 nov. 2015.

No plano qualitativo, quanto à percepção subjetiva dos trabalhadores que desempenham suas atividades profissionais na União Europeia, o inquérito *Eurbarómetro*[17], aplicado nos 28 Estados-Membros, apresenta os seguintes resultados:

- mais de 80% dos inquiridos na Dinamarca, em Luxemburgo, na Finlândia e nos Países Baixos consideram serem boas as condições de trabalho no seu país. No que diz com trabalhadores individualmente considerados, a Dinamarca ocupa também o primeiro lugar, com 94% dos trabalhadores a declararem-se satisfeitos com as suas condições de trabalho. A Áustria e a Bélgica vêm depois, com nove entre dez trabalhadores satisfeitos, logo seguidas pela Finlândia (89%), pelo Reino Unido e pela Estônia (ambos com 88%);
- no lado oposto, a Grécia regista a taxa de satisfação mais baixa entre os países da UE (16%) e é o único país onde menos de metade dos inquiridos que trabalham está satisfeita com as suas condições atuais (38%);
- em menor grau, os níveis de satisfação são inferiores na Croácia (18%), Espanha (20%), Itália (25%), Bulgária (31%), Eslovénia, Portugal e Roménia (32% cada), mas também na Eslováquia (36%) e na Polónia (38%).

Cabe destacar que, de acordo com o *Eurbarómetro*, os principais fatores responsáveis pela divergência nos níveis de satisfação são, a uma, a conjuntura econômica e social,

17. Dados da pesquisa disponível em: <http://europa.eu/rapid/press-release_IP-14-467_pt.htm>. Acesso em: 24 nov. 2015.

que afeta de forma diferenciada as populações dos Estados-Membros; e, a duas, as suas características estruturais em termos de diálogo social, políticas sociais e legislações laborais, que, mesmo no bloco da União Europeia, são heterogêneas e perfazem fatores determinantes para assegurar maior ou menor qualidade de vida para a população e os respectivos trabalhadores.

Frente aos indicadores quantitativos e qualitativos *supra*, não restam dúvidas de que os Estados-Membros da União Europeia, com base na implementação de legislações e políticas públicas com *"o objetivo essencial de melhoria contínua condições de vida e de trabalho dos seus povos"* (Preâmbulo do Tratado de Roma), têm avançado na busca do constante aperfeiçoamento das condições de trabalho como forma de ampliar as garantias de saúde, higiene e segurança ocupacional. Resta ainda demonstrado, de outra sorte, que muito ainda precisa ser feito para que o avanço na tutela protetiva do meio ambiente laboral e nas respectivas políticas públicas ocorram de forma mais uniforme entre os Estados-Membros, suplantando-se os visíveis desequilíbrios ainda existentes no plano quantitativo (quanto aos dados relativos de ocorrência de acidentes do trabalho graves e letais) e qualitativo (quanto à análise subjetiva da satisfação no trabalho), de modo que a sadia qualidade de vida no meio ambiente de trabalho seja uma realidade cada vez mais concreta e isonômica para todos os trabalhadores da União Europeia, conferindo substância e densidade à premissa de que *"a União respeita o princípio da igualdade dos seus cidadãos, que beneficiam de igual atenção por parte das suas instituições, órgãos e organismos"* (art. 9º do Tratado de Roma).

3. CONCLUSÕES

À guisa de conclusão, sem prejuízo do que mais esteja pontificado nos tópicos anteriores, releva pontuar o seguinte:

1. a tutela jurídica do meio ambiente laboral no direito comunitário europeu pode ser analisada a partir de uma perspectiva dual de autocomplementação, que passa por um arcabouço de normas principiológicas gerais (fontes primárias) e por um largo repositório de normas reguladoras especiais de caráter técnico (fontes derivadas);
2. as diretivas comunitárias de proteção do meio ambiente do trabalho, como expressamente registra o art. 153, 2, alínea *b*, TFUE, são *"prescrições mínimas progressivamente aplicáveis"*, de modo que os Estados-Membros devem considerá-las como o ***"minimum minimorum"*** **tuitivo labor-ambiental**, *i.e.*, como o necessário ponto de partida, nas legislações internas, para a estatuição dos níveis nacionais de proteção do meio ambiente de trabalho – a partir do qual haverá, como imperativo do *princípio da melhoria contínua* (FELICIANO, 2006, p. 132; ANTUNES, 2011, *passim*), uma expansão progressiva e sustentável;
3. a Diretiva n. 89/391/CE, ou Diretiva-Quadro n. 89/391/CE, configura um marco histórico no direito labor-ambiental europeu, porque, a uma, institucionaliza, na órbita comunitária, a cultura da prevenção no ambiente laboral, e, a duas, sistematiza as garantias mínimas de saúde e segurança ocupacional em toda a União Europeia;
4. a diversidade social, econômica e cultural dos Estados-Membros da União, ao mesmo tempo em que predispõe diferentes tempos e impactos na absorção das diretivas relativas à saúde, higiene e segurança no trabalho, também facilita e potencializa, em face dos pilares democráticos e de desenvolvimento sustentável sobre os quais se ergueu a União Europeia (arts. 2º e 3º do TCE), o compartilhamento permanente de conhecimentos, informações e modelos de políticas públicas voltados à prevenção dos riscos ocupacionais;
5. os indicadores quantitativos e qualitativos disponíveis demonstram que a implementação de políticas públicas baseadas em legislações que tutelam adequadamente a saúde, a segurança e higiene no ambiente de trabalho tem proporcionado o melhoramento das condições de trabalho em toda a União Europeia; mas também demonstram zonas de vulnerabilidade, reclamando, por um lado, o avanço da tutela protetiva labor-ambiental, especialmente nos novos nichos produtivos (*e.g.*, nanotecnologia e biotecnologia), e, por outro, um esforço de uniformização das políticas públicas labor-ambientais entre os Estados-Membros, de modo a se suplantar desequilíbrios existentes no plano quantitativo (dados efetivos de ocorrência de acidentes do trabalho) e qualitativo (análise subjetiva da satisfação no trabalho);
6. Em termos prospectivos, para o período de 2014 a 2020, a União Europeia traçou três grandes objetivos (que já estavam presentes, a rigor, na estratégia comunitária de 2007-2012): a uma, *otimizar a aplicação das normas vigentes em matéria de saúde e segurança no trabalho*, notadamente no que diz respeito às *pequenas e médias empresas*, fomentando estratégias eficazes e eficientes de prevenção do risco; a duas, *aprimorar a prevenção de enfermidades relacionadas ao trabalho sob riscos novos e emergentes* (p. ex., nanotecnologia e biotecnologias); e, a três, *desenhar políticas que levem em conta o envelhecimento da mão de obra na UE*. Tais metas, associadas a outras que vinham dos marcos estratégicos anteriores – como a de *fomentar mudanças de comportamento entre os trabalhadores* e *animar os empresários a adotar enfoques gerenciais que favoreçam a saúde* –, sinalizam para os inauditos desafios do Direito Ambiental do Trabalho no século XXI e devem inspirar, a tantos quanto ainda amarguem

recordes de letalidade no trabalho (como o Brasil[18]), esforços ingentes e sinceros para redesenhar a dinâmica das políticas prevencionistas no campo laboral.

4. REFERÊNCIAS

ANTUNES, Paulo de. *Direito Ambiental*. Rio de Janeiro: Lúmen Juris, 2011.

BÍBLIA SAGRADA. Trad. João Ferreira de Almeida. São Paulo: King's Cross Publicações, 2006.

BLAVATSKY, Helena Petrovna. *A Doutrina Secreta*. Trad. Raymundo Mendes Sobral. São Paulo: Pensamento, 1999. v. III.

CAMPOS, João Mota; CAMPOS, João Luís Mota; PEREIRA, António Pinto. *Manual de Direito Europeu*. 7. ed. Coimbra: Coimbra Editora, 2014.

COMISIÓN DE LAS COMUNIDADES EUROPEAS. *Comunicación de la Comisión al Parlamento Europeo, al Consejo, al Comité Económico Y Social y al Comité de las Regiones. Mejorar la calidad y la productividad en el trabajo: estrategia comunitaria de salud y seguridad en el trabajo (2007-2012)*. Bruselas: CCE, 21.2.2007. Disponível em: <http://eur-lex.europa.eu/LexUriServ/LexUriServ.do?uri=COM:2007:0062:FIN:ES:PDF>. Acesso em: 22 jan. 2016.

FELICIANO, Guilherme Guimarães. *Tópicos avançados de direito material do trabalho*: Atualidades forenses. São Paulo: Damásio de Jesus, 2006. v. 1.

GAJA, Giorgio; ADINOLFI, Adelina. *Introduzione al Diritto dell'Unione Europea*. Bari: Editoti Laterza, 2014.

HOBSBAWM, Eric J . *A Era dos Extremos: O Breve Século XX (1914-1991)*. São Paulo: Companhia das Letras, 1995.

LEKA, S. JAIN, A. *Health Impact of Psychosocial Hazards at Work*: An Overview. World Health Organization: Geneva, 2010.

MINISTERO DEL LAVORO E DELLE POLITICHE SOCIALI. *Livro Bianco sul Mercato del Lavoro in Italia*: Proposta per uma società ativa e per un lavoro di qualità. Roma: [s.e.], *ottobre* 2001.

MILARÉ, Édis. *Direito do Ambiente*. São Paulo: Revista dos Tribunais, 2004.

NIETO NAVARRO, Frederico. Las Políticas y Normas en Materia de Seguridad y Salud de la UE. In: *Manual de Derecho Social de la Unión Europea*. COSTA REYES, Antonio (Cood.). Madrid: J M Project, 2011.

ORGANIZAÇÃO INTERNACIONAL DO TRABALHO. *A prevenção das doenças profissionais. Dia Mundial da segurança e saúde no trabalho: 28 abril 2013*. Trad. Autoridade para as Condições de Trabalho. Genebra: OIT, 2013. Disponível em: <http://www.oitbrasil.org.br/sites/default/files/topic/gender/doc/safeday2013%20final_1012.pdf>. Acesso em: 22 jan. 2016.

PRADO, Pilar Mellado; PANIAGUA, Enrique Lide; FONSECA, María Gómez de Liaño. *Instituciones de Derecho Comunitario*. Madrid: Editorial Colex, 2009.

PRADO, Pilar Mellado; GONZÁLEZ, Santiago Sánchez; LLANO, María Isabel Martín. *Fundamentos de Derecho de la Unión Europea*. Madrid: Editorial Unisersitaria Ramón Areces, 2012.

ROCCELLA, Massimo; TREU, Tiziano. *Diritto del Lavoro dell'Union Europea*. 6. ed. Milão: CEDAM, 2012.

OLIVEIRA, Sebastião Geraldo de. *Proteção Jurídica à Saúde do Trabalhador*. 5. ed. rev. ampl. e atual. São Paulo: LTr, 2010.

UNIÃO EUROPEIA. *Compreender as políticas da União Europeia*: Os pais fundadores da União Europeia. Luxemburgo: Serviço das Publicações da União Europeia, 2013.

VINCI, Adele. *Compendio di Diritto Dell'Unione Europea*. Roma: Dike Giuridica Editrice, 2015.

18. Em 1972, o Brasil foi o "campeão mundial" de acidentes de trabalho, entre todas as nações do mundo. Há pouco mais de dez anos, segundo dados da Organização Internacional do Trabalho, o país ocupava o *quarto lugar* em relação ao número de mortes no trabalho, com 2.503 óbitos em 2003. Perdia, de 2003 até o ano passado (2015), apenas para a China, os Estados Unidos da América e a Rússia, nessa ordem. Esteve sempre entre os quinze piores colocados, com números atuais equivalentes a cerca de três vezes a média europeia. V., entre outros, *A prevenção das doenças profissionais, cit.* Evidentemente, o fator populacional interfere com esse rendimento, já que o *ranking* da OIT considera números absolutos.

O meio ambiente do trabalho na Agenda 2030

6

Maria Hemília Fonseca[1]
Olívia de Quintana Figueiredo Pasqualeto[2]

1. INTRODUÇÃO

A busca pela sustentabilidade tornou-se um dos objetos centrais da agenda internacional e interna dos Estados. Diversos países e organismos internacionais têm começado a pensar em estratégias para alcançar um modelo de desenvolvimento menos poluidor e menos excludente nas mais diversas searas: meio ambiente, consumo, trabalho, saúde, educação, alimentação etc. Nesse contexto, nasce a Agenda 2030: um plano de ação criado para orientar a comunidade internacional, os Estados, as empresas, o terceiro setor e as pessoas nos próximos anos.

Considerando a importância de compreender o espaço que o mundo do trabalho ocupa nesse cenário, este artigo tem como objetivo analisar qual é a preocupação da Agenda 2030 com o meio ambiente do trabalho. Assim, busca-se investigar em que medida a proteção e a promoção do meio ambiente do trabalho foi contemplada em tal plano de ação.

Para tanto, partindo do método dedutivo e baseando-se em pesquisa essencialmente bibliográfico-documental, estudou-se (*i*) o contexto no qual surge a Agenda 2030, seus antecedentes, objetivos e metas; (*ii*) os Objetivos do Desenvolvimento Sustentável (ODS), sobretudo o ODS n. 8, que consiste na promoção do trabalho decente aliado ao crescimento econômico; (*iii*) a segurança no trabalho e a proteção dos trabalhadores como uma das metas do desenvolvimento sustentável.

Por fim, apresenta-se as ações, sobretudo da Organização Internacional do Trabalho (OIT) – agência especializada responsável pelas metas da Agenda 2030 e dos ODS ligadas ao mundo do trabalho – para concretizar, até 2030, os objetivos traçados.

2. AGENDA 2030 PARA O DESENVOLVIMENTO SUSTENTÁVEL: UMA CONTEXTUALIZAÇÃO

A elaboração de programas internacionais em busca de um desenvolvimento mais sustentável, pautado pela preservação do meio ambiente e erradicação da pobreza se dá muito antes da concepção da Agenda 2030, aprovada no ano de 2015 pelos países-membros da Organização das Nações Unidas (ONU).

A preocupação, sobretudo com aspectos ambientais, ganha corpo a partir da década de 1950 – após a constatação dos severos danos ambientais causados com a utilização da bomba atômica em 1945 nas cidades de Hiroshima e Nagasaki, no Japão – e se institucionaliza no cenário internacional a partir de 1972, na Conferência das Nações Unidas sobre o Ambiente Humano, em Estocolmo. A Conferência deu origem ao Programa das Nações Unidas para o Meio Ambiente (PNUMA), cujo objetivo era fomentar e encorajar parcerias ambientais, informando as nações sobre como melhorar sua qualidade de vida sem prejudicar a das gerações futuras.

Essa ideia foi sendo lapidada, com destaque para os estudos de Ignacy Sachs[3] e passa a ser fortemente difundida a partir do Relatório "Nosso futuro comum", também conhecido como Relatório Brundtland, publicado em 1987, em que o termo "desenvolvimento sustentável" ganha notório vulto.

Desde então, inúmeras conferências internacionais, declarações e acordos assinados no âmbito da comunidade

1. Livre-docente pela Universidade de São Paulo. Doutora e Mestra em Direito das Relações Sociais na subárea de Direito do Trabalho pela PUC-SP. Doutorado Sanduíche na Universidade de Salamanca/ES. Professora de Graduação e Pós-Graduação da FDRP-USP. Professora visitante da Universidade de Salamanca/ES. Pesquisadora visitante na *Columbia Law School*/EUA. Contato: mariahemilia@usp.br.
2. Doutoranda e Mestra em Direito do Trabalho pela FDUSP. Bacharel em Direito pela FDRP-USP. Professora da Graduação e Pós-graduação da Universidade Paulista. Contato: oliviapasqualeto@hotmail.com.
3. SACHS, Ignacy. *Ecodesenvolvimento*: crescer sem destruir. São Paulo: Vértice, 1981.

internacional aconteceram. Destaca-se, dentre esses apontamentos históricos, projeto antecessor direto da Agenda 2030: os Objetivos do Desenvolvimento do Milênio (ODM). Estabelecidos após a Cúpula do Milênio da ONU, em 2000, os ODM correspondiam a oito objetivos internacionais de desenvolvimento para serem atingidos até o ano de 2015 e consistiam em: (1) acabar com a fome e a miséria, (2) oferecer educação básica de qualidade para todos, (3) promover a igualdade entre sexos[4] e valorização da mulher, (4) reduzir a mortalidade infantil, (5) melhorar a saúde das gestantes, (6) combater a Aids, a malária e outras doenças, (7) garantir qualidade de vida e respeito ao meio ambiente e (8) estabelecer parcerias para o desenvolvimento.

Embora o progresso global para alcançar os ODM tenha tido sucesso em algumas áreas, o avanço foi desigual em relação a regiões e metas. Desde a Conferência das Nações Unidas sobre Desenvolvimento Sustentável (Rio+20), em 2012, essa evolução relativa foi alvo de preocupação, o que fez com que os ODM começassem a ser repensados.

No ano de 2015, alguns dos objetivos permaneceram inalcançados e muitos novos desafios surgiram no mundo[5]. Nesse contexto, ao fim do prazo para a concretização dos ODM, no ano de 2015,

> a comunidade internacional decidiu assumir tanto os aspectos inacabados da agenda dos ODM, como os novos desafios globais de uma maneira mais abrangente e integral, não apenas buscando alcançar o desenvolvimento em todas as regiões e objetivos, mas também assegurando a sustentabilidade desse progresso[6].

Nasce, assim, a Agenda 2030. Aprovada em 25 de setembro de 2015, pelos 193 países-membros da ONU, em Nova York, na reunião que adotou o documento "Transformando o Nosso Mundo: a Agenda 2030 para o Desenvolvimento Sustentável", no qual "*os países comprometeram-se a tomar medidas ousadas e transformadoras para promover o desenvolvimento sustentável nos próximos 15 anos sem deixar ninguém para trás*"[7].

Assim, a Agenda 2030 corresponde a um plano de ação global que objetiva traçar diretrizes para a promoção de um desenvolvimento sustentável baseado no equilíbrio entre as esferas econômica, social e ambiental. Busca-se, com esse plano de ação, concretizar três elementos-chave interligados e interdependentes: crescimento econômico, inclusão social e proteção ambiental.

No documento aprovado em 2015, reconhece-se que "*cada país enfrenta desafios específicos em sua busca do desenvolvimento sustentável*"[8] e, em função de tal disparidade, prevê a necessidade de cooperação internacional entre os países, com transferência de tecnologias e mobilização de recursos financeiros para países em desenvolvimento. Ademais, o documento ressalta a importância de avaliar e monitorar os avanços a partir de diferentes abordagens, visões, modelos e ferramentas disponíveis para cada país, de acordo com suas circunstâncias e prioridades nacionais, para alcançar o desenvolvimento sustentável.

Para tanto, foram traçados 17 Objetivos de Desenvolvimento Sustentável e 169 metas que constituem o núcleo da Agenda 2030 e têm a finalidade de compatibilizar o crescimento econômico com a erradicação da pobreza, promoção de uma vida digna para todos e proteção ambiental.

No item seguinte, serão apresentados os 17 ODS, com destaque para o ODS n. 8 e suas respectivas metas sobre a promoção do trabalho decente para todos, tema que dialoga diretamente com o objeto central deste estudo.

3. A PROMOÇÃO DO TRABALHO DECENTE COMO OBJETIVO DO DESENVOLVIMENTO SUSTENTÁVEL

Sucessores dos ODM, os Objetivos do Desenvolvimento Sustentável constituem o cerne da Agenda 2030 e correspondem aos grandes escopos da comunidade internacional, os quais devem orientar as políticas públicas nacionais e as atividades de cooperação internacional nos próximos anos até 2030, atualizando os ODM.

Tais objetivos são acompanhados de respectivas metas, isto é, estratégias mais específicas traçadas com a finalidade de torná-los mais concretizáveis. Na tabela abaixo, foram sistematizados os 17 ODS, acompanhados de suas respectivas metas.

Tabela 1 – ODS e metas. Fonte: Elaboração própria a partir do documento "Transformando o nosso mundo: a Agenda 2030 para o desenvolvimento sustentável"[9].

---

4. Embora hoje se prefira utilizar a expressão "gênero", os ODM adotaram, à época, a expressão "sexo".
5. INTERNATIONAL LABOUR ORGANIZATION. *Decent work and the sustainable development goals*: a guidebook on SDG labour market indicators. Geneva: International Labour Office Geneva, 2018. Disponível em: <https://www.ilo.org/wcmsp5/groups/public/---dgreports/---stat/documents/publication/wcms_647109.pdf>. Acesso em: 27 abr. 2019. p. 1.
6. INTERNATIONAL LABOUR ORGANIZATION. *Decent work and the sustainable development goals*: a guidebook on SDG labour market indicators. Geneva: International Labour Office Geneva, 2018. Disponível em: <https://www.ilo.org/wcmsp5/groups/public/---dgreports/---stat/documents/publication/wcms_647109.pdf>. Acesso em: 27 abr. 2019. p. 1.
7. PLATAFORMA AGENDA 2030. *A Agenda 2030 para o desenvolvimento sustentável*. Disponível em: <http://www.agenda2030.com.br/sobre/>. Acesso em: 27 abr. 2019
8. ORGANIZAÇÃO DAS NAÇÕES UNIDAS. *Transformando o Nosso Mundo*: a Agenda 2030 para o Desenvolvimento Sustentável. 2015. Disponível em: <https://nacoesunidas.org/pos2015/agenda2030/>. Acesso em: 27 abr. 2019.
9. ORGANIZAÇÃO DAS NAÇÕES UNIDAS. *Transformando o Nosso Mundo*: a Agenda 2030 para o Desenvolvimento Sustentável. 2015. Disponível em < https://nacoesunidas.org/pos2015/agenda2030/ >. Acesso em 27 abr. 2019.

ODS	METAS
ODS 1 Acabar com a pobreza em todas as suas formas, em todos os lugares	1.1 Até 2030, erradicar a pobreza extrema para todas as pessoas em todos os lugares, atualmente medida como pessoas vivendo com menos de US$ 1,90 por dia 1.2 Até 2030, reduzir pelo menos à metade a proporção de homens, mulheres e crianças, de todas as idades, que vivem na pobreza, em todas as suas dimensões, de acordo com as definições nacionais 1.3 Implementar, em nível nacional, medidas e sistemas de proteção social adequados, para todos, incluindo pisos, e até 2030 atingir a cobertura substancial dos pobres e vulneráveis 1.4 Até 2030, garantir que todos os homens e mulheres, particularmente os pobres e vulneráveis, tenham direitos iguais aos recursos econômicos, bem como o acesso a serviços básicos, propriedade e controle sobre a terra e outras formas de propriedade, herança, recursos naturais, novas tecnologias apropriadas e serviços financeiros, incluindo microfinanças 1.5 Até 2030, construir a resiliência dos pobres e daqueles em situação de vulnerabilidade, e reduzir a exposição e vulnerabilidade destes a eventos extremos relacionados com o clima e outros choques e desastres econômicos, sociais e ambientais 1.a Garantir uma mobilização significativa de recursos a partir de uma variedade de fontes, inclusive por meio do reforço da cooperação para o desenvolvimento, para proporcionar meios adequados e previsíveis para que os países em desenvolvimento, em particular os países menos desenvolvidos, implementem programas e políticas para acabar com a pobreza em todas as suas dimensões 1.b Criar marcos políticos sólidos em níveis nacional, regional e internacional, com base em estratégias de desenvolvimento a favor dos pobres e sensíveis a gênero, para apoiar investimentos acelerados nas ações de erradicação da pobreza
ODS 2 Acabar com a fome, alcançar a segurança alimentar e melhoria da nutrição e promover a agricultura sustentável	2.1 Até 2030, acabar com a fome e garantir o acesso de todas as pessoas, em particular os pobres e pessoas em situações vulneráveis, incluindo crianças, a alimentos seguros, nutritivos e suficientes durante todo o ano 2.2 Até 2030, acabar com todas as formas de desnutrição, incluindo atingir, até 2025, as metas acordadas internacionalmente sobre nanismo e caquexia em crianças menores de cinco anos de idade, e atender às necessidades nutricionais dos adolescentes, mulheres grávidas e lactantes e pessoas idosas 2.3 Até 2030, dobrar a produtividade agrícola e a renda dos pequenos produtores de alimentos, particularmente das mulheres, povos indígenas, agricultores familiares, pastores e pescadores, inclusive por meio de acesso seguro e igual à terra, outros recursos produtivos e insumos, conhecimento, serviços financeiros, mercados e oportunidades de agregação de valor e de emprego não agrícola 2.4 Até 2030, garantir sistemas sustentáveis de produção de alimentos e implementar práticas agrícolas resilientes, que aumentem a produtividade e a produção, que ajudem a manter os ecossistemas, que fortaleçam a capacidade de adaptação às mudanças climáticas, às condições meteorológicas extremas, secas, inundações e outros desastres, e que melhorem progressivamente a qualidade da terra e do solo 2.5 Até 2020, manter a diversidade genética de sementes, plantas cultivadas, animais de criação e domesticados e suas respectivas espécies selvagens, inclusive por meio de bancos de sementes e plantas diversificados e bem geridos em nível nacional, regional e internacional, e garantir o acesso e a repartição justa e equitativa dos benefícios decorrentes da utilização dos recursos genéticos e conhecimentos tradicionais associados, como acordado internacionalmente 2.a Aumentar o investimento, inclusive via o reforço da cooperação internacional, em infraestrutura rural, pesquisa e extensão de serviços agrícolas, desenvolvimento de tecnologia, e os bancos de genes de plantas e animais, para aumentar a capacidade de produção agrícola nos países em desenvolvimento, em particular nos países menos desenvolvidos 2.b Corrigir e prevenir as restrições ao comércio e distorções nos mercados agrícolas mundiais, incluindo a eliminação paralela de todas as formas de subsídios à exportação e todas as medidas de exportação com efeito equivalente, de acordo com o mandato da Rodada de Desenvolvimento de Doha 2.c Adotar medidas para garantir o funcionamento adequado dos mercados de *commodities* de alimentos e seus derivados, e facilitar o acesso oportuno à informação de mercado, inclusive sobre as reservas de alimentos, a fim de ajudar a limitar a volatilidade extrema dos preços dos alimentos
ODS 3 Assegurar uma vida saudável e promover o bem-estar para todos, em todas as idades	3.1 Até 2030, reduzir a taxa de mortalidade materna global para menos de 70 mortes por 100.000 nascidos vivos 3.2 Até 2030, acabar com as mortes evitáveis de recém-nascidos e crianças menores de 5 anos, com todos os países objetivando reduzir a mortalidade neonatal para pelo menos 12 por 1.000 nascidos vivos e a mortalidade de crianças menores de 5 anos para pelo menos 25 por 1.000 nascidos vivos 3.3 Até 2030, acabar com as epidemias de AIDS, tuberculose, malária e doenças tropicais negligenciadas, e combater a hepatite, doenças transmitidas pela água, e outras doenças transmissíveis 3.4 Até 2030, reduzir em um terço a mortalidade prematura por doenças não transmissíveis via prevenção e tratamento, e promover a saúde mental e o bem-estar

ODS	METAS
ODS 3 Assegurar uma vida saudável e promover o bem-estar para todos, em todas as idades	3.5 Reforçar a prevenção e o tratamento do abuso de substâncias, incluindo o abuso de drogas entorpecentes e uso nocivo do álcool
	3.6 Até 2020, reduzir pela metade as mortes e os ferimentos globais por acidentes em estradas
	3.7 Até 2030, assegurar o acesso universal aos serviços de saúde sexual e reprodutiva, incluindo o planejamento familiar, informação e educação, bem como a integração da saúde reprodutiva em estratégias e programas nacionais
	3.8 Atingir a cobertura universal de saúde, incluindo a proteção do risco financeiro, o acesso a serviços de saúde essenciais de qualidade e o acesso a medicamentos e vacinas essenciais seguros, eficazes, de qualidade e a preços acessíveis para todos
	3.9 Até 2030, reduzir substancialmente o número de mortes e doenças por produtos químicos perigosos, contaminação e poluição do ar e água do solo
	3.a Fortalecer a implementação da Convenção-Quadro para o Controle do Tabaco em todos os países, conforme apropriado
	3.b Apoiar a pesquisa e o desenvolvimento de vacinas e medicamentos para as doenças transmissíveis e não transmissíveis, que afetam principalmente os países em desenvolvimento, proporcionar o acesso a medicamentos e vacinas essenciais a preços acessíveis, de acordo com a Declaração de Doha, que afirma o direito dos países em desenvolvimento de utilizarem plenamente as disposições do acordo TRIPS sobre flexibilidades para proteger a saúde pública e, em particular, proporcionar o acesso a medicamentos para todos
	3.c Aumentar substancialmente o financiamento da saúde e o recrutamento, desenvolvimento e formação, e retenção do pessoal de saúde nos países em desenvolvimento, especialmente nos países menos desenvolvidos e nos pequenos Estados insulares em desenvolvimento
	3.d Reforçar a capacidade de todos os países, particularmente os países em desenvolvimento, para o alerta precoce, redução de riscos e gerenciamento de riscos nacionais e globais de saúde
ODS 4 Assegurar a educação inclusiva e equitativa e de qualidade, e promover oportunidades de aprendizagem ao longo da vida para todos	4.1 Até 2030, garantir que todas as meninas e meninos completem o ensino primário e secundário livre, equitativo e de qualidade, que conduza a resultados de aprendizagem relevantes e eficazes
	4.2 Até 2030, garantir que todos as meninas e meninos tenham acesso a um desenvolvimento de qualidade na primeira infância, cuidados e educação pré-escolar, de modo que eles estejam prontos para o ensino primário
	4.3 Até 2030, assegurar a igualdade de acesso para todos os homens e mulheres à educação técnica, profissional e superior de qualidade, a preços acessíveis, incluindo universidade
	4.4 Até 2030, aumentar substancialmente o número de jovens e adultos que tenham habilidades relevantes, inclusive competências técnicas e profissionais, para emprego, trabalho decente e empreendedorismo
	4.5 Até 2030, eliminar as disparidades de gênero na educação e garantir a igualdade de acesso a todos os níveis de educação e formação profissional para os mais vulneráveis, incluindo as pessoas com deficiência, povos indígenas e as crianças em situação de vulnerabilidade
	4.6 Até 2030, garantir que todos os jovens e uma substancial proporção dos adultos, homens e mulheres estejam alfabetizados e tenham adquirido o conhecimento básico de matemática
	4.7 Até 2030, garantir que todos os alunos adquiram conhecimentos e habilidades necessárias para promover o desenvolvimento sustentável, inclusive, entre outros, por meio da educação para o desenvolvimento sustentável e estilos de vida sustentáveis, direitos humanos, igualdade de gênero, promoção de uma cultura de paz e não violência, cidadania global e valorização da diversidade cultural e da contribuição da cultura para o desenvolvimento sustentável
	4.a Construir e melhorar instalações físicas para educação, apropriadas para crianças e sensíveis às deficiências e ao gênero, e que proporcionem ambientes de aprendizagem seguros e não violentos, inclusivos e eficazes para todos
	4.b Até 2020, substancialmente ampliar globalmente o número de bolsas de estudo para os países em desenvolvimento, em particular os países menos desenvolvidos, pequenos Estados insulares em desenvolvimento e os países africanos, para o ensino superior, incluindo programas de formação profissional, de tecnologia da informação e da comunicação, técnicos, de engenharia e programas científicos em países desenvolvidos e outros países em desenvolvimento
	4.c Até 2030, substancialmente aumentar o contingente de professores qualificados, inclusive por meio da cooperação internacional para a formação de professores, nos países em desenvolvimento, especialmente os países menos desenvolvidos e pequenos Estados insulares em desenvolvimento
ODS 5 Alcançar a igualdade de gênero e empoderar todas as mulheres e meninas	5.1 Acabar com todas as formas de discriminação contra todas as mulheres e meninas em toda parte
	5.2 Eliminar todas as formas de violência contra todas as mulheres e meninas nas esferas públicas e privadas, incluindo o tráfico e exploração sexual e de outros tipos
	5.3 Eliminar todas as práticas nocivas, como os casamentos prematuros, forçados e de crianças e mutilações genitais femininas

ODS	METAS
ODS 5 Alcançar a igualdade de gênero e empoderar todas as mulheres e meninas	5.4 Reconhecer e valorizar o trabalho de assistência e doméstico não remunerado, por meio da disponibilização de serviços públicos, infraestrutura e políticas de proteção social, bem como a promoção da responsabilidade compartilhada dentro do lar e da família, conforme os contextos nacionais 5.5 Garantir a participação plena e efetiva das mulheres e a igualdade de oportunidades para a liderança em todos os níveis de tomada de decisão na vida política, econômica e pública 5.6 Assegurar o acesso universal à saúde sexual e reprodutiva e os direitos reprodutivos, como acordado em conformidade com o Programa de Ação da Conferência Internacional sobre População e Desenvolvimento e com a Plataforma de Ação de Pequim e os documentos resultantes de suas conferências de revisão 5.a Realizar reformas para dar às mulheres direitos iguais aos recursos econômicos, bem como o acesso a propriedade e controle sobre a terra e outras formas de propriedade, serviços financeiros, herança e os recursos naturais, de acordo com as leis nacionais 5.b Aumentar o uso de tecnologias de base, em particular as tecnologias de informação e comunicação, para promover o empoderamento das mulheres 5.c Adotar e fortalecer políticas sólidas e legislação aplicável para a promoção da igualdade de gênero e o empoderamento de todas as mulheres e meninas em todos os níveis
ODS 6 Assegurar a disponibilidade e gestão sustentável da água e saneamento para todos	6.1 Até 2030, alcançar o acesso universal e equitativo a água potável e segura para todos 6.2 Até 2030, alcançar o acesso a saneamento e higiene adequados e equitativos para todos, e acabar com a defecação a céu aberto, com especial atenção para as necessidades das mulheres e meninas e daqueles em situação de vulnerabilidade 6.3 Até 2030, melhorar a qualidade da água, reduzindo a poluição, eliminando despejo e minimizando a liberação de produtos químicos e materiais perigosos, reduzindo à metade a proporção de águas residuais não tratadas e aumentando substancialmente a reciclagem e reutilização segura globalmente 6.4 Até 2030, aumentar substancialmente a eficiência do uso da água em todos os setores e assegurar retiradas sustentáveis e o abastecimento de água doce para enfrentar a escassez de água, e reduzir substancialmente o número de pessoas que sofrem com a escassez de água 6.5 Até 2030, implementar a gestão integrada dos recursos hídricos em todos os níveis, inclusive via cooperação transfronteiriça, conforme apropriado 6.6 Até 2020, proteger e restaurar ecossistemas relacionados com a água, incluindo montanhas, florestas, zonas úmidas, rios, aquíferos e lagos 6.a Até 2030, ampliar a cooperação internacional e o apoio à capacitação para os países em desenvolvimento em atividades e programas relacionados à água e saneamento, incluindo a coleta de água, a dessalinização, a eficiência no uso da água, o tratamento de efluentes, a reciclagem e as tecnologias de reuso 6.b Apoiar e fortalecer a participação das comunidades locais, para melhorar a gestão da água e do saneamento
ODS 7 Assegurar o acesso confiável, sustentável, moderno e a preço acessível à energia para todos	7.1 Até 2030, assegurar o acesso universal, confiável, moderno e a preços acessíveis a serviços de energia 7.2 Até 2030, aumentar substancialmente a participação de energias renováveis na matriz energética global 7.3 Até 2030, dobrar a taxa global de melhoria da eficiência energética 7.a Até 2030, reforçar a cooperação internacional para facilitar o acesso a pesquisa e tecnologias de energia limpa, incluindo energias renováveis, eficiência energética e tecnologias de combustíveis fósseis avançadas e mais limpas, e promover o investimento em infraestrutura de energia e em tecnologias de energia limpa 7.b Até 2030, expandir a infraestrutura e modernizar a tecnologia para o fornecimento de serviços de energia modernos e sustentáveis para todos nos países em desenvolvimento, particularmente nos países menos desenvolvidos, nos pequenos Estados insulares em desenvolvimento e nos países em desenvolvimento sem litoral, de acordo com seus respectivos programas de apoio
ODS 8 Promover o crescimento econômico sustentado, inclusivo e sustentável, emprego pleno e produtivo e trabalho decente para todos	8.1 Sustentar o crescimento econômico *per capita* de acordo com as circunstâncias nacionais e, em particular, um crescimento anual de pelo menos 7% do produto interno bruto [PIB] nos países menos desenvolvidos 8.2 Atingir níveis mais elevados de produtividade das economias por meio da diversificação, modernização tecnológica e inovação, inclusive por meio de um foco em setores de alto valor agregado e dos setores intensivos em mão de obra 8.3 Promover políticas orientadas para o desenvolvimento que apoiem as atividades produtivas, geração de emprego decente, empreendedorismo, criatividade e inovação, e incentivar a formalização e o crescimento das micro, pequenas e médias empresas, inclusive por meio do acesso a serviços financeiros 8.4 Melhorar progressivamente, até 2030, a eficiência dos recursos globais no consumo e na produção, e empenhar-se para dissociar o crescimento econômico da degradação ambiental, de acordo com o Plano Decenal de Programas sobre Produção e Consumo Sustentáveis, com os países desenvolvidos assumindo a liderança 8.5 Até 2030, alcançar o emprego pleno e produtivo e trabalho decente a todas as mulheres e homens, inclusive para os jovens e as pessoas com deficiência, e remuneração igual para trabalho de igual valor

ODS	METAS
ODS 8 Promover o crescimento econômico sustentado, inclusivo e sustentável, emprego pleno e produtivo e trabalho decente para todos	8.6 Até 2020, reduzir substancialmente a proporção de jovens sem emprego, educação ou formação 8.7 Tomar medidas imediatas e eficazes para erradicar o trabalho forçado, acabar com a escravidão moderna e o tráfico de pessoas, e assegurar a proibição e eliminação das piores formas de trabalho infantil, incluindo recrutamento e utilização de crianças-soldado, e até 2025 acabar com o trabalho infantil em todas as suas formas 8.8 Proteger os direitos trabalhistas e promover ambientes de trabalho seguros e protegidos para todos os trabalhadores, incluindo os trabalhadores migrantes, em particular as mulheres migrantes, e pessoas em empregos precários 8.9 Até 2030, elaborar e implementar políticas para promover o turismo sustentável, que gera empregos e promove a cultura e os produtos locais 8.10 Fortalecer a capacidade das instituições financeiras nacionais para incentivar a expansão do acesso aos serviços bancários, de seguros e financeiros para todos 8.a Aumentar o apoio da Iniciativa de Ajuda para o Comércio [Aid for Trade] para os países em desenvolvimento, particularmente os países menos desenvolvidos, inclusive por meio do Quadro Integrado Reforçado para a Assistência Técnica Relacionada com o Comércio para os países menos desenvolvidos 8.b Até 2020, desenvolver e operacionalizar uma estratégia global para o emprego dos jovens e implementar o Pacto Mundial para o Emprego da Organização Internacional do Trabalho [OIT]
ODS 9 Construir infraestruturas resilientes, promover a industrialização inclusiva e sustentável e fomentar a inovação	9.1 Desenvolver infraestrutura de qualidade, confiável, sustentável e resiliente, incluindo infraestrutura regional e transfronteiriça, para apoiar o desenvolvimento econômico e o bem-estar humano, com foco no acesso equitativo e a preços acessíveis para todos 9.2 Promover a industrialização inclusiva e sustentável e, até 2030, aumentar significativamente a participação da indústria no setor de emprego e no PIB, de acordo com as circunstâncias nacionais, e dobrar sua participação nos países menos desenvolvidos 9.3 Aumentar o acesso das pequenas indústrias e outras empresas, particularmente em países em desenvolvimento, aos serviços financeiros, incluindo crédito acessível e sua integração em cadeias de valor e mercados 9.4 Até 2030, modernizar a infraestrutura e reabilitar as indústrias para torná-las sustentáveis, com eficiência aumentada no uso de recursos e maior adoção de tecnologias e processos industriais limpos e ambientalmente corretos; com todos os países atuando de acordo com suas respectivas capacidades 9.5 Fortalecer a pesquisa científica, melhorar as capacidades tecnológicas de setores industriais em todos os países, particularmente os países em desenvolvimento, inclusive, até 2030, incentivando a inovação e aumentando substancialmente o número de trabalhadores de pesquisa e desenvolvimento por milhão de pessoas e os gastos público e privado em pesquisa e desenvolvimento 9.a Facilitar o desenvolvimento de infraestrutura sustentável e resiliente em países em desenvolvimento, por meio de maior apoio financeiro, tecnológico e técnico aos países africanos, aos países menos desenvolvidos, aos países em desenvolvimento sem litoral e aos pequenos Estados insulares em desenvolvimento 9.b Apoiar o desenvolvimento tecnológico, a pesquisa e a inovação nacionais nos países em desenvolvimento, inclusive garantindo um ambiente político propício para, entre outras coisas, a diversificação industrial e a agregação de valor às *commodities* 9.c Aumentar significativamente o acesso às tecnologias de informação e comunicação e se empenhar para oferecer acesso universal e a preços acessíveis à internet nos países menos desenvolvidos, até 2020
ODS 10 Reduzir a desigualdade dentro dos países e entre eles	10.1 Até 2030, progressivamente alcançar e sustentar o crescimento da renda dos 40% da população mais pobre a uma taxa maior que a média nacional 10.2 Até 2030, empoderar e promover a inclusão social, econômica e política de todos, independentemente da idade, gênero, deficiência, raça, etnia, origem, religião, condição econômica ou outra 10.3 Garantir a igualdade de oportunidades e reduzir as desigualdades de resultados, inclusive por meio da eliminação de leis, políticas e práticas discriminatórias e da promoção de legislação, políticas e ações adequadas a este respeito 10.4 Adotar políticas, especialmente fiscal, salarial e de proteção social, e alcançar progressivamente uma maior igualdade 10.5 Melhorar a regulamentação e monitoramento dos mercados e instituições financeiras globais e fortalecer a implementação de tais regulamentações 10.6 Assegurar uma representação e voz mais forte dos países em desenvolvimento em tomadas de decisão nas instituições econômicas e financeiras internacionais globais, a fim de produzir instituições mais eficazes, críveis, responsáveis e legítimas 10.7 Facilitar a migração e a mobilidade ordenada, segura, regular e responsável das pessoas, inclusive por meio da implementação de políticas de migração planejadas e bem geridas

ODS	METAS
ODS 10 Reduzir a desigualdade dentro dos países e entre eles	10.a Implementar o princípio do tratamento especial e diferenciado para países em desenvolvimento, em particular os países menos desenvolvidos, em conformidade com os acordos da OMC 10.b Incentivar a assistência oficial ao desenvolvimento e fluxos financeiros, incluindo o investimento externo direto, para os Estados onde a necessidade é maior, em particular os países menos desenvolvidos, os países africanos, os pequenos Estados insulares em desenvolvimento e os países em desenvolvimento sem litoral, de acordo com seus planos e programas nacionais 10.c Até 2030, reduzir para menos de 3% os custos de transação de remessas dos migrantes e eliminar os corredores de remessas com custos superiores a 5%
ODS 11 Tornar as cidades e os assentamentos humanos inclusivos, seguros, resilientes e sustentáveis	11.1 Até 2030, garantir o acesso de todos à habitação segura, adequada e a preço acessível, e aos serviços básicos e urbanizar as favelas 11.2 Até 2030, proporcionar o acesso a sistemas de transporte seguros, acessíveis, sustentáveis e a preço acessível para todos, melhorando a segurança rodoviária por meio da expansão dos transportes públicos, com especial atenção para as necessidades das pessoas em situação de vulnerabilidade, mulheres, crianças, pessoas com deficiência e idosos 11.3 Até 2030, aumentar a urbanização inclusiva e sustentável, e as capacidades para o planejamento e gestão de assentamentos humanos participativos, integrados e sustentáveis, em todos os países 11.4 Fortalecer esforços para proteger e salvaguardar o patrimônio cultural e natural do mundo 11.5 Até 2030, reduzir significativamente o número de mortes e o número de pessoas afetadas por catástrofes e substancialmente diminuir as perdas econômicas diretas causadas por elas em relação ao produto interno bruto global, incluindo os desastres relacionados à água, com o foco em proteger os pobres e as pessoas em situação de vulnerabilidade 11.6 Até 2030, reduzir o impacto ambiental negativo *per capita* das cidades, inclusive prestando especial atenção à qualidade do ar, gestão de resíduos municipais e outros 11.7 Até 2030, proporcionar o acesso universal a espaços públicos seguros, inclusivos, acessíveis e verdes, particularmente para as mulheres e crianças, pessoas idosas e pessoas com deficiência 11.a Apoiar relações econômicas, sociais e ambientais positivas entre áreas urbanas, periurbanas e rurais, reforçando o planejamento nacional e regional de desenvolvimento 11.b Até 2020, aumentar substancialmente o número de cidades e assentamentos humanos adotando e implementando políticas e planos integrados para a inclusão, a eficiência dos recursos, mitigação e adaptação às mudanças climáticas, a resiliência a desastres; e desenvolver e implementar, de acordo com o Marco de Sendai para a Redução do Risco de Desastres 2015-2030, o gerenciamento holístico do risco de desastres em todos os níveis 11.c Apoiar os países menos desenvolvidos, inclusive por meio de assistência técnica e financeira, para construções sustentáveis e resilientes, utilizando materiais locais
ODS 12 Assegurar padrões de produção e de consumo sustentáveis	12.1 Implementar o Plano Decenal de Programas sobre Produção e Consumo Sustentáveis, com todos os países tomando medidas, e os países desenvolvidos assumindo a liderança, tendo em conta o desenvolvimento e as capacidades dos países em desenvolvimento 12.2 Até 2030, alcançar a gestão sustentável e o uso eficiente dos recursos naturais 12.3 Até 2030, reduzir pela metade o desperdício de alimentos *per capita* mundial, nos níveis de varejo e do consumidor, e reduzir as perdas de alimentos ao longo das cadeias de produção e abastecimento, incluindo as perdas pós-colheita 12.4 Até 2020, alcançar o manejo ambientalmente saudável dos produtos químicos e todos os resíduos, ao longo de todo o ciclo de vida destes, de acordo com os marcos internacionais acordados, e reduzir significativamente a liberação destes para o ar, água e solo, para minimizar seus impactos negativos sobre a saúde humana e o meio ambiente 12.5 Até 2030, reduzir substancialmente a geração de resíduos por meio da prevenção, redução, reciclagem e reuso 12.6 Incentivar as empresas, especialmente as empresas grandes e transnacionais, a adotar práticas sustentáveis e a integrar informações de sustentabilidade em seu ciclo de relatórios 12.7 Promover práticas de compras públicas sustentáveis, de acordo com as políticas e prioridades nacionais 12.8 Até 2030, garantir que as pessoas, em todos os lugares, tenham informação relevante e conscientização para o desenvolvimento sustentável e estilos de vida em harmonia com a natureza 12.a Apoiar países em desenvolvimento a fortalecer suas capacidades científicas e tecnológicas para mudar para padrões mais sustentáveis de produção e consumo 12.b Desenvolver e implementar ferramentas para monitorar os impactos do desenvolvimento sustentável para o turismo sustentável, que gera empregos, promove a cultura e os produtos locais 12.c Racionalizar subsídios ineficientes aos combustíveis fósseis, que encorajam o consumo exagerado, eliminando as distorções de mercado, de acordo com as circunstâncias nacionais, inclusive por meio da reestruturação fiscal e a eliminação gradual desses subsídios prejudiciais, caso existam, para refletir os seus impactos ambientais, tendo plenamente em conta as necessidades específicas e condições dos países em desenvolvimento e minimizando os possíveis impactos adversos sobre o seu desenvolvimento de uma forma que proteja os pobres e as comunidades afetadas

ODS	METAS
ODS 13 Tomar medidas urgentes para combater a mudança do clima e seus impactos	13.1 Reforçar a resiliência e a capacidade de adaptação a riscos relacionados ao clima e às catástrofes naturais em todos os países
	13.2 Integrar medidas da mudança do clima nas políticas, estratégias e planejamentos nacionais
	13.3 Melhorar a educação, aumentar a conscientização e a capacidade humana e institucional sobre mitigação, adaptação, redução de impacto e alerta precoce da mudança do clima
	13.a Implementar o compromisso assumido pelos países desenvolvidos partes da Convenção Quadro das Nações Unidas sobre Mudança do Clima [UNFCCC] para a meta de mobilizar conjuntamente US$ 100 bilhões por ano a partir de 2020, de todas as fontes, para atender às necessidades dos países em desenvolvimento, no contexto das ações de mitigação significativas e transparência na implementação; e operacionalizar plenamente o Fundo Verde para o Clima por meio de sua capitalização o mais cedo possível
	13.b Promover mecanismos para a criação de capacidades para o planejamento relacionado à mudança do clima e à gestão eficaz, nos países menos desenvolvidos, inclusive com foco em mulheres, jovens, comunidades locais e marginalizadas
ODS 14 Conservação e uso sustentável dos oceanos, dos mares e dos recursos marinhos para o desenvolvimento sustentável	14.1 Até 2025, prevenir e reduzir significativamente a poluição marinha de todos os tipos, especialmente a advinda de atividades terrestres, incluindo detritos marinhos e a poluição por nutrientes
	14.2 Até 2020, gerir de forma sustentável e proteger os ecossistemas marinhos e costeiros para evitar impactos adversos significativos, inclusive por meio do reforço da sua capacidade de resiliência, e tomar medidas para a sua restauração, a fim de assegurar oceanos saudáveis e produtivos
	14.3 Minimizar e enfrentar os impactos da acidificação dos oceanos, inclusive por meio do reforço da cooperação científica em todos os níveis
	14.4 Até 2020, efetivamente regular a coleta, e acabar com a sobrepesca, ilegal, não reportada e não regulamentada e as práticas de pesca destrutivas, e implementar planos de gestão com base científica, para restaurar populações de peixes no menor tempo possível, pelo menos a níveis que possam produzir rendimento máximo sustentável, como determinado por suas características biológicas
	14.5 Até 2020, conservar pelo menos 10% das zonas costeiras e marinhas, de acordo com a legislação nacional e internacional, e com base na melhor informação científica disponível
	14.6 Até 2020, proibir certas formas de subsídios à pesca, que contribuem para a sobrecapacidade e a sobrepesca, e eliminar os subsídios que contribuam para a pesca ilegal, não reportada e não regulamentada, e abster-se de introduzir novos subsídios como estes, reconhecendo que o tratamento especial e diferenciado adequado e eficaz para os países em desenvolvimento e os países menos desenvolvidos deve ser parte integrante da negociação sobre subsídios à pesca da Organização Mundial do Comércio
	14.7 Até 2030, aumentar os benefícios econômicos para os pequenos Estados insulares em desenvolvimento e os países menos desenvolvidos, a partir do uso sustentável dos recursos marinhos, inclusive por meio de uma gestão sustentável da pesca, aquicultura e turismo
	14.a Aumentar o conhecimento científico, desenvolver capacidades de pesquisa e transferir tecnologia marinha, tendo em conta os critérios e orientações sobre a Transferência de Tecnologia Marinha da Comissão Oceanográfica Intergovernamental, a fim de melhorar a saúde dos oceanos e aumentar a contribuição da biodiversidade marinha para o desenvolvimento dos países em desenvolvimento, em particular os pequenos Estados insulares em desenvolvimento e os países menos desenvolvidos
	14.b Proporcionar o acesso dos pescadores artesanais de pequena escala aos recursos marinhos e mercados
	14.c Assegurar a conservação e o uso sustentável dos oceanos e seus recursos pela implementação do direito internacional, como refletido na UNCLOS [Convenção das Nações Unidas sobre o Direito do Mar], que provê o arcabouço legal para a conservação e utilização sustentável dos oceanos e dos seus recursos, conforme registrado no § 158 do "Futuro Que Queremos"
ODS 15 Proteger, recuperar e promover o uso sustentável dos ecossistemas terrestres, gerir de forma sustentável as florestas, combater a desertificação,	15.1 Até 2020, assegurar a conservação, recuperação e uso sustentável de ecossistemas terrestres e de água doce interiores e seus serviços, em especial florestas, zonas úmidas, montanhas e terras áridas, em conformidade com as obrigações decorrentes dos acordos internacionais
	15.2 Até 2020, promover a implementação da gestão sustentável de todos os tipos de florestas, deter o desmatamento, restaurar florestas degradadas e aumentar substancialmente o florestamento e o reflorestamento globalmente
	15.3 Até 2030, combater a desertificação, restaurar a terra e o solo degradado, incluindo terrenos afetados pela desertificação, secas e inundações, e lutar para alcançar um mundo neutro em termos de degradação do solo
	15.4 Até 2030, assegurar a conservação dos ecossistemas de montanha, incluindo a sua biodiversidade, para melhorar a sua capacidade de proporcionar benefícios que são essenciais para o desenvolvimento sustentável
	15.5 Tomar medidas urgentes e significativas para reduzir a degradação de habitat naturais, deter a perda de biodiversidade e, até 2020, proteger e evitar a extinção de espécies ameaçadas

ODS	METAS
deter e reverter a degradação da terra e deter a perda de biodiversidade	15.6 Garantir uma repartição justa e equitativa dos benefícios derivados da utilização dos recursos genéticos e promover o acesso adequado aos recursos genéticos
	15.7 Tomar medidas urgentes para acabar com a caça ilegal e o tráfico de espécies da flora e fauna protegidas e abordar tanto a demanda quanto a oferta de produtos ilegais da vida selvagem
	15.8 Até 2020, implementar medidas para evitar a introdução e reduzir significativamente o impacto de espécies exóticas invasoras em ecossistemas terrestres e aquáticos, e controlar ou erradicar as espécies prioritárias
	15.9 Até 2020, integrar os valores dos ecossistemas e da biodiversidade ao planejamento nacional e local, nos processos de desenvolvimento, nas estratégias de redução da pobreza e nos sistemas de contas
	15.a Mobilizar e aumentar significativamente, a partir de todas as fontes, os recursos financeiros para a conservação e o uso sustentável da biodiversidade e dos ecossistemas
	15.b Mobilizar recursos significativos de todas as fontes e em todos os níveis para financiar o manejo florestal sustentável e proporcionar incentivos adequados aos países em desenvolvimento para promover o manejo florestal sustentável, inclusive para a conservação e o reflorestamento
	15.c Reforçar o apoio global para os esforços de combate à caça ilegal e ao tráfico de espécies protegidas, inclusive por meio do aumento da capacidade das comunidades locais para buscar oportunidades de subsistência sustentável
ODS 16 Promover sociedades pacíficas e inclusivas para o desenvolvimento sustentável, proporcionar o acesso à justiça para todos e construir instituições eficazes, responsáveis e inclusivas em todos os níveis	16.1 Reduzir significativamente todas as formas de violência e as taxas de mortalidade relacionada em todos os lugares
	16.2 Acabar com abuso, exploração, tráfico e todas as formas de violência e tortura contra crianças
	16.3 Promover o Estado de Direito, em nível nacional e internacional, e garantir a igualdade de acesso à justiça para todos
	16.4 Até 2030, reduzir significativamente os fluxos financeiros e de armas ilegais, reforçar a recuperação e devolução de recursos roubados e combater todas as formas de crime organizado
	16.5 Reduzir substancialmente a corrupção e o suborno em todas as suas formas
	16.6 Desenvolver instituições eficazes, responsáveis e transparentes em todos os níveis
	16.7 Garantir a tomada de decisão responsiva, inclusiva, participativa e representativa em todos os níveis
	16.8 Ampliar e fortalecer a participação dos países em desenvolvimento nas instituições de governança global
	16.9 Até 2030, fornecer identidade legal para todos, incluindo o registro de nascimento
	16.10 Assegurar o acesso público à informação e proteger as liberdades fundamentais, em conformidade com a legislação nacional e os acordos internacionais
	16.a Fortalecer as instituições nacionais relevantes, inclusive por meio da cooperação internacional, para a construção de capacidades em todos os níveis, em particular nos países em desenvolvimento, para a prevenção da violência e o combate ao terrorismo e ao crime
	16.b Promover e fazer cumprir leis e políticas não discriminatórias para o desenvolvimento sustentável
ODS 17 Fortalecer os meios de implementação e revitalizar a parceria global para o desenvolvimento sustentável	Finanças
	17.1 Fortalecer a mobilização de recursos internos, inclusive por meio do apoio internacional aos países em desenvolvimento, para melhorar a capacidade nacional para arrecadação de impostos e outras receitas
	17.2 Países desenvolvidos implementarem plenamente os seus compromissos em matéria de assistência oficial ao desenvolvimento [AOD], inclusive fornecer 0,7% da renda nacional bruta [RNB] em AOD aos países em desenvolvimento, dos quais 0,15% a 0,20% para os países menos desenvolvidos; provedores de AOD são encorajados a considerar a definir uma meta para fornecer pelo menos 0,20% da renda nacional bruta em AOD para os países menos desenvolvidos
	17.3 Mobilizar recursos financeiros adicionais para os países em desenvolvimento a partir de múltiplas fontes
	17.4 Ajudar os países em desenvolvimento a alcançar a sustentabilidade da dívida de longo prazo por meio de políticas coordenadas destinadas a promover o financiamento, a redução e a reestruturação da dívida, conforme apropriado, e tratar da dívida externa dos países pobres altamente endividados para reduzir o superendividamento
	17.5 Adotar e implementar regimes de promoção de investimentos para os países menos desenvolvidos
	Tecnologia
	17.6 Melhorar a cooperação Norte-Sul, Sul-Sul e triangular regional e internacional e o acesso à ciência, tecnologia e inovação, e aumentar o compartilhamento de conhecimentos em termos mutuamente acordados, inclusive por meio de uma melhor coordenação entre os mecanismos existentes, particularmente no nível das Nações Unidas, e por meio de um mecanismo de facilitação de tecnologia global
	17.7 Promover o desenvolvimento, a transferência, a disseminação e a difusão de tecnologias ambientalmente corretas para os países em desenvolvimento, em condições favoráveis, inclusive em condições concessionais e preferenciais, conforme mutuamente acordado

ODS	METAS
ODS 17 Fortalecer os meios de implementação e revitalizar a parceria global para o desenvolvimento sustentável	17.8 Operacionalizar plenamente o Banco de Tecnologia e o mecanismo de capacitação em ciência, tecnologia e inovação para os países menos desenvolvidos até 2017, e aumentar o uso de tecnologias de capacitação, em particular das tecnologias de informação e comunicação Capacitação 17.9 Reforçar o apoio internacional para a implementação eficaz e orientada da capacitação em países em desenvolvimento, a fim de apoiar os planos nacionais para implementar todos os objetivos de desenvolvimento sustentável, inclusive por meio da cooperação Norte-Sul, Sul-Sul e triangular Comércio 17.10 Promover um sistema multilateral de comércio universal, baseado em regras, aberto, não discriminatório e equitativo no âmbito da Organização Mundial do Comércio, inclusive por meio da conclusão das negociações no âmbito de sua Agenda de Desenvolvimento de Doha 17.11 Aumentar significativamente as exportações dos países em desenvolvimento, em particular com o objetivo de duplicar a participação dos países menos desenvolvidos nas exportações globais até 2020 17.12 Concretizar a implementação oportuna de acesso a mercados livres de cotas e taxas, de forma duradoura, para todos os países menos desenvolvidos, de acordo com as decisões da OMC, inclusive por meio de garantias de que as regras de origem preferenciais aplicáveis às importações provenientes de países menos desenvolvidos sejam transparentes e simples, e contribuam para facilitar o acesso ao mercado Questões sistêmicas *Coerência de políticas e institucional* 17.13 Aumentar a estabilidade macroeconômica global, inclusive por meio da coordenação e da coerência de políticas 17.14 Aumentar a coerência das políticas para o desenvolvimento sustentável 17.15 Respeitar o espaço político e a liderança de cada país para estabelecer e implementar políticas para a erradicação da pobreza e o desenvolvimento sustentável *As parcerias multissetoriais* 17.16 Reforçar a parceria global para o desenvolvimento sustentável, complementada por parcerias multissetoriais que mobilizem e compartilhem conhecimento, *expertise*, tecnologia e recursos financeiros, para apoiar a realização dos objetivos do desenvolvimento sustentável em todos os países, particularmente nos países em desenvolvimento 17.17 Incentivar e promover parcerias públicas, público-privadas e com a sociedade civil eficazes, a partir da experiência das estratégias de mobilização de recursos dessas parcerias *Dados, monitoramento e prestação de contas* 17.18 Até 2020, reforçar o apoio à capacitação para os países em desenvolvimento, inclusive para os países menos desenvolvidos e pequenos Estados insulares em desenvolvimento, para aumentar significativamente a disponibilidade de dados de alta qualidade, atuais e confiáveis, desagregados por renda, gênero, idade, raça, etnia, *status* migratório, deficiência, localização geográfica e outras características relevantes em contextos nacionais 17.19 Até 2030, valer-se de iniciativas existentes para desenvolver medidas do progresso do desenvolvimento sustentável que complementem o produto interno bruto [PIB] e apoiem a capacitação estatística nos países em desenvolvimento

Pelo estudo dos ODS e suas respectivas metas, é possível afirmar que a Agenda 2030 se preocupa de forma mais direta com o mundo do trabalho e as condições em que esse trabalho é exercido em seu ODS 8 – que determina como objetivo a promoção do trabalho decente para todos.

Inicia-se, neste momento, com a análise do ODS 8, que indica que o crescimento econômico não é válido por si só, devendo ser um crescimento inclusivo, que promova o pleno emprego e formas de trabalho decente. Isto é, formas de trabalho que respondem a aspirações elementares dos trabalhadores, não apenas em relação à remuneração, mas também em relação à proteção social; tratamento isonômico; condições de trabalho seguras e sadias; possibilidade de livre associação e representação; jornada de trabalho não exaustiva; possibilidade de conciliação entre trabalho, vida pessoal e vida familiar; dentre outros aspectos que possibilitem o seu desenvolvimento pessoal e profissional[10].

Assim, importa no âmbito deste ODS promover políticas orientadas à geração de emprego decente, inclusive para jovens; formalização das micro, pequenas e médias

10. INTERNATIONAL LABOUR ORGANTIZATION. *Decent work indicators*: concepts and definitions: ILO manual. Geneva: International Labour Office, 2012.

empresas; alcançar igualdade de remuneração entre homens, mulheres e pessoas com deficiência; tomar medidas para erradicar o trabalho forçado, a escravidão moderna, o tráfico de pessoas e as piores formas de trabalho infantil; proteger os direitos trabalhistas e promover ambientes de trabalho seguros e protegidos para todos os trabalhadores, incluindo os trabalhadores migrantes, em particular as mulheres migrantes e pessoas em empregos precários.

Dessa forma, o ODS 8 preocupa-se em equilibrar os tripés da sustentabilidade: econômico, ambiental e social, aliando crescimento econômico à geração de postos de trabalho que sejam, na termologia adotada pela OIT, decentes.

Ademais, para além do ODS 8, a Agenda 2030 abarca preocupação com aspectos laborais de maneira mais pontual nos ODS 4 – ao sinalizar a necessidade de aumentar o número de jovens e adultos com competências e habilidades técnicas e profissionais para o emprego e trabalho decente – e ODS 5 – ao evidenciar a necessidade de valorização do trabalho de assistência e doméstico não remunerado, bem como a promoção da responsabilidade compartilhada dentro do lar e da família, conforme os contextos nacionais.

Salienta-se que outros ODS, embora não mencionem aspectos ligados ao trabalho e emprego propriamente ditos, na medida em que tratam de temas amplos e que se conectam ao mundo do trabalho, também merecem atenção e devem ser considerados a fim de que se consiga atingir o trabalho decente para todos, a exemplo do ODS 1, sobre a eliminação da pobreza; ODS 2, acerca da eliminação da vulnerabilidade alimentar; do ODS 16 sobre a redução da violência e promoção do acesso à justiça, dentre outros que podem ter aplicabilidade específica no mundo do trabalho e na promoção do trabalho decente.

Por fim, importa mencionar que tais ODS e metas são monitorados e têm seu avanço medido por agências especializadas de custódia[11], responsáveis por elaborar e mensurar indicadores de seu progresso. No tocante aos ODS e metas relacionados ao trabalho, a custódia é de responsabilidade exclusiva da Organização Internacional do Trabalho ou, em algumas situações tal custódia é compartilhada com outros órgãos interessados, a exemplo do Fundo das Nações Unidas para a Infância (UNICEF) no tocante ao trabalho infantil. Dessa forma, é possível afirmar que a OIT tem papel fundamental na busca pela efetividade da Agenda 2030, seus ODS e metas.

4. O MEIO AMBIENTE DO TRABALHO NA AGENDA 2030: SEGURANÇA E PROTEÇÃO COMO META

Ao analisar os Objetivos do Desenvolvimento Sustentável e as suas metas correspondentes, observa-se que a Agenda 2030 parece alocar em ODS diferentes as metas relativas a duas espécies do gênero meio ambiente, quais sejam, meio ambiente do trabalho e ao meio ambiente natural.

Nesse sentido, é possível perceber que o meio ambiente do trabalho é objeto direto apenas do ODS 8, mais especificamente da meta 8.8: "*proteger os direitos trabalhistas e promover ambientes de trabalho seguros e protegidos para todos os trabalhadores, incluindo os trabalhadores migrantes, em particular as mulheres migrantes, e pessoas em empregos precários*"[12]. Assegura-se, assim, a proteção de direitos trabalhistas e promoção de meios labor-ambientais seguros para todos, inclusive para aqueles em situação de vulnerabilidade[13] (com destaque para mulheres migrantes e trabalhadores em atividades precárias).

Trata-se de uma meta em que há preocupação com a tutela de direitos e promoção da saúde e segurança no trabalho, o que deve perpassar não só a repressão de violações, mas também a prevenção[14].

Contudo, observa-se que o ODS 8, bem como a meta 8.8, foram genéricos, deixando de especificar o que é necessário para assegurar direitos trabalhistas e promover um meio ambiente do trabalho seguro e saudável, silenciando a respeito de elementos formadores da noção de trabalho decente diretamente ligados ao meio ambiente do trabalho, a exemplo da jornada de trabalho, saúde física e mental do trabalhador, prevenção de acidentes e doenças relacionadas ao trabalho etc.

Acredita-se que esse escopo aberto dificulta o monitoramento de seu real progresso, o que se evidencia no indicador utilizado para mensurar tal meta, qual seja, "*taxas de frequência de acidentes de trabalho fatais e não fatais,*

11. INTERNATIONAL LABOUR ORGANIZATION. *Decent work and the sustainable development goals*: a guidebook on SDG labour market indicators. Geneva: International Labour Office Geneva, 2018. Disponível em: <https://www.ilo.org/wcmsp5/groups/public/---dgreports/---stat/documents/publication/wcms_647109.pdf>. Acesso em: 27 abr. 2019. p. 5.

12. ORGANIZAÇÃO DAS NAÇÕES UNIDAS. *Transformando o Nosso Mundo*: a Agenda 2030 para o Desenvolvimento Sustentável. 2015. Disponível em: <https://nacoesunidas.org/pos2015/agenda2030/>. Acesso em: 27 abr. 2019.

13. Grupos em situação de vulnerabilidade correspondem a todos aqueles que sofrem violações ou restrições a seus direitos, sobretudo, em razão de raça, gênero, idade, deficiência, condições de mobilidade, orientação sexual, identidade de gênero, nacionalidade, religião, territorialidade, cultura, privação de liberdade e situação econômica, não excluindo outras potenciais situações de vulnerabilidade verificadas empiricamente (INSTITUTO DE PESQUISA ECONÔMICA APLICADA. *Agenda 2030 – ODS – Metas Nacionais dos Objetivos de Desenvolvimento Sustentável*. 2018. Disponível em: <http://www.ipea.gov.br/portal/index.php?option=com_content&view=article&id=33895&Itemid=433>. Acesso em: 28 abr. 2019.

14. PRIEUR, Michel. *Droit de l'environnement*. 4. ed. Paris: Dalloz, 2001.

por sexo e status *migratório*"[15]. Neste tocante, a OIT[16] ressalta a diferença entre acidentes do trabalho e doenças relacionadas ao trabalho e frisa que o indicador analisado se refere aos acidentes de trabalho típicos (fatais ou não fatais), não envolvendo as doenças relacionadas ao trabalho que decorrem da exposição dos trabalhadores a fatores de risco[17].

Considerando o meio ambiente do trabalho como um sistema de interações de ordem física, química, biológica e social no qual o trabalhador está inserido[18], tal indicador parece ser insuficiente para conseguir medir a existência ou não de um meio ambiente do trabalho seguro, pois o equilíbrio labor-ambiental[19], a saúde e segurança dos trabalhadores também são atingidos, por exemplo, quando da ocorrência de doenças (e não apenas de acidentes).

Ademais, acredita-se que tal indicador, ao fazer uma análise prioritariamente quantitativa, deixa de lado aspectos importantes, como consequências mais específicas do acidente (do que apenas a característica de ser fatal ou não), se havia equipamentos de proteção disponíveis etc. Ainda, uma taxa alta de acidentes do trabalho, muito provavelmente indica um ambiente inseguro, porém, uma taxa baixa de acidentes não necessariamente reflete um ambiente seguro e saudável. Isto porque, é possível que em um ambiente de trabalho não haja acidentes típicos, mas seja lesado por outras "fontes poluidoras"[20] e tomado por práticas que prejudiquem a saúde mental dos trabalhadores[21], a exemplo do assédio moral, cobrança excessiva de metas etc. Nesse sentido, uma análise qualitativa também é necessária.

Por fim, salienta-se que a promoção de um meio ambiente do trabalho equilibrado passa sim pela diminuição de acidentes e doenças relacionadas ao trabalho, mas vai além, envolvendo sobretudo aspectos preventivos, tais como: eliminação de riscos labor-ambientais, oferta de capacitação e treinamento (educação) sobre a atividade laboral e seus riscos, adequação às novas tecnologias menos nocivas à saúde, reorganização produtiva, disponibilização de equipamentos de proteção coletiva e individual, participação dos trabalhadores, dentre outras estratégias que viabilizem o equilíbrio labor-ambiental.

5. CONCLUSÃO

A Agenda 2030 é um importante instrumento de orientação da comunidade internacional, dos países, das empresas, do terceiro setor, das pessoas na busca de um desenvolvimento sustentável, que seja socialmente inclusivo, ambientalmente limpo e economicamente produtivo. Para equilibrar esse tripé – social, ambiental e econômico –, estabeleceu uma série de objetivos e metas para serem alcançados até o ano de 2030, dentre eles, a promoção do trabalho decente e, para isso, a promoção de um meio ambiente do trabalho seguro.

Dada a sua projeção global e apoio dos países-membros da ONU, o fato da promoção do trabalho decente e a promoção de um ambiente do trabalho seguro figurarem como objetos dessa agenda é de inegável importância e representa um avanço, sobretudo em comparação com os ODM, que sequer mencionavam diretamente a preocupação com os direitos ligados ao trabalho. Assim, no tocante às questões laborais, os ODS representam um passo adiante.

Contudo, importante reconhecer que a orientação genérica a respeito da promoção de "ambientes de trabalho seguros e protegidos" (meta 8.8) merece ser aprofundada, inclusive em relação aos critérios de monitoramento e mensuração a fim de considerar outros indicadores que também são relevantes para determinar a saúde e segurança do meio labor-ambiental.

Nesse sentido, embora a preocupação com o meio ambiente do trabalho ganhe mais espaço na pauta da agenda internacional atual, especialmente na busca pelo desenvolvimento sustentável, merece salientar que um meio ambiente do trabalho equilibrado vai além da eliminação de acidentes típicos e passa também pela prevenção, precaução, promoção da saúde (física e mental) relacionada ao trabalho, educação, capacitação, (re)qualificação, adequação do tempo de trabalho, dentre outros aspectos que influenciam na qualidade labor-ambiental.

---

15. INTERNATIONAL LABOUR ORGANIZATION. *Decent work and the sustainable development goals*: a guidebook on SDG labour market indicators. Geneva: International Labour Office Geneva, 2018. Disponível em: <https://www.ilo.org/wcmsp5/groups/public/---dgreports/---stat/documents/publication/wcms_647109.pdf>. Acesso em: 27 abr. 2019. p. 40.
16. INTERNATIONAL LABOUR ORGANIZATION. *Decent work and the sustainable development goals*: a guidebook on SDG labour market indicators. Geneva: International Labour Office Geneva, 2018. Disponível em: <https://www.ilo.org/wcmsp5/groups/public/---dgreports/---stat/documents/publication/wcms_647109.pdf>. Acesso em: 27 abr. 2019. p. 40.
17. INTERNATIONAL LABOUR ORGANIZATION. *Decent work and the sustainable development goals*: a guidebook on SDG labour market indicators. Geneva: International Labour Office Geneva, 2018. Disponível em: <https://www.ilo.org/wcmsp5/groups/public/---dgreports/---stat/documents/publication/wcms_647109.pdf>. Acesso em: 27 abr. 2019. p. 40-41.
18. OLIVEIRA, Sebastião Geraldo de. *Proteção jurídica à saúde do trabalhador*. 2. ed. São Paulo: LTr, 1998.
19. FELICIANO, Guilherme Guimarães. O meio ambiente do trabalho e a responsabilidade civil patronal: reconhecendo a danosidade sistêmica. In: FELICIANO, Guilherme Guimarães; URIAS, João (Coord.). *Direito ambiental do trabalho*. v. 1. Apontamentos para uma teoria geral: saúde, ambiente e trabalho: novos rumos da regulamentação jurídica do trabalho. São Paulo: LTr, 2013. p. 11-25, p. 23.
20. PADILHA, Norma Sueli. Meio ambiente do trabalho: um direito fundamental do trabalhador e a superação da monetização do risco. *Revista do Tribunal Superior do Trabalho*, v. 79, n. 4, p. 173-182, out.-dez. 2013. p. 181.
21. MELO, Raimundo Simão de. *Direito ambiental do trabalho e a saúde do trabalhador*. 5. ed. São Paulo: LTr, 2013.

6. REFERÊNCIAS

FELICIANO, Guilherme Guimarães. O meio ambiente do trabalho e a responsabilidade civil patronal: reconhecendo a danosidade sistêmica. In: FELICIANO, Guilherme Guimarães; URIAS, João (Coord.). *Direito ambiental do trabalho*. v. 1. Apontamentos para uma teoria geral: saúde, ambiente e trabalho: novos rumos da regulamentação jurídica do trabalho. São Paulo: LTr, 2013. p. 11-25.

INSTITUTO DE PESQUISA ECONÔMICA APLICADA. *Agenda 2030 – ODS – Metas Nacionais dos Objetivos de Desenvolvimento Sustentável*. 2018. Disponível em: <http://www.ipea.gov.br/portal/index.php?option=com_content&view=article&id=33895&Itemid=433>. Acesso em: 28 abr. 2019.

INTERNATIONAL LABOUR ORGANIZATION. *Decent work and the sustainable development goals*: a guidebook on SDG labour market indicators. Geneva: International Labour Office Geneva, 2018. Disponível em: <https://www.ilo.org/wcmsp5/groups/public/---dgreports/---stat/documents/publication/wcms_647109.pdf>. Acesso em: 27 abr. 2019.

INTERNATIONAL LABOUR ORGANTIZATION. *Decent work indicators*: concepts and definitions: ILO manual. Geneva: International Labour Office, 2012.

MELO, Raimundo Simão de. *Direito ambiental do trabalho e a saúde do trabalhador*. 5. ed. São Paulo: LTr, 2013.

OLIVEIRA, Sebastião Geraldo de. *Proteção jurídica à saúde do trabalhador*. 2. ed. São Paulo: LTr, 1998.

ORGANIZAÇÃO DAS NAÇÕES UNIDAS. *Transformando o Nosso Mundo*: a Agenda 2030 para o Desenvolvimento Sustentável. 2015. Disponível em: <https://nacoesunidas.org/pos2015/agenda2030/>. Acesso em: 27 abr. 2019.

PADILHA, Norma Sueli. Meio ambiente do trabalho: um direito fundamental do trabalhador e a superação da monetização do risco. *Revista do Tribunal Superior do Trabalho*, v. 79, n. 4, p. 173-182, out.-dez. 2013.

PLATAFORMA AGENDA 2030. *A Agenda 2030 para o desenvolvimento sustentável*. Disponível em: <http://www.agenda2030.com.br/sobre/>. Acesso em: 27 abr. 2019.

PRIEUR, Michel. *Droit de l'environnement*. 4. ed. Paris: Dalloz, 2001.

SACHS, Ignacy. *Ecodesenvolvimento*: crescer sem destruir. São Paulo: Vértice, 1981.

7

Fontes do direito ambiental: uma leitura contemporânea à luz do marco constitucional de 1988 e da "teoria do diálogo das fontes"

Ingo Wolfgang Sarlet[1]
Tiago Fensterseifer[2]

1. CONSIDERAÇÕES INICIAIS

O Direito Ambiental possui uma natureza dinâmica e aberta do ponto de vista da sua conformação, ou seja, há um diálogo permanente entre as diferentes fontes que o sustentam e lhe conferem legitimidade, assegurando o seu constante aprimoramento e evolução. Para além das fontes normativas (ou formais), por exemplo, a legislação (internacional, constitucional ou infraconstitucional) e os princípios gerais (na perspectiva do direito internacional ambiental, os seus princípios gerais são tidos como fonte material, e não formal como sugerido aqui[3]), o Direito Ambiental também se "abastece" de fontes materiais, como é o caso da doutrina e da jurisprudência. Mas, além das fontes "clássicas" (formais e materiais) do Direito Ambiental referidas, nos parece relevante tecer algumas considerações, neste tópico, também sobre as fontes que julgamos complementares ou auxiliares do Direito Ambiental, como seria o caso do direito comparado, do conhecimento científico e das entidades da sociedade civil organizada (ONGs) voltadas à proteção ambiental (que conferem legitimação social aos valores ecológicos). Muito embora os exemplos de fontes complementares destacados não sejam fontes do

1. Doutor em Direito pela Universidade de Munique. Estudos em Nível de Pós-Doutorado nas Universidades de Munique (bolsista DAAD), Georgetown e junto ao Instituto Max-Planck de Direito Social Estrangeiro e Internacional (Munique), como bolsista do Instituto, onde também atua como representante brasileiro e correspondente científico. Pesquisador visitante na Harvard Law School (2008). Professor Visitante (bolsista do Programa *Erasmus Mundus*) da Universidade Católica Portuguesa (Lisboa, 2009) e Faculdade de Direito da Universidade de Lisboa (2012); Pesquisador Visitante como bolsista do STIAS-Stellenbosh Institute for Advanced Studies, África do Sul (2011). Pesquisador Visitante (como bolsista) do Instituto Max-Planck de Direito Privado Estrangeiro e Internacional de Hamburgo (2017) e em 2018 com recursos do DAAD. Coordenador do Programa de Pós-Graduação em Direito da PUC/RS. Professor Titular nos cursos de Graduação, Mestrado e Doutorado da PUC/RS e Professor de Direito Constitucional da Escola Superior da Magistratura do RS (AJURIS). Autor, entre outras, das obras: *A Eficácia dos Direitos Fundamentais* (13. ed. Porto Alegre: Livraria do Advogado, 2018), *Dignidade da Pessoa Humana e Direitos Fundamentais na Constituição Federal de 1988* (10. ed. Porto Alegre: Livraria do Advogado, 2015) e *Curso de Direito Constitucional* (8. ed. São Paulo: Saraiva, 2019), esta última em coautoria com Luiz Guilherme Marinoni e Daniel Mitidiero.
2. Doutor e Mestre em Direito Público pela PUC/RS (Ex-Bolsista do CNPq), com pesquisa de doutorado-sanduíche junto ao Instituto Max-Planck de Direito Social e Política Social (MPISOC) de Munique, na Alemanha (Bolsista da CAPES), atualmente realizando estudos em nível de pós-doutorado na mesma instituição (2018-2019). Associado do Instituto O Direito por um Planeta Verde e da Associação dos Professores de Direito Ambiental do Brasil (APRODAB). Membro do Núcleo de Estudos e Pesquisa sobre Direitos Fundamentais da PUC/RS (CNPq). Autor das obras *Direitos Fundamentais e Proteção do Ambiente* (Porto Alegre: Livraria do Advogado, 2008), *Defensoria Pública, Direitos Fundamentais e Ação Civil Pública* (São Paulo: Saraiva, 2015) e *Defensoria Pública na Constituição Federal* (Rio de Janeiro: GEN/Forense, 2017); coautor, juntamente com Ingo Wolfgang Sarlet, das obras *Direito Constitucional Ambiental* (6. ed. São Paulo: Revista dos Tribunais, 2019, no prelo), *Direito Ambiental: Introdução, Fundamentos e Teoria Geral* (São Paulo: Saraiva, 2014), obra finalista do Prêmio Jabuti na Categoria Direito em 2015, e *Princípios do Direito Ambiental* (2. ed. São Paulo: Saraiva, 2017); coautor, juntamente com Ingo Wolfgang Sarlet e Paulo Affonso Leme Machado da obra *Constituição e Legislação Ambiental Comentadas* (São Paulo: Saraiva, 2015); e organizador, juntamente com Carlos A. Molinaro, Fernanda L. F. de Medeiros e Ingo W. Sarlet, da obra *A Dignidade da Vida e os Direitos Fundamentais para Além dos Humanos: uma Discussão Necessária* (Belo Horizonte: Fórum, 2008). Defensor Público do Estado de São Paulo.
3. Como a grande maioria dos princípios gerais do Direito Ambiental já se encontra "positivada", expressa ou implicitamente, na legislação ambiental, entendemos que o mais adequado é incluir os princípios no rol das fontes formais. De tal sorte, apenas no âmbito do Direito Ambiental Internacional nos parece adequado o seu tratamento como fonte "material". No Direito Internacional Público, as suas fontes clássicas correspondem àquelas previstas no art. 38 do Estatuto da Corte Internacional de Justiça (ECIJ).

Direito a partir de uma análise restrita do fenômeno jurídico, consideramos importante evidenciar sua importância para os rumos do Direito Ambiental.

A evolução do Direito Ambiental, nesse contexto, é extremamente vinculada ao avanço e às descobertas científicas, em especial nas áreas que dizem respeito às ciências naturais, de modo que o conhecimento científico direciona, efetivamente, o desenvolvimento da regulação jurídica em matéria ambiental.[4] O dever de utilização da "melhor tecnologia disponível (*Best Available Technology* – BAT), consagrado em alguns diplomas ambientais internacionais (por exemplo, a Convenção de Helsinki sobre a Proteção e Uso dos Cursos de Água Transfronfeiriços e dos Lagos Internacionais de 1992), e a cláusula do "estado da técnica" (*Stand der Technik*)[5] prevista da legislação ambiental alemã elucidam bem essa questão. É na direção para a qual aponta a ciência, notadamente em relação à existência de novos danos e risco de danos ecológicos, bem como da descoberta de novas tecnologias "limpas" (por exemplo, a substituição dos combustíveis fósseis por fontes de energia não poluentes), que o Direito Ambiental vai trilhar o seu desenvolvimento e buscar resguardar o equilíbrio e a segurança ambiental.[6] O melhor exemplo disso é o aquecimento global e a relevância dos Relatórios de Avaliação da Saúde da Atmosfera elaborados pelo Painel Intergovernamental sobre Mudança do Clima (IPCC) da Organização das Nações Unidas (ONU). Não obstante a evolução científica sempre tenha guardado uma relação relevante com o Direito nas suas mais diversas áreas, nos parece que com o Direito Ambiental essa relação é ainda mais forte e dinâmica. A natureza transdisciplinar inerente ao Direito Ambiental ampara esse entendimento e torna essencial o permanente diálogo com as diversas áreas do conhecimento, e, em especial, com as ciências naturais.

A doutrina e a jurisprudência, por sua vez, são fontes materiais elementares do Direito Ambiental. Além da sistematização e adequada compreensão do Direito Ambiental e dos institutos jurídicos vinculados à matéria elaborada pela doutrina especializada, é justamente a partir do diálogo entre a produção científica doutrinária e a jurisprudência – as decisões dos Juízes e Tribunais – que está a abordagem mais dinâmica do Direito Ambiental. É na aplicação do Direito Ambiental nos casos concretos que o "estado da arte" da matéria se mostra, por vezes, de forma mais atualizada, até mesmo antecipando, em alguns casos, as futuras inovações legislativas na matéria. A título de exemplo, podemos destacar a recente consagração legislativa, por meio do Novo Código Florestal Brasileiro – Lei n. 12.651/2012 (art. 7º, §§ 1º e 2º), da natureza real (*propter rem*) da obrigação do proprietário ou possuidor de área florestal de recuperar a área degradada de área de preservação permanente (APP), independentemente da sua culpa, o que já havia sido consolidado muitos anos antes na jurisprudência do STJ.[7] Isso ocorre em razão de que, mesmo quando em alguma área específica se tenha uma legislação mais antiga e não atualizada, é permitido ao intérprete da norma ambiental estabelecer um novo parâmetro hermenêutico adequado à realidade vigente. Ao fim e ao cabo, é o permanente diálogo das diferentes fontes (formais, materiais e complementares) que caracteriza a essência do Direito Ambiental, acompanhando a evolução das relações jurídicas de natureza ecológica e oferecendo respostas adequadas para a efetivação da legislação ambiental. Feitas tais considerações introdutórias, analisaremos, uma a uma, as fontes normativas (ou formais), materiais e complementares do Direito Ambiental.

2. O "DIÁLOGO DAS FONTES NORMATIVAS" NA PERSPECTIVA DO DIREITO AMBIENTAL

O Direito Ambiental talvez seja um dos exemplos mais adequados para se tratar do tema do diálogo das fontes normativas. A "teoria do diálogo das fontes"[8], como assinala, Cláudia Lima Marques, pode ser usada "em várias áreas e disciplinas jurídicas, onde os direitos fundamentais e os valores constitucionais iluminarem a aplicação – simultânea e coerente – de várias fontes".[9] Em outras palavras, pode-se afirmar que se trata de método hermenêutico aplicado à Teoria Geral do Direito, sendo especialmente relevante no campo da proteção dos direitos fundamentais, como é o caso da tutela ecológica. A complexidade e a forma como as diferentes fontes normativas se interconectam é sobremaneira característica em se tratando do Direito Ambiental. Há um forte intercâmbio conceitual e normativo que permeia, por exemplo, toda a legislação internacional em matéria ambiental – e que caracteriza o assim designado Direito Ambiental Internacional – em face das legislações domésticas, tanto no plano constitucional quanto infraconstitucional.

---

4. PRIEUR, Michel. *Droit de l'environnement*. 6. ed. Paris: Dalloz, 2011. p. 7.
5. KLOEPFER, Michael. *Umweltrecht*. 3. ed. Munique: C. H. Beck, 2004. p. 147.
6. Ao tratar dos traços distintivos do Direito Ambiental em relação aos demais ramos jurídicos, José Cretella Neto assinala que "em nenhum outro campo do Direito a ciência e a tecnologia influenciam tanto a produção normativa e os bens e valores protegidos". CRETELLA NETO, José. *Curso de direito internacional do meio ambiente*. São Paulo: Saraiva, 2012. p. 187.
7. Entre inúmeros outros precedentes similares, v. STJ, REsp n. 650.728/SC, 2ª Turma Rel. Min. Herman Benjamin, j. 23.10.2007.
8. O tema do diálogo das fontes normativas é tratado na doutrina brasileira, a partir da tese original do professor alemão Erik Jayme, da Universidade de Heidelberg, por MARQUES, Cláudia Lima (Coord.). *Diálogo das fontes*: do conflito à coordenação de normas do direito brasileiro. São Paulo: Revista dos Tribunais, 2012.
9. MARQUES, Cláudia Lima. "O 'diálogo das fontes' como método da nova teoria geral do direito: um tributo a Erik Jayme". In: MARQUES, Cláudia Lima (Coord.). *Diálogo das fontes*: do conflito à coordenação de normas do direito brasileiro. São Paulo: Revista dos Tribunais, 2012. p. 30.

Isso também é resultado, em grande medida, da "abertura material" dos ordenamentos jurídicos nacionais, o que, no caso brasileiro, pode ser facilmente identificada na norma estabelecida no § 2º do art. 5º da CF/1988.[10]

A natureza de direito humano (e também fundamental, pelo prisma constitucional) atribuída ao direito ao ambiente também reforça essa perspectiva no sentido de buscar tal diálogo de fontes normativas para além do espectro legislativo doméstico, sempre com o propósito de reforçar o regime jurídico de proteção ambiental. Conforme assinala Ricardo L. Lorenzetti, "a realidade atual é que frente ao pluralismo de fontes, a coerência do sistema não é *a priori*, como ocorria no século XIX, que o legislador elaborava um código de regras jurídicas harmonizadas entre si. Hoje em dia, a coerência é '*a posteriori*, e já não é tarefa do legislador, senão do Juiz, quem deve decidir um caso levando em conta diversas normas localizadas em diversas fontes que deve fazer 'dialogar'".[11] Coloca-se, como bem observou Lorenzetti, um grande desafio ao "intérprete" da norma ambiental, notadamente no momento da sua aplicação, sempre com o objetivo de conferir o maior grau de eficácia normativa possível para as situações concretas e, ao fim e ao cabo, garantir a proteção e promoção dos valores e direitos ecológicos.

3. FONTES NORMATIVAS (OU FORMAIS) DO DIREITO AMBIENTAL

3.1. Direito Internacional

Pelo menos desde a Conferência e Declaração de Estocolmo sobre o Meio Ambiente Humano, datada de 1972, o Direito Ambiental Internacional tem servido de parâmetro normativo referencial para o desenvolvimento do Direito Ambiental em termos gerais, impulsionando a criação e aprimoramento das legislações ambientais nacionais. Não foram poucas as conferências, declarações e tratados internacionais em matéria ambiental desde Estocolmo até os dias atuais, merecendo destaque, por exemplo, a Conferência do Rio de Janeiro sobre Meio Ambiente e Desenvolvimento de 1992, com a edição da Declaração sobre Meio Ambiente e Desenvolvimento, da Convenção-Quadro sobre Diversidade Biológica, da Convenção-Quadro das Nações Unidas sobre Mudanças Climáticas e da Declaração de Princípios para o Desenvolvimento Sustentável das Florestas (Carta das Florestas). Posteriormente, podemos apontar a Cúpula Mundial de Johanesburgo sobre Desenvolvimento Sustentável (ou Rio+10), com a edição da Declaração de Johanesburgo sobre Desenvolvimento Sustentável, no ano de 2002, e, mais recentemente, a Rio+20, no ano de 2012, também realizada na Cidade do Rio de Janeiro. A criação e o desenvolvimento do Direito Ambiental (sua base conceitual, princípios, instrumentos etc.) encontram-se, de um modo geral, diretamente vinculados ao paradigma do Direito Ambiental Internacional[12], em que pese, conforme destacamos anteriormente, a particular relevância e originalidade de algumas legislações nacionais na matéria.

Muito embora a "força normativa" da legislação internacional em geral, e a ambiental em particular, seja considerada "relativa ou fraca", haja vista não possuir instrumentos tão eficazes para fazer cumprir a lei em comparação com o direito doméstico, é fato incontestável que boa parte da legislação ambiental internacional, seus objetivos, princípios e instrumentos foram incorporados gradativamente pelas legislações constitucionais e infraconstitucionais dos Estados nacionais.[13] O mesmo se pode dizer em relação aos documentos internacionais que em geral apresentam a natureza normativa de um *Soft Law*. A título de exemplo, a Declaração de Estocolmo sobre o Meio Ambiente Humano (1972) e a Declaração do Rio sobre Meio Ambiente e Desenvolvimento (1992) são consideradas *Soft Law*, já que não possuem a natureza jurídica de tratado internacional.

A legislação ambiental brasileira, em particular, exemplifica de forma clara tal cenário de "migração normativa".[14] De acordo com esse entendimento, Erasmo Ramos afirma que, em especial no caso brasileiro, "é inegável que recomendações provenientes de conferências internacionais muito influenciaram os parâmetros do processo legislativo nas últimas três décadas. O legislador comparou, estudou, alterou e mesmo copiou essas recomendações; sendo assim, o *Soft Law* – em muitos casos – foi mais rápido e eficiente na obtenção de proteção ambiental do que os tratados internacionais não respeitados e, em certos casos, não ratificados pelo Brasil".[15] Paralelamente à "incorporação" do conteúdo da legislação internacional ambiental por parte das legislações nacionais, não se deve subestimar o fortalecimento do próprio Direito Internacional Público, notadamente na seara do Direito Internacional dos Direitos Humanos, onde se verifica a força crescente – em especial se tomarmos a perspectiva do Sistema Regional Interamericano de Proteção dos Direitos Humanos – dos instrumentos de controle

10. Para maiores desenvolvimentos sobre a "abertura material do catálogo dos direitos fundamentais", v. SARLET, Ingo Wolfgang. *A eficácia dos direitos fundamentais*. 10. ed. Porto Alegre: Livraria do Advogado, 2009. p. 78 e ss.
11. LORENZETTI, Ricardo Luis. *Teoria geral do direito ambiental*. São Paulo: Revista dos Tribunais, 2010. p. 70.
12. A respeito dos diplomas internacionais em matéria ambiental, inclusive caracterizando a sua natureza de fonte formal, v. TELES DA SILVA, Solange. *O direito ambiental internacional*. Belo Horizonte: Del Rey, 2010. p. 16 e ss.
13. Compartilhando o mesmo entendimento, v. TELES DA SILVA, "*Direito ambiental internacional...*", p. 25.
14. No sentido de afirmar que a "incorporação" da legislação ambiental internacional no cenário jurídico doméstico também se verifica na legislação ambiental argentina, v. VALLS, Mario F. *Manual de derecho ambiental*. Buenos Aires: Ugerman Editor, 2001. p.142.
15. RAMOS, Erasmo Marcos. *Direito ambiental comparado (Brasil-Alemanha-EUA)*: uma análise exemplificada dos instrumentos ambientais brasileiros à luz do direito comparado. Maringá: Midiograf II, 2009. p. 76-77.

e efetivação dos direitos humanos. Ademais, como o direito a viver em um ambiente saudável, seguro e equilibrado possui natureza de direito humano, a sua proteção também integra a agenda dos sistemas internacionais (global e regional[16]) de proteção dos direitos humanos.

3.1.1. *A incorporação, com* status *constitucional (ou, ao menos, supralegal), dos tratados internacionais em matéria ambiental (art. 5º, § 2º e § 3º, da CF/1988)*

A recepção, no âmbito doméstico, da legislação internacional em matéria ambiental é outro tema relevante pelo prisma das fontes do Direito Ambiental. A incorporação ao direito interno de normas internacionais, com destaque aqui para os tratados internacionais como ato típico de direito internacional público que estabelece direitos e obrigações recíprocas entre os Estados-Partes, não é um privilégio reservado aos tratados em matéria de direitos humanos, já que todo e qualquer tratado internacional, uma vez celebrado pelo Poder Executivo e referendado pelo Congresso Nacional (que vem utilizando o instrumento formal do Decreto Legislativo para tanto), passa a viger como norma jurídica vinculante e com força de lei ordinária na esfera jurídica interna brasileira, quando não for o caso de um tratado de direitos humanos, pois a esses foi assegurada uma hierarquia mais qualificada[17]. Com efeito, por força do disposto no art. 5º, § 2º e § 3º, da CF/1988,[18] os tratados internacionais em matéria de direitos humanos (o que se evidencia também no caso da proteção ambiental, a teor do que sinaliza o art. 11 do Protocolo de San Salvador Adicional à Convenção Americana de Direito Humanos em Matéria de Direitos Econômicos, Sociais e Culturais de 1988[19]), passaram a fruir de um estatuto jurídico-constitucional privilegiado, agregando-se ao conjunto dos direitos e garantias fundamentais estabelecidos pelo Constituinte de 1988, no âmbito do que se convencionou designar de cláusula de abertura em matéria de direitos fundamentais. No nosso sentir, cuidando-se de tratados de direitos humanos (pelo menos no que diz com parte de seus preceitos), os tratados internacionais em matéria ambiental deveriam ter reconhecido o seu *status* constitucional.

Desde logo, importa frisar que existe divergência inclusive a respeito do procedimento de incorporação dos tratados internacionais sobre direitos humanos. Especialmente desde a inserção, mediante a EC n. 45/2004 (Reforma do Judiciário), do citado § 3º do art. 5º, da CF/88, a matéria voltou a ser objeto de atenção pela doutrina e jurisprudência, pois tal dispositivo prevê que os tratados aprovados pelo Congresso Nacional mediante o procedimento ali regulado (maioria de três quintos, nas duas casas do Congresso e em dois turnos de votação), passam a ter valor equivalente ao das emendas constitucionais, ainda que não venham a alterar o texto da Constituição. Isso, contudo, não significa que os tratados aprovados antes da vigência do § 3º do art. 5º da CF/1988 não possam ter reconhecida sua hierarquia constitucional já por força do próprio § 2º do mesmo artigo, como, aliás, vinha sustentando importante doutrina[20], mas é certo que, mediante o novo procedimento, os tratados assim aprovados terão sempre hierarquia normativa constitucional equiparada às normas constitucionais derivadas, ou seja, produzidas pelo poder de reforma constitucional.

Todavia, independentemente do posicionamento aqui adotado no sentido da hierarquia constitucional de todos os tratados de direitos humanos[21], o Supremo Tribunal Federal, desde o julgamento do RE n. 466.343/SP, ocorrido em 03 de dezembro de 2008, muito embora alguns ministros

16. No tocante à proteção do ambiente no âmbito do Sistema Interamericano de Direitos Humanos, inclusive analisando alguns casos da Corte Interamericana e recomendações da Comissão Interamericana, v. SHELTON, Dinah. "Derechos ambientales y obligaciones en el Sistema Interamericano de Derechos Humanos". In: *Anuario de Derechos Humanos*, n. 6, 2010, Centro de Derechos humanos, Facultad de Derecho, Universidad de Chile Disponível em: <http://www.anuariocdh.uchile.cl/index.php/ADH/article/viewArticle/11486/11847>. Na doutrina brasileira, v. MOREIRA TEIXEIRA, Gustavo de Faria. *O "greening" no sistema interamericano de direitos humanos*. Curitiba: Juruá, 2011.
17. Sobre o conceito de tratados internacionais e sua ratificação e incorporação ao direito interno, v., por todos, MAZZUOLI, Valério de Oliveira. *Curso de direito internacional público*. São Paulo: Revista dos Tribunais, 2013. p. 353 e ss.
18. De acordo com os dispositivos citados (art. 5º): "§ 2º Os direitos e garantias expressos nesta Constituição não excluem outros decorrentes do regime e dos princípios por ela adotados, ou dos tratados internacionais em que a República Federativa do Brasil seja parte. § 3º Os tratados e convenções internacionais sobre direitos humanos que forem aprovados, em cada Casa do Congresso Nacional, em dois turnos, por três quintos dos votos dos respectivos membros, serão equivalentes às emendas constitucionais" (incluído pela EC 45/2004). O § 2º do art. 5º da CF/88 é resultado de proposta do eminente internacionalista Prof. Antônio Augusto Cançado Trindade, formulada em audiência pública à Subcomissão dos Direitos e Garantias Individuais da Assembleia Nacional Constituinte, em 29 de abril de 1987. A respeito da discussão, inclusive em sede constituinte sobre a inserção do dispositivo em análise, v. TRINDADE, Antônio Augusto Cançado. *A proteção internacional dos direitos humanos e o Brasil (1948-1997)*: as primeiras cinco décadas. 2. ed. Brasília: Editora Universidade de Brasília, 2000. especialmente p. 169 e ss.
19. "Art. 11.1. Toda pessoa tem direito a viver em um meio ambiente sadio e a contar com os serviços públicos básicos. Art. 11.2. Os Estados-Partes promoverão a proteção e melhoramento do meio ambiente". O Protocolo de San Salvador entrou em vigor no plano internacional em novembro de 1999, quando foi depositado 11º instrumento de ratificação (art. 21). O Brasil, por sua vez, ratificou o Protocolo de San Salvador no ano de 1999, tendo o mesmo sido promulgado internamente por meio do Decreto n. 3.321, de 30 de dezembro de 1999.
20. PIOVESAN, Flávia. *Direitos humanos e o direito constitucional internacional*. 8. ed. São Paulo: Saraiva, 2007. p. 71 e ss.
21. SARLET, "*A eficácia dos diretos fundamentais...*", p. 127 e ss.

tenham adotado posição em prol da hierarquia constitucional de todos os tratados de direitos humanos, acabou chancelando a tese da "supralegalidade" dos tratados internacionais de direitos humanos, ressalvados os tratados aprovados pelo rito previsto no § 3º do art. 5º da CF/1988.[22] Assim, a nossa Corte Constitucional entende que os tratados internacionais em matéria de direitos humanos aprovados anteriormente ou – pelo menos é o que sinaliza a orientação adotada – os que vierem a ser aprovados por maioria simples em um turno de votação, ocupam posição normativo-hierárquica superior à legislação infraconstitucional de um modo geral, cedendo apenas em face da Constituição. Dito de outro modo, tais tratados situam-se apenas abaixo da Constituição, de tal sorte que segue cabendo o controle de sua constitucionalidade. Tal entendimento, convém lembrar, resultou cristalizado na hipótese da prisão civil do depositário infiel, que foi considerada incompatível com a Convenção Interamericana de Direitos Humanos (ou Pacto de San José da Costa Rica), que estabelece apenas a possibilidade de prisão civil do devedor de alimentos,[23] de tal sorte que a tendência vai no sentido de ampliação dos casos levados ao STF no sentido de ver reconhecida a prevalência dos tratados sobre a legislação interna, no âmbito do que se convencionou chamar de controle de convencionalidade, que será objeto de atenção logo a seguir.

Com base nesse raciocínio, nos parece correto que também os tratados internacionais em matéria ambiental, notadamente no tocante ao seu conteúdo nuclear, vinculado diretamente à proteção do direito humano ao ambiente, passariam a ter ao menos (salvo se aprovados pelo rito do art. 5º, § 3º, CF/1988) natureza hierárquico-normativa "supralegal", prevalecendo em face da legislação infraconstitucional. No entanto, há que ter em conta que a incorporação não deve ser tomada em termos abrangentes, ou seja, no sentido de abarcar todas as normas ambientais dispostas em tratados internacionais, sob pena de se subverter o sistema de proteção dos direitos humanos em si, mas especificamente em relação àquelas normas (em termos materiais e procedimentais) dispostas nos diplomas internacionais em matéria ambiental e que tratam de forma direta núcleo normativo da proteção do direito humano ao ambiente.[24] Mas isso, por certo, só valeria para aquele conteúdo de caráter mais protetivo. Do contrário, se a legislação internacional fosse mais permissiva, prevaleceria a legislação infraconstitucional, considerando a incidência do princípio *pro homine*[25], ou seja, dito de modo mais preciso, fazendo prevalecer a norma mais favorável à proteção da pessoa (no tocante aos seus direitos humanos e fundamentais e dignidade).

3.1.2. O controle de "convencionalidade" da legislação infraconstitucional nacional em matéria ambiental

O entendimento adotado pelo Supremo Tribunal Federal, por ocasião da decisão que referimos no tópico anterior, no sentido de reconhecer o caráter supralegal dos tratados internacionais sobre direitos humanos, implica a possibilidade do controle de "convencionalidade" da legislação infraconstitucional[26]. Conforme assinala Valério de Oliveira Mazzuoli, o controle de convencionalidade das leis "nada mais é que o processo de compatibilização vertical (sobretudo material) das normas domésticas com os comandos encontrados nas convenções internacionais de direitos humanos. À medida que os tratados de direitos humanos ou são materialmente constitucionais (art. 5º, § 2º) ou material e formalmente constitucionais (art. 5º, § 3º),

22. Até a presente data, os únicos tratados internacionais de direitos humanos incorporados pela via do § 3º do art. 5º seriam a Convenção sobre os Direitos das Pessoas com Deficiência e o seu Protocolo Facultativo, assinados em Nova Iorque, em 30 de março de 2007. A aprovação dos referidos documentos internacionais deu-se por intermédio do Decreto Legislativo n. 185, de 09 de julho de 2008, publicado no DOU de 10.07.2008, bem como a sua promulgação deu-se por meio do Decreto n. 6.949, de 25 de agosto de 2009, publicado no DOU de 25.08.2009.

23. Mais recentemente, destacam-se outros julgamentos do STF confirmando o mesmo entendimento "*HABEAS CORPUS*. (...) DEPOSITÁRIO INFIEL. PRISÃO CIVIL. INADMISSIBILIDADE. ORIENTAÇÃO PLENÁRIA DESTE SUPREMO TRIBUNAL FEDERAL. ORDEM CONCEDIDA DE OFÍCIO. 1. O Plenário do Supremo Tribunal Federal firmou a orientação de que só é possível a prisão civil do "responsável pelo inadimplemento voluntário e inescusável de obrigação alimentícia" (inciso LXVII do art. 5º da CF/1988). Precedentes: HCs ns. 87.585 e 92.566, da relatoria do ministro Marco Aurélio. (...) 3. O Pacto de San José da Costa Rica (ratificado pelo Brasil – Decreto n. 678, de 06 de novembro de 1992), para valer como norma jurídica interna do Brasil, há de ter como fundamento de validade o § 2º do art. 5º da Magna Carta. A se contrapor, então, a qualquer norma ordinária originariamente brasileira que preveja a prisão civil por dívida. Noutros termos: o Pacto de San José da Costa Rica, passando a ter como fundamento de validade o § 2º do art. 5º da CF/1988, prevalece como norma supralegal em nossa ordem jurídica interna e, assim, proíbe a prisão civil por dívida. Não é norma constitucional – à falta do rito exigido pelo § 3º do art. 5º –, mas a sua *hierarquia intermediária de norma supralegal autoriza afastar regra ordinária brasileira* que possibilite a prisão civil por dívida. 4. Na concreta situação dos autos, a prisão civil do paciente foi decretada com base nos arts. 652 do Código Civil e 904, parágrafo único, do Diploma Civil Adjetivo. (...)" (grifos nossos). (STF, HC n. 94.523/SP, 1ª Turma, Rel. Min. Carlos Ayres Britto, j. 10.02.2009). Ver também os precedentes do HC n. 87.585 e do HC n. 92.566.

24. Na doutrina brasileira, sustentando o mesmo entendimento, v. CAPPELLI, Sílvia; MARCHESAN, Ana Maria Moreira; STEIGLEDER, Annelise Monteiro. *Direito ambiental*. 7. ed. Porto Alegre: Editora Verbo Jurídico, 2013. p. 40.

25. V. MAZZUOLI, "*Curso de direito internacional público...*", p. 869.

26. Sobre o tema, v. por todos MARINONI, Luiz Guilherme; MAZZUOLI, Valerio de Oliveira (Coord). *Controle de Convencionalidade: um panorama Latino-Americano*. Brasília: Gazeta Jurídica, 2013, com destaque para as contribuições dos organizadores, dos Ministros Luís Roberto Barroso e Gilmar Mendes, de Flavia Piovesan e do primeiro autor da presente obra (Sarlet).

é lícito entender que o clássico 'controle de constitucionalidade' deve agora dividir espaço com esse novo tipo de controle (de 'convencionalidade') da produção e aplicação da normatividade interna".[27] Na medida em que os tratados internacionais em matéria ambiental, por deterem a mesma natureza dos tratados internacionais de direitos humanos, possuem *status* supralegal, o seu conteúdo prevalece em face da legislação infraconstitucional. Mas, cumpre reiterar, a prevalência ocorre apenas no tocante ao conteúdo que estabelecer um padrão normativo mais protetivo e rígido. Do contrário, prevalece a legislação infraconstitucional nacional, haja vista os princípios que norteiam o Direito Internacional dos Direitos Humanos, bem como o regime jurídico-constitucional das competências legislativas traçado pela CF/1988, inclusive pelo prisma de um federalismo cooperativo ecológico e de um critério hermenêutico de prevalência da norma mais protetiva, aplicando-se aqui o conhecido postulado do *in dubio pro natura*.[28]

Talvez o melhor exemplo (além de extremamente atual) para desenvolver a questão seja a garantia (e princípio) da proibição de retrocesso em matéria ambiental. Isso porque, independentemente de a doutrina atual – brasileira e comparada – já o reconhecer como um princípio geral do Direito Ambiental[29], não há previsão expressa do mesmo na legislação brasileira (constitucional ou infraconstitucional). Tal princípio, todavia, foi objeto de expresso reconhecimento pelo Protocolo de San Salvador Adicional à Convenção Americana sobre Direito Humanos em Matéria de Direitos Econômicos, Sociais e Culturais (1988), mais precisamente no seu art. 1º. Nesse sentido, o art. 11 (11.1 e 11.2) do referido diploma internacional, conforme sinalizamos no tópico anterior, prevê o direito ao ambiente como direito humano. De tal sorte, o *status* supralegal do Protocolo de San Salvador, na linha do entendimento do STF, estabelece também no direito interno (em virtude da ratificação do tratado), e com hierarquia supralegal, a garantia da proibição de retrocesso ambiental para fazer frente a toda e qualquer nova medida legislativa infraconstitucional que tenha por escopo a flexibilização, de forma desproporcional e arbitrária, da legislação ambiental brasileira atualmente vigente.

Assim, importa enfatizar, um dos aspectos mais importantes do controle de convencionalidade diz respeito ao dever de Juízes e Tribunais internos atentarem para o conteúdo dos diplomas internacionais sobre direitos humanos e, consequentemente, também os que versam sobre matéria ambiental. Com efeito, em homenagem ao necessário diálogo das fontes normativas, cabe aos aplicadores do Direito interpretarem a legislação nacional infraconstitucional não apenas pelo prisma do regime constitucional de proteção dos direitos fundamentais, mas também em vista do regime internacional de proteção dos direitos humanos, entre eles o direito humano a viver em um ambiente sadio, equilibrado e seguro.[30]

3.2. Direito Nacional

3.2.1. Constituição

A relevância da Constituição como fonte do Direito Ambiental dispensa maiores comentários. A consagração da proteção do ambiente em diversos ordenamentos constitucionais, inclusive como direito fundamental e dever do Estado e da sociedade de prover a sua proteção (o art. 225 da CF/1988 é um bom exemplo desse paradigma), tem reforçado a proteção normativa do ambiente e colocado os valores ecológicos no centro dos ordenamentos jurídicos nacionais. Isso, por certo, também traz importantes consequências normativas para o ordenamento jurídico infraconstitucional. O papel reservado à Constituição no âmbito dos sistemas jurídicos nacionais, notadamente no cenário ocidental (europeu e americano), sofreu verdadeira revolução, impulsionada pelo período que se seguiu após a 2ª

27. MAZZUOLI, "*Curso de direito internacional público...*", p. 404. Para Valério de Oliveira Mazzuoli, os tratados internacionais de direitos humanos, independentemente da adoção do rito previsto no art. 5º, § 3º da CF/1988, por serem os mesmos materialmente constitucionais (art. 5º, § 2º), ensejariam o "controle *difuso* de convencionalidade", ao passo que os tratados internacionais de direitos humanos submetidos ao procedimento do § 3º do art. 5º, por serem material e formalmente constitucionais, possibilitariam o "controle *concentrado* de constitucionalidade", por exemplo, por meio de ADI perante o STF (p. 409-413).

28. STJ, REsp n. 1.198.727/MG, 2ª Turma, Rel. Min. Herman Benjamin, j. 14.08.2012.

29. PRIEUR, Michel. "Princípio da proibição de retrocesso ambiental". In: Comissão de Meio Ambiente, Defesa do Consumidor e Fiscalização e Controle do Senado Federal (Org.). *O princípio da proibição de retrocesso ambiental*. Brasília: Senado Federal, 2012. p. 45 e ss.

30. O tema do controle de convencionalidade (e o dever dos Juízes e Tribunais internos de exercê-lo) resultou consignado, de forma pioneira e paradigmática, em decisão da Corte Interamericana de Direitos Humanos, por ocasião do julgamento do *Caso Almonacid Arellano e outros Vs. Chile*, em 26 de setembro de 2006. De acordo com o § 124 da referida sentença, decidida de forma unânime, "la Corte es consciente que los jueces y tribunales internos están sujetos al imperio de la ley y, por ello, están obligados a aplicar las disposiciones vigentes en el ordenamiento jurídico. Pero cuando un Estado ha ratificado un tratado internacional como la Convención Americana, sus jueces, como parte del aparato del Estado, también están sometidos a ella, lo que les obliga a velar porque los efectos de lãs disposiciones de la Convención no se vean mermadas por la aplicación de leyes contrarias a su objeto y fin, y que desde un inicio carecen de efectos jurídicos. Em otras palabras, el Poder Judicial debe ejercer una especie de "control de convencionalidad" entre las normas jurídicas internas que aplican en los casos concretos y la Convención Americana sobre Derechos Humanos. En esta tarea, El Poder Judicial debe tener en cuenta no solamente el tratado, sino también La interpretación que del mismo ha hecho la Corte Interamericana, intérprete última de la Convención Americana". Disponível em: <http://www.corteidh.or.cr/docs/casos/articulos/seriec_154_esp.pdf>.

Guerra Mundial. De meras "cartas políticas" sem maior expressão normativa, as Constituições migraram, no período que transcorreu a partir da segunda metade do século XX, para o centro do ordenamento jurídico, com a consagração de catálogos de direitos fundamentais cada vez mais robustos. Dos direitos fundamentais liberais e sociais, migrou-se também para o reconhecimento em sede constitucional de *direitos (e deveres) fundamentais ecológicos*. De um modo geral, as Constituições apenas estabelecem as diretrizes gerais para a proteção ambiental, delegando ao legislador infraconstitucional a regulamentação minuciosa da matéria. Mas a inserção da proteção ecológica no seu centro de proteção normativa é por demais significativa para fortalecer a sua proteção, irradiando para todo o ordenamento jurídico nacional, não apenas no sentido de uma constitucionalização do Direito Ambiental, mas sim, de atribuir às normas constitucionais em matéria ambiental a condição de parâmetro para a interpretação e aplicação de outras normas infraconstitucionais não diretamente voltadas à proteção do ambiente. Em suma, cuida-se de um dever de interpretação conforme a proteção ambiental e os respectivos parâmetros estabelecidos pelos princípios e regras constitucionais na matéria.

Muito embora aqui não seja o caso de aprofundar os aspectos vinculados ao papel da "Constituição Ambiental", incluindo a multifuncionalidade do direito-dever de respeito, proteção e promoção do ambiente, visto que objeto de obra específica por parte dos autores do presente texto[31], importa sublinhar a vinculação direta de todos os atores estatais às normas constitucionais de proteção do ambiente, notadamente no que diz com o direito fundamental de proteção do ambiente. Mas também a vinculação dos atores privados é decorrência da proteção constitucional, ainda que aqui não se possa partir da premissa de uma vinculação sempre direta. Por outro lado, merece destaque a existência de um dever de proteção constitucional do ambiente, que, por sua vez, deverá ser objeto de cumprimento por parte dos atores estatais, implicando, além de uma proibição de proteção insuficiente, capaz de ser sindicada pela via jurisdicional, deveres de precaução e prevenção. Assim, também no que diz com o direito-dever de proteção ambiental, o seu regime jurídico constitucional qualificado não permite reduzir as suas consequências ao princípio da supremacia constitucional e o daí decorrente controle de constitucionalidade dos atos infraconstitucionais, ainda que os demais aspectos aqui mencionados, em caráter ilustrativo, guardem substancial vínculo também com o princípio da supremacia constitucional, relido, todavia, no sentido de incluir a normativa internacional e em termos de um bloco de constitucionalidade ampliado também em matéria ambiental, o que é reforçado pelo prisma da "teoria do diálogo das fontes", conforme enunciado anteriormente.

3.2.2. Legislação infraconstitucional

A legislação infraconstitucional é, sem dúvida, uma das fontes mais significativas do Direito Ambiental, já que é no plano infraconstitucional que se dá efetivamente a regulação da matéria ambiental no cenário jurídico doméstico. No Brasil, a Lei da Política Nacional do Meio Ambiente (Lei n. 6.938/1981) simboliza bem a importância da legislação infraconstitucional, inclusive como parâmetro para o desenvolvimento dos conceitos, princípios, objetivos e instrumentos que caracterizam o Direito Ambiental brasileiro de um modo geral. Mas, além da relevância de uma norma geral em matéria ambiental, papel que é cumprido pela Lei n. 6.938/1981, com o propósito de sistematizar e conferir maior uniformidade à sua regulação, também são fundamentais as leis encarregadas de regulamentar diversos temas específicos, considerando a abrangência e complexidade que envolve a matéria. No Brasil, temos inúmeras leis que desempenham essa função, como é o caso, por exemplo, da Lei dos Crimes e Infrações Administrativas em Matéria Ambiental (Lei n. 9.605/1998), da Lei do Sistema Nacional de Unidades de Conservação (Lei n. 9.985/2000), da Lei da Política Nacional de Mudança do Clima (Lei n. 12.187/2009), da Lei da Política Nacional de Resíduos Sólidos (Lei n. 12.305/2010) e, mais recentemente, do Novo Código Florestal Brasileiro (Lei n. 12.651/2012). O panorama legislativo adotado no âmbito federal consolida verdadeiro "bloco normativo ecológico", o qual se coloca como parâmetro mínimo de proteção a ser seguido pelos legisladores estatuais e municipais, cabendo aos mesmos somente avançar em relação ao referido *standard* de proteção legislativa, sob pena de incidirem em práticas legislativas inconstitucionais. As diversas leis ambientais, por sua vez, são complementadas por decretos do Poder Executivo, os quais tem a função de realizar os devidos ajustes necessários à execução da legislação, sempre respeitando a vontade do legislador e os limites normativos estabelecidos na lei.

3.2.3. Fontes formais "secundárias"

3.2.3.1. As resoluções do Conselho Nacional do Meio Ambiente (CONAMA)

As "resoluções" do Conselho Nacional do Meio Ambiente (CONAMA) também se apresentam como fonte normativa própria do Direito Ambiental. O poder normativo do CONAMA está consagrado no art. 6º, II, da Lei n. 6.938/1981, ao dispor que o mesmo é caracterizado como "órgão consultivo e deliberativo", com a finalidade de "assessorar, estudar e propor ao Conselho de Governo, diretrizes de políticas governamentais para o meio ambiente e os recursos naturais e *deliberar, no* âmbito *de sua competência, sobre normas e padrões compatíveis com o meio ambiente ecologicamente equilibrado e essencial* à *sadia qualidade de*

31. V. SARLET, Ingo Wolfgang; FENSTERSEIFER, Tiago. *Direito constitucional ambiental*: Constituição, direitos fundamentais e proteção do ambiente. 3. ed. São Paulo: Revista dos Tribunais, 2013.

vida" (redação dada pela Lei n. 8.028/1990) (grifos nossos). Não iremos aqui avançar na discussão a respeito dos limites existentes para o exercício do poder normativo pelo CONAMA, mas, sem dúvida, há forte limitação no sentido de as resoluções do CONAMA não extrapolarem os limites ditados pela legislação, em especial por se tratar de órgão vinculado à estrutura do Poder Executivo (no caso, do Ministério do Meio Ambiente). Em outras palavras, o papel do CONAMA não é o de legislar em sentido estrito, mas apenas preencher o espaço regulatório necessário para a mediação entre a lei e a sua execução – por exemplo, a elaboração de padrões técnicos em determinada área ambiental –, sempre respeitando a vontade e as balizas normativas ditadas pelo legislador. Do contrário, o CONAMA estaria subtraindo função precípua do Poder Legislativo.

3.3. Princípios gerais

Os princípios gerais especializados também são fontes normativas do Direito Ambiental. Não iremos aqui discutir a força normativa dos princípios, partindo do pressuposto de que atualmente isso já se trata de questão superada. Ou seja, os princípios jurídicos não são meros comandos destituídos de força normativa, máxime de caráter programático, mas, assim como as regras jurídicas em sentido estrito, carregam conteúdo normativo, ou seja, são normas jurídicas, muito embora a diferença na estrutura jurídica de cada uma das categorias (princípios e regras). Eis a razão para os princípios gerais serem desenvolvidos neste tópico sobre as fontes normativas do Direito Ambiental.[32] A grande maioria dos princípios gerais do Direito Ambiental já se encontra positivada na legislação ambiental de um modo geral (nacional e internacional). Nesse sentido, conforme já enunciado em diversas passagens, sempre houve uma influência preponderante da legislação internacional ambiental, desde a Declaração de Estocolmo (1972), em face das legislações domésticas, as quais, ao longo dos anos, foram sistematicamente incorporando os princípios que se consagravam no plano internacional. Em caráter ilustrativo, podemos citar os princípios da prevenção e da precaução, o princípio do poluidor pagador, o princípio da cooperação, o princípio da solidariedade, o princípio da responsabilidade comum, mas diferenciada, o princípio do acesso equitativo aos recursos naturais etc.

Há, sem dúvida, novos princípios que são gradativamente incorporados ao Direito Ambiental, bem como princípios que não se encontram consagrados de forma expressa na legislação ambiental. Mas nem por isso se deixa de reconhecê-los e aplicá-los. Basta, por óbvio, que eles realmente estejam em consonância com o sistema jurídico de proteção ambiental de um modo geral e agreguem algum elemento novo e relevante para a compreensão do fenômeno jurídico ecológico. Hoje talvez o melhor exemplo para expressar essa ideia seja o *princípio da proibição de retrocesso ambiental*. Muito embora haja fortíssimo suporte de ordem material e mesmo legislativa (vide o exemplo já referido do Protocolo de San Salvador) para assegurar a sua existência no plano jurídico-ambiental, não há a consagração expressa do referido princípio no nosso ordenamento. No entanto, a doutrina tem reconhecido o princípio da proibição de retrocesso como um princípio geral implícito na ordem constitucional brasileira.[33]

4. FONTES MATERIAIS DO DIREITO AMBIENTAL

4.1. Doutrina

A doutrina representa uma fonte extremamente importante do Direito Ambiental na medida em que a análise doutrinária, em livros, revistas e artigos científicos, e mesmo considerações formuladas em face de proposições legislativas (por exemplo, é comum a elaboração de comissões de juristas para auxiliar na elaboração de projetos de lei), permite uma análise crítica da legislação ambiental, tanto de modo a otimizar a aplicação dos dispositivos legais quanto de permitir a evolução dos conceitos, princípios, instrumentos etc. Conforme assevera Mário F. Valls, "la doctrina suple la función integradora de los códigos cuando ni éstos ni la ley logran abarcar todo el espectro jurídico ambiental, facilita la identificación de los principios que rigen la materia e ilustra la toma de decisiones con mayor eficacia que la legislación dispersa existente. Además hace evolucionar el derecho".[34] No âmbito do nosso Poder Judiciário, conforme pontua Paulo de Bessa Antunes, é muito comum as decisões judiciais citarem de forma expressa fontes doutrinárias na sua fundamentação.[35] Tal perspectiva permite, inclusive, um diálogo de fontes, integrando e uniformizando o sistema de proteção jurídica do ambiente. Além disso, a abertura procedimental que se verifica hoje no âmbito do processo judicial, em vista da realização de audiências públicas e a atuação de entidades a título de *amicus curiae* (vide o exemplo emblemático do STF nessas duas questões nos últimos anos), permitem uma integração cada vez maior entre a jurisprudência e a doutrina (e não apenas jurídica, mas também com outras áreas do conhecimento, o que é particularmente relevante na seara do Direito Ambiental). A intervenção direta de especialistas (jurídicos e não jurídicos) e doutrinadores no processo

32. Na perspectiva do direito internacional ambiental, em contrapartida e de acordo com o que já frisamos em passagem anterior, os princípios gerais são tidos como "fonte material".

33. BENJAMIN, Antonio Herman. "Princípio da proibição de retrocesso ambiental". In: Comissão de Meio Ambiente, Defesa do Consumidor e Fiscalização e Controle do Senado Federal (Org.). *O princípio da proibição de retrocesso ambiental*. Brasília: Senado Federal/ CMA, 2012. p. 62.

34. VALLS, "*Manual de derecho ambiental...*", p. 144.

35. ANTUNES, Paulo de Bessa. *Direito ambiental*. 11. ed. Rio de Janeiro: Lumen Juris, 2008. p. 53.

judicial contribui para a elaboração jurisprudencial de forma mais qualificada, nutrida por um arsenal mais robusto de informações.

Outro aspecto importante a cargo da doutrina, para além da adequada compreensão dos conceitos-chave, princípios, instrumentos etc., diz respeito a oportunizar uma compreensão abrangente do fenômeno jurídico ambiental, articulando as diferentes áreas do conhecimento, até mesmo para além da fronteira estritamente jurídica, de modo a ordenar o sistema, ou melhor, o microssistema que envolve o Direito Ambiental. Também merece destaque, sob a ótica da doutrina como fonte do Direito Ambiental, a importância singular de grupos de especialistas, muitas vezes reunidos em entidades e fóruns, como é o caso da Comissão de Direito Ambiental da IUCN (*International Union for Conservation of Nature*)[36], na elaboração de estudos e proposições legislativas, o que se verifica especialmente no plano do Direito Ambiental Internacional.[37] São diversos os exemplos de projetos legislativos, tanto no plano da legislação nacional quanto internacional, que tiveram, na sua gênese, a atuação marcante de doutrinadores. No plano internacional, merece destaque o Esboço dos Princípios Legais Propostos para Proteção Ambiental e o Desenvolvimento Sustentável, elaborado para integrar o *Relatório Nosso Futuro Comum* (1987), o qual foi realizado pelo Grupo de Especialistas em Direito Ambiental da Comissão Mundial sobre Meio Ambiente e Desenvolvimento. O referido documento influenciou significativamente os textos internacionais firmados posteriormente, estabelecendo parâmetros conceituais fundamentais para a elaboração dos diplomas internacionais celebrados no âmbito da Conferência da ONU de 1992 (Eco-92), entre eles, a própria Declaração do Rio sobre Desenvolvimento Sustentável (1992). Mais recentemente, destaca-se a Carta de Limoges dos Juristas e das Associações de Direito Ambiental para a Rio+20[38], inclusive com a previsão do princípio da proibição de retrocesso (ou não regressividade) em matéria ambiental.[39] O diálogo entre os legisladores e a Academia, ou seja, os professores e pesquisadores de Direito Ambiental[40] é uma questão fundamental para a qualidade técnica da legislação ambiental aprovada, tanto no plano doméstico[41] quanto internacional.

4.2. Jurisprudência (nacional e internacional)

> "A legislação de amparo dos sujeitos vulneráveis e dos interesses difusos e coletivos deve ser interpretada da maneira que lhes seja mais favorável e melhor possa viabilizar, no plano da eficácia, a prestação jurisdicional e a *ratio essendi* da norma. A hermenêutica jurídico-ambiental rege-se pelo princípio *in dubio pro natura*" (Ministro Antonio Herman Benjamin).[42]

A jurisprudência, ou seja, as decisões judiciais proferidas por juízes e tribunais (nacionais e internacionais) expressam também uma fonte material elementar do Direito Ambiental. A interpretação da norma ambiental levada a efeito pelos juízes e tribunais é uma das fontes mais importantes no sentido de conferir atualidade à legislação ambiental, muitas vezes já datada de décadas passadas. Além disso, é o trabalho hermenêutico que permite conferir sistematicidade à legislação ambiental, integrando os elementos normativos que por vezes se encontram dispersos em diferentes diplomas legais. Conforme leciona Valls, "la interpretación

---

36. A Comissão de Direito Ambiental (*Commission on Environmental Law – CEL*) da IUCN conta com mais de 500 especialistas em Direito Ambiental espalhados por mais de 130 países. Para maiores informações, ver conteúdo disponível em: <http://www.iucn.org/about/work/programmes/environmental_law/elp_work/elp_work_cel/>.

37. Sobre o tema, Solange Teles da Silva assinala a relevância dos trabalhos da Comissão de Direito Internacional da ONU, bem como da Associação de Direito Internacional (*International Law Association – ILA*) e da IUCN, cujos documentos acabam contribuindo de forma significativa tanto para as negociações dos tratados internacionais como para a elaboração das normas jurídicas internas. TELES DA SILVA, "*Direto ambiental internacional...*", p. 24.

38. A Carta de Limoges ou Apelo dos Juristas e das Associações de Direito Ambiental foi elaborada na 38ª Reunião Mundial das Associações de Direito Ambiental (CIDCE). O documento destinou-se a propor ações no sentido do aprimoramento da legislação ambiental aos Estados participantes da Conferência da ONU sobre Desenvolvimento Sustentável (Rio+20), realizada no Rio de Janeiro, entre os dias 4 e 6 de junho de 2012. Disponível em: <http://4ccr.pgr.mpf.gov.br/atuacao-do-mpf/eventos/dou-outro-lado-do-rio/apelo_dos_juristas_e_das_associacoes_de_direito_ambiental.pdf>.

39. V. a Declaração de Johanesburgo sobre "*Principles on the Role of Law and Sustainable Development*", adotada no âmbito do Simpósio Internacional de Juízes, ocorrido em Johanesburgo, na África do Sul, de 18 a 20 de agosto de 2002. Disponível em: <http://www.unep.org/Documents.Multilingual/Default.asp?ArticleID=3115&DocumentID=259>.

40. A Associação dos Professores de Direito Ambiental do Brasil (APRODAB) é uma entidade que, como o próprio nome já anuncia, congrega mais de 150 especialistas e se propõe a intervir na produção legislativa em matéria ambiental, produzindo debates, seminários e material científico em geral. Disponível em: <http://www.aprodab.org.br/>.

41. No cenário legislativo brasileiro, a título ilustrativo, de modo a ressaltar a relevância do diálogo legislador-doutrinador, Ann Helen Wainer relata que a inclusão do "estudo de impacto ambiental" na Lei n. 6.803/1980 é fruto da atuação articulada da Sociedade Brasileira de Direito do Meio Ambiente (SOBRADIMA), fundada pelo jurista Paulo Affonso Leme Machado, no ano de 1980, junto a Deputados Federais e Senadores, para a inserção de dispositivo, por meio de emenda, ao então projeto de lei que tramitava no Congresso Nacional. WAINER, Ann Helen. "Legislação ambiental brasileira: evolução histórica do direito ambiental". In: MILARÉ, Édis; MACHADO, Paulo Affonso Leme. *Direito ambiental: doutrinas essenciais*. (Fundamentos do direito ambiental). São Paulo: Revista dos Tribunais, v. I, p. 719.

42. STJ, REsp n. 1.198.727/MG, 2ª Turma, Rel. Min. Herman Benjamin, j. 14.08.2012.

de la norma jurídica que hacen los jueces tende a aceptarse e inspira una homogeneización y progreso del Derecho Ambiental".[43] Em outras palavras, a jurisprudência dá vida ao Direito, uma vez que possibilita a aplicação do Direito Ambiental de acordo com o seu atual "estado da arte", superando as deficiências legislativas eventualmente existentes e com o propósito maior de realizar do ideal de justiça nos casos concretos.

No caso brasileiro, a questão ambiental, em sentido amplo, alcançou todas as esferas judiciais, encontrando, inclusive, grande espaço na pauta dos nossos Tribunais Superiores (Superior Tribunal de Justiça e Supremo Tribunal Federal). Há inúmeras decisões judiciais que avançaram em relação à legislação ambiental, muitas vezes influenciadas pela doutrina, consagrando novos institutos jurídico-ambientais ou mesmo dando interpretação mais protetiva ao ambiente, inclusive a ponto de reconhecer um princípio hermenêutico "*in dubio pro natura*", conforme referido na epígrafe da abertura deste tópico. A título de exemplo, podemos citar o reconhecimento do direito ao ambiente como direito fundamental (e humano) de terceira dimensão[44], a caracterização da imprescritibilidade do dano ambiental[45], a inversão do ônus da prova em matéria ambiental[46], a adoção da teoria do risco integral em matéria ambiental (inadmitindo as excludentes de ilicitude)[47], o reconhecimento do dano moral ambiental coletivo[48], bem como a incidência da garantia (e princípio) da proibição de retrocesso em matéria ambiental[49]. Muito embora a doutrina especializada já tratar de tais questões, a jurisprudência foi fundamental para fortalecer o regime jurídico de proteção ambiental e, em alguns casos, inovar no reconhecimento de institutos jurídicos ambientais, avançando em relação à previsão legislativa em sentido textual e estrito.[50]

Cada vez mais, verifica-se também uma tendência de a jurisprudência nacional[51] estar em sintonia com a jurisprudência de tribunais internacionais, como é o caso, por exemplo, da Corte Internacional de Direitos Humanos, da Corte Interamericana de Direitos Humanos, da Corte Europeia de Direitos Humanos, da Corte Internacional de Justiça e do Tribunal de Justiça da União Europeia[52]. Isso ocorre em razão do diálogo cada vez mais intenso de fontes normativas, já que a legislação internacional em matéria ambiental (tratados, convenções e seus respectivos protocolos adicionais, etc.) é, muitas vezes, incorporada no plano doméstico ou nacional, inclusive, conforme tratamos em tópico antecedente, com *status* jurídico-hierárquico constitucional ou, pelo menos, supralegal[53], dada a natureza de direito humano inerente ao direito ao ambiente. Há, à luz desse cenário normativo "integrador", um caminhar conjunto e interdependente entre a legislação, a doutrina e a jurisprudência na conformação do regime jurídico que envolve a proteção do ambiente. A consolidação e evolução permanente do Direito Ambiental, por sua vez, depende totalmente dessa articulação. Os Juízes e Tribunais, por sua vez, têm um papel crucial nesse processo de "dar vida ao Direito", buscando integrar os elementos diversos normativos com o propósito de assegurar a efetividade da legislação ambiental nos casos concretos em que são provocados a intervir.

4.3. Costume como fonte do Direito Ambiental?

A utilização do costume como fonte do Direito Ambiental deve ser vista com certa cautela.[54] Não que os costumes não expressem, em alguma medida, os valores sociais que legitimam e conformam o próprio Direito. E aí também estaria inserida a discussão envolvendo o tratamento dos movimentos ecológicos e das entidades ambientalistas como fonte complementar ou auxiliar do Direito Ambiental. Mas a crítica que alguns autores fazem sobre a questão diz respeito ao fato de o Direito Ambiental colocar-se "contra" determinados usos e costumes arraigados na nossa sociedade. E, nesse cenário, o Direito Ambiental teria um papel de enfrentamento de tais práticas sociais, no sentido

43. VALLS, "*Manual de derecho ambiental...*", p. 143.
44. STF, MS n. 22.164/SP, Rel. Min. Celso de Mello, j. 30.10.1995.
45. STJ, REsp n. 1.120.117/AC, 2ª Turma, Rel. Min. Eliana Calmon, j. 10.11.2009.
46. STJ, REsp n. 1.060.753/SP, 2ª Turma, Rel. Min. Eliana Calmon, j. 01.12.2009.
47. STJ, REsp n. 1.114.398/PR, 2ª Seção, Rel. Min. Sidnei Beneti, j. 08.02.2012.
48. STJ, REsp n. 1.180.078/MG, 2ª Turma, Rel. Min. Herman Benjamin, j. 02.12.2010
49. STJ, REsp n. 302.906/SP, 2ª Turma, Rel. Min. Herman Benjamin, j. 26.08.2010.
50. No tocante à produção jurisprudencial nacional, v. PASSOS DE FREITAS, Vladimir (Coord.). *Julgamentos históricos do direito ambiental*. Campinas: Millenium, 2010; PASSOS DE FREITAS, Gilberto (Org.). *A jurisprudência do Tribunal de Justiça de São Paulo em matéria ambiental*. Campinas: Millenium, 2005; e, especificamente sobre a jurisprudência do STJ, SOARES JÚNIOR, Jarbas; ALVARENGA, Luciano José (Coords.). *Direito ambiental no STJ*. Belo Horizonte: Del Rey, 2010.
51. Destacando a relevância da jurisprudência como fonte material do Direito Ambiental Internacional, v. TELES DA SILVA, "*Direito ambiental internacional...*", p. 23-24.
52. A respeito da jurisprudência do Tribunal de Justiça da União Europeia em matéria ambiental, v. GOMES, Carla Amado. "*Follow the Green Brick Road*: apontamentos sobre a evolução da jurisprudência do Tribunal de Justiça da União Europeia em matéria ambiental". In: GOMES, Carla Amado. *Direito ambiental*: o ambiente como objeto e os objetos do direito do ambiente. Curitiba: Juruá, 2010. p. 171-207.
53. STF, HC n. 94.523/SP, 1ª Turma, Rel. Min. Carlos Ayres Britto, j. 10.02.2009.
54. Sobre o costume como fonte (formal) do direito internacional ambiental, v. TELES DA SILVA, "*Direito ambiental internacional...*", p. 16.

de limitá-las e transformá-las. Sob tal ótica, Mario Valls identifica, no Direito Ambiental, uma "función correctiva de esos usos y costumbres".[55] Como as práticas ecológicas são ainda, em certa medida e a depender da cultura local, "novidades" para grande parte das sociedades (por exemplo, a simples separação do lixo doméstico), a prevalecer os usos e costumes hoje vigentes, sem entrar na discussão sobre o papel do Estado em promover políticas públicas de educação e conscientização ambiental, o prejuízo ecológico seria evidente e contrário à proteção jurídica do ambiente.

Outro exemplo que parece elucidar tal cenário diz respeito a certas manifestações culturais lesivas aos valores e direitos ecológicos como, por exemplo, a "farra do boi" verificada no Estado de Santa Catarina e que, inclusive, foi objeto de ação judicial perante o Supremo Tribunal Federal. Na decisão em questão, o Ministro Francisco Rezek, ao reconhecer que tal prática é abertamente violenta e cruel para com os animais, estando, portanto, em desacordo com a CF/1988, afirmou que "manifestações culturais são as práticas existentes em outras partes do país, que também envolvem bois submetidos à farra do público, mas de pano, de madeira, de '*papier maché*'; não seres vivos, dotados de sensibilidade e preservados pela Constituição da República contra esse gênero de comportamento"[56]. Em outras palavras, cabe ao Direito Ambiental enfrentar e provocar a mudança de certos costumes, notadamente daqueles que violam direitos e valores ecológicos, de tal sorte que, a nosso ver, o tratamento dos costumes como fonte do Direito Ambiental deve ser visto com alguma reserva.

5. FONTES COMPLEMENTARES DO DIREITO AMBIENTAL

5.1. Direito Comparado

O Direito Comparado é fonte complementar extremamente relevante no âmbito do Direito Ambiental. E não apenas no tocante ao Direito Nacional (ou Doméstico), uma vez que o próprio Direito Internacional também se serve de experiências legislativas adotadas no plano doméstico por determinados Estados-Nação para aprimorar o ordenamento internacional. O estudo de impacto ambiental revela um exemplo bastante evidente desse diálogo normativo. A sua origem está na legislação norte-americana, mais precisamente na Lei da Política Nacional do Meio Ambiente (*National Environmental Policy Act* – NEPA), de 1970. O diploma em questão estabeleceu a exigência de estudo de impacto ambiental (*Environmental Impact Statement*) para as hipóteses de grandes ações federais com significativo impacto ambiental (*Significant Effect on the Environment*). O instituto consagrado no âmbito da NEPA representa a origem de um dos instrumentos jurídicos de proteção ambiental mais importante de todos os tempos. A partir da consagração normativa feita pela NEPA, que se deu antes mesmo da própria Conferência e Declaração de Estocolmo sobre o Meio Ambiente Humano (1972), tanto a legislação internacional[57] quanto os ordenamentos nacionais de diversos países passaram a incorporar tal instrumento de proteção ambiental, inclusive o ordenamento jurídico brasileiro, por intermédio nossa da Lei da Política Nacional do Meio Ambiente (art. 9º, III e IV, da Lei n. 6.938/1981) e, posteriormente, pela própria CF/1988 (art. 225, § 1º, IV). Outro exemplo normativo "doméstico" que ganhou projeção internacional e comparada está no princípio da precaução, originado na legislação ambiental alemã na década de 1970, no âmbito do Programa de Meio Ambiente do Governo Federal (*Umweltprogramm der Bundesregierung*) de 1971, sobretudo em vista das modificações nas definições da política ambiental levadas a efeito no ano de 1976.[58]

Há um intercâmbio normativo cada vez maior entre as legislações nacionais, com um aproveitamento recíproco de conteúdo, sempre nutridas com o propósito de aprimoramento das legislações domésticas. Hoje, por exemplo, do ponto de vista do regime jurídico constitucional de proteção ambiental, a Constituição Equatoriana de 2008 estabeleceu um novo paradigma extremamente inovador, ao reconhecer expressamente os Direitos da Natureza (ou, como previsto no seu texto, da "Pachamama"). Se esse modelo irá ser adotado futuramente por outras Constituições mundo afora, só o tempo dirá, mas não há dúvida que o referencial normativo suscitado oxigena o Direito Ambiental de um modo geral e estabelece a reflexão a respeito do reconhecimento de direitos para além do espectro humano também em outros países e ordenamentos jurídicos, especialmente no contexto latino-americano. Essa é a riqueza proporcionada pelo estudo do Direito Ambiental em perspectiva comparada. O direito comunitário europeu é outro exemplo que ganha cada vez maior relevância no tocante à proteção ecológica, sendo um referencial normativo fundamental em perspectiva comparada. Enfim, o caráter global e transfronteiriço da crise ecológica fazem com que os diferentes sistemas nacionais de proteção ambiental (em sintonia com o sistema internacional) possam convergir no sentido de uma integração normativa cada vez maior, dialogando mutuamente, sem prejuízo da necessária filtragem dos referenciais estrangeiros à luz das peculiaridades e mesmo condicionamentos jurídico-políticos, mas também sociais, econômicos e culturais, de cada ordenamento jurídico-estatal, especialmente para o efeito de níveis reforçar

55. VALLS, "*Manual de derecho ambiental...*", p. 144-145.

56. STF, RE n. 153.531-8-SC, Rel. Min. Francisco Resek, j. 03.06.1997.

57. No plano internacional, o Programa das Nações Unidas para o Meio Ambiente (PNUMA) editou, no ano de 1987, as Orientações sobre os Objetivos e Princípios da Avaliação do Impacto Ambiental (*Guidelines on Goals and Principles of Environmental Impact Assessment*). Disponível em: <http://www.unep.org/regionalseas/publications/reports/RSRS/pdfs/rsrs122.pdf>.

58. KLOEPFER, "*Umweltrecht...*", p. 173.

(e não diminuir) os níveis de proteção jurídica e material do ambiente.

5.2. Conhecimento científico (em especial, no âmbito das ciências naturais)

Os avanços que verificamos na compreensão da crise ecológica e dos fenômenos ambientais que estão na sua base são resultado, em grande medida, do maior domínio e desenvolvimento científico que temos hoje. Não fosse o trabalho de pesquisa desenvolvido por inúmeros cientistas e instituições de pesquisa (públicas e privadas) ao redor do mundo, nós certamente não teríamos a compreensão que temos hoje das causas e consequências da crise ecológica. Isso, por certo, é fundamental para a adoção das medidas adequadas para o seu enfrentamento, inclusive em termos jurídicos. Assim como a evolução tecnológica e científica está na base da crise ambiental, como tratamos no tópico sobre a ética ecológica, ela também está na sua resolução e superação. É certo que ainda há limitações na compreensão de todos os fenômenos ecológicos, em especial por conta da complexidade de alguns processos e do efeito cumulativo da degradação ambiental. Mas muito avanço já se fez se comparado à informação que tínhamos, por exemplo, no período em que surgiu o movimento ambientalista na década de 1960. A importância do conhecimento científico no enfrentamento da crise ecológica é indiscutível. Diga-se de passagem, talvez a grande maioria dos problemas ambientais que vivenciamos ao longo dos tempos foi denunciada e levada ao debate público por especialistas das mais diversas áreas da ciência (basta lembrarmos o exemplo de Rachel Carson, bióloga marinha, no tocante à poluição química provocada pelos agrotóxicos), muito antes da sua percepção e conhecimento por parte do público em geral. No mesmo sentido, a relação estabelecida por pesquisadores suecos entre as emissões de enxofre na Inglaterra e na Alemanha e a chuva ácida verificada na Escandinávia foi um grande impulso para a Conferência de Estocolmo de 1972.[59]

Isso tudo reflete no espectro jurídico também. O Direito Ambiental, como talvez nenhuma outra área ou disciplina jurídica, está umbilicalmente vinculado ao conhecimento científico. Segundo Michel Prieur, o Direito Ambiental é profundamente marcado pela sua dependência em face das ciências e da tecnologia.[60] Cada avanço no campo científico relacionado à temática ecológica pode, num segundo momento, interferir no plano normativo, exigindo a regulação de novas matérias. Isso, por certo, não é algo novo. Basta voltar no tempo e identificar o impacto que tiveram, por exemplo, o Relatório do Clube de Roma (no início da década de 1970) e o Relatório Nosso Futuro Comum (na segunda metade da década de 1980). Ou seja, dois estudos, com forte conotação científica, que foram referenciais para estabelecer a pauta política que conduziu, em última instância, à adoção de mecanismos jurídicos. Atualmente, o Painel Intergovernamental sobre Mudança do Clima (IPCC) da Organização das Nações Unidas (ONU) nos parece um bom exemplo para caracterizar essa situação. Todos os governos dos países, seus cidadãos e atores políticos mais importantes, tanto no plano nacional quanto internacional, voltaram-se, no início de fevereiro de 2007, para a informação divulgada no 4º Relatório de Avaliação da Saúde da Atmosfera (AR4), o qual foi elaborado pelo quadro de cientistas que integram o IPCC, impulsionando diversos países a editarem legislações para enfrentar a questão das mudanças climáticas. É o que ocorreu no Brasil, com a edição da Lei n. 12.187/2009. Certamente, viveremos um novo momento semelhante em 2014, quando está prevista a divulgação do 5º Relatório de Avaliação da Saúde da Atmosfera.

Outro documento científico relevante diz respeito ao Panorama Ambiental Global (*Global Environmental Outlook* – GEO), produzido pelo Programa das Nações Unidas para o Meio Ambiente (PNUMA). Na sua quinta edição, o 5º Panorama Ambiental Global (GEO 5), divulgado no final de 2011, serviu como estudo científico e estatístico preparatório para contribuir nas discussões e tomadas de decisão no âmbito da Conferência das Nações Unidas sobre Desenvolvimento Sustentável (Rio + 20), ocorrida em junho de 2012, na Cidade do Rio de Janeiro. Há, nesse sentido, várias entidades ambientalistas que concentram a sua atuação, acima de tudo, na produção de conhecimento científico para amparar a sua luta em prol do ambiente. A título de exemplo, a IUCN é uma entidade ambientalista – de ampla atuação no cenário internacional – com forte viés científico, produzindo trabalhos da mais alta relevância científica em diversas temáticas, inclusive na área jurídica.

O Direito Ambiental, à luz desse enfoque, é chamado por alguns doutrinadores como *direito da técnica* (*Technikrecht*), dada a relação visceral que possui com a técnica e o conhecimento científico. Há, inclusive, na própria legislação ambiental de alguns países, como se verifica no exemplo alemão, uma espécie de cláusula do "estado da técnica" (*Stand der Technik*)[61], ou seja, a partir do desenvolvimento da técnica em determinadas áreas do conhecimento e atividades correlatas no sentido de favorecerem a proteção ambiental, há a previsão legislativa de que as mesmas devem ser utilizadas nas atividades e empreendimentos poluidores em detrimento de outras já superadas e mais prejudiciais ao ambiente. A título de exemplo, podemos imaginar hipótese de nova descoberta científica que proporcione técnicas para eliminar completamente a poluição atmosférica produzida por determinada atividade industrial. Na legislação ambiental alemã, essa é a previsão do art. 3 (§ 3), § 6º, da Lei Federal de Controle de Emissões (*Bundes-Immissionsschutzgesetz – BimSchG*), de 1974. Com conteúdo bastante

59. BODANSKY, Daniel. *The art and craft of international environmental law*. Cambridge: Harvard University Press, 2010. p. 19.
60. PRIEUR, "*Droit de l'environnement...*", p. 6.
61. KLOEPFER "*Umweltrech...*", p. 147.

similar, destaca-se o dever geral de utilização da "melhor tecnologia disponível" (*Best Available Technology* – BAT)[62], consagrado em alguns diplomas ambientais internacionais (por exemplo, a Convenção de Helsinki sobre a Proteção e Uso dos Cursos de Água Transfronfeiriços e dos Lagos Internacionais de 1992). De acordo com a definição trazida pela Convenção de Helsinki, prevista no seu Anexo I, a "melhor tecnologia disponível" significa "o último estágio de desenvolvimento de processos, instalações ou métodos de operação que indicam a adequação prática de uma medida particular para limitar descargas, emissões e desperdícios". A partir das considerações formuladas, a nosso ver, não se pode subestimar o papel dos cientistas nos rumos da proteção jurídica do ambiente, devendo o conhecimento científico de interesse ecológico (sobretudo no campo das ciências naturais) ser considerada fonte complementar do Direito Ambiental.

5.3. Organizações não governamentais (ONGs) voltadas à proteção ambiental

O Direito Ambiental é, sem dúvida, um dos melhores exemplos entre as disciplinas jurídicas para demonstrar como as reivindicações sociais e a articulação da sociedade civil de forma organizada em torno de uma causa alavancaram e legitimaram inovações jurídicas. Se pensarmos em perspectiva histórica, é relativamente curto o "espaço de tempo" existente entre a consolidação dos valores ecológicos no âmbito comunitário e a elaboração das primeiras legislações protetivas do ambiente. Tomando a década de 1960 como o período do surgimento do movimento ambientalista no plano comparado, já ao longo da década de 1970 deu-se a consolidação da legislação ambiental em alguns países, como nos Estados Unidos e na Alemanha. No Brasil, a Lei n. 6.938/1981 deu conta de "juridicizar" as demandas do movimento ambientalista brasileiro, já operante no território nacional desde o início da Década de 1970. Alguns anos depois, a Lei da Ação Civil Pública (Lei n. 7.347/1985) reconheceu a legitimidade das entidades ambientalistas para a propositura de ação civil pública em defesa do ambiente (art. 5º, V). Em sede comparada, a relevância das organizações não governamentais de proteção ambiental pode ser exemplificada pela legislação portuguesa por meio da Lei das Organizações Não Governamentais de Ambiente – ONGAs (Lei n. 35, de 18 de julho de 1998). O diploma em questão tem como propósito assegurar especial tratamento jurídico às entidades ambientalistas, inclusive reconhecendo a sua utilidade pública (art. 4º), além de inúmeras garantias e prerrogativas.

Há, sem dúvida e conforme já pontuamos anteriormente, reservas ao tratamento das organizações não governamentais (ONGs) voltadas à proteção ambiental como "fonte" do Direito Ambiental. Mas, muito embora a dificuldade de considerá-las como fonte jurídica em sentido estrito, nos parece relevante tratar as entidades ambientalistas como uma espécie de "fonte complementar ou auxiliar" do Direito Ambiental. A nosso ver, as reivindicações e a atuação das organizações da sociedade civil em torno da proteção ambiental conferem legitimidade ao Direito Ambiental. Além disso, há atuação extremamente ativa de entidades ambientalistas nos fóruns nacionais e internacionais voltados à temática ambiental. Em diversas ocasiões, é possível identificar a participação direta de tais entidades, amparadas na maioria das vezes por estudos de renomados especialistas, na elaboração de relatórios, documentos e até mesmo de projetos legislativos (nacionais e internacionais) ambientais. Talvez como em nenhum outro ramo jurídico, há espaço relevante para a intervenção das entidades da sociedade civil organizada no processo político que conduz à elaboração legislativa, o que é particularmente visível no cenário internacional.[63] De modo ilustrativo, provavelmente o exemplo mais expressivo da organização e atuação política da sociedade civil no âmbito internacional, pelo prisma da temática ecológica, seja o Fórum Global realizado paralelamente à Conferência da ONU sobre Desenvolvimento Sustentável (Eco-92), ocorrido na cidade do Rio de Janeiro, em junho de 1992.[64]

6. CONSIDERAÇÕES FINAIS

A título conclusivo, podemos afirmar que o permanente diálogo das diferentes fontes (formais, materiais e complementares) caracteriza a essência do Direito Ambiental, acompanhando a evolução das relações jurídicas de natureza ecológica e oferecendo respostas adequadas para a efetivação da legislação ambiental.

A natureza dinâmica e em constante renovação das novas ameaças à qualidade, ao equilíbrio e à segurança ambiental exigem do intérprete da norma ambiental uma compreensão panorâmica e complexa do fenómeno ecológico pelo prisma jurídico.

As fontes do Direito Ambiental, nesse contexto, são fundamentais para tal leitura e captação da realidade, partindo-se de uma compreensão integradora e dialética. A efetivação do Direito Ambiental, em última instância, depende desse olhar hermenêutico sistemático e abrangente, colocando a norma jurídica a serviço da proteção da Natureza.

62. Na doutrina, v. KISS, Alexandre; SHELTON, Dinah. *Guide to international environmental law*. Leiden/Boston: Martinus Hijhoff Publishers, 2007. p. 120-121.

63. No sentido de admitir a necessidade de reavaliação das fontes clássicas do Direito Internacional Público em vista das peculiaridades do Direito Internacional do Meio Ambiente, notadamente em relação ao reconhecimento da atuação cada vez mais constante das organizações não governamentais (ONGs) na construção do marco jurídico internacional em matéria ambiental, v. MAZZUOLI, "*Curso de direito internacional público*...", p. 1.039.

64. Sobre o tema, v. LEIS, Héctor Ricardo. *A modernidade insustentável*: as críticas do ambientalismo à sociedade contemporânea. Florianópolis/Petrópolis: UFSC/Vozes, 1999. p. 57-58.

A proteção da liberdade religiosa como efetivação dos direitos fundamentais no meio ambiente do trabalho

8

Jair Aparecido Cardoso[1]
Fernanda Menezes Leite[2]
Sandra Helena Favaretto[3]

1. INTRODUÇÃO

Partindo-se de premissas jusnaturalistas, pode-se afirmar que a função precípua do Estado é a proteção dos direitos naturais essenciais (dignidade, vida, liberdade, propriedade, entre outros), o que inspirou os legisladores constitucionais, em especial os responsáveis pela Constituição Cidadã brasileira de 1988, a posicionarem os referidos ideais sob a guarida de garantias fundamentais. Desse modo, ocupando a hierarquia máxima do ordenamento jurídico, estariam resguardados de qualquer afronta ou restrição de qualquer ordem, mormente por serem tidos como absolutos.

Contudo, tendo em vista a amplitude de salvaguarda, o exercício desses direitos pode resultar em conflito entre eles mesmos, demandando a restrição de desempenho de um, ou todos, através de um juízo de ponderação de interesses diante do caso concreto. Tal situação ganha relevância quando advém no meio ambiente de trabalho, espaço em que, notoriamente, convivem interesses contrapostos, e que facilita a ofensa ao princípio da dignidade da pessoa humana, pela natural disparidade de armas existente entre os sujeitos da relação de emprego.

É nesse contexto que o presente estudo pretende analisar, no meio ambiente do trabalho, cuja proteção e manutenção de salubridade estão previstas constitucionalmente e são de obrigação de todos (arts. 200, VIII e 225), se há observância da garantia fundamental da liberdade religiosa e de crença (art. 5º, VI), de modo a permitir seu efetivo exercício a todos os envolvidos, empregados e empregadores.

A liberdade de manifestação da crença não pode ser arguida a fim de frustrar a demonstração de terceiros, seja em local público ou privado. Assim, o local de trabalho também é o meio de desenvolvimento da fé, podendo constituir, inclusive, a própria atividade empresarial. Contudo, ainda que seja garantia fundamental, caberá alguma restrição em seu desempenho quando outras liberdades, como a livre-iniciativa (art. 1º, IV) com ela conflitarem, mas preservando-se o núcleo essencial dos direitos. E é a medida dessa limitação do exercício que procuraremos concluir no final desta pesquisa.

2. MEIO AMBIENTE DO TRABALHO E DIREITOS FUNDAMENTAIS

A sedimentação dos direitos fundamentais como normas obrigatórias é resultado de uma evolução histórica. Na Antiguidade greco-romana, inexistiam direitos fundamentais válidos para todas as pessoas. O primeiro marco relevante para o acolhimento da ideia de direitos do homem

---

1. Professor da Faculdade de Direito de Ribeirão Preto – FDRP/USP; Doutor em Direito pela Pontifícia Universidade Católica de São Paulo – PUC-SP, graduado e mestre em Direito pela Universidade Metodista de Piracicaba – UNIMEP; Líder do grupo de pesquisa (CNPQ) "A Transformação do Direito do Trabalho na sociedade pós-moderna e seus reflexos no mundo do trabalho" da FDRP/USP; jaircardoso@usp.br.
2. Graduada e mestre em Direito pela Faculdade de Direito de Ribeirão Preto da Universidade de São Paulo – FDRP/USP. Especialista em Direito Constitucional pela Universidade Estácio de Sá. Membro do grupo de pesquisa (CNPQ) "A Transformação do Direito do Trabalho na sociedade pós-moderna e seus reflexos no mundo do trabalho" da FDRP/USP. *E-mail:* <fernanda.menezes.leite@usp.br>.
3. Mestranda em Direito pela Faculdade de Direito de Ribeirão Preto (FDRP-USP); MBA em Direito Empresarial pela Fundação para Pesquisa e Desenvolvimento da Administração, Contabilidade e Economia (FUNDACE-USP); Especialista em Direito e Processo do Trabalho pela Universidade de Ribeirão Preto (UNAERP); Graduada em Direito pela Pontifícia Universidade Católica de Campinas (PUCCAMP); Membro do grupo de pesquisa (CNPQ) "A Transformação do Direito do Trabalho na sociedade pós-moderna e seus reflexos no mundo do trabalho "da FDRP/USP. E-mail: <sandra.favaretto@usp.br>.

ocorreu com o Cristianismo, momento no qual surge o ensinamento de que o homem é criado à imagem e semelhança de Deus[4].

Nos séculos XVII e XVIII, as teorias contratualistas destacaram a submissão da autoridade política do Estado ao indivíduo. Isso porque "o Estado serve aos cidadãos, é instituição concatenada para lhes garantir os direitos básicos"[5]. Dessa forma, os direitos fundamentais surgiram inicialmente como direitos de defesa face ao Estado, a princípio, o potencial violador desses direitos.

Posteriormente, haverá a incorporação de novas acepções a noção de direitos fundamentais, buscando-se suprimir os anseios e as necessidades que surgiram na sociedade. Por esta razão, a doutrina constitucional majoritária reconhece três dimensões[6] de direitos fundamentais, a saber, direitos de liberdade, de igualdade e de fraternidade[7].

A primeira dimensão dos direitos fundamentais são os direitos de liberdade, os quais marcam a passagem de um Estado autoritário para um Estado de Direito. Conforme mencionado anteriormente, são direitos de resistência e oposição do indivíduo perante o Estado[8]. Os direitos fundamentais de segunda dimensão, decorrentes da Revolução Industrial europeia do século XIX, vão evidenciar os direitos de igualdade[9], isto é, direitos sociais, culturais e econômicos, que geram ao indivíduo poderes de exigir prestações positivas concretas do Estado.

A terceira dimensão dos direitos fundamentais é marcada pelo surgimento de novos problemas e preocupações de âmbito mundial, como a questão da preservação ambiental e da proteção dos consumidores. Assim, essa dimensão é marcada pelo valor fraternidade, o qual fez surgir a noção de direitos transindividuais, ou seja, direitos que vão além dos interesses do indivíduo[10].

Nesse cenário, os direitos fundamentais podem ser conceituados, de modo geral, como situações jurídicas sem as quais a pessoa humana não se realiza, não convive e, às vezes, nem mesmo sobrevive[11]. Assim, esses direitos devem ser a todos, por igual, reconhecidos e efetivados. Nas palavras de Júlio Ricardo de Paula Amaral:

> Os direitos fundamentais podem ser concebidos como atributos naturais atinentes ao homem, ligados essencialmente aos valores da dignidade, liberdade e igualdade, decorrentes da sua própria existência, com fundamento na dignidade da pessoa humana[12].

Segundo Gilmar Mendes e Paulo Gustavo Branco[13], o que difere os direitos fundamentais dos direitos humanos é o fato de os primeiros estarem consagrados em diplomas normativos de cada Estado. Isto é, a locução direitos fundamentais é reservada a direitos que vigem numa ordem jurídica concreta, sendo, por isso, garantidos e limitados no espaço e no tempo, pois são assegurados na medida em que cada Estado os consagra. Já a expressão direitos humanos é empregada para designar pretensões de respeito à pessoa humana inseridas em documentos de direito internacional.

No Brasil, a Constituição Federal de 1988 (CF/1988) trouxe os direitos fundamentais em seu Título II, subdividindo-os em cinco capítulos: direitos individuais e coletivos, direitos sociais, direitos de nacionalidade, direitos políticos e direitos relacionados aos partidos políticos[14]. Contudo, os direitos elencados compõem um rol meramente exemplificativo, uma vez que o § 2º do art. 5º da CF/1988 estabelece que "os direitos e garantias expressos nesta Constituição não excluem outros decorrentes do regime e dos princípios por ela adotados, ou dos tratados internacionais que a República Federativa do Brasil seja parte".

Ademais, prevê o § 1º do referido art. 5º da CF/1988 que "as normas definidoras dos direitos e garantias fundamentais têm aplicação imediata". É certo que há normas constitucionais relativas a direitos fundamentais que carecem da intervenção do legislador infraconstitucional para que produzam todos os seus efeitos, o que levou José Afonso da Silva a classificar as normas definidoras dos direitos fundamentais em normas de eficácia plena, contida e limitada[15].

---

4. MENDES, Gilmar Ferreira; BRANCO, Paulo Gustavo Gonet. *Curso de Direito Constitucional*. 8. ed. São Paulo: Saraiva, 2013. p. 136.
5. *Idem*.
6. Adotamos a expressão dimensão, em razão da doutrina atual preferir a expressão "dimensão" dos direitos fundamentais, por entender que uma nova "dimensão" não abandonaria as conquistas da "dimensão" anterior, e assim, esta expressão se mostraria mais adequada no sentido de proibição de evolução reacionária. (LENZA, Pedro. *Direito Constitucional Esquematizado*. 20. ed. São Paulo: Saraiva, 2016. p. 1.156).
7. Cabe mencionar que há juristas que propõem a existência de uma quarta e até uma quinta dimensão dos direitos fundamentais.
8. BONAVIDES, Paulo. *Curso de Direito Constitucional*. 26. ed. São Paulo: Malheiros, 2011. p. 564.
9. Igualdade substancial, real e material, e não meramente formal.
10. LENZA, Pedro. *Direito Constitucional Esquematizado*. *Op. cit*., p. 1158.
11. SILVA, José Afonso da. *Curso de Direito Constitucional Positivo*. 35. ed. São Paulo: Malheiros, 2012. p. 178.
12. AMARAL, Júlio Ricardo de Paula. Os direitos fundamentais e a constitucionalização do Direito do Trabalho. In: *Revista do Ministério Público do Trabalho*, ano XX, n. 40, p. 154, set. 2010.
13. MENDES, Gilmar Ferreira; BRANCO, Paulo Gustavo Gonet. *Curso de Direito Constitucional*. *Op. cit*., p. 147.
14. MORAES, Alexandre de. *Direito Constitucional*. 27. ed. São Paulo: Atlas, 2011. p. 34.
15. SILVA, José Afonso da. *Curso de Direito Constitucional Positivo*. p. 180.

Contudo, Gilmar Mendes e Paulo Gustavo Branco explicam que o § 1º do art. 5º da Constituição Federal deve ser entendido como uma norma-princípio, que estabelece uma ordem de otimização, isto é, uma determinação para que se confira a maior eficácia possível aos direitos fundamentais[16]. Assim, "o princípio em tela valeria como indicador de aplicabilidade imediata da norma constitucional, devendo-se presumir a sua perfeição, quando possível"[17].

Outra questão importante acerca da eficácia dos direitos fundamentais diz respeito à sua incidência nos planos vertical e/ou horizontal. Nesse contexto, é pacífico o entendimento de que os direitos fundamentais são dotados de eficácia vertical, ou seja, que eles se aplicam nas relações entre o Poder Público e o particular, impondo limites à atuação dos governantes em favor dos governados.

Contudo, há divergências a respeito da eficácia horizontal dos direitos fundamentais, isto é, no tocante a sua aplicabilidade nas relações privadas. Há uma primeira corrente, de caráter estritamente liberal, que nega tal eficácia[18]. Por outro lado, existe uma segunda corrente que defende a eficácia entre pares, a qual pode ser subdividida em duas teorias: teoria da eficácia indireta (mediata) ou direta (imediata)[19].

A teoria da eficácia indireta ou mediata dos direitos fundamentais sustenta que os particulares não são automaticamente sujeitos passivos desses direitos, mas podem estar vinculados, desde que legislador estabeleça como e quais direitos fundamentais são aplicáveis às relações privadas. Já a teoria da eficácia direta ou imediata argumenta que alguns direitos fundamentais podem ser aplicados às relações privadas sem que haja a necessidade de "intermediação legislativa" para a sua concretização.

Ao analisar alguns precedentes do Supremo Tribunal Federal (STF), Pedro Lenza[20] conclui que há uma tendência no âmbito do Tribunal Superior para aplicação da teoria da eficácia direta dos direitos fundamentais às relações privadas. No mesmo sentido posicionam-se Daniel Sarmento e Fábio Rodrigues Gomes, segundo os quais ter somente o Estado vinculado aos direitos fundamentais representaria um grave prejuízo ao seu real significado de existência, a partir do novo contexto social, haja vista que o poder privado se torna igualmente imponente para praticar violências e opressões, principalmente no contexto de profundas desigualdades econômicas[21].

Esclarece Ingo Wolfgang Sarlet[22] que há duas considerações a respeito da teoria da eficácia dos direitos fundamentais às relações privadas. A primeira, quando há relativa igualdade das partes figurantes da relação jurídica, caso em que deve prevalecer o princípio da liberdade para ambas, somente se admitindo eficácia direta dos direitos fundamentais na hipótese de lesão ou ameaça ao princípio da dignidade da pessoa humana ou aos direitos da personalidade. A segunda consideração diz respeito a situação em que a relação privada ocorre entre um indivíduo (ou grupo de indivíduos) e os detentores de poder econômico ou social, caso em que, de acordo com o referido autor, há um certo consenso para se admitir a aplicação da eficácia horizontal, pois tal relação privada assemelha-se àquela que se estabelece entre os particulares e o poder público (eficácia vertical).

Neste contexto, Carlos Henrique Bezerra Leite[23] afirma que, no âmbito das relações de trabalho, especificamente nos sítios da relação empregatícia, não há dúvidas a respeito da aplicação da eficácia horizontal dos direitos fundamentais sociais trabalhistas, em razão do poder empregatício reconhecido ao empregador (art. 2º da CLT), o qual gera uma relação assimétrica entre as partes. Inclusive, assinala o referido autor que começam a despontar na mais alta corte trabalhista alguns acórdãos encampando a eficácia horizontal dos direitos fundamentais nas relações trabalhistas[24].

Com efeito, o trabalhador, ao transpor os portões da empresa, obviamente não se despoja de sua cidadania e assim deve ter assegurado o pleno exercício dos direitos fundamentais atribuídos a todos os cidadãos[25]. Desse modo, não há como excluir do ambiente laboral a necessidade de aplicação, proteção e concretização dos direitos fundamentais, haja vista que o empregado não renuncia a sua condição enquanto pessoa ao ceder sua força de trabalho em troca de remuneração.

Diante do exposto, em razão da evidente situação de desigualdade do trabalhador na relação jurídica trabalhista,

---

16. MENDES, Gilmar Ferreira; BRANCO, Paulo Gustavo Gonet. *Curso de Direito Constitucional. Op. cit.*, p. 155.
17. *Idem.*
18. QUEIROZ, Phillipe Ramon Cerqueira. *A incidência do direito fundamental à liberdade religiosa nas relações de emprego*: uma análise a partir da teoria do dever de acomodação razoável. 2018. 79 f. Monografia. Universidade Federal da Bahia. Salvador: 2018. p. 33.
19. LENZA, Pedro. *Direito Constitucional Esquematizado. Op. cit.*, p. 1.164/1.165.
20. *Ibidem*, p. 1.166.
21. SARMENTO, Daniel; GOMES, Fábio Rodrigues. A eficácia dos direitos fundamentais nas relações entre particulares: o caso das relações de trabalho. *Revista do TST*, Brasília, v. 77, n. 4, p. 60-101, out.-dez. 2011.
22. SARLET, Ingo Wolfgang. *A eficácia dos direitos fundamentais*. 6. ed. Porto Alegre: Livraria do Advogado, 2006. p. 392-400.
23. LEITE, Carlos Henrique Bezerra. *Curso de Direito do Trabalho*. 11. ed. São Paulo: Saraiva Educação, 2019. p. 215.
24. É o que se depreende dos seguintes julgados: TST-AIRR 1220-63.2016.5.09.0562, Rel. Min. José Roberto Freire Pimenta, 2ª T., DEJT 24.08.2018; TST-AIRR 123-29.2016.5.21.0001, Rel. Min. Mauricio Godinho Delgado, 3ª T., DEJT 24.08.2018. (LEITE, Carlos Henrique Bezerra. *Curso de Direito do Trabalho. Op. cit.* p. 226-230).
25. ABRANTES, José João. *Contrato de trabalho e direitos fundamentais*. Coimbra: Coimbra, 2005. p. 60.

pode-se afirmar que há vinculação do particular aos direitos fundamentais, os quais incidirão direta e imediatamente sobre as relações de trabalho e, consequentemente, no tocante ao meio ambiente do trabalho. Isto é, o meio ambiente de trabalho deve respeitar o direito fundamental à dignidade da pessoa humana e todos os outros princípios constitucionais de igual valor e importância dele decorrentes, como o direito fundamental à liberdade religiosa, ponto que será analisado com mais detalhes nos próximos tópicos.

3. LIBERDADE RELIGIOSA COMO DIREITO FUNDAMENTAL

A crença em divindades ou em poder independente e superior aos homens é um dos costumes mais antigos do indivíduo e o acompanha desde a formação das primevas sociedades, tendo em vista uma inerente (ainda que não unânime) necessidade humana de relacionar-se e submeter-se a tais figuras, baseada, muitas vezes, no conforto espiritual que os ensinamentos religiosos oferecem diante das mazelas mundanas. E, em razão de seu caráter sensível e regular emprego político, a liberdade religiosa – que compreende a liberdade de consciência, de crença e de culto – constitui uma das mais antigas e substanciais reivindicações do sujeito[26].

Isso porque, em nome da dominação política, territorial ou mesmo por intolerância ao estranho, há na história da humanidade incontáveis episódios de perseguições e massacres fundamentados na profissão de uma fé, tornando esta, segundo Jellinek, a primeira concepção de um direito universal do homem[27]. Não é por menos que o direito à liberdade religiosa tenha conquistado, há muito tempo, a atenção e preocupação em documentos transnacionais e nacionais que cuidam dos direitos humanos e fundamentais, não obstante a diversidade de tratamentos apresentados.

Nesse sentido, a Declaração Universal dos Direitos do Homem (DUDH), de 1948, é um dos principais documentos internacionais que estabelece proteção à liberdade de consciência e de crença, dispondo em seu art. XVIII que "Todo ser humano tem direito à liberdade de pensamento, consciência e religião; este direito inclui a liberdade de mudar de religião ou crença e a liberdade de manifestar essa religião ou crença, pelo ensino, pela prática, pelo culto e pela observância, em público ou em particular". Nota-se que houve a preocupação de seus idealizadores em salvaguardar, inclusive, a liberdade de manifestação do credo, seja em ambiente público ou particular.

Visando aprimorar a proteção do referido direito fundamental, o Pacto Internacional dos Direitos Civis e Políticos, de 1966, cuidou de repetir o texto da DUDH e, para além, ampliou sua acolhida ao prever a proibição de medidas coercitivas que restrinjam tal direito e a liberdade dos pais em definir a educação religiosa dos filhos, conforme texto do art. 18:

> 1. Toda pessoa terá direito à liberdade de pensamento, de consciência e de religião. Esse direito implicará a liberdade de ter ou adotar uma religião ou uma crença de sua escolha e a liberdade de professar sua religião ou crença, individual ou coletivamente, tanto pública como privadamente, por meio do culto, da celebração de ritos, de práticas e do ensino. 2. Ninguém poderá ser submetido a medidas coercitivas que possam restringir sua liberdade de ter ou de adotar uma religião ou crença de sua escolha. 3. A liberdade de manifestar a própria religião ou crença estará sujeita apenas à limitações previstas em lei e que se façam necessárias para proteger a segurança, a ordem, a saúde ou a moral públicas ou os direitos e as liberdades das demais pessoas. 4. Os Estados-Partes do presente Pacto comprometem-se a respeitar a liberdade dos pais e, quando for o caso, dos tutores legais – de assegurar a educação religiosa e moral dos filhos que esteja de acordo com suas próprias convicções.

No plano do sistema interamericano de defesa de direitos humanos, os mesmos termos foram adotados pelo Pacto de San Jose da Costa Rica (Convenção Americana de Direitos Humanos de 1969), em seu art. 12, que, praticamente, reproduziu a previsão à liberdade de pensamento e crença disposta pelo Pacto Internacional de Direitos Civis e Políticos. No mesmo sentido seguiram outros diplomas regionais como a Convenção Europeia de Direitos Humanos, de 1950, e a Carta Africana de Direitos Humanos e dos povos, de 1981, cujos textos trazem disposição expressa de proteção à liberdade religiosa, resguardando aos cidadãos o direito de professar e manifestar seu credo.

Na esfera interna, a salvaguarda da liberdade de crença está prevista desde a Constituição Imperial de 1824, a qual não dispunha expressamente sobre a manifestação de consciência e pensamento (art. 179), assim como sua sucessora de 1891, cujo texto, todavia, protegia o exercício de direitos civis e políticos (art. 72, § 28), embora permitisse a perda desses últimos caso o cidadão alegasse motivos de crença religiosa para eximir-se do cumprimento de suas obrigações legais (art. 72, § 29). Não se verificou avanços na Constituição de 1934 e o diploma de 1937, ainda que prevendo a liberdade religiosa e de culto, também manteve-se silente quanto à liberdade de consciência (art. 122, n. 4). Esta somente foi mencionada constitucionalmente na Constituição de 1946, que assinalou em seu art. 141, §§ 7º e 8º:

26. SARLET, Ingo Wolfgang; MARINONI, Luis Guilherme; MITIDIERO, Daniel. *Curso de Direito Constitucional*. 8. ed. São Paulo: Saraiva Educação, 2019. p. 525.
27. JELLINEK, Georg. *La declaración de los derechos Del hombre y Del ciudadano*. Trad. Adolfo Posada. México: Unam, 2003. p. 115 e ss.

Art. 141. A Constituição assegura aos brasileiros e aos estrangeiros residentes no país a inviolabilidade dos direitos concernentes à vida, à liberdade, à segurança individual e à propriedade, nos têrmos seguintes: § 7º É inviolável a liberdade de consciência e de crença e assegurado o livre exercício dos cultos religiosos, salvo o dos que contrariem a ordem pública ou os bons costumes. As associações religiosas adquirirão personalidade jurídica na forma da lei civil. § 8º Por motivo de convicção religiosa, filosófica ou política, ninguém será privado de nenhum dos seus direitos, salvo se a invocar para se eximir de obrigação, encargo ou serviço impostos pela lei aos brasileiros em geral, ou recusar os que ela estabelecer em substituição daqueles deveres, a fim de atender escusa de consciência.

Essa mesma lógica foi seguida pelas Constituições de 1967 e EC n. 1/69 sem grandes novidades.

Mantendo a sistematização das últimas ordenações, a Constituição da República de 1988, estabelecida em um Estado Democrático de Direito e fundamentada no princípio da dignidade humana, posicionou o direito à liberdade de consciência e de crença dentro do título de Direitos e Garantias Fundamentais (Título II) como um dos direitos individuais, portanto, um direito fundamental.

Há de relevar que a presença de tal proteção, assim como a referência a Deus no preâmbulo do documento, não desfigura a laicidade do Estado Brasileiro, tendo em vista que a opção por um estado religiosamente neutro não implica na desconsideração das instituições religiosas e no desprezo pela proteção da profissão de fé dos cidadãos. Ainda que o Governo, enquanto ente ideologicamente neutro, esteja impedido de criar e subvencionar cultos religiosos (art. 19, I, CF/1988)[28], cabe a ele, como destinatário dos deveres de proteção, garantir que todo indivíduo tenha liberdade de adotar, ou não, uma religião, crença ou ideologia e manifestá-las em qualquer ambiente, respeitadas apenas as razoáveis limitações legais.

Isso deve-se ao fato de que, segundo Paulo Gustavo Gonet Branco, o ordenamento jurídico brasileiro considera a religiosidade como um valor, um bem em si mesmo, e, ainda:

> O reconhecimento da liberdade religiosa decerto que contribui para prevenir tensões sociais, na medida em que, por ela, o pluralismo se instala e se neutralizam rancores e desavenças decorrentes do veto oficial a crenças quaisquer. O reconhecimento da liberdade religiosa também tem por si o argumento de que tantas vezes a formação moral contribui para moldar o bom cidadão. Essas razoes, contudo, não são suficientes em si para explicar a razão de ser da liberdade de crença. A Constituição assegura a liberdade dos crentes, porque toma a religião como um bem valioso por si mesmo, e quer resguardar os que buscam a Deus de obstáculo para que pratiquem os seus deveres religiosos. Entende-se, assim, a preocupação do constituinte em garantir o culto e as liturgias das religiões (art. 5º, VI, da CF), bem como, e em decorrência, a imunidade tributária que institui no art. 150, VI, *b*, do Texto Magno.[29]

Por isso, é dever do Estado assegurar a liberdade de religião a fim de que as pessoas possam professar sua fé, por meio da remoção de entraves e comportamentos que impeçam a adoção ou manifestação de crenças e ideologias.

Considerando essa natureza de dever estatal, há também de atentar-se para a dupla perspectiva do direito à liberdade de consciência e crença, consubstanciando-se em direito de defesa (negativo) e direito a prestações fáticas e jurídicas (positivo). Ambas facetas correspondem à dimensão subjetiva dos direitos fundamentais, a qual corresponde "à exigência de uma ação negativa (em especial, de respeito ao espaço de liberdade do indivíduo) ou positiva de outrem, e, ainda, correspondem a competências – em que não se cogita de exigir comportamento ativo ou omissivo de outrem, mas do poder de modificar-lhes as posições jurídicas". [30]

Como direito de defesa entende-se aquele que assegure a não interferência estatal na sua realização, cabendo ao ente abster-se de qualquer conduta que impeça ou dificulte a consecução do direito por seu titular, seja mediante políticas públicas ou proposições legislativas que atentem contra determinada garantia. Nessa condição, não pode o Estado adotar comportamento que obste ou prejudique: o exercício do livre direito de escolha da religião a ser professada, ou de não comungar qualquer crença; a exteriorização e manifestação da religião ou ideologia assumida, protegendo seus ritos, cerimônias e locais de culto; a livre organização e administração das entidades religiosas criadas.

Em relação ao viés prestacional, entende-se o direito que o cidadão tem de exigir do ente público a adoção de ações estatais positivas que concretizem a referida garantia, portanto, um "mover-se" do Estado, não bastando a mera atitude de não interferência no exercício da liberdade, o que pode concretizar-se por meio de política pública (ação positiva fática) ou da criação legislativa (ação normativa). No entendimento de Robert Alexy:

> O fato de a satisfação desse tipo de direito [ação positiva *fática*] ocorrer por meio de alguma forma jurídica

28. "Art. 19, CF/1988 – É vedado à União, aos Estados, ao Distrito Federal e aos Municípios: I – estabelecer cultos religiosos ou igrejas, subvencioná-los, embaraçar-lhes o funcionamento ou manter com eles ou seus representantes relações de dependência ou aliança, ressalvada, na forma da lei, a colaboração de interesse público;"
29. MENDES, Gilmar Ferreira; BRANCO, Paulo Gustavo Gonet. *Curso de Direito Constitucional. Op. cit.*, p. 319-320.
30. *Ibid.*, p. 167.

não muda nada no seu caráter de direito a uma ação fática. É indiferente para a satisfação do direito de que forma ela ocorre. [...] A irrelevância da forma jurídica na realização da ação para a satisfação do direito é o critério para distinção entre o direito a ações positivas fáticas e direitos a ações positivas nomativas. Direitos a ações positivas *normativas* são direitos a atos estatais de criação de normas.[31]

Nesse aspecto, para a completa realização da liberdade de consciência e de crença, do modo como está prevista na Carta Magna, há necessidade de que o ente estatal adote comportamentos positivos, especialmente quanto ao inciso VII do art. 5º[32], como propiciar o acesso efetivo à assistência religiosa no âmbito das entidades civis e militares de internação coletiva, permitindo, inclusive, a celebração e participação em cultos, desde que seja de livre vontade do interno.

Conquanto a liberdade religiosa, de consciência e crença seja um direito fundamental protegido interna e internacionalmente e possua forte vínculo com o princípio da dignidade da pessoa humana, não há falar em irrestrita aplicação, de forma absoluta, tendo em vista que seu exercício pode conflitar com a realização de outro direito tão fundamental quanto. Assim, quando um cidadão professa sua fé, a depender das circunstâncias, como local, horário ou maneira de execução, ele pode, ainda que não haja intenção, impedir ou dificultar desmedidamente a prática do direito fundamental de outrem, criando uma colisão de interesses constitucionalmente protegidos, o qual deve ser solucionado (ou evitado) mediante previsão legal ou por decisão judicial.

Para tanto, o legislador constituinte houve por bem estabelecer uma reserva legal à liberdade religiosa, limitando sua atuação quando confrontar-se com deveres de cidadania, como, por exemplo, prevê a parte final do art. 5º, VIII, CF/1988: "ninguém será privado de direitos por motivo de crença religiosa ou de convicção filosófica ou política, *salvo se as invocar para eximir-se de obrigação legal a todos imposta e recusar-se a cumprir prestação alternativa, fixada em lei*". Desse modo, não poderá o indivíduo invocar o direito fundamental à liberdade de credo ou ideologia como justificativa para inobservância de obrigações legais, mormente porque a lei permite o cumprimento de maneira alternativa.

Nota-se que, havendo interferência do exercício de um direito fundamental em outro, não haverá a exclusão de quaisquer deles, mas um julgamento de ponderação de interesses para definir-se, no caso concreto, a medida de restrição que deve ser adotada sobre uma das garantias, resguardando-se sempre o núcleo essencial do direito e observando-se dignidade humana.

Nesse contexto, o meio ambiente de trabalho é o local de provável ocorrência de colisão de direitos, inclusive fundamentais, quando a fé houver de ser professada durante a execução da prestação de serviço, seja por parte do empregado ou do empregador. Cabe, então, analisar de que forma e em que medida deverá ser restringida a liberdade dos sujeitos da relação empregatícia.

4. LIBERDADE RELIGIOSA DO EMPREGADOR

No intuito de assegurar a máxima efetividade dos direitos fundamentais previstos no texto magno ou em qualquer outro diploma, a Constituição Federal de 1988 houve por bem declarar a livre-iniciativa e o valor social do trabalho (art. 1º, IV) como fundamentos desta Pátria, assim como a dignidade da pessoa humana (art. 1º, III)[33]. Em razão da sua importância, ainda que figurem dentre os fundamentos, tais ideais também possuem natureza principiológica.

Nesse sentido, resta reconhecida, constitucionalmente, a liberdade de criar, organizar e definir o objeto da atividade econômica que se pretende desenvolver, como também a plena liberdade de escolher um trabalho, consideradas as exigências previstas em lei. Assim, a livre-iniciativa figura como projeção da liberdade individual no plano da economia.

Ademais, a Carta Magna fundamenta a ordem econômica (art. 170) na valorização do trabalho humano e na livre-iniciativa, a qual tem por desígnio garantir existência digna a todos os cidadãos, com obediência, dentre outros, dos princípios da propriedade privada (também um direito fundamental), função social da propriedade e defesa do meio ambiente, aí incluído o do trabalho (respectivamente, incisos II, III e VI)[34].

Logo, assegurado o direito de exploração de uma atividade econômica, o empresário também é investido das prerrogativas necessárias ao desenvolvimento da empresa, pois a ele atribui-se toda a responsabilidade deste exercício.

31. ALEXY, Robert. *Teoria dos direitos fundamentais*. Trad. Virgílio Afonso da Silva. 2. ed. São Paulo: Malheiros, 2017. p. 202.
32. Art. 5º, CF/1988 – Todos são iguais perante a lei, sem distinção de qualquer natureza, garantindo-se aos brasileiros e aos estrangeiros residentes no País a inviolabilidade do direito à vida, à liberdade, à igualdade, à segurança e à propriedade, nos termos seguintes: VII – é assegurada, nos termos da lei, a prestação de assistência religiosa nas entidades civis e militares de internação coletiva.
33. Art. 1º, CF/1988 – A República Federativa do Brasil, formada pela união indissolúvel dos Estados e Municípios e do Distrito Federal, constitui-se em Estado Democrático de Direito e tem como fundamentos: III – a dignidade da pessoa humana; IV – os valores sociais do trabalho e da livre iniciativa;
34. Art. 170, CF/1988 – A ordem econômica, fundada na valorização do trabalho humano e na livre iniciativa, tem por fim assegurar a todos existência digna, conforme os ditames da justiça social, observados os seguintes princípios: II – propriedade privada; III – função social da propriedade; VI – defesa do meio ambiente, inclusive mediante tratamento diferenciado conforme o impacto ambiental dos produtos e serviços e de seus processos de elaboração e prestação.

Sendo assim, ao aderir ao contrato de trabalho, o empregado coloca-se, juridicamente, subordinado ao empregador e, portanto, sob seu poder diretivo, devendo observar as diretrizes da empresa, aí incluído o respeito às normas que regulamentam o meio ambiente de trabalho.

Contudo, assim como a liberdade religiosa, o poder diretivo do empregador é relativo e limitado, de modo que não se lhe garante a prerrogativa de interferir, injustificadamente, na liberdade religiosa do trabalhador, correndo-se o risco de incorrer em intolerância religiosa. Isso não exclui, todavia, sua responsabilidade pela manutenção de um meio ambiente de trabalho hígido e saudável (cuja proteção constitucional encontra-se disposta na cumulação dos arts. 225 e 200, VIII)[35], devendo reprimir, e abster-se de praticar, toda e qualquer conduta que afronte a salubridade do local. Nas palavras de Alexandre Agra Belmonte:

> Exatamente porque a liberdade religiosa não é um direito ilimitado, cabe ao empregador coibir os abusos no ambiente de trabalho, podendo vedar que os empregados professem sua fé no ambiente de trabalho ou, durante o expediente, busquem persuadir os demais trabalhadores ao ingresso em determinado segmento religioso. Isso porque tais manifestações, incompatíveis com o ambiente de trabalho e a neutralidade que ali deve vigorar de parte a parte, são capazes de provocar perturbação da ordem, ou seja, o normal funcionamento da atividade.[36]

Nesse sentido, é obrigação do empregador supervisionar e cercear, de modo razoável, o comportamento de profissão de fé de funcionários, clientes e terceiros que possam violar a paz no ambiente de trabalho.

Mais que isso, a seleção e a contratação devem ser regidas pela imparcialidade, não cabendo, tampouco, a perquirição sobre as preferências e hábitos religiosos dos candidatos, sob pena de configurar-se tratamento discriminatório, nos termos da Lei n. 9.029/1995, cujo art. 1º[37] proíbe a adoção de qualquer medida discriminatória ao acesso à relação de emprego. Em razão de suas disposições, são tidas como abusivas e discriminatórias as indagações sobre orientação política, religiosa e sexual do candidato ao emprego, assim como exigências de que o emprego comungue de determinado credo ou filosofia, inclusive fora do ambiente de trabalho.

Ocorre que, em determinadas situações, não é possível manter-se a neutralidade religiosa do ambiente de trabalho, como no caso de empresas cuja atividade está diretamente relacionada à difusão da crença ou à prestação de serviços que tenham a fé como fundamento, caracterizando-as como organizações de tendência. Nesses casos, resta analisar se há possibilidade de que, em nome da livre-iniciativa, possa o empregador exigir do empregado a adesão a determinado segmento religioso ou, ainda, a obediência aos seus dogmas.

4.1. Organizações de tendência

Ainda amparadas em parco substrato doutrinário e jurisprudencial, inclusive no direito estrangeiro, as organizações de tendência são espécie de entidade ainda não regulamentada pelo ordenamento jurídico nacional, cujos histórico e conceito apresentados são vagos e imprecisos, em especial quanto aos elementos caracterizadores desta modalidade de negócio. Todavia, tendo em vista sua existência no mundo real, há necessidade de estudo a fim de serem delineadas algumas diretrizes regulamentadoras.

As organizações ideológicas ou de tendência, inicialmente, podem ser definidas como aquelas cuja atividade é, não apenas influenciada, mas, primordialmente, norteada por uma ideologia ou credo e que tenha por fim a difusão desses pensamentos, seja por meio de sua pura manifestação ou pela veiculação da mensagem em produtos ou serviços. Nesses termos, igrejas, empresas de comunicação social ou editoras voltadas à propagação da doutrina religiosa, estabelecimentos de ensino intimamente conectados a comunidades religiosas, podem ser considerados organizações de tendência.

Evidenciando a fundamentação constitucional da organização, Agra Belmonte traz didático conceito:

> As entidades de tendência se caracterizam por estarem voltadas à difusão ou promoção de certa ideologia que, com base no pluralismo político e social, constituem

---

35. Art. 225, CF/1988 – Todos têm direito ao meio ambiente ecologicamente equilibrado, bem de uso comum do povo e essencial à sadia qualidade de vida, impondo-se ao Poder Público e à coletividade o dever de defendê-lo e preservá-lo para as presentes e futuras gerações.

Art. 200, CF/1988 – Ao sistema único de saúde compete, além de outras atribuições, nos termos da lei: VIII – colaborar na proteção do meio ambiente, nele compreendido o do trabalho.

36. BELMONTE, Alexandre Agra. *A tutela das liberdades nas relações de trabalho*: limites e reparação das ofensas às liberdades de consciência, crença, comunicação, manifestação do pensamento, expressão, locomoção, circulação, informação, sindical e sexual do trabalhador. São Paulo: LTr, 2013. p. 65.

37. BRASIL. Lei n. 9.029, de 13 de abril de 1995. Proíbe a exigência de atestados de gravidez e esterilização, e outras práticas discriminatórias, para efeitos admissionais ou de permanência da relação jurídica de trabalho, e dá outras providências. *Diário Oficial da República Federativa do Brasil*, Poder Executivo, Brasília, DF, 17 de abril de 1995. Disponível em: <http://www.planalto.gov.br/ccivil_03/leis/l9029.htm>. Acesso em: 03 maio 2019.

Art. 1º – É proibida a adoção de qualquer prática discriminatória e limitativa para efeito de acesso à relação de trabalho, ou de sua manutenção, por motivo de sexo, origem, raça, cor, estado civil, situação familiar, deficiência, reabilitação profissional, idade, entre outros, ressalvadas, nesse caso, as hipóteses de proteção à criança e ao adolescente previstas no inciso XXXIII do art. 7º da Constituição Federal.

expressão do exercício de direitos fundamentais. A manifestação da ideologia que caracteriza as entidades de tendência resulta da liberdade de expressão, ou seja, da pública manifestação de certa ideologia ou religião, constitutiva de um específico vínculo associativo, que determina o fim que se propõe realizar, direcionado a uma concepção de vida, do homem e do mundo. E que não se confunde, por exemplo, com o mero objeto social de uma empresa ou com a linha de orientação de empresas jornalísticas.[38]

Em princípio, portanto, não há restrição quanto à ausência de fins lucrativos para a configuração de uma empresa como entidade de tendência, embora essa seja uma questão divergente entre os autores. A despeito disso, entendemos que o mero interesse ou inclinação filosófica, ou até mesmo o simples objetivo empresarial, não são suficientes para considerar uma empresa como de tendência. Mas, constatado que o produto ou serviço ofertado é o veículo de difusão da ideologia, tal entidade poderá, então, ser definida como de tendência, ainda que objetive a lucratividade. Para isso, é necessário que a atividade lucrativa não seja um mero instrumento; ao revés, deve estar teleologicamente relacionada com o verdadeiro propósito ideológico do grupo.

Estabelecidos esses parâmetros, devemos analisar seus impactos na relação de emprego, a qual, nos termos dos arts. 2º e 3º, CLT[39], caracteriza-se pela prestação do serviço subordinada, de modo que o empregado deve sujeitar-se, juridicamente, ao poder diretivo do empregador, o qual, em razão da assunção dos riscos do negócio, tem o direito de estabelecer os métodos e metas da produção, controlar, regulamentar e disciplinar a prestação do serviço. Assim, em decorrência do contrato de trabalho, o empregado deve cumprir as ordens determinadas pelo empregador.

Diante dos elementos inatos às organizações de tendência, é inevitável que exija-se do empregado uma certa conduta que se conforme à ideologia do empregador, pois disso depende o funcionamento da empresa. Portanto, nesses casos, deve haver uma identificação do trabalhador com os fins pretendidos pela entidade, não havendo falar em afronta à liberdade de pensamento ou conduta discriminatória, pois, conforme entendeu a Organização Internacional do Trabalho, em sua Convenção 111, ratificada pelo Brasil, o tipo de emprego justifica as qualificações exigidas (art. 1º)[40].

No entanto, considerando a gravidade da invasão na intimidade da pessoa do trabalhador, o poder diretivo do empregador de tendência não pode ser amplo e ilimitado, restringindo-se sua interferência na manifestação de crença apenas daquele empregado que seja portador de tendência, ou *tendenztrãeger*, como a doutrina alemã convencionou chamar.

Nessa senda, dividem-se as atividades empresariais da organização em tarefas de tendência e tarefas neutras. As primeiras são as funções intrinsecamente ligadas à ideologia da entidade, de natureza intelectual, as quais estão intimamente direcionadas à realização e difusão da finalidade precípua da organização. Por seu turno, as tarefas neutras são aquelas não envolvidas no fim ideológico da empresa, tratando-se apenas de atividade-meio, com escasso conteúdo representativo ou ideológico, que se realizam da mesma maneira independente da finalidade pretendida, estando, portanto, descomprometidas perante sua filosofia.

Logo, o empregador apenas poderia limitar as manifestações de crença dos empregados que exercem funções ligadas à ideologia da entidade, pois é por meio de suas condutas que a entidade difunde sua ideologia ao mercado. Por vezes, é a imagem pública desse funcionário que reflete todo o ideal da entidade.

Nesses termos, segue julgado do Tribunal Regional do Trabalho da 1ª Região que aplicou a divisão de tarefas ao empregado de uma organização de tendência:

> DANOS EXTRAPATRIMONIAIS. COLISÃO DE DIREITOS FUNDAMENTAIS. ABUSO DO DIREITO POTESTATIVO DE DISPENSA PERPETRADO POR ORGANIZAÇÃO DE TENDÊNCIA (COLÉGIO CATÓLICO). VIOLAÇÃO À LIBERDADE DE MANIFESTAÇÃO DE PENSAMENTO, INTELECTUAL E ARTÍSTICA DO EMPREGADO (PROFESSOR DE QUÍMICA). DEVER DE REPARAÇÃO. Embora a reclamada possa dispensar o empregado, no presente caso, houve abuso desse direito, já que o professor, que era de química e não de religião, contava com uma década de trabalho para a reclamada, não tinha registro de má conduta e foi dispensado arbitrariamente após ser retirado desrespeitosamente no meio de uma aula que ministrava, no curso do ano letivo (maio de 2009), sequer tendo a oportunidade de despedir-se de seus alunos. E a razão principal para tanto, foi a publicação e venda de seu livro de piadas na livraria terceirizada do colégio, o qual não era utilizado como material didático em suas aulas de química e nem atentava contra a finalidade principal ou os valores religiosos ínsitos à instituição

38. BELMONTE, Alexandre Agra. *op. cit.*, p. 66.

39. Art. 2º, CLT – Considera-se empregador a empresa, individual ou coletiva, que, assumindo os riscos da atividade econômica, admite, assalaria e dirige a prestação pessoal de serviço.

Art. 3º, CLT – Considera-se empregado toda pessoa física que prestar serviços de natureza não eventual a empregador, sob a dependência deste e mediante salário.

40. ORGANIZAÇÃO INTERNACIONAL DO TRABALHO. *Convenção n. 111, de 1960*. Convenção sobre discriminação em matéria de emprego e ocupação. Disponível em: <https://www.ilo.org/brasilia/convencoes/WCMS_235325/lang--pt/index.htm>. Acesso em: 03 maio 2019.

recorrente. Recurso patronal desprovido. (TRT 1º R – RO – 01908006520095010244 – 7ª T. Rel.Sayonara Grillo Coutinho Leonardo da Silva – DJ 05.06.2013)

Desse modo, não há admitir que todas as tarefas da organização de tendência estariam direcionadas ao cumprimento dos fins ideológicos do empregador. Esse entendimento mostra-se o mais consentâneo, tendo em vista que nos contratos de trabalho firmados com esse tipo de entidade, para o específico exercício de funções de tendência, ocorre um incremento das hipóteses de dispensa por justa causa, pela limitação da manifestação de crença do empregado, dentro e fora do trabalho. Sendo assim, é importante que esse ônus recaia somente sobre aqueles trabalhadores que, efetivamente, estejam ligados à difusão da fé.

5. LIBERDADE RELIGIOSA DO EMPREGADO

Conforme exposto, a liberdade religiosa é um direito fundamental consagrado na CF/1988 e, como tal, deve ser efetivado no âmbito das relações privadas (como a trabalhista), em razão da eficácia horizontal dos direitos fundamentais. Contudo, isso não significa que o direito à liberdade religiosa do empregado incida no meio ambiente laboral de forma ampla e irrestrita, uma vez que os direitos fundamentais não são ilimitados e reconhecem a necessidade de harmonização com outras liberdades reconhecidas e protegidas pelo ordenamento jurídico.

Assim, é preciso realizar um juízo de ponderação entre os direitos de propriedade, liberdade contratual e iniciativa econômica privada do empregador e o direito à liberdade religiosa do trabalhador. Para tanto, parte da doutrina utiliza-se da teoria do dever de acomodação razoável, a qual estabelece que é obrigação do empregador acomodar as necessidades religiosas dos seus empregados, salvo se isso lhe causar um custo elevado[41]. De acordo com Junio Barreto dos Reis:

> A liberdade religiosa do empregado deve ser garantida, igualmente, no ambiente de trabalho, porém, ela pode sofrer algumas restrições na medida em que se torna muito onerosa ao empregador garantir a sua prática. O caso concreto, ao ser analisado, deve sempre levar em consideração a teoria da acomodação razoável, ao expressar que o empregador apenas poderá negar o seu pleno gozo caso demonstre que terá um ônus demasiadamente excessivo. Se isso não for demonstrado estar-se-á praticando ato discriminatório, passível de reprimenda pelos órgãos fiscalizadores[42].

Contudo, ainda que se defenda a aplicação da referida teoria, no ordenamento jurídico brasileiro não há um regramento normativo, nem uma construção jurisprudencial sólida a respeito do dever de acomodação razoável. Assim, as soluções dos conflitos que surgem em torno do direito à liberdade religiosa do trabalhador continuam dependendo de um juízo de razoabilidade e proporcionalidade em cada caso concreto.

Nesse contexto, embora o conflito envolvendo o direito à liberdade religiosa do trabalhador e o poder empregatício demande uma análise casuística, serão realizadas algumas observações gerais a respeito dos limites da manifestação religiosa do empregado no local de trabalho.

5.1. Proselitismo religioso no ambiente de trabalho

O proselitismo religioso é definido como a atividade que o crente desenvolve ao difundir, por qualquer meio, as ideias e crenças que professa, com o objetivo de conquistar novos adeptos à sua religião[43]. Segundo Thiago Teraoka, "são atos de proselitismo religioso: divulgar, propagar, convencer, tentar convencer, distribuir panfletos, pregar, ensinar e publicar livros, entre outras formas de instruir os seguidores da religião e/ou angariar novos adeptos"[44].

Há divergências na doutrina a respeito da possibilidade de vedação absoluta do proselitismo religioso no ambiente de trabalho por parte do empregador. Segundo Manoel Jorge e Silva Neto[45], o empregador não deve admitir que os empregados façam proselitismo de determinado segmento religioso no âmbito interno da empresa. Isso porque a empresa é uma comunidade altamente heterogênea e a defesa de concepção religiosa por parte de um empregado pode levar à ofensa de interesses transindividuais dos demais trabalhadores, visto que causa profundo mal-estar, ainda mais quando provêm de superior hierárquico[46].

41. QUEIROZ, Phillipe Ramon Cerqueira. *A incidência do direito fundamental à liberdade religiosa nas relações de emprego*: uma análise a partir da teoria do dever de acomodação razoável. *Op. cit.*, p. 52.
42. REIS, Junio Barreto do. *Liberdade religiosa no ambiente de trabalho e o dever de acomodação*. 2015. 133 f. Dissertação (Mestrado – Programa de Mestrado em Ciência Jurídica) – Centro de Ciências Sociais Aplicadas – CCSA. Universidade Estadual do Norte do Paraná – UENP. Jacarezinho, 2015. p. 122.
43. SANTOS JÚNIOR, Aloísio Cristovam dos. *Liberdade Religiosa e Contrato de Trabalho*: a dogmática dos direitos fundamentais e a construção de respostas constitucionalmente adequadas aos conflitos religiosos no ambiente de trabalho. Niterói: Impetus, 2013. p. 273.
44. TERAOKA, Thiago Massao Cortizo. A liberdade religiosa do Direito Constitucional Brasileiro. 2010. 282 f. Tese (Doutorado – Departamento de Direito do Estado) – Faculdade de Direito da Universidade de São Paulo – FDUSP. São Paulo, 2010. p. 185/186.
45. SILVA NETO, Manoel Jorge e. Liberdade Religiosa e Relações de Trabalho. Questões Controvertidas. As organizações de tendência e o dever de acomodação razoável (*duty of reasonable accommodation*). In: CALSING, Renata de Assis; ALVARENGA, Rúbia Zanotelli de (Coord.). *Direitos humanos e relações sociais trabalhistas*. São Paulo: LTr, 2017.
46. *Idem*.

Por outro lado, Aloísio Santos Júnior[47] defende uma distinção entre o proselitismo abusivo e o não abusivo. O simples ato de o empregado expor sua crença não constitui um ilícito, uma vez que tal situação, por si só, não ofende a liberdade de outrem em não ter uma religião ou professar outra religião. Além disso, em razão da eficácia horizontal dos direitos fundamentais, é assegurada a proteção constitucional do direito à liberdade religiosa no ambiente de trabalho.

Assim, o que deve ser afastada é qualquer tentativa agressiva, insistente e inconveniente praticada em nome desse direito, pois os colegas de trabalho daquele empregado que invoca a sua liberdade religiosa também têm o direito ao trabalho em condições de liberdade. Complementando a ideia, Aloísio Santos Júnior[48] observa que a prática de proselitismo religioso não é compatível com o horário regular de trabalho, mas seria possível durante intervalos ou antes do início ou após o fim do expediente, resguardado o direito dos demais trabalhadores de não participarem se não desejarem.

Por fim, com base na teoria da acomodação razoável, Phillipe Queiroz[49] conclui que não caberia uma norma interna ou disposição contratual que proibisse o proselitismo religioso dentro do ambiente do trabalho, e que muito menos admissível seria uma resilição por justa causa do empregado pelo simples ato de expor sua crença, sob pena de discriminação religiosa.

5.2. Atos de culto no ambiente do trabalho

Do ponto de vista do empregado, a questão dos atos de culto no ambiente do trabalho envolve a situação em que a religião do trabalhador impõe a interrupção da atividade laborativa, em períodos determinados ao longo do dia, para a prática de atos religiosos (é o que se dá, por exemplo, com a religião islâmica). Outro exemplo seriam os atos de cultos organizados, espontaneamente, pelos empregados que são adeptos de uma mesma crença.

Em relação aos atos de culto que exigem a interrupção da atividade laborativa, deve-se analisar as circunstâncias do caso concreto. Desse modo, é preciso observar, por exemplo, se a função do empregado exige trabalho ininterrupto e atenção máxima durante toda a jornada, como é o caso dos vigilantes. Somente se a atividade laboral se demonstrar incompatível com a necessidade religiosa do trabalhador, seria possível ao empregador recusar a prática de atos de culto pelo empregado, sem incorrer em discriminação religiosa[50].

Contudo, cabe observar que há atos de culto que, por traduzirem gestos rápidos e discretos, mesmo quando praticados durante o tempo de trabalho passam despercebidos e não chegam a causar prejuízo à atividade laboral (como, por exemplo, realizar o sinal da cruz), e por essa razão não podem ser considerados abusivos[51].

Já quanto aos atos de cultos organizados, espontaneamente, pelos empregados, defende-se a sua legalidade quando realizados durante o intervalo intrajornada e antes ou depois do expediente, uma vez que não constituiriam um ônus ao empregador, ao mesmo tempo em que se garantiria efetividade ao direito fundamental daqueles empregados[52].

Ademais, observa Phillipe Queiroz[53] que a CLT se mostra ciente da possibilidade de realização de práticas religiosas no ambiente de trabalho, ao estabelecer que não se considera tempo à disposição do empregador o período extraordinário que exceder a jornada normal, quando o empregado, por escolha própria, adentrar ou permanecer nas dependências da empresa para exercer atividades particulares, como prática religiosa (art. 4º, § 2º, inciso I da CLT).

5.3. Uso de signos de identificação religiosa e dias de guarda religiosos

O direito fundamental à liberdade religiosa não se manifesta apenas por meio de atos de culto, mas também por meio de símbolos, hábitos e costumes. Neste cenário, o uso de símbolos religiosos pelos empregados pode gerar um conflito com o poder diretivo do empregador, uma vez que afeta a projeção da imagem da empresa perante o público[54].

Na Europa, o Tribunal de Justiça da União Europeia permitiu que as empresas da região proibissem seus funcionários de usar, durante o horário de trabalho, símbolos que exaltem suas posições religiosas. Contudo, o Tribunal Europeu destacou nas decisões que é preciso manter o princípio do tratamento igualitário, que impede qualquer tipo

47. SANTOS JÚNIOR, Aloísio Cristovam dos. *Liberdade Religiosa e Contrato de Trabalho*: a dogmática dos direitos fundamentais e a construção de respostas constitucionalmente adequadas aos conflitos religiosos no ambiente de trabalho. *Op. cit.*, p. 273.

48. *Idem*.

49. QUEIROZ, Phillipe Ramon Cerqueira. *A incidência do direito fundamental à liberdade religiosa nas relações de emprego*: uma análise a partir da teoria do dever de acomodação razoável. *Op. cit.*, p. 66.

50. *Ibidem*, p. 69.

51. GAUDÊNCIO, Isabelly Cristinny Gomes; GAUDÊNCIO, Aldo Cesar Figueiras. Liberdade Religiosa e Conflitos Religiosos no Ambiente de Trabalho. *Revista de Direito Fundamentais nas Relações do Trabalho, Sociais e Empresariais*. Curitiba, v. 2, n. 2, p. 19-34, jul.-dez. 2016. Disponível em: <http://indexlaw.org/index.php/revistadireitosfundamentais/article/download/1417/1851>. Acesso em: 08 abr. 2019.

52. *Idem*.

53. *Idem*.

54. QUEIROZ, Phillipe Ramon Cerqueira. *A incidência do direito fundamental à liberdade religiosa nas relações de emprego*: uma análise a partir da teoria do dever de acomodação razoável. *Op. cit.*, p. 67.

de diferenciação baseada em religião ou costumes ligados a crenças. Ou seja, deve-se exigir de todos os trabalhadores da empresa que se vistam de forma neutra, sob pena de ser considerada discriminação a imposição direcionada somente a pessoas ligadas a determinada crença[55].

No Brasil, ainda não há jurisprudência consolidada sobre a matéria, de modo que a solução para tal dilema perpassa por uma análise do caso concreto, de acordo com os princípios da razoabilidade e da proporcionalidade.

Contudo, defende Isabelly Gaudêncio e Aldo Gaudêncio[56] que o uso de signos pelos empregados deveria ser, como regra, admitido, sendo possível a vedação apenas por razões de ordem técnica, sanitária ou de segurança, sob pena de discriminação. Do mesmo modo, complementa Phillipe Queiroz[57] que inexiste conflito para uma empresa cujas atividades sejam exercidas todas em ambiente interno e de modo virtual ou telefônico.

Em relação aos dias de guarda religiosos, há divergência na doutrina e na jurisprudência a respeito da possibilidade de o empregador exigir a prática de trabalho nos dias considerados santos e destinados ao repouso e louvor.

Para uma primeira corrente, essa exigência seria possível, pois a empresa não estaria obrigada a tolerar ausências ao serviço em face de sentimentos religiosos. Segundo Edilton Meireles[58], a empresa pode até concordar com a compensação, mas não está obrigada a assim se comportar, pois se poderia chegar à intolerável situação da pessoa que professasse uma religião que proibisse o trabalho ter direito a receber salário sem prestar serviços, tudo em nome da liberdade religiosa.

Além disso, essa corrente entende que se o empregado, sabedor da prática de trabalho na empresa nos dias considerados sacros pela sua crença, aceita o emprego, não poderá depois arguir a sua religiosidade para furtar-se da prestação de serviço nos dias de guarda. A recusa em trabalhar nos dias de guarda somente seria legítima se estabelecida contratualmente ou comunicada ao empregador antes da contratação.

Por outro lado, a segunda corrente defende, com base na teoria do dever de acomodação razoável, que caso a empresa possua condições de acomodar o dia sagrado sem que isso lhe gere encargo excessivo, ela não poderá simplesmente recursar ou dispensar o empregado por justa causa[59].

Assim, o empregador deve buscar alternativas para compatibilizar a necessidade religiosa dos empregados com a realidade da empresa, sob pena de incorrer em atitude discriminatória[60]. A tentativa de se chegar a um consenso, ao mesmo tempo em que evita a criação de um ambiente de trabalho hostil, aumenta a felicidade pessoal de todos os envolvidos, o que consequentemente favorece o aumento da produtividade.

6. CONSIDERAÇÕES FINAIS

O meio ambiente de trabalho deve respeitar as garantias fundamentais, a dignidade da pessoa humana e todos os outros princípios constitucionais de igual valor e importância dele decorrentes, como o direito à liberdade religiosa, em razão da eficácia horizontal dos direitos fundamentais.

Contudo, embora a liberdade religiosa seja um direito fundamental protegido interna e internacionalmente, a sua aplicação não ocorre de forma absoluta, tendo em vista que seu exercício pode conflitar com outros direitos reconhecidos e protegidos pelo ordenamento jurídico. Desse modo, no contexto do meio ambiente de trabalho, é preciso realizar um juízo de ponderação entre os direitos de propriedade, liberdade contratual e iniciativa econômica privada do empregador e o direito à liberdade religiosa do trabalhador.

No tocante ao empregador, conclui-se que, em regra, seu poder diretivo não lhe garante a prerrogativa de interferir na liberdade religiosa do trabalhador, correndo-se o risco de incorrer em prática discriminatória. Contudo, no caso das organizações de tendência, apontou-se que o empregador poderia limitar as manifestações de crença dos empregados que exercem funções ligadas aos valores da entidade, uma vez que é por meio de suas condutas que a entidade difunde sua ideologia ao mercado.

Em relação ao trabalhador, com base na teoria do dever de acomodação razoável, foram realizadas algumas observações casuísticas a respeito dos limites da manifestação religiosa do empregado no local de trabalho. Neste contexto, conclui-se, por exemplo, que não poderia haver uma vedação absoluta do proselitismo religioso no ambiente de trabalho por parte do empregador, sendo necessário realizar uma distinção entre o proselitismo abusivo e o não abusivo.

De modo geral, o presente trabalho buscou demonstrar que as soluções dos conflitos que surgem em torno do

---

55. GRILLO, Brenno. Na Europa, empresas podem proibir empregados de usar símbolo religioso. *Consultor Jurídico – ConJur*. Disponível em: <https://www.conjur.com.br/2017-mar-15/europa-empresa-proibir-empregado-usar-simbolo-religioso>. Acesso em: 09 abr. 2019.
56. GAUDÊNCIO, Isabelly Cristinny Gomes; GAUDÊNCIO, Aldo Cesar Figueiras. Liberdade Religiosa e Conflitos Religiosos no Ambiente de Trabalho. *Op. cit.*
57. QUEIROZ, Phillipe Ramon Cerqueira. *A incidência do direito fundamental à liberdade religiosa nas relações de emprego*: uma análise a partir da teoria do dever de acomodação razoável. *Op. cit.*, p. 68.
58. MEIRELES, Edilton. *Abuso de Direito na Relação de Emprego*. São Paulo: LTr, 2005.
59. SANTOS JÚNIOR, Aloísio Cristovam dos. *Liberdade Religiosa e Contrato de Trabalho*: a dogmática dos direitos fundamentais e a construção de respostas constitucionalmente adequadas aos conflitos religiosos no ambiente de trabalho. *Op. cit.*, p. 402.
60. QUEIROZ, Phillipe Ramon Cerqueira. *A incidência do direito fundamental à liberdade religiosa nas relações de emprego*: uma análise a partir da teoria do dever de acomodação razoável. *Op. cit.*, p. 71.

direito à liberdade religiosa do trabalhador dependem de um juízo de razoabilidade e proporcionalidade em cada caso concreto. O direito fundamental à liberdade religiosa do empregado deve ser compatibilizado com o poder diretivo do empregador, de forma que o meio ambiente do trabalho seja tolerante e capaz de promover a diversidade e o respeito de todos que ali convivem.

7. REFERÊNCIAS

ABRANTES, José João. *Contrato de trabalho e direitos fundamentais*. Coimbra: Coimbra, 2005.

ALEXY, Robert. *Teoria dos direitos fundamentais*. Trad. Virgílio Afonso da Silva. 2. ed. São Paulo: Malheiros, 2017.

AMARAL, Júlio Ricardo de Paula. Os direitos fundamentais e a constitucionalização do Direito do Trabalho. In: *Revista do Ministério Público do Trabalho*, ano XX, n. 40, p. 154, set. 2010.

BELMONTE, Alexandre Agra. *A tutela das liberdades nas relações de trabalho*: limites e reparação das ofensas às liberdades de consciência, crença, comunicação, manifestação do pensamento, expressão, locomoção, circulação, informação, sindical e sexual do trabalhador. São Paulo: LTr, 2013.

BONAVIDES, Paulo. *Curso de Direito Constitucional*. 26. ed. São Paulo: Malheiros, 2011.

BRASIL. Lei n. 9.029, de 13 de abril de 1995. Proíbe a exigência de atestados de gravidez e esterilização, e outras práticas discriminatórias, para efeitos admissionais ou de permanência da relação jurídica de trabalho, e dá outras providências. *Diário Oficial da República Federativa do Brasil*, Poder Executivo, Brasília, DF, 17 de abril de 1995.

GRILLO, Brenno. Na Europa, empresas podem proibir empregados de usar símbolo religioso. *Consultor Jurídico – ConJur*. Disponível em: <https://www.conjur.com.br/2017-mar-15/europa-empresa-proibir-empregado-usar-simbolo-religioso>. Acesso em: 09 abr. 2019.

JELLINEK, Georg. *La declaración de los derechos Del hombre y Del ciudadano*. Trad. Adolfo Posada. México: Unam, 2003.

LEITE, Carlos Henrique Bezerra. *Curso de Direito do Trabalho*. 11. ed. São Paulo: Saraiva Educação, 2019.

LENZA, Pedro. *Direito Constitucional Esquematizado*. 20. ed. São Paulo: Saraiva, 2016.

MEIRELES, Edilton. *Abuso de Direito na Relação de Emprego*. São Paulo: LTr, 2005

MENDES, Gilmar Ferreira; BRANCO, Paulo Gustavo Gonet. *Curso de Direito Constitucional*. 8. ed. São Paulo: Saraiva, 2013.

MORAES, Alexandre de. *Direito Constitucional*. 33. ed. São Paulo: Atlas, 2017.

QUEIROZ, Phillipe Ramon Cerqueira. *A incidência do direito fundamental à liberdade religiosa nas relações de emprego*: uma análise a partir da teoria do dever de acomodação razoável. 2018. 79 f. Monografia. Universidade Federal da Bahia. Salvador: 2018.

SANTOS JÚNIOR, Aloísio Cristovam dos. *Liberdade Religiosa e Contrato de Trabalho*: a dogmática dos direitos fundamentais e a construção de respostas constitucionalmente adequadas aos conflitos religiosos no ambiente de trabalho. Niterói: Impetus, 2013.

SARLET, Ingo Wolfgang. *A eficácia dos direitos fundamentais*. 6. ed. Porto Alegre: Livraria do Advogado, 2006.

SARMENTO, Daniel; GOMES, Fábio Rodrigues. A eficácia dos direitos fundamentais nas relações entre particulares: o caso das relações de trabalho. *Revista do TST*, Brasília, v. 77, n. 4, p. 60-101, out.-dez, 2011.

SARLET, Ingo Wolfgang; MARINONI, Luis Guilherme; MITIDIERO, Daniel. *Curso de Direito Constitucional*. 8. ed. São Paulo: Saraiva Educação, 2019.

SILVA. José Afonso da. *Curso de Direito Constitucional Positivo*. 35. ed. São Paulo: Malheiros, 2012.

SILVA NETO, Manoel Jorge e. Liberdade Religiosa e Relações de Trabalho. Questões Controvertidas. As organizações de tendência e o dever de acomodação razoável (*duty of reasonable accommodation*). In: CALSING, Renata de Assis; ALVARENGA, Rúbia Zanotelli de (Coord.). *Direitos humanos e relações sociais trabalhistas*. São Paulo: LTr, 2017.

REIS, Junio Barreto do. *Liberdade religiosa no ambiente de trabalho e o dever de acomodação*. 2015. 133 f. Dissertação (Mestrado – Programa de Mestrado em Ciência Jurídica) – Centro de Ciências Sociais Aplicadas – CCSA. Universidade Estadual do Norte do Paraná – UENP. Jacarezinho, 2015.

TERAOKA, Thiago Massao Cortizo. *A liberdade Religiosa no Direito Constitucional Brasileiro*. 2010. 282 f. Tese (Doutorado – Departamento de Direito do Estado) – Faculdade de Direito da Universidade de São Paulo – FDUSP. São Paulo, 2010.

Meio ambiente laboral na administração pública: reflexões sob o prisma do princípio da boa administração e das leis sistêmicas (Hellinger)

9

Felipe Pereira Maroubo[1]
Shirlei Silmara de Freitas Mello[2]

1. INTRODUÇÃO

A conduta sistêmica, por meio de suas leis, é fator determinante para proporcionar uma releitura das ações do agente público e do administrado nas suas relações com a máquina. Ela é capaz de mover a Administração Pública em direção a técnicas que proporcionam um giro de lucidez, intelecção e abertura para novos horizontes, que alcançam um ponto frequentemente negligenciado: por que não tratar o meio ambiente laboral da Administração Pública, iluminado pela hierarquia, pelo pertencimento e pelo equilíbrio de troca entre o dar e o receber, como fator que influencia diretamente a efetividade do princípio da boa administração? Com o intuito de tratar deste tema, o trabalho organiza-se em três partes.

Na primeira parte, realiza-se uma análise propedêutica sobre o conceito possível de meio ambiente e seu desenvolvimento como direito fundamental, dos desdobramentos e tipos de meio ambiente, bem como a aferição sobre em que consiste o meio ambiente do trabalho. Cumpre-nos debruçar sobre este tipo específico de meio ambiente, a fim de avaliá-lo sob o paradigma da boa administração e das leis sistêmicas. O conceito tradicional não mais permite considerar as novas manifestações culturais e os problemas laborais coletivos, razão pela qual se vislumbra discutir as dimensões multifacetadas do trabalho e as relações intercambiáveis entre trabalho, meio ambiente, saúde e tecnologia. Além disso, busca-se desenvolver o direito ao meio ambiente do trabalho como direito fundamental essencial ao desenvolvimento humano e amparado na ação ou omissão do Estado e da sociedade, em cumprimento aos diplomas internacionais, constitucional e infraconstitucionais brasileiros. A partir disso, pretende-se reforçar a asserção de que a lesão ao meio ambiente também o é aos seres humanos que dependem deste ambiente, cabendo ao ordenamento jurídico proporcionar garantias para fazer frente às ameaças concretas e à reparação ou compensação da lesão ocorrida. Por fim, especificam-se as discussões sobre o meio ambiente do trabalho no âmbito da Administração Pública, de modo a compreender os fatores tecnológicos, sociais e econômicos que influíram no redesenho da figura do servidor público do século XXI, sujeito à importação de tecnologias gerenciais positivas do setor privado e dos efeitos perversos do estresse ocupacional psicológico ou fisiológico no novo ambiente organizacional da Administração Pública.

Na segunda parte, o artigo perquire a relação entre o princípio da boa administração e o meio ambiente laboral na Administração Pública. Pretende-se fixar que o Estado realiza suas atividades por meio do exercício de funções jurídicas e materiais, de modo que a função administrativa se exerce por meio do processo administrativo, que, enquanto caminho de edição de atos, deve ser conduzido por agentes públicos capazes, competentes e imparciais. Sendo assim, destacam-se os desdobramentos do dever de boa administração em elementos como juridicidade, transparência e boa-fé objetiva. Nesse contexto, o *paper* desenvolve a noção de que, ao lado dos princípios fundamentais de boa administração (ou bom andamento) e de imparcialidade, a Administração deve ater-se à economicidade, à eficiência e à eficácia. Com destaque ao princípio da eficiência, demonstra-se que ele se coaduna com o impositivo do

---

1. Mestrando em Direito Público pela Universidade do Estado do Rio de Janeiro (UERJ). Bacharel em Direito pela Universidade Federal de Uberlândia (UFU) com mobilidade internacional pela Universidade do Porto, Portugal (UP). Advogado do Município de Leme/SP. E-mail: <fmaroubo@hotmail.com>.

2. Professora Titular de Direito Administrativo e Processo Administrativo na Universidade Federal de Uberlândia (UFU). Pós-Doutorado pela Aalborg University, Dinamarca (AAU). Bacharel, Especialista e Doutora em Direito pela Universidade Federal de Minas Gerais (UFMG). E-mail: <shirleimello@ufu.br>.

razoável, sendo imprescindível para a fixação do princípio da boa administração como preceito primordial para a realização de políticas públicas direcionadas à realização plena de direitos e garantias fundamentais. Portanto, enfrenta-se a seguinte indagação: sendo o processo administrativo um processo participativo, como falar de eficiência e boa administração sem humanização no exercício da função administrativa? Para tanto, é preciso agregar um novo olhar ao dever de eficiência no exercício da função administrativa: a humanização do exercício desta função pela aplicação das leis sistêmicas.

Por fim, na terceira parte, o trabalho afere a aplicabilidade e a funcionalidade da postura sistêmica (leis sistêmicas) no meio ambiente de trabalho no âmbito da Administração Pública. A partir desta compreensão, há o reconhecimento (i) de um inconsciente sistêmico, de grupo, além do inconsciente individual e coletivo, (ii) de que há três ordens do amor (hierarquia, pertencimento e equilíbrio), cujo descumprimento provoca sofrimentos em vários níveis e (iii) de que é possível de se atingir, pela prática das constelações, uma solução perene e pacificadora dos conflitos decorrentes dos relacionamentos humanos, frequentemente trazidos a conhecimento do Estado pelas variadas vias processuais. Neste ponto, investiga-se a temática das constelações familiares como abordagem fenomenológica terapêutica voltada para o trabalho sobre um tema específico trazido por um integrante daquele sistema. A razão é compreender que as informações de um sistema se propagam entre seus membros no tempo e no espaço, de forma não-verbal, de célula a célula, de modo que padrões de comportamento se repetem inconscientemente por meio das ações dos integrantes de um sistema. O artigo pretende, ainda, considerando que "tudo que existe está entrelaçado em um relacionamento sistêmico", fundamentar a assertiva de que "dentro de um sistema, cada parte influencia o todo e o todo influencia cada parte", existindo, portanto, uma economia do conjunto que, toda vez que violada, provoca movimentos de recomposição de seu equilíbrio.

Deste modo, alguns acontecimentos no seio familiar, tanto generosos e altruístas quanto desonestos e ilegais, irradiam seus reflexos por gerações e gerações, em outros contextos, como o ambiente e a cultura organizacional do Poder Público (meio ambiente do trabalho na Administração Pública), criando dinâmicas que transcendem limites temporais e geográficos, operando atitudes de compensação em havendo desequilíbrio no sistema, caso tais processos psicoafetivos não sejam reconhecidos e trabalhados.

2. MEIO AMBIENTE DO TRABALHO NA ADMINISTRAÇÃO PÚBLICA: UM DIREITO FUNDAMENTAL

A Política Nacional do Meio Ambiente – Lei n. 6.938/1980 – conceitua o meio ambiente no art. 3º, inciso I, como o "conjunto de condições, leis, influências e interações de ordem física, química e biológica, que permite, abriga e rege a vida em todas as suas formas".

Neste contexto, com o intuito de esquadrinhar as especificidades deste conceito de extensa dimensão, a doutrina decompõe o meio ambiente em quatro tipos principais: (i) o meio ambiente natural, composto pelos recursos em si mesmos considerados e em relacionamento; (ii) o meio ambiente artificial, caracterizado pelo cenário construído ou modificado pelo ser humano; (iii) o meio ambiente cultural, integrado pelo patrimônio histórico, artístico, paisagístico, ecológico, científico e turístico, bem como pelos bens materiais e imateriais; e, por fim, (iv) o meio ambiente do trabalho, constituído pelo conjunto de fatores relacionados ao ambiente laboral[3]. Neste estudo, cumpre-nos debruçar sobre este último desdobramento do meio ambiente, a fim de avaliá-lo sob o paradigma da boa administração e das leis sistêmicas.

Isto posto, o meio ambiente do trabalho consiste no lugar onde o trabalhador exerce a sua profissão ou desenvolve a sua atividade, remunerada ou não. Esta acepção liga-se à finalidade específica de buscar o equilíbrio e a salubridade do meio ambiente, preservando-se a incolumidade física e psíquica e a qualidade de vida do trabalhador, o qual tem o direito de trabalhar em ambientes libertos de agentes nocivos à sua saúde, segurança e integridade. Portanto, a segurança e a higidez do ambiente trabalhista (ordem física, química, biológica, mecânica, ergonômica e cultural) se associam como pilares de um meio ambiente que proporcione a aquisição, pelo trabalhador, de dignidade humana, um dos fundamentos da República Federativa do Brasil (art. 1º, inciso III, da Constituição)[4].

Um dos principais desafios contemporâneos é a superação definitiva da visão restrita de meio ambiente. A terminologia insculpida no art. 200, inciso VIII, da Constituição, referencia a necessidade de proteção ambiental laboral com um alcance mais amplo do que aquele meramente empregatício. O conceito tradicional, baseado na concepção de que meio ambiente se resume à fauna e à flora, desconsidera as novas manifestações culturais e os problemas coletivos laborais. Em vista disso, caso adotada, a interpretação ultrapassada reforçaria uma visão estereotipada e, portanto,

3. FARIAS, Talden Queiroz. Meio Ambiente do Trabalho. *Revista Direito e Liberdade – ESMARN – Escola da Magistratura do RN*, Mossoró, v. 6, n. 2, p. 443-462, jan.-jun. 2007. Disponível em: <https://core.ac.uk/download/pdf/16046225.pdf>. Acesso em: 07 maio 2019.

4. FARIAS, Talden Queiroz. Meio Ambiente do Trabalho. *Revista Direito e Liberdade – ESMARN – Escola da Magistratura do RN*, Mossoró, v. 6, n. 2, p. 443-462, jan.-jun. 2007. Disponível em: <https://core.ac.uk/download/pdf/16046225.pdf>. Acesso em: 07 maio 2019.

potencializaria os efeitos nefastos da deterioração das condições trabalhistas e a aniquilação do meio ambiente[5].

Neste sentido, o meio ambiente do trabalho ultrapassa as preocupações sobre a periculosidade e a insalubridade, debruçando-se sobre modernas questões afetas a duas principais inquietações: (a) a higidez ergonômica, que pressupõe a preocupação com as ciências e tecnologias aplicadas à adaptação confortável e produtiva do ser humano ao seu trabalho; e (b) a higidez mental, a qual incumbe o combate à fadiga mental, à desatenção, à perda de sensibilidade, ao retardamento de reflexos e ao desenvolvimento de doenças psíquicas ou psicossomáticas, como a esquizofrenia, a depressão e as psicoses[6]. Em outros termos, há dimensões multifacetadas do trabalho e influências intercambiáveis nas relações entre trabalho, meio ambiente, saúde e tecnologia[7].

Ademais, a doutrina contempla três visões de meio ambiente do trabalho, quais sejam: (i) o meio ambiente *strictu sensu*, que se resume ao local estrita e geograficamente limitado ao espaço onde é exercício o ofício (*v.g.* a repartição pública); (ii) o meio ambiente *lato sensu*, composto pelo ambiente abrangente em que se exercem as atividades laborais, contemplando-se os deslocamentos possíveis do trabalhador durante o exercício de sua atividade (*v.g.* o órgão público como um todo); e (iii) o meio ambiente de trabalho de terceiros, constituído pela probabilidade de modificação do meio ambiente de trabalho de terceiro pela ação laboral de outrem. Abarca não somente o lugar em que se labora, mas todo o lugar em que reside e todo o ambiente sensorial urbano e rural à volta do trabalhador. Logo, abrange todo o plexo de relações biológicas, psicológicas e sociais[8].

Enquanto elemento jurídico-normativo, o direito ao meio ambiente do trabalho consta no rol de direitos fundamentais imprescindíveis à plenitude do desenvolvimento humano, que demanda atuação positiva ou negativa do Estado e da sociedade para efetivá-lo. Este direito encontra-se no grupo de direitos humanos fundamentais de terceira dimensão[9], isto é, entre os direitos transindividuais, cuja titularidade é da coletividade como um todo e não apenas de um indivíduo ou grupo específico[10].

O direito ao meio ambiente do trabalho está permeado em todo o texto constitucional, com ênfase nos arts. 7º, incisos XXII e XXIII, 170 e 225, da Constituição. Afirma-se, com apego à concepção clássica, que são direitos dos trabalhadores urbanos e rurais, além de outros que visem à melhoria de sua condição social (i) a redução dos riscos inerentes ao trabalho, por meio de normas de saúde, higiene e segurança; e (ii) adicional de remuneração para as atividades penosas, insalubres ou perigosas, na forma da lei. Além disso, a Constituição determina que a ordem econômica está fundada na valorização do trabalho e da livre-iniciativa, tendo como finalidade a garantia da existência digna, a justiça social e a defesa do meio ambiente, cabendo ao Poder Público controlar a produção, a comercialização e o emprego de técnicas, métodos e substâncias que comportem risco para a vida, à qualidade de vida e ao meio ambiente. O enfoque sobre os riscos laborais é preventivo, de modo a impedir que as atividades do trabalhador lesionem a sua própria integridade, bem como ao mesmo tempo impede que o processo produtivo arrisque os recursos naturais imprescindíveis à manutenção da vida[11], o que impõe limites à atuação da livre-iniciativa. Por fim, destaca-se que o texto constitucional expressamente prevê que todos têm direito ao meio ambiente ecologicamente equilibrado, bem de uso comum do povo e essencial à sadia qualidade de vida, impondo-se ao Poder Público e à coletividade o dever de defendê-lo e preservá-lo às presentes e futuras gerações.

No âmbito do direito internacional e infraconstitucional brasileiro, respectivamente, há um vasto arcabouço legislativo sobre o meio ambiente do trabalho, capitaneado pelo Pacto Internacional dos Direitos Econômicos Sociais e Culturais e as Convenções ns. 148 e 155 da Organização Internacional do Trabalho, bem como normativas brasileiras preocupadas com a prevenção de riscos ambientais, sobretudo quando presente a possibilidade de exposição direta

5. FARIAS, Talden Queiroz. Meio Ambiente do Trabalho. *Revista Direito e Liberdade – ESMARN – Escola da Magistratura do RN*, Mossoró, v. 6, n. 2, p. 443-462, jan.-jun. 2007. Disponível em: <https://core.ac.uk/download/pdf/16046225.pdf>. Acesso em: 07 maio 2019.
6. FELICIANO, Guilherme Guimarães. Meio Ambiente do Trabalho: aspectos gerais e propedêuticos. *Revista do TRT da 15ª Região*, Campinas, n. 20, p. 160-203, set. 2002. Disponível em: <https://juslaboris.tst.jus.br/handle/20.500.12178/109018?show=full>. Acesso em: 07 maio 2019.
7. PADILHA, Norma Sueli. Meio ambiente do trabalho: um direito fundamental do trabalhador e a superação da monetização do risco. *Revista do TST*, Brasília, v. 79, n. 4, out.-dez. 2013. Disponível em: <https://juslaboris.tst.jus.br/handle/20.500.12178/55993>. Acesso em: 07 maio 2019.
8. FARIAS, Talden Queiroz. Meio Ambiente do Trabalho. *Revista Direito e Liberdade – ESMARN – Escola da Magistratura do RN*, Mossoró, v. 6, n. 2, p. 443-462, jan.-jun. 2007. Disponível em: <https://core.ac.uk/download/pdf/16046225.pdf>. Acesso em: 07 maio 2019.
9. PADILHA, Norma Sueli. O equilíbrio do meio ambiente do trabalho: direito fundamental do trabalhador e de espaço interdisciplinar entre o direito do trabalho e o direito ambiental. *Revista do Tribunal Superior do Trabalho*, Brasília: Lex Magister, v. 77, n. 4, p. 231-258, out.-dez. 2011. Acesso em: <https://juslaboris.tst.jus.br/handle/20.500.12178/28356>. Disponível em: 07 maio 2019.
10. FARIAS, Talden Queiroz. Meio Ambiente do Trabalho. *Revista Direito e Liberdade – ESMARN – Escola da Magistratura do RN*, Mossoró, v. 6, n. 2, p. 443-462, jan.-jun. 2007. Disponível em: <https://core.ac.uk/download/pdf/16046225.pdf>. Acesso em: 07 maio 2019.
11. FARIAS, Talden Queiroz. Meio Ambiente do Trabalho. *Revista Direito e Liberdade – ESMARN – Escola da Magistratura do RN*, Mossoró, v. 6, n. 2, p. 443-462, jan.-jun. 2007. Disponível em: <https://core.ac.uk/download/pdf/16046225.pdf>. Acesso em: 07 maio 2019.

a condições penosas e a agentes insalubres ou perigosos[12]. Destaca-se a Declaração de Estocolmo sobre o ambiente humano, de 1972, que inscreve o papel do ser humano como parte integrante e responsável pelo meio ambiente:

> O homem é ao mesmo tempo obra e construtor do meio ambiente que o cerca, o qual lhe dá sustento material e lhe oferece oportunidade para desenvolver-se intelectual, moral, social e espiritualmente. Em larga e tortuosa evolução da raça humana neste planeta chegou-se a uma etapa em que, graças à rápida aceleração da ciência e da tecnologia, o homem adquiriu o poder de transformar, de inúmeras maneiras e em uma escala sem precedentes, tudo que o cerca. Os dois aspectos do meio ambiente humano, o natural e o artificial, são essenciais para o bem-estar do homem e para o gozo dos direitos humanos fundamentais, inclusive o direito à vida.

Se a temática do meio ambiente do trabalho requer a reflexão sobre as condições de higiene e salubridade em que uma atividade é cumprida pelo empregado, em atenção ao contrato firmado com o responsável hierárquico, isso demanda a discussão de outras questões interdisciplinares. Isso porque o tratamento conglobado do direito ao ambiente e do direito ao trabalho digno possibilita o aperfeiçoamento de um direito metaindividual, que transcende a classificação de público ou privado e traz à tona a necessidade de aliar elementos de outros campos, a fim de sustentar a autonomia do direito ambiental do trabalho. Deste modo, reconhece-se que exatamente aquelas condutas que prejudicam os trabalhadores potencialmente causam danos ambientais. Logo, a lesão ao meio ambiente também o é aos seres humanos que dependem deste meio ambiente.

Outrossim, a necessidade de ampliação dos mecanismos jurídicos de proteção ao trabalhador diante dos riscos da atividade econômica e contra a degradação ambiental do ambiente de trabalho reafirma a importância do diálogo interdisciplinar do direito ao trabalho com outras ciências que discorrem sobre o ambiente e a saúde do trabalhador, para além do tratamento monetizado dos riscos da atividade laboral. A atitude deve ser preferencialmente preventiva, de modo que a iminência de dano ao meio ambiente do trabalho seja suficiente para mobilizar os atores sociais (Estado, Sindicatos, Ministério Público e Poder Judiciário) a utilizar medidas eficazes de precaução e prevenção à ameaça de lesão a este meio ambiente, já que a materialização dos danos pode provocar efeitos irreversíveis aos trabalhadores. Para tanto, o ordenamento jurídico deve ser uma ferramenta de promoção do direito fundamental ao meio ambiente do trabalho e suas garantias, para fazer frente às ameaças concretas e, em último caso, à função reparatória ou compensatória da lesão ocorrida[13].

Ao avocar as discussões sobre o meio ambiente do trabalho para o enleio da Administração Pública, é preciso observar que, a partir da segunda metade do século XX, inicia-se a era da informação, incubadora de grandes transformações tecnológicas, sociais e econômicas, que influíram no redesenho da figura do servidor público. A preocupação central da nova Administração Pública, na era do conhecimento, é o impulso à eficiência, à redução do tamanho do Estado em face da sociedade, à flexibilização racional dos padrões de gestão, com o aumento do controle financeiro, e à descentralização, com foco na excelência e na eficiência orientadas para o serviço público. Portanto, a ênfase passou a recair na boa administração. Diante disso, como fica a perspectiva do servidor público a partir da introdução de uma mentalidade mercadológica, baseada em avaliações de desempenho e de resultados, além da inclusão de formas alternativas de tomadas de decisão?

Essas questões perpassam pelo gerenciamento de uma mudança cultural e em uma estratégia eficaz de comunicação e de valorização dos recursos humanos, com o objetivo final de orientar o serviço público para, de um lado, estimular a eficiência e a racionalidade, e de outro, fortalecer o desenvolvimento e a cidadania. Evidentemente que há riscos em romper com a ideia excludente, para dispor que os gestores não devem esquecer a necessidade de não descurar da sustentabilidade e da qualidade de trabalhos e de que a cultura organizacional se modifica e melhora a depender do processo cultural de crescimento de cada um dos indivíduos – de cada um dos servidores públicos, frente aos administrados[14].

O redesenho da figura do servidor público no mundo do trabalho do século XXI surge com as mutações econômicas, sociais, políticas, ideológicas e culturais trabalhistas da virada do século XX para o século XXI. Os administradores – aqui representados sob a denominação de servidores públicos – são trabalhadores que frequentemente carregam

---

12. FARIAS, Talden Queiroz. Meio Ambiente do Trabalho. *Revista Direito e Liberdade – ESMARN – Escola da Magistratura do RN*, Mossoró, v. 6, n. 2, p. 443-462, jan.-jun. 2007. Disponível em: <https://core.ac.uk/download/pdf/16046225.pdf>. Acesso em: 07 maio 2019.

13. PADILHA, Norma Sueli. Meio ambiente do trabalho: um direito fundamental do trabalhador e a superação da monetização do risco. *Revista do TST*, Brasília, v. 79, n. 4, out.-dez. 2013. Disponível em: <https://juslaboris.tst.jus.br/handle/20.500.12178/55993>. Acesso em: 07 maio 2019; GEMIGNANI, Tereza Aparecida Asta; GEMIGNANI, Daniel. Meio ambiente do trabalho. Precaução e prevenção. Princípios norteadores de um novo padrão normativo. *Revista Eletrônica do Tribunal Regional do Trabalho da 4ª Região*. Ano VIII, n. 136, abr. 2012, p. 73-90. Disponível em: <https://juslaboris.tst.jus.br/bitstream/handle/20.500.12178/30177/012_gemignani.pdf?sequence=4&isAllowed=y>. Acesso em: 07 maio 2019.

14. GUIMARÃES, Tomas de Aquino. A nova administração pública e a abordagem da competência. *Revista da Administração Pública*, FGV, Rio de Janeiro, v. 34, n. 3, 2000, p. 126-140. Disponível em: <http://bibliotecadigital.fgv.br/ojs/index.php/rap/article/view/6284>. Acesso em: 07 maio 2019.

estereótipos negativos que os desqualificam e desvalorizam a própria atividade laboral, depreciando-se a constituição da subjetividade da categoria e minando o reconhecimento e a valorização do profissionalismo[15].

Com o novo perfil do trabalhador (qualificado, participativo, polivalente, facilmente adaptável, redutor de custos e de alta produtividade e competitividade), é contemporânea a tensão pelo processo de reestruturação que se abate sobre as estruturas ineficientes e onerosas do serviço público. Cresce a pressão pela aproximação entre a dinâmica pública e os mecanismos que regem o mundo privado, cujo eixo central é a qualidade, a agilidade e a eficiência na prestação de serviços. Os riscos desse quadro estão na importação de tecnologias gerenciais do setor privado sem a correta adequação da filosofia de trabalho e da cultura organizacional típicas do serviço público, com a possibilidade de importar-se, perversamente, o estresse ocupacional (psicológico ou fisiológico) no ambiente organizacional da Administração Pública brasileira[16].

Partindo-se do padrão desejável do novo trabalhador do século XXI, em voga nos dias atuais, cabe refletir se as organizações públicas propiciam condições para que o servidor desenvolva o perfil ideal traçado para a maioria dos trabalhadores da iniciativa privada. E uma das principais condições para fazê-lo é por meio do correto tratamento do meio ambiente do trabalho e da ressignificação do próprio trabalho, tanto pelo administrador como pelo próprio administrado:

> Não se pode ignorar que trabalhar é mais do que vender sua força em troca de um salário garantido. Há uma *remuneração social* embutida nesse processo. A atividade laboral pode ser uma significativa oportunidade de desenvolvimento das potencialidades humanas, atuando como fonte de autorrealização, de autoestima, de experiências psicossociais e de sentido de vida. A recompensa do trabalho não é só a estabilidade financeira; o trabalho comparece também como uma importante fonte de prazer quando existe espaço para o reconhecimento social da contribuição pessoal. A ausência de um julgamento favorável do trabalho limita o estabelecimento de uma dinâmica de reconhecimento e afeta, assim, o processo de ressignificação do sofrimento e da transformação das vivências de desprazer em prazer. Essas críticas depreciativas recorrentes atingem diretamente o servidor, pois o reconhecimento está no âmago do prazer e do sofrimento na atividade laboral.[17]

Na década de 1990, o Papa João Paulo II editou a encíclica *Centesimus annus*, em que se reforçam as exortações sobre a preocupação com o meio ambiente de trabalho, na mesma linha humanista sobre o trabalho com forma de realização das potencialidades do ser humano:

> No nosso tempo, torna-se cada vez mais relevante o papel do trabalho humano como fator produtivo das riquezas espirituais e materiais; aparece, além disso, evidente como o trabalho de um homem se cruza naturalmente com o de outros homens. Hoje, mais do que nunca, trabalhar é um trabalhar com os outros e um trabalhar para os outros; torna-se cada vez mais um fazer qualquer coisa para alguém.[18]

A riqueza principal do homem é, em conjunto com a terra, o próprio homem[19]. As políticas públicas surgem para o ser humano. A Administração Pública surge para servir ao homem e não para se servir como um fim em si mesma, caso contrário se admitiria coisificar o ser, em detrimento do próprio senso de humanidade. A pessoa humana tem valor único e em si mesmo, que comporta a possibilidade do trabalho para viver por si e como forma de contributo para o bem da coletividade. E o bem da coletividade depende de uma Administração Pública que funcione, que se preocupe com o meio ambiente laboral, focalizando não somente o todo, mas a parte – o indivíduo, como o cerne da transformação das atitudes progressistas de uma Administração que vá diante e se preocupe com a eficiência alocativa e com o princípio da boa administração, como se tratará a seguir.

3. PRINCÍPIO DA BOA ADMINISTRAÇÃO E O MEIO AMBIENTE LABORAL

Pode-se conceituar o Direito Administrativo como ramo do Direito Público que regula o exercício da função

15. RIBEIRO, Carla Vaz dos Santos; MANCEBO, Deise. O Servidor Público no Mundo do Trabalho do Século XXI. *Psicologia: Ciência e Profissão*, Brasília, 2013, v. 33, n. 1, p. 192-207. Disponível em: <http://www.scielo.br/scielo.php?script=sci_arttext&pid=S1414-98932013000100015>. Acesso em: 07 maio 2019.

16. BALASSIANO, Moises; TAVARES, Elaine; PIMENTA, Roberto da Costa. Estresse ocupacional na administração pública brasileira: quais os fatores impactantes? *Revista de Administração Pública*, FGV, Rio de Janeiro, v. 45, n. 3, p. 751-774, mai.-jun. 2011. Disponível em: <http://www.scielo.br/pdf/rap/v45n3/09.pdf>. Acesso em: 07 maio 2019.

17. RIBEIRO, Carla Vaz dos Santos; MANCEBO, Deise. O Servidor Público no Mundo do Trabalho do Século XXI. *Psicologia: Ciência e Profissão*, Brasília, v. 33, n. 1, p. 205-206, 2013. Disponível em: <http://www.scielo.br/scielo.php?script=sci_arttext&pid=S1414-98932013000100015>. Acesso em: 07 maio 2019.

18. FELICIANO, Guilherme Guimarães. Meio Ambiente do Trabalho: aspectos gerais e propedêuticos. *Revista do TRT da 15ª Região*, Campinas, n. 20, p. 160-203, set. 2002. Disponível em: <https://juslaboris.tst.jus.br/handle/20.500.12178/109018?show=full>. Acesso em: 07 maio 2019.

19. FELICIANO, Guilherme Guimarães. Meio Ambiente do Trabalho: aspectos gerais e propedêuticos. *Revista do TRT da 15ª Região*, Campinas, n. 20, p. 160-203, set. 2002. Disponível em: <https://juslaboris.tst.jus.br/handle/20.500.12178/109018?show=full>. Acesso em: 07 maio 2019.

administrativa, subjetiva e objetivamente. Nesse contexto, ressalta-se que o Estado realiza suas atividades por meio do exercício de suas funções jurídicas e materiais. Pelas funções jurídicas, o Estado cria e aplica o Direito, ao passo que pelas atividades materiais, o Estado modifica a realidade diretamente, geralmente em decorrência de normas precedentes gerais e abstratas, individualizadas e concretizadas no percurso: Constituição da República, lei, ato administrativo normativo, ato administrativo concreto, ato material.

Pela função legislativa, cria-se o Direito em caráter originário; pela função administrativa, aplica-se o Direito, de ofício ou mediante provocação, a fim de realizar o interesse público, com relativa definitividade; por meio da função jurisdicional, solucionam-se conflitos de interesse, via de regra mediante provocação e com definitividade.

Os poderes abstratos estatais se expressam em atos por meio do respectivo processo inerente a cada função: a função administrativa, portanto, se exerce por meio do processo administrativo, que é o caminho pelo qual são editados atos administrativos.

Diante disso, **processo administrativo** é procedimento participativo de exercício da função administrativa, que deve ser conduzido por agentes públicos capazes, competentes e imparciais, segundo balizas previamente disciplinadas no ordenamento jurídico (regime jurídico administrativo, RJA).

Nesse sentido as previsões do Ato Consolidado n. 988, de 09 de outubro de 2012[20], sobre o necessário distanciamento do agente público dinamarquês em relação às temáticas sobre as quais deva pronunciar-se:

> **Parte 2. Suspeição/impedimento**
>
> 3. Qualquer pessoa *empregada por* ou *agindo em nome* da Administração Pública **é desqualificada (impedida ou suspeita)** para atuar no caso concreto em que:
>
> (i) ela própria tenha interesse pessoal ou financeiro específico no desfecho do caso ou já tenha representado alguém com tal interesse no mesmo caso;
>
> (ii) seu cônjuge, parente ou pessoa relacionada por casamento na linha direta de ascendência ou descendência, *ou* parente em linha colateral tão próximo quanto sobrinhos ou outras pessoas próximas, tenha um interesse pessoal ou financeiro específico no desfecho do caso ou tenha anteriormente representado alguém com esse interesse;
>
> (iii) ela atue na gestão ou esteja de alguma forma intimamente envolvida em uma empresa, uma associação ou outra pessoa jurídica de direito privado que tenha um interesse particular no resultado do caso;
>
> (iv) o caso envolva uma reclamação\denúncia ou o exercício do controle ou supervisão de outra autoridade pública, e a pessoa competente tenha atuado previamente com tal autoridade nessa decisão ou a aplicação \ execução de medidas relativas à matéria; ou
>
> (v) existam outras circunstâncias aptas a levantar dúvida sobre a imparcialidade do agente competente.
>
> (2) Não há impedimento se for considerado que, devido à natureza ou nível de importância do interesse, a natureza do caso ou as funções da pessoa competente relacionadas com o processamento do feito, não há risco de que a elucidação da matéria de fundo possa ser afetada por *circunstâncias\fatores ilegais*[21].
>
> (3) Qualquer pessoa *desqualificada* (impedida/suspeita) em relação a um caso não pode tomar decisões, participar na determinação – elucidação ou de qualquer modo atuar – funcionar no processamento do feito.

Visando à aproximação entre Estado e destinatários das decisões estatais, bem como a legitimação dos atos administrativos pela via participativa, cabe enumerar algumas tendências do Direito Administrativo. A primeira delas é a *juridicidade*[22], que pode ser sintetizada pela acepção ampla do princípio da legalidade, obtida pela interpretação sistêmica e razoável das regras e princípios vigentes no ordenamento jurídico. Nesse tocante, vem à tona o julgado abaixo:

> Cumprir a lei nem que o mundo pereça é uma atitude que não tem mais o abono da Ciência Jurídica, neste tempo em que o espírito da justiça se apoia nos *direitos fundamentais da pessoa humana*, apontando que a *razoabilidade* é a medida sempre preferível para se mensurar o acerto ou desacerto de uma solução jurídica. (ROMS 24339/TO, STJ – Quinta Turma, Rel. Min. Napoleão Nunes Maia Filho, DJ 17.11.2008)

Em seguida, cabe citar a possibilidade de *controle social e democracia participativa,* como expressões da necessária transparência e instrumento de legitimidade das decisões. Por meio da *releitura e ressignificação* da supremacia do interesse público sobre o interesse particular, valores constitucionais como dignidade humana, dignidade laboral e dignidade das instituições servem de elementos de ponderação ao exercício das prerrogativas estatais inerentes ao exercício da função pública. Pela *processualização do exercício da função administrativa (Lei n. 9784/1999 e outras),* as

20. DINAMARCA. Ato Consolidado n. 988, de 09 de outubro de 2012. Lei da Administração Pública da Dinamarca. *Revista de Direito Administrativo e Infraestrutura*. São Paulo: Revista dos Tribunais, 01 dez. 2018. v. 7, n. 1, seção 7, p. 369-385. Tradução Shirlei Silmara de Freitas Mello, Andrey Vilas Boas de Freitas e Valeria Emília de Aquino.

21. Viciada. Eivada de vício. Maculada por ilegalidade.

22. Cf. ALKIMIM, Viviane Alonso. *As Novas Tendências do Direito Administrativo, sua Vinculação à Juridicidade e aos Direitos Fundamentais e um Breve Panorama sobre o Papel Regulador do Estado*. Rio de Janeiro: ESG, 2012. Disponível em: <http://www.esg.br/images/Monografias/2012/ALKIMIM.pdf>. Acesso em: 28 ago. 2017.

garantias do devido processo normativo administrativo são enfatizadas e concretizadas (participação, contraditório, defesa, direito de petição, acesso à justiça, entre outras).

Acresce-se às tendências mencionadas a vertente de *consensualização e revisão da postura adversarial*[23], por meio da disponibilidade para o diálogo, respaldado pelo texto do preâmbulo da Constituição brasileira (e pela Resolução CNJ n. 125/2010[24]), em cujo bojo se insculpe o compromisso da República Federativa do Brasil com a *solução pacífica dos conflitos*:

> Nós, *representantes do povo brasileiro*, reunidos em Assembleia Nacional Constituinte para instituir um Estado Democrático, destinado a assegurar o exercício *dos direitos sociais e individuais, a liberdade, a segurança, o bem-estar, o desenvolvimento, a igualdade e a justiça como valores supremos de uma sociedade fraterna, pluralista e sem preconceitos, fundada na harmonia social e comprometida, na ordem interna e internacional, com a solução pacífica das controvérsias*, promulgamos, sob a proteção de Deus, a seguinte CONSTITUIÇÃO DA REPÚBLICA FEDERATIVA DO BRASIL.

Por derradeiro, o dever de *boa administração* desdobra-se em elementos como juridicidade, transparência, boa-fé objetiva e confiança legítima; impessoalidade, razoabilidade, moralidade e eficiência, concebendo-se o *princípio da razoabilidade* como a norma jurídica que impõe ao administrador que obedeça aos parâmetros normativos no tocante à qualidade e à quantidade das providências adotadas no exercício da função administrativa."

Conforme elucida Carmen Lucia Antunes Rocha,

> Princípios são conteúdos primários diretores do sistema jurídico normativo fundamental de um Estado. Dotados de originalidade e superioridade material sobre todos os conteúdos que formam o ordenamento constitucional, os valores firmados pela sociedade são transformados pelo Direito em princípios.[25]

Em que pese o entendimento da Ministra[26] no sentido de que a eficiência não é princípio, mas *finalidade* estatal, *resultado* que deve ser alcançado pela atuação do Estado, concepção que, objetivamente parece pouco ou nada alterar o conteúdo e a aplicação do *princípio* em tela, do raciocínio destacado pela referência acima decorre que os princípios que regem a administração pública são normas de regulação direta da ação administrativa, que devem inspirar a legislação, afastando a noção equivocada de que seriam meras normas programáticas ou de organização.[27]

Apesar da tardia positivação, advinda da Emenda Constitucional n. 19/1998[28], o dever de eficiência do agente público já existia, visto que *inerente à ideia de função*, que é a atividade cogente e obrigatória, decorrente de imperativo normativo, desenvolvida por sujeitos que manejam interesses alheios, titularizados pela coletividade. Não se trata de princípio novel no ordenamento jurídico brasileiro: há o princípio da *economicidade* consagrado no art. 70 da CR; o art. 37, § 3º, fixa expressamente a edição de lei para regular as reclamações relativas à prestação de serviços públicos, ao que se acresce a regra do art. 175 da Constituição da República.

Desse modo,

> Verifica-se completamente plausível a existência de várias formas de aplicação tópica do princípio da eficiência administrativa, tanto como parâmetro de interpretação, quanto como diretriz de organização e atividade administrativas. Na qualidade de mecanismo de controle de atos administrativos e responsabilização funcional do agente público, a explicitação da eficiência passa a incrementar o exercício da autotutela e a fiscalização social da atividade administrativa.[29]

Elucida-se, nesse ponto, o *conceito* de princípio da eficiência: *norma jurídica que cria para o agente público o dever de aprimorar-se pessoal e tecnicamente, de forma contínua e incessante, bem como de utilizar equipamentos e métodos modernos e condizentes com sua atividade, a fim de obter o melhor resultado possível no exercício da função administrativa, consideradas as circunstâncias subjetivas e objetivas que compõem o caso concreto.* Em síntese, ser eficiente significa fazer o melhor possível de acordo com o contexto disponível.

---

23. TCC – Termo de Compromisso de Cessação (Lei n. 12.529/2011); TAC (MP); SUSPAD; acordo de leniência, audiências e consulta pública; NCPC arts. 3º, §3º; 15; 165.
24. CONSELHO NACIONAL DE JUSTIÇA. CNJ. *Resolução n. 125, de 29.11.2015.* Dispõe sobre a Política Judiciária Nacional de tratamento adequado dos conflitos de interesses no âmbito do Poder Judiciário e dá outras providências. Disponível em: <http://www.cnj.jus.br/busca-atos-adm?documento=2579>. Acesso em: 18 jan. 2018.
25. ROCHA, Cármen Lucia Antunes. *Princípios constitucionais da administração pública.* Belo Horizonte: Del Rey, 1994. p. 25.
26. Verbalizada em sua exposição no VII Congresso Mineiro de Direito Administrativo. Belo Horizonte/MG, 23 a 25.06.2011, Hotel Ourominas.
27. GIUDICE, Federico del (Org). *Le domande di Diritto Amministrativo.* Napoli: Esselibri, 2009. p. 14.
28. STJ 6ª T ROMS N. 5.590/95-DF. Rel. Min. Luiz Vicente Cernicchiaro. DJ 10.06.1996 p. 20.395. A administração pública é regida por vários princípios: legalidade, impessoalidade, moralidade e publicidade (Constituição, art. 37). Outros também se evidenciam na Carta Política. Dentre eles, o princípio da *eficiência.* A atividade administrativa deve orientar-se para alcançar resultado de interesse público.
29. GABARDO, Emerson. *Princípio constitucional da eficiência administrativa.* São Paulo: Dialética, 2002. p. 147.

Sob o prisma *subjetivo*, seu conteúdo evoca a chamada empatia, que é o respeito aos sujeitos envolvidos, sejam agentes públicos ou terceiros[30], que se relaciona com a *dignidade humana*; evoca ainda a necessidade de aprimoramento técnico e pessoal dos agentes públicos, dever que se mostra inesgotável e ininterrupto; sob o prisma *objetivo*, a eficiência abarca o emprego de técnicas, processos e equipamentos condizentes com o contexto histórico, geográfico e social, e com o fato gerador da atuação estatal e as finalidades públicas a serem alcançadas.

A Constituição da Itália prevê, no art. 97, que os serviços públicos devem ser organizados segundo as disposições legais, de modo a garantir o "*buon andamento e l'imparzialità dell'amministrazione*"[31]: o princípio da boa administração indica o dever de os agentes públicos desenvolverem a própria atividade de maneira idônea, segundo critérios de eficiência, eficácia, celeridade e economicidade da atividade administrativa, com o menor sacrifício possível dos interesses individuais dos cidadãos, do modo menos gravoso. O princípio da *imparcialidade/impessoalidade* se consubstancia no dever de agir com objetividade e de dispensar tratamento isonômico, que se expressa no conceito construído em sala de aula no dia 02 de abril do corrente ano, com a turma 71A: norma jurídica que cria para o administrador público o dever de tratar com igualdade aqueles que se colocam diante dele, interna ou externamente, praticando atos imputáveis ao Estado-administração com a necessária desidentificação entre sujeitos, destinatários e atividades.

Nesse tocante, é útil trazer à tona os chamados "três E", depreendidos dos princípios constitucionais da atividade administrativa no Direito Italiano.[32] Ao lado dos princípios fundamentais de bom andamento (boa administração) e de imparcialidade, a Administração deve ater-se ainda a três "critérios", referidos comumente como os "três E": economicidade, eficiência e eficácia.

Assim, como decorrência lógica do princípio da boa administração, *economicidade* significa otimização de resultados em face dos meios disponíveis; *eficiência* indica o cotejo entre recursos empregados e resultados obtidos, ao passo que *eficácia* se infere pela comparação entre resultados obtidos e objetivos programados, reportando-se à relação entre planejamento e materialização da função.

Nessa linha, a eficiência se desdobra nos seguintes elementos, no magistério de Egon Bockmann Moreira[33]: *celeridade*, valor que "impõe que os atos processuais sejam praticados no mais curto espaço de tempo possível, de forma contínua e coordenada", respeitando duração razoável; *simplicidade*, que indica que o processo deve revestir-se de formalidades razoáveis e necessárias ao alcance da finalidade colimada; *finalidade predefinida*, expressa pela instauração e manutenção de processos administrativos consistentes, cujo objeto e escopo condizem com o regime jurídico administrativo; *economia processual*, que preconiza o máximo de resultado na aplicação do direito com o menor emprego possível de atividades processuais; por derradeiro, proclama-se *efetividade*, significando a concretização dos fins processuais, por meio da aplicação da verdade material, que obriga o julgador a buscar o que mais se aproxima da realidade fática para que, em última análise, resguarde-se o resultado útil da marcha processual.

O processo administrativo deve apresentar-se como um instrumento de obtenção do máximo possível de resultado com o emprego do mínimo possível de recursos, tanto materiais quanto humanos. Desse modo, obedece-se ao dever de economia processual e de proporcionalidade, promovendo o balanço adequado das variáveis que compõem a "Energia Administrativa"[34]. Tal simbologia representa o *tempo* gasto pela Administração para praticar certo número de *atos* administrativos, mobilizando o *pessoal* necessário e afetando determinada parcela do *patrimônio* público.

O princípio da eficiência administrativa coaduna, indubitavelmente, com o impositivo do razoável, em face da relação estabelecida entre as situações de fato (motivo) e a atuação concreta da Administração (conteúdo do ato administrativo). A razoabilidade, considerada como princípio geral de direito, estabelece a valoração do que seja a conduta realizada por um homem mediano. Destarte, o administrador público, no exercício de seu mister, deve agir com coerência, fixando-se em critérios aceitáveis e lógicos. A razoabilidade implica a exigência de que o agente público, ao exercer função, proceda de modo a alcançar o máximo de resultados, com o menor dispêndio de "energia administrativa".

No direito público, em que predomina o exercício de **função** e não a autonomia da vontade, o agente deve adotar as medidas que conduzam à melhor solução na gestão dos interesses da coletividade, tendo em vista as circunstâncias concretas envolvidas. É nesse sentido que deve ser abordado o princípio em pauta. Na lição de Marcelo Harger, o princípio da eficiência "traduz o dever de alcançar

30. "Empatia é a capacidade para reconhecer ou compreender o estado de espírito ou a emoção do outro. Muitas vezes, é caracterizada como a capacidade de 'colocar-se nos sapatos da outra pessoa', ou, de algum modo, 'conseguir captar' a experiência ou das perspectivas ou emoções de um outro ser dentro de si próprio." Disponível em: <http://redepsicologia.com/empatia>. Acesso em: 11 abr. 2011.

31. GIUDICE, Federico del (Org). *Le domande di Diritto Amministrativo*. Napoli: Eselibri, 2009. p. 14.

32. GIUDICE, Federico del (Org). *Le domande di Diritto Amministrativo*. Napoli: Eselibri, 2009. p. 15.

33. MOREIRA, Egon Bockman. *Processo Administrativo*: Princípios Constitucionais e a Lei n. 9.784/1999. 4. ed. São Paulo: Malheiros, 2010. p. 208-221.

34. MELLO, Shirlei Silmara de Freitas. Princípios do Processo Administrativo: uma visão panorâmica. *Cidadania e Justiça* – Revista de Direito. Ituiutaba, 2004. p. 115.

a solução que seja ótima ao atendimento das finalidades públicas. Não basta que seja uma solução possível. Deve, isto sim, ser a melhor solução. Há um dever jurídico de boa administração para o atendimento da finalidade legal".[35]

Ante o exposto, constata-se que o princípio da eficiência, em síntese, impõe a busca pela Administração Pública do máximo aproveitamento possível dos meios de atuação disponíveis, superando formalidades burocráticas em atenção ao interesse público.[36] A eficiência, como princípio administrativo expresso, serve para reforçar a necessidade de otimização da atuação da Administração[37], incrementando a mera reflexão estática sobre o uso legítimo das suas prerrogativas.[38] Raquel Carvalho[39], discorrendo sobre avaliação de desempenho para fins de aquisição de estabilidade ao término do estágio probatório, afirma que há que se considerar aspectos como "requisitos morais, assiduidade, urbanidade, aptidão profissional, inteligência emocional e racional, desempenho técnico, diligência e eficiência." Prossegue constatando que "não se apura genialidade: pessoas talentosas no conhecimento podem não ser hábeis no exercício do cargo; é preciso interação efetiva e dinâmica no serviço público." Pondera-se a "aptidão para o exercício do cargo ao longo do tempo (no concurso verificou-se conhecimento técnico)."

Como aspectos do princípio da eficiência[40], destacam-se: **a)** direcionamento da atividade e dos serviços públicos à efetividade do bem comum[41], **b)** objetivação, enfatizando-se a finalidade da atuação estatal; **c)** *imparcialidade*/neutralidade, como expressões da impessoalidade e da moralidade.[42]; **d)** *transparência*, publicidade e boa-fé; **e)** *participação* e aproximação dos serviços públicos da população, como corolários do exercício do direito de petição (CR, art. 5º, XXXIV, *a*); **f)** adoção de *políticas de inclusão* (enxergar, ouvir e acolher os cidadãos – *dignidade* humana, institucional e laboral), bem como de *práticas integrativas* no SUS (dança circular, constelação familiar, entre outras); **g)** *Eficácia formal* (atuação de ofício no processo administrativo) *e material* (realização do interesse público); **h)** desburocratização como caminho de busca da qualidade, pela otimização dos resultados mediante aplicação de certa quantidade de recursos e esforços e aprimoramento permanente subjetivo e objetivo.

Nesse sentido, o princípio da *boa administração* é um preceito primordial para que se realizem políticas públicas direcionadas à realização plena de direitos e garantias fundamentais. O condicionamento do referido instituto jurídico implica compreendê-lo também como mecanismo de controle e minimização de práticas corruptivas e desviantes da transparência e da eficiência. Sob o ponto de vista ético e intergeracional, os efeitos da não aplicação das leis sistêmicas ao meio ambiente do trabalho, seja em face dos agentes públicos, seja em face dos administrados, é a perda da capacidade de responsabilização pelos resultados do fracasso, o rompimento com as razões que motivam a própria existência de laços e, por fim, o desbaratamento das próprias razões da vivência em comunidade. Se a hierarquia, o pertencimento e o equilíbrio entre o dar e o receber não são explorados, o meio ambiente do trabalho na Administração se contamina com os conflitos intergeracionais mal resolvidos, minando o próprio princípio da boa administração, que deixa de cumprir a missão de orientar a atuação

35. HARGER, Marcelo. *Princípios Constitucionais do Processo Administrativo*. 1. ed. Rio de Janeiro: Forense, 1998. p. 141.

36. FERRAZ, Sérgio; DALLARI, Adilson de Abreu. *Processo Administrativo*. 2. ed. São Paulo: Malheiros, 2003. p. 99.

37. A Constituição da República prevê no art. 74, II, que cabe aos Poderes do Estado manter, *de forma integrada* (administração concertada), sistema de controle interno para aferir legalidade e avaliar os resultados, quanto à eficácia e eficiência, da gestão orçamentária, financeira e patrimonial nos órgãos e entidades da administração pública federal, bem como da aplicação de recursos públicos por entidades de direito privado.

38. Nesse sentido, o Decreto n. 5.707, de 23 de fevereiro de 2006, institui a Política e as Diretrizes para o Desenvolvimento de Pessoal da administração pública federal direta, autárquica e fundacional, e regulamenta dispositivos da Lei n. 8.112, de 11 de dezembro de 1990.

39. Trecho disponibilizado nas redes pela professora Raquel Carvalho. Disponível em: <https://deskgram.net/professoraquelcarvalho>. Acesso em: 12 abr. 2019.

40. Raquel Carvalho enumera Julgados do TCU que elucidam modelos de controle de expressões da **eficiência administrativa**: "a) Eletrosul (analisa prevenção; eficiência): Acórdão n. 605, Processo n. 019.140/2014-2, rel. Min. José Múcio Monteiro, Pleno do TCU, ano do acórdão 2015. b) Análise de eficiência e governança em segurança pública: Acórdão n. 1042, Processo n. 018.922/2013-9, rel. Min. José Jorge, Pleno do TCU, ano do acórdão 2014, Ata 13/2014. c) Análise da eficiência no setor de saúde (longo exame de diversos parâmetros da atividade administrativa; excelente fundamentação): Acórdão n. 693, Processo n. 032.624/2013-1, rel. Min. Benjamin Zymler, Pleno do TCU, ano do acórdão 2014, Ata n. 09/2014. d) sobre eficiência e governança na Administração Pública Federal: Acórdão n. 644/2014 (número anterior do acórdão 3023/2013), Processo n. 022.577/2012-2, rel. Min. Marcos Bemquerer, Pleno do TCU, Ano do acórdão 2014." Disponível em: <http://raquelcarvalho.com.br/2019/01/31/brumadinho-uma-tragedia-e-muitos-problemas-parte-3/>. Acesso em: 12 abr. 2019

41. Cf. MINISTÉRIO DA SAÚDE. *Portaria n. 702, de 21 de março de 2018*. Inclui novas práticas na Política Nacional de Práticas Integrativas e Complementares (PNPIC). Matéria jornalística disponível em: <https://g1.globo.com/rj/rio-de-janeiro/noticia/ministerio-da-saude-anuncia-10-novos-procedimentos-para-o-sus.ghtml?utm_source=facebook&utm_medium=share-bar-desktop&utm_campaign=share-bar>. Acesso em: 03 abr. 2019.

42. MARRARA, Thiago. O conteúdo do princípio da moralidade: probidade, razoabilidade e cooperação. In: MARRARA, Thiago. *Princípios de Direito Administrativo*: legalidade, segurança jurídica, impessoalidade, publicidade, motivação, eficiência, moralidade, razoabilidade, interesse público. São Paulo: Atlas, 2012. p. 159-179.

administrativa de acordo com as competências alicerçadas em lei em sentido amplo.

A efetividade do exercício da função pública, como decorrência lógica do *princípio da boa administração*, traz à tona os imperativos de economicidade (otimização de resultados em face dos meios disponíveis), *eficiência* (cotejo entre recursos empregados e resultados obtidos), e de *eficácia*, que se infere pela comparação entre resultados obtidos e objetivos programados, reportando-se à relação entre planejamento e materialização da função. Concebendo-se o *processo administrativo como procedimento participativo* de exercício da função administrativa conduzido por agentes públicos capazes, competentes e isentos, segundo balizas previamente disciplinadas no ordenamento jurídico, destaca-se, entre as inflexões *do princípio da eficiência* no bojo do processo administrativo, a implantação *de modo integrativo e participativo de solução das situações concretas (controle consensual)*, no afã de privilegiar, em última análise, o desfecho dialogado das situações – *democracia, e o respeito aos envolvidos – dignidade humana*, nas dimensões apresentadas: dignidade humana propriamente dita, dignidade laboral e dignidade institucional.

Em face do exposto, como falar em *eficiência e boa administração* sem humanização no exercício da função administrativa? Humanizar significa *incluir, acolher, respeitar, praticar* efetivamente todas as expressões do dever constitucional de promoção da *dignidade humana* em qualquer relação entre humanos, incluindo portanto a relação laboral perante a Administração Pública.

Em exposição assertiva sobre trabalho escravo[43] nos dias atuais, ocorrida no painel noturno do dia 23 de abril deste ano de 2019, durante a XXVI Jornada Jurídica da Universidade Federal de Uberlândia, o Procurador do Trabalho Paulo Gonçalves Veloso elucidou que os elementos que configuram trabalho escravo englobam amplo espectro de *condições de trabalho degradantes*, tais como servidão por dívidas e/ou jornada de trabalho excessiva, com consequente privação do convívio familiar, do lazer e do necessário refazimento pelo descanso. Nesse sentido,

> Ulisses Carvalho chama a atenção para alguns sinais de trabalho escravo. Segundo ele, é preciso observar se há respeito às normas de trabalho, água limpa, banheiro, alojamento adequado para habitação, comida de boa qualidade, registro, equipamento de proteção. "Se não há nada disso, já é considerada uma situação irregular", enfatizou. (Diário de Pernambuco 28.01.2019)[44]

Conforme o art. 149 do Código Penal brasileiro, os elementos conformadores do tipo são: a) submeter alguém a *trabalhos forçados* (manter a pessoa no serviço mediante fraudes, isolamento geográfico, ameaças e violências físicas e/ou psicológicas) ou a *jornada exaustiva* (em que o trabalhador é compelido a esforço excessivo ou sobrecarga de trabalho que acarreta a danos à sua saúde e/ou risco de vida); b) sujeitar alguém a *condições degradantes de trabalho* (incompatíveis com a dignidade humana, caracterizadas pela violação de direitos fundamentais, representando risco à saúde e/ou à vida do trabalhador); c) restringir a locomoção de alguém, por qualquer meio, em razão de *dívida* contraída com o empregador ou preposto (*servidão por dívidas*). A Organização Internacional do Trabalho (OIT) tipifica a prática como "todo trabalho ou serviço exigido de um indivíduo, sob ameaça de uma pena qualquer, para o qual não se apresentou voluntariamente".[45]

Assustadoramente, constata-se que, conforme esclarece Luiz Machado, que capitaneia o Projeto de Combate ao Trabalho Escravo no Brasil da OIT, "hoje em dia, o indivíduo é descartável. Se um trabalhador fica doente ou morre, é fácil achar outra pessoa que vai se submeter a isso." Após os resgates de trabalhadores nessa situação, o "empregador" é obrigado a pagar indenização aos escravizados, que também recebem seguro-desemprego por três meses.[46] Entretanto, os danos físicos e emocionais podem ser

---

43. Veja, sobre o tema: PENA, Rodolfo F. Alves. *Trabalho escravo no Brasil atual*. Disponível em: <https://brasilescola.uol.com.br/brasil/trabalho-escravo-no-brasil-atual.htm>. Acesso em: 02 maio 2019; <https://reporterbrasil.org.br/2018/08/fazenda-de-cafe-certificada-pela-starbucks-e-flagrada-com-trabalho-escravo/>;<https://g1.globo.com/rr/roraima/noticia/2019/02/14/operacao-investiga-trabalho-analogo-a-escravidao-em-madeireira-no-sul-de-roraima.ghtml>;<https://diariodeuberlandia.com.br/noticia/20224/-operarios-nordestinos-foram-submetidos-a-condicoes-analogas-a-de-escravo-em-uberlandia-diz-mpt>; <http://www.abrat.adv.br/index.php/noticias/2553-mpt--obra-da-ambev-em-uberlandia-e-flagrada-com-trabalho-escravo>; <http://g1.globo.com/minas-gerais/triangulo-mineiro/noticia/2013/10/operarios-sao-resgatados-de-trabalho-escravo-em-fabrica-de-cerveja-em-mg.html>; <http://g1.globo.com/minas-gerais/triangulo-mineiro/noticia/2015/07/vereador-e-suspeito-de-fazer-ameacas-procurador-em-uberlandia.html>; <http://portal.mpt.mp.br/wps/portal/portal_mpt/mpt/sala-imprensa/mpt+noticias/a543ae0d-43b2-4282-8620-0d732b0ffb12>; <http://portal.mpt.mp.br/wps/portal/portal_mpt/mpt/sala-imprensa/mpt-noticias/972b5bed-80aa-4de5-8c9c-bfa520ab08b5/!ut/p/z1/jZBNDoIwEIXP4gGaGRpqYY-nEEKxEjUGxGzLlTxIFYogLTy8ewMLsJvnem3kPNGSgO3q3DY1t39Fj2m96nTsRuvHmgCpSR4nByUm2ceTwECVcbYByBeglevwzAS7TWwBtt9_NHZga4K8kTBrQA4131nZ1D5kvuRGmKpmHRMwtK8G8wi-YqUlwJIOeEdNv2uauLnIG-NU3F2B4pmn22dfnuFl9ASgAEho!/>; <https://reporterbrasil.org.br/2013/10/trabalhadores-sao-resgatados-da-escravidao-em-obra-de-fabrica--da-ambev-em-minas-gerais/>.

44. Disponível em: <https://www.diariodepernambuco.com.br/app/noticia/vida-urbana/2019/01/28/interna_vidaurbana,775320/fique-atento-aos-sinais-de-trabalho-escravo-em-comunidades-religiosas.shtml>. Acesso em: 08 maio 2019.

45. Cf. SATO, Paula. *O que caracteriza o trabalho escravo hoje no Brasil?* Portal Nova Escola. 01 maio 2009. Disponível em: <https://novaescola.org.br/conteudo/2365/o-que-caracteriza-o-trabalho-escravo-hoje-no-brasil>. Acesso em: 01 maio 2019.

46. *Idem*.

irreparáveis.[47] Ademais, há na realidade laboral da função pública escravos por vontade própria que trabalham habitualmente por 14 a 16 horas diárias, negando a si próprios o refazimento necessário das horas de descanso, lazer e convívio familiar, pagando com a própria saúde e a própria vida o preço de girar numa roda de excesso patológico. São exemplos de *workaholics*, categoria de dependentes (adictos) que demandam cuidado e acolhimento das famílias e da sociedade.

Isto posto, é preciso agregar um novo olhar ao dever de eficiência no exercício da função administrativa: a humanização do exercício da função administrativa pela aplicação das leis sistêmicas (Hellinger).

4. LEIS SISTÊMICAS (HELLINGER) NO MEIO AMBIENTE DE TRABALHO NA ADMINISTRAÇÃO PÚBLICA

Por meio da Portaria n. 702, de 21 de março de 2018, o Ministério da Saúde[48] reconheceu dez novas Práticas Integrativas e Complementares para tratamentos de pacientes do Sistema Único de Saúde (SUS); entre elas, a *Constelação Familiar*, assim descrita no anexo integrante da Portaria:

> A constelação familiar é uma técnica de representação espacial das relações familiares que permite identificar bloqueios emocionais de gerações ou membros da família. Desenvolvida nos anos 80 pelo psicoterapeuta alemão Bert Hellinger, que defende a existência de um *inconsciente familiar – além do inconsciente individual e do inconsciente coletivo* – atuando em cada membro de uma família. Hellinger denomina "ordens do amor" às leis básicas do relacionamento humano – *a do pertencimento ou vínculo, a da ordem de chegada ou hierarquia, e a do equilíbrio* – que atuam *ao mesmo tempo*, onde houver pessoas convivendo. Segundo Hellinger, as ações realizadas em consonância com essas leis favorecem que a vida flua de modo equilibrado e harmônico; quando transgredidas, ocasionam perda da saúde, da vitalidade, da realização, dos bons relacionamentos, com decorrente fracasso nos objetivos de vida.
>
> A constelação familiar é uma abordagem capaz de mostrar com simplicidade, profundidade e praticidade onde está a raiz, a origem, de um distúrbio de relacionamento, psicológico, psiquiátrico, financeiro e físico, levando o indivíduo a um *outro nível de consciência* em relação ao problema e mostrando uma *solução prática e amorosa de pertencimento, respeito e equilíbrio*.
>
> A constelação familiar é indicada para todas as idades, classes sociais, e sem qualquer vínculo ou abordagem religiosa, podendo ser indicada para qualquer pessoa doente, em qualquer nível e qualquer idade, como por exemplo, bebês doentes são constelados através dos pais.

Os grifos destacam: a) a existência de um *inconsciente sistêmico, de grupo* (membros de uma família ou instituição/organização), além do inconsciente individual e do inconsciente coletivo; b) *as ordens do amor*, ou leis sistêmicas: hierarquia, pertencimento e equilíbrio, cujo descumprimento traz sofrimentos em vários níveis; c) a possibilidade de se atingir, pela prática das constelações, *solução perene e pacificadora* dos conflitos decorrentes dos relacionamentos humanos, frequentemente trazidos a conhecimento do Estado pelas vias processuais administrativas e jurisdicionais.

Considere-se a seguinte narração:

> Rogério cansou de abrir e fechar negócios. Parece que em suas mãos os empreendimentos murcham. Já Matilde coleciona uma sucessão de chefes intransigentes. Diariamente tenta atravessar muralhas. Pedro, por sua vez, vive às turras com o pai. Enquanto o problema crônico de Juliana é que, desde a adolescência, só se relaciona com parceiros do tipo demolidores – especialistas em depreciá-la.
>
> A vida de muita gente é marcada por situações que se repetem, cutucando aquele mesmo ponto dolorido. Vira e mexe caímos na mesma cilada, como se uma força desconhecida disparasse dentro de nós a tecla *repeat*. Do ponto de vista da psicologia, caímos no mesmo buraco porque agimos em função de complexos inconscientes.[49]

---

47. Os elementos podem vir juntos ou isoladamente. O termo "trabalho análogo ao de escravo" deriva do fato de que o trabalho escravo formal foi abolido pela Lei Áurea, em 13 de maio de 1888. Entretanto, ressalta-se que "não é apenas a ausência de liberdade que faz um trabalhador escravo", mas o aviltamento à dignidade. Quando um trabalhador mantém sua liberdade, mas é privado de condições mínimas de dignidade, pode ser caracterizado trabalho escravo. Conteúdo na íntegra disponível em: <https://reporterbrasil.org.br/trabalho-escravo/>. Acesso em: 09 maio 2019. Veja também <http://www.publicadireito.com.br/artigos/?cod=0365aaecae1f1493>. Acesso em: 09 maio 2019; <https://nacoesunidas.org/relatora-da-onu-sobre-formas-contemporaneas-de-escravidao-chega-ao-brasil/>. Acesso em: 09 maio 2019.

48. A referida Portaria inclui novas práticas na Política Nacional de Práticas Integrativas e Complementares (PNPIC). Cf. G1. *Ministério da Saúde anuncia aromaterapia, florais e bioenergética entre 10 novos procedimentos para o SUS*. Rio de Janeiro. Disponível em: <https://g1.globo.com/rj/rio-de-janeiro/noticia/ministerio-da-saude-anuncia-10-novos-procedimentos-para-o-sus.ghtml?utm_source=facebook&utm_medium=share-bar-desktop&utm_campaign=share-bar>. Acesso em: 12 maio 2019.

49. MELLO, Raphaela de Campos. *É possível desmanchar os nós causados por histórias de família mal resolvidas e refazer laços*. Apaziguados com a nossa trajetória, podemos seguir plenos na direção dos nossos verdadeiros propósitos. 2019. Postado por Ana Garlet. Disponível em: <http://educandonossosfilhos.com.br/revista-bons-fluidos-traz-constelacao-familiar-em-reportagem-de-capa/>. Acesso em: 02 abr. 2019.

Cada indivíduo tem uma história e, onde quer que atue pessoal ou profissionalmente, carrega consigo memória celular de acontecimentos que frequentemente não passam por sua percepção racional. Agir com consciência permite escolhas melhores. Honrar a família, de um jeito saudável, significa realizar os próprios projetos de vida. Quando caminhamos pelo amor que vê, distinto do amor cego, estamos livres para realizar coisas boas para nós e para a coletividade.

Anton "Suitbert" Hellinger (Leimen/Alemanha, 18 de dezembro de 1925), conhecido simplesmente como Bert Hellinger, o "pai" das constelações familiares, estudou Filosofia, Teologia e Pedagogia. Como sacerdote católico, viveu e trabalhou por dezesseis anos entre os Zulus, na África do Sul, dirigindo várias escolas de nível superior.[50] Tornou-se psicanalista e, como resultado de vários cursos e trabalhos teórico-vivenciais, desenvolveu e sistematizou o acervo de conhecimento teórico e prático hoje manejado, ensinado, estudado e difundido mundialmente, em diversos *contextos relacionais*, como o empresarial/laboral[51], o educacional[52], o da saúde[53] e o jurídico (administrativo[54] e jurisdicional[55], estendendo-se à execução penal[56]).

"Constelações familiares" – *Familienstellen* ('O lugar da família/do familiar', traduzido para Constelações Familiares, no Brasil) é a denominação atribuída à abordagem fenomenológica terapêutica fundamentada nas pesquisas do alemão Bert Hellinger. Esse método/técnica se baseia na designação de sujeitos (pessoas) neutros para representar membros do sistema (familiar, organizacional ou institucional) em questão, a fim de trabalhar um tema específico trazido por um integrante daquele sistema.[57]

De acordo com a *teoria dos campos mórficos*, de Rupert Sheldrake, as informações de um sistema se propagam entre seus membros no tempo e no espaço, de forma não-verbal, de célula a célula, de modo que padrões de comportamento se repetem inconscientemente por meio das ações dos integrantes de um sistema. Desse modo, "as mentes de todos os indivíduos de uma espécie", incluindo a espécie humana, se encontram unidas e formam um "campo mental planetário", denominado por Sheldrake de *campo morfogenético*. Tal campo "afeta as mentes dos indivíduos" do mesmo modo que é afetado por essas mentes. Nesse raciocínio, Simone Carvalho conclui que "a ressonância mórfica, o princípio de memória coletiva, pode ser aplicada ao estudo da árvore genealógica. Cada família tem sua própria *memória coletiva* a que todos os membros estão conectados e têm acesso". [58]

Considerando que "tudo que existe está entrelaçado em um relacionamento sistêmico", é razoável afirmar que "dentro de um sistema, cada parte influencia o todo e o todo influencia cada parte"[59], existindo, portanto, uma economia

---

50. BASSOI, Vera. *Quem é Bert Hellinger*. Postado em 2011. Disponível em: <http://www.consteladoressistemicos.com/publicacoes/84-quem-e-bert-hellinger-vera-bassoi>. Acesso em: 20 set. 16.

51. Cf. GARLET, Ana Cht; LINHARES, Letícia. *Os princípios das Constelações Sistêmicas Organizacionais no trabalho, empresas, negócios, investimentos e organizações*. 2016. Disponível em: <https://iperoxo.com/constelacao-sistemica-e-familiar/os-principios-das-constelacoes-nas-empresas/>. Acesso em: 09 maio 2019. Veja também em: <https://www.terra.com.br/noticias/dino/constelacoes-familiares-atraem-empresarios-ceos-e-gestores-do-mundo-dos-negocios,3704ff4f9df04c7d8ba27807f9b0d9c963hap363.html>.

    MELLO, Shirlei Silmara de Freitas; ALMEIDA, A. C. de. Direito Sistêmico e Direito Processual do Trabalho: Aplicação das Leis Sistêmicas (Hellinger) na Resolução de Conflitos nas Lides Judiciais Trabalhistas. In: MARTINS, Juliane Caravieri; BARBOSA, Magno Luiz; MONTAL, Zélia Maria Cardoso (Org.). *Reforma Trabalhista em Debate*: Direito Individual, Coletivo e Processual do Trabalho. 1. ed. São Paulo: LTr, 2017, v. 1, p. 243-256.

52. FRANKE-GRICKSCH, Marianne. *Você é um de nós*: percepções e soluções sistêmicas para professores, pais e alunos. 2. ed. Patos de Minas: Editora Atman, 2009. Tradução de Décio Fabio Oliveira Junior, Tsuyuko Jinno-Spelter.

53. Cf. BRASIL. *Portaria n. 702, de 21 de março de 2018*. Altera a Portaria de Consolidação n. 2/GM/MS, de 28 de setembro de 2017, para incluir novas práticas na Política Nacional de Práticas Integrativas e Complementares-PNPIC. Brasília, DF. Disponível em: <http://bvsms.saude.gov.br/bvs/saudelegis/gm/2018/prt0702_22_03_2018.html>. Acesso em: 02 abr. 2019.

54. Projeto de Extensão Justiça Sistêmica, Universidade Federal de Uberlândia, Professora Shirlei Silmara de Freitas Mello e Prof. José de Magalhaes Campos Ambrósio.

55. SILVA, Wanda Lucia Ramos da. O Trabalho do Juiz sob a Perspectiva Sistêmica. *Revista Eletrônica TRT18* – Goiânia, ano 15, 2015. p. 12-31. Disponível em <http://www.trt18.jus.br/portal/ arquivos/2012/03/revista2015-digital-1.pdf>. Acesso em: 20 set. 2016.

56. Em Uberlândia, Minas Gerais, o *Projeto Beija-Flor* realiza, entre outras ações, *constelações sistêmicas* com jovens que se encontram no CSEU – Centro Socioeducativo de Uberlândia, em caráter transitório ou permanente, sob a regência/facilitação da psicóloga Paula Baccelli. Segundo a facilitadora, "a visão das Constelações Sistêmicas no sistema prisional ajuda a *clarear os papéis e movimentos* dos membros de cada família trabalhada, abrindo verdadeiras e eficientes portas para a *recuperação dos internos* e suas relações com o social". Cf. MELLO, Shirlei Silmara de Freitas. Aplicação das Leis sistêmicas (Constelações Familiares) e Mediação na Pacificação de Conflitos Decorrentes dos Laços de Família. In: CORDEIRO, Carlos José; GOMES, Josiane Araújo (Org.). *Temas Contemporâneos de Direito das Famílias* (v. III). 1. ed. São Paulo: Pilares, 2018. v. 3, p. 155-215.

57. SCHUBERT, René. *Constelação sistêmica familiar e organizacional*: breve introdução. Postado em 2011. Disponível em: <https://psicologado.com/atuacao/psicologia-clinica/constelacao-sistemica-familiar-e-organizacional-breve-introducao>. Acesso em: 17 set. 2016.

58. CARVALHO, Simone. *A teoria dos campos mórficos explicando padrões familiares*. Disponível em: <http://physioquantum.com/emocoes-indigestas-e-as-doencas/>. Acesso em: 09 maio 2019. Cf. sobre o assunto <https://www.cf-evajacinto.pt/fenomenologia/>.

59. BOCALLANDRO, Efraim R.; BOCALANDRO, Irene C. *Constelação e campo morfogenético*. Disponível em: <http://www.consteladoressistemicos.com/index.php/publicacoes/64-constelacao-e-campo-morfogenetico-efraim-r-bocallandro-e-irene-cardotti-bocalandro?tmpl=component&print=1&page=>. Acesso em: 10 abr. 2015.

do conjunto que, toda vez que violada, provoca movimentos de recomposição de seu equilíbrio. Exemplo disso é a assunção de atitudes que honram determinado membro da família por um membro mais jovem que, inconscientemente, passa a apresentar comportamentos cunhados por algum ancestral de quem nem tem conhecimento. Alguns acontecimentos no seio familiar, tanto generosos e altruístas quanto desonestos e ilegais, irradiam seus reflexos por gerações e gerações, criando dinâmicas que transcendem limites temporais e geográficos, operando atitudes de compensação em havendo desequilíbrio no sistema, caso tais processos psicoafetivos não sejam reconhecidos e trabalhados.[60]

Isso posto, quando as informações do campo de ressonância mórfica[61] trazem à tona alguns emaranhamentos[62], quem trouxe a questão posta inicialmente pode enxergar as dinâmicas existentes naquele sistema e posicionar-se de modo diferente nas relações, a fim de realizar escolhas mais conscientes e, via de consequência, salutares.

Bert Hellinger[63] ensina que "uma das descobertas mais importantes da Constelação Familiar é o fato de que todos nós nos encontramos ligados aos destinos de nossas famílias das mais diversas maneiras. *Existe na família uma consciência comum e inconsciente, um profundo movimento na alma, que não permite que alguém seja excluído, rejeitado ou esquecido*". Quando algo assim ocorre, "mais tarde a pressão dessa consciência coletiva *escolhe* alguém para representar o excluído. A pessoa em questão se sente igual àquele que foi excluído". Em vez de o *escolhido* estar livre para viver a própria vida, será impelido a viver a vida de uma pessoa excluída, estando *emaranhado com um destino estranho*. "Muitas dificuldades em uma família, como por exemplo, as que ocorrem entre pais e filhos, quando uma criança se comporta de modo estranho", ou desavenças entre consortes causadas por mudanças de atitudes bruscas, incontroláveis e inesperadas, rumando ao incompreensível, são sinais de emaranhamento. "Sendo assim, o amor é exigido a partir de uma nova forma. Esse tipo de emaranhamento pode vir à luz" por meio da constelação. *A solução é incluir o que esteve excluído e dar a este "um lugar na alma de cada um e na família*. Somente assim aqueles que antes se encontravam emaranhados estarão livres".

Em arremate: "É uma grande conquista da constelação familiar o fato de que *as dificuldades, para as quais não tínhamos qualquer compreensão até então,* de repente passem a fazer sentido e que, quando assumimos tal fato, encontramos uma boa solução para nós e para os outros".

As leis que regem os relacionamentos humanos, denominadas leis sistêmicas, inferidas e trazidas a lume por Bert Hellinger, são três: A) *Hierarquia ou ordem*, que estabelece precedência e prevalência nos sistemas. Os membros que chegaram primeiro têm precedência, ao passo que os membros que compõem as relações atuais têm prevalência. "*Do meu lugar eu tenho força*": isso significa que, mais importante do que o que se faz é a *postura*, é *como* se toma alguma atitude. A título de ilustração, em sala de aula, *eu sou apenas a professora* e isso torna a atividade bem mais leve. Do lugar de professora, olho com respeito para a Coordenadora de Curso, para o Diretor da Faculdade de Direito, para o Reitor da Universidade. *E isso me fortalece*. Em uma relação de casal, por exemplo, os cônjuges anteriores devem ser vistos e respeitados no sistema, apesar de prevalecer o relacionamento atual. Nas organizações, em que inclui o meio laboral na Administração Pública, é *fundamental honrar quem veio antes, incluindo e respeitando os fundadores e todos os colaboradores desde a fundação*. A lei da hierarquia ou ordem, segundo a qual posições se definem nos sistemas familiares e organizacionais, estabelecendo relações que abrangem direitos e deveres, se revela toda vez que algum membro sai de sua posição e assume posição que corresponde a outrem, dinâmica que pode trazer consequências variadas, dependendo do contexto de referência.

B) *Pertencimento*, segundo a qual todos os membros de um sistema têm igual direito de integrá-lo.

> No sistema familiar reina, na profundeza, uma lei fundamental. Podemos ver o que ela exige através de seus efeitos. Essa lei diz: todos aqueles que pertencem têm o mesmo direito à pertinência. Todos, inclusive os mortos. Na verdade, os mortos não estão fora do sistema, estão presentes de uma forma especial. Quando os mortos que foram excluídos ou esquecidos são reinseridos na família, os outros vivenciam isso como completude. Quando todos estão lá, os vivos se sentem completos e, ao mesmo tempo, livres.[64]

Nesse tópico, vem à tona o termo *inclusão,* muito utilizado na abordagem sistêmica. Na família, o direito de pertencer é mais sólido e duradouro que nas organizações

60. MELLO, Shirlei Silmara de Freitas. Aplicação das Leis sistêmicas (Constelações Familiares) e Mediação na Pacificação de Conflitos Decorrentes dos Laços de Família. In: CORDEIRO, Carlos José; GOMES, Josiane Araújo (Org.). *Temas Contemporâneos de Direito das Famílias*. São Paulo: Pilares, 2018. v. 3, p. 155-215.
61. Cf. SHELDRAKE, Rupert. *Ressonância mórfica e campos mórficos*: considerações introdutórias. 2015. Disponível em <http://www.sheldrake.org/research/morphic-resonance/introduction>. Acesso em: 17 abr. 2015; ARANTES, José Tadeu. *Ressonância mórfica*: a teoria do centésimo macaco. Disponível em: <http://galileu.globo.com/edic/91/conhecimento1.htm> e <http://www.esalq.usp.br/lepse/imgs/conteudo_thumb/Resson-ncia-m-rfica.pdf>. Acesso em: 13 mar. 2017. CARVALHO, Simone. *A teoria dos campos mórficos explicando padrões familiares*. Disponível em: <http://physioquantum.com/emocoes-indigestas-e-as-doencas/>. Acesso em: 13 mar. 2017.
62. Consulte-se, sobre esta temática, *Lealdades invisíveis e autossabotagem*. Disponível em: <https://m.youtube.com/watch?feature=youtu.be&v=U_dq5NgKSIU>.
63. HELLINGER, Bert. *Histórias de Amor*. 2. ed. Goiânia: Atman, 2011. p. 148-149.
64. HELLINGER, Bert. *A fonte não precisa perguntar pelo caminho*. 3. ed. Goiânia: Atman, 2012. p. 121.

(empresas e Poder Público), uma vez que o início, a manutenção e a extinção do vínculo, nessas últimas, dependem do cumprimento de requisitos, por exemplo, a necessidade de aprovação em concurso público para adentrar os quadros da Administração Pública e a exigência de cumprimento de determinadas condições para integrar as corporações. Sobre essa temática, Hellinger esclarece que "o vínculo e a pertinência, tão necessários à nossa sobrevivência e bem-estar, preceituam também *o que devemos perceber, crer e conhecer.*" [65]

C) *Equilíbrio entre dar e receber/tomar (compensação)*[66], que se refere à aplicação da razoabilidade/proporcionalidade na dosimetria das iniciativas dos membros dos sistemas familiares, organizacionais e institucionais. Dependendo da natureza do vínculo, como no meio ambiente de trabalho na Administração Pública a quantidade de atuações deve ser menor ou maior a fim de que haja *harmonia e paz no sistema.* Exemplificando: as parcerias em geral devem ser relações entre adultos, portanto, entre iguais. Em princípio, ambos devem ser independentes psicológica e financeiramente, optando por estar juntos para realizar projetos comuns. Diferentemente, a relação entre pai/mãe e filhos é sempre desequilibrada, uma vez que os genitores deram aos filhos algo que estes não lhes conseguem retribuir em espécie: *a vida.* Como estabelecer o equilíbrio e, portanto, manter a saúde? Passando a vida adiante, seja por meio de filhos (netos), seja por meio de trabalho significativo com repercussão coletiva.

Sobre a *aplicação das leis sistêmicas*, René Schubert[67] constata que "quando tais leis dinâmicas são desobedecidas, ignoradas ou rompidas", a resposta do sistema é sobrecarga e sofrimento, passíveis de incidir "mais sobre um membro específico do sistema, adoecendo-o ou conduzindo a um tipo de escolha, crença, postura e/ou comportamento". Na *reconfiguração sistêmica*, busca-se, "por meio de gestos, reposicionamentos e falas, alcançar a leveza e ordem, perdidas no sistema". Temas passíveis de serem abordados pela técnica descrita são: relacionamentos familiares (pai, mãe, marido/esposa, filhos, avós, tios); acontecimentos marcantes (adoções, perdas, doenças psiquiátricas, mortes precoces e/ou violentas, homicídios, suicídio, abortos, entre outros); relacionamento interpessoal (sexualidade, amantes, parceiros amorosos e sexuais, amigos, colegas); problemas de saúde (dores crônicas, obesidade, depressão, câncer, problemas cardíacos); dependências (físicas, químicas, psicológicas); conflitos profissionais com chefes, colegas, empresas; *questões empresariais e administrativas (abertura de empresa; fracasso e sucesso; perda financeira; dificuldades na liderança; mudanças de carreira; recolocação profissional).*

Considerando que "tudo que existe está entrelaçado em um relacionamento sistêmico", é razoável afirmar que "dentro de um sistema, cada parte influencia o todo e o todo influencia cada parte"[68], existindo, portanto, uma economia do conjunto que, toda vez que violada, provoca movimentos de recomposição de seu equilíbrio. Exemplo disso é a assunção de atitudes que honram determinado membro da família por um membro mais jovem que, inconscientemente, passa a apresentar comportamentos cunhados por algum ancestral de quem nem tem conhecimento. Alguns acontecimentos no seio familiar, tanto generosos e altruístas quanto desonestos e ilegais, irradiam seus reflexos por gerações e gerações, em outros contextos, como o Poder Público, criando dinâmicas que transcendem limites temporais e geográficos, operando atitudes de compensação em havendo desequilíbrio no sistema, caso tais processos psicoafetivos não sejam reconhecidos e trabalhados.

5. CONCLUSÃO

A postura sistêmica é apta a mover a Administração Pública em direção a técnicas que proporcionam um giro de lucidez, intelecção e abertura para novos horizontes, que alcançam pontos frequentemente negligenciados. Por esta razão, toma-se o meio ambiente laboral sob a égide da hierarquia, do pertencimento e pelo equilíbrio de troca entre o dar e o receber, como fator que influencia diretamente a efetividade do princípio da boa administração.

A compreensão elastecida do meio ambiente do trabalho situa-se num momento histórico de rupturas com os paradigmas e mudanças dos padrões de desenvolvimento socioeconômico e político-institucional. A adequação a modelos jurídicos tradicionais não é suficiente, pois o panorama deve ser mais integrado e sistemático do sistema jurídico laboral. O próprio conceito de trabalho, hoje mais amplo, alberga a saúde e o meio ambiente, fatores intimamente associados. O ambiente laboral é aquele em que se desenrola a vida produtiva, seja ela exercida na Administração Pública ou não. Os desafiadores riscos de degradação do meio ambiente do trabalho alertam para a necessidade de dispor sobre novos mecanismos que o salvaguardem e que retirem do direito positivo o peso jurídico normativo.

O diálogo interdisciplinar é essencial para que a garantia fundamental a um meio ambiente do trabalho sadio e equilibrado mire questões de saúde e de colóquio transversal,

65. HELLINGER, Bert. *A simetria oculta do amor.* 5. ed. São Paulo: Cultrix, 2005. p. 27.
66. Cf. vídeo extremamente elucidativo de Décio Fabio de Oliveira Júnior sobre *Dar e receber* (equilíbrio/ compensação). Disponível em: <https://www.youtube.com/watch?v=YGm_tpjRWpg&t=19s>. Acesso em: 12 maio 2019.
67. SCHUBERT, René. *Constelação sistêmica familiar e organizacional*: breve introdução. 2011. Disponível em: <https://psicologado.com/atuacao/psicologia-clinica/constelacao-sistemica-familiar-e-organizacional-breve-introducao>. Acesso em: 04 abr. 2019.
68. BOCALLANDRO, Efraim R.; BOCALANDRO, Irene C. *Constelação e campo morfogenético.* Disponível em: <http://www.consteladoressistemicos.com/index.php/publicacoes/64-constelacao-e-campo-morfogenetico-efraim-r-bocallandro-e-irene-cardotti-bocalandro?tmpl=component&print=1&page=>. Acesso em: 10 abr. 2015.

que não se conforme com meras discussões materiais sobre os riscos ocupacionais. Ir além demanda coragem, conhecimento e integração sistêmica entre diversos segmentos bem intencionados, bem como comprometidos em fazer valer a proteção do agente público no meio ambiente laboral enquanto valor social do trabalho inscrito como fundamento da República Federativa do Brasil.

As leis sistêmicas possuem papel central na dinâmica do equilíbrio entre os sistemas horizontais e verticais de relacionamento humano. A inevitabilidade do pertencimento, no seio da família, é fundamental para compreendê-la, e suplanta a mera sobrevivência. Isso porque o vínculo do pertencimento reconstrói as faces perdidas do agir individual. Ao repaginá-lo e ressignificá-lo, o ganho de qualidade no agir administrativo, por agentes e administrados que se sentem parte, é sobremaneira elevado. Além disso, a estruturação do agente público e do administrado numa posição de tempo-espaço definido, de respeito à precedência, à ordem e à necessidade de reparar ou compreender o passado de violação da hierarquia, constrói um ambiente mais saudável para o exercício da função administrativa.

A relação entre Administração e Administrado é equiparada a de credores e devedores mútuos e em pouco difere na esfera de relacionamentos. Todo vínculo em direção ao interesse público mira o equilíbrio entre o débito e o crédito, entre o superior hierárquico (muitas vezes, chancelado por uma cláusula democrática, que também carrega a simbologia e o pertencimento de um mandato popular) e os servidores públicos, que são remunerados e absorvem o papel de remadores de um barco que depende de todos para navegar. Os conflitos, que propiciam curtos-circuitos, eliminam a clareza das regras e a boa atuação do gestor público, que fracassa, porém, não sozinho. O reconhecimento do todo e da influência entre o dar e o receber ilumina a constatação de que as hierarquias autogeridas, naturais, reputacionais, técnicas, enfim, sejam quais forem, faz parte de um todo que deve ser honrado, sob pena de sucumbir cada peça e o próprio tabuleiro da vida.

Além disso, o princípio da boa administração é um preceito primordial para que se realizem políticas públicas direcionadas à realização plena de direitos e garantias fundamentais. O condicionamento do referido instituto jurídico implica compreendê-lo também como mecanismo de controle e minimização de práticas corruptivas e desviantes da transparência e da eficiência. Sob o ponto de vista ético e intergeracional, os efeitos da não aplicação das leis sistêmicas ao meio ambiente do trabalho, seja em face dos agentes públicos, seja em face dos administrados, é a perda da capacidade de responsabilização pelos resultados do fracasso, o rompimento com as razões que motivam a própria existência de laços e, por fim, a aniquilação das próprias razões da vivência em comunidade.

Se a hierarquia, o pertencimento e o equilíbrio entre o dar e o receber não são explorados, o meio ambiente do trabalho na Administração se contamina com os conflitos intergeracionais mal resolvidos, minando o próprio princípio da boa administração, que deixa de cumprir a missão de orientar a atuação administrativa de acordo com as competências alicerçadas em lei em sentido amplo. Em suma, a aplicação das leis sistêmicas ao Direito é fator determinante para proporcionar releitura dos comportamentos da Administração e dos destinatários das decisões administrativas nas suas relações, no que tange à atividade estatal consistente na aplicação do Direito de ofício ou mediante provocação, a fim de realizar interesses públicos com relativa definitividade.

6. REFERÊNCIAS

ARANTES, José Tadeu. *Ressonância mórfica*: a teoria do centésimo macaco. Disponível em: <http://galileu.globo.com/edic/91/conhecimento1.htm> e <http://www.esalq.usp.br/lepse/imgs/conteudo_thumb/Resson-ncia-m-rfica.pdf>. Acesso em: 13 mar. 2017.

BALASSIANO, Moises; TAVARES, Elaine; PIMENTA, Roberto da Costa. Estresse ocupacional na administração pública brasileira: quais os fatores impactantes? *Revista de Administração Pública*, FGV, Rio de Janeiro, v. 45, n. 3, p. 751-774, mai./jun. 2011. Disponível em: <http://www.scielo.br/pdf/rap/v45n3/09.pdf>. Acesso em: 07 maio 2019.

BASSOI, Vera. *Quem é Bert Hellinger*. Postado em: 2011. Disponível em: <http://www.consteladoressistemicos.com/publicacoes/84-quem-e-bert-hellinger-vera-bassoi>. Acesso em: 20 set. 2016.

BOCALLANDRO, Efraim R.; BOCALANDRO, Irene C. *Constelação e campo morfogenético*. Disponível em: <http://www.consteladoressistemicos.com/index.php/publicacoes/64-constelacao-e-campo-morfogenetico-efraim-r-bocallandro=-e-irene-cardotti-bocalandro?tmpl=component&print-1&page=>. Acesso em: 10 abr. 2015.

BRASIL. *Portaria n. 702, de 21 de março de 2018*. Altera a Portaria de Consolidação n. 2/GM/MS, de 28 de setembro de 2017, para incluir novas práticas na Política Nacional de Práticas Integrativas e Complementares-PNPIC. Brasília, DF. Disponível em: <http://bvsms.saude.gov.br/bvs/saudelegis/gm/2018/prt0702_22_03_2018.html>. Acesso em: 02 abr. 2019.

CARVALHO, Simone. *A teoria dos campos mórficos explicando padrões familiares*. Disponível em: <http://physioquantum.com/emocoes-indigestas-e-as-doencas/>. Acesso em: 09 maio 2019.

CONSELHO NACIONAL DE JUSTIÇA. CNJ. *Resolução n. 125, de 29.11.2015*. Dispõe sobre a Política Judiciária Nacional de tratamento adequado dos conflitos de interesses no âmbito do Poder Judiciário e dá outras providências. Disponível em: <http://www.cnj.jus.br/busca-atos-adm?documento=2579>. Acesso em: 18 jan. 2018.

DINAMARCA. Ato Consolidado n. 988, de 09 de outubro de 2012. Lei da Administração Pública da Dinamarca. *Revista de Direito Administrativo e Infraestrutura*. São Paulo: Revista dos Tribunais, 01 dez. 2018. v. 7, n. 1, seção 7, p. 369-385. Tradução Shirlei Silmara de Freitas Mello, Andrey Vilas Boas de Freitas e Valeria Emília de Aquino.

FARIAS, Talden Queiroz. Meio Ambiente do Trabalho. *Revista Direito e Liberdade – ESMARN – Escola da Magistratura do RN*, Mossoró, v. 6, n. 2, p. 443-462, jan./jun. 2007. Disponível em: <https://core.ac.uk/download/pdf/16046225.pdf>. Acesso em: 07 maio 2019.

FELICIANO, Guilherme Guimarães. Meio Ambiente do Trabalho: aspectos gerais e propedêuticos. *Revista do TRT da 15ª Região*, Campinas, n. 20, p. 160-203, set. 2002. Disponível em: <https://juslaboris.tst.jus.br/handle/20.500.12178/109018?show=full>. Acesso em: 07 maio 2019.

FERRAZ, Sérgio; DALLARI, Adilson de Abreu. *Processo Administrativo*. 2. ed. São Paulo: Malheiros, 2003.

FRANKE-GRICKSCH, Marianne. *Você é um de nós*: percepções e soluções sistêmicas para professores, pais e alunos. 2. ed. Patos de Minas: Editora Atman, 2009. Tradução de Décio Fabio Oliveira Junior, Tsuyuko Jinno-Spelter.

G1. *Ministério da Saúde anuncia aromaterapia, florais e bioenergética entre 10 novos procedimentos para o SUS*. Rio de Janeiro. Disponível em: <https://g1.globo.com/rj/rio-de-janeiro/noticia/ministerio-da-saude-anuncia-10-novos-procedimentos-para-o-sus.ghtml?utm_source=facebook&utm_medium=share-bar-desktop&utm_campaign=share-bar>. Acesso em: 12 maio 2019.

GABARDO, Emerson. *Princípio constitucional da eficiência administrativa*. São Paulo: Dialética, 2002.

GARLET, Ana Cht; LINHARES, Letícia. *Os princípios das Constelações Sistêmicas Organizacionais no trabalho, empresas, negócios, investimentos e organizações*. 2016. Disponível em: <https://iperoxo.com/constelacao-sistemica-e-familiar/os-principios-das-constelacoes-nas-empresas/>. Acesso em: 09 maio 2019.

GEMIGNANI, Tereza Aparecida Asta; GEMIGNANI, Daniel. Meio ambiente do trabalho. Precaução e prevenção. Princípios norteadores de um novo padrão normativo. *Revista Eletrônica do Tribunal Regional do Trabalho da 4ª Região*, ano VIII, n. 136, p. 73-90, abr. 2012. Disponível em: <https://juslaboris.tst.jus.br/bitstream/handle/20.500.12178/30177/012_gemignani.pdf?sequence=4&isAllowed=y>. Acesso em: 07 maio 2019.

GIUDICE, Federico del (Org). *Le domande di Diritto Amministrativo*. Napoli: Eselibri, 2009.

GUIMARÃES, Tomas de Aquino. A nova administração pública e a abordagem da competência. *Revista da Administração Pública*, FGV, Rio de Janeiro, v. 34, n. 3, p. 126-140, 2000. Disponível em: <http://bibliotecadigital.fgv.br/ojs/index.php/rap/article/view/6284>. Acesso em: 07 maio 2019.

HARGER, Marcelo. *Princípios Constitucionais do Processo Administrativo*. 1. ed. Rio de Janeiro: Forense, 1998.

HELLINGER, Bert. *A fonte não precisa perguntar pelo caminho*. 3. ed. Goiânia: Atman, 2012.

HELLINGER, Bert. *A simetria oculta do amor*. 5. ed. São Paulo: Cultrix, 2005.

HELLINGER, Bert. *Histórias de Amor*. 2. ed. Goiânia: Atman, 2011.

MAROUBO, F. P.; MELLO, Shirlei Silmara de Freitas. Educação sistêmica como instrumento de inclusão do trabalhador: um novo olhar sobre o ambiente laboral, à luz das leis de hierarquia e pertencimento (Hellinger). In: MARTINS, Juliane Caravieri; PASCHOALINO, Jussara Bueno de Queiroz; MONTAL, Zélia Maria Cardoso (Org.). *Trabalho digno, educação e inclusão social*. 1. ed. São Paulo: Arraes Editora, 2019. v. 2, p. 280-304.

MARRARA, Thiago. O conteúdo do princípio da moralidade: probidade, razoabilidade e cooperação. In: MARRARA, Thiago. *Princípios de Direito Administrativo*: legalidade, segurança jurídica, impessoalidade, publicidade, motivação, eficiência, moralidade, razoabilidade, interesse público. São Paulo: Atlas, 2012.

MELLO, Raphaela de Campos. *É possível desmanchar os nós causados por histórias de família mal resolvidas e refazer laços*. Apaziguados com a nossa trajetória, podemos seguir plenos na direção dos nossos verdadeiros propósitos. 2019. Postado por Ana Garlet. Disponível em: <http://educandonossosfilhos.com.br/revista-bons-fluidos-traz-constelacao-familiar-em-reportagem-de-capa/>. Acesso em: 02 abr. 2019.

MELLO, Raphaela de Campos. No fluxo do coração. *Revista Bons Fluidos*, dez. 2015. Disponível em: <http://bonsfluidos.uol.com.br/noticias/capa/no-fluxo-do-coracao.phtml#.WOuQ1NLyuM8>. Acesso em: 12 maio 2019.

MELLO, Shirlei Silmara de Freitas. Aplicação das Leis sistêmicas (Constelações Familiares) e Mediação na Pacificação de Conflitos Decorrentes dos Laços de Família. In: CORDEIRO, Carlos José; GOMES, Josiane Araújo (Org.). *Temas Contemporâneos de Direito das Famílias*. São Paulo: Pilares, 2018. v. 3, p. 155-215.

MELLO, Shirlei Silmara de Freitas; ALMEIDA, A. C. de. Direito Sistêmico e Direito Processual do Trabalho: Aplicação das Leis Sistêmicas (Hellinger) na Resolução de Conflitos nas Lides Judiciais Trabalhistas. In: MARTINS, Juliane Caravieri; BARBOSA, Magno Luiz; MONTAL, Zélia Maria Cardoso (Org.). *Reforma Trabalhista em Debate*: Direito Individual, Coletivo e Processual do Trabalho. 1. ed. São Paulo: LTr, 2017. v. 1, p. 243-256.

MELLO, Shirlei Silmara de Freitas. Princípios do Processo Administrativo: uma visão panorâmica. *Cidadania e Justiça* – Revista de Direito. Ituiutaba, 2004.

MINISTÉRIO DA SAÚDE. *Portaria n. 702, de 21 de março de 2018*. Inclui novas práticas na Política Nacional de Práticas Integrativas e Complementares (PNPIC). Matéria jornalística disponível em: <https://g1.globo.com/rj/rio-de-janeiro/noticia/ministerio-da-saude-anuncia-10-novos-procedimentos-para-o-sus.ghtml?utm_source=facebook&utm_medium=share-bar-desktop&utm_campaign=share-bar>. Acesso em: 03 abr. 2019.

MOREIRA, Egon Bockman. *Processo Administrativo*: Princípios Constitucionais e a Lei n. 9.784/1999. 4. ed. São Paulo: Malheiros, 2010.

PADILHA, Norma Sueli. Meio ambiente do trabalho: um direito fundamental do trabalhador e a superação da monetização do risco. *Revista do TST*, Brasília, v. 79, n. 4, out.-dez. 2013. Disponível em: <https://juslaboris.tst.jus.br/handle/20.500.12178/55993>. Acesso em: 07 maio 2019.

PADILHA, Norma Sueli. O equilíbrio do meio ambiente do trabalho: direito fundamental do trabalhador e de espaço interdisciplinar entre o direito do trabalho e o direito ambiental. *Revista do Tribunal Superior do Trabalho*, Brasília: Lex Magister, v. 77, n. 4, p. 231-258, out.-dez. 2011. Acesso em: <https://juslaboris.tst.jus.br/handle/20.500.12178/28356>. Disponível em: 07 maio 2019.

RIBEIRO, Carla Vaz dos Santos; MANCEBO, Deise. O Servidor Público no Mundo do Trabalho do Século XXI. *Psicologia: Ciência e Profissão*, Brasília, 2013, v. 33, n. 1, p. 192-207. Disponível em: <http://www.scielo.br/scielo.php?script=sci_arttext&pid=S1414-98932013000100015>. Acesso em: 07 maio 2019.

SATO, Paula. *O que caracteriza o trabalho escravo hoje no Brasil?* Portal Nova Escola. 01 mai. 2009. Disponível em: <https://novaescola.org.br/conteudo/2365/o-que-caracteriza-o-trabalho-escravo-hoje-no-brasil>. Acesso em: 01 maio 2019.

SCHILLING, Valéria. *Relatora da ONU sobre formas contemporâneas de escravidão chega ao Brasil*. 2010. Disponível em: <https://nacoesunidas.org/relatora-da-onu-sobre-formas-contemporaneas-de-escravidao-chega-ao-brasil/>. Acesso em: 09 maio 2019.

SCHUBERT, René. *Artigos introdutórios sobre Constelação Familiar em Revistas de grande Circulação*. Disponível em: <http://aconstelacaofamiliar.blogspot.com/search?q=Rog%C3%A9rio+-cansou+de+abrir+e+fechar+neg%C3%B3cios.+>. Acesso em: 12 maio 2019.

SCHUBERT, René. *A Constelação nas Organizações*. 2016. Disponível em: <http://www.blogitk.com.br/a-constelacao-nas-organizacoes/>. Acesso em: 03 abr. 2019.

SCHUBERT, René. *Constelação sistêmica familiar e organizacional*: breve introdução. 2011. Disponível em: <https://psicologado.com/atuacao/psicologia-clinica/constelacao-sistemica-familiar-e-organizacional-breve-introducao>. Acesso em: 04 abr. 2019.

SHAVASTI. *Lealdades invisíveis e a autossabotagem*: Todo mundo tem lealdades invisíveis?. 2017. Tradução: René Schubert Legendas: Victor Bocato. Disponível em: <https://www.youtube.com/watch?v=U_dq5NgKSIU>. Acesso em: 09 maio 2019.

SHELDRAKE, Rupert. *Ressonância mórfica e campos mórficos*: considerações introdutórias. 2015. Disponível em: <http://www.sheldrake.org/research/morphic-resonance/introduction>. Acesso em: 17 abr. 2015;

SILVA, Waldimeiry Correa da; GÓES, Karine Dantas Góes e. *Formas contemporâneas de escravidão*: ofensa direta à dignidade humana. 2014. Disponível em: <http://www.publicadireito.com.br/artigos/?cod=0365aaecae1f1493>. Acesso em: 09 maio 2019.

SILVA, Wanda Lucia Ramos da. O Trabalho do Juiz sob a Perspectiva Sistêmica. *Revista Eletrônica TRT18* – Goiânia, ano 15, p. 12-31, 2015. Disponível em: <http://www.trt18.jus.br/portal/arquivos/2012/03/revista2015-digital-1.pdf>. Acesso em: 20 set. 2016.

STORCH, Sami. *Constelações Familiares e Judiciário*: reflexões positivas. Carta Forense. jul. 2018. Disponível em: <http://www.cartaforense.com.br/m/conteudo/artigos/constelacao-familiares-e-judiciario-reflexoes-positivas/18232>. Acesso em: 12 maio 2019.

VERDE, Celma Nunes Villa. *Fenomenologia das Constelações Familiares*. 2016. Disponível em: <http://www.constelacaofamiliar.com.br/fenomenologia-das-constelacoes-familiares/>. Acesso em: 06 maio 2019.

10

O combate às irregularidades na administração pública: a transposição de cargos em uma análise constitucional

Renata Falson Cavalca[1]

"O olho da Lei os observa.
Ordem sagrada, ricamente abençoada
Filha do Céu que igualmente
Une livre, leve e alegremente
Os que construíram a cidade."
(Friedrich Schiller – "O Canto do Sino")[2]

INTRODUÇÃO

A realidade brasileira aponta que as irregularidades trabalhistas não são exclusivas do setor privado, contaminando também parcelas da máquina estatal. O Estado também não se exime da obrigação de observar os preceitos legais.

Apesar de toda a legislação vigente e vinculante, as irregularidades insistem em macular setores consideráveis do aparato estatal. O que se verifica, na prática, é uma resistência dos administradores, que existe até hoje, em selecionar seu pessoal com critérios universais. As práticas administrativas irregulares violam os valores republicanos da legalidade, da moralidade, da impessoalidade e da eficiência. Elas acarretam, ademais, a precarização dos vínculos laborais, o aviltamento da dignidade dos profissionais, o esfacelamento da proteção sindical, a discriminação entre servidores e a burla ao concurso público.

Conforme bem fundamentado pelo Ministro Celso de Mello[3] do Excelso Supremo Tribunal Federal:

> "DESRESPEITO À CONSTITUIÇÃO – MODALIDADES DE COMPORTAMENTOS INCONSTITUCIONAIS DO PODER PÚBLICO.
>
> – O **desrespeito à Constituição** tanto pode ocorrer mediante ação estatal quanto mediante inércia governamental. A situação de inconstitucionalidade pode derivar de um comportamento ativo do Poder Público, que age ou edita normas em desacordo com o que dispõe a Constituição, ofendendo-lhe, assim, os preceitos e os princípios que nela se acham consignados. Essa conduta estatal, que importa em um *facere* (atuação positiva), gera a inconstitucionalidade por ação.
>
> – Se o Estado deixar de adotar as medidas necessárias à realização concreta dos preceitos da Constituição,

---

1. Doutora em Direito Constitucional pela Pontifícia Universidade Católica de São Paulo – PUC-SP. Mestre em Direito Constitucional pela PUC-SP. Especialista em Direito Público pela Escola Superior do Ministério Público do Estado de São Paulo. Ex-Procuradora do Município de São Carlos/SP. Ex-Instrutora Interna do Programa de Capacitação, Aperfeiçoamento e Motivação dos Servidores da PRT da 15ª Região. Ex-Membro da Comissão de Publicações da Procuradoria Regional do Trabalho da 15ª Região. Ex-Coordenadora do Núcleo de Ensino e Pesquisa em Estudos Ambientais Interdisciplinares da PUC-SP. Assessora Jurídica do Ministério Público do Trabalho/Procuradoria Regional do Trabalho da 15ª Região (Campinas-SP). Professora universitária. Membro do Instituto Brasileiro de Direito Constitucional e do Núcleo de Ensino e Pesquisa em Direito Educacional. refalson@hotmail.com.
2. STOLLEIS, Michael. *O olho da lei*: história de uma metáfora. Tradução de Thiago Saddi Tannous. Belo Horizonte: Editora Doyen, 2014. p. 05-06 e 13. "*A lei não possui apenas um olho. Ela é o olho: o olho do Deus bíblico e corânico; o olho da deusa Dikê, da justiça; o olho do soberano absoluto; o olho da Constituição revolucionária democrática. Em seu livro "O Olho da Lei", Michael Stolleis mostra como a metáfora dos "olhos da lei" constitui-se na vida da humanidade. (...) Uma lei é um texto normativo juridicamente vinculante, promulgado a partir de regras constitucionais por uma maioria de congressistas, sob a premissa de uma democracia representativa. Como pode tal lei ter um "olho"? O "olho da lei" promete a onipresença do direito, a igualdade perante a lei e o domínio da lei em vez do domínio dos homens*".
3. RTJ 175/1212-1213, Rel. Min. Celso de Mello. Disponível em: <http://redir.stf.jus.br/paginadorpub/paginador.jsp?docTP=TP&docID=7516923>. Acesso em: 5 abr. 2019.

em ordem a torná-los efetivos, operantes e exequíveis, abstendo-se, em consequência, de cumprir o dever de prestação que a Constituição lhe impôs, incidirá em violação negativa do texto constitucional. Desse *non facere* ou *non praestare*, resultará a inconstitucionalidade por omissão, que pode ser total, quando é nenhuma a providência adotada, ou parcial, quando é insuficiente a medida efetivada pelo Poder Público.

....

– A **omissão do Estado** – que deixa de cumprir, em maior ou em menor extensão, a imposição ditada pelo texto constitucional – qualifica-se como comportamento revestido da maior gravidade político-jurídica, eis que, mediante inércia, o Poder Público também desrespeita a Constituição, também ofende direitos que nela se fundam e também impede, por ausência de medidas concretizadoras, a própria aplicabilidade dos postulados e princípios da Lei Fundamental." (RTJ 185/794-796, Rel. Min. CELSO DE MELLO, Pleno)

Nesse contexto, a temática[4] tem requerido enfrentamento pelo Poder Judiciário trabalhista para coibir ações que afetam os interesses coletivos dos trabalhadores e o patrimônio público.

Ora, tratando-se de pessoa jurídica de direito público, a admissão de servidores deve, impreterivelmente, ser precedida de concurso público, de acordo com a natureza e complexidade do cargo ou emprego a ser exercido, consoante o disposto no art. 37, II, da Constituição da República.

Além disso, a exigência do certame não se limita à primeira investidura, inclui tanto os provimentos originários como os derivados.

Nessa senda, inadmissível a reestruturação ou transposição de empregos e cargos públicos, de modo a permitir que o servidor legitimamente admitido para exercer a função de babá/pajem converta-se em educador/auxiliar de desenvolvimento infantil e, em seguida, ascenda à condição de professor, sem prévia aprovação em concurso específico para cada atividade, como no estudo de caso que será abordado adiante.

Por isso, têm sido objeto de abordagem e questionamentos doutrinário e jurisprudencial as *transposições* e *transformações* de cargos, em face do preceito constitucional que exige o concurso público[5] para investidura em cargos e empregos públicos.

Com acuidade observa Hely Lopes Meirelles[6] que "*pelo concurso afastam-se, pois, os ineptos e os apaniguados que costumam abarrotar as repartições, num espetáculo degradante de protecionismo e falta de escrúpulos de políticos que se alçam e se mantêm no poder leiloando cargos e empregos públicos*".

A defesa dos interesses da sociedade brasileira e a estrita fidelidade aos princípios constitucionais que norteiam a conduta do administrador público nas relações de trabalho constituem os verdadeiros objetivos do presente trabalho, a partir da adequada compreensão desses dois institutos.

Com efeito, a confusão que se tem feito a esse respeito decorre ou da imperfeição técnica de certas normas legais autorizativas, ou de deliberado disfarce administrativo para fugir da competição que há de ser aberta a todos, no evidente propósito de favoritismo.

Refere Marcos Luiz da Silva[7] que "*a figura da "transposição de cargo público" tem sido cada vez mais sido utilizada pelo Poder Público como forma de reorganização de cargos e carreiras, com a constante veiculação de normas jurídicas que instituem as mais diversas formas de reestruturação e realocação de servidores, em alguns casos simplesmente transportando determinados cargos com seus titulares para outra carreira, em outros, transformando cargo anterior em um novo, com atribuições diversas das do primeiro, e até mesmo por inclusão de novas atribuições ao cargo anterior. A Jurisprudência consolidada na Corte Maior foi acolhida com todo o vigor pela doutrina nacional, que majoritariamente posiciona-se pela não admissão da figura da transposição no direito brasileiro. Em decorrência disso, reiteradas decisões dos Tribunais Superiores do País, que, fundamentadas no citado dispositivo*

---

4. Não se tem a pretensão de esgotar, neste estudo, o assunto em debate, diante de sua amplitude e complexidade. Compete, contudo, registrar que em relação à *conversão de regimes* que, o art. 39 da CF, texto original e vigente, face a liminar concedida na Ação Direta de Inconstitucionalidade n. 2.135/DF (que suspendeu, por inconstitucionalidade formal, a eficácia da Emenda Constitucional n. 19/1998), determina à União, aos Estados, ao Distrito Federal e aos Municípios a instituição de regime jurídico único que não deve ser interpretado isoladamente, razão pela qual, as regras expedidas para transposição de regime jurídico também devem observar as diretrizes do art. 37 da CF, sob pena de se revelar ato ilegal. A situação – conversão de regimes – há muito foi objeto de discussão nos Tribunais e, nos dias de hoje, especialmente, após a Ação Direta de Inconstitucionalidade n. 1.150-2, de relatoria do Ministro Moreira Alves, tem entendimento consolidado no sentido de que estão excluídos da transmudação os servidores celetistas que não se submeteram a concurso, nos termos do art. 37, II, da CF, ainda que contratados antes da CF/88.
5. Sobre o princípio do concurso público, vide mais detalhadamente artigo de minha autoria na obra coletiva CAVALCA, Renata Falson. Os novos contornos da terceirização na administração pública à luz do princípio constitucional do concurso público, in: BARBOSA, Luiz Magno e outros. (orgs.). *Reforma trabalhista em debate*: direito individual, coletivo e processual do trabalho. São Paulo: LTr, 2017. p. 79-97.
6. MEIRELLES, Hely Lopes. *Direito administrativo brasileiro*. 22. ed. São Paulo: Malheiros Editores, 1997. p. 380.
7. SILVA, Marcos Luiz da. Da transposição de cargos na administração pública. *Revista Jus Navigandi*, ISSN 1518-4862, Teresina, ano 10, n. 651, 20 abr. 2005. Disponível em: <https://jus.com.br/artigos/6605>. Acesso em: 26 out. 2018.

constitucional, asseveram a inviabilidade jurídica da utilização dos institutos da transposição e transformação, concebidos como formas de provimento de cargo público."

Contudo, é preciso registrar que excepcionalmente a doutrina e o Excelso Supremo Tribunal Federal admitem casos em que a reestruturação de carreiras com o deslocamento de cargos pode ocorrer. Neste sentido, é oportuna a observação de Celso Antônio Bandeira de Mello[8]:

> O que a Lei Magna visou com os princípios da acessibilidade e do concurso público foi, de um lado, a ensejar a todos iguais oportunidades de disputar cargos ou empregos na Administração. De outro, propôs-se a impedir tanto o ingresso sem concurso, ressalvadas as exceções previstas na Constituição, quanto obstar a que o servidor habilitado por concurso para cargo ou emprego de determinada natureza viesse depois ser agraciado com cargo ou emprego permanente de **outra natureza**, pois esta seria uma forma de fraudar a razão de ser do concurso público.
>
> Sendo estes os objetivos evidentes dos princípios da acessibilidade e do concurso público, entende-se que **não é exigível concurso público para a elevação na carreira** ou nas linhas de ascensão funcional preestabelecidas se alguém já é funcionário ou empregado, **desde de que tal elevação se processe para cargos ou empregos da mesma natureza** daquele para o qual o servidor haja prestado o seu concurso de ingresso. Esta elevação, pois, poderá ser feita por critérios de merecimento ou antiguidade ou concursos internos entre os servidores. (g.n.)

Já o Excelso Supremo Tribunal Federal, ao julgar ADI n. 2.713/DF[9], apontou na mesma direção, *in verbis*:

> AÇÃO DIRETA DE INCONSTITUCIONALIDADE. ART. 11 E PARÁGRAFOS DA MEDIDA PROVISÓRIA N. 43, DE 25.06.2002, CONVERTIDA NA LEI N. 10.549, DE 13.11.2002. TRANSFORMAÇÃO DE CARGOS DE ASSISTENTE JURÍDICO DA ADVOCACIA-GERAL DA UNIÃO EM CARGOS DE ADVOGADO DA UNIÃO. ALEGAÇÃO DE OFENSA AOS ARTS. 131, *CAPUT*; 62, § 1º, III; 37, II E 131, § 2º, TODOS DA CONSTITUIÇÃO FEDERAL. [...] **Rejeição, ademais, da alegação de violação ao princípio do concurso público (CF, arts. 37, II e 131, § 2º).** É que a análise do regime normativo das carreiras da AGU em exame aponta para uma racionalização, no âmbito da AGU, do desempenho de seu papel constitucional por meio de uma **completa identidade substancial entre os cargos em exame**, verificada a compatibilidade funcional e remuneratória, além da equivalência dos requisitos exigidos em concurso. Precedente: ADI n. 1.591, Rel. Min. Octavio Gallotti. Ação direta de inconstitucionalidade julgada improcedente. (g.n.)

No precedente citado no julgado acima, ADI n. 1.591/RS[10], aquela Corte assim decidiu:

> EMENTA: Unificação, pela Lei Complementar n. 10.933-97, do Rio Grande do Sul, em nova carreira de Agente Fiscal do Tesouro, das duas, preexistentes, de Auditor de Finanças Públicas e de Fiscal de Tributos Estaduais. **Assertiva de preterição da exigência de concurso público rejeitada em face da afinidade de atribuições das categorias em questão**, consolidada por legislação anterior à Constituição de 1988. Ação direta julgada, por maioria, improcedente. (g.n.)

Conforme se pode inferir dos posicionamentos da doutrina e da jurisprudência, a regra para provimento de cargos públicos é a do concurso, mas esta regra é mitigada em situações especiais, como é o caso da reestruturação de cargos, com o aproveitamento dos atuais servidores, quando os cargos originais pertençam a carreiras que guardem afinidade de atribuições.

Como bem adverte Marcos Luiz da Silva[11], "*as implicações jurídicas de tais atos normativos não têm sido devidamente estudadas pelos juristas, ou, pelo menos, não o foram ainda na profundidade necessária ao esclarecimento dos contornos legais e constitucionais da referida figura jurídica. As justificativas para a implementação de tais medidas são das mais diversas, sendo as mais comuns a racionalização e a eficiência administrativas. Os juristas, no entanto, não têm se debruçado com a devida atenção sobre o tema, e têm, de certa forma, sido tímidos na análise da legalidade e da constitucionalidade de tais transposições. Nesse campo, é ainda parca a contribuição da doutrina, muito embora a jurisprudência sobre a matéria seja farta, e com posicionamento majoritário sobre o não cabimento dessa medida. Alguns pontos restam ainda duvidosos, dos quais poderíamos pinçar, para efeito de definição do objeto do presente estudo, a seguinte: A Constituição Federal albergaria a transposição de cargos da Administração Pública direta ou indireta? O fato é que a adoção de tal figura contrasta com o momento histórico, social e político em que vivemos. A sociedade cobra moralidade e seriedade dos gestores públicos, e repudia a continuidade de antigas práticas administrativas, pautadas no clientelismo, no fisiologismo e no apadrinhamento. A superação dessas antigas práticas político-administrativas, erigidas à época em que não se tinha uma cultura de moralidade e legalidade consolidadas no seio da sociedade brasileira, depende, sem dúvida alguma, de uma*

8. MELLO, Celso Antônio Bandeira de. *Curso de direito administrativo*. 10. ed. São Paulo: Malheiros, 1998. p. 161.
9. BRASIL. *STF. ADI n. 2.713/DF*. Relator: Min. Ellen Gracie. Data do julgamento: 18 dez. 2002. DJ de 03 mar. 2003, p. 33.
10. BRASIL. *STF. ADI n. 1.591/RS*. Relator: Min. Octávio Gallotti. Data do julgamento: 19 ago. 1998. DJ de 30 jun. 2000, p. 38.
11. SILVA, Marcos Luiz da. Da transposição de cargos na administração pública. *Revista Jus Navigandi*, ISSN 1518-4862, Teresina, ano 10, n. 651, 20 abr. 2005. Disponível em: <https://jus.com.br/artigos/6605>. Acesso em: 26 out. 2018.

atuação mais incisiva das instituições que possuem o papel constitucional de defender a ordem jurídica estabelecida pela Carta Constitucional de 1988, bem como daqueles que detém o relevante papel de "formadores de opinião", o que, nas palavras de Konrad Hesse[12]*, significa que "todos nós estamos permanentemente convocados a dar conformação à vida do Estado, assumindo e resolvendo as tarefas por ele colocadas"*[13]*. É cediço que a Constituição Federal impõe limites à implementação de medidas administrativas que impliquem na investidura de servidores em outro cargo público, através de transposições ou figuras análogas, limites esses que merecem a devida compreensão e análise, e, acima de tudo, cumprimento, de forma a que medidas desse jaez somente possam ser adotadas em hipóteses restritas, sem afronta à moralidade administrativa e ao interesse público, os quais nem mesmo no plano puramente legislativo devem ser descurados.*"

Deste modo, o presente artigo procura responder à indagação proposta nas linhas antecedentes, com vistas a um posicionamento claro acerca da compatibilidade ou não desse instituto com a norma constitucional, e, por conseguinte, se é ou não possível o seu manejo pela Administração Pública.

1. BREVE EVOLUÇÃO HISTÓRICA

O atual Estatuto dos Servidores Públicos Civis (Lei n. 8.112/1990) arrola, no art. 8º, as seguintes formas de provimento[14] de cargo público: nomeação, promoção, ascensão, transferência, readaptação, reversão, aproveitamento, reintegração e recondução.

Segundo Celso Antônio Bandeira de Mello[15], "*formas de provimento são as diferentes maneiras de se preencherem os cargos (...)*".

Historicamente, no âmbito federal, nos últimos 50 anos, foram adotados dois grandes planos de classificação de cargos, a saber: o instituído pela Lei n. 3.780, de 12 de julho de 1960, e o criado pela Lei n. 5.645, de 23 de dezembro de 1970.

Os institutos da *transposição* e *transformação* de cargos foram previstos apenas no último plano de classificação. O estabelecido pela Lei n. 3.780/1960 valeu-se da figura do *enquadramento*, para ajustar os cargos e funções existentes à nova sistemática adotada. Estabeleceu três tipos de enquadramento: o *direto*, o *específico* e o *genérico*, todos consistentes no deslocamento dos cargos do antigo para o novo sistema, e, se preenchidos, com os respectivos ocupantes nas condições que indicou.

Ao fixar as diretrizes para a classificação de cargos no serviço civil da União e das autarquias federais, como dito na sua ementa, a Lei n. 5.645/1970, no atinente aos institutos em estudo, estatui, no art. 9º, este critério, *in verbis:*

> Art. 9º A transposição ou transformação dos cargos, em decorrência da sistemática prevista nesta lei, processar-se-á gradativamente considerando-se as necessidades e conveniências da Administração e, quando ocupados, segundo critérios seletivos a serem estabelecidos para os cargos integrantes de cada Grupo, inclusive através de treinamento intensivo e obrigatório.

O Grupo a que alude essa disposição legal é a reunião de categorias funcionais, classificadas consoante a correlação e atividade, a natureza dos trabalhos afetos ou o nível de conhecimentos aplicados, abrangendo várias atividades.

Diferentemente do plano precedente, que especificou os seus cargos, distribuídos por diversos grupos ocupacionais, o criado pela Lei n. 5.645 foi projetado em aberto, como previsto no art. 12 desse diploma.

A lotação qualitativa e quantitativa das categorias funcionais, observadas as diretrizes estabelecidas, em regra, foi fixada mediante decreto. A lei conferiu ao Poder Executivo expressa competência para elaborar e expedir o novo Plano de Classificação de Cargos.

2. DA DISTINÇÃO ENTRE OS DOIS INSTITUTOS: TRANSPOSIÇÃO E TRANSFORMAÇÃO

A *transformação* do cargo, evento de maior consistência e relevância, assumiu, ultimamente, foro constitucional, eis que expressamente mencionada no § 4º do art. 40, e art. 48, X, ambos da Constituição da República.

---

12. HESSE, Konrad. *A força normativa da Constituição.* Tradução de Gilmar Ferreira Mendes. Porto Alegre: Sergio Antonio Fabris Editor, 1991.
13. SILVA, Marcos Luiz da. Da transposição de cargos na administração pública. *Revista Jus Navigandi*, ISSN 1518-4862, Teresina, ano 10, n. 651, 20 abr. 2005. Disponível em: <https://jus.com.br/artigos/6605>. Acesso em: 26 out. 2018.
14. Nos ensinamentos de Maria Sylvia Di Pietro, "*transposição" – era o ato pelo qual o funcionário ou servidor passava de um cargo a outro de conteúdo ocupacional diverso. Visava ao melhor aproveitamento dos recursos humanos, permitindo que o servidor, habilitado para o exercício de cargo mais elevado, fosse nele provido mediante concurso interno; "promoção" – forma de provimento pela qual o servidor passa para cargo de maior grau de responsabilidade e maior complexidade de atribuições, dentro da carreira a que pertence; "provimento efetivo" – é o que se faz em cargo público, mediante nomeação dependente de concurso público, assegurando ao funcionário, após dois anos de exercício, o direito de permanência no cargo, do qual só pode ser destituído por processo administrativo ou sentença judicial transitada em julgado; "provimento originário" – é o que vincula inicialmente o servidor ao cargo, emprego ou função; "provimento derivado" – é o que depende de um vínculo anterior do servidor com a Administração; a legislação anterior à atual Constituição compreendia (com pequenas variações de um Estatuto funcional para outro) a promoção (ou acesso), a transposição, a reintegração, a readmissão, o aproveitamento, a reversão e a transferência*". (DI PIETRO, Maria Sylvia. *Direito administrativo.* 9. ed. São Paulo: Atlas, 1998.)
15. MELLO, Celso Antônio Bandeira de. *Apontamentos sobre os agentes e órgãos públicos.* São Paulo: Revista dos Tribunais,1984. p. 29.

O Decreto n. 70.320, de 23.03.1972 – que "*estabelece normas essenciais à implantação do sistema de classificação de cargos instituído pela Lei n. 5.645, de 10 de dezembro de 1970*" –, dispõe, no art. 9º, § 1º, que a *transposição* é o deslocamento de cargo do antigo para o novo sistema de classificação, sem mudança (relevante) de atribuições; ao passo que a *transformação* implica alteração de atribuições.

Infere-se, portanto, que a essência da distinção entre um e outro instituto reside na mudança das atribuições do cargo existente. Isso permite concluir que a simples modificação nominal do cargo não tem maior relevância. As responsabilidades a ele pertinentes decorrem de suas atribuições.

Ponto de relevo, porém, são os vencimentos. De ordinário, sofrem eles elevação, quando da implantação de um novo plano de classificação de cargos.

3. DA INVIABILIDADE JURÍDICA DE SUA PRÁTICA

O art. 37, II, da Constituição Federal, exige concurso público para investidura em cargos e empregos públicos.

A disposição constitucional em referência estatui assim: "***a investidura em cargo ou emprego público depende de aprovação prévia em concurso público de provas ou de provas e títulos***, (...)". (art. 37, II, da Constituição Federal) (grifo nosso)

Como visto anteriormente, a *transposição* ou *transformação* pode incidir sobre o cargo vago ou preenchido. Nesta última hipótese, o evento operacionaliza-se com o respectivo ocupante, até mesmo porque o servidor – corpo físico – não poderia ficar no vácuo, muito embora, na prática – diga-se –, a aplicação desses institutos tem subordinado a efetivação do ato à observância de certos critérios seletivos, como, por exemplo, o funcionário haver ingressado no cargo mediante concurso público, para que o seu cargo seja transposto ou transformado. Não atendidos os requisitos estabelecidos, o servidor fica em quadro suplementar, em processo de extinção.

É assente, por igual, que a exigência constitucional do concurso aberto a todos, para ingresso nos cargos ou empregos públicos, visa também fortalecer o *merit system*, no serviço público.

Decisões do Supremo Tribunal Federal têm sido pela impossibilidade da transformação, com fundamento no art. 37, II, da Lei Maior – exigência do concurso público.

A transformação, o procedimento administrativo, no caso específico, é juridicamente inviável, visto que o concurso público é o modo (objetivo) de aferição de mérito eleito pela Carta Magna para investidura em cargo e emprego público.

Essa inviabilidade, convém assinalar, evita artifícios voltados para favorecer servidores, que poderiam beneficiar-se indevidamente de transformação de cargos modestos noutros de nível elevado, sem a comprovação de possuírem a devida qualificação, aferível mediante concurso público. A transformação seria uma disfarçada espécie de "ascensão funcional".

Desse modo, resumindo, defendemos que as transformações de cargo que importem diminuição ou manutenção do nível de complexidade das respectivas atribuições e da escolaridade exigida são juridicamente viáveis, na forma disposta em lei.

As que implicam elevação do nível de complexidade ou de escolaridade apresentam-se inviáveis, conforme o disposto no art. 37, II, da Constituição Federal, que objetiva também o fortalecimento do sistema do mérito, no serviço público, e que deve ser objeto de interpretação teleológica.

As transformações de cargo, assim, devem ser devidamente avaliadas, sem o que não podemos distinguir aquelas que são factíveis, no plano jurídico.

4. DA EXPOSIÇÃO DE TRANSPOSIÇÃO DE CARGO NO ESTUDO DE CASO

Serão objeto de comentários as r. decisões proferidas pela 3ª SDI do Egrégio Tribunal Regional do Trabalho da 15ª Região, nos autos da Ação Rescisória n. 0007324-72.2018.5.15.0000, ajuizada pelo Município de São Joaquim da Barra, pela qual o autor pretendeu rescindir o v. acórdão proferido pela 7ª Câmara – Quarta Turma – deste E. Tribunal, nos autos da Reclamação Trabalhista n. 0010884-98.2014.5.15.0117, em trâmite perante a Vara do Trabalho de São Joaquim da Barra, em julgamentos ocorridos em 24 de julho de 2018 e em 10 de dezembro de 2018, cujos teores seguem abaixo transcritos:

> **"Gabinete da Desembargadora Olga Aida Joaquim Gomieri – 3ª SDI**
>
> **PROCESSO TRT 15ª REGIÃO N. 0007324-72.2018.5.15.0000 – PJe**
>
> **AÇÃO RESCISÓRIA 3ª SEÇÃO DE DISSÍDIOS INDIVIDUAIS**
>
> **AUTOR: MUNICÍPIO DE SÃO JOAQUIM DA BARRA**
>
> **RÉ: ÉRIKA GOMES AMBRÓSIO**
>
> **ORIGEM: VARA DO TRABALHO DE SÃO JOAQUIM DA BARRA**
>
> **(Juiz Sentenciante: Paulo Henrique Coiado Martinez)**
>
> Vistos etc.
>
> Trata-se de ação rescisória ajuizada pelo MUNICÍPIO DE SÃO JOAQUIM DA BARRA, pela qual o autor pretende rescindir o v. acórdão proferido pela 7ª Câmara – Quarta Turma – deste E. Tribunal, nos autos da Reclamação Trabalhista n. 0010884-98.2014.5.15.0117, em trâmite perante a Vara do Trabalho de São Joaquim da Barra, cuja cópia foi acostada aos presentes autos.
>
> Recebo, por ora, a petição inicial, sem prejuízo de análise posterior quanto à admissibilidade.
>
> Justifica o autor a necessidade da presente rescisória na hipótese prevista no art. 966, V, do NCPC.

Da análise dos autos, constata-se que o objetivo do autor é a rescisão do v. acórdão rescindendo, por ofensa aos arts. 2º, 37, II, X, XIII, 61, § 1º, II, "a", 97, 169, § 1º, I e II, da Constituição Federal, ao admitir como válida a transposição de cargo sem a devida aprovação em concurso público.

Sustenta que a ré ingressou no serviço público municipal em outubro de 2007, investida no cargo de Babá com contrato de trabalho regido pela CLT, exercendo suas atividades em creche municipal.

Informa que o art. 1º da Lei Municipal n. 056/2008 alterou a Lei Municipal n. 14/2004 e modificou a nomenclatura do emprego público de Babá – sem que implicasse em criação, transformação ou alteração/transposição de cargo –, denominando-o e qualificando-o simplesmente como Educadora.

Assere que a servidora não se enquadra na categoria dos "professores na educação infantil", nos termos da Lei n. 11.738/2008, pois as atribuições e funções do cargo previstas no edital do concurso são diferentes, e que, de qualquer maneira, o edital do concurso que vincula as partes do caso em espécie não exigiu a formação ou curso em magistério, o que impede, inclusive por vedação constitucional, a transformação, o reenquadramento ou a equiparação ao cargo de professor.

Pugna, ao final, pela concessão da medida liminar para suspensão da execução que se processa nos autos de origem, em face das violações acima apontadas, com a procedência da presente ação para a desconstituição do v. acórdão impugnado.

Apresenta diversos documentos e atribuiu à causa o valor de R$ 50.000,00.

Pois bem.

Segundo os preceitos do art. 969, do novo CPC, a propositura da ação rescisória não impede o cumprimento da decisão rescindenda, ressalvada a concessão de tutela provisória.

In casu, considera-se temerário o prosseguimento da execução, diante da existência da presente ação rescisória que, uma vez procedente, poderá trazer uma nova realidade à ação executiva.

É certo que o manejo da ação rescisória protrai efeitos e, uma vez concedida a obrigação satisfativa da execução sem a decisão final, tal poderá ocasionar a irreversibilidade da medida, o que gera riscos ao executado e graves abalos ao princípio da segurança jurídica.

Assim, somente após o definitivo acertamento do direito é que se justifica o prosseguimento da execução de sentença que se processa nos autos da reclamação trabalhista originária.

O art. 969 do novo Código de Processo Civil é aplicável ao Processo do Trabalho, pela permissão contida no art. 769 da CLT, como fonte subsidiária, em casos de possibilidade de lesão grave e de difícil reparação, sendo relevante a suspensão da execução até a definição desta ação rescisória.

Assim, do relato da petição inicial e da análise dos documentos com ela acostados, verifica-se a presença tanto do *fumus boni iuris*, como do *periculum in mora*, a autorizar a suspensão da execução, em caráter liminar.

Com efeito, compulsando brevemente os autos eletrônicos, impende reconhecer plausibilidade nas alegações da parte autora, ao menos quanto ao possível desrespeito ao art. 37, II, da Constituição Federal, uma vez que a ré foi admitida para o emprego de Babá, cujas atribuições diferem do emprego de Professor de Nível Infantil.

Há, em tese, a possibilidade de rescisão da r. sentença transitada em julgado, o que causaria inegável dano às partes, se mantido o cumprimento imediato das medidas determinadas na r. sentença.

Posto isso, **concedo a medida LIMINAR** para determinar a suspensão da execução que se processa nos autos do Processo n. 0010884-98.2014.5.15.0117, em trâmite perante a Vara do Trabalho de São Joaquim da Barra, até o julgamento final da presente ação rescisória.

Intime-se a parte autora e cite-se a ré para que conteste a ação, no prazo de 15 (quinze) dias.

Comunique-se, **com urgência**, a Vara de origem acerca do deferimento da liminar, remetendo-lhe cópia da presente decisão.

Campinas, 24 de julho de 2018.

OLGA AIDA JOAQUIM GOMIERI

Desembargadora Relatora"

"PROCESSO TRT 15ª REGIÃO N. 0007324-72.2018.5.15.0000 – PJe

AÇÃO RESCISÓRIA 3ª SEÇÃO DE DISSÍDIOS INDIVIDUAIS

AUTOR: MUNICÍPIO DE SÃO JOAQUIM DA BARRA

RÉ: ÉRIKA GOMES AMBRÓSIO

ORIGEM: VARA DO TRABALHO DE SÃO JOAQUIM DA BARRA

(Juiz Sentenciante: Paulo Henrique Coiado Martinez)

Relatório

Trata-se de ação rescisória ajuizada pelo MUNICÍPIO DE SÃO JOAQUIM DA BARRA, pela qual o autor pretende rescindir o v. acórdão proferido pela 7ª Câmara – Quarta Turma – deste E. Tribunal, nos autos da Reclamação Trabalhista n. 0010884-98.2014.5.15.0117, em trâmite perante a Vara do Trabalho de São Joaquim da Barra, cuja cópia foi acostada aos presentes autos.

Justifica o autor a necessidade da presente rescisória nas hipóteses previstas no art. 966, V e VIII, do NCPC.

Da análise dos autos, constata-se que o objetivo do autor é a rescisão do v. acórdão rescindendo, por ofensa aos arts. 2º, 37, II, X, XIII, 61, § 1º, II, "a", 97, 169, § 1º, I e II, da Constituição Federal, ao admitir como válida a transposição de cargo sem a devida aprovação em concurso público.

Sustenta que a ré ingressou no serviço público municipal em outubro de 2007, investida no cargo de Babá, com contrato de trabalho regido pela CLT, exercendo suas atividades em creche municipal.

Informa que o art. 1º da Lei Municipal n. 056/2008 alterou a Lei Municipal n. 14/2004 e modificou a nomenclatura do emprego público de Babá – sem que implicasse em criação, transformação ou alteração/transposição de cargo –, denominando-o e qualificando-o simplesmente como Educadora.

Assere que a servidora não se enquadra na categoria dos "professores na educação infantil", nos termos da Lei n. 11.738/2008, pois as atribuições e funções do cargo previstas no edital do concurso são diferentes, e que, de qualquer maneira, o edital do concurso, que vincula as partes do caso em espécie, não exigiu a formação ou curso em magistério, o que impede, inclusive por vedação constitucional, a transformação, o reenquadramento ou a equiparação ao cargo de professor.

Pugna, ao final, pela concessão da medida liminar para suspensão da execução que se processa nos autos de origem, em face das violações acima apontadas, com a procedência da presente ação para a desconstituição do v. acórdão impugnado.

Apresenta diversos documentos e atribuiu à causa o valor de R$ 50.000,00.

Deferida a medida liminar postulada.

Citada a ré.

Não foram produzidas outras provas.

Foram apresentadas razões finais pelas partes.

Parecer ofertado pelo Ministério Público do Trabalho, opinando pela procedência da presente ação.

É o relatório.

Fundamentação

VOTO

DA ADMISSIBILIDADE

O depósito prévio previsto no art. 836 da CLT é dispensável, nos termos do art. 968, § 1º, do NCPC. Há prova do trânsito em julgado do v. acórdão rescindendo, estando a ação ajuizada dentro do biênio decadencial. Presentes as condições da ação e pressupostos processuais, tenho por regular o seu processamento.

MÉRITO

DA VIOLAÇÃO A LITERAL DISPOSITIVO DE LEI

A Ação Rescisória tem natureza jurídica de ação e não de recurso, não se admitindo o reexame de fatos e provas, sob o argumento de violação a literal dispositivo de lei (inciso V do art. 966 do NCPC).

Com efeito, o E. Supremo Tribunal Federal decidiu que a ação rescisória não se presta a reparar possível injustiça (RTJ 125/928), por isso não é possível, ainda que sob o fundamento de violação a literal disposição de lei, oferecer nova interpretação a dispositivo legal.

Na ação rescisória não se examina o direito de alguém, mas a sentença transitada em julgado, não se discutindo a justiça ou injustiça da decisão e nem a má apreciação das provas. Tem que haver violação expressa de um direito, não em função do interesse da parte, mas sim em atenção a uma norma de interesse público.

Nas claras palavras de Wilson de Souza Campos Batalha e Pontes de Miranda, in *Tratado de direito processual do trabalho*. 2. ed. Ed. LTr:

> "É indispensável que exista literal disposição infringida, não bastando haver o julgado rescindendo adotado interpretação razoável do texto, embora possa divergir o juiz do juízo rescindente. A violação pode ser expressa, consciente, confessada, declarada ou inexpressa, inconsciente, dissimulada, ocultada, velada, disfarçada. Não importa como seja ela. O que é preciso, para que se componha o pressuposto da rescisão, é a violação em si, na negação do direito, conforme foi definido. O direito há que ser expresso; e não a violação, que pode ser implícita".

Enfim, para que a ação rescisória, ajuizada com fundamento no art. 966, V, do NCPC tenha sucesso, necessário se faz que a interpretação dada, pela decisão que se quer fazer rescindir, seja de tal modo aberrante que viole o dispositivo legal em sua literalidade.

No caso que ora se apresenta, é patente a afronta direta ao art. 37, II, da Constituição Federal.

Com efeito, na hipótese em comento, denota-se que, por meio da Lei n. 56/2008, apenas a nomenclatura do cargo da reclamante, ora ré, foi alterada de "babá" para "educadora", mantendo-se as funções anteriores.

Assim, considerando que a ré não prestou concurso público para o cargo de professora, o simples desempenho de funções equivalentes aos professores não lhe dá o direito ao enquadramento em tal função, nem mesmo aos benefícios próprios de tal carreira, sob pena de violação ao art. 37, II, da CF.

Deste modo, tenho por afrontado o art. 37, II, da Constituição Federal, por ser o único que se mostra, de fato, flagrantemente agredido, não sendo necessária a análise aos demais dispositivos legais indicados, pois a violação ao artigo constitucional acima citado já é suficiente para acolher o pedido de corte rescisório.

Em assim sendo, por estes fundamentos, decido, em juízo rescindendo, julgar procedente esta Rescisória para acolher o pedido formulado pelo Município autor, determinando a desconstituição do v. acórdão proferido nos autos da Reclamação Trabalhista n. 0010884-98.2014.5.15.0117, em trâmite perante a Vara do Trabalho de São Joaquim da Barra, e, em sede de juízo rescisório, decido julgar improcedente a referida Reclamação Trabalhista, por violação ao art. 37, II, da Constituição Federal.

DA JUSTIÇA GRATUITA

Concede-se os auspícios da gratuidade de justiça à ré, notadamente diante da declaração de miserabilidade jurídica firmada nestes autos.

Dispositivo

DISPOSITIVO

Diante do exposto, decide-se julgar procedente a ação rescisória para desconstituir o v. acórdão proferido nos autos da Reclamação Trabalhista

n. 0010884-98.2014.5.15.0117, em trâmite perante a Vara do Trabalho de São Joaquim da Barra, nos termos do inciso V do art. 966 do NCPC, e, em sede de juízo rescisório, decide-se julgar improcedente a referida Reclamação Trabalhista, por violação ao art. 37, II, da Constituição Federal, nos termos da fundamentação.

Condena-se a ré ao pagamento de honorários advocatícios, no importe de 10% sobre o valor da causa, cuja exigibilidade fica suspensa, nos termos do art. 98, § 3º, do NCPC.

Custas pela ré, calculadas sobre o valor dado à causa, das quais fica isenta, em face da gratuidade de justiça que lhe foi conferida.

Oficie-se à Vara de Origem.

Intimem-se as partes.

Acórdão

3ª SEÇÃO ESPECIALIZADA EM DISSÍDIOS INDIVIDUAIS

COMPOSIÇÃO E REGISTROS RELEVANTES DA SESSÃO DE JULGAMENTO DO DIA 28/11/2018

Em sessão ordinária realizada em 28 de novembro de 2018 (4ª feira), a 3ª Seção Especializada em Dissídios Individuais do Tribunal Regional do Trabalho da Décima Quinta Região julgou o presente processo.

Presidiu o julgamento o Exmo. Sr. Desembargador do Trabalho EDUARDO BENEDITO DE OLIVEIRA ZANELLA

Tomaram parte no julgamento os Exmos. Srs. Magistrados:

Relator: Desembargadora do Trabalho OLGA AÍDA JOAQUIM GOMIERI

Desembargador do Trabalho JOSÉ PEDRO DE CAMARGO RODRIGUES DE SOUZA

Desembargador do Trabalho JOSÉ PITAS

Juiz Titular de Vara do Trabalho HAMILTON LUIZ SCARABELIM

Desembargadora do Trabalho MARIA MADALENA DE OLIVEIRA

Desembargador do Trabalho LUIZ FELIPE PAIM DA LUZ BRUNO LOBO

Desembargador do Trabalho EDISON DOS SANTOS PELEGRINI

Desembargador do Trabalho JORGE LUIZ COSTA

Ausentes os Excelentíssimos Desembargadores Thomas Malm, em razão de férias e Fábio Grasselli, justificadamente. Compareceram para julgar processos de suas competências, a Exma. Desembargadora Gisela Rodrigues Magalhães de Araújo e Moraes, o Exmo. Desembargador Fábio Allegretti Cooper e o Exmo. Juiz Álvaro dos Santos. Foi convocado, nos termos regimentais, para compor a Seção, o Exmo. Juiz Hamilton Luiz Scarabelim, em substituição à cadeira do Exmo. Desembargador Thomas Malm. Ausentes justificadamente os Exmos. Srs. Desembargadores Hélcio Dantas Lobo Júnior e Maria Inês Corrêa de Cerqueira César Targa.

O Ministério Público do Trabalho presente na pessoa do Exmo. Sr. Procurador APARÍCIO QUERINO SALOMÃO.

Resultado

ACORDAM os Magistrados da 3ª Seção Especializada em Dissídios Individuais do Tribunal Regional do Trabalho da Décima Quinta Região, nos exatos termos do voto da Exma. Sra. Relatora.

Votação por maioria, vencidos os Exmos. Srs. Desembargadores Luiz Felipe Paim da Luz Bruno Lobo e José Pedro de Camargo Rodrigues de Souza que julgavam improcedente a ação rescisória.

Assinatura

OLGA AIDA JOAQUIM GOMIERI

Relator

Votos Revisores"

Após a explanação das breves considerações acima expendidas, passamos à análise do caso propriamente dito, objeto do presente artigo, à luz dos ditames constitucionais e da legislação trabalhista vigente.

Trata-se de ação rescisória ajuizada pelo MUNICÍPIO DE SÃO JOAQUIM DA BARRA em face de ÉRIKA GOMES AMBRÓSIO, objetivando rescindir o v. acórdão proferido pela 7ª Câmara, 4ª Turma, deste Egrégio Tribunal, nos autos da Reclamação Trabalhista n. 0010884-98.2014.5.15.0117, em trâmite perante a Vara do Trabalho de São Joaquim da Barra.

O Município autor pretende, em *iudicium rescidens*, a desconstituição do v. acórdão rescindendo, por ofensa aos arts. 2º, 37, II, X, XIII, 61, § 1º, II, "a", 97, 169, § 1º, I e II, todos da Constituição Federal, ao admitir como válida a transposição de cargo sem a devida aprovação em concurso público. Justifica a necessidade da presente rescisória na hipótese prevista no art. 966, V, do NCPC. Sustenta que a ré ingressou no serviço público municipal em outubro de 2007, investida no cargo de Babá com contrato de trabalho regido pela CLT, exercendo suas atividades em creche municipal. Argumenta que o art. 1º da Lei Municipal n. 056/2008 alterou a Lei Municipal n. 14/2004 e modificou a nomenclatura do emprego público de Babá – sem que implicasse em criação, transformação ou alteração/transposição de cargo –, denominando-o e qualificando-o simplesmente como "Educadora". Aduz que a servidora não se enquadra na categoria dos "professores na educação infantil", nos termos da Lei n. 11.738/2008, pois as atribuições e funções do cargo previstas no edital do concurso são diferentes, e que, de qualquer maneira, o edital do concurso que vincula as partes do caso em espécie não exigiu a formação ou curso em magistério, o que impede, inclusive por vedação constitucional, a transformação, o reenquadramento ou a equiparação ao cargo de professor. Por fim, postulou pela concessão da medida liminar para suspensão da execução que se processa nos autos de origem, em face das violações acima apontadas, com a procedência da presente ação para a desconstituição do v. acórdão impugnado.

Houve deferimento da liminar requerida pelo Município autor.

Regularmente citada, a ré apresentou contestação, com juntada de documentos, alegando que "*o presente feito não versa sobre pedido de equiparação salarial, mas sim de adequação salarial, já que exerce funções pedagógicas sem receber o devido pagamento, conforme amplamente discutido no processo originário, (...). Não existe qualquer violação à norma constitucional, pois o que pretende a Ré, não é a equiparação salarial ou isonômica, como sustenta a autora, e sim a adequação salarial a que faria jus legalmente, e que merece ser reparada integralmente, (...)*". A favor de sua tese invoca diversos julgados. Aduz que "*o v. Acórdão rescindendo obedeceu estritamente aos ditames legais, especialmente no respeito à Constituição Federal*". Requer, por isso, a improcedência da presente ação.

Encerrada a instrução processual, foi deferido prazo para as partes apresentarem razões finais, sendo o processo encaminhado ao Ministério Público do Trabalho, para exame e manifestação.

É, em síntese, o relatório.

Inicialmente é importante destacar que ambas as partes juntaram precedentes deste Colegiado especializado para amparar suas teses, existindo, ainda, pareceres do Ministério Público em ambos os sentidos[16].

Após análise da inicial, da contestação, das alegações das partes e das provas dos autos, defendemos que assiste razão ao Município autor.

Conforme exposto na inicial, esse Eg. TRT, em julgamento mais recente acerca do tema, cujo julgamento ocorreu em 28.02.2018, julgou procedente pedido rescisório do município autor na AR n. 0005938-36.2014-5.15.0000, sendo fundamentado pelo Exmo. Desembargador Relator, Dr. Wilton Borba Canicoba, em síntese, que "*conforme exposto pelo D. Ministério Público, dentre os outros dispositivos legais tidos como violados, tenho por afrontado o art. 37, II, da Constituição Federal, por ser o único que se mostra, de fato, flagrantemente agredido, não sendo necessária a análise aos demais dispositivos legais indicados, pois a violação ao artigo constitucional acima citado já é suficiente para acolher o pedido de corte rescisório*".

Igualmente, o MM. Juízo de origem corretamente deferiu a liminar requerida pelo Município autor, fundamentando, em síntese, que: "*(...) Com efeito, compulsando brevemente os autos eletrônicos, **impende reconhecer plausibilidade nas alegações da parte autora, ao menos quanto ao possível desrespeito ao art. 37, II, da Constituição Federal, uma vez que a ré foi admitida para o emprego de Babá, cujas atribuições diferem do emprego de Professor de Nível Infantil.** (...)*". (g.n.)

Nos termos do art. 37, II, da Constituição Federal, a investidura em cargo ou emprego público depende de prévia aprovação em concurso público de provas ou de provas e títulos.

Após a Constituição Federal de 1988, o servidor aprovado em concurso para emprego público de determinada carreira não pode pretender sua transposição para emprego de carreira diversa.

A Constituição Federal impõe limites à implementação de medidas administrativas que impliquem na investidura de servidores em outro cargo público, através de transposições ou figuras análogas.

Ora, tratando-se de pessoa jurídica de direito público, a admissão de servidores deve, impreterivelmente, ser precedida de concurso público, de acordo com a natureza e complexidade do cargo ou emprego a ser exercido, consoante o disposto no mencionado art. 37, II, da Constituição Federal.

A exigência do certame não se limita à primeira investidura, inclui tanto os provimentos originários como os derivados.

Nesse contexto, toda a celeuma criada no presente caso tem origem na forma de contratação realizada pelo poder público municipal.

Conforme se verifica, no caso dos autos, é patente a afronta direta ao art. 37, II, da Constituição Federal.

A Carta Magna, em seu art. 37, II, ao exigir a *aprovação prévia em concurso* para a investidura em cargo ou emprego público, veda justamente a chamada *promoção interna*, onde um servidor alcança cargo ou categoria funcional diversos em relação ao qual prestou concurso, o que revela forma inconstitucional de provimento no serviço público, tal como ocorre no caso em comento.

A ré foi admitida pelo Município autor, após regular aprovação em concurso público para o emprego de "babá", cujas atribuições diferem do emprego de "Professor I – Pré-escola", também existente no quadro de pessoal do Município, conforme se infere da simples leitura do Decreto n. 33/2005.

Por meio da Lei n. 56/2008, apenas a nomenclatura do cargo da reclamante foi alterada de "babá" para "educadora", mantendo-se as funções anteriores.

Em 2009, por intermédio da Lei n. 144, o Município instituiu o Plano de Carreira do Magistério Público Municipal, contemplando tão somente os professores:

> Art. 2º Para os efeitos desta Lei Complementar, integram o quadro do Magistério Público Municipal:
>
> **I – os profissionais de ensino que exercem atividades de docência nas unidades escolares.**

16. Em outro sentido, vide parecer da lavra do Exmo. Procurador do Trabalho, Fábio Messias Vieira, da Procuradoria Regional do Trabalho da 15ª Região (Campinas-SP), exarado nos autos do processo TRT n. 0006991-23.2018.5.15.0000.

> **II – os profissionais de educação que oferecem Suporte Pedagógico direto às atividades de ensino, incluídas as de direção ou administração escolar, planejamento e supervisão.** (g.n.)
>
> Parágrafo único. As relações de trabalho entre os integrantes do Quadro do Magistério reger-se-ão pela Consolidação das Leis Trabalhistas – CLT, exceção feita aos ocupantes de cargo público em comissão.

No presente caso, não se nega que a educação básica envolva o trabalho de diversos profissionais, igualmente importantes na formação do caráter e do conhecimento da pessoa, mas a atividade de docência ou de suporte pedagógico à docência, nos termos da aludida lei, possui características próprias, como a necessidade de preparar aulas, atividades e provas, bem como a de corrigir trabalhos e avaliações, que exigem que o trabalho do professor ou pedagogo seja desenvolvido tanto dentro quanto fora da sala de aula. E é em razão dessa peculiaridade, não verificada no caso da "educadora" da rede pública municipal, que a Lei em comento se restringe aos "professores na educação infantil".

Sendo assim, considerando que a reclamante não prestou concurso público para tal cargo, o simples desempenho de funções equivalentes às de professores não lhe dá o direito ao enquadramento em tal função, nem mesmo aos benefícios próprios de tal carreira, sob pena de grave violação ao art. 37, II, da Constituição da República.

Nessa perspectiva, inadmissível a reestruturação ou transposição de empregos e cargos públicos, de modo a permitir que o servidor legitimamente admitido para exercer a função de *babá* converta-se em *educadora* e, em seguida, ascenda à condição de *professora*, sem prévia aprovação em concurso específico para cada atividade.

Tal prática, além de vedada pela ordem jurídica constitucional vigente, por violar os Princípios da legalidade, moralidade, impessoalidade e eficiência, que norteiam a própria Administração Pública, também é repudiada pela Jurisprudência.

Este, aliás, o entendimento que vem predominando nos Tribunais Pátrios, conforme precedentes a seguir colacionados:

> AGRAVO REGIMENTAL EM RECURSO EXTRAORDINÁRIO. ADMINISTRATIVO. ASCENSÃO FUNCIONAL. INCONSTITUCIONALIDADE. OFENSA À REGRA DO CONCURSO PÚBLICO. PRECEDENTES. SEGURANÇA JURÍDICA E BOA-FÉ. INAPLICABILIDADE AO CASO. PLEITO QUE REVELA A PRETENSÃO DE CONSTITUIR NOVA SITUAÇÃO JURÍDICA E NÃO A PRESERVAÇÃO DE UMA POSIÇÃO CONSOLIDADA. AGRAVO IMPROVIDO. I – A jurisprudência do Supremo Tribunal Federal firmou-se no sentido de que a promoção do servidor por ascensão funcional constitui forma de provimento derivado incompatível com a determinação prevista no art. 37, II, da Constituição de que os cargos públicos devem ser providos por concurso. II – Inviável a invocação dos princípios da segurança jurídica e da boa-fé no caso em que se pretende o reconhecimento de uma nova posição jurídica incompatível com a Constituição e não a preservação de uma situação concreta sedimentada. III – Agravo regimental improvido.
>
> AGRAVO REGIMENTAL EM AGRAVO DE INSTRUMENTO. 1. TRANSPOSIÇÃO DE CARGOS. CARREIRAS DE TÉCNICO DE ADMINISTRAÇÃO PÚBLICA E DE TÉCNICO DE FINANÇAS E CONTROLE. LEIS DISTRITAIS NS. 13/1988 E 99/1990. ALEGAÇÃO DE OFENSA AO INCISO II DO ART. 37 DA MAGNA CARTA. INCIDÊNCIA DA SÚMULA N. 685/STF. 2. PREENCHIMENTO DE REQUISITOS LEGAIS. SÚMULAS NS. 279 e 280/STF. 1. Nos termos da Súmula n. 685/STF, 'É inconstitucional toda modalidade de provimento que propicie ao servidor investir-se, sem prévia aprovação em concurso público destinado ao seu provimento, em cargo que não integra a carreira na qual anteriormente investido'. 2. De mais a mais, incidem no caso as Súmulas ns. 279 e 280/STF. Agravo regimental a que se nega provimento. (AI-AgR 528.048, Rel. Min. Ayre Britto, Segunda Turma, DJe 22.03.2011)

Nesse sentido, já é pacífico o entendimento do C. TST que, por intermédio da sua SDI-I, editou a OJ n. 125, *in verbis*:

> **DESVIO DE FUNÇÃO. QUADRO DE CARREIRA. (alterado em 13.03.02) O simples desvio funcional do empregado não gera direito a novo enquadramento, mas apenas às diferenças salariais respectivas, mesmo que o desvio de função haja iniciado antes da vigência da CF/1988.** (g.n.)

Tanto é assim que na ADI 0028579-07.2013.8.26.0000 foi declarada inconstitucional essa transposição de empregos públicos de conteúdos ocupacionais diversos.

Sobre o tema, esclarece Maria Sylvia Zanella Di Pietro[17] que:

> **A respeito da ascensão, a Consultoria Geral da República adotou entendimento de que "com a promulgação da Constituição de 1988, foi banida do ordenamento jurídico brasileiro, como forma de investidura em cargo público, a ascensão funcional". No corpo do parecer, da lavra do Consultor José Márcio Monsão Mollo, está dito que "estão abolidas as formas de investidura que representam ingresso em carreira diferente daquela para a qual o servidor ingressou por concurso e que não são, por isso mesmo, inerentes ao sistema de provimento em carreira, ao contrário do que acontece com a promoção, sem a qual não há carreira, mas, sim sucessão de cargos**

17. DI PIETRO, Maria Sylvia Zanella. *Direito administrativo*. 26. ed. São Paulo: Atlas, 2013. p. 665/666.

ascendentes. (Parecer n. CS-56, de 16.09.1992, aprovado pelo Consultor Geral da República, conforme publicado no DOU de 21.09.1992, p. 13.386-89.) (g.n.)

Destaca-se, ainda, que, no mesmo sentido, o Excelso Supremo Tribunal Federal possui entendimento consolidado sobre o tema e repudia a figura da "transposição", de modo a não permitir a admissão no sistema jurídico brasileiro de qualquer forma de provimento derivado em cargo público efetivo, consoante se depreende do teor da Súmula n. 685 do STF, que dispõe:

> **É INCONSTITUCIONAL TODA MODALIDADE DE PROVIMENTO QUE PROPICIE AO SERVIDOR INVESTIR-SE, SEM PRÉVIA APROVAÇÃO EM CONCURSO PÚBLICO DESTINADO AO SEU PROVIMENTO, EM CARGO QUE NÃO INTEGRA A CARREIRA NA QUAL ANTERIORMENTE INVESTIDO.** (g.n.)

Este enunciado deixa patente a impossibilidade da transposição de cargos públicos para cargos que não integrem a carreira original do servidor transposto, de modo que estariam vedadas quaisquer transposições para cargos diversos daquele para o qual o servidor ingressou mediante concurso público.

Também vale trazer à colação decisão da Corte Suprema deixando clara a impossibilidade de provimento derivado em carreira diversa da ocupada mediante concurso público:

> EMENTA: I. Concurso público: exigência incontornável para que o servidor seja investido em cargo de carreira diversa. **À vista da Constituição de 1988, consolidou-se definitivamente no STF que – ressalvado exclusivamente o provimento derivado mediante promoção – que pressupõe a integração de ambos os cargos na mesma carreira –, são inadmissíveis quaisquer outras formas de provimento do servidor público, independentemente de concurso público, em cargo diverso daquele do qual já seja titular a qualquer título, precedido ou não a nova investidura de processo interno de seleção ou habilitação:** precedentes. II. Direito constitucional intertemporal: caso de direito adquirido inexistente. O provimento de cargo público, quando antecedido de qualquer modalidade de seleção ou habilitação dos candidatos, é um procedimento, que só com o ato final de nomeação ou equivalente gera direito à posse; antes – ainda que findo o processo seletivo – o provimento e a investidura são objeto, como é curial, de mera expectativa de direito: por isso, frustra-as de imediato a superveniência de norma constitucional que subordine a validade do provimento do cargo a processo seletivo diverso, qual o concurso público. Não sendo o provimento esperado um efeito jurídico, ainda que futuro, da seleção finda sob o regime anterior, sequer será necessário cogitar de aplicabilidade imediata ou retroatividade mínima da Constituição vigente: esta simplesmente regerá os pressupostos de validade do ato de provimento a ser praticado na sua vigência: *tempus regit actum*. (RE 143807, Relator(a): Min. SEPÚLVEDA PERTENCE, Primeira Turma, julgado em 28.03.2000, DJ 14.04.2000 PP-00052 EMENT VOL- 01987-03 PP-00522) (g.n.)

Assim sendo, o E. Supremo Tribunal Federal adota posicionamento que repudia qualquer forma de provimento derivado em cargo público efetivo, o que não se confunde com a chamada *unificação* ou *fusão de carreiras*, aceita em hipóteses excepcionais e desde que preenchidos os requisitos de similaridade de atribuições e concurso público semelhantes em exigências. Veja-se:

> **AÇÃO DIRETA DE INCONSTITUCIONALIDADE. ALEGAÇÃO DE INCONSTITUCIONALIDADE FORMAL E MATERIAL DA RESOLUÇÃO N. 825/2002, DA ASSEMBLEIA DO ESTADO DE SÃO PAULO: AFRONTA AO ART. 37, INC. II, DA CONSTITUIÇÃO DA REPÚBLICA.** (...) 4. Inconstitucionalidade material configurada: art. 37, II, da Constituição brasileira; afronta à regra constitucional da prévia aprovação em concurso público. Forma de provimento derivado de cargo público abolida e vedada pela Constituição da República. 5. Ação direta de inconstitucionalidade julgada procedente" (ADI n. 3.342), existindo inclusive súmula a respeito (n. 685): "É inconstitucional toda modalidade de provimento que propicie ao servidor investir-se, sem prévia aprovação em concurso público destinado ao seu provimento, em cargo que não integra a carreira na qual anteriormente investido". (g.n.)

Portanto, não é possível admitir que a alteração de emprego empreendida pela ré após o advento da Constituição Federal de 1988 e sem que observado esse requisito imprescindível para o preenchimento de novo posto público seja considerada regular, não cabendo ao Judiciário chancelar a transposição de cargos públicos, nos termos, ainda, da Súmula Vinculante n. 43[18] do Excelso Supremo Tribunal Federal.

A referida súmula vinculante editada pelo Excelso Tribunal traz ínsita a indicação de que é irregular o acesso por transposição para carreira distinta, diversa da originária.

Assim, a violação literal de norma jurídica, apta a ensejar o pedido rescisório, há de ser clara e traduzir evidente contrariedade ao dispositivo, o que se revela no caso dos autos.

Nos termos da fundamentação acima expendida, em razão da afronta ao art. 37, II, da Constituição da República, conclui-se que deve ser mantido o v. acórdão que acolheu o pedido rescisório da Municipalidade, fundamentando corretamente, em síntese, que:

> **No caso que ora se apresenta, é patente a afronta direta ao art. 37, II, da Constituição Federal.**

18. É inconstitucional toda modalidade de provimento que propicie ao servidor investir-se, sem prévia aprovação em concurso público destinado ao seu provimento, em cargo que não integra a carreira na qual anteriormente investido.

Com efeito, na hipótese em comento, denota-se que, por meio da Lei n. 56/2008, apenas a nomenclatura do cargo da reclamante, ora ré, foi alterada de "babá" para "educadora", mantendo-se as funções anteriores.

Assim, considerando que a ré não prestou concurso público para o cargo de professora, o simples desempenho de funções equivalentes aos professores não lhe dá o direito ao enquadramento em tal função, nem mesmo aos benefícios próprios de tal carreira, sob pena de violação ao art. 37, II, da CF.

Deste modo, tenho por afrontado o art. 37, II, da Constituição Federal, por ser o único que se mostra, de fato, flagrantemente agredido, não sendo necessária a análise aos demais dispositivos legais indicados, pois a violação ao artigo constitucional acima citado já é suficiente para acolher o pedido de corte rescisório. (g.n.)

Por todo o exposto, entendemos pela admissibilidade da Ação Rescisória, pela procedência de seus pedidos e, por conseguinte, pela mantença do v. acórdão proferido.

5. CONCLUSÕES

As considerações expendidas autorizam concluir, além das observações que se seguem, que:

Diante de controvérsias justrabalhistas relevantes, procuramos, sob a ótica constitucional e administrativa, proporcionar oportunidade de debate jurídico sobre temas e institutos sobre os quais, há muito, não havia mais divergências.

A *transposição* consiste no deslocamento do cargo do sistema antigo para o novo, sem mudança das atribuições. A *transformação*, por sua vez, implica alteração das atribuições. Nisto está a distinção entre um e outro instituto.

Inicialmente, as transposições e transformações de cargos públicos originaram-se como procedimentos administrativos adotados, sobretudo na implantação de planos de classificação de cargos, instituídos por lei. Os planos de classificação de cargos derivaram-se do processo natural de evolução dos conhecimentos e das técnicas organizacionais, tendo por motivação especial, no Brasil, a constante perda do poder aquisitivo dos vencimentos dos cargos públicos, em virtude do processo inflacionário que tem assolado a economia brasileira, nas últimas décadas.

A despeito disso, no presente artigo, defendemos que as transposições e transformações não são meros procedimentos administrativos, mas constituem, sim, formas de provimento de cargo público, estando sujeitas, portanto, à exigência constitucional de concurso público para a respectiva investidura, daí serem juridicamente inviáveis.

Por conseguinte, é inquestionável que as transformações de cargo que importam elevação do nível de complexidade das respectivas atribuições ou a escolaridade exigida para ingresso, a teor de exegese teleológica, estão inviabilizadas pelo disposto no art. 37, II, da Constituição Federal, que imprime o fortalecimento do sistema do mérito funcional, aferível mediante concurso público.

Isto porque, ainda que passível de vícios e falhas, o concurso é ainda o meio mais adequado para aferir a capacidade técnica do pretendente a cargo público, garantindo a igualdade de chances aos interessados.

Ora, a *transposição* implica no deslocamento de determinado cargo e a sua consequente realocação em outra unidade, alçando-se o seu ocupante para um novo quadro de servidores e para uma nova carreira, distinta da anterior.

Por isso, da mesma forma, defendemos que as transformações de cargo que implicam diminuição ou manutenção do nível de complexidade das respectivas atribuições e da escolaridade exigida são também juridicamente inviáveis, na forma disposta em lei.

Trata-se, obviamente, de medida que tenta burlar o princípio do concurso público, constituindo-se em verdadeira "fraude" à Constituição, como bem ressalta Maurício Correia no trecho do voto proferido no julgamento da ADI n. 2.713/DF, *in verbis*:

8. Veja que se admitirmos a constitucionalidade da transformação, abre-se a possibilidade de fraude – o que não é o caso presente, estou convencido –, de forma que se aprove primeiro uma lei equiparando as atribuições dos cargos que se deseja unificar para, depois, também por lei, promover a união das carreiras envolvidas, em manifesta burla à exigência prevista no inciso II do art. 37 da Constituição Federal. (g.n.)

Hely Lopes Meirelles[19] bem sintetizou o instituto do concurso público nos seguintes termos: "*(...) O concurso é o meio técnico posto à disposição da Administração Pública para obter-se moralidade, eficiência e aperfeiçoamento do serviço público e, ao mesmo tempo, propiciar igual oportunidade a todos os interessados que atendam aos requisitos da lei, fixados de acordo com a natureza e a complexidade do cargo ou emprego, consoante determina o art. 37, II, da CF. Pelo concurso afastam-se, pois, os ineptos e os apaniguados que costumam abarrotar as repartições, num espetáculo degradante de protecionismo e falta de escrúpulos de políticos que se alçam e se mantêm no poder leiloando cargos e empregos públicos*".

Deste modo, verifica-se que a transposição envolvendo função distinta da originária ofende a exigência do acesso a vagas públicas pela via do certame, à luz do disposto no art. 37, II, da Constituição da República.

Trata-se, pois, de se preservar a oferta indistinta e isonômica a toda a sociedade das vagas públicas. Se os

19. MEIRELLES, Hely Lopes. *Direito administrativo brasileiro*. 40. ed. São Paulo: Malheiros Editores, 2014. p. 505.

parâmetros da transposição havida não atenderem as exigências de ingresso da Constituição Federal (art. 37, II, § 2º), incumbe ao Poder Judiciário Trabalhista reconhecer a existência de nulidade da transposição de cargo público.

A espécie, assim, exibe ofensa ao princípio de moralidade administrativa que preordena a exigência constitucional de provimento originário de cargos ou empregos públicos isolados ou de carreira mediante prévia aprovação em concurso público e que, de outra parte, recebe o influxo do princípio da impessoalidade administrativa ao interditar toda a sorte de favorecimentos e privilégios na investidura no serviço público e nas funções públicas correlatas. Portanto, caracterizada a incompatibilidade vertical com a legislação municipal ora analisada.

É preciso, portanto, ter uma leitura do tema à luz da Constituição, pois que a supremacia constitucional – ainda mais pronunciada quando se trata de tema relacionado à atividade estatal – não tolera que se privilegie a legislação infraconstitucional, em detrimento dos mandamentos da Lei Maior.

Finalmente, corroborando as conclusões já expostas, sobretudo de combate às hipóteses de abusividade governamental, assinala Celso de Mello no voto prolatado no julgamento da ADI n. 625/MA, *in verbis*:

> **O repúdio ao ato inconstitucional decorre, em essência, do princípio que, fundado na necessidade de preservar a unidade da ordem jurídica nacional, consagra a supremacia da Constituição. Esse postulado fundamental de nosso ordenamento normativo impõe que preceitos revestidos de menor grau de positividade jurídica guardem, necessariamente, relação de conformidade vertical com as regras inscritas na Carta Política, sob pena de sua ineficácia e de sua completa inaplicabilidade.** (g.n.)

6. REFERÊNCIAS

BASTOS, Celso Ribeiro. *Curso de direito administrativo*. 3. ed. São Paulo: Saraiva, 1999.

CAVALCA, Renata Falson. Os novos contornos da terceirização na administração pública à luz do princípio constitucional do concurso público, in: BARBOSA, Luiz Magno e outros. (orgs.). *Reforma trabalhista em debate*: direito individual, coletivo e processual do trabalho. São Paulo: LTr, 2017.

DE MORAES, Alexandre. *Direito constitucional*. 3. ed. São Paulo: Atlas.

DI PIETRO, Maria Sylvia Zanella. *Direito administrativo*. 26. ed. São Paulo: Atlas, 2013.

DI PIETRO, Maria Sylvia Zanella. *Direito administrativo*. 9. ed. São Paulo: Atlas, 1998.

HESSE, Konrad. *A força normativa da Constituição*. Tradução de Gilmar Ferreira Mendes. Porto Alegre: Sérgio Antônio Fabris Editor, 1991.

JACQUES, Paulino. *Curso de direito constitucional*. 9. ed. Editora Forense.

MEIRELLES, Hely Lopes. *Direito administrativo brasileiro*. 22. ed. São Paulo: Malheiros Editores, 1997.

______. *Direito administrativo brasileiro*. 40. ed. São Paulo: Malheiros Editores, 2014.

MELLO, Celso Antônio Bandeira de. *Apontamentos sobre os agentes e órgãos públicos*. São Paulo: Revista dos Tribunais, 1984.

SILVA, Marcos Luiz da. Da transposição de cargos na Administração Pública. *Revista Jus Navigandi*, ISSN 1518-4862, Teresina, ano 10, n. 651, 20 abr. 2005. Disponível em: <https://jus.com.br/artigos/6605>. Acesso em: 26 out. 2018.

STOLLEIS, Michael. *O olho da lei*: história de uma metáfora. Tradução de Thiago Saddi Tannous. Belo Horizonte: Editora Doyen, 2014.

WINTER, Vera Regina Loureiro. A boa-fé no direito privado e no direito público: breve estudo comparativo e suas aplicações práticas. *Revista Síntese Trabalhista*, n. 104, fev./1998, p. 133.-155.

III

Direito Individual e Coletivo do Trabalho

O grito de Brumadinho: o rompimento da barragem do Córrego do Feijão e suas implicações na perspectiva do meio ambiente do trabalho

11

André Augusto Malcher Meira[1]
Fernanda Antunes Marques Junqueira[2]
Ney Maranhão[3]

O Rio? É doce.
A Vale? Amarga.
Ai, antes fosse
Mais leve a carga.
Entre estatais
E multinacionais,
Quantos ais!
A dívida interna.
A dívida externa
A dívida eterna.
Quantas toneladas exportamos
De ferro?
Quantas lágrimas disfarçamos
Sem berro?

Carlos Drummond de Andrade

1. COMO INTRODUÇÃO: UM POUCO DE MINAS GERAIS

Minas Gerais é terra de montanhas, colinas e vales. É o berço do mineiro; do queijo; da goiabada e do "uai". É solo fértil, rico, do ouro, do café, da pedra. Por suas veias, corre o Rio São Francisco. Pelos seus montes, estende-se a Mata Atlântica. No seu dorso, repousa a face esplendorosa do sol. Terra de Aleijadinho e de Carlos Drummond de Andrade. Lugar de grandes riquezas.

Não à toa que forasteiros se encantaram. Pouco tempo depois, as britadeiras chegaram. A montanha se resumiu a pó. Foi-se o ouro. O brasão é de ferro. O ferro é da Vale que, em Minas Gerais, fez morada.

Itabira, Mariana, Ouro Preto, Sabará, Brumadinho foram as cidades eleitas. De suas sacadas, porém, viram finar-se o reino. As serras pulverizaram-se, britadas em bilhões de lascas, "deslizando em correia transportadora, entupindo

1. Mestre e Doutorando em Direito pela Universidade de Lisboa. Presidente do Instituto Silvio Meira. Membro da Academia Paraense de Letras Jurídicas e da Academia Brasileira de Direito. Orador Oficial do IAP. Membro efetivo do IAB Nacional. Advogado. Professor.
2. Doutoranda em Direito do Trabalho pela Universidade de São Paulo. Mestre em Direito Material e Processual do Trabalho pela Universidade Federal de Minas Gerais. Autora de obras, capítulos de livros e artigos publicados em revistas especializadas. Juíza do Trabalho do Tribunal Regional do Trabalho da Décima Quarta Região (RO-AC).
3. Professor da Faculdade de Direito da Universidade Federal do Pará. Doutor em Direito do Trabalho pela USP. Especialista em Direito do Trabalho pela Universidade de Roma – La Sapienza (Itália). Juiz do Trabalho (TRT-8/PA-AP). Membro da Academia Brasileiro de Direito do Trabalho. *E-mail:* ney.maranhao@gmail.com / Facebook: Ney Maranhão II

150 vagões, no trem monstro de cinco locomotivas – trem maior do mundo, tomem nota".[4]

Fugiu a serra, permaneceu o mísero pó de ferro e este não passa.

Fala-se do pó de Mariana, que, em 05 de novembro de 2015, marcou a paisagem daquela região com a sua dura e inelutável geografia. Concebido como o maior crime ambiental da história brasileira, o rompimento da barragem de Fundão, controlada pela Samarco Mineração S.A., um empreendimento conjunto da Vale S. A. e da BHP Billiton Brasil Ltda., despejou, sobre o vale do córrego de Santarém, 62 milhões de metros cúbicos de rejeitos de mineração.

O subdistrito de Bento Rodrigues foi soterrado pelo mar de resíduos que se formou. As águas foram estagnadas; a terra envenenada; as casas aniquiladas; os bosques naturais exterminados; os camponeses foram expulsos de seus lares, vegetando nos subúrbios das grandes cidades, tentando consumir o que antes produziam. Dezenove mortes contabilizadas.

Fala-se do pó de Brumadinho, que, há pouco mais de três anos do episódio fatídico de Mariana, em 25 de janeiro de 2019, reabriu as cicatrizes de uma terra ferida pela exploração descompromissada com a sustentabilidade, traduzindo-se no maior acidente de trabalho experimentado pela história brasileira.

O rompimento da barragem do Córrego do Feijão, controlada pela Vale S.A., apagou o verde das colinas. Fez da serra, lama. Do lar, memória. Do presente, incerteza. Da vida, incógnita. Mais de 200 pessoas desaparecidas. 394 resgatadas. 176 desabrigados. 121 mortos, dentre os quais 114 foram identificados.[5]

Uma terra em dor; contaminada pela cobiça; ferida pela ambição; indignada pelo descaso com o ser humano; angustiada pelos bens que foram destruídos; entristecida pelos braços que foram soterrados; pesarosa pelo esfarelamento do valor social do trabalho; zurzida pela exploração; obliterada pela carência de humanidade.

Até quando a história se repetirá? Quantas *Marianas* e quantos *Brumadinhos* haverão de somar-se para que o homem repense a forma como interage com o meio ambiente? Quantos trabalhadores haverão de sucumbir-se para se implementar medidas de prevenção com responsabilidade e responsividade? Qual será o legado desta geração para as vindouras?

Nas linhas seguintes, talvez, se encontre respostas para tais indagações. Se não prontas, mas, possivelmente, marcos de reflexão. Reflexão sobre o meio ambiente do trabalho e a importância de sua preservação. Reflexão sobre a necessidade de adoção de mecanismos de salvaguarda da incolumidade física e psíquica do trabalhador a partir dos marcos regulatórios nacional e internacionalmente editados. Reflexão sobre a centralidade do trabalho e do ser humano, em toda a sua inexorabilidade.

O caminho já foi nivelado pela Constituição de 1988, paço dos direitos fundamentais, morada da democracia e dos mais caros valores conquistados pela Nação. A experiência catastrófica do pó de Mariana e de Brumadinho demonstrou, ao custo de vidas, fauna e flora, que a prevalência do capital em detrimento da pessoa humana conduz, inevitavelmente, à barbárie.

Minas Gerais não será a mesma. Ainda será a terra do mineiro, do pão de queijo, do diminutivo. Mas, ainda assim, marcada pelas agruras cometidas pelo capital sem freio, muros e bagagens. Espera-se, ao menos, que o pó de lá sirva de lição e alerta para o restante do mundo. Ou o homem muda de curso, preservando as condições de vitalidade da Terra ou o abismo o aguardará.

2. COMO PERGUNTA: O QUE ACONTECEU?

Tarde do dia 25 de janeiro de 2019. Estavam os trabalhadores diretos e terceirizados da empresa Vale S.A. executando ordinariamente seu nicho de atribuições na Mina do Feijão, situada na cidade de Brumadinho/MG. Alguns lotados na área administrativa. Outros aguardando o carregamento e o descarregamento do minério. Havia quem estivesse em gozo do intervalo destinado à alimentação, apresentando-se no refeitório da empresa.

Logo ali ao lado, um pouco acima, ficava a barragem de rejeitos de mineração, construída segundo o sistema de alteamento para montante[6], método menos oneroso e mais simples de depósito dos dejetos minerários.

Nos arredores da região, os moradores estavam a executar suas tarefas na lavoura, no campo, ou, então, deleitando-se

4. ANDRADE, Carlos Drummond de. *A montanha pulverizada*. Disponível em: <https://dialogosessenciais.com>. Acesso em: 29 jan. 2019.

5. Por ser um fenômeno recente, até a data de elaboração deste artigo, notas oficiais relatam a morte de 121 pessoas, estando 200 listadas como desaparecidas. Essa informação, todavia, está sujeita à flutuação à medida dos procedimentos de busca pelas equipes responsáveis.

6. O método para montante consiste, inicialmente, na construção de um dique inicial ou de partida, utilizando-se geralmente aterro compactado ou enrocamento. Os rejeitos são descarregados hidraulicamente, por meio de canhões ou hidrociclones, desde a crista (parte mais alta) do dique de partida, formando uma praia de rejeito que, com o tempo, será adensada e servirá como fundação e fornecerá material para futuros diques de alteamento, que serão construídos com o próprio material do rejeito. O processo é repetido até que seja atingida a cota de ampliação prevista no projeto. (In: RAFAEL, Herbert Miguel Angel Maturano. *Análise do potencial de liquefação de uma barragem de rejeito*. Pontifícia Universidade Católica do Rio de Janeiro. Departamento de Engenharia Civil, 2012). Pelos riscos ambientais que oferece, o método de alteamento para montante é proibido no Chile e no Peru e conta com pouca utilização nos Estados Unidos e na Europa.

em casas de hospedagem para apreciar a paz e a vista da serra que corta a paisagem. Ou, quem sabe, para visitar o museu a céu aberto de Inhotim, pérola das Minas Gerais.

Nada fora do cotidiano usual de uma típica cidade do interior.

Cenário que mudaria, por completo, pelas voltas do relógio, aproximadamente às 13:37 daquela tarde.

De súbito, sem aviso ou anúncio prévio, Brumadinho se viu arroubada pela lama, sem tempo para socorro e clemência. Mais uma tragédia a se somar na conta das Gerais, a cuja dívida nem o minério mais refinado é capaz de suportar. O sempre efêmero sopro das glórias e o peso sempre perdurável das catástrofes.

Do total de vítimas, a maior parte é de trabalhadores que, ao tempo do rompimento, prestavam serviços direta ou indiretamente para a Vale.

Em relação ao dano ambiental, a que se pode atribuir a qualificação de *ecocídio*, aproximadamente 12,7 milhões de metros cúbicos de rejeitos foram despejados pelo rompimento, com a contaminação do solo, subsolo e dos recursos hídricos que abastecem a região.

Os trabalhadores que vivem da pesca não encontrarão nas águas do Rio Paraopeba os peixes de outrora. O agricultor e pecuarista procuração seus campos férteis, mas não os encontrarão. Os desalojados migrarão para outros centros, levando na bagagem a memória do lar que perdeu e a incerteza do futuro que se avizinha. Apenas alguns dos efeitos deletérios de ordem macrossocial advindos da exploração desconectada com os axiomas fundantes da ética ambiental.

Em nota, a Vale afirmou que:

> A Barragem I da Mina Córrego do Feijão tinha como finalidade a disposição de rejeitos provenientes da produção e ficava situada em Brumadinho (MG). A mesma estava inativa (não recebia rejeitos), não tinha a presença de lago e não existia nenhum outro tipo de atividade operacional em andamento. No momento, encontrava-se em desenvolvimento o projeto de descomissionamento da mesma. A barragem foi construída em 1976, pela Ferteco Mineração (adquirida pela Vale em 27 de abril de 2001), pelo método de alteamento a montante. A Barragem I possuía Declarações de Condição de Estabilidade emitidas pela empresa TUV SUD do Brasil, empresa internacional especializada em Geotecnia. As Declarações de Condição de Estabilidade foram emitidas em 13.06.2018 e em 26.09.2018, referentes aos processos de Revisão Periódica de Segurança de Barragens e Inspeção Regular de Segurança de Barragens, respectivamente, conforme determina a portaria DNPM 70.389/2017. A barragem possuía Fator de Segurança de acordo com as boas práticas mundiais e acima da referência da Norma Brasileira. Ambas as declarações de estabilidade mencionadas atestam a segurança física e hidráulica da barragem.
>
> A Barragem passava por inspeções de campo quinzenais, todas reportadas à ANM (Agência Nacional de Mineração) através do SIGBM (Sistema Integrado de Gestão de Segurança de Barragens de Mineração). Sendo que a última inspeção cadastrada no sistema da ANM foi executada em 21.12.2018. Adicionalmente, a mesma passou por inspeções em 08.01.2019 e 22.01.2019, com registro no sistema de monitoramento da Vale. O cadastramento da inspeção na ANM, conforme legislação, deve ser executado até o final da quinzena seguinte. Todas estas inspeções não detectaram nenhuma alteração no estado de conservação da estrutura.
>
> A Barragem possuía 94 piezômetros e 41 INAs (Indicador de Nível D´Água) para seu monitoramento. As informações dos instrumentos eram coletadas periodicamente e todos os seus dados analisados pelos geotécnicos responsáveis pela barragem. Dos 94 piezômetros, 46 eram automatizados.
>
> A Barragem possuía PAEBM (Plano de Ações Emergenciais de Barragem de Mineração), conforme determina portaria DNPM 70.389/2017. O mesmo foi protocolado nas Defesas Civis Federal, Estadual e Municipal, entre os meses de junho e setembro de 2018. O PAEBM foi construído com base em um estudo de ruptura hipotética, que definiu a mancha de inundação. Além disso, a barragem possuía sistema de vídeo monitoramento, sistema de alerta através de sirenes (todas testadas) e cadastramento da população à jusante. Também foi realizado o simulado externo de emergência em 16.06.2018, sob coordenação das Defesas Civis, com o total apoio da Vale, e o treinamento interno com os funcionários em 23.10.2018.
>
> Diante de todos os pontos descritos acima, estamos ainda buscando respostas para o ocorrido.[7]

Inúmeros são os questionamentos. Poucas as respostas. Como? Por quê? O que foi feito? O que se deixou de fazer? Como não se preveniu?

A questão merece um olhar mais aprofundado. A par dos riscos oferecidos pela barragem construída com lastro no sistema de alteamento à montante, os quais deveriam contar com fiscalização constante por parte das autoridades públicas e da empresa, não se podem perder de vista as patentes e inúmeras violações às normas de segurança e medicina do trabalho, que, se implementadas, colocaria a salvo as inúmeras vidas que precocemente se foram em razão do rompimento.

7. Disponível em: <http://brumadinho.vale.com/>. Acesso em: 30 jan. 2019.

3. COMO LIÇÃO: A CULTURA DO CUIDADO

Diferentemente do que ocorria nas civilizações históricas, nas quais o homem consumia de forma sistemática e crescente as fontes naturais, na sociedade moderna, a mola propulsora está centrada na economia, entendida esta como a arte e técnica de produção ilimitada de riqueza mediante a exploração dos recursos naturais e da invenção tecnológica da espécie humana.[8]

Há, nesta proposição, uma inversão lógica do conceito de economia que, de gestão racional da escassez, é tomada como a ciência do crescimento ilimitado.

Nos países da América Latina, entretanto, conjugam-se ambas as definições. De um lado, utilizam-se de métodos próprios do século XVIII, cativos do período colonial, aliados, de outro, a práticas expropriatórias do século XXI.

Para se alcançar o mundo (*o mercado internacional*) e atrair investimentos (*embora injustos*), os países latinos corroem suas riquezas, carpindo-se ao seu império beleguim. Por isso o dizer de Eduardo Galeano que os sonhos do mercado mundial são os pesadelos dos países que se submetem aos seus caprichos. E complementa:

> [...] Essa triste rotina dos séculos começou com o ouro e a prata, e seguiu com o açúcar, o tabaco, o guano, o salitre, o cobre, o estanho, a borracha, o cacau, a banana, o café, o petróleo... O que nos legaram esses esplendores? Nem herança nem bonança. Jardins transformados em desertos, campos abandonados, montanhas esburacadas, águas estagnadas, longas caravanas de infelizes condenados à morte precoce e palácios vazios onde deambulam os fantasmas.[9]

Salva-vidas de chumbo: em nome do progresso e da modernização, os parques industriais, as explorações mineiras e plantações gigantescas contribuem para o extermínio da escassa Natureza que se mantêm viva.

Tudo se resume ao preço de mercado. Quando o preço internacional do minério cai, de mãos dadas perece o país que dele depende. Se, do contrário, o preço é elevado, os donos dos meios de produção agigantam-se e, ao mesmo tempo e, paradoxalmente, aumenta-se a curva de miséria de sua população.

Porque cambiante, fluído e volátil, o capital vai em busca de solos fecundos, fixando morada quando consegue casar a riqueza produzida com os custos da produção. A legislação trabalhista, neste ponto, deve ser flexível; os salários achatados; a jornada claudicante. Relega-se a um segundo momento a implementação de mecanismos de segurança, higiene e medicina do trabalho, mercê do custo envolvido na operação. Opta-se, sempre, pelo menos oneroso. Afinal de contas, tudo se resume às forças centrípetas do mercado internacional.

Com a Vale não foi diferente.

A Mina do Feijão está localizada no *quadrilátero ferrífero* de Minas Gerais, região rica em minério, que tem como principal consumidor os Estados Unidos. No vale do Rio Paraopeba, especificamente, jaz uma das maiores concentrações de ferro do mundo inteiro, objeto de disputa pelos americanos no período que antecedeu o golpe militar de 1964 e que auxiliou na queda do então Presidente Jânio Quadros.[10]

Nos anos seguintes, o minério viveu seus dias de glória. Com a desaceleração da produção chinesa, sofreu forte queda, mas se mantém com preço estável no mercado internacional.

A barragem do Córrego do Feijão, localizada à jusante do Rio Paraopeba, porém, desde o ano de 2015, não estava em operação, por conta do processo de beneficiamento do minério a seco. Em dezembro de 2018, após obtida a licença ambiental, referendada pelo governo do Estado de Minas Gerais – em tempo recorde, por sinal –, a Vale retomou o processo de ampliação das atividades do complexo Paraopeba, que incluiu a mina do Córrego do Feijão[11]. Assim o fez, entretanto, em desacordo com normas básicas de prevenção ambiental, custando a vida de inúmeros trabalhadores e impondo à presente e futura gerações os altíssimos

---

8. BOFF, Leonardo. *Ecologia: grito da terra, grito dos pobres*. 2. ed. São Paulo: 2013. p. 238-244.
9. GALEANO, Eduardo. *As veias abertas da América Latina*. Tradução de Sérgio Faraco. LPM editora: Montevidéu, 2010. p. 6.
10. PEREIRA, Osny Duarte. *Ferro e independência. Um desafio à dignidade nacional*. Rio de Janeiro, 1967. p. 150.
11. Em 11 de dezembro de 2018, reuniu-se extraordinariamente a Câmara de Atividades Minerárias, na sede da Secretaria de Estado de Meio Ambiente, para deliberação sobre a licença para a continuidade das Operações da Mina da Jangada e a continuidade das operações da Mina de Córrego do Feijão. Nesta convocação, o único voto contrário à obtenção da licença partiu da ambientalista Maria Teresa Corujo, que, em manifestação, declarou que o pedido de ampliação da capacidade produtiva foi operado às pressas, sem prévio balanço hídrico, em ordem a diagnosticar os reais impactos nas águas da região e do entorno. Em reunião anterior, o Fórum Nacional da Sociedade Civil nos Comitês de Bacias Hidrográficas (FONASC) tentou retirar o pedido formulado pela Vale de pauta, porque constatou uma série de inconsistências no processo de licenciamento. Dentre as irregularidades, citaram o fato de que o licenciamento deveria ter sido realizado em três fases (de licença prévia; de instalação e de operação), mas foi levado a efeito de uma só vez. Segue abaixo excerto do parecer apresentado ao Presidente da Câmara de Atividades Minerárias – CMI:
"Considerando ainda a legislação vigente e o parágrafo único do art. 1º da DN 217/2017 que estabelece que "o licenciamento ambiental deve assegurar a participação pública, a transparência e o controle social, bem como a preponderância do interesse público, a celeridade e a economia processual, a prevenção do dano ambiental e a análise integrada dos impactos ambientais, o FONASC-CBH entende que é necessário um novo EIA e RIMA do chamado "Projeto de Continuidade das Operações da Mina da Jangada e Córrego do Feijão", objeto dos PA´s COPAM 00118/2000/030/2013 (MBR/Mina da Jangada) e 00245/2004/050/2015 (VALE/Mina Córrego do Feijão).

custos da degradação ambiental. De uma ponta, o grito da Terra. De outra, o grito dos pobres.

É, de fato, chegada uma nova era geológica: o antropoceno[12], no qual, em nome do progresso, se hasteia o estandarte da injustiça ecológica e da injustiça social, alimentando-se de hábitos destrutivos para manter vivo o sonho do capitalismo. Dentro desta perspectiva, Hans Jonas adverte que:

> [...] Só com um homem o poder ser emancipou da totalidade por meio do saber e do arbítrio, podendo se tornar fatal para ela e para si mesmo. O seu poder é o seu destino e torna-se cada vez mais o destino geral. Portanto, por causa do homem, e apenas nesse caso, o dever surge da vontade como autocontrole do seu poder, exercido conscientemente: em primeiro lugar em relação ao seu próprio ser. [...] O homem se torna o primeiro objeto do seu dever [...]. Além disso, ele se torna o fiel depositário de todos os outros fins em si mesmos, que se encontram sob a lei do seu poder[13].

O desafio, urgente, então, é proteger a *casa comum* e, para isso, urge a necessidade de uma *conversão ecológica global*, a qual perpassa, *a priori*, pela cultura do cuidado:[14]

> [...] a análise mostrou a necessidade de uma mudança de rumo. Devemos sair da espiral de autodestruição em que nós estamos afundando. Não se trata de uma reforma, mas, citando a Carta da Terra, de buscar um novo começo. [...] A interdependência de todos com todos nos leva a pensar num só mundo com um projeto comum.[15]

A Declaração Universal dos Direitos Humanos, a despeito de não mencionar especificamente acerca do direito fundamental ao meio ambiente, em seu art. 251, fez questão de contemplar a cultura do cuidado, ao declarar que:

Considerando o direito/dever da coletividade de defender e preservar o meio ambiente para as presentes e futuras gerações (art. 225), a Superintendência de Projetos Prioritários (SUPPRI) não poderia ter elaborado o Parecer Único n. 0786757/2018 (SIAM), de 20.11.2018, com sugestão pelo deferimento, e o PA COPAM n. 00245/2004/050/2015 não poderia ter sido pautado por V. Exa. na 36ª Reunião Ordinária da Câmara de Atividades Minerárias – CMI realizada nesta data, visto que o mesmo não está devidamente instruído.

Diante dos fatos e razões acima expostos, REQUEREMOS A RETIRADA DA PAUTA da 36ª Reunião Ordinária da Câmara de Atividades Minerárias – CMI do PA COPAM n. 00245/2004/050/2015 – Processo Administrativo para exame de Licença Prévia concomitante com a Licença de Instalação e a Licença de Operação do empreendimento "Vale S.A./ Continuidade das Operações da Mina de Córrego do Feijão – Lavra a céu aberto sem tratamento ou com tratamento a seco; Minério de Ferro" nos municípios de Brumadinho e Sarzedo/MG, sob o risco de grave violação a direitos fundamentais e à legalidade administrativa, processual e ambiental.

[...]

Considerando as informações acima expostas, a modalidade do PA COPAM n. 00245/2004/050/2015 – Mina Córrego do Feijão é LAC 2 e não LAC1 como pautado na 37ª Reunião Extraordinária da CMI/COPAM.

Considerando que a DN 217/2017 no § 5º do art. 8º dispõe que "o órgão ambiental competente, quando o critério técnico assim o exigir, poderá, justificadamente, determinar que o licenciamento se proceda em quaisquer de suas modalidades, independentemente do enquadramento inicial da atividade ou do empreendimento, observada necessidade de apresentação dos estudos ambientais especificamente exigidos e respeitado o contraditório", entendemos que a SUPPRI não podia ter acatado a solicitação do empreendedor e deveria ter mantido a modalidade LAC2 e até ter determinado que o licenciamento se procedesse em LAT (licenciamento ambiental trifásico), ainda mais que a alteração de Classe 6 para Classe 4 é muito questionável em um complexo minerário desta magnitude.

O FONASC, conforme se manifestou em diversas ocasiões durante a tramitação da revisão da DN 74/2004, REPUDIA TODAS AS ALTERAÇÕES EFETUADAS QUE NÃO APRESENTARAM QUAISQUER JUSTIFICATIVAS TÉCNICO-CIENTÍFICAS, por mais que se demandasse da SEMAD.

Este Processo de Licenciamento, já nos moldes da DN 217/2017, é prova concreta desse grave retrocesso na legislação ambiental, com implicações seríssimas para o meio ambiente e a população, promovido pelo Governo do Estado de Minas Gerais e por todos aqueles direta ou indiretamente envolvidos nesta questão, sejam eles servidores ou conselheiros que votaram a favor desse novo texto na Câmara Normativa Recursal (CNR). *(g.n)*

Disponível em: <http://fonasc-cbh.org.br/wp-content/uploads/Item_5.2_Relato_de_vistas_FONASC_VALE1.pdf>. Acesso em: 03 fev. 2019.

12. "O termo Antropoceno foi criado para levar em consideração o impacto da acelerada acumulação de gases de efeito estufa sobre o clima e a biodiversidade e, da mesma forma, dos danos irreversíveis causados pelo consumo excessivo de recursos naturais. Contudo, é preciso transformá-lo em uma nova época geológica. Enquanto o debate continua entre cientistas, ainda precisam ser encontradas soluções. Nós estamos, de fato, testemunhando uma forma coletiva de negação, que é o resultado de uma fé ingênua no progresso, de uma ideologia consumista e de poderosos lobbies econômicos". In: ISSBERNER, Liz-Rejane e LÉNA, Philippe. *Progress, risk and responsibilities*. Unesco Courier, 1998. Disponível em: <https://pt.unesco.org/courier/2018-2/antropoceno-os-desafios-essenciais-um--debate-cientifico>. Acesso em: 31 jan. 2019.
13. JONAS, Hans. *O princípio responsabilidade*: ensaio de uma ética para a civilização tecnológica. Tradução de Marijane Lisboa e Luiz Barros Montez. Rio de Janeiro: Contraponto, 2006. p. 217.
14. Carta Encíclica *Laudato Si* do Santo Padre Francisco sobre o cuidado da casa comum. Disponível em: <http://w2.vatican.va/content/francesco/pt/encyclicals/documents/papa-francesco_20150524_enciclica-laudato-si.html>. Acesso em: 31 jan. 2019.
15. Trecho expungido da Carta Encíclica *Laudato Si* do Santo Padre Francisco sobre o cuidado da casa comum. Disponível em: <http://w2.vatican.va/content/francesco/pt/encyclicals/documents/papa-francesco_20150524_enciclica-laudato-si.html>. Acesso em: 31 jan. 2019.

"toda pessoa tem direito a um nível de vida adequado que lhe assegure saúde e bem-estar".

No mesmo sentido, a Declaração sobre o Direito ao Desenvolvimento de 1986 orienta que "o ser humano deve ser o centro do processo de desenvolvimento".

O Protocolo Adicional à Convenção Americana de Direitos Humanos em matéria de Direitos Econômicos, Sociais e Culturais de 1988 prega o direito do homem de viver em ambiente sadio e contar com serviços públicos básicos.

Vale rememorar, ainda no marco histórico pré-constitucional, importantes Convenções da Organização Internacional do Trabalho – OIT que tratam da saúde e segurança no meio ambiente do trabalho. Dentre tantas, destacam-se a Convenção n. 136 (sobre a proteção dos trabalhadores contra os riscos da intoxicação pelo Benzeno, em vigor no plano internacional desde julho de 1973), a Convenção n. 139 (sobre a prevenção e controle de riscos profissionais causados por substâncias ou agentes cancerígenos, em vigor no plano internacional desde junho de 1976), a Convenção n. 148 (sobre a proteção dos trabalhadores contra os riscos devidos à contaminação do ar, ao ruído e às vibrações no local de trabalho, em vigor no plano internacional desde julho de 1979), a Convenção n. 155 (sobre a segurança e saúde dos trabalhadores, em vigor no plano internacional desde agosto de 1983) e a Convenção n. 161 (sobre serviços de saúde do trabalho, com vigência em âmbito internacional desde fevereiro de 1988).

No plano nacional, a Constituição de 1988, arvorecida do processo de redemocratização por que passou o país, intentou resgatar as promessas firmadas pela humanidade e, pela sua índole eminentemente social, dedicou especial atenção ao meio ambiente, forte no compromisso de que sua vitalidade supõe e pressupõe uma mudança paradigmática: da cultura de exploração para a cultura do cuidado.

Tanto assim é que a menção ao direito fundamental ao meio ambiente está impregnada em todo o texto constitucional como um ritornelo, pois é um conceito-chave do novo paradigma inaugurado com o seu nascedouro.

O art. 225, por exemplo, elevou o meio ambiente ao *status* de bem jurídico e, nesta condição, tutelável, impondo ao Estado e às gerações presente e futura o dever de zelar pelo patrimônio natural que ornamenta o território brasileiro:

Todos têm direito ao meio ambiente ecologicamente equilibrado, bem de uso comum do povo e essencial à sadia qualidade de vida, impondo-se ao Poder Público e à coletividade o dever de defendê-lo e preservá-lo para as presentes e futuras gerações.

O meio ambiente assume, pela norma constitucional, a feição de bem transindividual, rompendo com a noção individualista – própria da era imperialista – e instaurando a necessidade de limitação de condutas individuais que atentem contra a sua integridade.

Catalisa-se, nesta medida, a cultura do cuidado, partindo da premissa de que o homem é essencialmente natural, parte integrante da biosfera. A Natureza, por este viés, não se presta apenas a servir ao homem, mas sua preservação é condição vital e necessária para garantia de sua sobrevivência. Esta virada hermenêutica contribui para que o ser humano se inquiete com os impactos de suas ações sobre o meio ambiente, criando uma cultura de prevenção, preservação, cooperação e sustentabilidade.

Mais que um simples comando constitucional, o art. 225 contempla a ética ambiental, estribada na visão holística de mundo, na miscível interface *homem-natureza*.

Aliás, não à toa que o Constituinte de 1988 consagrou, dentre os vetores gerais da ordem econômica, a defesa do meio ambiente (art. 170, VI) e é, justamente, neste axioma, que reside o grande dilema das nações: conciliar as forças motrizes do poderio econômico e o uso sustentável dos recursos naturais.

Leonardo Boff, em perfeita síntese, afirma que "para ser sustentável, o desenvolvimento deve ser economicamente viável, socialmente justo e ambientalmente correto".[16]

Em igual sentido, John Elkington, a quem se atribui a autoria do termo *Triple Bottom Line*, a sustentabilidade consiste no equilíbrio entre os três pilares: ambiental, econômico e social.[17]

Essa equipolência entre valores representa, em última *ratio*, o sentido apreendido pela Conferência das Nações Unidas sobre o Meio Ambiente Humano, que resultou na Declaração de Estocolmo e no Programa das Nações Unidas para o Meio Ambiente (PNUMA), no ano de 1972, nos termos a seguir reproduzidos:

> [...] O ser humano tem o direito fundamental à liberdade, à igualdade e ao desfrute de condições de vida adequada em um meio cuja qualidade lhe permita levar uma vida digna e gozar de bem-estar, e tem a solene obrigação de proteger e melhorar esse meio para as gerações presentes e futuras. (Princípio 1)

A partir desta visão sistêmica, compreende-se que o meio ambiente, para além da preservação dos ecossistemas e processos biológicos, contempla dimensões econômicas, culturais, sociais e políticas, as quais estão, invariavelmente, associadas à existência humana.

Por essa razão, ao conceito de meio ambiente[18] agrega-se a definição de meio ambiente do trabalho, sem que haja

---

16. BOFF, Leonardo. *Sustentabilidade: o que é, o que não é*. Rio de Janeiro: Vozes, 2012. p. 43.
17. ELKINGTON, John. *Sustentabilidade, canibais com garfo e faca*. São Paulo: M. Books do Brasil Editora Ltda., 2012. p. 43.
18. Para os fins previstos na Lei n. 6.938/81, em seu art. 3º, inciso I, entende-se por meio ambiente "o conjunto de condições, leis, influências e interações de ordem física, química e biológica, que permite, abriga e rege a vida em todas as suas formas".

dissociação cognoscitiva.[19] Não se trata de gênero e espécie tampouco de ramo e sub-ramo da ciência jurídica. São unívocos e, dentro desta perspectiva, agrupam argumentos em favor da proteção integral à saúde do trabalhador, representando dever do Estado e, sobretudo, obrigação diretamente exigível do empregador.

Alhures, retratamos essa simbiose, enfatizando a indissociabilidade entre a saúde e o bem-estar dos trabalhadores e a saúde e o bem-estar da comunidade:

> Essa assertiva não tem lastro apenas em uma importante invocação *isonômica* – o que seria já vetor jurídico de carga suficiente para tanto. O que está em jogo, na essência, é o reconhecimento de que a proteção do meio ambiente em geral supõe a proteção efetiva de uma de suas facetas mais vulneráveis, na qual costumeiramente se dá o foco de muitas tragédias ambientais: o *meio ambiente do trabalho*.[20]

O art. 7º, inciso XXII, da Constituição de 1988 assegura aos trabalhadores o direito à redução dos riscos inerentes ao trabalho, por meio de normas de saúde, higiene e segurança. No inciso XXVIII, consagra o direito ao seguro contra acidentes do trabalho, a cargo do empregador, sem excluir a indenização a que está obrigado, quando incorrer em dolo ou culpa.

A Consolidação das Leis do Trabalho dedica um capítulo à cultura do cuidado no ambiente do trabalho, estabelecendo diretrizes, a cargo do empregador, na preservação da incolumidade física e psíquica do trabalhador. Em seu art. 157, elenca as premissas gerais, impondo ao empregador a exigência de cumprimento e implementação das normas que versam sobre medicina, higiene e segurança do trabalho, conjugadas suas ações com aquelas normatizadas pelo extinto Ministério do Trabalho, atual Ministério da Economia.[21]

Neste passo, em ordem a possibilitar a avaliação das condições ambientais, constitui obrigação do empregador a manutenção de serviços especializados em segurança e medicina do trabalho, com análise do risco da atividade e indicação do número de profissionais especializados necessários para assegurar a sanidade e vitalidade do ambiente de trabalho.[22]

A esse respeito, a NR-4, do extinto Ministério do Trabalho, em seu item 4.1, dispõe expressamente que:

> [...] As empresas privadas e públicas, os órgãos públicos da administração direta e indireta e dos poderes Legislativo e Judiciário, que possuam empregados regidos pela Consolidação das Leis do Trabalho – CLT, manterão, obrigatoriamente, Serviços Especializados em Engenharia de Segurança e em Medicina do Trabalho, com a finalidade de promover a saúde e proteger a integridade do trabalhador no local de trabalho.

Cabe ao SESMT – Serviços Especializados em Engenharia e Medicina do Trabalho – a responsabilidade pela execução do PCMSO – Programa de Controle Médico de Saúde Ocupacional, regulamentado pela NR-7[23], e pela elaboração, implementação e acompanhamento do PPRA – Programa de Prevenção dos Riscos Ambientais, regulamentado pela NR-9 do atual Ministério da Economia.[24]

---

19. Art. 200, inciso VIII da CR/88: Ao sistema único de saúde compete, além de outras atribuições, nos termos da lei:
    [...]
    VIII – colaborar na proteção do meio ambiente, nele compreendido o do trabalho.
20. MARANHÃO, Ney. *Poluição labor-ambiental*: abordagem conceitual da degradação das condições de trabalho, da organização do trabalho e das relações interpessoais travadas no contexto laborativo. Rio de Janeiro: Lumen Juris, 2017. p. 70.
21. Art. 157 – Cabe às empresas:
    I – cumprir e fazer cumprir as normas de segurança e medicina do trabalho;
    II – instruir os empregados, através de ordens de serviço, quanto às precauções a tomar no sentido de evitar acidentes do trabalho ou doenças ocupacionais;
    III – adotar as medidas que lhes sejam determinadas pelo órgão regional competente;
    IV – facilitar o exercício da fiscalização pela autoridade competente.
22. Art. 162 – As empresas, de acordo com normas a serem expedidas pelo Ministério do Trabalho, estarão obrigadas a manter serviços especializados em segurança e em medicina do trabalho.
    Parágrafo único – As normas a que se refere este artigo estabelecerão:
    a) classificação das empresas segundo o número de empregados e a natureza do risco de suas atividades;
    b) o número mínimo de profissionais especializados exigido de cada empresa, segundo o grupo em que se classifique, na forma da alínea anterior;
    c) a qualificação exigida para os profissionais em questão e o seu regime de trabalho;
    d) as demais características e atribuições dos serviços especializados em segurança e em medicina do trabalho, nas empresas.
23. NR-7 – 7.1.1. Esta Norma Regulamentadora – NR estabelece a obrigatoriedade de elaboração e implementação, por parte de todos os empregadores e instituições que admitam trabalhadores como empregados, do Programa de Controle Médico de Saúde Ocupacional – PCMSO, com o objetivo de promoção e preservação da saúde do conjunto dos seus trabalhadores.
24. NR-9 – 9.1.1 Esta Norma Regulamentadora – NR estabelece a obrigatoriedade da elaboração e implementação, por parte de todos os empregadores e instituições que admitam trabalhadores como empregados, do Programa de Prevenção de Riscos Ambientais – PPRA, visando à preservação da saúde e da integridade dos trabalhadores, através da antecipação, reconhecimento, avaliação e consequente

Ambos os programas visam à catalisação dos riscos advindos da atividade, cujo conhecimento propicia a concertação de ações com vistas a garantir a integridade física e psíquica do trabalhador, seja em estrutura, seja em treinamentos e cursos de capacitação, seja na catalogação dos equipamentos de proteção individual e coletivo necessários para minimizar o perigo e evitar acidentes.

No ramo minerário, especificamente, as empresas extrativas de minério, beneficiamento, garimpo e pesquisa mineral têm a incumbência de elaboração do chamado Programa de Gerenciamento de Riscos – PGR, em substituição ao Programa de Prevenção de Riscos Ambientais – PPRA, na forma da NR-22, o qual deverá ser revisto anualmente, com registro das medidas de controle implementadas e programadas.

De outra banda, deverão criar uma Comissão Interna de Prevenção de Acidentes na Mineração – CIPAMIN, que tem por objetivo observar e relatar as condições de risco no ambiente de trabalho, visando à prevenção de acidentes e doenças decorrentes da atividade mineradora, de modo a assegurar um ambiente de trabalho seguro e saudável.

A respeito da disposição de rejeitos e produtos minerários, o item 22.26 da NR-22 destaca que os depósitos de substâncias líquidas em barragens de mineração e bacias de decantação "devem possuir estudos hidrogeológicos, pluviométricos e sismológicos regionais e dispor de monitoramento da percolação de água, do lençol freático e da movimentação e da estabilidade dos maciços". Por isso, pontua a necessidade de supervisão constante confiada a profissionais legalmente habilitados, aliada a um sistema de alerta sonoro eficiente em caso de emergência.

A Lei n. 12.334/2010, que institui o Plano Nacional de Segurança de Barragens, estabelece a obrigatoriedade de revisão periódica de segurança de barragem, com a finalidade de verificar o estado geral de segurança da barragem, "considerando o atual estado da arte para os critérios de projeto, atualização dos dados hidrológicos e as alterações das condições a montante e a jusante da barragem".[25]

Neste panorama geral, já se pode antever, com alguma margem de segurança, que a tragédia ocorrida em Brumadinho/MG foi resultado da negligência e do descaso da Vale em implementar medidas de segurança, medicina e higiene do trabalho asseguradas em lei e normas regulamentadoras, descurando, ademais, da fiel observância de princípios jusambientais basilares.

Aprioristicamente, até para um olhar singelo, não técnico, já se denuncia, por exemplo, a brutal insensatez na decisão empresarial de instalar departamentos administrativos e refeitórios de trabalhadores em plena rota de possível vazamento do imenso mar de rejeitos represado, em inacreditável violação a regras basilares de prevenção de danos e redução de riscos (CRFB, art. 7º, XXII).

Não bastasse, ao tempo que antecedeu ao rompimento, não se ouviu qualquer dispositivo sonoro que pudesse alertar as pessoas em seu entorno do risco de ruptura, conforme previsto na NR-22 do extinto Ministério do Trabalho, possibilitando a evacuação segundo as orientações do plano de emergência adotado pela empresa.

Importante registrar que a simples instalação de equipamento sonoro para situações que tais em nada atende aos ditames de cuidado e prevenção eficaz à vida humana se, na precisa ocorrência trágica que o justificaria, o recurso técnico simplesmente não funciona, operando-se infeliz frustração de seus propósitos tuitivos. Nessa linha, argumentar que o dispositivo sonoro não funcionou porque "engolido" pelo mar de rejeitos soa tão absurdo quanto afirmar que o *air bag* de um veículo não funcionou por causa da abalroada.

Recorde-se que a Lei n. 12.334/2010, em seu art. 11, inclusive, estabelece a necessidade de elaboração de Plano de Ação de Emergência – PAE, documento formal, no qual são identificadas as condições de emergência em potencial para a barragem, contendo todas as orientações importantes para tomada de decisão no momento do sinistro, permitindo, entre outras medidas, a notificação e o alerta antecipado, visando a minimizar os danos socioambientais.[26]

Questão também a ser trabalhada com bastante atenção concerne a uma eventual desconsideração do *atual estado da técnica* em tema de contenção de rejeitos e proteção ambiental. Conforme se tem divulgado na grande mídia e por especialistas por ela consultados, a técnica aplicada pela Vale nas tragédias de Mariana e Brumadinho é a de menor custo e de maior risco, em cotejo com as demais.

Neste ponto, importa asseverar que nossa Constituição Federal admite, expressamente, que todo trabalho envolve algum grau de risco, motivo pelo qual fala em riscos *inerentes* ao trabalho. Em razão disso, o texto constitucional é explícito ao referir não à *eliminação*, mas à simples ideia de *redução* dos riscos labor-ambientais, proposta bem mais aderente à realidade dos fatos.

Essa redução dos riscos, entretanto, caso tecnicamente possível, haverá de sempre tender à *anulação* plena ou mesmo à sua *eliminação* total. Isso se dá porque o propósito último da disposição constitucional é que todo trabalhador

controle da ocorrência de riscos ambientais existentes ou que venham a existir no ambiente de trabalho, tendo em consideração a proteção do meio ambiente e dos recursos naturais.

25. Art. 10, da Lei n. 12.334/2010: Art. 10. Deverá ser realizada Revisão Periódica de Segurança de Barragem com o objetivo de verificar o estado geral de segurança da barragem, considerando o atual estado da arte para os critérios de projeto, a atualização dos dados hidrológicos e as alterações das condições a montante e a jusante da barragem.

26. NEVES, Luiz Paniago. *Segurança de Barragens* – Legislação federal brasileira em segurança de barragens comentada. ANM: Brasília, 2018. p. 17.

trabalhe em ambientes laborais cada vez mais seguros e sadios, à luz da invocada ideia de *atual estado da técnica* (OIT, Convenção n. 115, item 3.1, e Convenção n. 148, item 8.3), pouco importando se esse nível de exposição está, ou não, dentro dos parâmetros técnicos oficiais.

A propósito, por envolver discussão imantada de ordem pública, certamente a aplicação dessas Convenções deve ser geral, não se prendendo à esfera das radiações ionizantes ou da contaminação do ar, ruído e vibrações. Exegese que se articula exatamente com o art. 7º, XXII, da Carta da República, que revela o alvissareiro direito fundamental à *contínua redução* dos riscos inerentes ao trabalho – é dizer, em uma permanente busca de, se possível, reduzir-se a *zero* os riscos labor-ambientais[27].

Não se olvida, de outra banda, a falha dos órgãos fiscalizadores na avaliação das condições da barragem do Córrego do Feijão, por meio das inspeções regulares levadas a cabo pela Agência Nacional de Mineração – ANM. Afinal de contas, como sói acontecer:

> [...] Desastres retratam a insuficiência e o colapso de estruturas governamentais e não governamentais que, por alguma razão (ausência de investimento, fiscalização, impossibilidade de ação ou omissão) vem-se obrigadas a pagar um alto preço pela reconstrução do caos. [...] Proteger as pessoas e os ecossistemas dos desastres requer o firme compromisso público, privado e da sociedade civil no sentido de guardar e manter os sistemas naturais. Somem-se a isso os esforços no sentido de redução dos níveis de vulnerabilidade e exposição humana e ecossistêmica e, finalmente, a aceitação de que o Direito deve assumir uma abordagem de prevenção e precaução sistêmica para gestão de risco".[28]

A prolepse desta insuficiência já havia sido anunciada pelo Fórum Nacional da Sociedade Civil nos Comitês de Bacias Hidrográficas – FONASC. CBH, em parecer encaminhado à Câmara Técnica Especializada de Atividades Minerárias – CMI e ao Conselho de Política Ambiental de Minas Gerais – COPAM/MG, apontando as irregularidades constatadas no processo de licenciamento da mina Córrego do Feijão, notadamente no rebaixamento de risco de classe 6 (DN 74/2003) para classe 4 (DN 217/2017), conforme excerto a seguir reverberado:

> [...] Assim, a AMPLIAÇÃO e CONTINUIDADE ATÉ 2032 das minas Jangada e Feijão, que eram Classe 6 quando da DN 74/2003, com INCREMENTO de 88% (oitenta e oito por cento) na produção, é considerada hoje CLASSE 4 pela DN 217/2017, o que não tem qualquer fundamento e beira a insanidade, ainda mais se considerarmos que já é um grande complexo minerário com anos de operação e impactos cumulativos na região. E ainda se pretende conceder Licenciamento Ambiental Concomitante em uma única fase – LAC 1 (LP+LI+LO), com parecer da SUPPRI favorável ao deferimento [...].[29]

A barragem do Córrego do Feijão é classificada pela Agência Nacional de Águas (ANA), com base nos critérios gerais estabelecidos pelo Conselho Nacional de Recursos Hídricos (CNRH), como de baixo risco de rompimento, mas com dano potencial associado (DPA) alto.[30]

Isso significa que, embora não apresentasse risco de rompimento, os danos associados à falha estrutural da barragem poderiam representar uma hecatombe. Justamente o que aconteceu. Uma tragédia anunciada, mas relegada ao réquiem dos estertores.

Por certo, pelo dano potencial associado alto, além do empreendedor, incumbe ao Poder Público e seus agentes delegados, desde a deflagração do processo de licenciamento até a operação minerária, o monitoramento constante das ações implementadas para se garantir a segurança da barragem e a preservação dos recursos naturais e hídricos da região afetada com a extração, criando espaços a permitir a participação direta da população local, munindo-a de mecanismos efetivos de controle social. Mesmo porque, como denunciam Délton Wiinter de Carvalho e Fernanda Dalla Libera:

> [...] Os riscos catastróficos têm geralmente baixas probabilidades, mas consequências extremas. Neste sentido, estes riscos são marcados por uma grande incidência de incerteza científica, o que dificulta aplicação de metodologias de quantificação de sua probabilidade. Contudo, mesmo que as consequências sejam remotas e altamente especulativas, destaca-se a necessidade de investigação (demonstrada nos estudos de impactos ambientais) em casos de potencial catastrófico (ataques terroristas, acidentes nucleares, terremotos, acidentes industriais, epidemias etc.). [...] os critérios utilizados

27. MARANHÃO, Ney. Comentários art. 7º, inciso XXII, da Constituição do Brasil. In: CANOTILHO, J. J. Gomes; MENDES, Gilmar Ferreira; SARLET, Ingo Wolfgang; STRECK, Lenio Luiz (Coords. científicos). *Comentários à Constituição do Brasil*. 2. ed. São Paulo: Saraiva, 2018. p. 649.
28. CARVALHO, Délton Wiinter de; DAMACENA, Fernanda Dalla Libera. *Direito dos desastres*. Porto Alegre: Livraria do Advogado Editora, 2013. p. 141 e 144.
29. Excerto do parecer elaborado pelo Fórum Nacional da Sociedade Civil nos Comitês de Bacias Hidrográficas – FONASC. CBH. Disponível em: <http://fonasc-cbh.org.br/wp-content/uploads/Item_5.2_Relato_de_vistas_FONASC_VALE1.pdf>. Acesso em: 03 fev. 2019.
30. Em sintonia com o art. 2º, inciso VII da Lei n. 12.334/2010, entende-se por dano potencial associado à barragem "o dano que pode ocorrer devido a rompimento, vazamento, infiltração no solo ou mau funcionamento de uma barragem". O chamado dano potencial associado consiste no medidor de riscos de estragos no entorno das barragens, cujo grau varia de acordo com a proximidade de áreas urbanas, povoados, indústrias e rodovias. Disponível em: <http://www3.ana.gov.br>. Acesso em: 30 jan. 2019.

para impor a necessidade de aprofundamento investigativo acerca de riscos de desastres é que deva haver um prognóstico razoável (*rule of reason*) que inclua as possíveis consequências catastróficas, mesmo com baixas probabilidades. Alguns eventos catastróficos, mesmo diante de sua remota probabilidade, podem ter consequências tão catastróficas capazes de justificar que tais riscos sejam levados em consideração. Diante da possibilidade de especulações acerca de riscos catastróficos, as agências são compelidas a uma leitura mais exigente (*hard look doctrine*) acerca dos piores cenários possíveis (*worst-case scenarious*), impondo uma busca pelo aprofundamento de informações ambientais para identificação técnica dos riscos, suas incertezas, precariedade de dados ou mesmo a ausência destes e, finalmente, a realização de processos de publicização em audiências públicas.[31]

Em se tratando de meio ambiente, deve-se ter em mira sempre os princípios da precaução e da prevenção. Se dúvida houver, prevalece o cuidado com o meio ambiente, em todas as suas dimensões, alicerçado na máxima *in dubio pro sanitas et pro natura*. Como ensina a boa doutrina, "o princípio da precaução, para ser aplicado efetivamente, tem que suplantar a pressa, a precipitação, a improvisação, a rapidez insensata e a vontade de resultado imediato".[32]

4. COMO REFLEXÃO: QUEM DEVE PAGAR A CONTA?

O fundamento ontológico clássico da responsabilidade civil repousa no dever do agente causador da ofensa em reparar, material e moralmente, o dano causado, lastreado, na maior parte das vezes, na presença da culpa. É fato comprovado que tal moldura subjetiva se mostrou insuficiente para cobrir toda a miríade dos danos ressarcíveis; mas é fato igualmente comprovado que, em regra, os atos lesivos são causados pela conduta antijurídica do agente, por negligência, imperícia ou por imprudência.

Aceitando, embora, que a responsabilidade civil se construiu tradicionalmente sobre o conceito de culpa, o jurista moderno convenceu-se de que esta não satisfaz. Deixado à vítima o ônus da prova de que o ofensor procedeu antijuridicamente, a deficiência de meios, a desigualdade de fortuna, a própria organização social, acabam por deixar "larga cópia de danos descobertos e sem indenização". Prossegue Caio Mário da Silva Pereira em suas elucubrações:

> [...] A evolução da responsabilidade civil gravita em torno da necessidade de socorrer a vítima, o que tem levado a doutrina e a jurisprudência a marchar adiante dos códigos, cujos princípios constritores entravam o desenvolvimento e a aplicação da boa justiça. Foi preciso recorrer a outros meios técnicos, e aceitar, vencendo para isto resistências quotidianas, que em muitos casos o dano é reparável sem o fundamento da culpa.[33]

Neste diapasão, uma vertente, dita objetivista, perscrutou desvincular o dever ressarcitório da ideia de culpa. Raymond Saleilles foi o precursor desta corrente, seguido por Louis Josserand, insurgindo ambos contra o elemento subjetivo da responsabilidade civil e enquadrando o dever de indenizar no conceito material de fato danoso. Um conflito de ideias aguerrido, à época, dado que o Código Civil Francês era partidário da teoria da culpa, nos termos do art. 1.382.[34] Em esforço hermenêutico de interpretação do vocábulo *faute*, Raymond Saleilles defendeu a ideia de que o Código Civil adotou a acepção de *fait*, equivalente à causa determinante de qualquer dano:

> [...] A lei deixa a cada um a liberdade de seus atos; ela não proíbe senão aqueles que se conhecem como causa direta do dano. Não poderia proibir aqueles que apenas trazem em si a virtualidade de atos danosos, uma vez que se possa crer fundamentalmente em tais perigos possam ser evitados, à base de prudência e habilidade. Mas, se a lei os permite, impõe àqueles que tomam o risco a seu cargo a obrigação de pagar os gastos respectivos, sejam ou não resultados de culpa. Entre eles e as vítimas não há equiparação. Ocorrido o dano, é preciso que alguém o suporte. Não há culpa positiva de nenhum deles. Qual seria, então, o critério e imputação do risco? A prática exige que aquele que obtém proveito de iniciativa lhe suporte os encargos, pelo menos a título de sua causa material, uma vez que essa iniciativa constitui um fato que, em si e por si, encerra perigos potenciais contra os quais os terceiros não dispõem de defesa eficaz. É um balanceamento a fazer. A justiça quer que se faça inclinar o prato da responsabilidade para o lado do iniciador do risco.[35]

---

31. CARVALHO, Délton Wiinter de; DAMACENA, Fernanda Dalla Libera. *Direito dos desastres*. Porto Alegre: Livraria do Advogado Editora, 2013. p. 63-64.
32. MACHADO, Paulo Affonso Leme. *Direito Ambiental Brasileiro*. 25. ed. São Paulo: Malheiros Editores. 2017. p. 75.
33. PEREIRA, Caio Mário da Silva. *Instituições de Direito Civil*. Volume III. 13. ed. Rio de Janeiro: Editora Forense, 2009. p. 486.
34. Art. 1.382. *Tout fait quelconque de l'homme, qui cause à autrui um dommage, oblige celui par la faute duquel il est arrivé, à le réparer*. (Qualquer fato oriundo daquele que provoca um dano a outrem obriga aquele que foi a causa do que ocorreu a reparar este dano). Segundo Wilson Melo da Silva, "os arquitetos do Código Napoleônico, o código padrão por assim dizer, haviam-no alicerçado nas bases graníticas da culpa subjetiva. Segundo tal código, só haveria obrigação de indenizar quando a vítima pudesse demonstrar, além da relação de causalidade necessária entre o autor do dano e o dano mesmo, que dito dano pudesse ser imputado à culpa desse autor". (SILVA, Wilson Melo da. *Responsabilidade sem culpa*. São Paulo: Saraiva, 1974. p. 26)
35. SALEILLES, Raymond. *Les Accidents de Travail et la Responsabilité Civile* – Essai d'une Théorie Objective de la Responsabilité Delictuelle. Arthur Rousseau Éditeur: Paris, 1897. p. 50.

Louis Josserand, neste mesmo sentido, enfatiza que a reparação dos danos não deve ser deixada aos azares do destino, tanto mais que, entre a vítima e o autor do dano, a primeira merece mais proteção, porque, comumente, é a que possui menos recursos e nada fez para causar o prejuízo.[36]

No Brasil, a responsabilidade objetiva ingressou efetivamente no ordenamento jurídico positivo por meio de diplomas especiais, como a Lei das Estradas de Ferro (Decreto n. 2.681/1912), o Código Civil Brasileiro de Aeronáutica (Lei 7.565/1986) e a Lei n. 6.453/1977, relativa às atividades nucleares.

O Código Civil de 2002, por sua vez, não ficou imune ao movimento revisionista da responsabilidade civil estribada na culpa, tendo, em diversas hipóteses, adotado a responsabilidade civil objetiva. O parágrafo único do art. 927 representa, nesta quadra, cláusula geral de responsabilidade objetiva, ao determinar que haverá obrigação de reparar o dano, independentemente de culpa, quando a atividade normalmente desenvolvida pelo autor do dano implicar, por sua natureza, risco para os direitos de outrem[37].

Em matéria de meio ambiente, a Lei n. 6.938/1981, em seu art. 14, § 1º, contemplou a responsabilidade desvinculada do seu elemento subjetivo.[38] Esta marca foi reverberada pela Constituição de 1988, em seu art. 225, § 3º, **evidenciando o novo vetor** axiológico adotado, sintonizado em uma responsabilidade que, dispensando a culpa, se mostre comprometida com a reparação do ato danoso em uma perspectiva fundada na solidariedade social. Aqui, especificamente, jaz a morada do princípio do *poluidor-pagador*.[39]

Por poluição, legalmente, entende-se a degradação da qualidade ambiental resultante de atividades que direta ou indiretamente: (i) prejudiquem a saúde, a segurança e o bem-estar da população; (ii) criem condições adversas às atividades sociais e econômicas; (iii) afetem desfavoravelmente a biota; (iv) afetem as condições estéticas ou sanitárias do meio ambiente; e, por fim, (v) lancem matérias ou energia em desacordo com os padrões ambientais estabelecidos.[40]

Doutrinariamente, poluição, em essência, corresponde ao desarranjo sistêmico suscitado pela ingerência humana que gera inaceitável afetação do equilíbrio ambiental propiciador de vida. Vertido de modo sintético: poluição é degradação ambiental de base antrópica e nível intolerável.[41]

O poluidor, a seu turno, compreende a pessoa física ou jurídica, seja de direito público, seja de direito privado, responsável direta ou indiretamente, por atividade causadora de degradação ambiental.[42]

Nesta linha de raciocínio, fica fácil perceber que a Vale, em função da tragédia ocorrida na cidade de Brumadinho/MG, enquadra-se na acepção de agente poluidor e, nesta condição, responde objetivamente pelos danos ambientais ocasionados, cujos efeitos deletérios de ordem macrossocial serão sentidos anos a fio, afetando as gerações presentes e futuras. No mesmo sentido vaticina o art. 4º da Lei n. 12.334/2010, ao definir o empreendedor como o responsável legal pela segurança da barragem.

Mas a questão não se encerra por aí. Conforme enfatizado em linhas transatas, ao conceito de meio ambiente se agrega também a ambiência laboral. Dentro desta perspectiva, pode-se dizer, então, que a preocupação com o meio ambiente do trabalho se torna também uma preocupação iniludivelmente ambiental:

> [...] Além disso, se a Constituição Federal fala em proteção ambiental para garantia de qualidade de vida e já legitima devassar questões até então consideradas assuntos de exclusiva ingerência patronal, retirando-se o manto de invisibilidade que historicamente encobriu o "d'além muro da fábrica", não há como refutar a ilação de que a questão da saúde e segurança dos trabalhadores passa mesmo a compor, com destaque, a pauta

---

36. JOSSERAND, Louis. *De la responsabilité du fait des choses inanimées*. Arthur Rousseau Éditeur: Paris, 1897. p. 45.

37. A respeito, confira-se, entre outros: MARANHÃO, Ney. *Responsabilidade civil objetiva pelo risco da atividade*: uma perspectiva civil-constitucional. São Paulo: GEN/Método, 2010.

38. Art. 14 – Sem prejuízo das penalidades definidas pela legislação federal, estadual e municipal, o não cumprimento das medidas necessárias à preservação ou correção dos inconvenientes e danos causados pela degradação da qualidade ambiental sujeitará os transgressores:

[...]

§ 1º – Sem obstar a aplicação das penalidades previstas neste artigo, é o poluidor obrigado, independentemente da existência de culpa, a indenizar ou reparar os danos causados ao meio ambiente e a terceiros, afetados por sua atividade. O Ministério Público da União e dos Estados terá legitimidade para propor ação de responsabilidade civil e criminal, por danos causados ao meio ambiente.

39. Art. 225. Todos têm direito ao meio ambiente ecologicamente equilibrado, bem de uso comum do povo e essencial à sadia qualidade de vida, impondo-se ao Poder Público e à coletividade o dever de defendê-lo e preservá-lo para as presentes e futuras gerações.

[...] § 3º As condutas e atividades consideradas lesivas ao meio ambiente sujeitarão os infratores, pessoas físicas ou jurídicas, a sanções penais e administrativas, independentemente da obrigação de reparar os danos causados.

40. Art. 3º, inciso III da Lei n. 6.938/1981.

41. MARANHÃO, Ney. *Poluição labor-ambiental*: abordagem conceitual da degradação das condições de trabalho, da organização do trabalho e das relações interpessoais travadas no contexto laborativo. Rio de Janeiro: Lumen Juris, 2017. p. 253.

42. Art. 3º, inciso IV da Lei n. 6.938/1981.

ambiental, com todas as repercussões jurídicas que disso se possa extrair.[43]

José Afonso da Silva, de sua parte, é bastante claro ao destacar que a proteção do meio ambiente de trabalho "significa proteção do ambiente e da saúde das populações externas aos estabelecimentos industriais, já que um ambiente interno poluído e inseguro expele poluição e insegurança externa."[44]

Esse enfoque facilita sobremaneira a compreensão sobre o porquê de a Lei n. 6.938/1981, quando apresenta o conceito jurídico de poluição, estendê-lo à degradação da qualidade ambiental resultante de atividades que, direta ou indiretamente, "criam condições adversas às atividades sociais e econômicas" (art. 3º, *b*).

Por isso, há de se reconhecer que, também neste particular, a Constituição de 1988 é digna de efusivos elogios, na medida em que:

> [...] navega nessa valiosíssima perspectiva de reaproximação histórica e científica das questões social e ambiental, arbitrariamente apartadas em algum ponto da trajetória humana [...]. Ou seja, ao reconhecer a integração jurídica do meio ambiente do trabalho ao meio ambiente humano (art. 200, VIII), o Texto Magno dá concretude a esse sutil movimento de *conjunção socioambiental*. **Sob tal perspectiva, a Carta Magna serviu como verdadeiro ponto de culminância para um sadio processo de realinhamento jurídico-axiológico entre *saúde*, *meio ambiente* e *trabalho*, cujo elemento de intersecção é precisamente o *meio ambiente laboral*.** Resgata, assim, a importância da proteção e promoção do equilíbrio no meio ambiente do trabalho como técnica de atingimento do propósito mais amplo de se erigir, em nossa sociedade, um meio ambiente sadio e equilibrado, em todas as suas dimensões.[45]

A propósito, não custa lembrar que boa parte das catástrofes ambientais poderia ter sido evitada caso se praticasse rigorosa ação preventiva no combate à poluição junto aos mais variados ambientes de trabalho, especialmente no que tange às condições laborais praticadas e ao processo produtivo aplicado. Fala-se aqui da tragédia de Mariana. Fala-se também da tragédia de Brumadinho/MG.

Se executadas oportunamente as medidas de prevenção, zelando pela cultura do cuidado, não se estaria diante do maior acidente de trabalho experimentado pela história brasileira. E porque conectado umbilicalmente a danos ambientais, responde a Vale objetivamente pelos acidentes do trabalho ocorridos e, assim o faz, ancorada inclusive na teoria do risco integral, muito própria à temática ambiental, a não se admitir, então, pois, na hipótese, excludente de responsabilidade[46]. Trata-se, decerto, de rigor característico do estuário jusambiental, justificado pela magnitude do bem jurídico que tutela.

Afinal de contas, Vale:

> [...] *Tu Antecipaste a hora.*
> *Teu ponteiro enlouqueceu, enlouquecendo nossas horas.*
> *Que poderias ter feito de mais grave*
> *do que o ato sem continuação, o ato em si,*
> *o ato que não ousamos nem sabemos ousar*
> *porque depois dele não há nada?*[47]

5. COMO ENCERRAMENTO: "O MUNDO É MAIS QUE UMA COISA A SE RESOLVER, É UM MISTÉRIO GRANDIOSO PARA SER CONTEMPLADO NA ALEGRIA E NO LOUVOR"[48]

Certa feita, Polônio, em um diálogo com seu filho Laertes, no trecho da peça de *Hamlet*, escrita por *Shakespeare*, deixou-o embebido dos seguintes conselhos:

> [...] Vai com a minha bênção, e grava na memória estes preceitos: 'Não dês língua aos teus próprios pensamentos, nem corpo aos que não forem convenientes'. 'Sê lhano, mas evita abastardares-te'. 'O amigo comprovado, prende-o firme no coração com vínculos de ferro, mas a mão não calejes com saudares a todo instante

43. MARANHÃO, Ney. *Poluição labor-ambiental*: abordagem conceitual da degradação das condições de trabalho, da organização do trabalho e das relações interpessoais travadas no contexto laborativo. Rio de Janeiro: Lumen Juris, 2017. p. 86.

44. SILVA, José Afonso da. *Direito ambiental constitucional*. 10. ed. São Paulo: Malheiros Editores, 2013. p. 24.

45. MARANHÃO, Ney. *Poluição labor-ambiental*: abordagem conceitual da degradação das condições de trabalho, da organização do trabalho e das relações interpessoais travadas no contexto laborativo. Rio de Janeiro: Lumen Juris, 2017. p. 87-88.

46. Atente-se para a **Tese 10** publicada pela Secretaria de Jurisprudência do Superior Tribunal de Justiça – STJ, elaborada mediante exaustiva pesquisa na base de jurisprudência daquele Tribunal. São estes seus termos: "A responsabilidade por dano ambiental é objetiva, informada pela teoria do risco integral, sendo o nexo de causalidade o fator aglutinante que permite que o risco se integre na unidade do ato, sendo descabida a invocação, pela empresa responsável pelo dano ambiental, de excludentes de responsabilidade civil para afastar sua obrigação de indenizar" (BRASIL. Superior Tribunal de Justiça. "Jurisprudência em Teses", Edição n. 30, Brasília, 18 mar. 2015. Disponível em: <www.stj.jus.br>).

47. ANDRADE, Carlos Drummond de. *A um ausente*. Disponível em: <www.pensador.com/poesias_de_carlos_drummond_de_andrade>. Acesso em: 04 fev. 2019.

48. Trecho extraído da Carta Encíclica *Laudato Si* do Santo Padre Francisco sobre o cuidado da casa comum. Disponível em: <http://w2.vatican.va/content/francesco/pt/encyclicals/documents/papa-francesco_20150524_enciclica-laudato-si.html>. Acesso em: 31 jan. 2019.

amigos novos'. 'Foge de entrar em briga; mas, brigando, acaso, faze o competidor temer-te sempre'. 'A todos, teu ouvido; a voz a poucos; ouve opiniões, mas forma juízo próprio'. 'Conforme a bolsa, assim tenhas a roupa: sem fantasia; rica, mas discreta, que o traje às vezes o homem denuncia. Nisso, principalmente, são pichosas as pessoas de classe e prol na França'. 'Não emprestes nem peças emprestado; que emprestar é perder dinheiro e amigo, e o oposto embota o fio à economia'. 'Mas, sobretudo, sê a ti próprio fiel; segue-se disso, como o dia à noite, que a ninguém poderás jamais ser falso'. Adeus; que minha bênção tais conselhos faça frutificar.[49]

À Vale, costuram-se os seguintes: aparta-se da apatia nefanda que a encobre. Não se curve aos feitiços da ambição, mas aos anseios genuínos do homem. Se, por obra do acaso, tiver que lutar, que seja, sempre, em benefício dos trabalhadores que seu rótulo estampa. Sê inteiro e não pela metade. Resgate, com honradez, a Natureza que foi soterrada. Transfira seu olhar para as aflições dos seus. Transforme a discussão envaidecida de egos em política pública. Dê lugar à reparação integral e se veja livre da abstenção. Seja seu átrio reduto de edificação do valor social do trabalho. Mas, sobretudo, sê fiel à cultura da prevenção. Segue-se disso, de sol a sol, e colherá as aventuranças da função social que lhe acomete. Adeus; que nossa exortação pleno respeito faça frutificar.

6. REFERÊNCIAS

ANDRADE, Carlos Drummond de. *A montanha pulverizada*. Disponível em: <https://dialogosessenciais.com>. Acesso em: 29 jan. 2019.

BAUMAN, Zygmunt. *Modernidade líquida*. Tradução de Plínio Dent-zien. Rio de Janeiro: Zahar, 2001.

BOFF, Leonardo. *Ecologia: grito da terra, grito dos pobres*. 2. ed. São Paulo: 2013.

_____. *Sustentabilidade: o que é, o que não é*. Rio de Janeiro: Vozes, 2012.

BONAVIDES, Paulo. Jurisdição constitucional e legitimidade (algumas observações sobre o Brasil). In: *Estudos Avançados*, São Paulo, 18 (51), 2004.

Carta Encíclica *Laudato Si* do Santo Padre Francisco sobre o cuidado da casa comum. Disponível em: <http://w2.vatican.va/content/francesco/pt/encyclicals/documents/papa-francesco_20150524_enciclica-laudato-si.html>. Acesso em: 31 jan. 2019.

DE LA GRESSAYE, Brethe. *La corporation et l'état. Apud*. CESARINO JÚNIOR, A. F. *Direito corporativo e direito do trabalho*. São Paulo: Livraria Martins, 1940.

CARVALHO, Délton Wiinter de; DAMACENA, Fernanda Dalla Libera. *Direito dos desastres*. Porto Alegre: Livraria do Advogado Editora, 2013.

DELGADO, Mauricio Godinho. *Direito do trabalho e modernização jurídica*. Brasília: Consulex, 1992.

_____, *Curso de direito do trabalho*. 14. ed. São Paulo: LTr, 2015.

ELKINGTON, John. *Sustentabilidade, canibais com garfo e faca*. São Paulo: M. Books do Brasil Editora Ltda., 2012.

FAUSTO, Boris. *História do Brasil*. 13. ed. São Paulo: Edusp, 2008.

GALEANO, Eduardo. *As veias abertas da América Latina*. Tradução de Sérgio Faraco. LPM editora: Montevidéu, 2010.

HOBSBAWN, Eric. *A crise do capitalismo e a importância atual de Marx*. Tradução (espanhol-português) de Marco Aurélio Weissheimer. Disponível em: <http://www.cartamaior.com.br/templates>.

ISSBERNER, Liz-Rejane e LÉNA, Philippe. *Progress, risk and responsibilities*. Unesco Courier, 1998. Disponível em: <https://pt.unesco.org/courier/2018-2/antropoceno-os-desafios-essenciais-um-debate-cientifico>. Acesso em: 31 jan. 2019.

JOSSERAND, Louis. *De la responsabilité du fait des choses inanimées*. Arthur Rousseau Éditeur: Paris, 1897.

MACHADO, Paulo Affonso Leme. *Direito Ambiental Brasileiro*. 25. ed. São Paulo: Malheiros Editores. 2017.

MARANHÃO, Ney. *Responsabilidade civil objetiva pelo risco da atividade*: uma perspectiva civil-constitucional. São Paulo: GEN/Método, 2010.

_____. *Poluição Labor-Ambiental*: abordagem conceitual da degradação das condições de trabalho, da organização do trabalho e das relações interpessoais travadas no contexto laborativo. Rio de Janeiro: Lumen Juris, 2017.

_____. Comentários art. 7º, inciso XXII, da Constituição do Brasil. In: CANOTILHO, J. J. Gomes; MENDES, Gilmar Ferreira; SARLET, Ingo Wolfgang; STRECK, Lenio Luiz (Coords. científicos). *Comentários à Constituição do Brasil*. 2. ed. São Paulo: Saraiva, 2018.

NEVES, Luiz Paniago. *Segurança de Barragens* – Legislação federal brasileira em segurança de barragens comentada. ANM: Brasília, 2018.

PEREIRA, Caio Mário da Silva. *Instituições de Direito Civil*. v. III. 13. ed. Rio de Janeiro: Editora Forense, 2009.

PEREIRA, Osny Duarte. *Ferro e independência. Um desafio à dignidade nacional*. Rio de Janeiro, 1967.

QUIRINO, Célia Galvão; MONTES, Maria Lúcia. *Constituições brasileiras e cidadania*. São Paulo: Ática, 1987.

RAFAEL, Herbert Miguel Angel Maturano. *Análise do potencial de liquefação de uma barragem de rejeito*. Pontifícia Universidade Católica do Rio de Janeiro. Departamento de Engenharia Civil, 2012.

ROMITA, Arion Sayão. *Os direitos sociais na Constituição e outros Estudos*. São Paulo: LTr, 1991.

SALEILLES, Raymond. *Les Accidents de Travail et la Responsabilité Civile* – Essai d'une Théorie Objective de la Responsabilité Delictuelle. Arthur Rousseau Éditeur: Paris, 1897.

SHAKESPEARE, William. *Hamlet*. Tradução de Millôr Fernandes. Porto Alegre: L&PM, 2016.

49. SHAKESPEARE, William. *Hamlet*. Tradução de Millôr Fernandes. Porto Alegre: L&PM, 2016.

SILVA, José Afonso da. *Direito ambiental constitucional*. 10. ed. São Paulo: Malheiros Editores, 2013.

SILVA, Wilson Melo da. *Responsabilidade sem culpa*. São Paulo: Saraiva, 1974.

VERDIER, Jean Maurice. *Traité de droit Du travail*. Coordenação de Camerlynck, Paris, 1968.

WEBER, Max. *The theory of social and economic organization*. Tradução de A. R. Henderson e Talcott Parsons. Nova York: Hodge, 1947.

A relação entre as alterações no mundo do trabalho no Brasil pós 2017 e a ocorrência de acidentes laborais: análise das implicações da reforma trabalhista[1]

12

Juliana Benício Xavier[2]
Lucas Reis da Silva[3]

1. INTRODUÇÃO

O Brasil é o quarto país com maior ocorrência de acidentes de trabalho do mundo, segundo informações do Observatório Digital de Segurança e Saúde do Trabalho, parceria entre o Ministério Público do Trabalho – MPT – e a Organização Internacional do Trabalho – OIT[4]. Fica atrás apenas da China, dos Estados Unidos e da Rússia. Um acidente de trabalho, em média, ocorre a cada quarenta e oito segundos no país e, a cada três horas e trinta e oito segundos, registra-se a ocorrência de um acidente fatal. Quatro milhões e meio de trabalhadoras e trabalhadores foram vítimas de sinistros nos últimos sete anos, dos quais dezesseis mil e novecentos tiveram suas vidas ceifadas. Se considerarmos a subnotificação, ou seja, a omissão das empresas quanto à emissão da Comunicação de Acidente de Trabalho – CAT, bem como a informalidade, supõe-se que esses números sejam ainda maiores.

A partir de 2017, importantes alterações no mundo do trabalho foram realizadas no Brasil, cujo impulso principal foi dado pela aprovação das Leis ns. 13.467 e 13.469, tornando menos rígida a proteção normativa justrabalhista. Tais mudanças tendem a agravar os altos índices de ocorrência de acidentes de trabalho no Brasil.

No que diz respeito à terceirização, por exemplo, de acordo com dados do Departamento Intersindical de Estatísticas e Estudos Socioeconômicos – DIEESE, "o percentual de afastamentos por acidentes de trabalho típicos nas atividades tipicamente terceirizadas é maior do que nas atividades tipicamente contratantes – 9,6% contra 6,1%"[5]. As estatísticas permitem concluir que a ampliação da utilização de mão de obra terceirizada, provocada pela Lei n. 13.429/2017, implicará aumento de acidentes de trabalho. A Lei n. 13.467 impinge ampla flexibilização nas leis trabalhistas, possibilitando, por exemplo, a redução do intervalo de descanso dentro da jornada para até 30 minutos. É responsável, ainda, por debilitar as entidades sindicais, bem como por colocar inúmeros óbices ao acesso à justiça, apresentando-se como verdadeiro gatilho para o adoecimento e a ocorrência de acidentes laborais típicos.

Segundo Ricardo Antunes, "a flexibilização se expressa na diminuição drástica das fronteiras entre atividade laboral e espaço da vida privada, no desmonte da legislação trabalhista, nas diferentes formas de contratação da força de trabalho e em sua expressão negada, o desemprego estrutural"[6]. Diante desse fenômeno, a que chamamos de "flexibilização", observa-se que as alterações que operaram no

---

1. O presente trabalho foi realizado com apoio da Coordenação de Aperfeiçoamento de Pessoal de Nível Superior – Brasil (CAPES) – Código de Financiamento 001.

2. Advogada popular, membro do Coletivo Margarida Alves de Assessoria Popular. Doutoranda em Direito do Trabalho e Seguridade Social pela Universidade de São Paulo. Membro do Grupo de Pesquisa Trabalho e Capital/USP. julianabenicio@usp.br.

3. Auditor-Fiscal do Trabalho. Ex-membro do Grupo Móvel de Combate ao Trabalho Escravo do Ministério do Trabalho e Emprego. Bacharel em Direito e em História pela Universidade Federal de Ouro Preto. Mestrando em Direito Socioambiental e Sustentabilidade pela Pontifícia Universidade Católica do Paraná. lucaspaop@hotmail.com.

4. MINISTÉRIO PÚBLICO DO TRABALHO. *Observatório Digital de Saúde e Segurança do trabalho.* Disponível em: <http://observatoriosst.mpt.mp.br>. Acesso em: 11 abr. 2019.

5. DIEESE. *Terceirização e precarização das condições de trabalho:* Condições de trabalho e remuneração em atividades tipicamente terceirizadas e contratantes. São Paulo: Dieese, 2017. Disponível em: <https://www.dieese.org.br/notatecnica/2017/notaTec172Terceirizacao.pdf>. Acesso em: 11 abr. 2019.

6. ANTUNES, Ricardo e PAUN, Lucy. *A Sociedade dos Adoecimentos no Trabalho.* Serv. Soc. Soc., São Paulo, n. 123, p. 407-427, jul./set. 2015. p. 412.

mundo do trabalho recentemente representam, de fato, a desregulamentação da relação entre o capital e o trabalho. Segundo o mesmo autor, essa mudança é a responsável pela produção de indicadores de acidentes e doenças profissionais cada vez mais altos.

As batalhas entre capital e trabalho também têm se dado no campo administrativo, espaço em que se assistiu à extinção do Ministério do Trabalho e Emprego; à redução do número de equipes que compõem o Grupo Móvel Nacional de Combate ao Trabalho Escravo; à suspensão da Lista Suja dando publicidade às empregadoras e aos empregadores flagrados em cometimento de trabalho escravizado; passando, inclusive, pela omissão de realização de concurso público para o preenchimento das milhares de vagas ociosas para o cargo de Auditor-Fiscal do Trabalho.

Diante desse contexto, o presente artigo busca analisar algumas das recentes alterações que se deram no mundo do trabalho, tanto do ponto de vista das alterações legais, quanto aquelas que se deram em âmbito administrativo, e suas implicações no índice de acidentabilidade laboral. Parte-se do reconhecimento de que "as mudanças ocorridas no mundo do trabalho nas últimas décadas resultaram na constituição de um exército de trabalhadores mutilados, lesionados, adoecidos física e mentalmente, muitos deles incapacitados de forma definitiva para o trabalho"[7].

Compreender de que forma essas alterações impactam a segurança e a integridade física das trabalhadoras e dos trabalhadores é necessidade urgente para a garantia da dignidade da pessoa humana, bem como para honrar o processo de desenvolvimento histórico de nossa sociedade, que já logrou êxito em não naturalizar os acidentes de trabalho e em rejeitar o mito da igualdade formal entre contratante e contratada/contratado no pacto laboral.

2. O DIREITO DO TRABALHO E O PRINCÍPIO DA PROTEÇÃO

O direito do trabalho surge desde a ação coletiva das trabalhadoras e trabalhadores, a partir do reconhecimento de que a matriz civilista, pautada na autonomia da vontade e na igualdade formal havida entre os sujeitos contratantes, não é suficiente para equilibrar a distinção de forças existente na relação laboral. Reconhece-se que as intenções da empregadora e do empregador causam impacto a toda uma coletividade de indivíduos, ao passo que as ações da trabalhadora e do trabalhador, tomadas de forma isolada, não têm o condão de gerar resultados que extrapolem os limites da relação laboral. "O Direito Civil tratava os dois sujeitos da relação de emprego como seres individuais, ocultando, em sua equação formalística, a essencial qualificação de ser coletivo detida naturalmente pelo empregador.[8]"

Além de as decisões da/do contratante na relação de emprego terem aptidão para causar impactos de dimensões sociais, a autonomia da vontade no contrato de emprego não possui a mesma abrangência que no campo estritamente civil. A subordinação e a liberdade, marcas da relação empregatícia, submetem a trabalhadora e o trabalhador aos desígnios daquela ou daquele que lhes concedem emprego, o que impõe o reconhecimento de uma situação de dependência pessoal, de subjugação dos seres humanos que vivem do labor. A liberdade de que dispõem é para vender sua força de trabalho a quem desejar comprá-la, ou seja, às trabalhadoras e aos trabalhadores cabe, no máximo, escolher entre as empregadoras e empregadores que estiverem oferecendo uma vaga na qual se encaixem, submetendo-se, ato contínuo, a sua organização empresarial.

Vista a partir da perspectiva das latentes necessidades materiais ligadas à produção e à reprodução da vida, marcadoras da dependência econômica, considerando-se especialmente que existem mais pessoas em idade laboral do que postos de trabalho disponíveis, essa liberdade acaba por se converter em seu oposto, qual seja, sujeição.

Mauricio Godinho Delgado, ao narrar o processo de formação e consolidação do direito do trabalho, afirma que o mesmo se deu a partir da combinação de fatores de natureza econômica, social e política. Segundo informa, dentre os fatores de inspiração política está a emergência do ser coletivo obreiro. A partir da ação coletiva, "mediante a formação e consolidação de organizações coletivas de trabalhadores, seja sindicais, seja mais nitidamente políticas[9]", surgiram modalidades de normatização jurídica que ultrapassavam a matriz civilista.

Uma vez desvelado o caráter coletivo do ser empresarial, as trabalhadoras e os trabalhadores somente poderiam contrapô-lo lançando mão de mecanismos até então estranhos ao direito civil: ações coletivas e/ou instrumentos que desequilibrassem no âmbito jurídico a relação entre contratante e contratada/contratado, de forma a assegurar igualdade material entre os sujeitos do contrato de emprego.

Reconhecendo que a igualdade formal acirrava a desigualdade material, o tratamento das relações empregatícias destaca-se do direito civil, surgindo, assim, o direito do trabalho. Esse ramo passa a emanar a normatização heterônoma das relações de emprego, sustentada no princípio da proteção, além de balizar os processos de criação autônoma de normas.

> Historicamente, o Direito do Trabalho surgiu como consequência de que a liberdade de contrato entre pessoas com poder e capacidade econômica desiguais conduzia a diferentes formas de exploração. Inclusive, mais abusivas e iníquas. O legislador não pôde mais manter a

7. ANTUNES, R. e PAUN, L. ob. cit. 2015. p. 423.
8. DELGADO, Mauricio Godinho. *Curso de Direito do Trabalho*. 18. ed. São Paulo: LTr. 2019. p. 104.
9. DELGADO, M.G. ob. cit. 2019. p. 102.

ficção de igualdade existente entre as partes do contrato de trabalho e inclinou-se para uma compensação dessa desigualdade econômica desfavorável ao trabalhador com uma proteção jurídica a ele favorável[10].

O princípio da proteção objetiva, portanto, garantir uma igualdade jurídica entre empregada/empregado e empregadora/empregador, em razão da superioridade econômica experimentada por estes. Constitui-se, ao mesmo tempo, em razão e consequência da existência do direito do trabalho, conferindo sustentação ao campo jurídico em foco.

> O princípio de proteção se refere ao critério fundamental que orienta o Direito do Trabalho, pois este, ao invés de inspirar-se num propósito de igualdade, responde ao objetivo de estabelecer um amparo preferencial a uma das partes: o trabalhador.
>
> Enquanto no direito comum uma constante preocupação parece assegurar a igualdade jurídica entre os contratantes, no Direito do Trabalho a preocupação central parece ser a de proteger uma das partes com o objetivo de, mediante essa proteção, alcançar-se uma igualdade substancial e verdadeira entre as partes[11].

O princípio da proteção, em direito do trabalho, está em perfeita sintonia com o espírito do ordenamento. A República Federativa do Brasil tem como fundamento não apenas a "livre-iniciativa", mas, a par e passo, o "valor social do trabalho". É que a/o constituinte de 1988, apesar de reconhecer o modo capitalista de produção como o vigente no Brasil, admitiu que a imposição de limites à exploração da força de trabalho é condição para manutenção do próprio sistema.

Objetivamos, com digressão acima, criar o pano de fundo para a análise das alterações no mundo do trabalho havidas a partir de 2016, com destaque para a Lei n. 13.467/2017, por nós eleita como um marco do processo de flexibilização e desregulamentação das normas de proteção trabalhistas.

> Por flexibilização trabalhista entende-se a possibilidade jurídica, estipulada por norma estatal ou por norma coletiva negociada, de atenuação da força imperativa das normas componentes do Direito do Trabalho, de modo a mitigar a amplitude de seus comandos e/ou parâmetros próprios para a sua incidência.
>
> [...]
>
> A desregulamentação trabalhista consiste na retirada, por lei, do manto normativo trabalhista clássico sobre determinada relação socieconômica ou segmento das relações de trabalho, de maneira a permitir o império de outro tipo de regência normativa[12].

As recentes alterações na regulação das relações laborais, ignorando que o direito do trabalho nasce não da igualdade entre contratantes, mas tendo como mote corrigir juridicamente as desigualdades havidas entre elas/eles no campo econômico-material, acabam por (1) subverter a própria razão de existência do direito do trabalho, (2) desconsiderar sua evolução histórica e (3) colocar em risco o fundamento do sistema capitalista de produção. Por outro lado, ao minar as condições de sobrevivência econômica das entidades sindicais, eliminam do cenário os seres que poderiam enfrentar o poder econômico em condição de menor desigualdade.

3. REFORMA TRABALHISTA[13]: A INVERSÃO DO PRINCÍPIO DA PROTEÇÃO

Américo Plá Rodriguez, em obra já citada, demonstra os passos históricos até que houvesse o reconhecimento e afirmação do princípio da proteção como básico ao ramo jurídico trabalhista. Após evidenciar que o princípio da proteção desenvolve-se a partir da ideia central do nivelamento das desigualdades que existem entre as pessoas, ele dá voz às opiniões divergentes. Evoca estudiosos que ao negarem o caráter protetivo do direito do trabalho em favor de trabalhadoras e trabalhadores, defendem que o princípio da proteção recai sobre a própria instituição empresa, tida como principal interesse do Estado.

Na sequência, assinala a existência de corrente que reconhece, quando do surgimento das relações laborais, uma desigualdade entre as partes em decorrência da incipiente fraqueza do trabalhador, a qual teria sido superada "graças ao fortalecimento da posição do trabalhador resultante da união e do poder que os sindicatos adquiriram". Plá Rodriguez rechaça esse entendimento ao argumento de que partiria de "um erro de avaliação dos fatos", pois, "[...] o aumento da desocupação e o enfraquecimento dos sindicatos têm tido um sério efeito desprotetor que voltou a manter as desigualdades de uma forma aguda[14]".

---

10. RODRIGUEZ, Américo Plá. *Princípios de Direito do Trabalho*. 3. ed. São Paulo: LTr, 1993. p. 85.
11. RODRIGUEZ, A. P. ob. cit. 1993, p. 83.
12. DELGADO, M.G. ob. cit. p. 71-74.
13. Em verdade, como registrado por Paulo de Carvalho Yamamoto, trata-se de "Deforma" ao invés de reforma. "É surpreendente que a substituição de um único caractere – o 'R' pelo 'D' – possa causar tamanho desconforto entre os juristas, não obstante, o amor à verdade assim o exigir. O sufixo mantém-se em ambas as palavras, no caso concreto, tratamos da forma que sofre alterações. Ao reformar, temos uma alteração da forma que, mantendo sua essência, melhora sua expressão. Em sentido oposto temos a deforma que, alterando a forma da coisa, a piora a tal ponto que ameaça de extinção a essência do próprio original." YAMAMOTO, Paulo de C. As Ações Diretas de Inconstitucionalidade movidas no Supremo Tribunal Federal contra a Deforma Trabalhista. In: SOUTO MAIOR, Jorge Luiz; SEVERO, Valdete Souto (Coord.). *Resistência II:* defesa e crítica da Justiça do Trabalho. São Paulo: Expressão Popular. 2018. p. 341.
14. RODRIGUES, A. P. ob. cit. 1993. p. 97-98.

Essa reflexão coloca-se no cerne do nosso argumento: entidades sindicais fortalecidas são indispensáveis para a mitigação, no plano fático, das desigualdades econômicas e materiais existentes na relação de emprego. Falamos em atenuação, porque não desconhecemos que o direito de propriedade, nos marcos da normatividade vigente, confere a legitimidade jurídica para que apenas a/o contratante seja responsável pelas decisões empresariais. As relações individuais, que escapam à interveniência do ser coletivo obreiro, socorrem-se do princípio da proteção, o qual deve não apenas orientar a/o aplicador/a do direito, mas tem a função de inspirar a/o legislador.

Acontece que a Lei n. 13.467/2017 enfraquece a já combalida entidade sindical ao realizar mudanças na contribuição sindical obrigatória (art. 578), extinguindo-a abruptamente após quase sete décadas de vigência. Exige, ao mesmo tempo, que as trabalhadoras e os trabalhadores litiguem contra suas entidades de classe, devendo indicar os sindicatos como litisconsortes passivos necessários quando a ação tiver como objetivo a anulação de cláusula de convenção ou acordo coletivo de trabalho (art. 611-A, § 5º). A ultratividade automática das normas coletivas passa a encontrar impeditivo legal (art. 614, § 3º) e o acompanhamento, por parte das entidades sindicais, das rescisões dos contratos havidos há mais de um ano deixa de ser impositivo (art. 477, §§ 1º e 3º).

Em sentido oposto ao do enfraquecimento político e econômico do ser coletivo obreiro, a lei referenciada amplia as hipóteses de negociação (arts. 611-A e 611-B) e silencia sobre o fato de que "na Justiça do Trabalho, a assistência judiciária é prestada pelo Sindicato" (art. 14 da Lei n. 5.584/70). Essa entidade que de uma hora para outra perdeu sua principal fonte de financiamento é a mesma a que se objetivou conferir plena autonomia para negociar todas as condições de pactuação da força de trabalho, em detrimento, inclusive, da normatização heterônoma[15]. Ora, ao debilitar as entidades e, ao mesmo tempo, ampliar suas atribuições, a Lei n. 13.467 aumenta o desequilíbrio existente entre o poder econômico e as trabalhadoras/trabalhadores, invertendo a própria lógica do direito do trabalho.

Reconhecemos que a negociação coletiva é uma etapa essencial para a construção ou ampliação de direitos das mulheres e homens trabalhadores, mas essa negociação só pode ser eficaz, no sentido de não privilegiar os interesses do poder econômico, se feita por entidades de classe saudáveis, amparadas por uma classe trabalhadora unificada, e não pelos desnutridos sindicatos sem fonte de financiamento criados às multiplicidades para representar categorias profissionais cada vez mais fragmentadas.

Outra forma de enfraquecimento do ser coletivo obreiros se dá por meio da ampliação do contingente de trabalhadoras e trabalhadores desempregados. Essa população não absorvida pelo mercado de trabalho existe por múltiplos fatores, podendo ser, por exemplo, resultado de retração da economia. Outra hipótese é o "desemprego tecnologicamente induzido[16]". O processo de produção capitalista, pautado na concorrência, demanda constantes inversões de capital em ciência e tecnologia. Entre as forças motrizes desses investimentos, está a diminuição dos custos da produção que, em meio a uma multiplicidade de consequências, resulta no emprego de cada vez menos força de trabalho. Esse processo nos coloca diante de uma irônica lei de população, peculiar ao modo de produção capitalista[17]: a acumulação de capital possível a partir da exploração da força de trabalho de mulheres e homens, ou seja, a riqueza que a população trabalhadora produz, acaba por gerar, em volume crescente, os meios que a tornam relativamente supranumerária.

Para a discussão que pretendemos fazer nesse texto, não é relevante a causa da eliminação de postos de trabalho. A nós interessa apenas apontar que o poder de barganha das entidades sindicais e a disposição insurgente da classe trabalhadora tende à retração com o aumento da população não empregada, o que impõe, artificialmente, uma resignação daquelas e daqueles que possuem o privilégio da relação de emprego, afastando-os das atividades sindicais.

A "intensa repressão aos setores sindicais" pode se dar, também, decretando "a ilegalidade dos organismos intersindicais" e determinando "a intervenção em mais de uma centena de entidades sindicais", como aconteceu durante a ditadura civil-empresarial-militar no Brasil após o golpe de 1964. Como afirma Ricardo Antunes:

> Essa repressão foi vital para a desorganização da classe operária e, em paralelo, para a reorganização capitalista no pós-1964, que sepultava as reformas de base, exigia a reorientação conservadora dos sindicatos e o consequente rebaixamento dos salários para avançar no processo de acumulação monopolista e oligopolista que os capitais exigiam[18].

15. Muito se falou durante a célere tramitação do projeto que deu origem à Lei n. 13.467, que o negociado passaria a vigorar sobre o legislado, ainda que prejudicial à trabalhadora e ao trabalhador. Acreditamos que essa era a intenção da legisladora e do legislador, apesar de não ser o que transparece imediatamente da leitura do art. 611-A, à luz do princípio da proteção. É possível interpretar o dispositivo a partir do entendimento de que o negociado continua prevalecendo sobre o legislado em tudo aquilo, e apenas naquilo, que se prestar a melhorar a condição social das trabalhadoras e dos trabalhadores.
16. HARVEY, D. *A loucura da razão econômica:* Marx e o capital no século XXI. São Paulo: Boitempo. 2018. p. 124.
17. KARL, Marx. *O Capital:* crítica da economia política: livro I: o processo de produção do capital. 2. ed. São Paulo: Boitempo, 2017. p. 706/707.
18. ANTUNES, Ricardo. *O privilégio da servidão*: o novo proletariado de serviços na era digital. São Paulo: Boitempo. 2018. p. 182.

Outra forma de obstar a emergência de pessoas e organizações é retirar-lhes as bases materiais de sustentação[19]. Alternativa que cumpre o mesmo propósito pode ser verificada, também, na imposição de tarefas burocráticas que consomem essas pessoas e organizações.

Há muito temos falado das formas repressivas de contenção das entidades sindicais, em especial por meio das ações de interdito proibitório[20]. No que diz respeito aos dois últimos modos de deter pessoas e organizações, a Lei n. 13.467, com a asfixia financeira e a obrigação de que as entidades sindicais figurem como litisconsortes nas ações, pode ser invocada como a obra-prima desse mister.

Reconhecemos que estamos a tratar dos sindicatos a partir de um modelo ideal, sem as desvirtuações que a realidade impõe. A nossa reflexão, contudo, parte da função que tais entidades deveriam desempenhar. Mesmo possuindo todas as condições materiais o confronto ao capital nem sempre se realiza, o que nos leva à conclusão de que no período imediatamente posterior ao estrangulamento, menos capacidade de confronto restará aos sindicatos.

As entidades sindicais têm cumprido importante papel em organizar e dar formação às Comissões Internas de prevenção de Acidentes – CIPAs, bem como em ajuizar ações coletivas que têm como consequência a garantia de equipamentos de proteção coletivos e individuais para trabalhadoras e trabalhadores. A estabilidade das dirigentes e dos dirigentes sindicais permite que sejam porta-vozes das demandas de saúde e segurança das trabalhadoras e trabalhadores no local de trabalho, exigindo a paralisação de máquinas, equipamentos e processos produtivos que representem risco. Sobre o tema, vale destacar relatório do DIEESE:

> Ao final, a principal ideia resultante dessa construção é que a possibilidade de a ação sindical intervir, efetivamente, nos determinantes do adoecimento está relacionada, diretamente, à sua capacidade em intervir no trabalho, ou seja, na organização do local de trabalho. Mas, o que significa intervir no trabalho? Significa agir em relação às suas diversas dimensões: condições organizacionais e físicas do trabalho; situações de trabalho; relações de trabalho; formas de gestão; ambiente de trabalho, entre outros. Significa ainda compreender estas dimensões em diálogo com os valores da sociedade e com o momento histórico (DIEESE, 2013). É ainda compreender como os trabalhadores vivenciam o trabalho (DAL ROSSO, 2008)[21].

Esse mesmo relatório elucida as principais iniciativas dos sindicatos em temas de saúde e segurança do trabalho. A despeito de marcar que muito mais poderia ser feito, indica que as entidades desenvolvem papel importante na área de saúde e segurança por meio de greves propositivas, ações judiciais e estipulação de cláusulas em acordos e convenções de trabalho.

Não é demais lembrar que a associação profissional é espécie do direito social (art. 8º da CR/88), gênero que visa a garantir condições materiais para que mulheres e homens participem dos debates políticos da sociedade em que se inserem e tenham condições de incidir sobre os temas que lhe interessam, dentre os quais, inegavelmente, a sua própria saúde e segurança no ambiente de trabalho.

4. LEI N. 13.429/2017: IMPACTO SOBRE A SAÚDE E A SEGURANÇA DAS TRABALHADORAS E DOS TRABALHADORES

Esta norma buscou ampliar as possibilidades de terceirização de mão de obra, já que sua aplicação era vedada, a partir de entendimento jurisprudencial, na atividade-fim das empresas[22]. Tal compreensão a respeito do escopo de aplicação da terceirização deu-se a partir da interpretação do art. 455 da Consolidação das Leis do Trabalho, do art. 94, II, da Lei n. 9.472/97 (telecomunicações), do art. 25 da Lei n. 8.987/95 (regime de concessão e permissão), da Lei n. 6.019/74 (trabalho temporário) e da Lei n. 7.102/83 (vigilância bancária).

O entendimento jurisprudencial materializou-se na Súmula n. 331 do Tribunal Superior do Trabalho que, expressamente, autorizava a terceirização da mão de obra em atividade-meio da empresa (aquela que não é inerente ao seu objetivo principal) mas as vedava nas atividades-fim (aquela que caracteriza o objetivo principal do empreendimento). A construção doutrinária justrabalhista analisava a terceirização da mesma maneira, considerando a

19. Não bastava extinguir a contribuição sindical repentinamente e sem diálogo social. Em 1º de março de 2019, o Presidente da República editou a Medida Provisória n. 873, proibindo o desconto das contribuições voluntárias direto da folha de pagamento das trabalhadoras e trabalhadores, impondo que os recolhimentos devem ser feitos de forma individual, por meio de boletos bancários.

20. XAVIER, Juliana Benício e VIEIRA, Larissa Pirchiner de Oliveira. *Interdito proibitório*: instrumento de perseguição e isolamento das lutas populares. Disponível em: <http://periodicos.ufes.br/cadecs/article/view/17775>. Acesso em: 10 maio 2019.

21. DIEESE. A saúde do trabalhador no processo de negociação coletiva no Brasil. São Paulo: Dieese, 2015. Disponível em: <https://www.dieese.org.br/estudosepesquisas/2015/estpesq76saudeTrabalhador.pdf>. Acesso em: 16 maio 2019.

22. Partimos aqui do que foi propagandeado nos meios de comunicação de massa sobre a Lei n. 13.429, que, certamente refletem os interesses da legisladora e do legislador reformadores. Chamamos a atenção, contudo, como leciona o professor Jorge Luiz Souto Maior em suas aulas na Faculdade de Direito da Universidade de São Paulo, que em nenhum momento a lei referencia textualmente a terceirização da atividade-fim. O art. 4º-A da Lei n. 6.019 (com a redação dada pela Lei n. 13.429) possibilita que a contratante transfira a execução de quaisquer de suas atividades, "inclusive sua atividade principal", sem, contudo, especificar o que seria essa "sua atividade principal".

possibilidade de transferência a terceiro das "atividades reconhecidamente genéricas, secundárias, acessórias ou de suporte ao empreendimento, de forma a permitir que a empresa envide esforços e concentre atenção naquelas atividades centrais ou principais vertidas em seu objeto social."[23]

A terceirização tem sido considerada elemento de precarização das relações de trabalho. Dados da Secretaria de Inspeção do Trabalho, com base em relatórios de fiscalização elaborados por Auditores Fiscais do Trabalho, comprovam maior incidência de submissão de trabalhadores a condições análogas à de escravo em atividades terceirizadas[24]. Estudos do DIEESE comprovam que as atividades terceirizadas apresentam condições de trabalho e de remuneração piores do que aquelas regidas por vínculos diretos entre a prestadora/prestador de serviços – empregada/empregado – e a tomadora/tomador, além de rotatividade mais elevada e jornadas mais longas e intensas (todos esses fatores estão, por sinal, inter-relacionados). Além disto, observam-se também remunerações inferiores.[25] Isso se dá por diversos motivos, entre eles, pelo fato de que grandes empresas subcontratam a prestação de serviços a empresas bem menores, sem capacidade econômica suficiente para garantir treinamentos e capacitações em segurança e saúde do trabalho, elaboração e implementação de programas de segurança adequados aos riscos da atividade e capacidade de arcar com todos os custos da produção, nele incluído o da mão de obra. A terceirização irrestrita também abre caminho para a "pejotização", fraude já utilizada por muitas empregadoras e empregadores antes da promulgação da referida lei, que consiste na contratação de trabalhadoras e trabalhadores não por meio de um vínculo empregatício, mas a partir de um contrato civil regido por normas do direito empresarial. Dessa forma, a trabalhadora e o trabalhador não usufruiriam das garantias previstas na CLT.

Há que se observar mais atentamente, a íntima relação existente entre a terceirização e a ocorrência de acidentes de trabalho. Estudo do DIEESE, com recorte sobre os trabalhadores do setor elétrico, demonstra maior existência de risco de morte associado ao segmento terceirizado da força de trabalho[26]. No mesmo sentido caminha análise no setor petrolífero[27]. Entre 1995 e 2013, mais de 80% das vítimas de acidentes fatais da Petrobras eram trabalhadoras e trabalhadores terceirizados. Das 300 vítimas fatais na empresa nesse período, 61 eram próprios, enquanto 249 eram terceirizados. E esse quadro se repete em diversos setores da economia.

Percebe-se, portanto, que as terceirizadas e os terceirizados estão submetidos a maior possibilidade de sofrerem acidentes de trabalho. Os motivos são diversos. Primeiro, as grandes empresas terceirizam a mão de obra para empresas menores, sem mesma capacidade de investimento em segurança e saúde do trabalho. Essas empresas terceirizadas não têm as mesmas condições financeiras de submeter seus empregados a capacitação para o exercício seguro de suas atividades. Fornecimento de equipamentos de proteção individual ou coletiva também pesa mais sobre o orçamento de pequenas empresas do que das grandes. Os programas de gestão de riscos, como o Programa de Prevenção de Riscos Ambientais – PPRA, por exemplo, encontram maiores dificuldades de elaboração e implementação por empresas de pequeno porte do que por grandes empresas. O PPRA, previsto pela Norma Regulamentadora 9 do Ministério do Trabalho, é documento fundamental tanto para a proteção e saúde dos trabalhadores, quanto para uma boa gestão de segurança e medicina do trabalho na empresa. É a partir do mapeamento dos riscos feitos nesse programa que se identificam e controlam-se os riscos existentes no local de trabalho.

O Programa de Controle Médico de Saúde Ocupacional – PCMSO, instituído pela Norma Regulamentadora n. 7, possui elaboração e implementação obrigatória por todas as empregadoras e empregadores que admitirem trabalhadoras e trabalhadores com vínculo empregatício. Possui o objetivo de preservar a saúde, com caráter preventivo, por meio do mapeamento e diagnóstico dos agravos à saúde das trabalhadoras e dos trabalhadores, tanto nos casos de ocorrência de acidentes de trabalho, de ocorrência ou agravamento de doenças ocupacionais ou danos irreversíveis relacionados ao ambiente de trabalho. Empresas menores possuem menor condição financeira de elaboração e implementação do referido programa, situação que contribui com o fato de que trabalhadoras e trabalhadores terceirizados se submetem a acidentes de trabalho de forma mais contundente.

Além disso, há uma relação bastante íntima entre trabalho terceirizado e jornadas mais extensas. De acordo com nota da ANAMATRA[28] (Associação Nacional dos Magistrados do Trabalho), com base em estudo do DIEESE, as

---

23. BARROS, Alice Monteiro de. *Curso de Direito do Trabalho*. 6. ed. São Paulo: LTr, 2010. p. 452.
24. FILGUEIRAS, V. *Terceirização e trabalho análogo ao escravo:* coincidência? São Paulo: Unicamp, 2014. Disponível em: <https://indicadoresdeemprego.files.wordpress.com/2013/12/tercerizac3a7c3a3o-e-trabalho-anc3a1logo-ao-escravo1.pdf> Acesso em: 17 out. 2018.
25. DIEESE. *Terceirização e precarização das condições de trabalho:* condições de trabalho e remuneração em atividades tipicamente terceirizadas e contratantes. São Paulo: Dieese, 2017.
26. DIEESE. *Terceirização e morte no trabalho...* ob. cit. 2017.
27. DIEESE. *A Terceirização na Petrobras – Alguns Pontos Para Reflexão*. São Paulo: Dieese. 2006. Disponível em: <https://docplayer.com.br/12243322-A-terceirizacao-na-petrobras-alguns-pontos-para-reflexao-versao-atualizada.html>. Acesso em: 11 abr. 2019.
28. ANAMATRA. Brasília: *Anamatra. 2017*. Disponível em: <https://www.anamatra.org.br/jogos/11-edicao/regulamento/14-anamatra/25092-para-magistrados-da-justica-do-trabalho-terceirizacao-empobrecera-a-populacao>. Acesso em: 11 abr. 2019.

terceirizadas e os terceirizados possuem jornadas de, em média 3 horas a mais do que aquelas e aqueles contratados de forma direta. Há que se observar, também, a relação intrínseca entre a ocorrência de acidentes de trabalho e o labor exercido em jornadas extensas. Para Cláudio Mascarenhas Brandão, "a sobrecarga de trabalho é uma das mais importantes causas de acidentes do trabalho em todo o mundo"[29]. Portanto, considerando que as atividades terceirizadas contam com jornadas mais extensas, e que elas, as jornadas mais intensas, são as principais responsáveis pela ocorrência de acidentes de trabalho, conclui-se, por dedução, que a terceirização deve impactar a ocorrência de acidentes de trabalho provocando o aumento de sua ocorrência.

A relação entre o trabalho terceirizado e a ocorrência de jornadas mais extensas não para por aí. Um dos seus motivos é decorrente da própria legislação. O art. 74, § 2º, da CLT prevê a obrigatoriedade de controle de jornada de trabalho nos estabelecimentos com mais de dez trabalhadoras/trabalhadores. Como as grandes empresas terceirizam a mão de obra para pequenas empresas, que contam com menos de dez empregadas/empregados, o controle da jornada de trabalho não se faz obrigatório, segundo a legislação brasileira. Sendo assim, além da impossibilidade de verificação do cumprimento da jornada por parte da fiscalização trabalhista, a extrapolação do tempo de trabalho ocorre com muito mais frequência, o que resulta no aumento do índice de acidentabilidade laboral, além da dificuldade do pagamento, por parte das empresas, do adicional de horas extras de forma precisa.

Além de desobrigar-se do controle eletrônico do ponto, as pequenas empresas são isentas de constituir Comissão Interna de Prevenção de Acidentes – CIPA – e Serviços Especializados em Engenharia de Segurança e em Medicina do Trabalho – SESMT –, dois importantes instrumentos de prevenção de acidentes e adoecimento no âmbito empresarial. A CIPA só tem sua constituição obrigatória em estabelecimentos com mais de 20 empregadas e empregados, levando-se em conta, além do referenciado número, o grupo econômico do qual a empresa faça parte. Da mesma forma, constitui-se o SESMT, sendo obrigatório em estabelecimentos com mais de 50 empregadas e empregados, de acordo com o grupo econômico do qual faça parte a empresa. Portanto, empresas de menor porte, como são aquelas terceirizadas, têm menor exigência quanto à constituição da CIPA e do SEESMT.

Conclui-se que a regulamentação da terceirização nas atividades-fim das empresas deve representar, de fato, maior ocorrência dos acidentes de trabalho no Brasil. As pequenas empresas, prestadoras de serviços a terceiros ou de trabalho temporário, nos termos dos arts. 4º e 4º-A da Lei n. 6.019, não possuem as mesmas condições de investimento em programas de controle médico de saúde ocupacional e programa de prevenção de riscos ambientais. Exigências de controle de jornada de trabalho em empresas terceirizadas são menores, o que provoca aumento natural do exercício laboral em jornadas extrapoladas e, por conseguinte, a ocorrência de acidentes de trabalho. Além disso, a constituição da CIPA e do SESMT não guarda a mesma exigência para empresas de pequeno porte e grandes empresas. Sendo assim, a terceirização trabalhista estimulada pela Lei n. 13.429 de 2017 representa impacto no aumento da ocorrência de acidentes de trabalho.

5. DESMONTE DO MINISTÉRIO DO TRABALHO E EMPREGO

A MP n. 870, do dia 02 de janeiro de 2019, primeira medida provisória assinada por Jair Bolsonaro/PSL, extingue o Ministério do Trabalho e Emprego e distribui suas secretarias entre outras duas pastas. As atribuições da Secretaria de Relações do Trabalho, que trata do registro das entidades sindicais, ficaram a cargo do Ministério da Justiça. Já a Secretaria de Inspeção do Trabalho, responsável pela fiscalização do cumprimento da legislação trabalhista, inclusive pelo combate ao trabalho escravizado contemporâneo, ficaram sob a estrutura do Ministério da Economia, que também será o responsável pela administração de dois importantes fundos: o fundo de garantia por tempo de serviço – FGTS – e pelo fundo de amparo ao trabalhador – FAT. As atribuições da antiga Secretaria de Políticas Públicas de Emprego do Ministério do Trabalho – SPPE – ficam a cargo da Secretaria Especial de Produtividade, Emprego e Competitividade, também no Ministério da Economia.

Criado em 26 de novembro de 1930 por Getúlio Vargas, o Ministério do Trabalho, Indústria e Comércio foi uma das primeiras ações daquele governo a fim de satisfazer reivindicações da classe trabalhadora. O Deputado Maurício Paiva de Lacerda, eleito pelo PCdoB (posteriormente PCB), já tinha apresentado ao Congresso Nacional, em maio de 1917, um projeto para a criação de um Departamento Nacional do Trabalho. Apesar de aprovado, o órgão nunca fora instituído[30].

Antes de seu surgimento, os conflitos trabalhistas eram tratados pelo Ministério da Agricultura, situação que implicava absoluto desequilíbrio de poder. Em uma sociedade predominantemente agrária, em que a propriedade da terra

29. BRANDÃO, Cláudio Mascarenhas. *Jornada de trabalho e acidente de trabalho:* reflexões em torno da prestação de horas extraordinárias como causa de adoecimento no trabalho. Rev. TST, Brasília, v. 75, n. 2, abr.-jun. 2009. p. 35. Disponível em: <https://hdl.handle.net/20.500.12178/13497>. Acesso em: 11 abr. 2019.

30. FGV. *Dicionário Histórico-Biográfico Brasileiro.* Rio de Janeiro: Centro de Pesquisa e Documentação de História Contemporânea do Brasil. Disponível em: <http://www.fgv.br/Cpdoc/Acervo/dicionarios/verbete-tematico/conselho-nacional-do-trabalho-cnt>. Acesso em: 11 abr. 2019.

constituía o fundamento do poder político[31], era absolutamente compreensível que as classes dominantes pretendessem que a resolução dos conflitos trabalhistas se desse no Ministério da Agricultura. Todo esse panorama era agravado por uma legislação trabalhista bastante incipiente.

Outro fator determinante na criação do Ministério do Trabalho foi a assinatura, em 1919, do Tratado de Versalhes, que punha fim à Primeira Guerra Mundial. Através dele, o Brasil se comprometia a assegurar medidas de proteção às trabalhadoras e aos trabalhadores. Um dos itens trazidos por esse compromisso era a manutenção de um órgão com a finalidade de tratar da regulamentação do trabalho. A partir de então, nasceu o Conselho Nacional do Trabalho – CNT, criado pelo Decreto n. 16.027 de 30 de abril de 1923 (ainda vinculado ao Ministro da Agricultura, como acima observado). O CNT foi um órgão consultivo encarregado da elaboração de anteprojetos de novas leis trabalhistas, assim como da reforma de leis já existentes (como a lei de acidentes de trabalho, reformada em 1824, e a lei de férias, promulgada no mesmo ano). Este órgão pode ser considerado o gérmen do nascimento tanto do Ministério do Trabalho, quanto da Justiça do Trabalho.

O CNT passa a ser, a partir do Decreto n. 17.496, de 30 de outubro de 1926, encarregado da execução e da fiscalização da lei de férias de empregadas e empregados da indústria, do comércio, instituições bancárias, entre outros. Em 1928, o CNT passa por uma reestruturação, por meio do Decreto n. 18.078, que lhe concede competência tanto para julgar processos trabalhistas (que posteriormente será competência da Justiça do Trabalho), quanto para realizar mediações, para fiscalizar empresas e aplicar penalidades (multas), o que posteriormente serão competências do Ministério do Trabalho.

A partir da criação do Ministério do Trabalho, Indústria e Comércio, as competências do CNT foram absorvidas por ele. O Decreto n. 19.667, de 4 de fevereiro de 1931, passa a organizar a nova pasta instituindo o Departamento Nacional do Trabalho – DNT, para o qual se transferiram as competências do CNT quanto à fiscalização. A criação do Ministério do Trabalho, reivindicado pela classe trabalhadora e pelo movimento operário nascente nas primeiras décadas do século XX, apresenta um panorama absolutamente novo nas relações de trabalho da época. Tanto que Lindolfo Collor, o primeiro titular da pasta, a batizou como "Ministério da Revolução"[32]. Marcelo Nerling argumenta que a criação do Ministério do Trabalho representa uma "revolução", na medida em que rompe com "a velha oligarquia agrária por meio da criação de um Estado positivista, a instauração de um modelo legal e burocrático que passa a organizar as relações sociais por meio do monopólio da força através de um sistema normativo"[33].

Com a extinção do Ministério do Trabalho, o país passa a não contar com uma pasta na área depois de 88 anos. Tendo sido criado inicialmente para intermediar os conflitos decorrentes da relação de trabalho, mais recentemente as funções do órgão iam além. Elaborava políticas para a geração de emprego e renda, para economia solidária, realizava a fiscalização do cumprimento da legislação trabalhista e a consequente repressão ao trabalho escravizado e infantil. Era responsável pelo combate à informalidade e pela prevenção a acidentes de trabalho, inserção de aprendizes e deficientes no mercado e combate à desigualdade de gênero. Para cumprir essas funções, o Ministério do Trabalho podia editar portarias, resoluções, normas regulamentadoras e fixar diretrizes e regras a serem observadas nas relações trabalhistas, além de contar com dotação orçamentária própria para aplicar na efetivação de suas atividades institucionais.

A vinculação de secretarias importantes do Ministério do Trabalho ao Ministério da Economia gera evidente contradição de interesses. Isso porque, o foco desta pasta não é buscar o equilíbrio na relação entre capital e trabalho, valendo-se, inclusive, do princípio da proteção para nivelar as latentes desigualdades existentes entre esses polos. Pelo contrário, o objetivo principal do Ministério da Economia é o crescimento econômico, a criação de ambiente propício para os negócios e para as transações econômicas. Subordinar os interesses das trabalhadoras e dos trabalhadores e as relações laborais a essa lógica significa apostar no desequilíbrio da relação entre o capital e o trabalho.

A distribuição das secretarias do Ministério do Trabalho e sua extinção revelam a visão do governo Bolsonaro com relação aos direitos trabalhistas conquistados ao longo do século passado. Essa medida sinaliza a desregulamentação dos direitos laborais e o desmonte da estrutura que o Estado Brasileiro construiu para garantir ou estimular sua efetivação. Ao vincular secretarias importantes do Ministério do Trabalho ao Ministro Paulo Guedes, assumidamente um neoliberal, o que o governo Bolsonaro faz é garantir que mecanismos protetivos da trabalhadora e do trabalhador sejam submetidos à lógica do mercado e do lucro. Por fim, essa medida contribui com a precarização das relações de emprego, provoca diluição da relevância de temas relacionados ao mundo do trabalho, resultando em dificuldade de levantamento de recursos e de manutenção de estrutura para coordenação de políticas públicas de valorização do trabalho humano, um dos fundamentos da República Federativa do Brasil, conforme preceito constitucional.

---

31. LEAL, Vitor Nunes. *Coronelismo, enxada e voto:* o município e o regime representativo no Brasil. São Paulo: Editora Alfa-Omega, 1976.
32. BARIFOUSE, Rafael. *Por que Getúlio Vargas criou o Ministério do Trabalho em 1930.* BBC News Brasil de 10 de novembro de 2018. Disponível em: <https://www.bbc.com/portuguese/brasil-46159747>. Acesso em: 11 abr. 2019.
33. BARIFOUSE, R. ob. cit. 2018.

6. UMA LEITURA TEÓRICA

Tanto nos países da periferia do capitalismo, quanto nos países centrais, o mundo do trabalho tem passado por transformações no sentido da desregulamentação e, consequentemente, da precarização das relações de trabalho, nos marcos do neoliberalismo. O individualismo tem marcado a sociedade construída a partir desse paradigma. A submissão das trabalhadoras e dos trabalhadores à lógica da competição implica enfraquecimento dos sindicatos, diminuição de proteção legal (e, por isso, coletiva) que garanta o patamar civilizatório mínimo e estruturas e desmonte de órgãos estatais que funcionem a fim de equilibrar as contradições decorrentes da relação entre o capital e o trabalho, bem como a fim de minorar seus efeitos.

Segundo Christian Laval e Pierre Diderot, "sua norma fundamental [do neoliberalismo] é a competição mortífera modelando tudo da vida social introjetada na subjetividade dos indivíduos pelo capital e seu mercado"[34]. Sendo assim, não é necessário, a partir desse modelo, regulamentação ou estrutura estatal para garantir condições mínimas para as trabalhadoras e os trabalhadores. É na competição entre eles que se dariam os avanços sociais pretendidos. É exatamente por isso que os direitos sociais, incluindo aí os direitos trabalhistas, se encontram, nesse momento, ameaçados. É nesse sentido também que se concebem as alterações no mundo do trabalho analisadas nesse artigo. Segundo Ricardo Antunes,

> São tempos de desemprego estrutural, de trabalhadores e trabalhadoras empregáveis no curto prazo, através das (novas) e precárias formas de contrato, onde terceirização, informalidade, precarização, materialidade e imaterialidade são mecanismos vitais, tanto para a preservação quanto para a ampliação da sua lógica.[35]

As formas precárias de contratação que apresentam como elementos a terceirização, a informalidade, as jornadas ultra-flexíveis são características deste modelo que passa a estruturar a sociedade contemporânea. É exatamente por isso que a terceirização passa a ser compreendida como benéfica e como característica "moderna" das relações de trabalho. Da mesma maneira, um órgão como o Ministério do Trabalho, que intervém diretamente na relação entre o capital e o trabalho por meio de fiscalizações, imposição de multas, entre outros, passa a ser dispensável. Na mesma linha, as entidades sindicais, enquanto organismos que visam a minimizar o desequilíbrio havido na relação capital trabalho, devem ser reprimidas e enfraquecidas.

Os resultados são óbvios: diminuição do poder de barganha da classe trabalhadora, bem como aumento da ocorrência de acidentes de trabalho, que causa a morte de milhares de trabalhadoras e trabalhadores, além de perda de membros e incapacidade para o trabalho de outros tantos. Sendo a terceirização um dos elementos vitais para a ampliação e a preservação da lógica da precarização, deduz-se que há também íntima relação entre o neoliberalismo e a ocorrência de acidentes de trabalho. Para Ricardo Antunes, a ocorrência de acidentes de trabalho é algo tão antigo quanto o próprio capitalismo e nasce com ele. Para o autor, "os acidentes de trabalho, e as manifestações de adoecimento com nexo laboral, não são fenômenos novos, mas processos tão antigos quanto a submissão do trabalho às diferentes formas de exploração"[36].

Na medida em que se desregulamenta a legislação e se desorganiza a estrutura de proteção do trabalho frente ao capital, a ocorrência de acidentes de trabalho tende a aumentar. A terceirização se apresenta como um dos principais fenômenos da precarização. "Em todas as dimensões e tipos de precarização do trabalho no Brasil, a terceirização está presente como fenômeno central, através do qual se demonstram as diferentes faces da precarização"[37].

Para Ricardo Antunes, a flexibilização e o adoecimento guardam entre si uma relação de causa e efeito. Vários são os fatores que implicam a relação entre flexibilização e adoecimento: todos eles característicos do neoliberalismo. Dentre eles, o autor cita a "progressiva diminuição ou ausência do mínimo de controle dos trabalhadores sobre o processo de trabalho"[38]. São as demandas do mercado que ditam as respostas das trabalhadoras e dos trabalhadores. Os processos de trabalho passam a ser calculados em minutos ou segundos, os tempos mortos são eliminados e o ambiente de trabalho passa a ser convertido em um espaço de adoecimento. A falta de controle dos indivíduos sobre seu ritmo de trabalho são causas de adoecimento, gerando doenças osteoarticulares, gastrintestinais, cardiovasculares, distúrbios de saúde mental e dando ensejo à ocorrência de acidentes de trabalho.

Outra característica das transformações no mundo do trabalho contemporâneo é o rompimento dos laços de solidariedade entre trabalhadoras/trabalhadores. Para Ricardo Antunes, "é essa quebra dos laços de solidariedade (...) que se encontra na base do aumento dos processos de adoecimento psíquico e de sua expressão mais contundente: o suicídio no local de trabalho[39]". A terceirização em sua faceta mais radical, a "pejotização", representa uma intensa

34. DARDOT, Pierre e LAVAL, Christian. *A Nova Razão do Mundo – Ensaio sobre a Sociedade Neoliberal.* São Paulo: Boitempo, 2016.
35. ANTUNES, R. ob. cit. 2018.
36. ANTUNES, R. e PRAUN, L. ob. cit. 2015.
37. ANTUNES, Ricardo e DRUCK, Graça. *A terceirização sem limites:* a precarização do trabalho como regra. O Social em Questão – Ano XVIII – n. 34 – 2015.
38. ANTUNES, R. e PRAUN, L. ob. cit. 2015.
39. ANTUNES, R. e PRAUN, L. ob. cit. 2015.

quebra de solidariedade entre as trabalhadoras/trabalhadores na medida em que nem mesmo o vínculo laboral dos colegas se dá com a mesma empresa. Não há vínculo empregatício, mas um contrato civil.

A terceirização também é apontada por Ricardo Antunes como um fator de potencialização da ocorrência de acidentes de trabalho e doenças ocupacionais. Para o autor, além de criar distinção entre os trabalhadores com vínculo direto e terceirizados, definindo trabalhadores de primeira e de segunda categorias, essas diferenças são acentuadas por "jornadas mais prolongadas, nos ritmos e intensidade do trabalho, nos níveis mais altos de rotatividade (*turn over*), nos salários reduzidos, nas condições de insegurança, insalubridade, entre tantas outras[40]".

A extinção do Ministério do Trabalho e a fragilização das entidades sindicais são, também, simbólicas. Com a gradual e contínua destruição do vínculo empregatício como o conhecemos hoje, com carteira de trabalho e direitos sociais daí decorrentes, para que serviria um órgão de fiscalização? Com a precarização cada vez mais intensa das condições de trabalho, como permitir que a classe trabalhadora disponha de instrumentos que visam a equilibrar as disparidades entre empregadas/empregados e empregadoras/empregadores?

Segundo Ricardo Antunes, "corporações praticam mesmo a informalidade ampliada, a flexibilização desmedida, a precarização acentuada e a destruição cronometrada da natureza. A exceção vai se tornando regra geral. Aqui e alhures."[41] Se a exceção vai se tornando regra, e a precarização, a informalidade, a pejotização passam a ser as características do vínculo de trabalho contemporâneo, a própria necessidade do órgão é colocada em xeque. Um órgão que, além de pressupor a existência de vínculos formais para sua existência, ainda tem o fundamento de sua atuação na lavratura de multas por descumprimento da legislação trabalhista, na edição e publicação de uma "lista suja" de empregadoras e empregadores flagrados no crime de submissão de trabalhadores a condições análogas à de escravização ou pela elaboração da "lista tip" (lista das piores formas de trabalho infantil), não tem razão para existir nesse "novo modelo" de estruturação da sociedade e da relação entre o capital e o trabalho.

O fim do Ministério do Trabalho, além de representar aumento da dificuldade de dotação orçamentária própria para elaborar políticas de combate ao trabalho escravizado e infantil, de garantir um quadro de pessoal técnico competente para atuar no sentido de minorar os efeitos da relação capital e trabalho, implica também maior dificuldade de fiscalização repressiva e preventiva de acidentes de trabalho.

7. CONCLUSÃO

A Lei n. 13.467, na medida em que corta o financiamento das entidades sindicais, somada à Lei n. 13.429, que permite a divisão da já fragmentada categoria profissional, causa diversos impactos no mundo do trabalho, em desfavor de trabalhadoras e trabalhadores. O fim abrupto da contribuição sindical e a fragmentação das categorias por meio da terceirização tem um objetivo claro de desorganizar a classe trabalhadora, dificultando, pelo menos a curto prazo, ações articuladas de resistência aos interesses expansionistas do capital. Do ponto de vista da segurança e saúde no trabalho, a terceirização já se demonstrou fator determinante à potencialização da ocorrência de acidentes laborais. Sua regulamentação de forma irrestrita, conforme previsão da Lei n. 13.429, tende a agravar esse quadro.

A extinção do Ministério do Trabalho deságua em intensificação do desequilíbrio na correlação de forças entre o capital e o trabalho, em favor do primeiro. No bojo da reforma trabalhista, o que se evidencia é um ataque aos mecanismos e estruturas de proteção à trabalhadora e ao trabalhador, inclusive no que se refere à segurança e saúde no trabalho. A supressão da pasta representa dificuldade de articulação de políticas públicas de enfrentamento ao desemprego, ao trabalho escravizado e ao trabalho infantil. As normas regulamentadoras de segurança e saúde no trabalho deixam de estar sob a batuta do Ministério do Trabalho e passam a estar subordinadas ao Ministério da Economia, submissas ao capital, em evidente conflito de interesses. Dessa maneira, o Brasil, com altos índices de acidentes do trabalho, não realiza qualquer medida de enfrentamento a esse problema.

Sindicatos cada vez mais vulneráveis ao poder empresarial: essa é a realidade dos nossos dias. Ora, se a construção histórica do direito do trabalho reconhece que o ser coletivo obreiro é instrumento importante para contrapor o poder do capital, seu enfraquecimento opera efeitos em todas as áreas da vida laboral, inclusive tornando o mundo do trabalho mais permeável a acidentes e adoecimentos.

O impulso da acumulação "sustenta a pressão incessante por transformações tecnológicas e organizacionais na produção[42]", ainda que tais alterações impliquem adoecimento e morte de trabalhadoras e trabalhadores. Ao recusar o direito do trabalho e, mais especificamente, abandonar o princípio da proteção, deixa-se de lado algo vital para a própria reprodução desse modo de produção. Esquece-se de que os limites ao capital, impostos pelo direito do trabalho, são de importância fundamental para manter vivos e saudáveis as trabalhadoras e os trabalhadores indispensáveis para o processo de valorização do capital.

40. ANTUNES, R. e PRAUN, L. ob. cit. 2015.
41. ANTUNES, R. ob. cit. 2018.
42. HARVEY, D. ob. cit. p. 112.

A desorganização da estrutura de proteção da classe trabalhadora, seja por meio da liberação da terceirização irrestrita, seja por intermédio do enfraquecimento das entidades sindicais e destruição do Ministério do Trabalho, além de representar a inversão da lógica que levou à própria existência do direito do trabalho, implica ofensa aos direitos humanos, incorporados ao ordenamento jurídico brasileiro nos princípios constitucionais da dignidade da pessoa humana e da valorização do trabalho, na medida em que contribui para a exposição dos trabalhadores a riscos de acidentes laborais.

8. REFERÊNCIAS

ANAMATRA. Brasília: Anamatra. 2017. Disponível em: <https://www.anamatra.org.br/jogos/11-edicao/regulamento/14-anamatra/25092-para-magistrados-da-justica-do-trabalho-terceirizacao-empobrecera-a-populacao>. Acesso em: 11 abr. 2019.

ANTUNES, Ricardo e DRUCK, Graça. *A terceirização sem limites:* a precarização do trabalho como regra. O Social em Questão – Ano XVIII – n. 34 – 2015.

ANTUNES, Ricardo e PAUN, Lucy. A Sociedade dos Adoecimentos no Trabalho. Serv. Soc. Soc., São Paulo, n. 123, p. 407-427, jul./set. 2015.

ANTUNES, Ricardo. *O privilégio da servidão:* o novo proletariado de serviços na era digital. São Paulo: Boitempo. 2018.

BARIFOUSE, Rafael. *Por que Getúlio Vargas criou o Ministério do Trabalho em 1930.* BBC News Brasil de 10 de novembro de 2018. Disponível em: <https://www.bbc.com/portuguese/brasil-46159747>. Acesso em: 11 abr. 2019.

BRANDÃO, Cláudio Mascarenhas. *Jornada de Trabalho e acidente de trabalho:* reflexões em torno da prestação de horas extraordinárias como causa de adoecimento no trabalho. Rev. TST, Brasília, v. 75, no 2, abr.-jun. 2009. p. 35. Disponível em: <https://hdl.handle.net/20.500.12178/13497>. Acesso em: 11 abr. 2019.

DELGADO, Mauricio Godinho. *Curso de Direito do Trabalho.* 18. ed. São Paulo: LTr, 2019.

DIEESE. *A saúde do trabalhador no processo de negociação coletiva no Brasil.* São Paulo: Dieese, 2015. Disponível em: <https://www.dieese.org.br/estudosepesquisas/2015/estpesq76saudeTrabalhador.pdf>. Acesso em: 16 maio 2019.

DIEESE. *A Terceirização na Petrobras – Alguns Pontos Para Reflexão.* São Paulo: Dieese. 2006. Disponível em: <https://docplayer.com.br/12243322-A-terceirizacao-na-petrobras-alguns-pontos-para-reflexao-versao-atualizada.html>. Acesso em: 11 abr. 2019.

DIEESE. *Terceirização e precarização das condições de trabalho:* Condições de trabalho e remuneração em atividades tipicamente terceirizadas e contratantes. São Paulo: Dieese, 2017. Disponível em: <https://www.dieese.org.br/notatecnica/2017/notaTec172Terceirizacao.pdf>. Acesso em: 11 abr. 2019.

FGV. *Dicionário Histórico-Biográfico Brasileiro.* Rio de Janeiro: Centro de Pesquisa e Documentação de História Contemporânea do Brasil. Disponível em: <http://www.fgv.br/Cpdoc/Acervo/dicionarios/verbete-tematico/conselho-nacional-do-trabalho-cnt>.

HARVEY, D. *A loucura da razão econômica:* Marx e o capital no século XXI. São Paulo: Boitempo. 2018.

KARL, Marx. *O Capital:* crítica da economia política: livro I: o processo de produção do capital. 2. ed. São Paulo: Boitempo, 2017.

LEAL, Vitor Nunes. *Coronelismo, enxada e voto:* o município e o regime representativo no Brasil. São Paulo: Alfa-Omega, 1976.

MINISTÉRIO PÚBLICO DO TRABALHO. *Observatório Digital de Saúde e Segurança do trabalho.* Disponível em: <http://observatoriosst.mpt.mp.br>. Acesso em: 11 abr. 2019.

RODRIGUEZ, Américo Plá. *Princípios de Direito do Trabalho.* 3. ed. São Paulo: LTr, 1993.

XAVIER, Juliana Benício e VIEIRA, Larissa Pirchiner de Oliveira. *Interdito proibitório:* instrumento de perseguição e isolamento da lutas populares. Caderno Eletrônico de Ciências Sociais: Cadecs, v. 5, n. Extra 1, 2017. Disponível em: <http://periodicos.ufes.br/cadecs/article/view/17775>. Acesso em: 10 maio 2019.

YAMAMOTO, Paulo de C. As Ações Diretas de Inconstitucionalidade movidas no Supremo Tribunal Federal contra a Deforma Trabalhista. In: SOUTO MAIOR, Jorge Luiz; SEVERO, Valdete Souto (Coord.). *Resistência II:* defesa e crítica da Justiça do Trabalho. São Paulo: Expressão Popular. 2018.

13

O desenvolvimento sustentável e o programa de prevenção de riscos ambientais no meio ambiente do trabalho: em defesa da visão holística do ser humano trabalhador[1]

Juliane Caravieri Martins[2]

Cicília Araújo Nunes[3]

Catharina Lopes Scodro[4]

Evoluir é mudar
com aperfeiçoamento.
Uma coisa que muda,
mas não se aperfeiçoa,
não está evoluindo

Monteiro Lobato

1. INTRODUÇÃO

A prevenção dos riscos ambientais em todas as facetas nas quais o meio ambiente é compreendido – o *meio ambiente natural ou físico* (solo, água, ar, flora e fauna); o *meio ambiente artificial* (edificações urbanas e rurais criadas pelo homem); o *meio ambiente cultural* (patrimônio histórico, artístico, arqueológico, paisagístico, turístico oriundo de obra humana) e o *meio ambiente do trabalho* (local onde as pessoas desempenham suas atividades laborativas) – afetam diretamente a vida e a saúde dos obreiros, pois o ser humano sofre diretamente influência da sua interação com o meio em que atua. De acordo com Goffredo Telles Junior[5]:

> [...] o que decide do estado e da ação das pessoas, em cada momento da vida, é a *interação* das predisposições naturais dos seres humanos e o ambiente em que efetivamente vivem.
>
> As condições do meio, os usos e costumes, os regimes de vida, a alimentação, os tratamentos da medicina, os hábitos higiênicos, os exercícios físicos, a educação, o ensino, o trabalho, as imposições conjunturais da existência são, entre outros, fatores ambientais que influem consideravelmente nas manifestações das personalidades humanas e que podem mudar certas disposições psíquicas congênitas.
>
> O genótipo de uma pessoa não é o simples patrimônio genético dela. É, isto sim, o patrimônio genético em

---

1. O presente capítulo é fruto dos debates realizados no Grupo de Pesquisa **Reformas Trabalhistas e os Retrocessos no Mundo do Trabalho: Perspectivas para a América Latina** vinculado à Universidade Federal de Uberlândia e cadastrado no diretório dos grupos de pesquisa do Brasil – CNPq. Disponível em: <http://dgp.cnpq.br/dgp/espelhogrupo/9445618228736834>.
2. Professora Adjunta na Faculdade de Direito (graduação e mestrado) da Universidade Federal de Uberlândia. Doutora em Direito Político e Econômico pela Universidade Presbiteriana Mackenzie, Doutora em Ciências da Integração da América Latina pela Universidade de São Paulo, Mestra em Direito Constitucional pela Pontifícia Universidade Católica de São Paulo, Especialista em Direito do Trabalho pela Universidade Braz Cubas e Especialista em Economia Empresarial pela Universidade Estadual de Londrina. ORCID: <http://orcid.org/0000-0001-8784-7914>. *E-mail*: jcaravieri@ufu.br.
3. Mestre em Direito pela Universidade Federal de Uberlândia, na área de concentração em 'Direitos e Garantias Fundamentais' e graduada em Direito pela Universidade Federal de Uberlândia. *E-mail*: cicilia_nunes@hotmail.com. ORCID: <http://orcid.org/0000-0002-4013-2070>.
4. Advogada, Graduada em Direito pela Universidade Federal de Uberlândia. Foi pesquisadora pelo Programa Institucional de Iniciação Científica (FAPEMIG-UFU 2017-2018 e PROPP-UFU 2018-2019). *E-mail*: catharina.scodro@gmail.com.
5. TELLES JUNIOR, Goffredo. *Ética*: do mundo da célula ao mundo dos valores. 3. ed. São Paulo: Saraiva, 2014. p. 141-142.

interação com os agentes mesológicos a que a pessoa está efetivamente submetida.

No intuito de preservar os direitos das futuras gerações, é necessária a distribuição mais equânime e adequada dos bens e recursos; o reconhecimento das diferenças e especificidades étnicas, culturais, sociais etc. do ser humano e de sua relação com os demais seres vivos, bem como a garantia da vida e da saúde no ambiente de trabalho onde ele passa a maior parte de sua existência.

Então, em meio à ampla tutela aos direitos humanos no século XXI, inclusive aos direitos sociais trabalhistas, deve-se adotar uma visão mais holística do ser humano integrado ao meio em que vive, inclusive o meio ambiente do trabalho sadio e equilibrado (direito fundamental), compatibilizando-o aos princípios ambientais (da prevenção, do desenvolvimento sustentável, do poluidor-pagador, da participação e da ubiquidade), bem como com o princípio juslaboral da proteção no intuito de buscar uma proteção mais efetiva para a vida, a saúde e a integridade físico-psíquica da pessoa humana trabalhadora.

Nesse contexto, o capítulo demonstrou a importância do *Programa de Prevenção de Riscos Ambientais* (PPRA), previsto na Norma Regulamentadora n. 9, aprovada pela Portaria n. 3.214/1978 do Ministério do Trabalho e Emprego – extinto pela Lei n. 13.844 de 18 de junho de 2019 (conversão da Medida Provisória n. 870, de 1º de janeiro de 2019) que "fatiou" suas atribuições a três Ministérios distintos: Economia, Justiça e Segurança Pública e Cidadania –, bem como do necessário diálogo com o Estudo de Impacto Ambiental (EIA) para afastar os riscos e as formas de poluição labor-ambiental, como alternativa para fortalecer a proteção ao equilíbrio sistêmico do meio ambiente juslaboral, à saúde do trabalhador e, por conseguinte, à efetivação do desenvolvimento sustentável.

Assim, o presente capítulo dividiu-se em três partes. Primeiramente, apreendeu-se a conexão entre o desenvolvimento sustentável e o meio ambiente do trabalho sadio e equilibrado por meio de seus instrumentos jurídicos. A *posteriori*, debruçou-se sobre a concepção de meio ambiente do trabalho e sua tutela jurídica na Constituição de 1988, inclusive discorrendo sobre a conexão entre o princípio ambiental da prevenção e o princípio juslaboral da proteção e os impactos negativos da reforma trabalhista para a tutela labor-ambiental. Por fim, enfocou-se, no contexto da fiscalização do trabalho, as (possíveis) interfaces entre o Programa de Prevenção de Riscos Ambientais (PPRA) e o Estudo de Impacto Ambiental (EIA) a fim de conceder a mais ampla efetividade à tutela do meio ambiente do trabalho, adequando as normas protetivas labor-ambientais às condições fático-reais do trabalho subordinado exercido por conta alheia.

Como metodologia científica, a pesquisa utilizou os métodos dialético (contraposição entre tese e antítese) e histórico-sociológico (investigação de fatos, processos e instituições ao longo do tempo). Quanto à técnica de pesquisa, utilizou-se a bibliográfica.

A presente pesquisa almejou contribuir para o enriquecimento das discussões sobre o meio ambiente do trabalho e as perspectivas de maior efetividade da tutela labor-ambiental, contribuindo para o respeito à vida digna e à saúde da pessoa humana trabalhadora.

2. O DESENVOLVIMENTO SUSTENTÁVEL E O MEIO AMBIENTE DO TRABALHO

Desde a década de 1970, a Agenda internacional, face às crises relacionadas à preocupação com o meio ambiente, à economia, às disparidades entre os países e à crescente desigualdade social, imprimiu novas perspectivas à preocupação com o crescimento econômico relacionadas a outras dimensões igualmente importantes para garantir melhor qualidade de vida à população. Para tanto, segundo Ignacy Sachs[6], uma nova concepção precisou ser contemplada, esta, a partir do conceito de desenvolvimento, abrangeu aspectos quantitativos e qualitativos que, para além da reprodução de riquezas materiais, consagraram a preocupação em alcançar uma vida melhor.

Nesse sentido, o crescimento econômico não é sustentado como um fim em si mesmo, de sorte que o desenvolvimento urgiu como um "caminho do meio" que, para José Eli da Veiga, encontra-se "entre a miopia que reduz o desenvolvimento ao crescimento, e o derrotismo que o descarta como inexequível"[7]. Nessa concepção, os fatores estritamente econômicos convivem com outros elementos para sua consecução, como, por exemplo, o fornecimento de recursos essenciais à população como alimentos e energia para promover qualidade de vida[8].

Essa melhoria refere-se à emergência de um projeto social inerente ao desenvolvimento que, ao priorizar aspectos da vida da população – relacionados, por exemplo, à não depreciação do trabalho e dos recursos naturais –, está apto a promover a "metamorfose"[9] do crescimento econômico.

6. SACHS, Ignacy. *Desenvolvimento:* includente, sustentável, sustentado. Rio de Janeiro: Garamond, 2015. p. 13.
7. VEIGA, José Eli da. *Desenvolvimento sustentável:* o desafio do século XXI. Rio de Janeiro: Garamond, 2005. p. 33.
8. VEIGA, José Eli da. *Desenvolvimento sustentável, op. cit.*, p. 23-25.
9. Segundo Celso Furtado, o *crescimento econômico* fundamenta-se na manutenção de privilégios de elites, de sorte que o *desenvolvimento* é caracterizado pela presença de um projeto social e por não se reduzir, simplesmente, aos critérios de acumulação e de aumento de produtividade. Ao priorizar este projeto social, a partir de manifestações políticas, inaugura-se um processo dinâmico de "metamorfose" do crescimento em desenvolvimento. Nesse sentido, veja FURTADO, Celso. Os desafios da nova geração. *Revista de Economia Política*, v. 24, n. 4 (96), out.-dez. 2004. p. 483-486.

Frente a esta conjuntura, essa ideia de desenvolvimento foi associada à de "sustentabilidade" a qual não foi hermética e imediatamente definida[10]. Segundo sua definição, alcançada a partir de discussões interdisciplinares nas searas teórico e política, este conceito se refere a um dever fundamental que tem o fito de promover o bem-estar físico, psíquico e espiritual dos indivíduos, a partir da promoção de um desenvolvimento limpo e sadio pelo equilíbrio, dialeticidade e mutualidade entre as dimensões social, ética, ambiental, econômica e jurídico-política[11].

A associação entre esses termos, pela noção de "desenvolvimento sustentável", fortaleceu-se e lapidou-se nos cenários local e global, contemplando as matérias sociais, ambientais e econômicas. Para sua compreensão, a análise da trajetória de sua institucionalização perpassa por instrumentos como a **Declaração da Conferência das Nações Unidas sobre o Meio Ambiente Humano** (1972), o **Relatório "Nosso futuro comum"** (1987), a **Declaração do Rio sobre Meio Ambiente e Desenvolvimento** (1992) e, recentemente, a **Agenda 2030 para o Desenvolvimento Sustentável** (2015).

Em 1972, como marco significativo da proteção do meio ambiente, foi convocada, em Estocolmo, a Conferência das Nações Unidas sobre o Meio Ambiente Humano, que reuniu membros da sociedade internacional e resultou na elaboração do **Programa das Nações Unidas para o Meio Ambiente (PNUMA)**, na criação da **Comissão Mundial sobre Meio Ambiente e Desenvolvimento** e na elaboração da **Declaração da Conferência das Nações Unidas sobre o Meio Ambiente Humano**[12] – usualmente conhecida como "Declaração sobre o Meio Ambiente" e "Declaração de Estocolmo".

Essa Declaração, ao reconhecer a finitude e a importância do meio ambiente, para subverter a lógica até então empregada no seu aproveitamento, proclamou que "o homem é ao mesmo tempo obra e construtor do meio ambiente que o cerca (...)" e, por isso, "deve fazer constante avaliação de sua experiência e continuar descobrindo, inventando, criando e progredindo"[13]. Para tanto, foi reconhecido que os indivíduos deveriam se atentar para as consequências de suas atitudes, sobretudo em relação ao meio ambiente no que tange à gestão dos recursos naturais e à relação entre o ambiente e o desenvolvimento.

Dez anos após a realização da Conferência sobre Meio Ambiente Humano, foi instituída uma Comissão Mundial de Desenvolvimento, conhecida como Comissão Brundtland[14], que elaborou, em 1987, o **Relatório "Nosso futuro comum"** – Relatório Brundtland.

Esse Relatório foi responsável por cunhar e difundir o conceito de "desenvolvimento sustentável", definindo-o como a satisfação das necessidades atuais sem, entretanto, prejudicar a capacidade de suprimento e de satisfação de demandas das próximas gerações[15]. Essa definição proposta foi caracterizada como um conceito "político" amplo para atingir o "progresso econômico e social"[16].

A estratégia desse instrumento encontra-se na consolidação da ideia de que o desenvolvimento sustentável não se reduz à problemática ambiental. Com fulcro na solidariedade intergeracional, este conceito se ampara em três condições, quais sejam o equilíbrio ecológico, o crescimento econômico e a equidade social[17] que evidenciam sua dimensão plúrima.

Posteriormente, em 1992, na Conferência das Nações Unidas sobre o Meio Ambiente e o Desenvolvimento – conhecida como Rio 92 – foi ajustada a **Declaração do Rio sobre Meio Ambiente e Desenvolvimento**[18]. Nesse instrumento, foram estabelecidos, como princípios, que os indivíduos constituem elementos centrais na preocupação com o desenvolvimento sustentável, pois têm "direito a uma vida saudável e produtiva, em harmonia com a natureza" (Princípio 1) e que, para consecução do desenvolvimento sustentável, o Estado e a população deverão cooperar para erradicação da pobreza "a fim de reduzir as disparidades de padrões de vida e melhor atender às necessidades da maioria da população do mundo" (Princípio 5).

---

10. VEIGA, José Eli da. *Desenvolvimento sustentável, op. cit.*, p. 165.
11. FREITAS, Juarez. *Sustentabilidade:* direito ao futuro. Belo Horizonte: Fórum, 2011. p. 39-40.
12. ONU. *Declaração da Conferência das Nações Unidas sobre o Meio Ambiente Humano* (Declaração de Estocolmo), adotada em junho de 1972. Disponível em: <http://www.direitoshumanos.usp.br/index.php/meio-ambiente/declaracao-de-estocolmo-sobre-o-ambiente--humano.html. Acesso em: 10 abr. 2019.
13. ONU. *Declaração da Conferência das Nações Unidas sobre o Meio Ambiente Humano, op. cit.*, 2019.
14. NOBRE, Marcos; AMAZONAS, Maurício de Carvalho (Orgs.). *Desenvolvimento sustentável:* a institucionalização de um conceito. Brasília: IBAMA, 2002. p. 31.
15. COMISSÃO MUNDIAL SOBRE MEIO AMBIENTE E DESENVOLVIMENTO. *Nosso futuro comum.* Rio de Janeiro: Fundação Getúlio Vargas, 1991.
16. Essa declaração foi dada pela presidente da Comissão Brundtland, conhecida como Gro Harlem Brundtland. Nesse sentido, veja VEIGA, José Eli da. *Desenvolvimento sustentável:* o desafio do século XXI. Rio de Janeiro: Garamond, 2005, p. 113 e NOBRE, Marcos; AMAZONAS, Maurício de Carvalho (Orgs.). *Desenvolvimento sustentável:* a institucionalização de um conceito. Brasília: IBAMA, 2002. p. 40.
17. GRECO, Liz Felix; PAULI, Rita Inês Paetzhold; SCHULZ, Jéferson Réus da Silva. Incentivos governamentais e demanda por empregos verdes nos setores público e privado do Brasil. *Revista Iberoamericana de Economía Ecológica*, Rio de Janeiro, v. 27, 2017. p. 38.
18. ONU. *Declaração da Conferência das Nações Unidas sobre o meio ambiente humano, op. cit.*, 2019.

Nessa Conferência, conjuntamente, foi instituída a "**Agenda 21 Global**" que compilou as orientações para os avanços sociais, econômicos e ambientais do século XXI. Este programa[19], organizado num documento com quarenta capítulos, constituiu uma tentativa de estabelecer um planejamento global para persecução e concretização do desenvolvimento sustentável a partir de um novo padrão de gestão do meio ambiente, da população e da economia.

Dentre as matérias contempladas[20] nesse instrumento, destacam-se: o "combate à pobreza" (Capítulo 3); a "mudança dos padrões de consumo" (Capítulo 4); a "promoção do desenvolvimento rural e agrícola sustentável" (Capítulo 14); a "conservação da diversidade biológica" (Capítulo 15); o "fortalecimento do papel dos trabalhadores e de seus sindicatos" (Capítulo 29); e a "transferência ambientalmente saudável, cooperação e fortalecimento institucional" (Capítulo 34). A pluralidade das premissas da Agenda 21 e a Declaração do Rio, segundo Guilherme Guimarães Feliciano[21], limitaram o caráter economicista do modo de produção capitalista por um primado de ordem ética que impõe o dever de assegurar a qualidade de vida e a satisfação das demandas de diferentes gerações.

Na atualidade, a persecução pela concretização do desenvolvimento sustentável, com base na proteção ao meio ambiente e aos recursos naturais, no combate à pobreza e à miséria e na garantia de paz e prosperidade à população, amparou a elaboração, pela Organização das Nações Unidas, em 2015, da Agenda 2030 para Desenvolvimento Sustentável que abrange os Objetivos de Desenvolvimento Sustentável (ODS) e as metas.

Esses dezessete objetivos[22] urgem como um meio integrado de atuação dos Estados e das partes interessadas para transformar a realidade global até 2030 a partir da atuação direcionada às três dimensões do desenvolvimento sustentável, a saber: a econômica, a social e a ambiental e à solidariedade intergeracional. Dentre os ODS, estão o fim da pobreza e de todas as suas formas, em todos os locais (Objetivo 1); a promoção do crescimento econômico sustentado, inclusivo e sustentável, garantindo o emprego pleno e produtivo, bem como o trabalho decente para todos (Objetivo 8); a redução da desigualdade, seja dentro dos países ou entre eles (Objetivo 10); e a garantia de padrões de produção e de consumo sustentáveis (Objetivo 12).

O Objetivo 8, do ODS, merece destaque ao referir-se à promoção do trabalho decente. Na concepção da Organização Internacional do Trabalho, esse conceito abrange um "trabalho adequadamente remunerado, exercido em condições de liberdade, equidade e segurança, capaz de garantir uma vida digna"[23] com aptidão para enfrentar problemáticas relacionadas à pobreza e à desigualdade social.

Nesse sentido, para garantir a efetivação dessa forma de trabalho, é essencial assegurar o seu exercício em condições adequadas e a proteção ao meio ambiente. Surge, por conseguinte, a preocupação com o *meio ambiente de trabalho* que integra o componente espacial com a atividade laborativa[24] a fim de proporcionar equilíbrio ao trabalhador para realizar suas atividades segura e saudavelmente, com respeito aos seus direitos humanos e fundamentais.

A importância do estabelecimento do meio ambiente laboral equilibrado reside no fato de que ali se passa grande parcela da vida do trabalhador, o qual, para ter garantida a sua qualidade de vida, requer a interação harmoniosa – entre eles e consigo – de fatores físicos, químicos, biológicos, climáticos e comportamentais[25]. Para tanto, grande preocupação deve recair aos fatores que obstaculizam esse equilíbrio sistêmico.

Segundo Ney Maranhão[26], o descompasso nas condições de trabalho, na organização do trabalho e/ou nas relações interpessoais, com base antrópica, constitui a poluição labor-ambiental. Essa, no contexto do meio ambiente do trabalho, ocasiona riscos e estremecimento da segurança e

19. MINISTÉRIO DO MEIO AMBIENTE. *Agenda 21 global*. Disponível em: <http://www.mma.gov.br/responsabilidade-socioambiental/agenda-21/agenda-21-global.htm>. Acesso em: 01 abr. 2019.
20. MINISTÉRIO DO MEIO AMBIENTE. Agenda 21 global, *op. cit.*, 2019.
21. FELICIANO, Guilherme Guimarães. Meio ambiente do trabalho: aspectos gerais e propedêuticos. *Revista do Tribunal Regional do Trabalho da 15ª Região*, Campinas, SP, n. 20, jul./set. 2002. p. 160-162.
22. ONU. *Transformando nosso mundo:* a Agenda 2030 para o desenvolvimento sustentável. Disponível em: <https://nacoesunidas.org/wp-content/uploads/2015/10/agenda2030-pt-br.pdf>. Acesso em: 31 mar. 2019.
23. OIT. *Agenda nacional de trabalho decente*. 2006. Disponível em: <https://www.ilo.org/wcmsp5/groups/public/---americas/---ro-lima/---ilo-brasilia/documents/publication/wcms_226229.pdf>. Acesso em: 03 abr. 2019.
24. FIGUEIREDO, Guilherme José Purvin de. *Direito ambiental e a saúde dos trabalhadores:* controle de poluição, proteção do meio ambiente, da vida e da saúde dos trabalhadores no direito internacional, na União Europeia e no MERCOSUL. São Paulo: LTr, 2007. p. 42.
25. FELICIANO, Guilherme Guimarães. *Tópicos avançados de direito material do trabalho:* atualidades forenses. São Paulo: Damásio de Jesus, 2006, *Apud* ALMEIDA, Victor Hugo de; COSTA, Aline Moreira da; GONÇALVES, Leandro Krebs. *Meio ambiente do trabalho e proteção jurídica do trabalhador:* (re)significando paradigmas sob a perspectiva constitucional. In: FELICIANO, Guilherme Guimarães; URIAS, João (Coords.) *Direito ambiental do trabalho:* apontamentos para uma teoria geral – saúde, ambiente e trabalho: novos rumos da regulamentação jurídica do trabalho, v. 1, São Paulo: LTr, 2013. p. 135.
26. MARANHÃO, Ney. Poluição labor-ambiental: aportes jurídicos gerais. *Revista de Direito do Trabalho,* São Paulo, v. 177, mai. 2017, p. 08.

saúde – física e psíquica – do trabalhador exposto, afetando negativamente sua qualidade de vida.

Desse modo, para preservar seu equilíbrio, diversas medidas devem ser adotadas para obstar os danos à saúde do trabalhador, com fulcro na prevenção. Assim, para prevenir os riscos no meio ambiente do trabalho, Victor Hugo de Almeida e outros[27] propõem quatro meios: a eliminação do risco; a eliminação da exposição do trabalhador ao risco; o isolamento do risco e a proteção do trabalhador.

Essas proposições vão ao encontro do "giro humanístico"[28] que envolve o direito ambiental do trabalho no qual o trabalho deve se ajustar ao indivíduo. Sob essa perspectiva, a proteção do trabalhador é erigida como elemento central da prestação laboral e do seu aspecto espacial, tornando-se ampla e efetiva e integrando-se ao amparo do meio ambiente.

Assim, para afastar o risco e as formas de poluição labor-ambiental – ao se deparar com os instrumentos do Direito Ambiental próprios para a preservação de seus bens jurídicos como o Estudo de Impacto Ambiental (EIA) –, faz-se *mister* o diálogo com a seara trabalhista, em especial o Programa de Prevenção de Riscos Ambientais (PPRA), como alternativa para fortalecer a proteção ao equilíbrio sistêmico do meio ambiente juslaboral, a saúde do trabalhador e, por conseguinte, a efetivação do desenvolvimento sustentável.

3. A PROTEÇÃO AO MEIO AMBIENTE DO TRABALHO NA CONSTITUIÇÃO DE 1988 E OS IMPACTOS DELETÉRIOS DA REFORMA TRABALHISTA

A Lei n. 6.938/1981, que dispõe sobre a Política Nacional do Meio Ambiente, em seu art. 3º, inciso I, conceitua o meio ambiente como o conjunto de condições, leis, influências e interações de ordem física, química e biológica, que permite, abriga e rege a vida em todas as suas formas[29].

O conceito de meio ambiente é amplo, pois o legislador optou por estabelecer um conceito jurídico indeterminado com o objetivo de criar um espaço positivo de incidência da norma[30]. Essa noção, prevista no art. 3º, inciso I, da Lei 6.938/1981, foi recepcionada pela Constituição Federal de 1988[31].

O conceito de meio ambiente é unitário, tendo em vista que este é regido por princípios, diretrizes e objetivos próprios que integram a Política Nacional do Meio Ambiente. Contudo, há uma divisão do meio ambiente em quatro aspectos (natural, artificial, cultural e do trabalho) com o intuito de facilitar a identificação da atividade degradante e do bem diretamente agredido[32].

O meio ambiente natural é composto pela atmosfera, pelos componentes da biosfera, pelas águas, pelo solo, pelo subsolo, bem como pela fauna e flora[33]. O meio ambiente artificial é constituído pelo conjunto de edificações e pelos equipamentos públicos[34].

A definição do meio ambiente cultural encontra-se no art. 216 da Constituição de 1988[35], ao estabelecer que constituem patrimônio cultural brasileiro os bens de natureza material e imaterial, tomados individualmente ou em conjunto, portadores de referência à identidade, à ação, à memória dos diferentes grupos formadores da sociedade brasileira, nos quais se incluem: I – as formas de expressão; II – os modos de criar, fazer e viver; III – as criações científicas, artísticas e tecnológicas; IV – as obras, objetos, documentos, edificações e demais espaços destinados às manifestações artístico-culturais; V – os conjuntos urbanos e sítios de valor histórico, paisagístico, artístico, arqueológico, paleontológico, ecológico e científico[36].

Em relação ao meio ambiente do trabalho, Celso Antonio Pacheco Fiorillo[37] o define da seguinte forma:

> Constitui meio ambiente do trabalho o local onde as pessoas desempenham suas atividades laborais relacionadas à sua saúde, sejam remuneradas ou não, cujo

27. ALMEIDA, Victor Hugo de; COSTA, Aline Moreira da; GONÇALVES, Leandro Krebs. *Meio ambiente do trabalho e proteção jurídica do trabalhador:* (re)significando paradigmas sob a perspectiva constitucional. In: FELICIANO, Guilherme Guimarães; URIAS, João (Coords.). *Direito ambiental do trabalho:* apontamentos para uma teoria geral – saúde, ambiente e trabalho: novos rumos da regulamentação jurídica do trabalho, v. 1, São Paulo: LTr, 2013. p. 125.
28. MARANHÃO, Ney. Poluição labor-ambiental: aportes jurídicos gerais. *Revista de Direito do Trabalho,* São Paulo, v. 177, maio 2017, p. 06.
29. BRASIL. *Lei n. 6.938, de 31 de agosto de 1981.* Disponível em: <http:://www.planalto.gov.br/ccivil_03/Leis/L6938.htm>. Acesso em: 06 abr. 2019.
30. FIORILLO, Celso Antonio Pacheco. *Curso de direito ambiental brasileiro.* 14. ed. rev., ampl. e atual. em face da Rio+20 e do novo "Código" Florestal. São Paulo: Saraiva, 2013. p. 43.
31. FIORILLO, Celso Antonio Pacheco. *Curso de direito ambiental brasileiro, op. cit.,* 2013. p. 43.
32. FIORILLO, Celso Antonio Pacheco. *Curso de direito ambiental brasileiro, op. cit.,* 2013. p. 44.
33. FIORILLO, Celso Antonio Pacheco. *Curso de direito ambiental brasileiro, op. cit.,* 2013. p. 44.
34. FIORILLO, Celso Antonio Pacheco. *Curso de direito ambiental brasileiro, op. cit.,* 2013. p. 45.
35. FIORILLO, Celso Antonio Pacheco. *Curso de direito ambiental brasileiro, op. cit.,* 2013. p. 45.
36. BRASIL. *Constituição da República Federativa do Brasil de 1988.* Disponível em: <http:://www.planalto.gov.br/ccivil_03/Constituicao/Constituicao.htm>. Acesso em: 06 abr. 2019.
37. FIORILLO, Celso Antonio Pacheco. *Curso de direito ambiental brasileiro, op. cit.,* 2013. p. 47.

equilíbrio está baseado na salubridade do meio e na ausência de agentes que comprometam a incolumidade físico-psíquica dos trabalhadores, independente da condição que ostentem (homens ou mulheres, maiores ou menores de idade, celetistas, servidores públicos, autônomos etc.).

Vislumbra-se que a Constituição de 1988 reconhece que o direito à vida – enquanto matriz de todos os direitos fundamentais – deve nortear as questões atinentes ao meio ambiente. Considera que o meio ambiente consiste em valor essencial que deve prevalecer em face de outros interesses, tais como: o direito à propriedade e o desenvolvimento, pois, apesar da tutela constitucional destes direitos, não podem se sobrepor ao direito fundamental à vida, pois a defesa da vida é o maior objetivo do direito ambiental[38].

Pela primeira vez na história do constitucionalismo brasileiro, a Constituição de 1988 tutelou o direito ao meio ambiente, elevando, assim, os fundamentos do direito ambiental ao plano normativo de hierarquia superior[39]. A dignidade da pessoa humana e os valores sociais do trabalho, além de serem fundamentos da República, consistem também em valores de suma importância em relação à proteção do meio ambiente do trabalho[40].

O meio ambiente do trabalho é um direito tutelado em vários dispositivos da Constituição. O art. 7º, XXII, da norma constitucional, prevê que a redução dos riscos inerentes ao trabalho, por meio de normas de saúde, higiene e segurança é direito dos trabalhadores urbanos e rurais. O art. 200, VIII, do texto constitucional, estabelece que compete ao Sistema Único de Saúde (SUS) colaborar na proteção do meio ambiente, nele compreendido o do trabalho.

A Constituição de 1988, em seu art. 225, tutela o direito ao meio ambiente ecologicamente equilibrado, considerado como bem de uso comum do povo e essencial à sadia qualidade de vida, além disso, determina que o Poder Público e a coletividade possuem o dever de defendê-lo e preservá-lo para as presentes e futuras gerações[41].

Devido à tutela constitucional conferida à matéria, verifica-se que o meio ambiente do trabalho adequado e seguro consiste num direito fundamental do cidadão trabalhador[42].

Além disso, cumpre ressaltar que se trata, também, de um direito humano, tendo em vista que é amplamente tutelado no plano internacional, a exemplo das diversas Convenções da Organização Internacional do Trabalho (OIT) ratificadas pelo Brasil que visam a tutela ao meio ambiente do trabalho seguro e equilibrado, a saber[43]:

1. **Convenção n. 19** – Igualdade de Tratamento (Indenização por Acidente de Trabalho), ratificada em 25 de abril de 1957;
2. **Convenção n. 42** – Indenização por Enfermidade Profissional, ratificada em 08 de junho de 1936;
3. **Convenção n. 81** – Inspeção do Trabalho na Indústria e no Comércio, ratificada em 25 de abril de 1957;
4. **Convenção n. 115** – Proteção Contra as Radiações, ratificada em 05 de setembro de 1966;
5. **Convenção n. 134** – Prevenção de Acidentes do Trabalho dos Marítimos, ratificada em 25 de julho de 1996;
6. **Convenção n. 136** – Proteção Contra os Riscos da Intoxicação pelo Benzeno, ratificada em 24 de março de 1993;
7. **Convenção n. 139** – Prevenção e Controle de Riscos Profissionais Causados por Substâncias ou Agentes Cancerígenos, ratificada em 27 de junho de 1990;
8. **Convenção n. 148** – Contaminação do Ar, Ruído e Vibrações, ratificada em 14 de janeiro de 1982;
9. **Convenção n. 152** – Segurança e Higiene dos Trabalhos Portuários, ratificada em 17 de maio de 1990;
10. **Convenção n. 155** – Segurança e Saúde dos Trabalhadores, ratificada em 18 de maio de 1992;
11. **Convenção n. 161** – Serviços de Saúde do Trabalho, ratificada em 18 de maio de 1990;
12. **Convenção n. 167** – Convenção sobre a Segurança e Saúde na Construção, ratificada em 19 de maio de 2006;
13. **Convenção n. 170** – Segurança no Trabalho com Produtos Químicos, ratificada em 23 de dezembro de 1996;
14. **Convenção n. 174** – Convenção sobre a Prevenção de Acidentes Industriais Maiores, ratificada em 02 de agosto de 2001, dentre outras.

---

38. SILVA, José Afonso da. *Curso de direito constitucional positivo*. 38. ed. São Paulo: Malheiros Editores, 2015. p. 865-866.
39. FIORILLO, Celso Antonio Pacheco. *Princípios do direito processual ambiental*. 2. ed. São Paulo: Saraiva, 2007. p. 33.
40. ROSSIT, Liliana Allodi. *O meio ambiente de trabalho no direito ambiental brasileiro*. São Paulo: LTr, 2001. p. 44.
41. BRASIL. *Constituição da República Federativa do Brasil de 1988*. Disponível em: <http://www.planalto.gov.br/ccivil_03/Constituicao/Constituicao.htm>. Acesso em: 06 abr. 2019.
42. MELO, Raimundo Simão de. *Direito ambiental do trabalho e a saúde do trabalhador*: responsabilidades legais, dano material, dano moral, dano estético. São Paulo: LTr, 2004. p. 31.
43. OIT. *OIT Brasília – convenções ratificadas*. Disponível em: <https://www.ilo.org/brasilia/convencoes/lang--pt/index.htm>. Acesso em: 05 abr. 2019.

Uma vez analisado o conceito de meio ambiente do trabalho, sua proteção no âmbito nacional e internacional, cumpre verificar quais são os princípios constitucionais ambientais que o regem.

O **princípio do desenvolvimento sustentável** parte da constatação de que os recursos ambientais não são infinitos, sendo assim, o desenvolvimento das atividades econômicas necessita observar essa realidade. Trata-se de um princípio que visa viabilizar a coexistência harmônica entre economia e meio ambiente, de forma que o desenvolvimento econômico ocorra de maneira sustentável e planejada, garantindo a continuidade dos recursos existentes[44].

Raimundo Simão de Melo defende que o meio ambiente do trabalho é o campo mais fértil para a aplicação do princípio do desenvolvimento sustentável, pois é preciso que o meio ambiente do trabalho seja dotado de um caráter prevencionista e de respeito à dignidade humana, à saúde e à vida dos trabalhadores, contudo, frequentemente esses preceitos são desrespeitados, gerando inúmeros acidentes e doenças ocupacionais[45].

O **princípio do poluidor-pagador** possui um duplo caráter, em um primeiro momento visa evitar a efetivação dos danos ambientais (caráter preventivo), porém, caso o dano ocorra, o referido princípio objetiva sua reparação (caráter repressivo). Nesse sentido, o poluidor deve tomar todas as providências cabíveis para prevenir os eventuais danos que sua atividade pode gerar. Contudo, se o meio ambiente sofrer danos em decorrência da atividade desenvolvida, haverá a obrigação de reparação por parte do poluidor[46].

É o exemplo de uma empresa que polui o meio ambiente do trabalho devido a altos índices de ruído acima dos limites autorizados por lei e deixa vários trabalhadores surdos, nessa hipótese, é possível que haja uma ação coletiva visando a prevenção do meio ambiente com a eliminação do ruído excessivo e uma indenização genérica devido ao dano causado ao meio ambiente, além disso, os trabalhadores com perdas auditivas decorrentes dessa situação também podem ajuizar ações pleiteando as indenizações cabíveis[47].

O **princípio da prevenção** consiste em um megaprincípio ambiental e tem como fundamento o princípio n. 15 da Declaração do Rio Janeiro de 1992 sobre meio ambiente e desenvolvimento, que determina a ampla aplicação de medidas de precaução para tutelar o meio ambiente de acordo com as capacidades dos Estados, estabelece, também, que na hipótese de danos graves e irreversíveis, a falta de certeza científica absoluta não pode ser alegada para adiar a aplicação de medidas que objetivam prevenir a degradação do meio ambiente[48].

O princípio da prevenção está previsto no art. 7º, inciso XXII, da Constituição Federal, pois tal dispositivo normativo determina que a redução dos riscos inerentes ao trabalho, por meio de normas de saúde, higiene e segurança, consiste em um direito dos trabalhadores urbanos e rurais[49]. Trata-se de um princípio que deve ser rigorosamente seguido no âmbito do meio ambiente do trabalho, pois os danos ambientais, nesse contexto, afetam diretamente o homem trabalhador[50].

O **princípio da participação** decorre do mandamento constitucional previsto no art. 225, segundo o qual cabe ao poder Público e à coletividade a defesa e preservação do meio ambiente. No que se refere ao meio ambiente do trabalho, o Estado deve estabelecer normas de prevenção e melhoria dos ambientes de trabalho, bem como deve fiscalizar o cumprimento de tais normas e aplicar sanções em caso de descumprimento. Os sindicatos também devem assumir uma postura protetiva ao meio ambiente do trabalho. O princípio em debate visa promover a atuação do Estado, em conjunto com os empregadores e empregados, na luta por melhores condições de trabalho[51].

O **princípio da ubiquidade** estabelece que não é possível pensar no meio ambiente isolado dos outros aspectos da sociedade, dessa forma, é imprescindível adotar uma atuação globalizada e solidária, até mesmo porque a poluição e a destruição ambiental não se restringem aos limites territoriais[52]. Diante disso, Raimundo Simão de Melo defende que "a responsabilidade pela adequação e manutenção dos ambientes de trabalho salubres e seguros é de todos e de cada um ao mesmo tempo"[53].

É importante ressaltar que o princípio ambiental da prevenção é intimamente relacionado com o princípio da

44. FIORILLO, Celso Antonio Pacheco. *Curso de direito ambiental brasileiro*. 14. ed. rev., ampl. e atual. em face da Rio+20 e do novo "Código" Florestal. São Paulo: Saraiva, 2013. p. 50.
45. MELO, Raimundo Simão de. *Direito ambiental do trabalho e a saúde do trabalhador:* responsabilidades legais, dano material, dano moral, dano estético. São Paulo: LTr, 2004. p. 50.
46. FIORILLO, Celso Antonio Pacheco. *Curso de direito ambiental brasileiro, op. cit.*, 2013. p. 52-53.
47. MELO, Raimundo Simão de. *Direito ambiental do trabalho e a saúde do trabalhador, op. cit.*, 2004. p. 52.
48. MELO, Raimundo Simão de. *Direito ambiental do trabalho e a saúde do trabalhador, op. cit.*, 2004. p. 48.
49. BRASIL. *Constituição da República Federativa do Brasil de 1988*. Disponível em: <http:://www.planalto.gov.br/ccivil_03/Constituicao/Constituicao.htm>. Acesso em: 06 abr. 2019.
50. MELO, Raimundo Simão de. *Direito ambiental do trabalho e a saúde do trabalhador, op. cit.*, 2004. p. 48.
51. MELO, Raimundo Simão de. *Direito ambiental do trabalho e a saúde do trabalhador, op. cit.*, 2004. p. 53-54.
52. FIORILLO, Celso Antonio Pacheco. *Curso de direito ambiental brasileiro, op. cit.*, 2013. p. 66-67.
53. MELO, Raimundo Simão de. *Direito ambiental do trabalho e a saúde do trabalhador, op. cit.*, 2004. p. 55.

proteção (próprio do Direito do Trabalho)[54]. O princípio da proteção informa que o Direito do Trabalho visa, por meio de suas regras, princípios e institutos, tutelar a parte vulnerável e hipossuficiente da relação empregatícia, ou seja, o trabalhador, objetivando retificar, ou pelo menos suavizar, no âmbito jurídico, o desequilíbrio que marca o contrato de trabalho no mundo dos fatos[55]. Então, há uma *conexão* entre o princípio da prevenção previsto no Direito Ambiental e o princípio da proteção existente no Direito do Trabalho.

A saúde é um direito constitucionalmente protegido (art. 6º, CF), estando em harmonia com os princípios da dignidade da pessoa humana e os valores sociais do trabalho (art. 1º, III e IV, CF), sendo aplicado no Direito do Trabalho e no Direito Ambiental do Trabalho. Tendo em vista que a saúde é um direito de todos, deve estar tutelada no meio ambiente do trabalho – direito fundamental do cidadão trabalhador (arts. 7º, XXII, 225, *caput* e 200, VIII, CF) – por meio de medidas e ações preventivas com o objetivo de reduzir os acidentes de trabalho, o assédio moral pessoal e organizacional, o adoecimento dos trabalhadores etc.

Cumpre esclarecer que as despesas decorrentes da implantação de medidas de prevenção de riscos, acidentes e doenças no meio ambiente de trabalho evitarão futuras despesas com empregados doentes e afastados de suas atividades laborativas por períodos de tempo mais significativos ou mesmo a morte de outros trabalhadores, reforçando a harmonia entre os princípios da prevenção (ambiental) e da proteção (trabalhista).

Todos os princípios de Direito Ambiental são aplicados no âmbito do Direito do Trabalho e, notadamente, norteiam as normas que tratam do meio ambiente do trabalho, disciplinando a proteção à vida, à saúde e à dignidade do trabalhador, havendo, portanto, total consonância entre os princípios da prevenção e da proteção.

Diante do exposto, o meio ambiente do trabalho deve ser equilibrado, seguro e deve proporcionar condições laborativas adequadas aos trabalhadores, visando tutelar a dignidade humana destes. Contudo, a reforma trabalhista, promovida pela Lei n. 13.467/2017, gerou graves retrocessos no âmbito da proteção do meio ambiente do trabalho.

O art. 611-A da CLT, devido à reforma trabalhista, prevê que a convenção coletiva e o acordo coletivo de trabalho têm prevalência sobre a lei quando dispuserem sobre o enquadramento do grau de insalubridade (inciso XII) e prorrogação de jornada em ambientes insalubres, sem licença prévia das autoridades competentes do Ministério do Trabalho (inciso XIII)[56]. Verifica-se que tais alterações promovidas pela reforma trabalhista são altamente prejudiciais à saúde do trabalhador, pois se trata de flexibilização das normas que regulam a insalubridade do meio ambiente do trabalho e o trabalho nestas condições.

Outra alteração prejudicial ao meio ambiente do trabalho promovida pela reforma trabalhista se encontra no art. 611-B, parágrafo único, da CLT, *in verbis*[57]:

> Art. 611-B. Constituem objeto ilícito de convenção coletiva ou de acordo coletivo de trabalho, exclusivamente, a supressão ou a redução dos seguintes direitos:
>
> [...]
>
> XVII – normas de saúde, higiene e segurança do trabalho previstas em lei ou em normas regulamentadoras do Ministério do Trabalho;
>
> [...]
>
> Parágrafo único. Regras sobre duração do trabalho e intervalos não são consideradas como normas de saúde, higiene e segurança do trabalho para os fins do disposto neste artigo.

O parágrafo único do dispositivo normativo supracitado visa ampliar os limites da negociação coletiva no âmbito das regras que versam sobre a duração do trabalho e intervalos trabalhistas, sob a alegação de que não se tratam de normas de saúde, higiene e segurança do trabalho[58]. Em relação a este tema, Mauricio Godinho Delgado e Gabriela Neves Delgado assumem o seguinte posicionamento:

> Ora, o parágrafo único do art. 611-B promove alargamento extremado dos poderes da negociação coletiva trabalhista, em particular no que toca à sua nova prerrogativa de deteriorar as condições contratuais e ambientais de trabalho. Se prevalecer a interpretação meramente gramatical e literalista desse dispositivo – ao invés de ser ele decantado pelos métodos científicos de interpretação do Direito –, a nova regra legal irá se apresentar como inusitado veículo de desconstrução direta e/ou indireta do arcabouço normativo constitucional e

54. Esta concepção foi inicialmente desenvolvida em GAMBA, Juliane Caravieri Martins; MONTAL, Zélia Maria Cardoso. Princípios constitucionais do direito do trabalho: relevância e aplicabilidade, rediscutindo paradigmas, *Revista Trabalhista da ANAMATRA*, São Paulo: LTr, v. 41, 2012. p. 73-75.
55. DELGADO, Mauricio Godinho. *Curso de direito do trabalho*: obra revista e atualizada conforme lei da reforma trabalhista e inovações normativas e jurisprudenciais posteriores. 18. ed. São Paulo: LTr, 2019. p. 233.
56. BRASIL. *Decreto-lei n. 5.452, de 01 de maio de 1943*. Disponível em: <http:://www.planalto.gov.br/ccivil_03/Decreto-Lei/Del5452.htm>. Acesso em: 16 abr. 2019.
57. BRASIL. *Decreto-lei n. 5.452, de 01 de maio de 1943, op. cit.*, 2019.
58. DELGADO, Mauricio Godinho; DELGADO, Gabriela Neves. *A reforma trabalhista no Brasil:* com os comentários à Lei n. 13.467/2017, São Paulo: LTr, 2017. p. 269-270.

infraconstitucional de proteção à saúde e segurança do trabalhador no âmbito das relações trabalhistas[59].

Ainda dentro da temática da insalubridade, a reforma trabalhista promoveu grave precarização na situação das trabalhadoras gestantes e lactantes, pois o art. 394-A, da CLT, antes da reforma, previa que a empregada gestante ou lactante deveria ser afastada, enquanto durasse a gestação e a lactação, de quaisquer atividades, operações ou locais insalubres, devendo exercer suas atividades em local salubre, porém, após a reforma trabalhista, este dispositivo passou a vigorar da seguinte forma:

> Art. 394-A. Sem prejuízo de sua remuneração, nesta incluído o valor do adicional de insalubridade, a empregada deverá ser afastada de:
>
> I – atividades consideradas insalubres em grau máximo, enquanto durar a gestação;
>
> II – atividades consideradas insalubres em grau médio ou mínimo, quando apresentar atestado de saúde, emitido por médico de confiança da mulher, que recomende o afastamento durante a gestação;
>
> III – atividades consideradas insalubres em qualquer grau, quando apresentar atestado de saúde, emitido por médico de confiança da mulher, que recomende o afastamento durante a lactação[60].

Dessa forma, a reforma trabalhista violou frontalmente o direito ao meio ambiente do trabalho seguro e em condições adequadas, prejudicando mães trabalhadoras e seus bebês. Diante desse notório retrocesso, o STF declarou a inconstitucionalidade dessa previsão legislativa por meio da ADI n. 5938.

Em relação à duração da jornada de trabalho, que deve ser adequada para proporcionar o meio ambiente do trabalho hígido, a reforma trabalhista também promoveu alterações prejudiciais aos trabalhadores, a exemplo do art. 59, § 6º, da CLT, que previu a licitude do regime de compensação de jornada estabelecido por acordo individual, tácito ou escrito, para a compensação no mesmo mês[61].

É inegável que a interpretação literal do art. 59, § 6º, da CLT, resulta em profunda insegurança jurídica para o empregado, além de aumentar significativamente o poder unilateral do empregador. Com base em um raciocínio sistemático e teleológico, sustenta-se a necessidade de, no mínimo, a pactuação bilateral do regime compensatório ser escrita para ter validade[62].

Portanto, a reforma trabalhista (Lei n. 13.467/2017) impôs normas em desacordo com a tutela do meio ambiente do trabalho impactando de forma deletéria na sua efetiva proteção, flexibilizou as regras de limitações de jornada de trabalho, os institutos que regulam o trabalho insalubre, notadamente em relação às trabalhadoras gestantes e lactantes, bem como legitimou o negociado sobre o legislado em diversos aspectos trabalhistas, acentuando a assimetria inerente às relações de emprego e precarizando a tutela do meio ambiente do trabalho.

Assim, dentre as diversas normas existentes para a tutela ao meio ambiente do trabalho, será analisado o *Programa de Prevenção de Riscos Ambientais* (PPRA), bem como a necessidade de seu diálogo com o *Estudo de Impacto Ambiental* (EIA) para a maximização da prevenção dos riscos, evitando os acidentes e as doenças laborais.

4. FISCALIZAÇÃO DO TRABALHO E AS INTERFACES ENTRE O PROGRAMA DE PREVENÇÃO DE RISCOS AMBIENTAIS (PPRA) E O ESTUDO DE IMPACTO AMBIENTAL (EIA) PARA A EFETIVIDADE DA TUTELA LABOR-AMBIENTAL

A fiscalização ou inspeção do trabalho é uma atividade estatal de suma importância para a averiguação das desconformidades no meio ambiente do trabalho, apurando a adequação das normas labor-ambientais às condições fático-reais do trabalho subordinado exercido por conta alheia.

Essa fiscalização consiste em uma atividade exercida para tornar efetivo o cumprimento adequado e satisfatório do Direito do Trabalho. Trata-se de uma atividade estatal, e não de um órgão do Estado, pois inexiste o órgão denominado "Inspeção do Trabalho"[63]. A fiscalização do trabalho é de competência privativa da União (art. 21, XXIV, CF), competindo-lhe organizar, manter e executar tal atividade. De acordo com Nelson Mannrich[64]:

> A Inspeção do Trabalho destina-se a atingir os fins propostos pelo Direito do Trabalho, cuja finalidade é a promoção da melhoria da condição social dos trabalhadores. Tal objetivo será atingido, na medida em que as normas estatuídas para a sua proteção forem cumpridas. Aliás, essa foi a sua origem: a necessidade de tornar efetivo o cumprimento das leis que surgiam para a proteção do trabalhador.

59. DELGADO, Mauricio Godinho; DELGADO, Gabriela Neves. *A reforma trabalhista no Brasil, op. cit.*, 2017, p. 270.
60. BRASIL. *Decreto-lei n. 5.452, de 01 de maio de 1943, op. cit.*, 2019.
61. BRASIL. *Decreto-lei n. 5.452, de 01 de maio de 1943, op. cit.*, 2019.
62. DELGADO, Mauricio Godinho; DELGADO, Gabriela Neves. *A reforma trabalhista no Brasil, op. cit.*, 2017, p. 129.
63. MANNRICH, Nelson. *Inspeção do trabalho*. São Paulo: LTr, 1991. p. 72.
64. MANNRICH, Nelson. *Inspeção do trabalho, op. cit.*, p. 73.

A respeito da natureza jurídica da inspeção ou fiscalização do trabalho, o referido autor[65] entende que há *poderes de polícia especial*, pois:

> [...] trata-se de uma atividade estatal, desempenhada por agentes revestidos de poderes especiais para exercerem atividades preventivas ou repressivas, a fim de garantirem o efetivo cumprimento da ordem jurídica trabalhista e previdenciária, de sorte que essa intervenção do Estado se justifica, tendo em vista a melhoria da condição social do trabalhador.

No Brasil, a fiscalização do trabalho era atividade de competência do Mistério do Trabalho e Emprego (MTE), conforme art. 626 da CLT, que foi criado pelo Decreto n. 19.433, em 26 de novembro de 1930, com a denominação de Ministério do Trabalho, Indústria e Comércio e, pelo Decreto-lei n. 2.168, de 06 de maio de 1940, foram instituídas as Delegacias Regionais do Trabalho que tiveram atuação imprescindível e mais dedicada à fiscalização do trabalho[66].

O Ministério do Trabalho e Emprego – denominação oriunda do art. 17, inciso V, da Lei n. 9.649/1998 – foi extinto e "fatiado" pela Lei n. 13.844, de 18 de junho de 2019[67] – convertida a partir da Medida Provisória[68] n. 870, de 1º de janeiro de 2019 –, distribuindo suas atribuições a três Ministérios distintos: Economia, Justiça e Segurança Pública e Cidadania (art. 83), sob o *argumento falacioso* da necessidade de enxugamento da máquina administrativa, conforme constou na *Exposição de Motivos* da MP: "dentre as adaptações salutares ao Governo, inclui-se a redução do número de Ministérios e a busca de ação integrada entre os diversos órgãos, evitando-se ações incoerentes e incompatíveis no âmbito da alta administração federal"[69]. As atribuições relativas à inspeção do trabalho ficaram sob a competência do Ministério da Economia, consoante art. 31 da Lei n. 13.844/2019:

> Art. 31. Constituem áreas de competência do Ministério da Economia:
>
> [...]
>
> XXX – política e diretrizes para a geração de emprego e renda e de apoio ao trabalhador;
>
> XXXI – política e diretrizes para a modernização das relações de trabalho;
>
> **XXXII – fiscalização do trabalho, inclusive do trabalho portuário, e aplicação das sanções previstas em normas legais ou coletivas;**
>
> XXXIII – política salarial;
>
> XXXIV – formação e desenvolvimento profissional;
>
> **XXXV – segurança e saúde no trabalho;**
>
> XXXVI – regulação profissional. (grifo nosso)

A extinção do Ministério do Trabalho e Emprego representou um golpe fatal contra a intensificação da atividade fiscalizadora ocorrida a partir dos anos de 1990, sobretudo pela atuação contundente dos auditores fiscais do trabalho contra as mazelas nas atividades laborativas do país, principalmente trabalho escravo urbano e rural, trabalho infantil, exploração de estrangeiros e migrantes, bem como fraudes diversas desferidas à legislação trabalhista por grupos economicamente poderosos.

Não foi por acaso que a extinção do Ministério do Trabalho se incluiu na alardeada "necessidade de redução de gastos" com o número de ministérios, enfraquecendo-se mais ainda a fiscalização do trabalho com a divisão das atividades entre três ministérios distintos. De acordo com Jorge Luiz Souto Maior[70]:

---

65. MANNRICH, Nelson. *Inspeção do trabalho, op. cit.*, p. 70.

66. Na evolução da fiscalização do trabalho no Brasil, destacam-se as seguintes normas: o Decreto n. 3.550/1918 criou o Departamento Nacional do Trabalho para regulamentar a organização do trabalho; o Decreto n. 16.027/1923 criou o Conselho Nacional do Trabalho; o Decreto n. 19.433/1930 criou o Ministério do Trabalho, Indústria e Comércio; o Decreto-lei n. 2.168/1940 transformou as Inspetorias Regionais em Delegacias Regionais do Trabalho; a Lei n. 3.782/1960 alterou a denominação para Ministério do Trabalho e Previdência Social; a Lei n. 5.161/1966 criou a Fundação Jorge Duprat e Figueiredo (FUNDACENTRO) especializada em estudos e pesquisas sobre problemas no meio ambiente do trabalho; a Lei n. 6.036/1974 alterou a denominação para Ministério do Trabalho; a MP n. 1.799/1999 alterou a Lei n. 9.649/1998 para constar no seu art. 17, inciso V que o Ministério do Trabalho passava a se denominar Ministério do Trabalho e Emprego. Em 03 de janeiro de 2008, o Decreto n. 6.341 alterou a nomenclatura das Delegacias Regionais do Trabalho para Superintendências Regionais do Trabalho e Emprego; as Subdelegacias do Trabalho para Gerências Regionais do Trabalho e Emprego e as Agências de Atendimento para Agências Regionais.

67. BRASIL. *Lei n. 13.844, de 18 de junho de 2019*. Disponível em: <http:://www.planalto.gov.br/ccivil_03/_ato2019-2022/2019/Lei/L13844.htm>. Acesso em: 08 jul. 2019.

68. As medidas provisórias vigoram por sessenta dias, prorrogáveis por igual período, contados da sua publicação no Diário Oficial da União, conforme § 7º do art. 62 da Constituição. Vencido o prazo de vigência da medida provisória (cento e vinte dias), incluindo a prorrogação, se não for convertida em lei, ela perderá sua eficácia desde a edição, com efeito *ex tunc* (retroativo), dada sua efemeridade e precariedade. As relações jurídicas decorrentes da vigência das medidas provisórias deverão ser disciplinadas pelo Congresso Nacional por decreto legislativo.

69. BRASIL. *Medida provisória n. 870, de 1º de janeiro de 2019*. Disponível em: <http:://www.planalto.gov.br/ccivil_03/_ato2019-2022/2019/Mpv/mpv870.htm>. Acesso em: 18 abr. 2019.

70. SOUTO MAIOR, Jorge Luiz. *Uma defesa do ministério do trabalho*. Disponível em: <https://www.jorgesoutomaior.com/blog/uma-defesa-do-ministerio-do-trabalho#_ftn1. Acesso em: 18 abr. 2019.

> [...] o Ministério do Trabalho foi mantido sob forte política de sucateamento, chegando, em 30 de outubro de 2018, ao número de 2.291 auditores-fiscais responsáveis pela fiscalização do cumprimento das obrigações trabalhistas em todo o país. [...]
>
> As dificuldades, decorrentes de sua própria função de conferir efetividade à legislação trabalhista, fizeram com que o Ministério do Trabalho nunca tivesse vida fácil na realidade brasileira. E tanto as dificuldades quanto os desvios de finalidade (oriundos de falhas de humanas (*sic.*), não sendo, pois, da essência da instituição, que, como qualquer outra, deve estar sempre em constante aperfeiçoamento) não impediram que o Ministério do Trabalho atingisse o patamar de ser, reconhecidamente, uma das instituições com maior relevância social no país, sendo, inclusive, aquela com quem os trabalhadores e trabalhadoras mais se identificam, pois foi lá, historicamente, que essas pessoas tiveram a oportunidade de falar e de serem ouvidas.
>
> Além disso, os auditores-fiscais, mesmo com imensas dificuldades, sempre se fizeram presentes nos locais de trabalho, contribuindo, decisivamente, para a melhoria das condições de trabalho de milhões de brasileiros.
>
> Por tudo isso, a extinção do Ministério do Trabalho representa enorme retrocesso com relação à efetivação dos direitos sociais, travando a consagração do projeto de Estado Democrático de Direito Social no país.

Logo, a extinção do Ministério do Trabalho e Emprego e a distribuição de suas atribuições a três ministérios representaram efetivamente um profundo retrocesso social ao país na proteção dos direitos fundamentais sociais dos trabalhadores em tempos de capitalismo global. Na realidade, é mais uma tentativa do capital para a redução dos direitos e garantias laborais, promovendo a mitigação da dignidade dos trabalhadores e conferindo-lhes o mesmo valor que se atribui aos instrumentos de produção: o valor de "coisa fungível". Infelizmente, esta situação está sendo chancelada no Brasil pelas elites econômicas e políticas em detrimento da social-democracia prevista na Constituição de 1988.

Apesar desta tentativa de desmonte da fiscalização do trabalho no país, ainda se tem, em termos de tutela ao meio ambiente do trabalho saudável e equilibrado, significativo arcabouço jurídico protetivo: desde normas internacionais de direito ambiental geral em prol do desenvolvimento sustentável[71] até aquelas que disciplinam o ambiente de trabalho em específico, como é o caso das convenções da OIT.

Para a vigência interna das convenções da OIT no Brasil, há a necessidade de sua aprovação pelo Congresso Nacional mediante Decreto Legislativo (art. 49, I, CF), bem como sua ratificação pelo Presidente da República (art. 84, VIII, CF), necessitando, a *posteriori*, da promulgação através de decreto e publicação na imprensa oficial para a sua plena vigência como norma de direito interno (art. 1º, *in fine*, da Lei de Introdução às Normas do Direito Brasileiro)[72].

Dessa maneira, não se adota a tese da *aplicação imediata* das convenções da OIT no Brasil, como normas de direito interno, sem o necessário processo jurídico de *ratificação, promulgação e publicação* desses tratados internacionais de direitos humanos. Sem a promulgação e publicação, as convenções da OIT somente podem ser invocadas, no âmbito do sistema jurídico brasileiro, com a natureza de normas internacionais de direitos humanos as quais o país livremente aderiu enquanto Estado signatário.

No âmbito da fiscalização laboral, é de suma importância o uso da Convenção n. 81 da OIT sobre a inspeção do trabalho na indústria e comércio, pois houve sua aprovação pelo Decreto Legislativo n. 24/1956 e ratificação em 25 de abril de 1957, sendo promulgada pelo Decreto n. 41.721/1957. Posteriormente, durante a ditadura militar, ela foi denunciada, em 05 de abril de 1971, pelo Decreto n. 68.796/1971. Com a redemocratização do país, houve o revigoramento desta convenção pelo Decreto n. 95.461/1987, que revogou o decreto de denúncia, havendo a sua re-ratificação com a promulgação do Decreto n. 41.721/1987 no governo de José Sarney.

Esta convenção internacional foi incorporada ao ordenamento jurídico pátrio na condição de *norma materialmente constitucional*, pois – apesar do cumprimento do processo jurídico formal para a sua integração como norma interna (ratificação, promulgação e publicação) – não foi aprovada em dois turnos, em cada Casa do Congresso Nacional, com o quórum qualificado de três quintos dos votos dos respectivos membros (§ 3º do art. 5º da Constituição) para formalmente adquirir a condição de emenda constitucional[73]. Portanto, esta convenção é *materialmente constitucional*, pois tutela direitos humanos dos trabalhadores.

71. Conforme exposto no item 1 deste capítulo.

72. Para maiores detalhes, consulte MARTINS, Juliane Caravieri. *Trabalho digno e direitos humanos em tempos de globalização:* perspectivas para a América Latina. Belo Horizonte: Arraes Editores, 2017.

73. Flávia Piovesan dispõe que "por força do art. 5º, § 2º, da Constituição Federal de 1988, todos os tratados de direitos humanos, independentemente do *quorum* de aprovação, são materialmente constitucionais, compondo o bloco de constitucionalidade. O *quorum* qualificado introduzido pelo § 3º do mesmo artigo (fruto da Emenda Constitucional n. 45/2004), ao reforçar a natureza constitucional dos tratados de direitos humanos, vem a adicionar um lastro formalmente constitucional aos tratados ratificados, propiciando a 'constitucionalização formal' dos tratados de direitos humanos no âmbito jurídico interno. Nessa hipótese, os tratados de direitos humanos formalmente constitucionais são equiparados às emendas à Constituição, isto é, passam a integrar formalmente o Texto. Com o advento do § 3º do art. 5º surgem, assim, duas categorias de tratados internacionais de proteção aos direitos humanos: a) os materialmente constitucionais; b) os material e formalmente constitucionais. Frise-se: todos os tratados internacionais de direitos

Sendo composta de trinta e nove artigos, ela disciplina as ações e medidas a serem tomadas pelos auditores fiscais do trabalho no exercício de seu *múnus*, destacando-se o art. 3º sobre os objetivos da fiscalização[74]:

> 1 – O sistema de inspeção do trabalho será encarregado:
>
> a) de assegurar a aplicação das disposições legais relativas às condições de trabalho e à proteção dos trabalhadores no exercício de sua profissão, tais como as disposições relativas à duração do trabalho, aos salários, à segurança, à higiene e ao bem-estar, ao emprego das crianças e dos adolescentes e a outras matérias conexas, na medida em que os inspetores são encarregados de assegurar a aplicação das ditas disposições;
>
> b) de fornecer informações e conselhos técnicos aos empregadores e trabalhadores sobre os meios mais eficazes de observar as disposições legais;
>
> c) de levar ao conhecimento da autoridade competente as deficiências ou os abusos que não estão especificamente compreendidos nas disposições legais existentes.
>
> 2 – Se forem confiadas outras funções aos inspetores de trabalho, estas não devem ser obstáculo ao exercício de suas funções principais, nem prejudicar de qualquer maneira a autoridade ou a imparcialidade necessárias aos inspetores nas suas relações com os empregados.

Então, mesmo em face do "esvaziamento" da inspeção laboral atribuída ao Ministério do Trabalho e Emprego, agora extinto, a Convenção n. 81 da OIT ainda permite que os auditores fiscais do trabalho, com atribuições em todo o território nacional, continuem exercendo suas atividades com respaldo jurídico e liberdade no exercício da função, conforme previsto no art. 12 desta convenção[75], bem como na Lei n. 10.593/2002 sobre a Carreira de Auditoria Fiscal do Trabalho e no Decreto n. 4.552/2002 que instituiu o regulamento da inspeção do trabalho, ambos ainda vigentes.

Ademais, na tutela ao meio ambiente do trabalho no plano infraconstitucional pátrio, há a Lei de Política Nacional do Meio Ambiente (Lei n. 6.938/1991); a Consolidação das Leis do Trabalho nos arts. 154 a 223 e arts. 626 a 642; a Portaria n. 3.214/1978 que aprovou as Normas Regulamentadoras (NR) relativas à Segurança e Medicina do Trabalho; as convenções e os acordos coletivos de trabalho que também podem tratar da matéria labor-ambiental, bem como as sentenças normativas proferidas pela Justiça do Trabalho nos dissídios coletivos de trabalho. Por fim, no âmbito criminal, cita-se o Código Penal e demais leis esparsas, destacando-se a Lei n. 9.605/1998 sobre Crimes Ambientais que é apta a responsabilizar penalmente as pessoas jurídicas (art. 225, § 3º, da CF).

Dessa maneira, a tutela jurídica labor-ambiental é ampla, prevista em normas internacionais e nacionais (constitucionais e infraconstitucionais), adotando-se a *visão holística* do ser humano no exercício de sua atividade laborativa num meio ambiente do trabalho multifacetado que assume a qualidade de direito humano e fundamental dos cidadãos trabalhadores. Consoante preleciona Carlos Henrique Bezerra Leite[76]:

> A concepção moderna de meio ambiente do trabalho, portanto, está relacionada com os direitos humanos, notadamente o direito à vida, à segurança e à saúde. Esses direitos, na verdade, constituem corolários dos princípios fundamentais da dignidade da pessoa humana e da cidadania.

Supera-se, assim, a concepção tradicional da doutrina juslaboralista pátria, calcada apenas nas normas técnicas da CLT e das Normas Regulamentadoras do Ministério do Trabalho e Emprego, que preconizam o meio ambiente do trabalho tão somente sob a perspectiva da medicina, higiene e segurança do trabalho.

---

humanos são materialmente constitucionais, por força do § 2º do art. 5º. Para além de serem materialmente constitucionais, poderão, a partir do § 3º do mesmo dispositivo, acrescer a qualidade de formalmente constitucionais, equiparando-se às emendas à Constituição, no âmbito formal" (PIOVESAN, Flávia. *Direitos humanos e o direito constitucional internacional*. 7. ed. rev., ampl. e atual. São Paulo: Saraiva, 2006. p. 328-329).

74. OIT. *OIT Brasília – convenções ratificadas*. Disponível em: <https://www.ilo.org/brasilia/convencoes/lang--pt/index.htm>. Acesso em: 05 abr. 2019.

75. Art. 12. 1. Os inspetores de trabalho munidos de credenciais serão autorizados: a) a penetrar livremente e sem aviso prévio, a qualquer hora do dia ou da noite, em qualquer estabelecimento submetido à inspeção; b) a penetrar durante o dia em todos os locais que eles possam ter motivo razoável para supor estarem sujeitos ao controle de inspeção; c) a proceder a todos exames, controles e inquéritos julgados necessários para assegurar que as disposições legais são efetivamente observadas, e notadamente; i) a interrogar, seja só ou em presença de testemunhas, o empregador ou pessoal do estabelecimento sobre quaisquer matérias relativas à aplicação das disposições legais; ii) a pedir vistas de todos os livros, registros e documentos prescritos pela legislação relativa às condições de trabalho, com o fim de verificar sua conformidade com os dispositivos legais, de os copiar ou extrair dados; iii) a exigir a afixação dos avisos previstos pelas disposições legais; iv) a retirar ou levar para fim de análises, amostras de materiais e substâncias utilizadas ou manipuladas, contanto que o empregador ou seu representante seja advertido de que os materiais ou substâncias foram retiradas ou levadas para esse fim. 2. Por ocasião de uma visita de inspeção, o inspetor deverá informar o empregador ou seu representante de sua presença, a menos que julgue que tal aviso pode ser prejudicial à eficiência da fiscalização (OIT. *OIT Brasília – convenções ratificadas*, *op. cit.*, 2019).

76. LEITE, Carlos Henrique Bezerra. *Curso de direito do trabalho*. 8. ed. São Paulo: Saraiva, 2017, p. 643.

O novo conceito de meio ambiente do trabalho é extraído da interpretação sistemática das referidas normas em cotejo com as previstas nos arts. 200, VII, 7º, XXII e XXVIII, da CF [...].

Em sentido convergente, no *II Seminário Nacional de Prevenção de Acidentes do Trabalho*, ocorrido em setembro de 2013, Ingo Wolfgang Sarlet afirmou[77]:

> [...] eu gostaria de vincular três grandes princípios a essa questão também do direito fundamental ao ambiente do trabalho saudável. O primeiro, a que já referi, é o princípio e o correspondente dever de sustentabilidade necessariamente no Estado Socioambiental estruturado em três eixos: econômico, social e ambiental, que, de algum modo, com toda sua complexidade e dificuldade, devem conviver e não apenas prevalecer um sobre o outro. Portanto, a dignidade da pessoa humana – e o livre desenvolvimento da personalidade –, também no ambiente de trabalho, depende do desenvolvimento do progresso econômico e, ao mesmo tempo, deve garantir justiça social. [...]
>
> Todo o dispositivo do art. 7º da nossa Constituição, já da pessoa humana como princípio matriz, ali, não há dúvida alguma de que se trata de normas de direitos e garantias fundamentais do trabalhador que, evidentemente, podem ser colocadas ou não num contexto mais amplo do direito fundamental ao meio ambiente, ou dever fundamental do meio ambiente com maior ou menor proveito. Mas a tese que vou sustentar é no sentido de que é sim: *numa agenda socioambiental, o meio ambiente do trabalho, tanto na perspectiva individual quanto coletiva, deve ser, sim, integrado como norma de direito fundamental à proteção mais ampla da agenda ambiental.* [...]

Portanto, para fortalecer o equilíbrio sistêmico do meio ambiente laboral e, consequentemente, a efetivação do desenvolvimento sustentável, propõe-se o diálogo entre os instrumentos próprios do Direito Ambiental, em específico o *Estudo de Impacto Ambiental* (EIA) juntamente com o *Programa de Prevenção de Riscos Ambientais* (PPRA) no intuito de ampliar a efetividade da tutela ao meio ambiente do trabalho, afastando-se os riscos e a poluição labor-ambiental.

O **Programa de Prevenção de Riscos Ambientais (PPRA)**, previsto na Norma Regulamentadora n. 9, possui elaboração e implementação obrigatória por parte de todos os empregadores e instituições que admitam trabalhadores como empregados, visando a preservação da saúde e integridade dos trabalhadores por meio da antecipação, reconhecimento, avaliação e consequente controle da ocorrência de riscos ambientais existentes ou que venham a existir no ambiente de trabalho, considerando a proteção do meio ambiente e dos recursos naturais (9.1.1 da NR-9)[78].

A prevenção dos riscos ambientais[79] no meio ambiente de trabalho é efetuada mediante a implantação de medidas protetivas pelos empregadores, em conjunto com outras iniciativas da empresa, no campo da preservação da saúde e da integridade físico-psíquica dos trabalhadores (9.1.1 da NR-9[80]), devendo estar articulada com outras normas regulamentadoras, especialmente o Programa de Controle Médico de Saúde Ocupacional (NR-7), os Serviços Especializados em Engenharia de Segurança e Medicina do Trabalho (NR-4), a Comissão Interna de Prevenção de Acidentes (NR-5 e arts. 163-165 da CLT), visando à ampla proteção do ambiente de trabalho.

Portanto, a tutela labor-ambiental no Brasil referenda a visão holística do ser humano no exercício de sua atividade laborativa, assim, as normas regulamentadoras, editadas pelo Ministério do Trabalho e Emprego pela Portaria n. 3.214/1978, foram recepcionadas pela Constituição de 1988, estando em consonância aos seus preceitos sobre o Estado Socioambiental[81], possuindo força normativa e vinculante, conforme José Affonso Dallegrave Neto elucida[82]:

---

77. SARLET, Ingo Wolfgang. O direito fundamental ao meio ambiente do trabalho saudável. *Revista do TST*, Brasília, v. 80, n. 1, jan.-mar. 2014. p. 25-26 e p. 28, grifo nosso.

78. TRTSP. *NR-9 – Programa de prevenção de riscos ambientais*. Disponível em: <http:://www.trtsp.jus.br/geral/tribunal2/LEGIS/CLT/NRs/NR_9.html. Acesso em: 26 abr. 2019.

79. Os agentes físicos, químicos e biológicos existentes nos ambientes de trabalho capazes de causar danos à saúde do trabalhador em função de sua natureza, concentração ou intensidade e tempo de exposição. Tem-se, ainda, os agentes mecânicos, ergonômicos e outras condições de insegurança existentes nos locais de trabalho, capazes de provocar lesões à integridade física do trabalhador.

80. TRTSP. *NR-9 – Programa de prevenção de riscos ambientais, op. cit.*, 2019.

81. De acordo com Ingo Wolfgang Sarlet, "[...] Estado Socioambiental, por várias razões, não é exatamente a mesma coisa que o Estado Ecológico, que o Estado Ambiental ou que o Estado Social. Minha tentativa aqui é justificar isso no contexto da Constituição Federal brasileira, o que me parece ser particularmente relevante para a inclusão também da agenda do direito ao ambiente do trabalho e dos demais direitos sociais nesse contexto mais amplo da proteção e promoção do ambiente. Eu diria que não é à toa e não foi por coincidência que nosso constituinte de 1988 incluiu a proteção do ambiente na ordem social junto com o direito à previdência, à saúde, aos direitos culturais; enfim, a outras questões que sabemos. Poderia ser coincidência. Nem sempre se pode, realmente, afirmar que alguma coisa no projeto constitucional não tenha sido coincidência. Parece-me que isso não foi uma coincidência. Nossa Constituição é um sistema socioambiental, porque ela realmente, no meu sentir, aposta na proteção e na promoção integrada e harmônica das agendas social e ambiental" (SARLET, Ingo Wolfgang. O direito fundamental ao meio ambiente do trabalho saudável, *op. cit.*, p. 23-24).

82. DALLEGRAVE NETO, José Affonso. A força vinculante das normas regulamentadoras do Ministério do Trabalho e Emprego (NRs do MTE) e o anexo II da NR-17. *Revista do Tribunal Regional do Trabalho da 1ª Região*, n. 48, 2010. p. 119-120 e p. 123.

> Não se duvide da força normativa dessas NRs pelo simples fato de elas serem Portarias do MTE e, portanto, meros atos regulamentares do Poder Executivo. De uma adequada interpretação do sistema jurídico, verifica-se que tanto a lei (art. 200 da CLT) quanto a Constituição Federal (art. 7º, XXIII) inspiram, referendam e impulsionam as aludidas NRs, conferindo-lhes indubitável e autêntica normatividade. [...]
>
> As Normas Regulamentadoras (NRs) do Ministério do Trabalho e Emprego (MTE) que dispõem sobre medidas complementares no campo da prevenção de doenças e acidentes do trabalho cumprem expressa delegação normativa estampada em lei federal (art. 200, I, da CLT), além de efetivarem direito fundamental previsto no art. 7º, XXII, da Constituição Federal. Logo, as NRs contêm densidade legal e vinculante para todas "as empresas privadas e públicas e pelos órgãos públicos de administração direta e indireta, bem como pelos órgãos dos poderes legislativo e judiciário, que possuam empregados regidos pela Consolidação das Leis do Trabalho" (NR 01.1).

No meio ambiente do trabalho, há previsão de riscos ambientais em cinco categorias: os riscos físicos, químicos e biológicos descritos na NR-9, os riscos de acidentes decorrentes da NR-16 e os riscos ergonômicos previstos na NR-17.

Segundo a NR-9, consideram-se agentes físicos as diversas formas de energia a que possam estar expostos os trabalhadores, tais como: ruído, vibrações, pressões anormais, temperaturas extremas, radiações ionizantes, radiações não ionizantes, bem como o infrassom e o ultrassom (9.1.5.1). Os agentes químicos são as substâncias, compostos ou produtos que possam penetrar no organismo pela via respiratória, nas formas de poeiras, fumos, névoas, neblinas, gases ou vapores, ou que, pela natureza da atividade de exposição, possam ter contato ou ser absorvido pelo organismo através da pele ou por ingestão (9.1.5.2). Consideram-se agentes biológicos as bactérias, fungos, bacilos, parasitas, protozoários, vírus, entre outros (9.1.5.3)[83].

Os *riscos de acidentes* não constam na NR-9, mas há perigo de acidentes com combustíveis, inflamáveis, radiações ionizantes, eletricidade, atividades de segurança e vigilância patrimonial e pessoal e nas atividades em motocicleta, conforme previsão dos anexos da NR-16. Logo, tais riscos decorrem das atividades e operações perigosas, sendo entendidos como fatores que coloquem em situação vulnerável e afetem a integridade físico-psíquica dos trabalhadores, inclusive daqueles expostos a roubos ou outras espécies de violência física nas atividades profissionais de segurança pessoal ou patrimonial (anexo 3 da NR-16); daqueles expostos ao perigo com energia elétrica (anexo 4 da NR-16) e, por fim, daqueles expostos ao perigo em atividades que utilizam motocicleta no deslocamento em vias públicas (anexo 5 da NR-16)[84]. Integram esses riscos de acidente para os trabalhadores – *riscos eminentemente ambientais* – o acidente típico do trabalho, os acidentes de trabalho equiparados e os acidentes de trajeto.

A concepção de *acidente típico do trabalho* decorre da Lei n. 8.213/1991 que o conceituou, no art. 19, *caput*, como aquele que ocorre pelo exercício do trabalho a serviço de empresa ou de empregador doméstico ou pelo exercício do trabalho dos segurados especiais (art. 11, VII, da Lei n. 8.213/1991), provocando lesão corporal ou perturbação funcional que cause a morte ou a perda ou redução, permanente ou temporária, da capacidade para o trabalho[85].

Os *acidentes de trabalho equiparados* estão previstos no art. 20 da Lei n. 8.213/1991[86], incluindo a *doença profissional* – entendida como a produzida ou desencadeada pelo exercício do trabalho peculiar a determinada atividade e constante da respectiva relação elaborada pelo Ministério do Trabalho e da Previdência Social – e a *doença do trabalho*, entendida como aquela adquirida ou desencadeada em função de condições especiais em que o trabalho é realizado e com ele se relaciona diretamente.

Por fim, os *acidentes de trajeto* ou *in itinere*, previstos no art. 21, inciso IV, alínea *d*, da Lei n. 8.213/1991[87], também se equiparam ao acidente do trabalho, sendo entendidos como os acidentes sofridos pelo segurado, ainda que fora

---

83. TRTSP. *NR-9 – Programa de prevenção de riscos ambientais, op. cit.*, 2019.

84. O item 2 do anexo 5 exclui das atividades consideradas perigosas: a) a utilização de motocicleta ou motoneta exclusivamente no percurso da residência para o local de trabalho ou deste para aquela; b) as atividades em veículos que não necessitem de emplacamento ou que não exijam carteira nacional de habilitação para conduzi-los; c) as atividades em motocicleta ou motoneta em locais privados e d) as atividades com uso de motocicleta ou motoneta de forma eventual, assim considerado o fortuito ou o que, sendo habitual, dá-se por tempo extremamente reduzido (TRTSP. *NR-16 – Atividades e operações perigosas*. Disponível em: <http://www.trtsp.jus.br/geral/tribunal2/LEGIS/CLT/NRs/NR_16.html. Acesso em: 26 abr. 2019).

85. BRASIL. *Lei n. 8.213, de 24 de julho de 1991*. Disponível em: <http://www.planalto.gov.br/ccivil_03/leis/L8213compilado.htm>. Acesso em: 26 abr. 2019.

86. Art. 20. [...] § 1º Não são consideradas como doença do trabalho: a) a doença degenerativa; b) a inerente a grupo etário; c) a que não produza incapacidade laborativa; d) a doença endêmica adquirida por segurado habitante de região em que ela se desenvolva, salvo comprovação de que é resultante de exposição ou contato direto determinado pela natureza do trabalho. § 2º Em caso excepcional, constatando-se que a doença não incluída na relação prevista nos incisos I e II deste artigo resultou das condições especiais em que o trabalho é executado e com ele se relaciona diretamente, a Previdência Social deve considerá-la acidente do trabalho (BRASIL. *Lei n. 8.213, de 24 de julho de 199, op. cit.*, 2019).

87. BRASIL. *Lei n. 8.213, de 24 de julho de 199, op. cit.*, 2019.

do local e horário de trabalho, no percurso da residência para o local de trabalho ou deste para aquela, qualquer que seja o meio de locomoção, inclusive veículo de propriedade do segurado.

Se no exercício da atividade laborativa o empregado vier a sofrer acidente de trabalho (art. 19 da Lei n. 8.213/1991) ou for acometido por *doença profissional ou do trabalho*[88], será imprescindível a realização da perícia médica no intuito de estabelecer o nexo causal entre a redução da capacidade laborativa e a atividade exercida pelo trabalhador, bem como os limites para a reparação civil dos danos sofridos, que deverá ser analisada no contexto da proteção jurídica ao meio ambiente do trabalho[89].

Finalmente, o *risco ergonômico* também não está previsto na NR-9, possuindo disciplina na NR-17, podendo ser compreendido como qualquer fator que possa interferir nas características psicofisiológicas dos trabalhadores, causando desconforto ou afetando sua saúde como, por exemplo, levantamento de peso, ritmo de trabalho excessivo, monotonia, repetitividade das tarefas, postura inadequada etc.

Então, esta modalidade de risco está diretamente relacionada com as condições de trabalho que incluem aspectos relacionados ao levantamento, transporte e descarga de materiais, ao mobiliário, aos equipamentos, às condições ambientais do posto de trabalho e à própria organização do trabalho (17.1.1 da NR-17). Logo, para avaliar a adaptação das condições de trabalho às características psicofisiológicas dos trabalhadores, cabe ao empregador realizar a análise ergonômica do trabalho, devendo abordar, no mínimo, as condições de trabalho (17.1.2 da NR-17), bem como a organização do trabalho.

A organização do trabalho deve ser adequada às características psicofisiológicas dos trabalhadores e à natureza do trabalho a ser executado (17.6.1 da NR-17). Tal organização deve considerar, no mínimo, os seguintes aspectos: a) as normas de produção; b) o modo operatório; c) a exigência de tempo; d) a determinação do conteúdo de tempo; e) o ritmo de trabalho; f) o conteúdo das tarefas (17.6.2 da NR-17)[90] a fim de monitorar todos os riscos ergonômicos existentes no ambiente laboral.

Portanto, o PPRA deve avaliar todos os riscos referidos, sendo integrante de um conjunto mais amplo de medidas contidas nas normas de tutela labor-ambiental, já referenciadas, contribuindo para a diminuição de afastamentos por acidentes do trabalho e doenças ocupacionais, bem como para a eliminação dos riscos e da exposição dos trabalhadores no intuito de conceder maior efetividade ao direito fundamental ao meio ambiente do trabalho sadio e equilibrado em consonância com o "giro humanístico"[91] que é imperioso se adotar em tais questões.

O PPRA deverá possuir, no mínimo, a seguinte estrutura: a) planejamento anual com estabelecimento de metas, prioridades e cronograma; b) estratégia e metodologia de ação; c) forma de registro, manutenção e divulgação dos dados; d) periodicidade e forma de avaliação do seu desenvolvimento (9.2.1 da NR-9). Além disso, sempre que necessário e ao menos uma vez ao ano, deverá ser efetuada uma análise global do PPRA para avaliação do seu desenvolvimento e realização dos ajustes necessários, bem como o estabelecimento de novas metas e prioridades (9.2.1.1 da NR-9)[92].

Necessariamente, o PPRA deverá conter as seguintes etapas: a) antecipação e reconhecimento dos riscos;

88. Segundo Sebastião Geraldo de Oliveira, **doença profissional** é "aquela peculiar a determinada atividade ou profissão, também chamada de doença profissional típica, tecnopatia ou ergopatia. O exercício de determinada profissão pode produzir ou desencadear certas patologias, sendo que, nessa hipótese, o nexo causal da doença com a atividade é presumido. É o caso, por exemplo, do empregado de uma mineradora que trabalha exposto ao pó de sílica e contrai silicose". Já a **doença do trabalho**, também chamada mesopatia ou doença profissional atípica, "apesar de ter origem na atividade do trabalhador, não está vinculada necessariamente a esta ou aquela profissão. Seu aparecimento decorre da forma em que o trabalho é prestado ou das condições específicas do ambiente de trabalho. O grupo atual das LER/DORT é um exemplo oportuno das doenças do trabalho, já que podem ser adquiridas ou desencadeadas em qualquer atividade, sem vinculação direta a determinada profissão" (OLIVEIRA, Sebastião Geraldo de. *Indenizações por acidente do trabalho ou doença ocupacional*, São Paulo: LTr, 2007. p. 47).

89. Para maiores detalhes, consulte GAMBA, Juliane Caravieri Martins. Responsabilidade civil objetiva do empregador pelos danos à saúde do trabalhador: visão constitucional do meio ambiente do trabalho. *Revista de Direito Constitucional e Internacional*, São Paulo: Revista dos Tribunais, v. 18, 2010. p. 127-164.

90. TRTSP. *NR-17 – Ergonomia*. Disponível em: <http::/www.trt02.gov.br/geral/tribunal2/LEGIS/CLT/NRs/NR_17.html. Acesso em: 26 abr. 2019.

91. De acordo com Ney Maranhão, "[...] urge, portanto, fazer com que esse autêntico giro humanístico também repercuta na conceituação jurídica do próprio meio ambiente do trabalho. É preciso deixar bem vincado este ponto: o importante, para fins de elaboração de um conceito adequado de meio ambiente do trabalho, não está apenas em tentar alcançar toda a complexidade ínsita à ambiência laboral, visualizando e assimilando, de alguma maneira, a tríade condições de trabalho, organização do trabalho e relações interpessoais. A questão também está em se deixar conduzir, nessa delicada empreitada intelectiva, por um fio condutor eminentemente existencial, na medida em que permeado pela preocupação e observação de tudo quanto afeta ou ameaça afetar, mais diretamente, a saúde e a segurança do ser humano que trabalha, deixando de lado abordagens exclusivamente físico-naturais ou meramente patrimoniais/contratuais, pouco comprometidas com as prodigiosas diretrizes constitucionais" (MARANHÃO, Ney. Poluição labor-ambiental: aportes jurídicos gerais. *Revista de Direito do Trabalho*, São Paulo, v. 177, mai. 2017. p. 06).

92. TRTSP. *NR 9 – Programa de prevenção de riscos ambientais, op. cit.*, 2019.

b) estabelecimento de prioridades e metas de avaliação e controle; c) avaliação dos riscos e da exposição dos trabalhadores; d) implantação de medidas de controle e avaliação de sua eficácia; e) monitoramento da exposição aos riscos; f) registro e divulgação dos dados (9.3.1 da NR-9)[93].

A *antecipação dos riscos ambientais* deverá envolver a análise de projetos de novas instalações, métodos ou processos de trabalho ou, ainda, de modificação dos já existentes, visando a identificar os riscos potenciais e introduzir medidas de proteção para sua redução ou eliminação (9.3.2 da NR-9). O *reconhecimento dos riscos ambientais* deverá abranger os seguintes itens: a) a sua identificação; b) a determinação e localização das possíveis fontes geradoras; c) a identificação das possíveis trajetórias e dos meios de propagação dos agentes no ambiente de trabalho; d) a identificação das funções e determinação do número de trabalhadores expostos; e) a caracterização das atividades e do tipo da exposição; f) a obtenção de dados existentes na empresa, indicativos de possível comprometimento da saúde decorrente do trabalho; g) os possíveis danos à saúde relacionados aos riscos identificados, disponíveis na literatura técnica; h) a descrição das medidas de controle já existentes (9.3.3 da NR-9)[94].

Segundo previsão expressa da NR-9, deverão ser adotadas as medidas de controle necessárias para a eliminação, a minimização ou o controle dos riscos ambientais sempre que forem verificadas algumas das seguintes situações: a) identificação, na fase de antecipação, de risco potencial à saúde; b) constatação, na fase de reconhecimento de risco evidente à saúde; c) quando os resultados das avaliações quantitativas da exposição dos trabalhadores excederem os valores limites previstos na NR-15 ou, na ausência destes, serão adotados os valores limites de exposição ocupacional da *American Conference of Governmental Industrial Higyenists* (ACGIH) ou aqueles que venham a ser estabelecidos em negociação coletiva de trabalho *desde que mais rigorosos do que os critérios técnico-legais estabelecidos* e d) quando, através do PCMSO, ficar caracterizado o nexo causal entre danos observados na saúde dos trabalhadores e a situação de trabalho a que eles ficaram expostos (9.3.5.1 da NR-9)[95].

Conforme outrora analisado, a "reforma" trabalhista flexibilizou vários dispositivos celetistas de proteção ao meio ambiente do trabalho, destacando-se o art. 611-A da CLT ao estabelecer que a convenção coletiva e o acordo coletivo de trabalho terão prevalência sobre a lei quando dispuserem sobre o enquadramento do grau de insalubridade (inciso XII) e a prorrogação de jornada em ambientes insalubres, sem licença prévia das autoridades competentes do Ministério do Trabalho (inciso XIII), afastando, inclusive, a necessidade de perícia técnica para avaliação desse adicional, bem como da identificação dos reais agentes nocivos à saúde dos trabalhadores. Cita-se, ainda, o parágrafo único do art. 611-B da CLT ao prever que as regras sobre duração do trabalho e intervalos não são consideradas como normas de saúde, higiene e segurança do trabalho, verdadeira aberração jurídica em total afronta aos preceitos da Constituição de 1988.

É notório que tais previsões legais afrontam diretamente as medidas de controle necessárias para a eliminação, a minimização ou o controle dos riscos ambientais utilizadas pelo PPRA para avaliar quantitativamente a exposição dos trabalhadores aos agentes insalubres, inclusive aquela disposta no item 9.3.5.1, alínea *d*, da NR-9.

A implantação de medidas de caráter coletivo pelo PPRA deverá ser acompanhada de treinamento dos trabalhadores quanto aos procedimentos que assegurem a sua eficiência e de informação sobre as eventuais limitações de proteção que ofereçam e, caso haja a inviabilidade técnica para a adoção destas ou quando estas forem insuficientes, caberá ao empregador adotar outras medidas, obedecendo-se à seguinte hierarquia: a) medidas de caráter administrativo ou de organização do trabalho e b) utilização de equipamento de proteção individual – EPI (9.3.5.3 e 9.3.5.4 da NR-9)[96].

Acerca do EPI – que é um importante instrumento na prevenção dos riscos labor-ambientais e na efetivação do PPRA – as empresas devem fornecê-lo obrigatoriamente aos empregados, de modo gratuito, sendo adequado ao risco a ser prevenido e em perfeito estado de conservação (art. 166 da CLT e itens 6.3 e 6.6.1 da NR-07[97]), havendo também a necessidade de fiscalização do seu efetivo uso pelo empregador e seus prepostos. Portanto, o empregador deverá

93. TRTSP. *NR 9 – Programa de prevenção de riscos ambientais, op. cit.*, 2019.
94. TRTSP. *NR 9 – Programa de prevenção de riscos ambientais, op. cit.*, 2019.
95. TRTSP. *NR 9 – Programa de prevenção de riscos ambientais, op. cit.*, 2019.
96. TRTSP. *NR 9 – Programa de prevenção de riscos ambientais, op. cit.*, 2019.
97. 6.3 A empresa é obrigada a fornecer aos empregados, gratuitamente, EPI adequado ao risco, em perfeito estado de conservação e funcionamento, nas seguintes circunstâncias: a) sempre que as medidas de ordem geral não ofereçam completa proteção contra os riscos de acidentes do trabalho ou de doenças profissionais e do trabalho; b) enquanto as medidas de proteção coletiva estiverem sendo implantadas e c) para atender a situações de emergência. [...] 6.6.1 Cabe ao empregador quanto ao EPI: a) adquirir o adequado ao risco de cada atividade; b) exigir seu uso; c) fornecer ao trabalhador somente o aprovado pelo órgão nacional competente em matéria de segurança e saúde no trabalho; d) orientar e treinar o trabalhador sobre o uso adequado, guarda e conservação; e) substituir imediatamente, quando danificado ou extraviado; f) responsabilizar-se pela higienização e manutenção periódica; g) comunicar ao MTE qualquer irregularidade observada; h) registrar o seu fornecimento ao trabalhador, podendo ser adotados livros, fichas ou sistema eletrônico (TRTSP. *NR 7 – Equipamento de proteção individual*. Disponível em: <http://www.trtsp.jus.br/geral/tribunal2/LEGIS/CLT/NRs/NR_6.html. Acesso em: 26 abr. 2019).

adquirir o tipo adequado de EPI às atividades laborativas dos empregados sujeitas aos riscos ambientais; treiná-los para o seu uso correto, inclusive como obrigatório; substituir o EPI quando danificado ou extraviado e, finalmente, fiscalizar o seu uso pelos empregados[98].

A recusa do empregado na utilização do EPI constitui falta grave e ato de indisciplina (art. 482, alínea *h*, da CLT), dando ensejo à demissão por justa causa (art. 158, parágrafo único, da CLT). Entretanto, na aplicação das penalidades disciplinares com fundamento no seu poder de direção, sobretudo da justa causa, o empregador deve se respaldar no uso da "*dosimetria da pena*" no intuito de evitar a reversão da demissão por justa causa em juízo numa futura reclamação trabalhista, observando algumas medidas preventivas, tais como: a) aplicar, primeiramente, as penalidades disciplinares de advertência (escrita ou verbal), num segundo momento, na reincidência do empregado, pelo mesmo motivo, aplicar a suspensão até o limite máximo de 30 dias (art. 474, CLT) e, finalmente, a demissão por justa causa; b) haver imediatidade entre a falta cometida e a pena aplicada sob pena de o empregado alegar o perdão tácito do empregador; c) o empregador não deve realizar dupla punição pela mesma falta cometida pelo empregado e d) o empregador deve se pautar nos princípios da razoabilidade e da proporcionalidade entre a falta cometida e a medida disciplinar aplicada ao empregado. Tais medidas preventivas se mostram pertinentes, pois a rescisão por justa causa do empregado é a penalidade disciplinar mais grave a ser aplicada pelo empregador, sendo seu o ônus da prova dessa falta grave, pois acarreta consequências gravosas ao obreiro.

Por fim, no âmbito do PPRA, é de responsabilidade do empregador (9.4.1 da NR-9[99]) o estabelecimento, a implementação e o cumprimento deste programa como atividade permanente da empresa ou instituição a fim de prevenir os riscos ambientais, dando plena efetividade ao direito fundamental ao meio ambiente hígido e sadio, constitucionalmente resguardado, conforme outrora evidenciado. Além disso, também está sob a responsabilidade dos trabalhadores a colaboração e participação na implantação e execução do PPRA; seguindo as orientações recebidas nos treinamentos oferecidos, bem como informando ao seu superior hierárquico direto as ocorrências que, a seu julgamento, possam implicar riscos à sua saúde (9.4.2 da NR-9[100]).

Entretanto, cabe destacar que, recentemente, está ocorrendo o desmonte das normas regulamentadoras pelo governo federal que iniciou revogações parciais e totais das NR's sob o discurso falacioso da necessidade de "modernização das regras a fim de estimular a economia e gerar mais empregos"[101]. Em 30 de julho de 2019, houve a aprovação da Portaria n. 915 e da Portaria n. 916 do Ministério da Economia que, dentre outras medidas, revogaram integralmente a NR-2 que tratava da inspeção prévia do auditor fiscal do trabalho antes da abertura de um estabelecimento; alteraram a NR-1 que apresentava disposições gerais relativas à segurança e medicina do trabalho, de observância obrigatória, retirando várias garantias à saúde e ao bem-estar dos trabalhadores e reviram, em exclusivo benefício dos empregadores, a NR-12 que regulamentava tecnicamente a segurança no trabalho em máquinas e equipamentos.

Alterando a NR-1, a Portaria n. 915/2019 revogou os seguintes dispositivos da NR-9: **9.6.3**; **3.1.2 do Anexo 2** e **5.3 do Anexo 2**[102] em nítida afronta à garantia de um meio ambiente do trabalho hígido e seguro. Especificamente sobre o *Programa de Prevenção de Riscos Ambientais*, a NR-1 alterada estabeleceu, no item 1.7, o tratamento diferenciado ao Microempreendedor Individual (MEI), à Microempresa (ME) e à Empresa de Pequeno Porte (EPP), de modo a dispensá-los da elaboração do PPRA se forem de graus de risco 1 e 2, sendo autorizados a declarar as informações digitais, na forma do subitem 1.5.1, e não possuírem riscos químicos, físicos e biológicos (item 1.7.1)[103].

Inclusive, nos termos do art. 6º da Portaria n. 915/2019, enquanto não houver sistema informatizado para o recebimento da declaração de informações digitais prevista nos subitens 1.7.1 e 1.7.2 do Anexo I desta portaria, o empregador deverá manter declaração de inexistência de riscos no estabelecimento para fazer *jus* ao tratamento diferenciado[104]. Este foi outro absurdo chancelado pelo governo federal nesta portaria, pois em caso de acidentes do trabalho em empresas caracterizadas como MEI, ME e EPP, os empregados não conseguirão demonstrar o nexo de causalidade entre os danos sofridos e a atividade laborativa exercida

98. *Súmula n. 289 do TST: INSALUBRIDADE. ADICIONAL. FORNECIMENTO DO APARELHO DE PROTEÇÃO. EFEITO.* O simples fornecimento do aparelho de proteção pelo empregador não o exime do pagamento do adicional de insalubridade. Cabe-lhe tomar as medidas que conduzam à diminuição ou eliminação da nocividade, *entre as quais as relativas ao uso efetivo do equipamento pelo empregado* (grifo nosso).

99. TRTSP. *NR 9 – Programa de prevenção de riscos ambientais, op. cit.*, 2019.

100. TRTSP. *NR 9 – Programa de prevenção de riscos ambientais, op. cit.*, 2019.

101. MIGALHAS. *Bolsonaro altera normas de segurança e saúde no trabalho.* Disponível em: <https://www.migalhas.com.br/Quentes/17,-MI307762,91041-Bolsonaro+altera+normas+de+seguranca+e+saude+no+trabalho. Acesso em: 02 ago. 2019.

102. DOU. *Portaria n. 915, de 30 de julho de 2019.* Disponível em: <http:://www.in.gov.br/web/dou/-/portaria-n-915-de-30-de-julho--de-2019-207941374. Acesso em: 02 ago. 2019.

103. DOU. *Portaria n. 915, de 30 de julho de 2019.* Disponível em: <http:://www.in.gov.br/web/dou/-/portaria-n-915-de-30-de-julho--de-2019-207941374. Acesso em: 02 ago. 2019.

104. DOU. *Portaria n. 915, de 30 de julho de 2019.* Disponível em: <http:://www.in.gov.br/web/dou/-/portaria-n-915-de-30-de-julho--de-2019-207941374. Acesso em: 02 ago. 2019.

porque a empresa empregadora apenas declarará a inexistência de riscos, mesmo eles estando presentes no ambiente laboral. Tal situação é lastimável e representa apenas o começo da desregulamentação total dessas normas técnicas que são de suma importância para se evitar a ocorrência dos acidentes de trabalho e do adoecimento dos trabalhadores.

Dessa forma, apesar de parcialmente esvaziado pela Portaria n. 915/2019, o PPRA ainda deve antecipar, reconhecer, avaliar e, consequentemente, controlar a ocorrência dos riscos ambientais existentes ou que venham a existir no ambiente do trabalho, a fim de mantê-lo sadio e adequado, sendo observados parâmetros mínimos e diretrizes gerais, inclusive podendo ocorrer a colaboração dos Serviços Especializados em Engenharia de Segurança e Medicina do Trabalho previstos na NR-4 e da Comissão Interna de Prevenção de Acidentes (CIPA) disciplinada na NR-5 e nos arts. 163 a 165 da CLT, visando a mais ampla e efetiva proteção ao ambiente de trabalho.

Ademais, no intuito de conceder maior concretude ao Programa de Prevenção de Riscos Ambientais (PPRA) para afastar os riscos ambientais e as formas de poluição labor-ambiental, evitando-se os acidentes e as doenças ocupacionais, vislumbra-se o necessário diálogo com o Estudo de Impacto Ambiental (EIA) na qualidade de instrumento do Direito Ambiental geral com amparo no art. 225, *caput*, e § 1º, IV, da Constituição[105]. Logo, o PPRA é instrumento ambiental semelhante ao EIA, pois também antecipará, reconhecerá e avaliará os riscos ambientais existentes ou que venham a existir no ambiente do trabalho.

O EIA consiste num instrumento da Política Nacional do Meio Ambiente que se propõe a auxiliar na promoção de um meio ambiente equilibrado, sob uma perspectiva preventiva, analisando a "localização, instalação, operação e ampliação de uma atividade ou empreendimento [...]" (art. 1º, III, da Resolução n. 237/1997 do CONAMA[106]) que apresente risco ou impactos ao ambiente.

Nesse sentido, o EIA intenta a concretização dos objetivos da referida Política, que, dentre outros, consiste na "compatibilização do desenvolvimento econômico-social com a preservação da qualidade do meio ambiente e do equilíbrio ecológico" (art. 4º, I, da Lei n. 6.938/1981) e no "estabelecimento de critérios e padrões de qualidade ambiental e de normas relativas ao uso e manejo de recursos ambientais" (art. 4º, III da Lei n. 6.938/1981)[107].

Esse instrumento jurídico pode integrar uma das etapas do licenciamento ambiental diante do potencial degradante e/ou poluidor da instalação de determinada obra ou atividade, devendo anteceder o empreendimento. Como instrumento obrigatório e vinculativo à Administração, inafastável e dotado de complexidade técnica, a exigência no uso do EIA fundamenta-se na presunção constitucional de que toda obra e/ou atividade causa impactos significativos ao meio ambiente, cabendo ao empreendedor do projeto demonstrar o contrário[108].

O Estudo de Impacto Ambiental deverá contemplar, em seu conteúdo, conforme prevê o art. 5º[109] da Resolução n. 01/1986 do CONAMA, os seguintes elementos: alternativas tecnológicas e de localização do projeto, comparando-as com a não realização do empreendimento; a identificação e avaliação dos impactos causados com a implantação e operação da atividade; a definição da "área de influência" do projeto, a partir da limitação da extensão geográfica a ser atingida pelos impactos da instalação, bem como da bacia hidrográfica ali localizada e da compatibilidade do empreendimento com os planos e programas governamentais propostos e/ou implantados na respectiva área.

Desse modo, para conhecer e avaliar os riscos ambientais, a elaboração do EIA deve conter, entre as informações técnicas (art. 6º da Resolução n. 01/1986 do CONAMA)[110], o diagnóstico ambiental da área de influência do projeto, descrevendo e examinando os recursos ambientais e suas interações nos meios físico, biológico e socioeconômico; a análise dos impactos ambientais do projeto e de suas alternativas, identificando, prevendo a magnitude e interpretando a importância e relevância dos prováveis impactos; a definição de medidas que mitiguem os impactos negativos e, por fim, a elaboração de um programa para acompanhamento e monitoramento.

Ressalte-se que, por apresentar um teor essencialmente técnico, o EIA apresenta um correspondente, o Relatório

105. Art. 225. Todos têm direito ao meio ambiente ecologicamente equilibrado, bem de uso comum do povo e essencial à sadia qualidade de vida, impondo-se ao Poder Público e à coletividade o dever de defendê-lo e preservá-lo para as presentes e futuras gerações. § 1º Para assegurar a efetividade desse direito, incumbe ao Poder Público: [...] IV – exigir, na forma da lei, para instalação de obra ou atividade potencialmente causadora de significativa degradação do meio ambiente, estudo prévio de impacto ambiental, a que se dará publicidade; [...].

106. CONAMA. *Resolução n. 237, de 19 de dezembro de 1997*. Disponível em: <http:://www.icmbio.gov.br/cecav/images/download/CONAMA%20237_191297.pdf>. Acesso em: 12 abr. 2019.

107. BRASIL. *Lei n. 6.938, de 31 de agosto de 1981*. Disponível em: <http:://www.planalto.gov.br/ccivil_03/Leis/L6938.htm>. Acesso em: 06 abr. 2019.

108. FIORILLO, Celso Antonio Pacheco. *Curso de direito ambiental brasileiro*. 14. ed. ampl. e atual. em face da Rio+20 e do novo "Código" Florestal. São Paulo: Saraiva, 2013. p. 229.

109. CONAMA. *Resolução n. 01, de 23 de janeiro de 1986, op. cit.*, 2019.

110. CONAMA. *Resolução n. 01, de 23 de janeiro de 1986*. Disponível em: <https://www.ibama.gov.br/sophia/cnia/legislacao/MMA/RE0001-230186.PDF>. Acesso em: 12 abr. 2019.

de Impacto Ambiental (RIMA) que retrata seu conteúdo de modo claro e acessível, uma vez que, por ser menos técnico, mostra-se mais compreensível[111].

Portanto, para se concretizar a mais ampla tutela ao meio ambiente do trabalho, minimizando, ao máximo, os riscos ambientais (físicos, químicos, biológicos, de acidentes e ergonômicos), é imperiosa a tomada de medidas que realmente previnam os danos labor-ambientais no intuito de não se materializar o efetivo dano. Logo, defende-se a conjugação dos instrumentos existentes na proteção ambiental geral e na proteção labor-ambiental, respectivamente, o Estudo de Impacto Ambiental (EIA) e o Programa de Prevenção de Riscos Ambientais (PPRA) a fim de afastar os riscos ambientais e as formas de poluição labor-ambiental, evitando-se os acidentes de trabalho e as doenças ocupacionais.

Entretanto, na atualidade, tais medidas ainda são muito incipientes e pontuais, sendo realizadas por empresas de capital social mais expressivo, pois a maioria ainda adota uma política de esperar para acontecer e depois administrar o problema numa demanda judicial que necessita demonstrar o nexo de causalidade entre o acidente de trabalho sofrido e a atividade laborativa desempenhada[112].

A garantia do equilíbrio no meio ambiente em todas as suas dimensões (*natural ou físico, artificial, cultural e do trabalho*) a fim de tutelar as presentes e futuras gerações representa "passar do amor por si mesmo ao do próximo, e do próximo ao longínquo. Levar a universalização inerente ao ideal dos direitos do homem até os limites extremos, no tempo e no espaço"[113]. O Brasil necessariamente precisa resgatar tais diretrizes na tutela labor-ambiental para o respeito da dignidade e dos direitos do cidadão trabalhador em sua integralidade.

5. CONCLUSÃO

Ao conferir centralidade ao indivíduo, a partir do princípio da dignidade da pessoa humana, o ordenamento jurídico confirmou a preocupação com a vida e com os demais elementos responsáveis pelo seu equilíbrio, qualidade e bem-estar. Nesse sentido, o meio ambiente, por abranger uma pluralidade de espécies e possibilitar o desenvolvimento da vida dos indivíduos, reclama o constante aperfeiçoamento dos seus instrumentos de proteção, contemplando suas dimensões natural, artificial, cultural e do trabalho.

A tutela labor-ambiental, sob a perspectiva da integração entre princípios de ordem ambiental, como o da prevenção, e da seara trabalhista, como o da proteção, deve direcionar-se à conjugação entre o exercício do trabalho decente e a não degradação do meio ambiente, a partir do respeito aos padrões de qualidade ambiental e de uso consciente de recursos no intuito de se atingir o desenvolvimento sustentável.

Além de um direito humano, o meio ambiente do trabalho seguro, sadio e equilibrado possui *status* de direito fundamental, pois foi incorporado ao sistema jurídico brasileiro, em especial na Constituição de 1988 em diversos dispositivos, tais como: art. 7º, inciso XXII; art. 200, inciso VIII; e art. 225, sendo direito indispensável para a garantia de um patamar de vida digna aos obreiros no exercício de sua atividade laborativa.

Porém, a "reforma" trabalhista trouxe significativos impactos deletérios para a implementação de um patamar digno de trabalho previsto na Constituição brasileira, fragilizando garantias referentes à segurança, à vida e à saúde dos trabalhadores e violando a proteção ao meio ambiente do trabalho equilibrado e seguro. O art. 611-A da CLT estabeleceu que o negociado deve prevalecer sobre o legislado em relação a diversas matérias, inclusive sobre a duração do intervalo intrajornada, do enquadramento do grau de insalubridade e da prorrogação de jornada em ambientes insalubres. O art. 611-B, parágrafo único, da CLT, dispôs que as regras sobre a duração do trabalho e os intervalos não seriam consideradas normas de saúde, higiene e segurança do trabalho para os fins do disposto no referido artigo, autorizando, assim, a redução desses direitos por meio de convenção coletiva ou acordo coletivo de trabalho, inclusive a níveis abaixo do patamar civilizatório mínimo.

Mesmo assim, a tutela labor-ambiental no Brasil deve referendar a visão holística do ser humano no exercício de sua atividade laborativa, utilizando, especialmente, as normas regulamentadoras, editadas pelo Ministério do Trabalho e Emprego pela Portaria n. 3.214/1978, que foram recepcionadas pela Constituição de 1988; estão em consonância aos preceitos constitucionais e possuem força normativa

111. FIORILLO, Celso Antonio Pacheco. *Curso de direito ambiental brasileiro, op. cit.*, 2013. p. 228.

112. A questão da reparação dos danos sofridos pelos empregados em função dos acidentes de trabalho deve ser analisada no contexto jurídico da proteção ao meio ambiente do trabalho (art. 7º, XXII e art. 225, *caput* e § 3º da Constituição e arts. 2º e 157 da CLT), adotando-se a **responsabilidade civil objetiva** (parágrafo único do art. 927 do CC), afastando a aplicação da responsabilidade aquiliana. Portanto, deve-se adotar a interpretação lógico-sistemática e teleológica do Código Civil (especialmente do parágrafo único do art. 927); das leis específicas sobre acidente de trabalho; da Lei de Política Nacional do Meio Ambiente (Lei n. 6.938/81); do art. 7º, XXII e do art. 225, *caput* e § 3º da Constituição, no intuito de estabelecer a responsabilidade civil objetiva do empregador baseada na teoria do risco em relação aos danos à integridade física e psíquica dos obreiros, danos eminentemente de natureza labor-ambiental. Para maiores detalhes, consulte GAMBA, Juliane Caravieri Martins. Responsabilidade civil objetiva do empregador pelos danos à saúde do trabalhador: visão constitucional do meio ambiente do trabalho, *Revista de Direito Constitucional e Internacional*, São Paulo: Revista dos Tribunais, v. 18, 2010. p. 127-164.

113. OST, François. *A natureza à margem da lei:* a ecologia à prova do direito. Tradução de Joana Chaves. Lisboa: Instituto Piaget, 1995. p. 215.

e vinculante que deve ser respeitada por todos os agentes envolvidos no meio ambiente do trabalho (empregadores, empregados, Estado e sociedade).

Dessa forma, enquanto importante instrumento dessa tutela labor-ambiental, o Programa de Prevenção de Riscos Ambientais (PPRA) – disciplinado na NR-9 – antecipa, reconhece, avalia e, consequentemente, controla a ocorrência dos riscos ambientais existentes ou que venham a existir no ambiente do trabalho, a fim de mantê-lo sadio e equilibrado com fulcro em parâmetros e diretrizes básicas. Inclusive, impõe a colaboração dos Serviços Especializados em Engenharia de Segurança e Medicina do Trabalho (SESMT) previsto na NR-4 e da Comissão Interna de Prevenção de Acidentes (CIPA) disciplinada na NR-5, visando a ampliar a efetividade da proteção ao ambiente de trabalho.

No intuito de conceder maior concretude ao PPRA para afastar os riscos ambientais e as formas de poluição labor-ambiental, é imperioso estabelecer o diálogo com o Estudo de Impacto Ambiental (EIA) na qualidade de instrumento do Direito Ambiental geral com amparo no art. 225, *caput*, e § 1º, IV, da Constituição, na Lei n. 6.938/1981 e nas Resoluções ns. 01/1986 e 237/1997 do CONAMA. Logo, defende-se a conjugação dos instrumentos existentes na proteção ambiental geral e na proteção labor-ambiental, respectivamente, o EIA e o PPRA, no intuito de afastar os riscos ambientais, evitando-se os acidentes de trabalho e as doenças ocupacionais, enfim, o adoecimento dos trabalhadores.

Entretanto, apesar da tutela internacional e constitucional conferida ao meio ambiente do trabalho, a reforma trabalhista (Lei n. 13.467/2017) precarizou a proteção labor-ambiental em diversas disposições celetistas, especialmente nos arts. 611-A e 611-B que afrontam princípios ambientais, inclusive da justiça intergeracional, fragilizando a proteção efetiva da vida e da saúde dos obreiros no ambiente do trabalho.

Não se pode mais "fechar os olhos" para os dias vindouros dos trabalhadores no exercício do seu labor que devem ocorrer em condições dignas de vida e saúde, evidenciando a necessária preocupação da sociedade com o futuro e o fator tempo na disciplina da vida humana, especialmente do trabalhador que ganha seus salários com o suor de seu rosto.

Então, os empregadores devem adotar medidas e procedimentos mais éticos e condizentes com o respeito à saúde e à vida dos trabalhadores para reduzir as desconformidades (jurídicas, técnicas, econômicas etc.) no ambiente corporativo-laboral que contribuem para a ocorrência de acidentes do trabalho, doenças ocupacionais e adoecimentos dos trabalhadores.

Caso contrário, restará tão somente o caminho da reparação dos danos existenciais à luz da responsabilidade civil – aquiliana ou objetiva a depender do caso concreto – que não permite o retorno ao *status quo ante*. Tais modalidades de danos afetam diretamente a intimidade e a vida social e familiar dos obreiros (vida relacional), pois essas oportunidades perdidas não podem ser resgatadas em razão do transcurso do tempo cronológico (dias, meses e anos), tão fatal para a frágil vida humana.

6. REFERÊNCIAS

ALMEIDA, Victor Hugo de; COSTA, Aline Moreira da; GONÇALVES, Leandro Krebs. *Meio ambiente do trabalho e proteção jurídica do trabalhador:* (re)significando paradigmas sob a perspectiva constitucional. In: FELICIANO, Guilherme Guimarães; URIAS, João (Coords.). *Direito ambiental do trabalho:* apontamentos para uma teoria geral – saúde, ambiente e trabalho: novos rumos da regulamentação jurídica do trabalho, v. 1, São Paulo: LTr, 2013.

ANTUNES, Paulo de Bessa. Natureza jurídica do estudo prévio de impacto ambiental. *Revista de Direito Ambiental*, v. 1, jan.-mar. 1996, p. 80-88.

BRASIL. *Constituição da República Federativa do Brasil de 1988.* Disponível em: <http:://www.planalto.gov.br/ccivil_03/Constituicao/Constituicao.htm>. Acesso em: 06 abr. 2019.

BRASIL. *Decreto-lei n. 5.452, de 01 de maio de 1943.* Disponível em: <http:://www.planalto.gov.br/ccivil_03/Decreto-Lei/Del5452.htm>. Acesso em: 16 abr. 2019.

BRASIL. *Lei n. 6.938, de 31 de agosto de 1981.* Disponível em: <http:://www.planalto.gov.br/ccivil_03/Leis/L6938.htm>. Acesso em: 06 abr. 2019.

BRASIL. *Lei n. 8.213, de 24 de julho de 1991.* Disponível em: <http:://www.planalto.gov.br/ccivil_03/leis/L8213compilado.htm>. Acesso em: 26 abr. 2019.

BRASIL. *Lei n. 13.844, de 18 de junho de 2019.* Disponível em: <http:://www.planalto.gov.br/ccivil_03/_ato2019-2022/2019/Lei/L13844.htm>. Acesso em: 08 jul. 2019.

BRASIL. *Medida provisória n. 870, de 1º de janeiro de 2019.* Disponível em: <http:://www.planalto.gov.br/ccivil_03/_ato2019-2022/2019/Mpv/mpv870.htm>. Acesso em: 18 abr. 2019.

COMISSÃO MUNDIAL SOBRE MEIO AMBIENTE E DESENVOLVIMENTO. *Nosso futuro comum.* Rio de Janeiro: Fundação Getúlio Vargas, 1991.

CONAMA. *Resolução n. 001, de 23 de janeiro de 1986.* Disponível em: <https://www.ibama.gov.br/sophia/cnia/legislacao/MMA/RE0001-230186.PDF. Acesso em: 12 abr. 2019.

CONAMA. *Resolução n. 237, de 19 de dezembro de 1997.* Disponível em: <http:://www.icmbio.gov.br/cecav/images/download/CONAMA%20237_191297.pdf. Acesso em: 12 abr. 2019.

DALLEGRAVE NETO, José Affonso. A força vinculante das normas regulamentadoras do Ministério do Trabalho e Emprego (NRs do MTE) e o anexo II da NR-17. *Revista do Tribunal Regional do Trabalho da 1ª Região*, n. 48, 2010. p. 119-120.

DELGADO, Mauricio Godinho; DELGADO, Gabriela Neves. *A reforma trabalhista no Brasil:* com os comentários à Lei n. 13.467/2017. São Paulo: LTr, 2017.

DELGADO, Mauricio Godinho. *Curso de direito do trabalho:* obra revista e atualizada conforme lei da reforma trabalhista e inovações normativas e jurisprudenciais posteriores. 18. ed. São Paulo: LTr, 2019.

DOU. *Portaria n. 915, de 30 de julho de 2019.* Disponível em: <http:://www.in.gov.br/web/dou/-/portaria-n-915-de-30-de-julho-de-2019-207941374>. Acesso em: 02 ago. 2019.

FELICIANO, Guilherme Guimarães. Meio ambiente do trabalho: aspectos gerais e propedêuticos. *Revista do Tribunal Regional do Trabalho da 15ª Região*, Campinas, n. 20, jul.-set. 2002, p. 160-203.

FIGUEIREDO, Guilherme José Purvin de. *Direito ambiental e a saúde dos trabalhadores:* controle de poluição, proteção do meio ambiente, da vida e da saúde dos trabalhadores no direito internacional, na União Europeia e no MERCOSUL. São Paulo: LTr, 2007.

FIORILLO, Celso Antonio Pacheco. *Curso de direito ambiental brasileiro*. 14. ed. rev., ampl. e atual. em face da Rio+20 e do novo "Código" Florestal. São Paulo: Saraiva, 2013.

FIORILLO, Celso Antonio Pacheco. *Princípios do direito processual ambiental*. 2. ed. São Paulo: Saraiva, 2007.

FREITAS, Juarez. *Sustentabilidade*: direito ao futuro. Belo Horizonte: Fórum, 2011.

FURTADO, Celso. Os desafios da nova geração. *Revista de Economia Política*, v. 24, n. 4 (96), out.-dez. 2004.

GAMBA, Juliane Caravieri Martins. A justiça intergeracional como princípio e fundamento do direito ambiental internacional, *Revista de Direito Ambiental,* São Paulo: Revista dos Tribunais, v. 20, 2015. p. 531-561.

GAMBA, Juliane Caravieri Martins. O princípio de justiça para a unidade sistêmica do direito internacional público contemporâneo. In: MENEZES, Wagner (Org.). *Direito internacional contemporâneo e seu fundamento*. Belo Horizonte: Arraes Editores, 2014.

GAMBA, Juliane Caravieri Martins. Responsabilidade civil objetiva do empregador pelos danos à saúde do trabalhador: visão constitucional do meio ambiente do trabalho, *Revista de Direito Constitucional e Internacional,* São Paulo: Revista dos Tribunais, v. 18, 2010.

GAMBA, Juliane Caravieri Martins e MONTAL, Zélia Maria Cardoso. Princípios constitucionais do direito do trabalho: relevância e aplicabilidade, rediscutindo paradigmas, *Revista Trabalhista da ANAMATRA*, São Paulo: LTr, v. 41, 2012.

GRECO, Liz Felix; PAULI, Rita Inês Paetzhold; SCHULZ, Jéferson Réus da Silva. Incentivos governamentais e demanda por empregos verdes nos setores público e privado do Brasil. *Revista Iberoamericana de Economía Ecológica*, Rio de Janeiro, v. 27, 2017.

LEITE, Carlos Henrique Bezerra. *Curso de direito do trabalho*. 8. ed. São Paulo: Saraiva, 2017.

MANNRICH, Nelson. *Inspeção do trabalho*. São Paulo: LTr, 1991.

MARANHÃO, Ney. Poluição labor-ambiental: aportes jurídicos gerais. *Revista de Direito do Trabalho*, São Paulo, v. 177, maio/2017.

MARTINS, Juliane Caravieri. *Trabalho digno e direitos humanos em tempos de globalização:* perspectivas para a América Latina. Belo Horizonte: Arraes Editores, 2017.

MELO, Raimundo Simão de. *Direito ambiental do trabalho e a saúde do trabalhador:* responsabilidades legais, dano material, dano moral, dano estético. São Paulo: LTr, 2004.

MIGALHAS. *Bolsonaro altera normas de segurança e saúde no trabalho*. Disponível em: <https://www.migalhas.com.br/Quentes/17,MI307762,91041-Bolsonaro+altera+normas+de+seguranca+e+saude+no+trabalho>. Acesso em: 02 ago. 2019.

MINISTÉRIO DO MEIO AMBIENTE. *Agenda 21 global*. Disponível em: <http:://www.mma.gov.br/responsabilidade-socioambiental/agenda-21/agenda-21-global.htm>. Acesso em: 01 abr. 2019.

NOBRE, Marcos; AMAZONAS, Maurício de Carvalho (Orgs.). *Desenvolvimento sustentável:* a institucionalização de um conceito. Brasília: IBAMA, 2002.

OIT. *OIT Brasília – convenções ratificadas*. Disponível em: <https://www.ilo.org/brasilia/convencoes/lang--pt/index.htm>. Acesso em: 05 abr. 2019.

OIT. *Agenda nacional de trabalho decente*. 2006. Disponível em: <https://www.ilo.org/wcmsp5/groups/public/---americas/---ro-lima/---ilo-brasilia/documents/publication/wcms_226229.pdf>. Acesso em: 03 abr. 2019.

OLIVEIRA, Sebastião Geraldo de. *Indenizações por acidente do trabalho ou doença ocupacional*. São Paulo: LTr, 2007.

ONU. *Declaração da Conferência das Nações Unidas sobre o meio ambiente humano* (Declaração de Estocolmo), adotada em junho de 1972. Disponível em: <http:://www.direitoshumanos.usp.br/index.php/meio-ambiente/declaracao-de-estocolmo-sobre-o-ambiente-humano.html>. Acesso em: 10 abr. 2019.

ONU. *Transformando nosso mundo:* a Agenda 2030 para o desenvolvimento sustentável. Disponível em: <https://nacoesunidas.org/wp-content/uploads/2015/10/agenda2030-pt-br.pdf>. Acesso em: 31 mar. 2019.

OST, François. *A natureza à margem da lei:* a ecologia à prova do direito. Tradução de Joana Chaves. Lisboa: Instituto Piaget, 1995.

PIOVESAN, Flávia. *Direitos humanos e o direito constitucional internacional*. 7. ed. rev., ampl. e atual. São Paulo: Saraiva, 2006.

RODRIGUEZ, Américo Plá. *Princípios de direito do trabalho*. 3. ed. São Paulo: LTr, 2000.

ROSSIT, Liliana Allodi. *O meio ambiente de trabalho no direito ambiental brasileiro*. São Paulo: LTr, 2001.

SACHS, Ignacy. *Desenvolvimento:* includente, sustentável, sustentado. Rio de Janeiro: Garamond, 2015.

SARLET, Ingo Wolfgang. O direito fundamental ao meio ambiente do trabalho saudável. *Revista do TST,* Brasília, v. 80, n. 1, jan.-mar. 2014.

SILVA, José Afonso da. *Curso de direito constitucional positivo*. 38. ed. São Paulo: Malheiros Editores, 2015.

SOUTO MAIOR, Jorge Luiz. *Uma defesa do ministério do trabalho*. Disponível em: <https://www.jorgesoutomaior.com/blog/uma-defesa-do-ministerio-do-trabalho#_ftn1>. Acesso em: 18 abr. 2019.

TELLES JUNIOR, Goffredo. *Ética*: do mundo da célula ao mundo dos valores. 3. ed. São Paulo: Saraiva, 2014.

TRTSP. *NR-7 – Equipamento de proteção individual*. Disponível em: <http:://www.trtsp.jus.br/geral/tribunal2/LEGIS/CLT/NRs/NR_6.html>. Acesso em: 26 abr. 2019.

TRTSP. *NR-9 – Programa de prevenção de riscos ambientais*. Disponível em: <http:://www.trtsp.jus.br/geral/tribunal2/LEGIS/CLT/NRs/NR_9.html>. Acesso em: 26 abr. 2019.

TRTSP. *NR-16 – Atividades e operações perigosas*. Disponível em: <http:://www.trtsp.jus.br/geral/tribunal2/LEGIS/CLT/NRs/NR_16.html>. Acesso em: 26 abr. 2019.

TRTSP. *NR-17 – Ergonomia*. Disponível em: <http:://www.trt02.gov.br/geral/tribunal2/LEGIS/CLT/NRs/NR_17.html>. Acesso em: 26 abr. 2019.

VEIGA, José Eli da. *Desenvolvimento sustentável:* o desafio do século XXI. Rio de Janeiro: Garamond, 2005.

A proteção do trabalho humano e a duração do trabalho frente à reforma trabalhista

14

Michel Evangelista Luz[1]

1. INTRODUÇÃO

A doutrina mais antiga ensina que o trabalho é penoso exatamente pelo fato de proporcionar a fadiga do trabalhador. Por outro lado, as teorias mais modernas se insurgem contra essa concepção não por considerar o trabalho como fonte de alegria, mas por considerá-lo como algo que possa redimir o trabalhador da penosidade do trabalho para de alguma forma convertê-lo em alegria. A penosidade depende das condições históricas em que o trabalho é desenvolvido, de modo que ao se modificarem essas condições o trabalho pode vir a ser libertado do peso que o agrava. Essas são as conclusões de todos os socialistas, utopistas ou científicos, como os desejem denominar[2].

Desconsiderada a concepção do trabalho como fonte de alegria *per si*, a fadiga inerente ao trabalho passa a ser estudada sob o ponto de vista da fisiologia e da psicologia a fim de eliminar os obstáculos para o desenvolvimento pessoal que a penosidade engendra. É evidente que o esforço físico exaure as reservas de energia dos músculos ao mesmo tempo que empenha a capacidade nervosa. Do mesmo modo, o esforço intelectual, empenhando o sistema nervoso, também resulta em alterações musculares precisas, levando à produção de efeitos fisiopsíquicos complexos conforme a natureza do trabalho desenvolvido. De todo modo, os estudos apontam que o trabalho intelectual também permite ao corpo humano produzir substâncias nocivas, como o ácido láctico e o ácido carbônico, que ao se acumularem produzem os fenômenos relacionados à fadiga. Consequentemente, quando ocorre o excesso de trabalho o limite fisiológico é ultrapassado e o trabalhador adoece[3]. Essa situação é extremamente grave, pois o desenvolvimento da personalidade se revela justamente em virtude do equilíbrio entre trabalho e lazer. Por isso, a busca pelo mencionado equilíbrio traz à tona novas reflexões para além da matriz filosófica do ócio criativo, pois com a reforma trabalhista, instituída pela Lei n. 13.467/2017, os valores do capitalismo flexível[4] foram assimilados e positivados, regulamentando novas modalidades contratuais (*fattispecie*), como o trabalho intermitente e o teletrabalho. Outrossim, a reforma trabalhista também promoveu alterações significativas em relação à duração do trabalho que, por sua vez, demanda do intérprete uma análise mais detalhada desses institutos à luz dos direitos fundamentais e dos princípios, bem como dos métodos de interpretação e integração jurídica.

2. A PROTEÇÃO DO TRABALHO HUMANO

O direito que até pouco tempo fundava a ordem jurídica exclusivamente na proteção do patrimônio, conferindo a cada um o que lhe pertence, passou a ter como fundamento análogo o trabalho. A intervenção do direito nas relações de trabalho prescrevendo normas de proteção obrigatórias evitou que a desigualdade econômica das partes contratantes

---

1. Professor Universitário, Mestre em Direito pela Universidade Federal de Uberlândia, com financiamento pela Coordenação de Aperfeiçoamento de Pessoal de Nível Superior (CAPES). Pós-graduado em Direito do Trabalho e Processo do Trabalho pela Faculdade Damásio. Graduado em Direito pela Faculdade Pitágoras de Uberlândia. *E-mail*: michelluzadv@hotmail.com.
2. BATTAGLIA, Felice. *Filosofia do Trabalho*. Trad. Luís Washington Vita e Antônio D'elia. São Paulo: Saraiva, 1958. p. 258 e ss.
3. *Ibidem*, p. 267 e ss.
4. (...) No capitalismo moderno existia uma linearidade em vários aspectos da vida pessoal, as conquistas eram cumulativas, os empregos duráveis em decorrência principalmente da atuação dos sindicatos, a aposentadoria era certa, bem como o valor do pecúlio a ser recebido, havia uma rotina determinada no dia a dia, a luta era por melhores condições de trabalho, havia verdadeiros planos de carreiras nas empresas (hierarquias piramidais), bem como tempo para a família. Contudo, no capitalismo flexível não existe uma rotina bem determinada, a luta é por empregos e por isso as mudanças são constantes, as empresas são organizadas em redes, há uma maior assunção de riscos seja no aspecto financeiro ou emocional frente a ausência de tempo para o trabalhador se desenvolver. SENNETT, Richard. *A corrosão do caráter*: consequências pessoais do trabalho no novo capitalismo. São Paulo: Record, 2011. p. 9 e ss.

criasse um estado de submissão do mais fraco pelo mais forte. Por esse motivo, a lei passou a garantir o direito de viver com dignidade, não se limitando a oferecer a cada um o que lhe pertença, mas sim a cada um o que lhe é necessário na medida que a ordem social permitir, efetivando a busca pela Justiça Social, ao invés de se colocar na contramão da história[5].

Uma ordem jurídica que restringe seu campo de proteção aos direitos políticos e patrimoniais, permitindo uma liberdade contratual ilimitada para regular as condições da vida da maioria dos homens, não pode mais perdurar. Em um regime democrático, a opressão do economicamente fraco pelo economicamente mais forte resulta em pura contradição, pois a ditadura do capitalismo se torna o sistema que nega o direito à vida, à dignidade e ao bem-estar da maioria dos homens para garantir a continuidade do poder econômico e social de um grupo seleto de pessoas. Em função disso, paralelamente à proteção dos direitos individuais, tornam-se necessários o reconhecimento e a efetivação dos direitos sociais, competindo ao Estado conciliar essas duas classes de direitos em proveito da felicidade do seu povo. O direito não pode ser mais considerado como mero produto da razão, posto que como fato sociológico integrante do complexo cultural precisa ser encarado como fenômeno de uma superestrutura social, subordinado ao determinismo econômico, social e histórico da coletividade que pretende reger[6].

Aquele que se propõe a estudar a história do trabalho humano se depara com o fato de que até pouco tempo os operários ainda eram considerados como instrumentos de produção, constituindo uma subclasse dentro da sociedade, em outras palavras, o proletariado era desprezado e deslocado para um plano secundário na ordem jurídica e social. Em Roma a maior parte do trabalho era efetuada por escravos e a relação de trabalho se moldava aos direitos reais, porque o operário era uma propriedade de seu senhor. Em função disso, os escravos não possuíam capacidade jurídica e, consequentemente, não eram portadores de quaisquer direitos. Com a servidão, forma atenuada da escravidão, a relação de trabalho passa a ser fundada nos direitos pessoais dos grandes proprietários de terra, pois a relação de subordinação do servo estava atrelada à terra. O servo, assim como o escravo, não usufruía dos benefícios oriundos do desenvolvimento da civilização, porque todo trabalhador ainda era considerado como simples meio de produção. Posteriormente, surgiram as corporações de ofício, constituídas por grupos de trabalhadores livres, conhecedores de alguma arte ou ofício[7].

As corporações desempenharam um papel relevante durante o século XVI, período que antecedeu a Revolução Francesa, pois reivindicavam, além da liberdade, melhores condições de trabalho. Entretanto, começaram a se enfraquecer com o advento da indústria manufatureira e desenvolvimento das relações comerciais a nível internacional com as índias e as américas[8]. Por outro lado, com a Revolução Francesa o trabalhador se emancipou da condição indigna de mero meio de produção e objeto de direito passando a ser considerado agente da produção e sujeito de direito. Por isso, nos contratos de locação de serviços, o locador e o locatário passaram a ser considerados partes iguais perante a ordem jurídica. Não obstante, com o advento da indústria e o desequilíbrio entre a oferta e a procura de trabalho, a liberdade novamente foi tolhida da relação empregatícia, porque o trabalhador não conseguia manifestar sua vontade acerca das condições de trabalho[9]. A respeito desse período, Arnaldo Süssekind afirma que:

> A máquina substituía milhares de braços, forçava a redução de salários e o aumento das horas de serviço, sujeitando os operários a optarem entre as vis condições de trabalho que lhes eram oferecidas ou a completa miséria oriunda do desemprego. É que a Lei Chapellier de 14 de junho de 1791 declarou inconstitucionais e atentatórios da Declaração dos Direitos do Homem os convênios realizados entre trabalhadores de determinada profissão ou ofício, em virtude do qual eram atribuídos às correspondentes corporações os poderes de fiscalizar o trabalho dos artesões e defender os seus direitos[10].

A liberdade política e jurídica não era mais suficiente frente a ausência de liberdade social e econômica. O trabalho se tornou mais penoso em decorrência das longas jornadas de trabalho, de modo que os prazeres espirituais e materiais da civilização continuavam a ser proibidos para o proletariado, pois este continuava a ser escravo do sistema econômico vigente. A relação contratual, apesar de constituir uma relação jurídica, não pode deixar de ser considerada como uma forma de dominação. Essa dominação é revelada desde as democracias gregas até os liberalistas da Revolução Francesa por meio da história do Direito e dos sistemas de governo. A liberdade ilimitada das partes para contratar tornou possível a elevação das jornadas de trabalho a proporções desumanas. O predomínio do liberalismo econômico e o abuso da liberdade contratual levaram os operários a trabalharem entre 16 a 18 horas por dia. Esse foi o primeiro retrocesso na história do Direito do Trabalho humano, posto que nas corporações de ofício era proibido

5. SÜSSEKIND, Arnaldo. *Duração do trabalho e repousos remunerados*. Rio de Janeiro: Freitas Bastos, 1950. p. 3.
6. *Ibidem*, p. 3-4.
7. *Ibidem*, p. 5-6.
8. *Ibidem*, p. 6.
9. *Ibidem*, p. 6.
10. *Ibidem*, p. 7.

o trabalho antes do nascer do sol e após o crepúsculo, sob pena de multas rigorosas aos infratores[11].

O liberalismo baseou a sua doutrina na liberdade individual e na abstenção estatal, criando a concepção de que no mundo econômico deve prevalecer o interesse pessoal, perpetuando os princípios romanos *jus utendi et abutendi* e *nenimen laedere*. Os anos iniciais após a Revolução Francesa satisfaziam esses princípios, porque o número de trabalhadores correspondia à quantidade de empregos, de forma que a liberdade para contratar não era afetada pelo desequilíbrio entre a oferta e a procura. Todavia, o rápido desenvolvimento industrial, a descoberta de novos mercados de consumo e a crescente concentração de capital colocaram os trabalhadores em condição de domínio, sem possibilidade de manifestarem livremente a sua vontade. Os salários não possuíam, como hoje, a função de satisfazer o mínimo vital, e as máquinas, em vez de reduzir a duração das longas jornadas de trabalho, como consequência do maior rendimento, levaram ao excesso de trabalho com salários menores e condições desumanas por obra da oferta e da procura em relação à escassez de serviços e o exército de reserva de trabalhadores[12].

A liberdade e a máquina, com o transcorrer do tempo, levaram indiretamente o movimento operário e as lutas sociais ao advento do Direito do Trabalho. A liberdade deu origem ao direito de associação e deste, por sua vez, nasceram os sindicatos e a reivindicação de melhores condições de trabalho. Em cada Primeiro de Maio era a redução da jornada de trabalho de forma quase universal reclamada pelos sindicatos, pois por meio dela era possível emancipar o trabalhador e o redimir em parte da exploração patronal. Os operários vislumbravam nela o meio de trabalhar menos, sem redução salarial, porém, o motivo mais importante da limitação da duração do trabalho é o desenvolvimento intelectual, moral e físico do trabalhador, assegurando-lhe o lazer necessário para deixar de ser máquina e se tornar humano. Por seu turno, o excesso de mão de obra e as condições degradantes de trabalho desenvolvidas a partir da criação da máquina proporcionaram ao proletariado o nascimento de uma consciência de classe direcionada às lutas para a proteção do trabalho humano[13].

Os problemas oriundos da realidade social e da agitação das massas revelaram a necessidade de se equilibrar a relação contratual, deslocando o individualismo para o plano secundário por meio de regulamentações jurídicas protetoras das mais débeis. Por isso, os países que possuíam a maior concentração de operários, como a Inglaterra, Alemanha e França, foram berços das lutas sociais do século XIX. Todavia, até o Tratado de Versalhes, a proteção ao trabalho humano se desenvolveu sob fundamento diverso da atual concepção das ciências jurídicas dos países civilizados, porque não foi o ideal de dignificação do trabalho humano que levou os diversos Estados a abandonarem, no século XIX, a atitude de abstenção e imparcialidade, mas a preservação da capacidade produtiva do homem-máquina frente às lutas sociais que se generalizavam. O Estado procurava com sua nova política e sua incipiente legislação de proteção regular apenas o tempo de trabalho e o salário, deixando ao livre-arbítrio dos patrões a regulamentação de outros aspectos relacionados à utilização da mão de obra[14].

A restauração da dignidade do trabalhador como pessoa humana só se configura como fundamento do Direito do Trabalho a partir do Tratado de Versalhes, que consubstanciou grande parte dos princípios das encíclicas *Rerum Novarum* e *Quadragesimo Ano*, expedidas, respectivamente, na transição do século XIX para o século XX, pelos papas Leão XIII e Pio XI. Sob a ação da nova política social, o trabalhador moderno deixa de ser um objeto suscetível de aluguel para se constituir como colaborador em uma determinada atividade econômica, porque o Tratado de Versalhes não permite mais que o trabalhador seja considerado uma mercadoria. Por efeito frente ao contrato de trabalho, a desigualdade econômica desaparece como consequência da intervenção do Estado na limitação da vontade do mais forte, permitindo uma equivalência jurídica entre os contratantes para dignificar o trabalho humano. Em vista disso, trabalho e salário deixam de ser mercadorias para se tornarem prestação e contraprestação de obrigações contraídas. Desta forma, a autonomia da vontade se transformou em autonomia privada, em razão do Direito passar a garantir a liberdade individual até onde ela não coloca mais em risco os alicerces econômicos e sociais do regime democrático[15].

A integração do operário na sociedade levou ao desenvolvimento da legislação de proteção ao trabalho abrangendo todos os setores da vida do operário. A Organização Internacional do Trabalho (OIT) foi decisiva para a consolidação da proteção do trabalhador em razão de suas conferências, resoluções e publicações. Desde o seu surgimento no ano de 1919 até 1944, com a Declaração de Filadélfia, a OIT passou a corporificar a promoção da busca por uma justiça social. Por conseguinte, as Constituições modernas passaram a conter não só um sistema de organização do Estado e a declaração dos direitos políticos do homem, mas a intervenção na ordem econômica e social no intuito de se garantir um padrão de vida compatível com a existência humana, fazendo do trabalho um meio digno de obtenção do bem-estar que todos têm direito. Todavia, foi preciso

11. SÜSSEKIND, Arnaldo. *Duração do trabalho e repousos remunerados*. Rio de Janeiro: Freitas Bastos, 1950. p. 8.
12. *Ibidem*, p. 8-10.
13. *Ibidem*, p. 10-11.
14. *Ibidem*, p. 12-13.
15. *Ibidem*, p. 14-15.

transcorrer mais de um século para que o mundo jurídico moderno compreendesse que o trabalho não é apenas uma mercadoria. O trabalho passou a ter a mesma hierarquia que a liberdade, influenciando o Direito Constitucional a ajustar um regime jurídico e social em que o trabalho se revela não só como exigência econômica, mas como exigência moral, elevando-se para garantir a dignidade da pessoa humana, sem prejudicar a iniciativa privada[16].

3. A UNIVERSALIZAÇÃO DA DURAÇÃO DO TRABALHO

A fixação legal da jornada de trabalho, embora tenha surgido no final do século XIX, somente se universaliza após a Primeira Guerra Mundial. Assim sendo, durante a antiguidade, a duração do trabalho dependia do livre-arbítrio do senhor de escravos ou dos proprietários dos grandes latifúndios, visto que os servos estavam atrelados à terra. O trabalho, na antiguidade, era menosprezado e considerado como impróprio para os homens livres, de tal modo que a Constituição ateniense o previa em caráter obrigatório. Com a idade média e o advento das mencionadas corporações de ofício, a jornada de trabalho passou a ser fixada em nove horas e meia no inverno e doze horas e meia no verão. Algumas dessas corporações também adotavam meia jornada de trabalho aos sábados, constituindo-se como precursoras da semana inglesa. Nas índias, a legislação de Filipe II, influenciada pelas corporações, estipulava uma jornada de trabalho de oito horas, dividida em quatro horas no turno da manhã e em quatro horas no turno da tarde, para os operários das construções de fortalezas e obras militares. A mesma legislação também estabeleceu o descanso dominical e uma jornada de sete horas de trabalho para os operários das minas. Em que pese essas leis não terem sido aplicadas com rigor, pois os aventureiros provenientes da América em virtude da ânsia por riqueza não se ajustavam aos princípios generosos da lei, elas revelam um nobre idealismo em relação à preservação da saúde dos humildes. O trabalho dos índios, também em virtude da legislação mencionada, começava meia hora antes do nascer do sol e terminava meia hora após o crepúsculo. Na Espanha, o Estatuto Municipal de Zaragoza, de 1577, prescrevia para os trabalhadores dos jardins da cidade que só trabalhassem, diariamente, a serviço do mestre, por oito horas contínuas, contando nelas a ida, mas não a volta, sob pena de multa de sessenta salários ou três dias de prisão. Essa situação também era comum em outras cidades da Espanha[17].

De outro modo, com a extinção do regime das corporações de ofício, a duração do trabalho passou a ser uma decorrência da vontade das partes contratantes, quer dizer, da vontade exclusiva do empregador, posto que a liberdade de contratar subordinava tão só a opressão do mais fraco. O abuso do direito de pactuar as condições de trabalho no regime liberal, subordinado à lei da oferta e da procura, foi agravado pela invenção da máquina a vapor, que transformou o cenário industrial no fim do século XVIII e início do século XIX.

Na prática, a máquina a vapor simplificou o trabalho e aumentou a produção em escala até então inimaginável, levando à conquista de novos mercados. Contudo, também concentrou o poder econômico e social nas mãos de poucos empreendedores que, por sua vez, passaram a formar empresas com regime societário anônimo ou por quota de participação. Esses regimes empresariais afastaram o empreendedor dos construtores da própria riqueza, fazendo com que estes não mais se impressionassem com a miséria dos trabalhadores. Para além disso, atraiu um grande número de trabalhadores para os centros industriais e, pela concorrência da mão de obra, sujeitou-os a condições de trabalho degradantes em virtude do índice elevado de desemprego. Em suma, os resultados da simbiose do individualismo liberal oriundo da Revolução Francesa com a invenção da máquina a vapor foram o êxodo rural, os baixos salários, longas jornadas de trabalho, desemprego em massa e a empregabilidade de mulheres e crianças com os mais miseráveis salários[18]. Segundo Arnaldo Süssekind,

> (...) A máquina representava capital empatado. Era preciso tirar esse capital, cobrir as despesas e conseguir, no balanço, a representação de lucros. A mão de obra barata por ser representada pelas "meias forças", devia ser aproveitada o máximo possível. Daí o excesso de duração das horas de trabalho em que essa mão de obra era explorada. A idade de crianças trabalhando em fábricas na França e o número astronômico de horas de trabalho assustaram tão seriamente ao médico Dr. Villermé que este, insofreado, em 1836, fez um sério relatório dessa situação toda, pedindo aos poderes constituídos providências, se não quisessem ver irremediavelmente comprometido o futuro da raça, da Nação e da própria Pátria. O Dr. Villermé encontrou crianças de 4, 5, 6, 7 e 8 anos trabalhando seguidamente 12, 13, 14, 15, 16 e 17 horas por dia[19].

A revolta do proletariado se difundiu contra a máquina por meio do movimento dos ludistas não pelo que ela representava, mas pelas consequências sociais e econômicas oriundas da sua exagerada utilização. Esse movimento ganhou volume na Inglaterra e, na segunda metade do século XVIII, foi promulgada uma lei contra a destruição das máquinas e dos edifícios das fábricas prescrevendo penas severas aos infratores. Apesar dos tribunais castigarem

16. SÜSSEKIND, Arnaldo. *Duração do trabalho e repousos remunerados*. Rio de Janeiro: Freitas Bastos, 1950. p. 15-16.
17. *Ibidem*, p. 18 e ss.
18. *Ibidem*, p. 21-22.
19. *Ibidem*, p. 23.

severamente os destruidores de máquinas, o número de infratores cresceu consideravelmente no norte e no centro do país. O auge do movimento foi no ano de 1811, levando a Câmara dos Lordes a elaborar uma lei prescrevendo a pena de morte para os destruidores de máquinas, o que por sua vez conduziu inúmeros operários à execução. Já na metade do século XIX, a exploração do trabalho humano atinge seu auge e a situação do operário se torna desesperadora, porque a sua condição era muito pior que a do servo ou do escravo, dado que enquanto o proprietário de terra ou do escravo tinha interesse na sua conservação, pois ficando doente desvalorizava a gleba ou a si próprio como instrumento de trabalho, o mesmo não acontecia com o operário no liberalismo econômico, porquanto se adoecesse era substituído por outro, não afetando o empreendedor, que possuía mais interesse na conservação dos seus maquinários do que na conservação da saúde do seu trabalhador[20].

No início do século XVIII também começava a reação, não apenas do proletariado, mas dos mais eminentes economistas e estudiosos contra a insustentável e humilhante exploração do trabalho humano. Dentre eles, Saint-Simon, Fourier, Owen, Louis Blanc, Marx e o Papa Leão XIII, representando escolas sociais e econômicas de matrizes e objetivos diversos, mas unânimes na condenação do sistema então vigente. Nos primeiros brados dos pensadores modernos, o reformista Ricardo Owen tornou-se, em pouco tempo, um próspero e poderoso industrial do ramo têxtil, em *New Lanark*, na Escócia. Owen, ao assumir a direção da empresa em 1800, empreendeu uma gigantesca e radical reforma na estrutura empresarial, abrindo escolas, suprimindo castigos, ensinando ginástica aos meninos e artes domésticas às meninas, não admitindo o trabalho de menores de 10 anos nas fábricas, fixando em dez horas e meia a jornada de trabalho, higienizando a fábrica e ensinando à população hábitos de limpeza, além de instituir ordem e pontualidade, cooperativa de consumo e fundar caixas de previdência para a velhice e assistência médica. Mesmo durante toda crise de 1806, Owen pagou salários integrais aos operários que não tiveram trabalho, proclamando que o principal motivo da miséria operária e do aumento do desemprego, redução dos salários e da empregabilidade de mulheres e crianças consistia no excessivo desenvolvimento econômico oriundo da produção mecânica. Em 1820, Owen abandona seus negócios e passa a se dedicar à criação de colônias de trabalho coletivo, com as quais proclamou elevar o nível físico, cultural e material do proletariado. Dentre essas colônias, a mais conhecida era a *New Harmony*, fundada em 1825 nos Estados Unidos da América, que consagrou o primeiro centro de justiça social do novo mundo. Em que pese as colônias de Robert Owen não terem se frutificado, suas ideias foram a semente do movimento socialista que se desenvolveu durante o século XIX, ao qual se deve inquestionavelmente o advento das primeiras leis de proteção ao trabalhador[21].

A partir de 1830, as *trades-unions* organizadas por Robert Owen iniciaram o movimento operário reivindicando melhores condições de trabalho, sobretudo em relação à fixação de jornadas de trabalho de oito horas por dia. Nesse período, as longas jornadas de trabalho aliadas ao crescente número de desempregados começaram a incomodar alguns parlamentares ingleses. Isso resultou na promulgação, pela Rainha Elizabeth, da denominada *lei pelos pobres*, no ano de 1832, que exigiu do orçamento britânico mais de sete milhões de libras para que os indigentes desempregados não morressem de fome. Na França e na Alemanha, o movimento operário também se organizava e começava a difundir a intervenção do Estado nas relações entre patrões e operários, para que estes não se tornassem escravos do poder econômico daqueles. E aqueles rostos pálidos e famintos relatados por Louis Blanc saíam às ruas entonando a canção *eight hours to work, eight hours to play, eight hours to sleep, eight hours a day*. Essa canção consagrava as razões defendidas pelo programa de reforma de Owen, porque a jornada de oito horas é justa em virtude de permitir aos mais fracos o direito à vida, à saúde e à alegria de viver, sem prejudicar o enriquecimento dos patrões. Em 1840, esse movimento inglês atinge o seu ponto mais alto desencadeando um amplo movimento de reivindicações que resultaram em uma petição de 300 quilos, contendo dois milhões de assinaturas, apresentada ao parlamento inglês. Já no ano de 1845, Marx e Engels organizam a Associação dos Trabalhadores alemães e, enquanto as greves e os movimentos operários se generalizavam na Grã-Bretanha, Alemanha e na França, Karl Marx publica a *Filosofia da Miséria* no ano de 1847[22].

Em 1847, o parlamento inglês, sob a direção de Lorde Shaftesbury, aprova a primeira lei contemporânea estipulando a jornada máxima de trabalho em 10 horas por dia. A França, seguindo o exemplo inglês, sancionou, em 02 de maio de 1848, uma lei que fixou em dez horas diárias a jornada de trabalho em Paris e em onze horas nas demais províncias. Essa lei constituiu uma vitória expressiva de Louis Blanc, pois, ao redigi-la, destacou no preâmbulo da lei que o trabalho manual muito prolongado não só arruína a saúde dos trabalhadores, mas os impede de cultivar sua inteligência, atacando a dignidade do homem. Porém, essa lei não vigorou por muito tempo, visto que no dia 09 de setembro do mesmo ano as classes conservadoras conseguiram, no parlamento francês, ampliar a jornada de trabalho para doze horas. Portanto, coube aos ingleses, e não aos franceses, legislar pela primeira vez, na fase contemporânea

20. SÜSSEKIND, Arnaldo. *Duração do trabalho e repousos remunerados*. Rio de Janeiro: Freitas Bastos, 1950. p. 23-24.
21. *Ibidem*, p. 24-25.
22. *Ibidem*, p. 25-26.

da história da civilização, a respeito do limite máximo do dia de trabalho[23].

Nos Estados Unidos da América, a batalha pela jornada de oito horas tem início no ano de 1866, quando uma resolução aprovada em Baltimore previa uma jornada de trabalho de oito horas diárias em todos os Estados americanos, como manifestação do fim do trabalho escravo capitalista. Transcorrido apenas um mês após a aprovação da mencionada resolução, o Congresso Operário Internacional de Genebra destacou que a limitação da jornada de trabalho é uma condição prévia, sem a qual fracassa todos os outros esforços pela emancipação do trabalhador e por esse motivo as oito horas diárias de trabalho devem ser o limite legal da jornada de trabalho. Ainda nos Estados Unidos, no ano de 1868, a duração de oito horas diárias de trabalho foi adotada para os empregados e operários do serviço federal. Já na Áustria, no ano de 1885, e na Suíça, no ano de 1877, foi fixada uma jornada de trabalho diária limitada em dez horas e em onze horas, respectivamente. É inegável a influência marxista nesse período, de modo que os principais defensores do socialismo fizeram da jornada de trabalho de oito horas diárias a principal bandeira para suas lutas e reivindicações. Em Paris, no ano de 1889, o Congresso Socialista Internacional procurou fazer com que todas as nações adotassem esse limite diário da jornada de trabalho, já na Conferência Internacional de Berlim de 1890 se debateu a questão da jornada de trabalho, mas nenhuma resolução foi aprovada[24]. No Brasil, o Decreto n. 1.313, de 17 de janeiro de 1891, limitou a jornada de trabalho dos menores do sexo masculino e dos menores do sexo feminino em nove horas e sete horas diárias, respectivamente. Outrossim, a necessidade de limitar o tempo de trabalho também estava relacionada ao temor pelo aumento do custo da mão de obra e do produto industrializado na concorrência com o comércio internacional[25].

De outra parte, a doutrina social da igreja também exerceu influência entre os trabalhadores, governantes e legisladores, de quem dependia a decretação das medidas de proteção ao trabalho humano. Essa influência tem origem na mencionada encíclica *Rerum Novarum*, publicada em 1891, pelo Papa Leão XIII. A memorável encíclica demonstrava que os interesses do Estado, dos patrões e dos operários não são inconciliáveis, devendo esses interesses serem harmonizados ao princípio da justiça social[26]. De acordo com o próprio Papa Leão XIII,

> Não é justo nem humano exigir do homem tanto trabalho a ponto de fazer pelo excesso da fadiga embrutecer o espírito e enfraquecer o corpo. A atividade do homem, restrita como a sua natureza, tem limites que se não podem ultrapassar. O exercício e o uso aperfeiçoam-na, mas é preciso que de quando em quando se suspenda para dar lugar ao repouso. Não deve, portanto, o trabalho prolongar-se por mais tempo do que as forças permitem. Assim, o número de horas de trabalho diário não deve exceder a força dos trabalhadores, e a quantidade de repouso deve ser proporcional à qualidade do trabalho, às circunstâncias do tempo e do lugar, à compleição e saúde dos operários. O trabalho, por exemplo, de extrair pedra, ferro, chumbo e outros materiais escondidos debaixo da terra, sendo mais pesado e nocivo à saúde, deve ser compensado com uma duração mais curta. Deve-se também atender às estações, porque não poucas vezes um trabalho que facilmente se suportaria numa estação, noutra é de facto insuportável ou somente se vence com dificuldade. Enfim, o que um homem válido e na força da idade pode fazer, não será equitativo exigi-lo duma mulher ou duma criança. Especialmente a infância – e isto deve ser estritamente observado – não deve entrar na oficina senão quando a sua idade tenha suficientemente desenvolvido nela as forças físicas, intelectuais e morais. (...) Em geral, a duração do descanso deve medir-se pelo dispêndio das forças que ele deve restituir. O direito ao descanso de cada dia assim como à cessação do trabalho no dia do Senhor, deve ser a condição expressa ou tácita de todo o contrato feito entre patrões e operários. Onde esta condição não entrar, o contrato não será justo, pois ninguém pode exigir ou prometer a violação dos deveres do homem para com Deus e para consigo mesmo[27].

A universalização do limite da jornada de trabalho, frente a influência da doutrina social da igreja, segue sendo regulamentada por diversos países no transcorrer dos anos. Em 1897, a Rússia estabeleceu uma jornada diária de trabalho de dez horas e, no ano de 1901, a Austrália passa a adotar uma jornada de oito horas por dia de trabalho. Em 1912, os Estados Unidos da América estendem aos ferroviários a lei de oito horas dos operários empregados em serviços federais. Em 1913, a Espanha limita a jornada de trabalho diário em dez horas, salvo para os serviços subterrâneos, pois neste caso a jornada estava limitada em nove horas diárias. No mesmo ano, a Conferência Nacional de Berna elabora um projeto discutindo pontos relacionados à jornada de trabalho das mulheres e dos menores, mas com o início da Primeira Guerra Mundial a conferência deixou de ser adotada. Entretanto, a Primeira Guerra Mundial não fez cessar a regulamentação da limitação da jornada de

23. SÜSSEKIND, Arnaldo. *Duração do trabalho e repousos remunerados*. Rio de Janeiro: Freitas Bastos, 1950. p. 27-28.
24. *Ibidem*, p. 28.
25. *Ibidem*, p. 28-29.
26. *Ibidem*, p. 29.
27. *Carta Encíclica Rerum Novarum do Sumo Pontífice Papa Leão XIII*. Disponível em: <http://w2.vatican.va/content/leo-xiii/pt/encyclicals/documents/hf_l-xiii_enc_15051891_rerum-novarum.html>.

trabalho, tendo sido adotada a jornada de oito horas pelo Uruguai, Suécia, França (somente para as minas e arsenais da marinha), Equador, Rússia, Finlândia e México do ano de 1915 a 1917. Após a guerra, a Alemanha adota a jornada de oito horas de trabalho para os operários das minas e da indústria e a estende aos demais empregados no ano de 1919. Seguindo o exemplo alemão, a Espanha estabelece o limite de oito horas para o comércio e logo depois para todas as atividades profissionais, a Itália prescreve a mesma jornada para os trabalhadores ferroviários, marítimos e rodoviários. No mesmo ano, a França estabelece uma jornada normal de oito horas, com possibilidades de serem exigidas horas suplementares remuneradas, e, na Inglaterra, em decorrência dos sindicatos e dos contratos coletivos, todos operários ingleses estavam beneficiados por uma jornada diária de 48 horas semanais, enquanto os metalúrgicos e os trabalhadores de construções possuíam uma jornada de 47 e 44 horas, respectivamente[28].

Não obstante as tentativas de alguns parlamentares, nenhuma lei foi sancionada no Brasil estabelecendo o limite para a jornada de trabalho, visto que o Decreto n. 1.313 de 1891 estabelecia apenas a duração do trabalho para os menores. Contudo, segundo Antônio Evaristo de Morais, não existia, no ano de 1905, quem fiscalizasse a execução da mencionada lei, motivo pelo qual as empresas continuavam a admitir crianças entre os sete e oito anos de idade. O fundador do partido socialista no Brasil foi um dos pioneiros a clamar contra as longas jornadas de trabalho reivindicando ao governo a limitação das horas de trabalho e determinadas condições de higiene e segurança indispensáveis aos serviços da indústria. Entre os diversos projetos submetidos à apreciação do governo nesse período, destaca-se o da autoria do Deputado Federal João Figueiredo Rocha, que embora tenha sido submetido ao Congresso Nacional no ano de 1912, fixando uma jornada de oito horas para os operários em geral, não obteve êxito. Em 1917, o Deputado Federal João Maximiniano de Figueiredo, relator da Comissão de Constituição e Justiça e da Câmara dos Deputados, após aceitar a indicação de Maurício Paiva de Lacerda, elaborou um projeto do Código de Trabalho, que previa a duração máxima de trabalho de oito horas diárias e 48 horas semanais para os operários em geral. Para os trabalhadores das minas de combustível e os trabalhadores menores a jornada de trabalho foi estabelecida em seis horas diárias. O projeto considera ainda como tempo efetivo de trabalho o período em que o operário ficasse à disposição do empregador e estabelecia um intervalo obrigatório para repouso e alimentação de duas horas durante cada jornada de trabalho, ou de três horas nos períodos de calor excessivo, além de prever o repouso semanal remunerado[29].

Em que pese toda argumentação, não existia até o início do século XIX uma solução internacional relacionada à limitação da duração do trabalho. Essa solução foi tentada na Conferência de Berlim de 1890 e nas Conferências de Berna de 1905, 1906 e 1913, apenas ressurgindo com o fim da Primeira Guerra Mundial. Em Paris, durante a realização da Conferência das Nações Aliadas, foi aceita e incorporada ao Tratado de Versalhes uma declaração de princípios elaborada pela Comissão de Legislação do Trabalho, com a qual os países signatários se obrigavam a adotar uma jornada de oito horas diárias ou uma semana de quarenta e oito horas de trabalho. O Tratado de Versalhes iniciou uma nova fase na evolução do Direito do Trabalho visando restaurar a dignidade do trabalhador como pessoa humana. Para tanto, a Conferência da Paz resolveu criar como órgão da Liga das Nações a Organização Internacional do Trabalho (OIT), tornando real a universalização dos princípios de proteção ao trabalho. A limitação da duração do trabalho em oito horas diárias ou quarenta e oito horas semanais era tão importante que a primeira Conferência realizada em Washington em outubro de 1919 resultou na 1ª Convenção da OIT, regulamentando a jornada de trabalho mencionada[30]. A Convenção de Washington entrou em vigor no dia 13 de junho de 1921, tendo sido ratificada, até maio de 1949, pela Argentina, Áustria, Bélgica, Birmânia, Bulgária, Canadá, Checoslováquia, Chile, Colômbia, Cuba, República Dominicana, Espanha, França, Grécia, Índia, Letônia, Lituânia, Luxemburgo, Nicarágua, Nova Zelândia, Paquistão, Peru, Portugal, Romênia, Uruguai e Venezuela. O Brasil não figura entre os países signatários do convênio mencionado, não obstante ser membro da OIT e aplicar desde 1932 a duração do trabalho de oito horas diárias e quarenta e oito horas semanais[31].

As primeiras leis brasileiras sobre a jornada de oito horas surgiram antes da Revolução de 1930. A duração do trabalho era indiretamente regulada pelas portarias municipais

28. SÜSSEKIND, Arnaldo. *Duração do trabalho e repousos remunerados, op. cit.*, p. 31-32.

29. *Ibidem*, p. 32 – 33.

30. O padrão de 48 horas semanais foi alterado tanto no âmbito internacional quanto no nacional. Assim, na década de 1920, várias indústrias da Europa e dos Estados Unidos já haviam introduzido a jornada semanal de 40 horas, pois durante a depressão da década seguinte, quando a redução de jornadas veio a ser identificada pela primeira vez por seu potencial de fomentar o emprego, foi incluída em um novo instrumento internacional, a Convenção da OIT n. 47 que passou a limitar a jornada a 40 horas semanais. O limite de 40 horas, no entanto, não busca apenas um estímulo para a geração de empregos, pois também se preocupa com o aprimoramento do equilíbrio trabalho-vida. Nesse sentido, esse limite de 40 horas semanais foi apontado como um padrão social a ser alcançado na Recomendação de Redução da Jornada de Trabalho em 1962. Cf. LEE, Sangheon; MCCNN, Deirdre; MESSENGER, Jonh C. *Duração do trabalho em todo o mundo:* tendências de jornadas de trabalho, legislação e políticas numa perspectiva global comparada. 2009. Disponível em: <http://www.ilo.org/brasilia/publicacoes/WCMS_229714/lang--pt/index.htm.

31. SÜSSEKIND, Arnaldo. *Duração do trabalho e repousos remunerados, op. cit.*, p. 33 e ss.

que determinavam horários de abertura e fechamento do comércio e da indústria. Entretanto, com a expedição dos Decretos ns. 21.186, 21.364 e 22.033, no ano de 1932, foi adotada a jornada de oito horas de trabalho, com possibilidade de ser elevada a dez horas mediante acordo entre empregados e empregadores, mas com o pagamento de remuneração suplementar acrescida de adicional sobre o salário/hora e fixação do horário de trabalho em local visível para os empregados. Na época, era atribuição do Ministério do Trabalho (MTE), criado em 1930, fiscalizar o cumprimento das mencionadas normatizações após denúncia dos empregados. Posteriormente, surgiram inúmeros outros decretos regulamentando a duração do trabalho conforme a categoria profissional do empregado. Todavia, em nenhuma dessas disposições a jornada de trabalho estabelecida foi superior a oito horas diárias e quarenta e oito semanais. Em 1940, por meio do Decreto-lei n. 2.308, os regimes normais de duração do trabalho foram unificados em um único diploma legal, continuando a vigorar, contudo, alguns sistemas decretados em benefício de determinadas categorias profissionais. Posteriormente, com a aprovação da Consolidação das Leis do Trabalho (CLT), por meio do Decreto-lei n. 5.452 de 1º de maio de 1943, a matéria passou a ser regulamentada ao lado dos diplomas legais que instituíram regimes especiais de duração do trabalho[32]. A nível Constitucional a duração do trabalho era estabelecida também em oito horas diárias e quarenta e oito horas semanais desde 1934, tendo sido reduzida para oito horas diárias e quarenta e quatro semanais apenas a partir da promulgação da Constituição de 1988.

4. A DURAÇÃO DO TRABALHO À LUZ DA REFORMA TRABALHISTA

A reforma trabalhista alterou diversos dispositivos relacionados à duração do trabalho, tempo de deslocamento e horas *in itinere*. Dentre os dispositivos alterados, destaca-se o § 2º do art. 58 da CLT, referente às horas *in itinere*, quer dizer, o tempo despendido pelo empregado até o local de trabalho e o seu retorno, em condução fornecida pelo empregador, em local de difícil acesso ou não servido por transporte público. Esse tempo de deslocamento, que o trabalhador fica à disposição do empregado em uma condução por este fornecida, era considerado como parte integrante da jornada do trabalhador, desde que configurados um local de trabalho de difícil acesso ou não servido por transporte público. A nova redação do dispositivo em questão eliminou a integração das horas *in itinere* da jornada de trabalho. Essa eliminação não afeta a duração do trabalho, salvo se ficar comprovado pelo princípio da primazia da realidade como tempo à disposição[33] do empregador[34]. Todavia, a supressão das horas *in itinere* afeta o direito fundamental ao lazer pela via reflexa, visto que a remuneração anteriormente percebida pelo empregado deixa de integrar o seu salário[35], minorando consequentemente o seu potencial financeiro para usufruir do tempo livre.

O trabalho em regime de tempo parcial também sofreu alterações, passando a ser mais abrangente em relação à duração semanal do trabalho, já que o limite máximo anteriormente estabelecido foi ampliado, passando a abranger as seguintes situações: i) 30 horas semanais, sem possibilidade de horas suplementares; ii) 26 horas semanais, com possibilidade de até seis horas suplementares, acrescidas do respectivo adicional; iii) tempo parcial inferior a 26 horas semanais, possibilidade de até seis horas suplementares, acrescidas do respectivo adicional[36]. As horas suplementares também poderão ser compensadas diretamente na semana imediatamente posterior ou anterior à da sua execução. A reforma trabalhista também alterou a tabela especial de férias do trabalho em regime de tempo parcial, passando a aplicar ao trabalho de regime em tempo parcial a tabela padrão constante da duração do trabalho de tempo integral. Essa também é considerada como uma alteração positiva da reforma trabalhista, visto que a tabela anterior era considerada como sendo desfavorável ao trabalhador. O novo diploma legal também permite ao empregado contratado

---

32. SÜSSEKIND, Arnaldo. *Duração do trabalho e repousos remunerados, op. cit.*, p. 42 e ss.

33. CLT, art. 4º, § 2º. 2ª *Jornada de Direito Material e Processual da Justiça do Trabalho – Enunciado n. 3 da Comissão* 2. I – Para fins de aplicação da regra constante no art. 4º, § 2º, da CLT, não se considera de escolha própria e/ou exercício de atividades particulares aquelas permanências que decorrerem de riscos inerentes à natureza da atividade do empregador, conforme art. 2º, *caput*, da CLT. II – Se, em função da natureza da atividade, for necessária a realização de higiene pessoal ou a troca da vestimenta no local de trabalho, o período correspondente será computado como tempo de serviço. 2ª *Jornada de Direito Material e Processual da Justiça do Trabalho – Enunciado Aglutinado n. 3 da Comissão* 2. 1. A estrutura normativa matriz do art. 4º da CLT contempla a lógica do tempo à disposição, não eliminada a condição de cômputo quando se verificar concretamente que o transporte era condição e/ou necessidade irrefutável, e não de escolha própria do empregado, para possibilitar o trabalho no horário e local designados pelo empregador, mantendo-se o parâmetro desenvolvido pela Súmula n. 90 do TST, caso em que fará jus o trabalhador à contagem, como tempo de trabalho, do tempo de deslocamento gasto em trecho de difícil acesso ou sem transporte público por meio fornecido pelo empregador, na ida ou retorno para o trabalho. Inteligência do art. 3º, *c*, da Convenção n. 155 da OIT. 2. Inaplicabilidade do § 2º do art. 58 da Lei n. 13.467/2017 ao trabalho executado na atividade rural.

34. GODINHO, Mauricio Godinho; DELGADO, Gabriela Neves. *A reforma trabalhista no Brasil:* com os comentários à Lei n. 13.467/2017. 2. ed. rev., atual. e ampl. São Paulo: LTr, 2018. p. 121-122.

35. CLT, art.7º, IV.

36. CLT, art. 59-A.

sob regime de tempo parcial a faculdade de converter um terço do período de férias em abono pecuniário[37].

A reforma trabalhista, para além dos dispositivos mencionados, promoveu alterações significativas nos regimes de compensação de horários. No regime clássico, aquele em que a compensação das horas suplementares, em um ou mais dias de determinadas semanas, é efetivada pela redução de jornada em outros dias ou semanas não se encontra mais expressamente delimitado na CLT, pois a alteração legal no preceito celetista, na década de 1990, visando a inserção do chamado banco de horas, sistema anual de compensação de horários, tornou-se permanente após a Emenda Constitucional n. 32/2001. Porém, a fórmula clássica de compensação de horários na ordem jurídica brasileira ainda é aplicada por se constituir um costume[38] e, consequentemente, como uma fonte do direito. Para além, a fórmula clássica é mais favorável tanto para o empregado como para o empregador[39]. Os regimes compensatórios não podem ultrapassar o limite diário de 10 horas em consideração à jornada padrão de oito horas diárias. A jurisprudência trabalhista também está pacificada em relação ao regime compensatório clássico poder ser pactuado bilateralmente, mas por escrito, sem desconsiderar a possibilidade de ser pactuado mediante negociação coletiva[40]. Entretanto, com a reforma trabalhista a pactuação bilateral passou a ser permitida por acordo tácito, além dos demais mecanismos permitidos, o que implica em uma certa insegurança jurídica para o trabalhador no contexto da relação empregatícia, em razão do fortalecimento do poder unilateral do empregador em uma relação fortemente marcada pela assimetria. Em contrapartida, por meio de uma interpretação sistemática e teleológica, é no mínimo plausível que se compreenda a necessidade de pactuação bilateral por escrito, pois caso contrário o ônus da prova da existência de mera pactuação tácita deverá ser do empregador por constituir fato impeditivo do direito do empregado[41], pois essa situação pode propiciar o excesso de trabalho e, consequentemente, danos ao lazer e à vida privada do trabalhador.

O não atendimento das exigências legais para a compensação da jornada, inclusive quando estabelecidas mediante acordo tácito, não implica a repetição do pagamento das horas excedentes à jornada normal diária se não ultrapassada a duração máxima semanal, sendo devido apenas o respectivo adicional. A prestação de horas extraordinárias também não descaracteriza o acordo de compensação da jornada e o banco de horas, mas as horas que ultrapassarem a jornada semanal normal deverão ser pagas como horas extraordinárias, exceto as destinadas à compensação, pois, nesse caso, só será devido o respectivo adicional[42]. Já na hipótese de rescisão contratual sem que tenha havido a compensação integral da jornada extraordinária, o trabalhador terá direito ao pagamento das horas extras não compensadas, calculadas sobre o valor da remuneração na data da rescisão[43].

De outro lado, o regime de compensação do banco de horas é considerado um instituto jurídico de compensação de horários mais amplo em relação à periodicidade máxima do regime compensatório clássico. Esse regime foi inicialmente introduzido na CLT por meio da Lei n. 9.601/1988, sendo, após sucessivas Medidas Provisórias, incorporado permanentemente pela Emenda Constitucional n. 62/2001. Em virtude do banco de horas, regime de compensação anual, não apresentar o mesmo benefício do regime clássico, o ordenamento jurídico brasileiro passou a considerar razoável e proporcional a sua pactuação por meio dos instrumentos coletivos, tendo em vista as maiores garantias propiciadas por essas fontes normativas autônomas do Direito do Trabalho. Não obstante, a reforma trabalhista, seguindo a tendência de enfraquecimento dos sindicatos, eliminou essa garantia para os regimes de banco de horas, estabelecendo que a compensação de horários deve ocorrer no período máximo de seis meses[44]. Contudo, essa flexibilização não se justifica, porque a própria CRFB prevê a intervenção dos sindicatos na compensação de horários. Essa determinação somente pode ser atenuada em razão do regime compensatório clássico em razão dos benefícios proporcionados ao trabalhador e em atenção ao princípio da norma mais favorável. Logo, como o banco de horas não possui a mesma qualidade benéfica do regime clássico, por permitir que o indivíduo trabalhe por quase um ano em sobrejornada, sem qualquer pagamento, torna-se imperioso a

---

37. GODINHO, Mauricio Godinho; DELGADO, Gabriela Neves. *A reforma trabalhista no Brasil, op. cit.*, p. 124-125.
38. CLT, art. 8º.
39. CRFB, art. 7º c/c art. 444, *caput* da CLT.
40. TST, Súmula n. 85. 2ª *Jornada de Direito Material e Processual da Justiça do Trabalho – Enunciado Aglutinado n. 1 da Comissão 2*. Banco de horas por acordo individual. A compensação de horários requer intervenção sindical obrigatória, independentemente do seu prazo de duração, conforme art. 7º, XIII, CRFB/88, que autoriza a compensação apenas mediante acordo ou convenção coletiva de trabalho.
41. GODINHO, Mauricio Godinho; DELGADO, Gabriela Neves. *A reforma trabalhista no Brasil, op. cit.*, p. 125 e ss.
42. CLT, art. 59-B. 2ª *Jornada de Direito Material e Processual da Justiça do Trabalho – Enunciado Aglutinado n. 1 da Comissão 2*. A prestação de horas extras habituais ou, ainda que eventuais, em número superior a duas horas diárias, implica descaracterização do acordo de compensação e do acordo de banco de horas, conforme arts. 7º, XIII e XVI, da Constituição Federal, e 59 da CLT. 2ª *Jornada de Direito Material e Processual da Justiça do Trabalho – Enunciado Aglutinado n. 2 da Comissão 2*. Pagamento das horas extras acumuladas em banco de horas e não compensadas será feito com base no valor do salário-hora mais vantajoso ao trabalhador.
43. CLT, art. 59, § 3º.
44. CLT, art. 59, § 5º.

sua pactuação por negociação coletiva[45], pois, caso contrário, o excesso de trabalho potencializa as hipóteses de incidência de danos ao lazer e à própria vida do trabalhador, em razão do amplo espaço temporal para a compensação das horas extraordinárias.

Já em relação ao regime de plantão 12x36, embora fosse reconhecido pela jurisprudência, passou a ser expressamente previsto no preceito celetista em razão da reforma trabalhista. Todavia, a nova regulamentação é manifestamente prejudicial ao trabalhador, porque explicitamente exclui o regime plantonista da licença prévia das autoridades competentes em matéria de higiene e saúde do trabalhador em conjunto com a não observância dos intervalos intrajornadas para repouso e alimentação, mediante indenização em pecúnia, quer dizer, a lei autorizou 12 horas de trabalho sem intervalos intrajornadas. A nova regulamentação também afeta diversos direitos da pessoa do trabalhador, porque extrapola a duração diária do trabalho prevista na CRFB[46]. A reforma também permitiu que esse regime de trabalho possa ser pactuado por simples acordo bilateral escrito, quer dizer, novamente são postos de lado os instrumentos coletivos e a atuação dos sindicatos, excetuados os casos de entidades públicas municipais, estaduais e distritais que dependem de norma legal específica. O novo dispositivo considerou remunerados e/ou compensados os descansos semanais remunerados e os feriados, embora não exista previsão legal em relação a essa compensação dos feriados. Da mesma forma, a lei considerou como remuneradas e/ou compensadas as prorrogações de trabalho noturno de forma equivocada, tendo em vista que não existe qualquer compensação relacionada ao tratamento especial conferido pela ordem jurídica ao trabalho noturno. A CRFB apresenta regra expressa em relação à remuneração do trabalho noturno superior ao diurno[47], de modo que não é possível excluir o seu adimplemento na hipótese da jornada de plantão abranger, no todo ou em parte, o horário compreendido entre as 22:00h e 05:00h da manhã no perímetro urbano. A questão é que o adicional de trabalho noturno é norma imperativa e, assim sendo, apenas os horários da jornada noturna e o respectivo percentual de adicional é que podem, na prática, serem distintos, conforme a legislação aplicável[48].

Outra alteração relevante foi a exclusão do teletrabalho[49] das regras de duração do trabalho[50]. Entretanto, essa é uma presunção relativa e pode ser desconstituída mediante prova em sentido contrário, pois o avanço tecnológico também permite o controle do trabalho exercido a longa distância. De todo modo, as regras atinentes à duração do trabalho não se confundem com as regras sobre descanso semanal remunerado e descanso em feriados, dado que essas hipóteses

45. GODINHO, Mauricio Godinho; DELGADO, Gabriela Neves. *A reforma trabalhista no Brasil, op. cit.*, p. 129-131.

46. CRFB. Art. 7º. XIII. 2ª *Jornada de Direito Material e Processual da Justiça do Trabalho – Enunciado Aglutinado n. 2 da Comissão 2*. I. Tratando-se de regime de compensação de jornada, é essencial para a sua validade a previsão em acordo coletivo ou convenção coletiva de trabalho, nos termos do art. 7º, XIII, da Constituição Federal, inclusive em relação ao comerciário, em razão de lei especial (Lei n. 12.790/2013). II. Art. 60, parágrafo único da CLT. Dispensa de licença prévia para a realização de jornada 12x36. Matéria de saúde e segurança do trabalho. Inconstitucionalidade por infração ao art. 7º, XXII, da Constituição Federal. III. Impossibilidade de regime "complessivo" quanto ao pagamento de feriados e prorrogação da jornada noturna, por infração ao art. 7º, IX, da Constituição Federal. IV. A prestação de horas extras, inclusive pela supressão do intervalo intrajornada (ainda que parcial), descaracteriza o regime de compensação de jornada 12x36, implicando o pagamento como hora extraordinária daquelas laboradas além da 8ª diária, por infração ao art. 7º, XIII e XXVI, da Constituição Federal.

47. CRFB, art. 7º, IX c/c art. 73, *caput* da CLT.

48. GODINHO, Mauricio Godinho; DELGADO, Gabriela Neves. *A reforma trabalhista no Brasil, op. cit.*, p. 131 e ss.

49. CLT, art. 75-A a 75-E.

50. CLT, art. 62, III. 2ª *Jornada de Direito Material e Processual da Justiça do Trabalho – Enunciado Aglutinado n. 2 da Comissão 6*. São devidas horas extras em regime de teletrabalho, assegurado em qualquer caso o direito ao repouso semanal remunerado. Interpretação do art. 62, III e do parágrafo único do art. 6º da CLT conforme o art. 7º, XIII e XV, da Constituição da República, o art. 7º, *e*, *g* e *h* protocolo adicional à convenção americana sobre direitos humanos em matéria de direitos econômicos, sociais e culturais ("Protocolo de San Salvador"), promulgado pelo Decreto n. 3.321, de 30 de dezembro de 1999, e a Recomendação n. 116 da OIT. 2ª *Jornada de Direito Material e Processual da Justiça do Trabalho – Enunciado Aglutinado n. 3 da Comissão 6*. A mera subscrição, pelo trabalhador, de termo de responsabilidade em que se compromete a seguir as instruções fornecidas pelo empregador, previsto no art. 75-E, parágrafo único, da CLT, não exime o empregador de eventual responsabilidade por danos decorrentes dos riscos ambientais do teletrabalho. Aplicação do art. 7º, XXII da Constituição c/c art. 927, parágrafo único, do Código Civil. 2ª *Jornada de Direito Material e Processual da Justiça do Trabalho – Enunciado Aglutinado n. 1 da Comissão 6*. O regime de teletrabalho não exime o empregador de adequar o ambiente de trabalho às regras da NR-7 (PCSMO), da NR-9 (PPRA) e do art. 58, § 1º, da Lei n. 8.213/91 (LTCAT), nem de fiscalizar o ambiente de trabalho, inclusive com a realização de treinamentos. Exigência dos arts. 16 a 19 da Convenção n. 155 da OIT. 2ª *Jornada de Direito Material e Processual da Justiça do Trabalho – Enunciado Aglutinado n. 1 da Comissão 6*. O contrato de trabalho deve dispor sobre a estrutura e sobre a forma de reembolso de despesas do teletrabalho, mas não pode transferir para o empregado seus custos, que devem ser suportados exclusivamente pelo empregador. Interpretação sistemática dos arts. 75-D e 2º da CLT à luz dos arts. 1º, IV, 5º, XIII e 170 da Constituição da República e do art. 21 da Convenção n. 155 da OIT. 2ª *Jornada de Direito Material e Processual da Justiça do Trabalho – Enunciado Aglutinado n. 3 da Comissão 6*. A mera subscrição, pelo trabalhador, de termo de responsabilidade em que se compromete a seguir as instruções fornecidas pelo empregador, previsto no art. 75-E, parágrafo único, da CLT, não exime o empregador de eventual responsabilidade por danos decorrentes dos riscos ambientais do teletrabalho. Aplicação do art. 7º, XXII da Constituição c/c art. 927, parágrafo único, do Código Civil.

normativas[51] são regidas por diplomas legais distintos fora da exclusão prevista na CLT[52]. Dessa maneira, a configuração do trabalho para além da duração normal viola o direito fundamental à desconexão do trabalhador em razão da tecnologia não poder ser utilizada como forma de uma nova servidão do operário.

A reforma trabalhista também buscou modificar a regência normativa dos intervalos para repouso ou alimentação, dando ênfase para uma análise econômica relacionada ao custo do trabalho para o empregador, já que o novo diploma legal passou a considerar o pagamento apenas do período suprimido, acrescido de 50% do valor da remuneração da hora normal, considerando o período efetivamente suprimido como parcela de natureza indenizatória[53]. Para além, as regras sobre duração do trabalho e intervalos não são consideradas como normas de saúde, higiene e segurança do trabalho, podendo inclusive ocorrer a redução do intervalo intrajornada de uma hora para 30 minutos em jornada superior a seis horas[54], violando nitidamente o texto constitucional[55]. Diante do exposto, também se constata o potencial risco de lesão à vida e à saúde do trabalhador,

---

51. Lei n. 605/1949.
52. GODINHO, Mauricio Godinho; DELGADO, Gabriela Neves. *A reforma trabalhista no Brasil, op. cit.*, p. 135.
53. CLT, art. 71, § 4º.
54. CLT, art. 611-A, *caput*, III e art. 611-B, *caput*, parágrafo único. *2ª Jornada de Direito Material e Processual da Justiça do Trabalho – Enunciado Aglutinado n. 1 da Comissão 3.* As regras autônomas coletivas podem prevalecer sobre o padrão geral heterônomo trabalhista, desde que implementem padrão setorial de direitos superior ao padrão geral heterônomo ou quando transacionam setorialmente parcelas e direitos trabalhistas de indisponibilidade apenas relativa, respeitadas as normas de indisponibilidade absoluta. II – A adequação setorial negociada não autoriza a supressão ou redução de direitos *tout court*, cabendo às partes, nos termos do art. 611-A da CLT, com a redação dada pela Lei n. 13.467/2017, justificar a excepcionalidade da adequação e sua transitoriedade, bem como definir as contrapartidas, com razoabilidade e de boa-fé, sendo inconstitucional o disposto no § 2º do art. 611-A da CLT. *2ª Jornada de Direito Material e Processual da Justiça do Trabalho – Enunciado Aglutinado n. 1 da Comissão 3.* Nos termos do art. 5º, § 2º, da Constituição Federal, as convenções e acordos coletivos de trabalho não podem suprimir ou reduzir direitos, quando se sobrepuserem ou conflitarem com as convenções internacionais do trabalho e outras normas de hierarquia constitucional ou supralegal relativas à proteção da dignidade humana e dos valores sociais do trabalho e da livre iniciativa. *2ª Jornada de Direito Material e Processual da Justiça do Trabalho – Enunciado n. 5 da Comissão 3.* É nula cláusula normativa, por quebra das características fundantes do direito do trabalho como ramo jurídico especializado, quando importar violação ao patamar civilizatório mínimo (arts. 9º, 444, 468 e 611-A da CLT). *2ª Jornada de Direito Material e Processual da Justiça do Trabalho – Enunciado Aglutinado n. 4 da Comissão 3.* Direitos trabalhistas garantidos por normas de ordem pública, relativos a medidas de higiene, saúde e segurança do trabalho, são infensos à redução ou supressão mediante negociação coletiva, consoante a interpretação conjunta dos incisos XXII e XXVI do art. 7º da Constituição. É, portanto, inconstitucional a previsão do art. 611-A, III e XII, da CLT (com a redação dada pela Lei n. 13.467/2017). *2ª Jornada de Direito Material e Processual da Justiça do Trabalho – Enunciado Aglutinado n. 10 da Comissão 3.* As convenções coletivas, os acordos coletivos de trabalho e os acordos individuais de trabalho devem respeitar o salário mínimo normativo em qualquer modalidade de contratação, nos termos do art. 7º, inciso IV, da Constituição Federal. *2ª Jornada de Direito Material e Processual da Justiça do Trabalho – Enunciado n. 6 da Comissão 3.* A fixação de jornada de trabalho superior a oito horas em atividades insalubres, sem prévia autorização das entidades responsáveis pela higiene e segurança no trabalho, viola os termos do inciso XXII do art. 7 da Constituição Federal de 1988. Assim, são inconstitucionais o parágrafo único do art. 60 e o inciso XIII, do art. 611-A, introduzidos pela Lei n. 13.467/2017.
55. CRFB, art. 7º, XXII. *2ª Jornada de Direito Material e Processual da Justiça do Trabalho – Enunciado Aglutinado n. 11 da Comissão 3.* É inconstitucional o parágrafo único do art. 611-B da CLT, pois as normas e institutos que regulam a duração do trabalho, bem como seus intervalos, são diretamente ligados às tutelas da saúde, higiene e segurança do trabalho como estabelecidas pelos arts. 7º, XIII, XIV e XXII, 196 e 225 da Constituição Federal, pelos arts. 3º, *b* e *e*, e 5º da Convenção n. 155 da OIT, pelo art. 7º, II, *b* e *d*, do PIDESC (ONU), pelo art. 7º, *e*, *g* e *h*, do Protocolo de San Salvador (OEA), e pelo próprio art. 58 da CLT, que limita a jornada a oito horas diárias, sendo, assim, insuscetíveis de flexibilização por convenção ou acordo coletivos. *2ª Jornada de Direito Material e Processual da Justiça do Trabalho – Enunciado Aglutinado n. 6 da Comissão 3.* As disposições dos incisos XII e XIII do art. 611-A da CLT (possibilidade de enquadramento de trabalhadores em graus de insalubridade e de prorrogação de jornada em ambientes insalubres por meio de acordo ou convenção coletiva de trabalho) perfazem retrocesso social, com prejuízos à vida digna e à saúde do trabalhador, sendo incompatíveis com os arts. 3º, I e IV, 5º, XXIII, 6º, 7º, XXII, 170, III, 196 e 225 da Constituição Federal, com o art. 11, *a*, da Convenção n. 155 da OIT, com o art. 611-B, XVII, da CLT, e, no campo processual/decisório, com os arts. 1º, 8º e 489, § 2º, do CPC. *2ª Jornada de Direito Material e Processual da Justiça do Trabalho – Enunciado Aglutinado n. 7 da Comissão 3.* Considerando o princípio da primazia da realidade, e sendo a saúde um direito de todos e dever do estado, e considerando ainda a ilicitude da supressão ou redução dos direitos provenientes de normas de saúde, higiene e segurança no trabalho, prevalecerá o acordado sobre o legislado sempre que se tratar de pagamento de percentual superior àquele determinado na NR-15, não sendo possível a redução do referido adicional. *2ª Jornada de Direito Material e Processual da Justiça do Trabalho – Enunciado Aglutinado n. 8 da Comissão 3.* I – Regras sobre o intervalo intrajornada são consideradas como normas de saúde, higiene e segurança do trabalho e, por consequência, de ordem pública, apesar do que dispõe o art. 611-B, parágrafo único, da CLT (na redação da Lei n. 13.467/2017). II – O estabelecimento de intervalos intrajornadas em patamares inferiores a uma hora para jornadas de trabalho superiores a seis horas diárias é incompatível com os arts. 6º, 7º, inciso XXII, e 196 da Constituição. *2ª Jornada de Direito Material e Processual da Justiça do Trabalho – Enunciado Aglutinado n. 9 da Comissão 3.* – O registro de jornada de trabalho permanece obrigatório, nos termos do art. 74 da Consolidação das Leis do Trabalho. II – A mera previsão em acordo ou convenção coletiva de trabalho não basta para a validade do sistema de registro eletrônico de jornada de trabalho. Necessidade de prova da inviolabilidade e veracidade dos registros e possibilidade de extração de dados pela fiscalização do trabalho.

seja em decorrência de doenças ocupacionais ou em virtude de acidentes de trabalho[56].

O contrato de trabalho intermitente[57] da forma em que foi proposto pela reforma trabalhista rompe também com dois direitos e garantias trabalhistas fundamentais da estrutura central do Direito do Trabalho: a ideia de duração de trabalho e de salário. Dessa forma, com a reforma, o tempo de disponibilidade do empregado passou a ter um novo conceito jurídico relacionado à realidade do tempo à disposição do empregador, mas sem os efeitos jurídicos do tempo à disposição[58], rompendo com uma tradição oriunda do século XIX constante da Convenção de Washington e das constituições brasileiras no que diz respeito à duração normal do trabalho[59]. Igualmente a noção de salário também foi flexibilizada, posto que o salário poderá existir, eventualmente, se e quando o trabalhador for convocado para o trabalho, mas sem que necessariamente atinja o patamar mínimo[60], o que, por sua vez, conforme já mencionado, proporciona uma redução da arrecadação de receitas para a manutenção da seguridade social[61].

5. CONCLUSÃO

Dentre os institutos jurídicos para a proteção do trabalho humano é evidente que a limitação da duração do tempo de trabalho se destaca, por razões de ordem biológica (combate aos problemas psicofisiológicos oriundos da

56. GODINHO, Maurício Godinho; DELGADO, Gabriela Neves. *A reforma trabalhista no Brasil, op. cit.*, p. 135.

57. CLT, art. 443, § 3º; art. 452-A. 2ª *Jornada de Direito Material e Processual da Justiça do Trabalho – Enunciado Aglutinado n. 4 da Comissão 6.* É inconstitucional o regime de trabalho intermitente previsto no art. 443, § 3º, e art. 452-A da CLT, por violação do art. 7º, I e VII da Constituição da República e por afrontar o direito fundamental do trabalhador aos limites de duração do trabalho, ao décimo terceiro salário e às férias remuneradas. 2ª *Jornada de Direito Material e Processual da Justiça do Trabalho – Enunciado Aglutinado n. 5 da Comissão 6.* A proteção jurídica do salário mínimo, consagrada no art. 7º, VII, da Constituição da República, alcança os trabalhadores em regime de trabalho intermitente, previsto nos arts. 443, § 3º e 452-A da CLT, aos quais é também assegurado o direito à retribuição mínima mensal, independentemente da quantidade de dias em que for convocado para trabalhar, respeitado o salário mínimo profissional, o salário normativo, o salário convencional ou o piso regional. A multa prevista no art. 452-A, § 4º, da CLT, imposta ao trabalhador que descumprir convocação anteriormente atendida, não é compatível com os princípios constitucionais da dignidade humana, do valor social do trabalho, da isonomia, da proteção do trabalhador e da função social da empresa. 2ª *Jornada de Direito Material e Processual da Justiça do Trabalho – Enunciado n. 3 da Comissão 6.* Nos contratos de trabalho intermitente, é obrigatório indicar a quantidade mínima de horas de efetiva prestação de serviços, pois não se admite contrato de trabalho com objeto indeterminado ou sujeito a condição puramente potestativa, consoante arts. 104, II, 166, II e 122 do Código Civil, aplicáveis subsidiariamente à matéria, nos termos do art. 8º, parágrafo único, da CLT. 2ª *Jornada de Direito Material e Processual da Justiça do Trabalho – Enunciado n. 2 da Comissão 6.* Como o contrato de trabalho intermitente deve ser celebrado por escrito, do instrumento contratual deverão constar os períodos de prestação de serviços ou a estimativa de serviços a executar, a respeito dos quais se obriga o empregador. 2ª *Jornada de Direito Material e Processual da Justiça do Trabalho – Enunciado n. 7 da Comissão 6.* No contrato de trabalho intermitente, a teor do art. 452-A. § 5º, da CLT, os períodos em que o trabalhador permanecer dentro ou fora do estabelecimento do empregador para atender a interesses, conveniências ou no aguardo de instruções deste último serão computados como horas ou frações efetivamente trabalhadas. 2ª *Jornada de Direito Material e Processual da Justiça do Trabalho – Enunciado n. 4 da Comissão 6.* Diante da existência de antinomia jurídica entre o disposto no § 6º do art. 452-A da CLT e o disposto no § 9º do mesmo art. 452-A da CLT, deve-se interpretar o ordenamento jurídico de forma sistemática e utilizar o critério hierárquico para solução do conflito de normas. Assim, tendo em vista o art. 7º, XVII, da CRFB/88, que dispõe sobre o direito às férias anuais remuneradas, ou seja, pagas no momento do gozo do período de descanso (conforme também disposto no art. 452-A, § 9º, CLT), o pagamento de férias proporcionais após a prestação de serviços (art. 452-A, § 6º, II, CLT) não encontra aplicabilidade. Assim, no trabalho intermitente, as férias devem ser remuneradas quando da sua fruição. 2ª *Jornada de Direito Material e Processual da Justiça do Trabalho – Enunciado n. 8 da Comissão 6.* I – É ilícita a contratação sob a forma de trabalho intermitente para o atendimento de demanda permanente, contínua ou regular de trabalho, dentro do volume normal de atividade da empresa. II – É ilegal a substituição de posto de trabalho regular ou permanente pela contratação sob a forma de trabalho intermitente. III – O empregador não pode optar pelo contrato de trabalho intermitente para, sob esse regime jurídico, adotar a escala móvel e variável da jornada. IV – Presente a necessidade de trabalho intermitente, o empregado contratado na forma do art. 443, § 3º, da CLT tem direito subjetivo à convocação, sendo ilícita sua preterição ou a omissão do empregador. 2ª *Jornada de Direito Material e Processual da Justiça do Trabalho – Enunciado n. 9 da Comissão 6.* No contrato de trabalho intermitente, o período sem convocação pelo empregador é de tempo à sua disposição e deve ser remunerado como de efetivo serviço. Ônus das variações de demanda do empreendimento são exclusivos do empregador. 2ª *Jornada de Direito Material e Processual da Justiça do Trabalho – Enunciado n. 10 da Comissão 6.* O art. 58-A e seus parágrafos, da CLT, alterados por força da Lei n. 13.467/2017, não são aplicáveis aos comerciários, em virtude da aplicação obrigatória do art. 3º, § 1º da Lei n. 12.790/2013, em decorrência da especificidade e da prevalência da norma mais favorável ao trabalhador. 2ª *Jornada de Direito Material e Processual da Justiça do Trabalho – Enunciado n. 6 da Comissão 6.* O trabalho intermitente não poderá ser exercido em atividades que possam colocar em risco a vida, a saúde e a segurança dos próprios trabalhadores e/ou de terceiros.

58. CLT, art. 4º, *caput*; art. 452-A, § 5º.

59. GODINHO, Maurício Godinho; DELGADO, Gabriela Neves. *A reforma trabalhista no Brasil, op. cit.*, p. 162-164; BARBOSA, Magno Luiz. Alterações na duração do trabalho e seus reflexos na relação de emprego. In: MARTINS, Juliane Caravieri *et al.* (Org.). *Reforma trabalhista em debate:* direito individual, coletivo e processual do trabalho. São Paulo: LTr, 2017. p. 65- 77.

60. CLT, art. 78 c/c art. 7º da CRFB e OJ n. 358, II do TST.

61. CRFB, art. 195, I, *a*.

fadiga ocasionada pelo excesso de trabalho), social (gozo dos prazeres materiais e espirituais) e econômica (combate ao desemprego e aumento da produtividade). Por essas razões, o período de trabalho deve ser dividido de modo que o trabalhador possa se desenvolver enquanto ser humano, pois a frustração da sua personalidade implica na sua incapacidade para pensar e sentir, sem que possa de fato conhecer a sua própria intimidade. Sendo assim, o direito a um número razoável de horas de trabalho se torna o direito de descobrir um vasto terreno para o desenvolvimento do trabalhador, pois é um imperativo fisiológico para o corpo recompor as energias consumidas com o trabalho realizado permitindo ao trabalhador desenvolver sua inteligência e sentimentos por meio da educação, recreação e do trabalho realizado.

6. REFERÊNCIAS

BARBOSA, Magno Luiz. Alterações na duração do trabalho e seus reflexos na relação de emprego. In: MARTINS, Juliane Caravieri *et al.* (Org.). *Reforma trabalhista em debate:* direito individual, coletivo e processual do trabalho. São Paulo: LTr, 2017.

BATTAGLIA, Felice. *Filosofia do Trabalho.* Trad. Luís Washington Vita e Antônio D'elia. São Paulo: Saraiva, 1958.

Carta Encíclica *Rerum Novarum do Sumo Pontífice Papa Leão XIII.* Disponível em: <http://w2.vatican.va/content/leo-xiii/pt/encyclicals/documents/hf_l-xiii_enc_15051891_rerum-novarum.html.

FELICIANO, Guilherme Guimarães; MIZIARA, Raphael. *Enunciados da 2ª Jornada de Direito Material e Processual do Trabalho Organizados por Assunto.* 2018. Disponível em: <www.ostrabalhistas.com.br>.

GODINHO, Mauricio Godinho; DELGADO, Gabriela Neves. *A reforma trabalhista no Brasil:* com os comentários à Lei n. 13.467/2017. 2. ed., rev., atual. e ampl. São Paulo: LTr, 2018.

LEE, Sangheon; MCCNN, Deirdre; MESSENGER, Jonh C. *Duração do trabalho em todo o mundo:* tendências de jornadas de trabalho, legislação e políticas numa perspectiva global comparada. 2009. Disponível em: <http://www.ilo.org/brasilia/publicacoes/WCMS_229714/lang--pt/index.htm>.

SENNETT, Richard. *A corrosão do caráter:* consequências pessoais do trabalho no novo capitalismo. São Paulo: Record, 2011.

SÜSSEKIND, Arnaldo. *Duração do trabalho e repousos remunerados.* Rio de Janeiro: Freitas Bastos, 1950.

15

Tempo de trabalho e desconexão no contexto dos mecanismos de tutela à saúde do trabalhador

Thereza Christina Nahas[1]

1. CONSIDERAÇÕES GERAIS

O tema quanto a jornada de trabalho sempre se mostrou envolto em polêmicas discussões tanto que, desde o século XIX, há uma luta intensa pela redução da jornada de trabalho, reivindicação esta constante na pauta dos sindicatos e suas respectivas negociações.

O Tratado de Versalles trouxe a previsão de que a fixação da jornada máxima de trabalho seria imprescindível para melhorar as condições de trabalho. Esta preocupação, isto é, o tempo de trabalho, tem se mostrado extremamente relevante para as políticas de desenvolvimento dos países. Não somente a OIT, mas também o Banco Mundial considera um aspecto de grande importância o fato de como as pessoas utilizam seu tempo de trabalho, remunerado ou não, alertando, por exemplo, para vários aspectos distintos, entre eles a desigualdade existente na distribuição do tempo dedicado por homens e mulheres: "las mujeres en general pasan una cantidad de tiempo desproporcionadamente mayor en trabajos no remunerados y menos tiempo en trabajos remunerados en comparación con los hombres"[2].

No âmbito das normas internacionais adotadas pela OIT, se estabeleceu a jornada de 48 horas semanais, como tempo máximo à disposição das atividades remuneradas praticadas por trabalhadores. O Convênio n. 1, de 1919, data que coincide com o nascimento da OIT, reconhece que o tempo de trabalho excessivo pode gerar risco à saúde dos trabalhadores, de modo que estabelece uma conexão direta entre tempo de trabalho e saúde do trabalhador. A necessidade de se fixar uma jornada máxima e tempos de descanso, semanais, anuais e diários é de interesse, não somente do Estado que tem o dever de garantir um nível adequado e saudável de vida, mas também das próprias empresas que podem ver aumentada a sua produção. Daí a necessidade de se ter uma regulamentação adequada sobre tempo de trabalho que possa agasalhar os interesses dos trabalhadores, empregadores e do próprio poder publico.

Há que levar em conta que as mudanças ocorridas na produção e no mundo do trabalho impactam fortemente na organização dos Estados indo muito mais além do âmbito empresarial ou da vida privada do trabalhador, acarretando decisões e planejamentos no que concerne, por exemplo, ao transporte público e trânsito nas cidades, à saúde e segurança, à existência de creches e escolas públicas, enfim, o equilíbrio entre a vida profissional e privada do trabalhador e da própria sociedade.

As sociedades "24/7" e as alterações que se verificam nos tipos contratuais que alteram a estrutura do trabalho subordinado têm-se mostrado absolutamente relevantes não somente do ponto de vista da saúde do trabalhador e do aumento e qualidade da produção, mas também com questões relativas a criação de emprego e igualdade entre homens e mulheres e a concorrência empresarial. Portanto, as implicações quanto ao tempo de trabalho vão muito além de se estabelecer percentuais para horas extraordinárias, atingindo políticas públicas e empresariais e desaguando nos tipos contratuais tradicionais e atípicos, sendo fortemente pressionada pela globalização econômica que intensificou profundamente a organização empresarial para o fim de produção mais acentuada e com custos baixos facilitando a subcontratação e a formação de cadeias de produção a nível transnacional.

---

1. Doutora e pós-doutora pela UCLM; Doutora pela PUC/SP, Professora e pesquisadora do LawInst, Juíza do Trabalho TRT/2, titular da 2ª Vara de Itapecerica da Serra, currículo completo na plataforma lattes: <http://lattes.cnpq.br/2361402097260893>. Professora e pesquisadora do LawInst. *E-mail*: tnahas70@gmail.com e Thereza.nahas@lawinst.com
2. RUBIANO-MATULEVICH, Eliana. *Por qué los datos sobre el uso del tiempo son importantes para la igualdad de género, pero son difíciles de recopilar*. Disponível em: <https://blogs.worldbank.org/opendata/es/por-que-los-datos-sobre-el-uso-del-tiempo-son-importantes--para-la-igualdad-de-genero>. Acesso em: dez. 2018.

Assim, o Convênio que estabelece a jornada de 48 horas semanais aplica-se a toda entidade (o convênio utiliza a expressão indústria, o que deve ser entendido no contexto da época de sua publicação), pública ou privada, exceto aquelas que estão destinadas às pessoas de uma mesma família. A ideia fundamental deste Convênio foi de que a jornada nele estabelecida pudesse ser incorporada às legislações nacionais as quais deveriam estabelecer um marco máximo, não só jurídico, mas efetivo e concreto para cada País. Seria a primeira regra a estabelecer um parâmetro, senão igual, similar, para cada Estado.

Em 1930 publicou-se o Convênio n. 30 estendendo as regras do Convênio n. 01 para o comércio e escritório. O objetivo era de que todos os trabalhadores pudessem ser abrangidos por esta norma, com exceção dos trabalhadores na agricultura, navegação marítima e fluvial, pesca e serviço doméstico, cujas peculiaridades da profissão deveriam ser consideradas, por razões óbvias, com o resguardo e respeito do tempo de descanso.

Em 1984 ocorrem profundas mudanças em relação ao tempo de trabalho e sua respectiva ordenação. Consolidaram-se novos modelos contratuais o que interessou não somente aos empregadores, mas, também, a muitos trabalhadores, seja por interesses particulares, necessidades suas ou da empresa ou por peculiaridades de sua profissão, o que levou a duração da jornada diária semanal de trabalho a converter-se num elemento variável e flexível.

Por outro lado, algumas situações se fixaram para subordinar-se ao tipo de demanda justamente para permitir que satisfizesse os interesses da empresa ou, simplesmente, em decorrência da subordinação a fatores econômicos, culturais e tecnológicos. Outros fatores que incidiram definitivamente no tempo de trabalho e descanso estão relacionados a globalização, novas tecnologias, economia 24 horas e criação de estratégias empresariais com métodos flexíveis de produção, visando a redução de custos, demandas diversificadas dos clientes e competitividade no mercado interno e internacional. Tudo isso repercute no mérito de organização de trabalho e forma de produção e, por consequência, no tempo de trabalho e descanso.

Outros fatores que impactaram as perspectivas do trabalho e do tempo de trabalho e descanso foram: a entrada massiva da mulher no mercado de trabalho; a feminização da mão de obra, a qualidade de vida do trabalhador, em particular no mundo da indústria. As características dos trabalhadores, significativamente a questão de gênero e ciclo de vida do trabalhador; a diversidade das formas em que são fixadas as jornadas de trabalho, isto é, o trabalho semanal, completo, permanente; a estipulação do tempo flexível, banco de horas, trabalho sob chamadas, trabalho temporário, trabalho em casa, trabalho com uso da tecnologia e tantos outros tipos que vêm surgindo, respondem pela imensa variação nas jornadas e impactam profundamente o tempo de trabalho e de descanso.

Sob a perspectiva dos trabalhadores, se tem registrado importantes mudanças demográficas e o ingresso cada vez maior da mulher no mercado de trabalho, caracterizando-se a feminização da mão de obra o que, em muitos lares, constitui o único ingresso familiar. Tudo isso contribuiu para a crescente preocupação sobre o tema nos vários informes internacionais, sejam eles sociais ou econômicos. Há uma constante preocupação com a necessária qualidade de vida laboral e conciliação dela com a vida familiar.

Todos estes fatores acabam levando o trabalhador a *eleger* a preferência em relação às condições de trabalho a que se subordinará, incluída aqui a opção pela duração e horário de trabalho que vão ser diferenciadas também por motivos de gênero e em relação ao ciclo de vida de cada um. Assim é que se estabeleceu o trabalho a tempo parcial, por tempo flexível, bancos de hora, intermitente, trabalho sob chamada[3], trabalho por semana, mês, ano, entre tantas outras diversas formas que surgem dentro do contexto empresarial.

Há que ponderar ainda, que os países possuem regras diferentes quanto a ser considerado o tempo de descanso no cômputo da jornada de trabalho, incluída aqui a troca de uniforme. De todo modo, a maioria dos países tem como entendimento que estar à disposição do empregador quer dizer as horas efetivas que o trabalhador realiza um trabalho em concreto. Corolariamente, isso significa que as horas em que o trabalhador esteja descansando não seja computada na jornada de trabalho.

A se considerar o direito nacional aponta-se uma importante mudança em alguns aspectos que trouxe a reforma de 2017, como se vê no art. 4º, § 2º da CLT em que expressamente o legislador fixa as hipóteses em que o trabalhador não está à disposição do seu empregador, elastecendo o apertado rol de hipóteses que se podia ver. Estar à disposição, para os termos da legislação nacional, quer dizer estar executando algum trabalho ou simplesmente estar à disposição aguardando as ordens para executá-lo.

Isso terá uma grande repercussão no teletrabalho que a cada dia mais tem crescido e em que o empregador remunera o trabalhador pelo que efetivamente é produzido, ou simplesmente, pelas oito horas supostamente trabalhadas, mas que dentro da organização empresarial se considera como tempo suficiente para executar uma tarefa (ainda que isso efetivamente não ocorra).

---

3. Intermitente refere-se a disposição da organização empresarial e não a prestação de serviços. Difere-se do trabalho sob chamada ou de horas de guarda ou de prontidão como se refere nosso direito, e o "período de trabajo 'por llamada' por lo general incluye situaciones en que el empleador exige que el trabajador permanezca en su hogar, o en un lugar establecido, o pueda ser contactado telefónicamente en el caso de que se requiera que vaya a trabajar" (Informe da OIT *Garantizar un tiempo de trabajo decente para el futuro*". Disponivel em: <www.ilo.ogr>. Acesso em: fev. 2019).

Há que considerar, ainda, que há determinados tipos de profissões que não se amoldaram na jornada máxima sugerida pela OIT e que decorre em muitas ocasiões da economia assistencial que tem crescido muito e que implica no trabalho 24 horas do dia para atender crianças, incapazes, enfermos e idosos e que ratifica o fato de que regulamentar os limites da jornada de trabalho é uma questão que vai além da tutela ao trabalhador e sua saúde, transbordando para questões social, de economia e produção.

É dentro de todos estes contextos e formações que surgem as várias jornadas flexíveis, entre elas o trabalho 12x36, forma esta de estipulação de jornada que vem causando uma grande polêmica no âmbito da reforma trabalhista de 2017.

A Agenda de Trabalho Decente da OIT considera de grande importância estabelecer medidas que fixem limites as horas de trabalho, que deverão estabelecer, ainda, períodos de intervalos para descanso anuais, semanais e diários, buscando uma igualdade de tratamento aos trabalhadores para se alcançar o trabalho decente. Sendo assim, estabelece cinco dimensões para se alcançar seu objetivo: a) a distribuição do tempo de trabalho deve promover a saúde e a segurança; b) deve ser conveniente para a família (*Family-friendly*); c) promover a igualdade de gênero; d) aumentar a produtividade e a competitividade das empresas; e) facilitar a eleição e influência do trabalhador em suas horas de trabalho[4].

Outro ponto muito polêmico da reforma de 2017 diz respeito ao trabalho intermitente. Este tipo de jornada, historicamente, é fruto das alterações na organização empresarial e também corresponde a facilidades criadas para inserção da mulher no mercado de trabalho e a obtenção do primeiro emprego. Diz respeito à atividade do empregador, isto é, atividade do empresário é que é intermitente, ou seja, não é contínua, o que permite que o trabalhador seja recrutado quando os ciclos empresariais estão mais altos e que necessita um aumento da mão de obra, o que poderá ocorrer por um período de tempo incerto ou programado.

Diferencia-se do trabalho *sob chamada* em que o trabalhador é convocado quando o empregador dele necessita e não necessariamente quando a produção empresarial é maior. Isto é, o trabalhador se sujeita a um tempo de espera, o que não quer dizer necessariamente que esteja prestando um serviço efetivo. A diferença entre os tipos pode parecer sutil, mas é profunda e a leitura apressada pode levar à conclusão de que o legislador da reforma de 2017 tenha querido regular o trabalho sob chamada e pela forma como dispôs acabou por criar um misto que pode levar à confusão entre os dois tipos contratuais. Na verdade, o que se pode inferir da possível intenção legislativa é que tinha o claro interesse de formalizar a situação de vários trabalhadores informais[5] bem como de cumprir com a meta de reduzir a informalidade no País, pois isso representa um dos gargalos para o desenvolvimento da economia nacional. Além disso, pretendeu dar maior segurança jurídica ao empregador que contratava sob estas condições, isto é, na informalidade e, em razão da inexistência de regulamentação jurídica, muitas vezes se via condenado em ações trabalhistas a pagar os mesmo direitos e benefícios de um trabalhador a tempo integral quando, na verdade, a natureza da prestação de serviços era intermitente ou sob chamada.

A OCDE e o Bando Mundial têm defendido a possibilidade de trabalhadores e empregadores terem flexibilidade para negociar e ordenar seus tempos de trabalho de modo descentralizado. Tem-se sustentando que a qualidade da mão de obra e os lugares de trabalho são muito diversos e não convém fixar critérios que compreenda todas as diferentes situações e a mesma duração das horas de trabalho para todas elas. Os governos devem adotar um papel ativo para fixar práticas de emprego favoráveis à família, incentivar as férias e destinar a produção de normas à tutela da segurança e saúde do trabalhador, conquistas estas mais importantes para conseguir o progresso econômico.

As Diretivas 93/104/CE, 23.11.1993 e 2003/88/CE, 4.11.2003, todas da União Europeia, reconhecem que a regulamentação adequada e o cumprimento das normas postas têm como resultado melhorar a segurança, higiene e saúde dos trabalhadores no trabalho. Não se pode subordinar o tempo de trabalho a condições de caráter puramente econômico, mas também deve ser postas as regras no interesse do trabalhador, com intuito de manter sua higidez física e mental. Os períodos de descanso devem ser adequados e suficientes ao cumprimento dos objetivos traçados na agenda do trabalho decente. É necessário que se estabeleça períodos de pausas e descansos semanais e anuais, e a duração máxima de tempo de trabalho.

Mais importante que o tempo máximo de trabalho, tenho entendido que, em um mundo tecnológico e em uma sociedade que não desconecta, o tempo de descanso é essencial para a garantia da qualidade de vida e a saúde do trabalhador.

---

4. Informe da OIT *Tiempo de Trabajo*. Disponível em: <www.ilo.org>. Acesso em: dez. 2018.

5. Entre junho e setembro de 2018 o Brasil registrou 92,6 milhões de pessoas ocupadas e destas, 43% correspondem a pessoas que trabalham sem CTPS e sem CNPJ, isto é, estão na informalidade, segundo Pesquisa Nacional por Amostra nos Domicílios. A taxa de desemprego do último trimestre de 2018 foi de 11,5%. O índice corresponde a: empregados sem CTPS nos setores privado e público; conta própria sem CNPJ e doméstico sem CTPS. Segundo dados do Banco Mundial, 47,7%, isto é, metade da força de trabalho em América Latina está trabalhando na informalidade, o que gera inúmeros prejuízos aos Países. O Banco Mundial apurou dois grupos de trabalhadores informais: os que não encontram empregos atrativos e decidem trabalhar por conta própria excluindo-se dos benefícios do Estado; os que não conseguem trabalho dentro da formalidade por conta do seu nível de formação profissional (Disponível em: <http://www.worldbank.org/pt/news/feature/2014/04/01/informalidad-laboral-america-latina>. Acesso em: fev. 2019).

2. CONSIDERAÇÕES SOBRE ALGUNS PONTOS DA REFORMA DE 2017

A reforma trabalhista de 2017 alterou algumas regras quanto ao tempo de trabalho. Há três pontos que gostaria de considerar, quais sejam, da jornada 12x36, das horas *in itinere* e da possibilidade de redução do intervalo para refeição e descanso.

2.1. Trabalho 12x36

Há que considerar que o regime de 12 horas trabalhadas por 36 horas de descanso não se confunde com o trabalho sob chamada e tampouco com o intermitente. Já dissemos que, no trabalho intermitente, o que se considera é a atividade do empregador que, em razão de um fato extraordinário ou necessidade de serviço, necessita convocar um número maior de trabalhadores do que aquele que possui em sua empresa. Não lhe interessa contratar empregados por prazo determinado ou aumentar seu contingente pois a situação é pontual, não obstante possa repetir-se em várias semanas ou épocas determinadas, por exemplo. É o que ocorre, por exemplo, com os restaurantes que possuem um movimento maior nos finais de semana e feriados, e necessitam de um número maior de garçons do que aquele que lhe presta serviços na semana.

O trabalhador 12x36 está sujeito a uma jornada que exige sua presença por tempos maiores de prestação de serviços, pois a atividade não deve ser interrompida. Situação dos médicos, enfermeiros, seguranças entre outras profissões que apresentam peculiaridades distintas das que ordinariamente se pode interromper o trabalho após o cumprimento de uma jornada de seis ou oito horas de serviços. Observe que o tempo de prestação de serviços, ou simplesmente, tempo presencial à disposição, exige a presença efetiva do trabalhador no local de trabalho e por horas que não convém que sejam interrompidas, justamente em razão da necessidade de serviço.

Importa atentar para o conceito de tempo de trabalho efetivo e tempo à disposição, o que não representa que, nesta segunda hipótese, esteja o trabalhador efetivamente numa atividade concreta de trabalho.

O art. 2º da Directiva 93/104/CE define o "tiempo de trabajo" como "todo período durante el cual el trabajador permanezca en el trabajo, a disposición del empresario y en ejercicio de su actividad o de sus funciones, de conformidad con las legislaciones y/o prácticas nacionales". "El período de descanso" se define como "todo período que no sea de tiempo de trabajo".

Observe que no trabalho sob chamada, o trabalhador permanece à disposição do empregador, ainda que não esteja prestando serviços, isto é, não esteja concretamente trabalhando. Por isso, na segunda parte da disposição, o legislador indica que tempo de descanso é o período em que o trabalhador não está trabalhando, isto é, que efetivamente e o tempo que não está concretamente executando uma tarefa possa estar disponível para si mesmo e não para o empregador, ainda que esteja autorizado a descansar.

A Lei n. 13.467/2017 não regulamentou esta questão tão intrincada. Apenas previu a possibilidade de se fixar uma jornada de trabalho de 12 horas prevendo que o fato de ultrapassar o limite máximo de 8 horas não dará o direito ao trabalhador a receber o valor por horas suplementares, pois constitui um tipo distinto de jornada e inerente a peculiaridades de um tipo de situação que autoriza tais jornadas. São situações que não se encaixam nos casos ordinários e reclamam, efetivamente, uma jornada especial.

O art. 4º da CLT em um conceito amplo para considerar que tempo à disposição é aquele em que o trabalhador está efetivamente prestando um serviço ou simplesmente aguardando ordens do seu empregador. Tais critérios não resolvem a questão do tempo em que, embora o trabalhador não esteja cumprindo as efetivas 12 horas de trabalho, por exemplo, sujeita-se a poder ser chamado pelo empregador para cumprir alguma tarefa.

Assim temos dois pontos que analisar, quais sejam, o fato de se poder alegar alguma inconstitucionalidade desta jornada de 12hs (que também poderia ser de 24hs) corridas; e a questão do tempo sob chamada ser considerado tempo à disposição ou não.

Não parece que tais jornadas especiais sejam inconstitucionais. Aliás, há que reconhecer que a variedade de situações pessoais e organizacionais impõe jornadas de trabalho distintas. O crescente número de trabalho assistencial não permite que se ajuste jornadas de seis ou oito horas a determinados segmentos, como ocorre com os cuidados com idosos, crianças e enfermos[6]. Esta mudança de cultura e na sociedade permite que se crie exceções que não se

6. A medida que las mujeres fueron entrando al mercado de trabajo remunerado, se ha producido una necesidad creciente de encontrar sustitutos que realicen el trabajo tradicionalmente llevado a cabo en el hogar. La economía asistencial ha crecido de manera crítica en muchos países y a menudo requiere trabajar las 24 horas del día para responder a las necesidades de los niños, adultos mayores, personas con discapacidades o enfermas o, de manera general, de personas que no están en condiciones de cuidarse a sí mismas. Los desajustes entre el horario de trabajo prevalente en la mayoría de los lugares de trabajo y el de las escuelas requieren la prestación de servicios de cuidado de los niños durante ciertas horas antes y después de la escuela y durante largas horas durante las vacaciones escolares. La subcontratación por parte de empresas comerciales de trabajo que previamente se realizaba en el hogar ha exigido también el suministro de servicios fuera de las horas tradicionales de trabajo. Los trabajadores domésticos, cuyo número es creciente, son otro ejemplo de personas cuyo tiempo de trabajo no responde a los límites impuestos por los estándares industriales tradicionales. El reconocimiento de la igualdad entre hombres y mujeres ha aumentado la conciencia de la importancia de compartir el trabajo no remunerado del hogar. Con el fin de manejar el conflicto que pudiera presentarse para los trabajadores con responsabilidades familiares

encaixam no modelo tradicional do limite de horas diárias as quais poderão superar o ideal das 08 horas de trabalho, para computar-se uma jornada diária mais elastecida com pausas de descanso maiores.

Assim, não há qualquer inconstitucionalidade ou violação a normas internacionais que se estabeleça, para determinadas profissões, jornadas alargadas. O que é imprescindível é que se garanta aos trabalhadores um período de descanso que seja suficiente e adequado para que possam se recuperar a ponto de garantir-lhes saúde e segurança na prestação de serviços.

Portanto, o período destinado ao descanso deve servir de um espaço de tempo em que o trabalhador possa efetivamente recompor-se física e mentalmente, bem como destinar o seu tempo para dedicar-se a sua família, ao lazer, à cultura, enfim, aquilo que lhe apetecer na sua esfera privada e pessoal e não a dedicar-se a outro empregador ou ao, mesmo, a fim de incrementar sua renda familiar. Daí que a política salarial deverá ser destinada a suprir e garantir de forma eficiente e digna a subsistência do trabalhador.

Os períodos que determinadas profissões têm que cumprir na modalidade de trabalho sob chamada não devem ser considerados, necessariamente, como tempo de descanso. A lei brasileira apenas tratou desta modalidade quando destinada ao trabalhador em ferrovias e nominou tais horas de prontidão e sobreaviso. Para os demais casos de trabalhadores de outras profissões, nada dispôs, o que resulta em discussões sobre as horas que muitos trabalhadores não estão efetivamente prestando um serviço, mas podem ser chamados a qualquer tempo, isto é, se as horas sob chamada seriam ou não consideradas tempo à disposição implicando em pagamento de horas extras ou ordinárias.

A jurisprudência do TST tem se pautado no fato de que, se o trabalhador faz uso de BIP, celular ou qualquer outro meio que lhe permita mover e dispor de seu tempo, o simples uso de tais aparatos, por si só, não importa em tempo à disposição, pois tem-se entendido que tem o trabalhador liberdade para dispor do seu tempo[7].

Na Diretiva 93/104/CE publicada na UE, o art. 2º define tempo de trabalho como aquele em que o trabalhador permaneça à disposição do empresário e/ou no exercício de sua atividade em conformidade com a legislação nacional. E período de descanso é todo aquele em que o trabalhador não está trabalhando. Perceba que o conceito é bem elástico, o que permitiu que esta Diretiva fosse tema de duas apreciações sobre questões prejudiciais em virtude do art. 234 do Tratado de Roma[8], em uma questão relativa aos médicos em que se exigia sua presença física no hospital e a aqueles que pudessem ser contatados depois do expediente e ainda que tivessem autorização para descansar.

O Tribunal chegou à conclusão de que "el "tiempo de atención continuada" debe ser considerado integralmente como horario de trabajo. La cuestión relativa al trabajo sobre llamada ya se ha tratado en el Convenio sobre las horas de trabajo a bordo y la dotación de los buques (núm. 180), 1996, que establece que, con respecto a situaciones en que un marino está en espera de llamada, como cuando una sala de maquinas funciona sin presencia de personal, el marino deberá gozar de un período de descanso compensatorio adecuado si resulta perturbando su período de descanso por el hecho de haberse producido una llamada"[9].

A terminologia não é universalmente adotada como já se disse, a figura brasileira mais próxima é da prontidão ou sobreaviso. A Corte Americana, analisando a situação quanto ao dever de se compensar o pagamento das horas em que o trabalhador deve sujeitar-se ao tempo de uma possível chamada, entendeu que se deve obedecer alguns critérios: 1. se as horas em que estão sob chamada os trabalhadores passam a maior parte do tempo em benefício de si próprios ou do empregador[10]; 2. simples fato de o empregador exigir que os trabalhadores avisem onde estarão ou poderão ser encontrados não significa, por si só, que tenha o empregador que compensar tais horas[11]; 3. se trabalhadores devem deixar claro e não sujeito a qualquer dúvida que a exigência de estar à disposição lhes impõe cargas adicionais e que os impede de dispor de tempo para suas atividades[12]; 4. o que importa para definir se o tempo sob chamada quer

---

surgieron demandas sociales encaminadas a que las empresas reconozcan la importancia de otorgar licencias a los trabajadores sin poner en peligro su puesto en el mercado de trabajo. Esto también tiene consecuencias para las horas de trabajo.

7. Veja, por exemplo, precedentes: **E-RR-183559/95** – Ac. 3434/97 – Min. Vantuil Abdala – DJ 29.08.97; **E-RR-106196/94** – Ac. 144/96 – Min. Manoel Mendes – DJ 23.08.96; **E-RR-51326/92** – Ac. 2239/96 – Min. Francisco Fausto – DJ 21.06.96; **E-RR-6028/90** – Ac. 1815/94 – Min. José L. Vasconcellos – DJ 23.09.94.

8. Art. 234. O Tribunal de Justiça é competente para decidir, a título prejudicial: a) Sobre a interpretação do presente Tratado; b) Sobre a validade e a interpretação dos actos adoptados pelas instituições da Comunidade e pelo BCE; c) Sobre a interpretação dos estatutos dos organismos criados por acto do Conselho, desde que estes estatutos o prevejam. Sempre que uma questão desta natureza seja suscitada perante qualquer órgão jurisdicional de um dos Estados-Membros, esse órgão pode, se considerar que uma decisão sobre essa questão é necessária ao julgamento da causa, pedir ao Tribunal de Justiça que sobre ela se pronuncie. Sempre que uma questão desta natureza seja suscitada em processo pendente perante um órgão jurisdicional nacional cujas decisões não sejam susceptíveis de recurso judicial previsto no direito interno, esse órgão é obrigado a submeter a questão ao Tribunal de Justiça.

9. Informe OIT *Horas de Trabajo ¿de lo fijo a los flexible?* Disponivel em: <www.ilo.org>. Acesso em: fev. 2019.

10. Martin v. Ohio Turnpike Comm'n, 968 F.2d 606 (6th Cir. 1992).

11. Martin v. Ohio Turnpike Comm'n, 968 F.2d 606 (6th Cir. 1992).

12. Martin v. Ohio Turnpike Comm'n, 968 F.2d 606 (6th Cir. 1992).

dizer tempo à disposição, é levar em conta que as horas de espera para ser chamado importarão em obrigação efetiva de limitar o tempo de descanso e aquele que seria destinado a suas atividades particulares[13].

Sendo assim, o que se pode concluir é que as jornadas flexíveis não são, por si só, inconstitucionais, tampouco ferem o direito internacional ou normas de tutela ao trabalhador. Cada situação deverá ser analisada no contexto da profissão exercida pelo trabalhador e seu interesse pessoal, bem como levar-se em conta a organização empresarial.

Quanto ao tempo de prontidão ou sobreaviso (utilizando a expressão fixada no direito nacional), não se confunde necessariamente com a jornada de 12x36 ou mesmo outros tipos especiais que venham a ser criados, como, por exemplo, 24x48, não importarão necessariamente no pagamento de horas extras por extrapolar o limite de 8 horas diárias. O tempo de prontidão ou sobreaviso poderá ser cumprido dentro da jornada estabelecida, no estabelecimento em que o trabalhador presta serviços, ou fora do ambiente de trabalho. Saber se o trabalhador está à disposição ou não deverá importar na investigação e no questionamento de se o trabalhador se vê limitado a realizar atividades pessoais diante às horas de atenção continuada ou não, isto é, se o tempo em que tenha que portar um aparelho celular, por exemplo, importará em limitação do tempo que tem para desenvolver suas atividades pessoais. Por isso, cada conclusão dependerá das circunstâncias de cada caso analisado.

2.2. Períodos de descanso

Outro ponto polêmico da reforma que merece ser analisado sob o ponto de vista da saúde do trabalhador, tem a ver com o intervalo para refeição. O art. 71 da CLT dispõe os intervalos mínimos para as jornadas de trabalho e, quando excedente de 6 horas, esta jornada não poderia ser inferior a uma hora. A exceção ficava por conta de autorização ministerial. Os sindicatos passaram a negociar intervalos mais reduzidos justamente flexibilizando o tempo de repouso e alimentação. As condições para isso eram, obviamente, o interesse do trabalhador e a condição ambiental para tanto.

O TST publicou a Súmula n. 437 com a seguinte redação:

> *INTERVALO INTRAJORNADA PARA REPOUSO E ALIMENTAÇÃO. APLICAÇÃO DO ART. 71 DA CLT (conversão das Orientações Jurisprudenciais ns.* **307, 342, 354, 380 e 381 da SBDI-1)** – *Res. 185/2012, DEJT divulgado em 25, 26 e 27.09.2012*
>
> I – *Após a edição da Lei n. 8.923/94, a não-concessão ou a concessão parcial do intervalo intrajornada mínimo, para repouso e alimentação, a empregados urbanos e rurais, implica o pagamento total do período correspondente, e não apenas daquele suprimido, com acréscimo de, no mínimo, 50% sobre o valor da remuneração da hora normal de trabalho (art. 71 da CLT), sem prejuízo do cômputo da efetiva jornada de labor para efeito de remuneração.*
>
> II – É inválida cláusula de acordo ou convenção coletiva de trabalho contemplando a supressão ou redução do intervalo intrajornada porque este constitui medida de higiene, saúde e segurança do trabalho, garantido por norma de ordem pública (art. 71 da CLT e art. 7º, XXII, da CF/1988), infenso à negociação coletiva.
>
> *III – Possui natureza salarial a parcela prevista no art. 71, § 4º, da CLT, com redação introduzida pela Lei n. 8.923, de 27 de julho de 1994, quando não concedido ou reduzido pelo empregador o intervalo mínimo intrajornada para repouso e alimentação, repercutindo, assim, no cálculo de outras parcelas salariais.*
>
> *IV – Ultrapassada habitualmente a jornada de seis horas de trabalho, é devido o gozo do intervalo intrajornada mínimo de uma hora, obrigando o empregador a remunerar o período para descanso e alimentação não usufruído como extra, acrescido do respectivo adicional, na forma prevista no art. 71,* caput *e § 4º da CLT.*

Está claro o intuito da reforma de privilegiar a autonomia privada coletiva e de reforçar as negociações coletivas. Em várias passagens da Lei n. 13.467/2017 se vê este intento.

O art. 611-A previu que é licita a negociação de intervalo intrajornada por negociação coletiva e, mais à frente, que as regras de duração de trabalho e intervalo não são consideradas como normas de saúde, higiene e segurança.

Alguns mitos devem ser desfeitos.

O primeiro de que não se deve dar força às negociações sindicais. É evidente que os sindicatos são o representante natural dos trabalhadores e, historicamente, se não fosse pela atuação deles, os movimentos sociais e de pressão pela melhoria de direitos certamente não teriam a mesma evolução que assistimos hoje. Portanto, o que não se poderia admitir, data máxima vênia, era o desrespeito às negociações coletivas por medidas individuais permitindo, inclusive, a coexistência no ambiente de trabalho de trabalhadores abrangidos e os excluídos das normas coletivas por decisões judiciais: isto é, para o que ingressa com a ação e pede a nulidade de uma cláusula negocial, via decretada a nulidade da norma dependendo da prova dos autos em ação individual; os outros, que não haviam demandado contra a norma coletiva, continuavam sujeitos às cláusulas coletivas pactuadas entre sindicatos ou entre sindicato e empresa.

A negociação coletiva é um direito fundamental e, se o sindicato existe, tem *autorização* de funcionamento, não se pode ignorar a ação que empreende a favor dos trabalhadores que representa.

Outro ponto, refere-se ao equívoco do legislador quando regulamentou a natureza dos intervalos para descanso. A reforma de 2017 foi infeliz em afirmar que normas de duração de trabalho e de descanso não são consideradas como normas de saúde e segurança do trabalho, pois isso já contraria o Convênio n. 01 da OIT. É certo que o Brasil não o subscreveu, mas isso não altera a natureza da tutela: "desde

13. Berry v. Sonoma County, 30 F.3d 1174 (9th Cir. 1994).

mediados del siglo XIX, la reducción de la duración del trabajo y, en particular, la jornada de ocho horas ha sido una de las reivindicaciones más constantes del movimiento sindical. En las primeras épocas de la industrialización la jornada laboral se extendía de 14 a 16 horas diarias, pero progresivamente fueron reducidas a 12, a 11 y, posteriormente, a diez horas por día; a principios de la Primera Guerra Mundial, esta última cifra era de aplicación bastante generalizada en Europa. Durante la guerra y tras su finalización, la presión de las organizaciones de trabajadores aceleró el progreso hacia la jornada de ocho horas. El resultado de este proceso fue que la limitación de la duración del trabajo por la legislación de ocho horas por día o 48 semanales se convirtió en la práctica, en algunas ocupaciones o ramas de la industria, de la mayoría de los Estados (...) Desde su creación en 1919, la Organización Internacional del Trabajo ha dado máxima prioridad a la elaboración y adopción de normas internacionales sobre las horas de trabajo. En el Preámbulo de la Parte XIII (Trabajo) del sistema de tratados de paz de Versalles, por el que se estableció la OIT, se previó expresamente la 'reglamentación de las horas de trabajo, fijación de la duración máxima de la jornada y de la semana de trabajo' entre las medidas imprescindibles para mejorar las condiciones de trabajo"[14].

Há vários outros instrumentos internacionais que ressaltam a importância da duração de trabalho e das horas de descanso, inclusive necessários como motor para o desenvolvimento econômico. O trabalhador cansado tem mais propensão a sofrer acidentes e ser acometido por doenças do trabalho, o que importa num prejuízo enorme para as empresas. Segundo dados do observatório de saúde e segurança do trabalho, de 2012 a 2017 mais de 15 mil trabalhadores morreram vítimas de acidente do trabalho e neste mesmo período foram registrados 4 milhões de empregados acometidos por algum infortúnio, o que representou um prejuízo de 26 bilhões de despesas previdenciárias, além de vultoso prejuízo para as empresas de 315 milhões de dias parados, o que coloca o Brasil na 4ª posição dos países com maior índice de acidentes e doenças do trabalho, o que gera uma perda de 4% do PIB nacional[15].

Sendo assim, o que se depreende da redação do dispositivo e que o legislador quis, na verdade, contradizer a Súmula/TST n. 437, pois especificamente considerou que para os fins da negociação coletiva, não se considerará o intervalo como normas de saúde e segurança. Isso quer dizer que o legislador não quis necessariamente contradizer as normas internacionais, mas sim permitir a flexibilidade da negociação quanto ao intervalo para refeição, o que não me parece irregular ou ilícito, pois, como já disse, o sindicato é o legítimo representante dos trabalhadores e, presume-se que se negocia um intervalo reduzido, e porque o faz no interesse e para a melhoria de vida dos seus representados. Se assim não for, a anulação do ato se faz pela via da desconstituição do ato negocial ou, no caso extremo de não representação, pela desconstituição da própria entidade.

Não poderia afirmar que houve um erro legislativo, mas a infelicidade na redação do artigo. Certamente o legislador não ignorava as normas internacionais sobre a matéria.

Conclui-se, assim, que os intervalos inter-jornadas e entre-jornadas, bem como quaisquer outros períodos de descanso, devem ser negociados permitindo-se que se possa cumprir com os objetivos da OIT de que se possa cumprir: a) a distribuição do tempo de trabalho deve promover a saúde e a segurança; b) deve ser conveniente para a família (*Family-friendly*); c) promover a igualdade de gênero; d) aumentar a produtividade e a competitividade das empresas; e) facilitar a eleição e influência do trabalhador em suas horas de trabalho[16].

3. DA DESCONEXÃO

O que deixou o legislador de regulamentar foi o tempo de desconexão, importante tema que decorre do trabalho que vem sendo desenvolvido cada dia com mais intensidade pelo uso intenso da tecnologia. Os discursos e teses sobre flexibilidade, trabalho a tempo parcial e tantas outras formas que têm por fundamentam conciliar a vida pessoal com a vida laboral. Todavia, o que acaba por ocorrer é que o trabalhador está cada vez mais suscetível de ter sua vida pessoal afetada pela vida laboral em razão da facilidade que a conexão com os meios tecnológicos lhe colocam em contato com o ambiente de trabalho após o término de seu expediente.

O direito à desconexão surge como uma opção para permitir que se interrompa a confusão entre tempo de trabalho e tempo pessoal, isto é, visando impedir que o tempo de trabalho invada a vida pessoal do trabalhador e seu tempo de descanso em razão do uso descontrolado da tecnologia.

Assim, a reforma de 2017 trouxe um capítulo específico para o teletrabalho (Capítulo II-A). Considera o legislador que o teletrabalhador é aquele que presta serviços *preponderantemente fora das dependências do empregador, com utilização de tecnologias de informação e de comunicação que, por sua natureza, não se constituam como trabalho externo.*

A intenção do legislador foi de regulamentar o trabalho com uso de tecnologia e qualquer das suas formas e pontuar que o fato de o trabalhador prestar seus serviços fora das dependências físicas da empresa dificulta ou não permite que o empregador tenha um efetivo controle sobre seu trabalho e sobre seu tempo de trabalho. Isso porque, ser verdadeiro ou não, dependerá do tipo de aparato que o trabalhador utilizar e se, ainda que remotamente, o empregador terá o efetivo acesso.

---

14. Informe da OIT *Horas de Trabajo*.....

15. Informações disponíveis em: <http://www.imtep.com.br/site/2018/04/25/entenda-os-prejuizos-causados-pelos-acidentes-e-doencas-do-trabalho/>. Acesso em: fev. 2019. Para obter dados precisos por segundo, veja: <https://observatoriosst.mpt.mp.br/>.

16. Informe da OIT *Tiempo de Trabajo*, ...

O Acordo Marco Europeu faz uma distinção não considerada pelo legislador nacional, entre teletrabalho e trabalho flexível. No primeiro, o trabalho será realizado remotamente da empresa; no segundo, poderá ser realizado dentro ou fora da organização empresarial, de modo mais ou menos distante. A considerar tal conceito, pode-se chegar à conclusão de que o legislador considera indistintamente as duas formas. O fato é que esta modalidade é uma crescente em todos os países e muitas empresas têm optado, por razões várias, por esta modalidade.

Segundo o Informe *Working anytime, anywhere: The effects on the world of Work*, produzido pela OIT em conjunto com Eurofound, é possível afirmar que, desde o ponto de vista do trabalhador, há vários efeitos positivos, entre eles, autonomia sobre seu horário de trabalho e organização pessoal mais flexível da jornada, tempo mais curto para o deslocamento e um maior equilíbrio entre a vida pessoal e laboral. Todavia, há também, as desvantagens de se trabalhar em situação de teletrabalhador "como la tendencia a trabajar más horas, y una superposición entre el trabajo remunerado y la vida personal, lo cual puede generar niveles de estrés más altos. El informe establece una distinción clara entre los teletrabajadores que trabajan en su casa – quienes parecen conciliar mejor la vida laboral y personal – y los trabajadores 'muy móviles' quienes están más expuestos a efectos negativos sobre su salud y bienestar"[17].

Uma meditação mais profunda sobre o tempo de trabalho leva à conclusão que, mais urgente que se fixar limites máximos e mínimos de jornadas para todas as modalidades contratuais, as pausas e períodos de descansos são fundamentais para a saúde do trabalhador. A desconexão, isto é, a possibilidade de o trabalhador separar a vida pessoal da vida laboral, é essencial para amenizar os impactos que o teletrabalho e o trabalho flexível têm na vida do trabalhador que, muitas vezes, não tem a capacidade de organizar-se adequadamente para impedir a interferência de vida profissional na sua vida pessoal. Daí que muitos acordos que vêm sendo formulados em França e Alemanha já têm trazido previsões de que os servidores de *e-mails* nas empresas devam ser desligados fora do horário normal de trabalho, com intuito de impedir que haja esta interferência.

Um importante precedente jurisprudencial de decisão ditada pela Sala de lo Social do Tribunal de Justiça de Castilla y Leon, em 03.2.2016, analisou pela primeira vez a questão para indicar que "los trabajadores a distancia tendrán los mismos derechos que los que prestan sus servicios en el centro de trabajo de la empresa" así como "derecho a una adecuada protección en materia de seguridad y salud" mientras que por su lado el empresario debe establecer las pautas de control precisas (...) ratifica la condena a la empresa al pago de horas extraordinarias sobre la base de la inexistencia de control alguno sobre la jornada a pesar de tratarse de teletrabajo. No se admiten los argumentos de la empresa, contra la reclamación de horas extraordinarias, alegando que al tratarse de una prestación de servicios con conexión remota y desde el domicilio del trabajador no se implementó control ni registro alguno para no interferir sobre el Derecho Fundamental a la intimidad e inviolabilidad del domicilio del empleado. Bien al contrario, ha de ser la propia empresa la que debe establecer las reglas de juego del control sobre el trabajador, sea un trabajador presencial o un teletrabajador, de modo que la ausencia de estos controles, y específicamente los de jornada, actúan en perjuicio claro de la empresa. Tampoco tienen acogida favorable por el tribunal los argumentos empresariales que se decantan por la plena libertad de organización y autonomía del trabajador desde su domicilio y hacen imposible la generación de horas extraordinarias, pues la estimación de esta argumentación haría imposible determinar a la Autoridad Laboral y al propio trabajador cual es efectivamente su jornada de trabajo, y en consecuencia el límite de ésta"[18].

A regulamentação nacional, seguindo a tradição do direito do trabalho sobre a possibilidade ou não de controle de horas e de trabalho, adotou a regra de que o teletrabalhador estará excluído do sistema de controle de horas e por isso não terá direito às horas extras caso as cumpra.

A questão, na verdade, vai além da preocupação legislativa com pagamentos ou não de horas extras. O direito da desconexão, que vem sendo muito mal compreendido na prática, funda-se justamente no fato de impedir que haja uma invasão na vida privada do trabalhador em razão do trabalho se cumprido fora do ambiente da organização do tomador da mão de obra, justamente com o fim de garantir sua higidez física e mental.

Portanto, o que seria adequado e urgente é haver uma regulamentação para se garantir que efetivamente o trabalhador se desconecte do trabalho nas horas que deve reservar ao descanso, preservando-o das enfermidades silenciosas que lhe poderão acometer em razão da desorganização do tempo de trabalho. Há que se ter em mente que a organização do tempo de trabalho se alterou profundamente e é necessário que se possa adotar medidas para garantir períodos mínimos de descanso, reconhecendo-se a grande dificuldade de supervisionar os entornos fora da empresa e local que o trabalhador desenvolverá sua atividade.

Tais medidas devem afetar não somente os trabalhadores, mas também os cargos de direção e supervisão, constituindo-se um instrumento de grande importância para regulamentar tais situações e promover a melhor integração do trabalhador com a empresa e a sociedade, os convênios coletivos, principalmente os acordos de empresa, sendo imprescindível a valorização da atividade sindical neste contexto.

---

17. Disponível em: <https://www.ilo.org/global/about-the-ilo/newsroom/news/WCMS_544124/lang--es/index.htm>. Acesso em: fev. 2019.
18. MIRÓ MORROS, Daniel. *El Control de la Jornada y el Teletrabajo*, ARANZADI-Thomson Reuters – BIB 2016/3966, – Publicación Actualidad Jurídica n. 920/2016, Espanha, 2016.

16 Os impactos das novas modalidades contratuais trabalhistas na relação de emprego e no meio ambiente laboral

Patrícia Tuma Martins Bertolin[1]
Marilu Freitas[2]

1. INTRODUÇÃO

O tema objeto deste estudo demanda, preliminarmente, a análise da Lei n. 13.467, de 2017[3], mas não dispensa a observância de outras normas que impactaram igualmente a relação entre o capital e o trabalho, sendo, ainda, necessária uma imersão em aspectos jurídicos conjunturais que leva à tentativa de compreender o movimento histórico, político, econômico, social, senão dialético do cenário trabalhista brasileiro atual.

E no compasso de se mudar o que o próprio tempo muda, de acelerar o que vem sendo alterado dentro de um processo dinâmico, ditam-se leis que, essencialmente conflituosas com o Direito do Trabalho, rompem com a sua história, emergindo-o num desmonte, cujos interesses sobrepõem-se à humanidade dimensional intrínseca.

Conquistas, direitos e garantias, frutos da luta dos trabalhadores e da sociedade ao longo de décadas são colocados em xeque. Então, sob o rótulo da responsabilidade pela ausência de crescimento econômico, do alto custo para sobrevivência do capitalista, da rigidez das normas trabalhistas e, por conseguinte, do garantismo ao trabalhador, o Direito do Trabalho vem sendo questionado em sua identidade, como se fosse a resposta para os problemas e não uma ferramenta de solução dos mesmos.

Com esta crise imposta, fomentou-se, de forma contundente, a necessidade da flexibilização das relações de trabalho como meio de salvaguarda e garantia de emprego. Nasce, então, um novo Direito do Trabalho, marcado por mudanças de circunstâncias políticas e econômicas que alteraram, de forma significativa, senão irreversível, a vida dos trabalhadores.

Nesse patamar, em que interesses do capital são exaltados, incutiu-se na mente humana, vulnerável pela avalanche de propagandas, a urgência de mudanças. Pretendeu-se, com isso, o rompimento com o passado, ou mesmo o seu esquecimento e, sob promessas de melhoria de condições de vida, reinventar-se a história.

E é nesse processo de deformação do Direito do Trabalho, que a história vem sendo reescrita sob a baliza da supremacia do mercado de trabalho.

Objetiva-se, nesse estudo, trazer à baila o impacto do capital/mercado de trabalho/sobrevalorização do poder do empregador sobre o trabalhador, demonstrado por meio de medidas que fragilizam a relação de emprego e comprometem a saúde, a segurança do trabalhador e o meio ambiente laboral.

2. RELAÇÃO ENTRE OS SERES: EXISTÊNCIA DO CONFLITO

"Mesmo as mais tranquilas florestas escondem terríveis batalhas. Raízes, cipós e troncos se abraçam e se estrangulam. Insetos, vermes e flores se fecundam e se consomem. [...] A harmonia parece se nutrir do conflito"[4].

---

1. Doutora em Direito do Trabalho pela Universidade de São Paulo, com Pós-Doutorado na Superintendência de Educação e Pesquisa da Fundação Carlos Chagas. Professora do Programa de Pós-Graduação em Direito Político e Econômico da Universidade Presbiteriana Mackenzie. Líder do Grupo de Pesquisa "Direito do Trabalho como instrumento de cidadania e limite do poder econômico".
2. Doutora em Direito do Trabalho e da Seguridade Social, Mestre e Especialista em Direito do Trabalho pela Universidade de São Paulo. Advogada.
3. BRASIL. Presidência da República. *Lei n. 13.467, de 13 de julho de 2017*. Brasília: DOU, 14 jul. 2017. Disponível em: <http://www.planalto.gov.br/ccivil_03/_ato2015-2018/2017/lei/L13467.htm>. Acesso em: 13 abr. 2019.
4. VIANA, Márcio Túlio. Da greve ao boicote: os vários significados e as novas possibilidades de lutas operárias. *Revista da Faculdade de Direito da UFMG*. Belo Horizonte, n. 50, p. 243, jan.-jul. 2007.

Vida e morte, paz e guerra, amor e ódio (indiferença), dia e noite. Eis a natureza assumindo o seu papel: generosa e devastadora, mostrando-se com todas as suas polaridades. E sobre a vida,

> [...] em nível pessoal é feita de amizades, de amores, de solidariedades, de uniões e de convergências. E ao mesmo tempo é atravessada por inimizades, ódios, impiedades, desuniões e divergências. Em nível social vem caracterizada por lutas entre povos, entre sistemas sociais, entre classes, entre instituições e seus usuários. E, ao mesmo tempo, nela há convivência pacífica, pactos de solidariedade e convergências políticas em vista do bem comum das nações e do planeta.[5]

Neste caminho em que se perfilham desejos distintos, para quem decide sobreviver, a natureza fenomênica impõe delimitações de espaços que precisam ser conquistados e mantidos, porque ao lado do lema "a vida vivifica a vida" convive o outro "a tua morte é a minha vida". [6]

O conflito – poético, prosaico, instigador, devastador dinamiza a vida, gerando entre os seres humanos sentimentos antagônicos e despertadores do conhecimento do próprio ser.[7]

Nota-se que em todas as dimensões o conflito somente existe enquanto relação, seja entre sujeitos ou entre estes e o objeto desejado.

No mundo social, os vínculos entre os seres são marcados pela relação de poder em que os indivíduos buscam a satisfação de seus próprios e distintos interesses.[8]

A noção de poder adquire contornos diferenciados, de acordo com o momento histórico[9] e o(a) pensador(a)[10], sendo que cada visão apresentada depende de um referencial assumido.

Para além das diversas concepções marcadas no tempo e no espaço, o poder apresenta características variadas, sem que uma anule a outra. Ao contrário da noção de valor – "pura expressão de vida"[11], o poder não é bipolar, já que para a sua compreensão, não necessita da sua antítese. A concepção de poder não se conflita, tampouco implica em processo dialético.[12]

Segundo Marilu Freitas:

> O poder pode ser repressivo, produtivo, consensual, simbólico, exercer-se em inúmeros campos de atuação – *v.g.* família, classe, rua, instituições e organizações, implicar relevância social ou hegemonia, justificar-se economicamente, destruir e construir mudanças. Qualquer que seja a perspectiva em questão, o poder se compreende como relacional; titular e destinatário, opressor e oprimido farão parte do contexto social.[13]

Demarcadas no tempo, o trabalho, num passado distante, foi desenvolvido por escravos e servos, a quem, os senhores consideravam "coisas". Posteriormente, com a evolução do modo de produção e alteração da estrutura econômica, operou-se o surgimento do sistema capitalista, em cujo contexto, as atividades laborais passaram a ser exercidas por trabalhadores.

---

5. BOFF, Leonardo. *O despertar da águia:* o dia-bólico e o sim-bólico na construção da realidade. 21. ed. Petrópolis: Vozes, 2009, *passim.*
6. *Idem.*
7. *Ibidem.*
8. BOURDIEU, Pierre. *Sociologia.* Tradução de Paula Montero e Alícia Auzmendi. ORTIZ, Renato (Org). *A procura de uma sociologia da prática.* São Paulo: Ática, 1983, p. 26. Michael Foucault afirma que: "Na medida em que as relações de poder são uma relação desigual e relativamente estabilizada de forças, é evidente que isto implica um em cima e um em baixo, uma diferença de potencial".
9. Durante o absolutismo, o poder se concentrava nas mãos do Rei. Ao tempo da escravidão, a relação existente era de domínio pessoal. Os escravos eram considerados coisas e a relação existente era de poder imposto de cima para baixo. M. Foucault destaca que na relação feudal: 'Entre os servos, ligados à terra, e o senhor, que extraía deles uma renda, existia uma relação local, relativamente autônoma, quase um *tête à tête.* Para que esta relação se mantivesse, era necessário que houvesse, por detrás, uma certa piramidalização do sistema feudal.' *Microfísica do poder.* MACHADO, Roberto (Org). Disponível em: <http://www.nodo50.org/insurgentes/biblioteca/A_Microfisica_do_Poder_-_Michel_Foulcault.pdf>. Acesso em: 08 abr. 2016. Em momento histórico posterior, marcado pelo capitalismo, a burguesia ascende ao poder e, para manter-se como classe dominante, impõe-se, valendo-se de todos os meios. BOURDIEU, Pierre. *Sociologia.* Tradução de Paula Montero e Alícia Auzmendi. ORTIZ, Renato (Org.). *A procura de uma sociologia da prática.* São Paulo: Ática, 1983, p. 28.
10. Para Hannah Arendt o poder se fundamenta no consenso, na esfera da intersubjetividade; para Michel Foucault estaria na relação de dominação. BORGES, Guilherme R. Hannah Arendt e Michel Foucault: a liberdade como exercício político e ético. *Ciência e opinião.* Curitiba, v. 1, n. 2/4, jul. 2003/dez. 2004. p. 100. Disponível em: :<http://egov.ufsc.br/portal/sites/default/files/anexos/25467-25469-1-PB.pdf>. Acesso em: 10 abr. 2016.
11. AFONSO, Elza Maria Miranda. Filosofia do direito II. Belo Horizonte: Curso de Pós-graduação em Direito da UFMG, 2º semestre/2004, notas de aula *apud* DELGADO, Gabriela Neves. *O trabalho enquanto suporte de valor*, Revista da Faculdade Direito da UFMG, n. 49, jul.-dez. 2006. p. 64.
12. REALE, Miguel. *Filosofia do direito*, SP: Saraiva, 2002, p. 189 *apud* DELGADO, Gabriela Neves. *O trabalho enquanto suporte de valor*, Revista da Faculdade Direito da UFMG, n. 49, jul.-dez.2006. p. 68.
13. FREITAS, Marilu. *Terceirização do trabalho: análise à luz da hermenêutica constitucional do princípio da proporcionalidade.* Tese de Doutoramento apresentada na Faculdade de Direito da Universidade de São Paulo. 2018. p. 110.

Nestes cenários complexos, a própria história mostra que entre senhores, escravos e servos, havia um domínio pessoal do primeiro em relação aos demais. Com o advento do capitalismo desenvolveu-se a concepção do ser humano como sujeito de direitos[14], revelando que "o trabalhador, [dentro da relação jurídica que se estabelece entre empregador e empregado] ao contratar, cede o domínio de seus gestos: é como se usasse a sua própria liberdade para perdê-la"[15]. Portanto, é como uma liberdade aparente: a assimetria do poder, neste caso, ascende e evidencia que, na verdade, o domínio apenas mudou de forma. A dominação, embora não seja uma posição unânime[16], é uma das características intrínsecas da relação de poder.

Entre o capital e o trabalho, contexto de uma relação social, assinala Michel Foucault que:

> [...] foi preciso esperar o século XIX para saber o que era a exploração, mas talvez ainda não se saiba o que é o poder. E Marx e Freud talvez não sejam suficientes para nos ajudar a conhecer esta coisa tão enigmática, ao mesmo tempo visível e invisível, presente e oculta, investida em toda parte, que se chama poder. A teoria do Estado, a análise tradicional dos aparelhos de Estado sem dúvida não esgota o campo de exercício e de funcionamento do poder. Existe atualmente um grande desconhecido: quem exerce o poder? Onde o exerce? Atualmente se sabe, mais ou menos, quem explora, para onde vai o lucro, por que mãos ele passa e onde ele se reinveste, mas o poder... Sabe-se muito bem que não são os governantes que o detêm. Mas a noção de "classe dirigente" nem é muito clara nem muito elaborada. "Dominar", "dirigir",' "governar", "grupo no poder", "aparelho de Estado", etc. é todo um conjunto de noções que exige análise. Além disso, seria necessário saber até onde se exerce o poder, através de que revezamentos e até que instâncias, frequentemente ínfimas, de controle, de vigilância, de proibições, de coerções. Onde há poder, ele se exerce. Ninguém é, propriamente falando, seu titular; e, no entanto, ele sempre se exerce em determinada direção, com uns de um lado e outros do outro; não se sabe ao certo quem o detém; mas se sabe quem não o possui [...].[17]

A questão referente ao poder não se esgota nos aspectos apontados. O estudo de suas peculiaridades demanda inúmeras e inesgotáveis análises, pois se vive num processo de constantes transformações, não sendo a sociedade, menos ainda o direito, elemento estático dentro da dinâmica social e jurídica.

Na relação jurídica trabalhista, inserta no sistema capitalista, o poder é revelado na presença, de um lado, do homem/capital/sujeito e, do outro lado, do homem/trabalhador/sujeitado.[18] Instala-se, inevitavelmente, o conflito de interesses entre empregador e empregado.

Segundo a Psicodinâmica do Trabalho, sempre haverá sofrimento no trabalho, já que este coloca o sujeito em contato com o real, o incerto, ou seja, com o sentimento de impotência, de frustração e desconforto.

> Mas o sofrimento pode ser ressignificado e transformado em realização e satisfação pessoal quando se consegue resolver problemas e, a partir disso, obter reconhecimento. Os trabalhadores sofrem, mobilizam sua inteligência, sua personalidade, na esperança de uma retribuição não apenas salarial, mas de reconhecimento do trabalho pelos outros: superiores e clientes certificam a utilidade econômica e social do trabalho realizado; os colegas podem reconhecer o esforço pessoal e a capacidade profissional por trás do trabalho.[19]

Nas relações de trabalho, o sentimento de pertença, de realização pessoal e de reconhecimento podem ressignificar esse sofrimento, levando o sujeito a, permanentemente, reconstruir a sua identidade. Mas isso depende da sua capacidade de tolerar o sofrimento e superar os obstáculos que se apresentarem, requerendo que haja uma troca entre os trabalhadores; que eles existam coletivamente.

Essa é uma construção do Fordismo-Taylorismo, em que a identidade das condições de trabalho e o grande número de operários no espaço da fábrica favoreceram que o mote "Trabalhadores do mundo, uni-vos" resultasse na sua organização em sindicatos e na ação sindical que determinou a existência da legislação trabalhista.[20] O advento do sistema Toyota de produção, com o enxugamento da fábrica e dos estoques, os trabalhadores polivalentes e

14. PACHUKANIS, E. B. *Teoria geral do direito e marxismo*. Rio de Janeiro: Renovar, 1999. p. 84 e ss.
15. VIANA, Márcio Túlio. Da greve ao boicote: os vários significados e as novas possibilidades de lutas operárias. *Revista da Faculdade de Direito da UFMG*. Belo Horizonte, n. 50, p. 243, jan.-jul. 2007.
16. Vide ARENDT, Hannah. *A condição humana*. Tradução de Roberto Raposo. 10. ed. Rio de Janeiro: Forense Universitária, 2007.
17. *Microfísica do poder*. MACHADO, Roberto (Org.). Disponível em: <http://www.nodo50.org/insurgentes/biblioteca/A_Microfisica_do_Poder_-_Michel_Foulcault.pdf>. Acesso em: 08 abr. 2016.
18. FREITAS, Marilu. *Terceirização do trabalho: análise à luz da hermenêutica constitucional do princípio da proporcionalidade*. Tese de Doutoramento apresentada na Faculdade de Direito da Universidade de São Paulo. 2018. p. 112.
19. MARTINS, Soraya Rodrigues; MORAES, Rosângela Dutra de; LIMA, Suzana Canez da Cruz. Sofrimento, Defesa e Patologia: o olhar da Psicodinâmica sobre a violência no trabalho. *In* MENDES, Ana Magnólia (Org.). *Violência no Trabalho*: perspectivas da psicodinâmica, da ergonomia e da sociologia clínica. São Paulo: Universidade Presbiteriana Mackenzie, 2010. p. 21.
20. ANTUNES, Ricardo. *Adeus ao trabalho? Ensaio sobre as metamorfoses e a centralidade do mundo do trabalho*. 8. ed. São Paulo: Cortez; Campinas: Unicamp, 2002.

trabalhando em grupos, encarregados de fiscalizar uns aos outros, dissolveu esse vínculo.[21] Isso sem falar na existência de diferentes categorias de trabalhadores no mesmo espaço, como empregados e terceirizados, com diferentes níveis de direitos, bem característico da (des)organização do trabalho do século XXI.

Assim, não são apenas as LER-DORT (Lesões por Esforços Repetitivos – Distúrbios Osteomusculares Relacionados ao Trabalho), doenças bem características da sociedade industrial, as causas de adoecimento decorrente do trabalho, na sociedade de serviços do capitalismo financeiro. A ruptura dos laços de solidariedade entre os trabalhadores e a sua incapacidade de criar coletivamente estratégias defensivas originam os processos de adoecimento psíquico e de sua expressão extrema, o suicídio no local de trabalho, conforme relata Ricardo Antunes.[22] [23]

Das novas formas de contratação e de seus impactos sobre a saúde e a vida do trabalhador este artigo tratará, a partir de agora.

3. (DE) (CONTRA) REFORMA TRABALHISTA: INFLUXOS ECONÔMICOS E POLÍTICOS SOBRE A ORDEM JURÍDICA

A relação humana dentro de uma mesma sociedade implica, inevitavelmente, na existência de conflitos de interesses, os quais, por sua vez, levam os indivíduos à busca da satisfação da pretensão resistida, que pode resolver-se de maneira imposta (prevalência de um interesse sobre outro) ou composta (ajuste das vontades). Vários são os mecanismos de solução dos conflitos, a exemplo, da mediação, da conciliação e da arbitragem, cujo estudo das espécies não demanda análise neste momento.

Entretanto, argumenta-se que, na via judicial, seja pela ausência de servidores para a execução dos trabalhos ou pela demanda excessiva de ações, inclusive repetitivas, a morosidade é fator que reforça a insatisfação daqueles que buscam uma solução célere para suas aflições.

Na esfera trabalhista, floresceu o discurso da modernidade a justificar mudanças legislativas, como se o direito do trabalho fosse estático em sua dimensão. Assim, nesse contexto, a legislação contida na Consolidação das Leis do Trabalho (CLT) estaria defasada, entendimento que, de imediato, se rechaça, dado que a legislação trabalhista, ao longo dos tempos vem sendo modificada, inclusive flexibilizada em sua aplicabilidade.

A esses argumentos citados acrescenta-se, a título de exemplo, a necessidade de criação de novos empregos e, portanto, a implementação de novas formas de modalidade de contratação e revisitação em outras existentes, a redução de custos e a segurança jurídica nas relações de trabalho, máxime o elevado número de reclamações trabalhistas existentes.

A estrutura que se impôs no cenário brasileiro reflete, nada mais nada menos, que a ideologia do neoliberalismo, calcada, pois, não apenas na compreensão de que os fatos devem se conduzir espontaneamente (concepção naturalista), e inclusive com a menor intervenção estatal, mas igualmente num comportamento imposto aos atores sociais.

Pierre Dardot e Christian Laval descrevem que:

> O neoliberalismo define certa norma de vida nas sociedades ocidentais e, para além dela, em todas as sociedades que as seguem no caminho da "modernidade". Essa norma impõe a cada um de nós que vivamos num universo de competição generalizada, intima os assalariados e as populações a entrar em luta econômica uns contra os outros, ordena as relações sociais segundo o modelo de mercado, obriga a justificar desigualdades cada vez mais profundas, muda até o indivíduo, que é instado a conceber a si mesmo e a comportar-se como uma empresa. [...] o neoliberalismo, antes de ser uma ideologia ou uma política econômica, é [...] uma *racionalidade* e, como tal, tende a estruturar e organizar não apenas a ação dos governantes, mas até a própria conduta dos governados[24].

Então, sob o impacto da globalização e da vertente neoliberal implementada a partir da década de 1990, operou-se no ordenamento jurídico a promulgação da Lei n. 13.467, de 13 de julho de 2017. Trata-se, inexoravelmente, de uma forma de flexibilização que transcende qualquer outra ocorrida em toda a história do Direito do Trabalho pátrio.

A depender do olhar que se lança sobre a legislação, há quem a denomine de reforma[25], outros de deforma[26] e, ainda, de contrarreforma trabalhista.

---

21. CORIAT, Benjamin. *Pensar pelo avesso*: o modelo japonês de produção. Rio de Janeiro: Revan, 1994.
22. ANTUNES, Ricardo. *O privilégio da servidão*: o novo proletariado de serviços na era digital. São Paulo: Boitempo, 2018. p. 143.
23. O suicídio no trabalho ainda é uma espécie de tabu, mas após a "epidemia" de suicídios ocorrida nas empresas francesas em 2008, começou a haver alguma preocupação, principalmente no setor bancário, com a prevenção dessas ocorrências.
24. DARDOT, Pierre; LAVAL, Christian. *A nova razão do mundo*: ensaio sobre a sociedade neoliberal. Tradução de Mariana Echalar. São Paulo: Boitempo, 2016. p. 16-17, grifos do autor.
25. "A palavra reforma é empregada para indicar a intervenção humana com o objetivo de aprimorar a coisa sob a qual se intervém. A intervenção que a reforma propicia não é uma simples alteração da coisa, mas antes, uma alteração para melhorar a coisa. Aquilo que se chama de 'Reforma Trabalhista', de fato, intervém na legislação trabalhista, mas, ao invés de melhorar, piora, e o faz com grande afinco, ameaçando-a de extinção. Portanto, sob o risco de se aderir ao sórdido cinismo daqueles que pretendem exterminar os Direitos Fundamentais Sociais, nos referiremos à Lei n. 13.467/2017 não como 'Reforma Trabalhista', mas antes pelo que ela realmente é: uma 'Deforma Trabalhista'" .YAMAMOTO, Paulo de Carvalho. Qual liberdade? O cinismo como figura retórica da Reforma Trabalhista:

Mas antes do advento desta lei, não se pode prescindir de mencionar alterações legislativas que impactaram a conjuntura atual. Trata-se da Lei n. 13.429[27], da Medida Provisória n. 808[28], ambas de 2017 e da Portaria ministerial n. 349, de 2018[29], não se podendo olvidar da posição jurisprudencial acerca do tema.

A Lei n. 13.429, de 31 de março de 2017, alterando a Lei n. 6.019, de 1974[30], dispõe sobre as relações de trabalho na empresa de prestação de serviços a terceiros, sendo denominada Lei de Terceirização.

Os projetos das Leis ns. 13.429 e 13.467 tramitaram, durante um período, paralelamente: enquanto se deu azo ao Projeto de Lei n. 4.330, apresentado em 2004 pelo Deputado Sandro Mabel, do Partido Liberal, de Goiás, (PL-GO), cuja redação final operou-se em 28 de abril de 2015, tendo no Senado adquirido o n. 30, de 2015, tramitou um anteprojeto, inicialmente com o objetivo de alterar 9 artigos da Consolidação das Leis do Trabalho (Projeto n. 6.787, de 23 de dezembro de 2016). O primeiro se referia, primordialmente, à terceirização e o segundo, à reforma trabalhista.

Em março de 2017 foi reaberta a discussão sobre a terceirização, por meio do Projeto de Lei n. 4.302, de 19 de março de 1998, que, tendo sua redação final aprovada, foi sancionado em 31 de março, transformando-se na Lei n. 13.429.

A Lei n. 13.467, conforme dito, iniciou-se com um projeto que modificava alguns dispositivos, mas, ao final, após inúmeras mudanças e com quase nenhuma discussão, alterou mais de 100 artigos da CLT.

A Medida Provisória n. 808 foi editada em 14 de novembro de 2017. Ao texto foram apresentadas quase mil emendas. Referida norma, por força do art. 60 da Constituição da República e da Resolução n. 1 do Congresso Nacional, deveria ter sido convertida em lei ordinária no prazo máximo de 120 dias. Findo este, sem que houvesse aprovação pelo Senado e Câmara dos Deputados, o texto normativo perdeu sua eficácia desde sua edição.

Sem uma norma que estivesse em vigor, legislando sobre questões controversas advindas da lei da reforma trabalhista, o Ministério do Trabalho e Emprego editou, por meio da Portaria n. 349, de 23 de maio de 2018, normas que, quase na sua integralidade, repetem o texto normativo instituído pela citada Medida Provisória.

Após o advento das referidas normas, houve a edição de outros textos que impactam o ordenamento jurídico trabalhista. No entanto, por delimitação temática, caberá apenas a referência de alguns, a título de exemplo. Assim, destacam-se as seguintes publicações: em 22 de junho de 2018, a Instrução Normativa n. 41[31], do TST, que dispõe sobre a aplicação das normas da CLT no processo do trabalho com as alterações da Lei n. 13.467, de 2017; o Decreto n. 9.450, de 24 de julho de 2018[32], tratando da Política Nacional de Trabalho no Sistema Prisional; o Decreto n. 9.579, de 22 de novembro de 2018[33], que consolida atos normativos editados pelo Poder Executivo federal que dispõem sobre a temática do lactente, da criança e do adolescente e do aprendiz; a Lei n. 13.767, de 18 de dezembro de 2018[34], que altera o art. 473 da CLT, permitindo a ausência ao serviço para realização de exame preventivo de câncer; a Medida

---

o caso da contribuição sindical., In: SOUTO MAIOR, Jorge Luiz; SEVERO, Valdete Souto (Coord.). *Resistência:* aportes teóricos contra o retrocesso trabalhista. São Paulo: Expressão Popular, 2017. p. 426.

26. "É surpreendente que a substituição de um único caractere – o 'R' pelo 'D' – possa causar tamanho desconforto entre os juristas, não obstante, o amor à verdade assim o exigir. O sufixo mantém-se em ambas as palavras, no caso concreto, tratamos da forma que sofre alterações. Ao reformar, temos uma alteração da forma que, mantendo sua essência, melhora sua expressão. Em sentido oposto temos a deforma que, alterando a forma da coisa, a piora a tal ponto que ameaça de extinção a essência do próprio original". YAMAMOTO, Paulo de Carvalho. As Ações Diretas de Inconstitucionalidade movidas no Supremo Tribunal Federal contra a Deforma Trabalhista. In: SOUTO MAIOR, Jorge Luiz; SEVERO, Valdete Souto (Coord.). *Resistência II:* defesa e crítica da Justiça do Trabalho. São Paulo: Expressão Popular, 2018. p. 341.
27. BRASIL. Presidência da República. *Lei n. 13.429, de 31 de março de 2017*. Brasília: DOU, 31 mar.2017. Disponível em: <www.planalto.gov.br/ccivil_03/_ato2015-2018/2017/lei/L13429.htm>. Acesso em: 13 abr. 2019.
28. BRASIL. Presidência da República. *Medida Provisória n. 808, de 14 de novembro de 2017*. Brasília: DOU, 14 nov. 2017. Disponível em: <http://www.planalto.gov.br/ccivil_03/_Ato2015-2018/2017/Mpv/mpv808.htm>. Acesso em: 28 abr. 2019.
29. Id. Ministério do Trabalho. *Portaria n. 349, de 23 de maio de 2018*. Brasília: DOU, 24 maio 2018. Disponível em: <http://www.trtsp.jus.br/geral/tribunal2/ORGAOS/MTE/Portaria/P349_18.html>. Acesso em: 28 abr. 2019.
30. Id. Presidência da República. *Lei n. 6.019, de 3 de janeiro de 1974*. Brasília: DOU, 04 jan. 1974. Disponível em: <http://www.planalto.gov.br/ccivil_03/leis/L6019.htm>. Acesso em: 25 abr. 2019.
31. BRASIL. Tribunal Superior do Trabalho. *Resolução n. 221, de 21 de junho de 2018*. Diário Eletrônico da Justiça do Trabalho: caderno judiciário do Tribunal Superior do Trabalho, Brasília, DF, n. 2.501, p. 26-28, 21 jun. 2018. Disponível em: <http://www.normaslegais.com.br/legislacao/intst41_2018.htm>. Acesso em: 25 abr. 2019.
32. Id. Presidência da República. *Decreto n. 9.450, de 24 de julho de 2018*. Brasília: DOU, 25 jul. 2018. Disponível em: <http:// http://www.planalto.gov.br/ccivil_03/_Ato2015-2018/2018/Decreto/D9450.htm>. Acesso em: 25 abr. 2019.
33. Id. Presidência da República. *Decreto n. 9.579, de 22 de novembro de 2018*. Brasília: DOU, 23 nov. 2018. Disponível em: <http://www.planalto.gov.br/ccivil_03/_ato2015-2018/2018/decreto/D9579.htm>. Acesso em: 25 abr. 2019.
34. Id. Presidência da República. *Lei n. 13.767, de 18 de dezembro de 2018*. Brasília: DOU, 18 dez. 2018. Disponível em: <http://www.planalto.gov.br/ccivil_03/_ato2015-2018/2018/lei/L13767.htm>. Acesso em: 25 abr. 2019.

Provisória n. 866, de 20 de dezembro de 2018[35], que, modificando a lei de greve, inseriu o controle de tráfego aéreo e a navegação aérea como atividades essenciais. Neste ano de 2019, merecem destaques as publicações da Medida Provisória n. 870, de 1º de janeiro[36] que extinguiu o Ministério do Trabalho e transferiu suas atribuições aos Ministérios da Economia, da Justiça e da Cidadania; da Medida Provisória n. 881, de 30 de abril[37], que institui a Declaração de Direitos de Liberdade Econômica, estabelece garantias de livre mercado, análise de impacto regulatório, e dá outras providências.

Apresentada essa introdução legislativa, mas antes de se mencionar de forma mais criteriosa algumas repercussões da (de) (contra) reforma trabalhista e as consequências representativas na vida do trabalhador, não se pode deixar de lado a relevância do significado do trabalho, ainda que não seja exaustivo o seu exame.

4. DA RELEVÂNCIA DO TRABALHO

O trabalho é, por sua característica, "suporte de valor"[38] e, nesse patamar de reconhecimento, há de se acreditar que "é pelo trabalho que o homem utiliza o mundo para fazer dele um instrumento do seu próprio progresso; é ao trabalho que se deve todo o desenvolvimento humano, toda a civilização, tudo o que distingue o primitivo do civilizado e o homem do animal".[39] Assim, é fundamental dentro do processo de humanização, dada a sua dimensão, e é indispensável para a existência do ser.[40]

Não se visa, neste estudo, apontar os sentidos do trabalho e suas representações histórica e social, mas apenas ressaltar sua importância, dado que

> [...] o homem sem trabalho ou não reconhecido em seu trabalho, ou ainda não encontrando nenhum interesse no seu trabalho, está próximo da depressão e comumente chega a este ponto de ruptura. Pois o trabalho, em nossa sociedade, é o modo privilegiado de fazer uma obra (por menor que seja), de existir, de ter (ou pensar ter) uma identidade. O trabalho é o melhor método para vencer a loucura.[41]

Também a arte se ocupou do tema, mais ou menos no mesmo tom:

> ...Um homem se humilha,
> se castram seu sonho.
> Seu sonho é sua vida
> E a vida é trabalho.
> E sem o seu trabalho
> Um homem não tem honra
> E sem a sua honra, se morre, se mata
> Não dá para ser feliz
> Não dá para ser feliz...[42]

Reconhecido, pois, como direito universal, o trabalho deve se pautar na dignidade da pessoa humana[43] e, sendo inerente à condição humana, há de ser "reconhecida, respeitada, promovida e protegida".[44] Neste sentido, a Constituição impõe como premissa básica e incondicional a sua concreta manutenção na salvaguarda dos direitos pessoais e sociais.[45]

---

35. Id. Presidência da República. *Medida Provisória n. 866, de 20 de dezembro de 2018*. Brasília: DOU, 20 dez 2018. Disponível em: <http://www.planalto.gov.br/ccivil_03/_Ato2015-2018/2018/Mpv/mpv866.htm#art21>. Acesso em: 25 abr. 2019.
36. Id. Presidência da República. *Medida Provisória n. 870, de 1º de janeiro de 2019*. Disponível em: <http://www.planalto.gov.br/ccivil_03/_ato2019-2022/2019/Mpv/mpv870.htm>. Acesso em: 25 abr. 2019.
37. Id. Presidência da República. *Medida Provisória n. 881, de 30 de abril de 2019*. Brasília: DOU, 30 abr. 2019. Disponível em: <http://www.planalto.gov.br/ccivil_03/_ato2019-2022/2019/Mpv/mpv881.htm>. Acesso em: 04 maio 2019.
38. DELGADO, Gabriela Neves. O trabalho enquanto suporte de valor. *Revista da Faculdade de Direito da UFMG*. Belo Horizonte, n. 49, jul.-dez. 2006. p. 63-80.
39. LECLERCQ, Jacques. *A revolução do homem no século XX*. Coimbra: Arménio Amado Editor, Sucessor, 1966. p. 73.
40. LESSA, Sérgio. *Mundo dos homens – trabalho e ser social*. São Paulo: Boitempo, 2012. p. 26 e ss.
41. VIANA, E.; MACHADO, M. Sentido do trabalho no discurso dos trabalhadores de uma ONG em Belo Horizonte. In: *Congresso Una de Psicologia*, I, Anais. Belo Horizonte: UNA, 2009. p. 3.
42. Letra da canção "Guerreiro Menino (Um homem também chora)", de autoria de André Gomes, Aninha Lima, Gabriel o Pensador e Tiago Mocotó, popularizada nas vozes dos cantores Gonzaguinha e Fagner.
43. Ingo W. Sarlet a define como a 'qualidade intrínseca e distintiva reconhecida em cada ser humano que o faz merecedor do mesmo respeito e consideração por parte do Estado e da comunidade, implicando, neste sentido, um complexo de direitos e deveres fundamentais que assegurem a pessoa tanto contra todo e qualquer ato de cunho degradante e desumano, como venham a lhe garantir as condições existenciais mínimas para uma vida saudável, além de propiciar e promover sua participação ativa e co-responsável nos destinos da própria existência e da vida em comunhão com os demais seres humanos'. *Dignidade da pessoa humana e direitos fundamentais na Constituição Federal de 1988*. 5. ed., Porto Alegre: Livraria do Advogado, 2007. p. 62.
44. *Revista Brasileira de Direito Constitucional – RBDC*, n. 9, jan.-jun. 2007. p. 364.
45. CANOTILHO, J. J.; MOREIRA, Vital. Constituição da República Portuguesa anotada. 3. ed. Coimbra: Coimbra editora, 1984, p. 58-59 *apud* DELGADO, Gabriela Neves. O trabalho enquanto suporte de valor. *Revista da Faculdade de Direito da UFMG*. Belo Horizonte, n. 49, jul.-dez. 2006. p. 74.

Limitado o presente estudo, dentro deste tópico, aos direitos sociais, donde se inclui o trabalho e, portanto, aos direitos advindos dessa relação estabelecida entre os sujeitos, dessume-se, dadas a diferença estrutural e a assimetria de poder, a necessidade de se proteger o trabalhador.

Caberia, então, ao Estado Democrático de Direito, na manutenção da dignidade humana, assegurar os direitos trabalhistas de indisponibilidade absoluta, considerados aqueles que merecem "uma tutela de nível de interesse púbico, por traduzir um patamar civilizatório mínimo firmado pela sociedade política em um dado momento histórico". [46]

Mas a realidade difere daquilo que é o caminho ideal e que deveria ser perseguido ou mantido dentro da linha adotada pelo Texto Constitucional de 1988, ou mesmo do que vem sido demonstrado ao longo da história como razão de ser do Direito do Trabalho. Então, muitas vezes à margem da Constituição e, por conseguinte, afastado da valorização do ser humano e do trabalho, criam-se, sob o manto da aparência, situações que visam, exclusivamente, atender ao polo mais forte da relação de emprego, já que o interesse deste é o de acumular mais e mais capital.

Não bastassem as questões principais relacionadas às mudanças instituídas pela legislação trabalhista vigente e deixadas ao alvedrio de interesses econômicos, suprimindo, dentre outros, direitos sociais, a realidade jurídica que se impôs contrapõe-se à salvaguarda da saúde física, mental e psíquica do trabalhador, conforme a seguir se demonstrará.

5. SIGNIFICATIVAS MUDANÇAS TRABALHISTAS: DAS MODALIDADES DE CONTRATAÇÃO DO TRABALHO

As alterações legislativas trouxeram ao cenário jurídico trabalhista modalidades de contratação; umas novas, outras redefinidas e reinterpretadas à luz da hermenêutica do Supremo Tribunal Federal.

Nesse patamar diretivo, remodelou-se a terceirização e criaram-se, dentre outras, as figuras do contrato de trabalho autônomo, do trabalho intermitente, do teletrabalho, cuja análise se fará, ainda que não seja na amplitude desejada.

5.1. Terceirização Indiscriminada

A terceirização, embora não possa ser descrita como uma nova modalidade de contratação do trabalho, porquanto remonta do passado, tem peculiaridades advindas das Leis n. 13.429 e n. 13.467, ambas de 2017, e com a interpretação da Corte do Supremo Tribunal Federal.

O conceito da terceirização depende do campo em que é estudado, podendo abranger aspectos administrativos, econômicos, trabalhistas, sociológicos, filosóficos, e dos interesses que lhe são contrapostos.

Pode ser considerada uma forma de expandir a flexibilização do trabalho, porquanto amplia a liberdade do capital sobre a força do trabalho humana [47]; como uma estratégia de gestão da força de trabalho por tomador de serviço e no uso de um ente interposto como instrumento da gestão da sua própria força de trabalho[48]; ou, ainda, do ponto de vista estritamente jurídico, como "fenômeno pelo qual se dissocia a relação econômica de trabalho da relação juslaborativa que lhe seria correspondente"[49].

Independentemente do viés atribuído ao fenômeno, na relação bilateral estabelecida com o capital está, em condição diametralmente oposta, a figura do trabalhador, que faz parte do processo produtivo, mas não se relaciona diretamente com aquele que, classicamente, seria o seu empregador. As três pessoas envolvidas (trabalhador, empresa tomadora de serviços ou contratante e a empresa prestadora de serviços ou intermediadora), embora componham a relação jurídica existente, não descaracterizam a bilateralidade mencionada, pois existirá, de um lado o capital e, do outro, o trabalhador.

A terceirização, no Brasil, foi inserida no contexto normativo por meio de legislações diversas: pelo art. 455 da CLT[50], que trata das figuras da empreitada e subempreitada, pelo Decreto n. 200, de 1967[51], que trata da organização da Administração Federal, pela Lei n. 5.645, de 1970[52], que fixa diretrizes para a classificação de cargos e serviços

46. DELGADO, Mauricio Godinho. *Curso de Direito do Trabalho*. 15. ed. São Paulo: LTr, 2016. p. 220.

47. DRUCK, Maria da Graça; THÉBAUD-MONY, Annie. Terceirização: a erosão dos direitos dos trabalhadores na França e no Brasil. In: DRUCK, M. Graça; FRANCO, Tânia (Orgs.). *A perda da razão social do trabalho*: terceirização e precarização. São Paulo: Boitempo, 2007. p. 28.

48. FILGUEIRAS, Vítor Araújo. Terceirização e trabalho análogo ao escravo: coincidência? *Indicadores de regulação do emprego no Brasil*, p. 1-10, dez. 2013. Disponível em: <https://indicadoresdeemprego. files.wordpress.com/2013/12/tercerizac3a7c3a3o-e-trabalho-an-c3a1logo-ao-escravo1.pdf>. Acesso em: 27 abr. 2019.

49. DELGADO, Mauricio Godinho. *Curso de direito do trabalho*. 15. ed. São Paulo: LTr, 2016. p. 487.

50. BRASIL. Presidência da República. *Decreto-lei n. 5.452, de 1º de maio de 1943*. Rio de Janeiro: DOU: ago. 1943. Disponível em: <www.planalto.gov.br/ccivil_03/decreto-lei/Del5452.htm>. Acesso em: 24 abr. 2019.

51. BRASIL. Presidência da República. *Decreto-lei n. 200, de 25 de fevereiro de 1967*. Brasília: DOU, 27 fev. 1967. Disponível em: <http://www.planalto.gov.br/ccivil_03/decreto-lei/Del0200.htm>. Acesso em: 24 abr. 2019.

52. BRASIL. Presidência da República. *Lei n. 5.645, de 10 de dezembro de 1970*. Brasília: DOU, 11 dez. 1970. Disponível em: <http://www.planalto.gov.br/ccivil_03/leis/L5645.htm>. Acesso em: 24 abr. 2019.

civil da União e Autarquias Federais, pela Lei n. 6.019, de 1974, que, na verdade, foi a primeira a tratar do serviço terceirizado privado, pela Lei n. 7.102, de 1983[53], que trata da terceirização no âmbito da vigilância privada, e da Lei n. 8.949, de 1994[54] que acrescentou o parágrafo único ao art. 442 da CLT. Ou seja, não havia uma norma específica a legislar o fenômeno.

Após o advento das legislações de 2017, entrou em vigor o Decreto n. 9.507, em 21 de setembro de 2018[55], dispondo sobre a execução indireta, mediante contratação, de serviços da administração pública federal direta, autárquica e fundacional e das empresas públicas e das sociedades de economia mista controladas pela União, fixando que os serviços, objeto de execução indireta mediante contratação, serão estabelecidos por ato do Ministro de Estado de Planejamento, Desenvolvimento e Gestão (arts. 1º e 2º).

É imperioso destacar que, em face da ausência de uma legislação heterônoma a respeito da terceirização, até 2017, coube à Justiça do Trabalho, por meio de um processo hermenêutico que envolve o capital e o trabalho, interpretar o fenômeno da terceirização. Inicialmente por meio do Enunciado 256[56] e, por fim, por intermédio da Súmula n. 331[57], o Tribunal Superior do Trabalho regulamentou a matéria. Naquele contexto, se fazia distinção entre a licitude e ilicitude do fenômeno levando em consideração, dentre outros aspectos, a atividade desempenhada, se meio ou fim. Reputava-se ilícita a terceirização na atividade-fim, que, por sua vez, se relacionava à atividade inerente ao objeto principal do negócio a ser desenvolvido.

Em vigor as leis de 2017, a terceirização, em sua modalidade antes jurisprudencialmente ilícita, encontrou espaço para a sua aplicação, na medida em que se permitiu, por meio de prestação de serviços a terceiros, executar qualquer atividade empresarial, inclusive a principal, isto é, a atividade-fim da empresa.

Por fim, a questão relacionada a esse tema específico e retro citado foi dirimida, por meio de interpretação conforme a Constituição, sendo esta atribuída ao Supremo Tribunal Federal, no julgamento das ações de arguição de descumprimento de preceito fundamental (ADPF n. 324) e do recurso extraordinário (RE 958252) em que se fixou a seguinte tese: "É lícita a terceirização ou qualquer outra forma de divisão do trabalho entre pessoas jurídicas distintas, independentemente do objeto social das empresas envolvidas, mantida a responsabilidade subsidiária da empresa contratante".[58]

Daí dizer-se que a terceirização passou a ser permitida em qualquer atividade. A limitação esbarra, no entanto, nas questões pertinentes à idoneidade e à capacidade econômica da terceirizada, cabendo à contratante verificar tais elementos e responder subsidiariamente pelo descumprimento das normas trabalhistas e das obrigações previdenciárias, nos termos do que ficou consignado nos Informativos 911 e 912, do Supremo Tribunal Federal.[59]

Assim, no contexto que ora se apresenta, dada a amplitude legislativa e hermenêutica instituída pelo Supremo Tribunal Federal, prevalece, a nosso sentir, data máxima vênia, o poder capitalista em detrimento dos princípios valorativos humanísticos, contidos na Constituição e nas normas de sistemática internacional, o que reforça a compreensão de que a força humana equivale a uma mercadoria de comércio.[60]

Salta aos olhos que a postura generalizante da terceirização revela inovação da modalidade de trabalho. Marcada pela crença da modernidade e do aumento de empregos, a terceirização embora possa trazer para a formalidade alguns trabalhadores, carrega consigo a migração da contratação de empregados para a condição de terceirizados, reduzindo direitos sociais assegurados individualmente ou por categorias profissionais em negociação coletiva.

E não se pode deixar de lado os efeitos nefastos sobre o trabalhador que a terceirização traz ínsita. Nota-se que, comumente, em um mesmo ambiente de trabalho, encontra-se diversidade de pessoas – terceirizados e não terceirizados – as quais, exercendo as mesmas funções, veem-se discriminadas em sua condição básica de reconhecimento como trabalhadores, dado o estigma sócio-histórico que os primeiros carregam. Os terceirizados percebem, em regra, direitos diferentes e/ou suprimidos pela modalidade de contratação. Ademais, a realidade permite atribuir a esses trabalhadores, de forma mais categórica e enfática, a precarização do trabalho prestado, pois se submetem às condições de risco e vulnerabilidade ofertadas por questão de sobrevivência.

---

53. Id. Presidência da República. *Lei n. 7.102, de 20 de junho de 1983*. Brasília: DOU, 21 jun. 1983. Disponível em: <http://www.planalto.gov.br/ccivil_03/leis/L7102.htm>. Acesso em: 24 abr. 2019.
54. Id. Presidência da República. *Lei n. 8.949, de 9 de dezembro de 1994*. Brasília: DOU, 12 dez. 1994. Disponível em: <http://www.planalto.gov.br/ccivil_03/LEIS/L8949.htm>. Acesso em: 24 abr. 2019.
55. Id. Presidência da República. *Decreto n. 9.507, de 21 de setembro de 2018*. Brasília: DOU, 24 set. 2018. Disponível em: <https://presrepublica.jusbrasil.com.br/legislacao/629045299/decreto-9507-18>. Acesso em: 24 abr. 2019.
56. Disponível em: <http://www.tst.jus.br/>. Acesso em: 6 maio 2019.
57. *Idem*.
58. Disponível em: <http://www.stf.jus.br/arquivo/cms/publicacaoInformativoTema/anexo/Informativomensalagosto.pdf>. Acesso em: 06 maio 2019.
59. *Idem*.
60. *Ibid*.

E não se pode olvidar que, na relação estabelecida dentro do ambiente laboral, marcada, neste caso, pela presença de trabalhadores terceirizados e empregados, os conflitos humanos com o objetivo de demarcar a competência funcional, além de tornarem o ser humano individualista, podem ser externalizados por meio de uma carga de sofrimento adicional, gerando, inclusive, o adoecimento do corpo e da mente.

Não bastassem esses fatos decorrentes da realidade que norteia esse tipo de relação bilateral, o que se evidencia com uma carga de presunção mais destacada é o desprezo, não somente por parte do capitalista, mas igualmente dos pares que laboram no mesmo ambiente de trabalho. Transformados em seres invisíveis ou em subespécie, os trabalhadores terceirizados assumem essa condição de desimportância dentro do contexto em que estão inseridos, tomando para si o papel de insignificantes, de coadjuvantes ou de atores marginais de um roteiro no qual se sobrepõe de modo desproporcional o interesse econômico sobre a saúde e a vida do trabalhador.

A bem dizer, a precarização das condições de trabalho, que prospera em conjunturas desreguladas e de economia liberal, ganha relevo quando se trata da figura dos trabalhadores terceirizados. Afirma-se tal fato com fundamento não apenas nas peculiaridades da relação jurídica formada, ao desigualar iguais, mas também pela supressão de direitos imposta aos trabalhadores, pelo tratamento por vezes desumano a que são submetidos, nos quais são alijados da condição de pessoas que vivem do trabalho que executam, para a intensificação do processo de reificação.

Acrescente-se aos argumentos supracitados que o número de acidentes e adoecimentos em relação aos terceirizados são ressignificados, haja vista inexistir, em relação a eles e de forma intensificada, o devido treinamento para o exercício das funções, tampouco as garantias de segurança, de proteção e de higiene.[61] Embora haja norma regulamentadora determinando que cabe à tomadora zelar pela saúde dos terceirizados – a NR-4, itens 4.5, 4.5.1 e 4.5.2 da Portaria n. 3.214, de 1978[62], do Ministério do Trabalho e Emprego –, as empresas não costumam adotar medidas preventivas e protetoras, ainda que sobre elas possa recair reparação civil por danos causados, nos moldes do art. 932 do Código Civil.

Segundo Ricardo Antunes e Graça Druck:

> (...) O adoecimento ocupacional carece de um acompanhamento regular, dada a instabilidade e a rotatividade dos terceirizados, que "saltam" de uma para outra empresa ou setor de atividade, impedindo que se identifique o tipo de ambiente de trabalho que gerou o adoecimento e dificultando, dessa forma, o nexo causal entre a doença e o trabalho. Ao lado do adoecimento, a taxa de acidentes de trabalho é, invariavelmente, maior entre os trabalhadores terceirizados, assim como a de vítimas fatais (SELIGMAN-SILVA, 1994, FRANCO, 2003, DRUCK, 2011, SAMPAIO, 2000, DIEESE-CUT, 2011).
>
> No que se refere ao coletivo de trabalhadores, a terceirização fragmenta, divide, aparta, desmembra as identidades coletivas, individualiza e cria concorrência entre os que trabalham muitas vezes no mesmo local, nas mesmas funções, mas estão separados de fato e simbolicamente pelo crachá diferente e pelos diferentes uniformes, que identificam os de primeira e segunda categoria.[63]

A Lei n. 13.429, de 2017, ao tratar do assunto, em seu art. 5-A, determina que será de "responsabilidade da contratante garantir as condições de segurança, higiene e salubridade dos trabalhadores, quando o trabalho for realizado em suas dependências ou local previamente convencionado em contrato".[64]

Em que pese a existência das citadas normas heterônomas e de outras que versam sobre a segurança do trabalho, envolvendo todos os tipos de trabalhadores, é certo que, de acordo com os dados do Observatório Digital de Saúde e Segurança do Trabalho, Smartlab de Trabalho Decente do MPT – OIT, a cada 3 horas registra-se, no Brasil, uma morte em decorrência de acidente de trabalho notificado, e a cada 49 segundos, um acidente.[65]

Cabe salientar, por oportuno, que no dia 24 de março de 2019 foi firmado termo de compromisso entre o Ministério Público do Trabalho e a Advocacia-Geral da União, visando a responsabilização dos empregadores que descumprem as normas de saúde e segurança do trabalho.[66]

A iniciativa é de suma importância, embora não devesse ser necessária, pois o empregador, na sua condição de sujeito dador de serviços, ciente da legislação imperativa, haveria

61. KROST, Oscar. *O lado avesso da reestruturação produtiva: a 'terceirização' de serviços por 'facções'*. Blumenau: Nova Letra, 2016. p. 168.
62. BRASIL. Ministério do Estado do Trabalho. *Portaria n. 3.214, de 08 de junho de 1978*. Aprova as Normas Regulamentadoras – NR – do Capítulo V, Título II, da Consolidação das Leis do Trabalho, relativas a Segurança e Medicina do Trabalho. Brasília. DOU: 8 jun. 1978. Disponível em: <http://www.trtsp.jus.br/geral/tribunal2/ORGAOS/MTE/Portaria/P3214_78.html>. Acesso em: 8 mai. 2019.
63. ANTUNES, Ricardo; DRUCK, Graça. A epidemia da terceirização. *In* ANTUNES, Ricardo (org.). *Riqueza e miséria do trabalho no Brasil*. V. III. São Paulo: Boitempo, 2014. p. 17-18.
64. *Vide* art. 5-A da Lei n. 13.429, de 2017.
65. Dados disponíveis em: <https://observatoriosst.mpt.mp.br/>. Acesso em: 8 maio 2019.
66. Sobre o assunto, vide notícia disponibilizada em: <https://mpt.mp.br/pgt/noticias/parceria-visa-responsabilizar-empresas-que-descumprem-normas-de-seguranca>. Acesso em: 08 maio 2019.

de admitir e dirigir a prestação de serviços com a observância da legislação trabalhista. Mas isto, obviamente, somente seria factível em um contexto de paridade de armas ou de alteridade humanística reguladora das relações de trabalho.

Antunes, em outra obra, demonstra, utilizando dados produzidos pela CUT-Dieese, que os trabalhadores em "serviços tipicamente terceirizáveis" trabalham três horas a mais que os demais, que têm rotatividade mais alta (de dois anos e sete meses, sendo de cinco anos e oito meses a média para os demais trabalhadores), e têm um patamar menor de direitos trabalhistas (não sendo alcançados por participação nos lucros ou resultados e, quando são, recebem um valor fixo simbólico, não recebem auxílio-creche, seu vale-alimentação é sempre menor, entre outras perdas). Relata ainda o autor que "são os terceirizados que sofrem o maior número de acidentes, por maior exposição aos riscos, resultados dos padrões de gestão que desrespeitam o necessário treinamento, as informações sobre riscos, as medidas preventivas coletivas etc."[67]

Antunes traz números relativos de acidentes de trabalho de terceirizados de alguns setores da economia brasileira, a seguir transcritos:

- Na indústria do petróleo, na Petrobras, entre 1995 e 2013, houve 320 acidentes com vítimas fatais, dos quais 268 (84%) ocorreram com trabalhadores terceirizados[68];
- No setor elétrico, de acordo com a Fundação Coge, a média anual de acidentes fatais com empregados corresponde a 12 por 100 mil, enquanto a taxa anual de mortalidade dos terceirizados é de 67,4 por 100 mil (5,6 vezes maior);
- Na construção civil, o índice de acidentes fatais é 4,55 vezes maior entre os terceirizados, de acordo com levantamento realizado tomando por base as Comunicações de Acidentes de Trabalho (CATs) emitidas no Brasil em 2013.[69]

Note-se que esses números são da época em que o Enunciado n. 331 do TST limitava a terceirização às atividades-meio e a algumas outras poucas e, portanto, anteriores à aprovação da terceirização indiscriminada no Brasil, o que não se afigura nada promissor, em termos de se resguardar a saúde e a vida dos trabalhadores do País.

Por outro lado, em que pese a necessidade de se imputar e cobrar a reparação pelo descumprimento das normas relacionadas à saúde e à segurança do trabalhador, caberia a imputação de responsabilidade calcada na precaução e na prevenção, conforme defende Clarissa Ribeiro Schinstsck:

> A adoção de um novo perfil de responsabilidade civil, alicerçado nos princípios da prevenção e da precaução, apto a atuar antes mesmo da consecução de danos, para além de estar em consonância com o modelo solidarista estampado na ordem constitucional é indispensável para proteger integralmente os direitos fundamentais. Importa salientar que a responsabilidade civil preventiva complementará o já desenvolvido arcabouço repressivo, devendo conviver em paridade com a responsabilidade reparatória e não mais figurando como medida acessória. Portanto, a consagração da responsabilidade preventiva no ordenamento jurídico brasileiro é imprescindível para construir-se um sistema que, de fato, privilegie a pessoa humana e viabilize o seu desenvolvimento digo, mediante uma proteção integral de seus direitos, notadamente o direito ao meio ambiente do trabalho equilibrado e os direitos fundamentais correlatos.[70]

Para além de uma avaliação específica sobre o tema, seja quanto aos perfis de responsabilidade civil ou quanto aos terceirizados, certo é que medidas e ações hão de ser adotadas, de forma sistêmica, visando a redução dos índices de adoecimentos e acidentes do trabalho de todos os trabalhadores.

Cabe trazer a lume, por oportuno, que, evidenciando o domínio e interesse econômico, em declaração proferida pelas redes sociais, o Presidente Jair Bolsonaro, em 13 de maio de 2019, anunciou que promoverá a redução de 90% das Normas Regulamentadoras de Segurança e Saúde nos trabalhos vigentes no país, ao argumento de que "há custos absurdos [para as empresas] em função de uma normatização absolutamente bizantina, anacrônica e hostil". Acrescente-se que, de acordo com o pronunciamento, as alterações terão início por meio da Norma Regulamentadora n. 12, que trata de Máquinas e Equipamentos.[71]

Notas críticas têm sido emitidas à possível redução das normas regulamentadoras. A Associação Nacional dos Magistrados Trabalhistas (ANAMATRA) em conjunto com a Associação Nacional dos Procuradores do Trabalho (ANAT), em 14 de maio, manifestaram-se no seguinte sentido:

> [...] constitui retrocesso inadmissível qualquer esforço de revogação das normas de prevenção de acidentes

67. ANTUNES, Ricardo. *O privilégio da servidão*: o novo proletariado de serviços na era digital. São Paulo: Boitempo, 2018. p. 159.
68. O autor demonstra que essa proporção nada tem a ver com o fato do número de terceirizados ser maior que o de empregados, evidenciando que, considerando essa proporção, ocorrem 50% mais acidentes com os terceirizados na Petrobras. (*Idem*, p. 160)
69. *Idem*, p. 161-162.
70. SCHINESTSCK, Clarissa Ribeiro. A imputação da responsabilidade preventiva para a tutela integral do meio ambiente de trabalho e os direitos fundamentais conexos. In: JARDIM, Philippe Gomes; LIRA, Ronaldo José de (Coord.). *Meio ambiente do trabalho aplicado*: Homenagem aos 10 anos da CODEMAT. São Paulo: MPT, LTr, CODEMAT, 2013. p. 78.
71. Disponível em: <https://www.valor.com.br/politica/6251967/bolsonaro-anuncia-reducao-de-90-de-normas-de-seguranca-no-trabalho>. Acesso em: 16 maio 2019.

e adoecimentos no trabalho a bem da redução dos custos da produção. (...) 3. As normas regulamentadoras do extinto Ministério do Trabalho cumprem, no campo laboral, a função constitucional de tutela da pessoa humana, no marco dos arts. 4º, II e 5º, *caput*, CF, e também do meio ambiente equilibrado, na esteira dos arts. 225 e 200, VIII, CF, como já destacado pelo Supremo Tribunal Federal no julgamento da ADI n. 4.066/DF. Daí porque a flexibilização da legislação ambiental trabalhista – necessariamente precaucional ou preventiva, (...) banaliza a vida humana e a instrumentaliza para a produção de baixíssimo custo [...].[72]

Não é crível que o capitalista se mostrará sensível às condições humanísticas do trabalhador, mas há resistência. A onda expansionista implementada no contexto neoliberal encontrará no próprio Direito do Trabalho a barreira, pois este é construído no dia a dia e não será qualquer mudança que quebrará a sua estrutura.

5.2. Do contrato autônomo

A relação de emprego caracteriza-se pela presença dos elementos fáticos-jurídicos previstos nos arts. 2º e 3º da CLT: prestação do trabalho por pessoa física, pessoalidade, não eventualidade, onerosidade e subordinação.

Calcada em uma política neoliberal, distante de qualquer possibilidade de debate científico, a relação jurídica supracitada vem sendo alterada por meio da criação de alternativas de exclusão do seu reconhecimento.

A Lei n. 13.467, de 2017 dispôs em seu art. 442-B que "a contratação do autônomo, cumpridas por este todas as formalidades legais, com ou sem exclusividade, de forma contínua ou não, afasta a qualidade de empregado prevista no art. 3º desta Consolidação".

A compreensão da temática incutida por detrás dessa alocação do contrato do trabalhador autônomo esbarra, sem sombra de dúvidas, como todo o processo já identificado, também no caminho da desconstrução do Direito do Trabalho, como se a sua existência fosse sinônimo de todos os problemas da sociedade.

O Direito do Trabalho, conforme dito alhures, é o instrumento de luta do dia a dia que dá sustentação para o trabalhador resistir. Ainda que esta ferramenta esteja sendo alterada em face de circunstâncias variadas, o trabalhador não tem se deixado quebrar por elas. Tem prevalecido, seja por presunção ou por inferência diante do contexto histórico atual, a compreensão de que o Direito do Trabalho não é a ruptura; tem-se com ele e por meio dele muito mais do que a falta dele pode proporcionar. Não cabe, pois, destruir a sua essência em nome de modelos que o próprio tempo pode mudar.

Sabe-se que é na relação de emprego que está centrado o núcleo da Ciência do Direito do Trabalho[73], composta, como alhures descrito, pelos elementos fático-jurídicos, por meio dos quais se define a figura do empregado. É, pois, somente na ausência de um deles que se descaracterizará o vínculo empregatício.

A figura do trabalhador autônomo, portanto, se forma pela compreensão de se tratar de pessoa física que presta serviços para outrem por conta e risco próprios. Em geral, trata-se de pessoa que estipula o horário e preço do serviço a ser prestado, não se subordinando, então, aos ditames e regras daquele que o contrata para a prestação de serviços. Há casos, ainda, em que ele pode se fazer substituir por outro trabalhador, muito embora a existência de cláusula de pessoalidade não seja suficiente para caracterizar a relação empregatícia. Ou seja, o contrato autônomo se caracteriza pela inexistência da subordinação, sendo este o elemento fático que delimita o campo de atuação da relação jurídica que se estabelece. Assim, ausente a subordinação estará descaracterizado o vínculo de emprego.

Entretanto, nos termos da legislação reformista, a condição de empregado poderá ser afastada, desde que formalizado um contrato autônomo com o cumprimento das formalidades legais deste negócio jurídico.

Cumpre observar que o mesmo legislador não discrimina em seu conteúdo normativo quais são as formalidades que, uma vez cumpridas, isentarão o trabalhador do enquadramento como empregado. De outra ponta, o texto atual refere-se à questão da exclusividade, que, embora não seja elemento da relação de emprego, constitui-se em peculiaridade desta mesma relação.

Em outras palavras, embora o dispositivo legal abra espaço para que o trabalhador seja considerado autônomo, se comprovada a relação de emprego, ainda que haja formalização do contrato autônomo, o reconhecimento do vínculo será inconteste. A assertiva encontra fundamento não somente no princípio da primazia da realidade sobre a forma, mas também na força do dispositivo legal do art. 9º da CLT, segundo o qual são nulos os atos praticados com o objetivo de desvirtuar, impedir ou fraudar a aplicação dos preceitos celetistas.

No que se refere ao impacto que o processo de reconhecimento do contrato de trabalho autônomo traz para a realidade laboral, tal situação esmaga o trabalhador/empregado. A transformação de empregados em trabalhadores autônomos implica em perda de direitos garantidos constitucionalmente, dada a inexistência dos mesmos para esses últimos e retira dele a segurança jurídica. Trata-se, inquestionavelmente, de uma modalidade de exploração da força de trabalho que transforma o trabalhador no único ser

72. Disponível em: <https://www.anamatra.org.br/images/DOCUMENTOS/2019/20190514.ANPTAnamatra3.pdf>. Acesso em: 17 mai. 2019.

73. DELGADO, Mauricio Godinho. *Curso de Direito do Trabalho*. 15. ed. São Paulo: LTr, 2016. p. 295.

responsável pelo êxito e conquista do trabalho desempenhado. Na verdade, mais uma vez, trata-se do capital subjugando o trabalhador.

De mais a mais, ao inserir, no mesmo ambiente de trabalho, empregado e trabalhador autônomo para o exercício das mesmas atividades, mas com direitos diferentes, o capitalista aufere lucros, porque reduz custos, aumenta a mais-valia e ao mesmo tempo intensifica o processo de coisificação do ser humano.

Não há, a todas as luzes, preocupação com a vida saudável do ser humano trabalhador, porquanto este é, enquanto sinônimo de força de trabalho; apenas mercadoria.

5.3. O trabalho intermitente

A Lei n. 13.467, de 2017, introduziu no ordenamento jurídico a figura do contrato intermitente, conforme se depreende da leitura do § 3º do art. 443 e do art. 452-A. Ao tempo de vigência da Medida Provisória n. 808, incluíram-se na Consolidação das Leis do Trabalho os textos normativos contidos nas alíneas B até H do art. 452. A perda da eficácia desta norma resultou na criação da Portaria Ministerial n. 349, que, em vigor desde maio de 2018, estabelece as regras para a execução da reforma trabalhista.

Entende-se por intermitente "todo contrato que suceder, dentro de 6 (seis) meses, a outro contrato por prazo determinado, salvo se a expiração deste dependeu da execução de serviços especializados ou da realização de certos acontecimentos".[74]

Dessume-se do conceito apontado que esta forma de contratação impõe ao trabalhador a transferência dos riscos da atividade patronal em detrimento do que dispõe o art. 2º da CLT que atribui ao empregador a sua assunção. O fato de a empresa ter ou não demanda de trabalho, ao menos a princípio, não deveria impactar o contrato laboral, ao ponto de deixar o trabalhador em regime de inação não remunerada.

Percebe-se ainda que o trabalho intermitente retira do trabalhador a regular jornada de trabalho, bem como a sua correspondente contraprestação. Daí dizer-se que firmado o contrato, estando o trabalhador sem trabalho e sem remuneração (inativo), a sua condição se assemelha à de desempregado.[75]

Do contexto legal, extrai-se também que o trabalhador intermitente receberá apenas e tão somente o valor correspondente ao dia e hora laborados. Ou seja, o legislador reformista não lhe garante a percepção de um salário mínimo mensal, situação que, por si só, contribui para o desequilíbrio físico e psíquico do trabalhador. E mais, ausente esta garantia mensal o trabalhador que encontrar trabalho (ao contrário do prometido, as alterações na CLT não resultaram em incremento de postos de trabalho) certamente se imporá jornada exaustiva como forma de compensar a ausência da segurança que teria se percebesse pelo menos o valor correspondente ao salário mínimo.

Este tipo de contrato somente pode ser celebrado para novos vínculos empregatícios. Assim, se o contrato estiver sob a égide da lei trabalhista anterior, o trabalhador não poderá ser dispensado para novamente ser contratado na nova condição. Tal fato configuraria alteração contratual *in pejus*, vedada pelos arts. 9º e 468 da CLT. Embora essa condição firmada pelo legislador possa induzir à crença de uma preocupação com trabalhador, o conjunto das condições criadas nessa espécie contratual não minimiza a precariedade do contrato. A perversidade é tão significativa dentro do aparato instituído em nome da modernização das relações de trabalho e da criação de empregos que inexiste qualquer possibilidade de se amenizar o prejuízo ou salvaguardar a dignidade do trabalhador.

Essa proposta contratual, ainda que haja tentativa de demonstrar uma legitimidade e legalidade, potencializa a insegurança, a desconfiança e o individualismo do trabalhador, estampa a ausência de alteridade, causa desajustes emocionais e compromete negativamente e de modo direto o ambiente laboral e, por via reflexa, o ambiente familiar.

A realidade evidencia, enfim, que tolhido na sua liberdade e autonomia da vontade, o trabalhador intermitente está vinculado à vontade do dador de serviço, que pode ou não convocar a sua prestação de serviços. Ele está impedido de se afirmar no ambiente em que trabalha: não consegue formar ou fazer parte do coletivo, porque não se estabelece fisicamente.

A nosso sentir, a introdução do trabalho intermitente no ordenamento jurídico formal pátrio sequer tangenciou o arco de promessas relativas à criação de postos e à modernização das relações de trabalho. Ao revés, conforme previsto por diversos especialistas da área, ao priorizar o interesse imediato do capital de forma tão acrítica e desequilibrada, em detrimento dos interesses comuns mediatos das partes, as inovações contratuais da espécie violaram aspectos naturais de equilíbrio relacional, impossibilitando o surgimento de qualquer sentimento de pertença e de identidade do trabalhador e, de igual modo, impedindo que haja a segurança econômica legítima e esperada. Do lado patronal, os efeitos não parecem menos deletérios, vez que uma menor capacidade aquisitiva do conjunto de trabalhadores resulta em redução equivalente de massa salarial disponível para formação de mercado consumidor. O que se tem observado até o presente momento, portanto, é um jogo de perde-perde entre as partes envolvidas.

---

74. *Vide* art. 452 da CLT.

75. MAIOR, Jorge Luiz Souto. *É preciso enfrentar os argumentos a favor do retrocesso da condição humana*. 18 set. 2018. Disponível em: <https://www.conjur.com.br/2018-set-18/souto-maior-preciso-enfrentar-retrocesso-condicao-humana. Acesso em: 11 mai. 2019.

5.4. Teletrabalho

Espécie de trabalho à distância, o teletrabalho foi instituído pela Lei n. 12.551, de 15 de dezembro de 2011.[76] Atualmente, esta modalidade contratual está disciplinada pela Lei n. 13.467, de 2017.

Antes de se examinar o conteúdo dos textos legais, há de se fazer uma leitura sobre o espírito desta contratação. Seguindo a história do Direito do Trabalho desde séculos passados[77], pode-se afirmar que o legislador ordinário, em face de interesses preponderantes em um sistema de concentração de poder pelo capital, trouxe a lume a regulamentação do teletrabalho, refletindo o que já se constata como forma de flexibilização. Ou seja, considerando ínsita ao comportamento humano a expectativa de mudanças, sejam elas marcadas ou não pelo rompimento com o passado, o capitalista, valendo-se dessa característica, busca reinventar-se e, para tanto, utiliza-se do trabalho alheio para, com isso, alcançar os frutos da acumulação do capital. Incutindo na mente humana a necessidade de mudança, com o interesse de trazer mais produtos para o mercado de trabalho, aumentando assim a mais-valia, ao trabalhador é trazida a ideia de liberdade na prestação de serviços.[78]

Torna-se perceptível que é na soma desses fatores que a aparência assume o lugar da essência. O capitalista não exprime boa-fé na flexibilidade desta forma de contratação. O que importa de fato é apenas o resultado do trabalho, e a liberdade atribuída aos trabalhadores não se consuma no contexto da relação jurídica existente. E mais, ainda que se pretenda incutir na mentalidade humana a autonomia no exercício das atividades laborais, a questão não é simples, haja vista a existência de efetivo controle na prestação de serviço.

De mais a mais, o passado histórico revela que o gênero do trabalho à distância esconde intenção de se trazer para o capital a prestação de trabalho não somente do trabalhador contratado, mas de seus familiares.

Este é um retrato definido por Marx ao se referir ao tempo da maquinaria na cadeia produtiva, no final do século XVIII:

> Agora, porém, o capital compra menores de idade, ou pessoas desprovidas de maioridade plena. Antes, o trabalhador vendia sua própria força de trabalho, da qual dispunha como pessoa formalmente livre. Agora, ele vende mulher e filho. Torna-se mercador de escravos.[79]

Na atualidade, de forma perversa, essa modalidade de trabalho também exige o cumprimento de metas de produção ou de lucros, o que serve para controlar a atividade laboral, para aumentar a jornada de trabalho e, por conseguinte, acumular capital.

No que tange ao seu conteúdo, o primeiro texto legal, de 2011, alterou o art. 6º da CLT, passando, assim, a dispor:

> Não se distingue entre trabalho realizado no estabelecimento do empregador, o executado no domicílio do empregado e o realizado a distância, desde que estejam caracterizados os pressupostos da relação de emprego.
>
> Parágrafo único: Os meios telemáticos e informatizados de comando, controle e supervisão se equiparam, para fins de subordinação jurídica, aos meios pessoais e diretos de comando, controle e supervisão do trabalho alheio.[80]

Com o advento da Lei n. 13.467, de 2017, o teletrabalho foi definido como "prestação de serviços preponderantemente fora das dependências do empregador, com a utilização de tecnologias de informação e de comunicação que, por sua natureza, não se constituem trabalho externo".[81]

Nota-se, desde 2011, que o teletrabalho não se desconfigura como relação de emprego se os elementos que compõem esse tipo de vínculo estiverem presentes. Em outras palavras, desde a sua instituição normativa mostrava-se irrelevante o local em que se desempenhava a atividade laboral, bastando, para tanto, que o trabalho fosse realizado com habitualidade, subordinação e onerosidade.

O contexto revela a intenção do capital desde sempre: descentralizar, mas manter o controle, não importando onde o trabalho é realizado, tampouco quem são os agentes que atuam na atividade laboral, desde que o resultado seja aquele estipulado pelo dador de serviços. O empregador assume o papel daquele que não vê e não fiscaliza a prestação de trabalho, muito embora se reconheça como o detentor do controle e do poder.

O texto da reforma trabalhista, conforme mencionado, acrescenta a definição de teletrabalho, fazendo referência ao trabalho externo, o que, por conseguinte, remete à questão da jornada de trabalho. Na ideia de liberdade, de autonomia no desempenho das atribuições, de descentralização de poder, o conteúdo é reforçado na medida em que não se tem controle do horário de trabalho. O trabalhador em regime de teletrabalho não se submete a controle de jornada, no entanto, por outro lado, caso seja efetivada a fiscalização e o controle por parte do empregador, aplica-se o regime jurídico de duração da jornada.

76. BRASIL. Presidência da República. *Lei n. 12.551, de 15 de dezembro de 2011*. Brasília: DOU, 16 dez. 2011. Disponível em: <http://www.planalto.gov.br/ccivil_03/_Ato2011-2014/2011/Lei/L12551.htm>. Acesso em: 30 abr. 2019.
77. SENNETT, Richard. *A corrosão do caráter.* 13. ed. Tradução de Marcos Santarita. São Paulo, Rio de Janeiro: Record, 2008. p. 54.
78. *Idem*, p. 54-73.
79. MARX, Karl. *O capital*: crítica da economia política – Livro I. Tradução de Rubens Enderle. São Paulo: Boitempo, 2013. p. 469.
80. *Idem*.
81. *Vide* art. 75-B, da Consolidação das Leis do Trabalho com as alterações da Lei n. 13.467, de 2017. *Ob. cit.*

Questão que não pode deixar de ser mencionada neste contexto refere-se à possibilidade de os trabalhadores em regime de teletrabalho, bem como aqueles que atuam em trabalho intermitente e regime de sobreaviso, se submeterem, com força de lei, ao que consta nas convenções ou nos acordos coletivos de trabalho. Trata-se da prevalência do negociado sobre o legislado, valorizando-se, assim, os instrumentos coletivos do trabalho.[82]

Neste mote reformista, fez-se, então, constar no art. 611-A da CLT as hipóteses exemplificativas em que o negociado prevalecerá sobre o legislado, o que implica dizer também que outros temas poderão ser igualmente objeto de negociação e sobrepor-se à lei. Mas, esta forma de flexibilização das normas trabalhistas encontra barreiras legais, dimensionadas no art. 611-B, da CLT, o que seria uma forma encontrada pelo legislador de limitar o amplo controle de poder do capital.

No entanto, cabe acrescentar que a limitação não se restringe ao que resta consagrado no dispositivo celetista, porquanto a liberdade de estipulação não é absoluta.

É imperioso destacar que, de fato, a Constituição, em seu art. 7º, XVI valoriza a negociação coletiva. Carlos Roberto Barbosa afirma que o Texto Constitucional "consagra a pactuação coletiva [...] como garantia de desenvolvimento de uma arte de diálogo que venha a promover uma comunhão de interesses ou uma síntese entre os eixos articuladores da vida em sociedade"[83], mas ao mesmo tempo aduz que essa condição "não significa que possa se validar toda e qualquer negociação, pois não há autorização legal para transacionarem sobre direitos mínimos garantidos em normas trabalhistas de aplicação cogente".[84] A bem dizer, as hipóteses de adoção do negociado sobre o legislado terão de se submeter a critérios que garantam o "patamar mínimo civilizatório".[85]

O escopo do legislador reformista de diminuir a intervenção estatal, bem como a imperatividade das normas trabalhistas, embora seja limitado em sua amplitude, encontra resistência por parte da doutrina. As críticas existentes perpassam pelos princípios do não retrocesso, da relativização das normas mais favoráveis ao trabalhador, da intervenção mínima e também pela falta de representatividade dos sindicatos.

Argumenta-se, ainda, que em face da permanência da concentração do poder capitalista, a força vinculante atribuída por lei à negociação coletiva subverte a lógica protetiva do trabalhador.

Nota-se, mais uma vez, que defender uma ou outra posição depende do olhar do interessado: de um lado, o capital, do outro, o trabalhador.

Inegável apontar que as medidas flexibilizatórias adotadas por meio da legislação em vigor são movidas por circunstâncias variáveis, atendendo, primordialmente, a aspectos políticos e econômicos.

Outrossim, retomando o tema principal deste item, há questões envolvendo a alteração do regime de trabalho entre trabalhadores presenciais e teletrabalhadores.

Por força de dispositivo legal inserto no parágrafo primeiro do art. 75-C admite-se a alteração entre regime presencial e de teletrabalho, desde que por acordo mútuo entre as partes, registrado em aditivo contratual. O texto legal tem sido objeto de questionamento, porquanto infringe o princípio da inalterabilidade contratual lesiva aos trabalhadores. Tal tipo de alteração promove a redução de direitos, a exemplo da aplicação do regime de duração de jornada.

A lei também trata da hipótese inversa, ou seja, da possibilidade de alteração contratual do regime de teletrabalho para trabalho presencial. Neste caso, o legislador ordinário previu a condição por ato unilateral do empregador, concedendo um prazo mínimo de 15 dias para o trabalhador proceder à mudança, igualmente mediante aditivo contratual.

Hão de se destacar, neste estudo, questões pertinentes aos equipamentos tecnológicos e de infraestrutura para o desenvolvimento do trabalho a ser executado e ao meio ambiente laboral. No que diz respeito aos equipamentos e infraestrutura, o art. 75-D da CLT determina que a responsabilidade pela aquisição, manutenção e fornecimento dos equipamentos e pela infraestrutura necessária e adequada para a prestação do trabalho, bem como o reembolso de despesas arcadas pelo trabalhador, deverão constar em contrato por escrito. Depreende-se da leitura do texto celetista que o trabalhador poderá assumir a responsabilidade pela compra e manutenção dos equipamentos, pois, na hipótese de o reembolso não constar no contrato escrito, a ele caberá o ônus. A interpretação que se faz ao texto revela flagrante

82. Uma alteração da reforma trabalhista digna de nota, em razão do absurdo que caracteriza o seu teor, é a que consta do art. 611, parágrafo único, segundo o qual as regras relativas à duração do trabalho não são consideradas normas de saúde, higiene e segurança do trabalho, a fim de possibilitar que essas questões sejam objeto de negociação coletiva, a prevalecer sobre a lei. A reforma, nesse aspecto, como em diversos outros, desconsiderou a própria essência do Direito do Trabalho, que teve – e tem – na limitação da duração do trabalho uma das suas mais antigas e importantes bandeiras. Contudo, se esqueceu do óbice previsto no art. 7º, *caput*, da Constituição, que, ao prever os direitos dos trabalhadores, estabeleceu como imposição "além de outros que visem à melhoria de sua condição social".

83. BARBOSA, Carlos Roberto. Controvérsias sobre a constitucionalidade da reforma trabalhista. In: HORTA, Denise Alves; FABIANO, Isabela Márcia de Alcântara; KOYRY, Luiz Ronan Neves; OLIVEIRA, Sebastião Geraldo de (Org.). *Direito do Trabalho e processo do trabalho:* reforma trabalhista principais alterações. São Paulo: LTr, 2018. p. 41.

84. *Idem.*

85. Expressão cunhada por Mauricio Godinho Delgado (*Curso de direito do trabalho.* 15. ed. São Paulo: LTr, 2016).

violação ao princípio da alteridade instituído no Direito do Trabalho, segundo o qual cabe ao empregador assumir os riscos de seu empreendimento.

No que pertine ao ambiente laboral, a legislação trabalhista em vigor prevê a necessidade de o empregador instruir os trabalhadores, de forma expressa e ostensiva, sobre as precauções e cuidados que deverão assumir para evitar doenças e acidentes do trabalho. De outra ponta afirma que o empregado deverá assinar termos de responsabilidade no sentido de seguir as instruções fornecidas (art. 75-E, da CLT).

O texto mencionado descreve parcialmente normas já contidas nos arts. 157 e 158 da CLT, com as redações incluídas pela Lei n. 6.514, de 1977[86]. No entanto, nota-se que o legislador reformista, consagrando o retrato da perversidade, confirma a cegueira deliberada do empregador. A alienação proposital do capitalista em relação ao meio ambiente laboral busca efetivar o velho discurso da negação: sob o manto da autonomia da vontade, da ampla liberdade atribuída na relação de emprego, o trabalhador é o responsável por zelar pelas suas condições de trabalho. O empregador assume apenas o papel de instrutor.

Mas, tomando-se por base a compreensão do art. 7º, XXII, do Texto Constitucional, segundo o qual cabe ao empregador tomar medidas que reduzam os riscos inerentes ao trabalho, a existência do termo não tem o condão de deixar o ambiente de trabalho de forma segura e hígida, tampouco eximir o empregador de suas responsabilidades.

Na verdade, neste tipo de relação contratual, o que importa tão somente é o resultado do trabalho, porque inexiste em todo o contexto normativo um mecanismo de tutela à saúde do trabalhador. O trabalhador é, pois, uma peça que pode ser reposta; ele inexiste enquanto ser humano: essa é, a todas as luzes, a visão do legislador reformista.

6. CONCLUSÕES

O trabalho não pode ser considerado como um simples mecanismo por meio do qual o trabalhador obtém o seu sustento – e isso não é construção recente. Foi necessária muita luta dos trabalhadores para que se sedimentasse um "patamar civilizatório", para o qual a Organização Internacional do Trabalho tanto contribuiu, nos seus 100 anos de existência, que completa agora, em 2019, ano desta edição. As questões relativas à saúde e segurança no trabalho sempre estiveram entre as mais relevantes, entre tantos outros direitos tutelados, tendo em vista a importância de bens – e valores – como a saúde e a vida humanas.

O trabalho, que deveria dar significado à vida, possibilitando que os seres, por meio dele, exercessem uma atividade criativa, construtiva e impregnada pela sua subjetividade, lamentavelmente, não raro, tem produzido adoecimento físico e/ou mental, e até morte. Os trabalhadores, assim, séculos após a Revolução Industrial, acontecimento histórico umbilicalmente ligado ao surgimento da legislação trabalhista, continuam encontrando no trabalho sofrimento contra o qual, muitas vezes, não conseguem ter defesa, sobretudo os mais vulneráveis.

Quando a oferta de mão de obra é muito maior do que o número de empregos, tende a ocorrer um processo de flexibilização do Direito do Trabalho e o enfraquecimento do sindicalismo, aliado a técnicas de gestão que oprimem os trabalhadores. Essa mistura explosiva produz efeitos extremamente nefastos sobre a saúde daqueles que trabalham, em decorrência do tratamento da sua força de trabalho como mercadoria. Um dia a dia marcado por péssimas condições de trabalho, insegurança, pressões por metas, assédio e tantas outras formas de violência, leva a saúde dos trabalhadores a uma condição de muita vulnerabilidade.

No passado, isso parecia superado. Mas o império de ideias neoliberais no Brasil (já reconhecidas como ineficazes nos países de capitalismo avançado), justificadas pela supremacia do financeiro, levou à aprovação – a toque de caixa e sem qualquer discussão – da Lei n. 13.467, de 2017, denominada comumente de "Reforma Trabalhista", que, entre tantas outras medidas, viabilizou novas formas de contratação, contrariando a própria essência do Direito do Trabalho e favorecendo os adoecimentos e os acidentes profissionais, o que parece ser inevitável, a prevalecerem as regras dessa "nova (des)organização do trabalho".

A esperança talvez esteja no movimento pendular da história, que, acelerado pela percepção dos trabalhadores de que os vínculos entre eles precisam ser (re)construídos, talvez consiga, novamente, desta vez sob novo formato, mostrar o quanto os seres humanos ainda são importantes, mesmo em se tratando de uma sociedade digital e de serviços. Resistir nunca é uma estratégia individual e nunca foi tão necessário.

86. BRASIL. Presidência da República. *Lei n. 6.514, de 22 de dezembro de 1977*. Brasília: DOU, 23 dez. 1977. Disponível em: <http://www.planalto.gov.br/ccivil_03/LEIS/L6514.htm>. Acesso em: 16 maio 2019.

A atuação preventiva do Ministério Público do Trabalho em defesa da saúde do trabalhador no triângulo mineiro: uma análise preliminar

17

Lígia Barros de Freitas[1]

1. INTRODUÇÃO

O Ministério Público do Trabalho, após a Constituição Federal de 1988, tem protagonizado na área das relações do trabalho o seu importante papel de agente fiscalizador e garantidor dos princípios constitucionais do valor social do trabalho e da dignidade do trabalhador.

A mudança institucional relatada nos estudos sobre o Ministério Público, em consequência dos dispositivos da Constituição de 1988, também é percebida em relação ao Ministério Público do Trabalho (MPT), que passa de uma atuação essencialmente interveniente, com a emissão de pareceres circunstanciados em ações trabalhistas de interesse público, para uma atuação mais ativa, assumindo o papel de defesa dos direitos sociais trabalhistas em ações coletivas. Apesar disso, ainda são poucos os estudos que tratam desse órgão. (CARELLI *ET AL.*, 2007; CARELLI, 2011a, 2011b; ARTUR, 2016; JARDIM; LIRA, 2013; FERNANDES E LOPES, 2018).

Após a aprovação da Reforma Trabalhista, instituída pela Lei n. 13.467/2017, responsável pelo retrocesso social nas relações de trabalho, inclusive na área do meio ambiente do trabalho, o estudo sobre a atuação do MPT se torna mais relevante, principalmente para entender como essa importante instituição do mundo do trabalho pode resistir à ampliação da mitigação dos direitos em negociações coletivas, quando acordam direitos inegociáveis sobre saúde e medicina no trabalho.

No presente trabalho, com o foco nessas novas atribuições do *parquet* laboral, objetiva-se analisar como o MPT tem atuado preventivamente na defesa dos direitos ao meio ambiente laboral saudável. Com esse objetivo, será analisada a região do Triângulo Mineiro, em quantidade de acidentes do trabalho, e a atuação preventiva da Procuradoria Regional do Trabalho de Uberlândia (PRT/Uberlândia).

Na primeira seção é apresentada a revisão da escassa literatura nacional que trata do Ministério Público do Trabalho. Na sequência, na segunda seção, o foco é na estrutura funcional do Ministério Público do Trabalho, priorizando principalmente a Coordenadoria Nacional de Defesa do Meio Ambiente do Trabalho (CODEMAT) e os seus instrumentos de ações para proteção aos direitos fundamentais do trabalhador: campanhas preventivas, a Ação Civil Pública, Inquérito Civil e Termo de Ajuste de Conduta. Na terceira seção, apresentamos dado sobre a Região do Triângulo Mineiro e alguns instrumentos preventivos utilizados pela da PRT/Uberlândia. Por fim, são apresentadas as considerações finais.

2. MINISTÉRIO PÚBLICO DO TRABALHO: INTERLOCUTOR ENTRE A SOCIEDADE CIVIL E O ESTADO

As pesquisas que enfocam a atuação do Ministério Público (MP), após sua nova configuração institucional desenhada na Constituição de 1988, em especial quanto ao seu papel a serviço da construção da cidadania, dividem-se entre aquelas que atribuem a esse processo implicações negativas, com caráter corporativo e em substituição da sociedade civil na concretização dos seus direitos (ARANTES, 2002); e outras que percebem no MP um importante interlocutor entre a sociedade civil e o Estado. Estas últimas salientam que seus membros, valendo-se de novos procedimentos jurídicos e das demandas vindas da sociedade, encontraram, no contexto da redemocratização, recursos para

1. Professora de Direito da Universidade do Estado de Minas Gerais (UEMG), Doutora em Ciência Política pela Universidade Federal de São Carlos (Ufscar) com período sanduíche em "Centre de Recherches Politiques de Sciences PO", França-Paris, Mestre em Ciências Sociais pela Universidade Federal de São Carlos (UFSCar) e Advogada. *E-mail*: ligia.freitas@uemg.br

sua atuação ampliada em defesa dos direitos fundamentais (MACIEL, 2006; VIANNA; BURGOS, 1999).[2]

Embora com primordial função nas democracias modernas, os estudos sobre Ministério Público e promotores ainda são reduzidos, se comparados com os estudos sobre a magistratura. Segundo Kerche (2018, p. 567), "esse menor interesse acadêmico não é proporcional à importância da instituição que seleciona boa parte do que será decidido pelo Poder Judiciário".

As abordagens especificamente sobre o Ministério Público do Trabalho (MPT) recebem menor interesse ainda, se comparada com as pesquisas sobre o MP. Os estudos apontam para a ação conjunta do MPT com a sociedade civil e demais instituições preocupadas com as relações de trabalho, como Ministério do Trabalho e sindicatos. (CARELLI *ET AL.*, 2007; CARELLI, 2011a, 2011b; ARTUR, 2016; JARDIM; LIRA, 2013; FERNANDES E LOPES, 2018).

Carelli *et al.* (2007) e Carelli (2011a) analisam a atuação da PRT do Rio de Janeiro e concluem que essa instituição assumiu as novas funções atribuídas na Constituição Federal de 1988. O PRT exerceu, além da tradicional posição de agente passivo sob o manto da atuação *custos legis*, uma nova atividade, mais dinâmica, comprometida a tornar efetivo o projeto inscrito na Constituição, principalmente com relação ao ingresso de demandas coletivas. Os autores ressaltam que esse protagonismo não estaria substituindo a participação ativa da sociedade, ao contrário, o estudo constatou uma crescente provocação dessa instituição pelos sindicatos.

O MPT, quando procurado pela sociedade civil e instituições, tem servido como espaço de busca de direitos, abrindo especialmente aos setores menos organizados e frágeis uma via de acesso à Justiça. Ademais, o MPT tem buscado a efetivação dos direitos fundamentais, principalmente na utilização dos princípios, entendo ser os mesmos normas, e não somente norteadores de interpretações (CARELLI, 2011b).

> Assim, a tutela dos direitos e liberdades fundamentais dos trabalhadores realizada pelo Ministério Público do Trabalho está inserida em um sentido de proteção da democracia, cumprindo uma das incumbências do "novo" Ministério Público impostas no art.127 da Constituição Federal: a proteção do Regime Democrático. De fato, o Ministério Público do Trabalho pretende a refundação das relações entre empregado e empregador, com a intenção de transformar um ambiente normalmente despótico em lócus de práticas e relações democráticas. Não somente o público tem de ser democrático, mas as relações privadas devem também seguir a forma de organização da sociedade atual. (CARELLI, 2011b, p. 64).

No mesmo sentido, segundo Artur (2016), a criação de coordenadorias internas no MPT e o desenvolvimento de seus projetos, para além de seu caráter institucional, são frutos da mobilização do Direito por movimentos sociais e entidades sindicais que legitimam a sua atuação estratégica interna e externa, inclusive com a constituição de políticas públicas.

Outro estudo sobre os Procuradores do Trabalho aponta como o MPT, através da Associação Nacional dos Procuradores do Trabalho (ANPT), tem acionado o Supremo Tribunal Federal (STF) como uma arena de disputa para garantir direitos do trabalho e políticas públicas a eles relacionadas. Com esse propósito, foram analisadas 10 ações, nas quais a ANPT era parte, terceiro interessado ou *amicus curiae*. Em relação ao direito ao meio ambiente saudável, a principal preocupação é com o banimento do amianto, baseado no princípio constitucional da dignidade humana e na Convenção n. 162 da OIT, que aponta a necessidade de alternativas tecnológicas.(ARTUR; FREITAS (2017)

Fernandes e Lopes (2018), em estudo sobre a atuação do MPT nas situações de trabalho em condição análoga à de escravo, apontam a necessidade da atuação do MPT como articulador social, de modo que, à proposição de ações civis públicas ou de termos de ajuste de conduta se some a aproximação com a sociedade civil, com os movimentos sociais e outras instituições, com o objetivo de desenvolver projetos para reinserção dos trabalhadores resgatados na sociedade, com a prestação de assistência imediata e a habilitação para o desenvolvimento de uma profissão.

3. O MPT E A PROTEÇÃO AO MEIO AMBIENTE SAUDÁVEL

Embora as mudanças de atribuições do Ministério Público tenham sido amplas na Constituição Federal de 1988, as ocorridas no MPT foram mais acentuadas, principalmente após a Lei Complementar n. 75/93, que dispôs sobre a organização, as atribuições e o estatuto do Ministério Público da União.

Até então, a função do MPT era essencialmente interveniente nos Tribunais do Trabalho, emitindo pareceres em todos os processos de segundo grau de jurisdição e, às vezes, quando solicitado, nos processos de primeiro grau, nos casos de *custos legis*, diferentemente dos outros órgãos do Ministério Público, que sempre atuaram também como

2. Algumas dessas pesquisas tratam da análise de como ocorreu a reestruturação do Ministério Público de maneira a torná-lo não só desvinculado dos demais Poderes, mas também uma instituição independente para fazer valer os direitos previstos na Constituição. Arantes (2002) atribui a esse processo fortes traços endógenos, definido de fato pelos próprios integrantes do Ministério Público, imbuídos da convicção de que deveriam se tornar defensores da sociedade. Kerche (2002), por outro lado, atribui esse modelo de Ministério Público às escolhas feitas pelos constituintes, por conta de uma visão de que a sociedade não sabia exigir seus direitos e pela necessidade de uma instituição independente para tanto.

agente. Enquanto os demais órgãos do Ministério Público já atuavam extrajudicialmente, o MPT não tinha atividade extrajudicial autônoma. Segundo Carelli (2011), o antigo nome já demonstrava que o MPT era praticamente um apêndice da Justiça do Trabalho: Procuradoria da Justiça do Trabalho.

Porém, com a Lei Complementar n. 75/93, todo um mundo novo se abriu aos Procuradores do Trabalho, aos quais foram concedidos importantes instrumentos que fizeram, e estão fazendo, este ramo do Ministério Público da União se adequar à intenção da Constituição Federal. Foram entregues à guarda do Ministério Público do Trabalho, por meio do inquérito civil público e da ação civil pública, a defesa dos interesses coletivos quando desrespeitados os direitos sociais constitucionalmente garantidos e os direitos sociais dos trabalhadores (arts. 83, inciso III e 84, II, da Lei Complementar n. 75/93). (CARELLI, 2011a, p. 152).

O MPT integra o Ministério Público da União, que segundo sua estrutura constitucional não integra nenhum dos Poderes do Estado, de modo a garantir sua autonomia e independência. O art. 85 da Lei Complementar n. 75/93 dispõe que são órgãos do Ministério Público do Trabalho: I – o Procurador-Geral do Trabalho; II – o Colégio de Procuradores do Trabalho; III – o Conselho Superior do Ministério Público do Trabalho; IV – a Câmara de Coordenação e Revisão do Ministério Público do Trabalho; V – a Corregedoria do Ministério Público do Trabalho; VI – os Subprocuradores-Gerais do Trabalho; VII – os Procuradores Regionais do Trabalho; VIII – os Procuradores do Trabalho.

O início da carreira se dá como procuradores do trabalho, sucessivamente, há progressão para Procuradores Regionais do Trabalho e Subprocuradores Regionais do Trabalho. Existem 24 Procuradorias Regionais do Trabalho, onde atuam os Procuradores Regionais do Trabalho, situadas nas cidades onde há Tribunais Regionais do Trabalho. Segundo Carelli (2011), a partir do ano de 2001, iniciou-se o processo de interiorização do Ministério Público do Trabalho, instituindo-se ofícios nas cidades mais importantes, como é o caso da PRT/Uberlândia, com no mínimo um Procurador em cada sede.

O Ministério Público do Trabalho passou após a Constituição e a lei supramencionada a tutelar os interesses da sociedade, através da atuação extrajudicial e judicial. Segundo Carelli (2011. p. 152/153), a "Instituição passa, então, de mero coadjuvante na Justiça do Trabalho (como deixa claro o próprio antigo nome de 'Procuradoria da Justiça do Trabalho'), a ator independente e um dos protagonistas no sistema de proteção ao Direito do Trabalho)".

Com suas novas atribuições, passa a acrescer a sua função de *custos legis* à atividade mais ativa, em função da defesa dos interesses da sociedade, especialmente da coletividade laboral. Nesse sentido, conforme Carelli (2011), a Procuradoria-Geral do Trabalho, em 1999, elegeu as metas para a instituição: erradicação do trabalho infantil e regularização do trabalho do adolescente; erradicação do trabalho forçado; preservação da saúde e segurança do trabalhador; combate a todas as formas de discriminação no trabalho, e formalização dos contratos de trabalho e defesa da liberdade sindical, sendo criadas coordenadorias nacionais para estudo e planejamento de estratégias.

Com isso, o MPT, com a função de proteger o ordenamento jurídico trabalhista através de suas coordenadorias nacionais, atua em oito áreas prioritárias, sendo uma delas a da proteção do meio ambiente do trabalho.

A Coordenadoria Nacional de Defesa do Meio Ambiente do Trabalho (CODEMAT), criada em 2003, tem se revelado cada vez mais importante em um cenário onde há frontal desrespeito aos direitos fundamentais de saúde e proteção do meio ambiente do trabalho.

A defesa do Meio Ambiente do Trabalho relaciona-se com a própria essência do Direito do Trabalho, defesa da integridade física do trabalhador. Segundo Garcia (2010), a proteção ao meio ambiente está inclusa na terceira dimensão de direitos fundamentais, ao mesmo tempo em que, os direitos de segurança e medicina do trabalho figuram-se entre os direitos sociais, direitos inclusos na segunda dimensão. Entrelaçam o Direito do Trabalho, direitos fundamentais e Direito Constitucional.

Nesse sentido, a Constituição Federal está permeada de normas dispondo sobre o assunto, a título exemplificativo: 1) art. 7º, inciso XXII, dispondo sobre a redução dos riscos inerentes ao trabalho, por meio de normas de saúde, higiene e segurança; 2) art. 7º, XXIII, adicional de remuneração para as atividades penosas, insalubres ou perigosas, na forma da lei; 3) art. 200, VII cominado com art. 225, sobre a existência do sistema jurídico de tutela do meio ambiente do trabalho.

Soma-se aos dispositivos constitucionais, as Convenções da OIT, principalmente a Convenção n. 155, ratificada pelo Brasil, que trata exatamente sobre Segurança e Saúde do Trabalho, bem como as Convenções ns. 12, 134, 148, 162, 164, entre outras. Para a regulamentação do direito ao meio ambiente equilibrado e hígido, também são importantes a Lei n. 6.938/91, sobre a Política Nacional do Meio Ambiente, e a Portaria n. 3.214/2018 do Ministério do Trabalho e do Emprego, que dispõe sobre as Normas Regulamentadoras (NR).

Embora haja esse robusto arcabouço jurídico de proteção ao meio ambiente do trabalho, a Lei n. 13.467/2017, ao acrescentar os arts. 611-A e 611-B na Consolidação das Leis do Trabalho (CLT), feriu o direito fundamental ao meio ambiente equilibrado e saudável.

Os incisos III, XII e XIII do art. 611 da CLT passaram a estipular que o negociado prevalece sobre o legislado sobre: descanso intrajornada, desde que respeitado no mínimo 30 minutos para jornadas superiores a 6 horas; o enquadramento de insalubridade; prorrogação da jornada de trabalho em ambientes insalubres, sem licença prévia do Ministério do Trabalho. O art. 611-B, em seu parágrafo único, dispôs que regras sobre a duração do trabalho e intervalos não seriam consideradas normas de saúde, higiene e segurança do trabalho. Ademais, há outras normas que ferem o meio ambiente equilibrado, como o art. 394-A, que permite que as gestantes laborem em atividades insalubres em grau médio e mínimo, quando apresentar atestado de saúde e permite a lactante laborar em atividades insalubres, em grau máximo, médio e mínimo, se igualmente apresentar atestado.

Nesse cenário, a CODEMAT torna-se mais relevante como espaço de discussão e deliberação dos membros do MPT para definição das estratégias nacionais de atuação no meio ambiente do trabalho, orientadas para redução e eliminação de qualquer agravo à saúde do trabalhador, agindo principalmente de forma preventiva (JARDIM; LIRA, 2013). A importância da CODEMAT foi acentuada logo após a sua criação, com a edição da Súmula n. 736 do STF, que atribuiu competência à Justiça do Trabalho para julgar as ações sobre segurança, higiene e saúde dos trabalhadores.

As diretrizes da CODEMAT orientam as PRTs e são diversificadas, sobre vários aspectos referentes à saúde do trabalhador. A CODEMAT, ainda, tem como objetivo a junção de esforços com outros órgãos ou entidades voltados para o meio ambiente laboral.

> Desde então, o trabalho desenvolvido na área do meio ambiente do trabalho pelo MPT é bastante amplo sob o ponto de vista material, englobando investigações e ações judiciais em diversos focos:
>
> – verificação dos documentos obrigatórios de saúde e segurança no trabalho, tais como, Programa de Prevenção de Riscos Ambientais – PPRA, Programa de Controle Médico de Saúde Ocupacional – PCMSO e Programa de Condições e Meio Ambiente de Trabalho na Indústria da Construção – PCMAT, e responsabilização de médicos, engenheiros e técnicos em segurança do trabalho;
>
> – constituição e manutenção de órgãos como Comissão Interna de Prevenção de Acidentes — CIPA e Serviços Especializados em Engenharia de Segurança e em Medicina do Trabalho – SESMT;
>
> – fornecimento e uso de Equipamentos de Proteção Individual – EPI e adoção de Equipamentos de Proteção Coletiva – EPC;
>
> – emissão de Comunicação de Acidente de Trabalho – CAT;
>
> – proteções de máquinas e equipamentos;
>
> – controle da carga horária de trabalho quanto à compensação, prorrogação de jornada e escalas de plantões;
>
> – condições de segurança dos motociclistas profissionais;
>
> – trabalho nos frigoríficos em relação ao ritmo e intensidade de trabalho;
>
> – fumo em recintos coletivos fechados de trabalho;
>
> – rotulagem de produtos químicos de substâncias perigosas;
>
> – medidas de proteção à saúde dos trabalhadores em estabelecimentos hospitalares;
>
> – trabalho com exposição a agentes cancerígenos como o amianto, benzeno, sílica e radiações ionizantes;
>
> – contaminação de trabalhadores pelo contato com metais pesados como mercúrio, chumbo, cádmio e manganês;
>
> – proteção à saúde dos trabalhadores nas atividades de extração e beneficiamento de rochas ornamentais, como mármores e granitos;
>
> – uso de agrotóxico sem proteção;
>
> – condições de trabalho dos motoristas do transporte público municipal expostos ao calor e ao ruído;
>
> – questões ligadas à ergonomia e à segurança nos estabelecimentos bancários; – adequação do processo produtivo das marmorarias;
>
> – transporte irregular dos trabalhadores no sistema de coleta de lixo;
>
> – proteção do trabalho na indústria da construção quanto aos riscos de choques elétricos, soterramentos, quedas de materiais e de trabalhadores;
>
> – condições de trabalho na colheita da cana-de-açúcar e quanto ao sistema do pagamento por produção;
>
> – questões ergonômicas para estabelecimentos comerciais e de atendimento *call center*;
>
> – cumprimento das normas de proteção contra incêndios. (JARDIM; LIRA, 2013. p. 14/15)

A tutela coletiva do MPT em relação ao meio ambiente hígido laboral, quando já ocorreu o dano ao direito metaindividual, se dá através do inquérito civil, Termo de Compromisso de Ajuste de Conduta (TAC) e Ação Civil Pública. Ocorre, entretanto, que o MPT tem atuado também preventivamente, por meio das ações de suas coordenadorias, realizando audiências públicas, campanhas, cartilhas e laboratório digital de dados (Smartlab – Observatório Digital de Saúde e Segurança do Trabalho).

A tutela reparatória inicia-se com provocação, podendo ser feita por qualquer pessoa ou até mesmo de iniciativa do próprio órgão. A partir da provocação, inicia-se as investigações do MPT, podendo instaurar um procedimento preparatório de inquérito civil ou o próprio inquérito civil.

Ao fim da investigação, se constatada for a lesão a direito coletivo dos trabalhadores, pode haver a tentativa de solução extrajudicial, através da assinatura do Termo de Compromisso de Ajuste de Conduta (TAC), com valor de título executivo extrajudicial, firmando o empregador obrigação de fazer ou não fazer, sob pena de multas por descumprimento, reparando desse modo os danos causados. Na hipótese de não haver TAC, o MPT resolve a questão judicialmente, através do ajuizamento da ação civil pública (ACP)

A ACP, nos moldes do art. 1º da Lei n. 7.347 de 24 de julho de 1985 e do art. 6º, VII do Código de Defesa do Consumidor, impõe uma abstenção de cessação da conduta danosa ou a obrigatoriedade de um fazer, e na maior parte das vezes, quando se trata de lesão ao meio ambiente do trabalho, há a condenação de indenização por danos morais coletivos.

Relacionada à proteção ao meio ambiente do trabalho está a responsabilidade civil do empregador quando causa danos aos seus empregados, considerados individualmente ou em coletividade.

O dano moral coletivo pode ser definido como uma injusta lesão a interesses metaindividuais relevante para a coletividade, tutelados juridicamente, cuja ofensa atinge a esfera moral de determinado grupo, classe, causando-lhe repúdio, desagrado, angústia, vergonha pela conduta ilícita praticada. "Pode-se conceituar o dano moral como a lesão a direitos extrapatrimoniais da pessoa, violando a honra, a dignidade, a intimidade, a imagem ou outros direitos da personalidade, ou mesmo direitos fundamentais que preservem a dignidade da pessoa humana". (GARCIA, 2010, p. 433).

O dano moral, decorrente do desrespeito ao direito ao meio ambiente laboral saudável, geralmente está relacionado ao descumprimento de disposições atinentes à segurança e à saúde no trabalho, infringindo com isso os interesses de uma coletividade e dando ensejo a reparação pelo dano moral coletivo. O dano moral coletivo ampara-se em construção jurídica diversa do dano moral individual, dado que à ofensa a direitos transindividuais que demandam recomposição, traduz-se objetivamente, na lesão intolerável à ordem jurídica, independente de dolo ou culpa do empregador.

4. O TRIÂNGULO MINEIRO, OS ACIDENTES DE TRABALHO E AS AÇÕES PREVENTIVAS DO MPT

O Ministério Público do Trabalho, através de sua Procuradoria Regional de Uberlândia (PRT/Uberlândia), atua em 40 municípios: Água Comprida, Araguari, Araporã, Cachoeira Dourada, Campina Verde, Campo Florido, Canápolis, Capinópolis, Carneirinho, Cascalho Rico, Centralina, Comendador Gomes, Conceição das Alagoas, Conquista, Delta, Estrela do Sul, Fronteira, Frutal, Grupiara, Gurinhatã, Indianópolis, Ipiaçu, Itapagipe, Ituiutaba, Iturama, Limeira do Oeste, Monte Alegre de Minas, Nova Ponte, Pirajuba, Planura, Prata, Romaria, Sacramento, Santa Vitória, São Francisco de Sales, Tupaciguara, Uberaba, Uberlândia, União de Minas, Veríssimo.

Com o objetivo de mapear as atividades desenvolvidas pela PRT/Uberlândia, foram levantados dados a respeito da região, com o número de acidente de trabalho por cidade, o número de audiências públicas e outras medidas preventivas.

4.1. O número de acidentes de trabalho

O MPT, com apoio da Organização Internacional do Trabalho (OIT), desenvolveu a partir de 2015 uma central de dados oriundos de diversas fontes – muitas governamentais, com o objetivo de aprimorar os serviços que presta à sociedade, mas também contribuir com a agenda de Trabalho Decente no Brasil, surgindo o DataHub do Trabalho Decente (Decent Work DataHub). Como parte desse projeto, em 2017, surgiu o Observatório Digital de Saúde e Segurança do Trabalho, com a preocupação de fornecer um repositório de informações com o objetivo de possibilitar bases científicas para o fomento de políticas públicas de proteção do meio ambiente do trabalho, bem como para o desenvolvimento de novas agendas de pesquisa científica, com foco na promoção da saúde e segurança do trabalho.

O Brasil é o quarto país do mundo em número de acidentes de trabalho, segundo a Organização Internacional do Trabalho (OIT), a cada 48 segundos acontece um acidente de trabalho no Brasil e cerca de 4 mil mortes por ano em decorrência desse tipo de acidente. Importante ainda registrar que essa triste estatística não leva em consideração os acidentes não notificados.

O Observatório Digital de Saúde e Segurança do Trabalho constatou que os afastamentos causados por acidentes graves, com lesão corporal mais séria, foram originados por cerca de 500 mil fraturas ocorridas de 2012 a 2018. Quanto às amputações, foram cerca de 36 mil ocorrências.

O Estado de Minas Gerais é o segundo em acidente de trabalho, responsável por 10,11% dos acidentes ocorridos no Brasil, ficando atrás somente para o Estado de São Paulo, com 37,24% dos acidentes, conforme dados extraídos do Observatório Digital de Saúde e Segurança do Trabalho.

No Triângulo Mineiro, no período de 2012-2018, considerando a área de atuação da PRT/Uberlândia, ocorreram 20.173 afastamentos previdenciários, incluídos nesta porcentagem as doenças profissionais, acidentes decorrentes do trabalho ou acidente de trajeto, conforme é exigido para a obtenção do benefício acidentário (B91).

A cidade no Triângulo Mineiro com maior índice de auxílio-doença por acidente de trabalho foi concedido em Uberlândia, registrando 8400 (conforme Tabela 1). Segundo dados do Observatório Digital de Saúde e Segurança do Trabalho, Uberlândia situa-se entre as 20 cidades com maior índice de acidente de trabalho do país.

Tabela 1. Número de auxílio-doença por acidente de trabalho (2012-2018) nos municípios onde atuam a Procuradoria do Trabalhado de Uberlândia.

Municípios	Número de auxílio-acidentário
Água Comprida	13
Araguari	1667
Araporã	43
Cachoeira Dourada	15
Campina Verde	290
Campo Florido	86
Canápolis	92
Capinópolis	146
Carneirinho	137
Cascalho Rico	23
Centralina	42
Comendador Gomes	21
Conceição das Alagoas	284
Conquista	122
Delta	157
Estrela do Sul	111
Fronteira	117
Frutal	745
Grupiara	5
Gurinhatã	27
Indianópolis	59
Ipiaçu	46
Itapagipe	111
Ituiutaba	1029
Iturama	655
Limeira do Oeste	110
Monte Alegre de Minas	120
Nova Ponte	378
Pirajuba	52
Planura	129
Prata	491
Romaria	76
Sacramento	584
Santa Vitória	234
São Francisco de Sales	88
Tupaciguara	226
Uberaba	3161
Uberlândia	8400
União de Minas	56
Veríssimo	25
Total	20.173

Fonte: Tabela elaborada pela autora, com base nas informações obtidas no Observatório Digital de Saúde e Segurança do Trabalho.

Outros dados são fornecidos no Observatório Digital de Saúde e Segurança do Trabalho, como, por exemplo, o número dos benefícios de auxílio-doença por acidente de trabalho em cada ano do período mencionado (2012-2018), para cada município. Uberlândia, onde o número de benefício acidentário foi maior do Triângulo Mineiro, houve uma tendência de queda de concessão dos benefícios no período (conforme Tabela 2), o que pode ser atribuído principalmente pela queda do número de acidentes.

Tabela 2. Afastamentos (auxílios-doença por acidente do trabalho – b91) por ano na cidade de Uberlândia.

Ano	Número de benefício
2012	1661
2013	1547
2014	1287
2015	962
2016	1033
2017	984
2018	926
Total	8400

Fonte: Tabela elaborada pela autora, com base nas informações obtidas no Observatório Digital de Saúde e Segurança do Trabalho.

4.2. Audiência Pública e outras ações preventivas

No Triângulo Mineiro, através do *site* do Ministério Público[3] constatou-se que houve uma audiência pública, em 2015, sobre Saúde e Segurança do Trabalho, em Uberlândia, para tratar do projeto "Prevenção", com a finalidade de adoção de estratégias para prevenir doenças, acidentes e assédio moral no setor dos supermercados, buscando um ambiente de trabalho hígido e saudável. Compareceram à reunião os representantes de uma rede de supermercado, do Centro de Referência em Saúde do Trabalhador (CEREST), da Gerência Regional do Trabalho e Emprego (GRTE), do Sindicato dos Empregados no Comércio, do Sindicato do Comércio de Uberlândia, da Associação Mineira de Supermercado (AMIS) e do Ministério do Trabalho e Emprego.

A pauta da reunião consistia nos seguintes assuntos: a) representação dos trabalhadores na empresa (art. 11 da CF/88); b) trabalho aos domingos; c) curso para brigadista e contratação de bombeiro civil; d) educação no trânsito (acidentes de trajeto) e e) SIPAT (Semana Interna de Prevenção e Acidente de Trabalho).

A rede de supermercado presente na reunião registrou que apesar de possuir 1.000 empregados em sua rede, não contava com a figura de representação dos trabalhadores da empresa. No final da reunião, o Procurador do Trabalho destacou a importância de trabalhar o tema de "assédio moral" na SIPAT, distribuiu prospectos do "Projeto 200" e

3. *Ministério Público do Trabalho*. Disponível em: <http://prt3.mpt.mp.br/servicos/atas-de-audiencias-publicas. Acesso em: 12 maio 2019.

cartilhas do Ministério Público do Trabalho e os direitos dos trabalhadores.

Outras ações preventivas são encontradas no *site* da MPT, principalmente organizadas pela CODEMAT, que são seguidas pelas PRT. Com o intuito de esclarecimento da sociedade, a CODEMAT lançou uma Cartilha de Segurança da Construção Civil, em formato de quadrinhos, e o Livro Trabalho, com ensaios fotográficos dos trabalhadores de diversos setores, como em frigorífico, na cana-de-açucar, no manuseio com o amianto.

Ademais, o MPT em parceria com a OIT, com o Tribunal Superior do Trabalho (TST) e o Conselho Superior da Justiça do Trabalho, objetivando sensibilizar a sociedade sobre a necessidade de investir na proteção à saúde e à segurança dos trabalhadores, lançou campanha que integra as ações do Abril Verde de 2019, com o alerta de que é preciso "gerir riscos, prevenir acidentes, promover saúde no trabalho".

5. CONCLUSÃO

O MPT teve seus poderes ampliados na Constituição de 1988 e, especialmente, na Lei Complementar n. 75/93, deixando de ter apenas a função essencialmente interveniente nos processos de segundo grau, para ampliar seu leque de atuação na prevenção dos acidentes laborais e para a utilização de instrumentos até então nunca utilizados, como inquérito civil e Ação Civil Pública.

Coadunando-se com esse novo panorama, a PRT/Uberlândia tem atuado na prevenção de condições que contrariem as normas de segurança e medicina do trabalho, para fornecer aos trabalhadores um ambiente saudável, em conformidade com o direito fundamental à saúde do trabalhador e ao meio ambiente hígido. Por outro lado, quando constatada a violação ao direito da coletividade dos trabalhadores em relação a um meio ambiente saudável, soluções judiciais e extrajudiciais são ativadas pela Procuradoria Regional.

Embora ainda seja alto o número de acidentes e, consequentemente, dos benefícios de auxílio-doença por acidente de trabalho, principalmente na cidade de Uberlândia, de 2012 a 2018 o número caiu em 55%, o que faz supor que, dentre outras medidas, a atuante ação da PRT/Uberlândia tem contribuído para essa redução.

Há um movimento do MPT em associar-se a outras instituições ligadas à proteção das relações de trabalho, como OIT, TST, sindicatos e Ministério do Trabalho, advogados, principalmente na realização das audiências públicas do próprio MPT ou de outros órgãos. Igualmente, junto aos demais Poderes, a atuação do MPT tem sido relevante, como no último dia 09 de maio, na Câmara dos Deputados, na audiência da Comissão Parlamentar de Inquérito (CPI), que investiga o rompimento da barragem da Vale em Brumadinho (MG), quando o Ministério Público do Trabalho (MPT) defendeu a revogação do art. 223-G da Consolidação das Leis do Trabalho (CLT), instituído pela reforma trabalhista, que determina a tarifação do dano moral individual em caso de morte em até 50 vezes o salário do empregado.

A PRT/Uberlândia nesse sentido promoveu audiência pública para adoção de estratégias para prevenir doenças, acidentes e assédio moral no setor dos supermercados, com a participação dos interessados: rede de supermercados, sindicatos, Ministério do Trabalho, entre outros.

A CODEMAT exerce um papel importante dentro do MPT, ao lado das demais coordenadorias nacionais temáticas, tendo impacto direto junto às Procuradorias regionais, com a integração de projetos e programas destinados à eficiência institucional e à melhor prestação de serviço à sociedade. Apostilhas, campanhas e livros são organizados sobre o tema.

Se por um lado temos os avanços em relação a proteção ao meio ambiente laboral, através da atuação do MPT, por outro, temos retrocessos sociais sobre o tema, advindo da Reforma Trabalhista e do atual governo. Em relação à reforma trabalhista, a Lei n. 13.467/2017 estipulou que as negociações coletivas poderão negociar descanso intrajornada, desde que respeitado o mínimo de 30 minutos para jornadas acima de 6 horas, enquadramento da insalubridade e prorrogação de jornada em atividades insalubres, independente de autorização do Ministério do Trabalho. Destarte, ainda estipulou que normas sobre duração de trabalho e intervalos não são normas de saúde, higiene e segurança do trabalho, e sobre a possibilidade de lactantes e gestantes laborarem em lugares insalubres.

Por parte do governo, foi anunciada a reforma para desburocratizar e simplificar as Normas Regulamentadoras, pelo secretário especial de Previdência e Trabalho do Ministério da Economia, Rogério Marinho, na abertura da 31ª edição do Fórum Nacional do Instituto Nacional de Altos Estudos (Inae), no Rio, ocorrida em 09 de maio de 2019. A preocupação da autoridade foi com os investidores, para tornar o país mais competitivo[4], apontando com isso a falta de comprometimento dessa reforma com o meio ambiente saudável e, consequentemente, com a saúde do trabalhador.

Frente ao retrocesso social que a reforma trabalhista instituiu e às propostas governamentais, a atuação do MPT através de suas PRT, principalmente na área da saúde do trabalhador e meio ambiente do trabalho, objeto do presente estudo, se torna ainda mais necessária. Igualmente necessários são novos estudos sobre essa importante instituição, a fim de mapear as Ações Civil Públicas e os TACs,

4. Segundo o Ministro: "Trazer investimentos para o Brasil passa pela criação de um ambiente propício, acolhedor e saudável para quem vai empreender. Por isso a importância da desburocratização e da simplificação de regras" (BATISTA, Vera. *O governo vai modernizar Normas Regulamentadoras de segurança e medicina do trabalho*. Disponível em: <http://blogs.correiobraziliense.com.br/servidor/governo-vai-modernizar-normas-regulamentadoras-de-saude-e-seguranca-do-trabalho. Acesso em: 13 maio 2019.

possibilitando dessa maneira analisar até que ponto o MPT influencia políticas públicas para um meio ambiente laboral equilibrado.

6. REFERÊNCIAS

ARANTES, R. B. *Ministério Público e política no Brasil*. São Paulo: Editora Sumaré, 2002.

ARTUR, K. Ministério Público do Trabalho: construção institucional e formação da agenda. *Revista Mediações* (UEL), v. 21, 2016. p. 167-198.

ARTUR, K; FREITA, L. B. Direitos do trabalho em disputa no STF: o papel dos procuradores do trabalho. *Revista Debates*, Porto Alegre, v. 11, n. 3, p. 101-126, set.-dez. 2017.

CARELLI, R. L; CASAGRANDE, C. L; PÉRISSÉ, P. G. *Ministério Público do Trabalho e tutela judicial coletiva*. Brasília: ESMPU, 2007.

CARELLI, R. L. *O mundo do trabalho e os direitos fundamentais:* o Ministério Público do Trabalho e a representação funcional dos trabalhadores. Porto Alegre: Sérgio Antônio Fabris Ed., 2011a.

_____. O Ministério Público do Trabalho na proteção do Direito do Trabalho. *Cad. CRH*, Salvador, v. 24, n. set, p. 59-69, 2011b. Disponível em: <http://www.scielo.br/scielo.php?script=sci_arttext&pid=S0103-49792011000400005&lng=en&nrm=iso>. Acesso em: 11 maio 2009.

FERNANDES, Estêvão Rafael; LOPES, Dalliana Vilar. O papel do Ministério Público frente ao escravismo na Amazônia: o caso de Rondônia. *Rev. Direito Práx.* Rio de Janeiro, v. 9, n. 1, p. 372-393, mar. 2018. Disponível em: <http::/www.scielo.br/scielo.php?script=sci_arttext&pid=S2179-89662018000100372&lng=en& nrm=iso. Acesso em: 11 mai. 2019.

GARCIA, Gustavo Filipe Barbosa. Meio ambiente do trabalho hígido como direito fundamental e responsabilidade civil do empregador. *Revista do Ministério Público do Trabalho*, n. 39, mar. 2010.

KERCHE, F. *O Ministério Público no Brasil. Autonomia, Organização e Atribuições*. Tese (Doutorado em Ciência Política), FFLCH, USP, 2002. p. 168.

_____.Independência, Poder Judiciário e Ministério Público. *Cad. CRH*, Salvador, v. 31, n. 84, p. 567-580, dez. 2018 . Disponível em: <http://www.scielo.br/scielo.php?script=sci_arttext&pid=S0103-49792018000300567&lng=en&nrm=iso>. Acesso em: 11 maio 2019.

JARDIM, Philippe Gomes; LIRA, Ronaldo José. A Codemat em três momentos: o presente, o passado e o futuro. In: _____. (Coord.). *Meio ambiente do trabalho aplicado:* homenagem aos 10 anos da Codemat. São Paulo: LTr, 2013.

MACIEL, D. A. A reconstrução institucional do Ministério Público no processo politico da redemocratização. *Paper apresentado no 3º Congresso Latino-americano de Ciência Política-ALACIP.* Campinas/SP, 2006, 22p. (mimeo)

MINISTÉRIO PÚBLICO DO TRABALHO; ORGANIZAÇÃO INTERNACIONAL DO TRABALHO. *Observatório Digital de Saúde e Segurança No Trabalho – Smartlab de Trabalho Decente MPT – OIT.* 2018. Dados acessados em: 12 maio 2019. Disponível *online* no seguinte endereço: <http://observatoriosst.mpt.mp.br>.

VIANNA, L. W.; BURGOS, M. B. Entre princípios e regras: cinco estudos de caso de Ação Civil Pública. *Dados*, Rio de Janeiro, v. 48, n. 2005. p. 777-843.

_____. *A judicialização da política e das relações sociais no Brasil.* Rio de Janeiro: Revan, 1999.

Acordo e convenção coletiva. Prevalência do negociado sobre o legislado. Saúde e segurança do trabalho – Intervalo intrajornada – Matéria de ordem pública – Inconstitucionalidade dos arts. 611-A, 611-B, da CLT

18

Iratelma Cristiane Martins Mendes[1]

1. INTRODUÇÃO

O tema em debate nos remete a uma experimentação da nova ordem que certamente é um marco de ruptura com toda a dinâmica do Direito do Trabalho no Brasil.

O modelo adotado pela Constituição Federal de 1988, art. 8º, incisos I e III, no que tange a representatividade sindical das categorias de trabalho, teve uma ampla e alargada liberdade sindical, sem a interferência do Estado na constituição e atuação dos sindicatos, conferindo-lhes a legitimidade para defesa dos interesses em coletivo e individuais da categoria, âmbito administrativo e judicial.

Todavia, manteve o modelo anterior, cuja representatividade se opera com a figura de um único sindicato por categoria, com base territorial mínima de um município, ou seja, adotou o princípio da unicidade sindical.

Em nosso sentir, o legislador constitucional, ao eleger o princípio da unicidade, tolheu a representatividade da classe trabalhadora, isso porque a liberdade de atuação e legitimidade dada ao sindicato não é sinônimo de representatividade, eis que esta se opera através da participação da classe trabalhadora nas decisões que irradiam sob toda a categoria, o que não se traduz na realidade da participação dos trabalhadores nas negociações coletivas em nosso país.

O princípio da unicidade sindical acaba por mitigar a representatividade, posto que o trabalhador, ao se inserir em determinada categoria, não elege o sindicato para representá-lo e defendê-lo em seus interesses, mas lhe é imposto a aderência àquele sindicato legitimado naquela base territorial – princípio da unicidade sindical – a qual o trabalhador realiza suas atividades laborais, conforme art. 8º, II, da CRFB/88.

Perdeu o constituinte a oportunidade de conferir a ampla liberdade sindical, conforme modelo adotado pela Organização Internacional do Trabalho, Convenção n. 87, ou seja, pluralidade sindical – não ratificado pelo Brasil. Esta adota a participação por via eletiva do trabalhador para defesa de seus interesses, cuja legitimidade e representatividade são colocadas à disposição da classe trabalhadora e não impostas pelo princípio da unicidade sindical, cuja classe operária não tem escolhas tem opção de eleger quem tem a aptidão para defender os interesses dessa categoria.

Ainda, o modelo adotado pelo constituinte de 1988 manteve a contribuição sindical para custeio do sistema confederativo da representação sindical, sendo esta obrigatória para todos os membros da categoria, art. 8º, IV, da CRFB/88, com descontos em folha.

Notadamente, a não intervenção Estatal para fundação sindical foi um grande marco de liberdade para legitimação de atuação, mas, ao manter a unicidade e a obrigatoriedade da contribuição para a classe trabalhadora, mitigou a representatividade, repita-se: o trabalhador não escolhe seu representante e também lhe era determinado a obrigatoriedade em participação no custeio do sistema confederativo, o que denota a fragilidade participativa da categoria em eleger seus representantes.

Conquanto, ao longo de 30 anos esse cenário foi alvo de grandes debates, posto que a contribuição obrigatória era resquício da autorização Estatal de fundação sindical – chamada de Carta Sindical – que foi abolida com em 1988 pelo legislador constitucional, pela não intervenção do Estado nas entidades de classe; mas, mantendo a compulsoriedade do custeio confederativo pelos representados. Imposição e não eleição dos representantes.

Pois bem, após três décadas de acirrados debates houve uma proeminente ruptura com esse sistema, trazendo o legislador infraconstitucional a não obrigatoriedade de custeio para o sistema confederativo, conforme assentado no art. 579, da CLT, com redação da Lei n. 13.467/2017: *O desconto da contribuição sindical está condicionado à*

1. Advogada. Professora de Graduação e Pós-Graduação. Especialista em Direito do Trabalho – PUC/SP. Especialista em Direito Público – EPD/SP. Mestre em Direito do Trabalho – PUC/SP. Doutoranda em Direito do Trabalho – PUC/SP.

autorização prévia e expressa dos que participarem de uma determinada categoria econômica ou profissional, ou de uma profissão liberal em favor do sindicato representativo da mesma categoria ou profissão ou, inexistindo este, na conformidade do disposto no art. 591 desta Consolidação; art. 611-B da CLT: *constituem objeto ilícito....XXVI: liberdade de associação profissional ou sindical do trabalhador, inclusive o direito de não sofrer, sem sua expressa e prévia anuência, qualquer cobrança ou desconto salarial estabelecidos em convenção coletiva ou acordo de trabalho.*

O legislador infraconstitucional, ainda rompendo com o sistema anterior, elevou as negociações coletivas através de acordos ou convenções coletivas, como normas que prevalecem sobre a lei, art. 620, da CLT, com redação da Lei n. 13.467/2017: *As condições estabelecidas em acordo coletivo de trabalho sempre prevalecerão sobre as estipuladas em convenção coletiva de trabalho.*

Podemos observar que esses dois artigos com suas novas redações *são via de mão dupla*, onde o legislador prestigiou o princípio da autonomia da vontade (art. 620, da CLT) dando amplos "poderes" aos legitimados/representantes – sindicatos – para negociar e estabelecer normas que prevalecem sobre a lei; mas, ao mesmo tempo retirou-lhe a *via respiratória* em único ato, a contribuição sindical – como dito, inserido como custeio do sistema por três décadas; o que, em nosso sentir, "a via de mão dupla" foi dar com uma mão e retirar com outra, como se presenteasse uma pessoa com um veículo de luxo, mas que não tem condições de arcar com seguro, com manutenção, nem mesmo manter abastecimento para locomoção, ou seja, veículo estacionado na garagem.

A via percorrida pelo legislador infraconstitucional, com todo respeito, implica na fragilidade da atuação e representatividade sindical. Para nós, pensamos que também aqui possui o viés da via de mão dupla. Atualmente, os sindicatos, que não representavam a categoria por ter via respiratória com as contribuições compulsórias, buscarão novos meios de arregimentar trabalhadores com a efetiva participação e eletividade, e nesse passo, a categoria de fato fará nascer a representatividade genuína, ou seja, manifestará de fato o interesse em participar das entidades sindicais que sejam efetivas e que se dispõem a realizar o que consagra o art. 8º da Constituição Federal.

Essa breve análise fez-se necessária, pois essa *via de mão dupla* também se irradia em outros pontos, objeto da chamada Reforma Trabalhista, a qual iremos traçar reflexões, eis que a autonomia da vontade privada irá refletir nos contratos individuais do trabalho.

Vamos cuidar aqui da análise do que descreve os arts. 611-A e 611-B, da CLT, e que o legislador infraconstitucional não fez a leitura de demais disposições legais e que certamente poderá causar prejuízos de grande monta à categoria representada, por absoluta falta de cuidado em apreciar normas de segurança e saúde do trabalho, conferindo irrestrito poder de negociação e prevalência sobre as leis que cuidam da matéria.

2. DA SEGURANÇA E SAÚDE DO TRABALHADOR – MATÉRIA DE ORDEM PÚBLICA

Ao fim da Primeira Guerra Mundial, houve necessidade de fixação de jornada a fim de universalizar parâmetros máximos com finalidade de preservar a saúde e a vida da pessoa humana dos trabalhadores.

Notadamente, em 1919, com o Tratado de Versalles, criou-se a Organização Internacional do Trabalho, que imbuída de estabelecer critérios mínimos mundiais através de convênios e recomendações. Citamos, de forma rápida: Convenção n. 1 da OIT, que estabeleceu duração do trabalho de oito horas diárias e 48 semanais e assim seguiriam várias outras convenções.

Também, nesse período histórico mundial, a Declaração Universal dos Direitos do Homem[2]:

> Artigo VII: Todos são iguais perante a lei e tem direito, sem qualquer distinção, a igual proteção da lei. Todos tem direito a igual proteção contra qualquer discriminação que viole a presente Declaração e contra qualquer incitamento a tal discriminação.
>
> Artigo XXIV – Todo o homem tem direito a repouso e lazer, inclusive a limitação razoável das horas de trabalho e a férias remuneradas periódicas.

Vários países adotaram essas diretrizes, inclusive inserindo em suas constituições, no rol de direitos sociais, o Trabalho. A exemplo, Constituições do México, 1917 e Alemanha em 1919, em Weimar, com fixação de jornada de 8 horas diárias.

O Brasil, no início do século XX, pautava a jornada em Decretos que também consistia em jornada de 8 horas diárias. Em 1934, fixou jornada não excedente de 8 horas diárias, sendo mantida nas Constituições de 1937, 1946, 1967 e Emenda n. 1 de 1969: "duração diária do trabalho não excedente de oito horas, com intervalo para descanso, salvo nos casos especialmente previstos". A Constituição de 1988 inseriu no rol dos direitos fundamentais sociais a jornada de 8 horas diárias e 44 semanais, art. 7º, XIII, facultada a compensação de horários e a redução da jornada, mediante acordo ou convenção coletiva de trabalho.[3]

Portanto, podemos extrair que a jornada de trabalho recebeu proteção em ordem internacional, por ser matéria intrinsecamente ligada à saúde e segurança do trabalhador e que, portanto, qualquer legislação de ordem infraconstitucional deve percorrer o manto das leis superiores, obedecendo, destarte, a hierarquia das normas.

2. SÜSSEKIND, Arnaldo. *Convenções da OIT e outros Tratados*. 3. ed. São Paulo: LTr, 2007. p. 464/465.
3. ABUD, Cláudia Jose. *Jornada de trabalho e a compensação de horários*. São Paulo: Atlas, 2008. p. 23/25.

Nos valemos das lições da Professora Maria Helena Diniz[4] que nos ensina a classificação das normas jurídicas:

> A imperatividade absoluta de algumas normas é motivada pela convicção de que determinadas relações ou estados da vida social não podem ser deixados ao arbítrio individual, o que acarretaria graves prejuízos para a sociedade. As normas impositivas tutelam interesses fundamentais, diretamente ligados ao bem comum, por isso são também chamadas de "Ordem pública".

Diante dessa breve explanação, podemos notar que a função social da ciência jurídica é estabelecer regras mínimas de condutas, chamadas pela doutrina de "patamar mínimo civilizatório".

Na metade do século XX, foi repensado valores sociais. A analise das normas passou a ser interpretada não somente em sua literalidade, mas à luz de princípios. Sabemos que estes são dotados de alto grau de generalidade e não se anulam entre si, mas que alcançam a efetividade da interpretação das normas ao caso concreto. Assim, nasce o movimento jurídico denominado pós-positivismo jurídico:[5]

> O pós-positivismo se caracteriza por buscar a ligação entre o Direito e a Moral por meio da interpretação de princípios jurídicos muito abertos, aos quais é reconhecido pleno caráter normativo. Ele, porém, não recorre a valores metafísicos ou a doutrinas religiosas para a busca da Justiça, mas sim a uma argumentação jurídica mais aberta, intersubjetiva, permeável à Moral, que não se esgota na lógica formal. É claro, que no âmbito do paradigma pós-positivista, existem diferenças internas bastante consistentes. Há, por exemplo, visões mais ou menos liberais nos campos políticos ou econômico; posições mais ou menos favoráveis ao protagonismo do Poder Judiciário na arena constitucional. No entanto, nossa percepção inicial é de que tais diferenças não são maiores do que as existentes no positivismo, entre, por exemplo, posições como a de Hans Kelsen e a Escola da Exegese.

Nessa linha de reflexão extraímos a finalidade social da ciência jurídica que não é uma ciência estática, ao contrário, traz na essência a busca pela solução de conflitos e convívio harmônico lastreado na filosofia e em suas próprias bases fundantes.

A Constituição Federal de 1988 elenca, nos princípios fundantes do Estado Democrático de Direito, dignidade da pessoa humana e os valores sociais do trabalho, art. 1º, incisos III e IV, bem assim que as relações internacionais serão regidas pela prevalência dos direitos humanos, art. 4º, II. Ainda, prestigiando os tratados e convenções internacionais, terão *status* de emenda constitucional quando aprovados em cada Casa do Congresso, em dois turnos, por três quintos dos votos, art. 5º, § 3º; No âmbito do direito à saúde, art. 196, assevera que é direito de todos e dever do Estado, mediante políticas sociais e econômicas que visem à redução de risco de doença e outros agravos; adaptando as diretrizes constitucionais ao âmbito da relações do trabalho, tem-se, art. 7º, XXII: "São direitos dos trabalhadores urbanos e rurais, além de outros que visem à melhoria de sua condição social: (...) redução dos riscos inerentes ao trabalho, por meio de normas de saúde, higiene e segurança".

Dessa forma, apresentamos a Convenção n. 155 da OIT, ratificada pelo Brasil pelo Decreto Legislativo n. 2, de 1992, com entrada em vigor em 18 de maio de 1993, portanto, faz parte de nossa ordem normativa interna[6]:

> Art. 4º:
>
> 1. Todo Membro deverá, em consulta às organizações mais representativas de empregadores e de trabalhadores, e levando em conta as condições e a prática nacionais, formular, por em prática e reexaminar periodicamente uma política nacional coerente em matéria de segurança e saúde dos trabalhadores e o meio ambiente de trabalho.
>
> 2. Essa política terá como objetivo prevenir os acidentes e os danos à saúde que forem consequência do trabalho, tenham relação com a atividade de trabalho, ou se apresentarem durante o trabalho, reduzindo ao mínimo, na medida que for razoável e possível, as causas dos riscos inerentes ao meio ambiente de trabalho.
>
> Art. 7º:
>
> A situação em matéria de segurança e saúde dos trabalhadores e meio ambiente de trabalho deverá ser examinada, em intervalos adequados, globalmente ou com relação a setores determinados, com a finalização de se identificar os principais problemas, elaborar meios eficazes para resolvê-los, definir a ordem de prioridade das medidas que for necessário adotar, e avaliar os resultados.

Assim, diante dessas diretrizes observamos que não foi aleatória a preocupação em conferir detalhada atenção em matéria de segurança e saúde dos trabalhadores, com adoção de medidas eficazes e participativas de toda sociedade para implementar critérios mínimos de desenvolvimento das atividades profissionais e econômicas, com primado da proteção à saúde do trabalhador.

3. DA PREVALÊNCIA DO NEGOCIADO SOBRE O LEGISLADO – ARTS. 611-A E 611-B DA CLT

Conforme podemos extrair dessa breve exposição da evolução do Direito do Trabalho no cenário do mundo globalizado, especificamente a proteção conferida à jornada

---

4. DINIZ, Maria Helena. *Compêndio de Introdução à Ciência do Direito*. 26. ed. São Paulo: Saraiva, 2017. p. 409.
5. SOUZA NETO, Cláudio Pereira de; SARMENTO, Daniel. *Direito Constitucional. Teoria, história e métodos de trabalho*. 2. ed., 3ª reimp. Belo Horizonte: Fórum, 2017. p. 201.
6. SÜSSEKIND, Arnaldo. *Op. cit.* .p. 274.

de trabalho diária e as pausas intervalares, como matéria afeta à saúde e segurança do trabalho, vamos passar a pontual reflexão do que o legislador infraconstitucional trouxe com a nova redação dos arts. 611-A e 611-B da CLT; que é nosso sentir, afronta diretamente as normas fundamentais que protegem a saúde da pessoa humana do trabalhador.

O art. 71, *caput*, da CLT, não foi objeto de apreciação pela Lei n. 13.467/2017, e mantém a seguinte redação:

> Em qualquer trabalho contínuo, cuja duração exceda de 6 (seis) horas, é obrigatória a concessão de um intervalo para repouso ou alimentação, o qual será, no mínimo, de 1 (uma) hora e, salvo acordo escrito ou contrato coletivo em contrário, não poderá exceder de 2 (duas) horas.

O *caput* do art. 71, da CLT se manteve incólume, garantindo-se no mínimo 1 hora para jornada acima de 6 (seis) horas diárias, havendo verbo de ligação na língua portuguesa "e", salvo acordo ou contrato coletivo em contrário, não pode exceder 2 (duas) horas. A ressalva feita no *caput*, para acordo escrito ou contrato coletivo, é que o intervalo intrajornada não ultrapasse a 2 (duas) horas, observadas as regras de nosso idioma.

Portanto, ao redigir o art. 611-A, III, da CLT: "intervalo intrajornada, respeitado o *limite mínimo de trinta minutos* para jornadas superiores a seis horas", estamos diante de antinomia jurídica, eis que a redação do art. 71, *caput* assegura intervalo mínimo de 1 (uma) hora para jornada acima de 6 (seis) horas diárias e o inciso III, art. 611-A, ambos da CLT, garante 30 minutos.

Entendemos que referida redação afronta o que dispõe o inciso XXII, do art. 7º da Constituição Federal: *redução dos riscos inerentes ao trabalho, por meio de normas de saúde, higiene e segurança.*

Como vimos no tópico anterior, a jornada de trabalho e os intervalos são necessários para recomposição da energia empregada pela força da mão de obra humana e, portanto, a necessidade de normas imperativas – ordem pública – ao fixar intervalo intrajornada e entre jornada.

A ciência jurídica em conjunto com a ciência da medicina do trabalho, ao concluir o bloco diário de 8 (oito) horas diárias não fez de forma aleatória, sendo certo que há necessidade de horas destinadas ao descanso. Note-se que o dia possui 24 (vinte e quatro) horas, sendo destinadas 8 (oito) horas ao trabalho, 8 (oito) horas para dormir e 8 (oito) horas restantes do dia que podem ser destinadas à inserção do ser humano em sociedade: educação, lazer, religião e etc.

Todavia, o homem não é máquina para supor-se que ao longo de 8 (oito) horas de trabalho não haja intervalo mínimo para alimentar-se e recompor energia necessária para cumprimento de obrigações contraídas no contrato sinalagmático do trabalho.

Portanto, o legislador constitucional, ao prescrever como garantia mínima, dentre outras, a redução de riscos inerentes ao trabalho – art. 7º, inciso XXII, da CRFB/88, não deixou espaço para afastar o descanso intervalar como ação de redução de riscos inerentes ao trabalho e, inclusive, a mente e corpo descansados sugerem a manutenção da produtividade, o que, *de per si*, se contrapõem a autorização de negociação de referida matéria, com garantia mínima de 30 minutos para alcance dessa finalidade; salvo por óbvio, se comprovado que a empresa disponha de ambiente para que seus empregados possam alimentar-se no próprio local com estrutura para descanso e alimentação.

Nesse sentido, Mauricio Godinho Delgado:

> Visam tais lapsos de descanso situados dentro da jornada de trabalho, fundamentalmente, a recuperar as energias do empregado, no contexto da concentração temporal de trabalho que caracteriza a jornada cumprida a cada dia pelo obreiro. Seus objetivos, portanto, concentram-se essencialmente em torno de considerações de saúde e segurança do trabalho, como instrumento relevante de preservação da higidez física e mental do trabalhador ao longo da prestação diária de serviços.[7]

Na mesma linha de raciocínio, Vólia Bomfim[8]:

> A OMS (Organização Mundial de Saúde), em 1946, por meio de seu documento de constituição, divorcia-se dessa simplista definição, imprimindo uma concepção progressista e positiva da saúde, estabelecendo que "saúde é um estado de completo bem-estar físico, mental e social, e não somente a ausência de doença e enfermidade".

Verifica-se que desse conceito extrai-se a conclusão de que a OMS, ao mencionar o "bem-estar social", reconhece a interferência do ambiente social na saúde da pessoa. E não é por outro motivo que a Legislação Pátria referente à Lei Orgânica da Saúde (Lei n. 8.080/90) assevera que:

> art. 3º – Os níveis de saúde expressam a organização social e econômica do País, tendo a saúde como determinantes e condicionantes, entre outros, a alimentação, moradia, o saneamento básico, o meio ambiente, o trabalho, a renda, a educação, a atividade física, o transporte, o lazer e o acesso aos bens e serviços essenciais.
>
> Parágrafo único. Dizem respeito também à saúde as ações, que por força do disposto no artigo anterior, se destinam a garantir às pessoas e à coletividade condições de bem-estar físico, mental e social.

7. DELGADO, Mauricio Godinho. *Curso de Direito do Trabalho*. 18. ed. São Paulo: LTr, 2018. p. 1.129.
8. CASSAR, Vólia Bomfim. *Direito do Trabalho*. 15. ed. Rio de Janeiro: Método, 2017. p. 978.

Conquanto, distanciando-se dos comandos já mencionados, o legislador infraconstitucional deu nova redação ao art. 611-B, XVII e parágrafo único, da CLT: *Constituem objeto ilícito de convenção coletiva ou de acordo coletivo do trabalho, exclusivamente, a supressão ou a redução dos seguintes direitos: (...) normas de saúde, higiene e segurança do trabalho previstas em lei ou em normas regulamentadoras do Ministério do Trabalho (...) Regras sobre duração do trabalho e intervalos não são consideradas como normas de saúde, higiene e segurança do trabalho para os fins do disposto neste artigo.*

Podemos notar, que não somente o inciso III, do art. 611-A da CLT se contrapõe ao que reza o *caput* do art. 71, da CLT, mas também se contrapõe ao inciso XVII, do art. 611-B, do mesmo Diploma. Como diz o brocardo: "a emenda sai pior que o soneto", tentou "consertar" a violação direta ao inciso XXII, do art. 7º, da CRBF, com a redação do parágrafo único: "duração do trabalho e intervalos não são considerados normas de saúde, higiene e segurança do trabalho".

Em nosso sentir, o legislador perdeu a oportunidade de nos aclarar se jornada e intervalos não integram normas de saúde, higidez e segurança (conforme demonstramos com assento na Constituição Federal em diversos capítulos, na Convenção n. 155 da OIT – ratificada pelo Brasil – e demais legislações que cuidam da matéria da saúde), estão integradas em quais normas? Ou simplesmente, podemos entender que jornada e intervalos são apenas matérias de disponibilidade absoluta e portanto renunciáveis e objeto de livre negociação?

Assim, entendemos que os arts. 611-A e 611-B da CLT, violam normas de caráter fundamental e também não observaram o que reza o art. 5, § 2º, da CRFB/88: "§ 2º *Os direitos e garantias expressos nesta Constituição não excluem outros decorrentes do regime e dos princípios por ela adotados, ou dos tratados internacionais em que a República Federativa do Brasil seja parte.*"

Extraímos das lições do Professor Husek[9], essa afirmativa:

> Não sem motivos, são precedidas pelo art. 4º da Lei Maior, que estabelece os princípios que o Brasil se rege nas relações internacionais. Princípios estes que funcionam como pontes de ligação entre o Direito Interno e o Direito Internacional, portas de passagem entre as duas esferas, pelas quais nos inspiramos, nós brasileiros, dos ventos que sopram fora de nosso território e permitimos que estes ventos arejem o sistema interno, bem como nos apresentamos como Estado nas relações interestatais e com os demais entes da sociedade internacional.
>
> (...)
>
> Não são regras discursivas, meramente programáticas, alusivas de uma possibilidade, mas efetivas, concretas, argamassas onde fincamos (ou devemos fincar) os pilares nacionais. Não há Presidência da República e respectivo Poder Executivo – pouco importa o partido – não, há Congresso, não Judiciário que possam desrespeitar esses princípios.

4. CONCLUSÃO

Nessa reflexão e experimentação histórica que trouxe a denominada "Reforma Trabalhista", concluímos que há vários pontos que merecem ser avaliados à luz da harmonia constitucional e convenções internacionais ratificadas pelo Brasil.

De fato, a importância do sindicalismo a fim de aproximar os atores sociais é necessária para dialogar e pacificar eventuais conflitos que possam ser inerentes à determinada categoria profissional e econômica.

Como mencionamos no início desse estudo, houve uma ampliação de poderes aos Sindicatos no que tange ao reconhecimento das normas autônomas com prevalência sobre normas heterônomas.

Conquanto, determinadas matérias de ordem pública, como vimos, não podem ser objeto de livre estipulação, seja no âmbito contrato individual ou âmbito coletivo.

O legislador infraconstitucional não pode simplesmente afirmar que normas de jornada e intervalos não são matérias de saúde, higiene e segurança do trabalho, sem observar o tratamento que referida matéria recebe da Constituição Federal e de Normas Internacionais que fazem parte de nosso sistema interno.

A promoção social por via de negociação coletiva é um avanço, mas como apontamos no início desse estudo, a forma que foi alterada com fomento à representatividade sindical (sem compulsoriedade da contribuição confederativa – art. 8º, IV) trouxe um enfraquecimento para negociações.

Em nosso sentir, tal matéria deveria seguir uma ordem temporal e gradual da não compulsoriedade, com políticas de divulgação à classe trabalhadora da importância da filiação ao sindicato de sua categoria, eis que no Brasil, em decorrência do princípio da unicidade, o trabalhador não tem uma atuação participativa, pois não elege seus representantes coletivos, se insere em determinada categoria de forma obrigatória. E essa questão, ainda resquícios do modelo anterior, implica no não interesse efetivo do trabalhador nas assembleias de seus sindicatos.

Assim, gera forte atenção o que trouxe os arts. 611-A e 611-B da CLT. O legislador infraconstitucional, ao conferir amplos poderes ao acordo e convenção coletiva, intentou ao máximo afastar o poder Estatal do regramento de determinadas condutas e situações, tal qual a jornada de

---

9. HUSEK, Carlos Roberto. *Curso Básico de Direito Internacional Público e Privado do Trabalho.* São Paulo: LTr, 2009. p. 64.

trabalho e o intervalo intrajornada. Ainda, afirmou no parágrafo único do art. 611-B da CLT que esses institutos não são matérias de saúde, higiene e segurança. Simplesmente, com uma força de um tornado, intentou aniquilar matérias constitucional e internacional que regem a saúde e meio ambiente do trabalho.

O Direito do Trabalho tem todo um percurso histórico e normativo, não podendo ser simplesmente mitigado ou desprezado por questões de ordem econômica – como para superar a atual crise. Sim, há necessidade de ajustes para enfretamento da questão econômica, mas consentir com a ruptura histórica e evolutiva? Não pensamos ser o caminho mais viável!

Desde que o mundo é mundo há o Trabalho. E haverá Trabalho enquanto o mundo for mundo. O que precisamos é tornar a viabilidade dessas relações humanas e econômicas sem a diminuição das garantias mínimas já conquistadas ao longo da história. Não temos registro de nenhuma nação que tenha tentado diminuir garantias sociais mínimas e tenha logrado êxito no aumento de sua economia. Ao contrário, vemos num cenário globalizado que os países que desenvolveram políticas econômicas subtraindo direitos sociais empobreceram mais.

A soberania de um Estado se faz com pessoas! Não existe país sem pessoas a serem governadas. Portanto, as normas internas de um país devem pautar-se na erradicação de desigualdade e, para tanto, fomentar políticas que integrem à sociedade, conferindo a possibilidade da classe trabalhadora ter acesso às condições mínimas. Até porque a economia se movimenta com consumidores. Se extrairmos o poder de compra da classe trabalhadora, certamente não haverá circulação de bens, não haverá necessidade de células produtivas industriais, comerciais, prestadores de serviços. Se não há consumo, não há serviços e bens a serem ofertados.

Assim, encerramos com a reflexão de que a negociação coletiva tem por finalidade aproximar os atores sociais e diminuir conflitos. Tem por finalidade detectar setorialmente as questões que envolvem a categoria profissional e econômica, mas, acima de tudo, respeitar as garantias mínimas já conquistadas ao longo dos tempos como fomento de uma sociedade justa e igualitária.

5. REFERÊNCIAS

ABUD, Cláudia José. *Jornada de Trabalho e a Compensação de Horários*. São Paulo: Atlas, 2008.

CASSAR, Vólia Bomfim. *Direito do Trabalho*. 15. ed. Rio de Janeiro: Método, 2017.

DELGADO, Mauricio Godinho. *Curso de Direito do Trabalho*. 18. ed. São Paulo: LTr, 2018.

DELGADO, Mauricio Godinho e DELGADO, Gabriela Neves. *A Reforma Trabalhista no Brasil com comentários à Lei n. 13.467/2017*. São Paulo: LTr, 2017.

DINIZ, Maria Helena. *Compêndio de Introdução à Ciência do Direito*. 26. ed. São Paulo: Saraiva, 2017.

HUSEK, Carlos Roberto. *Curso Básico de Direito Internacional Público e Privado do Trabalho*. São Paulo: LTr, 2009.

SOUZA NETO, Claudio Pereira; SARMENTO, Daniel. *Direito Constitucional. Teoria, História e Método*. Belo Horizonte: Fórum, 2017.

SÜSSEKIND, Arnaldo. *Convenções da OIT e outros Tratados*. 2. ed. 3ª reimp. São Paulo: LTr, 2007.

IV

Direito Processual do Trabalho e Seguridade Social

Acesso à justiça como condição de possibilidade de um ambiente minimamente saudável de trabalho

19

Valdete Souto Severo[1]

Jorge Luiz Souto Maior[2]

1. INTRODUÇÃO

Este artigo propõe o debate acadêmico do voto já expresso pelo Ministro Luís Roberto Barroso, na ADI n. 5.766, pela qual se questiona a constitucionalidade dos arts. 790-B (*caput* e § 4º), 791-A, § 4º, e 844, § 2º, da CLT, com a redação que lhes fora dada pela Lei n. 13.467/17 (a lei da "reforma" trabalhista).

É importantíssimo estabelecer esse debate público porque o Ministro fez várias considerações valorativas que transbordaram a interpretação dos textos legais e que foram expressas com a motivação clara de tentar direcionar o posicionamento do STF em todas as demais matérias afetas à "reforma" trabalhista.

As considerações tiveram a relevante preocupação de advertir para a importância de se trazer para o processo mental de atribuição de sentido jurídico à lei a realidade atual das relações de trabalho, assim como de se avaliar as implicações econômicas das novas regras.

No entanto, tudo leva a crer que o ilustre Ministro foi induzido a erro por suas fontes e, por isso, é necessário e urgente colocar as coisas em seu devido lugar.

2. INTERPRETANDO OU LEGISLANDO?

A ementa do voto do Ministro Luís Roberto Barroso, na ADI n. 5.766, foi assim redigida, conforme leitura feita na sessão em que feita a votação:

> As normas processuais podem e devem criar uma estrutura de incentivos e desincentivos que seja compatível com os limites de litigiosidade que a sociedade comporta. O descasamento entre o custo individual de postular em juízo e o custo social da litigância faz com que o volume de ações siga uma lógica contrária ao interesse público. A sobreutilização do Judiciário congestiona o serviço, compromete a celeridade e a qualidade da prestação jurisdicional, incentiva demanda oportunista e prejudica a efetividade e a credibilidade das instituições judiciais, vale dizer afeta, em última análise, o próprio direito constitucional de acesso à justiça. Dessa forma, é constitucional a cobrança de honorários sucumbenciais dos beneficiários da gratuidade de justiça, como mecanismo legítimo de desincentivo ao ajuizamento de demandas ou de pedidos aventureiros. A gratuidade continua a ser assegurada pela não cobrança antecipada de qualquer importância como condição para litigar. O pleito de parcelas indevidas ensejará, contudo, o custeio de honorários ao final, com utilização de créditos havidos no próprio feito ou em outros processos. Razoabilidade e Proporcionalidade da exigência. Todavia, em resguardo de valores alimentares e do mínimo existencial, a utilização de créditos havidos em outros processos observará os seguintes critérios: 1) Não exceder a 30% do valor líquido recebido por aplicação analógica das normas que dispõem sobre o desconto em verbas alimentares; 2) Não incidir sobre valores inferiores ao teto do Regime Geral da Previdência Social, atualmente R$ 5.645,80.
>
> Também é constitucional a cobrança de custas judiciais dos beneficiários da justiça gratuita que derem ensejo ao arquivamento do feito em razão do não comparecimento injustificado à audiência. Respeito e consideração à justiça e à sociedade que a subsidia, ônus que pode ser evitado pela apresentação de justificativa para a ausência. Por fim, e igualmente constitucional o condicionamento da propositura de novação ao pagamento das custas judiciais decorrentes do arquivamento. Medida adequada a promover o objetivo de acesso responsável à justiça.

---

1. Doutora em Direito do Trabalho. Professora e Diretora da FEMARGS – Fundação Escola da Magistratura do Trabalho do RS. Juíza do Trabalho. Membra da AJD – Associação Juízes para a Democracia.
2. Doutor em Direito do Trabalho. Professor de Direito do Trabalho da USP/SP. Desembargador no TRT/SP. Membro da AJD – Associação Juízes para a Democracia.

> Dispositivo: Interpretação conforme a Constituição dos dispositivos impugnados para assentar como teses de julgamento: 1) O direito à gratuidade de justiça pode ser regulado de forma a desincentivar a litigância abusiva, inclusive por meio da cobrança de custas e de honorários aos seus beneficiários. 2) A cobrança de honorários sucumbenciais poderá incidir: 1. Sobre verbas não alimentares, a exemplo de indenizações por danos morais em sua integralidade. 2. Sobre o percentual de até 30% do valor que exceder ao teto do Regime Geral de Previdência Social, quando pertinentes a verbas remuneratórias. 3) É legítima a cobrança de custas judiciais em razão da ausência do reclamante à audiência, mediante sua prévia intimação pessoal para que tenha a oportunidade de justificar o não comparecimento.

Da leitura da ementa extrai-se, de plano, a conclusão de que o Ministro, embora não tenha dito que os artigos postos em discussão são inconstitucionais, acabou fazendo-o por via transversa, já que, concretamente, para atender aos preceitos constitucionais, do modo como os vê, conferiu nova redação aos textos legislativos.

Restou claro que na visão do Ministro Barroso os artigos não podem ser aplicados em sua literalidade. Aliás, sob o ângulo de visão dos defensores da "reforma", o Ministro teria se recusado a aplicar a "reforma".

Para que essa percepção não fosse ao ponto da explicitação de uma inconstitucionalidade, que seria um baque ainda maior para os objetivos da "reforma", encontrou-se a saída de reescrever os textos legais.

Não nos parece, no entanto, que seja legítimo ao Poder Judiciário, sob o pretexto de salvar a obra legislativa, se colocar na posição do Legislativo e reescrever o texto legal.

Além disso, a ementa é contraditória. Ao mesmo tempo em que admite que os créditos obtidos no processo em que haja o "pleito de parcelas indevidas", sem qualquer limitação, sejam utilizados para pagamento dos custos do processo, fixando restrição apenas para os "créditos havidos em outros processos", com relação aos quais se deve observar os critérios de: "não exceder a 30% do valor líquido recebido por aplicação analógica das normas que dispõem sobre o desconto em verbas alimentares" e de "não incidir sobre valores inferiores ao teto do Regime Geral da Previdência Social, atualmente R$ 5.645,80"; mais abaixo, no dispositivo, mistura tudo e estabelece novos critérios, chegando até mesmo a abandonar a diferenciação em torno das "verbas alimentares", que passam a ser tratadas como "verbas remuneratórias".

No dispositivo da ementa consta o seguinte:

> A cobrança de honorários sucumbenciais poderá incidir: 1. Sobre verbas não alimentares, a exemplo de indenizações por danos morais em sua integralidade. 2. Sobre o percentual de até 30% do valor que exceder ao teto do Regime Geral de Previdência Social, quando pertinentes a verbas remuneratórias. 3) É legítima a cobrança de custas judiciais em razão da ausência do reclamante à audiência, mediante sua prévia intimação pessoal para que tenha a oportunidade de justificar o não comparecimento.

Ou seja, para consertar a lei, o Ministro criou, arbitrariamente, uma normatização mais confusa que a da própria lei. Como se diz, popularmente, "a emenda ficou pior que o soneto", ou, no caso concreto, "a ementa ficou pior que a lei".

3. REDUÇÃO DE CUSTOS NÃO AMPLIA O MERCADO DE TRABALHO

Os pressupostos de todo o raciocínio expresso pelo Ministro Relator Luís Roberto Barroso estão lançados, expressamente, no início de sua fala, quando, após dizer que "em uma sociedade desigual, um dos principais papéis do Estado é contribuir para a redução da desigualdade e para o enfrentamento da pobreza" e que isso depende do "crescimento econômico e da distribuição justa de recursos", afirma textualmente:

> As diretrizes que pautam o raciocínio que a seguir vou desenvolver são as seguintes: Qual dentre as interpretações possíveis facilita o crescimento com a expansão do mercado de trabalho? Qual dentre as interpretações possíveis produz a melhor alocação de recursos sociais, porque isso é imprescindível para a distribuição de justiça e de riqueza?

Vê-se, claramente, que o Ministro fez uma escolha axiológica, para determinar quais deveriam ser os objetivos da lei: ampliar o mercado de trabalho e distribuir justiça e riqueza.

Há, no entanto, arbitrariedade na escolha e ilusão quanto aos efeitos.

Ora, como disse o próprio Ministro, o crescimento econômico é o determinante na produção de empregos e, portanto, não é a lei que amplia o mercado de trabalho. A lei, primeiro, regula o mercado de trabalho, visando a preservação de valores humanos sem os quais a sociedade se desfaz e que nenhum sucesso econômico é, por si, capaz de reverter, e contribui para uma melhor distribuição da riqueza produzida.

Não se pode imaginar que o Direito possa gerar crescimento econômico e muito menos que a isso se chegue com a mera redução dos custos representados pelas normas jurídicas que estipulam valores humanos mínimos aos trabalhadores.

Como consagrado desde o Tratado de Versalhes, quando se criou a Organização Internacional do Trabalho, em 1919, "o trabalho humano não é simplesmente mercadoria de comércio" e este compromisso foi internacionalmente assumido pelos diversos países exatamente para que não se buscasse nunca mais a solução de problemas econômicos por meio da eliminação da condição humana dos trabalhadores.

Então, as garantias jurídicas trabalhistas não são equações matemáticas das quais se pode abrir mão. São, isto sim, os valores que se entendem necessários respeitar para que se possa construir uma sociedade que se rege pelo império da paz social. Os custos desses direitos, portanto, constituem um "problema" que a economia deve obrigatoriamente observar.

O "mercado de trabalho" não é um ente com vida própria, mas sim o resultado da circulação de riquezas. Em um país capitalista, não há produção, nem circulação de riquezas, sem emprego, com salário adequado e tempo para o consumo. Trata-se de dois fatores que já eram apontados desde o início da regulação especial das relações de trabalho pelos estados capitalistas e, portanto, desde o século XVIII.

Não é possível, pois, considerar que se possa, pela via da interpretação da lei, ampliar o mercado de trabalho.

4. CRENÇA SEM HISTÓRIA

Na sequência, o Ministro Barroso promete que vai introduzir uma análise empírica, fazendo-o nos seguintes termos:

> Depois de ter estabelecido que essas são as premissas interpretativas que irei adotar, eu gostaria de compartilhar três experiências, três precedentes que marcam o modo como eu interpreto esta matéria que está sob julgamento.

A abordagem é, na verdade, autorreferencial. O Ministro não faz uma investigação empírica para encontrar as respostas das perguntas que formulou inicialmente. De fato, já possuía um posicionamento, deslocado de qualquer análise fática, e é esse seu modo pessoal de compreender alguns institutos jurídicos que chama de "experiência".

Ao trazer essa "experiência", ou como chama o Ministro, compartilhar "essa primeira crença", ele afirma que "proteção fora da justa medida desprotege além de infantilizar indivíduos, que precisam ser autônomos e precisam ser responsáveis pelas decisões que tomam". Menciona o "efeito sistêmico negativo que o excesso de protecionismo, muitas vezes, acarreta".

Essas considerações, no entanto, não possuem qualquer base científica. Aliás, são baseadas, como o próprio Ministro pontua, em uma "crença" e nos parece pouco adequado que se firmem posicionamentos judiciais, ainda mais na Corte Suprema do país, com base em "crenças".

Essa "crença" de que "proteção fora da justa medida desprotege além de infantilizar indivíduos, que precisam ser autônomos e precisam ser responsáveis pelas decisões que tomam" era a que imperava no século XVIII e que, mantida prevalecente no século XIX, gerou todo o desajuste social e econômico que conduziu a humanidade a duas guerras mundiais.

A "crença" do Ministro remete aos postulados básicos de um Direito na ordem liberal[3] quando se considerava que: a) a preocupação com o próximo decorre de um dever moral: tornar esse dever uma obrigação jurídica elimina a moral que deve existir como essência da coesão social; b) todo direito obrigacional emana de um contrato: a sociedade não deve obrigação a seus membros; só se reclama um direito em face de outro com quem se vincule pela via de um contrato; c) a desigualdade social é consequência da economia (e a igualdade, também): quando o Direito procura diminuir a desigualdade, acaba acirrando a guerra entre ricos e pobres (ricos, obrigados à benevolência, buscam eliminar o peso do custo de tal obrigação; pobres, com direitos, tornam-se violentos); d) a fraternidade é um conceito vago que não pode ser definido em termos obrigacionais; e) o Direito só tem sentido para constituir a liberdade nas relações intersubjetivas, pressupondo a igualdade (a ordem jurídica tem a função de impedir os obstáculos à liberdade); f) o Direito não pode obrigar alguém a fazer o bem a outra pessoa; g) "em uma sociedade constituída segundo o princípio da liberdade, a pobreza não fornece direitos, ela confere deveres"[4].

Como consequência lógica, dizia-se que os riscos a que se sujeitam os trabalhadores em um ambiente do trabalho não podem ser imputados a quem os subordina e muito menos à sociedade[5].

Queria se crer que as incertezas da vida e os seus riscos atingiam a todos igualmente; não se tratava, pois, de atributo de uma certa classe de homens. Assim, caberia a cada um ganhar sua segurança no exercício pleno da liberdade. A previdência, de natureza individual, apresentar-se-ia, pois, como a virtude liberal por excelência. "Riqueza e liberdade têm a mesma origem, a liberdade. O pobre poderia ser rico pela mesma virtude que fez a riqueza do rico. Assim, assegurar seria apenas uma atribuição de cada um. Querer descarregar sobre outro a sua responsabilidade, é abdicar de sua liberdade, renunciar a sua qualidade de homem, desejar a escravidão"[6].

Neste sentido, haveria, sobretudo, uma responsabilidade de cada um por atingir os meios de sua sobrevivência, inclusive quanto aos aspectos dos riscos presentes e futuros. "Em outras palavras, no modelo liberal não há *vítimas*. Neste sentido, inicialmente, apenas o fato de sofrer um mal não vos confere nenhum direito sobre nada. Neste sentido,

---

3. *Vide* EWALD, François. *Historie de l'État Providence*: les origines de la solidarité. Paris: Grasset, 1996. p. 23 e ss.
4. EWALD, François. *Historie de l'État Providence*: les origines de la solidarité. Paris: Grasset, 1996. p. 35.
5. EWALD, François. *Historie de l'État Providence*: les origines de la solidarité. Paris: Grasset, 1996. p. 35.
6. EWALD, François. *Historie de l'État Providence*: les origines de la solidarité. Paris: Grasset, 1996. p. 36.

ainda, somente à própria vítima, qualquer que sejam os sentimentos de piedade e de compaixão que ela possa inspirar, é supostamente sempre o autor de seu destino"[7].

Pela noção jurídica de responsabilidade civil no modelo liberal, portanto, "não há nenhum desejo de uma ação corretiva da sociedade sobre a natureza. A responsabilidade jurídica apenas remete as coisas ao seu estado: ela não corrige, ela restabelece, repara"[8].

Na nova racionalidade jurídica, que conduziu à formação do Direito Social, para superar as causas que conduziram a humanidade às duas guerras mundiais, toda essa lógica matemática, economicista, foi abandonada, colocando-se os valores humanos em primeiro plano.

Fundamentalmente, difere o novo modelo jurídico do que lhe é antecedente e contrário no aspecto da solidariedade, que deixa o campo da ordem moral para se integrar o campo da coerção jurídica, reconhecendo-se que do vínculo social advém a responsabilidade de uns para com os outros.

Chegar-se a esta proposição jurídica é mesmo uma necessidade no pós-guerra, pois a quantidade de pessoas vitimadas pela guerra é extremamente grande e essas por serem mutiladas ou órfãs não teriam a mínima condição de sobrevivência, sem um aparato de natureza social. Não haveria como dizer que essas pessoas possuem direitos, identificando um ente obrigado a seu cumprimento, se mantidos os pressupostos teóricos do direito liberal.

A nova concepção de Direito, portanto, transcende as relações individuais, alcançando o ser humano pelo simples fato de ser integrado à "família humana".

Todos possuem responsabilidade com relação a todos, reconhecendo-se uma relação jurídica básica preexistente a qualquer relação jurídica de natureza específica. Somente, assim, o Estado, que é a configuração jurídica, institucionalizada, da sociedade, pode ser visto como ente responsável pelo cumprimento de direitos aos cidadãos, pelo simples fato de estarem vivos, integrando-se a esses direitos o mais evidente de todos que é o de se manterem vivos e com dignidade. É somente assim também que todas as pessoas são integradas ao mesmo contexto não apenas como titulares de direitos, mas como detentores de obrigações, sobretudo no que se refere a cumprir as obrigações necessárias à satisfação do projeto coletivo para a garantia, pelo Estado, de tais direitos, atingindo, principalmente, as entidades econômicas que, na realidade capitalista, buscam impor modos de vida que satisfaçam aos seus propósitos.

Na ordem social que se busca conferir ao capitalismo, cumpre ao Estado a promoção de todos os valores que preservem a dignidade humana, na sua inteireza, independente da condição econômica ou da sorte de cada um. Dentro desse contexto, concebe-se que na produção capitalista, que permite a utilização do trabalho humano de outrem para geração de riquezas próprias, decorrem obrigações que vão muito além daquelas estabelecidas em "cláusulas contratuais".

O Direito que resulta da busca de uma nova racionalidade para os problemas do mundo é o Direito Social, que está no topo do conjunto normativo como um conceito fundamental, tendo como objetivos buscar a justiça social, a efetivação da democracia, e a internacionalização das normas, objetivos estes vistos como condições para a paz mundial. No novo Direito impera a concepção de um regramento que tem por consequência a melhoria da posição econômica e social de todos e a preservação da dignidade do sentido da elevação da condição humana. Esse é o Direito que se denomina Direito Social também por contraposição daquilo que lhe é historicamente antecedente, o Direito Liberal, no qual a liberdade, a igualdade, o individualismo conduzem apenas a uma proposição de que as pessoas estão livres para a busca de sua satisfação pessoal fora de qualquer contexto coletivo (como se a felicidade, sem relacionamentos pessoais, fosse de fato possível).

É importante deixar claro, como visto acima, que a expressão Direito Social, na época de sua formulação, atinge os debates jurídicos, não como forma de catalogar alguns direitos específicos, mas como designação da transformação da própria racionalidade do Direito.

O Direito, concebido a partir da razão liberal, era concebido como Direito Liberal, ainda que não se o dissesse claramente. A nova racionalidade transforma o Direito em Direito Social. Trata-se de entidades contrapostas, representando o Direito Social a superação do Direito Liberal. Em outras palavras, traduz a superação da racionalidade liberal, que impera no direito durante o século XIX, pela racionalidade social, que se produz como avesso da razão anterior, da mesma forma como se deu na passagem do absolutismo para o liberalismo. São preceitos que não convivem, contemporaneamente, portanto.

O próprio nome é indicativo do que se está falando. A expressão Direito Social só tem sentido posta em contraposição ao Direito Liberal. Sem essa referência, que, de fato, é histórica, pode-se chegar à conclusão equivocada de que a expressão Direito Social é despropositada, pois todo direito se volta à sociedade e assim social todo direito é[9].

A denominação utilizada, Direito Social, advém, naturalmente, da contraposição que se estabelece ao interesse econômico. Não se trata, por óbvio, de uma objeção ideológica eis que se integra ao contexto do capitalismo, mas por se inspirar em muitos propósitos socialistas, abarcados

7. EWALD, François. *Historie de l'État Providence*: les origines de la solidarité. Paris: Grasset, 1996. p. 35-37.
8. EWALD, François. *Historie de l'État Providence*: les origines de la solidarité. Paris: Grasset, 1996. p. 37.
9. *Vide*, por todos, SÜSSEKIN, Arnando. *Instituições de Direito do Trabalho*. São Paulo: LTr, 1991. p. 106.

pelos movimentos dos trabalhadores, fornece a possibilidade de uma contradição sistêmica, favorecendo o antagonismo, que conduz as relações sociais a um processo evolutivo.

O Direito assume, assim, um relevante papel de reforma da realidade, partindo-se da constatação, conforme esclarecido por Ascareli, que o "direito espontâneo, que se forma, ou se acredita formar-se, diretamente pelo livre jogo das forças em luta, é sempre o direito do mais forte"[10].

Na visão proposta por Orlando Gomes e demais autores acima citados, o Direito Social seria a expressão para designar a mudança na raiz do direito como um todo, sendo que esta mudança foi proposta pelo advento do Direito do Trabalho.

Esse Direito, aliás, é o instrumento que fornece a possibilidade concreta da existência do capitalismo enquanto modelo de sociedade. Organizando o capitalismo, o direito social, por evidente, preserva interesses econômicos. Mas, ao fixar a prevalência da solução dos problemas postos pela questão social, que é abertamente reconhecida como tal, o postulado da justiça social aparece como condição de sustentabilidade do sistema. São, portanto, sustentáculos do direito, no século XX, a construção da **justiça social**, a efetivação da **democracia** e a consagração da **paz mundial**.

Para atingir esses propósitos, parte-se do exame histórico, que é essencial ao direito, e busca-se não eliminar, por certo, os valores incorporados à consciência humana por toda obra humanista, científica e iluminista dos séculos XV a XVIII, mas inseri-la em outro contexto, o contexto das razões do Direito Social.

Desse modo, a **liberdade** e a **igualdade** são compreendidas no contexto de um projeto coletivo, social, que não desprezando o modelo capitalista de produção, que se mantém, faz com que o **individualismo** e o **empreendedorismo**, que são decorrências daqueles valores na acepção capitalista, não se prestem, unicamente, a um sentimento egoísta e sim à construção de uma vida melhor para todos. Não se podendo mais acreditar na ideia liberal de que a soma das vontades egoístas, livremente expressadas, possam conduzir a este resultado, entende-se necessário fixar parâmetros, no sentido de limites, para o exercício real desses preceitos, até porque no livre jogo do mercado há a formação de grandes conglomerados econômicos que engolem não apenas os trabalhadores, mas todos os demais cidadãos, além do meio ambiente, como mais tarde vai se compreender.

O Direito Social, portanto, não é o direto que limita a liberdade, mas que a promove em sentido real, advindo daí o seu caráter promocional, conforme revela Norberto Bobbio[11]:

> Em poucas palavras, é possível distinguir, de modo útil, um ordenamento protetivo-repressivo de um promocional com a afirmação de que, ao primeiro, interessam, sobretudo, os comportamentos socialmente não desejados, sendo seu fim precípuo impedir o máximo possível a sua prática; ao segundo, interessam, principalmente, os comportamentos socialmente desejáveis, sendo seu fim levar a realização destes até mesmo aos recalcitrantes.

A figura típica do Direito Liberal, o contrato, perde sentido enquanto instrumento de preservação do interesse do mais forte frente ao mais fraco e de legitimador da aquisição de propriedades. A **propriedade**, por sua vez, deixa de ser, por óbvio, um direito sagrado, até porque não há nada mais irracional do que em nome da razão buscar um fundamento sacro para justificar a propriedade. A propriedade, assim, deixa de ser vista como uma condição inata do ser, até porque a realidade do período de formação do capitalismo, desde o século XV, demonstrou que poucos eram os homens que detinham algum tipo de propriedade do ponto de vista dos considerados bens imóveis (terras, casas e indústrias) e mesmo assim não deixavam de existir, embora muitos, como visto, tenham sobrevivido em condições subumanas. O desejo de adquirir uma propriedade e de preservá-la para si foi uma das grandes causas dos desajustes sociais, já destacada mesmo na obra de Locke, um dos principais teóricos do modelo liberal.

A propriedade, portanto, no contexto do Direito Social é extraída de sua acepção liberal e seu valor é condicionado à sua **função social**, isto é, ao efeito concreto que possa gerar em favor de toda a sociedade e não penas para o seu proprietário, sobretudo, quando sua quantidade for além do que se entenda o necessário para a sobrevivência.

Esse preceito, por óbvio, vai repercutir no próprio sentido da riqueza produzida pelo modelo capitalista, que não pode ser vista como pertencente apenas ao proprietário, àquele que detém os meios de produção. Se os seus bens servem a toda a sociedade, é evidente que a riqueza que deles se extrai, até porque para ser extraída depende, necessariamente, do trabalho alheio, deve ser distribuída em favor da sociedade, preservando-se, por óbvio, a justa parte do empreendedor, sendo que essa sua justa parte não pode significar que o empreendedor fique cada vez mais rico e o trabalhador cada vez mais pobre.

As riquezas adicionais produzidas devem ser direcionadas ao bem público, para a construção de escolas, hospitais, habitação, previdência, e também lazer, com parques, praças e conjuntos esportivos, por exemplo...

A função do Direito Social é **distribuir a riqueza**, para fins não apenas de eliminar, por benevolência, a pobreza, mas integrar todos ao projeto de uma sociedade na qual

10. *Apud* BOBBIO, Norberto. *Da estruturação à função*: novos estudos de teoria do direito. Tradução de Daniela Beccaccia Versiani; revisão técnica de Orlando Seixas Bechara, Renata Nagamine. Barueri/ SP: Manole, 2007. p. 248.

11. BOBBIO, Norberto. *Da estruturação à função*: novos estudos de teoria do direito. Tradução de Daniela Beccaccia Versiani; revisão técnica de Orlando Seixas Bechara, Renata Nagamine. Barueri/SP: Manole, 2007. p. 15.

todos possam, efetivamente, adquirir em sua acepção máxima o sentido da cidadania, experimentando a beleza da condição humana, sendo certo que um dos maiores sentimentos que agridem o ser é a injustiça.

A humanidade foi obrigada a procurar outra racionalidade para os arranjos sociais, vez que os preceitos da liberdade, do individualismo, e da igualdade formal pressuposta não foram eficazes para a construção da nova ordem mundial.

Conforme assinala Arno Dal Ri Júnior, "após o insucesso da aventura liberal manifestou-se viva a crença de que as atividades concernentes à economia e ao comércio internacional deveriam ser regidas por precisas normas multilaterais, que possibilitassem uma integração entre os Estados. Esta última deveria obrigatoriamente se fundamentar sobre uma política de estabilidade e confiança recíproca. Esta crença pode ser observada já no art. 23 do 'Pacto' que levou à criação da Liga das Nações. Deve ser salientado, porém, que esta organização internacional, no seu curto período de vida, promoveu diversas conferências e encontros na tentativa de incentivar um amplo debate sobre a necessidade de tais normas multilaterais"[12].

Importante deixar claro, também, que o Direito Social, mesmo com seu propósito de ordem coletiva, não despreza o ser humano, ou a sua individualidade, da qual decorrem conceitos que, podemos admitir, são fundamentais, tais como a intimidade, a privacidade, a liberdade de expressão e de crença religiosa, o raciocínio etc. Muito ao contrário. A defesa da dignidade humana é a expressão máxima do Direito Social, na medida em que vislumbra a formalização das bases existenciais necessárias para que esses valores humanos sejam concretizados, sendo de se destacar que a maior relevância do direito neste assunto diz respeito às pessoas que estão em posição vulnerável na sociedade dos pontos de vistas político, cultural, social e econômico. A racionalidade imposta pelo Direito Social permite visualizar as angústias, as dificuldades e as restrições que atingem todas as pessoas que integram a sociedade, sobretudo, as que são mais vulneráveis economicamente, e assumir uma postura para efetivar uma defesa concreta dos valores humanos.

Desse modo, o Direito Social, que tem por base a visualização do outro, buscando, pelo espírito de solidariedade, a elevação da condição humana, integrando o homem, sem distinções, ao todo social, está mais afeito aos dilemas postos pela efetivação dos denominados direitos fundamentais (vida, saúde, trabalho, lazer, intimidade, privacidade, liberdade de expressão, de crença religiosa etc.), que o Direito Liberal, voltado para a individualidade egoísta desvinculada de qualquer interesse social.

Os denominados direitos civis e políticos ganham no Direito Social uma nova dimensão, que lhes confere maior significação, um sentido verdadeiro. Lembre-se, por exemplo, que embora a Declaração de 1789 tenha falado em liberdade e igualdade, fazendo apelo ao conceito de cidadania, em verdade, tais valores atingiram apenas uma pequena parcela da sociedade.

O advento de um Direito Social, baseado em nova racionalidade, como elemento de superação do Direito Liberal é inquestionável, sobretudo por conta da consagração do constitucionalismo social, que alterou até mesmo a natureza do Estado. Como reflexo da importância da questão social para a humanidade, as normas que lhe dizem respeito passaram a integrar o corpo de diversas Constituições. Esta inserção de normas de natureza social na Constituição se justifica porque a concretização de seus preceitos não depende meramente do cumprimento de obrigações na esfera individual, mas da conjugação de diversos fatores socioeconômicos de todo um corpo social e, em especial, da atuação do próprio Estado, que neste contexto não mais aparece como mero ente coercitivo da ordem jurídica, mas como estimulador, financiador e promotor dos direitos constitucionalmente assegurados. A fixação na Constituição de interesses sociais representa, por assim dizer, um compromisso do Estado e da sociedade com o implemento e satisfação de tais interesses, sendo o Estado até mesmo um sujeito passivo obrigado a efetivá-los. Juridicamente, o Estado deixa de ser um mero legitimador dos interesses dos dominantes e transfigura-se em autêntico Estado social (pelo menos no prisma do direito).

De um ponto de vista classificatório pode-se resumir o que acima foi dito da seguinte forma: historicamente, o Direito avança de sua tradição liberal para a concepção social. Como veremos adiante, as separações criadas pelo advento das Declarações do pós-Segunda Guerra, não desprezam essa ruptura e ao mesmo tempo não eliminam as conquistas da razão humana, desenvolvidas desde o século XV. Os denominados direitos civis e políticos, tipicamente liberais, são preservados mas fora de um projeto exclusivamente capitalista. Sua aplicação, que é até mais abrangente pois serve, de fato, a todos os membros da sociedade e não apenas a alguns como se dava no projeto liberal, está vinculada ao respeito dos preceitos fixados na nova raiz do direito, o Direito Social.

Além disso, os denominados "Direitos sociais", notadamente o Direito do Trabalho e o Direito da Seguridade Social, são preservados para fins de identificação com maior acuidade dos problemas vivenciados pelos trabalhadores em sua correlação com o capital, sendo este o foco principal do direito para impor ao capitalismo os limites necessários à própria sobrevivência da humanidade. Somente no contexto de uma raiz de Direito Social é que os direitos sociais podem ser, efetivamente, aplicados.

Parece-nos, portanto, um enorme retrocesso, em termos de concepção teórica, voltada à compreensão dos arranjos

12. DAL RI JÚNIOR, Arno. *História do direito internacional; Comércio e moeda; Cidadania e nacionalidade.* Florianópolis: Fundação Boiteux, 2004. p. 115.

sociais, políticos e econômicos que se desenvolvem na sociedade capitalista, dizer que "proteção fora da justa medida desprotege além de infantilizar indivíduos, que precisam ser autônomos e precisam ser responsáveis pelas decisões que tomam".

As necessidades humanas e a ausência de alternativas de sobrevivência a que são submetidas as pessoas é que determinam os seus atos. Reconhecer isso não é "infantilizar" ninguém. Trata-se, isto sim, de respeitar a sua condição humana e, ainda, de não desprezar a realidade.

Considerar que pessoas em estado de necessidade são livres e autônomas, inclusive para renunciar Direitos sociais, que se conceberam como preceitos de ordem pública para a reconstrução da humanidade, é, isto sim, uma afronta ao real.

O que o Ministro chama de "excesso de protecionismo" não passa de uma expressão retórica para destruir o pressuposto básico de toda a ordem do Direito Social que é o reconhecimento das desigualdades.

5. AUTONOMIA QUE APRISIONA

A primeira "experiência" concreta mencionada é o julgamento de um recurso acerca da possibilidade de PDV fixar cláusula de quitação geral do contrato.

Aqui é preciso pontuar, em primeiro lugar, que Plano de Demissão Voluntária é incentivo à perda do emprego em um país cujos índices oficiais apontam mais de 14 milhões de trabalhadores, número que tem aumentado em razão da precarização e da perda na circulação de dinheiro que a "reforma" trabalhista promove.

A questão, no caso trazido pelo Ministro, não é, porém, a possibilidade de instituir tal plano, mas o efeito de, pela adesão, o trabalhador ou trabalhadora concordarem com a vedação do acesso à justiça. Nesse aspecto, é feliz a lembrança do Ministro, pois se trata mesmo de casos similares. Em ambos, tanto na ADI n. 5.766, quanto no RE n. 590415, a questão de fundo é a vedação do acesso à justiça, negando, portanto, efetividade tanto ao art. 5º, quanto ao art. 7º, XXIX, ambos da Constituição.

E mesmo naquele caso, o STF fez questão de ressaltar que se tratava de situação excepcional e o Ministro Barroso, em seu voto, salientou:

> O direito individual do trabalho tem na relação de trabalho, estabelecida entre o empregador e a pessoa física do empregado, o elemento básico a partir do qual constrói os institutos e regras de interpretação. Justamente porque se reconhece, no âmbito das relações individuais, a desigualdade econômica e de poder entre as partes, as normas que regem tais relações são voltadas à tutela do trabalhador. Entende-se que a situação de inferioridade do empregado compromete o livre exercício da autonomia individual da vontade e que, nesse contexto, regras de origem heterônoma – produzidas pelo Estado – desempenham um papel primordial de defesa da parte hipossuficiente. Também por isso a aplicação do direito rege-se pelo princípio da proteção, optando-se pela norma mais favorável ao trabalhador na interpretação e na solução de antinomias. Essa lógica protetiva está presente na Constituição, que consagrou um grande número de dispositivos à garantia de direitos trabalhistas no âmbito das relações individuais.

Portanto, o STF tem precedente, da lavra do próprio Ministro Barroso, reconhecendo a importância fundamental da proteção na regulação estatal das relações de trabalho.

É certo que isso não se restringe ao âmbito material, pois do contrário não faria sequer sentido a existência de regras processuais trabalhistas, diversas daquelas que regulam o processo civil.

A proteção que informa o âmbito processual da regulação das relações entre capital e trabalho assume relevância especial quando nos damos conta de que o Brasil é um dos únicos países do mundo ocidental capitalista que ainda insiste em permitir despedidas sem qualquer motivação. A Constituição impediu a chamada despedida *ad nutum* no inciso I do art. 7º, até hoje não regulamentado pelo Parlamento. E a prática, apesar da literalidade desse dispositivo, e da definição de dispensa arbitrária que estabelece tanto o art. 165 quanto o 510-D (introduzido pela Lei n. 13.467/2017), é a da aceitação de que despedidas ocorram sem motivo algum.

Em uma tal realidade, na qual o trabalhador sabe que existem mais de 14 milhões de desempregados e que pode ser despedido, sem que o tomador do seu trabalho sequer motive o ato, como é possível afirmar que há proteção em demasia?

Como falar em autonomia de trabalhadores que dependem do trabalho para sobreviver e que sequer podem exigir respeito aos seus direitos sem o receio razoável de perda do posto de trabalho?

Note-se que o Ministro está tratando de uma Ação Direta de Inconstitucionalidade que ataca três dispositivos inseridos/alterados na CLT, que tratam da possibilidade de acesso à justiça para trabalhadores e trabalhadoras para os quais reconhecida a necessidade de gratuidade da justiça.

Não está, portanto, a tratar do exercício de direitos trabalhistas durante o vínculo, nem da capacidade de efetiva "negociação", seja individual, seja por intermédio do Sindicato.

Não está a tratar de possibilidade ou extensão do instituto da quitação.

A ADI n. 5.766 refere-se a artigos que oneram cidadãos e cidadãs que buscam o Poder Judiciário trabalhista e tem reconhecida a incapacidade econômica para atuar em juízo, porque tais artigos determinam que esses sujeitos paguem os custos do processo com o resultado das pretensões procedentes.

Ou seja, o que está em jogo, na ADI n. 5.766, é a possibilidade de que os valores decorrentes de atos ilícitos (descumprimento de direitos fundamentais trabalhistas) sejam utilizados para pagamento de honorários de advogado, perito ou pagamento de custas. Por isso, significa devolver ao agressor da ordem jurídica os valores que ele ilicitamente havia subtraído do trabalhador ou da trabalhadora.

A ADI n. 5.766 trata, portanto, da possibilidade de se verem lesões a direitos fundamentais reconhecidas pelo Estado e de se chegar ao resultado concreto de que os valores que daí decorrem serem sumariamente retidos e devolvidos ao agressor da ordem jurídica.

Logo, mesmo que estivéssemos diante de partes em situação de igualdade, mesmo que pudéssemos falar de autonomia, estaríamos diante de regras que subvertem a própria razão pela qual outorgamos ao Estado o monopólio da jurisdição, qual seja, a possibilidade e o dever de recompor agressões a direitos.

6. PARALELO INAPLICÁVEL

A segunda "experiência" que o Ministro Barroso compartilha trata da Lei de Locações. Para o Ministro, embaraços à desocupação de imóveis locados impediam as locações. A nova lei, facilitando o despejo, "aumentou exponencialmente a oferta de imóveis para a locação e caiu significativamente o preço dos aluguéis".

Sem ingressar no tema delicado do despejo, que implica concretamente, muitas vezes, deixar famílias sem moradia, cabe aqui uma reflexão. O aumento exponencial da oferta de imóveis ou a queda no preço dos aluguéis é um objetivo razoável a ser perseguido com a desproteção de direitos fundamentais, como o de moradia (art. 6º da CF)? Teriam sido revogados, sem que ninguém soubesse, os primeiros artigos de nossa Constituição e o seu preâmbulo?

Até mesmo quando trata da ordem econômica, no art. 170, a Constituição de 1988 fixa que essa deverá obedecer os ditames da justiça social.

É a solidariedade, portanto, o parâmetro constitucional para a aplicação das normas jurídicas.

O exemplo do Ministro, além de não guardar qualquer relação com o caso em discussão, no qual, repita-se, discute-se o direito de acesso à justiça para quem o Estado reconhece como incapaz de suportar as despesas de um processo, já indica uma possível subversão da ordem de valores contidos na Constituição, colocando a ordem econômica (preço de aluguéis/ oferta de imóveis) em sobreposição ao direito à moradia.

7. NEM "ESQUERDA", NEM "DIREITA": DADOS DA REALIDADE

A terceira "e última experiência" que Barroso compartilha, segundo ele, "é mais pessoal" e vale a transcrição:

> Em algum momento da década de 90, eu participei de uma comissão que foi apurar a situação do BANERJ (Banco do Estado do Rio de Janeiro). Em poucos dias no BANERJ, nós todos da comissão verificamos que o BANERJ era, infelizmente, um antro de perversão, de dinheiro público mal versado, de empréstimos irresponsáveis, de favorecimento aos amigos e de corrupção pura e simples, e portanto era um caso típico brasileiro, que aliás se repete historicamente, de apropriação privada do espaço público, apropriação privada de uma empresa estatal. E portanto, não tive ali nenhuma dúvida de qual era a melhor coisa a fazer com o BANERJ, que era vendê-lo, tirá-lo das mãos de um Poder Público que o pervertia em proveito de uma elite extrativista. A despeito disso, a posição dos partidos de esquerda naquele debate era manter o BANERJ estatizado. E portanto, o dogma da estatização se colocava acima do fato real que era a apropriação privada do Banco, e ali, e considero isso importante de dizer porque pauta o meu raciocínio, eu aprendi a separar o que é ser de esquerda do que é ser progressista. Progressista é defender aquilo que produz o melhor resultado para as pessoas, para a sociedade e para o país, sem dogmas, sem superstições ou sem indiferença à realidade. E portanto presidente, este não é um debate entre esquerda e direita e sim sobre o que é melhor para os trabalhadores, para a sociedade e para o país, e quero deixar claro, e acho que falo por todos, mas certamente falo por mim, ninguém aqui está do lado dos mais ricos ou do lado da injustiça, todo mundo aqui está querendo produzir a solução que seja capaz de melhor distribuir a justiça e de trazer melhores resultados para a sociedade e para o país.

Depois dessa afirmação, o Ministro ainda pontua que "estamos tratando de uma lei que foi a Lei da Reforma Trabalhista e um capítulo específico com tópicos processuais, na verdade, *discutindo quem paga a conta em determinadas situações*".

A partir daí o Ministro desvirtua o debate.

Antes de demonstrar isso, é preciso, porém, chamar a atenção para o não dito do discurso. O Ministro faz questão de afastar a ideia de um "debate entre esquerda e direita", e diz querer "deixar claro, e acho que falo por todos, mas certamente falo por mim, ninguém aqui está do lado dos mais ricos ou do lado da injustiça".

Ora, a Ação Direta de Inconstitucionalidade tem fundamento jurídico, com o qual se discute alteração legal que desafia a literalidade do art. 5º da Constituição. Embora evidentemente seja impossível esconder a perversidade social e moral do conteúdo das regras ali discutidas ou mesmo a ideologia que perpassa os atos dos "reformadores" e que está clara nos relatórios tanto do Deputado Rogério Marinho quanto do Senador Ricardo Ferraço, sequer seria razoável cogitar estivéssemos diante de um debate entre esquerda e direita, o que quer que isso signifique. Menos ainda seria de cogitar que um Ministro, ao examinar alterações em regras processuais, estivesse do "lado da injustiça" ou "dos mais ricos", pois sua função é precisamente fazer valer a ordem constitucional vigente.

O conteúdo da fala do Ministro Barroso, entretanto, tem extrema relevância, pois ao enunciar o que *não está fazendo*, evidencia que ao menos em seu raciocínio, essa possibilidade, de que a decisão seja tomada a partir de uma identidade moral com esquerda ou direita, justiça ou injustiça, ricos e pobres, é presente.

A gravidade disso vem sendo amplamente discutida sob a expressão "judicialização da política" ou "politização da justiça". É mais ou menos como passar quase 40 páginas de uma sentença dizendo que não é suspeito e nada tem contra o réu, para depois condená-lo sem provas. Não é preciso que juiz de instância alguma informe o que não está fazendo, a não ser que o faça justamente para, de modo um tanto inconsciente, deixar que suas verdadeiras motivações se revelem ao leitor/ouvinte.

O argumento, além disso, pode ter o objetivo, também impróprio, de acusar aqueles que discordem de sua posição de estarem sendo ideológicos, de estarem do lado dos ricos ou de serem "esquerdistas", reduzindo o debate jurídico no âmbito do Supremo Tribunal Federal a uma "conversa de botequim"[13].

Segundo o Ministro, a "inequívoca intenção do legislador, foi a de enfrentar um problema que é a sobreutilização do Judiciário de uma maneira geral, da litigiosidade excessiva de uma maneira geral e particularmente na Justiça do Trabalho, que de acordo com a Justiça em Números, do Conselho Nacional de Justiça, em volume já assinado pela presidente Cármen Lúcia, concluiu que a Justiça do Trabalho em 2015 finalizou o exercício com 5 milhões de processos em tramitação, tendo sido ajuizado, somente em 2015, 4 milhões de ações trabalhistas".

Vejamos esses números, no entanto, mais de perto.

No relatório do CNJ, Justiça em Números, de 2016, relativo aos dados do ano de 2015 consta que a Justiça Estadual recebeu, em 2015, **18,9 milhões de processos**[14].

Enquanto isso, a Justiça do Trabalho recebeu, no mesmo ano, "um total de aproximadamente **4 milhões de processos**".

Segundo o relatório, na Justiça do Trabalho, "o número de casos novos vem crescendo historicamente, muito embora a elevação, especialmente nos três últimos anos, tenha sido discreta se comparada com o número de processos baixados", o que desmente a suposição de que haja uma busca maior pelo Poder Judiciário Trabalhista, em face da simples vontade dos trabalhadores de tirar dinheiro de seus empregadores, como se fosse fácil para um cidadão que depende do trabalho para sobreviver, perder seu tempo e dinheiro, deslocando-se para buscar um advogado que o represente e comparecendo à Justiça do Trabalho para tentar demonstrar as lesões que sofreu.

O mesmo estudo do CNJ revela que os assuntos mais recorrentes na Justiça do Trabalho são férias, remuneração, verbas resilitórias e horas extras, que perfazem cerca de 49% das demandas.

No Rio Grande do Sul, esse número é ainda maior. Estudo realizado pela Justiça do Trabalho do RS observa que do "total de pedidos que chegam à Justiça do Trabalho gaúcha, 54% referem-se a verbas resilitórias (saldo de salários não pagos, 13º salário e férias proporcionais, 40% dos depósitos do FGTS etc.)"[15].

Portanto, a maior parte das demandas é ajuizada apenas para que o trabalhador consiga receber verbas de sua rescisão.

A judicialização, portanto, é sintoma da extrema fragilidade jurídica e dependência econômica a que são submetidos os trabalhadores e trabalhadoras no Brasil, pois podem perder o emprego sem que o empregador tenha que apresentar justificativa para tanto. O impedimento mínimo para que isso ocorra, que é o estabelecimento de custos para se conduzir alguém ao desemprego, representados pelas denominadas "verbas rescisórias", sequer é respeitado. No Brasil, de forma recorrente, cessam-se vínculos de emprego por denúncia vazia e sequer se pagam os custos que são fixados como pressupostos de legalidade desse ato.

A consequência é que os trabalhadores no Brasil há muito vêm sendo alvo de quatro atos de violência: perdem o emprego; não recebem as verbas rescisórias; se veem constrangidos a "buscar os seus direitos na Justiça"; e, no âmbito do processo, acabam aceitando acordos prejudiciais aos seus interesses, que não representam a totalidade de seus direitos, para que possam receber com maior rapidez as verbas das quais depende para sobreviver.

O não pagamento de verbas rescisórias, que é uma grave ilegalidade, acaba sendo genericamente admitida e passa até a ser vista como estratégia administrativa de muitas empresas que fragilizam a eficácia de todos os demais direitos trabalhistas.

E, agora, presentemente, no bojo da discussão da "reforma" trabalhista foram alvo de mais uma violência: a da consideração de ir à Justiça de forma abusiva para extorquir seus ex-empregadores, mesmo que sequer tenham sido registrados, que sua jornada de trabalho não fosse anotada em cartões de ponto fidedignos, que recebessem salário "por fora" ou que suas verbas rescisórias não tivessem sido pagas.

---

13. *Vide*, a propósito, texto de Hugo Cavalcanti de Melo Filho. Disponível em: <https://www.ocafezinho.com/2018/05/11/conversa-de-botequim-hugo-melo-filho/>.
14. Disponível em: <http://www.cnj.jus.br/files/conteudo/arquivo/2016/10/b8f46be3dbbff344931a933579915488.pdf>.
15. Disponível em: <http://www.trt4.jus.br/portal/portal/trt4/comunicacao/noticia/info/NoticiaWindow?cod=1445050&action=2&destaque=false&filtros=>.

E essa violência tem sido repetida por vários meios de comunicação e chegou até mesmo a ecoar em decisão do Supremo Tribunal Federal.

Na pesquisa feita pelo CNJ, outro dado é interessante de ser reproduzido: a terceirização é fator significativo no aumento do número de demandas ajuizadas na Justiça do Trabalho. A terceirização gera demanda em razão do fato objetivo de que, na maioria absoluta dos casos em que há atravessamento de um terceiro na relação de trabalho, ocorre o inadimplemento de verbas salariais ao trabalhador. A grande maioria dos processos envolvendo terceirização diz com empresas prestadoras de serviços que "somem no ar" sem pagar sequer o salário do trabalhador.

Há, ainda, mais um dado que a pesquisa revela: o alto índice de conciliação, próximo aos 25%, e que atinge 40% dos processos na fase de conhecimento.

De acordo com o TRT da Quarta Região, a maior parte dos processos, 42% ou 77,2 mil ações em 2015, foi resolvida por meio de acordo[16].

Não é algo de que devemos nos orgulhar, porque sabemos que a conciliação muitas vezes esconde o desrespeito contumaz a direitos fundamentais, impedindo uma atuação mais eficiente, tanto por parte do MPT quanto do Poder Judiciário Trabalhista.

Fato é que esses números oficiais desmentem a cantilena recorrente de que o direito material e processual do trabalho, e a Justiça que o aplica, são condescendentes com os trabalhadores.

Aliás, tal afirmação não resiste à análise de outros números trazidos pela pesquisa publicada pelo TRT da Quarta Região: 25% das demandas ajuizadas na Justiça do Trabalho são julgadas improcedentes. Em 2015, os juízes do trabalho do RS apreciaram 184.043 ações. "Em mais de 46 mil desses processos, nenhum dos pedidos do autor foi atendido". Os processos julgados "procedentes em parte", em que o reclamante ganha alguns pedidos e outros não, chegaram a 57,3 mil, ou seja, 31% do total das ações solucionadas. "Em menos de 2% das ações (3,2 mil), a decisão atendeu a todos os pedidos feitos pelo autor". De novo, nada de que possamos nos orgulhar. Sabemos bem que as improcedências decorrem, muitas vezes, da impossibilidade concreta de produção de provas, em uma realidade na qual apenas o empregador tem acesso aos documentos do contrato.

No relatório de 2016, o CNJ faz constar que a Justiça do Trabalho apresenta, historicamente, "**taxas de congestionamento baixas e índices de atendimento à demanda elevados se comparados aos verificados nos demais ramos de justiça**", sendo por isso mesmo "**reconhecida como um aparato ágil e eficiente**".

Acrescenta que "o reflexo de um rito processual historicamente voltado para as soluções consensuais dos conflitos, já sentido no índice de conciliação, faz-se presente novamente na apuração do tempo do processo na Justiça do Trabalho".

O mesmo relatório do CNJ revela que na Justiça do Trabalho a execução leva em média 3,5 anos, enquanto os processos na fase de execução na Justiça Estadual duram em média 4,3 anos.

Na fase de conhecimento, na Justiça Estadual, o processo permanece, em média, por 1,9 anos. Na Justiça do Trabalho, o processo tem a fase de conhecimento encerrada no prazo médio de 6 meses. É muita diferença!

Além disso, enquanto na Justiça Estadual, a "cada 100 processos que tramitaram" em 2015, "apenas 25 foram baixados"; na Justiça do Trabalho, "de cada 100 processos que tramitaram" durante o ano de 2015, cerca de "46 foram baixados".

Essa efetividade revelada em números, se tem alguma serventia, é exatamente a de desmascarar o discurso de que a legislação trabalhista é ultrapassada ou de que a Justiça do Trabalho é excessivamente protecionista.

O estudo mostra, ainda, que na Justiça Estadual, "levando em conta todos os casos pendentes de solução em 31.12.2015, verifica-se que estes processos estão pendentes, em média, há 6 anos e 10 meses".

Na Justiça do Trabalho, diferentemente do que ocorre na Justiça Estadual, o tempo médio do processo pendente não difere significativamente do tempo médio de sentença ou de baixa no processo de conhecimento, o que indica a alta rotatividade dos feitos.

Em outras palavras, o processo de conhecimento na Justiça do Trabalho fica pendente somente durante o tempo necessário para que seja sentenciado e baixado, não havendo margem para a formação de grandes acervos.

Os processos de execução são resolvidos com grande agilidade e as pendências se referem "a um acervo de processos antigos onde não se conseguiu efetivar a execução, por motivos diversos". Dentre os motivos, sabemos bem, está a dificuldade na cobrança em razão dos artifícios utilizados para a movimentação do capital (criação de novas pessoas jurídicas, transferência de patrimônio para "laranjas" etc.), fraudes que alterações produzidas pela Lei n. 13.467/2017 buscam facilitar.

Esses números sequer refletem a complexidade do trabalho realizado por juízes e servidores, nem tem a capacidade de desvelar o drama existencial que mal se esconde por trás da grande maioria das demandas trabalhistas. Ainda assim, tem o condão de demonstrar a falácia do discurso que milita em favor da "reforma" trabalhista.

16. Disponível em: <http://www.trt4.jus.br/portal/portal/trt4/comunicacao/noticia/info/NoticiaWindow?cod=1445050&action=2&destaque=false&filtros=>.

Demonstram, sem possibilidade de refutação, que a Justiça do Trabalho funciona.

Os números revelam que o processo do trabalho é eficiente exatamente porque é simples, ágil e rápido.

Alterações como a que estabelece a sucumbência recíproca, e que é objeto da ADI n. 5.766, retiram exatamente as peculiaridades que fazem da Justiça do Trabalho um instrumento eficaz de realização dos direitos fundamentais trabalhistas.

Essa constatação está longe de significar que a Justiça do Trabalho seja o produto pronto e acabado da jurisdição. Há muito o que melhorar, mas as melhoras estão relacionadas, isto sim, à ausência de uma atuação efetivamente punitiva do ilícito trabalhista, que, tantas vezes, faz do processo do trabalho um efeito desejável pelo empregador.

Já faz tempo, inclusive, que se denuncia o fato de que não cumprir direitos dos trabalhadores é um bom negócio no Brasil. Os índices que acima reproduzimos provam isso, pois mais da metade das demandas trabalhistas são resolvidas por meio de acordo. E as conciliações, como sabemos, não consideram a integralidade dos direitos pleiteados pelo trabalhador. No mais das vezes não consideram sequer o valor total dos direitos já comprovados no processo, até o momento em que o acordo é formulado.

Não se corrige esse problema, no entanto, limitando o acesso à justiça.

Se for dificultado o acesso à Justiça, se forem reduzidos e criados novos prazos de prescrição e forem retirados direitos que hoje são assegurados aos trabalhadores, só se conseguirá agravar ainda mais esse efeito nocivo de tornar a desobediência à Constituição um "bom negócio".

8. O VERDADEIRO ILÍCITO TRABALHISTA

Em seguida, o Ministro Barroso se reporta ao relatório elaborado pelo deputado Rogério Marinho, segundo o qual "a judicialização excessivamente ampla das relações de trabalho no Brasil trouxeram (SIC) como consequência a circunstância de que o custo do trabalho somente é conhecido depois do término do contrato de trabalho. Na verdade, só é conhecido depois do término da reclamação trabalhista que invariavelmente se segue ao contrato de trabalho. Portanto, não é como em toda a parte do mundo que você avalia o custo e risco no momento em que você contrata. Aqui você só consegue saber o custo da relação de trabalho depois que ela acaba, alguns anos depois que ela acaba, quando se dá o desfecho da reclamação trabalhista".

Os números apresentados anteriormente revelam que a minoria dos trabalhadores e trabalhadoras ajuízam demanda trabalhista. E se o fazem, antes de afirmar que isso onera de algum modo o tomador do trabalho, precisamos descobrir porque isso ocorre.

Evidentemente, não há dúvida de que a partir da Constituição de 1988 há um aumento no número de processos judiciais no Brasil, em todas as esferas. Segundo relatório *Justiça em Números 2017*, elaborado pelo Conselho Nacional de Justiça, o Poder Judiciário finalizou o ano de 2016 com 79,7 milhões de processos em tramitação, aguardando alguma solução definitiva[17]. Trata-se de um fenômeno social que decorre da abertura democrática e, portanto, da maior consciência de cidadania.

No caso da Justiça do Trabalho, se a maioria absoluta das demandas são julgadas parcialmente procedentes é porque tem havido, conforme judicialmente reconhecido, a prática de lesões reiteradas aos direitos fundamentais trabalhistas.

O Ministro chega a admitir, mais para o final da sua explanação, que as regras em discussão na ADI n. 5.766 tem objetivo de "criar ônus que vão até o hipossuficiente" e revelando a confusão entre litigância de má-fé e improcedência, propõe a criação de "ônus para os litigantes contumazes da Justiça do Trabalho". Refere que "segundo o Conselho Nacional de Justiça entre os 100 maiores litigantes, 82% são concentrados no setor público federal e estadual, nos bancos, no setor de telefonia e na indústria. Portanto, é muito provável que esses litigantes contumazes, do lado do reclamado, estejam também se beneficiando da litigiosidade excessiva e da judicialização e que portanto acabam preferindo pagar, algum tempo depois, quem sabe alguns anos depois, em juízo, do que cumprir desde o momento devido a obrigação que tem em relação aos seus empregados. Portanto, se 82% dos 100 maiores litigantes são sempre os mesmos, é porque há algum ganho, também nesse litígio".

Ou seja, é a consagração da ideia de processo um bom negócio, estimulando – em vez de coibir – a prática de agressões no ambiente de trabalho. Nas palavras do juiz do trabalho Gustavo Fontoura Vieira[18]:

> [...] 95 milhões de processos tramitam no Poder Judiciário em todo o país. Embora vivamos numa sociedade marcada pela competição, pelo litígio, esse dado estatístico, aberto e estudado, revela informações muito preocupantes. Impacta constatar que o Judiciário está instrumentalizado por habituais sonegadores de direitos: grandes empresas, grandes grupos econômicos nacionais e estrangeiros e por órgãos e empresas públicos. Está cooptado para processar milhões de demandas que atendem, por discutíveis motivos e pela demora na tramitação, aos interesses desses entes públicos e privados. Segundo dados estatísticos recentes divulgados pelo Conselho Nacional de Justiça os maiores litigantes

---

17. Justiça em Números 2017: ano-base 2016/Conselho Nacional de Justiça, Brasília: CNJ, 2017. p. 65.
18. Disponível em: <http://www.trt4.jus.br/portal/portal/trt4/comunicacao/noticia/info/NoticiaWindow?action=2&destaque=false&cod=1152580>. Acesso em: 25 ago. 2016.

> são operadoras de telefonia, bancos públicos e privados, a União, a Previdência Social, dentre outros (<www.cnj.jus.br>). Na Justiça do Trabalho não é diferente: são instituições bancárias e financeiras, empresas de petróleo e telefonia, frigoríficos, municípios e empresas estatais (<www.csjt.jus.br>). Destacam-se, também, empresas de serviços terceirizados, comprovando as consequências nefastas da terceirização. Os cidadãos e as empresas têm assegurada na Constituição Federal a reparação dos direitos lesados e podem buscar essa reparação em ação judicial. O problema surge quando se identifica que os habituais litigantes criaram estratégia ilícita para transformar Tribunais em departamentos de atendimento a clientes, Varas do Trabalho em setores de recursos humanos. Assim, eliminam ou reduzem custos com estrutura extrajudicial de solução de conflitos. Por sua vez, o Estado sonegador de direitos descumpre obrigações legais, protela soluções de nível administrativo e entulha o Judiciário. Essa grave distorção prejudica o funcionamento do Poder Judiciário: torna a prestação de justiça mais demorada, dificulta e desestimula o acesso à justiça pelo cidadão comum. Para os grandes sonegadores de direitos descumprir a lei tornou-se regra de conduta e vantagem competitiva. "Vá procurar seus direitos!" é expressão emblemática que traduz o desprezo pela ordem jurídica no Brasil.

O problema do pressuposto estabelecido no voto é que enquanto o descumprimento de direitos trabalhistas ou postergar a solução de uma demanda judicial representa a prática de **atos ilícitos**, discutir em juízo direitos dos quais se acredita titular não se trata de ato ilícito algum. Mesmo que o pleito seja julgado improcedente não se estará diante de um ato ilícito.

Precisamos admitir que, sobretudo no Brasil, ajuizar uma demanda trabalhista não é mera diversão e já implica, no mínimo, assumir um desgaste com colegas de trabalho, pois, na maior parte das vezes, decorrente do modo como se tem entendido o instituto das provas no processo do trabalho, do depoimento destes, na condição de testemunhas, dependerá o sucesso da demanda. Implica, também, a perda de um dia ou turno em que poderia estar trabalhando ou procurando por um novo posto de trabalho. Implica, ainda, a possibilidade concreta de prejuízos futuros, em razão da comunicação entre o empregador demandado e os possíveis futuros tomadores do seu trabalho, prática tão comum que tem até apelido: "lista suja".

Com todos os empecilhos, no Brasil, mover uma reclamação trabalhista está bem mais para um ato de coragem do que de "esperteza" e se, apesar de todas as dificuldades, o número de reclamações só aumentou, é sintoma de que a Justiça do Trabalho soube conferir efetividade aos preceitos de acessibilidade, ganhando a confiança do jurisdicionado.

No entanto, o que deveria ser comemorado e considerado como uma grande conquista, qual seja, o fato de se ter conseguido conceber uma instituição que confere sentido real à cidadania e que não se submete ao poder econômico, atribuindo efetividade à ordem jurídica e aos preceitos democráticos, tem sido objeto de inúmeras críticas, o que só revela o caráter tendencioso e parcial dos argumentos apresentados.

Cumpre verificar que a Justiça do Trabalho atendeu, historicamente, a milhões de trabalhadores e trabalhadoras brasileiros e não se vê nenhum movimento desse segmento social buscando extinguir a Justiça do Trabalho e os críticos, inequivocamente vinculados aos interesses empresariais, falam de uma parcialidade da Justiça do Trabalho, mas não apontam, com estatísticas, a suposta atuação baseada em "erros judiciais" para favorecimento indevido dos trabalhadores.

Valendo lembrar que as decisões da Justiça do Trabalho são, igualmente, submetidas a duplo grau de jurisdição e que podem, ainda, ser conduzidas a uma Corte Superior, o TST, podendo, inclusive, chegar ao STF; a possibilidade da existência de uma atuação generalizada baseada em erros judiciais é completamente cerebrina e desprovida de qualquer embasamento fático.

O maior número de procedências, total ou parcial, com relação ao número de improcedências está longe de significar uma atuação indevida dos juízes trabalhistas, pois o mesmo fenômeno é verificado na Justiça Federal e na Justiça Comum, incluindo os Juízes Especiais Cíveis[19], pois a ação só existe por iniciativa do autor e este, claro, como regra, só se submete ao desgaste da atuação judicial (ainda que beneficiário da justiça gratuita) quando considera que efetivamente um direito seu foi resistido por ato do réu.

Reitere-se: o processo é um ato de coragem para o trabalhador brasileiro, que muitas vezes não tem sequer o dinheiro para a passagem de ônibus que o conduzirá até a audiência trabalhista. É um ato de coragem em uma realidade na qual insistimos em não reconhecer eficácia ao inciso I do art. 7º da Constituição, quando garante o dever de motivação da despedida. O fato de que o trabalhador pode ser despedido, sem saber a razão, a qualquer momento, faz com que a maioria absoluta dos reclamantes na Justiça do Trabalho seja de desempregados. E se o cidadão brasileiro ainda assim busca seus direitos, é porque no mais das vezes perde o emprego sem sequer receber saldo de salário.

Não é possível, portanto, afirmar que há litigiosidade demais no Brasil, no âmbito da Justiça do Trabalho, seja porque isso é desmentido pelos números do CNJ, seja porque se litigiosidade houver, não há razão lógica para atribuir sua responsabilidade ao trabalhador, e não ao tomador de trabalho que sonega direitos fundamentais.

19. Disponível em: <http://ipea.gov.br/agencia/images/stories/PDFs/relatoriopesquisa/181013_diagnstico_sobre_juizados.pdf>.

9. NÃO HÁ "LITIGIOSIDADE EXCESSIVA" E SIM PROPORCIONAL ÀS PRÁTICAS ILÍCITAS

O Ministro Luís Roberto Barroso na sequência afirma que a lógica "equivocada e perversa da litigiosidade excessiva e da judicialização compulsiva traz uma consequência ainda pior", qual seja:

> É que muitas vezes como o litígio é inexorável, ***o empregador já não cumpre mesmo sua obrigação, ele fica esperando a reclamação trabalhista e aí então ele resolve em juízo***. Às vezes anos depois ou às vezes por acordo, em que ele fica com uma fatia a mais aquilo que deveria ter honrado desde a primeira hora. Portanto, essa judicialização exacerbada, essa litigiosidade excessiva das relações de trabalho prejudica o mercado de trabalho, prejudica os trabalhadores e prejudica os empreendedores corretos e honestos [...].

Essa talvez seja a mais grave afirmação de todo o voto. A naturalização do descumprimento de direitos fundamentais, como se fosse dado ao tomador do trabalho optar por não honrar direitos dos trabalhadores e trabalhadoras e simplesmente "esperar pela ação trabalhista".

É bastante sério que uma manifestação do Supremo Tribunal Federal trate o ato ilícito com tanta condescendência e ainda vise responsabilizar a vítima, como se a culpa pelo desrespeito aos seus direitos fosse do próprio trabalhador.

Pela afirmação textual do Ministro, os trabalhadores e trabalhadoras no Brasil não têm seus direitos respeitados porque ajuízam demandas para exigi-los por intermédio do Estado.

O que se depreende dessa afirmação é que o ato ilícito foi tratado como mera inadimplência do empregador e que o ato do empregador é culpa do trabalhador, gerando a consequência de que o trabalhador deve ser punido por exercer o direito à tutela jurisdicional.

Seria plenamente impróprio, mas diante da inversão de valores jurídicos, acaba sendo necessário lembrar que a procedência do pedido não equivale, juridicamente, à improcedência. Quando se declara a procedência reconhece-se o cometimento de um ato ilícito por parte do reclamado, ou uma sucessão de atos ilícitos (como se dá, em geral, no Direito do Trabalho, por ser uma relação de trato sucessivo – não pagar horas extras, por exemplo). Já a improcedência não reflete a prática de nenhuma ilegalidade, vez que o direito de ação é abstrato e o seu exercício regular não está vinculado à procedência da pretensão.

Ao admitir que para remunerar o advogado da reclamada seja retido parte do valor reconhecido como devido ao trabalhador, o que a Lei n. 13.467 institui é a devolução dos valores indevidamente subtraídos àquele que os subtraiu, ao autor do ato reconhecido como ilícito.

Como consequência, tal determinação premia o infrator do ato ilícito e gera dano a quem nada fez de errado. A litigância de má-fé tem efeito próprio e está prevista tanto no CPC quanto na atual redação da CLT. Não se pode confundir litigância de má-fé com improcedência de alguma pretensão. A certeza do direito é a antítese do processo. Se há certeza, não há razão para discussão judicial. O trabalhador ajuíza demanda porque, obviamente, não tem a certeza do resultado de sua pretensão ou, mesmo que a tenha, não possui outro instrumento legítimo do qual possa se servir. Em alguns casos, sequer tem a possibilidade de aferir *a priori* o seu direito, pois depende da produção de prova pericial (insalubridade/periculosidade). A função do perito é justamente examinar o ambiente de trabalho e saber se há ou não condição insalubre/perigosa de trabalho. Pelo texto em discussão na ADI n. 5.766, uma perícia que não reconhece situação insalubre de trabalho gerará para o trabalhador **alcançado pelo benefício da gratuidade da justiça** dever de pagamento dos honorários do profissional que auxiliou o juízo, como se fosse dele, do reclamante, a responsabilidade pela análise técnica realizada.

A lógica fixada na lei, acolhida pelo voto, se descola totalmente da realidade e, meramente, busca punir o reclamante que ousa submeter a controvérsia sobre a salubridade do ambiente do trabalho ao Estado.

Condenar o beneficiário da gratuidade da justiça a pagar honorários de advogado, de perito, ou custas, apenas porque não conseguiu convencer o juízo da veracidade de suas alegações ou porque a inspeção demonstrou que não há risco ou dano em seu ambiente de trabalho, serve meramente para punir economicamente o reclamante e, com isso, criar um obstáculo generalizado ao acesso à Justiça, reduzindo, de maneira artificial e estimulante do desrespeito aos direitos trabalhistas, a quantidade de processos distribuídos na Justiça do Trabalho.

Importante lembrar, também, que as vultosas condenações em honorários têm tomado como parâmetro os pedidos de indenização por dano moral por agressão a direito de personalidade ou pela ocorrência de acidentes de trabalho (incluindo doenças profissionais), o que torna as condenações em questão ainda mais desprovidas de fundamento jurídico.

No que se refere aos pleitos de indenização, os valores do pedido são apenas indicativos. Concretamente, o valor eventualmente devido é livremente fixado pelo juiz, tendo à vista as peculiaridades do caso e quase sempre é totalmente desvinculado do valor expresso na inicial, até porque a configuração do dano e seus efeitos, no que se refere aos acidentes do trabalho, depende de perícia médica, realizada no curso do processo por profissional habilitado e de confiança do juízo. A pretensão do reclamante a respeito, portanto, é sempre uma suspeita, já que não sendo médico ou jurista não possui o conhecimento necessário para fazer, tecnicamente, essa avaliação, o que se dá também com relação às pretensões pertinentes à insalubridade e periculosidade.

Com relação aos acidentes de trabalho, a regra básica é a de que esse tipo de ação, mesmo em outras esferas do

Judiciário, deve ser isenta de qualquer custo, para que não se impeça que as discussões a respeito do tema, dada a sua gravidade social, com imensa repercussão no potencial econômico do país, não deixem de chegar aos órgãos públicos. Há, por assim dizer, um interesse público em não criar obstáculos para que a temática seja levada ao Judiciário.

10. REDUZIR O SENTIDO E O ALCANCE DA CIDADANIA NÃO É SOLUÇÃO

Proferindo seu voto, o Ministro Barroso ainda fez a leitura do art. 5º, XXXV, da Constituição ("A lei não excluirá da apreciação do Poder Judiciário lesão ou ameaça a direito") e do inciso LXXIV ("O Estado prestará assistência jurídica integral e gratuita aos que comprovarem insuficiência de recursos"), para concuir que: "Portanto a Constituição assegurou o acesso à justiça e assegura assistência jurídica integral aos hipossuficientes". E acrescentou: o "acesso à justiça inclui também o direito a um processo justo, efetivo e a uma justiça que funcione, que funcione em tempo razoável e de maneira eficiente".

É preciso repetir aqui a conclusão do relatório do CNJ, no Justiça em Números, de 2016: a Justiça do Trabalho apresenta, historicamente, "**taxas de congestionamento baixas e índices de atendimento à demanda elevados se comparados aos verificados nos demais ramos de justiça**", sendo por isso mesmo "**reconhecida como um aparato ágil e eficiente**"; "o reflexo de um rito processual historicamente voltado para as soluções consensuais dos conflitos, já sentido no índice de conciliação, faz-se presente novamente na apuração do tempo do processo na Justiça do Trabalho".

No Direito do Trabalho, o pressuposto teórico é o do reconhecimento da desigualdade material entre o capital e o trabalho, de modo que aos trabalhadores são garantidos preceitos jurídicos mínimos, como forma de consagração de sua cidadania. Nesse contexto, qualquer forma de impedimento aos trabalhadores, sobretudo àqueles a quem não se possa negar a condição de hipossuficiência econômica, de terem acesso ao Judiciário representa uma ofensa ao projeto constitucional e aos direitos fundamentais que a Constituição reservou aos trabalhadores.

Ora, se a Justiça do Trabalho é reconhecidamente mais eficiente, como é possível tratar de vedação do acesso à justiça como uma necessidade decorrente do "alto grau de litigiosidade", sabendo que no direito comum, onde essa mesma eficiência não existe, não se põem as restrições contidas na Lei n. 13.467 e que são objeto da ADI n. 5.766.

No art. 98 do Código de Processo Civil se conferiu à "pessoa natural ou jurídica, brasileira ou estrangeira, com insuficiência de recursos para pagar as custas, as despesas processuais e os honorários advocatícios" o direito "à gratuidade da justiça".

Segundo esse mesmo artigo, a gratuidade da justiça compreende: "I – as taxas ou as custas judiciais; II – os selos postais; III – as despesas com publicação na imprensa oficial, dispensando-se a publicação em outros meios; IV – a indenização devida à testemunha que, quando empregada, receberá do empregador salário integral, como se em serviço estivesse; V – as despesas com a realização de exame de código genético – DNA e de outros exames considerados essenciais; VI – os honorários do advogado e do perito e a remuneração do intérprete ou do tradutor nomeado para apresentação de versão em português de documento redigido em língua estrangeira; VII – o custo com a elaboração de memória de cálculo, quando exigida para instauração da execução; VIII – os depósitos previstos em lei para interposição de recurso, para propositura de ação e para a prática de outros atos processuais inerentes ao exercício da ampla defesa e do contraditório; IX – os emolumentos devidos a notários ou registradores em decorrência da prática de registro, averbação ou qualquer outro ato notarial necessário à efetivação de decisão judicial ou à continuidade de processo judicial no qual o benefício tenha sido concedido".

No âmbito do direito comum, onde sequer se reconhece a assimetria presente na relação entre capital e trabalho, a gratuidade foi estabelecida no sentido próprio da palavra, ou seja, para a eliminação de todo o custo do processo que impeça ou dificulte o acesso à justiça, o que não afastou a possibilidade da aplicação de multas processuais ao beneficiário, evidentemente apenas no caso em que este exerça o direito processual de forma abusiva (§ 4º do mesmo artigo).

A única exceção que o art. 98 admite e que, de fato, não constitui uma exceção, diz respeito à obrigação de pagamento de despesas processuais e honorários advocatícios que decorram da sucumbência (§ 2º), mas que somente poderão ser cobradas pelo credor se, no prazo de 05 anos, o beneficiário superar a situação econômica que lhe conferiu o direito à gratuidade, cabendo, inclusive, ao credor fazer prova a respeito (§ 3º), até porque "presume-se verdadeira a alegação de insuficiência deduzida exclusivamente por pessoa natural" (§ 3º do art. 99).

As normas inseridas na CLT pela Lei n. 13.467/2017, no entanto, sugerem que o próprio proveito econômico obtido pelo trabalhador no processo seja utilizado para o pagamento das despesas do processo, incluindo os honorários da parte contrária, estabelecendo, desse modo, objetivamente, um rebaixamento da cidadania dos trabalhadores na comparação com os demais cidadãos em outras relações jurídicas, contrariando a própria essência do Direito do Trabalho.

Neste sentido, os dispositivos em questão não merecem sequer o atributo de normas trabalhistas, vez que sua preocupação fundamental foi a de negar a garantia constitucional de amplo acesso à Justiça aos trabalhadores.

Essa "estratégia legislativa", inclusive, já vem repercutindo gravemente no número de reclamações trabalhistas.

No entanto, a redução de litigiosidade, apoiada no artificialismo jurídico que submeteu os trabalhadores à ameaça de custos processuais, quebrando a eficácia do princípio do acesso à justiça e, portanto, o que Barroso chama de "processo justo, efetivo e a uma justiça que funcione, que funcione em tempo razoável e de maneira eficiente", representa exclusivamente maior incentivo ao descumprimento da legislação do trabalho, gerando aumento do sofrimento nas relações de trabalho, intensificação do processo de acumulação da riqueza, quebra do sistema previdenciário, diminuição do consumo e agravamento da crise econômica, com efeito inevitável na insegurança pública.

Vale reparar que dias após ter sido divulgada a queda do número de reclamações trabalhistas, apontada por alguns, inclusive, como efeito benéfico da nova lei, já se anunciava o aumento da concentração da renda e do desemprego, além da abertura de vagas de trabalho apenas para uma remuneração de até dois salários mínimos, a queda do número de trabalhadores com carteira assinada e o aumento do trabalho informal, evidenciando o caráter precarizante da nova lei[20].

Acompanha a constatação da diminuição do número de reclamações, até mesmo o argumento de que se pode pensar na extinção da Justiça do Trabalho, desprezando-se a importância dessa instituição na efetivação dos direitos de milhões de brasileiros e brasileiras.

Os dispositivos que estão sendo alvo de discussão na ADI n. 5.766 põem em questão a própria viabilidade do modelo de sociedade preconizado no pacto firmado por ocasião da elaboração da Constituição de 1988, que sequer, até hoje, foi completamente cumprido, sendo certo que todas as experiências tomadas para negar validade ao projeto de Estado Social Democrático de Direito, mantidas as bases econômicas do capitalismo, sobretudo em um país de economia dependente como a do Brasil, já se mostraram desastrosas, tendo servido apenas para aumentar os problemas econômicos e sociais que atingem, no nível do desespero, milhões de brasileiros e brasileiras.

Há uma grande responsabilidade, portanto, na definição jurídica sobre a questão do acesso à Justiça do Trabalho, exigindo-se, antes de tudo, avaliação profunda de todas as matérias que com ela se interligam.

Mesmo o raciocínio mais simplista, extraído da lógica formal, conduz à inviabilidade jurídica das leis que criam obstáculos específicos de acesso do pobre à Justiça do Trabalho.

Ora, se, por uma questão de cidadania, a todos, sem distinção, é dado o direito de acesso ao Judiciário e se é entendido que com relação ao pobre existe um obstáculo que precisa ser superado pela assistência judiciária gratuita, para que o princípio isonômico seja concretizado, não se pode fixar o pagamento de honorários prévios e honorários advocatícios a quem é alvo de assistência judiciária gratuita porque isso é o mesmo que negar a essas pessoas o acesso à justiça, diminuindo-lhe a cidadania.

11. PRESUMINDO MÁ-FÉ SEM CORRESPONDÊNCIA FÁTICA

O Ministro Barroso insiste em afirmar: há "excesso de litigiosidade, e acho que não só na Justiça do Trabalho, mas em múltiplas áreas, a judicialização da vida e o excesso de litigiosidade são marcas bem visíveis do Brasil contemporâneo e o fenômeno é particularmente perceptível na Justiça do Trabalho com aquelas 4 milhões de ações novas em 2015 e os números provisórios de 2016 são próximos a esse também". E define as causas para isso:

> A primeira é grave. Há muitos empregadores que descumprem as suas obrigações. A segunda, há muito ajuizamento de ações temerárias. E a terceira, a legislação é complexa e é muito difícil mesmo adimplir com tudo que ela prevê.

É preciso repisar o que antes já dissemos: das 3,9 milhões de demandas trabalhistas ajuizadas no Brasil em 2016, apenas 7% foram julgadas totalmente improcedentes. É evidente, portanto, que o alto número de reclamações está ligado ao elevado estágio de descumprimento da legislação e da própria ordem constitucional. Por isso mesmo, a negação do acesso à justiça só serve para incentivar ainda mais essa prática, que, como dito, não é perniciosa apenas para os trabalhadores individualmente considerados.

O Ministro Barroso admite que a maior parte das reclamações resulta do inadimplemento de obrigações pelo empregador, mas sugere que esses empregadores são, de certo modo, incentivados a não cumprirem a legislação do trabalho, seja por conta da complexidade da lei, seja porque, segundo lhe foi dito, os trabalhadores que perdem o emprego sempre entram com uma reclamação trabalhista mesmo e, então, o empregador prefere não "adimplir" as obrigações trabalhistas e fazer acordo na Justiça.

A lógica argumentativa acatada, no entanto, gera um perdão para a prática ilícita, que sequer é vista enquanto tal, e culpa aquele que, sendo vítima do ato ilícito, vai à Justiça pedir o resgate da autoridade da ordem jurídica.

Para justificar sua conclusão, o Ministro relata um caso que lhe foi relatado por alguém:

> Eu estive recentemente em um evento internacional, em que estava um importante dirigente de uma importante empresa brasileira, de boa reputação, e que me disse, aliás, disse publicamente, depois me disse reservadamente que ele investe no seu *compliance*

20. Disponível em: <http://www.redebrasilatual.com.br/trabalho/2018/02/trabalhadores-informais-denunciam-dificuldade-em-encontrar-vagas-registradas>.

trabalhista, que a existência de reclamações trabalhistas contra a sua empresa traz um custo institucional alto, que ele gostaria de evitar e que não obstante gastar muito dinheiro com o *compliance* trabalhista e se empenhar por cumprir tudo o que a legislação exige, ainda assim tem milhares de reclamações trabalhistas. Portanto há alguma coisa errada em um sistema em que mesmo aquele que faz o máximo para cumprir a norma, não consegue.

Acontece que a situação verificada na jurisdição trabalhista contraria o pressuposto adotado, isto porque exemplos não faltam de empregadores que, ao contrário daqueles que levaram seus "pareceres" ao Ministro Barroso, induzindo-o a uma percepção equivocada da realidade das relações de trabalho no Brasil, cumprem regularmente, como deve ser, a legislação do trabalho, tendo como consequência o fato de que apenas raramente aparecem como acionados em reclamações trabalhistas.

É o caso, por exemplo, da empresa Lupo, em Araraquara, que, possuindo, na sede fabril naquela cidade, cerca de 4.500 empregados, foi parte reclamada em 30 (trinta) reclamações trabalhistas no ano de 2016, sendo que, considerando os dados específicos da 3ª Vara do Trabalho de Araraquara, foram, nos últimos 10 (dez) anos, 54 reclamações. Ordinariamente, essas ações, inclusive, dizem respeito a discussões sobre eventual ocorrência de acidente do trabalho e não ao "inadimplemento" de obrigações trabalhistas. E o grupo ao qual se integra referida empresa teve, desde a década de 90, considerando toda a jurisdição abrangida pelo Tribunal Regional do Trabalho da 15ª Região, 399 reclamações.

Em Jundiaí, a empresa Maccaferri, com 369 empregados, teve 48 reclamações trabalhistas nos anos de 2015, 2016, 2017 e 2018. A empresa Weir, com 335 empregados, e a empresa Prensa Jundiaí, com 120 empregados, tiveram, respectivamente, no mesmo período, 53 e 27 reclamações; para ficar em alguns poucos exemplos. Os números, portanto, não autorizam a dizer que todo trabalhador é um delinquente em potencial, no sentido de possuir uma propensão a utilizar o processo de forma abusiva para extrair benefício indevido de seu ex-empregador; ou que todas as empresas não cumprem deliberadamente os direitos de seus trabalhadores porque sabem que serão alvo de reclamações trabalhistas.

Aliás, não se chegaria a essa situação completamente deturpada do exercício do direito de ação sem o necessário "conluio" generalizado de advogados e advogadas (de empregados e também de empregadores, vez que a atuação deliberada de descumprir a lei supostamente se basearia em aconselhamento jurídico), daí porque o argumento atinge a própria dignidade da advocacia trabalhista e, por conta disso, foi alvo de uma carta de repúdio assinada por 150 advogados e advogadas trabalhistas[21]. Fato é que essa presunção de má-fé, que foi utilizada para negar vigência à garantia constitucional da justiça gratuita, não se apoia em dados reais.

De todo modo, para as ações temerárias, existe a previsão de condenação por litigância de má-fé. Trata-se de exceção, e como tal deve ser enfrentada. Os dispositivos em análise na ADI n. 5.766, repita-se, não se referem à coibição do ajuizamento de demandas temerárias. E nem conseguem atingir tal objetivo.

O mais estranho é perceber que, mesmo sob a ótica distorcida e perversa de que demandas temerárias devem ser coibidas com vedação de acesso à justiça, o resultado será inócuo.

Ora, se a demanda for totalmente improcedente, o reclamante reconhecidamente pobre e sem condições de litigar em juízo de modo oneroso, certamente não terá condições de pagar honorários de advogado ou perito. Logo, quando estivermos realmente diante de lide temerária, a decisão de total improcedência, mesmo condenando ao pagamento de honorários, será fadada a entrar para o rol de execuções trabalhistas não resolvidas, pois de acordo com a previsão legal, não havendo créditos para serem compensados, após dois anos de "suspensão da exigibilidade", o processo poderá ser definitivamente arquivado.

Nada demonstra de modo mais claro que o objetivo desses dispositivos não é, nem nunca foi, coibir demandas temerárias. Não se trata de evitar demandas que a parte autora sabe destituídas de fundamento. Trata-se, isto sim, de estabelecer a lógica da penalização pelo exercício do direito de acesso à justiça, beneficiando claramente o agressor da ordem jurídica, com a previsão de que o trabalhador ou a trabalhadora em relação aos quais houve lesão reconhecida pelo Estado sejam compelidos a devolver os valores que lhe forem deferidos a quem efetivamente cometeu ato ilícito. O recado não poderia ser mais claro. Evitar que trabalhadores e trabalhadoras, para os quais exercer o direito de ação já é um ato de coragem, não ajuízem mais demandas trabalhistas.

Ora, se trabalhadores e trabalhadoras não tiverem coragem de ajuizar demanda trabalhista em relação aos atos ilícitos contra eles praticados no ambiente de trabalho, haverá redução do número de ações trabalhistas, mas será, como já afirmamos, uma redução artificial. E, em pouco tempo, veremos questionada a própria existência de uma estrutura destinada a cuidar desse conflito de interesses. Se os litígios não são judicializados, não há necessidade de uma estrutura de Poder Judiciário para deles cuidar.

A perversidade desse objetivo vai muito além do simples desmonte do sistema de proteção estatal para a relação capital e trabalho e de todas as implicações dessa opção legislativa, para a própria manutenção da ordem capital.

21. Disponível em: <https://www.conjur.com.br/dl/carta-ministro-barroso-relatorio.pdf>.

12. A CULPA NÃO PODE SER ATRIBUÍDA À VÍTIMA

O Ministro segue afirmando que:

> A Reforma Trabalhista, e esta lei que nós estamos discutindo aqui, só enfrentou um problema, que é o excesso de judicialização por parte dos empregados, não enfrentou nem a complexidade da legislação nem os descumprimentos contumazes da legislação trabalhista, e sobre isso eu vou falar brevemente ao final do meu voto. Seja como for, é disso que a lei trata, é esta lei que nós estamos aqui apreciando e é sobre isso que eu estou expondo ao longo do meu voto. Nós temos um sistema, anterior a esta lei, cuja estrutura dava excessivos à litigância. As pessoas na vida, como regra, elas fazem escolhas racionais e se movem por incentivos e riscos. A mesma lógica se aplica aos litígios judiciais. Se existe chance de algum proveito e nenhum risco de perder, o que se faz é dar-se um incentivo estatal à litigância fútil. Agora, se no caso de uma litigância que gere insucesso houver algum tipo de ônus, algum tipo de perda, pequena que seja, o indivíduo fará uma avaliação mais séria e responsável antes de ajuizar uma demanda. Portanto, nós tínhamos um sistema em que havia um incentivo para demandar e nenhum ônus para conter esse demandismo. Portanto, ***criar algum tipo de ônus, modesto como seja, para desincentivar a litigiosidade fútil me parece ser uma providência legítima para o legislador***.

Dessa afirmação se extrai que a ideia do legislador, da fixação de despesas aos beneficiários da justiça gratuita, estaria justificada pela necessidade de conter a "litigiosidade fútil".

O fundamento da legislação, no entanto, teria invertido toda a lógica jurídica constitucional, destruindo de vez a já tão abalada "presunção de inocência" e pondo em seu lugar, ao menos com relação aos pobres (assim como tais considerados pela própria lei), uma "presunção de culpa", ou uma "presunção da utilização abusiva do processo por parte do beneficiário da justiça gratuita".

Essa presunção, que não decorre explicitamente do texto da Lei n. 13.467/2017 ou de qualquer outra e que não se sustenta em máximas de experiência estatisticamente verificáveis, não é fundamento legítimo, portanto, para negar vigência à garantia fundamental, fixada expressamente na Constituição Federal, da assistência judiciária integral e gratuita aos que não tenham condições econômicas de suportar os custos do processo.

Haveria, ainda, nessa presunção, uma insuperável contradição, pois os mesmos custos não são impostos a litigantes em outras esferas do Judiciário. Por consequência, apenas com relação aos trabalhadores **que estão reconhecidamente na condição de beneficiários da justiça gratuita**, tal presunção derrubaria a pecha de delinquentes em potencial que precisariam ser "desincentivados" de praticarem o ato abusivo, pois com relação a outros litigantes o mesmo pressuposto não existiria.

O uso abusivo do direito de ação tem regramento específico e deve ser declarado em decisão judicial devidamente fundamentada que vincule o fato ao tipo legal expressamente previsto. A presunção de exercício abusivo do direito, fixada, sem base fática, como fundamento de uma interpretação legislativa, adquire a feição de uma presunção *iuri et de iure*, vez que não torna impossível àqueles a quem a presunção atinge negativamente exercerem o seu direito de defesa e produzirem prova em sentido contrário.

É imprópria, pois, a criação de uma "presunção da utilização abusiva do processo por parte do beneficiário da justiça gratuita", que não decorre de texto de lei e que não se sustenta em máximas de experiência estatisticamente verificáveis, pois aniquila a presunção de inocência e até impede o legítimo direito de defesa, não sendo, pois, fundamento legítimo para negar vigência à garantia fundamental, fixada expressamente na Constituição Federal, da assistência judiciária integral e gratuita aos que não tenham condições econômicas de suportar os custos do processo. Tal presunção, aliás, não tem respaldo constitucional e, por consequência, não pode servir como fundamento para negar vigência a uma garantia fundamental, até porque estimula preconceitos e, como preconiza Paulo Bonavides, "Uma Constituição aberta não deve abrigar preconceitos".

Apenas 7% das reclamações trabalhistas são julgadas totalmente improcedentes, o que afasta, estatisticamente, a presunção de exercício abusivo, do direito de ação de forma generalizada na Justiça do Trabalho. Em um aspecto, o fundamento oralmente apresentado, que guiou o voto, tem razão de ser e se refere ao fato de que os empregadores que cometem ilícitos trabalhistas têm sido beneficiados nas lides processuais com a realização de acordos vantajosos. Essa prática processual de estímulo ao acordo a qualquer custo, não punindo o ilícito trabalhista e até conferindo ao empregador o benefício da "quitação ampla geral e irrestrita de todas as obrigações decorrentes do contrato de trabalho", efetivamente constituiu, ao longo de anos, um enorme incentivo ao descumprimento da legislação trabalhista, sendo, em certa medida, uma das grandes causas do elevado número de reclamações trabalhistas.

O Ministro Barroso refere os "custos da máquina judiciária" e afirma que "apenas 11% do custeio da justiça é recuperado por meio de taxa judiciária, custas e emolumentos. Isso significa que cerca de 90% da atuação do Poder Judiciário são 90% subsidiados pela sociedade, isto é, quem paga a fatia mais larga deste custo não são os litigantes, é a sociedade como um todo. Em última análise, é o povo brasileiro e portanto dinheiro que vai para o custeio do Judiciário, importante como seja o papel do Judiciário, é dinheiro que não vai para a educação, é dinheiro que não vai para a saúde, é dinheiro que não vai para o saneamento, é dinheiro que não vai para melhorar estradas".

Esquece-se de considerar a relevância dos valores arrecadados pela Justiça do Trabalho para a Previdência Social. Em 2016, a Justiça do Trabalho arrecadou

R$ 2.385.672.884,90 para a Previdência Social. Em 2017, já sob o assombro da nova lei, esse número foi reduzido para R$ 1.356.057.399,35[22].

O Relatório Geral da Justiça do Trabalho revela que, em 2015 (portanto, antes do corte orçamentário que tirou 29% da verba de custeio e 90% da verba de investimentos), os custos totais para a estrutura de 24 TRTs, 1.587 varas do trabalho em todo o país, quase 4 mil juízes e cerca de 45,5 mil servidores na ativa, além do TST e CSJT, eram de R$ 17,1 bilhões; o total distribuído nos processos trabalhistas chegou a R$ 17,4 bilhões, fora a arrecadação de outros R$ 2,8 bilhões em tributos, custas e emolumentos aos cofres públicos. Portanto, a Justiça do Trabalho devolve, diretamente, cerca de 18% a mais do que custa. Isso sem considerar a receita indireta: emprego de milhares de advogados, peritos judiciais, prestadores de serviço, e todos os demais repasses que entram na economia, como os gastos com manutenção, aluguéis, obras, materiais, insumos e muitos outros[23].

No Relatório relativo ao ano de 2016, consta que a Justiça do Trabalho "contava com 47.545 magistrados e servidores, quantitativo 0,4% inferior ao do ano anterior". Ainda assim, sua produtividade foi 4,3% superior à alcançada em 2015.

A despesa da Justiça do Trabalho para cada habitante foi de R$ 85,16, 5,2% inferior à de 2015. Em contrapartida, a Justiça do Trabalho arrecadou para a União o montante de R$ 3.276.651.454,37 em IR, INSS, custas, emolumentos e multas aplicadas pelo Órgão de Fiscalização, valor correspondente a 18,7% da sua despesa orçamentária e 9,2% superior ao arrecadado em 2015.

Foram pagos aos reclamantes R$ 24.358.563.331,43, 30,5% a mais que em 2015. Os valores pagos decorrentes de acordos judiciais representaram 37,1% do total e aumentaram 18,0%; os decorrentes da execução da sentença representaram 52,8% e aumentaram 33,0%. A demanda processual, em comparação com o ano anterior, aumentou 5,9%, somando ao final de 2016, 3.700.642 casos novos. A **cada 100.000 habitantes do País, 1.796 pessoas** ingressaram com pelo menos uma ação ou recurso na Justiça do Trabalho[24].

No ano de 2017, também como efeito do assédio da "reforma", esse número foi reduzido para R$ 13.246.602.442,95, o que, inegavelmente, repercute, negativamente, na produção, no consumo e na geração de empregos[25].

O orçamento destinado à Justiça do Trabalho em 2017 representa uma conquista frente às dificuldades enfrentadas pelo grave corte orçamentário e da luta do presidente do CSJT, Ministro Ives Gandra Martins Filho, para reestabelecer o orçamento e não prejudicar a sociedade que precisa da prestação jurisprudencial num cenário onde o desemprego no Brasil afeta mais de 13 milhões de pessoas.

É de salientar que o próprio Ministro, quase ao final da leitura do voto, reconhece que "a Justiça do Trabalho tem um bom desempenho comparada a outros ramos do judiciário". Reconhece que "a taxa de congestionamento bruto da Justiça do Trabalho é inferior às da Justiça Federal e da Justiça Estadual"; "o índice de atendimento à demanda é superior na média aos índices da Justiça Federal e da Justiça Estadual"; "o custo médio por habitante é substancialmente inferior ao da Justiça Estadual" e "a Justiça do Trabalho tem um percentual bem acima do das outras Justiças de solução de litígio por via de transação, por via de conciliação, o que é igualmente uma virtude que deve ser salientada".

13. NÃO SE MELHORA O ACESSO À JUSTIÇA ELIMINANDO O ACESSO À JUSTIÇA

O Ministro Barroso ainda afirma que "quando se permite que cada pessoa individualmente utilize o espaço público para maximizar o seu interesse, o interesse privado prevalece sobre o interesse público e em algum momento o espaço público é consumido e destruído pelo interesse privado".

O argumento do Ministro Barroso, de que "sem conter a sobrecarga gerada para o Judiciário o próprio acesso à justiça começa a ficar comprometido e portanto o acesso à justiça é comprometido pela negativa da possibilidade de ingresso, mas é também comprometido pela inexistência de filtros mínimos e de desincentivos mínimos para este ingresso porque a demanda excessiva também impede um acesso à justiça, pelo menos a uma justiça que funcione com o mínimo grau de eficiência. E os números da judicialização no Brasil são muito impressionantes, os números do Judiciário e da judicialização no Brasil de uma maneira geral", talvez sirva para a justiça comum, mas não para a trabalhista.

Tanto isso é verdade que o Ministro se reporta, para fundamentar sua conclusão, em tese de doutoramento do juiz federal Erik Navarro Wolkart, chamada "Análise econômica e comportamental *do processo civil*".

Todos os dados antes referidos demonstram que a Justiça do Trabalho é eficiente e tem um número muito pequeno de demandas integralmente improcedentes.

A impressão que se tem é de que todo mundo entra com ação trabalhista, algo, aliás, que o Ministro afirma em trecho anterior do seu voto, chegando a dizer que os empregadores não respeitam os direitos fundamentais trabalhistas porque aguardam a ação para fazer o pagamento.

22. Disponível em: <http://www.tst.jus.br/arrecadacao>.

23. Disponível em: <http://www.tst.jus.br/consolidacao-estatistica1>.

24. Disponível em: <http://www.tst.jus.br/documents/10157/3bd84696-5b95-56dc-1a66-29b804f92d39>.

25. Disponível em: <http://www.tst.jus.br/jt-valores-pagos>.

Ora, o Relatório da Justiça do Trabalho, antes já referido, assinado pelo então presidente Ives Gandra Martins Filho, refere que a **cada 100.000 habitantes do País, apenas 1.796 pessoas** ingressaram uma ação ou recurso na Justiça do Trabalho.

O Relatório ainda dá conta de que a indústria e os serviços diversos lideraram o *ranking* de atividades econômicas com maiores quantitativos de casos novos, reafirmando a relação direta entre precarização/terceirização e inadimplemento dos direitos fundamentais dos trabalhadores e trabalhadoras.

Novamente, aponta-se – nesse mesmo Relatório – que os assuntos mais recorrentes na Justiça do Trabalho são: aviso prévio; multa do art. 477 da CLT; multa do art. 467 da CLT; e multa de 40% do FGTS. Ou seja, assuntos que refletem a prática de despedir sem efetuar o pagamento das verbas resilitórias.

Em 2016, pelo Relatório, as execuções iniciadas somadas às execuções pendentes de anos anteriores totalizaram 2.981.156 processos. Desse total, foram encerradas 661.850, 22,2%. Portanto, se existem tantas ações tramitando na Justiça do Trabalho, é pela renitência de empregadores que insistem não apenas em descumprir direitos como também em procrastinar a solução dos processos, escondendo patrimônio[26].

Quanto aos gastos, convém insistir que a Justiça do Trabalho arrecadou para a União o montante de R$ 3.276.651.454,37 em IR, INSS, custas, emolumentos e multas aplicadas pelo Órgão de Fiscalização, valor correspondente a 18,7% da sua despesa orçamentária e 9,2% superior ao arrecadado em 2015. E que recompôs danos da ordem de R$ 24.358.563.331,43 (valores pagos em declamatórias trabalhistas e, portanto, decorrentes de direitos desrespeitados).

De qualquer modo, precisamos também salientar que esses números, que desconstroem a retórica de que a Justiça do Trabalho é cara para o cidadão, sequer deviam estar sendo discutidos. É que a função judicial é indispensável para um Estado Democrático de Direito, revela-se de interesse público, sobretudo na defesa das maiorias oprimidas. Logo, não pode ser pautada pela lógica da eficiência. Não estamos tratando de questão relacionada a uma empresa que visa o lucro. Estamos tratando de acesso à justiça, direito a uma tutela jurisdicional efetiva.

14. IMPROCEDÊNCIA DO PEDIDO NÃO É ATO ILÍCITO E NÃO PODE GERAR ANIQUILAMENTO DE UMA GARANTIA CONSTITUCIONAL

Ao examinar concretamente o art. 790-B da CLT ("A responsabilidade pelo pagamento dos honorários periciais é da parte sucumbente na pretensão objeto da perícia, ainda que beneficiária da justiça gratuita" e § 4º, "somente no caso em que o beneficiário da justiça gratuita não tenha obtido em juízo créditos capazes de suportar a despesa referida no *caput*, ainda que em outro processo, a União responderá pelo encargo"), Barroso afirma que "não há desembolso, ninguém tem que tirar do que já tem, pode ter que vir a tirar daquilo que venha a eventualmente receber se tiver formulado uma pretensão e esta pretensão tiver sido reconhecida pela justiça como indevida, sendo que houve a atuação de um perito que na crença geral seria pago pela União, mas que em última análise, como a União vive do que arrecada, seria pago pela sociedade brasileira, seria pago, pelo menos em 90%, pelo subsídio que todas as pessoas, inclusive as muito pobres, dão à litigiosidade perante o Poder Judiciário".

Quanto ao § 4º do art. 791-A ("vencido o beneficiário da justiça gratuita, desde que não tenha obtido em juízo, ainda que em outro processo, créditos capazes de suportar a despesa, as obrigações decorrentes de sua sucumbência ficarão sob condição suspensiva de exigibilidade e somente poderão ser executadas se nos dois anos subsequentes ao trânsito em julgado da decisão que as certificou, o credor demonstrar que deixou de existir a situação de insuficiência de recursos que justificou a concessão de gratuidade extinguindo-se, passado esse prazo, tais obrigações do beneficiário"), afirma ser "bastante razoável, deixou de ser hipossuficiente, passou a ter recursos, acho que deve pagar efetivamente o que deve. Se permanecer hipossuficiente não precisa pagar absolutamente nada, a menos que tenha ganho naquele ou em outro processo créditos suficientes para arcar com esse ônus. Portanto, de novo aqui, não há necessidade de qualquer desembolso, só vai pagar se tiver obtido algum ganho parcial naquela causa ou ganho em alguma outra causa, ou seja, na prática ou o sujeito vai ter deixado de ser pobre ou ele não vai ter que pagar porque a menos que seja um litigante contumaz, o sujeito não tem 3, 4, 5 litígios correndo ao mesmo tempo". E acrescenta:

> Eu penso, com as observações que vou fazer logo a seguir, que não há desproporcionalidade nesta previsão legal, aqui proporcionalidade utilizada em sentido técnico, saber se a medida é adequada, saber se ela é excessiva e saber se o que se ganha com ela é mais vantajoso do que aquilo que se perde. Por que que ela é adequada? Porque evidentemente se o seu objetivo; a adequação significa uma relação racional entre o meio utilizado e o fim visado. Qual é o fim visado aqui? Diminuir a litigiosidade fútil. Qual é o meio empregado? Cria-se algum ônus para quem litiga e perde, portanto o meio é claramente adequado. Quando você cria um ônus você desincentiva um determinado comportamento.
>
> A medida claramente não é excessiva porque não interfere com o acesso à justiça, o sujeito continua

26. Disponível em: <http://www.tst.jus.br/documents/10157/3bd84696-5b95-56dc-1a66-29b804f92d39>.

podendo ingressar em juízo com a sua reclamação trabalhista sem pagar nada e se ele continuar pobre e não ganhar nada ele continua sem ter que pagar nada. Portanto acho que claramente não é uma medida excessiva e acho que ela tem proporcionalidade em sentido estrito porque concilia de um lado o interesse no acesso à justiça e de outro lado o interesse legítimo da sociedade no uso equilibrado do Poder Judiciário.

Portanto, considero que a norma é proporcional, fazendo apenas as observações que se seguem, presidente, e já me encontro no terço final do meu voto, que é o seguinte [...].

A Lei n. 13.467/2017, ao fixar o custo dos honorários advocatícios ao reclamante em razão da sucumbência recíproca mesmo ao beneficiário da justiça gratuita, potencializa as possibilidades de descumprimento de direitos pelos empregadores. Além, evidentemente, de incorrer em grave impropriedade jurídica. É justamente essa grave impropriedade que o Ministro vê como proporcional e razoável.

Ora, se a Constituição garante a assistência integral, não é devido à lei reduzir o alcance da garantia constitucional, não se podendo adotar a improcedência do pedido como parâmetro para isso, pois o direito de ação é abstrato. Dito de outro modo, o regular exercício do direito constitucional de ação não está vinculado à procedência do pedido.

A improcedência do pedido, por consequência lógica, não representa a prática de um ato ilícito, estando, igualmente, na esfera do exercício regular de um direito. Não pode o legislador infraconstitucional, portanto, atribuir à improcedência, vista como exercício regular de um direito, o efeito de negar vigência a uma garantia constitucional. Expresso de modo mais direto: o exercício regular do direito de ação não pode gerar perda da eficácia da garantia constitucional da assistência judiciária gratuita.

O que a Lei n. 13.467 faz, para reduzir o número de reclamações trabalhistas, sem alterar quaisquer das suas causas, é simplesmente punir a vítima, dificultando o seu acesso ao Judiciário, o que, de forma reversa, representa maior incentivo às práticas ilícitas, provocando, igualmente, punição aos empregadores que cumprem a legislação.

Pensando a questão do ponto de vista da efetividade do direito, a solução seguiria caminho bastante diverso e se voltaria, como ocorre nos países costumeiramente citados como exemplos de poucas ações judiciais, aos aspectos punitivos da prática ilícita, para que o processo deixasse de ser, como tem sido, "um bom negócio" para o empregador que descumpre deliberadamente a legislação trabalhista, como já advertira há muito Orlando Teixeira da Costa, à coletivização das ações, ao desenvolvimento de técnicas processuais voltadas a conferir maior celeridade ao processo, como a tutela antecipada, a redução de recursos etc.

Aliás, diante da ausência de efeito punitivo pela prática do ilícito trabalhista, e sem uma prestação jurisdicional mais efetiva e que incentiva acordos com supressão de direitos e "quitação do extinto contrato de trabalho", quando uma empresa se vê com alguma dificuldade econômica, o primeiro "custo" que vislumbra cortar é o que diz respeito aos direitos dos trabalhadores, sendo que, como se está dizendo, nem mesmo é a crise que justifica o ilícito trabalhista. O ilícito se insere na própria estratégia administrativa-financeira de muitas empresas, que, por esse meio, procuram, inclusive, obter vantagem sobre a concorrência.

Alheio a todo o desenvolvimento da teoria processual voltada à efetividade da prestação jurisdicional, como fator de acesso à ordem jurídica justa, o que o legislador da "reforma" trabalhista pretendeu – com acolhimento no voto oralmente prolatado pelo Ministro Barroso – foi meramente ameaçar os trabalhadores com custos processuais. E o efeito dessa ameaça já se verifica com a drástica diminuição do número de reclamações trabalhistas, sem qualquer demonstração de que isso tenha representado melhora na efetividade dos direitos dos trabalhadores e trabalhadoras.

A questão não é sociológica e sim jurídica e desse ponto de vista a tentativa do legislador de obstruir o acesso à justiça ao pobre encontra óbice insuperável, como já manifestado. Nem mesmo fora do âmbito da assistência judiciária gratuita é possível estabelecer custos processuais que anulem o benefício econômico obtido no processo, pois, de fato, o processo não cria direitos ou valores econômicos, servindo, meramente, como regra, para declarar direitos preexistentes e definir os efeitos econômicos da agressão a esses direitos, sendo que no Direito do Trabalho, inclusive, esses efeitos já estão fixados no próprio corpo normativo. Então, se o beneficiário da justiça gratuita aufere algum valor no processo isso diz respeito a uma situação pretérita que, inclusive, já foi avaliada para fins da concessão da assistência judiciária gratuita e que apenas reflete o dano jurídico experimentado decorrente do ato de ilegalidade cometido pela parte contrária, que, inclusive, provocou a propositura da ação.

Considerar, como propõem os artigos postos à discussão, indo além, inclusive, do que dispõem a respeito os artigos do CPC, que o ganho obtido no processo pelo beneficiário da justiça gratuita possa ser utilizado para pagar despesas do processo e até os honorários advocatícios da parte contrária é o mesmo que negar a gratuidade integral ao beneficiário que formulou pretensões procedentes, ou seja, àquele que, ao menos em parte, tem razão, e manter a gratuidade integral unicamente para o beneficiário que não tem razão alguma, invertendo a própria utilidade de todo o aparato jurisdicional.

Além disso, gera a situação inconcebível de que o efeito da ilegalidade praticada pelo reclamado, cometida durante meses ou anos, considerando-se a característica da relação de emprego, de ser uma relação jurídica de trato sucessivo, seja parcialmente anulado pela própria via institucional voltada ao resgate da autoridade da ordem jurídica, beneficiando a quem cometeu a ilicitude, isto porque o reclamante, beneficiário da assistência gratuita, que adquire algum valor no processo, mas sucumbe em outros, teria que pagar o advogado da reclamada (empresa) com o que houve por direito em função da ilegalidade cometida pela reclamada. Assim, parte da ilegalidade é revertida em proveito de quem cometeu o ato ilícito.

Bem diferente é a regra do processo civil – que sequer seria aplicável ao processo do trabalho, dada a maior proteção jurídica que se deve conferir aos trabalhadores em sua relação com o capital, que, ademais, é produzido pela força de trabalho dos trabalhadores – que permite a cobrança posterior dessa dívida constituída no processo (em decorrência da sucumbência) caso se demonstre a mudança completa de patamar da condição econômica daquele que havia sido beneficiário da assistência gratuita, mas isso, claramente, considerando a situação futura e não a pretérita que diz respeito ao processo no qual o benefício foi concedido. O proveito econômico obtido no processo pelo beneficiário da justiça gratuita não serve ao pagamento desses custos do processo pela simples e lógica razão de que fora concedido ao beneficiário tal direito para que não receasse entrar com a ação.

15. INTERPRETAÇÃO SISTEMÁTICA NÃO É O MERO PINÇAR DE NORMAS

Ao final do seu voto, o Ministro refere ser "necessária a preservação das verbas alimentares e do mínimo existencial do trabalhador e portanto as cobranças sucumbenciais não podem incidir sobre valores imprescindíveis à subsistência do reclamante para impedir que isso aconteça, eu estou interpretando esses dispositivos que li anteriormente conforme a Constituição para estabelecer dois critérios limitadores: o primeiro, o valor destinado ao pagamento de honorários de advogado e periciais não pode exceder 30% do valor líquido dos créditos recebidos. Dois, segundo critério, somente será possível utilizar para tal fim os créditos que excedam o teto dos benefícios pagos pelo Regime Geral da Previdência Social, que atualmente é de R$ 5.645,89".

Trata-se de critérios arbitrários, propostos sem qualquer fundamento legal, que mitigam a condição de crédito alimentar, abrindo passagem para que essa condição (reconhecida expressamente no art. 100 da CF) seja negada. A proposta de voto não é, pois, conforme a Constituição, pois nega não apenas o direito de acesso à justiça, premiando o autor de ato ilícito, mas também o direito à natureza alimentar desse crédito, com todas as suas decorrências legais, previstas inclusive no âmbito do direito comum (art. 1.707 do Código Civil).

Cabe ressaltar que sequer é possível, no conflito de normas estabelecido, entre a previsão da Lei n. 13.467/2017 e o Código de Processo Civil, invocar a aplicação da nova "lei trabalhista", por ser mais específica, porque, em se tratando de garantias fundamentais, a regra específica não pode reduzir o patamar já alcançado por norma mais ampla, vez que isso representaria a consagração de um estrato social determinado ao qual se imporia uma condição de subcidadania.

Quando o tema é a preservação de garantias fundamentais, o conflito de normas se resolve pela aplicação da regra de maior proteção, ou, como fixado na base teórica do Direito do Trabalho, pela aplicação da norma mais favorável à condição humana. Sendo assim, em termos de direitos fundamentais, o geral, quando mais benéfico, pretere o específico.

No caso do voto do Ministro Barroso, não se trata de aplicar norma menos favorável, mas de criar novas regras, que não foram discutidas nem redigidas por quem detém a função de produzir leis.

16. O ACESSO À JUSTIÇA COMO QUESTÃO DE ORDEM PÚBLICA

Com relação ao art. 844, cujo § 2º ("Na hipótese de ausência do reclamante este será condenado ao pagamento das custas calculadas na forma do artigo tal da CLT, ainda que beneficiário da justiça gratuita, salvo se comprovar no prazo de 15 dias que a ausência ocorreu por motivo legalmente justificável". E seu § 3º: "O pagamento das custas a que se refere o § 2º é condição para a propositura de nova demanda"). Barroso afirma que "de acordo com o estudo do Instituto de Pesquisa Econômica Aplicada (IPEA), no ano de 2015, 22,6% das ações trabalhistas ajuizadas foram arquivadas. Um, ou pelo não comparecimento do reclamante ou pela inépcia da inicial no caso de procedimento sumaríssimo. Logo, para coibir esse mecanismo que mobiliza a máquina judiciária à toa, em vão, e sempre lembrando que nada é de graça e que alguém paga esse custo, parece perfeitamente legítimo fazer o que faz a lei, exigir que quem faltou apresente uma justificativa e se não tiver justificativa e quiser demandar de novo tem que recolher as custas do processo a cujo arquivamento deu causa".

Novamente há presunção de má-fé e tentativa de punição do trabalhador. A regra refere-se à "motivo legalmente justificável", mas não diz qual seria a hipótese a ser considerada justificada na forma da lei, pois não há lei especificando razões pelas quais o trabalhador pode não conseguir comparecer à audiência. As principais, que ocorrem no dia a dia dos foros trabalhistas, "até quem não é da área sabe" quais são: o trabalhador falta quando arranjou novo emprego e tem medo que o patrão descubra a reclamação ou falta quando não tem dinheiro para pagar o deslocamento. Seriam esses motivos legalmente justificados?

E ainda que fossem, como justificar uma regra que condiciona o acesso à justiça a pagamento de custas de outro processo, já arquivado, e isso de quem é detentor do benefício da gratuidade?

Apenas o Reino Unido inseriu, em sua "reforma", regras sobre pagamento de custas que dificultavam o acesso à justiça para os pobres. Lá, a Corte Constitucional, em decisão recente, julgou inconstitucionais tais artigos, exatamente porque implicam o impedimento do ajuizamento de demanda e, portanto, do exercício do direito à tutela jurisdicional. A decisão foi proferida em julho de 2017, em razão de recurso apresentado pelo UNISON – Sindicato dos Servidores Públicos do Reino Unido –, o segundo maior sindicato britânico. De acordo com reportagem sobre a matéria: "Por meio da Employment Tribunals and the Employment Appeal Tribunal Fees Order 2013, o governo britânico fixou taxas para o acesso de trabalhadores aos tribunais trabalhistas. Alegadamente buscava, com a exigência de tais taxas, transferir parte dos custos dos tribunais trabalhistas para os trabalhadores, dissuadir demandas improcedentes e estimular acordos prévios. (...) O valor de tais taxas dependia do tipo da demanda ajuizada. Para o ajuizamento de demandas mais simples, passou-se a cobrar dos trabalhadores taxa no valor de 390 libras esterlinas (custo equivalente a mais de 1.500 reais), e para demandas mais complexas – envolvendo, por exemplo, questionamentos acerca de demissões injustas, equiparação salarial e discriminação de trabalhadores –, passou-se a cobrar o montante de 1.200 libras esterlinas (valor equivalente a quase 5.000 reais)"[27].

A declaração de inconstitucionalidade retirou esses dispositivos do ordenamento jurídico inglês.

A manutenção da nova redação do art. 844 da CLT, ao contrário do que expressa o Ministro Barroso ao referir que "seja bastante mais singelo e imaginaria que nem haja maior discussão sobre a sua constitucionalidade, mas como nós todos sabemos aqui no Plenário a gente nunca é capaz de prever com rigor o que vai gerar discussão" é de extrema gravidade, pois implica que uma condição de cidadania já alcançada possa ser reduzida.

Essa disposição, como de resto todo o texto da Lei n. 13.467, fere a cláusula geral de proteção dos direitos fundamentais do não retrocesso, traduzida no Direito do Trabalho pelo princípio da condição mais benéfica, que, inclusive, tem sede constitucional, conforme previsão do *caput* do art. 7º, o qual estabeleceu que os direitos trabalhistas são aqueles que ali se relacionou e quaisquer outros que "visem à melhoria" da condição social dos trabalhadores.

Há um interesse público em não dificultar o acesso à justiça para que a autoridade da ordem jurídica, de direito material, seja preservada e isso é ainda mais relevante quando se refere aos direitos sociais, essencialmente ligados a questões de ordem pública.

É essencial, portanto, que se obste, por meio da declaração da inconstitucionalidade dos dispositivos em questão, a ocorrência de todos os problemas jurídicos, econômicos, sociais e humanos acima mencionados e que decorrem da negação do acesso à Justiça do Trabalho. A garantia do acesso à justiça não pode ser anulada pela própria via processual porque, com isso, se corre o grave risco de destruir a eficácia de todo o aparato protetivo da condição humana dos trabalhadores.

Em um caso, que ganhou grande repercussão midiática, a reclamante foi condenada a pagar R$ 67.500,00 a um empregador. Ocorre que, na mesma sentença, foi reconhecido que o empregador feriu, diariamente, durante toda vigência da relação de emprego, vários direitos trabalhistas da reclamante, pelo que se chegou inclusive, a uma condenação no montante de R$ 50.000,00. No entanto, como alguns pedidos da reclamante foram julgados improcedentes, notadamente um que dizia respeito ao recebimento de indenização por dano moral, gerando a condenação da trabalhadora ao pagamento de honorários do advogado do empregador, o que restou como mensagem foi que a ilegalidade reiterada cometida pela empresa, que atingiu preceitos de direitos fundamentais, inclusive, foi menos grave do que uma afirmação feita pela reclamante na petição inicial.

Todo o ilícito cometido, durante anos, pelo empregador foi perdoado porque a reclamante, na avaliação judicial feita, expressou, na petição inicial, uma pretensão improcedente. Assim, por obra da abstração processual, com aparência de moralização, chegou-se ao resultado de que o infrator contumaz da ordem jurídica cometeu uma infração de muito menor potencial ofensivo do que a reclamante que (mesmo sem ser considerada litigante de má-fé) deduziu uma pretensão improcedente. No caso, o empregador, declaradamente agressor da ordem jurídica trabalhista, não só foi perdoado como também se viu premiado, saindo do processo credor da reclamante, a quem nenhum ato de ilegalidade foi imputado.

17. CONCLUSÃO

Todos esses argumentos levam à necessária conclusão de que não se pode assistir em silêncio a construção de um revisionismo histórico, que tenta desconsiderar a realidade das relações de trabalho, da ineficácia dos direitos trabalhistas e da atuação diligente e eficiente (com todas as limitações aqui mesmo reconhecidas) da Justiça do Trabalho, para emplacar um dispositivo legal que representa mais uma violência contra os trabalhadores e trabalhadoras no Brasil, fazendo letra morta de uma garantia constitucional duramente conquistada do acesso à justiça ao pobre, conforme consagrado em diversos tratados internacionais de Direitos Humanos.

O pacto social que firmamos em 1988 é condição de possibilidade da própria continuidade do sistema. Comprometer os parâmetros mínimos de acesso à justiça para trabalhadoras e trabalhadores em um país como o Brasil é comprometer a possibilidade de um ambiente de trabalho minimamente saudável, pois a ciência de que não haverá a quem recorrer colocará capital e trabalho em patamares de convívio similares aos do século XVIII e nos portará à barbárie.

27. Disponível em: <https://espaco-vital.jusbrasil.com.br/noticias/500336910/suprema-corte-britanica-julga-ilegais-normas-semelhantes-as-da-reforma-trabalhista-brasileira>.

Acesso à justiça e tutela dos conflitos ambientais laborais

20

Josilene Hernandes Ortolan Di Pietro[1]
Izabela Rial Pardo de Barros[2]

1. INTRODUÇÃO

O presente capítulo tem como objetivo abordar questões relacionadas à proteção jurídica do trabalhador e o direito fundamental ao meio ambiente do trabalho equilibrado, analisando os instrumentos jurídicos aptos a assegurarem o acesso à justiça quando houver necessidade do cidadão trabalhador reivindicar sua observância e cumprimento, especialmente por meio da utilização das formas consensuais de resolução de conflitos, notadamente pelo uso da mediação.

Abordar este direito é analisar o conjunto das condições existentes no local de trabalho relacionado à qualidade de vida do ser humano trabalhador. Sempre lembrando que não se limita ao espaço físico e ao ambiente interno onde diretamente o labor é exercido (como fábricas, empresas, escritórios, organizações). O meio ambiente do trabalho corresponde à integração de todos os elementos que promovam proteção e prevenção contra as intempéries e agentes que possam compromete a integridade e saúde física e psíquica do trabalhador, provocando desequilíbrio no *habitat* laboral.

Para tanto, primeiramente será abordado o direito ao meio ambiente do trabalho como direito humano e fundamental, analisando-se o direito ao acesso à justiça na seara trabalhista à luz da tendência moderna de fomentar o diálogo entre as partes e empoderar o trabalhador para solucionar os litígios por meio da negociação de seus interesses, apresentando, ao final, o uso da mediação como meio de se assegurar proteção jurídica do trabalhador no seu ambiente laboral de forma mais efetiva e célere.

2. MEIO AMBIENTE DO TRABALHO: DIREITO HUMANO E FUNDAMENTAL DO TRABALHADOR

A proteção jurídica das relações laborais teve sua conquista marcada por reivindicações em razão das condições de trabalho e do meio ambiente do trabalho desfavoráveis, desequilibradas e inseguras. Foram mortes, doenças e incapacidades que impulsionaram os trabalhadores a lutar por um *habitat* laboral hígido e salubre, salutar à qualidade de vida do trabalhador frente aos riscos e dificuldades gerados pela organização produtiva.

No âmbito internacional, destacamos a atuação da Organização Internacional do Trabalho (OIT), cuja missão é promover oportunidades para que o ser humano tenha acesso a um trabalho decente e produtivo, exercido em condições plenas de liberdade, equidade, segurança e dignidade.

O delineamento do trabalho decente insere-se como predicado essencial para superar a pobreza, reduzir desigualdades sociais, garantir a governabilidade democrática e promover o desenvolvimento sustentável. Como tal, inclui-se dentre as características do trabalho decente a tutela do meio ambiente laboral, indispensável à sadia qualidade de vida do ser humano trabalhador.

E a preocupação com a regulamentação do *habitat* laboral revelou a busca por um sistema de proteção do trabalhador mais amplo. Como pontua Oliveira[3],

> As primeiras preocupações foram com a segurança do trabalhador, para evitar a agressão mais visível dos

1. Professora Adjunta na Universidade Federal de Mato Grosso do Sul (UFMS). Pós-doutoranda em Ciência Jurídica na Universidade Estadual do Norte do Paraná (UENP). Doutora em Direito Político e Econômico pela Universidade Presbiteriana Mackenzie (UPM). Mestra em Direito pelo Centro Universitário Eurípides Soares da Rocha (UNIVEM). *E-mail*: lene_ortolan@hotmail.com.
2. Advogada. Mestra em Direito pela Universidade de Marília (UNIMAR). Especialista em Direito Civil e Processual Civil pela Universidade Toledo de Araçatuba/SP. Graduada em Direito pela Universidade Federal de Mato Grosso do Sul (UFMS). *E-mail*: izabelarial@hotmail.com.
3. OLIVEIRA, Sebastião Geraldo de. *Proteção jurídica à saúde do trabalhador*. 6. ed. LTr: São Paulo, 2011. p. 73.

acidentes do trabalho; posteriormente, buscou-se o apoio da medicina do trabalho para curar as doenças ocupacionais; em seguida, ampliou-se a pesquisa a higiene industrial, visando a prevenir as doenças e garantir a saúde ocupacional; mais tarde, o questionamento passou para a saúde do trabalhador, na busca de bem-estar físico, mental e social. Agora, pretende-se avançar além do paradigma da saúde do trabalhador: busca-se a integração deste com o homem, o ser humano dignificado e satisfeito com a sua atividade, que tem vida dentro e fora do ambiente de trabalho, que pretende, enfim, qualidade de vida no sentido amplo.

Para compreender a delimitação do conteúdo desse direito, bem como as consequências do seu expresso reconhecimento, importante ressaltar que o direito ao meio ambiente do trabalho equilibrado é direito humano, colhido da coexistência da questão social e ambiental, com guarida no direito internacional e reconhecido como direito fundamental na Constituição da República Federativa do Brasil de 1988 (CF/1988).

2.1. A regulamentação jurídica do direito ao meio ambiente do trabalho equilibrado no ordenamento nacional e internacional

A CF/1988 assenta que é competência do sistema único de saúde "colaborar na proteção do meio ambiente, nele compreendido o do trabalho" (art. 200, VIII), situando a saúde dentre os direitos sociais (art. 6º). Do mesmo modo, aborda a tutela da higidez física e psicossocial do trabalhador, determinando que é direito do trabalhador a adoção de medidas preventivas para reduzir os fatores de riscos inerentes ao labor (art. 7º, XXII).

O Pacto Internacional sobre Direitos Econômicos, Sociais e Culturais das Nações Unidas (PIDESC), que foi ratificado pelo ordenamento jurídico pátrio e promulgado por meio do Decreto n. 592/1992, dispõe que o Estados Partes reconhecem o direito de toda pessoa desfrutar e fruir de condições laborais justas e do mais elevado nível possível de saúde física e mental, por meio da melhoria das condições de segurança e higiene laboral e do meio ambiente (arts. 12.1, 12.2).

No âmbito da afirmação do meio ambiente do trabalho como direito humano, tem-se a Convenção n. 155 da Organização Internacional do Trabalho (OIT), devidamente ratificada pelo Brasil e promulgada via Decreto n. 1.524/1994, que trata da segurança e saúde dos trabalhadores e o meio ambiente do trabalho.

A jurisprudência pátria recorre constantemente à proteção do ambiente laboral como fundamento das decisões judiciais. Como se extrai do voto abaixo:

> Não é demais lembrar que o art. 225, *caput*, da Constituição Federal elenca como direito fundamental, o direito ao meio ambiente ecologicamente equilibrado. Saliente-se que, no conceito geral de meio ambiente, inclui-se também o meio ambiente de trabalho, consoante aliás, expresso no art. 200, VIII[4].

O importante é perceber que a garantia de um *habitat* equilibrado é imprescindível, sobretudo na sociedade hodierna, junto às relações globalizadas, nas quais a busca pelo lucro e crescimento tendem a ser imperativos.

Isso porque, como já sustentado outrora pela coautora, enquanto bem jurídico tutelado,

> a saúde e segurança no trabalho visam promover e manter o bem-estar físico, psíquico e social do trabalhador no desempenho de sua atividade, além de promover, para os trabalhadores, a prevenção e proteção dos riscos aos quais são expostos no *habitat* laboral, tornando possível a inserção e a manutenção do ser humano trabalhador em ambiente de trabalho equilibrado[5].

Por esta razão, o estudo do meio ambiente do trabalho estende-se além das regras do Direito do Trabalho, inserindo-se no contexto da questão ambiental, inclusive no que tange aos problemas provocados pela sociedade de risco, que ultrapassa o desgaste do meio ambiente natural, atingindo-o em todas as suas faces, em especial a do meio ambiente do trabalho.

O que justifica a incidência dos princípios que orientam o Direito Ambiental, destacando-se dentre eles os "princípios mestre": precaução e prevenção. O objetivo é assegurar amplitude de proteção e qualidade de vida ao ser humano trabalhador no seu ambiente de trabalho.

Eles representam a essência da tutela do meio ambiente do trabalho, uma vez que representam o dever estatal e do empregador de adotarem medidas e instrumentalizarem o espaço laboral para superar cultura meramente reparatória/indenizatória dos danos ambientais laborais causados ao trabalhador em razão da inobservância de regras preventivas.

Nesta seara, quando se fala em precaução e prevenção em matéria ambiental laboral, o objetivo é eliminar os riscos que habitam e possam vir a existir nos locais de trabalho.

---

4. TRIBUNAL SUPERIOR DO TRABALHO. Recurso de Revista n. 1.369/2006-010-15-00.9. 8ª Turma. Relatora Ministra Dora Maria da Costa. Disponível em: <http://aplicacao5.tst.jus.br/consultaunificada2/inteiroTeor.do?action=printInteiroTeor&format=html&highlight=true&numeroFormatado=RR%20-%20136900-11.2006.5.15.0010&base=acordao&rowid=AAANGhAAFAAAS/0AAJ&dataPublicacao=31/10/2008&localPublicacao=DEJT&query=%27meio%20ambiente%20do%20trabalho%27%20and%20%27direito%20fundamental%27>. Acesso em: 15 abr. 2019.
5. DI PIETRO, Josilene Hernandes Ortolan. *Meio ambiente do trabalho e a responsabilidade socioambiental das empresas*. São Paulo: Editora Mackenzie, 2018. p. 20-21.

Significa avançar de um modelo tradicional, centrado nas práticas de eliminação e redução dos riscos de atividades classificadas como insalubres, perigosas ou penosas, combinadas com uma retribuição pecuniária para compensar a exposição do trabalhador a esses agentes, para um novo modelo cujo núcleo seja a tutela preventiva do equilíbrio do *habitat* laboral, que beneficia toda sociedade[6].

Este novo modelo é delineado pelo Estado Social (ambiental) de Direito, que prioriza a harmonia da ordem econômica à garantia de existência digna de todos, incluído o ser humano trabalhador.

Precaução e prevenção sinalizam limites ao poder do dirigente da atividade econômica, determinando padrões a serem observados na exploração/organização da atividade, à luz de critérios que garantam o equilíbrio do *habitat* laboral. Concretiza-se a prevenção quando o empreendedor promove ações e adota medidas aptas à gestão dos riscos existentes, materializando-se a precaução quando há impedimento de manifestação de novos riscos.

Números atualizados até março/2019[7] mostram que, desde 2012, o Brasil gastou cerca de oitenta bilhões de reais com o pagamento de benefícios acidentários pela Previdência Social. Para Leonardo Osório Mendonça, procurador do Ministério Público do Trabalho (MPT), titular da Coordenadoria Nacional de Defesa do Meio Ambiente do Trabalho (Codemat), todos pagam pela falta de prevenção, razão pela qual é preciso "gerir riscos, prevenir acidentes, promover saúde no trabalho", *slogan* da campanha do órgão com parceria da OIT, do TST e do Conselho Superior da Justiça do Trabalho.

2.2. Observatório digital de saúde e segurança do trabalho: uso da inovação tecnológica em prol do meio ambiente laboral

O uso de tecnologias e inteligência artificial no Direito representa na sociedade hodierna uma ferramenta que potencializa e assegura eficiência no atendimento e priorização das questões que possam violar direitos humanos e fundamentais.

Ante este cenário, o MPT em conjunto com a OIT, com a participação científica da Faculdade de Saúde Pública da Universidade de São Paulo (USP), lançaram em abril de 2017 uma ferramenta *online* com o objetivo de contribuir para o desenvolvimento, monitoramento e avaliação de medidas e fomento de políticas públicas para promover a prevenção nos espaços laborais, eliminando/reduzindo os riscos de acidentes e doenças decorrentes do trabalho.

Trata-se de uma ferramenta que reúne dados georreferenciados quanto à frequência de acidentes laborais, número de notificações de acidentes de trabalho (CAT), os gastos previdenciários destinados ao custeio, dias de trabalho dilapidados, geolocalização por municípios e regiões, perfis das vítimas, as áreas das atividades mais afetadas, parte do corpo atingida, entre outros.

A partir destes dados, gera informações qualificadas para impulsionar a adoção de medidas preventivas hábeis a combater irregularidades e riscos que permeiam o meio ambiente do trabalho.

Assim, destaca o coordenador do projeto, procurador Luís Fabiano de Assis[8]:

> O novo observatório criado pelo Smart Lab com a colaboração de grupo de pesquisadores do tema quer contribuir para o aprimoramento das estratégias de proteção ao meio ambiente do trabalho e para o início de um amplo debate público fundado em informações de qualidade que permitam orientar por dados governamentais as políticas públicas de prevenção de acidentes do trabalho e doenças ocupacionais. Trata-se de questão prioritária, considerando o passivo humano criado pelo número exorbitante de agravos e o enorme prejuízo para a atividade produtiva, para o erário e para a economia.

Destaca-se como medida inovadora, atenta à inovação e que contribuirá na promoção de saúde e segurança para o ser humano trabalhador, em prol da manutenção do equilíbrio do *habitat* laboral.

Diante da regra do dever-ser, do direito humano fundamental ao meio ambiente do trabalho equilibrado, à eliminação e à redução dos riscos que permeiam o *habitat* laboral, importante considerar sobre instrumentos efetivos de resolução e prevenção de litígios/conflitos, vez que nem sempre a regra será observada voluntariamente.

3. ACESSO À JUSTIÇA E CONFLITOS AMBIENTAIS LABORAIS

A possibilidade de buscar o Estado para a resolução de conflitos, advém do direito/garantia ao acesso à justiça, conferido pela Constituição Federal no inciso XXXV, do art. 5º, o qual determina que uma lesão ou ameaça a direito não será excluída da análise do Poder Jurisdicional.

---

6. Conforme defendido pela coautora em: DI PIETRO, Josilene Hernandes Ortolan. Meio *ambiente do trabalho e a responsabilidade socioambiental das empresas*. São Paulo: Editora Mackenzie, 2018. p. 107.
7. Conforme notícia veiculada na página do MPT. Disponível em: <http://portal.mpt.mp.br/wps/portal/portal_mpt/mpt/sala-imprensa/mpt-noticias/c1a6ff56-846f-4cf2-a615-16b0d9e6746f>. Acesso em: 15 abr. 2019.
8. Informações disponíveis em: Observatório Digital de Saúde e Segurança no Trabalho (MPT-OIT): 2017. Disponível em: <http://observatoriosst.mpt.mp.br e https://nacoesunidas.org/mpt-e-oit-lancam-observatorio-digital-de-saude-e-seguranca-do-trabalho/>. Acesso em: 16 abr. 2019.

O Estado é responsável por promover e viabilizar o acesso à justiça e assegurá-lo a toda sociedade:

> Na verdade, a realização do direito de acesso à justiça é indispensável à própria configuração de Estado, uma vez que não há como pensar em proibição da tutela privada e, assim, em Estado, sem se viabilizar a todos a possibilidade de efetivo acesso ao Poder Judiciário. Por outro lado, para se garantir a participação dos cidadãos na sociedade, e dessa forma a igualdade, é imprescindível que o exercício da ação não seja obstaculizado, até porque ter direitos e não poder tutelá-los certamente é o mesmo do que não os ter[9].

O acesso à justiça é indispensável para tutelar os conflitos de natureza laboral e, com isso, possibilitar que os direitos lesionados do trabalhador sejam devidamente protegidos. Portanto, a partir do momento em que o meio ambiente laboral é considerado um direito fundamental do trabalhador, também é um objeto da tutela jurisdicional.

As tutelas jurisdicionais podem ser utilizadas como mecanismos para assegurar a concretização do direito a um meio ambiente de trabalho equilibrado, saudável e seguro, haja vista que são formas eficazes de inibir condutas prejudiciais ao trabalhador.

Importante destacar que não se pode limitar a garantia ao *habitat* laboral adequado apenas por meio de medidas reparatórias, como, por exemplo, pagamento de adicionais de insalubridade e periculosidade ou indenizações, uma vez que, nesse caso, a vida do trabalhador já terá sido atingida, perdendo o objeto a ser tutelado[10].

A prevenção, o respeito e também a reparação, devem ser passíveis de efetivação. Assim como é garantido ao trabalhador um meio ambiente equilibrado para o exercício de suas atividades, o Estado deve garantir mecanismos de efetivação desse direito:

> Como garantidor do direito atribuído pelo ordenamento jurídico, o Estado não pode, no exercício da jurisdição, limitar-se a assegurar a reparação dos danos decorrentes da sua violação especialmente porque existem direitos, de conteúdo patrimonial ou não, cuja tutela condenatória seguida de execução forçada não é hábil para protegê-los[11].

Portanto, as tutelas jurisdicionais também devem ser capazes da efetivação de medidas acautelatórias, para evitar que o dano seja materializado, o que pode ser feito por meio das tutelas de urgência.

Outro mecanismo que vem sendo bastante utilizado como forma de prevenção a acidentes de trabalho, bem como visando melhorias no *habitat* laboral, é a tutela inibitória, que permite efetividade à precaução e alternativa às medidas ressarcitórias empregadas usualmente.

> Na tutela inibitória, então, se discute se há o risco de ocorrência do ilícito e se a conduta realmente é contrária ao Direito. O direito do trabalhador a um ambiente seguro e equilibrado não é adequadamente tratado apenas com a tutela ressarcitória, uma vez que o bem que se protege, quando ofendido, não pode ser restabelecido por meio do equivalente pecuniário. A vida, a integridade e a saúde não são recompostas com pecúnia, ao contrário, devem ser protegidas como tal por meio da prevenção de ocorrência do dano.[12]

Nota-se que existem diversos procedimentos que podem ser utilizados em busca de um meio ambiente laboral equilibrado, que podem servir à tutela do direito fundamental do trabalhador.

O mais adequado é que o mecanismo escolhido possa conciliar os interesses do trabalhador a um meio ambiente equilibrado, mas também aos interesses e necessidades do empreendedor.

O procedimento deve possibilitar a junção dos interesses de ambos: de um lado o trabalhador em busca de melhores condições de trabalho e, de outro, o empreendedor que precisa se adequar às imposições legais, para um ambiente saudável, aliado às suas possibilidades, inclusive financeiras.

Nessa empreitada, ecoa a utilização da mediação, como mecanismo alternativo para solucionar conflitos que possam advir desta dinâmica, como forma mais célere e efetiva.

4. MEDIAÇÃO AMBIENTAL LABORAL

O Estado, em decorrência de seu poder/função chamado jurisdição, deve propiciar aos cidadãos a solução de seus conflitos particulares, porém, não basta só possibilitar o acesso à justiça, é imprescindível que os métodos utilizados sejam eficazes e cumpram a sua função social e sobretudo alcancem a pacificação social.

Em decorrência dos ideais de um Estado Social (ambiental) a atividade jurisdicional é reconhecida como elemento

---

9. MARINONI, Luiz Guilherme; ARENHART, Sérgio Cruz; MITIDIERO, Daniel. *Novo curso de processo civil*: teoria do processo civil. V. 1. 2. ed. São Paulo: Editora Revista dos Tribunais, 2016. p. 235.
10. DI PIETRO, Josilene Hernandes Ortolan. *Meio ambiente do trabalho e a responsabilidade socioambiental das empresas*. São Paulo: Editora Mackenzie, 2018. p. 162.
11. RENAULT, Luis Otávio Linhares; MUNIZ, Mirella Karen de Carvalho Bifano. Meio ambiente e vida: direitos fundamentais convergentes com o direito do trabalho e com o processo do trabalho. In: *Dignidade Humana e inclusão social*. São Paulo: LTr, 2010. p. 93.
12. EÇA, Vitor Salino de Moura; CARVALHIDO, Aline Carneio Magalhães; PIERRE, Flávia Aparecida Oliveira. *A promoção do direito fundamental ao meio ambiente de trabalho equilibrado mediante tutela específica*. 2017. p. 32.

imprescindível na concretização dos direitos humanos, utilizada para buscar a pacificação social e eliminação de conflitos. "Afirma-se que o objetivo-síntese do Estado contemporâneo é o *bem comum* e, quando se passa ao estudo da jurisdição, é lícito dizer que a projeção particularizada do *bem comum* nessa área é a *pacificação com justiça*."[13]

Entretanto, percebe-se que transferir todos os conflitos para que o Estado resolva pode gerar alguns problemas, como, por exemplo, a demora na prestação das tutelas, ante ao abarrotamento do Poder Judiciário; dificuldade no acesso à justiça, pelos altos custos para manter o processo; falta de efetividade no cumprimento das decisões impostas pelo juiz, já que nem sempre atendem às reais possibilidades das partes.

Com isso, o ordenamento jurídico criou outras formas para a resolução das lides sociais, chamadas de soluções alternativas de conflitos. Esses mecanismos se dividem em: heterocompositivos, como no caso da arbitragem, onde um terceiro, indicado como árbitro impõe uma solução aos litigantes e autocompositivos, cujas espécies são a conciliação e mediação, sendo que, nessas hipóteses, as próprias partes chegam, em conjunto, a melhor resolução.

Considerando que o presente capítulo tem como objetivo analisar conflitos relacionados ao meio ambiente laboral, apenas a mediação será analisada. Isto porque, a mediação é indicada para relações cujas partes tenham algum vínculo.

De acordo com Luchiari[14], a mediação é:

> [...] um meio de solução de conflitos, no qual um terceiro facilitador, num ambiente sigiloso, auxilia as partes em conflito no restabelecimento do diálogo, investigando seus reais interesses, através de técnicas próprias, e fazendo com que se criem opções, até a escolha da melhor, chegando as próprias partes à solução do problema, o que redunda no seu comprometimento com esta última.

No procedimento da mediação as partes apresentam propostas condizentes com as suas possibilidades e necessidades, o que está intimamente ligada à efetividade e perenidade da solução, haja vista que quando o Estado-juiz impõe uma decisão, como solução, não leva em conta os interesses subjacentes das partes, somente aplica a lei ao caso concreto.

Entretanto, para que se possa alcançar de fato a pacificação social é necessário que não só a lide processual seja analisada, é importante que os reais interesses, chamados de lide sociológica, sejam ponderados, pois a relação entre as partes na verdade é muito mais complexa do que os fatos alegados nas manifestações processuais[15].

Diante de todas as características da mediação, resta claro que é um mecanismo que deve ser utilizado no âmbito trabalhista, inclusive existem disposições legais nesse sentido, como, por exemplo, o art. 11 da Lei n. 10.192/2001, que institui regras da mediação trabalhista, bem como prevê que ela deve ser um procedimento realizado antes da negociação coletiva.

Além disso, de acordo com a Lei Complementar n. 75/1993, art. 83, XI, possibilita que o Ministério Público do Trabalho (MPT) possa atuar como árbitro nos conflitos coletivos de trabalho, sendo que, por analogia, pode se aplicar também à mediação, desde que solicitado pelas partes[16].

O Tribunal Superior do Trabalho tem incentivado a busca pelos métodos alternativos para solução de litígios trabalhistas, tendo instituído, por meio do Ato n. 168/TST.GP, de 4 de abril de 2016, regras procedimentais para a mediação e conciliação pré-processual em dissídios coletivos.

Seguindo o novo cenário de resolução de conflitos, o Tribunal Regional do Trabalho da 2ª Região criou uma página eletrônica com um Portal da conciliação, onde apresenta duas possibilidades: Núcleo Permanente de Métodos Consensuais de Solução de Disputas, para conflitos individuais e o Núcleo de Solução de Conflitos Coletivos[17].

A mediação pode ser utilizada como um instrumento coletivo para resolver conflitos de forma negociada, sem que a solução seja imposta, evitando até mesmo procedimentos coercitivos. Isto porque, o Ministério Público do Trabalho (MPT), por meio de sua atuação, pode auxiliar as partes a aproximarem seus interesses e encontrar soluções que favoreçam ambas e, portanto, alcança um resultado mais sólido[18].

Assim, a mediação mostra-se útil para resolução de conflitos trabalhistas, podendo inclusive ser aplicada no que tange às lides que buscam melhorias nas condições do meio ambiente do trabalho, uma vez que permite que o trabalhador e a empregadora alinhem seus interesses em comum, sem que haja prejuízo para alguma das partes.

Não obstante, por muitas vezes o Poder Judiciário impõe aos empreendedores determinadas exigências para que promovam um *habitat* equilibrado e saudável, o que nem

---

13. CINTRA, Antonio Carlos de Araújo; GRINOVER, Ada Pellegrini Grinover; DINAMARCO, Cândido Rangel. *Teoria geral do processo*. 25. ed. São Paulo: Malheiros Editores, 2009. p. 31. (grifo do autor)
14. LUCHIARI, Valeria Ferioli Lagrasta. *Mediação judicial*: análise da realidade brasileira: origem e evolução até a Resolução n. 125, do Conselho Nacional de Justiça. Rio de Janeiro: Forense, 2012. p. 14.
15. BACELLAR, Roberto Portugal. *Mediação e arbitragem*. 2. ed. São Paulo: Saraiva, 2016. p. 75.
16. LEITE, Carlos Henrique Bezerra. *Curso de direito processual do trabalho*. 14. ed. São Paulo: Saraiva, 2016. p. 161.
17. Disponível em: <https://ww2.trtsp.jus.br/processos/conciliacao/portal-da-conciliacao/>.
18. ZAINAGHI, Domingos Sávio. Mediação de conflitos: mecanismo eficaz na resolução de conflitos trabalhistas. p. 228-232. In: SILVA, Luciana Aboim Machado Gonçalves da. (Org). *Mediação de conflitos*. São Paulo: Atlas, 2013. p. 231.

sempre condiz com as possibilidades destes órgãos para o cumprimento.

Neste ponto, a mediação pode ser uma forma para que o empreendedor, atento e dentro de suas reais possibilidades sociopolíticas e econômicas, logre êxito em se adequar às exigências impostas pela legislação ambiental laboral, sempre buscando o equilíbrio das relações.

5. CONCLUSÕES

O meio ambiente do trabalho seguro e saudável é direito humano fundamental do ser humano trabalhador, reconhecido na CF/1988, bem como em normas internacionais que integram o ordenamento jurídico brasileiro.

Para concretizar os ditames deste "dever-ser", o empreendedor e o Estado devem juntos agir em prol da eliminação e redução dos riscos que permeiam o *habitat* laboral.

E nesta empreitada, importante considerar sobre instrumentos efetivos de resolução e prevenção de litígios/conflitos, com celeridade, vez que nem sempre a regra será cumprida e adequada voluntariamente.

Considerando que o acesso à justiça é um direito fundamental garantido a toda a sociedade, cabe ao Estado efetivá-lo por meio da resolução de conflitos a ele levados, haja vista seu poder/função jurisdicional. Classicamente o Estado resolve os conflitos por meio de um processo judicial, onde o juiz impõe às partes uma decisão, conforme o caso concreto.

Todavia, a exclusividade no exercício do poder jurisdicional conferida ao Estado, emerge diversos problemas, como abarrotamento nas vias judiciais, demora na prestação da tutela, o que motivou o ordenamento jurídico buscar novas formas para solucionar as demandas, destacando-se os meios autocompositivos, onde as partes, em conjunto, buscam a melhor solução para seu problema.

Dentre os métodos alternativos autocompositivos, a mediação mostra-se eficaz e adequada aos conflitos de natureza laboral, pois é indicada para casos onde há vínculo entre as partes. Além disso, as partes apresentam seus interesses e necessidades, possibilitando que a decisão final seja satisfatória para ambas.

Assim, a mediação também é um instrumento que pode ser utilizado para resolver conflitos relacionados ao meio ambiente do trabalho, revelando-se como medida adequada e eficaz, visto que é uma oportunidade para o trabalhador expor suas necessidades e, em contrapartida, o empreendedor pode buscar maneiras mais efetivas para cumprir as exigências em prol de um ambiente salubre e equilibrado.

Além disso, pode ser empregada não só de forma reparadora, mas também de maneira preventiva, uma vez que podem chegar a um consenso antes mesmo do dano ser causado, operacionalizando prevenção e precaução, máximas do direito ambiental laboral.

6. REFERÊNCIAS

BACELLAR, Roberto Portugal. *Mediação e arbitragem*. 2. ed. São Paulo: Saraiva, 2016.

BRASIL. CONSTITUIÇÃO DA REPÚBLICA FEDERATIVA DO BRASIL. Disponível em: <http://legis.senado.leg.br/legislacao/DetalhaSigen.action?id=17728053>. Acesso em: 4 jul. 2017.

CINTRA, Antonio Carlos de Araújo; GRINOVER, Ada Pellegrini Grinover; DINAMARCO, Cândido Rangel. *Teoria geral do processo*. 25. ed. São Paulo: Malheiros Editores, 2009.

DI PIETRO, Josilene Hernandes Ortolan. *Meio ambiente do trabalho e a responsabilidade socioambiental das empresas*. São Paulo: Editora Mackenzie, 2018.

EÇA, Vitor Salino de Moura; CARVALHIDO, Aline Carneio Magalhães; PIERRE, Flávia Aparecida Oliveira. *A promoção do direito fundamental ao meio ambiente de trabalho equilibrado mediante tutela específica*, 2017.

FELICIANO, Guilherme Guimarães. Tutela processual dos direitos humanos nas relações de trabalho. *Revista Eletrônica da Amatra XX*, Aracaju, n. 15, abr./jun. 2008. Disponível em: <http://www.amatra20.org.br/amatrawi/artigos.wsp?tmp_codartigo=344>. Acesso em: 20 jul. 2017.

JORGE NETO, Francisco Ferreira; CAVALCANTE, Jouberto de Quadros Pessoa. *Direito do trabalho*. 8. ed. São Paulo: Atlas, 2015.

LEITE, Carlos Henrique Bezerra. *Curso de direito processual do trabalho*. 14. ed. São Paulo: Saraiva, 2016.

LUCHIARI, Valeria Ferioli Lagrasta. *Mediação judicial*: análise da realidade brasileira: origem e evolução até a Resolução n. 125, do Conselho Nacional de Justiça. Rio de Janeiro: Forense, 2012.

MANNRICH, Nelson. Terceirização: luzes e sombras. In: *Empresa e trabalho*: estudos em homenagem a Amador Paes de Almeida (Org.). MARTINS, Sérgio Pinto; MESSA, Ana Flávia. São Paulo: Saraiva, 2010.

MANUS, Pedro Paulo Teixeira. *Direito do trabalho*. 16. ed. São Paulo: Atlas, 2015.

MARINONI, Luiz Guilherme; ARENHART, Sérgio Cruz; MITIDIERO, Daniel. *Novo curso de processo civil*: teoria do processo civil. V. 1. 2. ed. São Paulo: Editora Revista dos Tribunais, 2016.

MINISTÉRIO PÚBLICO DO TRABALHO. *Observatório Digital de Saúde e Segurança no Trabalho (MPT-OIT)*: 2017. Disponível em: <http://observatoriosst.mpt.mp.br> e <https://nacoesunidas.org/mpt-e-oit-lancam-observatorio-digital-de-saude-e-seguranca-do-trabalho/>. Acesso em: 16 abr. 2019.

NAHAS, Thereza Christina. A reforma do direito do trabalho no marco de globalização econômica e dos pactos internacionais. *Revista de Direito do Trabalho*, v. 176/2017, p. 55-71, abr. 2017, DTR\2017\774.

OLIVEIRA, Sebastião Geraldo de. *Proteção jurídica à saúde do trabalhador*. 6. ed. LTr: São Paulo, 2011.

REQUIÃO, Rubens. *Curso de direito comercial*. V. 1. 34. ed., rev. e atual. São Paulo: Saraiva, 2015.

RENAULT, Luis Otávio Linhares; MUNIZ, Mirella Karen de Carvalho Bifano. Meio ambiente e vida: direitos fundamentais convergentes com o direito do trabalho e com o processo do trabalho. In: *Dignidade humana e inclusão social*. São Paulo: LTr, 2010. Disponível em: <http://as1.trt3.jus.br/bd-trt3/handle/11103/1665>. Acesso em: 17 abr. 2019.

ROMITA, Arion Sayão. *Flexisegurança*: a reforma do mercado de trabalho. São Paulo: LTr, 2008.

TRIBUNAL SUPERIOR DO TRABALHO. Recurso de Revista n. 1.369/2006-010-15-00.9. 8ª Turma. Relatora Ministra Dora Maria da Costa. Disponível em: <http://aplicacao5.tst.jus.br/consultaunificada2/inteiroTeor.do?action=printInteiroTeor&format=html&highlight=true&numeroFormatado=RR%20-%20136900-11.2006.5.15.0010&base=acordao&rowid=AAANGhAAFAAAS/0AAJ&dataPublicacao=31/10/2008&localPublicacao=DEJT&query=%27meio%20ambiente%20do%20trabalho%27%20and%20%27direito%20fundamental%27>. Acesso em: 15 abr. 2019.

ZAINAGHI, Domingos Sávio. Mediação de conflitos: mecanismo eficaz na resolução de conflitos trabalhistas. In: SILVA, Luciana Aboim Machado Gonçalves da (Org). *Mediação de conflitos*. São Paulo: Atlas, 2013.

21 Tutela coletiva inibitória para proteção do meio ambiente do trabalho saudável

Carlos Henrique Bezerra Leite[1]

1. INTRODUÇÃO

A globalização econômica e a explosão demográfica mundial propiciaram o surgimento de uma sociedade de massa que traz como consequência inexorável uma cadeia de degradação em massa. É dizer, o mundo inteiro vem sofrendo com os problemas gerados pela degradação ambiental em massa, pela produção industrial em massa, pela distribuição produtiva em massa e pelo consumo em massa.

Na seara das relações sociais trabalhistas, a mudança do modelo *fordista* para o *toyotista* de produção e distribuição de bens e serviços implicou novas formas de trabalho, como a robotização, o teletrabalho e o trabalho a distância, além de o próprio Direito do Trabalho sofrer influências estruturais com os fenômenos decorrentes da globalização, como a flexibilização das normas de proteção ao trabalho humano subordinado, gerando, igualmente, a degradação em massa dos direitos sociais dos trabalhadores, especialmente os direitos relativos à sadia qualidade de vida no meio ambiente laboral.

Com a promulgação da Constituição Federal de 1988, que assegura o acesso – individual e metaindividual – ao Poder Judiciário, tanto nas lesões quanto nas ameaças a direito (art. 5º, XXXV), o legislador constituinte reconheceu, definitivamente, a necessidade de se buscar novos meios que pudessem tornar o processo mais ágil e útil à sociedade de massa, por meio de uma prestação jurisdicional coletiva, efetiva e tempestiva, o que foi reforçado pela Emenda Constitucional n. 45/2004, que introduziu o princípio da duração razoável do processo.

Para assegurar a defesa dos direitos ou interesses metaindividuais, a Constituição brasileira de 1988 previu a ação civil pública, "para a proteção do patrimônio público e social, do meio ambiente e de outros interesses difusos e coletivos" (CF, art. 129, III).

O presente estudo, portanto, tem por escopo analisar a tutela coletiva inibitória para a proteção do direito fundamental ao meio ambiente do trabalho saudável no ordenamento jurídico brasileiro.

Para tanto, buscar-se-á, sem a pretensão de esgotar a temática pertinente, responder às seguintes indagações: o que é meio ambiente do trabalho e qual o seu fundamento constitucional? O que é tutela coletiva inibitória, qual o seu fundamento e natureza jurídica? É possível a tutela coletiva inibitória de urgência? Como a tutela coletiva inibitória de urgência pode contribuir para a proteção do meio ambiente do trabalho? Quais os requisitos para a concessão da tutela coletiva inibitória de urgência? É possível a tutela coletiva inibitória de urgência *ex officio* para proteção do meio ambiente do trabalho?

2. O MEIO AMBIENTE NA CONSTITUIÇÃO FEDERAL DE 1988

A Constituição brasileira de 1988 contempla inúmeros aspectos a respeito do meio ambiente, reservando, de forma inédita no constitucionalismo brasileiro, um capítulo específico sobre o tema, o qual não deve ser interpretado isoladamente. Ao revés, a compreensão holística do meio ambiente requer a interpretação sistemática de todos os princípios e normas contidas na própria Constituição e dos Tratados Internacionais.

O conceito fundamental de meio ambiente é extraído do art. 225 da CF, *in verbis:*

> Todos têm direito ao meio ambiente ecologicamente equilibrado, bem de uso comum do povo e essencial à

---

1. Doutor e Mestre em Direito pela PUC/SP. Professor de Direitos Humanos Sociais e Metaindividuais do PPG *Stricto Sensu* (mestrado e doutorado) da FDV. Ex-Professor Associado de Direito Processual do Trabalho e Direitos Humanos da UFES. Desembargador do Trabalho do TRT da 17ª Região (aposentado). Ex-Procurador Regional do Ministério Público do Trabalho. Titular da Cadeira 44 da Academia Nacional de Direito do Trabalho. Advogado e Consultor Jurídico.

> sadia qualidade de vida, impondo-se ao Poder Público e à coletividade o dever de defendê-lo e preservá-lo para as presentes e futuras gerações.

Este conceito foi recepcionado do art. 3º, I, da Lei n. 6.938/1981, que define o meio ambiente como "o conjunto de condições, leis, influências e interações de ordem física, química e biológica, que permite, abriga e rege a vida em todas as suas formas".

Vê-se, assim, que a definição de meio ambiente é bastante ampla, constituindo, na verdade, um conceito jurídico indeterminado, permitindo, de tal arte, a abertura no ordenamento jurídico para a sua concretização na perspectiva da terceira dimensão dos direitos humanos.

Visando à efetivação do conceito de meio ambiente, a doutrina classifica-o, para fins meramente didáticos, em: meio ambiente natural, meio ambiente artificial, meio ambiente cultural e meio ambiente do trabalho, sendo este último objeto específico deste estudo.

3. O MEIO AMBIENTE DO TRABALHO SAUDÁVEL COMO DIREITO E DEVER FUNDAMENTAL

A compreensão (e efetivação) do direito humano e fundamental ao meio ambiente do trabalho saudável requer do intérprete a conjugação apriorística dos princípios e regras:

a) da Constituição Federal – arts. 1º, III e IV, 6º, 7º, XXII, XXIII, XXVIII, XXXIII, 200, VIII, 225 (a saúde como bem ambiental);

b) dos Tratados Internacionais – especialmente as Convenções da Organização Internacional do Trabalho ns. 148, 155, 161 e 170 (que são, no mínimo, para acompanhar o recente entendimento do STF, normas de natureza supralegal).

Destarte, as normas relativas à segurança e medicina do trabalho previstas no Título II, Capítulo V (arts. 154 a 223) da CLT, na Lei n. 6.514/1977 e na Portaria n. 3.214/1978 com as suas respectivas Normas Regulamentares, devem ser interpretadas conforme os princípios e regras previstos na Constituição Federal e nos tratados internacionais acima referidos.

A concepção moderna de meio ambiente do trabalho, portanto, está relacionada aos direitos humanos e fundamentais, notadamente os direitos à vida, à segurança e à saúde dos trabalhadores. Esses direitos, na verdade, devem ser interpretados e aplicados com arrimo nos princípios fundamentais da dignidade da pessoa humana, do valor social do trabalho (e da livre-iniciativa) e da cidadania.

Nesse sentido, adverte Paulo Roberto Lemgruber Ebert:

> Supera-se, assim, a concepção tradicional da doutrina juslaboralista pátria, calcada apenas nas normas técnicas da CLT e nas Normas Regulamentadoras do Ministério do Trabalho e Emprego, que preconizam o meio ambiente do trabalho tão somente sob a perspectiva dogmática e formal da medicina, higiene e segurança do trabalho.
>
> No atual contexto de evolução alucinante dos riscos laborais, a falência do modelo casuístico-legalista, pautado pela subsunção mecânica das previsões normativas em abstrato aos fatos, é notória. Em tal realidade, somente o desvelamento do conteúdo histórico-institucional das normas principiológicas de direitos fundamentais à luz das nuances dos casos concretos, na acepção formulada por *Dworkin* e *Zagrebelsky*, é capaz de responder a tais desafios com um mínimo de eficiência.
>
> Para que isso seja possível, faz-se necessário, em primeiro lugar, superar aquela concepção clássica (e positivista) que enxerga as diretrizes normativas pertinentes à segurança e à medicina do trabalho como meros adendos legais aos contratos laborais definidos de forma estrita, casuística e em *numerus clausus*. Nesse sentido, a incorporação do conceito de "meio ambiente do trabalho" e de sua principiologia à regulamentação de tais aspectos e à resolução em concreto das controvérsias é de substancial auxílio para o tratamento eficiente dos riscos laborais a que os obreiros estão expostos.
>
> Para tanto, as diretrizes constantes da Lei n. 6.938, de 31.08.1981 e da Constituição Federal de 1988, oferecem amplo manancial principiológico e conceitual que permite inserir os locais e as condições de trabalho no conceito de "meio ambiente" expandindo, também para essa seara, os mecanismos preventivos, inibitórios e repressivos que tutelam os indivíduos contra os riscos à vida e à integridade física, independentemente da natureza do vínculo mantido com o detentor dos meios de produção.[2]

Vale dizer, o novo conceito de meio ambiente do trabalho há de ser extraído da interpretação sistemática das referidas normas em cotejo com as previstas nos arts. 200, VII, 7º, XXII e XXVIII, da CF, *in verbis*:

> Art. 200. Ao sistema único de saúde compete, além de outras atribuições, nos termos da lei:
>
> (...)
>
> VIII – colaborar na proteção do meio ambiente, nele compreendido o do trabalho."
>
> Art. 7º São direitos dos trabalhadores urbanos e rurais, além de outros que visem à melhoria de sua condição social:
>
> (...)
>
> XXII – redução dos riscos inerentes ao trabalho, por meio de normas de saúde, higiene e segurança;

---

2. EBERT, Paulo Roberto Lemgruber. O meio ambiente do trabalho. Conceito, responsabilidade civil e tutela. *Jus Navigandi*, Teresina, ano 17, n. 3.377, 29 set. 2012. Disponível em: <http://jus.com.br/revista/texto/22694>. Acesso em: 16 jun. 2013.

> (...)
>
> XXVIII – seguro contra acidentes de trabalho, a cargo do empregador, sem excluir a indenização a que este está obrigado, quando incorrer em dolo ou culpa;

Em seguida, chega-se ao conceito de meio ambiente do trabalho, que passa a ser, segundo Sidnei Machado, o "conjunto das condições internas e externas do local de trabalho e sua relação com a saúde dos trabalhadores".[3]

Consequentemente, para o mundo do trabalho, prossegue o citado autor:

> essa aproximação do meio ambiente com a saúde do trabalhador, numa perspectiva antropocêntrica, coloca a ecologia dentro da política. O produtivismo é a lógica do modo de produção capitalista, cuja irracionalidade dilapida a natureza para sua reprodução. Essa é a verdadeira fonte da crise ecológica, que também gera a exploração desenfreada da força de trabalho que coloca em perigo a vida, a saúde ou o equilíbrio psíquico dos trabalhadores.[4]

A nosso sentir, portanto, **meio ambiente do trabalho ecologicamente equilibrado é um direito humano e fundamental dos trabalhadores à sadia qualidade de vida física, psíquica, social e moral no ambiente laboral.**

No Estado Democrático de Direito ou, como prefere Ingo W. Sarlet, no Estado Socioambiental e Democrático de Direito, aos direitos fundamentais correspondem os deveres fundamentais, pois a:

> CF/1988 (art. 225, *caput*, c/c, art. 5º, § 2º) atribuiu à proteção ambiental e – pelo menos em sintonia com a posição prevalente no seio da doutrina e jurisprudência – o *status* de direito fundamental do indivíduo e da coletividade, além de consagrar a proteção ambiental como um dos objetivos ou tarefas fundamentais do Estado – Socioambiental – de Direito brasileiro, sem prejuízo dos deveres fundamentais em matéria socioambiental. Há, portanto, o reconhecimento, pela ordem constitucional, da dupla funcionalidade da proteção ambiental no ordenamento jurídico brasileiro, a qual toma forma simultaneamente de um objetivo e tarefa estatal e de um direito (e dever) fundamental do indivíduo e da coletividade, implicando todo um complexo de direitos e deveres fundamentais de cunho ecológico...

No mesmo sentido, lembra Paulo Roberto Lemgruber Ebert:

> pode-se afirmar que o conceito em abstrato da expressão "meio ambiente do trabalho" resultará da análise sistemática dos arts. 225, 7º, XXII, e 170, da Constituição Federal. Note-se, a propósito, que o primeiro dos referidos dispositivos assegura à totalidade dos indivíduos o direito fundamental ao "meio ambiente equilibrado", impondo-se ao poder público, nesse desiderato, o controle efetivo das "técnicas, métodos e substâncias que comportem risco para a vida, a qualidade de vida e o meio ambiente" (inciso V). O segundo dos sobreditos dispositivos (art. 7º, XXII), por sua vez, assegura expressamente ser direito dos trabalhadores, no intuito de promover a melhoria de sua "condição social", a "redução dos riscos inerentes ao trabalho", enquanto o terceiro (art. 170) fundamenta a ordem econômica na "valorização do trabalho humano" e condiciona o livre exercício das atividades privadas à "função social da propriedade" (inciso III) e à "defesa do meio ambiente" (inciso VI).[5]

De tal arte, é factível asseverar que em relação ao direito fundamental (individual e metaindividual) dos trabalhadores ao meio ambiente do trabalho saudável, a ordem constitucional impõe ao empregador (e aos tomadores de serviços em geral) o dever fundamental, decorrente da função socioambiental da empresa, de assegurar a sadia qualidade de vida (física, psíquica e moral) dos trabalhadores, cumprindo, efetivamente, as normas de proteção à vida, à saúde, à higiene e à segurança pertinentes ao meio ambiente do trabalho (CF, arts. 225 e 200, VIII, c/c art. 7º, XXII e XXVIII).

Nesse sentido, colecionamos o seguinte verbete:

> ACIDENTE DE TRABALHO. DANOS MORAL, MATERIAL E ESTÉTICO. Tendo o empregador descumprido normas de segurança, negligenciando quanto às medidas necessárias à neutralização do risco, responde por danos morais, materiais e estéticos decorrentes de acidente do trabalho, pois o trabalhador tem direito a um meio ambiente do trabalho sadio, sendo a proteção de sua integridade física, moral e psíquica um dos deveres fundamentais do empregador (TRT 17ª R., RO 0256900-43.2009.5.17.0151, 3ª T., Rel. Des. Carlos Henrique Bezerra Leite, DEJT 04.10.2011).

4. A JURISDIÇÃO TRABALHISTA E O ACESSO COLETIVO À JUSTIÇA

Durante muito tempo, a *jurisdição trabalhista* foi exercida por meio de dois sistemas: o *primeiro*, destinado aos tradicionais *dissídios individuais*; o *segundo*, voltado para os *dissídios coletivos de trabalho*, nos quais se busca, por intermédio do Poder Normativo, a criação (ou interpretação) de normas trabalhistas coletivas destinadas aos grupos sociais

3. *O direito à proteção ao meio ambiente de trabalho no Brasil*. São Paulo: LTr, 2001. p. 66-67.
4. *Op. cit.*, p. 67.
5. EBERT, Paulo Roberto Lemgruber. O meio ambiente do trabalho. Conceito, responsabilidade civil e tutela. *Jus Navigandi*, Teresina, ano 17, n. 3.377, 29 set. 2012. Disponível em: <http://jus.com.br/revista/texto/22694>. Acesso em: 16 jun. 2013.

representados pelas partes que figuram em tal espécie de processo coletivo (CF, art. 114, § 2º).

Todavia, o surgimento de novos conflitos de massa no mundo do trabalho passou a exigir uma nova postura dos juristas e operadores do direito processual trabalhista, diversa da adotada nas lides individuais e no "velho" dissídio coletivo.

Essa nova postura teve como norte a necessidade de efetivação do moderno sistema de acesso metaindividual, não apenas ao aparelho judiciário e à democratização das suas decisões, mas, sobretudo, a uma ordem jurídica justa.

Com a vigência da Constituição de 1988, do CDC, que deu nova redação ao art. 1º, IV, da LACP, alargando o espectro tutelar da ação civil pública, e da LOMPU (Lei Complementar n. 75/1993, art. 83, III c/c art. 6º, VII, *a* e *d*), que acabou com a antiga polêmica a respeito da competência da Justiça do Trabalho para a referida ação coletiva, não há mais dúvida de que a jurisdição trabalhista passa a abarcar um *terceiro sistema*, que é o vocacionado à *tutela preventiva* ou *reparatória dos direitos ou interesses metaindividuais*, a saber: os difusos, os coletivos *stricto sensu* e os individuais homogêneos.

O fundamento desse novo sistema de acesso coletivo ao judiciário trabalhista repousa nos princípios constitucionais da indeclinabilidade da jurisdição (CF, art. 5º, XXXV) e do devido processo legal (*idem*, incisos LIV e LV), pois, como bem observa Marcelo Abelha Rodrigues,

> tratar-se-ia de, por certo, se assim fosse, uma hedionda forma de inconstitucionalidade, na medida em que impede o acesso efetivo à justiça e fere, em todos os sentidos, o direito processual do devido processo legal. Isto porque, falar-se em devido processo legal, em sede de direitos coletivos *lato sensu*, é, inexoravelmente, fazer menção ao sistema integrado de tutela processual trazido pelo CDC (Lei n. 8.078/1990) e LACP (Lei n. 7.347/1985).[6]

Para efetivar essa nova "*jurisdição civil coletiva*"[7], portanto, é condição *sine qua non* observar, aprioristicamente, o sistema integrado de tutela coletiva instituído conjuntamente pela LACP (art. 21) e pelo CDC (arts. 83 e 90).

Noutro falar, somente na hipótese de lacuna no sistema integrado de acesso coletivo à justiça (LACP e CDC), aí, sim, poderá o juiz do trabalho se socorrer da aplicação subsidiária da CLT, do CPC e de outros diplomas normativos pertinentes desde que haja compatibilidade principiológica da norma a ser migrada com o sistema do processo coletivo, como se depreende da dicção do art. 19 da LACP, segundo o qual:

> Aplica-se à ação civil pública, prevista nesta Lei, o Código de Processo Civil, aprovado pela Lei n. 5.869, de 11 de janeiro de 1973, naquilo em que não contrarie suas disposições.

No mesmo sentido, dispõe o art. 90 do CDC, *in verbis*:

> Aplicam-se às ações previstas neste título as normas do Código de Processo Civil e da Lei n. 7.347, de 24 de julho de 1985, inclusive no que respeita ao inquérito civil, naquilo que não contrariar suas disposições.

Como se sabe, é no terceiro sistema de acesso coletivo à Justiça do Trabalho que reside o grande entrave à efetivação da tutela coletiva dos direitos metaindividuais trabalhistas, mormente os relacionados ao meio ambiente laboral. Para operacionalizá-lo, é preciso uma mudança cultural dos juízes e procuradores do trabalho, bem como dos sindicalistas e demais operadores do direito laboral, pois a realização do acesso coletivo à justiça exige, sobretudo, um "pensar coletivo".

Assim, dada a inexistência de norma legal que trate especificamente dos aspectos procedimentais da ação civil pública no âmbito da Justiça do Trabalho, pensamos que tanto as regras de direito material quanto as de direito processual contidas na LACP e no CDC devem ser observadas em primeiro lugar.

Na seara trabalhista, Nelson Nery Junior lembra que:

> a ação coletiva destinada a obrigar a empresa a colocar dispositivos de segurança em suas máquinas, para evitar acidentes do trabalho (ação de obrigação de fazer – meio ambiente do trabalho), pode ser ou pode envolver pretensão de direito difuso ou coletivo, pois esses dispositivos de segurança poderão melhorar as condições de trabalho, beneficiando todo o grupo de trabalhadores da empresa (direito coletivo), ao mesmo tempo em que reduziria o custo do produto final para o consumidor, indeterminado e indeterminável (direito difuso). O direito que têm os trabalhadores a determinado reajuste salarial legal, que não foi implementado pelo empregador, pode ser buscado em juízo por meio de ação coletiva. Dependendo da especificidade do pedido, pode caracterizar-se ou como direito coletivo (a conduta da empresa foi ilegal e o grupo dos trabalhadores de toda a empresa tem direito ao reajuste), ou como direito individual homogêneo (a omissão ilegal da empresa, que é o fato comum do qual se originaram os direitos dos trabalhadores, fez nascer para cada um de seus trabalhadores o direito individual de reajuste salarial, divisível, pois cada um deles tem parcela certa para receber em atraso).[8]

6. *Elementos de direito processual civil*. V. 1, p. 73.
7. FIORILLO, Celso Antônio Pacheco. *Direito processual ambiental brasileiro*. p. 98-114.
8. NERY JR., Nelson. O processo do trabalho e os direitos individuais homogêneos. Um estudo sobre a ação civil pública trabalhista. São Paulo, *Revista LTr* 64-02/155.

Em suma, a não adoção do microssistema do processo coletivo importa negativa de vigência aos referidos dispositivos constitucionais (CF, art. 129, III) e infraconstitucionais supracitados, os quais, interpretados sistematicamente, reconhecem a legitimidade do Ministério Público do Trabalho para promover a ação civil pública no âmbito da Justiça do Trabalho (LOMPU, art. 83, III, c/c art. 6º, VII, *a* e *b*) e, o que é mais grave, maltrata os princípios constitucionais que asseguram o efetivo acesso (coletivo) à justiça.

5. A TUTELA COLETIVA INIBITÓRIA

Além das ações que veiculam tutelas declaratórias, constitutivas, condenatórias, mandamentais e executivas *lato sensu*, existem, ainda, as ações que visam à concessão de tutela inibitória.

A chamada tutela inibitória é, segundo Marinoni, uma:

> ação de conhecimento de natureza preventiva, destinada a impedir a prática, a repetição ou a continuação do ilícito. A sua importância deriva do fato de que constitui ação de conhecimento que, efetivamente, pode inibir o ilícito. Dessa forma, distancia-se, em primeiro lugar, da ação cautelar, a qual é caracterizada por sua ligação com uma ação principal, e, depois, da ação declaratória, a qual já foi pensada como 'preventiva', ainda que destituída de mecanismos de execução realmente capazes de impedir o ilícito.[9]

Com efeito, o Estado Liberal não reconhecia a possibilidade de uma ação de conhecimento que possibilitasse ao juiz um poder "executivo" para atuar judicialmente antes da lesão a um direito, ou seja, antes da violação de uma norma jurídica, pois isso implicaria a violação do direito de liberdade do réu.

Demonstração clara dessa ideologia do Estado Liberal é extraída do art. 153, § 4º, da Constituição brasileira de 1969 (EC n. 1/1969), *in verbis*: "A lei não poderá excluir da apreciação do Poder Judiciário qualquer lesão de direito individual."

Ocorre que, no atual paradigma do Estado Democrático de Direito, a lei não poderá excluir da apreciação do Judiciário qualquer "lesão ou ameaça a direito". É o que dispõe, textualmente, o inciso XXXV do art. 5º da CF/1988, que também passa a ser fundamento da tutela (ação) inibitória em nosso ordenamento jurídico.

A tutela inibitória, portanto, é destinada a impedir a possibilidade da prática do ato ilícito, pois, como destaca Marinoni, "ainda que se trate de repetição ou continuação. Assim, é voltada para o futuro, e não para o passado. De modo que nada tem a ver com o ressarcimento do dano e, por consequência, com os elementos para a imputação ressarcitória – os chamados elementos subjetivos, culpa ou dolo"[10].

Além disso – obtempera Marinoni – "essa ação não requer nem mesmo a probabilidade do dano, contentando-se com a simples probabilidade da prática do ilícito (ato contrário ao direito). Isso por uma razão simples: imaginar que a ação inibitória se destina a inibir o dano implica na suposição de que nada existe antes dele que possa ser qualificado de ilícito civil".[11]

Podemos mencionar, no processo do trabalho, alguns exemplos de cabimento da ação (tutela) inibitória para impedir a prática de ato ilícito, como a prevista no art. 659, IX, da CLT, segundo o qual o juiz pode conceder tutela inibitória para que o empregador se abstenha de transferir (CLT, art. 543) um dirigente sindical para localidade que impeça ou dificulte a sua atuação na defesa dos interesses coletivos ou individuais da categoria (CF, art. 8º, III). Nota-se, neste caso, que a transferência, ou seja, o dano ao direito do empregado dirigente sindical, sequer ocorrera, mas o empregado já possui elementos indiciários que revelam a probabilidade da sua ilegal transferência.

No que tange à proteção do meio ambiente do trabalho, é perfeitamente factível a utilização da tutela coletiva inibitória para impedir a prática, a repetição ou a continuação de ato ilícito patronal, como na hipótese em que se verifica a simples probabilidade de o empregador praticar (repetir ou continuar praticando) ato contrário ao direito dos trabalhadores de não serem expostos a trabalhar em ambiente perigoso com evidente risco de morte sem a utilização de EPIs adequados e eficientes; de não serem discriminados por motivo de sexo, idade, raça, cor, estado civil ou orientação sexual; de não serem compelidos a cumprir metas inatingíveis ou que os exponham a doenças físicas e psíquicas (assédio moral) etc.

Outra situação que comporta tutela inibitória ambiental é a da empresa que exige continuamente o cumprimento de horas extras dos seus empregados, além do limite legal de duas horas diárias. Trata-se, como observa Cesário, de:

> um ilícito que se sucede no tempo, de modo a impedir, na prática, a concretização da norma tuitiva da saúde do trabalhador. Com efeito, ainda que não existindo notícias de que a sobrejornada esteja a causar um dano à saúde dos obreiros, a simples notícia do ato contrário ao direito justificará, a mancheias, a utilização da ação inibitória visando à reafirmação da tutela normativa inadimplida.[12]

9. MARINONI, Luiz Guilherme. *Técnica processual e tutela dos direitos*. São Paulo: Revista dos Tribunais, 2008. p. 192.
10. MARINONI, Luiz Guilherme. *Op. cit.*, p. 195.
11. *Ibidem*, mesma página.
12. CESÁRIO, João Humberto. *Técnica processual e tutela coletiva de interesses ambientais trabalhistas*. São Paulo: LTr, 2012. p. 225.

Recentemente, o TST reconheceu a aplicabilidade da tutela coletiva inibitória no processo do trabalho para impedir a repetição de ato ilícito, nos seguintes termos:

> RECURSO DE REVISTA. 1. AÇÃO CIVIL PÚBLICA. DIREITOS DIFUSOS, COLETIVOS E INDIVIDUAIS HOMOGÊNEOS. LEGITIMIDADE DO MINISTÉRIO PÚBLICO DO TRABALHO. TUTELA INIBITÓRIA. ABSTENÇÃO DE INCLUSÃO DE CLÁUSULA EM CONVENÇÃO COLETIVA PREVENDO CONTRIBUIÇÃO ASSISTENCIAL A NÃO ASSOCIADOS. O Ministério Público do Trabalho detém legitimidade para pleitear, em ação civil pública, tutela inibitória na defesa de direitos difusos, coletivos e individuais homogêneos, especialmente quando relacionados à livre associação e sindicalização (CF, arts. 5º, II, e 8º, *caput*, e V), nos exatos limites dos arts. 127 e 129, III e IX, da Constituição Federal, 6º, VII, alíneas *a* e *d* e 84 da Lei Complementar n. 75/1993, 1º, IV, e 3º da Lei n. 7.347/1985. Recurso de revista conhecido e provido. 2. CONTRIBUIÇÕES ASSISTENCIAIS. DEVOLUÇÃO DE DESCONTOS. A Constituição da República, em seus arts. 5º, XX, e 8º, V, assegura o direito de livre associação e sindicalização. É ofensiva a essa modalidade de liberdade cláusula constante de acordo, convenção coletiva ou sentença normativa estabelecendo contribuição em favor de entidade sindical a título de taxa para custeio do sistema confederativo, assistencial, revigoramento ou fortalecimento sindical e outras da mesma espécie, obrigando trabalhadores não sindicalizados. Sendo nulas as estipulações que inobservem tal restrição, tornam-se passíveis de devolução os valores irregularmente descontados (Precedente Normativo n. 119 e OJ 17, ambos da SDC/TST e Súmula n. 666/STF). Recurso de revista conhecido e provido (TST-RR 624-04.2010.5.09.0655, j. 14.12.2011, Rel. Min. Alberto Luiz Bresciani de Fontan Pereira, 3ª T., DEJT 19.12.2011).

6. A TUTELA COLETIVA DE REMOÇÃO DO ILÍCITO

Outra ação de conhecimento bastante importante no Estado Democrático de Direito é a ação de remoção do ilícito. Leciona Marinoni[13]:

> Se a ação inibitória se destina a impedir a prática, a repetição ou a continuação do ilícito, a ação de remoção do ilícito, como o próprio nome indica, dirige-se a remover os efeitos de uma ação ilícita que já ocorreu. Esclareça-se que a ação inibitória, quando voltada a impedir a repetição do ilícito, tem por fim evitar a ocorrência de outro ilícito. Quando a ação inibitória objetiva inibir a continuação do ilícito, a tutela tem por escopo evitar o prosseguimento de um agir ou de uma atividade ilícita. Perceba-se que a ação inibitória somente cabe quando se teme um agir ou uma atividade. Ou melhor, a ação inibitória somente pode ser utilizada quando a providência jurisdicional for capaz de inibir o agir ou o seu prosseguimento, e não quando esse já houver sido praticado, estando presentes apenas os seus efeitos. Há diferença entre temer o prosseguimento de uma atividade ilícita e temer que os efeitos ilícitos de uma ação já praticada continuem a se propagar. Se o infrator já cometeu a ação cujos efeitos ilícitos permanecem, basta a remoção da situação de ilicitude. Nesse caso, ao contrário do que ocorre com a ação inibitória, o ilícito que se deseja atingir está no passado, e não no futuro.

Assim, enquanto a ação inibitória tem natureza preventiva, a ação de remoção do ilícito tem por escopo eliminar ou remover os efeitos concretos decorrentes de um ato ilícito já praticado.

À guisa de exemplo, se um empregador está na iminência de instalar um equipamento altamente tóxico que coloca em risco a vida e a saúde dos trabalhadores, o MPT (ou o sindicato da categoria profissional) pode ajuizar ação coletiva inibitória, inclusive com requerimento de tutela antecipada, para que o réu se abstenha de instalar o equipamento antes de adotar as medidas de saúde e segurança exigidas pelos órgãos públicos competentes.

Caso, porém, o réu já tenha instalado o equipamento, os efeitos nocivos à vida e à saúde podem se perpetuar no tempo, o que empolga uma ação de remoção dos efeitos do ato ilícito perpetrado no passado.

7. IMPORTÂNCIA E CONTEÚDO DA TUTELA COLETIVA INIBITÓRIA DE URGÊNCIA ANTECIPATÓRIA

É importante apontar, desde logo, que tanto a tutela inibitória quanto a tutela para remoção do ilícito podem ser deferidas antecipada ou cautelarmente ou, ainda, em caráter definitivo (CPC, arts. 287, 461, *caput*, e § 3º; CDC, art. 84), podendo o juiz fixar multa, independentemente de requerimento do autor.

Em se tratando de ações destinadas à defesa de interesses difusos, coletivos e individuais homogêneos, dois aspectos devem ser salientados. O primeiro, diz respeito à importância dos direitos e interesses tutelados e às consequências nefastas que um provimento jurisdicional tardio pode proporcionar a esses interesses, já que não raro os danos são irreparáveis ou de difícil reparação.

Disso resulta que a liminar prevista no art. 12 da LACP deve conter, primordialmente, autêntica tutela antecipatória específica, isto é, aquela que tem por objeto o cumprimento adiantado de uma obrigação de fazer ou não fazer, porquanto parece-nos razoável a ilação de que o autor da ação coletiva deve perseguir, com a antecipação da tutela, o retorno, ainda que provisório, ao *statu quo ante* da situação que deu ensejo ao ajuizamento da demanda. Somente na

13. MARINONI, Luiz Guilherme. *Técnica processual e tutela dos direitos*. São Paulo: Revista dos Tribunais, 2008. p. 192.

hipótese em que isso não seja possível, aí sim, abre-se a possibilidade da opção pelo pleito reparatório.

Chegamos a essa conclusão pela interpretação sistemática dos arts. 11 e 12 da LACP e 84, §§ 1º e 3º, do CDC, uma vez que não nos parece razoável que a liminar seja concedida apenas com base no *caput* do art. 12 da LACP, o qual nada alude a respeito dos requisitos imprescindíveis à concessão da tutela antecipatória.

O segundo aspecto guarda pertinência com o conteúdo do pedido antecipatório, pois na liminar cautelar não há (salvo nas chamadas cautelares satisfativas) necessidade de identidade entre o pedido e o bem da vida almejado no processo principal.

Já na antecipação da tutela inserta no art. 12 da LACP (e art. 84, § 3º do CDC), a liminar deve equivaler ao julgamento provisório de procedência de um, alguns ou todos os pedidos contidos na petição inicial da ação coletiva.

8. REQUISITOS PARA A CONCESSÃO DA TUTELA COLETIVA INIBITÓRIA DE URGÊNCIA ANTECIPATÓRIA

O art. 12 da LACP não faz qualquer alusão aos requisitos que possibilitam a concessão do "mandado liminar",

> não bastasse isso, possibilitou que, ainda quando configurados os pressupostos que por construção jurisprudencial-doutrinária se vier a eleger, sua concessão repouse em avaliação discricionária [...] em vez de fazê-la um dever do juiz (como ocorre no mandado de segurança).[14]

Alguns autores, à falta de previsão expressa no art. 12 da LACP, sustentam que os requisitos exigidos para a liminar nas ações coletivas devem ser similares aos da liminar do MS[15]. Outros advogam que os requisitos para a concessão da liminar da ACP são os que constam do art. 84, § 3º, do CDC[16]. Há, ainda, os que invocam as disposições dos arts. 273 e 461 do CPC[17]. Existem, finalmente, os que defendem a autonomia do art. 12 da LACP, ficando a concessão do "mandado" liminar ao "prudente arbítrio" do juiz[18].

Já ressaltamos em linhas pretéritas que, com o advento da Lei n. 8.078/1990, a tutela dos interesses metaindividuais passou a contar com um sistema integrado que deu origem à chamada "jurisdição civil coletiva"[19].

Disso resulta que tanto a tutela definitiva como a tutela antecipada, em tema de interesses metaindividuais, devem seguir, sistematicamente, as prescrições dos arts. 11 e 12 da LACP e art. 84, § 3º, do CDC.

Nesse passo, sublinha Nelson Nery Junior:

> Consoante autoriza o CDC 84 § 3º, aplicável à ACP proposta com base na LACP por força da LACP 21, pode o juiz conceder liminarmente a tutela de mérito, sempre que for relevante o fundamento da demanda e houver justificado receio da ineficácia do provimento jurisdicional, se concedido a final. A concessão liminar da tutela de mérito pode ser feita com ou sem justificação prévia, *inaudita altera parte* ou com a ouvida do réu[20].

Na mesma linha, lecionam Celso Antonio Pacheco Fiorillo, Marcelo Abelha Rodrigues e Rosa Maria Nery:

> Dentro do sistema da Jurisdição Civil Coletiva (LACP + CDC) para as ações coletivas destinadas à defesa de direitos *coletivos lato sensu*, é possível a concessão tanto de liminar cautelar quanto antecipatória do mérito. Chegamos a essa insofismática conclusão pelos diversos mecanismos postos à disposição dos jurisdicionados. No art. 12 da LACP temos a regra geral para a concessão da liminar antecipatória do direito, onde se faz mister o preenchimento dos requisitos do *periculum in mora* e *fumus boni juris*. Também se configura como liminar antecipatória do direito aquela prevista no art. 84, § 3º, do CDC (ações que tenham por objeto o cumprimento de obrigação de fazer e não fazer), possuindo como requisitos os mesmos mencionados no art. 12 da LACP. Também há a possibilidade de concessão de liminar antecipatória do direito no sistema da jurisdição civil coletivo, tendo por base o art. 273 do Código de Processo Civil. Entretanto, como no inciso I do art. 273 do Código de Processo Civil o grau de cognição para convencimento do juiz (*provas inequívocas para que se convença da verossimilhança da alegação*) é mais vertical que o previsto no sistema da jurisdição civil coletiva, sendo, pois, mais dificultoso para o requerente convencer o magistrado a conceder a medida, temos que somente com base no inciso II deste mesmo artigo (*fique caracterizado o abuso do direito de defesa ou o manifesto propósito protelatório do réu*) é que será possível a concessão da liminar antecipatória do mérito[21].

Os requisitos para a concessão da tutela antecipada nas ações coletivas *lato sensu* são, portanto, os constantes do art. 84, § 3º, do CDC, ou seja: a) relevância do fundamento da demanda (*fumus boni iuris*) e b) justificado receio de ineficácia do provimento final (*periculum in mora*).

14. FERRAZ, Sérgio. *Op. cit.*, p. 455.
15. FERRAZ, Sérgio. *Op. cit.*, mesma página.
16. NERY JUNIOR, Nelson. *Código de Processo Civil comentado*. p. 1.530.
17. CASTELO, Jorge Pinheiro. *Tutela antecipada no processo do trabalho*. V. II, p. 249-254.
18. TEIXEIRA FILHO, Manoel Antonio. *Ação civil pública*. p. 33.
19. FIORILLO, Celso Antônio. *Direito processual ambiental brasileiro*. p. 98-114.
20. NERY JUNIOR, Nelson. *Op. cit.*, p. 1.530.
21. FIORILLO, Celso Antonio Pacheco. *Direito processual ambiental brasileiro*. p. 134-135.

Em outros termos, em sede de demanda coletiva, não é permitido ao juiz[22], para antecipar a tutela de mérito, exigir o cumprimento dos requisitos insertos no art. 273 do CPC: a) requerimento expresso do autor (*caput*); b) prova inequívoca para convencimento da verossimilhança da alegação do autor (*idem*); c) fundado receio de dano irreparável ou de difícil reparação (inciso I); d) que não haja perigo de irreversibilidade do provimento antecipado (§ 2º).

Poderá o juiz, no entanto, antecipar a tutela meritória na hipótese do inciso II do art. 273 do CPC (a chamada tutela de evidência), uma vez que, neste caso, há omissão tanto da LACP como do CDC a respeito do abuso do direito de defesa ou manifesto propósito protelatório do réu, sendo perfeitamente compatível a aplicação subsidiária do CPC, mesmo porque o comportamento deplorável do réu, *in casu*, macula a própria imagem do Poder Judiciário e a dignidade da administração da justiça, o que revela a conexão entre o preceptivo em causa e a litigância de má-fé, prevista no art. 17 do CPC.

Resumindo, os arts. 273 e 461 do CPC, que sofrem influência marcante da concepção individualista do direito, só poderão ser aplicados subsidiariamente (LACP, art. 19), isto é, em caso de lacuna e desde que isso não haja contrariedade, de alguma forma, às normas (princípios e regras) que compõem o sistema integrado (LACP e CDC) de proteção aos interesses metaindividuais.

9. TUTELA COLETIVA INIBITÓRIA DE URGÊNCIA ANTECIPATÓRIA *EX OFFICIO*

Não há uniformidade doutrinária a respeito da (im) possibilidade de antecipação de tutela *ex officio* nas ações coletivas. Duas correntes se apresentam. A primeira, capitaneada por Sérgio Ferraz[23], não a admite, pois o fato de o art. 12 da LACP mencionar que é lícito ao juiz "conceder" a tutela antecipada, já deixa implícito que há pedido do autor em tal sentido, diferentemente do que se dá com a liminar do mandado de segurança, no qual o juiz "ordenará" que se suspenda o ato que deu motivo à impetração do *mandamus* (Lei n. 12.016/2009, art. 7º, III).

A segunda – à qual nos filiamos – sustenta que não há vedação legal para a concessão da tutela antecipada em ações coletivas, independentemente de pedido expresso do autor[24].

Ressalte-se, inicialmente, que os dispositivos que autorizam a liminar na LACP (art. 12) e no CDC (art. 84, § 3º) não exigem, ao contrário da tutela antecipada do art. 273 do CPC, o requerimento do autor. E nem seria de bom alvitre tal exigência, uma vez que os interesses em jogo nas ações coletivas são interesses sociais que transcendem os interesses meramente individuais. Nesse sentido, Belinda Pereira da Cunha observa que a

> previsão constitucional de sua concessão encontra-se no inciso XXXV do art. 5º, em que prevê o legislador que a lei não excluirá da apreciação do Judiciário lesão ou ameaça a direito, podendo o juiz concedê-la de ofício, uma vez que não explicitou o legislador o dever de requerê-la o autor da ação civil pública[25].

De outra parte, a ação civil pública (assim como o mandado de segurança, individual e coletivo) há de ser entendida não como simples ação prevista nas leis ordinárias. Antes, é preciso compreendê-la como remédio de índole constitucional, destinado à proteção de direitos fundamentais que alicerçam o Estado Democrático de Direito.

Ora, se a Lei n. 12.016/2009 regula tanto o mandado de segurança individual quanto o coletivo, não nos parece lógico admitir que a antecipação da tutela dos interesses coletivos protegidos por este último remédio possa ser concedida *ex officio* e a dos demais interesses coletivos objeto de defesa por outras ações coletivas não o possam.

Aliás, se a lei ordinária, hierarquicamente inferior à Constituição, já prevê a possibilidade de concessão da liminar de ofício (Lei n. 12.016/2009, art. 7º, III) para a proteção de direitos individuais, não seria razoável restringir a atuação do juiz diante de uma demanda que tenha por escopo a proteção de interesses que às vezes se confundem com o próprio interesse público.

Não há como negar, igualmente, que a antecipação de tutela nas ações coletivas (LACP, art. 12; CDC, art. 84, § 3º) constitui uma medida de urgência, cujo fim precípuo é salvaguardar interesses muito mais importantes que os tradicionais direitos individuais, que poderão ser concretizados na sentença.

Parece-nos, portanto, que o legislador houve por bem conferir ao juiz, desde que presentes o *fumus boni iuris* e o *periculum in mora*, a função-dever-poder de antecipar, até mesmo de ofício, o provimento de mérito, com ou sem justificação prévia, após citado o réu, máxime em se tratando de direitos sociais trabalhistas, a prestação jurisdicional há de observar, com maior ênfase, o princípio inquisitório, de larga aplicabilidade no processo do trabalho[26].

22. O art. 90 do CDC manda aplicar as normas da LACP e do CDC "naquilo que não contrariar suas disposições". Logo, não pode o juiz exigir algo diverso do constante no sistema integrado da jurisdição coletiva (LACP+CDC).
23. FERRAZ, Sérgio. *Op. cit.*, p. 455-456; MAZZILLI, Hugo Nigro. *A defesa dos interesses difusos em juízo*. p. 147-148.
24. TEIXEIRA FILHO, Manoel Antonio. *Ação civil pública*. p. 32-34. No mesmo sentido: CUNHA, Belinda Pereira da. *Antecipação da tutela no Código de Defesa do Consumidor*. p. 144-145.
25. CUNHA, Belinda Pereira da. *Antecipação de tutela no Código de Defesa do Consumidor*. p. 144.
26. É importante destacar que alguns autores admitem, no processo do trabalho, a concessão até mesmo de ofício, da tutela antecipada do art. 273/CPC, a despeito da expressa determinação deste dispositivo, principalmente quando o autor estiver litigando sem a

Ademais, se a natureza jurídica do provimento antecipatório é mandamental ou executiva *lato sensu*, deverá o juiz, dentro do ordenamento jurídico, buscar a norma cuja natureza mais se assemelhe à da liminar prevista para a ACP.

Para tanto, duas considerações merecem ser feitas. A primeira decorre da natureza mandamental da liminar constante do art. 12 da LACP, que é idêntica à da liminar prevista no art. 7º, III, da Lei n. 12.016/2009. Logo, se nesta é possível a concessão de ofício da liminar, o mesmo raciocínio deve ser utilizado em relação àquela. Em outros termos, a natureza mandamental da liminar na ACP permite o seu deferimento *ex officio*, a exemplo do que ocorre com a liminar do MS.

A segunda repousa na natureza executiva *lato sensu* e a especificidade do processo do trabalho, porquanto a regra contida no art. 878 da CLT, permite que a execução trabalhista seja promovida *ex officio*, pelo próprio juiz.

No que diz respeito à justificação prévia, colhe-se o magistério de Nelson Nery Junior, para quem, preenchidos:

> os pressupostos legais do *periculum in mora* e do *fumus boni iuris*, deve o juiz conceder a liminar, não havendo necessidade de justificação prévia. Ausentes os pressupostos legais, deve o juiz indeferir a liminar. Sendo necessária a realização de audiência para a comprovação dos requisitos legais, deve o magistrado designar justificação prévia determinando a citação do requerido[27].

10. FUNGIBILIDADE DAS TUTELAS DE URGÊNCIA

Examinando com profundidade o disposto no art. 4º da LACP, verificamos que, a rigor, de tutela cautelar não se trata, e sim de tutela antecipatória, em função do que assiste razão a Eduardo Henrique Raymundo von Adamovich, para quem:

> As providências com que procura exemplificar o art. 4º, ao falar em 'evitar o dano', na verdade não têm natureza propriamente cautelar. A tutela que evita a consumação do dano, a rigor, não é cautelar, mas antecipatória. Evitando o dano, estará evidentemente satisfeito o objeto imediato da ação principal, considerando tratar-se de dano iminente, mas ainda não consumado. Neste caso, a única razão que poderia justificar o prosseguimento da ação seria o regramento definitivo da situação que insinuou o dano.[28]

Daí porque salienta o referido autor:

> as ações cautelares cabíveis em caráter preparatório ou incidental na ação civil pública são aquelas do Livro III, do CPC, em que, dado o caso concreto, cabíveis, valendo a referência exemplificativa do art. 4º também para a antecipação dos efeitos da tutela jurisdicional.

De toda a sorte, parece-nos que, em tais casos, em função da inexistência de incompatibilidade com a jurisdição trabalhista metaindividual, é possível a aplicação subsidiária do § 7º do art. 273 do CPC[29], segundo o qual se o:

> autor, a título de antecipação de tutela, requerer providência de natureza cautelar, poderá o juiz, quando presentes os respectivos pressupostos, deferir a medida cautelar em caráter incidental do processo ajuizado.

O inverso também é verdadeiro, ou seja, se o autor ajuíza ação cautelar com pedido de tutela de urgência e, inadvertidamente, postula, em essência, antecipação de tutela, poderá o juiz deferir esta sem necessidade de instauração de um outro processo, desde que seja possível a correspondente adaptação. Nesse sentido, é a posição de Nelson Nery Junior:

> Caso o autor ajuíze ação cautelar incidental, mas o juiz verifique ser caso de tutela antecipada, deverá transformar o pedido cautelar em pedido de tutela antecipada. Isso ocorre, por exemplo, quando a cautelar tem natureza satisfativa. Dado que os requisitos da tutela antecipada são mais rígidos que os da cautelar, ao receber o pedido cautelar como antecipação de tutela o juiz deve dar oportunidade ao requerente para que adapte o seu requerimento, inclusive para que possa demonstrar e comprovar a existência dos requisitos legais para a obtenção da tutela antecipada. A cautelar só deverá ser indeferida quando não puder ser adaptada ao pedido de tutela antecipada ou se o autor se negar a proceder à adaptação.[30]

11. CONSIDERAÇÕES FINAIS

Além das conclusões tópicas já lançadas ao longo do desenvolvimento deste artigo, podemos dizer, como síntese de todo o exposto, que em relação ao direito fundamental (individual e metaindividual) dos trabalhadores ao meio ambiente do trabalho saudável a ordem constitucional impõe ao empregador (e aos tomadores de serviços em geral) o dever fundamental, decorrente da função socioambiental

---

assistência de um advogado. NERY JUNIOR, Nelson. *Código de Processo Civil comentado*. p. 748-749; OLIVEIRA, Francisco Antonio de. LTr 60-03/335; MENEZES, Cláudio Armando Couce de. *Tutela antecipada e ação monitória na justiça do trabalho*. p. 34-35.

27. NERY JUNIOR, Nelson. *Código de Processo Civil comentado*. p. 1.531.
28. *Sistema da ação civil pública no processo do trabalho*. p. 344.
29. § 8º incluído pela Lei n. 10.444, de 2002.
30. *Código de Processo Civil e legislação extravagante*. 8. ed., p. 724.

da empresa, de assegurar a sadia qualidade de vida (física, psíquica, social e moral) dos trabalhadores, por meio do cumprimento efetivo das normas de proteção à saúde, à segurança e à higiene pertinentes ao meio ambiente do trabalho (CF, arts. 225 e 200, VIII, c/c art. 7º, XXII e XXVIII).

A tutela coletiva inibitória – definitiva, cautelar ou antecipatória – é uma das mais importantes técnicas processuais para impedir a prática, a repetição ou a continuação do ato ilícito voltado para a degradação do meio ambiente do trabalho, contribuindo, assim, para a efetivação do direito fundamental dos trabalhadores à sadia qualidade de vida física, mental, social e moral no *habitat laboral*.

A consolidação desse instrumento no processo do trabalho exige, necessariamente, a formação de uma nova mentalidade e um aperfeiçoamento constante dos juízes, procuradores, sindicalistas e advogados trabalhistas, enfim, de todos os que lidam com esse ramo especializado da árvore jurídica.

Para tanto, é preciso exaltar a função socioambiental do processo e o seu verdadeiro escopo, qual seja o de estar a serviço, em menor espaço de tempo possível, não apenas dos tradicionais direitos individuais, mas, igualmente, dos interesses metaindividuais trabalhistas.

Afinal, todos os trabalhadores, como cidadãos, têm o direito fundamental a uma ordem jurídica política, jurídica, social e ambientalmente justa.

12. REFERÊNCIAS

ADOMOVICH, Eduardo Henrique Raymundo von. *Sistema da ação civil pública no processo do trabalho*. São Paulo: LTr, 2005.

BEDAQUE, José Roberto dos Santos. *Direito e processo*: influência do direito material sobre o processo. 3. ed. São Paulo: Malheiros, 2003.

BOBBIO, Norberto. *A era dos direitos*. Trad. Carlos Nelson Coutinho. Rio de Janeiro: Campos, 1992.

CAPPELLETTI, Mauro Cappelletti; GARTH, Briant. *Acesso à justiça*. Porto Alegre: Sérgio Antônio Fabris Editor, 1988.

CARVALHO FILHO, José dos Santos. *Ação civil pública*: comentário por artigo. Rio de Janeiro: Freitas Bastos, 1995.

CASTELO, Jorge Pinheiro. *Tutela antecipada no processo do trabalho*. São Paulo: LTr, 1999. V. 2.

CESÁRIO, João Humberto. *Técnica processual e tutela coletiva de interesses ambientais trabalhistas*. São Paulo: LTr, 2012.

CUNHA, Belinda Pereira da. *Antecipação da tutela no Código de Defesa do Consumidor*: tutela individual e coletiva. São Paulo: Saraiva, 1999.

EBERT, Paulo Roberto Lemgruber. O meio ambiente do trabalho. Conceito, responsabilidade civil e tutela. *Jus Navigandi*, Teresina, ano 17, n. 3.377, 29 set. 2012. Disponível em: <http://jus.com.br/revista/texto/22694>. Acesso em: 16 jun. 2013.

FERNANDES, Iara de Toledo. Tutela de urgência na ação civil pública. In: MAZZEI, Rodrigo; NOLASCO, Rita Dias. *Processo civil coletivo*. São Paulo: Quartier Latin, 2005.

FERRAZ, Sérgio. Provimentos antecipatórios na ação civil pública. In: *Ação civil pública*: Lei n. 7.347/1985 – reminiscências e reflexões após dez anos de aplicação. (Coord.) Édis Milaré. São Paulo: Revista dos Tribunais, 1995.

FIORILLO, Celso Antonio Pacheco *et al*. *Direito processual ambiental brasileiro*. Belo Horizonte: Del Rey, 1996.

GIGLIO, Wagner D. *Direito processual do trabalho*. São Paulo: Saraiva, 1997.

GRINOVER, Ada *et al*. *Código brasileiro de defesa do consumidor*: comentado pelos autores do anteprojeto. 5. ed. Rio de Janeiro: Forense Universitária, 1998.

LEAL, Márcio Flávio Mafra. *Ações coletivas*: história, teoria e prática. Porto Alegre: Sergio Antonio Fabris Editor, 1998.

LEITE, Carlos Henrique Bezerra. *Curso de direito processual do trabalho*. 16. ed. São Paulo: Saraiva, 2017.

______. *Ministério Público do Trabalho*: doutrina, jurisprudência e prática. 8. ed. São Paulo: LTr, 2017.

______. *Ação civil pública na perspectiva dos direitos humanos*. 2. ed. São Paulo: LTr, 2008.

______. *Direitos humanos*. 3. ed. Rio de Janeiro: Atlas, 2014.

MACEDO JÚNIOR, Ronaldo Porto. Ministério público brasileiro: um novo ator político. In: *Ministério Público II*: democracia. São Paulo: Atlas, 1999.

MACHADO, Antônio Cláudio da Costa. *Tutela antecipada*. 3. ed. São Paulo: Editora Juarez de Oliveira, 1999.

MALLET, Estêvão. *A antecipação de tutela no processo do trabalho*. São Paulo: LTr, 1998.

MANCUSO, Rodolfo de Camargo. *Ação civil pública*. 4. ed. São Paulo: Editora Revista dos Tribunais, 1996.

MARINONI, Luiz Guilherme. *Técnica processual e tutela dos direitos*. São Paulo: Revista dos Tribunais, 2008.

MAZZILLI, Hugo Nigro. *A defesa dos interesses difusos em juízo*. 9. ed. São Paulo: Saraiva, 1997.

MENEZES, Cláudio Armando Couce, BORGES, Leonardo Dias. *Tutela antecipada e ação monitória na justiça do trabalho*. São Paulo: LTr, 1998.

NERY JUNIOR, Nelson. *Princípios do processo civil na Constituição Federal*. 4. ed. São Paulo: Editora Revista dos Tribunais, 1997.

______. *Código de Processo Civil anotado*. 4. ed. São Paulo: Editora Revista dos Tribunais, 1999; 8. ed., 2004.

OLIVEIRA, Francisco Antonio de. *Ação civil pública*: enfoques trabalhistas. São Paulo: Editora Revista dos Tribunais, 1998.

RODRIGUES, Marcelo Abelha. *Elementos de direito processual civil*. São Paulo: Editora Revista dos Tribunais. V. 1, 2. ed., 2000; V. 2, 2000.

______. *Ação civil pública e meio ambiente*. Rio de Janeiro: Forense Universitária, 2003.

SAUWEN FILHO, João Francisco. *Ministério público brasileiro e o estado democrático de direito*. Rio de Janeiro: Renovar, 1999.

TEIXEIRA FILHO, Manoel Antonio. *Ação civil pública*. São Paulo: LTr, 1998.

VIGLIAR, José Marcelo Menezes. *Ação civil pública*. 2. ed. São Paulo: Atlas, 1998.

WATANABE, Kazuo. Apontamentos sobre tutela jurisdicional dos interesses difusos (necessidade de processo dotado de efetividade e aperfeiçoamento permanente dos juízes e apoio dos órgãos superiores da justiça em termos de infraestrutura material e pessoal). In: *Ação civil pública*: Lei n. 7.347/1985 – reminiscências e reflexões após dez anos de aplicação (Coord.) Édis Milaré. São Paulo: Revista dos Tribunais, 1995.

______. *Cognição no processo civil*. São Paulo: Editora Revista dos Tribunais, 1987.

ZAVASCKI, Teori Abino. *Antecipação de tutela*. 2. ed. São Paulo: Saraiva, 1999.

Danos morais coletivos e a questão da tarifação em sede de ações coletivas laborais

22

Marcelo Freire Sampaio Costa[1]

1. À GUISA DE INTROITO

O presente estudo nasceu de novo convite formulado pelos ilustres professores da Universidade Federal de Uberlândia, Juliane Caravieri Martins, e da Universidade de São Paulo, Jair Aparecido Cardoso e da professora Zélia Maria Cardoso Montal, do núcleo da COGEAE da Pontifícia Universidade Católica de São Paulo, para participar de mais uma obra coletiva organizada por esse ilustrado trio, agora tratando do meio ambiente laboral.

Este trabalho trata sobre a palpitante possibilidade de ações coletivas instrumentalizarem pedidos de danos extrapatrimoniais, principalmente nas hipóteses de tragédias massivas ambientais-laborais, como foi o recente caso ocorrido em Brumadinho, município no estado de Minas Gerais.

A importância desse estudo mostra-se inquestionável por diversas razões. Primeiro porque se trata de assunto ainda pouco enfrentado pela doutrina e jurisprudência pátria. O segundo decorre da necessidade de a doutrina jurídica conferir argumentos teóricos para que a jurisprudência possa enfrentar, com melhores recursos, as ações coletivas com pedidos de danos extrapatrimoniais decorrentes da violação de direitos individuais homogêneos, num cenário de massiva violação de meio ambiente laboral, especialmente quando o nosso país enfrenta tragédias tão recentes, e cruéis, como foi o caso do rompimento da barragem de Brumadinho.

Pretendemos responder à seguinte indagação: o modelo de tarifação do dano extrapatrimonial é compatível com as ações coletivas laborais instrumentalizando pedidos de danos morais decorrentes da violação de direitos individuais homogêneos.

Inicialmente vamos, antes de tratar do modelo de tarifação do dano extrapatrimonial, enfrentar pelo menos quatro assuntos importantes para melhor compreender a questão, começando pela definição de dano moral coletivo.

2. DA DEFINIÇÃO DE DANO MORAL COLETIVO

Antes de esposar os elementos que compõem a caracterização do dano extrapatrimonial coletivo, bem como a proposta conceitual desse instituto, destaca-se, novamente, a existência de um tripé justificador dessa modalidade de dano, nos mesmos termos do já apresentado em trabalhos anteriores de nossa lavra[2], qual seja:

1. Dimensão ou projeção coletiva da dignidade da pessoa humana;
2. Ampliação do conceito de dano moral coletivo envolvendo não apenas a dor psíquica;
3. Coletivização dos direitos ou interesses por intermédio do reconhecimento legislativo dos direitos coletivos em sentido *lato*.

Inicialmente, mostra-se necessário conferir maior correção científica à construção do instituto do dano moral coletivo afastando-o de afirmações doutrinárias tão comuns na doutrina que o vinculam tão somente às dores sensitivas ou eventuais reflexos subjetivos desse dano.

Para isso, vale ressaltar que instituto deve ser afirmado a partir de um fato objetivo, a grave e intolerável violação da ordem jurídica laboral, a partir de um ato ilícito que atinge a projeção coletiva da dignidade da pessoa humana.

No caso em estudo, a grave e intolerável violação à ordem jurídica laboral envolve o que chamaremos aqui de

1. Doutor em Direito pela PUC/SP. Mestre em Direito pela UFPA. Especialista em Direito Material e Processual do Trabalho pela UNAMA-PA. Professor-convidado de Pós-Graduação *Lato Sensu* em diversas instituições (PUC-SP, MACKENZIE-SP, CESUPA-PA, UNAMA-PA). Autor de vários livros e dezenas de artigos. Membro do Ministério Público do Trabalho, lotado na 2ª Região.

2. Cf. *Dano moral coletivo nas relações laborais*. De acordo com o novo CPC. 2. ed. São Paulo: LTr. 2016 e *Curso de processo coletivo do trabalho*. Em consonância com a reforma trabalhista. São Paulo: LTr, 2019, ambos, escritos pelo autor deste artigo.

massivas tragédias ambientais-laborais, como foi o caso recente de Brumadinho.

Considerando que o princípio da dignidade da pessoa humana convolou-se no centro axiológico do ordenamento jurídico, além de possuir dimensão unitária e social, instituindo verdadeira cláusula de tutela e dever geral de respeito à personalidade humana[3], tem-se como consequência o fato de que toda violação da projeção coletiva desse princípio constitucional, partindo-se de um fato objetivo (violação da ordem jurídica), consubstanciado em interesses/direitos extrapatrimoniais coletivos pela sua relevância social (difusos e coletivos em sentido estrito e individuais homogêneos), e, portanto, não adstritos a pessoas singulares, configurará dano moral coletivo. A reparação coletiva, como dito, convolou-se no "reverso da medalha"[4] do princípio da dignidade da pessoa humana em sua projeção coletiva.

Nessa linha, as adjetivações apresentadas pela doutrina, relativas à configuração do dano moral coletivo, são meras consequências da configuração desse extrapatrimonial social. Este, na verdade, tem sua gênese na violação da projeção coletiva da dignidade da pessoa humana, como dito, partindo-se de um fato objetivo – a intolerável violação da ordem jurídica.

Em relação ao segundo aspecto formador do citado tripé, releva obtemperar, como já feito, que, ante o panorama de ampla proteção da pessoa humana, a concepção reducionista vinculadora do dano moral a aspectos meramente subjetivos não se mostra mais aceitável. Os equívocos jurisprudenciais certamente decorrem dessa mesma concepção reducionista.

Quanto ao último elemento formador, como também já salientado, a eclosão de categoria de direitos que transcendem os conflitos intersubjetivos acabou, por consequência natural, provocando a criação de mecanismos processuais próprios voltados a conferir pleno acesso à justiça e garantir a efetividade do processo, atendendo às especificidades de tais direitos e interesses, em razão da sua dimensão e relevância.

Apresentadas tais considerações, possível conceituar ***dano moral coletivo como a violação da projeção coletiva da dignidade da pessoa humana, consubstanciada em direitos extrapatrimoniais relevantemente coletivos, abrangendo as modalidades difusos, coletivos em sentido estrito e individuais homogêneos,*** **cuja consequência será a intolerável violação da ordem jurídica.**

Todos os sentimentos de repulsa e indignação social decorrentes desse dano coletivo, assim como no dano de natureza singular, também são mera consequência dessa grave violação à projeção coletiva do princípio da dignidade da pessoa humana, consubstanciado no intolerável vilipêndio à ordem jurídica.

No caso em estudo, vale dizer que estamos tratando da violação de direitos extrapatrimoniais, na modalidade individuais homogêneos, concentrados em ação coletiva, daí a importância da conceituação do instituto do dano moral coletivo.

Entendemos que a instrumentalização, em ações coletivas, de pedidos de danos extrapatrimoniais em razão da violação de direitos individuais homogêneos, inobstante plenamente individualizáveis, nada mais são do que uma espécie do gênero dano moral ou extrapatrimonial coletivo, com a característica peculiar dessa individualização, daí a possibilidade de todos os elementos peculiares que compõe este gênero também poderem ser projetados para esses pedidos singulares de indenizações.

3. DO DANO MORAL COLETIVO ENVOLVENDO PEDIDOS DE DIREITOS INDIVIDUAIS HOMOGÊNEOS

Começamos esse item afirmando que, por intermédio de decisão histórica do Supremo Tribunal Federal, verdadeiro *leading case* (cf. RE n. 163.231-3-SP, STF Pleno. Relator Ministro Maurício Corrêa), os direitos individuais homogêneos são considerados, desde 1997, espécie do gênero direitos coletivos em sentido lato, do qual também são espécies os difusos e coletivos em sentido estrito.

Esses direitos individuais homogêneos, espécie do gênero direitos coletivos em sentido lato, foi a última modalidade a ser reconhecida pela legislação, devidamente inscrita no art. 81, parágrafo único, III, do Código de Defesa do Consumidor. Essa categoria teve direta inspiração nas *class actions for damages,* conhecidas como ações de reparação de danos à coletividade do direito norte-americano. Ao contrário das duas distintas espécies dos difusos e coletivos em sentido estrito[5], nesta se tem como titulares pessoas determinadas ou de plano determináveis.

O conceito legal dos direitos individuais homogêneos é lacônico, contudo, acaba por entabular um critério objetivo, pois menciona que os direitos individuais homogêneos são "decorrentes de origem comum". É dizer, aproximação, ou até mesmo identidade, de questões fáticas e jurídicas envolvendo os titulares da tutela pretendida, incidindo sobre ponto relevante para a causa. Nas ações de classe norte-americanas tal critério é chamado de *commonality* (algo como aspectos comuns).

Essa "origem comum" não remete necessariamente a uma unidade temporal e factual, isto é, uma singular

3. MORAES, Maria Celina Bodin de. *Danos à pessoa humana*: uma leitura civil-constitucional dos danos morais. Rio de Janeiro: Renovar, 2003. p. 131. (Os grifos não estão no original.)
4. *Idem*, p. 132.
5. Devidamente tratados nos livros já citados do autor deste estudo.

conduta (comissiva ou omissiva) em mesmo lapso temporal gerando violação desses direitos, mas sim a mesma fonte e espécie de conduta, ainda que tenha sua ocorrência postergada no tempo em mais de uma ação.

Ao contrário das categorias envolvendo os outros direitos transindividuais, o objeto dessa modalidade é divisível, por consequência permite plena apropriação individual. Isto significa a possibilidade de perfeita divisão em cotas (cindíveis) entre cada um dos interessados.

Basta imaginar o exemplo de uma empresa que deixa de pagar salários e recolher FGTS por determinado período de tempo. Os interesses decorrem de uma origem comum (absenteísmo empresarial). São repetidos no tempo – violações mensais reiteradas. Também se mostra possível delimitar o quinhão econômico individual de cada interessado, até porque cada um deles (ou a maioria) possui padrão salarial singular.

Também ao contrário dos difusos e coletivos em sentido estrito, os individuais homogêneos possuem direta equivalência patrimonial, daí a vinculação dessa modalidade de direitos com a tutela jurisdicional reparatória, ao contrário dos anteriores, mais próximos da tutela inibitória.

Pode-se dizer que o direito individual homogêneo tem maior proximidade com a categoria dos coletivos em sentido estrito, contudo, os aspectos da direta e imediata equivalência patrimonial, bem como a sua divisibilidade, tornam tal modalidade bastante singular.

Os direitos individuais homogêneos, apesar de não serem materialmente transindividuais, devem receber tratamento processual coletivo, e, principalmente, serem considerados como espécie do gênero direitos coletivos em sentido lato, conforme reconheceu de há muito o próprio STF. Mais recentemente o TST também vem chancelando tal posição de maneira massiva. Vejamos a jurisprudência:

> RECURSO DE REVISTA. LEI N. 13.015/2014. AÇÃO CIVIL PÚBLICA. LEGITIMIDADE DO MINISTÉRIO PÚBLICO DO TRABALHO. DANO MORAL COLETIVO. INTERESSE INDIVIDUAL HOMOGÊNEO. SUBMISSÃO DOS EMPREGADOS A REALIZAÇÃO DE EXAMES TOXICOLÓGICOS. 1. Na dicção da jurisprudência corrente do Supremo Tribunal Federal, os direitos individuais homogêneos nada mais são senão direitos coletivos em sentido lato, uma vez que todas as formas de direitos metaindividuais (difusos, coletivos e individuais homogêneos) são direitos coletivos e, portanto, passíveis de tutela mediante ação civil pública (ou coletiva). 2. Consagrando interpretação sistêmica e harmônica às leis que tratam da legitimidade do Ministério Público do Trabalho (arts. 6º, VII, *c* e *d*, 83 e 84, da Lei Complementar n. 75/1993), não há como negar a legitimidade do *Parquet* para postular tutela judicial de direitos e interesses individuais homogêneos, inclusive no que tange a sua efetivação. 3. Constatado, no presente caso, que o objeto da ação civil pública diz respeito a direito individual que, por ostentar origem comum, qualifica-se como direito individual homogêneo, atraindo, assim, a legitimidade do Ministério Público do Trabalho para a causa. 4. Recurso de Revista não conhecido[6].

Portanto, inquestionável a possibilidade de serem aventados pedidos individualizados de danos extrapatrimoniais decorrentes da violação de direitos individuais homogêneos por intermédio de ação coletiva, inclusive com a cumulação processual do pedido clássico do gênero dano moral coletivo, posto que, enquanto neste o beneficiário será uma coletividade indeterminada mais ou menos ampla, naquele haverá beneficiários individualizados, inicialmente ou no curso do cumprimento da decisão.

4. A RESPONSABILIDADE CIVIL EM SEDE DE DANOS MORAIS COLETIVOS GANHA UM CONTORNO DIFERENTE

A reparação civil possui pelo menos três atribuições, construídas pela jurisprudência[7] e cuja sistematização vem sendo levada a cabo pela doutrina. As duas primeiras podem ser consideradas clássicas. A terceira nem tanto. Vejamos.

Na primeira função (reparatória do dano à vítima) encontra-se o objetivo básico e finalidade da reparação civil: retornar as coisas ao *status quo ante*, obrigando-se o agente causador do dano a repará-lo na exata medida da lesão proporcionada ao bem tutelado. Regramento singelamente disposto no art. 927 do Código Civil ("Aquele que, por ato ilícito, causar dano a outrem, fica obrigado a repará-lo"). Essa modalidade volta-se ao dano material.

Na segunda função (compensatória) busca-se entregar à vítima do dano um valor substitutivo, em razão da dificuldade ou impossibilidade de se retornar ao estado anterior à causação da lesão. O arbitramento do valor compensatório tem a finalidade de confortar a vítima, visando a mitigação ou minoração do dano causado. Verdadeiramente, trata-se de um bem para compensar o mal. Usualmente aplicado para indenizar dano de direito extrapatrimonial, sem equivalência patrimonial imediata, exatamente como o é o dano moral coletivo em estudo.

A terceira (função punitiva) vem ganhando cada vez mais corpo na jurisprudência pátria. Essa merece um pouco mais de atenção, pois possui relação direta com o instituto do dano moral coletivo, senão vejamos.

A função punitiva tem origem remota na vingança privada, mais conhecida coloquialmente como o "fazer justiça com as próprias mãos".

6. Tribunal Superior do Trabalho. 1ª Turma. RR 302-36.2014.5.03.0129. Rel. Desembargador Convocado Marcelo Lamego Pertence. DEJT 19.06.2017.
7. MORAES, Maria Celina Bodin de. *Op. cit.*, p. 24.

A disseminação do pensamento cristão acabou por enfraquecer tal modalidade punitiva. A religião não admitia os pesados flagelos aplicados naquele momento histórico.

Essa forma de reparação ganhou força novamente como instrumento de responsabilidade civil no direito anglo-saxão, no século XIII, depois sendo espraiado com bastante vigor para o território norte-americano[8]. Aliás, até hoje a vinculação do instituto da responsabilidade civil como verdadeira punição ao agente causador está indelevelmente assentado como prática corriqueira nessa região.

Como dito, essa modalidade tem ampla profusão no direito estadunidense, funcionando para punir os mais variados ilícitos civis, indo muito além dos danos extrapatrimoniais, servindo como importante fator punitivo, dissuasório e pedagógico para o infrator e para os membros da sociedade.

Vale registrar que a função punitiva não repara ou muito menos compensa. Visa a imediata punição do agressor, bem como tem a finalidade também de servir como fator (mediato) de desestímulo e pedagógico à reincidência da prática do ato lesivo (fator dissuasório e pedagógico).

Portanto, ao contrário da reparação e compensação que leva em consideração a figura da vítima e elementos componentes do dano e sua extensão, a função punitiva também considera diretamente características do agressor, como capacidade econômica, força dissuasória, além da capacidade dessa indenização ter efeito pedagógico e corretivo. Em suma, passa-se a considerar também as características do agressor (como capacidade econômica, por exemplo) visando a modulação dessa punição e do citado caráter pedagógico.

A função punitiva também tem estreita ligação com a tutela inibitória do direito processual, pois ambas visam a evitar que o infrator cometa novamente o ilícito, além de dirigir mensagem direta à sociedade sobre a imputação de punição a todos os que praticarem ilícitos civis similares, tal como ocorre, de maneira aproximada, com o ilícito penal.

O arcabouço constitucional brasileiro acolhe plenamente essa modalidade de responsabilidade, assim como abraça, da mesma maneira, a tutela inibitória.

Acerca da proximidade da doutrina da *punitive damages* com a tutela inibitória, vale a citação de trecho doutrinário, *verbis:*

> Com isso se reprime e se previne a violação do ordenamento jurídico e se promove a paz social, privilegiando a integridade do direito (tal como ocorre na tutela inibitória), em sua missão de proteger o ilícito e de reprimir o ilícito, porque 'onde há ilícito não há direito; onde há direito não há ilícito'. A sua natureza é inibitória, portanto, prevenindo que o infrator reincida na prática do ato lesivo e sinalizando para os demais indivíduos da sociedade que o ato ilícito é repudiado pelo direito e não será tolerada a sua prática[9].

Enfim, como já mencionado anteriormente, mostra-se importante abraçar a ideia de que a responsabilidade civil deve ter por objetivo, em determinadas situações, exatamente como é o caso das massivas tragédias ambientais-laborais, alcançar a imediata punição do agressor, além da mera reparação ou compensação do dano, mas também servir para prevenir a reincidência do ilícito, além de funcionar como importante fator dissuasório e de cunho educativo para o causador do dano e, pela via indireta, "a própria sociedade, restabelecendo-se o equilíbrio e a segurança desejada pelo Direito"[10].

Portanto, em sede de dano extrapatrimonial coletivo, envolvendo pedidos de direitos individuais homogêneos, decorrentes de tragédias ambientais-laborais massivas, prevalecerá o viés punitivo e pedagógico, daí porque o modelo de tarifação fechada do texto celetista mostra-se completamente inaplicável a essa modalidade de ação coletiva, posto que se ultrapassa, bastante, as finalidades clássicas do instituto da responsabilidade civil.

Como aspecto inicial da reforma laboral quanto ao dano extrapatrimonial, vamos tratar sobre a absurda pretensão de exclusividade da aplicação do texto celetista.

5. DA PRETENSÃO DE EXCLUSIVIDADE DE APLICAÇÃO DO TEXTO CELETISTA À SISTEMÁTICA DE REPARAÇÃO DE DANOS DE NATUREZA EXTRAPATRIMONIAL

Para começar, vale deixar registrado que o suporte legal do dano moral coletivo pode ser construído levando-se em consideração duas linhas distintas de argumentação. A primeira refere-se à previsão normativa de interesses cujos limites sobejam a individualidade, bem como a consequente configuração de dano extrapatrimonial decorrente da violação de tais interesses. A segunda trata diretamente da previsão legal da reparação do dano moral. Vejamos.

Quanto à primeira linha argumentativa, ressalte-se, mais uma vez, que a Lei n. 7.347/1985, lei de regência da ação civil pública, não foi a primeira a apresentar disciplina voltada à defesa de interesses transindividuais, pois o ordenamento jurídico desde a edição da Lei n. 4.717/1965, Lei

8. Cf. esse histórico com mais vagar em LOURENÇO, Paula Meira. *A função punitiva da responsabilidade civil*. Coimbra: Coimbra Editora, 2006.
9. CUNHA, Eduardo Maia Tenório da. Responsabilidade civil trabalhista e a doutrina dos *punitive damages* na justiça do direito brasileiro. *Revista LTr*, São Paulo: LTr, n. 05, v. 78, p. 547, maio de 20014.
10. GAGLIANO, Pablo Stolze; PAMPLONA FILHO, Rodolfo. *Novo curso de direito civil:* responsabilidade civil. 4. ed. São Paulo: Saraiva, 2006. V. 3, p. 21.

da Ação Popular, reconheceu a tutela difusa do patrimônio público, portanto, também acolheu expressamente a existência de interesses jurídicos extrapatrimoniais distintos da projeção interna da dor (concepção clássica e reducionista do dano extrapatrimonial). A tutela jurisdicional coletiva, contudo, ganhou "sistematização"[11] somente após a vigência da Lei da Ação Civil Pública.

A citada Lei da ACP previu expressamente a existência de direitos que ultrapassam a singularidade, e, ao mesmo tempo, estabeleceu a possibilidade desses direitos de natureza extrapatrimonial serem objeto de indenização.

Posteriormente, veio a Carta Magna de 1988 chancelando (o já iniciado pela Lei da ACP) a reunião das linhas de argumentação que no início do presente foram apresentadas como distintas, porque, além de, em diversos dispositivos legais, reconhecer a existência de interesses transindividuais e de mecanismos de proteção a tais interesses[12], albergou a ampla possibilidade de reparação do dano moral (art. 5º, V e X, da Carta Magna), tornando-se princípio de natureza cogente para o legislador e para o juiz.

A Lei n. 8.078/1990, Código de Defesa do Consumidor, conceituou os direitos difusos e coletivos em sentido estrito (art. 81, parágrafo único, I, II) e criou uma nova modalidade, os individuais homogêneos (art. 81, parágrafo único, III: interesses ou direitos individuais homogêneos, assim entendidos os decorrentes de origem comum), bem como amalgamou verdadeira simbiose de um método integrado de acesso coletivo à justiça (jurisdição coletiva), composto por dispositivos da Carta Maior (art. 5º, XXXV, 127, 129, III, dentre outros), da Lei da Ação Civil Pública e da parte processual do CDC (art. 21 da Lei da ACP).

Não se pode esquecer das leis de regência dos Ministérios Públicos Estaduais, Lei n. 8.625/1993 que afirma a ação civil pública voltada à proteção, prevenção e reparação de danos de interesses difusos, coletivos e individuais indisponíveis e homogêneos (art. 25), além da Lei complementar n. 75/1993 (lei orgânica do Ministério Público da União), que em seu art. 6º prevê a proteção desses mesmos direitos coletivos em sentido amplo.

Há outros diplomas legais especiais que tratam da tutela coletiva, tais como o Estatuto da Criança e do Adolescente (arts. 208-224), a Lei n. 7.913/1989, a Lei n. 8.884/1994 (Lei Antitruste) e, mais recentemente, a Lei n. 10.741/2003, que disciplina a proteção integral do idoso.

A reforma trabalhista pretendeu, de maneira claramente equivocada, a aplicação exclusiva do Texto Celetista à reparação de danos de natureza extrapatrimonial, negando a contínua aproximação histórica que esses diplomas vêm alcançando.

Ora, considerando a verdadeira simbiose dos citados textos normativos, cujo movimento restou deflagrado há muitas décadas, com esteio no reconhecimento constitucional de direitos que ultrapassam a esfera da individualidade, bem como na chancela, também constitucional, da ampla possibilidade de reparação do dano de natureza extrapatrimonial (art. 5º, V e X), não se pode reconhecer como correta tal pretensão de imposição de aplicação exclusiva celetista para o instituto do dano extrapatrimonial coletivo. Como já citado várias vezes, temos aí a consagração de anos de retrocesso...

Ademais, não se pode também deixar de ressaltar, considerando que estamos tratando de danos extrapatrimoniais coletivos decorrentes de tragédias ambientais-laborais massivas, os princípios constitucionais da "redução dos riscos inerentes ao trabalho" (art. 7º, XXII), bem como o da proteção geral a um "meio ambiente ecologicamente equilibrado" (art. 225).

E quando se fala em meio ambiente equilibrado, obviamente se está falando também de meio ambiente laboral ecologicamente equilibrado, posto que este é espécie do gênero daquele.

Portanto, considerando toda a argumentação aqui apresentada, envolvendo ampla moldura legal aplicável ao caso em tela, que começa na Carta Maior de 1988, seria no mínimo um grande despautério sustentar a aplicação exclusiva do texto celetista, conforme pretendeu o art. 223-A, com redação conferida pela dita Reforma Laboral.

Agora vamos abordar o tal parâmetro fechado para quantificação do dano extrapatrimonial.

6. PARÂMETRO PARA A QUANTIFICAÇÃO DA INDENIZAÇÃO FUNDADA NO "SALÁRIO CONTRATUAL DO OFENDIDO"

Como sabido, o parâmetro para quantificação do dano extrapatrimonial vincula-se tão somente ao "salário contratual do ofendido", conforme disposto no art. 223-G, § 1º, do Texto Celetista, a ser transcrito posteriormente.

Conforme se pretendeu apresentar até aqui sobre o instituto do dano moral coletivo, e considerando a perspectiva da indenização dessa modalidade de dano ser voltada a uma tentativa prevalente de recomposição social, não se compatibiliza tal modalidade de restituição com o instituto em exame.

Claro que isso nem de longe poderá afastar o cabimento desse instituto no âmbito das relações laborais, considerando tudo o já defendido neste ensaio, e, principalmente, não se olvidando que a reparação do dano extrapatrimonial ou moral coletivo nas relações de trabalho se trata de verdadeiro direito fundamental social, vinculado ao

11. VIGLIAR, José Marcelo Menezes. *Tutela jurisdicional coletiva*. 3. ed. São Paulo: Atlas, 2001. p. 57.

12. Como exemplos: arts. 5º (XXI, LXX, XXXV, LXXIII), 6º, 7º, 8º, III, 127, 129, III e § 1º, 194, 196, 225, 216, 220, 225, 227.

princípio constitucional da dignidade da pessoa humana, imune, portanto, às pretensões nefastas da reforma laboral.

Agora vamos diretamente ao objeto deste item.

O pensamento da antiguidade clássica impunha graus de quantificação à dignidade da pessoa[13] humana, levando-se em consideração, dentre outros aspectos, a posição social que o indivíduo ocupava. Aumentava-se o teor de dignidade à medida que houvesse crescimento na escala social, como se fosse possível admitir pessoas mais ou menos dignas, a depender tão somente da capacidade econômica de cada um.

A antiga Lei de Imprensa (Lei n. 5.250-67), editada em plena ditadura militar, já previa a responsabilidade civil tarifada do "jornalista profissional", tendo como parâmetro de quantificação do dano extrapatrimonial os "salários mínimos da região" (art. 51).

Como se pode perceber, tal questão da possível tarifação na quantificação do chamado dano extrapatrimonial sempre esteve em discussão pelos operadores do direito e legisladores, considerando fortes críticas há muito tempo lançadas sobre os possíveis excessos na fixação dessa modalidade de dano. A expressão "indústria da multa na justiça" em algum momento foi fixada fortemente no imaginário da sociedade brasileira.

A partir desse cenário, na tentativa de construir parâmetro objetivo à quantificação do dano moral, agora qualificado como extrapatrimonial, a lei da reforma fixou que, "se julgar procedente, o pedido do juiz fixará a indenização", de acordo com os seguintes parâmetros (art. 223-G, § 1º):

> I – ofensa de natureza leve, até três vezes o último salário contratual do ofendido;
>
> II – ofensa de natureza média, até cinco vezes o último salário contratual do ofendido;
>
> III – ofensa de natureza grave, até vinte vezes o último salário contratual do ofendido;
>
> IV – ofensa de natureza gravíssima, até cinquenta vezes o último salário contratual do ofendido.

Além disso, o texto legal entabulou que para as hipóteses de dano extrapatrimonial ter como "ofendida" a pessoa jurídica, a indenização será fixada com observância dos mesmos parâmetros já transcritos, contudo, levando em consideração o salário do "ofensor".

Esses parâmetros de quantificação podem ser qualificados como mais um dos grandes equívocos dessa legislação.

Claro que não se pode estabelecer como critério único de quantificação dessa modalidade de dano o salário contratual do ofendido quando houver, por exemplo, afronta uniforme atingindo grande número de empregados com salários diferentes.

Basta imaginar prática de assédio moral organizacional alcançando quantidade expressiva de trabalhadores, com padrões salariais dos mais diversos. Será que o parâmetro salarial do "ofendido será o único aspecto apto a influenciar a quantificação do dano extrapatrimonial. Resposta óbvia. Claro que não!

Outro exemplo absurdo seria em um acidente aéreo fatal, com centenas de vítimas determinadas, portanto hipótese clássica de ação coletiva em que poderia ser instrumentalizada com pedidos de indenizações em razão das violações de direitos individuais homogêneos, sendo que a quantificação desse dano iria variar tão somente em razão do padrão econômico do alcançado pela tragédia (se estivesse na classe executiva, provavelmente a família desse falecido seria aquinhoada com valor maior em relação àquele que tivesse assento na classe econômica). Não tem nenhuma razoabilidade isso...

Não se pode regredir à antiguidade clássica, como já citado no início desse item, que calibrava o grau da dignidade da pessoa humana de acordo com a posição social por ela ocupada.

Vincular a quantificação do dano extrapatrimonial ao salário do ofendido é exatamente isso: aufere mais quem tem maior salário (ou tem grau maior de dignidade quem tem maior salário)!

Aliás, o Código de Hamurabi, assim chamado em homenagem ao famoso rei babilônico, fazia algo semelhante. Veja-se os Julgamentos ns. 196 a 214, que compunham tal diploma, citados no livro do escritor, afamado mundialmente, Yuval Noah Harari[14]:

> 196. Se um homem superior arrancar o olho de outro homem superior, deverá ter seu olho arrancado.
>
> 197. Se ele quebrar o osso de outro homem superior, deverá ter seu osso quebrado.
>
> 198. Se ele arrancar o olho de um homem comum, ou quebrar o osso de um homem comum, deverá pagar 60 siclos de prata.
>
> 199. Se ele arrancar o olho do escravo de um homem superior, ou quebrar o osso do escravo de um homem superior, deverá pagar metade do valor do escravo (em prata).
>
> 209. Se um homem superior bater em uma mulher superior e a fizer abortar, deverá pagar 10 siclos de prata pelo feto.
>
> 210. Se essa mulher morrer, a filha dele deverá ser morta.
>
> 211. Se ele bater em uma mulher comum e a fizer abortar, deverá pagar 5 siclos de prata.
>
> 212. Se essa mulher morrer, ele deverá pagar 30 siclos de prata.

13. No mesmo sentido, *vide* RABENHORST, Eduardo Ramalho. *Dignidade e moralidade democrática*. Brasília: Brasília Jurídica, 2001. p. 16.
14. *Uma breve história da humanidade*. Sapiens. 23. ed. Porto Alegre: RS. L&PM, 2017. p. 114-115.

> 213. Se ele bater em uma escrava e a fizer abortar, deverá pagar 2 siclos de prata.
>
> 214. Se essa escrava morrer, ele deverá pagar 20 siclos de prata.

Pois foi exatamente essa "moderna" ideia que a dita reforma trouxe de volta.

As categorias das "mulheres superiores", "homens superiores", "mulheres comuns", "homens comuns", "crianças" e "escravos", cuja indenização variava pela "posição social" que cada uma dessas categorias ocupava, agora foi trocada pela quantificação da indenização de acordo com o salário do "ofendido". Realmente, são muitos séculos de retrocesso!

O critério da quantificação até então vigente sopesava as circunstâncias do caso concreto e deveria ser pautado pelos princípios constitucionais da razoabilidade e proporcionalidade, inclusive com a possibilidade de os excessos serem reduzidos em grau de recurso de revista pelo Tribunal Superior do Trabalho. Vejamos, dentre tantos, julgado espelhando bem essa ideia:

> DANO MORAL COLETIVO. TRABALHO ANÁLOGO AO DE ESCRAVO. TRABALHO INFANTIL. DANOS CAUSADOS AOS INTERESSES DIFUSOS E COLETIVOS. INDENIZAÇÃO. VALOR DA CONDENAÇÃO. CRITÉRIO DE FIXAÇÃO. QUANTIFICAÇÃO. RAZOABILIDADE E PROPORCIONALIDADE. O direito à indenização por danos morais atrela-se ao prudente critério do juiz, que, sopesando as circunstâncias que envolvem o caso concreto, e pautando-se pelos princípios da razoabilidade e da proporcionalidade, fixa o valor da indenização. Dessa forma, deve-se levar em consideração o caráter pedagógico da medida, a fim de inibir a reiterada prática de condutas do empregador que venham a causar dor e sofrimento ao empregado, circunstâncias configuradoras de dano moral. No caso concreto, a prova não deixa dúvidas sobre existência de trabalho degradante e ofensivo à dignidade do trabalhador, ou seja, análogo ao de escravo, a existência do repudiado trabalho infantil, além de inúmeros outros desrespeitos aos direitos dos trabalhadores. Diante desse contexto, o Regional, ao reduzir o valor da indenização por danos morais coletivos de R$ 200.000,00 para R$ 50.000,00, fixou essa verba em montante extremamente reduzido, incompatível com a gravidade dos ilícitos praticados e com a capacidade econômica do empregador, em flagrante inobservância dos princípios da proporcionalidade e razoabilidade, razão pela qual se impõe a sua reforma para restabelecer o valor fixado na r. sentença, evitando-se, assim, a ineficácia pedagógica da condenação[15].

Certamente não se irá nesta ocasião negar os eventuais excessos cometidos nessa seara pela jurisdição; exageros, aliás, que eram mais corriqueiros no início desse movimento condenatório em danos extrapatrimoniais. Contudo, a solução legislada para afastar tais erronias foi a pior possível. Significou séculos de retrocesso ...

7. CONCLUSÃO. IMPOSSIBILIDADE DE APLICAÇÃO DO MODELO DE TARIFAÇÃO PARA AÇÕES COLETIVAS LABORAIS

Repetimos a indagação apresentada no início deste estudo: o modelo de tarifação do dano moral é compatível com as ações coletivas laborais que instrumentalizem pedido de dano extrapatrimonial decorrente da violação de direitos individuais homogêneos.

A resposta será: CLARO QUE NÃO.

Esse modelo de tarifação é um verdadeiro despautério sob qualquer ângulo de visada, principalmente quando se coloca em confronto com ações coletivas laborais cujos pedidos veiculam reparações extrapatrimoniais decorrentes de violações de direitos individuais homogêneos, em razão de massivas tragédias ambientais-laborais, como foi o recente caso de Brumadinho, tendo em conta os argumentos construídos até aqui delineados, principalmente levando-se em consideração que os elementos punitivos e pedagógicos componentes da responsabilização civil nestas hipóteses deverão alcançar patamar de inegável importância e prevalência.

23

A reparação do dano moral coletivo como forma de preservação do meio ambiente do trabalho

Mauro Schiavi[1]

1. DA DIGNIDADE DA PESSOA HUMANA E A INTERPRETAÇÃO E APLICAÇÃO DO DIREITO DO TRABALHO

A dignidade da pessoa humana está prevista no art. 1º, III, da CF como um dos fundamentos da República Federativa do Brasil e constitui um legado incontestável das filosofias de *Santo Tomás de Aquino* e de *Kant*. O ser humano é um sujeito de direito e não objeto do direito. Além disso, o ser humano é o fundamento e o fim último do Direito e de toda ciência humana. Por isso, em toda atividade criativa ou interpretativa do Direito, deve-se sempre adaptar o direito ao ser humano e não o ser humano ao Direito.

A Constituição brasileira assegura, em vários artigos, a proteção do ser humano, seja fazendo referência ao princípio da dignidade da pessoa humana, seja protegendo a vida, a saúde, garantindo a igualdade, a liberdade, a segurança e as condições dignas de sobrevivência por meio da proteção à maternidade e à infância. Igualmente, estende-se a proteção ao ambiente ecologicamente equilibrado e à sadia qualidade de vida a ser assegurada às gerações presente e futura (o art. 1º, III; o art. 5º, *caput*; o art. 203, I, e o art. 225 da Constituição Federal de 1988).

Para que haja efetividade da proteção à dignidade da pessoa humana, é necessário que sejam deferidos à pessoa todos os demais direitos fundamentais previstos na Constituição. É preciso que se assegure, como já é frase recorrente na doutrina, um piso mínimo de direitos[2].

Entretanto, o rol de garantias e direitos para se garantir a dignidade da pessoa humana não são taxativos, tampouco delimitados. A dignidade da pessoa humana é uma cláusula geral da Constituição Federal, visando proteger a pessoa em todos os seus aspectos. Por isso, conforme a sociedade evolui, há necessidade de implementação de novos direitos e novas garantias para a proteção da dignidade.

Como bem Adverte Maria Celina Bodin de Moraes[3]:

> (...) a personalidade humana é valor, um valor unitário e tendencialmente sem limitações. Assim, não se poderá, com efeito, negar tutela a quem requeria garantia sobre um aspecto de sua existência para o qual não haja previsão específica, pois aquele interesse tem relevância ao nível do ordenamento constitucional e, portanto, tutela também em via judicial. Eis aí a razão pela qual as hipóteses de dano moral são tão frequentes, porque a sua reparação está posta para a pessoa como um todo, sendo tutelado o valor da personalidade humana. Os direitos das pessoas estão, assim, todos eles, garantidos pelo princípio constitucional da dignidade humana, e vêm a ser concretamente protegidos pela cláusula geral de tutela da pessoa humana.

Com a mudança do Estado Liberal para o Estado Social, houve mudança do paradigma jurídico, com a valorização do ser humano e despatrimonialização do direito privado.

O constitucionalismo social dos países ocidentais que sucede ao segundo pós-guerra, procura endereçar o Estado no sentido da promoção da igualdade substancial, mesmo que por vezes isso implique reduções ao espectro da liberdade econômica, embora sem sacrificá-la.

---

1. Juiz Titular da 19ª Vara do Trabalho de São Paulo. Doutor em Direito das Relações Sociais pela PUC/SP. Professor no Curso de Pós-Graduação *Lato Sensu* do Mackenzie/SP. Professor Convidado da Pós-Graduação *Lato Sensu* da PUC/SP. Professor da Escola Judicial do TRT/SP.
2. Conforme Rizatto Nunes, "foi o jusambientalista brasileiro Professor Celso Antonio Pacheco Fiorillo que usou a expressão 'mínimo vital', com cujo conteúdo concordamos. Diz o professor que, para começar a respeitar a dignidade da pessoa humana, tem-se de assegurar concretamente os direitos sociais previstos no art. 6º, da Carta Magna, que por sua vez está atrelado ao *caput* do art. 225" (*Curso de direito do consumidor*. São Paulo: Saraiva, 2004. p. 25). Também tem sido utilizada a expressão: *PISO MÍNIMO EXISTENCIAL*.
3. *Danos à pessoa humana*: uma leitura civil-constitucional dos danos morais. Rio de Janeiro: Renovar, 2003. p. 127.

Neste período, houve limitação da vontade dos particulares e desenvolvimento dos princípios da solidariedade social, dignidade da pessoa humana, prevalência do homem sobre o patrimônio.

O Estado Social consagra o chamado "constitucionalismo social", que previsão de diversos direitos privados inseridos no corpo da Constituição Federal.

Nesta ótica, há inegável valorização dos direitos humanos e reconhecimento, em vários ordenamentos constitucionais, de direitos fundamentais, próprio da condição humana e proteção da dignidade do ser humano.

A constitucionalização do direito privado decorre da migração, para o âmbito privado, de valores constitucionais dentre os quais, a dignidade da pessoa humana e despatrimonialização do direito civil. O ser humano é colocado no centro do Direito Civil.

Com o Estado Social, a própria Constituição Federal passa a dedicar capítulos ao direito privado e também estabelecer princípios e diretrizes básicas para as relações privadas.

Ao contrário do Código de Napoleão que dedica mais de 80% de seus artigos à propriedade, o Código Civil Brasileiro de 2002, além de disciplinar a propriedade e o contrato, volta os olhos para o ser humano, dedicando, inclusive, um capítulo aos direitos da personalidade.

De outro lado, o direito civil não pode mais ser analisado a partir de si mesmo, mas em conjunto com os princípios constitucionais. Por isso, a moderna doutrina tem defendido a chamada eficácia horizontal dos direitos fundamentais, que é a incidência dos direitos fundamentais, previstos no Ordenamento Constitucional, às relações privadas, a chamada eficácia *horizontal dos direitos fundamentais*.

Para alguns autores, a eficácia dos direitos fundamentais nas relações privadas não é direta, e sim indireta, pois vigora no direito privado o princípio da autonomia da vontade, aplicando-se, entretanto, os direitos fundamentais para garantia da dignidade da pessoa humana.

Outros asseveram que a aplicação dos direitos fundamentais às relações privadas é direta, uma vez que a Constituição Federal tem prevalência sobre o direito privado.

Como bem adverte Daniel Sarmento[4]:

> (...) Nada há no texto constitucional brasileiro que sugira a ideia de vinculação direta aos direitos fundamentais apenas dos poderes públicos. Afora, é certo, alguns direitos que têm como destinatário necessário o Estado (direitos do preso, por exemplo), na maioria dos outros casos o constituinte não estabeleceu de antemão nenhuma limitação no polo passivo das liberdades pública, que afastasse os particulares. Muito pelo contrário, a linguagem adotada pelo constituinte na estatuição da maioria das liberdades fundamentais prevista no art. 5º do texto magno, transmite a ideia de uma vinculação passiva universal. Ademais, existe um dado fático relevantíssimo, que não pode ser menosprezado: a sociedade brasileira é muito mais injusta e assimétrica do que a da Alemanha, dos Estados Unidos, ou de qualquer outro país do Primeiro Mundo. Segundo estatísticas oficiais, que muitos consideram excessivamente otimistas, o Brasil tem 54 milhões de habitantes vivendo abaixo da linha da pobreza e 15 milhões abaixo da linha da miséria. Tragicamente, somos campeões no quesito da desigualdade social. A elite brasileira é uma das mais atrasadas do mundo, e nossas instituições sociais ainda preservam um ranço do passado escravocrata do país (...) estas tristes características da sociedade brasileira justificam um reforço da tutela dos direitos humanos no campo privado, em que reinam a opressão e violência. Tal quadro desalentador impõe ao jurista com consciência social a adoção de posições comprometidas com a mudança do *status quo*. Por isso, não hesitamos em afirmar que a eficácia dos direitos individuais na esfera privada é imediata no ordenamento jurídico brasileiro. Esta, para nós, não é só uma questão de direito, mas também de ética e justiça.

A eficácia dos direitos fundamentais às relações privadas deve ser analisada no caso concreto, com equilíbrio e ponderação, devendo o intérprete conjugar os direitos fundamentais previstos na Constituição Federal com os princípios do *pacta sunt servanda*, autonomia da vontade e livre-iniciativa, à luz da regra da proporcionalidade, que se segmenta nas premissas da necessidade, adequação e proporcionalidade *stricto sensu*, que exige sempre ponderação dos valores envolvidos no conflito.

A doutrina tem destacado importante papel do Judiciário na concretização e efetivação dos direitos fundamentais, não sendo este apenas a chamada "boca da lei", devendo realizar interpretações construtivas e evolutivas do direito, a partir dos princípios constitucionais, com a finalidade de encontrar equilíbrio entre a livre-iniciativa e a dignidade da pessoa humana.

O Direito do Trabalho, por pertencer, segundo entendimento dominante da doutrina, ao direito privado, também sofre os impactos dos direitos fundamentais, da mesma forma que os outros ramos do direito privado e, muitas vezes, com intensidade maior, a fim de se garantir a efetiva dignidade da pessoa humana do trabalhador e melhoria de sua condição social.

2. DO CONCEITO DE DANO MORAL COLETIVO E O MEIO AMBIENTE DE TRABALHO

A reparação do dano moral em suas múltiplas facetas ganhou impulso com a Constituição de 1988 que elevou a dignidade da pessoa humana ao patamar de princípio fundante do ordenamento jurídico constitucional. Além disso,

4. *Direitos fundamentais e relações privadas*. Rio de Janeiro: Lúmen Juris, 2004. p. 280-281.

houve precisão expressa da reparação do chamado "dano moral puro", qual seja, aquele que não tem repercussões patrimoniais.

A Lei n. 13.467/2017 inseriu os arts. 223-A a 223-G à CLT, denominando o dano moral individual como *dano extrapatrimonial*. Não obstante, tais dispositivos não disciplinaram o dano moral coletivo, ou o chamado *dano extrapatrimonial coletivo*.

De nossa parte, embora a nomenclatura dano extrapatrimonial, tecnicamente, seja mais adequada, pois a expressão moral é muito ampla e transcenda o aspecto jurídico, a expressão *dano moral* deveria ser mantida, pois já arraigada no costume jurídico e também é a expressão consagrada no texto constitucional (art. 5º, V, X e 114, VI).

Em razão do dano moral atingir valores personalíssimos, alguns autores negam a possibilidade do dano moral atingir um grupo de pessoas.

Nesse sentido é a visão de *Sergio Pinto Martins*[5]:

> Entendo que não é possível o pagamento de indenização por dano moral coletivo como vem sendo postulado e deferido em ações civis públicas, como, por exemplo, de trabalho escravo, de elaboração de listas negras pelas empresas etc. Primeiro, porque não existe previsão legal, muito menos a indenização ser destinada ao Fundo de Amparo ao Trabalhador. Segundo, porque cada um dos empregados ofendidos pode pedir a indenização por dano moral, o que implicaria à empresa pagar duas vezes a indenização pelo mesmo fato: uma, no dano moral coletivo; outra, em cada caso individual, representando *bis in idem*.

Não obstante as ponderações acima, já está assentado na doutrina e jurisprudência, que o dano moral pode atingir a pessoa, na sua esfera individual, mas também um grupo determinável ou até uma quantidade indeterminada de pessoas que sofrem os efeitos do dano derivado de uma mesma origem.

Ensina Carlos Alberto Bittar Filho[6],

> se o indivíduo pode ser vítima de dano moral não há porque não o possa ser a coletividade. Assim, pode-se afirmar que o dano moral coletivo é a injusta lesão da esfera moral de uma dada comunidade, ou seja, é a violação antijurídica de um determinado círculo de valores coletivos. Quando se fala em dano moral coletivo, está-se fazendo menção ao fato de que o patrimônio valorativo de uma certa comunidade (maior ou menor), idealmente considerado, foi agredido de maneira absolutamente injustificável do ponto de vista moral, quer isso dizer, em última instância, que se feriu a própria cultura, em seu aspecto material.

O dano moral, por ter previsão constitucional (art. 5º, V e X) e por ser uma das facetas da proteção à dignidade da pessoa humana (art. 1º, III, da CF), adquire caráter publicista e interessa à sociedade como um todo, portanto, se o dano moral atinge a própria coletividade, é justo e razoável que o Direito admita a reparação decorrente desses interesses coletivos.

Para Marcelo Freire Sampaio Costa[7]:

> (...) torna-se possível conceituar dano moral coletivo como a violação da projeção coletiva da dignidade da pessoa humana, consubstanciada em interesses/direitos extrapatrimonais essencialmente coletivos (difusos e coletivos em sentido lato), sendo tal violação usualmente causadora de sentimentos coletivos de repulsa, indignação e desapreço pela ordem jurídica.

A reparação do dano moral coletivo visa, principalmente, a prevenir a eclosão dos danos morais individuais, facilitar o acesso à justiça, à ordem jurídica justa, garantir a proteção da moral coletiva e a própria sociedade.

O fundamento da reparação do dano moral coletivo está no art. 5º, X, da CF assim redigido: "são invioláveis a intimidade, a vida privada, a honra e a imagem das pessoas, assegurando o direito à indenização pelo dano material ou moral decorrente de sua violação". Ora, a Constituição menciona pessoas no plural, denotando que o dano moral pode transcender o interesse individual e atingir a esfera coletiva. Como é regra de hermenêutica: a lei não contém palavras inúteis e, em se tratando de direitos fundamentais, a Constituição deve ser interpretada à luz do princípio da máxima eficiência (Canotilho). Além disso, a reparação coletiva do dano moral prestigia os princípios alinhavados no próprio art. 1º da Constituição Federal: cidadania (inciso II), dignidade da pessoa humana (inciso III); do art. 3º, da Constituição Federal: construção de uma sociedade livre, justa e solidária (inciso I), garantia do desenvolvimento nacional (II) e promover o bem de todos, sem preconceitos de origem, raça, sexo, cor, idade e quaisquer outras formas de discriminação (IV) e art. 4º: prevalência dos direitos humanos.

Na esfera trabalhista, há tradição quanto à admissão e existência do conflito coletivo que envolve uma coletividade de empregados e empregadores. Também há tradição de resolução do conflito coletivo pelo Judiciário Trabalhista em razão do chamado Poder Normativo da Justiça do Trabalho (art. 114, § 2º, da CF).

O art. 81, da Lei n. 8.078/1990, define, por meio de interpretação autêntica, os interesses transindividuais, do qual o interesse coletivo é uma das suas espécies.

5. MARTINS, Sergio Pinto. *Dano moral decorrente do contrato de trabalho*. São Paulo: Atlas, 2007. p. 88.
6. BITTAR FILHO, Carlos Alberto. Pode a coletividade sofrer dano moral? In: *Rep. IOB*, Jurisprudência n. 3, 12/290.
7. *Dano moral (extrapatrimonial) coletivo*. São Paulo: LTr, 2009. p. 71.

Com efeito, aduz o referido dispositivo legal:

> A defesa dos interesses e direitos dos consumidores e das vítimas poderá ser exercida em juízo individualmente, ou a título coletivo.
>
> Parágrafo único. A defesa coletiva será exercida quando se tratar de:
>
> I – interesses ou direitos difusos, assim entendidos, para efeitos deste Código, os transindividuais, de natureza indivisível, de que sejam titulares pessoas indeterminadas e ligadas por circunstância de fato;
>
> II – interesses ou direitos coletivos, assim entendidos, para efeitos deste Código, os transindividuais de natureza indivisível, de que seja titular grupo, categoria ou classe de pessoas ligadas entre si ou com a parte contrária por uma relação jurídica base;
>
> III – interesses individuais homogêneos, assim entendidos os decorrentes de origem comum.

Os interesses difusos são transindividuais de natureza indivisível, cujos titulares são indeterminados e ligados entre si por uma situação fática. Encaixa-se, aqui, a proteção ao meio ambiente de trabalho. Já o interesse coletivo é o próprio de um grupo, de uma classe, interligadas entre si ou com a parte contrária, por uma relação jurídica base, a exemplo de uma categoria profissional, ou dos trabalhadores de uma determinada empresa. Já o interesse individual homogêneo de natureza divisível, cujo titulares são determinados, mas a origem é comum e as questões comuns preponderam sobre as singularidades.

Pedro Paulo Teixeira Manus[8], nos traz a seguinte definição do interesse coletivo no aspecto trabalhista:

> O interesse coletivo, no direito do trabalho é aquele de que é titular a categoria, ou uma parcela da categoria, como o grupo de empregados de algumas empresas, de uma empresa, ou grupo de empregados de um ou alguns setores de uma empresa. Esse interesse ultrapassa as pessoas que a integram porque indeterminado, sendo titular o grupo, cujos integrantes podem vir a ser determinados a cada momento e estão ligados entre si por pertencerem à mesma empresa, setor ou categoria profissional.

Atualmente, a legislação infraconstitucional prevê a possibilidade de reparação do dano moral coletivo no art. 6º, VI, da Lei n. 8.078/1990, assim redigido: "a efetiva prevenção e reparação de danos patrimoniais e morais, individuais, coletivos e difusos."

O dano moral coletivo e o difuso são danos autônomos, vale dizer: não são apenas um somatório de direitos individuais e a reparação visa a tutelar a própria sociedade como um todo; já nos direitos individuais homogêneos, a reparação é endereçada a cada vítima individualmente. Por isso, na defesa do dano moral coletivo, a tutela visa a prevenir (tutela inibitória) ou a reparar um prejuízo em abstrato, e no direito individual homogêneo, um prejuízo individual.

A lei não prevê a possibilidade de ação coletiva de reparação de danos morais para a defesa de direitos individuais homogêneos. Entretanto, não existe vedação. De outro lado, o direito individual homogêneo é uma subespécie dos direitos ou interesses transindividuais. Portanto, é possível a reparação, pela via da ação coletiva, dos danos morais que têm origem comum, sendo os titulares dessa reparação pessoas determinadas e o objeto do direito divisível. Embora reconheçamos as vicissitudes que se possa enfrentar nesta ação, máxime a possibilidade de se valorar de forma diferenciada as consequências do dano para cada uma das vítimas em particular, ela é perfeitamente possível à luz do nosso ordenamento jurídico.

Podemos citar, exemplificativamente, hipótese de eclosão do dano moral coletivo na esfera trabalhista, quais sejam: a) revistas íntimas coletivas que violem a intimidade dos empregados; b) submissão de trabalhadores, coletivamente, a assédio moral, a fim de aderirem a Programa de Demissão Voluntária; c) meio ambiente de trabalho em condições de risco acentuado; d) descumprimento contumaz das garantias mínimas trabalhistas, máxime o pagamento do salário mínimo, períodos de descanso e limitação de jornada; e) grupo de trabalhadores que são tratados sem condições mínimas de dignidade pelos superiores hierárquicos, com manifesto abuso do Poder Diretivo e discriminações. Enfim, há uma multiplicidade de situações de configuração do dano moral na esfera coletiva decorrente de uma relação de trabalho.

A proteção ao meio ambiente do trabalho é essencial para a dignidade da pessoa humana do trabalhador, nos aspectos da melhoria de sua qualidade de vida, bem como preservação de sua incolumidade física e moral. O inciso 7º, XXII, da CF, por consagrar uma norma de direito fundamental não pode ficar somente em sede programática devendo o empregador ou o tomador dos serviços de um trabalhador adotar medidas efetivas para manutenção de um meio ambiente adequado de trabalho e coibir os riscos de acidentes de trabalho.

Como bem adverte Raimundo Simão de Melo[9]:

> o meio ambiente do trabalho adequado e seguro é um direito fundamental do cidadão trabalhador (*lato sensu*). Não é um mero direito trabalhista vinculado ao contrato de trabalho, pois a proteção daquele é distinta da assegurada ao meio ambiente do trabalho, porquanto esta última busca salvaguardar a saúde e a segurança do trabalhador no ambiente onde desenvolve as suas atividades.

---

8. MANUS, Pedro Paulo Teixeira. *Negociação coletiva e contrato individual de trabalho.* São Paulo: LTr, 2001. p. 27.
9. MELO, Raimundo Simão de. *Direito ambiental do trabalho e a saúde do trabalhador.* São Paulo: LTr, 2004. p. 462.

As violações ao meio ambiente de trabalho, além de acarretar violação à dignidade de cada trabalhador individualmente considerado, também viola a chamada *dignidade coletiva*, pois o meio ambiente seguro e adequado constitui direito da coletividade e da sociedade como um todo.

A jurisprudência trabalhista vem reconhecendo a reparação do dano moral coletivo na esfera trabalhista em razão de violação de normas relacionadas ao meio ambiente de trabalho, conforme se constata da seguinte ementa:

> EMENTA: DANO MORAL COLETIVO. MEIO AMBIENTE DE TRABALHO. LEUCOPENIA. DESTINAÇÃO DA IMPORTÂNCIA REFERENTE AO DANO MORAL COLETIVO – FAT E INSTITUIÇÃO DE SAÚDE (LEI N. 7.347/1985, ART. 13): O número de trabalhadores que adquiriram leucopenia no desenvolvimento de suas atividades na recorrida, em contato com benzeno é assustador. O local de trabalho envolve diretamente manipulação de produtos químicos contendo componente potencialmente tóxico como benzeno, que afetam precisamente a medula óssea e as células do sangue, e, por conseguinte, desenvolvem referida enfermidade (leucopenia), já reconhecida como doença profissional, incapacitando para o trabalho. Para levar a questão mais adiante, é consabido também que as empresas não aceitam mais empregados que carregam sequelas de doenças como a leucopenia. Na realidade, esses infaustos acontecimentos transcendem o direito individual e atingem em cheio uma série de interesses, cujos titulares não podemos identificar a todos desde logo, contudo inegavelmente revela a preocupação que temos que ter com o bem-estar coletivo, e o dano no sentido mais abrangente que nele resulta chama imediatamente a atenção do Estado e dos setores organizados da sociedade de que o trabalhador tem direito a uma vida saudável e produtiva. Todas as irregularidades detectadas pela segura fiscalização federal do Ministério do Trabalho apontam flagrante desrespeito às leis de proteção ao trabalhador, colocando suas vidas e saúde em iminente risco, prejudicando seriamente o ambiente de trabalho. Partindo desse cuidado com a vida e a saúde dos trabalhadores, a multireferida Constituição Federal garantiu com solidez a proteção ao meio ambiente do trabalho, ao assegurar que (art. 200) "Ao sistema único de saúde compete, além de outras atribuições, nos termos da lei: VII – colaborar na proteção do meio ambiente, nele compreendido o do trabalho". Essa preocupação segue a tendência do ainda novo direito do trabalho fundado na moderna ética de Direito de que as questões concernentes ao seu meio ambiente ultrapassam a questão de saúde dos próprios trabalhadores, extrapolando para toda a sociedade. Assim, levando-se em conta a gravidade dos danos, pretéritos e atuais, causados ao meio ambiente do trabalho em toda a sua latitude, com suas repercussões negativas e já conhecidas à qualidade de vida e saúde dos trabalhadores e seus familiares, é de se reconhecer devida a indenização pleiteada pelo órgão ministerial, no importe de R$ 4.000.000,00 (quatro milhões de reais), com correção monetária e juros de mora, ambos a partir da propositura da ação. Nem se alegue que referido valor representaria um risco ao bom e normal funcionamento da empresa, posto que corresponde apenas a 0,16% do lucro líquido havido em 2006, no importe de R$ 2,5 bilhões e Ebitda de R$ 4,4 bilhões, conforme informações extraídas do *site* oficial da própria Cosipa na internet. A atenção desta Justiça, indiscutivelmente, no presente caso, volta-se para o meio ambiente de trabalho, e referido valor arbitrado ao ofensor, busca indenizar/reparar/restaurar e assegurar o meio ambiente sadio e equilibrado. Aliás, a Usiminas, após adquirir a Cosipa, passou por um processo de reestruturação e, no ano passado, o Grupo "Usiminas-Cosipa" apresentou uma produção correspondente a 28,4% da produção total de aço bruto. Deve, por conseguinte, dada sua extrema importância no setor siderúrgico, assumir uma postura mais digna frente ao meio ambiente, bem como perante os trabalhadores que tornaram indigitado sucesso possível. Com efeito, deve haver a prioridade da pessoa humana sobre o capital, sob pena de se desestimular a promoção humana de todos os que trabalharam e colaboraram para a eficiência do sucesso empresarial. Considerando a condenação em dinheiro, bem como o disposto no art. 13 da Lei da Ação Civil Pública (7.347/1985), que dispõe que "Havendo condenação em dinheiro, a indenização pelo dano causado reverterá a um fundo gerido por um Conselho Federal ou por Conselhos Estaduais de que participarão necessariamente o Ministério Público e representantes da comunidade, sendo seus recursos destinados à reconstituição dos bens lesados" (grifei), torna-se necessário estabelecer a destinação da importância, tendo presente, primordialmente, que a finalidade social da indenização é a reconstituição dos bens lesados. Determino o envio da importância de R$ 500.000,00 (quinhentos mil reais), 12,5%, ao FAT (Fundo de Amparo ao Trabalhador), instituído pela Lei n. 7.998/1990 e destinado ao custeio do programa de seguro-desemprego, ao pagamento do abono salarial (PIS) e ao financiamento de programas de desenvolvimento econômico) e R$ 3.500.000,00 (três milhões e quinhentos mil reais), 87,5%, à "Irmandade da Santa Casa de Misericórdia de Santos", objetivamente para a aquisição de equipamentos e/ou medicamentos destinados ao tratamento de pessoas portadoras de leucopenia, e, tendo presente também aqueles trabalhadores da reclamada (Companhia Siderúrgica Paulista – Cosipa), portadores da doença e seus familiares (TRT/2ª Região, Tipo: Recurso Ordinário, Data de Julgamento: 19.06.2007, Relator(a): Valdir Florindo, Revisor(a): Ivani Contini Bramante, Acórdão n.: 20070504380, Processo n.: 01042-1999-255-02-00-5, Ano: 2006, Turma: 6ª, Data de Publicação: 06.07.2007). In: *Revista LTr* 71-09/1142.

3. DESTINATÁRIOS DA REPARAÇÃO DO DANO MORAL COLETIVO DECORRENTE DA RELAÇÃO DE TRABALHO

A Lei não diz expressamente quais são os destinatários da reparação do dano moral coletivo, apenas no art. 13, da Lei n. 7.347/1985, há menção de que havendo condenação em dinheiro, a indenização pelo dano causado reverterá para um fundo gerido por um Conselho Federal ou por Conselhos Estaduais de que participarão necessariamente o Ministério Público e representantes da comunidade, sendo seus recursos destinados à reconstituição dos bens lesados.

Quanto à modalidade de reparação do dano moral coletivo, costumeiramente, o montante da condenação em pecúnia tem sido direcionado ao FAT (Fundo de Amparo ao Trabalhador). Entretanto, pensamos que o valor da reparação possa ser direcionado aos próprios trabalhadores de determinada empresa, na modalidade de concessão de um benefício, ou se atribuir determinada obrigação à empresa, como fornecer cursos de reciclagem aos empregados etc. De outro lado, pensamos que a reparação *in natura* do dano moral coletivo seja mais efetiva que a pecuniária, podendo o Juiz, sempre que possível e necessário à efetiva reparação do dano, converter o pedido de indenização em pecúnia em reparação *in natura*.

No mesmo sentido, argumenta Xisto Tiago de Medeiros Neto[10]:

> Admite-se, ainda, a possibilidade de convolação ou redirecionamento da parcela indenizatória objeto da condenação, mediante destinação a outra aplicação que não seja o Fundo específico previsto em lei. É o caso da conciliação judicial no âmbito da ação civil pública, em que as partes, tendo em vista o pedido formulado e/ou eventual condenação relativa ao dano moral coletivo, acordem sobre a transformação do respectivo valor na realização de determinadas obrigações pelo réu, que venham a contribuir, direta ou indiretamente, para a proteção e promoção dos bens jurídicos lesados, objeto da tutela pretendida por meio da demanda. Seriam exemplos de tais obrigações pactuadas com o ofensor: a) promover e financiar campanha publicitária ou educativa; b) efetuar específica obra; c) adquirir e entregar bens a determinadas entidades públicas ou privadas (realizadoras de atividades de interesse público ou social) e que sejam úteis às suas iniciativas; d) executar certo projeto de cunho social.

No aspecto, relevante destacar o Enunciado n. 12, da 1ª Jornada de Direito Material da ANAMATRA, *in verbis*:

> AÇÕES CIVIS PÚBLICAS. TRABALHO ESCRAVO. REVERSÃO DA CONDENAÇÃO ÀS COMUNIDADES LESADAS. Ações civis públicas em que se discute o tema do trabalho escravo. Existência de espaço para que o magistrado reverta os montantes condenatórios às comunidades diretamente lesadas, por via de benfeitorias sociais tais como a construção de escolas, postos de saúde e áreas de lazer. Prática que não malfere o art. 13 da Lei n. 7.347/1985, que deve ser interpretado à luz dos princípios constitucionais fundamentais, de modo a viabilizar a promoção de políticas públicas de inclusão dos que estão à margem, que sejam capazes de romper o círculo vicioso de alienação e opressão que conduz o trabalhador brasileiro a conviver com a mácula do labor degradante. Possibilidade de edificação de uma Justiça do Trabalho ainda mais democrática e despida de dogmas, na qual a responsabilidade para com a construção da sociedade livre, justa e solidária delineada na Constituição seja um compromisso palpável e inarredável.

4. ASPECTOS PROCESSUAIS DO DANO MORAL COLETIVO NA ESFERA TRABALHISTA

No âmbito trabalhista, as ações coletivas são muito peculiares, e, historicamente, influíram no próprio surgimento do Direito do Trabalho. São exemplos evidentes as greves e o direito de associação.

O acesso à justiça não pode ficar limitado à tutela do interesse individual, abrange, necessariamente, a tutela dos interesses coletivos, pertencentes ao grupo.

Vivemos, hoje, uma sociedade de massas, onde os conflitos se propagam em diversas regiões, e atingem muitas pessoas ao mesmo tempo. Isso se deve, em muito, ao próprio sistema capitalista e à propagação intensa da comunicação e informação. Inegavelmente, estamos na sociedade de informação, onde as pessoas parecem estar ligadas a uma rede comum.

Diante da multiplicidade de conflitos de origem comum ou que atingem um número indeterminado de pessoas, ou até mesmo um grupo determinado, há necessidade de se criar mecanismos para o acesso coletivo à justiça, como forma de garantir a efetividade dos direitos fundamentais.

A tutela dos direitos coletivos perante o Poder Judiciário, representa, segundo Mauro Capelletti e Bryant Garth[11], a segunda onda do acesso à justiça. Dizem os juristas:

> (...) O segundo grande movimento de esforço de melhorar o acesso à justiça enfrentou o problema da representação dos interesses difusos, assim chamados os interesses coletivos ou grupais, diversos daqueles dos pobres. Nos Estados Únicos, onde esse mais novo movimento de reforça é ainda provavelmente mais avançado, as modificações acompanharam o grande quinquênio de preocupações e providências na área da assistência jurídica (1965-1970). Centrando seu foco de preocupação especificamente nos interesses difusos, esta segunda onda de reformas forçou a reflexão sobre noções tradicionais muito básicas do processo civil e sobre o papel dos tribunais. Sem dúvida, uma verdadeira revolução está-se desenvolvendo dentro do processo civil (...) A concepção tradicional do processo civil não deixava espaço para a proteção dos interesses difusos.

10. MEDEIROS NETO, Xisto Tiago de. *Dano moral coletivo*. São Paulo: LTr, 2004. p. 155.

11. *Acesso à Justiça*. Tradução e Revisão de Ellen Gracie Northfleet. Porto Alegre: Sérgio Fabril Editor, 2002. p. 49.

O processo era visto apenas como um assunto entre duas partes, que se destinava à solução de uma controvérsia entre essas mesmas partes a respeito de seus próprios interesses individuais. Direito que pertencessem a um grupo, ao público em geral ou a um segmento do público não se enquadravam bem nesse esquema. As regras determinantes da legitimidade, as normas de procedimento e a atuação dos juízes não eram destinadas a facilitar as demandas por interesses difusos intentadas por particulares (...). A proteção de tais interesses tornou necessária uma transformação do papel do juiz e de conceitos básicos como 'citação' e o 'direito de ser ouvido'. Uma vez que nem todos os titulares de um direito difuso podem comparecer em juízo – por exemplo, todos os interessados na manutenção da qualidade do ar, numa determinada região – é preciso que haja um 'representante adequado' para agir em benefício da coletividade, mesmo que os membros dela não sejam 'citados' individualmente. Da mesma forma, para ser efetiva, a decisão deve o brigar a todos os membros do grupo, ainda que nem todos tenham tido a oportunidade de ser ouvidos. Dessa maneira, outra noção tradicional, a de coisa julgada, precisa ser modificada, de modo a permitir a proteção judicial efetiva dos interesses difusos. A criação norte-americana da *class action*, abordada a seguir, permite que, em certas circunstâncias, uma ação vincule os membros ausentes de determinada classe, a despeito do fato de eles não terem tido qualquer informação prévia sobre o processo. Isso demonstra as dimensões supreendentes dessa mudança no processo civil. A visão individualista do devido processo judicial está cedendo lugar rapidamente, ou melhor, está fundindo com uma concepção social, coletiva.

Atualmente, diante da necessidade de se garantir o acesso à justiça, bem como de tutela dos direitos difusos, coletivos e individuais homogêneos, a moderna doutrina vem sustentando a existência do chamado *devido processo legal coletivo* que disciplina o conjunto de regras para a tutela processual desses direitos.

Nesse sentido, destaca Raimundo Simão de Melo[12]:

O processo, como não se pode negar, é um instrumento de aplicação do direito material violado, o qual, não cumprindo o seu papel, torna-se um instrumento inútil e até odiado pelo jurisdicionado, que vê o seu direito tornar-se algo ineficaz. A solução, portanto, é a aplicação da jurisdição coletiva como corolário do princípio do devido processo legal no processo do trabalho, para se prevenir a defesa dos direitos metaindividuais e buscar coletivamente as reparações consequentes.

Há no Congresso Nacional, Anteprojeto do Código Brasileiro de Processos Coletivos, que sintetiza os princípios gerais do acesso coletivo à justiça em seu art. 2º, *in verbis*:

Art. 2º ***Princípios da tutela jurisdicional coletiva*** *– São princípios da tutela jurisdicional coletiva: a. acesso à justiça e à ordem jurídica justa; b. universalidade da jurisdição; c. participação pelo processo e no processo; d. tutela coletiva adequada; e. boa-fé e cooperação das partes e de seus procuradores; f. cooperação dos órgãos públicos na produção da prova; g. economia processual; h. instrumentalidade das formas; i. ativismo judicial; j. flexibilização da técnica processual; k. dinâmica do ônus da prova; l. representatividade adequada; m. intervenção do Ministério Público em casos de relevante interesse social; n. não taxatividade da ação coletiva; o. ampla divulgação da demanda e dos atos processuais; p. indisponibilidade temperada da ação coletiva; q. continuidade da ação coletiva; r. obrigatoriedade do cumprimento e da execução da sentença; s. extensão subjetiva da coisa julgada, coisa julgada* secundum eventum litis e secundum probationem*; t. reparação dos danos materiais e morais; u. aplicação residual do Código de Processo Civil; v. proporcionalidade e razoabilidade.*

A reparação dos danos morais difusos, coletivos e individuais homogêneos, na Justiça do Trabalho, pode ser realizada por meio da Ação Civil Pública (tutela de interesses difusos e coletivos) e ação coletiva (tutela de interesses individuais homogêneos).

A Ação Civil Pública consiste numa ação prevista em lei especial, de natureza condenatória, destinada à tutela dos interesses transindividuais.

Dispõe o art. 1º, da Lei n. 7.347/1985:

Regem-se pelas disposições desta Lei, sem prejuízo da ação popular, as ações de responsabilidade por danos morais e patrimoniais causados: I – ao meio ambiente; II – ao consumidor; III – à ordem urbanística; IV – a bens e direitos de valor artístico, estético, histórico, turístico e paisagístico; V – a qualquer outro interesse difuso ou coletivo; VI – por infração da ordem econômica. Parágrafo único. Não será cabível ação civil pública para veicular pretensões que envolvam tributos, contribuições previdenciárias, o Fundo de Garantia do Tempo de Serviço – FGTS ou outros fundos de natureza institucional cujos beneficiários podem ser individualmente determinados.

A natureza jurídica da ação civil pública é condenatória, pois tem por objeto reparar a lesão dos interesses que transcendem aspecto individual, por meio de imposição de obrigações de fazer, não fazer e pecuniárias ao causador do dano. Nesse diapasão, dispõe o art. 3º da Lei n. 7.347/1985: "A ação civil poderá ter por objeto a condenação em dinheiro ou o cumprimento de obrigação de fazer ou não fazer."

Esta ação é plenamente compatível na defesa dos interesses difusos, coletivos, que são da competência da Justiça do Trabalho, por força dos arts. 769, da CLT, 83, da LC

12. *Ação civil pública na justiça do trabalho*. 3. ed. São Paulo: LTr, 2008. p. 42-43.

n. 75/1993 e 129, III da CF. Vale consignar que a Ação Civil Pública, prevista na Lei n. 7.347/1985, pertence à teoria geral do direito, aplicável a todos os ramos do direito.

A ação civil pública pode ter natureza cautelar, como medida destinada a prevenir ou evitar o dano, desde que presentes elementos que evidenciem a probabilidade do direito, e o perigo de dano ou risco ao resultado útil do processo. Nesse sentido dispõe o art. 4º da Lei n. 7.347/1985:

> Poderá ser ajuizada ação cautelar para os fins desta Lei, objetivando, inclusive, evitar o dano ao meio ambiente, ao consumidor, à ordem urbanística ou aos bens e direitos de valor artístico, estético, histórico, turístico e paisagístico.

No nosso sentir, a ação civil pública de natureza cautelar pode ter caráter satisfativo quando a pretensão posta em juízo seja apenas a prevenção do dano ou minorar sua dimensão.

A ação civil coletiva é espécie do gênero Ações coletivas, e se destina à tutela do interesse individual homogêneo.

Esta ação não difere ontologicamente da Ação Civil Pública. Não obstante, é destinada à tutela de direitos individuais homogêneos, por força do que dispõe o art. 91 da Lei n. 8.078/1990.

Trata-se de ação de natureza condenatória, tendo por objeto ressarcir as vítimas dos danos sofridos que têm origem comum. Seu objeto é a condenação do ofensor em importância pecuniária.

Nesse sentido dispõe o art. 91, da Lei n. 8.078/1990:

> Os legitimados de que trata o art. 82 poderão propor, em nome próprio e no interesse das vítimas ou seus sucessores, ação civil coletiva de responsabilidade pelos danos individualmente sofridos, de acordo com o disposto nos artigos seguintes.

A presente ação é perfeitamente compatível com o Processo do Trabalho (art. 769 da CLT) e tem sido muito utilizada pelos Sindicatos, a quem cabe a defesa, por excelência, dos direitos individuais homogêneos da categoria, sendo a substituição processual ampla para tal finalidade (art. 8º, III, da CF e cancelamento da Súmula n. 310 do C. TST).

A legitimidade para a defesa dos danos morais difuso e coletivo na esfera trabalhista é autônoma e concorrente dos entes mencionados no art. 82 da Lei n. 8.078/1990, dos quais destacamos a legitimidade tanto do Ministério Público do Trabalho (arts. 129, III, da CF, 82, da Lei n. 8.078/1990, e LC n. 75/1993) e também dos Sindicatos (art. 8º, III, da CF, e IV, do art. 82, da Lei n. 8.078/1990) e a via processual é a ação Civil Pública disciplinada pela Lei n. 7.347/1985. Já para a defesa do dano moral sob a modalidade do interesse individual homogêneo, a legitimidade dos entes mencionados no referido art. 82 se dá sob a modalidade de substituição processual já que o direito não lhes pertence e sim aos substituídos. Outrossim, a via processual para a defesa desta modalidade é a Ação Coletiva (arts. 91 e seguintes da Lei n. 8.078/1990).

Quanto à legitimidade do Ministério Público do Trabalho para a defesa de direitos individuais homogêneos na esfera trabalhista, há certo dissenso na doutrina e na jurisprudência, uma vez que o interesse é divisível e, em regra, disponível. Além disso, há uma tendência doutrinária de se prestigiar a tutela do direito individual homogêneo na esfera trabalhista, a cargo dos Sindicatos (art. 8º, III, da CF). Não obstante, a nosso ver, o interesse individual homogêneo é uma subespécie de interesse transindividual arrolado no art. 81 da Lei n. 8.078/1990, tendo, portanto, feição coletiva. Além disso, o art. 129, III, da Constituição Federal atribui legitimidade ao Ministério Público "para promover o inquérito civil público e a ação civil pública, para a proteção do patrimônio público e social, do meio ambiente e *de outros interesses difusos e coletivos*" (o grifo é nosso). Em suma, quando há lesão individual homogênea, há o interesse social que justifica a legitimidade do *Parquet*.

As pretensões para a defesa do dano moral coletivo e difuso são imprescritíveis, já que o interesse é indisponível. No tocante ao direito individual homogêneo, incide a prescrição, pois os direitos são divisíveis e disponíveis.

Conforme Raimundo Simão de Melo[13]:

> (...) não há falar em prescrição ou decadência com relação às obrigações de fazer ou não fazer referentes aos interesses difusos e coletivos, inclusive com referência à reparação genérica por danos morais e/ou materiais irreparáveis, causados a tais interesses.

Diferentemente ocorre no tocante às ações coletivas (CDC, art. 91) atinentes à reparação dos danos individualmente sofridos pelos trabalhadores, os quais, pela Constituição Federal de 1988 (art. 7º, XXIX, *a* e *b*), submetem-se à prescrição quinquenal durante a vigência do contrato de trabalho e bienal, após a extinção do mesmo.

24

Meio ambiente do trabalho: uma análise dos reflexos da Lei n. 13.467/2017 e da PEC n. 6/2019 na saúde do trabalhador

Cristiane de Mattos Carreira[1]

1. INTRODUÇÃO

A Lei n. 13.467/2017 realizou inúmeras transformações na regulamentação das relações jurídicas trabalhistas, dentre as quais destaca-se a prevalência do negociado sobre o legislado. Entretanto, as normas relacionadas à saúde e segurança no trabalho ainda são consideradas normas de ordem pública, vez que não são objetos possíveis de Convenção ou Acordo Coletivo, nos termos do art. 611-B da CLT[2].

Da relação jurídica trabalhista decorre, obrigatoriamente, uma relação jurídica previdenciária, vez que o trabalhador é considerado contribuinte obrigatório da Previdência Social.

A existência de um sistema previdenciário efetivo é fundamental para a garantia dos direitos dos trabalhadores.

No Brasil, a Lei n. 3.397, de 24.11.1888, pode ser considerada a primeira lei de conteúdo eminentemente previdenciário, vez que previa a criação de uma Caixa de Socorros aos trabalhadores das estradas de ferro, cuja propriedade pertencia ao Estado. Posteriormente, houve a criação de novas Caixas de Aposentadorias e Pensões que atendiam apenas os empregados daqueles serviços públicos[3]. Contudo, o Brasil, que era um país eminentemente agrícola, passou a se industrializar e, com isso, houve a necessidade de regulamentação mais ampla da matéria.

Destarte, passou-se a garantir aos trabalhadores direitos decorrentes do exercício do trabalho subordinado, assegurando-lhes, também, a filiação a um regime de previdência social obrigatório.

> A organização sindical, a lei de férias, a limitação das horas de trabalho, o salário mínimo, as comissões de conciliação, as caixas de pensões, o seguro social, as leis de proteção às mulheres e aos menores realizam velhas as aspirações proletárias de solução inevitável (...) Não há nessa atitude nenhum indício de hostilidade ao capital que, ao contrário, precisa ser atraído, amparado e garantido pelo poder público. Mas o melhor meio de garanti-la está, justamente, em transformar o proletariado numa força orgânica de cooperação com o Estado e não o deixar, pelo abandono da lei, entregue à ação dissolvente de elementos perturbadores, destituídos do sentimento de pátria e família. Nesse contexto, sedimentando-se a industrialização no país e consolidam-se a burguesia capitalista no poder, a ordenação da questão social, como um dos meios de equilíbrio do sistema, emerge: criação de sindicatos atrelados ao nascente Ministério do Trabalho; a instituição do salário mínimo, a edição de um conjunto de leis trabalhistas e, consoante ver-se-á adiante, a ampliação da proteção previdenciária aos trabalhadores urbanos[4].

Observe-se, desde então, que inúmeras mudanças foram realizadas no Sistema Previdenciário, sobretudo com a inserção de suas principais regras no Texto da Constituição Federal de 1988.

A PEC n. 6/2019, também conhecida como a "Reforma da Previdência", tem como principal objetivo organizar as

---

1. Mestre em Direito do Trabalho pela PUC SP. Especialista em Direito Previdenciário, Civil e Processo Civil pela Escola Paulista de Direito. Professora Assistente no Curso de Pós-Graduação em Direito do Trabalho da PUC COGEAE. Professora do Curso de Graduação em Direito da UMC – Universidade de Mogi das Cruzes. Advogada. *E-mail*: cris.carreira@globo.com.
2. Observe-se que, o parágrafo único do art. 611-B da CLT, diz: "regras sobre duração do trabalho e intervalos não são consideradas como normas de saúde, higiene e segurança do trabalho para os fins do disposto neste artigo." Ou seja, pela redação do dispositivo legal, são objetos lícitos da convenção ou acordo coletivo as normas concernentes à jornada.
3. ALVIM, Rui Carlos Machado. Uma história crítica da legislação previdenciária brasileira. *Revista de Direito do Trabalho – RDT* 18/9, mar.-abr./1979, p. 224-237.
4. ALVIM, Rui Carlos Machado. Uma história crítica da legislação previdenciária brasileira. *Revista de Direito do Trabalho – RDT* 18/9, mar.-abr./1979, p. 235

contas previdenciárias. Nos termos constantes da exposição de motivos da PEC constata-se:

> 6. Há várias razões para isso, mas certamente nosso nó fiscal é razão primeira para a limitação de nosso crescimento econômico sustentável. E esse nó fiscal tem uma raiz: a despesa previdenciária. Enquanto nos recusamos a enfrentar o desafio previdenciário, a dívida pública subirá implacavelmente e asfixiará a economia. A dívida bruta em relação ao PIB subiu de 63% em 2014 para 74% em 2017. Sem reforma, Vossa Excelência terminará o mandato com essa relação próxima a 100%.

Dentre as alterações propostas no referido projeto, serão abordadas as alterações referentes à aposentadoria especial, prevista no art. 25 da PEC:

> Art. 25. Até que entre em vigor a lei complementar a que se refere o § 7º do art. 201 da Constituição, será concedida aposentadoria aos segurados que comprovem o exercício de atividades com efetiva exposição a agentes nocivos químicos, físicos e biológicos prejudiciais à saúde, ou associação desses agentes, **vedados a caracterização por categoria profissional ou ocupação e o enquadramento por periculosidade**, durante quinze, vinte ou vinte e cinco anos, nos termos do disposto nos arts. 57 e 58 da Lei n. 8.213, de 1991, quando cumpridos os seguintes requisitos: I – cinquenta e cinco anos de idade, quando se tratar de atividade especial de quinze anos de contribuição; II – cinquenta e oito anos de idade, quando se tratar de atividade especial de vinte anos de contribuição; ou III – sessenta anos de idade, quando se tratar de atividade especial de vinte e cinco anos de contribuição. § 1º O valor da aposentadoria de que trata este artigo corresponderá a sessenta por cento da média aritmética definida na forma prevista no art. 29, com acréscimo de dois por cento para cada ano de contribuição que exceder o tempo de vinte anos de contribuição na atividade especial, exceto para aquela que se refere o inciso I do *caput*, cujo acréscimo será aplicado para cada ano que exceder quinze anos de contribuição. § 2º É assegurada, na forma prevista na Lei n. 8.213, de 1991, a conversão de tempo especial em comum ao segurado do Regime Geral de Previdência Social que comprovar tempo de efetivo exercício de atividade sujeita a condições especiais que efetivamente prejudiquem a saúde, cumprido até a data de promulgação desta Emenda à Constituição, **vedada a conversão para o tempo cumprido após essa data**. § 3º As idades previstas neste artigo serão ajustadas na forma do de acordo com o disposto no § 3º do art. 24.

Destarte, objetiva-se demonstrar o impacto das atuais alterações legislativas na saúde do trabalhador, vez que, por uma leitura rápida dos dispositivos legais é possível constatar maior flexibilidade quanto à prorrogação da jornada do trabalho insalubre e, pela proposta da reforma, o trabalhador se aposentará mais tarde, ficando, por consequência, mais tempo exposto ao agente maléfico a sua saúde.

2. AMBIENTE DE TRABALHO DIGNO E LIVRE-INICIATIVA

> *Quanto aos ricos e aos patrões, não devem tratar o operário como escravo, mas respeitar nele a dignidade do homem, realçada ainda pela do Cristão. O trabalho do corpo, pelo testemunho comum da razão e da filosofia cristã, longe de ser um objecto de vergonha, honra o homem, porque lhe fornece um nobre meio de sustentar a sua vida. O que é vergonhoso e desumano é usar dos homens como de vis instrumentos de lucro, e não os estimar senão na proporção do vigor dos seus braços.* (Encíclica *Rerum Novarum*)

O texto acima consta da Encíclica *Rerum Novarum*, editada pelo Papa Leão XIII no ano 1891, após a denominada primeira revolução industrial[5], na qual se fez uma crítica à situação de exploração vivida pelos trabalhadores na época, diante da inobservância de princípios éticos e morais pelos empregadores nas relações jurídicas trabalhistas.

A referida encíclica contempla o conceito de trabalho digno, vez que o trabalho deve honrar o ser humano.

O conceito de trabalho sob a perspectiva da dignidade da pessoa humana pode ser analisado sob três aspectos iniciais. Primeiro, para que um homem tenha dignidade, ele deve ter garantido um trabalho. Todavia, ter um trabalho não basta. Se faz necessário que o trabalho seja decente, garantindo tanto ao trabalhador, quanto a sua família, uma vida digna. Por fim, a legislação deve garantir ao trabalhador o exercício de direitos fundamentais, objetivando a efetivação e implementação dos direitos inerentes ao trabalho digno[6].

Dentre esses direitos fundamentais, encontra-se o direito à proteção da saúde do trabalhador. Considerando que o ser humano passa grande parte de sua vida no trabalho, o seu exercício não pode acarretar malefícios à saúde do trabalhador, tratada como um direito fundamental. Afinal, não há como se falar em trabalho digno se o mesmo acarreta violação à integridade física e/ou psíquica daquele que o exerce.

---

5. A primeira revolução industrial, cujo período aproximado ocorreu entre 1760/1890 decorre da invenção da máquina a vapor, alterando o modo de produção artesanal para a produção mecânica. Caracteriza-se pela utilização da ferramenta, a qual é vista como uma extensão da mão humana. (NETO, Celio Oliveira. *Trabalho em ambiente virtual*. Causas, efeitos e conformação. São Paulo: LTr, p. 15/16)
6. ROMAR, Carla Teresa Martins. Direito do trabalho e dignidade da pessoa humana. In: MIRANDA, Jorge; SILVA, Marco Antonio Marques da (Coord.). *Tratado luso-brasileiro da dignidade da pessoa humana*. São Paulo: Quartier Latin, 2009. p. 1393.

Sob a ótica da classificação dos direitos fundamentais em direitos de primeira, segunda e terceira geração[7], o direito à saúde pode ser entendido como direito de defesa face ao empregador, de modo a limitar a atuação de seu poder diretivo referente às atitudes que possam lesar a saúde do trabalhador. Dessa forma, tem-se um direito de primeira geração. Ademais, pode ser visto como direito de segunda geração, na medida em que pode exigir tanto do Estado, quanto do empregador a existência de um ambiente de trabalho salubre[8].

Por corolário, é dever do empregador proteger a saúde do trabalhador, garantindo a existência de um ambiente de trabalho que não acarrete doenças e evite, ao máximo, a ocorrência de acidentes[9].

Exige-se do empregador uma conduta pró-ativa, "no sentido de dotar o ambiente de trabalho de todos os mecanismos necessários a reduzir a probabilidade de que venha a ocasionar danos à integridade psicofísica de todas as pessoas que nele trabalham"[10].

Compete ao Estado a adoção das medidas necessárias à proteção da saúde do trabalhador, mediante a fiscalização do meio ambiente de trabalho. De forma a efetivar esse direito fundamental, o Estado Brasileiro ratificou a Convenção n. 155 da OIT, pelo Decreto n. 1.254, vigente desde 29.09.1994. Em conformidade com as normas internacionais do trabalho, os Estados devem considerar cinco esferas de ações:

> a) os componentes materiais do trabalho (locais de trabalho; ferramentas, maquinário, equipamentos; substâncias e agentes químicos, biológicos e físicos; operações e processos); b) as relações existentes entre os componentes materiais do trabalho e as pessoas que o executam ou supervisionam; c) o treinamento das pessoas envolvidas com a obtenção dos níveis adequados de higiene e segurança; d) a comunicação e a cooperação entre as pessoas envolvidas; e) a proteção dos trabalhadores e de seus representantes contra medidas disciplinares em face de sua atuação na busca dos objetivos de redução dos riscos inerentes ao trabalho[11].

Ante o exposto, observe-se a existência de aparato jurídico apto a garantir, no plano da abstração, a existência de um ambiente de trabalho capaz de promover o direito fundamental à dignidade do trabalhador, competindo tanto ao Estado, quanto ao empregador e empregado zelarem pela sua implementação.

Se por um lado o ordenamento jurídico garante ao trabalhador um ambiente de trabalho digno, o empregador, que assume o risco do negócio, tem protegido o seu direito à livre-iniciativa. Por livre-iniciativa, entende-se

> uma forma de liberdade individual e, mais especificamente, uma modalidade de livre-iniciativa econômica, aplicada às situações de empreendedorismo e atuação econômica. Exatamente por isso é considerada fundamental no modelo de economia capitalista, pois enseja a criação de entidades empresariais privadas que irão constituir grande parte das relações econômicas do chamado mercado.[12]

Note-se que a livre-iniciativa protege a liberdade de empreender, abrangendo tanto a liberdade de associação, quanto à liberdade de trabalho. Segundo André Ramos Tavares, a livre-iniciativa é a liberdade em sua perspectiva relacionada ao exercício de um trabalho. O referido autor cita a ADI n. 3.512, baseando-se no Voto do Ministro do STF Rodrigues Alkimin:

> a regulamentação das profissões haveria de ocorrer em *socorro da sociedade*, não em tom privatista-coorporativista, de cooptação dos segmentos econômicos por certo grupo de interesses particulares (...) Ao invocar esses pressupostos, o Ministro reforçava o tom da *liberdade*

7. Segundo Paulo Bonavides, "os direitos de primeira geração ou direitos de liberdade têm por titular o indivíduo, são oponíveis ao Estado, traduzem-se como faculdades ou atributos da pessoa e ostentam uma subjetividade que é seu traço mais característico". Por sua vez, os direitos de segunda geração "São os direitos sociais, coletivos ou de coletividades. (...) Se na primeira geração os direitos fundamentais consistiam essencialmente no estabelecimento das garantias fundamentais da liberdade, a partir da segunda geração tais direitos passaram a compreender, além daquelas garantias, também os critérios objetivos de valores". Por fim, segundo o referido autor, os direitos de terceira geração relacionam-se ao conceito de fraternidade, "têm primeiro por destinatário o gênero humano". Tratam de temas relacionados à paz, ao desenvolvimento, ao meio ambiente, à comunicação e ao patrimônio comum da humanidade". (BONAVIDES, Paulo. *Curso de direito constitucional*. 29. ed. São Paulo: Editora Malheiros, 2014. p. 578, 582 e 584).
8. OLIVEIRA, Paulo Rogério Albuquerque de. Saúde do trabalhador perante os direitos fundamentais: uma crítica propositiva. *Revista de Previdência Social*. São Paulo, v. 30, n. 312, p. 312/784.
9. ROMAR, Carla Teresa Martins. Direito do trabalho e dignidade da pessoa humana. In: MIRANDA, Jorge; SILVA, Marco Antonio Marques da (Coord.). *Tratado luso-brasileiro da dignidade da pessoa humana*. São Paulo: Quartier Latin, 2009. p. 1400.
10. BRANDÃO, Cláudio Mascarenhas. Proteção jurídica à saúde do trabalhador: uma necessária (re)leitura constitucional. *LTr: Revista Legislação do Trabalho*. São Paulo. V. 74, n. 1, p. 7401-24.
11. SILVA, Otávio Pinto e. Meio ambiente e saúde do trabalhador. *Revista do Tribunal do Trabalho da 2ª Região*, São Paulo, n. 4, 2010, p. 112/113.
12. TAVARES, André Ramos. *Livre-iniciativa empresarial*. Enciclopédia jurídica da PUC-SP. Celso Fernandes Campilongo, Alvaro de Azevedo Gonzaga e André Luiz Freire (Coords.). Tomo: Direito Comercial. Fábio Ulhoa Coelho, Marcus Elidius Michelli de Almeida (Coord. de tomo). 1. ed. São Paulo: Pontifícia Universidade Católica de São Paulo, 2017. Disponível em: <https://enciclopediajuridica.pucsp.br/verbete/237/edicao-1/livre-iniciativa-empresarial>.

de iniciativa e exercício profissional, mas nitidamente o fazia por uma *dimensão social*.[13]

O que se indaga no presente capítulo é qual o limite da liberdade do empregador em exercer o seu direito à livre-iniciativa e qual seria o limite da proteção ao trabalhador. A proteção pode inviabilizar o exercício do negócio?

Essa questão relacionada ao conflito entre princípios constitucionais pode ser solucionada pela aplicação do Princípio da Proporcionalidade, entendido como "o princípio dos princípios, aquele que organiza a compreensão e aplicação ótima (otimizada) de um conjunto de normas, de juízos, contraditórios, tratando-os como contrários, isso é, compatíveis entre si"[14].

> o princípio da proporcionalidade em sentido estrito determina que se estabeleça uma correspondência entre o fim a ser alcançado por uma disposição normativa e o meio empregado, que seja juridicamente a melhor possível. Isso significa, acima de tudo, que não fira o conteúdo essencial de direito fundamental, com o desrespeito intolerável da dignidade da pessoa humana, bem como que, mesmo havendo desvantagens para, digamos, o interesse de pessoas, individual ou coletivamente consideradas, acarretadas pela disposição normativa em apreço, as vantagens que traz para interesses de outra superam as desvantagens. Os subprincípios da adequação e da exigibilidade, por seu turno, determinam que, dentro do faticamente possível, o meio escolhido se preste para atingir o fim estabelecido, mostrando-se, assim, adequado. Além disso, esse meio deve se mostrar exigível, o que significa não haver outro, igualmente eficaz, e menos danos a direitos fundamentais.[15]

Visando balizar a aplicação desses princípios, a Constituição Federal traz os direitos fundamentais, dentre os quais a proteção à saúde do trabalhador, o direito a um meio ambiente do trabalho sadio[16]. Entretanto, o mesmo artigo afirma que, nas hipóteses em que não for possível a eliminação dos riscos inerentes ao exercício do trabalho, fará jus o trabalhador a um adicional compensatório em sua remuneração[17].

Ou seja, o ordenamento jurídico reconhece a necessidade de proteção à saúde do trabalhador, entretanto, em determinadas situações nas quais não é possível a eliminação do risco, visando garantir o exercício da livre-iniciativa, permite-se a compensação financeira pelo dano real ou potencial causado.

O escopo da norma representa uma sanção ao empregador, pois, diante de sua inércia, deve indenizar o empregado pelos prejuízos referentes a sua saúde. Entretanto, como observa Cláudio Brandão:

> O que, no início, representava uma sanção ao empregador, tornou-se, lamentavelmente, regra geradora de estímulo à manutenção da postura empresarial, principalmente em função do valor correspondente às despesas necessárias para a modificação do ambiente de trabalho, se comparadas com o custo irrisório do adicional, calculado com base no salário mínimo.[18]

Ou seja, na prática, considerando os custos referentes à eliminação dos agentes insalubres existentes no ambiente de trabalho *versus* o custo do pagamento do adicional de insalubridade, opta-se pelo pagamento do adicional. Por sua vez, o valor referente a esse adicional que, em tese, teria como objetivo promover uma melhor alimentação do empregado e diminuir os efeitos do ambiente de trabalho insalubre, é incorporado pelo trabalhador como parte de sua remuneração.

De modo a tentar responder à questão anteriormente apresentada, importante classificar os direitos fundamentais tutelados. Nesse sentido:

> a livre-iniciativa é um direito-princípio fundamental de primeira dimensão (liberdade) de cunho individual, basicamente de defesa, negativo, ao poder público; saúde do trabalhador é de segunda dimensão (igualdade) em âmbito social, prestacional, positivo, por parte do Estado; e, Meio Ambiente do Trabalho de terceira dimensão (fraternidade), de subjetividade indefinida que transcende ao indivíduo e à coletividade.[19]

---

13. TAVARES, André Ramos. *Livre-iniciativa empresarial*. Enciclopédia jurídica da PUC-SP. Celso Fernandes Campilongo, Alvaro de Azevedo Gonzaga e André Luiz Freire (Coords.). Tomo: Direito Comercial. Fábio Ulhoa Coelho, Marcus Elidius Michelli de Almeida (coord. de tomo). 1. ed. São Paulo: Pontifícia Universidade Católica de São Paulo, 2017. Disponível em: https://enciclopediajuridica.pucsp.br/verbete/237/edicao-1/livre-iniciativa-empresarial.
14. GUERRA FILHO, Willis Santiago. Dignidade humana, princípio da proporcionalidade e teoria dos direitos fundamentais. In: MIRANDA, Jorge; SILVA, Marco Antonio Marques da (Coord.). *Tratado luso-brasileiro da dignidade da pessoa humana*. São Paulo: Quartier Latin, 2009. p. 310.
15. GUERRA FILHO, Willis Santiago. Dignidade humana, princípio da proporcionalidade e teoria dos direitos fundamentais. In: MIRANDA, Jorge; SILVA, Marco Antonio Marques da (Coord.). *Tratado luso-brasileiro da dignidade da pessoa humana*. São Paulo: Quartier Latin, 2009. p. 310.
16. CF, art. 7º, XXII – redução dos riscos inerentes ao trabalho, por meio de normas de saúde, higiene e segurança;
17. CF, art. 7º, XXIII – adicional de remuneração para as atividades penosas, insalubres ou perigosas, na forma da lei;
18. BRANDÃO, Cláudio. p. 7401-26.
19. MENDES, Gilmar Ferreira; COELHO, Inocêncio Mártires; BRANCO, Paulo Gustavo Gonet. *Hermenêutica constitucional e direitos fundamentais*. Brasília. Braslha Jurídica Instituto Brasiliense de Direito Público, 2002. p. 17-57.

Ou seja, apesar de aparentemente antagônicos, no caso concreto deve ser avaliada a aplicação desses direitos fundamentais, de modo a preservar o núcleo essencial do direito (vida do trabalhador), que não pode ser transacionado.

3. A LEI N. 13.467/2017 E SEUS REFLEXOS NO DIREITO AMBIENTAL DO TRABALHO

Considera-se meio ambiente de trabalho:

> o local onde as pessoas desempenham suas atividades laborais relacionadas à sua saúde, sejam remuneradas ou não, cujo equilíbrio está baseado na salubridade do meio e na ausência de agentes que comprometam a incolumidade físico-psíquica dos trabalhadores, independente da condição que ostentem (homens ou mulheres, maiores ou menores de idade, celetistas, servidores públicos, autônomos etc.).[20]

O direito a um meio ambiente do trabalho saudável é um direito fundamental do trabalhador, garantido, inclusive, em normas internacionais. Nesse sentido, a Convenção n. 155 da OIT aborda o tema Saúde e Segurança no Trabalho e atribui a todos os seus membros a obrigação de "pôr em prática e reexaminar periodicamente uma política nacional coerente em matéria de segurança e saúde dos trabalhadores e o meio ambiente de trabalho"[21], sendo que a implementação dessas medidas depende da atuação dos atores sociais, empregadores, empregados e Estado.

No âmbito da legislação brasileira, a Constituição Federal demonstra a preocupação com o ambiente do trabalho e saúde do trabalhador, tanto que, em seu art. 7º, traz a limitação da jornada de trabalho a 8 horas diárias e 44 semanais, além de tratar da redução dos riscos de acidentes de trabalho por meio de normas de saúde, higiene e segurança.

Todavia, a Lei n. 13.467/2017 promoveu inúmeras mudanças na seara trabalhista, sendo que, uma delas foi a alteração da clássica interpretação do direito trabalhista decorrente da aplicação do princípio protetor[22], pois, pela redação expressa do dispositivo legal, via de regra, o negociado prevalece sobre o legislado, salvo nas hipóteses constantes no art. 611-B da CLT. Ademais, a lei estabelece que havendo divergência entre o acordo e a convenção coletiva, prevalece o disposto no acordo coletivo[23].

Além disso, o art. 8º, § 3º, da CLT limita a atividade interpretativa do juiz, pois, tratando-se de convenção ou acordo coletivo do trabalho, serão analisados exclusivamente os requisitos essenciais de validade do negócio jurídico e o princípio norteador é o da intervenção mínima na autonomia da vontade coletiva.

> No entanto, para prevalecer o negociado sobre o legislado, como ora disciplinado, a realidade aponta ser necessário o fortalecimento dos órgãos de representação sindical por meio da garantia de liberdade sindical, tanto coletiva quanto individual, nos termos da Convenção n. 87 da OIT, ainda não ratificada pelo Brasil[24].

Ou seja, embora a atual legislação garanta a prevalência do negociado sobre o legislado, na prática, não há liberdade sindical plena, vez que o Brasil não ratificou a Convenção n. 87 da OIT.

Dentre os itens constantes da prevalência do negociado sobre o legislado em matéria de meio ambiente do trabalho, encontra-se a possibilidade de enquadramento do grau de insalubridade e a prorrogação de jornada em ambientes insalubres, independentemente de licença prévia das autoridades competentes do Ministério do Trabalho.

Aqui, permite-se ao Sindicato, pelo exercício da autonomia privada coletiva, afastar os critérios legais de enquadramento do grau de insalubridade previsto em lei, sem, contudo, estabelecer-se qualquer limite. Ademais, também se faz possível a realização de horas extras em condições agressivas à saúde, independentemente de licença do Poder Executivo, ou seja, a atuação dos Sindicatos aparentemente enfraquecidos poderá ampliar a exposição dos trabalhadores a condições agressivas de trabalho mediante aumento do tempo de exposição ao agente agressivo ou, ainda, reduzir ou aumentar o valor da contraprestação decorrente da exposição.

Interessante notar que, ao mesmo tempo que a lei trabalhista transfere aos Sindicatos o poder de regular normas de saúde do trabalhador, mantém um sistema com liberdade sindical mitigada e retira abruptamente a fonte

---

20. FIORILO, Celso Antonio Pacheco. *Curso de direito ambiental brasileiro*. 14. ed. São Paulo: Saraiva, 2013. p. 53.
21. Convenção n. 155, OIT, art. 4º. Disponível em: <https://www.ilo.org/brasilia/convencoes/WCMS_236163/lang--pt/index.htm>. Acesso em: 12 ago. 2019.
22. O direito do trabalho reconhece a existência de partes desiguais na relação jurídica. Destarte, o legislador objetivou compensar essa desigualdade com uma proteção jurídica favorável, o denominado princípio protetor. Pode ser reconhecido como o princípio mais importante do direito do trabalho e se divide em: regra do *in dubio pro operário*, da aplicação da norma mais favorável e da condição mais benéfica. O *in dubio pro operário* trata de regra de interpretação das normas, pois, se a norma permitir ser interpretada em vários sentidos, deve prevalecer aquele que favorece o trabalhador. Por sua vez, a aplicação da norma mais favorável significa que, existindo no ordenamento mais de uma norma aplicável ao caso concreto, deve ser aplicada aquela que for mais benéfica ao trabalhador. E, por fim, a regra da condição mais benéfica significa que a aplicação de uma norma trabalhista não pode reduzir condições mais favoráveis aos trabalhadores (ROMAR, Carla Teresa Martins. *Direito do trabalho esquematizado*. São Paulo: Saraiva, 2013. p. 47-48).
23. CLT, art. 620. As condições estabelecidas em acordo coletivo de trabalho sempre prevalecerão sobre as estipuladas em convenção coletiva de trabalho.
24. GOMES, Dinaura Godinho Pimentel. Reforma trabalhista e relevância de normas coletivas à luz dos princípios e regras constitucionais. In: *Reforma trabalhista em perspectiva*. Desafios e possibilidades. 2. ed. São Paulo: LTr, 2019. p. 116.

de custeio do sindicato, o que, pode diminuir a força da entidade sindical no momento da negociação coletiva.

Por sua vez, o art. 611-B traz um rol de objetos ilícitos da convenção e acordo coletivo, dentre os quais, destaca-se a existência de normas que visem suprimir ou reduzir normas de saúde, higiene e segurança do trabalho previstas em lei ou em normas regulamentadoras do Ministério do Trabalho ou, ainda, o adicional de remuneração para as atividades penosas, insalubres ou perigosas.

Entretanto, o parágrafo único do referido artigo diz que as regras sobre duração do trabalho e intervalos não são consideradas como normas de saúde, higiene e segurança do trabalho e, por consequência podem ser objeto de livre negociação coletiva.

Portanto, pela redação na Lei n. 13.467/2017, a realização de horas extras em trabalho insalubre é objeto lícito da negociação coletiva e, ainda, não se considera o tema como norma de saúde e segurança.

4. PEC N. 6/2019 (REDAÇÃO ORIGINAL) E A PROPOSTA DE ALTERAÇÃO NA APOSENTADORIA ESPECIAL

O direito do trabalho e o direito previdenciário são ciências jurídicas que estabelecem uma relação entre si, vez que o trabalho subordinado, regulado pela CLT, gera, obrigatoriamente, um liame previdenciário, porquanto o empregado é considerado segurado obrigatório da Previdência Social[25]. Por consequência, as alterações promovidas na legislação trabalhista impactam na Previdência Social e vice e versa.

Destarte, a PEC n. 6/2019 alterou os requisitos para a concessão do benefício de aposentadoria especial. A aposentadoria especial é um "benefício concedido em razão das condições particulares em que é executado"[26] um determinado trabalho. Essas condições particulares referem-se, também[27], a condições de trabalho insalubre e perigoso.

Na legislação vigente, para a concessão do benefício, o segurado deve trabalhar em condições agressivas a sua saúde, por 15, 20 ou 25 anos, a depender da atividade desempenhada[28]. O Decreto n. 3.048/1999 traz em seu rol atividades insalubres, decorrentes de agentes físicos, químicos e biológicos. No entanto, a jurisprudência do STJ já se pacificou no sentido de que o rol do referido Decreto é exemplificativo[29], bem como que é possível o enquadramento como especial de atividade perigosa, tal como, a atividade do vigilante[30].

Caso o trabalhador não tenha exercido a atividade especial pelo período mínimo apto a ensejar a concessão desse benefício, há possibilidade de converter o tempo de trabalho especial em comum, ou seja, durante o período em que o trabalhador comprovar a exposição ao agente agressivo, haverá um acréscimo em seu tempo de serviço, o qual será utilizado para fins de aposentadoria por tempo de contribuição.

Pela atual legislação, o trabalhador que estiver exposto a condições agressivas a sua saúde tem direito à concessão do benefício de aposentadoria especial após 15, 20 ou 25 anos de exposição ao agente agressivo, independentemente de sua idade, garantindo a ele proventos correspondentes à 100% do salário de benefício[31].

---

25. Lei n. 8.213/1991, art. 11. "São segurados obrigatórios da Previdência Social as seguintes pessoas físicas: – como empregado: a) aquele que presta serviço de natureza urbana ou rural à empresa, em caráter não eventual, sob sua subordinação e mediante remuneração, inclusive como diretor empregado."
26. IBRAHIM, Fábio Zambite. *Curso de direito previdenciário*. 19. ed. Rio de Janeiro: Editora Impetus, 2014. p. 632.
27. Importante salientar que há possibilidade de concessão, na lei atual, de aposentadorias especiais aos professores do ensino fundamental e médio, trabalhadores rurais e deficientes físicos. Entretanto, considerando que o objeto do presente estudo se relaciona ao meio ambiente do trabalho, a abordagem será limitada às condições insalubres e perigosas.
28. O Anexo IV, do Decreto n. 3.048/1999 traz, de modo exemplificativo, os agentes agressivos e o tempo necessário à concessão do benefício. Por exemplo, o trabalho em atividades permanentes no subsolo de minerações subterrâneas em frente de produção, garante a aposentadoria especial após 15 anos de exposição permanente. Por sua vez, o trabalho de extração, processamento e manipulação de rochas amiantíferas, garante a aposentadoria especial após 20 anos de exposição permanente. Para finalizar a exemplificação, o trabalho sujeito ao agente agressivo ruído acima de 85 db permite a concessão do benefício de aposentadoria especial após 25 anos de exposição permanente.
29. STJ. Tema 534 – Recurso Repetitivo – REsp 1306113/SC, Tese firmada: As normas regulamentadoras que estabelecem os casos de agentes e atividades nocivos à saúde do trabalhador são exemplificativas, podendo ser tido como distinto o labor que a técnica médica e a legislação correlata considerarem como prejudiciais ao obreiro, desde que o trabalho seja permanente, não ocasional, nem intermitente, em condições especiais (art. 57, § 3º, da Lei n. 8.213/1991).
30. PREVIDENCIÁRIO. APOSENTADORIA. TEMPO ESPECIAL. VIGILANTE. PORTE DE ARMA DE FOGO. ENQUADRAMENTO. ATIVIDADE PERIGOSA. IMPOSSIBILIDADE DE REVISÃO NESTA INSTÂNCIA. SÚMULA N. 7/STJ. 1. Conforme a jurisprudência do STJ, caracteriza-se o tempo de serviço especial, para fins de concessão de aposentadoria por tempo de serviço, na hipótese em que o segurado se utiliza de arma de fogo na atividade de vigilante. Isso porque o segurado se encontra exposto a fator de enquadramento da atividade como perigosa. 2. Assim, tendo a Corte de origem consignado a real periculosidade da atividade exercida no caso concreto, rever tal entendimento importa em reexame de fatos e provas, o que é vedado em Recurso Especial, nos termos da Súmula n. 7 do STJ. 3. Recurso Especial não provido. (REsp 1718876/PE, Rel. Ministro Herman Benjamin, Segunda Turma, julgado em 15.03.2018, DJe 16.11.2018)
31. "Salário-de-benefício (SB) é o valor básico utilizado para cálculo da renda mensal dos benefícios de prestação continuada, exceto o salário família, a pensão por morte e os demais benefícios da legislação especial" (IBRAHIM, Fábio Zambite. *Curso de direito previdenciário*. 19. ed. Rio de Janeiro: Editora Impetus, 2014. p. 567).

Por fim, o financiamento do benefício de aposentadoria especial é realizado pelas empresas, conforme art. 57, § 6º, da Lei n. 8.213/1991:

> § 6º O benefício previsto neste artigo será financiado com os recursos provenientes da contribuição de que trata o inciso II do art. 22 da Lei n. 8.212, de 24 de julho de 1991, cujas alíquotas serão acrescidas de doze, nove ou seis pontos percentuais, conforme a atividade exercida pelo segurado a serviço da empresa permita a concessão de aposentadoria especial após quinze, vinte ou vinte e cinco anos de contribuição, respectivamente.

Caso, contudo, seja aprovada a PEC com a sua redação original, ocorrerão significativas mudanças na concessão do benefício.

A primeira mudança a ser abordada refere-se à impossibilidade de conversão do tempo especial em comum, ou seja, aquele trabalhador que foi exposto a condições agressivas a sua saúde por tempo inferior àquele previsto na lei (15, 20 ou 25 anos) somente poderá obter a jubilação com tempo de trabalho inferior na modalidade aposentadoria especial, se ficar por 15, 20 ou 25 anos sujeito a condições especiais. Pela redação da PEC, a exposição ao agente agressivo somente se aproveitaria na modalidade de benefício "aposentadoria especial".

Proíbe-se a possibilidade de antecipar a aposentadoria por tempo de contribuição em razão do exercício do trabalho em condições especiais por menor período. Outrossim, veda-se, expressamente, a concessão do benefício de aposentadoria especial às atividades perigosas, alterando o atual posicionamento do STJ sobre o tema. Assim, eletricitários, vigilantes, dentre outros, ainda que sujeitos a condições de risco, não mais farão jus à aposentadoria antecipada.

Sobre a possibilidade de reconhecer agentes agressivos perigosos, interessante a posição de Fábio Zambitte Ibrahim:

> Primeiramente, a situação perigosa pode, também, deflagrar algum tipo de insalubridade, mesmo que psicológica, pelo elevado risco existente na atividade. Adicionalmente e, mais importante, a própria legislação é contraditória e admite atividades perigosas, ainda que indiretamente, ao prever a possibilidade de agentes físicos biológicos. Ora, o risco de contaminação não traduz insalubridade, mas sim periculosidade, pois não há uma degradação gradual e acelerada da integridade do trabalhador, mas sim um risco imediato e real de contágio, com comprometimento da atividade laboral. (...) é certo que a evolução constante da sociedade, embora traga diversas vantagens, produz, igualmente, muitos malefícios, inclusive para a saúde do trabalhador. Daí não ser absurdo defender a inclusão de novos agentes nocivos, não necessariamente de ordem física, química ou biológica, mas mesmo de ordem psicológica, agente típico das sociedades pós-modernas.[32]

Observe-se que, pela regra geral, para obtenção do direito à aposentadoria especial se faz necessário o cumprimento de dois requisitos: 1) tempo mínimo de exposição ao agente agressivo, 15, 20 ou 25 anos; 2) idade mínima, que varia em conformidade com o potencial lesivo do agente, iniciando em 55 anos, 58 anos e 60 anos, respectivamente.

Entretanto, institui-se uma regra de transição na qual adota-se um sistema de pontuação para a concessão do benefício[33]. Ou seja, embora não haja uma idade mínima, a idade do trabalhador é computada no sistema de pontuação. Assim, para o deferimento da prestação será necessário atingir, inicialmente, 86 pontos, conforme quadro abaixo:

Tempo de exposição	Número de pontos
15 anos	66 pontos
20 anos	76 pontos
25 anos	86 pontos

Observe-se que a tabela acima retrata a pontuação inicial da vigência da reforma, vez que progressivamente a pontuação será aumentada a partir de janeiro de 2020, em um ponto, até atingir 89, 93 ou 99 pontos, respectivamente, para as aposentadorias especiais de 15, 20 ou 25 anos.

Conclui-se que, diante da inclusão do sistema de pontuação, o trabalhador ficará mais tempo exposto ao agente agressivo, vez que, não basta o atingimento do tempo mínimo de exposição, pois, será necessário também ou atingir uma idade mínima, ou a pontuação mínima necessária para a concessão do benefício, no caso da regra de transição.

5. DIREITO À SEGURANÇA SOCIAL: REFLEXOS DAS REFORMAS TRABALHISTA E PREVIDENCIÁRIA NA SAÚDE DO TRABALHADOR

O direito à segurança social não existia até meados do século XIX. Nessa época da história, o trabalho era basicamente rural e a família era responsável pela solidariedade social, cabendo a ela manter aqueles que sozinhos não tinham condições de provê-la. Porém, a Revolução Industrial trouxe um grande fluxo de pessoas para as cidades (trabalho nas fábricas), sendo certo que, nesse momento, passou-se a pensar na necessidade de proteção dessas pessoas, que passou a ser feita pelos Estados[34].

32. IBRAHIM, Fábio Zambite. *Curso de direito previdenciário*. 19. ed. Rio de Janeiro: Editora Impetus, 2014. p. 642.

33. O sistema de pontuação foi criado pela MP n. 676/2015, alterada pela Lei n. 13.183/2015 que permite a concessão do benefício de aposentadoria por tempo de contribuição sem a incidência do fator previdenciário quando somada o tempo e a idade do trabalhador, atingir-se um determinado número (*Vide* art. 29-C – Lei n. 8.213/1991). Observe-se que, na redação atual da Lei n. 8.213/1991, não se aplica o fator previdenciário à concessão da aposentadoria especial, independente do sistema de pontuação, que é inaplicável ao caso.

34. FERNANDES, Petra Monteiro. O direito à segurança social enquanto ditame da dignidade humana. In: *Tratado luso-brasileiro de dignidade humana*. 2. ed., atual. e ampl. São Paulo: Editora Quartier Latin, 2009. p. 1432-1434.

> O direito à segurança social, independentemente das diferentes concepções dotadas, é um direito internacionalmente aceito e consagrado. É um direito que faz parte da consciência geral da sociedade e que funda um consenso gerado na comunidade internacional.[35]

A título exemplificativo, no âmbito internacional, o Referido direito encontra-se previsto na Constituição da OIT[36] e na Declaração Universal dos Direitos do Homem[37].

No âmbito interno, o direito à Previdência Social é um direito social, que é um dos pilares da Seguridade, a qual também abrange a assistência e a saúde. A Previdência visa garantir renda ao trabalhador no momento em que se encontra em situação de vulnerabilidade social.

> À medida em que o país se industrializa, firmando-se o modo de produção capitalista, a Previdência Social, independentemente do mérito do seu atendimento, abarca cada vez mais novas camadas da sociedade, visando, por um lado, a socorrer-se de maiores recursos, oriundos das contribuições obrigatórias dos de maior renda, de modo a assegurar a manutenção e o sucesso do sistema previdenciário; e, por outro, não trata somente de uma necessidade básica de subsistência das classes trabalhadores; cuida-se, também, que o operário deve estar plenamente apto, fisicamente, para vender a sua forma de trabalho.[38]

Para o sistema capitalista, o trabalhador deve estar em pleno gozo de sua saúde para poder ser inserido no mercado de trabalho. Daí a importância dos sistemas de seguridade social.

O Estado deve se preocupar com este fato, porquanto, como já previa a OIT, no preâmbulo de sua Constituição, a justiça social é essencial para a paz universal. Assim, a situação de desamparo individual dos trabalhadores pode levar a um problema social, afetando a paz da sociedade.

Nesse aspecto, o direito à previdência garante a observância do princípio da dignidade da pessoa humana, vez que:

> caracteriza-se pelo direito adquirido a prestações mínimas ou existenciais de proteção social, que deverão ser entendidas como uma grandeza inevitável do direito à vida. Assim, assume mesmo uma dimensão de direito da personalidade, como um verdadeiro direito subjetivo originário a prestações dos particulares, que as poderão exigir do Estado.[39]

É impossível estabelecer relações de trabalho sem ligá-las à dignidade da pessoa humana. Isso porque "a dignidade humana haveria de projetar-se no ambiente de trabalho a partir da nova correlação de forças que garantisse ao ator social mais fraco melhor proteção das estruturas sociais"[40].

Porém, a Lei n. 13.467/2017 tornou mais flexível algumas questões relacionadas às relações jurídicas trabalhista. Dentre essas, como já dito, a possibilidade de horas extras em ambiente insalubre. Por outro lado, a PEC da Reforma da Previdência, objetivando diminuir os gastos públicos, passou a exigir que o trabalhador atinja uma determinada idade ou pontuação mínima para que faça jus à aposentação e, por consequência, tem como efeito deixá-lo exposto por mais tempo ao agente agressivo.

Ocorre que o trabalho é um direito garantido constitucionalmente, sendo que, pelo seu exercício o trabalhador deve ter garantida a sua dignidade. Entretanto, em determinadas situações previstas na lei, substitui-se o trabalho pela prestação previdenciária, permitindo ao trabalhador a garantia de sua dignidade.

Entretanto, no debate sobre as mudanças, tanto no viés trabalhista, quanto no previdenciário, a preocupação com a dignidade do trabalhador não foi o enfoque, vez que o discurso econômico prevaleceu. Quanto à possibilidade de prorrogação de jornada em trabalho insalubre[41], a questão atinente à 'saúde do trabalhador' parece ter sido negligenciada. Por consequência, quanto maior for o tempo de exposição ao agente, maior a possibilidade de o seu exercício causar danos.

Contudo, atualmente, pelo exercício da autonomia privada coletiva isso pode ser negociado, independentemente da atuação do Poder Estatal.

---

35. FERNANDES, Petra Monteiro. O direito à segurança social enquanto ditame da dignidade humana. In: *Tratado luso-brasileiro de dignidade humana*. 2. ed., atual. e ampl. São Paulo: Editora Quartier Latin, 2009. p. 1436.
36. Constituição da OIT – art. III – A Conferência proclama solenemente que a Organização Internacional do Trabalho tem a obrigação de auxiliar as Nações do Mundo na execução de programas que visem: f) ampliar as medidas de segurança social, a fim de assegurar tanto uma renda mínima e essencial a todos a quem tal proteção é necessária, como assistência médica completa;
37. Declaração Universal dos Direitos do Homem – art. 22. Todo o homem, como membro da sociedade, tem direito à segurança social e à realização, pelo esforço nacional, pela cooperação internacional e de acordo com a organização e recursos de cada Estado, dos direitos econômicos, sociais e culturais indispensáveis à sua dignidade e ao livre desenvolvimento de sua personalidade.
38. ALVIM, Rui Carlos Machado. Uma história crítica da legislação previdenciária brasileira. *Revista de Direito do Trabalho – RDT* 18/9, mar.-abr./1979, p. 224.
39. FERNANDES, Petra Monteiro. O direito à segurança social enquanto ditame da dignidade humana. In: *Tratado luso-brasileiro de dignidade humana*. 2. ed., atual. e ampl. São Paulo: Editora Quartier Latin, 2009. p. 1444.
40. BALERA, Wagner. A dignidade da pessoa e o mínimo existencial. In: *Tratado luso-brasileiro de dignidade humana*. 2. ed., atual. e ampl. São Paulo: Editora Quartier Latin, 2009. p. 470.
41. O trabalho insalubre é aquele exposto a agentes que podem afetar ou causar danos à saúde, provocar doença (OLIVEIRA, Sebastião Geraldo de. *Proteção jurídica à saúde do trabalhador*. 5. ed. São Paulo: LTr, 2010. p. 165).

Na seara previdenciária, a concessão do benefício de aposentadoria especial e a possibilidade de conversão de tempo especial em comum, objetiva prevenir esse dano, pois, para o trabalhador sujeito ao agente agressivo, a jubilação ocorrerá precocemente, diminuindo assim, os malefícios a sua saúde.

Com efeito, diante da nova proposta da PEC, o tempo de exposição do trabalhador ao agente agressivo poderá ser muito maior, porquanto, será requisito para a concessão do benefício, além do tempo de exposição ao agente agressivo, o atingimento de uma pontuação, que leva em consideração o tempo de serviço e a idade do trabalhador.

Conjugando as duas medidas, quais sejam, possibilidade de maior número de horas diárias trabalhadas em condições agressivas à saúde e período maior de anos trabalhados nessas condições, indaga-se a possibilidade de violação à dignidade do trabalhador que, além da lesão ao seu direito fundamental à saúde, terá maior dificuldade de acesso aos mecanismos de previdência social. E se o trabalhador adoecer e não mais conseguir um novo emprego? Qual será sua fonte de renda? Como esses fatos podem impactar a sociedade?

Essas são questões que, lamentavelmente, não vêm a debate, porquanto, a justificativa da reforma é puramente econômica. Não se desconhece o fato de que alterações em sistemas previdenciários decorrentes do envelhecimento da população são necessárias, entretanto, a realização das mudanças deve ser debatida com os atores sociais, sopesando tanto aspectos econômicos, quanto sociais.

6. CONCLUSÕES

O direito em exercer um trabalho digno é assegurado pelo ordenamento jurídico. No entanto, como se sabe, em algumas situações o trabalho pode afetar a saúde do trabalhador. Nessas hipóteses, quando não é possível eliminar a insalubridade do ambiente de trabalho, objetivando permitir o exercício da livre-iniciativa pela empresa, optou o legislador constituinte em instituir um adicional na remuneração, compensatório pela exposição ao agente, denominado adicional de insalubridade. Desse modo, o trabalhador recebe um valor maior pelo serviço realizado, em razão do potencial maléfico a sua saúde decorrente do exercício do trabalho.

Nesse sentido, reconhece-se a possibilidade de trabalho em condições agressivas à saúde. Por consequência, visando proteger esse trabalhador do risco a que foi exposto, a lei previdenciária lhe garante uma aposentadoria precoce, o que se denomina aposentadoria especial. Quanto maior o potencial lesivo da atividade, menor será o tempo necessário à jubilação.

Por sua vez, a reforma trabalhista permitiu a prorrogação de jornada no trabalho insalubre por negociação coletiva, independentemente de autorização estatal, além de garantir ao sindicato a possibilidade de enquadramento do grau dessa atividade. Contudo, simultaneamente manteve o sistema de liberdade sindical mitigado e retirou, abruptamente, a fonte de custeio dos sindicatos. Ademais, a PEC n. 6/2019 – Reforma da Previdência, em sua redação original, estabelece uma idade mínima para a concessão do benefício (55, 58 ou 60 anos) e, na regra de transição, embora não trate especificamente da idade mínima, estabelece uma pontuação mínima que deverá ser atingida pelo segurado, na qual o fator "idade" é considerado, ou seja, o trabalhador se aposentará mais tarde e ficará mais tempo exposto ao agente agressivo.

Conclui-se, que as recentes reformas vão na contramão da centralidade da saúde, focando, prioritariamente, no aspecto econômico. O bem ambiental, no direito do trabalho, envolve a vida do trabalhador como ser humano integrante da sociedade, sendo certo que sua integridade física deve ser preservada por intermédio da implementação de condições de trabalho digno e que não afetem a sua saúde[42]. Entretanto, sob o fundamento de modernizar as relações trabalhistas e, agora, de readequar as contas da Previdência, a preocupação com o meio ambiente de trabalho e seus reflexos na saúde do trabalhador ficou para o segundo plano.

> A inegável constatação de que os fatores econômicos decorrentes da globalização "têm contribuído de maneira decisiva para a degradação das condições de trabalho no Brasil e em países chamados emergentes, submetidos francamente às regras internacionais, como aumento dos acidentes e doença do trabalho" leva necessariamente a uma maior preocupação com o ambiente de trabalho e à necessidade de ampliar o sistema de proteção à saúde e à segurança do trabalhador e, consequentemente, à dignidade humana do mesmo.[43]

Tornar mais dificultosa a concessão da aposentadoria especial é trabalhar na consequência do problema e não na sua causa. O ideal seria a desnecessidade de concessão desse benefício em razão da existência de um meio ambiente de trabalho salubre. Todavia, ao invés de buscar melhores condições de trabalho e incentivar as empresas a investir em saúde e segurança no trabalho, inverte-se a lógica, ou seja, aceita-se a existência de ambientes maléficos à saúde, porém, admite-se a ampliação do tempo de exposição do trabalhador a esses agentes, com potencial comprometimento à sua saúde. Na prática, o ônus das reformas cai principalmente sobre a pessoa do trabalhador.

Em uma Conferência realizada no ano de 2018, com o tema "Justiça Social para uma Globalização Justa", a

---

42. MELO, Raimundo Simão de. *Direito ambiental do trabalho e a saúde do trabalhador*. São Paulo: LTr, 2004. p. 31.
43. ROMAR, Carla Teresa Martins. Direito do Trabalho e Dignidade da pessoa humana. In: MIRANDA, Jorge; SILVA, Marco Antonio Marques da (Coord.). *Tratado luso-brasileiro da dignidade da pessoa humana*. São Paulo: Quartier Latin: 2009. p. 1.400.

OIT trouxe algumas questões relacionadas aos desafios e oportunidades decorrentes do diálogo social. Dentre elas, destaca-se, a elaboração de políticas que tenham reforçado o diálogo social tripartido, com foco no crescimento inclusivo e trabalho digno, bem como as transformações impulsionadas pela tecnologia, riscos ambientais e pela crescente globalização da produção e dos serviços, dentre outros.[44]

Ocorre que as reformas não se pautam pelos critérios internacionais de diálogo social, com participação ativa dos trabalhadores, empregadores e Estado, tampouco se busca um crescimento econômico que permita melhores condições de vida a toda população. Outrossim, os novos riscos ambientais decorrentes das transformações tecnológicas são desconsiderados pelas reformas. Dessa forma, parece que, após trinta anos da promulgação da Constituição Cidadã, estamos longe de implementar os objetivos da nossa República, em especial a construção de uma sociedade livre, justa e igualitária.

7. REFERÊNCIAS

BALERA, Wagner. A dignidade da pessoa e o mínimo existencial. In: *Tratado luso-brasileiro de dignidade humana*. 2. ed., atual. e ampl. São Paulo: Editora Quartier Latin, 2009.

BONAVIDES, Paulo. *Curso de direito constitucional*. 29. ed. São Paulo: Editora Malheiros, 2014.

BRANDÃO, Cláudio Mascarenhas. Proteção jurídica à saúde do trabalhador: uma necessária (re)leitura constitucional. *LTr: Revista Legislação do Trabalho*. São Paulo, V. 74, n. 1.

FERNANDES, Petra Monteiro. O direito à segurança social enquanto ditame da dignidade humana. In: *Tratado luso-brasileiro de dignidade humana*. 2. ed., atual. e ampl. São Paulo: Editora Quartier Latin, 2009.

FIORILO, Celso Antonio Pacheco. *Curso de direito ambiental brasileiro*. 14. ed. São Paulo: Saraiva, 2013.

GOMES, Dinaura Godinho Pimentel. Reforma trabalhista e relevância de normas coletivas à luz dos princípios e regras constitucionais. In: *Reforma trabalhista em perspectiva. Desafios e possibilidades*. 2. ed. São Paulo: LTr, 2019.

IBRAHIM, Fábio Zambite. *Curso de direito previdenciário*. 19. ed. Rio de Janeiro: Editora Impetus, 2014.

MENDES, Gilmar Ferreira; COELHO, Inocêncio Mártires; BRANCO, Paulo Gustavo Gonet. *Hermenêutica constitucional e direitos fundamentais*. Brasília. Braslha Jurídica Instituto Brasiliense de Direito Público, 2002.

MELO, Raimundo Simão de. *Direito ambiental do trabalho e a saúde do trabalhador*. São Paulo: LTr, 2004.

NETO, Célio Pereira de Oliveira. *Trabalho em ambiente virtual. Causas, efeitos e conformação*. São Paulo: LTr, 2018.

OLIVEIRA, Paulo Rogério Albuquerque de. Saúde do Trabalhador perante os direitos fundamentais: uma crítica propositiva. *Revista de Previdência Social*. São Paulo, v. 30, n. 312.

OLIVEIRA, Sebastião Geraldo de. *Proteção jurídica à saúde do trabalhador*. 5. ed. São Paulo: LTr, 2010.

ROMAR, Carla Teresa Martins. Direito do trabalho e dignidade da pessoa humana. In: MIRANDA, Jorge; SILVA, Marco Antonio Marques da (Coord.). *Tratado luso-brasileiro da dignidade da pessoa humana*. São Paulo: Quartier Latin, 2009.

ROMAR, Carla Teresa Martins. *Direito do trabalho esquematizado*. São Paulo: Saraiva, 2013.

SILVA, Otávio Pinto e. Meio ambiente e saúde do trabalhador. *Revista do Tribunal do Trabalho da 2ª Região*, São Paulo, n. 4, 2010.

TAVARES, André Ramos. *Livre-iniciativa empresarial*. Enciclopédia jurídica da PUC-SP. Celso Fernandes Campilongo, Alvaro de Azevedo Gonzaga e André Luiz Freire (Coords.). Tomo: Direito Comercial. Fábio Ulhoa Coelho, Marcus Elidius Michelli de Almeida (Coord. de tomo). 1. ed. São Paulo: Pontifícia Universidade Católica de São Paulo, 2017. Disponível em: <https://enciclopediajuridica.pucsp.br/verbete/237/edicao-1/livre-iniciativa-empresarial>.

25 Os benefícios previdenciários por incapacidade laboral no meio ambiente de trabalho: a (des)necessidade da perícia médica no momento de sua verificação

Jean Carlos Barcelos Martins[1]

Mariana Garcia da Silveira[2]

1. INTRODUÇÃO

Os benefícios por incapacidade são aqueles concedidos pelo Instituto Nacional do Seguro Social (INSS) aos segurados impossibilitados de exercerem suas atividades laborais em razão de apresentarem uma inaptidão decorrente de doença ou de acidente. Doenças e acidentes que podem ser resultado das condições laborais e do meio ambiente de trabalho que o empregado está submetido.

A presente pesquisa visa analisar o procedimento de concessão dos benefícios previdenciários por incapacidade, que são negados pela perícia médica oficial do INSS, e que são obrigados a procurar a Justiça, por via de ações específicas para conseguir sua realização, e notadamente quanto à necessidade ou desnecessidade de realização de perícia médica, para provar sua incapacidade para o trabalho.

O estudo se propõe a demonstrar os reflexos da realização da perícia médica no julgamento das ações previdenciárias de benefícios por incapacidade, ou seja, nos processos referentes à concessão de auxílio-doença e aposentadoria por invalidez, e sua relação com o meio ambiente de trabalho, pretendendo elucidar a seguinte problemática: Qual a influência da prova pericial nestas ações? Existem hipóteses em que a referida prova poderá ser dispensada? Qual o papel da concessão dos benefícios por incapacidade para o meio ambiente de trabalho?

Assim, a perícia médica passa a assumir um papel de extrema relevância, já que o *expert* (perito) deverá se atentar para inúmeros fatores, e não somente realizar um exame puramente clínico do periciado. Em outras palavras, para concluir pela sua aptidão ou não, o perito deverá efetuar, tanto quanto possível, uma análise biopsicossocial do indivíduo, considerando sua idade, seu histórico laboral, a gravidade da doença, a viabilidade de retorno ao mercado de trabalho, entre outras.

E mesmo sendo tratado no meio jurídico como regra nos meios de prova, nem sempre será necessária a sua realização, razão pela qual o juiz e os servidores devem verificar cada caso e avaliar a dispensabilidade da referida prova pericial.

2. OS BENEFÍCIOS POR INCAPACIDADE LABORAL E OS REQUISITOS LEGAIS PARA A SUA CONCESSÃO

2.1. Conceituação: doença, deficiência e incapacidade

Para se analisar a planificação dos benefícios previdenciários por incapacidade laboral cumpre destacar a distinção dos conceitos de doença, deficiência e incapacidade, tendo em vista que somente este último aspecto merece cobertura previdenciária.

O termo "doença" pode ser entendido como um conjunto de determinados sinais e sintomas que acometem um indivíduo, modificando o seu estado normal de saúde. A doença[3], por si só, não é capaz de afetar o estado de capacidade da pessoa, nem dificulta a atuação do indivíduo no mercado de trabalho e nos meios sociais. Por isso, os doentes não estão amparados pela previdência social.

Por sua vez, a Convenção Internacional sobre os Direitos das Pessoas com Deficiência define, em seu art. 1º, que pessoas com deficiência são aquelas que têm "impedimento de longo prazo de natureza física, mental, intelectual ou

---

1. Doutorando em Ciências na Universidade de São Paulo (USP), no Programa PROLAM, Mestre em Direito Público pela Universidade Federal de Uberlândia (UFU), Professor Associado de Direito do Trabalho e Direito Previdenciário, da Universidade Federal de Uberlândia (UFU). *E-mails*: jean.martins@ufu.br e jeanmartins@usp.br.

2. Advogada e Bacharel em Direito pela Universidade Federal de Uberlândia. *E-mail*: maari-garcia@hotmail.com.

3. BITTENCOURT, André Luiz Moro. *Manual dos benefícios por incapacidade laboral e deficiência*. Curitiba: Alteridade Editora, 2016.

sensorial, os quais, em interação com diversas barreiras, podem obstruir sua participação plena e efetiva na sociedade em igualdade de condições com os demais indivíduos". A deficiência não pressupõe, necessariamente, que o indivíduo seja portador de alguma doença ou que deva ser considerado doente[4].

Em relação à proteção social das pessoas portadoras de deficiência, o art. 20 da Lei n. 8.742/1993[5] assegura benefício assistencial aos deficientes que comprovem não possuir meios de prover a própria manutenção ou de tê-la provida por sua família, independentemente de contribuição previdenciária, e, ainda, a Lei Complementar n. 142/2013[6] regulamenta a aposentadoria da pessoa com deficiência segurada no Regime Geral de Previdência Social (RGPS).

Por último, a incapacidade[7] consiste em uma "doença qualificada", acompanhada da impossibilidade de a pessoa continuar a trabalhar, ou seja, trata-se de condição que impede o indivíduo de laborar para garantir a sua subsistência.

A Organização Mundial de Saúde conceitua a incapacidade como sendo "qualquer redução ou falta (resultante de uma deficiência ou disfunção) da capacidade para realizar uma atividade de maneira considerada normal para o ser humano, ou que esteja dentro do espectro considerado normal"[8].

A cobertura previdenciária em relação à incapacidade refere-se aos benefícios de auxílio-doença e aposentadoria por invalidez. Nota-se que tanto a pessoa com deficiência quanto o incapaz estão dentro do aspecto da proteção da previdência social, no entanto, cada um deles possui um tipo de cobertura específica.

2.2. Benefícios previdenciários por incapacidade laboral

2.2.1. *Auxílio-doença*

O auxílio-doença é um benefício devido ao segurado que ficar impedido de trabalhar em razão de doença ou acidente, ou por recomendação médica por mais de 15 (quinze) dias consecutivos, conforme dispõe o art. 59 da Lei n. 8.213/1991 e o art. 71 do Decreto n. 3.048/1999.

O auxílio-doença é previsto na modalidade comum e acidentária. O benefício comum é aquele que não seja decorrente de acidente de trabalho ou de doença ocupacional, enquanto que a modalidade acidentária está relacionada com algum sinistro laboral, descritos nos arts. 20 e 21 da Lei n. 8.213/1991.

Destaca-se que, embora o nome seja "auxílio-doença", é a condição de incapacidade que confere ao segurado o direito ao benefício. Ainda, é importante frisar que havendo a ocorrência de acidente de trabalho no qual resultou em incapacidade laboral, o benefício devido será o auxílio-doença acidentário, e não o auxílio-acidente, que será estudado posteriormente.

Assim, identificar as causas da incapacidade em relação ao meio ambiente de trabalho, é de extrema importância, já que a natureza do benefício poderá ser alterada e os seus requisitos também. Portanto, saber se o trabalho está exposto a um ambiente de trabalho saudável ou está colocado em um ambiente de risco não pode deixar de ser observado.

A análise da incapacidade deve ser realizada levando em consideração a atividade habitualmente exercida pelo segurado, não sendo necessário que o indivíduo esteja inapto para exercer qualquer tipo de atividade laboral[9]. Assim, entende-se que atividade habitual é aquela realizada hodiernamente, para a qual a pessoa encontra-se habilitada para o seu exercício.

Leonardo Aguiar completa:

> Por isso é que se diz que a profissiografia, entendida como a relação de causalidade entre uma doença incapacitante e o exercício de determinada atividade laboral, é o núcleo central dos benefícios por incapacidade, pois não basta a simples constatação de uma determinada doença para se fixar a incapacidade previdenciária. É preciso que se faça a análise da influência dessa doença na profissão ou ocupação específica do segurado, a fim de se avaliar sua concreta implicação na capacidade laboral do mesmo[10].

A incapacidade pode ser total ou parcial (quanto ao grau), e temporária ou permanente (quanto à duração). A incapacidade temporária é aquela em que o indivíduo pode se recuperar após a realização de tratamento médico adequado, enquanto que a incapacidade permanente pressupõe maior gravidade do quadro clínico, caso em que não é possível a recuperação da capacidade laboral para o exercício da atividade habitual.

---

4. ORGANIZAÇÃO MUNDIAL DE SAÚDE. Classificação da Funcionalidade, Incapacidade e Saúde. Direção-Geral da Saúde. Lisboa, 2004. Disponível em: <http://www.inr.pt/uploads/docs/cif/CIF_port_%202004.pdf>. Acesso em: 7 nov. 2018.
5. BRASIL. *Lei n. 8.742*, de 7 de dezembro de 1993. Dispõe sobre a organização da Assistência Social e dá outras providências. Brasília, 1993.
6. BRASIL. *Lei Complementar n. 142*, de 8 de maio de 2013. Regulamenta o § 1º do art. 201 da Constituição Federal, no tocante à aposentadoria da pessoa com deficiência segurada do Regime Geral da Previdência Social – RGPS. Brasília, 2013.
7. BITTENCOURT, André Luiz Moro. *Manual dos benefícios por incapacidade laboral e deficiência*. Curitiba: Alteridade Editora, 2016.
8. HORVATH JÚNIOR, Miguel. *Direito previdenciário*. São Paulo: Quartier Latin, 2008.
9. BITTENCOURT, André Luiz Moro. *Manual dos benefícios por incapacidade laboral e deficiência*. Curitiba: Alteridade Editora, 2016.
10. AGUIAR, Leonardo. *Direito previdenciário*: curso completo. Juiz de Fora: iLM, 2017.

Desta forma, estando o segurado parcial e temporariamente[11] incapaz para o exercício de suas atividades habituais, ser-lhe-á devido o benefício de auxílio-doença pelo tempo determinado para a recuperação de sua capacidade, uma vez que a incapacidade parcial poderá impossibilitar totalmente o trabalho do obreiro durante um tempo determinado.

Na incapacidade parcial e permanente, o segurado deverá ser submetido ao procedimento de reabilitação profissional para que seja qualificado para o exercício de atividade compatível com as suas limitações, uma vez que não poderá retornar ao trabalho que habitualmente exercia, recebendo o benefício de auxílio-doença até o cumprimento integral do programa de reabilitação profissional.

Portanto, entende-se que o risco social envolvido é a perda momentânea da capacidade laborativa em razão de uma situação de incapacidade passível de recuperação ou reabilitação profissional.

2.2.2. Aposentadoria por invalidez

O art. 42 da Lei n. 8.213/1991 e o art. 43 do Decreto n. 3.048/1999 preveem que a aposentadoria por invalidez será devida ao segurado que, estando ou não em gozo de auxílio-doença, for considerado incapaz e insusceptível de reabilitação para o exercício de atividade que lhe garanta a subsistência, e ser-lhe-á paga enquanto permanecer nesta condição.

Assim, a natureza temporária da aposentadoria por invalidez (embora por tempo razoavelmente mais duradouro que o auxílio-doença) decorre da remota possibilidade de recuperação do segurado[12]. Caso o segurado, independentemente de alta médica da autarquia previdenciária, retorne voluntariamente à atividade, sua aposentadoria será automaticamente cessada, a partir da data do retorno ao trabalho, conforme prevê o art. 46 da Lei de Benefícios.

Destaca-se que a incapacidade deve ser total e permanente para ensejar a concessão do benefício de aposentadoria por invalidez, bem como não deve ser possível a reabilitação profissional.

Assim como no auxílio-doença, a aposentadoria por invalidez também é prevista na modalidade comum e acidentária, dependendo do nexo de causalidade entre a incapacidade e o exercício do trabalho.

Deve-se destacar que ao contrário das outras espécies de aposentadorias, a aposentadoria por invalidez pode ser revisada pela autarquia previdenciária, conforme dispõe o art. 101, § 1º, da Lei n. 8.213/1991. No entanto, estão isentos do comparecimento ao ato pericial os segurados que completarem 55 (cinquenta e cinco) anos ou mais de idade e quando decorridos 15 (quinze) anos da data da concessão da aposentadoria por invalidez ou do auxílio-doença que a precedeu; e após completarem 60 (sessenta) anos de idade[13].

Por fim, cumpre ressaltar que a regra do art. 45 da Lei de Benefícios e do Decreto n. 3.048/1991 autoriza o acréscimo de 25% no valor da aposentadoria se o segurado necessitar da assistência permanente de outra pessoa[14].

2.2.3. Auxílio-acidente

O auxílio-acidente tem previsão legal no art. 86 da Lei n. 8.213/1991 e no art. 104 do Decreto n. 3.048/1999, e não se trata de um benefício por incapacidade.

Tal benefício é concedido, como indenização, ao segurado quando, após a consolidação das lesões decorrentes de acidente de qualquer natureza, resultarem sequelas permanentes que provocarem redução da capacidade para o trabalho que o acidentado habitualmente exercia.

O auxílio-acidente é devido exclusivamente aos segurados listados no art. 18, § 1º, da referida lei citada anteriormente, quais sejam, segurados empregados, empregado doméstico, trabalhador avulso e segurado especial[15].

Para Rubin:

> (...) diversamente do auxílio-doença, o auxílio-acidente é benefício definitivo do sistema, concedido quando formada a convicção de que a lesão é irreversível e irá trazer prejuízo definitivo ao obreiro, representando déficit funcional significativo, que embora não o impeça de desenvolver atividade laboral, é suficiente para diferenciá-lo de outro trabalhador sem qualquer tipo de sequela[16].

---

11. A Advocacia-Geral da União editou a Súmula n. 25, com a seguinte redação: "Será concedido auxílio-doença ao segurado considerado temporariamente incapaz para o trabalho ou sua atividade habitual, de forma total ou parcial, atendidos os demais requisitos legais."
12. SAVARIS, José Antônio. *Curso de perícia judicial previdenciária*: noções elementares para a comunidade médico-jurídica. São Paulo: Conceito Editorial, 2011.
13. Os requisitos aqui apresentados levaram em conta os preceitos da Lei n. 8.213/1991, não sendo analisados os projetos de lei de reforma da Previdência, apresentados no Congresso Nacional e ainda não aprovados até a data de 15 de maio de 2019.
14. Em 22.08.2018, a Primeira Seção do Superior Tribunal de Justiça, ao julgar Recurso Repetitivo (Tema 982) fixou a seguinte tese: "Comprovada a necessidade de assistência permanente de terceiro, é devido o acréscimo de 25%, previsto no art. 45 da Lei n. 8.213/1991, a todas as modalidades de aposentadoria."
15. Há jurisprudências no sentido de que o auxílio-acidente deve ser concedido a todos os segurados do RGPS, uma vez que a Constituição Federal não estabeleceu distinção entre os segurados da Previdência Social no tocante ao referido benefício. Nesse sentido: Recurso Cível 5000361-91.2012.404.7200/SC, 1ª Turma Recursal de Santa Catarina, Rel. p/ acórdão Juiz Federal João Batista Lazzari, Sessão de 13.11.2012.
16. RUBIN, Fernando. *Benefícios por incapacidade no regime geral da previdência social*: questões centrais de direito material e de direito processual. Porto Alegre: Livraria do Advogado, 2014.

Nota-se da citação acima que o auxílio-acidente não pressupõe a existência de incapacidade laboral, mas sim de uma redução da capacidade provocada por acidente, ou seja, há uma capacidade residual, porém, está restou diminuída, devendo tal condição guardar relação com a atividade habitualmente exercida pelo segurado na época do infortúnio[17].

Nesse sentido, em 2016, a TNU, no julgamento do PEDILEF 501566-25.2015.4.05.8503, adotou o entendimento de que "para a concessão do benefício de auxílio-acidente, é imprescindível o reconhecimento da redução da capacidade para o trabalho – que não se confunde com a existência de sequelas ou danos funcionais –, sendo irrelevante, por outro lado, a extensão dessa redução".[18]

O auxílio-acidente será devido a partir do dia seguinte ao da cessação do auxílio-doença, independentemente de qualquer remuneração ou rendimento auferido pelo acidentado, vedada sua cumulação com qualquer aposentadoria, nos termos do art. 86, § 2º, da Lei de Benefícios.

Havendo a recuperação da capacidade, cessará o benefício por incapacidade (auxílio-doença ou aposentadoria por invalidez), no entanto, se na ocasião da alta for verificado que o cidadão apresentou sequelas definitivas, decorrentes de acidente, que reduziram a capacidade para o seu trabalho habitual, ser-lhe-á concedido o auxílio-acidente.[19]

Ao contrário dos benefícios mencionados acima, não há óbice para o exercício do trabalho durante a percepção do auxílio-acidente, tendo em vista tratar-se de parcela indenizatória da remuneração mensal, nos termos do art. 86, § 3º, da Lei n. 8.213/1991.

2.3. Requisitos legais para a concessão dos benefícios previdenciários por incapacidade

2.3.1. O requisito específico da incapacidade

O requisito específico corresponde ao fato previsto em lei como suficiente para caracterizar a proteção por parte da Previdência Social[20].

Para constatar a incapacidade, o profissional médico faz uma anamnese do quadro clínico do periciado, inteira-se do histórico do paciente, pauta-se pela documentação médica apresentada, por sua experiência pessoal e profissional e também pela literatura médica especializada.

Ainda, o perito médico deve considerar as condições biopsicossociais do periciado, como a idade, a escolaridade e o sexo, entre outros fatores que podem influenciar diretamente na possibilidade de retorno ao segurado no mercado de trabalho.

Rocha demonstra:

> (...) a jurisprudência evoluiu para admitir a concessão de aposentadoria por invalidez, em casos especiais de incapacidade laboral parcial e permanente. Assim, tem sido efetuada uma análise cuidadosa, ponderando a idade, o grau de instrução, as limitações físicas, bem como a diminuição do nível de renda que uma nova profissão, considerando as capacidades residuais, poderia propiciar ao trabalhador.[21]

Desta forma, vê-se que a incapacidade para o trabalho não pode ser avaliada tão somente do ponto de vista médico. Os fatores sociais, pessoais e ambientais também devem ser levados em consideração, pois é necessário buscar a real possibilidade de reinserção do trabalhador no mercado de trabalho. Para isso, deve ser considerado o mercado de trabalho efetivamente acessível ao segurado, levando-se em conta outros requisitos além da patologia apresentada, como a idade, o grau de escolaridade, o sexo do indivíduo, bem como o local em que vive[22].

Outro ponto importante refere-se à existência de incapacidade em momento anterior ao ato da filiação. Observa-se que a redação dos arts. 42, § 2º, e 59, parágrafo único, da Lei n. 8.213/1991:

> Art. 42. (...)
>
> § 2º A doença ou lesão de que o segurado já era portador ao filiar-se ao Regime Geral de Previdência Social não lhe conferirá direito à aposentadoria por invalidez, salvo quando a incapacidade sobrevier por motivo de progressão ou agravamento dessa doença ou lesão.
>
> Art. 59. (...)
>
> Parágrafo único. Não será devido auxílio-doença ao segurado que se filiar ao Regime Geral de Previdência Social já portador da doença ou da lesão invocada como causa para o benefício, salvo quando a incapacidade sobrevier por motivo de progressão ou agravamento dessa doença ou lesão.

A lei diz claramente que os benefícios de aposentadoria por invalidez e auxílio-doença não serão devidos se o

---

17. BITTENCOURT, André Luiz Moro. *Manual dos benefícios por incapacidade laboral e deficiência*. Curitiba: Alteridade Editora, 2016.
18. Poder Judiciário. Conselho da Justiça Federal. Turma Nacional de Uniformização dos Juizados Especiais Federais. Processo n. 0501566-25.2015.4.05.8503. Brasília, 20 de outubro de 2016. Disponível em: <http://www.cjf.jus.br/publico/pdfs/05015662520154058503.pdf> Acesso em: 28 ago. 2018.
19. SAVARIS, José Antônio. *Curso de perícia judicial previdenciária*: Noções elementares para a comunidade médico-jurídica. São Paulo: Conceito Editorial, 2017.
20. SAVARIS, José Antônio. *Curso de perícia judicial previdenciária*: Noções elementares para a comunidade médico-jurídica. São Paulo: Conceito Editorial, 2017.
21. ROCHA, Daniel Machado da. *Comentários à lei de benefícios da previdência social*. Porto Alegre: Livraria do Advogado, 2012.
22. AGUIAR, Leonardo. *Direito previdenciário*: curso completo. Juiz de Fora: iLM, 2017.

indivíduo se filiar ao RGPS já portador da doença ou lesão. No entanto, conforme visto nos tópicos acima, a doença, em regra, não gera direito aos benefícios previdenciários, mas sim a incapacidade.

Então, nada impede que o cidadão se filie ao regime previdenciário portador da enfermidade, pois, o que não se admite é que a pessoa, já incapacitada, contribui alguns meses para conseguir um benefício que poderá durar por toda a sua vida, se beneficiando de uma cobertura advinda do trabalho e esforço de toda a sociedade.

Tal comportamento representa, sobremaneira, uma afronta às regras do regime securitário social e àqueles cidadãos que, por longo e contínuo tempo, efetivamente trabalham e contribuem ao RGPS a fim de receber um benefício futuro.

Neste sentido, o Enunciado n. 53 da Súmula de Jurisprudência da Turma de Uniformização dos Juizados Especiais Federais prevê que "não há direito a auxílio-doença ou a aposentadoria por invalidez quando a incapacidade para o trabalho é preexistente ao (re)ingresso do segurado no Regime Geral de Previdência Social".[23]

O fundamento desta norma se baseia no princípio da solidariedade que norteia o Direito Previdenciário que, na prática, significa que enquanto uma pessoa verte suas contribuições previdenciárias mensalmente, outros segurados recebem os benefícios; e, quando esta pessoa precisar da cobertura do Seguro Social, outras estarão recolhendo suas respectivas parcelas.

Nas palavras de Sérgio Martins:

> Ocorre solidariedade na Seguridade Social quando várias pessoas economizam em conjunto para assegurar benefícios quando as pessoas do grupo necessitarem. As contingências são distribuídas igualmente a todas as pessoas do grupo. Quando uma pessoa é atingida pela contingência, todas as outras continuam contribuindo para a cobertura do benefício do necessitado.[24]

Por esta razão, não é crível aceitar que o cidadão ingresse no RGPS já incapaz, somente com o objetivo de efetuar poucos recolhimentos e gozar de um benefício previdenciário, uma vez que não agiu imbuído da solidariedade que norteia o sistema.

2.3.2. O requisito objetivo da qualidade de segurado

A qualidade de segurado é o vínculo do segurado com a Previdência Social, adquirida com o "exercício de atividade remunerada pelo segurado obrigatório e pela inscrição com o recolhimento da primeira contribuição previdenciária para o segurado facultativo"[25]. Assim, o segurado mantém essa qualidade enquanto estiver contribuindo para a Previdência Social.

No entanto, o art. 15 da Lei n. 8.213/1991 e o art. 13 do Decreto n. 3.048/1999 elencam hipóteses de manutenção da qualidade de segurado após o período em que houve a cessação das contribuições previdenciárias, dispondo sobre o chamado "período de graça".

O período de graça estende a qualidade de segurado, ou seja, prorroga o tempo em que o segurado merecerá cobertura previdenciária, se tiver sido cumprida a carência mínima exigida em lei. Por exemplo, o inciso II dos arts. 15 e 13 dos dispositivos citados acima dispõem que o segurado que deixar de exercer atividade remunerada abrangida pela Previdência Social ou estiver suspenso ou licenciado sem remuneração manterá a qualidade de segurado por até 12 (doze) meses após a cessação das contribuições.

Passado o período de graça, ocorre a perda da qualidade de segurado, importando em caducidade dos direitos inerentes a essa qualidade, nos termos do art. 102, *caput*, da Lei n. 8.213/1991. Em outras palavras, se o requisito específico (incapacidade laboral) ocorrer após a perda da qualidade de segurado, este não terá direito a receber o benefício previdenciário.

2.3.3. O requisito objetivo da carência

De acordo com o art. 24 da Lei n. 8.213/1991 e o art. 26 do Decreto n. 3.048/1999, carência, para fins previdenciários, é o número mínimo de contribuições mensais indispensáveis para que o beneficiário possa usufruir de um benefício.

Para que o segurado faça jus à concessão dos benefícios de auxílio-doença e aposentadoria por invalidez, terá que cumprir um período mínimo de carência de 12 (doze) contribuições mensais, nos termos do art. 25, I, da referida lei.

No entanto, observa-se que, em alguns casos, a carência é dispensada, como ocorre na concessão de auxílio-acidente, auxílio-doença e aposentadoria por invalidez nos casos de acidente de qualquer natureza ou doença profissional ou do trabalho, bem como nos casos de segurado que, após filiar-se ao RGPS, for acometido de determinadas doenças[26], conforme prevê o art. 26, I e II, da Lei de Benefícios e art. 30, III, do Decreto n. 3.048/1999.

---

23. BRASIL. *Turma Nacional de Uniformização*. Disponível em: <http://www.normaslegais.com.br/guia/clientes/sumulas>. Acesso em: 11 maio 2019.
24. MARTINS, Sérgio Pinto. *Direito da seguridade social*. 26 ed. São Paulo: Atlas, 2008.
25. SAVARIS, José Antônio. *Curso de perícia judicial previdenciária*: noções elementares para a comunidade médico-jurídica. São Paulo: Conceito Editorial, 2017.
26. Art. 151 da Lei n. 8.213/1991. Até que seja elaborada a lista de doenças mencionada no inciso II do art. 26, independe de carência a concessão de auxílio-doença e de aposentadoria por invalidez ao segurado que, após filiar-se ao RGPS, for acometido das seguintes doenças: tuberculose ativa, hanseníase, alienação mental, esclerose múltipla, hepatopatia grave, neoplasia maligna, cegueira, paralisia

Sobre a carência, há uma regra muito importante que deve ser conhecida, a qual diz respeito ao aproveitamento do período de carência em caso de perda da qualidade de segurado.

O parágrafo único do art. 24 da Lei n. 8.213/1991, em sua redação original, previa que caso houvesse a perda da qualidade de segurado, as contribuições anteriores a essa data só seriam computadas para efeito de carência depois que o segurado contasse, a partir da nova filiação à Previdência Social, com, no mínimo, um terço do número de contribuições exigidas para o cumprimento da carência definida para o benefício a ser requerido.

Deste modo, considerando que os benefícios de auxílio-doença e aposentadoria por invalidez exigem período mínimo de 12 (doze) contribuições mensais, conforme visto acima, para a recuperação da qualidade de segurado, após a perda do vínculo com o RGPS, o indivíduo deveria verter, no mínimo, 4 (quatro) contribuições para fins de carência, recuperando as contribuições pretéritas.

Nota-se que este dispositivo foi revogado pela Medida Provisória n. 739, de 7 de julho de 2016, e pela Medida Provisória n. 767, de 6 de janeiro de 2017, que previam que no caso de perda da qualidade de segurado, para efeito de carência para a concessão dos benefícios de auxílio-doença e de aposentadoria por invalidez, o segurado deveria contar, a partir da nova filiação, com o período previsto no inciso I do art. 25 da Lei n. 8.213/1991, ou seja, deveria recolher as 12 (doze) parcelas.

Ressalta-se que o instituto da Medida Provisória, de competência privativa do Presidente da República (art. 84, XXVI, da Constituição Federal), tem natureza jurídica de ato normativo e, desde que respeitados os pressupostos constitucionalmente previstos, inova a ordem jurídica, criando, extinguindo e modificando direitos, durante o seu período de vigência.

Desta forma, sendo constatado que a incapacidade do segurado ocorreu ao tempo da vigência das Medidas Provisórias ns. 739/2016 e 767/2017, aplicam-se os novos prazos de carência nelas previstos.

Atualmente, a Lei n. 13.457/2017 revogou o parágrafo único do art. 24 e instituiu o art. 27-A que estabelece que, após a perda da qualidade de segurado, este deverá contar com metade do período previsto no inciso I do art. 25 da Lei de Benefícios para restabelecer o vínculo previdenciário e recuperar suas contribuições pretéritas, ou seja, deverá computar 6 (seis) contribuições mensais.

3. A (DES)NECESSIDADE DA PERÍCIA MÉDICA NAS AÇÕES PREVIDENCIÁRIAS DE BENEFÍCIOS POR INCAPACIDADE

3.1. A prova pericial como garantia do devido processo legal

O significado do termo "provar"[27] compreende a possibilidade de demonstrar, de algum modo, a veracidade de um fato ou de uma afirmação, ou seja, é um meio pelo qual é possível confirmar o que foi alegado pelas partes, de forma a atuar na formação da convicção do julgador.

O direito à produção da prova decorre do princípio constitucional do devido processo legal, tratando-se de direito inafastável à justa solução do litígio. Deste postulado resultam outras importantes garantias processuais, tais como, o direito de petição, o contraditório, o acesso à justiça e a ampla instrução probatória[28]. Fredie Didier[29] afirma que o direito à prova compõe-se das seguintes situações jurídicas: "a) o direito de produzir provas; b) o direito de participar da produção da prova; c) o direito de manifestar-se sobre a prova produzida; d) o direito ao exame, pelo órgão julgador, da prova produzida".

Apesar de a Carta Magna não fazer referência expressa ao direito de produzir provas, este é considerado um direito fundamental, uma vez que "sem ele, as garantias da ação e da defesa careceriam de conteúdo substancial; afinal, impedir que a parte tivesse direito à prova significaria privá-la dos meios legítimos de acesso à ordem jurídica justa"[30].

Desta forma, observa-se que a prova é um importante instrumento por meio do qual as partes podem se valer para provar a verdade dos fatos em que se funda o pedido ou a defesa e influir de forma eficaz na persuasão do julgador, conforme previsto no art. 369 do Código de Processo Civil.

Nota-se que a utilização dos meios de prova na busca da verdade dos fatos constitui um critério de uma decisão

---

irreversível e incapacitante, cardiopatia grave, doença de Parkinson, espondiloartrose anquilosante, nefropatia grave, estado avançado da doença de Paget (osteíte deformante), síndrome da deficiência imunológica adquirida (AIDS) ou contaminação por radiação, com base em conclusão da medicina especializada. E Art. 1º. Portaria Interministerial n. 2.998/2001. As doenças ou afecções abaixo indicadas excluem a exigência de carência para a concessão de auxílio-doença ou de aposentadoria por invalidez aos segurados do Regime Geral de Previdência Social – RGPS: I – tuberculose ativa; II – hanseníase; III – alienação mental; IV – neoplasia maligna; V – cegueira; VI – paralisia irreversível e incapacitante; VII – cardiopatia grave; VIII – doença de Parkinson; IX – espondiloartrose anquilosante; X – nefropatia grave; XI – estado avançado da doença de Paget (osteíte deformante); XII – síndrome da deficiência imunológica adquirida – Aids; XIII – contaminação por radiação, com base em conclusão da medicina especializada; e XIV – hepatopatia grave.

27. OLIVEIRA DEDA, Artur Oscar de. *A prova no processo civil*. São Paulo: Saraiva, 2006.
28. SAVARIS, José Antônio. *Curso de perícia judicial previdenciária*: noções elementares para a comunidade médico-jurídica. São Paulo: Conceito Editorial, 2017
29. DIDIER JÚNIOR, Fredie. *Curso de direito processual civil*. Salvador: JusPodivm, 2013.
30. CAMBI, Eduardo. *Direito constitucional à prova no processo civil*. São Paulo: RT, 2001.

justa, tendo em vista que "nenhuma decisão pode ser considerada justa se for fundamentada em uma concepção equivocada ou distorcida dos acontecimentos, fatos, provas, versões ou asserções[31]". Assim, o julgador não pode alhear-se à apuração da verdade, sob pena de se omitir na busca de uma solução justa para o conflito, assegurada como direito fundamental a todas as partes.

Em relação à prova pericial, destaca-se que os conhecimentos do magistrado nem sempre são suficientes para entender cientificamente de um litígio e aplicar-lhe uma solução adequada. Também, não é admissível exigir que o juiz possua uma infinita gama de conhecimentos universais a ponto de analisar tecnicamente tudo sobre todos os fenômenos possíveis de se encontrar nos processos judiciais.[32]

Quanto à valoração das provas produzidas no processo, o ordenamento jurídico brasileiro adota a teoria do livre convencimento motivado do juiz, com fundamento nos arts. 93, IX, da Constituição Federal e 371 do Código de Processo Civil, que preveem a necessidade de motivação das decisões.

Desta forma, na ocasião do julgamento do caso concreto, cabe ao magistrado valorar todas as provas existentes nos autos, explicando o motivo pelo qual atribuiu maior valor à determinada prova em detrimento de outra.

3.2. O exame pericial, os deveres do perito médico e a necessidade de sua realização

A prova pericial é de extrema relevância em causas de benefícios previdenciários por incapacidade laboral, na medida em que, a partir da qualificação técnica e dos conhecimentos especializados do perito, ajuda a definir a verdade processual que irá embasar a decisão judicial que comporá o conflito de interesses[33].

Luiz Guilherme Marinoni[34] explica:

> A prova pericial é admissível quando se necessite demonstrar no processo algum fato que depende de conhecimento especial que não seja próprio ao "juiz médio", ou melhor, que esteja além dos conhecimentos que podem ser exigidos do homem e do juiz de cultura média.

Tal prova deve ser produzida sob as bases da imparcialidade e da ética, sendo que o conhecimento técnico-científico deverá pautar o trabalho do *expert* judicial. A confiança do juízo, o reconhecimento e a aceitação do resultado da perícia serão verificados conforme a consistência e a coerência das respostas do perito.

Desta forma, o perito deverá apresentar laudos que retratem, tanto quanto possível, a realidade, não tendo como objetivo produzir laudos favoráveis ou desfavoráveis aos autores das demandas.

Para isso, os arts. 6º e 10 da Resolução n. 1.488/1998 do Conselho Federal de Medicina (CFM) dispõem:

> Art. 6º São atribuições e deveres do perito-médico de instituições previdenciárias e seguradoras:
>
> I – avaliar a capacidade de trabalho do segurado, através do exame clínico, analisando documentos, provas e laudos referentes ao caso;
>
> II – subsidiar tecnicamente a decisão para a concessão de benefícios;
>
> III – comunicar, por escrito, o resultado do exame médico-pericial ao periciando, com a devida identificação do perito-médico (CRM, nome e matrícula);
>
> IV – orientar o periciando para tratamento quando eventualmente não o estiver fazendo e encaminhá-lo para reabilitação, quando necessária.
>
> [...]
>
> Art. 10. São atribuições e deveres do perito-médico judicial e assistentes técnicos:
>
> I – examinar clinicamente o trabalhador e solicitar os exames complementares necessários.
>
> II – *o perito-médico judicial e assistentes técnicos, ao vistoriarem o local de trabalho, devem fazer-se acompanhar, se possível, pelo próprio trabalhador que está sendo objeto da perícia, para melhor conhecimento do seu ambiente de trabalho e função.*
>
> III – estabelecer o nexo causal, considerando o exposto no art. 4º e incisos. (grifamos)

Assim, nota-se que os médicos peritos possuem o dever de verificar a condição incapacitante de forma completa, não sendo suficiente a análise de aspectos puramente clínicos, sendo também necessário, conforme narrado, ser feita a vistoria do ambiente de trabalho.

O perito deve, ainda, ter ciência de que sua manifestação não terá sentido se desprezar o universo social e a história de vida da pessoa examinada[35], isto é, deve realizar uma abordagem biopsicossocial, considerando a idade do

31. SILVA, Sandoval Alves da. Acesso à justiça probatória: negativa de tutela jurisdicional como consequência negativa de convicção judicial. *Revista de Processo*, n. 232. Junho de 2014.
32. THEODORO JÚNIOR, Humberto. *Curso de direito processual civil*: teoria geral do direito processual civil, processo de conhecimento e procedimento comum. V. I. Rio de Janeiro: Forense, 2015.
33. OLIVEIRA DEDA, Artur Oscar de. *A prova no processo civil*. São Paulo: Saraiva, 2016.
34. MARINONI, Luiz Guilherme. *Novo curso de processo civil*: tutela dos direitos mediante procedimento comum. V. II. São Paulo: Revista dos Tribunais, 2015
35. SAVARIS, José Antônio. *Curso de perícia judicial previdenciária*: noções elementares para a comunidade médico-jurídica. São Paulo: Conceito Editorial, 2017.

periciado, seu nível de escolaridade e o histórico laboral, tendo em vista que o conceito de incapacidade guarda relação com circunstâncias sociais, culturais, econômicas, psicológicas e biológicas do indivíduo.

Flávia da Silva Xavier expõe:

> Aspectos sociais são agregados na análise da incapacidade quando se procura compreender o meio social em que está inserido o periciando. Fatores culturais relacionados ao grau de instrução do examinado podem ser usados na verificação da possibilidade de readaptação ou reabilitação profissional. Finalmente, aspectos econômicos podem interferir decisivamente na busca por uma melhoria das condições culturais a permitir a (re)inserção no mercado de trabalho[36].

Então, o exame pericial deve durar um tempo suficiente para que a anamnese seja bem feita, para que o histórico seja apurado com mais precisão e o exame clínico seja realizado adequadamente, de maneira a permitir que dele possa se extrair informações bastantes para embasar as respostas à quesitação e as conclusões sobre o caso.

Depreende-se que a perícia é um ato complexo e não envolve somente o exame clínico, devendo ser analisados os documentos e prontuários médicos, ser evidenciados os relatos do periciado, seu histórico laboral, e, ainda, ser considerados a literatura médica e sua experiência pessoal e profissional, para que seja possível concluir o diagnóstico do indivíduo e, logicamente, fundamentar a decisão de (in) capacidade.

Assim, o perito não estará vinculado às descrições e diagnósticos de médicos particulares, devendo realizar a perícia sob a sua responsabilidade, pois, ainda que o periciado tenha apresentado documentos atinentes a seu tratamento e alegue estar incapacitado, não é o caso de se dar mais importância aos laudos particulares.

Como bem pontuado na Súmula n. 8 da Turma Recursal do Espírito Santo: "O laudo médico particular é prova unilateral, enquanto o laudo médico pericial produzido pelo juízo é, em princípio, imparcial. O laudo pericial, sendo conclusivo a respeito da plena capacidade, deve prevalecer sobre o particular."[37]

Desta forma, mesmo que o atestado médico particular seja contrário ao laudo judicial, não se sobrepõe a ele, tendo em vista que constitui um documento produzido unilateralmente e sob a perspectiva do tratamento, e não da capacidade laboral, cuja aferição tem contornos legais dos quais não se ocupa o médico do paciente.

A realização da perícia deve estar de acordo com o previsto no art. 473 do Código de Processo Civil, inspirando credibilidade e confiança ao juiz e às partes. Por isso, as respostas precisam ser tecnicamente consistentes e convincentes, devendo haver atenção para que os quesitos não sejam respondidos de forma contraditória ou insuficiente.

O profissional médico precisa descrever racionalmente os motivos e fundamentos que dão sustentação às suas conclusões, apontando evidências que dão respaldo ao seu ponto de vista, de maneira que fique afastada a possibilidade de a parte sucumbente ver o trabalho pericial como fruto de um subjetivismo ou de um voluntarismo que ignora a realidade controversa que se almeja demonstrar.

Há de se ter em mente que o trabalho pericial será, conforme o caso, objeto de crítica pelo magistrado, pelo advogado ou pelo Procurador Federal, daí exsurgindo a necessidade de o laudo ser redigido com esmero.

Deve-se lembrar, também, que em não dispondo de conhecimentos para a realização da prova pericial, o profissional nomeado tem o dever de recusar o encargo[38]. Não se trata, pois, de uma faculdade do perito nomeado, mas uma obrigação de comunicar ao magistrado que o nomeou a eventual ausência de conhecimentos suficientes para assumir o encargo.

Por tal razão, o art. 158 do Código de Processo Civil prevê que o perito, quando por dolo ou culpa (negligência, imprudência, imperícia), prestar informações inverídicas, responderá pelos prejuízos que causar à parte e ficará inabilitado por 2 (dois) até 5 (cinco) anos de atuar em outras perícias, além da sanção que a lei penal estabelecer e comunicação ao órgão de classe para implementação das medidas cabíveis.

Ao nomear o perito, o juiz fixará um prazo para a entrega do laudo pericial, então, quando o laudo não for entregue no tempo fixado, sem a existência de um motivo legítimo, inegável que haverá prejuízos ao processo, sobretudo aos que estão impossibilitados de prover seu próprio sustento[39]. Nota-se que o art. 468, II, do Código de Processo Civil prevê a substituição do *expert* quando este deixar de cumprir o encargo no prazo determinado.

36. XAVIER, Flávia da Silva. Pressupostos **ético-jurídicos** da perícia médica nas ações de benefícios por incapacidade. In: SAVARIS. José Antônio (Coord.). *Curso de perícia judicial previdenciária. Noções elementares para a comunidade médico-jurídica.* São Paulo: Conceito Editorial, 2017.

37. BRASIL. *Turma Nacional de Uniformização.* Disponível em: <http://www.normaslegais.com.br/guia/clientes/sumulas>. Acesso em: 11 maio 2019.

38. XAVIER, Flávia da Silva. Pressupostos **ético-jurídicos** da perícia médica nas ações de benefícios por incapacidade. In: SAVARIS. José Antônio (Coord.). *Curso de Perícia Judicial Previdenciária. Noções elementares para a comunidade médico-jurídica.* São Paulo: Conceito Editorial, 2017.

39. BITTENCOURT, André Luiz Moro. *Manual dos benefícios por incapacidade laboral e deficiência.* Curitiba: Alteridade Editora, 2016.

Ressalta-se, ainda, o dever do perito informar ao juízo eventuais situações de impedimento e suspeição, nos termos dos arts. 144, 145 e 148, II, do Código de Processo Civil. Situação comum em cidades de pequeno/médio porte é a de que o médico perito tenha atendido o indivíduo que será periciado em seu consultório, hipótese vedada pelo art. 93 do Código de Ética Médica.

A Turma Nacional de Uniformização entendeu pela nulidade de decisão proferida com base em laudo pericial realizado por perito que realizou atendimento médico do periciado em âmbito privado.

> PEDIDO DE UNIFORMIZAÇÃO DE INTERPRETAÇÃO DE LEI FEDERAL. PREVIDENCIÁRIO. BENEFÍCIO POR INCAPACIDADE LABORATIVA. PERÍCIA REALIZADA POR MÉDICO QUE ATENDERA A PARTE NO ÂMBITO PRIVADO. VIOLAÇÃO DO CÓDIGO DE ÉTICA MÉDICA. NULIDADE DO FEITO A PARTIR DA REFERIDA PERÍCIA. INCIDENTE DE UNIFORMIZAÇÃO CONHECIDO E PROVIDO. 1. Trata-se de pedido de uniformização de lei federal interposto pelo autor, em face de acórdão que manteve sentença de improcedência para restabelecimento de auxílio-doença. 2. [...] 8. *Por sua vez, a Resolução CFM 1931/2009, denominada Código de Ética Médica, determina em seu art. 93 que é vedado ao médico "ser perito ou auditor do próprio paciente, de pessoa de sua família ou de qualquer outra com a qual tenha relações capazes de influir em seu trabalho ou de empresa em que atue ou tenha atuado". 9. Como a médica que realizou a perícia judicial já havia atendido o autor no âmbito privado, situação tempestivamente apontada nos autos, entendo configurada nulidade do feito a partir de referida prova, pois a perícia judicial deve ser feita por profissional imparcial e equidistante das partes.* 10. Pelo exposto, dou provimento ao presente incidente, reconhecendo a nulidade do feito a partir da perícia feita por profissional que já atendera a parte autora no âmbito privado, determinando a devolução dos autos ao juízo de origem, para reabertura da instrução processual e novo julgamento. (PEDILEF 05006136220134058202 – Juíza Federal Ângela Cristina Monteiro – DOU 06.11.2015 PÁGINA 138/358)[40]. *(Grifamos)*

Nas ações previdenciárias de benefícios por incapacidade, o empenho e o comprometimento do perito são essenciais para que o Poder Judiciário possa emanar uma solução legítima, justa e democrática, que ao mesmo tempo resguarde os jurisdicionados e o erário. É por isso que o art. 466 do Código de Processo Civil dispõe que "o perito cumprirá escrupulosamente o encargo que lhe foi cometido, independentemente de termo de compromisso".

Assim, a verdadeira finalidade para a qual se presta a prova pericial somente será alcançada com a atuação positiva e consciente de todos os atores processuais na busca pela verdade real.

3.3. Da dispensabilidade de realização da perícia médica

Nas ações previdenciárias para concessão de benefícios por incapacidade laboral a perícia judicial é necessária para que haja uma apreciação do profissional médico do quadro clínico do demandante, em razão de envolver competências de ordem técnica/científica que o operador do direito não possui, ou seja, serve para elucidar questões que fogem do conhecimento das partes e do julgador tendo como objetivo eliminar dúvida existente sobre determinada questão.

No entanto, o art. 472 do Código de Processo Civil prevê que o juiz poderá dispensar a realização da prova pericial quando as partes apresentarem, sobre as questões de fato, pareceres técnicos ou documentos elucidativos que considerar suficientes.

A questão, então, seria: Como identificar os casos em que a prova pericial poderia ser dispensada? Para responder ao questionamento, listar-se-á algumas hipóteses, apontadas por Savaris[41].

a) Processo previamente instruído:

Considera-se o caso em que a demanda previdenciária de benefício por incapacidade foi ajuizada na Justiça Estadual, acreditando tratar-se de acidente de trabalho, em razão da competência material. Lá o processo teve prosseguimento, com a citação do Instituto Nacional do Seguro Nacional e a produção da prova pericial por profissional cadastrado naquele juízo.

Ocorre que, após a perícia, não foi verificada a ocorrência de acidente de trabalho ou doença profissional, nem estabelecido nexo causal entre a doença apresentada pelo demandante e o trabalho por ele exercido.

Em razão disso, deve ser declarada a incompetência do juízo estadual e remetido o processo para a Justiça Federal. Ao analisar os autos, verificando que a ação já se encontra suficientemente instruída, com perícia atual, considera-se desnecessária a designação de novo exame pericial para apreciar a mesma questão.[42]

b) Inexistência de vínculo previdenciário:

Nos tópicos acima, viu-se que para que o indivíduo possa gozar dos benefícios de auxílio-doença ou aposentadoria por invalidez, é necessário que ele cumpra três requisitos: i)

40. BRASIL. Turma Nacional de Uniformização. Processo PREDILEF 0506136224058202. Disponível em: <https://tnu.jusbrasilcom.br>.

41. SAVARIS, José Antônio. *Curso de perícia judicial previdenciária*: noções elementares para a comunidade médico-jurídica. São Paulo: Conceito Editorial, 2017.

42. O § 2º do art. 464 do Código de Processo Civil dispõe, ainda, que a perícia poderá, de ofício ou a requerimento das partes, ser substituída por prova técnica simplificada, que consistirá na inquirição do especialista, pelo juiz, quando o ponto controvertido for de menor complexidade.

estar incapaz; ii) possuir qualidade de segurado e iii) contar com o período mínimo de carência.

Desta forma, verificando que não há nenhuma contribuição previdenciária ou que o cidadão não cumpriu a carência necessária (não sendo caso de hipóteses de isenção de carência), é desnecessária a realização do exame pericial, ante a falta dos requisitos objetivos.

Exceção a esta regra, por exemplo, são os segurados especiais em regime de economia familiar, nos quais se exige apenas a comprovação, mesmo que de forma descontínua, do exercício de atividade rural no período imediatamente anterior ao requerimento do benefício, igual ao número de meses correspondentes à carência do benefício requerido, conforme previsto nos arts. 26, III e 39, I, da Lei de Benefícios.

c) Litispendência e coisa julgada:

O art. 337, § 1º, do Código de Processo Civil dispõe que "verifica-se a litispendência ou a coisa julgada quando se reproduz ação anteriormente ajuizada", os §§ 3º e 4º dizem que "há litispendência quando se repete ação que está em curso", e "há coisa julgada quando se repete ação que já foi decidida por decisão transitada em julgado".

No Direito Previdenciário adota-se o entendimento de que a decisão judicial faz coisa julgada *secundum eventum probationis*, ou seja, a decisão em ação previdenciária não impede novo ajuizamento de ação pela parte. Em havendo novas provas ou completando-se os requisitos necessários à obtenção do benefício, pode ser proposta nova ação pelo segurado, com a mesma finalidade da ação anteriormente julgada (TRF4. AC n. 200170010023430. Rel. Paulo Afonso Brum Vaz. 5ª Turma. DJ 21.05.2003, p. 781).

Nos casos de benefícios por incapacidade, pensar o contrário seria entender, erroneamente, que o quadro clínico e a saúde do segurado não se modificariam, ou, que o demandante deveria escolher o momento em que julgasse ser mais crítico para postular, uma única vez, os benefícios previdenciários.

Apesar deste instituto, há hipóteses em que o requerente, insatisfeito com a sentença proferida no processo, a qual transitou em julgado, ingressa, em seguida, com nova ação, instruindo os autos com o mesmo requerimento administrativo e os mesmos documentos médicos que atestam as mesmas patologias avaliadas no processo anterior.

Também, nos casos em que há um processo ativo sem trânsito em julgado, às vezes em fase recursal, em que a parte demanda nova ação idêntica à anterior.

Nos casos acima, observa-se que o magistrado deve ter um olhar crítico e diligente, de forma a concluir ser desnecessária a realização de exame pericial, pois a situação exposta já foi avaliada por médico perito no processo anterior, não tendo havido nenhuma modificação no quadro clínico do segurado, devendo ser extinto o processo sem resolução de mérito, nos termos do art. 485, inciso V do Código de Processo Civil.

d) Fato gerador anterior à legislação previdenciária:

Esta hipótese é bastante restrita e pode ser ilustrada nos casos em que o segurado postula a concessão de auxílio-acidente por sinistro ocorrido antes de 1995.

Considerando a regra *tempus regit actum*, entende-se que os benefícios previdenciários devem ser regulados pela lei vigente ao tempo em que foram preenchidos os requisitos de sua concessão.

Assim, a cobertura previdenciária para acidentes de qualquer natureza somente ocorreu com o advento da Lei n. 9.032/1995, pois, até então, somente os acidentes de trabalho mereciam proteção social. Desta forma, não é possível postular a concessão de benefícios previdenciários cujo fato gerador ocorreu antes da edição da norma que instituiu o benefício, sendo dispensável a realização de exame pericial nestes casos.

e) Trabalhadores rurais e ausência de indício de prova material do exercício de atividade rural:

O art. 11, VII, da Lei n. 8.213/1991 define que segurados especiais, em resumo, são os trabalhadores rurais que produzem em regime de economia familiar, sem utilização de mão de obra assalariada.

Para ser reconhecido como tal, é necessário que o processo seja instruído com indícios de prova material de efetivo exercício de labor rural, conforme jurisprudência a seguir.

> PREVIDENCIÁRIO. APOSENTADORIA POR INVALIDEZ OU AUXÍLIO-DOENÇA. INCAPACIDADE. QUALIDADE DE SEGURADO ESPECIAL. 1. A condição de trabalhador rural deve ser comprovada por início de prova material corroborado por prova testemunhal. (...). (TRF-4 – AC: 47288620154049999 PR 0004728-86.2015.404.9999, Relator: Ricardo Teixeira do Valle Pereira, Data de Julgamento: 26.05.2015, Quinta Turma).

Portanto, não havendo nenhum indício de prova material nos autos, não será designada audiência para oitiva de testemunhas sobre o labor rural, e, consequentemente, não serão devidos os benefícios previdenciários, pois, mesmo que pudesse haver incapacidade laboral, não estariam preenchidos os requisitos objetivos necessários à sua concessão.

f) Incompetência absoluta:

Ajuizada erroneamente uma ação pleiteando a concessão de benefícios por incapacidade laboral decorrente de acidente de trabalho, a Secretaria da Vara Federal deverá, desde logo, observar tal situação, fazendo os autos conclusos ao magistrado para que profira decisão reconhecendo a incompetência absoluta em razão da matéria, por força do art. 114, VI, da CF/1988. Neste caso, é dispensada a instrução do processo no âmbito da Justiça Federal, pois o juiz a quem o processo foi inicialmente distribuído não será o destinatário da prova.

3.4. A perícia médica e a vistoria do meio ambiente de trabalho

Desta forma, pode-se concluir que a prova pericial é elemento indispensável nas ações previdenciárias de benefícios por incapacidade, não se fazendo necessária em casos nos quais não se justificaria a produção da prova[43], devendo ser observadas tais hipóteses a fim de fazer cumprir o princípio da economia processual, evitando gastos públicos desnecessários e direcionando a atividade jurisdicional para o emprego adequado dos instrumentos processuais.

Assim, conforme narrado acima, a prova pericial uma vez sendo necessária e indispensável, além de ser feita por um profissional capacitado e idôneo, também deve analisar não somente as condições relativas à doença ou acidente que causa a incapacidade laboral, e também o próprio ambiente de trabalho, que pode gerar o nexo causal do afastamento do trabalho.

Sendo assim, o ambiente de trabalho possui um grande fator de impacto no futuro benefício previdenciário devido ao trabalhador, já que havendo nexo causal entre a doença ou acidente e o ambiente de trabalho que não gere segurança e salubridade ao empregado, este terá facilidades a sua concessão, como é o caso da não aplicação do requisito objetivo da carência.

Ressalta-se ainda que a Lei n. 8.213/1991, em seu art. 118 prescreve que uma vez caracterizado o acidente ou doença do trabalho é assegurada uma estabilidade provisória de 12 meses depois do retorno ao trabalho, após a cessão do auxílio-doença acidentário, garantindo assim o direito à permanência do contrato de trabalho.

Ainda é importante comentar sobre os dois tipos de acidente de trabalho, que a Lei n. 8.213/1991, em seus arts. 19 e 20 estabelecem. O primeiro subtipo é o acidente do trabalho típico, que é aquele que acontece no próprio local e exercício do trabalho, e geram lesão corporal, morte, perda ou redução da capacidade de continuidade das atividades laborais (art. 19). E o segundo subtipo são as doenças de trabalho, ou seja, aquelas produzidas ou desencadeadas pelo exercício do trabalho, ou adquiridas ou desencadeadas em função das condições especiais em que o trabalho é desenvolvido (art. 20).[44]

Percebe-se, que o acidente de trabalho poderá ocorrer tanto no local de trabalho como fora do local de trabalho, já que este pode ser apenas o desencadeador do acontecimento de doenças. E assim, o meio ambiente laboral não pode deixar de ser verificado pela perícia oficial no caso de julgamento de benefícios previdenciários.

4. CONCLUSÃO

Nas ações previdenciárias para a concessão de benefícios por incapacidade, a produção de prova pericial é importante para que o profissional médico, responsável pelo encargo, avalie as condições da parte periciada a fim de verificar a existência de incapacidade laboral, considerando o exame clínico, a documentação apresentada nos autos, a literatura médica e sua experiência pessoal e profissional.

No entanto, existem casos em que a designação de tal prova pode ser dispensada pelo magistrado, como, por exemplo, quando a parte requerente não possuir vínculo com o Regime Geral da Previdência Social e não constituir hipótese de dispensa de carência e de segurado especial; quando for caso de litispendência e coisa julgada material em que a parte ingressa com nova ação com os mesmos pedidos e causa de pedir, baseada no mesmo requerimento administrativo e prontuários médicos que instruíram a demanda anterior, entre outras hipóteses.

Desta forma, foi possível conhecer os benefícios previdenciários por incapacidade laboral e analisar os requisitos legais para a sua concessão, compreender o valor probatório atribuído à prova pericial nas ações para a concessão de tais benefícios.

O meio ambiente de trabalho deve ser vistoriado, e deve ser atrelado seu nexo de causalidade na relação da incapacidade laborativa por doença ou acidente que gera direito ao recebimento de benefícios previdenciários, conforme apontado pela Lei n. 8.213/91 e da Resolução n. 1.488/1998 do Conselho Federal de Medicina (CFM).

5. REFERÊNCIAS

AGUIAR, Leonardo. *Direito previdenciário*: curso completo. Juiz de Fora: iLM, 2017.

BITTENCOURT, André Luiz Moro. *Manual dos benefícios por incapacidade laboral e deficiência*. Curitiba: Alteridade Editora, 2016.

BRASIL. *Constituição da República Federativa do Brasil*. Brasília: Senado Federal, 1988.

______. *Decreto n. 3.048*, de 6 de maio de 1999. Aprova o regulamento da Previdência Social e dá outras providências. Brasília, 1999.

______. *Decreto n. 6.949*, de 25 de agosto de 2009. Promulga a Convenção Internacional sobre os Direitos das Pessoas com Deficiência e seu Protocolo Facultativo, assinados em Nova York, em 30 de março de 2007. Brasília, 2009.

---

43. André Luiz Moro Bittencourt (2016, p. 369) entende que a perícia judicial pode ser dispensada, também, nos casos em que o processo administrativo trouxer parecer médico favorável à existência de situação incapacitante, hipótese em que a questão clínica restaria incontroversa nos autos. No entanto, discordo de tal entendimento, pois, se assim fosse, não havia razão para o ajuizamento de tais demandas, sendo que a conclusão pericial e a decisão do processo seriam as mesmas da autarquia previdenciária.

44. CASTRO, Carlos Alberto Pereira de; LAZZARI, João Batista. *Manual de direito previdenciário*. Florianópolis: Conceito Editorial, 2018.

______. *Lei Complementar n. 142*, de 8 de maio de 2013. Regulamenta o § 1º do art. 201 da Constituição Federal, no tocante à aposentadoria da pessoa com deficiência segurada do Regime Geral da Previdência Social – RGPS. Brasília, 2013.

______. *Lei n. 8.213/1991*, de 24 de julho de 1991. Dispõe sobre os Planos de Benefícios da Previdência Social e dá outras providências. Brasília, 1991.

______. *Lei n. 8.742*, de 7 de dezembro de 1993. Dispõe sobre a organização da Assistência Social e dá outras providências. Brasília, 1993.

______. Lei n. 9.032, de 28 de abril de 1995. Dispõe sobre o valor do salário mínimo, altera dispositivos das Leis ns. 8.212 e 8.213, ambas de 24 de julho de 1991, e dá outras providências. Brasília, 1995.

______. *Lei n. 9.099*, de 26 de setembro de 1995. Dispõe sobre os Juizados Especiais Cíveis e Criminais e dá outras providências. Brasília, 1995.

______. *Lei n. 13.105*, de 16 de março de 2015. Código de Processo Civil. Brasília, 2015.

______. *Lei n. 13.457*, de 26 de junho de 2017. Altera as Leis ns. 8.213, de 24 de julho de 1991, que dispõe sobre os Planos de Benefícios da Previdência Social, e 11.907, de 2 de fevereiro de 2009, que dispõe sobre a reestruturação da composição remuneratória da Carreira de Perito Médico Previdenciário e da Carreira de Supervisor Médico-Pericial; e institui o Bônus Especial de Desempenho Institucional por Perícia Médica em Benefícios por Incapacidade. Brasília, 2017.

______. *Medida Provisória n. 739*, de 7 de julho de 2016. Altera a Lei n. 8.213, de 24 de julho de 1991, que dispõe sobre os Planos de Benefícios da Previdência Social, e institui o Bônus Especial de Desempenho Institucional por Perícia Médica em Benefícios por Incapacidade. Brasília, 2016.

______. *Medida Provisória n. 767*, de 6 de janeiro de 2017. Altera a Lei n. 8.213, de 24 de julho de 1991, que dispõe sobre os Planos de Benefícios da Previdência Social, e a Lei n. 11.907, de 2 de fevereiro de 2009, que dispõe sobre a reestruturação da composição remuneratória da Carreira de Perito Médico Previdenciário e da Carreira de Supervisor Médico-Pericial, e institui o Bônus Especial de Desempenho Institucional por Perícia Médica em Benefícios por Incapacidade. Brasília, 2017.

______. *Portaria Interministerial MPA S/MS n. 2.998*, de 23 de agosto de 2001. Disponível em: <http://sislex.previdencia.gov.br/paginas/65/MPAS-MS/2001/2998.htm>. Acesso em: 3 set. 2018.

CAMBI, Eduardo. *Direito constitucional à prova no processo civil*. São Paulo: RT, 2001.

CASTRO, Carlos Alberto Pereira de; LAZZARI, João Batista. *Manual de direito previdenciário*. Florianópolis: Conceito Editorial, 2018.

CONSELHO FEDERAL DE MEDICINA. *Resolução CFM n. 1.448/1998*, de 11 de fevereiro de 1998. Dispõe de normas específicas para médicos que atendam o trabalhador. Disponível em: <http://www.portalmedico.org.br/resolucoes/cfm/1998/1488_1998.htm>. Acesso em: 7 nov. 2017.

DIDIER JÚNIOR, Fredie. *Curso de direito processual civil*. Salvador: JusPodivm, 2013.

HORVATH JÚNIOR, Miguel. *Direito previdenciário*. São Paulo: Quartier Latin, 2008.

MARINONI, Luiz Guilherme. *Novo curso de processo civil*: tutela dos direitos mediante procedimento comum. V. II. São Paulo: Revista dos Tribunais, 2015.

MARTINS, Sérgio Pinto. *Direito da seguridade social*. 26. ed. São Paulo: Atlas, 2008.

OLIVEIRA DEDA, Artur Oscar de. *A prova no processo civil*. São Paulo: Saraiva, 2016.

ORGANIZAÇÃO MUNDIAL DE SAÚDE. *Classificação da Funcionalidade, Incapacidade e Saúde*. Direção-Geral da Saúde. Lisboa, 2004. Disponível em: <http://www.inr.pt/uploads/docs/cif/CIF_port_%202004.pdf>. Acesso em: 7 nov. 2017.

ROCHA, Daniel Machado da. *Comentários à lei de benefícios da previdência social*. Porto Alegre: Livraria do Advogado, 2012.

RUBIN, Fernando. *Benefícios por incapacidade no Regime Geral da Previdência Social*: questões centrais de direito material e de direito processual. Porto Alegre: Livraria do Advogado, 2014.

SAVARIS, José Antônio. *Curso de perícia judicial previdenciária*: noções elementares para a comunidade médico-jurídica. São Paulo: Conceito Editorial, 2017.

______. *Direito processual previdenciário*. Curitiba: Alteridade, 2014.

SILVA, Sandoval Alves da. Acesso à justiça probatória: negativa de tutela jurisdicional como consequência negativa de convicção judicial. *Revista de Processo*, n. 232. Junho de 2014.

THEODORO JÚNIOR, Humberto. *Curso de direito processual civil*: teoria geral do direito processual civil, processo de conhecimento e procedimento comum. V. I. Rio de Janeiro: Forense, 2015.

XAVIER, Flávia da Silva. Pressupostos ético-jurídicos da perícia médica nas ações de benefícios por incapacidade. In: SAVARIS. José Antônio (Coord.). *Curso de perícia judicial previdenciária*. Noções elementares para a comunidade médico-jurídica. São Paulo: Conceito Editorial, 2011.

26 Fator Acidentário de Prevenção (FAP) como instrumento de monitoramento do meio ambiente do trabalho

Rodrigo Gama Croches[1]

1. INTRODUÇÃO

A melhoria das condições de trabalho é uma conquista histórica no mundo laboral. Tradicionalmente, inúmeros instrumentos foram estabelecidos para regulamentar o meio ambiente do trabalho; entre os quais podem ser citadas: a fiscalização *in loco* e a atuação do Poder Judiciário e do Ministério Público do Trabalho. Essas políticas públicas receberam um reforço com a inserção de novos mecanismos de proteção do trabalhador.

A utilização de novos instrumentos para a proteção do trabalhador tem colaborado com a melhoria das condições ambientais de trabalho. Dentre essas inovações estão o Fator Acidentário de Prevenção (FAP); o Nexo Técnico Epidemiológico Previdenciário (NTEP) e a propositura de ações de regresso pelo INSS contra empresas que dão causa à concessão de benefícios previdenciários por descumprimento das normas de medicina e segurança do trabalho.

Com efeito, as empresas são obrigadas a contribuir com o Seguro Acidente de Trabalho (SAT), que é destinado ao pagamento das prestações previdenciárias, cujos fatos geradores decorram de acidentes do trabalho. É um tributo incidente sobre a folha de pagamentos com alíquota variável conforme o grau de risco da atividade desenvolvida. Inicialmente, o valor a ser pago era calculado sem levar em consideração o percentual de acidentes do trabalho na empresa, ou seja, independentemente da quantidade de acidentes a alíquota da contribuição era fixa, levava-se em consideração apenas o enquadramento da atividade.

Entretanto, desde 2003, foi inserida na legislação previdenciária o Fator Acidentário de Prevenção (FAP), que interfere na alíquota do seguro acidente de trabalho de forma a diminuir ou aumentar o valor a ser recolhido pela empresa. Desse modo, o FAP é um instrumento que pode proporcionar ganhos econômicos à atividade empresarial, com a diminuição da carga tributária ou, ao contrário, aumentar a contribuição a ser recolhida.

Por ter caráter pedagógico, o cálculo do FAP tem como variáveis o número de acidentes de trabalho ocorridos dentro da empresa. Dessa forma, quanto menor o percentual de acidentes do trabalho menor será o valor a ser recolhido e, ao contrário, se o número de acidentes for elevado haverá majoração na contribuição. O desconto pode chegar até a 50% (cinquenta por cento) e o aumento a até 100% (cem por cento).

Desse modo, o objetivo do FAP é estimular investimentos em medicina e segurança do trabalho de maneira a reduzir os sinistros laborais e, consequentemente, as despesas da Previdência Social com o pagamento de benefícios de natureza acidentária. Além disso, o índice pode servir como instrumento de monitoramento do ambiente de trabalho, promovendo mais efetividade na saúde dos trabalhadores brasileiros.

2. MECANISMOS DE CONTROLE DO MEIO AMBIENTE DO TRABALHO NO BRASIL SOB A PERSPECTIVA DOS DIREITOS SOCIAIS FUNDAMENTAIS

A saúde como direito fundamental perpassa todos os aspectos da vida em sociedade, inclusive no âmbito do exercício das atividades laborais. Assim, refletir sobre as questões ambientais de trabalho é indispensável na concretização do direito à vida e vincula-se à proteção integral do ser humano, tanto no aspecto corporal como psicológico, estando revestida pela fundamentalidade jurídica constitucional[2]:

---

1. Bacharel em Direito pela UFU; licenciado em Letras-Francês pela UFU; especialista em Direito Previdenciário pela UGF; mestre em Direito Público pela UFU; advogado; servidor público federal e professor. Contato: rodrigocroches@yahoo.com.br.
2. SARLET, Ingo Wolfgang. *A eficácia dos direitos fundamentais*: uma teoria geral dos direitos fundamentais na perspectiva constitucional. 10. ed. rev. atual. e ampl. 2. tir. Porto Alegre: Livraria do Advogado Editora, 2010. p. 323.

> Art. 7º CF/1988. São direitos dos trabalhadores urbanos e rurais, além de outros que visem à melhoria de sua condição social:
>
> [...]
>
> XXII – redução dos riscos inerentes ao trabalho, por meio de normas de saúde, higiene e segurança;

Nessa perspectiva, a legislação infraconstitucional foi elaborada de forma a prevenir e reparar os riscos vinculados aos exercícios das atividades laborativas. Portanto, o Estado tem o dever de implementar instrumentos de proteção aos trabalhadores que assegurem o desenvolvimento econômico e social.

> Parte da doutrina e jurisprudência identifica os denominados deveres estatais de tutela (*staatliche Schutzpflichten*). O termo indica o dever do Estado de proteger ativa e preventivamente o direito fundamental contra ameaças de agressão provenientes, principalmente, de particulares. Em outras palavras, considera-se que o particular também possa de fato e, em regra, mediante o exercício de outro direito fundamental seu agredir o direito fundamental objeto do dever estatal de tutela em uma situação que envolva irreparabilidade da possível lesão, incontrolabilidades de processos ameaçadores a direitos fundamentais sensíveis ou conflitos caracterizados por clara e acentuada assimetria de forças, chances e condições entre agentes particulares envolvidos em conflito.[3]

De fato, a efetivação das políticas públicas no campo de proteção do trabalhador depende da atuação estatal, por meio da criação de legislação conformadora e de implementação de mecanismos eficazes na tutela dos direitos fundamentais sociais[4].

> Na regulamentação infraconstitucional, a Lei n. 8.213/1991 incorporou o acidente do trabalho à legislação de benefícios da Previdência Social, conceituando aquilo que deve ser considerado como infortúnio trabalhista: é agravo o evento que ocorre pelo exercício do trabalho a serviço do empregador ou pelo exercício do trabalho dos segurados, provocando a lesão, doença, transtorno de saúde, distúrbio, disfunção ou síndrome de evolução aguda, subaguda ou crônica, clínica ou subclínica, inclusive morte, independentemente do tempo de latência, de natureza permanente ou temporária, capaz de interferir na capacidade para o trabalho habitualmente exercido, sendo o empregador responsável pela adoção e uso das medidas coletivas e individuais de proteção e segurança da saúde do trabalhador.[5]

Os sinistros que ocorrem em decorrência do exercício de uma atividade laborativa são enquadrados como acidentes de trabalho[6] e podem ser classificados em três categorias distintas, a saber: acidentes típicos; de trajeto e as doenças do trabalho[7].

Como instrumento tradicional de notificação dos acidentes do trabalho, a legislação previdenciária determina o registro da Comunicação de Acidente do Trabalho (CAT) junto ao INSS (Instituto Nacional do Seguro Social), imediatamente em caso de morte ou no primeiro dia útil no caso de não ter ocorrido óbito[8]. Entretanto, nem todos os sinistros são notificados ao governo[9]; muitas vezes para burlar a legislação trabalhista ou previdenciária, evitando ações de fiscalização junto ao estabelecimento empresarial.

No âmbito previdenciário, o enquadramento do fato gerador como decorrente de acidente do trabalho dependia da existência da CAT; mesmo naquelas situações em que a incapacidade do segurado era decorrência lógica do desenvolvimento de determinada atividade laboral. Nessa época, o médico perito não podia estabelecer o nexo de causalidade entre o tipo de atividade e a incapacidade desenvolvida pelo trabalhador.

---

3. DIMOULIS, Dimitri; MARTINS, Leonardo. *Teoria geral dos direitos fundamentais*. 4. ed. rev., atual. e ampl. São Paulo: Atlas, 2012. p. 60.
4. DIMOULIS, Dimitri; MARTINS, Leonardo. *Teoria geral dos direitos fundamentais*. 4. ed. rev., atual. e ampl. São Paulo: Atlas, 2012. p. 59.
5. BARROS JÚNIOR, Edmilson de Almeida. *Direito previdenciário médico*: benefícios por incapacidade laborativa e aposentadoria especial. 2. ed. São Paulo: Atlas, 2012. p. 43.
6. "Acidente do trabalho: é o que ocorre pelo exercício do trabalho a serviço da empresa ou pelo exercício do trabalho dos segurados, provocando lesão corporal ou perturbação funcional que cause a morte ou a perda ou redução permanente ou temporária, da capacidade para o trabalho." (BARROS JÚNIOR, Edmilson de Almeida. *Direito previdenciário médico*: benefícios por incapacidade laborativa e aposentadoria especial. 2. ed. São Paulo: Atlas, 2012. p. 66.)
7. De acordo com Anuário Estatístico de Acidentes do Trabalho – AEAT 2107, no ano de 2017, o número de casos de acidentes do trabalho no Brasil foi de 549.405 (quinhentos e quarenta e nove mil e quatrocentos e cinco). (*Anuário Estatístico de Acidentes do Trabalho – AEAT 2017*. Disponível em: <http://sa.previdencia.gov.br/site/2018/09/AEAT-2017.pdf>. Acesso em: 22 jul. 2019).
8. Art. 22 da Lei n. 8.213/1991 – A empresa ou o empregador doméstico deverão comunicar o acidente do trabalho à Previdência Social até o primeiro dia útil seguinte ao da ocorrência e, em caso de morte, de imediato, à autoridade competente, sob pena de multa variável entre o limite mínimo e o limite máximo do salário de contribuição, sucessivamente aumentada nas reincidências, aplicada e cobrada pela Previdência Social.
9. Entre os anos de 2015/2107, não houve registo de CAT para 321.004 (trezentos e vinte e um mil e quatro) casos de acidentes do trabalho no Brasil. (*Anuário Estatístico de Acidentes do Trabalho – AEAT 2017*. Disponível em: <http://sa.previdencia.gov.br/site/2018/09/AEAT-2017.pdf>. Acesso em: 22 jul. 2019.)

> Recentemente, a Comunicação de Acidente de Trabalho, pelo menos para fins previdenciários, tem perdido progressivamente a sua importância, e não mais é obrigatória para que a perícia conceda o auxílio-doença acidentário (B-91), apesar de a emissão ser devida em qualquer modalidade de acidente do trabalho (trabalho típico, trajeto, doença profissional, do trabalho ou óbito imediato).

Devido aos inúmeros problemas ligados a sua emissão (não emissão, omissão, dados incorretos ou fraudulentos, de regra em prejuízo de empregado) e às subnotificações, a perícia médica do INSS ordinariamente inverteu o ônus da prova.[10]

Nessa perspectiva, em 2006, foi inserido na legislação previdenciária o Nexo Técnico Epidemiológico Previdenciário (NTEP). A partir de então, quando o médico perito verificar que a incapacidade decorre do exercício da atividade laborativa, o enquadramento do benefício como acidentário acontece mesmo diante da ausência de CAT.

> Art. 21-A. Lei n. 8.213/1991. A perícia médica do Instituto Nacional do Seguro Social (INSS) considerará caracterizada a natureza acidentária da incapacidade quando constatar ocorrência de nexo técnico epidemiológico entre o trabalho e o agravo, decorrente da relação entre a atividade da empresa ou do empregado doméstico e a entidade mórbida motivadora da incapacidade elencada na Classificação Internacional de Doenças (CID), em conformidade com o que dispuser o regulamento.
>
> § 1º A perícia médica do INSS deixará de aplicar o disposto neste artigo quando demonstrada a inexistência do nexo de que trata o *caput* deste artigo.
>
> § 2º A empresa ou o empregador doméstico poderão requerer a não aplicação do nexo técnico epidemiológico, de cuja decisão caberá recurso, com efeito suspensivo, da empresa, do empregador doméstico ou do segurado ao Conselho de Recursos da Previdência Social.

Para além das garantias individuais do trabalhador, como estabilidade no emprego por 12 (doze) meses após a cessação do benefício previdenciário[11] e depósito de FGTS durante o recebimento do benefício de auxílio-doença acidentário[12], o enquadramento permite que outras ações governamentais possam ser direcionadas à empresa, como uma fiscalização mais efetiva e o cômputo do evento para apuração do FAP.

A partir do NTEP, a verificação do nexo entre a exposição a determinado agente nocivo e o agravo sofrido pelo trabalhador fica a cargo da perícia médica do INSS, conforme etapas a seguir:

> 1 – Identificação de ocorrência de Nexo Técnico Profissional ou do Trabalho – NTP/T – verificação da existência da relação "agravo – exposição" ou "exposição – agravo" (Listas A e B do Anexo II do Decreto n. 3.048/1999);
>
> 2 – Identificação de ocorrência de Nexo Técnico Epidemiológico Previdenciário – NTEP – averiguação do cruzamento do código da CNAE com o código da CID-10 e a presença na matriz do NTEP (publicada na Lista C do Anexo II do Decreto n. 3.048/1999);
>
> 3 – Identificação de ocorrência de Nexo Técnico por Doença Equiparada a Acidente do Trabalho – NTDEAT – implica a análise individual do caso, mediante o cruzamento de todos os elementos levados ao conhecimento do médico perito, da situação geradora da incapacidade e a anamnese.
>
> A ocorrência de qualquer um dos três nexos implicará a concessão de um benefício de natureza acidentária. Se não houver nenhum dos nexos, o benefício será classificado como previdenciário.[13]

Nessa linha de raciocínio, o registro da CAT é dispensável para a caracterização do benefício como acidentário, em que pese a obrigação da empresa de comunicar o acidente continue prevista na legislação. Com isso, garantiu-se maior proteção ao trabalhador por meio do reconhecimento da sua condição de acidentado junto ao INSS diretamente pela perícia médica. Além disso, a introdução do NTEP teve reflexos em outras ações desenvolvidas para a reinserção do trabalhador acidentado no mercado de trabalho:

> O uso da CID-10 pelo INSS permitiu padronizar a classificação de doenças em relação às demais instituições de saúde, que já a haviam implantado, e representou agilidade nas rotinas de trabalho, gerando melhorias na qualidade dos serviços prestados aos segurados, ou seja, a perícia médica melhorou sua articulação com a área de reabilitação profissional e serviço social na busca da recuperação da capacidade laborativa do segurado e de sua inserção no mercado de trabalho.[14]

Outra medida que contribuiu para o fortalecimento das políticas protetivas é a propositura de ações regressivas pelo INSS em desfavor de empresas causadoras de acidentes do

10. BARROS JÚNIOR, Edmilson de Almeida. *Direito previdenciário médico*: benefícios por incapacidade laborativa e aposentadoria especial. 2. ed. São Paulo: Atlas, 2012. p. 50.
11. Art. 118 da Lei n. 8.213, de 24 de julho de 1991.
12. Art. 15, § 5º, da Lei n. 8.036, de 11 de maio de 1990.
13. BRASIL. *Anuário Estatístico de Acidentes do Trabalho – AEAT 2017*. Disponível em: <http://sa.previdencia.gov.br/site/2018/09/AEAT-2017.pdf>. Acesso em: 22 jul. 2019, p. 10/11.
14. BRASIL. *Anuário Estatístico de Acidentes do Trabalho – AEAT 2017*. Disponível em: <http://sa.previdencia.gov.br/site/2018/09/AEAT-2017.pdf>. Acesso em: 22 jul. 2019, p. 528.

trabalho[15]. Essa iniciativa, para além de permitir a recomposição do erário com gastos provenientes do pagamento dos benefícios acidentários, tem um forte caráter pedagógico no sentido de estimular a observância das normas regulamentadoras do extinto Ministério do Trabalho e Emprego[16].

> Para finalizar, não se pode deixar de destacar que, progressivamente, o Poder Público está responsabilizando os maus empregadores que exponham vida ou saúde dos seus empregados, sem prejuízo da responsabilização civil (pedido de indenização), o Ministério do Trabalho e Emprego, com base em informações fornecidas trimestralmente (a partir de 1º de março de 2011) pelo Ministério da Previdência Social, relativas aos dados de acidentes e doenças do trabalho constantes das comunicações de acidente de trabalho registradas no período, encaminhará à Previdência Social os respectivos relatórios de análise de acidentes do trabalho com indícios de negligência quanto às normas de segurança e saúde do trabalho que possam contribuir para a proposição de ações judiciais regressivas do INSS contra a empresa.[17]

A implementação de políticas protetivas direcionadas à redução de riscos ambientais do trabalho é um direito fundamental de todos os trabalhadores e, ao mesmo tempo, um dever direcionado ao Estado. Nesse sentido, as ações regressivas, o NTEP e o FAP[18] se somaram às tradicionais medidas de proteção social implementadas no âmbito trabalhista/previdenciário no país. Destarte, é indispensável uma análise mais detalhada da forma de apuração do FAP e suas implicações sobre o pagamento do seguro acidente do trabalho.

3. SEGURO ACIDENTE DO TRABALHO E SUA RELAÇÃO COM A PROTEÇÃO DE FATOS GERADORES DE NATUREZA ACIDENTÁRIA

Os benefícios previdenciários podem ser classificados como comuns ou acidentários, os primeiros têm como fato gerador uma situação que não está ligada à ocorrência de sinistros laborais como acontece no caso de salário-maternidade ou de aposentadoria por tempo de contribuição; já os benefícios acidentários têm como causa uma situação relacionada a um acidente do trabalho.

Dentro das espécies acidentárias, o RGPS (Regime Geral de Previdência Social) prevê o pagamento de auxílio-doença acidentário (B/91); aposentadoria por invalidez decorrente de acidente do trabalho (B/92); pensão por morte decorrente de acidente do trabalho (B/93) e auxílio-acidente (B/94). Com base na necessidade de prévia fonte de custeio dos benefícios administrados pelo INSS[19], o legislador estabeleceu o pagamento de contribuição relacionada ao risco de ocorrência de acidente do trabalho.

De fato, o seguro acidente do trabalho é a contribuição estabelecida para o financiamento dos benefícios previdenciários que decorrem de fatos geradores relacionados aos acidentes de trabalho[20]. De acordo com o grau de risco da atividade empresarial, a legislação previdenciária

15. "A Advocacia-Geral da União ajuizou 395 ações regressivas acidentárias em 2018. A expectativa é que sejam recuperados R$ 173 milhões ao INSS. Os dados mostram que houve recuo de 30% em relação a 2017, quando foram apresentados 568 processos. Essas ações pedem que responsáveis por acidentes que resultem em pagamento de pensões aos acidentados ressarçam o INSS pelos gastos. A medida é prevista na Lei n. 8.123/1991. Com o ajuizamento das ações regressivas em 2018, foram arrecadados R$ 24 milhões, o que corresponde ao valor que o INSS já desembolsou na concessão do benefício acidentário. A expectativa de ressarcimento é a quantia que a autarquia ainda pagará e espera receber de volta quando essas ações forem julgadas. De acordo com a AGU, 376 (95,2%) ações ajuizadas em 2018 tiveram como base os relatórios de fiscalização produzidos pelos órgãos do Ministério do Trabalho. Foram ajuizadas ações coletivas em decorrência de acidente de trabalho e algumas delas resultaram na proposição de ações civis públicas por parte do Ministério Público do Trabalho." (Disponível em: <https://www.conjur.com.br/2019-jan-30/agu-ajuiza-395-acoes-recuperar-173-milhoes-inss>. Acesso em: 25 jul. 2019.)
16. "As Normas Regulamentadoras (NR) são disposições complementares ao Capítulo V da CLT, consistindo em obrigações, direitos e deveres a serem cumpridos por empregadores e trabalhadores com o objetivo de garantir trabalho seguro e sadio, prevenindo a ocorrência de doenças e acidentes de trabalho. A elaboração/revisão das NR é realizada pelo Ministério do Trabalho adotando o sistema tripartite paritário por meio de grupos e comissões compostas por representantes do governo, de empregadores e de empregados." (Disponível em: <https://enit.trabalho.gov.br/portal/index.php/seguranca-e-saude-no-trabalho/sst-menu/sst-normatizacao/sst-nr-portugues?view=default>. Acesso em: 27 jul. 2019.)
17. BARROS JÚNIOR, Edmilson de Almeida. *Direito previdenciário médico*: benefícios por incapacidade laborativa e aposentadoria especial. 2. ed. São Paulo: Atlas, 2012. p. 53/54.
18. "O Fator Acidentário de Prevenção (FAP) guarda estreita relação com o acidente de trabalho e NTEP." (BARROS JÚNIOR, Edmilson de Almeida. *Direito previdenciário médico*: benefícios por incapacidade laborativa e aposentadoria especial. 2. ed. São Paulo: Atlas, 2012. p. 53)
19. Art. 195 – CF/1988. A seguridade social será financiada por toda a sociedade, de forma direta e indireta, nos termos da lei, mediante recursos provenientes dos orçamentos da União, dos Estados, do Distrito Federal e dos Municípios, e das seguintes contribuições sociais:
    [...]
    § 5º Nenhum benefício ou serviço da seguridade social poderá ser criado, majorado ou estendido sem a correspondente fonte de custeio total.
20. Art. 7º – CF/1988, inciso XXVIII – seguro contra acidentes de trabalho, a cargo do empregador, sem excluir a indenização a que este está obrigado, quando incorrer em dolo ou culpa.

estabeleceu três níveis de alíquotas para o enquadramento da referida contribuição. Quanto mais elevado for o risco de acidentes maior será o percentual que incidirá sobre a folha de salários da empresa.

> Art. 22. Lei n. 8.212/1991. A contribuição a cargo da empresa, destinada à Seguridade Social, além do disposto no art. 23, é de:
>
> [...]
>
> II – para o financiamento do benefício previsto nos arts. 57 e 58 da Lei n. 8.213, de 24 de julho de 1991, e daqueles concedidos em razão do grau de incidência de incapacidade laborativa decorrente dos riscos ambientais do trabalho, sobre o total das remunerações pagas ou creditadas, no decorrer do mês, aos segurados empregados e trabalhadores avulsos:
>
> a) 1% (um por cento) para as empresas em cuja atividade preponderante o risco de acidentes do trabalho seja considerado leve;
>
> b) 2% (dois por cento) para as empresas em cuja atividade preponderante esse risco seja considerado médio;
>
> c) 3% (três por cento) para as empresas em cuja atividade preponderante esse risco seja considerado grave.

Nesse sentido, a alíquota de 3% está direcionada para as atividades que oferecem um maior grau de risco ao trabalhador, como atividades de transporte de valores e serviços de engenharia; a alíquota de 2% para as atividades de risco médio, como laboratórios clínicos e atividades veterinárias; e a alíquota da 1% para as atividades de baixo risco de acidentes, como atividades de fotocópias e em agências de viagens. O fundamento constitucional para a regulamentação de alíquotas diferenciais de contribuição relativas ao risco de acidentes do trabalho é o princípio da equidade na forma de participação do custeio.

> Além da capacidade contributiva, a equidade impõe que empresas que provoquem uma maior atuação estatal, por produzirem mais situações de risco social, devam pagar contribuições maiores. Assim, sendo, a lei prevê que a empresa cuja atividade apresentar maior risco de acidente do trabalho deve contribuir progressivamente mais que outra com menor potencial de produzir acidentes de trabalho, mesmo que esta última tenha a mesma capacidade contributiva.[21]

A instituição de alíquotas diferenciadas conforme a atividade preponderante da empresa tem previsão constitucional. Porém, desconsidera as situações em que há um forte investimento em medicina e segurança do trabalho e, por isso, menor incidência de acidentes do trabalho. Nesse sentido, o Fator Acidentário de Prevenção permite uma maior concretização do princípio da equidade na forma de participação do custeio.

4. FATOR ACIDENTÁRIO DE PREVENÇÃO (FAP) COMO INSTRUMENTO DE MONITORAMENTO DO MEIO AMBIENTE DO TRABALHO

O Fator Acidentário de Prevenção (FAP) foi introduzido na legislação previdenciária por meio da Lei n. 10.666, de 8 de maio de 2003.

> Art. 10. A alíquota de contribuição de um, dois ou três por cento, destinada ao financiamento do benefício de aposentadoria especial ou daqueles concedidos em razão do grau de incidência de incapacidade laborativa decorrente dos riscos ambientais do trabalho, poderá ser reduzida, em até cinquenta por cento, ou aumentada, em até cem por cento, conforme dispuser o regulamento, em razão do desempenho da empresa em relação à respectiva atividade econômica, apurado em conformidade com os resultados obtidos a partir dos índices de frequência, gravidade e custo, calculados segundo metodologia aprovada pelo Conselho Nacional de Previdência Social.

Enquanto o SAT era aplicado de forma genérica – pois o enquadramento era realizado pela Classificação Nacional de Atividades Econômicas (atividades preponderantes da empresa), conforme estabelecido no Anexo V do Decreto n. 3.048/1999 – o FAP é um índice subjetivo, pois considera o percentual de acidentes que ocorrem em ambiente de trabalho específico. Daí, pode-se concluir que tributação objetiva do SAT não levava em consideração as individualidades do estabelecimento empresarial, já que ela incidia coletivamente apenas com base no CNAE[22].

Efetivamente, a caracterização do fato gerador nas espécies acidentárias permite o cálculo do FAP relativo à empresa onde o sinistro ocorreu. Nessa perspectiva, a quantidade de benefícios acidentários concedidos e o nível de gravidade do fato gerador de determinado estabelecimento

21. PANCOTTI, Luiz Gustavo Boiam. *Os conflitos constitucionais na tutela de benefícios*. São Paulo: LTr, 2009. p. 102.
22. "Como dito, a contribuição para o SAT teve definidos os critérios de incidência da lei, no que tange à alíquota a ser observada, com a fixação do RAT (Risco Ambiental de Trabalho), que, levando em consideração a atividade preponderante da empresa (CNAE), seguindo orientações legais e constitucionais, promoveu a chamada tarifação coletiva. Ou seja, todas as empresas que exercem, com predominância, uma determinada atividade econômica passaram a ser taxadas com uma alíquota específica, correspondente ao RAT da atividade. Embora essa escolha siga ditames constitucionais e é o critério mais objetivo e fidedigno possível sob uma perspectiva abstrata, ele põe, no mesmo grupo, empresas que, a despeito de realizarem a mesma atividade, podem seguir padrões de procedimento de prevenção de acidentes e doenças do trabalho completamente diversos, do ponto de vista qualitativo. Essa aparente anti-isonomia tinha que ser equacionada com a temperança do critério objetivo (a definição de alíquotas com base na atividade preponderante) com um critério subjetivo (os resultados dos projetos de prevenção de acidentes e doenças laborais de cada empresa)." VASCONCELOS, Paulo Mariano Alves de. *SAT, RAT e FAP: instituição, regulamentação e reenquadramento*. Disponível em: <https://www.ieprev.com.br/conteudo/categoria/3/1801/sat_rat_e_fap_instituicao_regulamentacao_e_reenquadramento>. Acesso em: 28 jul. 2019.)

empresarial têm consequências no cômputo do FAP; podendo acarretar a redução ou a majoração do tributo devido.

> O FAP tem como base a dicotomia *bonus – malus* e seu valor variará entre 0,5 e 2 conforme a efetividade do maior ou menor grau de investimentos em programas de prevenção de acidentes e doenças do trabalho e proteção contra os riscos ambientais do trabalho, respectivamente. Ainda que a princípio pareça tratar-se de mecanismo meramente fiscal-tributário, o FAP trará reflexos imediatos na organização empresarial relativa à segurança e saúde do trabalhador, pois o investimento nessa área implicará maior ou menor alíquota de contribuição das empresas.[23]

Assim, a variação da alíquota do SAT com a aplicação do FAP pode ser estabelecida em três intervalos distintos. Quando o enquadramento do estabelecimento empresarial no SAT for para risco leve (1,0%), o valor da contribuição incidente sobre a folha de salários pode ser de 0,5% a 2,0%; no caso de atividades de risco moderado (2,0%), a aplicação do FAP pode resultar em uma alíquota de 1,0% a 4,0%; por fim, quanto se tratar de risco elevado, a variação do tributo pode ser de 1,5% a 6,0%.

No momento de calcular o FAP[24], eventos como a morte ou a invalidez do trabalhador terão um impacto maior que a incapacidade temporária ou a lesão decorrente de acidente do trabalho. De fato, o índice de gravidade varia de acordo com o tipo de lesão sofrida pelo trabalhador: a) 0,1 (auxílio-doença acidentário ou auxílio-acidente); b) 0,3 (aposentadoria por invalidez decorrente de acidente do trabalho) e c) 0,5 (pensão por morte decorrente de acidente do trabalho)[25].

Dessa maneira, a metodologia do FAP leva em consideração fatores sociais (gravidade); probabilísticos (frequência)[26] e econômicos (custo)[27].

> Art. 202-A. Decreto n. 3.048/1999 – As alíquotas constantes nos incisos I a III do art. 202 serão reduzidas em até cinquenta por cento ou aumentadas em até cem por cento, em razão do desempenho da empresa em relação à sua respectiva atividade, aferido pelo Fator Acidentário de Prevenção – FAP.
>
> [...]
>
> 4º. Os índices de freqüência, gravidade e custo serão calculados segundo metodologia aprovada pelo Conselho Nacional de Previdência Social, levando-se em conta:
>
> I – para o índice de frequência, a quantidade de benefícios incapacitantes cujos agravos causadores da incapacidade tenham gerado benefício com significância estatística capaz de estabelecer nexo epidemiológico entre a atividade da empresa e a entidade mórbida, acrescentada da quantidade de benefícios de pensão por morte acidentária;
>
> II – para o índice de gravidade, a somatória, expressa em dias, da duração do benefício incapacitante considerado nos termos do inciso I, tomada a expectativa de vida como parâmetro para a definição da data de cessação de auxílio-acidente e pensão por morte acidentária; e
>
> III – para o índice de custo, a somatória do valor correspondente ao salário-de-benefício diário de cada um dos benefícios considerados no inciso I, multiplicado pela respectiva gravidade.

Ressalta-se, ainda, que estão excluídos do cálculo do FAP os acidentes de trajeto e os sinistros do trabalho que não geram a concessão de benefícios previdenciários, salvo se acarretarem a morte do trabalhador[28].

O FAP permite uma melhor adequação do SAT, promovendo uma tributação mais justa, ao levar em consideração os investimentos em medicina e segurança do trabalho realizados pela empresa. Além disso, converte-se em importante instrumento fiscalizatório para os órgãos

23. Disponível em: <http://www.previdencia.gov.br/dados-abertos/aeat-2011/aeat-2011-secao-i-estatisticas-de-acidentes-do-trabalho/>. Acesso em: 29 jul. 2019.
24. O cálculo do FAP é realizado com base na Resolução n. 1.329 do Conselho Nacional de Previdência, de 25 de abril de 2017.
25. Item 2.3.2 da Resolução n. 1.329 do Conselho Nacional de Previdência, de 25 de abril de 2017.
26. O cálculo do índice de frequência é obtido da seguinte maneira: "(número de benefícios acidentários (B91, B92, B93 e B94) acrescido do número de CATs de óbito para as quais não houve a concessão de B93 – Pensão por morte por acidente de trabalho, por estabelecimento, excetuados os decorrentes de trajeto, assim identificados por meio da CAT ou por meio de outro instrumento que vier a substituí-la/número médio de vínculos do estabelecimento) x 1.000 (mil)." (Item 2.3.1 da Resolução n. 1.329 do Conselho Nacional de Previdência, de 25 de abril de 2017)
27. De acordo com a Resolução n. 1.329 do CNP, o índice de custo: "Representa as despesas da Previdência Social com pagamento de benefícios de natureza acidentária e sua relação com as contribuições das empresas. Para esse índice são computados os valores pagos pela Previdência em rendas mensais de benefícios, excetuados os decorrentes de trajeto, assim identificados por meio da CAT ou por meio de outro instrumento que vier a substitui-la. No caso do auxílio-doença por acidente de trabalho (B91), o custo é calculado pelo tempo de afastamento, em meses e fração de mês, do segurado dentro do Período-Base de cálculo do FAP. Nos casos da aposentadoria por invalidez por acidente de trabalho (B92) e do auxílio-acidente por acidente de trabalho (B94), os custos são calculados fazendo uma projeção da expectativa de sobrevida do beneficiário a partir da tábua completa de mortalidade construída pela Fundação Instituto Brasileiro de Geografia e Estatística – IBGE, para toda a população brasileira, considerando-se a média nacional única para ambos os sexos. No caso da pensão por morte por acidente de trabalho (B93) os custos serão calculados considerando as regras vigentes para duração do benefício."
28. Itens 2.2 e 2.3 da Resolução n. 1.329 do Conselho Nacional de Previdência, de 25 de abril de 2017.

governamentais[29], já que pode direcionar quais os ambientes de trabalho necessitam de investimentos e melhorias das condições laborais.

> Portanto, a previdência estava com o desafio de deixar a contribuição mais justa e equânime, fazendo com que aqueles que mais acidentam e adoecem seus trabalhadores paguem mais, pagando menos aqueles que têm maior zelo com seus colaboradores. Mas, mais do que isso, tinha que fazê-lo de uma forma que diminuísse o déficit público com relação às aposentadorias por invalidez decorrentes de acidentes ou doenças de trabalho, objetivando, em razoável espaço de tempo, zerar esse rombo. Portanto, o reenquadramento revelou-se oportuno e razoável, coerente com a legislação e a realidade fática, na busca de efetividade e equidade na tributação. Destarte, não parece ter havido aumento generalizado de alíquotas, mas sim adequação tributária, muitas vezes para menos, outras para mais, mas com justiça.[30]

No ano de 2019, cerca de 90% (noventa por cento) dos estabelecimentos foram beneficiados com a aplicação do FAP, em razão da diminuição da carga tributária. Lado outro, em quase 5,0% dos estabelecimentos houve a majoração da contribuição acidentária (SAT). Em termos percentuais o número pode parecer pequeno; mas quando se analisa o número total de empresas nessa situação, depreende-se que em mais de 150.000 (cento e cinquenta mil) houve um elevado índice de acidentes do trabalho.[31] Daí a necessidade de uma ação fiscalizatória eficaz nesses ambientes de trabalho.

5. CONSIDERAÇÕES FINAIS

A redução do número de acidentes de trabalho deve ser uma preocupação constante tanto dos órgãos governamentais quanto das empresas. Por essa ótica, a promoção da saúde no trabalho é ao mesmo tempo um direito fundamental do trabalhador e um dever do Estado. Não se pode negar que a essência da vida já comporta uma série de riscos e eventualidades que muitas vezes não se pode evitar.

De fato, os sinistros laborais podem ocorrer mesmo quando há investimento em medicina e segurança do trabalho. Nessas hipóteses, além de medidas individuais de reparação, como o pagamento de indenização por danos materiais, estéticos, entre outros, o trabalhador e seus dependentes têm à disposição benefícios de natureza previdenciária que proporcionam proteção no caso de incapacidade temporária ou permanente, lesão e morte.

Entretanto, quando se trata de riscos ambientais do trabalho é imprescindível que fortes políticas públicas sejam implementadas de forma a promover um ambiente de trabalho cada vez mais saudável. Com efeito, as tradicionais medidas de fiscalização, controle, prevenção e reparação de acidentes do trabalho precisam se alinhar a outras medidas mais modernas como as ações de regresso, o NTEP e o FAP.

Assim, é dever do Estado incentivar e cobrar investimentos em segurança do trabalho, o que pode ser feito por meio de estratégias de monitoramento mais eficazes como o FAP, que ao levar em consideração fatores ligados à gravidade, frequência e custo desses sinistros, permite um acompanhamento mais efetivo das empresas que apresentam um resultado negativo (FAP – faixa *malus*) em comparação aos estabelecimentos que recebem incentivos tributários (FAP – faixa bônus).

Em síntese, as ações estatais devem se voltar mais fortemente para a fiscalização de ambientes do trabalho que provoquem um maior índice de adoecimento dos trabalhadores. Os dados do FAP para o ano de 2019 permitem concluir que é grande a quantidade de estabelecimentos, ao menos em números absolutos, em que a acidentalidade laboral é considerada elevada. E é justamente para esses ambientes de trabalho que a atenção dos órgãos de fiscalização deve ser focalizada.

6. REFERÊNCIAS

ANASPS/*ON-LINE* – Ano XVI, Edição n. 1.800, publicado em 2 de outubro de 2018. Disponível em: <https://www.anasps.org.br/anasps-on-line-ano-xvi-edicao-no-1800/>. Acesso em: 26 jul. 2019.

ANUÁRIO ESTATÍSTICO DE ACIDENTES DO TRABALHO – AEAT 2017. Disponível em: <http://sa.previdencia.gov.br/site/2018/09/AEAT-2017.pdf>. Acesso em: 22 jul. 2019.

29. Nos últimos anos, noticiou-se o reduzido número de fiscais do trabalho em atuação no país, motivo pelo qual a otimização dessa escassa força de trabalho pode ser realizada com o direcionamento das ações fiscalizatórias para os estabelecimentos com FAP-faixa *malus*. Nesse sentido, foram veiculadas as seguintes notícias: *Fiscalização do trabalho tem menor número de auditores em 20 anos*. (Disponível em: <https://www.redebrasilatual.com.br/trabalho/2018/06/fiscalizacao-do-trabalho-tem-menor-numero-de-auditores-em-20-anos/>. Acesso em: 28 jul. 2019) e *Número de fiscais do trabalho despenca e MPT aciona Justiça para garantir contratações*. (Disponível em: <https://reporterbrasil.org.br/2014/06/numero-de-fiscais-do-trabalho-despenca-e-mpt-aciona-justica-para-garantir-contratacoes/>. Acesso em: 28 jul. 2019).
30. VASCONCELOS, Paulo Mariano Alves de. *SAT, RAT e FAP: instituição, regulamentação e reenquadramento*. Disponível em: <https://www.ieprev.com.br/conteudo/categoria/3/1801/sat_rat_e_fap_instituicao_regulamentacao_e_reenquadramento>. Acesso em: 28 jul. 2019.
31. O cálculo do FAP para vigência em 2019 foi apurado em 3.425.832 estabelecimentos (CNPJ completo), em que foi aplicado: a) bônus em 3.151.183 (91,98%); b) neutro em 116.231 (3,39%) e c) *malus* em 158.418 (4,62%). (Fonte: *ANASPS*/ON-LINE – *Ano XVI*, Edição n. 1.800, publicado em 2 de outubro de 2018. Disponível em: <https://www.anasps.org.br/anasps-on-line-ano-xvi-edicao-no-1800/>. Acesso em: 26 jul. 2019)

BARROS JÚNIOR, Edmilson de Almeida. *Direito previdenciário médico*: benefícios por incapacidade laborativa e aposentadoria especial. 2. ed. São Paulo: Atlas, 2012.

BRASIL. *Constituição da República Federativa do Brasil*, de 5 de outubro de 1988.

______. *Lei n. 8.036*, de 11 de maio de 1990.

______. *Lei n. 8.212*, de 24 de julho de 1991.

______. *Lei n. 8.213*, de 24 de julho de 1991.

______. *Decreto n. 3.048*, de 6 de maio de 1999.

______. *Lei n. 10.666*, de 8 de maio de 2003.

______. *Resolução n. 1.329*, do Conselho Nacional de Previdência, de 25 de abril de 2017.

DIMOULIS, Dimitri; MARTINS, Leonardo. *Teoria geral dos direitos fundamentais*. 4. ed. rev., atual. e ampl. São Paulo: Atlas, 2012.

PANCOTTI, Luiz Gustavo Boiam. *Os conflitos constitucionais na tutela de benefícios*. São Paulo: LTr, 2009.

SARLET, Ingo Wolfgang. *A eficácia dos direitos fundamentais*: uma teoria geral dos direitos fundamentais na perspectiva constitucional. 10. ed. rev. atual. e ampl.; 2. tir. Porto Alegre: Livraria do Advogado Editora, 2010.

VASCONCELOS, Paulo Mariano Alves de. *SAT, RAT e FAP: instituição, regulamentação e reenquadramento*. Disponível em: <https://www.ieprev.com.br/conteudo/categoria/3/1801/sat_rat_e_fap_instituicao_regulamentacao_e_reenquadramento>. Acesso em: 28 jul. 2019.

27 Nexo Técnico Epidemiológico Previdenciário – NTEP: considerações e implicações jurídicas nas ações acidentárias. Estudo de caso

Guilherme Bassi de Melo[1]

Renata Machado Furriel[2]

1. INTRODUÇÃO

O presente artigo tem por objetivo analisar as implicações e consequências da inovação introduzida pelo art. 21-A da Lei n. 8.213/1991 em relação ao julgamento das ações acidentárias ajuizadas na Justiça do Trabalho.

Necessário, inicialmente, contextualizar o cenário no qual as ações acidentárias estão inseridas. Além da própria complexidade inerente ao estabelecimento do nexo entre a doença e o trabalho, existem elementos estruturais e políticos que dificultam sobremaneira a formação de convicção judicial sobre a responsabilidade das empresas pelos danos causados à saúde do trabalhador.

O art. 21-A da Lei n. 8.213/1991, ao introduzir no ordenamento o nexo técnico epidemiológico previdenciário – NTEP, alterou significativamente as possibilidades de julgamento e de análise das provas produzidas nas ações acidentárias.

Num primeiro momento, o maior impacto da constatação do NTEP se verifica nos próprios laudos elaborados pelos peritos judicialmente nomeados. A presunção legal decorrente da existente do NTEP impulsiona os peritos a formularem análises mais profundas e completas sobre o nexo de causalidade.

Num segundo momento, a aferição do NTEP altera a própria dinâmica de consideração das provas produzidas para demonstrar a correlação entre o trabalho e a lesão. Trata-se de decorrência lógica da consideração de dados estatísticos e epidemiológicos que, de forma relativa, pressupõem a existência de liame entre dano e labor.

Por fim, considerando que poucas são as decisões judiciais que exploram a inovação advinda do art. 21-A da Lei n. 8.213/1991, houve apresentação e estudo de acordão paradigmático proferido nos autos do processo TRT/15 RO n. 0000713-44.2012.5.15.0023 – o qual perscrutou devidamente os caminhos necessários e as implicações decorrentes da constatação do NTEP na prática.

2. PROLEGÔMENOS

As ações acidentárias têm sido o calcanhar de Aquiles da Justiça do Trabalho. Muitas são as dificuldades inerentes ao julgamento das lides nas quais o objetivo é elucidar se a lesão causada à saúde do trabalhador possui ou não correlação com o trabalho exercido.

Em primeiro lugar, a Justiça do Trabalho não possui um quadro próprio de peritos médicos concursados. Certamente a criação dos cargos e o provimento das vagas por intermédio de concurso público de provas e títulos seriam a maneira mais confiável e eficaz para melhor aparelhar a Justiça do Trabalho e, com isso, evitar os inúmeros problemas decorrentes da nomeação dos chamados peritos de confiança do juízo.

Verdade seja dita, na maioria esmagadora dos casos os magistrados não conhecem os peritos médicos que são nomeados para apurar a existência do nexo de causalidade entre a lesão e o trabalho. Em alguns casos, especialmente em municípios pequenos, sequer é possível encontrar um profissional que seja especialista em Medicina do Trabalho – situação que torna bastante temerária as conclusões apresentadas.

Em segundo lugar, mesmo após a entrada em vigor do Código de Processo Civil de 2015, muitos Tribunais do Trabalho não implementaram as disposições contidas no art. 156 e parágrafos, que assim dispõem, *ipsis litteris*:

1. Bacharel em Direito pela PUC/SP. Pós-graduado em Direito Econômico pela Universidade de Coimbra. Especialista em Interesses Difusos e Coletivos pela Escola Superior do Ministério Público do Estado de São Paulo. Mestre em Direito das Relações Sociais pela PUC/SP. Professor. Assessor de Desembargador – TRT/15.

2. Bacharel em Direito pela Faculdade de Direito da Universidade de São Paulo – FADUSP. Assessora de Desembargador – TRT/15.

> Art. 156. O juiz será assistido por perito quando a prova do fato depender de conhecimento técnico ou científico.
>
> § 1º Os peritos serão nomeados entre os profissionais legalmente habilitados e os órgãos técnicos ou científicos devidamente inscritos em cadastro mantido pelo tribunal ao qual o juiz está vinculado.
>
> § 2º Para formação do cadastro, os tribunais devem realizar consulta pública, por meio de divulgação na rede mundial de computadores ou em jornais de grande circulação, além de consulta direta a universidades, a conselhos de classe, ao Ministério Público, à Defensoria Pública e à Ordem dos Advogados do Brasil, para a indicação de profissionais ou de órgãos técnicos interessados.
>
> § 3º Os tribunais realizarão avaliações e reavaliações periódicas para manutenção do cadastro, considerando a formação profissional, a atualização do conhecimento e a experiência dos peritos interessados.
>
> § 4º Para verificação de eventual impedimento ou motivo de suspeição, nos termos dos arts. 148 e 467, o órgão técnico ou científico nomeado para realização da perícia informará ao juiz os nomes e os dados de qualificação dos profissionais que participarão da atividade.
>
> § 5º Na localidade onde não houver inscrito no cadastro disponibilizado pelo tribunal, a nomeação do perito é de livre escolha pelo juiz e deverá recair sobre profissional ou órgão técnico ou científico comprovadamente detentor do conhecimento necessário à realização da perícia.

O texto do § 5º do art. 156 do CPC prevê que a nomeação será de livre escolha do magistrado apenas nos municípios em que não houver perito cadastrado. Portanto, a regra da livre nomeação dos chamados peritos de confiança do juízo não mais subsiste após a entrada em vigor do Código de Processo Civil de 2015.

Infelizmente, a Resolução n. 233/2016 do Conselho Nacional de Justiça (que regulamentou o art. 156, § 1º, do CPC) não estabeleceu prazo máximo para a implementação do Cadastro Eletrônico de Peritos e Órgãos Técnicos ou Científicos (CPTEC). Trata-se de omissão bastante prejudicial aos jurisdicionados, que ficam à mercê da vontade política dos tribunais.

Em terceiro lugar, existe uma crise de confiança instaurada após a deflagração da Operação Hipócritas pelo Ministério Público Federal no ano de 2016. Depois de apurar diversas denúncias, o órgão ministerial demonstrou a existência de cooptação de peritos médicos judicialmente nomeados por médicos assistentes de grandes empresas. O Ministério Público do Trabalho tem auxiliado na investigação e as informações são repassadas para a Presidência do Tribunal Regional da 15ª Região (local de ocorrência da maior quantidade de casos de corrupção passiva envolvendo peritos judiciais).

Em quarto lugar, considerando as especificidades daqueles que reclamam seus direitos perante a Justiça do Trabalho, raramente os trabalhadores possuem condições financeiras de contratar médicos assistentes. A hipossuficiência econômica atinge seu ápice nas ações acidentárias. Essa situação se soma à falta de profissionais de efetiva confiança do juízo, à ausência de especialistas em muitas localidades, à recorrente nomeação de médicos assistentes pelas empresas e frequente alteração dos locais de trabalho.

Em quinto lugar, tem sido comum a ausência de realização de audiência de instrução para oitiva de testemunhas. Essa prática geralmente é justificada pela impossibilidade de as informações apresentadas alterarem a conclusão pericial.

Trata-se de um equívoco. A regra deve ser a possibilidade de ampla instrução nas ações acidentárias. A complexidade da controvérsia faz presumir a necessidade da oitiva de testemunhas. É evidente que a testemunha não poderá estabelecer o nexo de causalidade. Entretanto, poderá fornecer importantes elementos sobre a real atividade exercida pelo trabalhador.

A possibilidade de indeferimento de diligências inúteis ou meramente protelatórias (art. 370, parágrafo único, do CPC) não deve se sobrepor ao amplo e fundamental direito de produzir provas (art. 5º, LV, da Constituição Federal). A avaliação da pertinência da oitiva das testemunhas – que ocorrerá caso a caso – deve considerar, por exemplo, se houve ou não vistoria ao posto de trabalho e, ainda, se o local de trabalho permanece inalterado.

É diante de todas essas considerações – que apenas resumem as dificuldades verificadas no julgamento das ações acidentárias, mas não as esgotam – que o magistrado deve conhecer, avaliar e utilizar o nexo técnico epidemiológico previdenciário – NTEP.

Não se pode ignorar que, mesmo após a entrada em vigor do Código de Processo Civil, o ordenamento jurídico ainda adotava o princípio da persuasão racional ou livre convencimento motivado (art. 371/CPC), de modo que o resultado do laudo pericial não vincula o magistrado. Trate-se de forma de assegurar a independência do juiz e necessidade de fundamentação das decisões judiciais (art. 93, IX, da Constituição Federal).

3. NEXO TÉCNICO EPIDEMIOLÓGICO PREVIDENCIÁRIO – NTEP

3.1. Previsão legal e características

É no art. 21-A da Lei n. 8.213/1991 (incluído pela Lei n. 11.430/2006 e alterado pela Lei Complementar n. 150/2015) que se encontra o fundamento legal direto do nexo técnico epidemiológico previdenciário, doravante denominado NTEP. Referido dispositivo assim prevê, *ipsis litteris*:

> Art. 21-A. A perícia médica do Instituto Nacional do Seguro Social (INSS) considerará caracterizada a natureza acidentária da incapacidade quando constatar ocorrência de nexo técnico epidemiológico entre o trabalho e o

> agravo, decorrente da relação entre a atividade da empresa ou do empregado doméstico e a entidade mórbida motivadora da incapacidade elencada na Classificação Internacional de Doenças (CID), em conformidade com o que dispuser o regulamento.

De forma simplificada, pode-se dizer que o NTEP é uma forma de correlacionar a doença e o trabalho com respaldo em informações estatísticas disponibilizadas ao Instituto Nacional do Seguro Social – INSS.

Trata-se, em outras palavras, do resultado obtido por intermédio do cruzamento da Classificação Nacional de Atividades Econômicas (CNAE) com o Código Internacional de Doenças (CID). Isso permite averiguar que, no âmbito de determinada atividade econômica explorada pela empresa, há elevada probabilidade de os seus empregados desenvolverem doenças específicas.

Muito embora o NTEP seja alvo de inúmeras críticas (especialmente em decorrência dos métodos e pressupostos utilizados para sua elaboração), a verdade é que se trata de ferramenta excepcional cujas implicações processuais e extraprocessuais não foram devidamente exploradas.

No âmbito extraprocessual (que está fora do objeto de análise do presente artigo), por exemplo, o NTEP permite que as empresas elaborem e implementem um Programa de Prevenção de Riscos Ambientais (PPRA) efetivo e bastante fidedigno. Isso porque, conhecedora das doenças que mais frequentemente acometem seus empregados, é possível desenvolver estratégias e planos preventivos ou atenuadores.

Para que o NTEP seja obtido, basta que o interessado insira o número do Cadastro Nacional da Pessoa Jurídica (CNPJ) no sítio eletrônico da Receita Federal e veja qual é o CNAE da empresa. Essa informação necessariamente estará expressa. Após, é necessário anotar os quatro primeiros números do CNAE e consultar o Anexo II, C, do Decreto n. 3.048/1999 (alterado pelo Decreto n. 6.042/2007).

O Anexo II, lista C, do Decreto n. 3.048/1999 prevê os agrupamentos de doenças que, de acordo com a CID-10 (a CID-11 entrará em vigor no Brasil apenas no ano de 2022), correlacionam-se com a atividade econômica explorada pela empresa.

3.2. Consequências e implicações jurídico-processuais

A questão que deve ser respondida é a seguinte: na prática, qual a consequência da constatação do NTEP? A resposta está condicionada à análise de alguns dispositivos legais.

O art. 337, § 3º, do Decreto n. 3.048/1999 dispõe expressamente que, *ipsis litteris*:

> § 3º Considera-se estabelecido o nexo entre o trabalho e o agravo quando se verificar nexo técnico epidemiológico entre a atividade da empresa e a entidade mórbida motivadora da incapacidade, elencada na Classificação Internacional de Doenças – CID em conformidade com o disposto na Lista C do Anexo II deste Regulamento.

Parece bastante lógico, diante da clareza do referido dispositivo, que a constatação do NTEP implica a existência de presunção legal favorável ao trabalhador. É por essa razão, por exemplo, que a comprovação de que o reclamante recebeu benefício previdenciário B91 revela indício forte de que a doença possui correlação com o trabalho.

A leitura dos demais parágrafos do art. 337 do Decreto n. 3.048/1999 corrobora a afirmação de que o NTEP é verdadeira presunção legal favorável ao trabalhador. Os §§ 6º, 7º, 10 e 11 afastam todas as dúvidas sobre a questão, já que preveem expressamente, *ipsis litteris*:

> § 6º A perícia médica do INSS deixará de aplicar o disposto no § 3º quando demonstrada a inexistência de nexo entre o trabalho e o agravo, sem prejuízo do disposto nos §§ 7º e 12.
>
> § 7º A empresa poderá requerer ao INSS a não aplicação do nexo técnico epidemiológico ao caso concreto mediante a demonstração de inexistência de correspondente nexo entre o trabalho e o agravo.
>
> § 10. Juntamente com o requerimento de que tratam os §§ 8º e 9º, a empresa formulará as alegações que entender necessárias e apresentará as provas que possuir demonstrando a inexistência de nexo entre o trabalho e o agravo.
>
> § 11. A documentação probatória poderá trazer, entre outros meios de prova, evidências técnicas circunstanciadas e tempestivas à exposição do segurado, podendo ser produzidas no âmbito de programas de gestão de risco, a cargo da empresa, que possuam responsável técnico legalmente habilitado.

Portanto, a presunção legal favorável ao trabalhador somente será afastada quando existir evidência técnica específica e contemporânea ao período de exposição do trabalhador em sentido contrário.

Referida evidência, ao que tudo indica, poderá ser apresentada pelo próprio INSS e pela empresa. Em todo caso, ao trabalhador será assegurado o contraditório (art. 5º, LV, da Constituição Federal e art. 337, § 12, do Decreto n. 3.048/1999).

Dessa forma, além de revelar presunção legal favorável ao trabalhador, a segunda conclusão que se infere da leitura dos parágrafos transcritos diz respeito à natureza *iuris tantum* da presunção. De maneira mais clara: se é possível apresentar contraprova para afastar o NTEP, então a presunção é relativa.

As implicações processuais decorrentes da constatação do NTEP são bastante significativas nas ações acidentárias e devem ser consideradas de forma individualizada.

3.3. O NTEP e a perícia realizada por perito judicialmente nomeado

Em primeiro lugar, é imprescindível que o perito judicialmente nomeado se manifeste expressamente sobre a existência ou não do NTEP. Após a aferição do NTEP, deverá afirmar se a presunção legal favorável ao trabalhador será ou não mantida. Sua manifestação deve ser justificada e claramente fundamentada em provas fáticas e em literatura médica especializada.

Caso o perito judicialmente nomeado constate a existência de NTEP, mas entenda que não é o caso de mantê-lo, deverá esclarecer o motivo de sua conclusão. A questão é bastante delicada, pois o perito nomeado deverá apresentar elementos sólidos o suficiente para contrariar dados estatísticos que, dentre outros dados, consideram a prevalência da doença no âmbito da atividade econômica explorada pela empresa.

Para que o perito nomeado possa afastar o NTEP, alguns requisitos devem ser considerados expressamente, quais sejam: a) realização de vistoria no local de trabalho, b) implementação, pela empresa, de PCMSO, de PPRA, de LTCAT e de laudos ergonômicos.

Considerando que o NTEP revela presunção legal favorável ao trabalhador, parece claro que, para afastá-lo no caso concreto, o perito nomeado deve vistoriar o local de trabalho. Isso porque apenas as aferições realizadas *in loco* serão capazes de contrariar a abstração decorrente das milhares de informações coletadas e organizadas pelo INSS – cuja consequência é a formulação do Anexo II, lista C, do Decreto n. 3.048/1999.

O art. 2º da Resolução n. 1.488/1999 do Conselho Federal de Medicina estabelece que, *ipsis litteris*:

> Art. 2º Para o estabelecimento do nexo causal entre os transtornos de saúde e as atividades do trabalhador, além do exame clínico (físico e mental) e os exames complementares, quando necessários, deve o médico considerar:
>
> I – a história clínica e ocupacional, decisiva em qualquer diagnóstico e/ou investigação de nexo causal;
>
> II – o estudo do local de trabalho;
>
> III – o estudo da organização do trabalho;
>
> IV – os dados epidemiológicos;
>
> V – a literatura atualizada;
>
> VI – a ocorrência de quadro clínico ou subclínico em trabalhador exposto a condições agressivas;
>
> VII – a identificação de riscos físicos, químicos, biológicos, mecânicos, estressantes e outros;
>
> VIII – o depoimento e a experiência dos trabalhadores;
>
> IX – os conhecimentos e as práticas de outras disciplinas e de seus profissionais, sejam ou não da área da saúde.

Embora, num primeiro momento, a vistoria ao local de trabalho pareça obrigatória, o art. 11 da aludida resolução expressamente define sua natureza facultativa, *in verbis*:

> Art. 11. Deve o perito-médico judicial fornecer cópia de todos os documentos disponíveis para que os assistentes técnicos elaborem seus pareceres. Caso o perito-médico judicial necessite vistoriar a empresa (locais de trabalho e documentos sob sua guarda), ele deverá informar oficialmente o fato, com a devida antecedência, aos assistentes técnicos das partes (ano, mês, dia e hora da perícia).

Na hipótese de o perito nomeado entender que o NTEP deve ser afastado, não parece que a vistoria ao local de trabalho possa ser descartada. Caso isso ocorra, certamente a conclusão pericial não se sustentará.

Em segundo lugar, caso o perito nomeado entenda que o NTEP deve ser afastado, é imprescindível que conclua que a empresa cumpre fielmente normas elementares relacionadas à obrigação de propiciar ambiente de trabalho sadio e livre de riscos.

Se os arts. 7º, XXII, da Constituição Federal e 157, I, da CLT, preveem que a empresa deve cumprir e fazer cumprir normas de saúde e segurança do trabalho, parece evidente que o NTEP apenas poderá ser afastado pelo perito nomeado se houver rigorosa aferição de que havia observação e efetiva implementação de, no mínimo, Programa de Controle Médico de Saúde Ocupacional – PCMSO (NR n. 07), Programa de Prevenção de Riscos Ambientais – PPRA (NR n. 09), Laudo Técnico das Condições Ambientais do Trabalho – LTCAT e estudos ergonômicos (NR n. 17).

Se existe presunção legal sobre a existência de nexo entre a doença e o trabalho, parece indubitável que, para afastá-la, deverá existir prova robusta sobra o fiel cumprimento de normas ambientais do trabalho. Seria temerário afastar o NTEP e, ao mesmo tempo, constatar que a empresa descumpre normas de saúde e segurança do trabalho.

Importante esclarecer, sobre esse ponto, que não basta a afirmação do perito nomeado no sentido de que, durante a realização da perícia, a empresa apresentou PCMSO, PPRA, LTCAT e estudos ergonômicos. A mera apresentação dos documentos não significa que, de fato, as normas ambientais do trabalho tenham sido cumpridas. É imprescindível que haja análise pericial sobre a efetiva observação das Normas Regulamentadoras durante todo o período de prestação laboral. Por essa razão, aliás, é recomendável que o perito nomeado seja especialista em Medicina do Trabalho.

Caso o magistrado não disponha de perito médico especialista em Medicina do Trabalho para nomeação, será necessário que outro profissional seja nomeado para analisar o cumprimento das normas ambientais do trabalho. Aqui, novamente, cabe a constatação de que muitos tribunais ainda não implementaram o necessário Cadastro Eletrônico de Peritos e Órgãos Técnicos ou Científicos – CPTEC, previsto pelo § 1º do art. 156 do CPC. A omissão é injustificável, especialmente se se considerar a data de entrada em vigor do Código de Processo Civil.

Como se verifica, a constatação da existência do NTEP possui implicações sérias e relevantes para a atuação do perito nomeado e, consequentemente, para o magistrado e as partes litigantes.

Também é possível concluir, por outro lado, que essas implicações têm sido pouco exploradas – o que revela desconhecimento sobre o tema.

3.4. O NTEP e o ônus da prova nas ações acidentárias

A questão acerca da distribuição do ônus da prova é sempre problemática. É muito comum que a técnica seja utilizada antes da avaliação das provas que foram produzidas ou que constam dos autos – contexto que apenas contribui para a má compreensão do tema.

Em primeiro lugar, o magistrado analisará as provas independentemente de quem as tenha produzido ou requerido (art. 371 do CPC). Isso, por si só, revela que as regras sobre a distribuição do ônus da prova apenas serão utilizadas quando não houver elementos suficientes para a formação da convicção judicial.

De maneira mais clara: se, ao fundamentar seu convencimento, o magistrado se referir expressamente às provas constantes dos autos, é irrelevante averiguar se, por exemplo, produziu determinado elemento probatório que tinha o ônus de comprovar fato constitutivo de seu direito (art. 373, I, do CPC). Embora a produção probatória interesse a todas as partes, o juiz é o seu destinatário final.

De mais a mais, é importante ter em mente que existe uma peculiaridade nas ações acidentárias, qual seja: os arts. 7º, XXII, da Constituição Federal e 157, I, da CLT determinam que o empregador deve cumprir e fazer cumprir as normas de saúde e segurança do trabalho.

Em outras palavras, acima da distribuição clássica prevista pelos incisos I e II do art. 373 do CPC, está a obrigação patronal de comprovar que cumpria normas ambientais do trabalho elementares, propiciando condições dignas e livre de riscos para que o trabalhador exerça sua função.

Trata-se de imposição legal que não pode ser preterida pela técnica da distribuição do ônus da prova. Como salientado acima, essa técnica será aferida apenas quando as provas produzidas nos autos forem insuficientes para a formação da convicção judicial.

É diante desse contexto que a presença do NTEP deve ser analisada.

Conforme salientado anteriormente, o NTEP revela uma presunção legal relativa favorável ao trabalhador. Dessa forma, caso o perito (ou próprio trabalhador) constate a existência do NTEP, caberá ao empregador apresentar provas técnicas específicas para afastar a presunção legal favorável ao reclamante.

A contraprova apresentada pela empresa, invariavelmente, passará pela comprovação do cumprimento efetivo das normas ambientais do trabalho. Por essa razão, aliás, é imprescindível que o perito nomeado tenha conhecimento sobre o tema, pois somente assim poderá avaliar se a documentação apresentada pela empresa está de acordo com a legislação.

Portanto, o NTEP é um ponto de partida favorável ao trabalhador. Essa é a própria finalidade ínsita ao instituto, já que a presunção relativa decorrente de dados estatísticos tem por objetivo auxiliar aquele que habitualmente não possui condições técnicas e financeiras de comprovar que a lesão decorre do trabalho.

Por essa razão é que o NTEP tem sido bastante criticado, especialmente pelas empresas. A introdução do art. 21-A na Lei n. 8.213/1991 alterou substancialmente a dinâmica processual das ações acidentárias (ou, pelo menos, deveria tê-la alterado), pois obrigou as reclamadas a saírem da zona de conforto albergada pelas regras clássicas da distribuição do ônus da prova.

Ainda é comum, por exemplo, que ações acidentárias sejam julgadas improcedentes sob o fundamento de que o reclamante não comprovou a culpa da empresa – contexto que, além de absurdo, é ilegal, pois o trabalhador não é obrigado a comprovar que a empresa cumpria e fazia cumprir normas de saúde e segurança do trabalho.

Dessa forma, o NTEP deve ser encarado como um elemento que traz impactos processuais relevantes e bastante complexos. A constatação de sua existência e, ao mesmo tempo, a falta de fundamentação adequada para o seu afastamento podem conduzir à anulação do laudo pericial e da própria sentença.

4. ESTUDO DE CASO: PROCESSO TRT/15 RO N. 0000713-44.2012.5.15.0023

São poucos os processos nos quais a presença do NTEP e suas implicações são devidamente exploradas. Por essa razão, parece útil analisar um caso concreto no qual o tema foi abordado de forma satisfatória.

Trata-se do processo TRT/15 RO n. 0000713-44.2012.5.15.0023, relatado pelo Desembargador do Trabalho João Batista Martins César, cuja proposta de voto foi aceita de forma unânime pela 6ª Turma – 11ª Câmara do Tribunal Regional do Trabalho da 15ª Região.

A decisão fora ementada da seguinte forma, *ipsis litteris*:

> NEXO TÉCNICO EPIDEMIOLÓGICO. DOENÇA OCUPACIONAL. LIVRE CONVENCIMENTO MOTIVADO. ÔNUS DA PROVA. POSSIBILIDADE DE INVERSÃO E CULPA PRESUMIDA. 1. O ordenamento jurídico pátrio adota o princípio do livre convencimento motivado ou persuasão racional (art. 131 do Código de Processo Civil). 2. Desta forma, e por decorrência lógica, o magistrado não está adstrito às conclusões apresentadas pelo perito nomeado (art. 436 do Código de Processo Civil). 3. Em continuidade, para que o art. 93, IX, da Constituição Federal de 1988 não seja violado, deve o magistrado, ao afastar as conclusões do laudo pericial, expor fundamentadamente suas razões, baseando-as tanto em provas quanto em presunções específicas incidentes no caso. 4. Nesses termos, se a atividade desenvolvida pelo trabalhador na reclamada possui presunção de existência da doença, de acordo com o cruzamento do CNAE e do CID, resultando elevado risco de acometimento ou agravamento (Nexo Técnico Epidemiológico – NTEP), presume-se a culpa da reclamada. 5. Corolário direto desse raciocínio é a

> inversão do ônus da prova, de modo que a reclamada deverá comprovar que, diante do NTEP, a doença constatada não é ocupacional. 6. *In casu*, não se desincumbiu de seu ônus a reclamada que apresentou tese de defesa exclusivamente baseada em laudo pericial que sequer considerou o NTEP – fato que revelou a falta de acuidade técnica da perita nomeada. 7. Aliado à falha do laudo, a reclamada sequer apresentou PCMSO, PPRA, PCMAT, ficha de fornecimento de EPI, treinamento ou diálogos sobre prevenção de acidentes e doenças ocupacionais, isto é, não revelou a mais remota preocupação com a saúde de seus empregados. 8. Por derradeiro, o exame médico admissional revelou que a reclamante iniciou suas atividades na plenitude de seu vigor, contexto que, mais uma vez, faz presumir a culpa da reclamada pelo acometimento/agravamento da doença. 9. Diante de todo esse cenário é que se descortina a inteligência dos arts. 131 e 436 do Código de Processo Civil, pois, em certas situações, os laudos periciais são incompletos ou insuficientes e apresentam conclusões desgarradas de todas as demais provas constantes dos autos. 10. Portanto, considerando todos os fatos que fazem presumir a culpa da reclamada, bem como as provas produzidas nos autos, o laudo apresentado pelo perito nomeado é imprestável para o esclarecimento da controvérsia e deve ser desconsiderado no ponto em que não reconhece o nexo causal entre a doença e as atividades prestadas. 11. Recurso do reclamante parcialmente provido para condenar a reclamada ao pagamento de indenização substitutiva da garantia provisória de emprego não respeitada, salários vencidos e vincendos, indenização por dano à moral e reestabelecimento do plano de saúde.

A ementa, que já é bastante elucidativa, revela alguns pressupostos interessantes sobre a aplicação judicial do NTEP, quais sejam: a) mesmo após a entrada em vigor do Código de Processo Civil de 2015, o princípio da persuasão racional fora mantido e decorre da própria necessidade de manutenção da independência funcional do magistrado; b) consequentemente, os resultados apresentados pelo perito nomeado não vinculam o magistrado, pois existem outros meios de prova que podem indicar a existência do nexo entre a doença e o trabalho; c) diante desse contexto, a constatação do NTEP faz surgir presunção relativa favorável ao trabalhador; d) porque diante de presunção relativa, caberá à empresa comprovar que cumpria e fazia cumprir normas de saúde e segurança do trabalho; e e) caso a empresa não comprove o cumprimento das obrigações previstas pelos arts. 7º, XXII, da Constituição Federal e 157, I, da CLT, prevalecerá a presunção legal decorrente da existência do NTEP.

Ao fundamentar a decisão, assim asseverou o relator Desembargador João Batista Martins César, *ipsis litteris*:

> Nesses termos, a pergunta que deve ser respondida nesse momento é a seguinte: existe nexo causal entre a patologia da reclamante e as funções que realizava para a reclamada?
>
> Diante dos elementos de convicção constantes dos autos, a conclusão só pode ser positiva.
>
> A reclamada não apresentou o exame médico admissional do reclamante, o que revela que o trabalhador iniciou suas atividades para a reclamada em plenas e íntegras condições de saúde. Ressalto que a reclamada tem o dever legal de realizar exame médico admissional (art. 168, I, da CLT). Ressalto, ainda, que os documentos acostados às fls. 185/190 revelam exames médicos periódicos e demissional.
>
> Por derradeiro, mesmo que assim não fosse, o parecer técnico contratado pela reclamada informa que o exame médico admissional foi realizado no dia 26.03.2004 e, nessa oportunidade, o reclamante foi considerado apto.
>
> Ora, se o reclamante foi considerado apto sem qualquer restrição, aqui está o primeiro elemento de convicção utilizado para chegar à conclusão de que a doença foi adquirida ou agravada pelo trabalho. Além disso, existe evidência técnico-científica acerca do nexo causal entre as atividades desenvolvidas pela reclamante e a doença por ele desenvolvida/agravada (tendinopatia dos extensores).
>
> O cruzamento do CNAE da reclamada (considerada evidentemente a atividade da reclamante) e o CID mais recorrente na atividade explorada e realizada pela trabalhadora revela o NTEP, conforme dispõe o Decreto n. 3.048/1999.
>
> Em acréscimo, não existe nos autos qualquer prova no sentido de que a reclamada fornecesse aos seus empregados treinamentos para a realização de suas atividades, pausas para descanso e ginástica laboral.
>
> (...)
>
> Assim, deveria a empresa ter se esforçado para desconstituir a presunção que militava em favor do trabalhador. Contudo, a reclamada permaneceu inerte e ficou simplesmente à mercê do laudo produzido pela perita judicial – que foi falha, deixou de analisar o NTEP e não se atentou para o fato de que o reclamante foi admitido em perfeitas condições de saúde e, passados sete anos da prestação de serviços, desenvolveu dores e limitações atestadas por diversos médicos (fls. 27/71).
>
> Sobre o laudo elaborado pelo perito judicial (fls. 249/253), então, algumas considerações devem ser tecidas. Elementar, de início, esclarecer que os resultados da perícia não vinculam o magistrado (art. 436 do CPC). Desta forma, desde que fundamente racionalmente sua decisão, o magistrado é livre para apreciar todas as provas produzidas nos autos (art. 131 do CPC).
>
> Por que, finalmente, o laudo pericial deve ser afastado? Muitos são os motivos, como uma análise bastante perfunctória revela.
>
> Em primeiro lugar, a i. perita judicial não fez menção à presunção legal que milita em favor do reclamante.

Ora, o fato de o trabalhador ter fraturado por duas vezes seu antebraço quando era criança não afasta a possibilidade de agravamento da lesão.

Em segundo lugar, a i. perita desconsiderou que o reclamante foi admitido para a prestação de serviços em plenas condições de saúde física e mental no ano de 2004 e, somente após sete anos de labor, foram apresentados atestados médicos. Ora, como explicar o aparecimento de quadro limitativo apenas após esse período? Apenas uma resposta pode ser validamente aceita: o trabalho foi fator decisivo para o agravamento da limitação física.

Em terceiro lugar, embora a i. perita tenha se referido aos PPRA's e PCMSO's da reclamada, estranhamente deixou de tecer qualquer consideração sobre esses documentos. Se possui formação técnica específica e é Médica do Trabalho, deveria ter apresentado suas impressões acerca do cumprimento das normas regulamentares.

Afinal de contas, foi a i. perita nomeada para analisar todo o contexto colocado à sua apreciação. Sobre esse ponto, saliento que o art. 2º da Resolução n. 1.488/1999 do Conselho Federal de Medicina dispõe que, *ipsis litteris*:

(...)

Por essas razões, que são muitas e decisivas, é que a conclusão do laudo elaborado pela perita judicial deve ser afastada no que toca à ausência de nexo causal, prevalecendo os demais elementos de convicção constantes dos autos.

As razões de decidir elaboradas pelo acórdão exploram todas as implicações e consequências da constatação de existência do NTEP, tal como analisado anteriormente.

Inicialmente, ao constatar o NTEP, a primeira providência foi analisar se o laudo elaborado pelo perito nomeado confirmou ou afastou o nexo presumido. Se, como ocorreu, o perito judicial sequer verificou a questão à luz da existência da presunção legal favorável ao trabalhador, certamente as conclusões apresentadas devem ser consideradas com ressalvas.

Isso porque não é admissível que o perito judicial se omita sobre a questão. O art. 2º, IV, da Resolução n. 1.488/1999 é claro ao dispor que os dados epidemiológicos devem ser considerados para a aferição da existência do nexo de causalidade.

Além da própria questão legal, parece falho o laudo pericial que ignore dado estatístico de tamanha importância.

Em continuidade, após concluir que o perito judicial sequer abordou o tema relacionado ao NTEP, o relator iniciou estudo de todos os elementos de prova constantes dos autos para, com isso, verificar se a presunção legal deveria ou não ser confirmada.

Por conseguinte, e na mesma linha daquilo que fora defendido em tópico próprio, houve estudo pormenorizado da conduta da empresa diante das obrigações previstas pela Constituição Federal e pela CLT.

Se há presunção legal acerca da existência do nexo entre a lesão e o trabalho, é imprescindível que haja comprovação do cumprimento de normas ambientais do trabalho elementares.

Nesse ponto, vale ressaltar que não se trata da arcaica e ultrapassada tese no sentido de que o reclamante deve comprovar a culpa da reclamada. Pelo contrário: trata-se da necessidade de a empresa demonstrar a fiel observância das obrigações constitucionais e legais que foram impostas pelo legislador.

Caso a empresa permaneça inerte ou não comprove integralmente o cumprimento de normas ambientais do trabalho, prevalecerá a presunção decorrente da constatação do NTEP.

Se, de fato, os dados epidemiológicos já demonstram que existe presunção de correlação entre a doença e o trabalho, parece inquestionável que a ausência de adoção de medidas para a promoção de ambiente de trabalho sadio e livre de riscos apenas exacerba e corrobora a ligação entre dano e labor.

Por fim, é oportuno salientar que o relator também analisou as informações prestadas pelo perito judicial sobre a postura da empresa diante das obrigações contidas nos arts. 7º, XXII, da Constituição Federal e 157, I, da CLT. Evidenciou que não basta a mera afirmação no sentido de que, por exemplo, a empresa apresentou PCMSO, PPRA, LTCAT no dia da perícia. É necessário que exista análise do conteúdo desses programas e, o que é mais relevante, da efetiva implementação das medidas preventivas e atenuadoras ali previstas.

Portanto, o acórdão proferido nos autos do processo TRT/15 RO n. 0000713-44.2012.5.15.0023 se mostra bastante esclarecedor e revela, ainda que de forma isolada, uma nova postura da Justiça do Trabalho diante da complexidade inerente ao julgamento das ações acidentárias.

5. CONCLUSÃO

O art. 21-A da Lei n. 8.213/1991 trouxe verdadeira revolução para o julgamento das ações acidentárias processadas na Justiça do Trabalho. Na prática, a constatação de existência do nexo técnico epidemiológico previdenciário – NTEP pode definir os rumos e as estratégias que serão adotadas pelas partes e, ainda, pelo próprio magistrado ao conduzir a instrução processual.

Trata-se de uma presunção legal acerca da existência ou não de correlação entre a lesão e o trabalho. Em outras palavras, trata-se de um ponto de partida que balizará a atuação do perito nomeado, das partes e do magistrado.

Importante salientar, por outro lado, que a aferição do NTEP não traduz presunção absoluta favorável ao trabalhador. Revela presunção relativa que será ou não confirmada – de acordo com os demais elementos de prova constantes dos autos.

Na realidade, a existência do NTEP demandará atuação mais completa e minuciosa do perito judicial, pois o *expert* impreterivelmente terá que afastar ou confirmar a presunção legal. É possível afirmar que a omissão pericial sobre o NTEP obrigará o perito judicial a complementar seu laudo. Caso a omissão persista, o laudo deverá ser anulado ou desconsiderado, pois não é possível validar judicialmente a conclusão pericial que ignorou a presunção legal. Isso porque, ao ser incorporado pelo Anexo II, lista C, do Decreto n. 3.048/1999, o NTEP ganhou *status* de lei – mormente diante da previsão contida no *caput* do art. 7º da Constituição Federal.

Além disso, a verificação do NTEP implicará atuação judicial diferenciada em relação à avaliação das provas produzidas nos autos. Se, no caso concreto, houver identificação do NTEP, a presunção legal será mantida na hipótese de a empresa não comprovar que cumpria e fazia cumprir normas ambientais do trabalho (arts. 7º, XXII, da Constituição Federal e 157, I, da CLT). A conclusão parece bastante lógica, pois o próprio NTEP decorre da verificação de dados estatísticos que correlacionam a atividade econômica explorada pela empresa com diversas moléstias que mais frequentemente acometem seus empregados.

Nesses termos, parece que a inovação decorrente do art. 21-A da Lei n. 8.213/1991 revela ferramenta bastante útil, especialmente diante da constatação dos riscos inerentes a determinadas atividades. Além disso, por se tratar de presunção legal que não pode ser ignorada nem pelo perito judicial nem pelo magistrado e pelas partes, certamente o NTEP impulsionará uma nova atuação diante das ações acidentárias, o que contribuirá para a prestação jurisdicional mais segura e convincente em questões intrinsecamente complexas.

Interdisciplinaridade do Trabalho

V

A quê e a quem serve o trabalho das pessoas em situação de prisão? Reflexões desiguais e combinadas desde a economia política da pena

28

Carla Benitez Martins[1]

1. INTRODUÇÃO

Já é fato notório que o Brasil é recordista em índices de encarceramento, e que isso vem combinado com um ritmo elevado de ampliação das estruturas prisionais, ainda que sem conseguir acompanhar a magnitude das prisões, gerando um epidêmico quadro de superlotação.

Para sermos mais precisas, a população carcerária brasileira, em junho de 2016, totalizava 726.712 pessoas, passando do quarto para o terceiro lugar em termos de população prisional do mundo – em números absolutos –, ultrapassando a Rússia, ficando atrás apenas dos Estados Unidos e China. Além do número total ser altíssimo, destaca-se que o encarceramento veio crescendo progressivamente no país, fenômeno distinto do que parece ser uma tendência nos outros países que o seguem no lamentável *ranking* dos mais encarceradores. Nestes, "comparados os anos de 2008 e 2013, os Estados Unidos reduziram em 8% a taxa de aprisionamento, a China em 9% e a Rússia em 24%, segundo o Levantamento Nacional de Informações Penitenciárias – INFOPEN"[2], enquanto no Brasil houve o "impressionante aumento de 33% de sua taxa de aprisionamento em cinco anos, chegando hoje à média de quase 300 pessoas presas para cada cem mil habitantes"[3].

Em paralelo a isso, como há tempos é sabido – e especialmente evidenciado no ano de 2017 com os massacres em presídios de Manaus, Boa Vista e Natal, que resultaram em mais de 125 mortes nas duas primeiras semanas do ano –, o problema da superlotação das unidades prisionais no país é calamitoso[4]. O sistema declara ter 368.049 vagas e um déficit de 358.663 vagas. E, ao contrário do grande veículo de ganho de votos por parte de políticos sensacionalistas, não se trata de um problema de insuficiente construção de presídios:

> Temos quase 2 presos por vaga. Diante deste dado alguém poderia argumentar que a situação prisional é precária porque houve negligência na construção de presídios e abertura de novas vagas. No entanto, a realidade dos dados se impõe. O relatório do Depen informa que de 2000 a 2014 o número de vagas triplicou, e mesmo assim o déficit do período mais do que dobrou![5]

---

1. Professora de Direito Processual Penal e Criminologia na Universidade Federal de Goiás, Regional Jataí. Bacharela em Direito pela Universidade Estadual Paulista. Mestra em Direito pela Universidade Federal de Santa Catarina. Doutora em Direito pela Universidade Federal de Goiás. Secretária Nacional do Instituto de Pesquisa, Direitos e Movimentos Sociais (IPDMS).
2. REDE JUSTIÇA CRIMINAL. *Agenda prioritária para 2016.* Disponível em: <https://redejusticacriminal.org/wp-content/uploads/2016/07/RedeJusticaCriminal-Agenda-Prioritaria-2016-FINAL-diagramada.pdf>. Acesso em: 10 maio 2019.
3. *Ibidem.*
4. No primeiro de janeiro um conflito entre facções resultou na morte de 56 pessoas em situação de prisão no Complexo Penitenciário Anísio Jobim (Compaj), em Manaus, a maioria decapitados e com seus corpos esquartejados. No dia seguinte, mais 4 mortos em Manaus, mas dessa vez na Unidade Prisional de Puraquequara. Em 4 de Janeiro, 2 pessoas foram mortas na Paraíba, no Presídio Romero Nóbrega, em Patos. Em 6 de janeiro, 33 pessoas em situação de prisão foram mortas em uma rebelião na Penitenciária Agrícola de Monte Cristo, em Boa Vista, Roraima. Em 8 de janeiro, mais 4 mortos em Manaus, dessa vez na Cadeia Pública Desembargador Raimundo Vidal Pessoa. 14 de janeiro, mais um triste episódio, dessa vez localizado na Penitenciária Estadual de Alcaçuz, no Rio Grande do Norte, foram 26 mortos em decorrência de uma rebelião e uma provável disputa entre o PCC e o Sindicato do Crime, todos foram decapitados. No mesmo dia, houve 2 mortes em presídios de Santa Catarina e outras 2 em uma penitenciária na região metropolitana de Curitiba. 4 dias depois, mais um morto no mesmo estado, mas na Penitenciária Estadual do Seridó. No início de abril mais 8 mortes foram contabilizadas na Unidade Prisional de Puraquequara, em Manaus.
5. REDE JUSTIÇA CRIMINAL. *Agenda prioritária para 2016.* Disponível em: <https://redejusticacriminal.org/wp-content/uploads/2016/07/RedeJusticaCriminal-Agenda-Prioritaria-2016-FINAL-diagramada.pdf>. Acesso em: 10 maio de 2019.

A questão é perceber que "a população prisional cresceu, em média, 7,3% ao ano" entre os anos de 2000 e 2016. O último relatório organiza uma tabela de entradas e saídas de pessoas no sistema prisional durante o primeiro semestre de 2016 e nos serve de bom exemplificativo do problema de fundo que estamos lidando ao tratar de superlotação nas unidades prisionais brasileiras. O estudo demonstra que nos 73% dos estabelecimentos penais que disponibilizaram esta informação no banco de dados "foram registradas 266.133 entradas de pessoas ao longo do semestre e 193.789 saídas no mesmo período, assim, poderíamos dizer que a cada 100 pessoas que entraram no sistema prisional brasileiro no primeiro semestre de 2016, 73 saíram"[6].

Diante desses dados, como eles se relacionam com a temática do meio ambiente do trabalho no cárcere?

Buscaremos nesta reflexão alinhar os debates teóricos sobre economia política da pena para compreender qual a função real histórica do trabalho no cárcere e, mais do que isso, a sua configuração brasileira em tempos de hiperencarceramento e superlotação. Esta função real, neste contexto histórico, poderá nos servir como tradução acerca de quais são as condições desses trabalhadores em situação de prisão.

Quanto ao aspecto de estrutura e recursos humanos, nesta oportunidade não nos atentaremos a todas as suas dimensões, como assistência jurídica e psicossocial, de saúde, oportunidades e espaços de esporte e lazer, estrutura física em geral. Destacaremos apenas três pontos, com destaque aos dois últimos: funcionários/agentes penitenciários, educação e trabalho. São 105.215 profissionais em atividade, incluindo os responsáveis pela custódia (74%), os administrativos (8%) e os da área da saúde (6%), da educação (3%) e advogados e assistentes sociais (1% cada).

Especificamente quanto aos agentes penitenciários, o relatório informa que:

> No geral, temos 8,2 presos para cada agente no sistema prisional brasileiro, o que viola a Resolução n. 9, de 2009, do Conselho Nacional de Política Criminal e Penitenciária (CNPCP), que indica a proporção de 1 agente para cada 5 pessoas presas como padrão razoável para a garantia da segurança física e patrimonial nas unidades prisionais, a partir de parâmetro oferecido pela Estatística Penal Anual do Conselho da Europa, data-base 2006.
>
> No estado de Pernambuco, observamos a maior proporção do país, com 35 presos para cada agente de custódia. Já nos estados do Amapá, Minas Gerais, Rondônia e Tocantins, o limite estabelecido pelo CNPCP é observado e existem até 5 presos, no máximo, para cada servidor em atividade de custódia[7]

Ainda sobre eles, o relatório informa que 75% são efetivos, 18% temporários e 5% terceirizados, com excepcionalidades, como Pará e Goiás, cada um com 88% e 60% de funcionários temporários, respectivamente.

A execução penal brasileira é permeada pela moral do trabalho e pelo discurso ressocializador. Exige-se inserção no mercado de trabalho para concessão e manutenção de benefícios processuais. Da mesma forma, estar empregado formalmente antes da prisão é o principal atestado de ausência de periculosidade. Nesse sentido, ainda que o direito penal pátrio seja predominantemente pautado pela responsabilização geral/universal de uma conduta previamente imputada como crime, de acordo com uma proporcionalidade pautada em uma suposta hierarquia de gravidade das lesões a bens jurídicos mais ou menos vitais à ordem social posta, momentos cruciais de sua materialização são permeados por apreciações subjetivas – por nós entendidas como arbitrárias – fortemente guiadas pela moral do trabalho.

De outro lado, a Lei de Execução Penal concebe o trabalho do preso ou da presa como direito – nos termos da lei, "condição de dignidade humana" – e também como dever. Isso somado à obrigatoriedade do oferecimento do ensino fundamental e da orientação de implementação do ensino médio e outras formações – em observância ao preceito constitucional da universalização escolar –, compõem os principais pilares ressocializadores anunciados (inseridos como orientação da individualização da pena garantida pelo regime próprio de progressão de regime da pessoa apenada).

Do cárcere como complemento das piores condições de trabalho, para o adestramento da mão de obra. Do trabalho como divisor entre o bom e o mau proletário, entre o pobre disciplinado e o vadio no país da Ordem e do Progresso. Do trabalho como linguagem ressocializadora ao trabalho como retórica disciplinar.

Ao observar a realidade prisional, constata-se quão corroídos se encontram tais pilares, sendo que "apenas 12% da população prisional no Brasil está envolvida em algum tipo de atividade educacional, entre aquelas de ensino escolar e atividades complementares"[8] e 15% "em atividade laborais, internas e externas aos estabelecimentos penais,

6. DEPARTAMENTO PENITENCIÁRIO NACIONAL. *Levantamento Nacional de Informações Penitenciárias – INFOPEN, junho 2014*. Brasília, 2014. 148 p. Disponível em: <http://www.justica.gov.br/news/mj-divulgara-novo-relatorio-do-infopen-nesta-terca-feira/relatorio-depen-versao-web.pdf>. Acesso em: 15 abr. 2019. p. 28.
7. DEPARTAMENTO PENITENCIÁRIO NACIONAL. *Levantamento Nacional de Informações Penitenciárias – INFOPEN, junho 2014*. Brasília, 2014. 148 p. Disponível em: <http://www.justica.gov.br/news/mj-divulgara-novo-relatorio-do-infopen-nesta-terca-feira/relatorio-depen-versao-web.pdf>. Acesso em: 15 abr. 2019. p. 48.
8. *Ibidem*, p. 53.

o que representa um total de 95.919 pessoas"[9], sendo que, destes, "75% da população prisional em atividade laboral não recebe remuneração ou recebe menos que ¾ do salário mínimo mensal"[10], o mínimo estabelecido pela legislação, já por si só questionável em seu sentido.

Deste raio-X do sistema prisional, o que se pode perceber é o aumento do ritmo de encarceramento sem precedentes e sem nível de comparação internacional, somado a uma estrutura que também não está inerte, ocorrendo uma verdadeira reprodução ampliada do modelo de institucionalização penal, porém sempre de maneira insuficiente e baseada na extrema precariedade de recursos humanos e espaços físicos adequados e dignos.

Diante disso, este trabalho questiona: A quê e a quem serve o trabalho das pessoas em situação de prisão? Pretendemos trilhar um caminho histórico, orientado pelos debates da economia política da pena a cada contexto, para apontar possíveis respostas, desde o caso brasileiro.

2. O DESENVOLVIMENTO DESIGUAL E COMBINADO DA FUNÇÃO DA PENA – E DO TRABALHO DENTRO DELA – DESDE O SISTEMA PENAL BRASILEIRO

Bebemos em fonte longínqua para iniciar esta reflexão, nos primeiros escritos a pautar a conhecida "economia política da pena", compartilhando a preocupação de "checar a veracidade empírica da hipótese de uma relação entre variáveis estruturais fundamentais, especialmente as de natureza socioeconômicas e a evolução das instituições penais"[11].

De Giorgi, autor com quem dialogaremos bastante neste trabalho, traz uma definição do que seria a economia política da penalidade:

> (...) trata-se de uma orientação da criminologia crítica, de derivação principalmente marxista e foucaultiana, que investigou, sobretudo a partir dos anos 1970, a relação entre economia e controle social, reconstruindo as coordenadas da relação que parece manter juntas determinadas formas de produzir e determinadas modalidades de punir[12].

São "estudos que descrevem o papel exercido pelos sistemas punitivos na afirmação histórica das relações de produção capitalista"[13] e o primeiro deles, muito antes da consolidação da criminologia crítica no campo intelectual (que se deu apenas na década de 70), foi o de George Rusche e Otto Kirchheimer, com sua primeira versão publicada em 1933, que se propõe a analisar o surgimento da pena de prisão como pena por excelência e a consolidação do capitalismo, a fim de perceber a relação codeterminada entre ambas. Este estudo acompanhado do de Evgeni Pachukanis e depois Michel Foucault tiveram importante função na inauguração do debate sobre a violência estrutural e a função não declarada da pena de prisão, imbuída de objetivos políticos, peça importante no controle social do capital.

Este debate teórico nos parece imprescindível para arriscar uma impressão sobre a função do trabalho no cárcere na contemporaneidade do capitalismo dependente. Para tanto, reivindicamos a herança da economia política da pena.

Assim, precisamos, ainda que cientes da insuficiência da análise, traçar alguns elementos sobre a origem da prisão e sua relação com a fixação do capitalismo.

Neste sentido, é preciso que se destaque a importância da tese de George Rusche e Otto Kirchheimer para a história crítica das instituições penais. O que tais autores inauguram com a obra é a percepção da fundamental mudança do controle social nas sociedades pré-capitalistas e na capitalista. Nas primeiras o controle da população era muito mais configurado no âmbito político, pela rígida estratificação social, o regime de servidão e a dependência pessoal das e dos(as) trabalhadores(as) com os senhores feudais. Nestas sociedades, o cárcere possuía uma função de cautelaridade e não como pena em si. As penais ainda eram muito ligadas a elementos morais, religiosos e atreladas ao sofrimento físico, seja com as penas de galés ou os próprios suplícios.

Como sabemos e adiante especificaremos, no capitalismo as relações políticas e econômicas se alteram profundamente e as pessoas trabalhadoras são subtraídas de seus meios de produção e sua liberdade encontra-se permitida desde que submetida à venda da sua força de trabalho. Isso altera sobremaneira os mecanismos de controle da população, pois "com a afirmação do modo de produção capitalista, a condição do proletariado se torna uma função principalmente econômica: a condição material do proletariado é determinada diretamente no interior dos processos de organização e de divisão do trabalho"[14].

Sendo assim, Dario Melossi e Massimo Pavarini[15], dois ícones da continuidade dos estudos da economia política

---

9. *Ibidem*, p. 56.
10. *Ibidem*, p. 58.
11. MELOSSI, Dario. Discussão à guisa de prefácio. Cárcere, pós-fordismo e ciclo de produção da 'canalha'. In: GIORGI, Alessandro De. *A miséria governada através do sistema penal.* Rio de Janeiro: Revan/Instituto Carioca de Criminologia, 2006. p. 10.
12. GIORGI, Alessandro De. *A miséria governada através do sistema penal.* Rio de Janeiro: Revan, 2006. p. 31.
13. *Ibidem*, p. 34.
14. *Ibidem*, p. 40.
15. MELOSSI, Dario; PAVARINI, Massimo. *Cárcere e fábrica:* as origens do sistema penitenciário (século XVI-XIX). Rio de Janeiro: Revan/Instituto Carioca de Criminologia, 2006. p. 22.

da pena, afirmam que o equivalente na sociedade feudal era outro, o que nos explica porque a prisão não era a pena por excelência naquele período:

> Por conseguinte, na presença de um sistema socioeconômico como o feudal, no qual ainda não se historicizara completamente a ideia do 'trabalho humano medido no tempo' (leia-se trabalho assalariado), a pena-retribuição, como troca medida pelo valor, não estava em condições de encontrar na privação do tempo o equivalente do delito. O equivalente do dano produzido pelo delito se realizava, ao contrário, na privação daqueles bens socialmente considerados como valores: a vida, a integridade física, o dinheiro, a perda de *status*[16].

Georg Rusche, acompanhando Pachukanis, possui a fundamental preocupação de descrever a reciprocidade dos processos de penalização e a consolidação do mercado de trabalho no capitalismo. Eles comparam, a partir da universalização do princípio da troca de equivalentes, o contrato como fixação do tempo de trabalho e a sentença como fixação do tempo de reclusão.

Desde estes aportes teóricos, Georg Rusche desenvolve a ideia do princípio da *less elegibility* (ou seja, o princípio da menor preferibilidade), elemento fundador da lógica da pena de prisão na fundação do capitalismo, que significa assumir condições sempre mais danosas à pessoa presa do que ao trabalhador(a) que esteja fora das grades. Portanto, "numa economia capitalista, isso significa que será a condição do proletariado marginal que determinará o rumo da política criminal e, por conseguinte, o regime de 'sofrimento legal' imposto àqueles que forem punidos por desrespeito às leis"[17].

Dario Melossi e Massimo Pavarini[18] contribuem nessa análise a partir da descrição do que seria os primórdios antecedentes da fixação da pena de prisão como pena por excelência, fundada no princípio da *less elegibility*, qual seja a criação das casas de trabalho. Eles realizam um panorama europeu do surgimento das casas de trabalho, suas especificidades em cada país, de acordo com suas peculiaridades econômicas e também culturais e religiosas e constatam que, na essência, "o trabalho forçado nas *houses of correction* ou *workhouses* era direcionado, portanto, para dobrar a resistência da força de trabalho e fazê-la aceitar as condições que permitissem o máximo grau de extração de mais-valia".

Melossi, na primeira parte da obra que escreve com Pavarini[19], parte sua descrição da realidade holandesa da primeira metade do século XVII, onde a casa de trabalho alcança forma mais desenvolvida. Uma fase na qual a força de trabalho era escassa e, por isso, "aumenta a capacidade de oposição e de resistência da classe, e sua possibilidade de luta para não se deixar abater". Por isso, as casas assumem aí um papel disciplinar importante. Georg Rusche delineia abaixo a condição social e econômica holandesa à época:

> Em fins do século XVI, a Holanda possuía o sistema capitalista mais desenvolvido da Europa, porém não dispunha da reserva de força de trabalho que existia na Inglaterra depois do fechamento dos campos. Já nos referimos aos salários altos e às condições de trabalho favoráveis que prevaleciam na Holanda, com uma jornada de trabalho pequena. Inovações destinadas a reduzir o custo da produção eram naturalmente bem-vindas[20].

Melossi afirma que as casas de trabalho nesse período ainda não substituíam completamente as outras penas e que, portanto, situavam-se "numa posição intermediária entre a multa simples ou uma leve punição corporal e a deportação, o desterro e a pena de morte"[21].

Os autores descrevem o processo do trabalho de raspagem do pau-brasil nessas casas holandesas, até que se formasse um pó. Havia a escolha pelas técnicas de trabalho mais cansativas, doloridas e humilhantes. Isso ocorria porque as casas detinham o monopólio desta produção e os mecanismos mais rudimentares de trabalho garantiam tanto a humilhação e o consequente disciplinamento da força de trabalho, como o pouco investimento em maquinário e a garantia de vantagens econômicas a partir do trabalho extenuante.

Os autores constatam como o fortalecimento pioneiro destas instituições em certos países estava conectado com o discurso permeado de uma ideologia calvinista de ascender moralmente por meio do trabalho. Georg Rusche aprofunda a noção a seguir:

> O fato de terem sido Inglaterra e Holanda que avançaram para uma nova era, e não as antigas aristocracias mercantis de Veneza e Florença, foi o resultado de condições materiais externas, particularmente o aparecimento de novas rotas de comércio. (...) Não pode haver dúvidas, entretanto, de que a doutrina calvinista propiciou uma base intelectual para a atitude da burguesia diante dos problemas sociais[22].

Com o fim dos monopólios, ocorre a impossibilidade de sustentar essas casas de trabalho com suas tecnologias

---

16. *Ibidem*, p. 22.
17. GIORGI, Alessandro De. *A miséria governada através do sistema penal*. Rio de Janeiro: Revan, 2006. p. 38.
18. MELOSSI, Dario; PAVARINI, Massimo. *Cárcere e fábrica:* as origens do sistema penitenciário (século XVI-XIX). Rio de Janeiro: Revan/ Instituto Carioca de Criminologia, 2006. p. 38.
19. *Ibidem*, p. 41.
20. RUSCHE, Georg; KIRCHHEIMER, Otto. *Punição e Estrutura Social*. Tradução de Gizlene Neder. Rio de Janeiro: Revan, 2004. p. 68.
21. MELOSSI, Dario; PAVARINI, Massimo. *Cárcere e fábrica:* as origens do sistema penitenciário (século XVI-XIX). Rio de Janeiro: Revan/ Instituto Carioca de Criminologia, 2006. p. 43.
22. RUSCHE, Georg; KIRCHHEIMER, Otto. *Punição e Estrutura Social*. Tradução de Gizlene Neder. Rio de Janeiro: Revan, 2004. p. 62.

arcaicas e seus processos de trabalho defasados e, assim, vão perdendo suas funções econômicas e se mantendo apenas como instituições de contenção e controle.

Falando do processo europeu de maneira mais ampla, destaca-se a relação entre aumento da "vagabundagem" e da repressão, com a passagem da administração das instituições de caridade das mãos privadas para as públicas, tanto em países católicos como protestantes.

Ele descreve como o modelo análogo das casas de trabalho na França, mais conhecido como *Hôpital*, destaca-se desde o início mais pelo mero internamento do que necessariamente pelo trabalho forçado.

E é assim que eles narram como os séculos XVII e XVIII, durante a economia manufatureira, com suas casas de correção, foram criando as condições para que com o Iluminismo se consolidasse a ideia do cárcere como justa instituição para resolução de conflitos penais.

Com o aumento do desemprego, passava-se a compreender que o trabalho no cárcere prejudicava os trabalhadores "livres" e assim vão se abandonando as funções econômicas, juntamente com seus argumentos ressocializantes. Os autores inclusive descrevem o impressionante protesto de trabalhadores organizados contra qualquer forma de dignidade no trabalho no cárcere, por ser "privilegiado" e "competitivo".

Isso significa que o tempo medido progressivamente deixa de se tornar produtivo, mas, mesmo assim, continua fazendo sentido nesta ordem social a equivalência crime-prisão, pois "baste a experiência do tempo escandido, do tempo medido, a forma ideológica vazia, que nunca é apenas ideia, mas que morde na carne e na cabeça do indivíduo que se deve reformar, estruturando-o com parâmetros *utilizáveis* pelo processo de exploração"[23].

Georg Rusche é categórico ao afirmar que "os fundamentos do sistema carcerário encontram-se no mercantilismo; sua promoção e elaboração foram tarefas do Iluminismo"[24]. Todo este recorrido histórico nos afasta de uma narrativa romântica, típica da dogmática penal, de que o Iluminismo representou avanços humanitários e que a superação dos suplícios e penas cruéis de forma geral e definição da pena de prisão foram fruto da evolução social.

Uma vez mais, as intenções humanitárias desempenham um papel completamente secundário em tudo isso. As reformas sustam o passo, quando não retrocedem, toda vez que o desemprego cresce, reduzindo novamente o valor do trabalho. Um exemplo significativo é dado pela Inglaterra do início do século XIX, quando um novo *surplus* de força de trabalho orienta a política penal no sentido da reintrodução de métodos punitivos cruéis e destrutivos, que parecem decretar momentaneamente a falência dos ambiciosos projetos iluministas de reforma[25].

O século XX demonstrou a capacidade de extensão da racionalidade do capital, incrementando sua capacidade produtiva à custa de um desperdício institucionalizado crescente. Ou seja, para que se alcançasse um crescimento constante era necessário ampliar o consumo mundial, por meio de um "consumo de massa" e de uma cada vez maior queda da taxa de utilização, bem como o incremento do valor excedente, por meio de uma intensificação da exploração de um mínimo trabalho necessário.

Essa nova racionalidade inicia-se após a crise de 1929/33 e se aperfeiçoa após a Grande Guerra, com uma série de medidas políticas, econômicas e sociais que possibilitam o deslocamento das barreiras do capital, como as estratégias keynesianas[26], o "consumo de massa", a fixação de um Sistema Monetário Internacional, a criação de instituições mediadoras internacionais, tais como Banco Mundial, FMI e ONU, as nacionalizações de empresas privadas falidas, adaptação do Estado ao "boom" das empresas transnacionais, perpetuação da dependência do "Terceiro Mundo", etc.

Neste ponto da reflexão torna-se fundamental compreender as principais etapas dos processos de produção no capitalismo até para que se consiga relacionar isso ao papel disciplinar das instituições de controle penal e as caracterizações de que este período, tido como dos anos dourados do capitalismo, é fundamentalmente marcado por uma sociedade com característica disciplinar, seja na produção de estilo fordista, seja no cárcere e nas instituições assistenciais.

Costuma-se dividir, ainda que com variáveis terminologias, a história dos processos de produção no capitalismo em manufatura (de meados do XVI ao último quartel do XVIII), grande indústria competitiva, grande indústria monopolista e pós-grande indústria (década de 70), sendo neste último a transição do sistema de máquinas para a fase

23. MELOSSI, Dario; PAVARINI, Massimo. *Cárcere e fábrica:* as origens do sistema penitenciário (século XVI-XIX). Rio de Janeiro: Revan/ Instituto Carioca de Criminologia, 2006. p. 91.

24. RUSCHE, Georg; KIRCHHEIMER, Otto. *Punição e Estrutura Social.* Tradução de Gizlene Neder. Rio de Janeiro: Revan, 2004. p. 109.

25. GIORGI, Alessandro De. *A miséria governada através do sistema penal.* Rio de Janeiro: Revan, 2006. p. 42.

26. A visão liberal da economia, reinante até o final da década de 1920, entra em crise juntamente à bolsa de Nova York. Nela, a crença nos poderes da produção e da oferta, assim como a fé na mão invisível do mercado e sua capacidade de equilibrar a economia, bases fundantes dessa visão, foram duramente criticadas pelo economista John M. Keynes, cujas principais características de sua teoria aliam a defesa da intervenção do estado na economia com uma visão econômica voltada para o lado da demanda, isso, em contraposição à visão liberal clássica, que defendia justamente o contrário, ou seja, a não intervenção do estado na economia e acreditava, conforme Jean B. Say, que toda oferta geraria sua própria demanda.

do "intelecto geral", da produção de conhecimento científico e de alta tecnologia.

Nesta fase de consolidação da grande indústria, que passamos a analisar, com o predomínio das grandes empresas monopolistas, enraíza-se o fordismo, processo de trabalho que permite a produção em massa, com suas linhas de montagem, controle dos tempos e dos movimentos das e dos trabalhadores(as). Como dito acima, as funções são fragmentadas e ocorre uma mais profunda "separação entre elaboração e execução no processo de trabalho"[27].

Todos estes elementos são fundamentais para que se compreenda o passo seguinte das casas de trabalho e dos primeiros cárceres. Como afirma Ricardo Antunes, "não se devem entender apenas novas técnicas de organização da produção, mas procedimentos que moldam e controlam os trabalhadores"[28] e aí acrescentamos, dentro e fora da indústria. A grande indústria necessita de uma rede de instituições e mediações sociais capazes de sustentar essa submissão da e do trabalhador(a), dentre elas o sistema penal.

Massimo Pavarini, desde a realidade europeia, analisará como nos anos dourados do capitalismo a relação entre cárcere e políticas de assistência dialeticamente cumpria essa função de apoio à garantia do processo de subsunção real do trabalho, ou seja, de controle das contradições deste processo de alienação do trabalho no capitalismo. Nessa reorganização da ordem, nos países que efetivaram um Estado Social, tende-se a diminuir a desigualdade social, redistribuir a renda e ampliar os serviços sociais e, paralelamente a isso, ocorre uma cada vez mais explícita "guetização" dos marginalizados. Essa guetização era consequência socioespacial da maior concentração do capital e de um cada vez mais amplo "exército industrial de reserva". E a assistência social torna-se a forma de sobrevivência dos excluídos da produção e passa a ser a forma principal através da qual se exercita o controle social, na busca pela consolidação de uma sociedade mais "consensual", o que significa dizer que suas contradições buscam ser *suavizadas*.

Muitas questões necessariamente se complexificaram do final do século XIX, início do século XX para cá e existe uma discussão se essa forma de análise estaria ultrapassada.

Inquestionável às teorias de todas as matrizes é o impacto de mudanças nas relações sociais ao final do século XX e, assim como haveria uma metamorfose no mundo do trabalho e nos processos de trabalho, haveria também uma suposta crise da relação entre cárcere e fábrica, pois "assim como a fábrica tornava-se cada vez mais social e se difundia para fora de muros bem marcados – o início da transição ao pós-fordismo – o cárcere teria seguido esse mesmo percurso"[29].

Assim, com a passagem para o período de maior domínio tecnológico, financeirização da economia e flexibilização e precarização das relações de trabalho, alguns afirmarão que a relação entre essas principais instituições de controle social com a "fábrica" está de algum modo perdida ou se teria tornado obsoleta.

Para De Giorgi[30], a análise não deve ser pautada na relação entre desemprego e encarceramento, mas sim entre *economia* e *dispositivos de controle*, pois "as suas análises (do debate mais tradicional da economia política da pena, C.B) não levam em conta os processos de transformação do trabalho, limitando-se à observação do tratamento penal do desemprego, do não-trabalho".

Considerando perigosa a definição de um marco preciso de término e início desses ciclos de acumulação do capital, apontamos aqui alguns elementos e acontecimentos que nos parecem fundamentais para a compreensão desse processo. Seriam alguns deles: a crise fiscal dos Estados intervencionistas, acompanhada de um desnível dos conflitos entre as classes sociais desfavorável ao capital, fruto do fortalecimento sindical e dos movimentos sociais nos anos anteriores; a crise do petróleo de 1974, com a subida abrupta de seus preços; e a ruptura por parte do governo estadunidense com o Acordo de Bretton Woods, ou seja, com o fim do ouro como lastro e a ampla impregnação de dólares mundialmente, gerando o aumento abrupto dos juros e a preferência dos capitalistas pelo investimento financeiro ao invés do âmbito produtivo. Tudo isso soa como um grito pela desregulamentação financeira e acumulação flexível.

Enquanto as estratégias keynesianas se desfaziam nos países da Europa ocidental, bem como nos Estados Unidos, na América Latina da década de 80 seus países estavam ávidos por empréstimos e, a cada oscilação do dólar, não conseguiam honrar seus compromissos financeiros.

Do desrespeito do Presidente Nixon ao acordado na Conferência de Bretton Woods e a consequente multiplicação dos juros da dívida já grande, que se torna astronômica, contraída por esses países, é que se explica o elemento político de que, na década de 80, os países periféricos não suportam a recessão e a crise da dívida e a eles é imposto um programa disciplinar fiscal pelo FMI. Exige-se, assim, uma política fiscal muito mais rigorosa, com a cobrança de juros altíssimos, o que faz com que os países periféricos entrem em uma corrida pelo aumento do superávit primário para que sua dívida não seja desvalorizada e, assim, os juros

27. ANTUNES, Ricardo. *Adeus ao trabalho?*: Ensaio sobre as metamorfoses e a centralidade do mundo do trabalho. Campinas: Editora da Universidade Estadual de Campinas, 2006. p. 25.
28. PRADO, Eleutério. *Desmedida do valor*: crítica da pós-grande indústria. São Paulo: Xamã, 2005. p. 123.
29. MELOSSI, Dario. Discussão à guisa de prefácio. Cárcere, pós-fordismo e ciclo de produção da 'canalha'. In: GIORGI, Alessandro De. *A miséria governada através do sistema penal*. Rio de Janeiro: Revan/Instituto Carioca de Criminologia, 2006, p. 14.
30. GIORGI, Alessandro De. *A miséria governada através do sistema penal*. Rio de Janeiro: Revan, 2006. p. 56.

não aumentem. É um ciclo sem fim que condena tais países que a ele se submetem.

Dessa forma, apesar da receita neoliberal ser elaborada principalmente pelos países de capitalismo avançado, são nos rotulados como "subdesenvolvidos" que as aplicações e consequências são ainda mais perversas.

Neste cenário, o investimento financeiro vai crescendo em uma proporção muito superior ao produtivo, gerando "bolhas" que estouram em crises cada vez mais contínuas, uma sobreacumulação de capital.

É válido destacar que este processo de financerização e mundialização do capital não significa um deslocamento da centralidade do trabalho no capitalismo, pois continua sendo a sua venda a única fonte, por excelência, de valorização do valor. A tendência é a fusão cada vez mais forte entre os grandes grupos financeiros e as transnacionais. Assim como apontamos ao tratar do Estado de Bem-Estar Social e dos desenvolvimentismos autoritários em países como os latino-americanos, esta atual etapa de transformações políticas e econômicas recém-descrita tem reflexos marcantes no processo de produção e nas características da subsunção do trabalho ao capital.

Alguns autores denominam como pós-grande indústria, outros como pós-fordismo, mas, seja como for – com diferenciações que, em parte, observaremos adiante –, para todos eles trata-se de um período transicional, da análise de uma tendência de transformações a se aprofundarem, o que não supera em absoluto o período anterior. Este será para nós um elemento importante.

Estamos em uma etapa que alia alto desenvolvimento científico e tecnológico com novos métodos de produção e trabalho, a partir de uma fragmentação do processo e maior dinamicidade e multiplicidade de tarefas da e do trabalhador(a). Para De Giorgi, viveríamos nesta etapa de acumulação capitalista da pós-grande indústria (por ele denominada como pós-fordismo), uma sociedade do controle ou sociedade da vigilância, sendo superado o regime disciplinar a partir do esgotamento da estrutura produtiva fordista.

Na sociedade disciplinar superou-se a ideia de suplícios e mortes e se instaurou a ordem da recuperação, disciplinamento e docilização dos corpos, "passíveis de constituir uma *massa* que as nascentes tecnologias da disciplina podem forjar, plasmar, transformar em sujeitos úteis, isto é, em *força de trabalho*"[31]. Portanto, o modelo disciplinar coincidiu com o fortalecimento do Estado de Bem-Estar Social e a etapa industrial do capitalismo.

Entretanto, tal autor entende que da transição da década de setenta em diante houve o esfacelamento deste projeto disciplinar da modernidade. O processo de essencialização necessário para a construção de inimigos opera-se por instituições que não possuem mais a disciplina como objetivo primeiro, mas sim a neutralização, seja pelas múltiplas formas de vigilância, seja pela guetização ou pelo encarceramento.

> O novo internamento se configura mais do que qualquer outra coisa como uma tentativa de definir um espaço de contenção, de traçar um perímetro material ou imaterial em torno das populações que são 'excedentes', seja a nível global, seja a nível metropolitano, em relação ao sistema de produção vigente[32].

Dessa maneira, para ele, viveríamos a transição da sociedade disciplinar à sociedade de controle, sendo que a "biopolítica do poder global" garantiria mecanismos sofisticados de regulação da mão de obra útil e descartável em um espaço tornado imperial. O penal atual seria puramente de contenção do excedente. Para ele, "a disciplinaridade se revela cada vez mais inadequada com relação às novas formas de produção e impotente para explicitar práticas de controle eficazes no confronto com as novas subjetividades do trabalho"[33].

De Giorgi (2006) afirma que ultrapassaríamos a disciplina da carência e alcançaríamos o governo do excesso e aspira ser fundamental perceber qual papel o sistema penal cumpriria nesta jornada. O governo do excesso, para autores dessa matriz teórica, seria tanto do excesso positivo, a integração cooperativa do trabalhador ativo nestes novos moldes do processo de produção, como do excesso negativo, a imensa força de trabalho excedente.

Portanto, há concomitâncias de processos, na velha dicotomia do arcaico e do moderno, que sustenta ainda mais as possibilidades de expansão do capital nesta era.

Apesar de, desde a nossa concepção, não ter havido o *esgotamento* do fordismo, muito menos o *encerramento* do ciclo industrial do capitalismo, estamos dialogando e ponderando com esse autor por entender que possui importantes contribuições, ainda que com bases teóricas distintas, o que interfere em certas análises e conclusões.

A reflexão sobre as "novas tecnologias de poder" passa pela noção de que neste período, pelas mudanças das dinâmicas das relações sociais, especialmente com as alterações no processo de trabalho, os mecanismos de controle não são individualizados, mas operam por grupos denominados "de risco", não são a partir do conflito, mas sim em uma afirmação de periculosidade e em um exercício de antecipação do provável crime a ser cometido por determinado indivíduo, componente de um determinado grupo social.

31. *Ibidem*, p. 27.
32. *Ibidem*, p. 28.
33. *Ibidem*, p. 30.

Ou seja, um processo de essencialização, no qual eles se tornam em si o risco, independentemente de sua conduta.

Como afirma De Giorgi, "esta condição de *não-saber* qualifica os dispositivos de controle e os orienta para uma função de supervisão, de limitação do acesso, de neutralização e de contenção do excesso"[34].

Algumas classificações concorrem para explicar tal fenômeno. Alguns dizem que estaríamos ultrapassando o *Panopticon* para o *Oligopticon*, no qual "grupos sociais restritos exercem um poder de vigilância sobre outros grupos sociais restritos"[35].

Seja como for, o que se vislumbra é um conjunto "de tecnologias de controle orientadas para o internamento, para a vigilância e para a limitação do acesso"[36], com a cidade cada vez mais guetizada e controlada e os estabelecimentos penais operando desde uma lógica gerencial.

Dessa forma, que passa a acontecer é que a força de trabalho excedente começa a ser controlada menos por mecanismos assistenciais e mais por "instituições penais de gestão da pobreza", sob novas técnicas e objetivos, bem como por monitoramentos eletrônicos que estabelecem novas dinâmicas nas grandes cidades. Daí que, para De Giorgi, "o controle se materializa numa arquitetura que não regula o encontro, mas o impede, não governa a interação, mas cria obstáculos a ela, não disciplina as presenças, mas as torna invisíveis"[37]. Ademais, tende-se a abandonar os discursos "res" (ressocializar, reinserir, reeducar etc.) e assumir declaradamente uma função neutralizadora da pena.

A realidade do capitalismo dependente do brasileiro – e da relação social escravista que o antecede – sempre foi peculiar e essa mudança paradigmática *stricto sensu* não se aplica. O que não quer dizer que não sintamos os impactos da lógica gerencial na política criminal brasileira, mas, em primeiro lugar, não vivenciamos uma sociedade disciplinar tal como nas realidades europeia e estadunidense e, segundo, tal lógica é aqui necessariamente híbrida com técnicas atuais da máxima modernidade de cárcere e fábrica – a serem enquadradas no ciclo disciplinar anterior – e, sobretudo, pelo histórico e constitutivo autoritarismo escravagista e patriarcal que funda nossa nação fraturada.

Ainda que não tenhamos oportunidade de pormenorizar algumas reflexões neste espaço, importa-nos delinear minimamente o porquê de nossa história da economia política da pena ser diferenciada. Como bem sabemos, a dimensão da escravidão brasileira foi incomparável ao resto do mundo, diante da imensa população, de diferente regiões da África, trazidas compulsoriamente às nossas terras para serem escravizadas; diante da centralidade dessa exploração – que necessitou de mecanismos econômicos e extra-econômicos para ser sustentada –; bem como em decorrência do máximo prolongamento possível da relação social escravista, sendo abolida 33 anos após o fim do tráfico internacional de escravas e escravos, de maneira conservadora e excludente.

Diante disso, os desafios para controle desta população avolumada e potencialmente revoltada passaram por todo o processo ideológico de desumanização, pela tentativa de aculturação e por mecanismos de repressão penal legalmente vinculados às Ordenações portuguesas de cunho inquisitorial, mas majoritariamente garantidos no espaço privado, sendo o senhor de engenho seu principal fiscalizador.

Segundo Ana Luiza Flauzina, constitui-se, no período de 1500 a 1822, a "espinha dorsal da lógica de atuação do aparelho repressivo no país", enquanto um sistema naturalizador da subjugação, "de base fundamentalmente corporal"[38].

O momento subsequente, de Independência aparente e constituição do período imperial, foi marcado por uma maior regulação legal penal interna, com uma série de previsões criminalizantes de tipificações sem vítimas, majoritariamente atreladas à aglutinação de pessoas negras em espaços públicos ou no controle de levantes e insurreições.

Com a crise econômica e o pipocar de revoltas populares em todos os cantos do país, o Código Criminal do Império, aprovado em 16 de dezembro de 1830, acompanhado de uma série de Decretos, inauguraram os novos métodos jurídicos para "impedir a ocupação livre dos espaços públicos pela população negra"[39], desde a tipificação do crime de insurreição, a vedação dos cultos religiosos de origem africana, a necessidade de documentações para o "livre" trânsito – e a previsão de castigos caso não as portassem –, até a criminalização da vadiagem e da capoeira, aperfeiçoadas com o Código seguinte, em 1890. Quanto à primeira, as Ordenações Filipinas já previam em seu título "Dos Vadios" e o Código Criminal engloba um capítulo, o IV, com o título "vadios e mendigos", prevendo pena de prisão com trabalho por oito a vinte e quatro dias, nas situações nas quais a pessoa não tiver uma ocupação econômica "honesta" e "útil". Já no caso da segunda, o medo da auto-organização havia criado um discurso de que os capoeiras existiam como uma espécie de sociedade secreta. A sua vinculação direta à vadiagem se dará de forma explícita no Código seguinte, bem como a mendicância e a embriaguez.

34. *Ibidem*, p. 91.
35. *Ibidem*, p. 93.
36. *Ibidem*, p. 93.
37. *Ibidem*, p. 103.
38. FLAUZINA, Ana Luiza Pinheiro. *Corpo negro caído no chão:* o sistema penal e o projeto genocida do Estado Brasileiro. 2006. 145 f. Dissertação (Mestrado em Direito) – Universidade de Brasília, Brasília, 2006. p. 46.
39. *Ibidem*, p. 56.

Dessa maneira, este período consolida o monopólio institucionalizado da violência, voltado ao controle não declarado de populações – e não indivíduos – a fim de controlar sua potência insurgente – desenvolvida pelo fortalecimento de suas identidades coletivas – e reforçar seu lugar marginal na relação de produção que se gestava aí.

Assim, nestes três séculos coloniais, "o sistema punitivo se municiou com todos os instrumentos de contenção que agregam uma legislação repressiva, recrutamento de milícias e capitães-do-mato, além de um sofisticado aparato de tortura"[40]. Um sistema penal consolidado para controlar os meios de reprodução da vida da ampla massa de pessoas escravizadas no Brasil.

O momento seguinte, com o fim da escravidão, marca um aprofundamento deste papel do sistema penal brasileiro até aqui narrado. A atuação do sistema penal neste período foi imprescindível para que se administrasse a transformação do escravo em liberto sem se perder o total controle social. A única maneira de bloquear o poder insurrecional da população seria transformando ex-escravos em marginais, criminalizando-os.

O Código Penal da República aprofunda a criminalização da vadiagem. Se não tivesse emprego e moradia, seria penalizado, mesmo que a Lei de Terras de 1850 e o financiamento estatal para a vinda de imigrantes europeus significasse, dentre outras, políticas nítidas de branqueamento e exclusão direta da população negra recém "liberta".

Desse modo, os primeiros anos da República aprofundaram os mecanismos violentos de controle do negro na cidade, estendendo, inclusive, a máquina penal também aos trabalhadores assalariados organizados, através da criminalização das greves. A diferença na forma de criminalização entre estes grupos está no fundamento, pois no segundo caso a motivação é a falta de disciplina no mundo do trabalho, enquanto o primeiro "está centrado no grau de periculosidade investido em sua própria constituição física (...) a matéria punível é a própria racialidade negra"[41].

Os passos seguintes dessa história, ao longo do processo de modernização conservadora, se sofisticam, porém mantém sua mesma diretriz. Seria uma longa história a ser resumida aqui como o fenômeno de consolidação da racionalidade penal iluminista, incorporada no Código Penal de 1940 – ainda, em sua base, vigente – atrelada a uma prática genocida subterrânea que, combinadas, configuram aspecto fulcral do mito da democracia racial no país. Este é um elemento determinante da caracterização genocida do Estado brasileiro. Deste período em diante, de um lado, a igualdade formal e a narrativa de um "direito penal do ato" se consagra; de outro lado, a nossa periculosidade, a nortear as contradições do direito penal moderno, ganha cor e origem com as construções institucionais da ideia de "indivíduo suspeito", a ser traduzida como a suspeição generalizada do povo negro. Nada mais permanente do que isso.

Deste brevíssimo resgate dos elementos caracterizadores da vocação para o extermínio do sistema penal brasileiro, importa-nos alcançar uma importante definição relacionada à necessidade de se incorporar um raciocínio não homogêneo e eurocêntrico sobre as características e funções reais do controle penal na realidade do capitalismo dependente.

Assim, compartilhamos da percepção de Luciano Goés de que em nossa realidade não houve a absorção de um modelo disciplinar corporal – modelo benthamiano do panóptico –, mas sim uma adaptação, uma tradução do modelo lombrosiano, sendo "o marco da construção do primeiro '*apartheid* criminológico' marginal"[42]. E o autor justifica:

> Isto porque aqui não houve o disciplinamento de mão de obra para as fábricas. A disciplina na periferia sempre decorreu da necessidade da manutenção da ordem racial estabelecida, alcançada por meio da extrema violência física e mortes, instrumentos indispensáveis na dominação que afligia o corpo negro, objeto de propriedade da raça branca e de atuação da domesticação direta, ou indireta pelo medo que deveria inculcar aos demais.

Por todo o exposto, nosso objetivo maior com essa significativa parcela deste escrito foi:

- Demonstrar um sentido estrutural da relação entre sistema penal e mundo do trabalho.
- Para que, dentro deste olhar complexo à função real do controle penal na ordem do capital, pudéssemos entender como se forjaram as etapas da funcionalidade do trabalho nas prisões – de uma etapa em que era produtivo até aquela em que se constitui como mecanismo de puro controle e disciplina ou, nas palavras mais ajustadas, como mecanismo de ressocialização.
- Disso, destaca-se o quanto em toda e qualquer etapa a função de menor preferibilidade (*less elegibility*) determinou seus contornos. O trabalho nas prisões, desde sua origem, precisa ser mais penoso, danoso, rudimentar e com assalariamento menor do que o referente às pessoas em liberdade.
- Por todo esse caminho, importou destacar que as transformações estruturais não seguiram o estrito caminho europeu descrito como universal. Em *terras brasilis* não vivenciamos uma passagem rígida de um modelo disciplinar de corpos individuais a um modelo gerencial de grupos eleitos como inimigos sociais.

40. *Ibidem*, p. 49.
41. *Ibidem*, p. 70.
42. GÓES, Luciano. *A "tradução" de Lombroso na obra de Nina Rodrigues*. O racismo como base estruturante da criminologia brasileira. Rio de Janeiro: Revan, 2016. p. 198.

Por aqui, o controle de grupos – dos escravos aos libertos – origina o nosso sistema e, na atualidade, este apresenta a complexa simbiose de funções.

2.1. A divisão sexual do trabalho também refletida na prisão

Nesta reflexão sobre qual o sentido do trabalho na Lei de Execução Penal e, mais ainda, na sua materialização, entendemos ser importante fazer um destaque para a condição diferenciada da mulher e o quanto o trabalho adquire, ao ser definido para elas, uma função de um lugar social que, pelas suas supostas condutas enquadradas como delituosas, teriam ameaçado romper.

Com todas as variações históricas – sendo a queima das bruxas na Inquisição a principal demonstração – até o século XX e, em alguma medida, perdurando hoje, o imaginário foi e é de que a mulher teria menor tendência criminal, praticando menos crimes e, quando o pratica, haveria uma tendência de ser crimes "especificamente femininos".

Se na história geral já destacamos mais detalhadamente como foi o processo histórico-estrutural de definição da ideia de periculosidade, pautada em uma ideia positivista de defesa social, neste momento vale destacar que, com relação às mulheres, ainda que estas fossem secundarizadas enquanto preocupação de justificação, já que eram inexpressivas numericamente nas estatísticas criminais, algumas questões se consolidaram desde este campo, sendo símbolo a publicação do livro *La donna delinquente*, de Cesare Lombroso, em 1892.

> Ao visitar as penitenciárias femininas italianas, Lombroso identificou sinais biológicos a determinados tipos de delitos cometidos por mulheres: criminosas natas, criminosas ocasionais, ofensoras histéricas, criminosas de paixão, suicidas, mulheres criminosas lunáticas, epilépticas e moralmente insanas (MENDES, 2012:46). E afirmou que sua estrutura biopsicológica favorecia uma maior adaptação e obediência às leis, e por este motivo delinquia menos que os homens. Entretanto, apesar de sua docilidade, a mulher se mostrava potencialmente amoral, enganosa, fria, calculista, sedutora e malévola, características que, apesar de não impulsionarem ao crime, fariam-na cair na prostituição[43].

O lugar do controle feminino era o privado, o doméstico. As teorizações aqui em análise serviam nitidamente como apêndice para as justificações culturais e ideológicas da naturalização de características femininas e de seu papel social.

> Isso se deve primordialmente ao fato de que o direito penal é uma forma de controle que se dirige às relações de trabalho produtivo (trabalho, moral do trabalho e a ordem que o garante), enquanto a esfera da vida privada, que diz respeito à reprodução, sexualidade e procriação da família, não é o objeto central do controle penal. O sistema de controle que se dirige ao comportamento da mulher no seu papel de gênero é o informal, realizado na família mediante o domínio patriarcal e, em última instância, o exercício da violência física contra as mulheres. Assim, o direito penal se dirige, sobretudo, aos homens que desempenham papéis na esfera pública da produção material, enquanto o sistema de controle informal se dirige à mulher que desempenha papéis na esfera privada de reprodução natural. Nesse sentido, do ponto de vista simbólico, o direito penal é masculino[44].

Os estudos se focavam, quando existiam, na condição das mulheres enquanto vítima, separando aquelas que poderiam receber o título de vítima e as outras que sofreriam processos de culpabilização pelo seu *status* de mulher questionado a partir de uma rotulação de seu comportamento, perfil ("mulher honesta" ou o seu oposto).

Ainda que os processos históricos e o alargamento do reconhecimento dos direitos humanos das mulheres – de todas as mulheres – batam na porta e provoquem mudanças, não necessariamente isso se reflete em alterações significativas nas instituições, na cultura jurídica e, por consequência, nos processos judiciais, todos ainda marcadamente pautados na ideologia patriarcal. O direito penal essencialmente não tem vocação para respeito aos direitos humanos, muito menos das mulheres, estejam elas enquadradas em qual polo for, como vítimas ou supostamente agentes de alguma conduta tipificada penalmente.

Mais do que isso, em quaisquer destas situações, são inúmeras e muito prováveis as possibilidades de viverem violências institucionais, com processos duros de revitimização, seja pelo despreparo profissional, pelo não entrelaçamento dos atendimentos e políticas públicas, seja por suas versões e condutas serem questionadas. Quando se trata de mulheres processadas criminalmente ou já em situação de prisão, a violência institucional é potencialmente mais complexa. Isto por algumas razões. Em primeiro lugar, por serem minoria proporcional na realidade do sistema prisional, os estabelecimentos são precários e adaptados:

> Sendo assim, o mais comum é que a arquitetura prisional seja pensada para o público masculino e depois adaptada às mulheres e, por consequência, não atendem as necessidades que são próprias das mulheres, como são "atividades que viabilizam o aleitamento no ambiente prisional, espaços para os filhos das mulheres privadas de liberdade, espaços para custódia de mulheres gestantes,

43. CHERNICHARO, Luciana Peluzio. *Sobre mulheres e prisões*: seletividade de gênero e crime de tráfico de drogas no Brasil, 2014. 160 f. Dissertação (Mestrado em Direito) – Universidade Federal do Rio de Janeiro, Rio de Janeiro, 2014. p. 34-35.

44. ARGÜELLO, Katie; MURARO, Mariel. *Mulheres encarceradas por tráfico de drogas no Brasil:* as diversas faces da violência contra a mulher. Seminário Internacional de Pesquisa em Prisão. out. 2015. 30 p. Acesso em: 05 nov. 2017. p. 5.

equipes multidisciplinares de atenção à saúde da mulher, entre outras especificidades"[45].

Esta precariedade tem como grau máximo a falta de estabelecimentos e consequente impossibilidade de efetiva progressão de regime, gerando situações inconcebíveis de cumprimento adaptado de regime semiaberto em estabelecimento para regime fechado.

Este elemento de estrutura das unidades é importante para pensarmos as condições mínimas do próprio exercício do direito ao trabalho dessas mulheres. Soma-se a isso o perfil dos trabalhos que lhes são oferecidos, quase nunca permitindo uma qualificação, mas sim uma reprodução dos trabalhos já antes atribuídos às mesmas, ditos "femininos", especialmente os de limpeza e culinária da unidade prisional como um todo, o que barateia os custos e reforça os lugares de suas barrigas no fogão e das vassouras em suas mãos.

Para além do perfil do trabalho, poucas são as mulheres que trabalham e, quando o fazem, são pouco ou mal remuneradas. Segundo o INFOPEN MULHERES referente aos dados do ano de 2016, entre a população prisional feminina que trabalha, 20% não recebe qualquer remuneração e 40% recebe menos de ¾ do salário. Do total de mulheres aprisionadas, apenas 24% estão envolvidas em atividades laborais.

Quanto a este elemento das oportunidades de trabalho às mulheres na realidade prisional, enquanto reforçadoras do papel social feminino que foi descumprido, em alguma medida, ao serem presas, a reflexão de Danièle Kergoat parece-nos relevante para este contexto, ao explicar que, tradicionalmente, há um discurso legitimador de que essas diferenciações de atribuições/postos ou funções de trabalho são da própria "natureza feminina" (trabalhos repetitivos ou minuciosos são mais fáceis às mulheres, por serem mais pacientes e delicadas) ou então que o desafio está na desigual qualificação da mulher, receitando soluções como estímulo na educação, concessão de trabalho, maiores oportunidades, ao que a autora rebate, dizendo que "as mulheres operárias não são operárias não-qualificadas ou ajudantes porque são mal-formadas pelo aparelho escolar, mas porque são bem formadas pelo conjunto do trabalho reprodutivo"[46]. Isso significa que são formadas formal e informalmente, de maneira consolidada, para ocuparem determinado espaço social.

Estes obstáculos, especialmente os referentes ao trabalho e à proximidade com seus filhos, dificultam o lidar com os dilemas econômicos da família, o que para as mulheres, tal como foram socializadas, possui outro significado, outra responsabilidade e, por consequência, um sofrimento incomparavelmente mais aflitivo que o do homem.

3. DE TODO O POSTO: AFINAL, A QUE SERVE O TRABALHO NAS PRISÕES BRASILEIRAS?

Na história moderna ocidental, a partir do momento no qual a pena de prisão (racional e proporcionalmente definida, de acordo com o que aqueles que ditam as leis consideram como de maior ou menor gravidade) se consolida como pena por excelência – o que coincide com o assalariamento do trabalho para a maioria das pessoas e a medida do tempo de trabalho como medida do capital, como anteriormente aprofundamos –, buscou-se criar teorias, com pretensões de ciência (por gerações refutadas como conhecimento válido), que dessem conta de explicar as razões e justificativas das pessoas estarem encarceradas (e, portanto, terem cometido crimes).

Em um primeiro momento, o livre-arbítrio era suficiente para justificar a positivação do direito penal e o funcionamento do sistema, porém, com o aguçamento das desigualdades na sociedade capitalista, eis que surgem teorias para explicar uma inerente diferença entre os sujeitos, justificando uma suposta inferioridade de uns em relação a outros.

No tópico anterior, pudemos descrever como a História da pena não esteve associada a uma sua suposta humanização, mas a necessidades concretas e cambiáveis de métodos de controle social. Cabe neste momento, para entendermos que tipo de ideologia do trabalho reina sobre os fundamentos legais da execução penal brasileira, tratar da origem do ideal ressocializador enquanto um produto da Escola positiva e a criação da criminologia enquanto "ciência" acessória e legitimadora da dogmática penal.

O que denominamos como criminologia tradicional era um estudo que forçosamente se dizia científico e que partia do dado incontestado de que estudaria o "criminoso", ou seja, aquele que teria cometido um crime, uma vez que realizada uma conduta tipificada e que tenha sido detido por isso. Este campo tradicional de estudos vai buscar

---

45. DEPARTAMENTO PENITENCIÁRIO NACIONAL. *Levantamento Nacional de Informações Penitenciárias – INFOPEN MULHERES.* 2. ed. Brasília, 2017. 79 p. Disponível em: <http://depen.gov.br/DEPEN/depen/sisdepen/infopen-mulheres/infopenmulheres_arte_07-03-18.pdf>. Acesso em: 12 jan. 2018, p. 23.O mesmo relatório informa que, quanto aos espaços exclusivos para visitação social – que, portanto, não devem coincidir com o pátio do banho de sol -, apesar de previstos no modelo arquitetônico normativamente regulamentado, existem na proporção de uma por cada duas unidades exclusivas para as mulheres, três por cada dez nas unidades mistas e 34% no caso das exclusivamente masculinas. Relacionado ao espaço físico, pensando em sua ocupação, é notório pelos números elemento corriqueiramente dito sobre os laços de sociabilidade que se preservam muito mais precariamente para as mulheres em situação de prisão, visto que o dever de cuidado, afeto e responsabilidade pelo outro são características ensinadas e reproduzidas em grau máximo para as mulheres. A média de visitação nos presídios exclusivamente masculinos é de 7,8 pessoas por semestre e nos femininos e mistos é de 5,9 pessoas.
46. KERGOAT, Danièle. Dinâmica e consubstancialidade das relações sociais. *Revista Novos Estudos – CEBRAP.* São Paulo, n. 86, p. 93-103, mar. 2010. p. 94.

explicações justificadoras, legitimadoras da tipificação e da pena, pautadas em uma razão causal-explicativa e destinadas unicamente ao indivíduo. É comum, ao nos referirmos a este paradigma, tratarmos de Lombroso e sua teoria ontologizante e inspirada no discurso médico para tratar do dito "sujeito delinquente". Porém, as explicações foram se complexificando com o passar do tempo e indo além dos elementos fisiológicos, incorporando análises desde a psicologia ou mesmo da sociologia, ainda que sempre pautadas no mesmo referencial individual-causal-explicativo do fenômeno da "delinquência", sem questionarem a própria definição delituosa e a atuação possivelmente parcial ou seletiva dos órgãos que compõem o sistema de justiça criminal.

Passada esta fase, surge a ideia da ressocialização, no século XIX, com a Escola Positiva Italiana, que continuou a vincular a execução penal ao trabalho e a alimentou, através deste, a fantasia de um tratamento ressocializador, com interferências diretas nas pessoas dos presos e não nas estruturas sociais. Esta última interferência foi desenvolvida, posteriormente, pelos sociólogos do século XX, mas tal ideia já era antecipada por um dos mais importantes autores da Escola Positiva, Enrico Ferri. Tal necessidade, no entanto, ainda hoje não é compreendida e/ou aceita, uma vez que a facilidade de incorporar um discurso simplista de identificação das causas da criminalidade no próprio criminoso atendia os reclamos da "ciência" e valorizava uma espécie de saber não compartilhado[47].

A virada se dá com os primeiros estudos dispostos a perceber não o crime em si como algo dado, mas os processos sociais de rotulação do desvio, do crime, assim como do desviante, do delinquente. A conhecida teoria do etiquetamento (*labelling approach*) inaugura o que alguns autores denominam como paradigma da reação social, dando um giro epistemológico e iniciando a possibilidade de estudos dos processos de criminalização. Neste trabalho compartilhamos dos pressupostos teóricos da criminologia crítica, passo seguinte ao do etiquetamento, que incorpora, em suma, o debate da violência estrutural no capitalismo.

A execução penal brasileira é permeada pela moral do trabalho e pelo discurso ressocializador, como pudemos desenvolver na introdução desta reflexão. Importa-nos, portanto, dar concretude ao que se compreende como função preventiva especial positiva na legislação brasileira.

Ao contrário de uma possível leitura ingênua ou desavisada, o ideal ressocializador surgiu historicamente colado com a noção periculosista, a partir dos pressupostos etiológicos acima narrados. Pensar na ideia de tratamento individual para uma situação de conflito social em si seria insuficiente. Alessandro Baratta analisa os efeitos na vida do sujeito aprisionado e na sua estagnação social, reforçando a hierarquia das posições de classe na sociedade:

> As aplicações seletivas das sanções penais estigmatizantes, especialmente as de prisão, constituem uma fase estrutural essencial para a manutenção da escala vertical da sociedade. Influem negativamente, sobretudo, no *status* social dos indivíduos que pertencem aos setores sociais mais baixos, pois atuam impedindo seu ascenso social (...). A função da prisão na produção de indivíduos desiguais não é hoje de menor importância. Hoje, a prisão produz, recrutando principalmente nas áreas mais pobres da sociedade, um setor de marginalidade social particularmente qualificado pela estigmatização do sistema punitivo do Estado[48].

Concordamos com o autor ao pensar que o "tratamento" sempre fracassou (e sempre fracassará) quando se concentra no indivíduo e não se amplia às questões estruturais. Ainda que muito se tenha feito para melhorar a prisão, essa instituição não poderia ser um espaço de educação, em um sentido emancipatório.

Por trás do tom estigmatizador do jargão "fábrica de delinquentes" há um fundamento real de um processo que Baratta denomina de "desculturização" e "prisionização", provocado pelos mesmos motivos da impossibilidade de se constituir uma educação emancipadora, pois a prisão em si, ainda que esteja nas melhores condições estruturais – fato não verificado na realidade brasileira – proporciona um isolamento social que é literalmente desumanizador e que constitui precárias e desoladoras formas de sociabilidade e homogeneização de comportamentos dentro do estabelecimento fechado.

Assim, a ideia abstrata ressocializadora já conteria em si limitações intrínsecas – essenciais, podemos dizer. Porém, ao aterrizarmos em sua concretude expressa legalmente (isso sem falar na percepção do conteúdo de sua materialização) destaca-se uma incompatibilidade de metas disciplinares e as ditas pedagógicas ou ressocializadoras.

Especialmente em um contexto de superlotação – mas não só nele – a função da pena se materializa muito além de sua legitimidade jurídica, pois acaba por ter a "ordem interna" como seu objetivo primevo. A lógica disciplinar e padronizadora expressa legalmente na seção "Deveres do preso" e executada pelos mecanismos legais de definição de faltas e de sanções disciplinares norteiam o próprio respeito aos direitos dos presos.

Neste mesmo sentido, todos os dispositivos legais previstos como direitos ou benefícios da execução penal são

---

47. ZACKSESKI, Cristina. Relações de trabalho nos Presídios. In: *Revista do Ministério Público do Trabalho*. Brasília, Ano XII, n. 23, março 2002. p. 33.

48. BARATTA, Alessandro. Observaciones sobre las funciones de la cárcel en la producción de las relaciones sociales de desigualdad. Tradução de Juan Guillermo Sepúlveda A. Nuevo Foro Penal. Bogotá, n. 15, p. 737-749, jul./set. 1982B, p. 742.

determinados também por critérios subjetivistas, relacionados a personalidade (periculosidade) e comportamento. Esta é a diretriz central da execução penal brasileira. É assim que se veste o ideal ressocializador na legislação e, principalmente, na sua aplicação no país.

Ao longo deste escrito, pudemos perceber que, historicamente, o trabalho nos presídios funcionou como mecanismo de banimento do ócio e de reforma do dito desviante.

O trabalho nas prisões perdeu essencialmente seu caráter produtivo há muito tempo, ainda que siga cumprindo um papel de superexploração interessante como reforço econômico à lógica política subalternizadora e reforçadora de hierarquias sociais.

De outro lado, hoje serve para minimizar custos da instituição prisional e manter o preso ocupado, evitando o ócio, como pudemos observar ao descrever a condição das mulheres.

Fato é que o trabalho nas prisões brasileiras ocorre sem remuneração adequada e sem condições e segurança de trabalhos. Quanto ao primeiro aspecto, na introdução desta reflexão pudemos descrever a previsão da LEP de possibilidade de retribuição financeira inferior ao salário mínimo, contrariando o estabelecido na Constituição Federal em seu art. 7°, incisos IV e VII, ao prever que ninguém pode ganhar menos de um salário mínimo se trabalhar jornada integral. Para agravar, pudemos também observar que é regra a ausência de oportunidade de trabalho e, quando existe, não haver qualquer espécie de remuneração, "o que contraria também o art. 76, inciso I, das Regras Mínimas para o Tratamento de Prisioneiros das Nações Unidas. No tratamento desta matéria também é frequentemente esquecida a Declaração Universal dos Direitos Humanos (1948): Art. 23. II — todo homem, sem qualquer distinção, tem direito à igual remuneração por igual trabalho."[49].

Quanto ao segundo aspecto, a segurança no trabalho não é legalmente garantida, ao não haver necessidade de seguro contra acidentes de trabalho e não é materialmente garantida, ao observarmos as precárias e perigosas instalações de trabalho em estruturas arquitetônicas não adaptadas ao exercício de funções laborais e sem quaisquer serviços de manutenção. São "puxadinhos" em cima de "puxadinhos" que colocam em risco a integridade física dessas pessoas trabalhadoras.

Destacamos ainda que, para todos os presos, o trabalho – direito e dever na execução penal – é utilizado como "moeda de troca" no controle interno prisional. Isso significa dizer que o trabalho na prisão se converte de direito a privilégio nas prisões, sendo possibilitada a uma ínfima parcela da população como mecanismo central de controle interno.

Nesse sentido, como se pode evidenciar no cotidiano da gestão carcerária brasileira, o sistema de ocupação laborativa no cárcere descumpre as determinações básicas legais estabelecidas para a execução penal, não havendo oferta para todos; funciona como garantia de privilégio para uns poucos eleitos pelos agentes operadores da execução penal[50].

Diante de tais colocações, caberia a pergunta do que fazer, "apesar da prisão"? Alessandro Baratta, como um minimalista penal que vislumbrava o abolicionismo como fim, aponta-nos saídas possíveis, criticando o ideal ressocializador e, em contrapartida, pensando as noções de destecnificação (o desmonte dos muros entre a sociedade e a prisão, bem como o conhecimento técnico não mais a favor do controle, mas sim da construção de processos de qualificação e autonomia) e de garantia de benefícios como medidas de redução de danos do sistema penal, enquanto um processo de descarcerização é batalhado.

Neste sentido, especificamente quanto ao trabalho, seria importante a busca por "uma perspectiva preventiva, procurando garantir condições para que as pessoas não sejam excluídas do acesso a relações formais de emprego e que, por sua vez, não sejam excluídas do convívio social através do encarceramento, pois a prisão é a radicalização da exclusão"[51].

Isso significaria defender que, enquanto houver prisão, apesar dela, é preciso reivindicar condições de trabalho no mínimo equiparáveis ao mínimo legal aos demais trabalhadores e trabalhadoras. Sabendo que essa batalha terá que conviver com a batalha pelo fim das prisões, existente em combinação por uma sociedade sem grilhões de todos os tipos, inclusive o mais elementar de todos eles, qual seja a exploração do suor, energias e potencialidades de muitos por uma seleta minoria.

4. REFERÊNCIAS

ANTUNES, Ricardo. *Adeus ao trabalho?*: Ensaio sobre as metamorfoses e a centralidade do mundo do trabalho. Campinas: Editora da Universidade Estadual de Campinas, 2006.

ARGÜELLO, Katie; MURARO, Mariel. *Mulheres encarceradas por tráfico de drogas no Brasil*: as diversas faces da violência contra a mulher. Seminário Internacional de Pesquisa em Prisão. out. 2015. 30 p. Disponível em: <http://www.seminarioprisoes.sinteseeventos.com.br/arquivo/downloadpublic2?q=YToyOntzOjY6InBhcmFtcyI7czozMzoiYToxOntzO-

49. ZACKSESKI, Cristina. Relações de trabalho nos Presídios. In: *Revista do Ministério Público do Trabalho*. Brasília, Ano XII, n. 23, março 2002. p. 35.
50. JULIÃO, Elionaldo Fernandes. Educação e Trabalho como propostas políticas de execução penal. In: *Revista Alfabetização e Cidadania*, n.19, julho 2006. p. 86.
51. ZACKSESKI, Cristina. Relações de trabalho nos Presídios. In: *Revista do Ministério Público do Trabalho*. Brasília, Ano XII, n. 23, março 2002. p. 40.

jEwOiJJRF9BUlFVSVZPIjtzOjI6Ijc2Ijt9IjtzOjE6ImgiO3M6M-zI6ImFhMjNkMTEwMWZhNjAzZmU1NWFmYWNjNjY2Y-2VkMmYzIjt9>. Acesso em: 05 nov. 2017.

BARATTA, Alessandro. Observaciones sobre las funciones de la cárcel en la producción de las relaciones sociales de desigualdad. Tradução de Juan Guillermo Sepúlveda A. Nuevo Foro Penal. Bogotá, n. 15, p. 737-749, jul.-set. 1982b.

CHERNICHARO, Luciana Peluzio. *Sobre mulheres e prisões*: seletividade de gênero e crime de tráfico de drogas no Brasil, 2014. 160 f. Dissertação (Mestrado em Direito) – Universidade Federal do Rio de Janeiro, Rio de Janeiro, 2014.

DEPARTAMENTO PENITENCIÁRIO NACIONAL. *Anuário do Sistema Penitenciário Federal 2016*. 2. ed. 2017. Disponível em: <http://depen.gov.br/DEPEN/dispf/spf_anuario/anuario-spf-2016.pdf>. Acesso em: 05 maio 2019.

___. *Levantamento Nacional de Informações Penitenciárias – INFOPEN MULHERES*, 2. ed. Brasília, 2017. 79 p. Disponível em: <http://depen.gov.br/DEPEN/depen/sisdepen/infopen-mulheres/infopenmulheres_arte_07-03-18.pdf>. Acesso em: 12 jan. 2019.

DEPARTAMENTO PENITENCIÁRIO NACIONAL. *Levantamento Nacional de Informações Penitenciárias – INFOPEN*, junho 2014. Brasília, 2014. 148 p. Disponível em: <http://www.justica.gov.br/news/mj-divulgara-novo-relatorio-do-infopen-nesta-terca-feira/relatorio-depen-versao-web.pdf>. Acesso em: 15 abr. 2019.

FLAUZINA, Ana Luiza Pinheiro. *Corpo negro caído no chão:* o sistema penal e o projeto genocida do Estado Brasileiro. 2006. 145 f. Dissertação (Mestrado em Direito) – Universidade de Brasília, Brasília, 2006.

GIORGI, Alessandro De. *A miséria governada através do sistema penal*. Rio de Janeiro: Revan, 2006.

GÓES, Luciano. *A "tradução" de Lombroso na obra de Nina Rodrigues*. O racismo como base estruturante da criminologia brasileira. Rio de Janeiro: Revan, 2016.

JULIÃO, Elionaldo Fernandes. Educação e Trabalho como propostas políticas de execução penal. In: *Revista Alfabetização e Cidadania*, n.19, julho 2006.

KERGOAT, Danièle. Dinâmica e consubstancialidade das relações sociais. *Revista Novos Estudos – CEBRAP*, São Paulo, n. 86, p. 93-103, mar. 2010.

MELOSSI, Dario. Discussão à guisa de prefácio. Cárcere, pós-fordismo e ciclo de produção da 'canalha'. In: GIORGI, Alessandro De. *A miséria governada através do sistema penal*. Rio de Janeiro: Revan/Instituto Carioca de Criminologia, 2006.

MELOSSI, Dario; PAVARINI, Massimo. *Cárcere e fábrica:* as origens do sistema penitenciário (século XVI-XIX). Rio de Janeiro: Revan/Instituto Carioca de Criminologia, 2006.

PRADO, Eleutério. *Desmedida do valor*: crítica da pós-grande indústria. São Paulo: Xamã, 2005.

REDE JUSTIÇA CRIMINAL. *Agenda prioritária para 2016*. Disponível em: <https://redejusticacriminal.org/wp-content/uploads/2016/07/RedeJusticaCriminal-Agenda-Prioritaria-2016-FINAL-diagramada.pdf>. Acesso em: 10 jun. 2017.

___. Disponível em: <http://www.cnj.jus.br/files/conteudo/arquivo/2016/02/b948337bc7690673a39cb5cdb10994f8.pdf>. Acesso em: 10 jun. 2017.

RUSCHE, Georg; KIRCHHEIMER, Otto. *Punição e Estrutura Social*. Tradução de Gizlene Neder. Rio de Janeiro: Revan, 2004.

ZACKSESKI, Cristina. Relações de trabalho nos Presídios. In: *Revista do Ministério Público do Trabalho*. Brasília, Ano XII, n. 23, março 2002.

Professores refugiados: desafios e caminhos destes profissionais no Brasil

29

Cláudia Tavares do Amaral[1]
Marco Antônio de Santana[2]
Rômulo Sousa de Azevedo[3]

1. INTRODUÇÃO

Como convite à reflexão, consideremos o seguinte cenário: uma mulher, casada, mãe de duas crianças e professora da educação infantil em uma escola síria. Em 2011, uma guerra civil foi deflagrada no país e, um dia após o outro, viver ali se tornou insustentável. O aumento dos conflitos armados e as constantes violações aos direitos humanos provocaram a saída de toda família do país; se tornaram refugiados. Entre os locais que ofereciam flexibilidade de entrada, estava o Brasil e fizeram dele seu novo país. Após a chegada em território brasileiro, os poucos recursos de que dispunham foram utilizados para aluguel de uma casa e compra de itens de sobrevivência e manutenção. Logo, tanto a mulher como seu marido precisavam de um emprego. Pela sua qualificação, a mulher daria aula em qualquer escola da Síria, mas no Brasil é diferente devido a vários fatores. Dias, meses, anos se passam e essa professora não consegue se inserir no mercado de trabalho. A família cria, então, outras formas de obter renda, seja no trabalho formal, mas fora de suas qualificações e vocação, seja no trabalho informal, sem segurança e sem direitos.

Dessa breve história, extrai-se uma indagação: quais questões estão por trás das dificuldades do refugiado em conseguir uma posição no mercado de trabalho dentro de sua área de formação? A resposta fundamenta-se na ideia de que, mesmo sendo um profissional qualificado, barreiras burocráticas, culturais e sociais dificultam a inserção do refugiado no mercado de trabalho e, ainda mais, sua integração à sociedade. O fato de estar no Brasil não significa que a pessoa esteja integrada. Para ilustrar essa realidade, será estudada a situação de refugiados que são professores, mas a análise, com algumas variações, pode ser estendida para refugiados com outras formações.

O presente estudo foi norteado por dois objetivos: analisar os fatores que compõem as barreiras burocráticas, culturais e sociais e, também, tecer reflexões acerca de algumas alternativas já implementadas no Brasil e em outros países. Dessa forma, uma das motivações para este estudo é a necessidade de compreender como e de que forma as barreiras atuam, para, a partir disso, possibilitar a elaboração de meios para superá-las, de modo a propiciar ao refugiado uma inserção no mercado de trabalho condizente com suas competências e habilidades.

Além disso, ao analisar os fatores que compõem as barreiras culturais e sociais, pode-se desmistificar algumas ideias. Por exemplo, o fato do refugiado ser da América do Sul, como o venezuelano, da África, como o congolês, ou do Oriente Médio, como o sírio, não o desqualifica como profissional. É necessário até mesmo refletir acerca da palavra "refugiado" e esclarecer noções equivocadas sobre o termo.

A relevância deste escrito também reside nas áreas envolvidas, pois os objetivos desta pesquisa demonstram a interdisciplinaridade do tema, envolvendo Direito do Trabalho, Direito Internacional e Educação. Entender a situação do profissional refugiado de maneira interdisciplinar e

---

1. Doutora em Ciências da Educação pela Faculdade de Psicologia e de Ciências da Educação da Universidade de Lisboa (ULisboa). Mestre em Educação pela PUC Minas. Professora Adjunta da Universidade Federal de Goiás – Regional Catalão, com atuação na graduação e no Programa de Pós-Graduação em Educação. *E-mail*: claudiatamaral@gmail.com

2. Doutorando no Programa de Pós-graduação em Educação da Universidade Federal de Uberlândia. Mestre em Direito Público pela PUC Minas. Graduado em Direito e Pedagogia. Bolsista CAPES. *E-mail:* bh.santana@yahoo.com.br

3. Servidor Público no Instituto Federal de Goiás. Mestrando no Programa de Pós-graduação em Educação da Universidade Federal de Goiás – Regional Catalão. Bacharel em Administração. *E-mail:* romulo.sousadm@gmail.com

sistêmica é o caminho na busca por soluções mais abrangentes e integradas. Uma legislação internacional que agilize a acolhida do refugiado, acompanhada por uma legislação trabalhista que estimule a contratação do refugiado pelo setor produtivo e, por fim, uma instituição – neste caso, a escola – que integre esse refugiado (na figura de professor) à sua equipe de trabalho e à sociedade como um todo seria a solução para os problemas dessa parcela da população.

Para a obtenção dos resultados, foram utilizados como instrumentos metodológicos a pesquisa bibliográfica e documental. A pesquisa bibliográfica[4] abrangeu artigos sobre a temática extraídos de revistas acadêmicas, disponibilizadas em sítios eletrônico como *Scielo e Google* acadêmico, e matérias jornalísticas a respeito do assunto. O material consultado abordava duas situações: presença de barreiras burocráticas, culturais e sociais na inserção do refugiado no mercado de trabalho brasileiro, especificamente na inserção do professor refugiado, e alternativas, em desenvolvimento ou já executadas, para contornar essas barreiras. O material analisado não focou somente na realidade brasileira, apresentando também a situação de outros países, como a Alemanha. Além disso, não foi determinado um perfil específico de refugiado; os artigos apresentam situações de refugiados da África, da América do Norte, do Oriente Médio e da América do Sul.

A pesquisa documental[5] foi realizada com o estudo das normas jurídicas brasileiras relacionadas à vida dos refugiados no Brasil. Foi analisada a Lei Federal n. 9.474/1997, referente ao Estatuto do Refugiado, e as Leis ns. 16.685/2018, de São Paulo, e 8.020/2018, do Rio de Janeiro, que isentam o refugiado de arcar com taxas de revalidação de diplomas nos respectivos estados.

2. RESULTADOS E DISCUSSÃO

Tanto a pesquisa bibliográfica como a pesquisa documental possibilitaram identificar barreiras burocráticas, culturais e sociais impostas aos refugiados no tocante à vida profissional. O quadro abaixo apresenta as características de cada uma dessas barreiras:

Tabela 1: **Barreiras burocráticas e sociais que dificultam a inserção do refugiado no mercado de trabalho**

Barreiras burocráticas	Barreiras culturais e sociais
Exigência de documentos sem considerar a realidade do refugiado	Características e comportamentos associados ao refugiado devido à sua origem
Processo demorado e oneroso na revalidação de diplomas	Desinformação sobre o termo "refugiado"
Poucas políticas públicas estaduais e municipais que estimulem a regularização e inclusão profissional do refugiado	Dificuldade de aprendizagem da língua local

Fonte: Dados identificados pelos autores na pesquisa bibliográfica e documental.

Identificadas as barreiras e suas especificidades, passamos agora a refletir sobre cada uma delas.

2.1. Barreiras burocráticas

A barreira burocrática, uma das causas da dificuldade de inserção do refugiado no mercado de trabalho, é causada pela ausência ou baixa quantidade de políticas públicas e legislações flexíveis, principalmente nas esferas estadual e municipal. Ao investigar a existência de políticas públicas nesses âmbitos, a ausência é maior do que as existentes e efetivas. Mesmo havendo melhorias a serem feitas, a legislação federal tem apresentado aperfeiçoamento constante, algo que não é visto nas outras esferas quando se investiga todo o cenário. Sendo assim, é importante analisar a legislação federal a fim de obter uma visão geral e, a partir disso, fazer uma análise mais concentrada na conduta dos demais entes da federação.

A Lei n. 9.474/1997[6], que dispõe sobre os mecanismos de implementação do Estatuto dos Refugiados no Brasil, é um marco histórico na legislação de proteção aos direitos humanos dos refugiados. Sua aprovação se deu pela atuação do Alto Comissariado das Nações Unidas para os Refugiados (ACNUR), juntamente com 40 entidades da sociedade civil[7]. De forma geral, trata dos seguintes aspectos: conceituação do termo "refugiado" e seus efeitos para membros familiares; motivos impeditivos da pessoa se refugiar no Brasil; condição jurídica; procedimento para ingresso no território nacional e pedido de refúgio; criação e estruturação do Comitê Nacional para Refugiados (CONARE); procedimentos para legalização; extradição e expulsão; cessação e perda da condição de refugiado; repatriação, integração e reassentamento; e processo gratuito e urgente.

Dentre os aspectos mencionados, a definição de refugiado é fundamental, pois é a partir dela que planos, projetos e ações são criados. No art. 1º, o refugiado é apresentado como a pessoa que, por ter fundado temor de perseguição por raça, religião, nacionalidade, grupo social ou opiniões políticas, é forçada a sair de seu país e não pode ou não deseja estar sob proteção da nação da qual faz parte. O terceiro parágrafo amplia o conceito ao incluir vítimas de grave e generalizada violação de direitos humanos[8] o que distingue essa lei nacional dos documentos internacionais. Ademais, a definição apresentada faz uma diferenciação formal, que não existia antes, entre o refugiado e o imigrante econômico – aquele que não sai de seu país por fator externo à sua vontade, nem tem sua vida colocada em risco[9].

Essa legislação trouxe outras inovações, como a criação do Comitê Nacional para Refugiados (CONARE), responsável por receber solicitações e analisar se uma pessoa está na condição de refugiada. Além disso, o CONARE tem a prerrogativa de criar políticas públicas específicas e possibilitar ao refugiado o acesso às políticas já existentes[10].

Referente à empregabilidade, apresenta avanços cruciais, como o direito do refugiado à carteira de trabalho[11], expresso no artigo 6. A partir de 2006, a identificação da pessoa na carteira foi aperfeiçoada, com a substituição do termo "refugiado" para "estrangeiros com base na Lei n. 9.474/97". Tal mudança foi significativa no combate à discriminação que os refugiados sofriam ao procurar emprego[12].

A Lei apresenta outros pontos fundamentais para a inserção do refugiado no mercado de trabalho, como os arts. 43 e 44 que, ao tratar da integração local, explicitam:

> Art. 43. No exercício de seus direitos e deveres, a condição atípica dos refugiados deverá ser considerada quando da necessidade da apresentação de documentos emitidos por seus países de origem ou por suas representações diplomáticas e consulares.
>
> Art. 44. O reconhecimento de certificados e diplomas, os requisitos para a obtenção da condição de residente e o ingresso em instituições acadêmicas de todos os níveis deverão ser facilitados, levando-se em consideração a situação desfavorável vivenciada pelos refugiados.[13]

Falar da empregabilidade do refugiado, ainda mais na atividade docente, é falar de educação e formação profissional. Os artigos apresentados abordam dois temas importantes: o ingresso na universidade e a revalidação do diploma, considerando a situação desfavorável do refugiado. Não é incomum que os refugiados cheguem ao novo país emocionalmente abalados, em situação de pobreza, doentes e sem perspectiva de retomar o controle de suas vidas[14]. Assim, tanto para a formação como para a regularização profissional, o fator humanitário deve ser priorizado.

No caso de ingresso do refugiado à universidade, pensar em programas de inclusão é pensar em projetos que não percam de vista a situação atípica em que essas pessoas vivem. Processos seletivos simplificados e flexibilização na entrega e reconhecimento de documentos são necessários para facilitar o acesso do refugiado a uma formação que talvez lhe possibilite um trabalho no futuro.

Um dos principais movimentos que tem garantido a inserção de refugiados ao ensino superior é a Cátedra Sérgio Vieira de Mello (CSVM), iniciativa surgida em 2004, numa parceria da ACNUR com universidades brasileiras[15]. A finalidade da CSVM é promover educação, pesquisa e extensão acadêmica para a população em condição de refúgio, por meio das seguintes ações: promoção de acesso e permanência de alunos refugiados na academia, revalidação de diploma e ensino da língua portuguesa. De acordo com dados da CSVM, até julho de 2018, onze instituições universitárias

8. CARLET, Flávia; MILESI, Rosita. Refugiados e políticas públicas. In: SILVA, César Augusto S. da (Org.). *Direitos humanos e refugiados.* Várzea Grande: UFGD, 2012. p. 77-97.
9. JUBILUT, Liliana Lyra; APOLINÁRIO, Silvia Menicucci O.S. A necessidade de proteção internacional no âmbito da migração. *Revista direito GV*, São Paulo, n. 6, p. 275-294, jan.-jun. 2010. Disponível em: <http://www.egov.ufsc.br:8080/portal/sites/default/files/60_0.pdf>. Acesso em: 02 mar. 2019.
10. CARLET, Flávia; MILESI, Rosita. Refugiados e políticas públicas. In: SILVA, César Augusto S. da (Org.). *Direitos humanos e refugiados.* Várzea Grande: UFGD, 2012. p. 77-97.
11. CARLET, Flávia; MILESI, Rosita. Refugiados e políticas públicas. In: SILVA, César Augusto S. da (Org.). *Direitos humanos e refugiados.* Várzea Grande: UFGD, 2012. p. 77-97.
12. CARLET, Flávia; MILESI, Rosita. Refugiados e políticas públicas. In: SILVA, César Augusto S. da (Org.). *Direitos humanos e refugiados.* Várzea Grande: UFGD, 2012. p. 77-97.
13. BRASIL. Lei n. 9.474, de 22 de julho de 1997. Define mecanismos para a implementação do Estatuto dos Refugiados de 1951, e determina outras providências. Brasília: *Diário Oficial da União*, 23 jul. 1997. Disponível em: <http://www.planalto.gov.br/ccivil_03/Leis/L9474.htm>. Acesso em: 25 fev. 2019.
14. CARLET, Flávia; MILESI, Rosita. Refugiados e políticas públicas. In: SILVA, César Augusto S. da (Org.). *Direitos humanos e refugiados.* Várzea Grande: UFGD, 2012. p. 77-97.
15. CÁTEDRA, Sérgio Vieira de Mello. *Relatório de atividades 2018.* Disponível em: <https://www. acnur.org/portugues/wp-content/uploads/2018/09/Relat%C3%B3rio-C%C3%A1tedra-S%C3%A9rgio-Vieira-de-Mello-2018_final.pdf>. Acesso em: 26 fev. 2019.

ligadas a ela ofertaram 374 vagas destinadas a refugiados, por meio de processo seletivo simplificado.[16]

Entretanto, essas ações não alcançam todos os estados brasileiros. Em outras realidades, o sistema de ingresso é complexo e resulta na desistência do candidato em realizar o curso. O artigo Imigração Haitiana para o Brasil: Os desafios no Caminho da Educação Escolar, de Marília Lima Pimentel Contiguiba e Geraldo Castro Contiguiba[17], demonstra que, em estados nos quais há exigência de documentos para o ingresso no ensino superior, a situação atípica do refugiado é desconsiderada, resultando na impossibilidade de realização da matrícula e em estudos interrompidos. Consequentemente, o entrave documental se torna uma barreira burocrática. Os autores relatam casos de refugiados que suspenderam os estudos devido a tal circunstância.

Aqueles que chegam ao Brasil com a formação concluída e desejam exercer sua profissão precisam revalidar seus diplomas de graduação e/ou pós-graduação, tendo que se submeter a um processo oneroso e demorado. No Brasil, os gastos financeiros totais com o requerimento e a tradução juramentada de documentos curriculares podem chegar a 20 mil reais, aproximadamente 20 salários mínimos[18]. Além disso, há também a questão do tempo, pois a tramitação regular pode demorar até 180 dias, prazo determinado pelo Ministério da Educação[19]. Dessa forma, o sistema de revalidação prejudica tanto o profissional como a economia, já que, por se tratar de imigrantes com alta escolaridade, poderiam atuar em prol do desenvolvimento econômico e social do país. Portanto, como a revalidação de diplomas é demorada e onerosa, ela se torna também uma barreira burocrática, dificultando a inserção de professores em escolas locais, o mesmo acontecendo com uma vasta quantidade de outros profissionais com formação e habilidades importantes para a sociedade brasileira.

Mais uma vez, é importante enfatizar o papel da CSVM[20] que, em parceria com Organizações Não Governamentais (ONG) especializadas no tema, atua no processo de revalidação de diploma. As atividades nessa área começaram em 2016, com 89 processos recebidos até junho de 2018. Desse total, 29 diplomas foram revalidados, 49 estão em processo de análise, 2 foram arquivados e 9 foram indeferidos. Do total de pedidos, 75% são de sírios e palestinos, seguidos de refugiados da República Dominicana, Congo, Venezuela, Cuba e Líbano. Entre os principais cursos para revalidação de diploma, se encontram os de Letras e Química, áreas ligadas à atividade docente[21].

Mesmo com os esforços empreendidos pelas organizações que cuidam da questão, percebe-se a complexidade da pauta. A CSVM recebeu 89 processos desde 2016, mas apenas 29 foram revalidados até junho de 2018. Até a realização desta pesquisa, 49 pedidos se encontravam em processo de análise. Assim, ficam as perguntas para reflexão: do total de 49 pedidos, quantos diplomas foram, de fato, revalidados? Ademais, a baixa procura pelo processo de revalidação pode ser interpretada como desconhecimento por parte dos refugiados? Ou pode ser explicada pela concentração de atividade da CSVM em algumas regiões do Brasil, uma vez que a Cátedra, juntamente com seus parceiros, não consegue ampliar suas atividades para mais localidades?

Em todas as etapas de integração, o envolvimento de diversos atores é crucial. O sistema de revalidação de diplomas, por exemplo, inclui a atuação de ONG, universidades, sociedade civil e Poder Público. Até aqui, foi mostrado como os três primeiros atores se envolvem, permanecendo, então, a pergunta: como o Poder Público pode atuar de maneira mais efetiva na revalidação de diplomas e, assim, fazer oposição à barreira burocrática?

Em São Paulo, foi instituída a Lei n. 16.685/2018, que isenta o refugiado de pagar taxas de revalidação de diploma de graduação, pós-graduação, mestrado, doutorado e pós-doutorado nas universidades estaduais[22]. No Rio de Janeiro, a Lei n. 8.020/2018 trouxe semelhante regulação e concede isenção para todos os níveis do ensino superior dentro de

16. CÁTEDRA, Sérgio Vieira de Mello. *Relatório de atividades 2018*. Disponível em: <https://www.acnur.org/portugues/wp-content/uploads/2018/09/Relat%C3%B3rio-C%C3%A1tedra-S%C3%A9rgio-Vieira-de-Mello-2018_final.pdf>. Acesso em: 26 fev. 2019.
17. COTINGUIBA, Marília Lima Pimentel; COTINGUIBA, Geraldo Castro. Imigração haitiana para o Brasil: os desafios no caminho da educação escolar. *Pedagógica:* Revista do programa de Pós-graduação em Educaçao-PPGE, Chapecó, v. 37, n. 33, p. 61-87, jul.-dez. 2014. Disponível em: <https://bell.unochapeco.edu.br/revistas/index.php/pedagogica/article/view/2843/1647>. Acesso em: 15 jan. 2019.
18. RIO aprova isenção de taxas para revalidação de diplomas de refugiados. *ONUBR* – Nações Unidas no Brasil, Brasília, 06 jul. 2018. Disponível em: <https://nacoesunidas.org/rio-aprova-isencao-de-taxas-para-revalidacao-de-diplomas-de-refugiados/>. Acesso em: 02 mar. 2019.
19. Revalidação de diplomas. *Ministério da Educação*. Disponível em: <http://portal.mec.gov.br/revalidacao-de-diplomas>. Acesso em: 02 mar. 2019.
20. CÁTEDRA, Sérgio Vieira de Mello. *Relatório de atividades 2018*. Disponível em: <https://www.acnur.org/portugues/wp-content/uploads/2018/09/Relat%C3%B3rio-C%C3%A1tedra-S%C3%A9rgio-Vieira-de-Mello-2018_final.pdf>. Acesso em: 26 fev. 2019.
21. CÁTEDRA, Sérgio Vieira de Mello. *Relatório de atividades 2018*. Disponível em: <https://www.acnur.org/portugues/wp-content/uploads/2018/09/Relat%C3%B3rio-C%C3%A1tedra-S%C3%A9rgio-Vieira-de-Mello-2018_final.pdf>. Acesso em: 26 fev. 2019.
22. SÃO PAULO. Lei n. 16.685, de 20 de março de 2018. Dispõe sobre a isenção de taxas de revalidação de diploma de graduação, mestrado e doutorado para os refugiados no Estado. São Paulo: *Assembleia Legislativa do Estado de São Paulo*, 20 mar. 2018. Disponível em: <https://www.al.sp.gov.br/repositorio/legislacao/lei/2018/lei-16685-20.03.2018.html>. Acesso em: 01 mar. 2019.

seu território[23]. Apesar de serem legislações que trazem certo avanço sobre a matéria para demandas que surgem nos respectivos Estados, essas leis são exceções que demonstram a ausência de deliberações nas assembleias legislativas dos demais estados para regulamentar uma realidade cada vez mais desafiadora e crescente. Na pesquisa documental, foi identificado que apenas São Paulo e Rio de Janeiro criaram tal mecanismo, não obstante o universo de 103 instituições universitárias[24] espalhadas por 19 estados e o Distrito Federal que estão habilitadas a realizar o processo de revalidação e reconhecimento de diplomas estrangeiros no Brasil. Tem-se aqui, então, mais uma barreira burocrática: a falta de políticas públicas a nível regional e local que estimulem a regularização profissional de refugiados capacitados.

Não é possível haver políticas públicas sem o envolvimento das três esferas do governo: Federal, Estadual e Municipal. No caso da revalidação de diploma, se são criados meios para que o sistema seja mais rápido e menos burocrático, a nível regional, os estados devem facilitar o acesso dos refugiados ao sistema; e a isenção da taxa é uma forma de atender esse sujeito. Da mesma maneira, os municípios que receberam refugiados podem realizar parcerias com universidades e ONG's especializadas para a realização de aulas de língua portuguesa, oficinas de capacitação e formação continuada. Assim, é evidente que o envolvimento do Poder Público local e regional é fundamental para a efetiva inserção dos refugiados na sociedade. Ambos devem estar articulados com o Governo Federal no aprimoramento e execução de políticas públicas[25].

2.2. Barreiras culturais e sociais

"Muitas vezes as pessoas nem sabem o que é refugiado, acham que é um criminoso, fugitivo internacional". Essa fala[26] proferida em 2011 pelo então presidente do Conselho Nacional de Imigração do Ministério do Trabalho, Paulo Sérgio de Almeida, abre a discussão deste tópico acerca das barreiras culturais e sociais, dois aspectos que conversam entre si. Dentro desse escopo, a primeira dificuldade se refere à desinformação da população sobre o termo "refugiado", geralmente acompanhada de uma visão discriminatória que, além de distorcer o real sentido da palavra, prejudica a inserção dessas pessoas ao mercado de trabalho. Carlet e Milesi[27] compreendem que a visão errônea acerca do termo é algo enraizado no Brasil e prejudica a inclusão do refugiado à sociedade, além de ofuscar o que de fato aconteceu: pessoas que saíram de seu país motivadas por algum tipo de perseguição ou conflito.

É válido, então, perguntar: de onde nascem as ideias de que o refugiado é um criminoso ou um perigo para a sociedade local? Bauman[28] afirma que a origem pode estar ligada a dois grupos: a mídia e o governo. Com abordagem sensacionalista e superficial, a mídia subverte conceitos como "crise migratória", retirando a responsabilidade dos grupos que, de fato, causaram a desestabilização e culpabilizando os próprios refugiados, percebidos como ameaça ao bem-estar dos cidadãos locais. Por sua vez, o governo atua com discursos que disseminam medo, ansiedade, insegurança, indiferença e ódio. Esse tipo de argumento, além de desviar o foco dos verdadeiros problemas que os líderes políticos não conseguem solucionar, culpa os refugiados pela escassez de empregos e pelo aumento da violência urbana e da pobreza[29]. O resultado é a construção de uma visão estereotipada, pela qual os imigrantes são percebidos como um problema para a sociedade[30].

Mas tal distorção não parece ser novidade, tampouco exclusividade brasileira, já que, historicamente, conforme

---

23. RIO DE JANEIRO. Lei n. 8.020, de 29 de junho de 2018. Isenta de pagamento de taxas de revalidação de diplomas de graduação, mestrado e doutorado para os refugiados no Estado do Rio de Janeiro. Rio de Janeiro: *Assembleia Legislativa do Estado do Rio de Janeiro*, 29 jun. 2018. Disponível em: <https://gov-rj.jusbrasil.com.br/legislacao/596570650/lei-8020-18-rio-de-janeiro-rj>. Acesso em: 02 mar. 2019.
24. A plataforma Carolina Bori, sistema criado pelo Ministério da Educação, realiza a gestão e controle de processos de Revalidação e Reconhecimento de diplomas estrangeiros no Brasil. No período da realização desta pesquisa, o sistema apresentou 103 instituições habilitadas, dos estados de: Rio Grande do Sul, Santa Catarina, Amazonas, Goiás, Minas Gerais, Roraima, São Paulo, Rio de Janeiro, Pará, Paraíba, Bahia, Acre, Alagoas, Ceará, Mato Grosso do Sul, Mato Grosso, Pernambuco, Rio Grande do Norte, Sergipe, e Brasília. PLATAFORMA, Carolina Bori. Instituições que aderiram à Plataforma Carolina Bori. *Ministério da Educação*. Disponível em: <http://plataformacarolinabori.mec.gov.br/consulta-publica/adesao/consulta>. Acesso em: 02 mar. 2019.
25. CARLET, Flávia; MILESI, Rosita. Refugiados e políticas públicas. In: SILVA, César Augusto S. da (Org.). *Direitos humanos e refugiados*. Várzea Grande: UFGD, 2012. p. 77-97.
26. MELLO, Daniel. Refugiados têm dificuldades de inclusão na sociedade, diz Ministério do Trabalho. *Agência Brasil* – Empresa Brasil de Comunicação, 24 fev. 2011. Disponível em: <http://memoria.ebc.com.br/agenciabrasil/noticia/2011-02-24/refugiados-tem-dificuldades-de-inclusao-na-sociedade-diz-ministerio-do-trabalho>. Acesso em: 04 mar. 2019.
27. CARLET, Flávia; MILESI, Rosita. Refugiados e políticas públicas. In: SILVA, César Augusto S. da (Org.). *Direitos humanos e refugiados*. Várzea Grande: UFGD, 2012. p. 77-97.
28. BAUMAN, Zygmunt. *Estranhos à nossa porta*. Rio de Janeiro: Zahar, 2017.
29. BAUMAN, Zygmunt. *Estranhos à nossa porta*. Rio de Janeiro: Zahar, 2017.
30. RIZENTAL, Sabrina Sant'Anna. Uma sala para muitas línguas: transpondo fronteiras e unindo as diferenças para um aprendizado mais humanizador. *Revista Intercâmbio*, São Paulo v. 33, p. 108-124, 2016. Disponível em: <https://revistas.pucsp.br/intercambio/article/view/30172/20911>. Acesso em: 12 mar. 2019.

esclarece Jacob Dolinger[31], até mesmo no direito comparado sempre foram fortes as restrições ao "estranho". O autor aponta que os códigos civis Francês, Austríaco, Alemão, Russo e Belga estabeleceram rígidos sistemas de restrições às atividades dos estrangeiros[32].

Na Europa, por exemplo, os estrangeiros não europeus que vivem em território da União Europeia, denominado espaço *Schengen*, por longa duração não gozam dos mesmos direitos dos cidadãos nacionais, apesar do importante avanço trazido pelo *Estatuto do residente de longa duração* (Directiva 2003/109 CE, de 25.11.2003). Segundo Patrícia Jerônimo[33], a cidadania da União Europeia é paradoxal no que diz respeito à sua autonomia/dependência, já que do ponto de vista clássico a cidadania sempre foi questão regulada internamente por cada Estado no âmbito de sua soberania. Todavia, na perspectiva da União, os Estados-membros encontram-se atrelados e submetidos às regras do bloco comunitário, instância que confere aos sujeitos de países terceiros – aqueles que não fazem parte da União –, a condição de cidadãos de segunda categoria.

Nesse sentido, ao verificar que as barreiras enfrentadas pelos refugiados, como estrangeiros, não são encontradas somente no Brasil, é possível afirmar que a desinformação, aliada à disseminação do falseamento da realidade, afeta a vida de refugiados em diversos âmbitos, inclusive na inserção deles no mercado de trabalho. A pesquisa *Caminhos para o refúgio: inserção produtiva e social de refugiados*, realizada no segundo semestre de 2017, pelo professor Leandro de Carvalho, produziu importantes informações sobre as condições de empregabilidade de refugiados[34]. A pesquisa foi realizada na região metropolitana de São Paulo, com 386 profissionais de recrutamento e seleção[35]. Apesar de focar no ambiente empresarial, os resultados ajudam a entender as dificuldades dos profissionais refugiados, como os professores, e demonstram como a desinformação atua na prática: 64,7% dos/as profissionais de recrutamento e seleção confundem a condição de refugiado com a condição de imigrante muito empobrecido; 91,2% dos/as profissionais declararam não dominar os procedimentos para contratação de profissionais refugiados e, portanto, desconhecem que são os mesmos procedimentos utilizados para a contratação de um profissional brasileiro. Somente 1,8% acreditam que seus colegas de profissão dominam os procedimentos; 13,6% sabem que a contratação de refugiados tem a mesma complexidade que a contratação de brasileiros; 63,2% acreditam que os procedimentos são mais complexos na contratação de refugiados; 23,2% declararam não saber sobre a questão.

Conforme afirmado por Carvalho[36], a pouca informação sobre o tema gera confusão entre os profissionais de recrutamento e seleção, que acreditam que a contratação de um refugiado é um trabalho mais complexo. No entanto, os procedimentos são os mesmos utilizados para a contratação de um brasileiro, já que o solicitante de refúgio recebe Cadastro da Pessoa Física (CPF) e carteira de trabalho, documentos suficientes para sua contratação.

A pesquisa citada ainda identifica outras barreiras causadas pela desinformação: ao responder sobre como percebiam o tema no ambiente de trabalho, 47,8% dos profissionais questionados acreditam que seus colegas evitam a contratação de refugiados ou imigrantes porque têm medo de auditorias do Ministério do Trabalho. Sobre a temática nos ambientes de trabalho, 54% dos entrevistados declaram que a crise humanitária já foi assunto entre colegas e 39,5% acreditam que seus colegas sabem onde procurar informações sobre a contratação de profissionais não-brasileiros. 92,1% dos entrevistados disseram que nunca participaram de cursos sobre contratação de imigrantes e refugiados e 87,7% declararam que gostariam de participar de um treinamento sobre a contratação de refugiados. Sobre as experiências de contratação, 97,3% dos entrevistados afirmaram que a integração entre profissionais refugiados e líderes nas empresas foi considerada satisfatória e 94,5% responderam de forma positiva sobre o trabalho executado pelos profissionais refugiados.

Os resultados da pesquisa são claros quanto à desinformação sobre o tema. Da confusão sobre a condição de refugiado à crença de que o modo de contratação é mais complexo do que o normal, tudo isso inviabiliza a inserção dessas pessoas no mercado de trabalho, o que dificulta ainda mais a integração delas na sociedade. Além disso, pelas respostas, pode-se inferir que grande quantidade de bons profissionais não são contratados. A pesquisa demonstra que, dos entrevistados que realizaram a contratação, quase 100% avaliaram o trabalho dessas pessoas de modo positivo e consideraram que elas

31. DOLINGER, Jacob. *Direito internacional privado*: parte geral. 11. ed. rev., atual. e ampl. Rio de Janeiro: Forense, 2014.
32. O vocábulo "estrangeiro" deriva do latim *extrānvĕus*, que significa estranho, pessoa de outro país ou nação, pessoa que pertence a outro grupo ou ainda pessoa que não é membro da *civitas*, podendo também ser considerado por definição negativa como aquele a quem o Estado não reconhece a qualidade de seu membro. CUNHA, Antônio Geraldo da. *Dicionário etimológico nova fronteira da Língua Portuguesa*. Rio de Janeiro: Nova Fronteira, 1986. p. 333.
33. JERÓNIMO, Patrícia. Imigração e cidadania na União Europeia. O estatuto de residente de longa duração. In: SILVEIRA, Alessandra. (Coord). *Direito da União Europeia e Transnacionalidade*. Lisboa: Quid Juris, 2010.
34. CARVALHO, Leandro de. *Caminhos para o refúgio*: inserção produtiva e social de refugiados. 2017. Disponível em: <https://migramundo.com/wp-content/uploads/2018/06/CAMINHO-PARA-O-REF%C3 %9AGIO.pdf>. Acesso em: 02 mar. 2019.
35. CARVALHO, Leandro de. *Caminhos para o refúgio*: inserção produtiva e social de refugiados. 2017. Disponível em: <https://migramundo.com/wp-content/uploads/2018/06/CAMINHO-PARA-O-REF%C3 %9AGIO.pdf>. Acesso em: 02 mar. 2019.
36. CARVALHO, Leandro de. *Caminhos para o refúgio*: inserção produtiva e social de refugiados. 2017. Disponível em: <https://migramundo.com/wp-content/uploads/2018/06/CAMINHO-PARA-O-REF%C3 %9AGIO.pdf>. Acesso em: 02 mar. 2019.

tiveram boa integração com toda a equipe, principalmente com os líderes das empresas contratantes.

Além da desinformação, outro fator que pode ser determinante para a contratação ou não do refugiado são as características e comportamentos ligados à origem da pessoa. O fato de o refugiado ser da América do Sul, como o venezuelano, da África, como o congolês, ou do Oriente Médio, como o sírio, não o desqualifica como profissional. Determinados comportamentos e atitudes de um imigrante europeu também podem ser encontrados no refugiado da Síria, de Angola ou do Haiti.

Nesse sentido, é válido considerar, mais uma vez, a pesquisa de Carvalho[37] pois uma das perguntas dizia respeito às características e comportamentos que os profissionais de recursos humanos associavam a imigrantes e refugiados da África, América Central, Europa e Oriente Médio. As respostas foram: facilidade para aprender novas funções, força física, capacidade de liderança, aceitação de salários menores no início, capacidade de se comunicar em inglês, agilidade em tarefas manuais, capacidade de trabalhar em equipe e criatividade.

Carvalho[38] categorizou as respostas em grupos, incluindo em "Força Física" todas ações, comportamentos e atitudes ligadas ao trabalho manual; agrupando em "Capacidade de liderança" todos os tópicos ligados a essa capacidade; por fim, relacionando no último grupo as menções sobre "Aceitação de salários menores no início". Para melhor visualização dos dados, seguem três tabelas, uma para cada grupo de respostas:

Tabela 2: Menções sobre "Força Física" (%)

África	74,5
América Central	52,4
Europa	9,8
Oriente Médio	38,1

Fonte:[39]

Tabela 3: Menções sobre "Capacidade de liderança" (%)

África	10,5
América Central	7,3
Europa	49,3
Oriente Médio	20,3

Fonte:[40]

Tabela 4: Menções sobre "Aceita salários menores no início" (%)

África	59,4
América Central	64,7
Europa	8,4
Oriente Médio	49,3

Fonte:[41]

Os dados revelam as dificuldades que um refugiado pode ter para se inserir no mercado de trabalho devido a ideias preconcebidas. Na tabela 2, quando a atividade se refere à força física, os empregadores, em sua maioria, relacionam força e trabalho manual com africanos e povos oriundos da América Central, como os haitianos, ou seja, com os negros. Nessa tabela, os europeus ficam em último lugar, portanto, a barreira social aparece nas ideias que ligam o refugiado africano ou haitiano a trabalhos manuais e braçais, mesmo que eles tenham formação superior. Mesmo no caso de refugiados que possuem uma formação, seu histórico profissional é classificado como de má qualidade, devido unicamente à sua origem, o que não acontece com alguém de um país europeu.

Na tabela 3, quando perguntado sobre a capacidade de liderança, mais uma vez a origem da pessoa parece ser um fator determinante. Em primeiro lugar, os empregadores acreditam que os europeus possuem mais habilidades de liderança, criatividade e comunicação; nas duas últimas posições estão a África e a América Central, respectivamente.

Por fim, na tabela 4, ao ser mencionada a possibilidade de aceitarem salários menores, os entrevistados acreditam que os refugiados africanos e os provenientes da América Central, em sua maioria, irão aceitar essa condição. Ora, se esse for o pensamento, a ideia não irá se transformar em realidade quando surgir uma situação? O fato de a pessoa ser de Angola, Congo ou Haiti é motivo para que ela tenha seu salário inicial menor? Mais complicado ainda é submeter pessoas refugiadas a uma remuneração que, além de baixa, não condiz com a situação humanitária na qual elas vivem.

Percebe-se, então, na pesquisa de Carvalho,[42] como ideias preconcebidas acerca do refugiado podem influenciar sua

37. CARVALHO, Leandro de. *Caminhos para o refúgio*: inserção produtiva e social de refugiados. 2017. Disponível em: <https://migramundo.com/wp-content/uploads/2018/06/CAMINHO-PARA-O-REF%C3 %9AGIO.pdf>. Acesso em: 02 mar. 2019.

38. CARVALHO, Leandro de. *Caminhos para o refúgio*: inserção produtiva e social de refugiados. 2017. Disponível em: <https://migramundo.com/wp-content/uploads/2018/06/CAMINHO-PARA-O-REF%C3 %9AGIO.pdf>. Acesso em: 02 mar. 2019.

39. CARVALHO, Leandro de. *Caminhos para o refúgio*: inserção produtiva e social de refugiados. 2017. Disponível em: <https://migramundo.com/wp-content/uploads/2018/06/CAMINHO-PARA-O-REF%C3 %9AGIO.pdf>. Acesso em: 02 mar. 2019.

40. CARVALHO, Leandro de. *Caminhos para o refúgio*: inserção produtiva e social de refugiados. 2017. Disponível em: <https://migramundo.com/wp-content/uploads/2018/06/CAMINHO-PARA-O-REF%C3 %9AGIO.pdf>. Acesso em: 02 mar. 2019.

41. CARVALHO, Leandro de. *Caminhos para o refúgio*: inserção produtiva e social de refugiados. 2017. Disponível em: <https://migramundo.com/wp-content/uploads/2018/06/CAMINHO-PARA-O-REF%C3 %9AGIO.pdf>. Acesso em: 02 mar. 2019.

42. CARVALHO, Leandro de. *Caminhos para o refúgio*: inserção produtiva e social de refugiados. 2017. Disponível em: <https://migramundo.com/wp-content/uploads/2018/06/CAMINHO-PARA-O-REF%C3%9AGIO.pdf>. Acesso em: 02 mar. 2019.

empregabilidade. As impressões ligadas à origem, cultura e contexto histórico/social do país de origem do imigrante levam o empregador a associar uma série de comportamentos e atitudes a ele, o que pode ser decisivo para a contratação ou não da pessoa e para o salário que ela irá receber. Nesse cenário, é desconsiderada a condição de refúgio. Então, desconsiderar o aspecto humanitário é abrir perigoso espaço para que situações de exploração no trabalho ocorram, fato que não é incomum no Brasil[43].

A terceira barreira no campo cultural e social é o aprendizado da língua portuguesa, fundamental para a efetiva integração do refugiado à sociedade brasileira e para sua inserção no mercado de trabalho. Essa barreira pode funcionar de duas formas: a primeira é a escassez de lugares aptos para o ensino do português, o que varia de acordo com a cidade que ele escolher para fixar residência. A segunda forma de expressão dessa barreira é o entendimento que os refugiados podem ter sobre a necessidade de aprender a língua; há casos em que eles não consideram esse aprendizado como algo essencial[44].

A pesquisadora Sabrina Sant'Anna Rizental[45] realizou um estudo de observação e entrevista com uma sala de aula composta por refugiados de diversas nacionalidades, culturas diferentes, faixa etária variada e nível de escolaridade distinto. O trabalho mostrou que há casos de pessoas que têm resistência a aprender o português, como a situação de um sírio que insistia em se comunicar com os colegas de turma na sua língua nativa ou em inglês. A autora chama a atenção para o que está subentendido nessa atitude: o aluno tenta suprir a carência gerada pelo que ficou para trás com sua língua materna. Na condição de refugiado, ele não deixou seu país porque quis, mas por necessidade. Se apegar à língua é, então, um ato de conexão com sua terra natal.

A autora também observa que a própria forma como o aprendizado é conduzido pode gerar essa negação[46]. Sons que exigem adaptações do aparelho fonador e de movimentos da boca podem tornar a prática oral engraçada, artificial e até mesmo dolorosa, podendo desestabilizar a pessoa refugiada e afetar o seu estado emocional. O resultado disso são alunos que se fecham de tal forma que não conseguem transpor essa barreira; aprender a nova língua se torna, então, algo desconfortável.

Como solução, Rizental[47] aponta a necessidade de uma metodologia que estabeleça um diálogo entre a língua portuguesa e a língua do refugiado, uma conexão entre a cultura do lugar de origem e a cultura do novo lugar. Segundo a autora, por esse viés, o aluno pode agregar vivências pessoais ao aprendizado da língua e as aulas se tornarão enriquecidas e humanizadas.

3. CAMINHOS POSSÍVEIS

Neste tópico, serão apresentados os movimentos e ações em prol da inserção do professor refugiado no mercado de trabalho. Essa inserção pode acontecer de diversas formas, desde que superadas as barreiras burocráticas e sociais até aqui apontadas. Como ponto de partida, é válido conhecer a realidade de outros países. Neste texto, será dado destaque às ações empreendidas pelo governo alemão.

Com o título *A guerra na sala de aula*[48], a matéria de um jornal alemão trata de professores sírios que precisaram se refugiar na Alemanha devido à guerra civil em seu país. Nesse novo contexto, seus esforços se concentram na conquista de uma vaga nas escolas locais. Com a demanda surgida em função desse cenário, o governo do Estado de Brandemburgo passou a ofertar um programa especial para professores refugiados, denominado *Refugee Teachers Program*, realizado em parceria com a Universidade de Potsdam, com objetivo de preparar esses profissionais para atuarem em escolas alemãs. Durante um ano e meio, os alunos estudam gramática, vocabulário específico, pedagogia, língua alemã e outras disciplinas, juntamente com colegas alemães e/ou refugiados de outras nacionalidades. Se aprovado, o aluno

43. Conforme dados divulgados pelo Ministério do Trabalho, o número de pessoas encontradas no Brasil em situação análoga à de escravos praticamente dobrou em 2018, em relação a 2017. De janeiro até a primeira quinzena de outubro de 2018, os Auditores-Fiscais do Trabalho identificaram 1.246 pessoas em condições degradantes, contra 645 em 2017, o que representa um crescimento de 93%. Dados disponíveis em: <https://sit.trabalho.gov.br/portal/>. Acesso em: 4 maio 2019.

44. RIZENTAL, Sabrina Sant'Anna. Uma sala para muitas línguas: transpondo fronteiras e unindo as diferenças para um aprendizado mais humanizador. *Revista Intercâmbio*, São Paulo v. 33, p. 108-124, 2016. Disponível em: <https://revistas.pucsp.br/intercambio/article/view/30172/20911>. Acesso em: 12 mar. 2019.

45. RIZENTAL, Sabrina Sant'Anna. Uma sala para muitas línguas: transpondo fronteiras e unindo as diferenças para um aprendizado mais humanizador. *Revista Intercâmbio*, São Paulo v. 33, p. 108-124, 2016. Disponível em: <https://revistas.pucsp.br/intercambio/article/view/30172/20911>. Acesso em: 12 mar. 2019.

46. RIZENTAL, Sabrina Sant'Anna. Uma sala para muitas línguas: transpondo fronteiras e unindo as diferenças para um aprendizado mais humanizador. *Revista Intercâmbio*, São Paulo v. 33, p. 108-124, 2016. Disponível em: <https://revistas.pucsp.br/intercambio/article/view/30172/20911>. Acesso em: 12 mar. 2019.

47. RIZENTAL, Sabrina Sant'Anna. Uma sala para muitas línguas: transpondo fronteiras e unindo as diferenças para um aprendizado mais humanizador. *Revista Intercâmbio*, São Paulo v. 33, p. 108-124, 2016. Disponível em: <https://revistas.pucsp.br/intercambio/article/view/30172/20911>. Acesso em: 12 mar. 2019.

48. A Guerra na Sala de Aula: Na Síria e em outros países em crise, eles eram professores experientes e então tiveram de fugir. Na Alemanha, desejam finalmente voltar a dar aulas. Mas isso não é fácil. *Postdam*, 21 fev. 2018. Disponível em: <https://www.deutschland.de/pt-br/topic/vida/professores-refugiados-recomeco-na-profissao>. Acesso em: 25 mar. 2019.

ganha um contrato de dois anos como professor auxiliar em uma escola de Brandemburgo e, após esse período, assina um contrato fixo.

O programa teve boa aceitação por parte das escolas e também dos refugiados, pois esses professores de origem estrangeira conseguem integrar melhor crianças e adolescentes que tiveram experiências semelhantes às suas. Somente em Brandemburgo, até 2018, havia 293.000 crianças e adolescentes com histórico de migração na família[49]. No caso das escolas, a demanda por profissionais é grande; o artigo aponta a falta de professores em muitos lugares da Alemanha. Merece destaque a fala da coordenadora do Programa, Miriam Vock: "É importante dar uma chance aos muitos professores qualificados entre os refugiados"[50].

Um sistema semelhante como esse no Brasil seria uma alternativa para suprir a demanda por profissionais capacitados e, ao mesmo tempo, possibilitar ao refugiado acesso a um trabalho condizente com suas habilidades, conhecimentos e competências. Observa-se que uma experiência como essa demanda a atuação de vários atores. Na Alemanha, o plano partiu do governo, que ofertou o curso em parceria com a universidade (estrutura predial, equipamentos e professores). São conexões como essas que superam as barreiras burocráticas, culturais e sociais, conseguindo beneficiar vários setores da sociedade: o refugiado, que começa a trabalhar; a escola, que recebe um profissional capacitado; os alunos, que têm a chance de receber uma educação intercultural; a universidade, que ministrará a formação e poderá trabalhar com um currículo orientado para a realidade local, mas, ao mesmo tempo, aprenderá com uma cultura distinta; e o governo, que é beneficiado pelos impostos gerados em função do consumo desse profissional, caso ele tenha renda.

Mesmo não havendo um sistema como o alemão, no Brasil há outras iniciativas que atuam com uma perspectiva diferente, voltadas para a formação de professores refugiados. Conforme mostrado neste texto, há universidades que oferecem processo seletivo simplificado para que os refugiados possam ingressar no ensino superior. Esse também seria um caminho viável para a formação inicial de refugiados que pretendem ser professores e atuar em escolas brasileiras.

O artigo *Refugiados encontram em universidades brasileiras a oportunidade de uma nova vida*[51] apresenta o processo seletivo simplificado da Universidade Estadual de Goiás (UEG), um Programa que possibilitou a diversas pessoas fazerem aquilo que desejavam, como foi o caso da haitiana Manael, aprovada no vestibular e estudante de Pedagogia na UEG de Anápolis – Goiás. De acordo com o assessor de relações exteriores da Universidade, "abrir as portas da universidade para a comunidade de refugiados é uma oportunidade de inclusão por meio da qualificação profissional e aprendizado da cultura local"[52].

Além da escola tradicional, os refugiados têm atuado em outras frentes. Alguns optam pelo empreendedorismo, abrindo escolas de idiomas. É comum usarem suas habilidades linguísticas para ensinar o idioma de seu país e, nesse caminho, vislumbram a possibilidade de empreender com o ensino de francês, árabe e espanhol. Há relatos de refugiados que se associaram para abrir uma escola de idiomas em regiões periféricas a preços mais acessíveis.[53] Há, ainda, outros projetos, como o "Abraço Cultural" no Rio de Janeiro, que emprega apenas professores refugiados para o ensino de línguas e, concomitantemente, promove a inserção dessas pessoas na vida social e no mercado de trabalho. Para atuar no projeto, os professores passam por um processo seletivo com entrevista e prova. Após essa etapa, eles têm capacitação pedagógica de 20 horas, reuniões mensais e observações em sala de aula.[54]

4. CONCLUSÃO

Tanto as barreiras burocráticas como as culturais e sociais apresentam a característica de não considerar o aspecto humanitário na vida do refugiado. Isso é fundamental para compreender as falhas na integração e a falta de efetividade do comando normativo contido na Lei n. 9.474/1997.

49. A Guerra na Sala de Aula: Na Síria e em outros países em crise, eles eram professores experientes e então tiveram de fugir. Na Alemanha, desejam finalmente voltar a dar aulas. Mas isso não é fácil. *Postdam*, 21 fev. 2018. Disponível em: <https://www.deutschland.de/pt-br/topic/vida/professores-refugiados-recomeco-na-profissao>. Acesso em: 25 mar. 2019.

50. A Guerra na Sala de Aula: Na Síria e em outros países em crise, eles eram professores experientes e então tiveram de fugir. Na Alemanha, desejam finalmente voltar a dar aulas. Mas isso não é fácil. *Postdam*, 21 fev. 2018. Disponível em: <https://www.deutschland.de/pt-br/topic/vida/professores-refugiados-recomeco-na-profissao>. Acesso em: 25 mar. 2019.

51. CAMPOS, Lorraine Vilela. Refugiados encontram em universidades brasileiras a oportunidade de uma vida nova. *UOL*, São Paulo, 08 nov. 2017. Educação. Disponível em: <https://vestibular.brasilescola.uol.com.br/noticias/refugiados-buscam-vida-melhor-universidades-brasileiras/340732.html>. Acesso em: 29 mar. 2019.

52. CAMPOS, Lorraine Vilela. Refugiados encontram em universidades brasileiras a oportunidade de uma vida nova. *UOL*, São Paulo, 08 nov. 2017. Educação. Disponível em: <https://vestibular.brasilescola.uol.com.br/noticias/refugiados-buscam-vida-melhor-universidades-brasileiras/340732.html>. Acesso em: 29 mar. 2019.

53. VIEIRA, Kauê. Refugiados criam escola de idioma a preços populares na Baixada Fluminense. *Hypeness*, São Paulo. Inspiração. Disponível em: <https://www.hypeness.com.br/2018/03/refugiados-criam-escola-de-idioma-a-precos-populares-na-baixada-fluminense/>. Acesso em: 29 mar. 2019.

54. GERMANO, Gabriela. Escola de idiomas emprega apenas professores refugiados e promove rica troca cultural. *Extra*, Rio de Janeiro, 16 abr. 2018. Disponível em: <https://extra.globo.com/noticias/extra-20-anos/escola-de-idiomas-emprega-apenas-professores-refugiados-promove-rica-troca-cultural-22597735.html>. Acesso em: 29 mar. 2019.

Tal realidade remete ao elucidado por Assad[55], há a política para trânsito migratório, entretanto, não há "[...] políticas públicas para a integração dos migrantes estrangeiros, que quanto mais empobrecidos são, mais vulneráveis e sujeitos a constrangimentos econômicos e sociais ficam".

Dessa forma, qualquer ação empreendida em prol do refugiado necessita ter o aspecto humanitário em destaque. Primeiro, devido aos motivos que forçaram a saída dessas pessoas de seus países; segundo, porque ações humanitárias que os conectem aos setores da sociedade são fundamentais para minimizar a fragilidade com que chegam ao país que os acolhe. Ter o aspecto humanitário como propulsor para inserir essas pessoas no mercado de trabalho ajuda a enxergar as barreiras e buscar soluções para superá-las.

Um ganho evidente é o enriquecimento que pode haver por meio da troca de conhecimentos e experiências entre os profissionais. Aquele que era professor em seu país de origem detém saberes advindos de sua prática e de sua reflexão sobre ela[56], gerando aquilo que Paulo Freire denomina de práxis ou prática refletida[57]. Os saberes desses professores podem contribuir muito com o cenário educacional brasileiro, seja no âmbito da educação básica ou superior.

Junto a isso, esta pesquisa expõe a necessidade de mais estudos sobre o tema, com ferramentas que deem voz aos refugiados, como a entrevista narrativa e o documentário, métodos enfatizados por Nohl e Ofner para trabalhar com esse público[58]. Esses métodos visam reconstruir experiências práticas que, uma vez identificadas, podem ser agrupadas em subtemas: gênero, socialização, linguística, diferentes motivações para migração, rotulagem étnica, entre outros. Nohl e Ofner expõem que essa abordagem é importante, pois desenvolve "conceitos para compreender a integração no mercado de trabalho dos imigrantes em relação a diversos aspectos da sociedade".[59]

Por fim, conclui-se que há muito a ser feito no Brasil, ainda mais quando se compara a realidade local com outros países, como a Alemanha. Por hora, há mais desafios do que caminhos possíveis e existentes. Ainda assim, o fato de reconhecer a existência destes desafios já é um importante avanço. Isso significa que o cenário não está adequado (ao contrário, está longe do ideal), mas que há formas de se chegar lá, de maneira criativa, ágil e dinâmica. Exemplos nacionais e internacionais estão aí para inspirar boas soluções para contornar as barreiras burocráticas, culturais e sociais, visando uma integração saudável para e com o refugiado nas instituições de ensino brasileiras.

5. REFERÊNCIAS

A Guerra na Sala de Aula: Na Síria e em outros países em crise, eles eram professores experientes e então tiveram de fugir. Na Alemanha, desejam finalmente voltar a dar aulas. Mas isso não é fácil. *Postdam*, 21 fev. 2018. Disponível em: <https://www. deutschland.de/pt-br/topic/vida/professores-refugiados-recomeco-na--profissao>. Acesso em: 25 mar. 2019.

ASSAD, Leonor. Nova onda de estrangeiros chega ao Brasil. *Cienc. Cult.*, São Paulo, v. 64, n. 2, p. 11-13, jun. 2012.

BAUMAN, Zygmunt. *Estranhos à nossa porta*. Rio de Janeiro: Zahar, 2017.

BRASIL. Lei n. 9.474, de 22 de julho de 1997. Define mecanismos para a implementação do Estatuto dos Refugiados de 1951, e determina outras providências. Brasília: *Diário Oficial da União*, 23 jul. 1997. Disponível em: <http://www.planalto.gov.br/ccivil_03/Leis/L9474.htm>. Acesso em: 25 fev. 2019.

CAMPOS, Lorraine Vilela. Refugiados encontram em universidades brasileiras a oportunidade de uma vida nova. *UOL*, São Paulo, 08 nov. 2017. Educação. Disponível em: <https://vestibular.brasilescola.uol.com.br/noticias/refugiados-buscam-vida--melhor-universidades-brasileiras/340732.html>. Acesso em: 29 mar.2019.

CARLET, Flávia; MILESI, Rosita. Refugiados e políticas públicas. In: SILVA, César Augusto S. da (Org.). *Direitos humanos e refugiados*. Várzea Grande: Ed. UFGD, 2012, p. 77-97.

CARVALHO, Leandro de. *Caminhos para o refúgio*: inserção produtiva e social de refugiados. 2017. Disponível em: <https://migramundo.com/wp-content/uploads/2018/06/CAMINHO-PARA-O-REF%C3%9AGIO.pdf>. Acesso em: 02 mar. 2019.

CÁTEDRA, Sérgio Vieira de Mello. *Relatório de atividades 2018*. Disponível em: <https://www.acnur.org/portugues/wp-content/uploads/2018/09/Relat%C3%B3rio-C%C3%A1tedra-S%C3%A9rgio-Vieira-de-Mello-2018_final.pdf>. Acesso em: 26 fev. 2019.

COTINGUIBA, Marília Lima Pimentel; COTINGUIBA, Geraldo Castro. Imigração haitiana para o Brasil: os desafios no caminho da educação escolar. *Pedagógica: Revista do Programa de Pós-graduação em Educação – PPGE*, Chapecó, v. 37, n. 33, p. 61-87,

55. ASSAD, Leonor. Nova onda de estrangeiros chega ao Brasil. *Cienc. Cult.*, São Paulo, v. 64, n. 2, p. 11-13, jun. 2012.
56. Nesse sentido, Paulo Freire afirma: "Ninguém nasce educador ou marcado para ser educador. A gente se faz educador, a gente se forma, como educador, permanentemente, na prática e na reflexão da prática".FREIRE, Paulo. *A educação na cidade*. São Paulo: Cortez, 1991. p. 58.
57. Para Paulo Freire, "[...] (...) se os homens são seres do que fazer é exatamente porque seu fazer é ação e reflexão. É práxis. É transformação do mundo. E, na razão mesma em que o que fazer é práxis, todo fazer do que fazer tem de ter uma teoria que necessariamente o ilumine. O que fazer é a teoria e prática. É reflexão e ação". FREIRE, Paulo. *Pedagogia do Oprimido*. 17. ed. Rio de Janeiro: Paz e Terra, 1987. p. 121.
58. NOHL, Arnd-Michael; OFNER, Ulrike Selma. Migrantes altamente qualificados: oportunidades, restrições e motivos da imigração. In: WELLER, Wivian; PFAFF, Nicolle (Orgs.). *Metodologias da Pesquisa Qualitativa em Educação:* teoria e prática. Petrópolis: Vozes, 2010. p. 239-252.
59. NOHL, Arnd-Michael; OFNER, Ulrike Selma. Migrantes altamente qualificados: oportunidades, restrições e motivos da imigração. In: WELLER, Wivian; PFAFF, Nicolle (Orgs.). *Metodologias da Pesquisa Qualitativa em Educação*: teoria e prática. Petrópolis: Vozes, 2010. p. 239-252.

jul.-dez. 2014. Disponível em: <https://bell.unochapeco.edu.br/revistas/index.php/pedagogica/article/view/2843/1647>. Acesso em: 15 jan. 2019.

CUNHA, Antônio Geraldo da. *Dicionário etimológico nova fronteira da Língua Portuguesa*. Rio de Janeiro: Nova Fronteira, 1986.

DOLINGER, Jacob. *Direito internacional privado*: parte geral. 11. ed. rev., atual. e ampl. Rio de Janeiro: Forense, 2014.

FREIRE, Paulo. *A educação na cidade*. São Paulo: Cortez, 1991.

FREIRE, Paulo. *Pedagogia do Oprimido*. 17. ed. Rio de Janeiro: Paz e Terra, 1987.

GERMANO, Gabriela. Escola de idiomas emprega apenas professores refugiados e promove rica troca cultural. *Extra*, Rio de Janeiro, 16 abr. 2018. Disponível em: <https: //extra.globo.com/noticias/extra-20-anos/escola-de-idiomas-emprega-apenas-professores-refugiados-promove-rica-troca-cultural-22597735.html>. Acesso em: 29 mar. 2019.

JERÓNIMO, Patrícia. Imigração e cidadania na União Europeia. O estatuto de residente de longa duração. In: SILVEIRA, Alessandra. (Coord.). *Direito da União Europeia e Transnacionalidade*. Lisboa: Quid Juris, 2010. 437p, p. 325-343.

JUBILUT, Liliana Lyra; APOLINÁRIO, Silvia Menicucci O. S. A necessidade de proteção internacional no âmbito da migração. *Revista direito GV*, São Paulo, n. 6, p. 275-294, jan.-jun. 2010. Disponível em: <http://www.egov.ufsc.br:8080/portal/sites/ default/files/60_0.pdf>. Acesso em: 02 mar. 2019.

MARCONI, Marina de Andrade; LAKATOS, Eva Maria. *Técnica de pesquisa*. 7. ed. São Paulo: Atlas, 2008.

MELLO, Daniel. Refugiados têm dificuldades de inclusão na sociedade, diz Ministério do Trabalho. *Agência Brasil* – Empresa Brasil de Comunicação, 24 fev. 2011. Disponível em: <http://memoria.ebc.com.br/agenciabrasil/noticia/2011-02-24/refugiados-tem-dificuldades-de-inclusao-na-sociedade-diz-ministerio--do-trabalho>. Acesso em: 04 mar. 2019.

NOHL, Arnd-Michael; OFNER, Ulrike Selma. Migrantes altamente qualificados: oportunidades, restrições e motivos da imigração. In: WELLER, Wivian; PFAFF, Nicolle (Orgs.). *Metodologias da Pesquisa Qualitativa em Educação*: Teoria e Prática. Petrópolis: Vozes, 2010, p. 239-252.

PLATAFORMA, Carolina Bori. Instituições que aderiram à Plataforma Carolina Bori. *Ministério da Educação*. Disponível em: <http://plataformacarolinabori.mec.gov.br/consulta-publica/adesao/consulta>. Acesso em: 02 mar. 2019.

Revalidação de diplomas. *Ministério da Educação*. Disponível em: <http://portal.mec.gov.br/revalidacao-de-diplomas>. Acesso em: 02 mar. 2019.

RIO DE JANEIRO. Lei n. 8.020, de 29 de junho de 2018. Isenta de pagamento de taxas de revalidação de diplomas de graduação, mestrado e doutorado para os refugiados no Estado do Rio de Janeiro. Rio de Janeiro: *Assembleia Legislativa do Estado do Rio de Janeiro*, 29 jun. 2018. Disponível em: <https://gov-rj.jusbrasil.com.br/legislacao/596570 650/lei-8020-18-rio-de-janeiro-rj>. Acesso em: 02 mar. 2019.

RIO aprova isenção de taxas para revalidação de diplomas de refugiados. *ONUBR* – Nações Unidas no Brasil, Brasília, 06 jul. 2018. Disponível em: <https://nacoesunidas.org/rio-aprova-isencao-de-taxas-para-revalidacao-de-diplomas-de-refugiados/>. Acesso em: 02 mar. 2019.

RIZENTAL, Sabrina Sant´Anna. Uma sala para muitas línguas: transpondo fronteiras e unindo as diferenças para um aprendizado mais humanizador. *Revista Intercâmbio*, São Paulo v. 33, p. 108-124, 2016. Disponível em: https://revistas.pucsp.br/intercambio/article/view/30172/20911. Acesso em: 12 mar. 2019.

SÃO PAULO. Lei n. 16.685, de 20 de março de 2018. Dispõe sobre a isenção de taxas de revalidação de diploma de graduação, mestrado e doutorado para os refugiados no Estado. São Paulo: *Assembleia Legislativa do Estado de São Paulo*, 20 mar. 2018. Disponível em: <https://www.al.sp.gov.br/repositorio/legislacao/lei/2018/lei-16685-20. 03.2018.html>. Acesso em: 01 mar. 2019.

VIEIRA, Kauê. Refugiados criam escola de idioma a preços populares na Baixada Fluminense. *Hypeness*, São Paulo. Inspiração. Disponível em: <https://www.hypeness.com.br/2018/03/refugiados-criam-escola-de-idioma-a-precos-populares-na-baixada-fluminense/>. Acesso em: 29 mar. 2019.

30 O uso do *compliance* na educação ambiental laboral para a prevenção de acidentes de trabalho e adoecimento dos trabalhadores

Juliane Caravieri Martins[2]
Zélia Maria Cardoso Montal[3]

*"O fluxo e o refluxo da vida não param.
Mas as regras vitais permanecem as mesmas,
na sua eterna e misteriosa essência"*
Olavo Bilac

1. INTRODUÇÃO

Os programas de *Compliance* surgiram nos Estados Unidos no início do século XX, sendo aperfeiçoados nas últimas décadas, no intuito de monitorar e gerir os riscos empresariais a fim de incentivar ações preventivas e práticas de boa governança corporativa, reduzindo os riscos inerentes aos negócios, proporcionando, consequentemente, o aumento da lucratividade empresarial. No Brasil, os programas de *Compliance* ganham impulso com a Lei n. 12.846/2013 (Lei Anticorrupção Empresarial), entretanto, destacam-se também a Lei n. 9.613/1998 sobre lavagem de capitais, a Lei n. 8.429/1992 sobre improbidade administrativa, a Lei n. 8.666/1993 sobre licitações, o Código Penal etc.

Nesse contexto, surgiu o *Compliance* trabalhista, de cunho preventivo, adaptado ao ambiente empresarial-laboral, que objetiva a implantação de códigos de ética nas organizações e nas relações empregatícias a partir da análise dos contratos de trabalho, da mobilização de empregados e diretores no intuito de minimizar as ações judiciais trabalhistas e as penalidades impostas pelo Estado às empresas pelos descumprimentos da legislação laboral e previdenciária.

Contudo, o programa de *Compliance* trabalhista não deve objetivar apenas a redução dos riscos e da responsabilidade empresarial, beneficiando exclusivamente os sócios e os gestores da empresa, pois o risco é inerente à atividade econômica do empregador (art. 2º, *caput*, CLT). Os trabalhadores também devem ser beneficiados, pois o contrato de trabalho é bilateral, impondo direitos e obrigações para ambas as partes. A organização empresarial não pode apenas almejar fins econômicos, pois[4]:

> [...] Além de tal função tipicamente econômica, *a empresa cumpre também uma função social, criando oportunidades de encontro, de colaboração, de valorização das capacidades das pessoas envolvidas*. Na empresa,

1. O presente artigo é fruto de ideias desenvolvidas no Grupo de Pesquisa *Reforma Trabalhista e os Retrocessos no Mundo do Trabalho:* Perspectivas para a América Latina vinculado à Universidade Federal de Uberlândia e cadastrado no diretório dos grupos de pesquisa do Brasil – CNPq. Disponível em: <http://dgp.cnpq.br/dgp/espelhogrupo/9445618228736834>.

2. Professora Adjunta da Faculdade de Direito (graduação e mestrado) da Universidade Federal de Uberlândia, Doutora em Direito Político e Econômico pela Universidade Presbiteriana Mackenzie, Doutora em Ciências da Integração da América Latina pela Universidade de São Paulo, Mestra em Direito Constitucional pela Pontifícia Universidade Católica de São Paulo, Especialista em Direito do Trabalho pela Universidade Braz Cubas e Especialista em Economia Empresarial pela Universidade Estadual de Londrina. ORCID: <http://orcid.org/0000-0001-8784-7914>. *E-mail*: jcaravieri@ufu.br.

3. Doutora em Direito Constitucional pela Pontifícia Universidade Católica de São Paulo (PUC/SP), Mestra em Direito das Relações Sociais pela PUC/SP, Especialista em Direito Civil Constitucional e Direito Constitucional, com capacitação docente, pela Escola Superior de Direito Constitucional (ESDC), Especialista em Direito Processual Civil, Membro do Ministério Público do Trabalho, Membro do Instituto Brasileiro de Direito Constitucional (IBDC) e professora universitária na COGEAE-PUC/SP. *E-mail*: profazmontal@gmail.com.

4. PONTIFÍCIO CONSELHO "JUSTIÇA E PAZ". *Compêndio da doutrina social da Igreja*, tradução da Conferência Nacional dos Bispos do Brasil (CNBB). 3. ed. São Paulo: Paulinas, 2006. p. 196, grifo do autor.

portanto, a dimensão econômica é condição para que se possam alcançar objetivos não apenas econômicos, mas também sociais e morais, a perseguir conjuntamente.

Embasado na dimensão ética da responsabilidade social das empresas, o *Compliance* trabalhista deve respeitar as garantias constitucionais e os direitos trabalhistas, fomentando a *educação ambiental dos trabalhadores* no intuito de adotar medidas protetivas no meio ambiente do trabalho para a prevenção efetiva dos acidentes de trabalho e do adoecimento dos trabalhadores.

A educação – direito social fundamental prescrito no art. 6º da Constituição – extrapola a característica de norma programática e apresenta-se como *direito público subjetivo do cidadão trabalhador* o que o torna exigível do Estado, seja atuando sozinho mediante políticas públicas, seja atuando em colaboração ou parceria com a sociedade (art. 205 da Constituição).

Na seara da educação ambiental para o trabalho, é imperiosa a atuação das empresas na efetivação desse direito fundamental em colaboração com o Estado (art. 205 da Constituição) em consonância com a dimensão ética da responsabilidade social empresarial tutelada no ordenamento jurídico brasileiro em nível constitucional e infraconstitucional.

Assim, o presente capítulo dividiu-se em três partes. Primeiramente, debruçou-se sobre a análise do *Compliance* trabalhista e a dimensão ética da responsabilidade social das empresas no plano constitucional e infraconstitucional brasileiro. Posteriormente, analisou-se o meio ambiente do trabalho e a necessária concretização da educação ambiental laboral como um direito fundamental. Por fim, apreendeu-se o *Compliance* trabalhista como instrumento na concretização da educação ambiental laboral para a prevenção dos acidentes de trabalho, impulsionando condutas mais éticas nas organizações empresariais.

Como metodologia científica, a pesquisa utilizou o método dialético (contraposição entre tese e antítese) e a técnica de pesquisa adotada foi a bibliográfica.

2. O *COMPLIANCE* TRABALHISTA E A DIMENSÃO ÉTICA DA RESPONSABILIDADE SOCIAL DA EMPRESA

Na atualidade, em face da reestruturação capitalista das empresas para se manterem competitivas no mercado internacional global, houve a desarticulação do modelo empresarial fordista/taylorista para o estabelecimento de um modelo de produção mais flexível e em "rede" onde se verifica a associação de empresas para a tomada das decisões, sobretudo por aquelas situadas no topo da cadeia produtiva e decisória, bem como crescente valorização do setor de serviços em detrimento da produção industrial e agrícola.

Tal situação se reflete diretamente no mundo do trabalho, mormente com a diminuição de postos de emprego formalizados para a adoção de outras modalidades de trabalho mais flexíveis e precárias, contratação de trabalhadores terceirizados, temporários, de cooperativas de trabalho, bem como de trabalhadores "autônomos" que criam pessoas jurídicas ('pejotização') no intuito de aumentar a lucratividade empresarial. De acordo com Márcio Pochmann[5]:

> As principais características do processo de reestruturação capitalista [...] estão diretamente relacionadas aos ganhos de produtividade e de competitividade e à redução do emprego. De um lado, postos tradicionais são eliminados por força dos investimentos em novas tecnologias, na racionalização das técnicas de produção e em novas formas de gestão dos recursos humanos.

Nesse contexto, surgiram os Programas de *Compliance* nos Estados Unidos no início do século XX, sendo aperfeiçoados nas últimas décadas, com escopo de monitorar e gerir os riscos empresariais a fim de incentivar ações preventivas, bem como a implementação de práticas de boa governança corporativa com vistas a prevenção e a redução dos riscos inerentes aos negócios, proporcionando, consequentemente, o aumento da lucratividade empresarial. O *Compliance* pode ser entendido como:

> [...] o ato de cumprir, de estar em conformidade com normas jurídicas, regulamentos internos e externos, diretrizes e políticas estabelecidas pela e para a organização. Programa de *Compliance* se constitui, portanto, como um conjunto de medidas adotadas no âmbito de empresas para assegurar-se de que sejam cumpridas todas as regras jurídicas vigentes e, na hipótese de descumprimento, que sejam descobertas mediante fiscalização as ações irregulares com vistas a mitigar o risco de aplicação de sanções diretas e internas, na busca da preservação da sua reputação e confiabilidade no mercado[6].

No Brasil, os programas de *Compliance* ganham impulso a partir da aprovação da Lei n. 12.846/2013 – chamada de Lei Anticorrupção Empresarial – que estabeleceu a responsabilidade administrativa e civil das pessoas pela prática de atos contra a Administração pública, nacional ou estrangeira, e do seu Decreto n. 8.420/2015. Entretanto, há

5. POCHMANN, Márcio. *O trabalho sob fogo cruzado:* exclusão, desemprego e precarização no final do século. São Paulo: Contexto, 1999. p. 36.

6. COUTINHO, Aldacy Rachid. Risco, *compliance* e o direito do trabalho. In: TEODORO, Maria Cecília Máximo; VIANA, Márcio Túlio; ALMEIDA, Cleber Lúcio de e NOGUEIRA Sabrina Colares. (Orgs.). *Direito material e processual do trabalho:* V Congresso latino-americano de direito material e processual do trabalho. São Paulo: LTr, 2017. p. 100.

outras normas a regulamentar o tema da corrupção e dos atos lesivos à Administração pública, tais como: a) a Lei n. 9.613/98 sobre lavagem de capitais; b) a Lei n. 8.429/92 acerca da improbidade administrativa; c) a Lei n. 8.666/93 sobre licitações; d) o Código Penal; e) tratados e convenções internacionais etc.

Assim, os programas de *Compliance* são adaptados ao ambiente empresarial, a partir desse arcabouço normativo existente para conter a corrupção na seara pública, no intuito de se criar a "cultura" da ética no campo organizacional, incentivando o cumprimento de códigos de ética e conduta, bem como de mecanismos e procedimentos de controles internos. Surge, assim, o *Compliance* trabalhista de cunho preventivo que objetiva:

> [...] a implementação de códigos de ética, mobilização dos funcionários e diretoria, análises dos contratos de trabalho e de prestação de serviços, entre outros, no intuito de demonstrar que estão sim se adaptando à nova legislação e, desta forma, investindo em sua boa imagem e reputação, já que medidas preventivas desta natureza poderão representar considerável redução da punição imposta pelo governo se identificada ocorrência de corrupção[7].

Entretanto, ao ser implementado nas relações de trabalho, o programa de *Compliance* trabalhista não deve objetivar apenas a redução dos riscos e da responsabilidade empresarial, beneficiando exclusivamente os sócios e gestores da empresa e os interesses do capital, pois o risco é inerente à atividade econômica do empregador (art. 2º, *caput*, CLT[8]), devendo beneficiar os trabalhadores que estão envolvidos nessas relações jurídicas. Segundo Aldacy Rachid Coutinho[9]:

> Supostamente estar-se-ia diante de uma nova cultura de *Compliance* que iria fortalecer o sistema de gestão de pessoas e melhorar o clima dentro das organizações, mas a ampliação de mecanismos de controle e fiscalização sem garantias constitucionais tornam os trabalhadores subordinados mais vulneráveis.
>
> O que se busca, além da redução de riscos de responsabilidade penal, com a implementação e execução de um Programa de *Compliance* é a garantia de um atenuante da penalidade imposta à pessoa jurídica infratora, mas ainda proporcionando a diminuição de multas por violação de regras administrativas. Porém, no fim das contas, o que está em jogo é a proteção dos acionistas e sócios, o mercado concorrencial e, sobretudo a imagem e reputação das empresas e não qualquer perspectiva tutela dos empregados subordinados o comando empregatício.

Essa aplicação desvirtuada do *Compliance* trabalhista pode ser agravada em razão das alterações legislativas impostas pela "reforma" trabalhista (Lei n. 13.467/2017) que se direcionou em torno de três eixos básicos: a prevalência dos acordos e convenções coletivas de trabalho sobre a legislação; o término da obrigatoriedade da contribuição sindical e o princípio da intervenção mínima do Poder Judiciário na autonomia da vontade coletiva (§ 3º do art. 8º, CLT[10]), esgarçando o sistema *juslaboral* de proteção ao trabalhador num momento em que, no Brasil, há milhões de desempregados.

É preciso ter bastante cautela com os programas de *Compliance* a serem implementados nas relações de trabalho. Não se pode olvidar que o contrato de trabalho é espécie de negócio jurídico (art. 104, CC[11]), bilateral (direitos e obrigações para ambas as partes contratantes) e de trato sucessivo firmado entre empregado e empregador. A partir do contrato de trabalho (arts. 442 e 443, *caput*, CLT[12]), surge a relação jurídica de emprego cujos sujeitos – empregado e empregador – pactuam diversas condições limitadas pelos parâmetros legais estabelecidos nas normas celetistas pelo Estado (art. 444, *caput*, CLT[13]).

Tem-se, assim, um *dirigismo contratual* no âmbito da regulação do trabalho assalariado subordinado em razão da intervenção do Estado na tutela dos trabalhadores hipossuficientes frente ao poder econômico dos empregadores no intuito de manter o equilíbrio jurídico e econômico entre

---

7. LEAL, Juliana Datto. Compliance *trabalhista e a Lei 12.846/13*. Disponível em: <https://julianadato.jusbrasil.com.br/artigos/207136251/compliance-trabalhista-e-a-lei-12846-13>. Acesso em: 20 out. 2018.

8. Art. 2º Considera-se empregador a empresa, individual ou coletiva, que, *assumindo os riscos da atividade econômica*, admite, assalaria e dirige a prestação pessoal de serviço.

9. COUTINHO, Aldacy Rachid. *Risco,* compliance *e o direito do trabalho*, *op. cit.*, p. 101.

10. Art. 8º [...] § 3º No exame de convenção coletiva ou acordo coletivo de trabalho, a Justiça do Trabalho analisará exclusivamente a conformidade dos elementos essenciais do negócio jurídico, respeitado o disposto no art. 104 da Lei n. 10.406, de 10 de janeiro de 2002 (Código Civil), e balizará sua atuação pelo princípio da intervenção mínima na autonomia da vontade coletiva.

11. Art. 104. A validade do negócio jurídico requer: I – agente capaz; II – objeto lícito, possível, determinado ou determinável; III – forma prescrita ou não defesa em lei.

12. Art. 442. Contrato individual de trabalho é o acordo tácito ou expresso, correspondente à relação de emprego. Parágrafo único – Qualquer que seja o ramo de atividade da sociedade cooperativa, não existe vínculo empregatício entre ela e seus associados, nem entre estes e os tomadores de serviços daquela. Art. 443. O contrato individual de trabalho poderá ser acordado tácita ou expressamente, verbalmente ou por escrito, por prazo determinado ou indeterminado, ou para prestação de trabalho intermitente. [...].

13. Art. 444. As relações contratuais de trabalho podem ser objeto de livre estipulação das partes interessadas em tudo quanto não contravenha às disposições de proteção ao trabalho, aos contratos coletivos que lhes sejam aplicáveis e às decisões das autoridades competentes. [...].

as partes contratantes através de princípios e normas de ordem pública e de caráter cogente, prevalecendo o império da lei e o interesse público sobre a autonomia da vontade individual.

Portanto, o *Compliance* trabalhista deve trazer benefícios também para os trabalhadores a fim de respeitar as garantias constitucionais e os direitos trabalhistas, inclusive adotando medidas protetivas no meio ambiente do trabalho ancoradas numa educação ambiental laboral a fim de reduzir os acidentes de trabalho e o adoecimento dos trabalhadores. Nesse sentido, prelecionam Alana Borsatto e Rita Daniela Leite da Silva[14]:

> Quando o assunto é *compliance*, muitas vezes são os aspectos econômicos que ganham relevo. Contudo, estar em *compliance* engloba as boas práticas em relação aos empregados, garantindo-lhes uma prestação laboral que respeite seus direitos individuais, a segurança e saúde no trabalho, bem como um meio ambiente do trabalho livre de comportamentos assediadores, o que automaticamente refletiria no número de demandas trabalhistas e seus respectivos custos. [...]
>
> Um ambiente laboral ético gera nos empregados efeitos positivos, que fazem com que estes trabalhem de forma mais comprometida e alinhada com os objetivos da organização, servindo para fidelizar bons e éticos empregados. [...]
>
> Nota-se, desta forma, que a tutela efetiva dos direitos dos empregados deve fazer parte do programa de *compliance*, garantindo e facilitando a comunicação de eventuais abusos ou violações, para que desta forma, todos saiam ganhando: o empregado que terá sua dignidade salvaguardada e a empresa que reduzirá os riscos de demandas trabalhistas e eventuais condenações, além da manutenção no emprego de empregados cujo caráter ético coaduna com os princípios e objetivos organizacionais.

Portanto, o *Compliance* trabalhista deve se amparar na responsabilidade social da empresa e na ética organizacional cujo suporte jurídico está na Constituição e na legislação brasileira.

A Constituição brasileira de 1988 reconheceu o sistema capitalista no país, garantindo, no art. 5º, XXII e XXIII, a propriedade privada dos meios de produção e dos bens materiais e imateriais, porém tal direito está limitado a uma função social e, mais ainda, a uma função socioambiental[15]. No Título *VII – Da Ordem Econômica e Financeira*, dentre os princípios gerais da atividade econômica, o art. 170, II e III, da Constituição resguarda novamente a propriedade privada e a submete à função social.

> A submissão da propriedade à sua função socioambiental deve ser cumprida pela empresa empregadora, inclusive na proteção ao meio ambiente do trabalho – direito fundamental do cidadão trabalhador (arts. 7º, XXII, 225, *caput* e 200, VIII da Constituição) –, representando uma das facetas da responsabilidade das empresas na contemporaneidade, com o propósito de se imprimir 'novos contornos' às relações entre capital e trabalho. A responsabilidade social da empresa é analisada por diferentes áreas do conhecimento humano, tais como: o direito, a administração, a filosofia etc. visando sempre dar efetividade aos direitos fundamentais do trabalhador em prol da concretização do direito ao trabalho digno[16] na era do capitalismo global.

14. BORSATTO, Alana e SILVA, Rita Daniela Leite da. *Compliance* e a relação de emprego, *in*: ANDRADE, Everaldo Gaspar Lopes de; CARVALHO NETO, Frederico da Costa e SCHWARZ, Rodrigo Garcia (Coords.). *Direito do Trabalho e Meio Ambiente do Trabalho I.* Florianópolis: CONPEDI, 2015, p. 19.

15. Maurício Godinho Delgado preleciona que "a submissão da propriedade à sua função socioambiental, ao mesmo tempo em que afirma o regime da livre-iniciativa, enquadra-o, rigorosamente, em leito de práticas e destinações afirmatórias do ser humano e dos valores sociais e ambientais. É inconstitucional, para Carta Máxima, a antítese "o lucro ou as pessoas"; a livre-iniciativa e o lucro constitucionalmente reconhecido – e, nessa medida protegidos – são aqueles que agreguem valor aos seres humanos, à convivência e aos valores da sociedade, à higidez do meio ambiente geral, inclusive o do trabalho. A pura e simples espoliação do trabalho, a degradação das relações sociais, o *dumping* social configurado pela informalidade laborativa ou pelo implemento de fórmulas relacionais de acentuada desproteção e despojamento de direitos, a depredação do meio ambiente, todas são condutas ilícitas para a ordem constitucional do Brasil – embora muitas vezes toleradas oficialmente, quando não mesmo instigadas por normas ou práticas oriundas do próprio Estado" (DELGADO, Maurício Godinho. *Princípios de direito individual e coletivo do trabalho.* São Paulo: LTr, 2004. p. 38-39).

16. Segundo Juliane Caravieri Martins, o trabalho digno "está relacionado a uma concepção mais ética do trabalho e ancorado na ideia de dignidade humana do trabalhador, sendo compreendido sob dois aspectos: a) o intrínseco (subjetivo): como atributo pessoal e psíquico inerente ao ser humano, por exemplo, a satisfação pessoal do trabalhador em realizar determinada atividade; a sensação de ser útil para a comunidade em que vive; ser merecedor de respeito e consideração por parte do Estado e dos particulares; ser realmente livre para escolher o seu trabalho etc.; b) o extrínseco (objetivo): representando as condições materiais previstas nas normas em geral reguladoras do ato de trabalhar, tais como: remuneração adequada e justa, sem discriminação de qualquer natureza; limite máximo e mínimo de duração da jornada de trabalho (diária e semanal); normas de higiene e segurança relacionadas ao meio ambiente do trabalho e à proteção da maternidade; concessão de férias, repouso semanal e feriados remunerados; licenças médicas em geral; normas proibitivas do trabalho infantil e do trabalho escravo etc. [...] O trabalho digno inclui as condições materiais objetivas (extrínsecas) em que o trabalho é realizado concomitantemente com as condições subjetivas do trabalho (intrínsecas), pois ambas atendem ao princípio e valor da dignidade da pessoa humana, nos contornos já apresentados nesta tese, integrando a própria condição humana

A Constituição vincula o meio ambiente, inclusive do trabalho, à ordem social e econômica, devendo as empresas, no exercício da livre-iniciativa, atuarem em conformidade com a função socioambiental da propriedade.

Na legislação infraconstitucional, merecem destaque o art. 116, parágrafo único e o art. 154, *caput* da Lei n. 6.404/1976 sobre as sociedades anônimas[17], os quais impõem a necessidade do cumprimento da função social da empresa. O Código Civil no art. 421 trata da função social dos contratos que é aplicável aos contratos de trabalho e art. 1.228, § 1º, primeira parte[18] aduz que o exercício da atividade empresarial deve se embasar na implementação efetiva da função social da empresa.

Maria Helena Diniz[19] discorre sobre alguns preceitos para a função social da empresa com destaque:

> a) por repercutir nas atividades públicas, visto ser coadjuvante na execução de programas sociais, pois no livre exercício de sua atividade econômica e na produção e circulação de bens e serviços para obter lucro, vem a gerar, como fonte de tributos arrecadados pelo governo, recursos financeiros imprescindíveis para que o poder público tenha condições de implementação de benefícios à assistência da saúde, ao meio ambiente, à educação pública, ao salário digno etc., melhorando a vida dos cidadãos;
>
> b) por restringir a atuação de quotistas, acionistas e administradores, tendo por diretriz o princípio da boa-fé objetiva, que deve nortear os contratos sociais e as sociedades empresárias;
>
> c) por possibilitar a concretização de programas de inclusão social para os operários, ante a situação precária do serviço público, de educação e de saúde etc., fornecendo cursos e atendimento médico em suas dependências;
>
> d) por prestar serviços à sociedade, fornecendo bens e trabalho a profissionais, disponibilizando recurso para creches, treinamento técnico, lazer etc.;
>
> e) por procurar privilegiar ao cumprir os deveres de lealdade, acatando elevados padrões de diligência profissional, os valores da solidariedade para construção de uma sociedade mais humana e justa, reduzindo impacto das questões sociais e ambientais;
>
> f) por procurar preservar o meio ambiente.

Dessa maneira, a submissão da propriedade empresarial à sua função socioambiental está prevista no ordenamento jurídico brasileiro em nível constitucional e infraconstitucional, devendo embasar a dimensão ética da responsabilidade social das empresas para que se implementem programas de *Compliance* trabalhista aptos a fomentar o desenvolvimento da educação ambiental laboral.

3. MEIO AMBIENTE DO TRABALHO E A EDUCAÇÃO AMBIENTAL DOS TRABALHADORES

O direito ambiental deve ser entendido como o conjunto de normas e princípios que buscam regular os efeitos diretos e indiretos da ação humana no meio, com o objetivo de garantir à humanidade, presente e futura, o direito fundamental a um ambiente sadio. O direito ambiental visa assegurar o desenvolvimento sustentável[20].

A Constituição Federal de 1988 prevê a proteção ao meio ambiente e "mantém a vinculação vida-ambiente, saúde-ambiente e segurança ambiente"[21]. Assim, o art. 200 que trata das atribuições do Sistema Único da Saúde estabelece no inciso VIII a colaboração na proteção do meio ambiente, **nele compreendido o do trabalho.**

O meio ambiente do trabalho está inserido no contexto do meio ambiente geral (art. 225, CF) e, assim, essencial à sadia qualidade de vida de tantos quantos sujeitam-se àquele ambiente.

O ambiente do trabalho tem proteção constitucional e legal que objetiva "garantir-lhe condições de salubridade e segurança"[22]. A Constituição Federal menciona explicitamente no art. 200, VIII o meio ambiente do trabalho que pode ser compreendido, na dicção de José Afonso da Silva

---

do trabalhador" (MARTINS, Juliane Caravieri. *Trabalho digno e direitos humanos em tempos de globalização*: perspectivas para a América Latina. Belo Horizonte: Arraes Editores, 2017. p. 41-42).

17. Art. 116. [...] Parágrafo único. O acionista controlador deve usar o poder com o fim de fazer a companhia realizar o seu objeto e cumprir sua função social, e tem deveres e responsabilidades para com os demais acionistas da empresa, os que nela trabalham e para com a comunidade em que atua, cujos direitos e interesses deve lealmente respeitar e atender. [...] Art. 154. O administrador deve exercer as atribuições que a lei e o estatuto lhe conferem para lograr os fins e no interesse da companhia, satisfeitas as exigências do bem público e da função social da empresa. [...]
18. Art. 421. A liberdade de contratar será exercida em razão e nos limites da função social do contrato. [...] Art. 1.228. [...] § 1º O direito de propriedade deve ser exercido em consonância com as suas finalidades econômicas e sociais [...].
19. DINIZ, Maria Helena. Importância da função social da empresa. *Revista Jurídica UNICURITIBA*, v. 2, n. 51, Curitiba, 2018. p. 409-410.
20. Desenvolvimento sustentável é aquele que satisfaz as necessidades do presente sem pôr em risco a capacidade das gerações futuras de terem suas próprias necessidades satisfeitas, conforme definição da Comissão Mundial sobre Meio Ambiente e Desenvolvimento, da ONU. Antonio F. G. Beltrão. *Manual de direito ambiental*. São Paulo: Método, 2008.
21. BENJAMIN, Antonio Herman. Constitucionalização do ambiente e ecologização da Constituição brasileira. In: CANOTILHO, J. J. Gomes; LEITE, José Rubens Morato (Org.) *Direito constitucional ambiental brasileiro*. São Paulo: Saraiva, 2015. p. 83-154.
22. SILVA, José Afonso. *Direito constitucional ambiental*. São Paulo: Malheiros editores, 2010. p. 21.

como "o local em que se desenvolve boa parte da vida dos trabalhadores, cuja qualidade de vida está, por isso, em íntima dependência da qualidade daquele ambiente". A Carta Constitucional também especifica entre os direitos sociais dos trabalhadores a redução dos riscos inerentes ao trabalho por meio de normas de saúde, higiene e segurança (art. 7º, XXII). Dessa forma, verifica-se a preocupação com a vida e a saúde do ser humano no seu ambiente do trabalho.

A Consolidação das Leis do Trabalho dedica um capítulo próprio às normas de segurança e medicina do trabalho, elaborado consoante uma concepção preventiva. Nos dispositivos referentes ao tema está presente a preocupação com a manutenção da saúde e a prevenção de acidentes[23]. Merecem referência as normas regulamentadoras[24], aprovadas pela Portaria n. 3.214/1978, que disciplinam os padrões a serem seguidos pelos empregadores e que objetivam a adequação de um meio ambiente do trabalho sadio e equilibrado[25].

O exame da legislação[26] conduz à conclusão de que a empresa é responsável pelo meio ambiente de trabalho de seus empregados, sendo sua a obrigação de propiciar que ele seja sadio e seguro e, nesse passo, impondo-lhe a responsabilidade pelos danos causados aos trabalhadores na eventualidade de se descurar dessa obrigação[27]. Devem ser adotadas pela empresa medidas de monitoramento do ambiente de trabalho para prevenir e coibir a ocorrência de acidentes e moléstias ocupacionais, através de educação, treinamento, mecanismos de relacionamento ético, entre outros.

De fato, o art. 19, § 1º, da Lei n. 8.231/1991 estabelece que "a empresa é responsável pela adoção e uso das medidas coletivas e individuais de proteção e segurança e higiene do trabalho".

Nesse sentido, José Afonso da Silva[28] avalia que a questão referente ao meio ambiente do trabalho reveste-se de complexidade sob o ponto de vista da proteção ambiental, pois "o ambiente do trabalho é um complexo de bens móveis e imóveis de uma empresa e de uma sociedade, objeto de direitos subjetivos privados e de direitos invioláveis da saúde e da integridade física dos trabalhadores que o frequentam".

No mesmo diapasão vaticina Celso Antonio Pacheco Fiorillo[29]:

> Constitui meio ambiente do trabalho o local onde as pessoas desempenham suas atividades laborais, sejam remuneradas ou não, cujo equilíbrio está baseado na salubridade do meio e na ausência de agentes que comprometam a incolumidade físico-psíquica dos trabalhadores, independente da condição que ostentam (homens ou mulheres, maiores ou menores de idade, celetistas, servidores públicos, autônomos etc.). [...] Caracteriza-se pelo complexo de bens imóveis e móveis de uma empresa ou sociedade, objeto de direitos subjetivos privados e invioláveis da saúde e da integridade física dos trabalhadores que a frequentam.

---

23. Veja-se o art. 154 que inaugura o capítulo V: "A observância, em todos os locais de trabalho, do disposto neste Capítulo, não desobriga as empresas do cumprimento de outras disposições que, com relação à matéria, sejam incluídas em códigos de obras ou regulamentos sanitários dos Estados ou Municípios em que se situem os respectivos estabelecimentos, bem como daquelas oriundas de convenções coletivas de trabalho".

24. É certo que na atual conjuntura brasileira essa proteção vem sendo esvaziada haja vista revogação de várias Normas Regulamentadoras (NRs) através das Portarias ns. 915 e 916 de 30.07.2019 da SEPREVT do Ministério da Economia, além da extinção do Ministério do Trabalho e Emprego – extinto pela Medida Provisória n. 870, de 1º de janeiro de 2019 que "fatiou" suas atribuições a três Ministérios distintos: Economia, Justiça e Segurança Pública e Cidadania, que representam um grave retrocesso na proteçãoo do Meio Ambiente do Trabalho.

25. MONTAL, Zélia M. Cardoso. A responsabilidade na inclusão do trabalhador acidentado. In: DELGADO, Mauricio Godinho; DELGADO, Gabriela Neves (Orgs.). *Direito do trabalho e seguridade social*: direito da seguridade social. São Paulo: Editora Revista dos Tribunais, 2012 (Coleção doutrinas essenciais; v. 5), p. 357-358.

26. Não somente o ordenamento jurídico interno, como também as normas internacionais específicas no âmbito trabalhista, como as Convenções da Organização Internacional do Trabalho, estão afinadas no mesmo desiderato de proteção do ser humano no ambiente de trabalho. Assim, a Convenção 155 da OIT, de 1981, ratificada pelo Brasil em 1992, que trata particularmente da Política Nacional de Saúde, Segurança e Meio Ambiente do Trabalho, dispõe sobre a segurança e saúde dos trabalhadores e sobre meio ambiente do trabalho e define no art. 3º que "o termo 'saúde', com relação ao trabalho, abrange não só a ausência de afecções ou de doenças, mas também os elementos físicos e mentais que afetam a saúde e estão diretamente relacionados com a segurança e higiene no trabalho. À empresa cabe, conforme a Convenção n. 155: a) garantir que os locais de trabalho, maquinário, equipamentos, operações e processos não envolvam risco algum à segurança e à saúde dos trabalhadores; b) garantir que os agentes e substâncias utilizados no trabalho não envolvam riscos à saúde; c) fornecer ao trabalhador os equipamentos de proteção e treinamento necessários; d) manter algum plano para atendimento imediato de primeiros socorros em situações de urgência e acidentes; e) fixar normas que obriguem o trabalhador e seus representantes a cooperarem com a empresa no campo da segurança e higiene do trabalho.

27. Aqui deve ser lembrado que não somente os danos causados diretamente aos trabalhadores no meio ambiente do trabalho, compreendida nessa responsabilidade a de inserir ou reinserir o trabalhador na própria empresa após o retorno previdenciário, como também os danos causados ao meio ambiente "externo".

28. SILVA, José Afonso. *Direito constitucional ambiental*. São Paulo: Malheiros Editores, 2010. p. 22.

29. FIORILLO, Celso Antonio Pacheco. *Curso de direito ambiental brasileiro*. 5. ed. Saraiva, 2004. p. 22-23.

Tem-se, pois, que o meio ambiente, incluído o do trabalho, é considerado um direito fundamental, estando expressamente previsto no art. 7º, inciso XXII, no art. 225, *caput* e art. 200, inciso VIII, todos da nossa Lei Maior. Os valores sociais do trabalho representam pilares da Ordem Econômica (art. 170, CF) e da Ordem Social (art. 193, CF), impondo plena proteção à saúde e à integridade física do trabalhador no meio ambiente onde exerce suas atividades laborais.

Intrinsecamente ligado ao direito ao meio ambiente laboral sadio, o Texto Constitucional evidencia no art. 205 o direito à educação no ambiente laboral, ao conceber a educação[30] como direito de todos visando o preparo para o exercício da cidadania e a **qualificação para o trabalho.**

O papel da educação em um Estado Democrático de Direito assume feições diversas. Marcos Augusto Maliska coloca em evidência a importância da educação e elenca aspectos que envolvem o seu papel, tais como, aperfeiçoamento humanístico da sociedade; promoção da autonomia do indivíduo, sua forma de perceber o que acontece em sua cidade, ampliação de sua visão do país, do mundo e o ajuda a fazer uma análise crítica dos acontecimentos; sentimento de responsabilidade e de que suas ações podem influenciar para um mundo melhor; promove a consciência dos direitos e dos deveres cívicos e a consciência pelo valor dos direitos individuais e coletivos[31].

Ainda de acordo com Marcos Augusto Maliska[32], "a educação como instrumento permanente de aperfeiçoamento do trabalhador é algo inerente às sociedades como a nossa, marcada por dinamicidade e pela inovação, que a cada dia colocam novos desafios para os trabalhadores".

Independentemente de sua categoria, direito ao trabalho, direito à saúde (aqui incluído o direito ao meio ambiente sadio e equilibrado) , direito à educação, os direitos sociais buscam a implementação da justiça social mediante o fomento da formação integral da pessoa humana e o respeito à sua dignidade, tendo por escopo a concretização dos princípios constitucionais da isonomia e de não discriminação. De fato, os direitos sociais fundamentais são, conforme preceitua Gregorio Peces-Barba Martínez[33], "[...] *derechos de la persona concreta y situada, donde, por razones culturales, sociales, físicas o psíquicas, personas o colectivos se encuentran en desigualdade de condiciones sobre otras. Son los derechos de la mujer, de los niños, de los ancianos, de los minusválidos, de los consumidores*".

Nesse contexto, a educação e o trabalho assumem a categoria de direito social fundamental (art. 6º, CF), sendo direito de todos, devendo ser promovidos e incentivados com a colaboração da sociedade, visando ao pleno desenvolvimento da pessoa e sua qualificação para o trabalho (art. 205, CF). Avulta em importância, a **educação para o trabalho** como direito fundamental do cidadão trabalhador, pois se ampara "[...] no reconhecimento da dignidade da pessoa humana, [assegurando] a cada homem as garantias de liberdade, igualdade, solidariedade, cidadania e justiça. Este é o núcleo essencial da noção de direitos fundamentais, aquilo que identifica a fundamentalidade dos direitos"[34].

Michelle Asato Junqueira[35] destaca o significado da educação para o cidadão e a sociedade:

> [...] a educação é importante porque faz com que o indivíduo se diferencie diante da sociedade, possa exercer o seu papel de protagonista no processo político e constitua-se como cidadão, reconhecendo-se como detentor de direitos. Por outro lado, é interesse do Estado que os indivíduos se eduquem para que, em conjunto, constituam a massa necessária à contribuição que leva ao desenvolvimento.
>
> A educação pode ser considerada um processo em que os indivíduos desenvolvem as suas potencialidades que ainda não chegaram à perfeição, mas também se constitui em práticas coletivas interativas. [...] ***Responsável pela formação da consciência, a educação, materializada por meio do saber que se transmite a um indivíduo ou a um grupo, deve servir a todos, de modo que o que se pensa do mundo e se qualifica para o trabalho passa a constituir propriedade de toda a comunidade***. Nessa seara, não se nega a importância da educação como elemento construtor da cidadania, mas, da análise de seu conteúdo e de suas finalidades na construção jurídica do Estado brasileiro, é preciso que ela seja encarada

---

30. O direito à educação constitui o meio adequado e necessário para permitir ao cidadão que integre a sociedade à qual pertence e o mundo em que vive. Cabe à educação despertar e reconstruir, no ser humano, o conhecimento integral que envolve os valores prestigiados na sociedade, seus direitos e seus deveres para com outros e para com a ordem social (FERRAZ, Anna Cândida da Cunha. *Direitos humanos*: pressuposto para o exercício da cidadania. In: SILVEIRA, Vladimir Oliveira da; SANCHES, Samya Haudêe Dal Farra Naspolini; COUTO, Mônica Bonetti. *Educação jurídica*. São Paulo: Saraiva, 2013. p. 86-101.
31. MALISKA, Marcos Augusto. Comentários ao artigo 205. In: CANOTILHO, J. J. Gomes; MENDES, Gilmar F; SARLET, Ingo W.; STRECK, Lenio L. (Coords.). *Comentários à Constituição do Brasil*. São Paulo: Saraiva/Almedina, 2013. p. 1965.
32. MALISKA, Marco Augusto. Comentários ao artigo 205. In: CANOTILHO, J. J. Gomes; MENDES, Gilmar F; SARLET, Ingo W.; STRECK, Lenio L. (Coords). *Comentários à Constituição do Brasil*. São Paulo: Saraiva/Almedina, 2013. p. 1965-1966.
33. MARTÍNEZ, Gregorio Peces-Barba. *Derechos sociales y positivismo jurídico*: escritos de filosofía jurídica y política, Cuadernos Bartolome de Las Casas n. 11, Madrid: Dykinson, 1999. p. 65.
34. ROMITA, Arion Sayão. *Direitos fundamentais nas relações de trabalho*. 2. ed. rev. e aum. São Paulo: LTr, 2007. p. 45.
35. JUNQUEIRA, Michelle Asato. *Educação para o desenvolvimento*: o desafio do ensino técnico e tecnológico. Tese, Doutorado em Direito Político e Econômico, Universidade Presbiteriana Mackenzie, São Paulo, 2016. p. 39-41.

também como elemento capaz de encaminhar a sociedade para o desenvolvimento nacional, sobretudo do ponto de vista econômico. (grifo nosso)

A educação para o trabalho, enquanto direito social fundamental, extrapola a característica de norma programática e apresenta-se como *direito público subjetivo do cidadão trabalhador*, o que o torna exigível do Estado, seja atuando sozinho mediante políticas públicas, seja atuando em colaboração ou parceria com a sociedade.

Embora se evidencie a necessidade de cooperação entre o Estado e o setor privado na concretização da educação para o trabalho, não se pode olvidar que o propósito mais importante da educação é a formação humanística e ética do ser humano. Logo, **a educação para o trabalho não pode ser instrumento para a efetivação apenas dos interesses do capital**, pois precisa, necessariamente, contribuir para o pleno desenvolvimento da pessoa e seu preparo para o exercício da cidadania nos contornos delimitados pela Constituição.

De acordo com Daniele Hungaro da Silva[36], "[...] ainda nos deparamos com um sistema educacional que capacita o aluno para competir na busca de uma colocação no mundo do trabalho. O sistema de ensino se tornou um mero adestrador para satisfazer as necessidades do capitalismo, a preocupação não é formar para a emancipação humana, mas para satisfazer as necessidades impostas pelo capital".

Nessa perspectiva, refletindo acerca do meio ambiente do trabalho, Carlos Henrique Bezerra Leite[37] entende que o direito ao meio ambiente do trabalho deve ser concretizado nos planos político, jurídico e **educativo**, pois:

> No plano educativo, cremos que a efetivação das normas de proteção ao meio ambiente do trabalho não se limita às políticas públicas do Governo federal, estadual e municipal. É preciso, paralelamente, uma mudança de mentalidade dos atores sociais diretamente envolvidos, isto é, dos trabalhadores e dos empresários [...] é imprescindível além do fomento à cultura dos direitos humanos em geral, a conscientização de que a educação ambiental passa, necessariamente, pela instituição da cogestão democrática dentro da empresa.

Dessa forma, entende-se que o *Compliance* trabalhista, amparado na responsabilidade social da empresa e na ética da responsabilidade nos negócios, é instrumento hábil para a concretização da educação ambiental laboral, contribuindo para a formação humanística e ética dos trabalhadores, bem como prevenindo a ocorrência de desconformidades fático-jurídicas no ambiente corporativo-laboral.

Os programas de *compliance* tornam-se grande aliado das empresas na busca, não somente da redução de custos e de ações trabalhistas, mas sobretudo na implementação de programas de treinamento e informação que incentivem, sobretudo, uma conduta ética de todos os colaboradores no meio ambiente laboral. Como lembra Ricardo Villas Bôas Cueva[38], deve-se entender o *compliance* "não apenas como a observância de comandos legais e regulatórios, mas também como o cumprimento de outras exigências, tais como normas éticas, padrões de conduta fixados no seio das organizações". Além do que as políticas sancionatórias tradicionais devem ser complementadas com programas de *compliance* que "voltam-se para a mudança de comportamento, por meio de padrões de conduta a serem observados e monitorados pelas empresas, administradores e funcionários".

Os programas de *compliance* têm por função a proteção de todos os envolvidos no complexo empresarial, como também a orientação e a informação dos empregados. "O treinamento e a informação dos empregados é tarefa do setor de *compliance* pois só assim a consciência de situações de risco pode contribuir efetivamente para minimizar os riscos."[39] Aqui não está se referindo apenas aos riscos financeiros, mas sobretudo aos riscos ambientais, aqueles que colocam em perigo a vida, a saúde e a integridade física e psíquica dos empregados.

4. O USO DO *COMPLIANCE* TRABALHISTA PARA O FOMENTO DA EDUCAÇÃO AMBIENTAL LABORAL E INSTRUMENTO DE PREVENÇÃO DE ACIDENTES DE TRABALHO E ADOECIMENTO DOS TRABALHADORES

A Constituição reconheceu a essencialidade do trabalho como instrumento de afirmação da dignidade do trabalhador, seja no âmbito de sua individualidade como ser humano, seja em seu contexto familiar e social. A valorização do trabalho encontra-se enfatizada tanto no art. 1º, incisos III e IV da Constituição, marcando o anúncio dos princípios fundamentais da República Federativa do Brasil, quanto consolidada no *Título II – Dos Direitos e Garantias Fundamentais*, pois o trabalho se mostra como o bem jurídico necessário para a existência digna dos trabalhadores.

A responsabilidade social das empresas está umbilicalmente relacionada, como outrora analisado, com a função socioambiental da propriedade, devendo também dialogar

36. SILVA, Daniele Hungaro da. Reflexões sobre a educação e trabalho na sociedade capitalista: uma articulação necessária. *Anais do X ANPED SUL*, Florianópolis, out./2014. p. 15.
37. LEITE, Carlos Henrique Bezerra. *Curso de direito do trabalho.* 8. ed. São Paulo: Saraiva, 2017. p. 644-645.
38. CUEVA, Ricardo Villas Bôas. Funções e finalidades dos programas de *compliance.* In: CUEVA, Ricardo Villas Bôas; FRAZÃO, Ana (Coords.). *Perspectivas e desafios dos programas de conformidade.* Belo Horizonte: Fórum, 2019. p. 54.
39. CUEVA, Ricardo Villas Bôas. Funções e finalidades dos programas de *compliance.* In: CUEVA, Ricardo Villas Bôas; FRAZÃO, Ana (Coords.). *Perspectivas e desafios dos programas de conformidade.* Belo Horizonte: Fórum, 2019. p. 57.

com a Ética nos Negócios, pois, segundo Antonio Marchionni, o bom é a empresa com função social[40]:

> A empresa tem uma finalidade apenas técnica ou também moral? Sobre a questão registram-se duas concepções:
>
> 1. a empresa é uma *atividade técnica* de produtos e lucros,
>
> 2. a empresa é uma *atividade técnica e moral*, visando produtos e lucros dentro de uma responsabilidade humana e social extralegal.
>
> *Representante da primeira concepção* é Milton Friedman (1912-2006), liberal americano e Prêmio Nobel de Economia. A empresa, ele diz, não é uma associação de caridade e sim uma unidade produtiva. Tal concepção chama-se também *fordismo*: a produção pela produção. Se aos Institutos de caridade cabe resolver situações sociais na falta de um Estado eficaz, à Empresa compete somente produzir objetos de lucro. Basta na Empresa a prática de um *standard moral mínimo*, que consiste em não fazer mal aos outros. Em suma, cada macaco no seu galho.
>
> *A segunda concepção* considera que as relações da empresa com seus funcionários internos e com a sociedade externa (clientes, fornecedores, consumidores) devem ser concebidas em termos não apenas *técnicos*, mas também *morais*. Não se pode ser prisioneiro da "razão da empresa" (os negócios são negócios), como as ditaduras o são da "razão de Estado". Quer dizer, a eficiência não exclui a excelência e a virtude, e a competição não impossibilita a cooperação. Além do mais, decresceu a fé na "mão invisível" hipotizada por Adam Smith em *Riqueza das Nações* (1776): mão que, longe de harmonizar automaticamente as forças de mercado, acaba favorecendo interesses escusos e as Corporações.
>
> É esta segunda concepção que criou a Ética nos Negócios.

A Confederação Mundial do Trabalho (CMT) reconheceu o imprescindível diálogo entre a ética e a responsabilidade social das empresas como necessidade de sobrevivência no mercado global na contemporaneidade[41]:

> *No se puede entonces generar ganancias sin responsabilidad, la cual no es solamente económica. No obstante, para un gran número de empresas, su única responsabilidad consiste en hacer dinero* [...] *Por otra parte, la importancia creciente que se le ha dado a la responsabilidad social de las empresas refleja también la pérdida de influencia del Estado pregonada e implementada por las instituciones financieras internacionales (FMI, Banco Mundial).*

Por fim, cabe evidenciar que Max Weber, na Conferência "**Política como Vocação**", sistematizou a Ética da Responsabilidade, expondo o problema do *ethos* como causa a se defender, assim, qualquer atividade orientada segundo a ética pode ser subordinada a duas máximas inteiramente diferentes e irredutivelmente opostas, a saber[42]:

> A orientação pode ser a ética da responsabilidade ou segundo a ética da convicção. Não quer dizer isso que a ética da convicção equivalha a ausência de responsabilidade e a ética da responsabilidade, ausência de convicção. Não é nada disso, evidentemente. Sem embargo, oposição profunda há entre a atitude de quem se resigna às máximas da ética da convicção – diríamos, em linguagem religiosa, "O cristão cumpre seu dever e, quanto aos resultados da ação, confia em Deus" – e *a atitude de quem se orienta pela ética da responsabilidade, que diz: "Devemos responder pelas previsíveis consequências de nossos atos"*. [...] Sempre que as consequências de um ato praticado por pura convicção se revelam desagradáveis, o partidário dessa ética não atribuirá responsabilidade ao agente, mas ao mundo, à tolice dos homens ou à vontade de Deus, que criou os homens desse jeito. Contrariamente, *o partidário da ética da responsabilidade contará com as fraquezas comuns do homem* – já que, como dizia com muita profundidade Fichte, não temos o direito de pressupor a bondade e a perfeição do homem – *e entenderá que não pode lançar a ombros alheios as consequências previsíveis de sua própria ação*. Por *conseguinte, dirá: "Essas consequências* são imputáveis à minha própria ação". [...] (grifo nosso).

Portanto, a ética da responsabilidade deve estar em consonância com a responsabilidade social das empresas, embasando a implementação dos programas de *Compliance* trabalhista no âmbito empresarial-organizacional. A referida ética possibilitaria a execução de programas de *Compliance* trabalhista que adotariam medidas e ações preventivas no ambiente corporativo-laboral que beneficiariam não apenas o empresariado, mas também os trabalhadores.

Nessa perspectiva, as ações adotadas pelas empresas no *Compliance* trabalhista se pautariam na ética da responsabilidade que nortearia a Ética nos Negócios, pois acionistas, gerentes, enfim, os administradores não poderiam se escusar em responder por suas atitudes e nem poderiam "lançar aos ombros alheios" as consequências previsíveis de seus próprios atos que atingiriam os trabalhadores no exercício de sua atividade laborativa. Isso asseguraria às empresas

40. MARCHIONNI, Antonio. *Ética*: a arte do bom. Petrópolis: Vozes, 2008. p. 328, grifo do autor.

41. CMT. *La responsabilidad social de las empresas y los códigos de conducta, ¿nuevos retos o viejos debates?*, Confederación Mundial del Trabajo (CMT), Bruxelas, 2004. p. 08-09.

42. WEBER, Max. *Ciência e política*: duas vocações. Tradução de Leonidas Hegenberg e Octany Silveira da Mota. São Paulo: Cultrix, 1999. p. 114-116.

sua adequação à legislação civil-empresarial e trabalhista vigente, reduzindo o número de acidentes e doenças ocupacionais, evitando absenteísmo, resultando, ainda, na diminuição das ações judiciais submetidas ao Poder Judiciário trabalhista pelos empregados.

Logo, as ações, projetos e programas de *Compliance* trabalhista também estariam pautados no ser humano trabalhador como um fim em si mesmo, possuidor do valor dignidade, pois "a proteção do empregado faz parte do cerne de uma instituição que se propõe a estar em *compliance*. Não há como considerar uma empresa como em conformidade se esta não respeitar os direitos de seus empregados [...]"[43].

Portanto, Ética da Responsabilidade nos Negócios – consistente em "cultivar a verdade e a integridade contra a mentira, não buscar o lucro além de todo o limite"[44] – deverá embasar a responsabilidade social das empresas na implementação dos programas de *Compliance* trabalhista no intuito de que os trabalhadores também sejam beneficiados com as medidas e ações preventivas no ambiente corporativo-laboral, em especial no caso da concretização do direito social fundamental à educação para o trabalho.

Paulo Rogério dos Santos Lima, em estudo acerca da responsabilidade social da empresa, analisa com muita propriedade a importância da atuação ética da empresa especialmente no que concerne ao meio ambiente, de modo particular o meio ambiente do trabalho, e da valorização e respeito pela dignidade do ser humano que contribui com sua força de trabalho para o êxito do empreendimento. Pondera este autor[45]:

> Sem renda não há consumo. Sem educação não há mão de obra qualificada. Sem saúde não há trabalhador produtivo. Sem emprego não há desenvolvimento. [...] cresce a opinião em torno da ideia de que é necessária uma redefinição do papel da empresa na sociedade, pois, mesmo estando situadas na esfera econômica, as empresas são tidas como agentes sociais que são parte integrante da sociedade; portanto, **devem participar não apenas com a oferta de produtos e serviços, mas com respostas aos problemas sociais e ambientais, muitas vezes ocasionados por elas, e, também aos aspectos antiéticos de suas atuações.** Conclui: [...] pode-se dizer que a verdadeira responsabilidade social começa em casa, ou seja, **por meio da valorização profissional e da melhoria da qualidade de vida dos funcionários** [...] o principal diferencial de uma empresa moderna, principalmente na Era do Conhecimento e das novas tecnologias de comunicação e informação é possuir, em todos os setores operacionais e administrativos, um capital humano[46] da melhor qualidade. Essa melhor qualidade não se resume apenas à capacitação profissional dos funcionários. Ela deve contemplar programas e projetos em outras áreas, tais como saúde [...][47] (grifo nosso).

Portanto, os programas e projetos devem ser concretizados com amparo na responsabilidade social das empresas, sobretudo pela adoção de programas de *Compliance* trabalhista que devem trazer benefícios também para os trabalhadores e não apenas ao empresariado, no intuito de respeitar as garantias constitucionais e os direitos trabalhistas, adotando medidas protetivas no meio ambiente do trabalho, contemplando o bem comum e a harmonia no ambiente laboral, evitando problemas de diversas ordens, inclusive o ajuizamento de ações trabalhistas que poderiam ser amigavelmente evitadas.

5. CONCLUSÃO

Os programas de *Compliance* estão sendo desenvolvidos de modo crescente na atualidade no intuito de monitorar e gerir os riscos empresariais a fim de incentivar ações preventivas, implementando práticas de boa governança corporativa com vistas a prevenção e a redução dos riscos inerentes aos negócios. Entretanto, ao ser implementado nas relações de trabalho, o programa de *Compliance* não deve almejar apenas a redução dos riscos e da responsabilidade empresarial, beneficiando exclusivamente os sócios e gestores da empresa, pois o risco é inerente à atividade econômica do empregador (art. 2º, *caput*, CLT).

Então, o presente capítulo se deteve na análise do *Compliance* trabalhista e abordou-o sob um aspecto inovador: esse programa não deve ter por escopo apenas a redução dos riscos empresariais beneficiando exclusivamente os sócios, os gestores da empresa e os interesses do capital, devendo também beneficiar os trabalhadores que estão envolvidos nessas relações jurídicas e na atividade empresarial.

Dessa forma, o *Compliance* trabalhista deve ser implementado com fundamento na submissão da propriedade empresarial à sua função socioambiental, na ética da responsabilidade nos negócios e na responsabilidade social das empresas, beneficiando, com as medidas e ações

43. BORSATTO, Alana e SILVA, Rita Daniela Leite da. *Compliance* e a relação de emprego, *in*: ANDRADE, Everaldo Gaspar Lopes de.; CARVALHO NETO, Frederico da Costa e SCHWARZ, Rodrigo Garcia (Coords.). *Direito do Trabalho e Meio Ambiente do Trabalho I*. Florianópolis: CONPEDI, 2015. p. 20.
44. MARCHIONNI, Antonio. *Ética*: a arte do bom. Petrópolis: Vozes, 2008. p. 330.
45. LIMA, Paulo Rogério dos Santos. *Responsabilidade Social*. PUCSP/EDUC. São Paulo, 2005. p. 23 e p. 25.
46. Capital humano entendido como o conjunto de trabalhadores ou colaboradores de uma determinada organização, seja ela estatal ou privada.
47. LIMA, Paulo Rogério dos Santos. *Responsabilidade Social*. PUCSP/EDUC. São Paulo, 2005. p. 51.

preventivas no ambiente corporativo-laboral, não apenas o empresariado, mas os trabalhadores.

Ademais, o *Compliance* trabalhista é visto como importante instrumento na concretização do direito fundamental à educação para o trabalho, em especial o trabalho de adolescentes. A educação para o trabalho e a profissionalização são direitos fundamentais do cidadão trabalhador, pois se amparam nos arts. 6º, 7º e 205 da Constituição, enquanto desdobramento do direito fundamental ao trabalho digno.

Nesse sentido, a educação para o trabalho – na categoria de direito social fundamental (art. 6º, CF) – deve ser promovida e incentivada com a colaboração da sociedade, em especial das empresas no âmbito da sua responsabilidade social, visando ao pleno desenvolvimento da pessoa humana trabalhadora e sua qualificação para o trabalho (art. 205, CF).

A educação para o trabalho e a qualificação profissional, enquanto direito social fundamental prescrito na Constituição, extrapola a característica de norma programática e apresenta-se como direito público subjetivo do cidadão trabalhador, o que o torna exigível do Estado, atuando sozinho mediante políticas públicas ou em parceria com a sociedade e o empresariado.

Para evitar que os trabalhadores sejam vitimados por danos ocasionados por condições inadequadas no meio ambiente laboral, o uso de programas de *Compliance* trabalhista são primordiais e importantes instrumentos em favor de investimentos empresariais na educação ambiental laboral com amparo na responsabilidade social das empresas (art. 5º, XXII e XXIII, art. 170 e art. 205 da Constituição; art. 1.228, §1º, *primeira parte* do Código Civil; art. 116, parágrafo único e art. 154, *caput* da Lei n. 6.404/76) e na ética da responsabilidade nos negócios, pois o "*objetivo da empresa deve ser realizado em termos e com critérios econômicos, mas não devem ser descurados os autênticos valores que permitem o desenvolvimento concreto da pessoa e da sociedade*"[48].

A empresa empregadora, ao promover políticas para a qualificação profissional e educação para o trabalhado ancoradas em programas de *Compliance* trabalhista, está cumprindo a função social da propriedade empresarial e atuando conjuntamente com o Estado para o atendimento do bem comum. Mostra-se imperiosa a mudança de paradigma das ações e projetos de educação para o trabalho, para a efetivação do direito ao trabalho digno e de uma cidadania mais plena e inclusiva no Brasil.

Portanto, o capítulo intentou demonstrar como o uso do *Compliance* trabalhista, ancorado numa dimensão ética da responsabilidade social da empresa, é capaz de fomentar a educação ambiental laboral com o objetivo de prevenir os acidentes do trabalho e o adoecimento dos trabalhadores no intuito de valorizar a pessoa trabalhadora e sua condição humana mesmo em face do capitalismo predatório e excludente atualmente predominante, não exaurindo os questionamentos em relação ao tema debatido.

Somente haverá a concretização efetiva da educação para o trabalho como direito fundamental a partir do fortalecimento do espírito de solidariedade humana baseado na reverência ao "mistério da existência", na humildade e na gratidão pelo dom da vida, pois, o ser humano precisa adotar postura mais condizente com a ética da responsabilidade e o respeito à dignidade da pessoa humana.

6. REFERÊNCIAS

BENJAMIN, Antonio Herman. Constitucionalização do ambiente e ecologização da Constituição brasileira. In: CANOTILHO, J. J. Gomes; LEITE, José Rubens Morato (Org.). *Direito constitucional ambiental brasileiro*. São Paulo: Saraiva, 2015.

BORSATTO, Alana e SILVA, Rita Daniela Leite da. *Compliance* e a relação de emprego, *in*: ANDRADE, Everaldo Gaspar Lopes de.; CARVALHO NETO, Frederico da Costa e SCHWARZ, Rodrigo Garcia (Coords.). *Direito do Trabalho e Meio Ambiente do Trabalho I*. Florianópolis: CONPEDI, 2015. p. 01-21.

CMT. *La responsabilidad social de las empresas y los códigos de conducta, ¿nuevos retos o viejos debates?*, Confederación Mundial del Trabajo (CMT), Bruxelas, 2004.

COUTINHO, Aldacy Rachid. Risco, *compliance* e o direito do trabalho. In: TEODORO, Maria Cecília Máximo; VIANA, Márcio Túlio; ALMEIDA, Cleber Lúcio de e NOGUEIRA Sabrina Colares. (Orgs.). *Direito material e processual do trabalho:* V Congresso latino-americano de direito material e processual do trabalho. São Paulo: LTr, 2017. p. 100-104.

CUEVA, Ricardo Villas Bôas. Funções e finalidades dos programas de *compliance*. In: CUEVA, Ricardo Villas Bôas; FRAZÃO, Ana (Coords.). *Perspectivas e desafios dos programas de conformidade*. Belo Horizonte: Fórum, 2019. p. 53-69.

DELGADO, Mauricio Godinho. *Princípios de direito individual e coletivo do trabalho*. São Paulo: LTr, 2004.

DINIZ, Maria Helena. Importância da função social da empresa. *Revista Jurídica – UNICURITIBA*, v. 2, n. 51, Curitiba, 2018. p. 387-412.

FERRAZ, Anna Cândida da Cunha. Educação em direitos humanos: presuposto para o exercício da cidadania. In: SILVEIRA, Vladimir Oliveira da; SANCHES, Samya Haudêe Dal Farra Naspolini; COUTO, Mônica Bonetti. *Educação jurídica*. São Paulo: Saraiva, 2013.

FIORILLO, Celso Antonio Pacheco. *Curso de Direito Ambiental Brasileiro*. 5. ed. São Paulo: Saraiva, 2004.

JUNQUEIRA, Michelle Asato. *Educação para o desenvolvimento*: o desafio do ensino técnico e tecnológico. Tese, Doutorado em Direito Político e Econômico, Universidade Presbiteriana Mackenzie, São Paulo, 2016, 171 f.

LEAL, Juliana Datto. Compliance *trabalhista e a Lei 12.846/13*. Disponível em: <https://julianadato.jusbrasil.com.br/artigos/207136251/compliance-trabalhista-e-a-lei-12846-13>. Acesso em: 20 mai. 2019.

48. PONTIFÍCIO CONSELHO "JUSTIÇA E PAZ". *Compêndio da doutrina social da Igreja*, tradução da Conferência Nacional dos Bispos do Brasil (CNBB). 3. ed. São Paulo: Paulinas, 2006. p. 197, grifo do autor.

LEITE, Carlos Henrique Bezerra. *Curso de direito do trabalho.* São Paulo: Saraiva, 8. ed., 2017.

MARCHIONNI, Antonio. *Ética*: a arte do bom. Petrópolis: Vozes, 2008.

MARTINS, Juliane Caravieri. *Trabalho digno e direitos humanos em tempos de globalização:* perspectivas para a América Latina. Belo Horizonte: Arraes Editores, 2017.

MARTINS, Juliane Caravieri e MONTAL, Zélia Maria Cardoso. Diálogos entre a doutrina da proteção integral e o direito fundamental ao trabalho digno de adolescentes. *Revista de Direito Constitucional e Internacional,* São Paulo: Revista dos Tribunais, v. 103, 2017. p. 33-56.

MARTINS, Juliane Caravieri e MONTAL, Zélia Maria Cardoso. Educação para o trabalho (direito fundamental) e a responsabilidade social da empresa na profissionalização de adolescentes. *Revista de Direito Constitucional e Internacional.* São Paulo: Revista dos Tribunais, v. 108, 2018. p. 121-155.

MARTÍNEZ, Gregorio Peces-Barba. *Derechos sociales y positivismo jurídico*: escritos de filosofia jurídica y política, Cuadernos Bartolome de Las Casas n. 11, Madrid: Dykinson, 1999.

MINICHIELLO, André Luiz Ortiz e MESSIAS, Ewerton Ricardo. *Regulação estatal das relações entre a administração e empresas privadas:* considerações sobre a Lei 12.846/13 e *compliance.* In: SIMÃO FILHO, Adalberto; GABRICH, Frederico de Andrade (Coords.). *Direito empresarial.* Florianópolis: CONPEDI, 2017. p. 01-20.

MONTAL, Zélia M Cardoso. A responsabilidade na inclusão do trabalhador acidentado. *In*: DELGADO, Mauricio Godinho; DELGADO, Gabriela Neves (Orgs.). *Direito do trabalho e seguridade social:* direito da seguridade social. Coleção doutrinas essenciais. v. 5, São Paulo: Revista dos Tribunais, 2012. p. 353-375.

POCHMANN, Márcio. *O trabalho sob fogo cruzado:* exclusão, desemprego e precarização no final do século. São Paulo: Contexto, 1999.

PONTIFÍCIO CONSELHO "JUSTIÇA E PAZ". *Compêndio da doutrina social da Igreja,* tradução da Conferência Nacional dos Bispos do Brasil (CNBB). 3. ed. São Paulo: Paulinas, 2006.

ROMITA, Arion Sayão. *Direitos fundamentais nas relações de trabalho.* 2. ed. rev. e aum., São Paulo: LTr, 2007.

SILVA, Daniele Hungaro da. Reflexões sobre a educação e trabalho na sociedade capitalista: uma articulação necessária. *Anais do X ANPED SUL*, Florianópolis, out./2014. p. 01-16.

SILVA, José Afonso. *Direito ambiental constitucional.* 8. ed. São Paulo: Malheiros Editores, 2010.

TEIXEIRA, André Luiz Rapozo de Souza e RIOS, Marcos Camilo da Silva Souza. *Compliance* e direito empresarial penal. In: SIMÃO FILHO, Adalberto; GABRICH, Frederico de Andrade (Coords.). *Direito empresarial.* Florianópolis: CONPEDI, 2017. p. 01-21.

31 Clima organizacional na escola

Jussara Bueno de Queiroz Paschoalino[1]

1. INTRODUÇÃO

Este capítulo analisa o clima organizacional de uma escola pública situada na cidade do Rio de Janeiro. A noção de clima organizacional teve repercussão no campo da Administração de Empresas, principalmente nas duas últimas décadas. Entretanto, a associação dela à escola ainda constitui um terreno a ser estudado.

As correlações entre as concepções teóricas da Administração de Empresas e da Administração Escolar são conhecidas. Ribeiro afirmava que: "[...] a Administração Escolar encontra seu último fundamento nos estudos gerais de administração",[2] esclarecendo que a Administração Geral, mais relacionada às empresas, determina os fundamentos intrínsecos à Administração Escolar. Vale salientar que o autor, em outra passagem do seu livro, elucidou a complexidade da Administração Escolar e, dessa forma, subscreveu a existência de diferenças.[3]

Importante demarcar que, apesar de a terminologia ser utilizada pela Administração de Empresas, o entendimento do clima organizacional não se efetiva, simplesmente, nas suas perspectivas gerenciais, mas também nas relações construídas, nas ideias, concepções e, sobretudo, nas atitudes educacionais. Destarte, o clima organizacional, no âmbito educacional, toma conotações diferenciadas, pautadas em atitudes de respeito mútuo, valorização do trabalho e, sobretudo, na participação efetiva de todos os envolvidos.

Na atualidade, a gestão de uma escola não se centraliza apenas na pessoa do diretor; a Constituição Federal de 1988[4] já preconizava a gestão democrática. Assim, nesse novo contexto, as mudanças nas relações foram significativas e, ao mesmo tempo, alteraram o clima das escolas.

Dessa forma, a busca por compreender as repercussões do clima organizacional no âmbito da escola possibilitou a realização deste estudo, que teve como objetivo compreender a singularidade da instituição, suas relações profissionais e suas forças para conseguir seus objetivos educacionais.

A opção por dividir este trabalho em três partes se justifica pelo fato de favorecer a leitura, sem, contudo, fracionar o texto, pois as partes se apresentam numa relação de indissociabilidade. A primeira parte focalizou a metodologia adotada, a segunda evidenciou os aportes teóricos sobre o clima organizacional e a terceira analisou a escola pesquisada. Por fim, foram realizadas as considerações.

2. METODOLOGIA

A escolha da metodologia de pesquisa foi a abordagem qualitativa, que permitiu descortinar a rotina singular de uma escola e, consequentemente, as relações estabelecidas dentro dela. Assim, a pesquisa qualitativa, na perspectiva de Creswell,[5] possibilita dar voz aos participantes

---

1. Professora Adjunta da Universidade Federal do Rio de Janeiro. Doutorado em Educação pela Universidade Federal de Minas Gerais. Doutorado Sanduíche pela Universidade do Porto. Pós-Doutorado pela Pontifícia Universidade Católica de Minas Gerais. Mestrado em Educação pela Universidade Federal de Minas Gerais. Possui graduação em Pedagogia pela Pontifícia Universidade Católica de Minas Gerais. Especialização em Educação pelo CEPEMG. Especialização em Psicopedagogia pelo CEPEMG. Especialização em Direitos Humanos pelo CES. Especialização em Temas Filosóficos pela UFMG. *E-mail*: jussarapaschoalino@yahoo.com.br
2. RIBEIRO, J. Q. *Ensaio de uma teoria da administração escolar*. São Paulo: FFCL/USP, 1952. p. 78. (Administração escolar e educação comparada; boletim 158).
3. RIBEIRO, J. Q. *Ensaio de uma teoria da administração escolar*. São Paulo: FFCL/USP, 1952. (Administração escolar e educação comparada; boletim 158).
4. BRASIL. Constituição da República Federativa do Brasil de 1988. Disponível em: <http://www. planalto.gov.br/ccivil_03/constituicao/constitui%C3%A7ao.htm>. Acesso em: 6 jan. 2010.
5. CRESWELL, John W. *Projeto de Pesquisa* – Métodos qualitativos, quantitativo e misto. Porto Alegre, 2007.

e compreender a situação por meio de diferentes olhares. Segundo esse autor:

> A pesquisa qualitativa recobre, hoje, um campo transdisciplinar, envolvendo as ciências humanas e sociais, assumindo tradições ou multiparadigmas de análise, derivadas do positivismo, da fenomenologia, da hermenêutica, do marxismo, da teoria crítica e do construtivismo, e adotando multimétodos de investigação para o estudo de um fenômeno situado no local em que ocorre, e enfim, procurando tanto encontrar o sentido desse fenômeno quanto interpretar os significados que as pessoas dão a eles.[6]

Nesse sentido, ao procurar compreender o clima organizacional, foram realizados três movimentos. O primeiro movimento foi compreender como estavam as escolas municipais diante de suas relações e desafios. Para alcançar esse objetivo, foi consultado o *site* do *Qedu*,[7] que apresenta as respostas dos diretores escolares das escolas municipais do Rio de Janeiro, bem como dos professores, sobre os problemas encontrados. A pesquisa evidenciou o que a mídia relata com frequência: a violência presente nas escolas, ou seja, a existência de um clima de insegurança e desalento. Assim, dos diretores escolares que responderam ao questionário na ocasião da Prova Brasil, 2017[8], 53% afirmaram que ocorreram agressões verbais ou físicas de alunos a professores ou funcionários em suas escolas. Esses números não tiveram muita alteração nas respostas dos professores municipais, que responderam afirmativamente à questão; 55% deles disseram que houve agressões verbais ou físicas de alunos a professores ou funcionários em suas escolas. Esse cenário tem constituído um ambiente escolar inseguro e desarmonioso. Nesse contexto, o clima organizacional das escolas se apresenta instável frente às violências que acontecem nesses espaços. Se, de antemão, podia-se constatar um mal-estar que perdurava na educação, algumas questões suscitaram novos questionamentos, dentre os quais se destaca: seria possível um clima organizacional favorável nas escolas?

O outro movimento foi buscar na literatura pertinente reflexões sobre o clima organizacional. Nesse sentido, foi realizada uma busca no *site* da SciElo,[9] a partir dos seguintes descritores: "clima organizacional e escola", mas foi encontrado apenas um artigo, de autoria de Ana Maria Falsarella.[10] Em uma nova consulta ao mesmo *site*, realizada a partir dos descritores "clima e escola", foram encontrados 178 artigos. Em seguida, os títulos e resumos desses artigos foram analisados e foram selecionados dezesseis artigos, que correspondiam, efetivamente, à temática do clima e na escola. Os artigos selecionados foram lidos na íntegra, o que resultou na seleção de nove textos. A exclusão dos demais se deveu a diversos fatores: um deles analisava uma instituição privada (e a opção do estudo em questão era manter o foco na educação pública); três não se referiam à escola como um todo, mas se limitavam ao clima da sala de aula, às relações estabelecidas entre estudantes e professores; outros três artigos foram retirados por contemplarem apenas a Educação Física nas escolas.

O último movimento foi uma consulta ao Índice de Desenvolvimento da Educação Básica – IDEB das 624 escolas municipais do Rio de Janeiro, buscando aquelas que alcançaram um índice igual ou maior que sete. Vale salientar que, para o Brasil, é esperado, em 2021, um IDEB de seis. Nessa seleção, foram identificadas 22 escolas, portanto, um percentual pequeno, de apenas 3,5% do total.

Dentre as vinte e duas escolas, este capítulo analisou uma cujo IDEB foi de 7,1, no ano de 2017. O diferencial dessa instituição pública foi que, desde a implementação do IDEB, em 2007, ela tem alcançado índices maiores do que as expectativas traçadas.

3. CLIMA ORGANIZACIONAL

A denominação Clima Organizacional traz uma analogia ao próprio clima meteorológico, que se modifica constantemente e seus efeitos são consequências de elementos que provocam a sua instabilidade. Dessa forma, a ocorrência de um clima possui implicações, podendo modificar o local em que ele ocorre. Assim, pensar o clima organizacional da escola pode passar por considerar a metáfora de clima meteorológico, seja pela sua instabilidade, seja pela multiplicidade de fatores que causam as suas mudanças.

Menezes e Gomes[11] afirmaram que, em estudos sobre Clima Organizacional realizados em 1927, o pesquisador "[...] Elton Mayo constatou que algumas modificações nas configurações física e social do ambiente de trabalho [...] podiam provocar mudanças emocionais e comportamentais significativas nos trabalhadores, como fadiga,

6. CHIZZOTTI, A. A pesquisa qualitativa em ciências humanas e sociais: evolução e desafios. *Revista Portuguesa de Educação*. 16 (2): 221-236, 2003. Disponível em: <https://www.redalyc.org/ articulo.oa?id=37416210>. Acesso em: 09 maio 2019.
7. Disponível em: <https://www.qedu.org.br/>. Acesso em: 22 mar. 2019.
8. Disponível em: <https://www.qedu.org.br/>. Acesso em: 22 mar. 2019.
9. Disponível em: <http://www.scielo.br/scielo.php?script=sci_home&lng=pt&nrm=iso>. Acesso em: 10 mar. 2019.
10. FALSARELLA, Ana Maria. *Os estudos sobre a cultura da escola:* forma, tradições, comunidade, clima, participação, poder. Disponível em: <http://www.scielo.br/pdf/es/v39n144/1678-4626-es-es0101-73302018182 991.pdf>. Acesso em: 12 mar. 2019.
11. MENEZES, Igor Gomes; GOMES Ana Cristina Passos. Clima organizacional: uma revisão histórica do construto. *Psicologia em Revista*, Belo Horizonte, v. 16, n. 1, p. 158-179, abr. 2010. Disponível em: <http://pepsic.bvsalud.org/pdf/per/v16n1/v16n1a11.pdf>. Acesso em: 10 ago. 2017.

acidentes de trabalho, turnover e redução no desempenho e produtividade.[12]

Atualmente, o Clima Organizacional constitui um campo de estudos que permite às empresas e instituições compreenderem o seu clima e, assim, assegurar um ambiente favorável, que possibilite a elas alcançar seus objetivos, pautados, na maioria das vezes, na perspectiva da produtividade e, consequentemente, do lucro. Historicamente, os estudos sobre Clima Organizacional estão relacionados a instituições e empresas, priorizando as relações dos trabalhadores com suas atividades laborais.

Lippitt e Stringer[13] continuaram os estudos sobre as implicações das relações no trabalho e das relações entabuladas, a partir do conceito da Psicologia Social. Esses conceitos tiveram projeção após a Segunda Guerra Mundial, com a Escola ou Movimento das Relações Humanas, "[...] por meio das experiências de Hawthorne, que se contrapunham às lógicas estabelecidas pelo movimento clássico da Administração Científica, de Taylor (1911), que tinha como objetivo a humanização das relações de trabalho".[14]

Se compreender o cenário do clima organizacional no mundo do trabalho pela dimensão da Administração Geral já apresenta um leque de possibilidades, para o âmbito da educação, a complexidade se faz presente.

Flores-González e Retamal-Salazar[15] afirmam que o clima da escola influência nas diversas situações, principalmente naquelas que envolvem conflitos ou opressão entre os estudantes. Por outro lado, os autores destacam a importância de um bom clima, que está relacionado ao sentimento de pertencimento, de orgulho e de satisfação dos estudantes em relação à escola. Vale destacar que essas circunstâncias se encontram opostamente relacionadas ao contexto de vitimização. Assim, a manutenção de um clima escolar positivo é um meio de prevenir ou diminuir a violência escolar, ao passo que um clima escolar negativo suscita a violência naquele ambiente. Dessa maneira,

> [...] as características escolares, por sua vez, confirmaram que as dinâmicas da própria escola são muito importantes para o surgimento dos contextos de prática de *bullying*. Fatores como clima escolar negativo – entendido como um ambiente geral de insatisfação dos alunos para com as escolas, os atores que a representam e os próprios colegas –, agressividade no trato dos professores, presença da polícia e tendência ao uso de punições como forma de contenção de conflitos obtiveram associação positiva com maiores níveis de *bullying*. Tais resultados confirmaram a hipótese de que o enfrentamento ao problema não deve passar pela punição e pelo recurso à intervenção de atores externos, mas sim pela construção de um clima saudável de inter-relações pessoais com base no diálogo, no tratamento humanizado e não na agressividade.[16]

Corroborando com essa lógica, "[...] a primeira e mais visível consequência da falta de desejo de aprender é o clima de indisciplina nas escolas".[17] Portanto,

> [...] a cultura de escola, constituindo uma das principais dimensões do clima, integra os padrões de relação e de interação que se produzem e que condicionam as formas de estar, de ser e de agir em contexto escolar. Por outro lado, a identidade dos professores constrói-se num processo que integra uma dupla transação – biográfica e interna, e contextual e externa – e resulta de significados provisórios sobre si próprio e sobre a profissão que se constituem na interação com o ambiente profissional. Clima de escola, identidade profissional e trabalho docente são por isso três polos da profissionalidade cuja articulação teórico-metodológica e epistemológica beneficiam a compreensão da complexidade que, atualmente, afeta o trabalho dos professores e a educação escolar.[18]

Nesse movimento, o clima organizacional de uma escola pode ser alterado por aspectos e, muitas vezes, "[...] os professores tendem a adaptar sua ação pedagógica junto aos alunos em conformidade com as dificuldades ou vantagens que a escola apresenta, podendo, contudo, estar de alguma

12. MENEZES, Igor Gomes; GOMES Ana Cristina Passos. Clima organizacional: uma revisão histórica do construto. *Psicologia em Revista*, Belo Horizonte, v. 16, n. 1, p. 158-179, abr. 2010. Disponível em: <http://pepsic.bvsalud.org/pdf/per/v16n1/v16n1a11.pdf>. Acesso em: 10 ago. 2017.
13. LITWIN, G. H.; STRINGER, R. A. *Motivation and organizational climate*. Cambridge: Harvard University Press, 1968.
14. MENEZES, Igor Gomes; GOMES Ana Cristina Passos. Clima organizacional: uma revisão histórica do construto. *Psicologia em Revista*, Belo Horizonte, v. 16, n. 1, p. 158-179, abr. 2010. Disponível em: <http://pepsic.bvsalud.org/pdf/per/v16n1/v16n1a11.pdf>. Acesso em: 10 ago. 2017.
15. FLORES-GONZÁLEZ, L. M.; RETAMAL-SALAZAR, J. A. Clima escolar y gestión compleja Del conocimiento: desafíos para la investigación educativa y la política pública en violencia escolar. *Magis – Revista Internacional de Investigación en Educación*, v. 4, n. 8, p. 319-338, 2011.
16. SILVA, Cíntia Santana; COSTA, Bruno Lazzarotti Diniz. Opressão nas escolas: o *bullying* entre estudantes do ensino básico. *Cad. Pesqui.*, v. 46, n. 161, p. 638-663, set 2016. ISSN 0100-1574. p. 661.
17. HAGUETTE, André; PESSOA, Márcio Kleber Morais; VIDAL, Eloísa Maia. Dez escolas, dois padrões de qualidade. Uma pesquisa em dez escolas públicas de Ensino Médio do Estado do Ceará. *Ensaio: aval. pol. públ. Educ.*, v. 24, n. 92, p. 609-636, set 2016. ISSN 0104-4036.
18. PEREIRA, Fátima; MOURAZ, Ana. Crise da educação escolar e percepções dos professores sobre o seu trabalho: identidade profissional e clima de escola em análise. *Educ. rev.*, v. 31, n. 1, p. 115-138, mar. 2015. ISSN 0102-4698.

forma contribuindo para a reprodução das desigualdades educativas".[19]

Assim, as diferentes perspectivas que envolvem o clima organizacional de uma escola possuem os elementos dos seus diversos segmentos profissionais. Os estudos na área da educação constatam que a coesão interna e as ações baseadas em objetivos compartilhados são fatores importantes para um bom clima escolar.[20]

Um aspecto que vem alterando as relações no microespaço da escola e que procura atingir o clima favorável na instituição é a capacidade de

> [...] resiliência na ação docente se consolida com a valorização, pelo próprio professor, da importância de fortalecer uma atuação dialógica, crítica, ética, participativa e colaborativa, que lhe permita refletir sobre suas decisões, criando-se, desta forma, um ambiente de suporte afetivo e emocional necessário para trabalhar.[21]

Nesse sentido, a capacidade de trabalhar do professor que favorece ao seu bem-estar está intrinsicamente relacionada à sua habilidade criativa, que se encontra em sintonia com o clima da escola. As autoras Fleith e Alencar salientam que, além da criatividade, é necessário investir na "[...] persistência, iniciativa, autoconfiança, curiosidade", atributos que fortalecem as relações não somente profissionais exercidas na escola, como também a própria vida pessoal.[22]

Em outra pesquisa, o clima foi analisado num estudo que associou a liderança do diretor, a colaboração docente e aos resultados dos estudantes. "O procedimento estatístico de análise fatorial permitiu que as respostas dos professores, para as questões levantadas se sintetizassem em dois índices, que nomeamos de Índice de Liderança do Diretor e Índice de Clima Escolar/Colaboração Docente"[23]. Essas análises apontaram para as limitações de um estudo exploratório, em que os resultados apresentados suscitaram "[...] importantes pistas sobre a construção das percepções docentes acerca da gestão escolar (liderança e clima escolar/colaboração docente) e sobre a possível relação entre estas e os resultados acadêmicos de seus alunos."[24]

Em outro artigo selecionado, a partir do *site* da SciElo, o estudo versou sobre as possíveis relações que podem interferir no clima da escola e na eficácia dos estudantes, diante de situações de violência.

> Resultados preliminares mostram associação negativa entre indicadores de clima escolar e de percepções de violência dentro da escola. Isso sugere que em escolas cujos alunos relatam um maior número de ocorrências de violência o clima escolar é avaliado negativamente por eles. Além dessa convergência verificada com a hipótese do estudo, outros dados apontam relações entre percepções de violência dentro e fora da escola e associação entre percepções a respeito da existência de drogas e de violência no espaço escolar. Contudo, em relação aos referidos resultados, vale enfatizar o caráter exploratório das análises.[25]

As fluidezes do clima organizacional trazem para a reflexão a própria escola, considerada uma instituição formadora de pessoas, cuja organização se assemelha a uma célula viva, pela sua dinamicidade.

4. ESCOLA PESQUISADA

A escola pesquisada, denominada aqui como escola A, possui o diferencial de se destacar no âmbito das avaliações externas. Desde a implantação do IDEB, ela se sobressai, apresentando desempenho superior às expectativas projetadas. A estrutura da escola é pequena, tem apenas sete salas de aulas e possui 54 funcionários, nos dois turnos de funcionamento (matutino e vespertino).

As visitas à escola, consequentemente, a entrevistas com a diretora, professoras[26] e estudantes revelaram uma escola na qual o clima organizacional era favorável à aprendizagem.

---

19. BRITO, Márcia de Sousa Terra; COSTA, Marcio da. Práticas e percepções docentes e suas relações com o prestígio e clima escolar das escolas públicas do município do Rio de Janeiro. *Rev. Bras. Educ.*, v. 15, n. 45, p. 500-510, dez. 2010. ISSN 1413-2478. p. 507.
20. CUNHA, Marcela Brandão. Possíveis relações entre percepções de violência dos alunos, clima escolar e eficácia coletiva. *Educ. Pesqui.*, v. 40, n. 4, p. 1077-1092, dez. 2014. ISSN 1517-9702. p. 15.
21. FAJARDO, Indinalva Nepomuceno; MINAYO, Maria Cecilia de Souza; MOREIRA, Carlos Otávio Fiúza. Educação escolar e resiliência: política de educação e a prática docente em meios adversos. Ensaio: aval. *pol. públ. Educ.*, v. 18, n. 69, p. 761-773, dez. 2010. ISSN 0104-4036. p. 136.
22. FLEITH, Denise de Souza; ALENCAR, Eunice Maria L. Soriano de. Percepção de alunos do ensino fundamental quanto ao clima de sala de aula para criatividade. *Psicol. estud.*, v. 11, n. 3, p. 513-521, dez 2006. ISSN 1413-7372. p. 520.
23. OLIVEIRA, Ana Cristina Prado de; WALDHELM, Andrea Paula Souza. Liderança do diretor, clima escolar e desempenho dos alunos: qual a relação?. Ensaio: aval. pol. públ. Educ., v. 24, n. 93, p. 824-844, dez. 2016. ISSN 0104-4036.
24. OLIVEIRA, Ana Cristina Prado de; WALDHELM, Andrea Paula Souza. Liderança do diretor, clima escolar e desempenho dos alunos: qual a relação?. Ensaio: aval. pol. públ. Educ., v. 24, n. 93, p. 824-844, dez 2016. ISSN 0104-4036. p. 840.
25. CUNHA, Marcela Brandão. Possíveis relações entre percepções de violência dos alunos, clima escolar e eficácia coletiva. *Educ. Pesqui.*, São Paulo, v. 40, n. 4, p. 1077-1092, dez. 2014. Disponível em: <http://www.scielo.br/scielo.php?script=sci_arttext&pid=S1517-97022014000400014&lng=pt&nrm=iso>. Acesso em: 16 maio 2019. Epub 25-mar-2014. <http://dx.doi.org/10.1590/S1517-97022014005000010>.
26. O uso do feminino para designar as profissionais da escola, seja diretora ou professoras, se justifica pela ausência de trabalhadores do gênero masculino durante a pesquisa.

Vale salientar que a referida instituição se encontra localizada num bairro na zona norte e que os estudantes que a frequentavam, na sua maioria, deslocavam grandes distâncias para estudar lá, devido ao fácil acesso ao metrô e ao ônibus, próximos à escola. Na fala da diretora, foi evidenciado que as famílias dos estudantes possuíam baixo poder aquisitivo e que "[...] tem um grupo de crianças bem pobres. A galera ali é bem pobre mesmo, bem desassistida de tudo".[27] Nos dados do *Qedu*, as respostas dos estudantes, no ano de 2017, evidenciaram dois aspectos nessa perspectiva de situações financeiras. A primeira pergunta feita aos alunos foi se suas famílias possuíam carros e só 42% responderam afirmativamente. Em outra pergunta, que indagava sobre a existência de empregado(a) doméstico(a) que trabalhasse pelo menos cinco dias por semana na sua respectiva casa, a resposta foi 97% negativa. Esses aspectos relativos às condições econômicas dos estudantes não diferencia muito da realidade brasileira, principalmente no que se refere à escola pública dos anos iniciais. Neste sentido, os dados coletados durante a Prova Brasil de 2017, relativos aos estudantes no Brasil, trouxeram os percentuais em consonância com os analisados na cidade do Rio de Janeiro, assim 47% dos estudantes brasileiros disseram que em suas casas não havia carros e 90% responderam negativamente para a questão sobre a existência de empregado(a) doméstico(a) que trabalhasse pelo menos cinco dias por semana na sua respectiva casa.

Esse panorama inicial possibilitou compreender que não se tratava de uma escola diferenciada das outras em relação à questão econômica e social das famílias. Embora, em muitas instituições, esses aspectos interfiram negativamente no clima organizacional, o que se encontrou durante a pesquisa foi o contrário.

Os dados coletados nas observações, entrevistas e análises de documentos possibilitaram categorizar quatro eixos que predominaram durante a pesquisa, a saber: valorização docente, participação democrática, escuta do outro e consideração/prestígio/tolerância.

A valorização docente nessa escola se estabelecia na contramão daquela que, normalmente, se costuma presenciar. Na atualidade, "[...] a formação de professores é considerada atividade de menor categoria e quem a ela se dedica é pouco valorizado".[28] As questões salariais, a intensificação do trabalho e, muitas vezes, a violência desencadeada nas escolas tornaram a profissão docente desencantada. Diante de conflitos constantes e também das preocupações cotidianas, os professores vivenciam relativa desvalorização no seu trabalho, com frequências altas de insegurança, muitas vezes desanimadoras.[29]

Se, numa conjuntura macro, a desvalorização docente é constatada e até sentida pela pouca procura dos cursos de licenciatura, no ambiente escolar esse aspecto pode ser modificado. Ações simples de serem realizadas no âmbito da escola, nas relações estabelecidas, que tenham como prioridade voltar os olhares para os professores e suas necessidades, demarcam a valorização desse profissional e outro patamar de relações.

Em entrevista, uma professora da escola pesquisada relatou sobre o acolhimento que recebeu quando ingressou na escola e disse que percebia um clima agradável nas convivências. A maneira de receber as pessoas na escola cria um clima de reciprocidade e até mesmo de educação, considerando que o processo formativo não se limita aos estudantes, mas todos os envolvidos, num processo educacional característico da escola.

As vozes dos estudantes também foram ouvidas. Ao serem questionados se gostavam da escola, eles teceram elogios, afirmando que sempre eram organizadas atividades interessantes e criativas. A diretora disse que a valorização se concretizava nas pequenas coisas do cotidiano e uma da qual ela não abria mão era a de oferecer um conforto para as professoras:

> [...] a gente passa mais tempo aqui dentro do que dentro das nossas casas. Então, se a gente não tiver alguns confortos, por exemplo, a sala dos professores não existia, a gente tinha um cantinho de nada antes da obra, essa sala dos professores foi uma coisa que eu falei muito: "A gente tem que ter uma sala dos professores que seja um lugar gostoso de ficar". Então, essa busca de ter um local gostoso de ficar, de as salas serem locais legais de estar...[30]

Nas afirmações da diretora, percebe-se que os cuidados essenciais demonstravam a valorização das professoras em muitos aspectos que foram concretizados desde a sala destinada para as professoras até a limpeza, a organização da escola, o ar-condicionado, os projetores nas salas de aula e, sobretudo, o acolhimento. Assim, a valorização deixava de ser algo distante, podendo se traduzir em uma relação respeitosa e agradável.

Naquela instituição, a valorização dos profissionais perpassava pela "[...] gestão que é trabalhar com pessoas. É o tempo todo você tentando convencer o outro de que você

27. Diretora, 2017.

28. GATTI, Bernadete A. Reconhecimento social e as políticas de carreira docente na educação básica. *Cadernos de Pesquisa* [*on-line*], v. 42, n. 145, p. 88-111, 2012. Disponível em: <http://www.scielo.br/pdf/cp/v42n145/07.pdf>. Acesso em: 12 set. 2013. p. 155.

29. PASCHOALINO, Jussara Bueno de Queiroz. *O professor desencantado* – matizes do trabalho docente. Belo Horizonte: Armazém de Ideias, 2009. PASCHOALINO, Jussara Bueno de Queiroz; ALTOÉ, Adaílton. *Presenteísmo e trabalho docente*. Curitiba: CRV, 2015.

30. Diretora, 2017.

precisa e ele tem que ajudar porque é uma escolinha fofa".[31] Diante dessas análises, o clima propício para a educação desencadeia níveis de comprometimento e ajuda mútua, como relata a diretora: "[...] os professores também, hoje em dia, não faltam, as pessoas conversam mais, têm um diálogo, de transitar pela escola de outra maneira, por conta de a gente estar sempre com esse olhar de "vamos lá, vamos tentar melhorar a vida de todo mundo"".[32]

A valorização docente na escola pesquisada era manifestada até pela realização do próprio trabalho, que contava com a participação de todos. As professoras que estavam na condição de readaptadas contribuíam, cada uma com suas especificidades e se sentiam valorizadas pelo reconhecimento do seu trabalho.

Em relação à participação dos segmentos da escola, vários aspectos se sobrepunham ao tempo e ao espaço para reunir as pessoas e efetivar as múltiplas contribuições

> [...] no sentido restrito, o termo participação poderia ser utilizado para situações em que o indivíduo contribui direta e indiretamente para uma decisão. Na Administração (empresas) este termo consiste numa das mais novas formas de atingir a concretização dos ideais democráticos. Ênfase na participação destaca o quanto as pessoas são consultadas e envolvidas nas decisões; o quanto suas ideias e sugestões são aceitas.[33]

Essa premissa da participação da área empresarial pode ser efetivada na escola. A participação democrática vivenciada no âmbito da escola estudada era uma construção constante, pautada nos ditames legais. A direção buscava levar as questões da escola para todos os segmentos envolvidos:

> A gente fica cativando as mães para elas mesmas perceberem que elas são gente, então a gente até propõe essas ideias de ter um Café Literário com os pais, uma vez ao mês. A gente já fez antes o Cine Pipoca com os pais, que era a minha coordenadora que organizava isso há uns anos atrás. Não vinha muita gente não, mas a gente pegava uns temas para trabalhar com eles, de valorização do momento, de trazer pipoca, guaraná e um filmezinho, depois fazia um debate. Já o Café Literário a gente sempre faz uma contação de histórias depois fazia uma produção com eles. Uma das últimas foi um tapete que eles fizeram com recordações, que tinha, com vários materiais, que criar uma coisa da sua infância. E o que teve de choradeira! Você não tem noção! Então, a gente tem essa proposta para elas (mães) começarem a se perceberem e se valorizarem.[34]

A participação dos responsáveis passava, primeiramente, por ações de reconhecimento e valorização, muitas vezes refletindo na busca de fortalecê-los para atitudes democráticas e construtivas. "[...] a dimensão organizacional é fundamental para a configuração da cultura de escola, e a sua não evocação sugere que podemos estar perante climas focados no individualismo profissional e numa organização institucional pouco participada".[35]

Vale salientar que, ao pensar nos responsáveis pelos estudantes, as professoras vivenciavam experiências de organização coletivas e colaborativas, que as fortalecia como equipe de trabalho, como reforça o depoimento de uma professora: "[...] eu acho que é um grupo muito gostoso de trabalhar"[36]. Assim, o clima organizacional da escola, ao facilitar o trabalho, pode garantir a autonomia individual, como também os processos colaborativos pautados na confiança e compromisso.[37]

A escuta do outro transcendia os momentos em que se permitia a abertura para o diálogo. Nessa lógica, essa escuta se instaurava em diversos momentos da escola, especialmente nas assembleias dos estudantes, nas reuniões com as professoras e funcionários, juntamente com a direção da escola.

O direito à fala e à participação já se encontravam legalmente explícitos em documentos, mas era a dinâmica escolar que possibilitava uma participação efetiva:

> A assembleia tem um lado bom, mas é exaustivo. Eu acho que as pessoas foram criando um elo com a escola mediante esse olhar, de estar num lugar legal, num lugar limpinho, essas coisas assim que a gente vai criando. Até as meninas da limpeza, que não são da escola, acho que hoje em dia elas têm esse olhar de deixar as coisas limpinhas, de não fazer corpo mole. Mas acho que o movimento não é da Beth, nem da Ana... (mas, de todos).[38]

---

31. Diretora, 2017.
32. Diretora, 2017.
33. RIZZATTI, Gerson. Categorias de análise do clima organizacional em universidades federais brasileiras. 305 f. Tese (Doutorado em Engenharia de Produção). Programa de Pós-Graduação em Engenharia de Produção. Universidade Federal de Santa Catarina, Florianópolis, 2002. Disponível em: <https://repositorio.ufsc.br/bitstream/handle/123456789/84206/186334.pdf?sequence>. Acesso em: 13 mar. 2017. p. 240.
34. Diretora, 2017.
35. PEREIRA, Fátima; MOURAZ, Ana. Crise da educação escolar e percepções dos professores sobre o seu trabalho: identidade profissional e clima de escola em análise. *Educ. rev.*, v. 31, n. 1, p. 115-138, mar. 2015. p. 134.
36. Professora entrevistada, 2017.
37. GARCÍA, C. M. *Formação de professores*: para uma mudança educativa. Porto: Porto, 1995. p. 193-196.
38. Diretora, 2017.

A escuta do outro foi manifestada de diferentes formas, desde chorar com a colega frente a situações que requeriam a capacidade de compaixão, até a organização dos momentos festivos. Para essa escola, a festa junina compreende esse momento mágico, que envolvia a escuta, a participação e, sobretudo, a valorização da comunidade escolar:

> [...] as festas não têm só que dar lucro, acho que sempre tem um objetivo bem pedagógico. E com as mães eu falo: "olha, em contrapartida, eu preciso de vocês". Então, elas vão para rua, vendem rifa, fazem uma parte. Quando a gente vai fazer festa junina – semana que vem a gente já começa com essa maluquice de festa junina –, um mês e meio antes a gente já começa a organizar o que a gente quer, propõe para elas e elas já começam a correr atrás de algumas partes, tipo doação de pão de cachorro-quente, enfim, do que for. E quando a festa acontece, são superfestas. São festas bem bacanas, que têm esse lado bem pedagógico, porque cada ano tem um tema, uma coisa a ser desenvolvida, a gente pesquisa com as crianças e elas apresentam para os pais. Não é só aquela quadrilha, a gente faz um trabalho em cima de alguma coisa.[39]

A organização coletiva da festa junina congregava e articulava toda a comunidade escolar; sua organização e realização eram alinhadas com processos de escuta e muito trabalho. Importante destacar que o lucro financeiro com a festa era importante para os investimentos necessários na escola, no entanto, o coletivo compreendia que não podia deixar de lado as dimensões pedagógicas e formativas.

O último eixo, que compreende os aspectos referentes a consideração, prestígio e tolerância, chegava a tomar uma dimensão gigantesca para uma escola com estrutura física tão pequena. Assim, as considerações sobre o trabalho realizado repercutiam positivamente, inclusive com manifestações na mídia, o que provocava uma satisfação por pertencer à instituição. Uma escola pública de ensino fundamental que mantém os índices do IDEB superiores aos esperados para ela e que ultrapassa os índices nacionais deixa evidências da importância de um trabalho coletivo e articulado.

Alcançar e manter o prestígio na comunidade demandava que a imagem da instituição fosse historicamente construída de forma consistente e isso vinha ocorrendo ao longo dos anos. Ao buscar o significado do termo prestígio, compreende-se que ele "[...] descreve a percepção das pessoas sobre sua imagem, no ambiente externo, pelo fato de pertencerem à organização; o quanto a organização projeta seus membros no ambiente".[40] Na escola pesquisada, o prestígio construído deixava evidente o orgulho de todos os segmentos em participar da instituição, ao mesmo tempo em que não admitia uma condição de acomodamento frente à realidade da instituição. Nas falas das professoras e da diretora, ficava evidente que o prestígio estava sempre sendo conquistado. Dessa forma, nos momentos coletivos, principalmente nas reuniões e nas organizações de eventos, os profissionais dessa escola exerciam a tolerância necessária para a participação democrática e o fortalecimento do sentimento de pertencimento à instituição.

5. CONSIDERAÇÕES FINAIS

Nos tempos atuais, em que as escolas estão desprestigiadas e seus professores desvalorizados, torna-se necessário refletir sobre experiências concretas de trabalho árduo para o favorecimento do clima escolar. O clima organizacional escolar pode adquirir diferentes fenômenos e influenciar positiva ou negativamente uma instituição. Essa compreensão pode ser certificada pela presença de leveza e fluidez nas relações estabelecidas, como também nas relações tensas, que podem até margear a insegurança, nas instituições onde não existe o cuidado com o exercício coletivo. Infelizmente, o lado obscuro do clima organizacional da escola tem tido repercussão na mídia, o que depõe contra a educação, sem um aprofundamento das questões. As evidências mostram que todo o processo desenvolvido será sempre uma nova síntese, que trará os resultados das políticas públicas e o reconhecimento da comunidade.

Em suma, a pesquisa deixou explícito que a escola pesquisada lutava contra a maré para atingir seus objetivos educacionais. As análises realizadas permitem destacar as relações pautadas pelo respeito, nas quais as ações empreendidas possibilitavam escutar o outro, o que validava a participação efetiva e, sobretudo, despertava o sentimento de pertencimento à escola. Nesse sentido, é possível afirmar que o clima organizacional da escola estava favorável à educação e possibilitava o bem-estar daqueles que faziam parte da instituição.

6. REFERÊNCIAS

BRASIL. *Constituição da República Federativa do Brasil de 1988*. Disponível em: <http://www.planalto.gov.br/ccivil_03/constituicao/constitui%C3%A7ao.htm>. Acesso em: 6 jan. 2010.

BRITO, Márcia de Sousa Terra; COSTA, Marcio da. Práticas e percepções docentes e suas relações com o prestígio e clima escolar das escolas públicas do município do Rio de Janeiro. *Revista Brasileira de Educação*. v. 15, n. 45, p. 500-510, dez. 2010.

CHIZZOTTI, A. A pesquisa qualitativa em ciências humanas e sociais: evolução e desafios. *Revista Portuguesa de Educação*.

39. Diretora, 2017.
40. RIZZATTI, Gerson. *Categorias de análise do clima organizacional em universidades federais brasileiras*. 305 f. Tese (Doutorado em Engenharia de Produção). Programa de Pós-Graduação em Engenharia de Produção. Universidade Federal de Santa Catarina, Florianópolis, 2002. Disponível em: <https://repositorio.ufsc.br/bitstream/handle/123456789/84206/186334.pdf?sequence>. Acesso em: 13 mar. 2017. p. 36.

16 (2): 221-236, 2003. Disponível em: <https://www.redalyc.org/articulo.oa?id=37416210>. Acesso em: 14 jan. 2019.

CRESWELL, John W. *Projeto de Pesquisa* – Métodos qualitativos, quantitativo e misto. Porto Alegre: ARTMED, 2007.

CUNHA, Marcela Brandão. Possíveis relações entre percepções de violência dos alunos, clima escolar e eficácia coletiva. *Educação Pesquisa*, São Paulo, v. 40, n. 4, p. 1077-1092, dez. 2014. Disponível em: <http://www.scielo.br/scielo.php?script=sci_arttext&pid=S1517-97022014000400014&lng=pt&nrm=iso>. Acesso em: 16 maio 2019.

FAJARDO, Indinalva Nepomuceno; MINAYO, Maria Cecilia de Souza; MOREIRA, Carlos Otávio Fiúza. Educação escolar e resiliência: política de educação e a prática docente em meios adversos. *Revista Ensaio: Avaliação e Políticas Públicas em Educação,* v. 18, n. 69, p. 761-773, dez. 2010.

FALSARELLA, Ana Maria. *Os estudos sobre a cultura da escola:* forma, tradições, comunidade, clima, participação, poder. Disponível em: <http://www.scielo.br/scielo.php?pid=S0101-73302018005007101&script=sci_abstract&tlng=pt>. Acesso em: 12 mar. 2019.

FLEITH, Denise de Souza; ALENCAR, Eunice Maria L. Soriano de. Percepção de alunos do ensino fundamental quanto ao clima de sala de aula para criatividade. *Psicologia em Estudo,* v. 11, n. 3, p. 513-521, dez. 2006.

FLORES-GONZÁLEZ, L. M.; RETAMAL-SALAZAR, J. A. Clima escolar y gestión compleja del conocimiento: desafíos para la investigación educativa y la política pública en violencia escolar. *Magis – Revista Internacional de Investigación en Educación,* v. 4, n. 8, p. 319-338, 2011.

GARCÍA, C. M. *Formação de professores:* para uma mudança educativa. Porto: Porto, 1995. p. 193-196.

GATTI, Bernadete A. Reconhecimento social e as políticas de carreira docente na educação básica. *Cadernos de Pesquisa* [*on-line*], v. 42, n. 145, p. 88-111, 2012. Disponível em: <http://www.scielo.br/pdf/cp/v42n145/07.pdf>. Acesso em: 12 set. 2013.

HAGUETTE, André; PESSOA, Márcio Kleber Morais; VIDAL, Eloísa Maia. Dez escolas, dois padrões de qualidade. Uma pesquisa em dez escolas públicas de Ensino Médio do Estado do Ceará. *Revista Ensaio: Avaliação e Políticas Públicas em Educação,* v. 24, n. 92, p. 609-636, set. 2016.

LITWIN, G. H.; STRINGER, R. A. *Motivation and organizational climate.* Cambridge: Harvard University Press, 1968.

MENEZES, Igor Gomes; GOMES Ana Cristina Passos. Clima organizacional: uma revisão histórica do construto. *Psicologia em Revista,* Belo Horizonte, v. 16, n. 1, p. 158-179, abr. 2010. Disponível em: <http://pepsic.bvsalud.org/pdf/per/v16n1/v16n1a11.pdf>. Acesso em: 10 ago. 2017.

OLIVEIRA, Ana Cristina Prado de; WALDHELM, Andrea Paula Souza. Liderança do diretor, clima escolar e desempenho dos alunos: qual a relação? *Revista Ensaio: Avaliação e Políticas Públicas em Educação,* v. 24, n. 93, p. 824-844, dez. 2016.

PASCHOALINO, Jussara Bueno de Queiroz; ALTOÉ, Adaílton. *Presenteísmo e trabalho docente.* Curitiba: CRV, 2015.

PASCHOALINO, Jussara Bueno de Queiroz. *O professor desencantado* – matizes do trabalho docente. Belo Horizonte: Armazém de Ideias, 2009.

PEREIRA, Fátima; MOURAZ, Ana. Crise da educação escolar e percepções dos professores sobre o seu trabalho: identidade profissional e clima de escola em análise. *Educar em Revista,* v. 31, n. 1, p. 115-138, mar. 2015.

RIBEIRO, J. Q. *Ensaio de uma teoria da administração escolar.* São Paulo: FFCL/USP, 1952. (Administração escolar e educação comparada; boletim 158).

RIZZATTI, Gerson. *Categorias de análise do clima organizacional em universidades federais brasileiras.* 305 f. Tese (Doutorado em Engenharia de Produção). Programa de Pós-Graduação em Engenharia de Produção. Universidade Federal de Santa Catarina, Florianópolis, 2002. Disponível em: <https://repositorio.ufsc.br/bitstream/handle/ 123456789/84206/186334.pdf?sequence>. Acesso em: 13 mar. 2017.

SILVA, Cíntia Santana; COSTA, Bruno Lazzarotti Diniz. Opressão nas escolas: o *bullying* entre estudantes do ensino básico. *Cadernos de Pesquisa,* v. 46, n. 161, p. 638-663, set., 2016. Disponível em: <http://www.scielo.br/scielo.php?pid=S0100-15742016000300638&script=sci_abstract&tlng=pt>. Acesso em 4 de fevereiro de 2019.

SITE SCIELO. Disponível em: <http://www.scielo.br/scielo.php?script=sci_home&lng= pt&nrm=iso>. Acesso em: 15 mar. 2019.

SITE QEDUC. Disponível em: <https://www.qedu.org.br/>. Acesso em: 15 mar. 2019.

32 Saúde e meio ambiente do trabalho: motivação, pertencimento e doença psicossomática

Maria Garcia[1]

1. A QUESTÃO CORPO-MENTE E UMA TESE CENTRAL (R. TOTMAN)

No chamado "Balanço Nacional 2016-2018: o retrato da ABRH em todo o País", Daviane Chemin[2] afirma:

> "Nestes três anos, trabalhamos incansavelmente para desenvolver uma comunidade de RH muito influente e atuante, capaz de *garantir que as pessoas estivessem* verdadeiramente *no centro* das decisões e estratégias empresariais.
>
> (...) Vi *a pessoa ser colocada no centro* de temáticas relevantes, num momento sensível do País: inovação, gestão de crise, sustentabilidade, transformação digital, com lideranças de influência apontando novos caminhos para o desenvolvimento empresarial." (grifamos)

Trabalhadores são as pessoas que exercem "atividade coordenada, de caráter físico e/ou intelectual, necessária à realização de qualquer tarefa, serviço ou empreendimento"[3].

Pessoas, portanto, que apresentam "o problema corpo-mente", conforme refere Richard Totman[4]: "A ideia de que a condição mental de uma pessoa afeta sua probabilidade de ficar doente não é nova. Foi mencionada por médicos em virtualmente todos os pontos da história (...)."

E indaga:

> "Qual a maneira correta de falar sobre "mental" e "físico"? Devemos dizer que acontecimentos mentais causam acontecimentos fisiológicos, como atividade elétrica no cérebro?
>
> (...) O problema corpo-mente é assim trazido à frente do estudo da influência psicossomática, o que não ocorre em qualquer outro assunto.
>
> (...) Meu objetivo ao escrever este livro. (...) Primeiro, argumentar que fatores psicológicos influenciam de maneira importante a manifestação e o curso da doença física. Segundo, esboçar para a concepção de doença psicossomática uma estrutura de referência que seja livre das limitações das antigas. E, terceiro, sugerir uma resposta para a pergunta: "Quais são as condições psicológicas que, junto com outros fatores, contribuem para as probabilidades de uma pessoa ficar doente?
>
> (...) A principal ideia (...) que forma a tese central deste livro pode ser resumida de maneira bastante simples. É que as pessoas, em seu trato com os outros, seguem regras sociais. Quando deixam de seguir regras, por qualquer razão, têm probabilidade de ficar doentes.

---

1. Procuradora do Estado de São Paulo (IPESP). Ex-Assistente Jurídico da Reitoria da USP. Professora Associada Livre-Docente da PUC/São Paulo. Professora de Direito Constitucional, Direito Educacional e Biodireito Constitucional. Professora de Biodireito/Bioética/Biopolítica do Centro Universitário Assunção – UNIFAI. Membro da CoBi – Comitê de Bioética do HCFMUSP. Membro do Instituto dos Advogados de São Paulo/IASP. Membro-fundador e atual Diretora Geral do Instituto Brasileiro de Direito Constitucional (IBDC). Coordenadora da Revista de Direito Constitucional e Internacional (Editora Revista dos Tribunais). Membro da Academia Paulista de Letras Jurídicas (Cadeira Enrico T. Liebman). Associada Honorária do CONPEDI. Membro do Conselho Superior de Direito da Federação do Comércio – FECOMERCIO. Membro do Conselho Editorial da Revista da Escola Superior da Procuradoria Geral do Estado de São Paulo. Membro do Conselho Editorial da Revista De Jure, do MPMG – Ministério Público de Minas Gerais.
2. Vice-Presidente da Associação Brasileira de Recursos Humanos (ABRH – Brasil), in *O Estado de S. Paulo*, 27.12.2018, p. B7.
3. *Dicionário Básico da Língua Portuguesa*. Folha/Aurélio, Nova Fronteira, Rio de Janeiro, 1988.
4. *Causas sociais da doença*. São Paulo: Ibrasa, 1982. p. 18-21.

"Regras", naturalmente, têm aqui um sentido ligeiramente especial. Referem-se a maneiras características de relacionar-se com o ambiente social – estilos de conversação e de fazer coisas, preferências, atitudes, valores.

(...) Sustentar que o aumento da suscetibilidade à doença ocorre, não como subproduto, mas como resultado direto dessa condição de desorientação social."[5]

Michael Williams[6] também analisa meio ambiente, personalidade e comportamento e as necessidades humanas, entre as quais as *necessidades sociais*, lembrando que "um dos laços que unem as pessoas entre si e que ajudam a realização das pessoas como indivíduos é a compartilha de deveres, experiências, pensamentos e opiniões".

Davies e Shackleton[7] referem Maslow (1943): "especificou uma hierarquia de necessidades que consiste, por ordem ascendente, nas necessidades fisiológicas de ar, alimento e água, necessidades de segurança, necessidades sociais, amor próprio ou necessidades do ego, e necessidades de individuação".

Conclui-se, pois, pela importância e influência das chamadas *necessidades sociais* que se processam no meio ambiente organizacional, na relação corpo-mente e suas repercussões na saúde do trabalhador.

2. AS ORGANIZAÇÕES MODERNAS

Em Teoria Geral da Administração ou Teoria das Organizações encontra-se várias linhas de análise, entre as quais "Organizações Modernas" em que Etzioni[8] define as organizações como "unidades sociais" (ou agrupamentos humanos) intencionalmente construídas e reconstruídas, a fim de atingir objetivos específicos. Incluem-se as corporações, os exércitos, as escolas, os hospitais, as igrejas e as prisões; excluem-se as tribos, as classes, os grupos étnicos, os grupos de amigos e as famílias". E conclui: "Podemos reservar, sem riscos, a palavra *organizações* para unidades planejadas, intencionalmente estruturadas com o propósito de atingir objetivos específicos, e abandonar completamente as organizações sociais".

Referindo-se aos estudos de Hawthorne, que contrariam "todas as afirmações dos autores clássicos, segundo as quais havia uma relação simples e direta entre as condições físicas de trabalho e a taxa de produção", refere: "Uma sugestão a respeito dos fatores responsáveis pelo aumento de produção, bem como pela melhoria geral da atitude dos trabalhadores, foi apresentada, como hipótese, pelos pesquisadores: o aumento da produção" (na experiência realizada) "resultava da modificação da situação social dos trabalhadores, modificações em seu nível de satisfação psicológica, e novos padrões de interação social, provocados pela sua colocação na sala de experimentação e pela atenção especial que lhes foi dispensada. A descoberta da significação dos "fatores sociais" iria tornar-se o principal resultado dos estudos de Hawthorne"[9].

Etzioni analisa a organização e ambiente social[10] aqui detendo-se na interação da organização e ambiente social, para afirmar: "A sociedade moderna é uma sociedade de organizações", daí colocar em questão "saber como interagem as organizações", observando que "as relações entre organizações são regulamentadas, até certo ponto, pelo Estado que, em suas leis, serviços administrativos, tribunais e comissões reguladoras estabelece os limites dentro dos quais as organizações agem e interagem".

Assim, "na medida em que a relação entre duas organizações quaisquer, em qualquer sociedade, não é regulamentada por uma organização superior, ou por um quadro legal de referência (por exemplo, as leis antitruste nos Estados Unidos), o padrão real de interação é determinado nos processos de troca, conflito ou cooperação, ou negociação, todos influenciados por fatores ecológicos, culturais e de poder".[11]

O meio ambiente do trabalho e a pessoa do trabalhador situam-se entre esses âmbitos das organizações, nas suas variadas e circunstanciais modalidades.

3. RELAÇÕES HUMANAS NO TRABALHO

"*Diálogo* foi um dos temas mais mencionados na mídia, nas organizações e pelas pessoas nos últimos tempos.

---

5. "No Hospital Mount Sinai o neurocientista, Ivan de Araújo, investiga a comunicação entre cérebro e corpo e como ela afeta nossas escolhas. (...) "Há algum tipo de alteração sistêmica no corpo que conecta o estado metabólico com o funcionamento cerebral das áreas que protegem o estado emocional". (*In* Folha de S. Paulo, 28.12.18, p. A24)
6. *Relações Humanas*. São Paulo: Atlas, 1978. p. 75 e segs.
7. D. R. Daies e V. J. Shackleton. *Psicologia e Trabalho*. Rio de Janeiro: Zahar, 1977. p. 110-111: "Maslow postulou que toda a atividade humana é uma tentativa para galgar na hierarquia até satisfazer a suprema necessidade de individuação, a necessidade do indivíduo de realizar plenamente o seu potencial. Entretanto, quando as formulações de Maslow foram testadas, os resultados empíricos não foram claramente corroborantes. (...) Não obstante, a obra de Maslow influenciou imenso as teorias e pesquisas de outros". (p. 111)
8. Amitai Etzioni. São Paulo: Pioneira Editora, 1973. p. 9, 55-56: "Existem muitos sinônimos da palavra *organização*. Um, *burocracia*, tem duas desvantagens. Em primeiro lugar, *burocracia* frequentemente contém uma conotação negativa para os leigos, enquanto *organização* é uma palavra neutra. Em segundo lugar, *burocracia* para aqueles que conhecem a obra de Weber, implica numa unidade organizada de acordo com os princípios que ele especifica. Todavia muitas organizações, mesmo modernas, não são burocráticas nesse sentido técnico. Os hospitais, por exemplo, não têm um centro de decisões, enquanto, por definição, as burocracias o têm". (p. 10)
9. *Op. cit.*, p. 55-56.
10. *Op. cit.*, p. 173.
11. *Op. cit.*, p. 175.

E, embora a maioria concorde que é o caminho mais adequado para os desafios de hoje, poucos se detêm a investigar como melhorar as interações e trocas.

(...) A prática dialógica proporcionou o fortalecimento de conexões entre os participantes que relataram também o desenvolvimento da escuta ativa e de mais consciência sobre si com a atenção na suspensão dos nossos pressupostos".

(Fernando Baganha, sobre "Diálogos LAB – Espaço de investigação sobre diálogos nas organizações", *in* O Estado de S. Paulo, 30.12.2018, p. 11)

Neste ponto, Michael Williams[12] sublinha que a atenção e técnicas sejam direcionadas "à máxima utilização de recursos na empresa, parecendo-lhe" paradoxal que tantas administrações ou gerências se esquivem à necessidade de ir até as distâncias e canseiras, que os estudos mencionados exigem, para tomar medidas semelhantes para aperfeiçoar a eficiência de seu recurso mais importante – as pessoas.

(...) preocupado apenas com *parte* do homem todo. (...) Uma consequência importante desta orientação é que, uma vez que tantos esquemas de remuneração estão ligados exclusivamente às análises de mensuração do trabalho, todo o sistema de recompensas se torna automaticamente restrito a uma faixa limitada da atividade humana.

Destarte, conclui, "os canais cuja finalidade é proporcionar satisfação para as outras necessidades básicas do indivíduo tendem, na maior parte das empresas, ou a ser inexistentes, ou, se existirem, apresentarem-se em grau mínimo.

(...) A menos que seja satisfeita a necessidade humana de uma sensação de significado e autorrealização, o homem jamais conseguirá manter o desempenho de que ele é realmente capaz".[13]

McGregor[14] registra:

De certa maneira, as ciências sociais estão atualmente (1957) na posição das ciências físicas em relação à energia atômica na década de 30. Sabemos que os antigos conceitos a respeito da natureza humana são inadequados e mesmo incorretos sob muitos aspectos. Estamos adquirindo a certeza de que, em condições apropriadas, poderiam ser utilizados, dentro das organizações, recursos ainda não imaginados pela energia criadora do homem.

Não podemos dizer à administração industrial como aplicar esse novo conhecimento de maneira simples e econômica. Sabemos que serão necessários anos de investigações, de pesquisas custosas e de muita imaginação criadora da administração para que se descubra como aplicar esse novo – mas cada vez mais amplo conhecimento à organização do esforço humano na indústria.

3.1. A tarefa da administração: conceito tradicional

O conceito tradicional da tarefa da administração no que diz respeito ao controle da energia humana para realização dos objetivos da organização pode ser colocado, de maneira ampla, em função de três proposições. A fim de evitar as complicações introduzidas por um rótulo qualquer, vamos chamar a esse conjunto de proposições Teoria X:

1. A administração é responsável pela organização dos elementos produtivos da empresa – dinheiro, materiais, equipamentos, pessoas – para realização de seus fins econômicos.

2. Com relação às pessoas, administração é o processo de dirigir seus esforços, motivá-las, controlar suas ações e modificar seu comportamento para atender às necessidades da organização.

3. Sem essa intervenção ativa por parte da administração as pessoas seriam indiferentes ou mesmo hostis às necessidades da organização.

Elas devem, portanto, ser persuadidas, recompensadas, punidas, controladas; suas atividades devem ser dirigidas. Essa é a tarefa da administração. Geralmente, resumimos isso dizendo que administrar consiste em conseguir com que as coisas sejam feitas pelas pessoas.

(...) O cientista social não nega que, hoje em dia, o comportamento humano esteja sendo corretamente percebido pela administração. De fato, ele acredita que a administração observou e estudou esse comportamento de maneira razoavelmente extensa.

Mas está certo de que esse comportamento não é uma consequência da natureza humana e sim da natureza da organização industrial, da filosofia, das diretrizes e das práticas da administração. O conceito da Teoria X é baseado em noções errôneas do que seja *causa* e do que seja *efeito*.

Talvez a melhor forma de mostrar no que o conceito tradicional está errado seja examinar o problema da motivação".

12. *Relações Humanas*, *op. cit.*, p. 23-24.
13. "Na melhor das hipóteses, incentivos financeiros são apenas estimulantes temporários e, à medida que o indivíduo ajusta seus gastos pessoais aos seus vencimentos aumentados, ele vem a precisar de mais dinheiro ainda – e assim recomeça e continua o mesmo processo, com a gerência permanentemente mantida sob ameaça de práticas restritivas. (...) O Trabalho de Elton Mayo, feito de 1924 a 1927, provou a inadequação das suposições que subjaziam nas teorias de Taylor e da gerência científica, além de demonstrar, sem qualquer sombra de dúvida, que outros fatores que não salários, condições de trabalho ou horas de trabalho, representavam um papel crucial no aumento da produtividade do grupo de trabalho". (p. 24)
14. MCGREGOR, Douglas. O lado humano da empresa. In: *O comportamento humano na empresa. Uma antologia.* Yolanda Ferreira Balcão e Laerte Leite Cordeiro. Rio de Janeiro: Editora da Fundação Getúlio Vargas, 1977. p. 45 e segs.

Após examinar as necessidades fisiológicas, de segurança, sociais, necessidades do ego e de autorrealização, McGregor propõe uma nova teoria da administração, "baseada em suposições mais adequadas a respeito da natureza humana e da motivação":

"Serei audacioso a ponto de sugerir as linhas gerais de tal teoria. Podemos chamá-la de Teoria Y.

1. A administração é responsável pela organização dos elementos produtivos da empresa – dinheiro, materiais, equipamentos, pessoas – para que esta atinja seus fins econômicos.

2. As pessoas não são passivas ou resistentes às necessidades da organização por natureza. Elas tornam-se assim por sua experiência em outras organizações.

3. A motivação, o potencial de desenvolvimento e a capacidade de assumir responsabilidade e dirigir o comportamento para os objetivos da organização estão todos presentes nas pessoas. Esses fatores não são criados nas pessoas pela administração. É responsabilidade da administração proporcionar condições para que as pessoas reconheçam e desenvolvam, por si próprias, essas características.

4. A tarefa essencial da administração é criar condição orgânica e métodos de operação em que as pessoas possam atingir melhor seus objetivos, orientando seus esforços em direção aos objetivos da organização.

A administração é, precipuamente, um processo de criação de oportunidades, de realização de potenciais, de remoção de obstáculos e de encorajamento ao crescimento.

Peter Drucker chamou a isso *administração através de objetivos*, em contraposição à *administração através de controle*. Esse processo não implica ausência de administração, não na falta de liderança, relaxamento de padrões, ou outras características comumente associadas com o tipo de administração *suave* apresentado pela Teoria X"[15].

Em "O significado de relações humanas", Laerte L. Cordeiro[16] procura estabelecer uma "compreensão mais ampla do significado das relações humanas no trabalho" e que "todas as pesquisas realizadas nesse campo, a partir de Mayo, levam a concluir que, nas suas atividades em relação aos demais membros da organização, os administradores deverão sempre reconhecer que cada um, chefes e subordinados, mais do que o simples executor de uma tarefa específica, é um ser humano", com os "sentimentos, a sensibilidade e as emoções" (...) "inerentes aos seres humanos", cabendo "ao administrador, cujo poder de decisão influencia e orienta o sentido das relações entre o indivíduo na organização, estabelecer um clima positivo e favorável para que a empresa possa contar com um ponto de apoio para a realização e execução de suas funções essenciais".

Todavia, ressalva, *relações humanas* não pode ser compreendida como função a ser executada, artifício ou manipulação ou maneira de tornar todos felizes e contentes. Nas empresas as relações humanas agem como lubrificante, evitando os atritos e tornando o funcionamento mais suave, nada mais".

Ross Stagner trata dos "Aspectos psicológicos de conflitos industriais: motivação"[17], referindo-se ao "Ego como motivação básica" e à "Teoria moderna de motivação", cuja "ideia essencial é a seguinte: o homem se preocupa com seu *status* (...) Os motivos econômicos podem, então, ser significativos em alguns casos e não em outros. Com frequência surpreendente, eles não o são".

Daí a importância crucial de analisar fundamentalmente esse tema das relações interpessoais ou relações humanas.

4. MOTIVAÇÃO E PERTENCIMENTO

Em *"Uma teoria da motivação humana"*, Maslow[18] expõe várias conclusões (13), entre as quais:

"1. A integridade do organismo deve ser uma das pedras fundamentais da teoria da motivação.

2. A pressão da fome (ou qualquer outra pressão fisiológica) foi rejeitada como ponto central ou modelo para uma teoria definitiva de motivação. Demonstrou-se que qualquer pressão de base somática e localizável é atípica – e não típica – na motivação humana.

3. Essa teoria deveria focalizar e concentrar-se sobre objetivos finais ou básicos, e não sobre objetivos parciais ou superficiais; sobre os objetivos e não sobre os meios

15. E observa: "Há atualmente" (1977) "Grande número de difíceis obstáculos a superar para a criação de uma organização baseada na aplicação integral dessa teoria. As condições impostas pela teoria convencional de organização e pela administração científica, no último meio século, amarraram o homem a empregos limitados e especializados que não utilizam toda a sua capacidade, desencorajaram a aceitação de responsabilidades, encorajaram a passividade e eliminaram do trabalho a sua significação. Os hábitos, atitudes e expectativas do homem – todo o seu conceito de *participação* na organização industrial – foram condicionados por sua experiência nessas circunstâncias. Atualmente, as pessoas estão acostumadas a serem dirigidas, manipuladas e controladas nas organizações industriais e a encontrarem fora do trabalho satisfações para suas necessidades sociais, *egoísticas* e de autorrealização. Isso é verdade tanto para a administração como para os trabalhadores (...) Outra maneira de dizer isso é a seguinte: a Teoria X baseia-se exclusivamente no controle extremo do comportamento humano, ao passo que a Teoria Y baseia-se, fundamentalmente, no autocontrole e na autodireção". (p. 56)
16. In: "O comportamento humano na empresa", *op. cit.*, p. 77 e segs.
17. *Idem*, p. 319 e segs.
18. A. H. Maslow. (1943), *ibidem*, p. 337 e segs.

para atingi-los. Essa ênfase levaria a lugar de maior relevo as motivações inconscientes e não as conscientes.

(...)

6. Devemos entender praticamente todos os estados do organismo como motivados e motivadores.

7. As necessidades humanas estão organizadas numa hierarquia de valor ou premência, quer dizer, a manifestação de uma necessidade se baseia geralmente na satisfação prévia de outra, mais importante ou premente. O homem é um animal que sempre deseja. Não há necessidade que possa ser tratada como se fosse isolada; toda necessidade se relaciona com o estado de satisfação ou insatisfação de outras necessidades.

8. *Listas* de necessidades de nada servirão, por diversos motivos teóricos e práticos. Qualquer classificação de motivações deve levar em conta o problema de níveis de especificidade ou generalização dos motivos a serem classificados.

(...)

11. Devemos levar em conta a situação ou o meio, em que reage o organismo, mas só raramente o meio pode servir para explicar com exclusividade o comportamento. Devemos interpretar o próprio meio em função do organismo. A teoria da situação não pode substituir a teoria da motivação.

(...)

13. A teoria da motivação não é sinônima da teoria do comportamento. As motivações constituem somente uma das classes de determinantes do comportamento. Embora o comportamento seja quase sempre motivado também é quase sempre determinado biológica e culturalmente ou pelo meio."[19]

Em *Resumo*, Maslow[20] expõe as "Cinco séries de objetivos a que podemos chamar necessidades fundamentais. Em resumo, são elas as necessidades fisiológicas, de segurança, de amor, de estima e de autorrealização. Somos motivados pelo desejo de atingir ou manter as diversas condições sobre as quais se baseiam essas satisfações fundamentais e por certos desejos, mais intelectuais".

E acrescenta, ainda:

"Qualquer frustração ou possibilidade de frustração dos objetivos humanos fundamentais e qualquer ameaça às defesas que os protegem ou às suas condições fundamentais são consideradas ameaças psicológicas.

Com poucas exceções, toda a psicopatologia provém, em parte, dessas ameaças. Se quisermos, poderemos definir um homem fundamentalmente frustrado como *doente*".

Em "Motivação"[21], a análise de Cecília Whitacker Bergamini expõe que "a maior parte das teorias sobre motivação humana tem oferecido uma única explicação que é, portanto, genérica a respeito de por que diferentes pessoas se predispõem à busca de suas metas pessoais." Daí, afirma, "parece então, oportuno e necessário, que se volte a falar em motivação" e propõe "movimento em lugar de motivação", distinguindo:

"A configuração mais nítida do comportamento motivacional começa quando se consegue separar dois tipos de ações: aquelas empreendidas pelo indivíduo e que foram condicionadas por fatores externos das que espontaneamente são emitidas pela própria pessoa. As primeiras caracterizam o movimento e as segundas são reconhecidamente denominadas de ações ou atos motivacionais".

(...)

A mistura desses dois conceitos tem ocasionado perigos, confusões ao se discorrer sobre o comportamento motivacional das pessoas em circunstâncias de trabalho. A mais grave dessas confusões é aquela que caracteriza certos fatores externos ou extrínsecos ao indivíduo como responsáveis pela sua motivação no trabalho. Os fatores que estão fora das pessoas só podem ser entendidos como reforçadores de comportamento."

E acrescenta:

"A importância de se fazer a distinção entre os conceitos de fatores condicionantes e fatores de motivação reside no fato de se compreender que, uma vez que o fator externo ao indivíduo deixe de existir, o comportamento desejado desaparece.

É como se pode acrescentar: "A orientação comportamentalista considera o homem um organismo passivo, governado por estímulos fornecidos pelo meio

19. Mayo acrescenta: "Este artigo representa uma tentativa no sentido de formular uma teoria positiva de motivação que satisfaça essas exigências teóricas e, ao mesmo tempo, esteja de acordo com fatos conhecidos, clínicos, observados e experimentais. É derivada mais diretamente, entretanto, da experiência clínica. Essa teoria se encontra, ao que me parece, na tradição *funcionalista* de James e Dewey, e se combina com o *holicismo* de Wertheimer, Goldstein, a psicologia da *gestalt* e o *dinamicismo* de Freud e Adler. Essa fusão ou síntese poderia ser chamada, arbitrariamente, teoria dinâmica geral. É muito mais fácil perceber e criticar os aspectos falhos da teoria da motivação do que remediá-los. Isso se deve, em grande parte, à falta muito aguda de dados sérios nesse campo. A ausência de dados sérios me parece que decorre, em primeiro lugar, da falta de uma teoria válida de motivação. Consideremos, pois, a presente teoria como um programa para pesquisas futuras; seu destino dependerá menos de fatos disponíveis, ou de provas apresentadas, do que de pesquisas a executar, talvez sugeridas pelas questões levantadas neste artigo". (p. 338-340)

20. In: *O comportamento humano na empresa*, *op. cit.*, p. 365-366.

21. São Paulo: Atlas, 1986. p. 20-21, 37-38.

ambiente externo. O homem pode ser manipulado, isto é, o seu comportamento pode ser controlado através de adequado controle de estímulos ambientais".

4.1. "O que é motivação"

Em obra anterior, (1976) a mesma autora[22] Cecília W. Bergamini refere o *conceito psicológico de motivação*, citando Birch Verof, em seu livro "Motivação":

> "O estudo da motivação é uma busca de explicações para alguns dos mais intrincados mistérios da existência humana – suas próprias ações.
>
> Considere-se praticamente qualquer ação humana isolada e pergunte-se quais os seus determinantes. Por que um jovem pretende decidir-se a propor casamento? Por que um escolar cuida de seu cachorro? Por que um psicótico apresenta o ritual de lavar as mãos? Por que um assassino detona a sua arma?
>
> Quem quer que procure respostas para estas perguntas está tentando explicar a motivação".

"O assunto é bastante amplo", acrescenta Bergamini. "A Psicologia vem há muitos anos tentando explicar o comportamento humano. A principal tarefa consiste em tentar compreendê-lo e, portanto, explicá-lo:

> (...)
>
> Estudando o comportamento humano em circunstâncias motivacionais, o termo "motivação" é geralmente empregado como sinônimo de forças psicológicas, desejos, impulsos, instintos, necessidades, vontade, intenção etc. Todos esses termos têm, em conjunto, a conotação de movimento ou ação.
>
> (...) Outro aspecto inegável no comportamento motivacional é o cunho teleológico de que se reveste. Toda a força do comportamento está sempre dirigida para um alvo. As pessoas buscam saúde, conforto, bem-estar e fogem das condições que ameaçam essa saúde, esse conforto e esse bem-estar."

Na citada "Motivação" (1986)[23] vem a concluir, afinal:

> Muitos daqueles que têm produzido trabalhos sobre motivação esqueceram-se de que esse é um fenômeno contínuo, isto é, nunca definitivamente resolvido para o indivíduo.
>
> Nesse sentido até o próprio Maslow parece ter sido compreendido de forma errada, pois seus leitores entenderam que estava descrevendo um fenômeno finito quando sua intenção foi exatamente outra, isto é, a sequência de atos motivacionais é infinita e esse fluir caminha até a meta infinita apontada pelo autor como identidade de cada um.
>
> E acrescenta: "Todos aqueles que compreenderam mal a Maslow também o fizeram com relação a McGregor. Não somente ele separa o caráter de fatores extrínsecos e intrínsecos, como também acredita, além disso, que o trabalho só representa um meio através do qual o homem se serve para conseguir satisfazer algo que é próprio à sua natureza".

Portanto, "o enfoque da motivação, entendida como uma predisposição interior inverte a ordem dos fatores. A preocupação mais correta não deve ser a que busca o que fazer para motivar as pessoas, mas aquela que esteja voltada principalmente em prevenir que determinadas situações venham a desmotivar as pessoas.

Parece que só assim aquele alto nível de expectativas que impede as pessoas a seguirem determinados caminhos não se desgastará com o decorrer do tempo".

5. PERTENCIMENTO

Além da motivação do trabalhador, outro elemento do meio ambiente da sua atividade laboral deve ser considerado: o sentido de *pertencimento*, ou *enraizamento*, como refere Simone Weil[24], "talvez a necessidade mais importante e mais desconhecida da alma humana":

> É uma das mais difíceis de definir. Um ser humano tem raiz por sua participação real, ativa e natural na existência de uma coletividade que conserva vivos certos tesouros do passado e certos pressentimentos do futuro.
>
> Participação natural, ou seja, ocasionada automaticamente pelo lugar, nascimento, profissão, meio.
>
> Cada ser humano procura ter múltiplas raízes. Procura receber a quase totalidade de sua vida moral, intelectual, espiritual, por intermédio dos meios dos quais faz parte.

E então focaliza o que denomina *"desenraizamento operário"*:

> Há uma condição social inteira e perpetuamente suspensa ao dinheiro, é o assalariado, sobretudo desde que o salário por peça obriga cada operário a manter a atenção sempre fixa no cálculo do dinheiro. É nesta condição social que a doença do desenraizamento é mais aguda.

Tais palavras dizem respeito ao que podemos chamar a situação de *não pertencimento* do trabalhador, relativamente à organização, um dos efeitos da desmotivação.

---

22. *Psicologia aplicada à administração de empresas*. São Paulo: Atlas, p. 84 e segs.
23. *Op. cit.* p. 111-113.
24. Editora Universidade do Sagrado Coração. Bauru – SP: EDUSC, 2001. p. 43 e segs.

"O sentido de pertencimento, expõe Kathy Torma[25] referindo-se às "ações interativas e integradoras": "Somente dessa maneira será possível a construção ou a reconstrução do sentido de pertencimento dos indivíduos na sociedade, na legitimação da participação das comunidades periféricas para o desenvolvimento global dos indivíduos. Porque, no fundo, o que todos nós queremos é sermos aceitos e amados".

Valem as mesmas palavras para a relação pessoa/organização.

Conforme o supracitado Michael Williams, em "Relações Humanas"[26], tratando das *necessidades sociais:* "Cooperando e participando no atingimento comum de metas e objetivos e compartilhando de recompensas, sucessos e satisfações comuns a todos, as pessoas ganham uma sensação de realização que é importante para sua autorrealização como indivíduos.

> (...)
>
> O profundo sentimento de pertencer e a sensação de certeza, que resultam da associação a um grupo, proporcionam ao indivíduo a segurança e o estímulo emocionais que ele necessita, e aumenta seu desejo de cooperar."
>
> E ressalta: "Se estas necessidades sociais forem impedidas de se concretizarem, tanto o indivíduo como os grupos podem se tornar hostís e ocasionalmente, atacar a fonte de suas frustrações".

De concluir-se, portanto, pela importância da consideração desses elementos essenciais na existência da organização, seja a empresa, seja já em termos da própria sociedade, do próprio Estado[27].

6. O MEIO AMBIENTE DO TRABALHO: NECESSIDADES FUNDAMENTAIS E A DOENÇA PSICOSSOMÁTICA

Em "Meio ambiente no trabalho: direito fundamental"[28], Sandro Nahmias Melo adota a definição de Rodolfo Camargo Mancuso "ao apontar o meio ambiente do trabalho como *habitat* laboral, isto é, tudo que envolve e condiciona, direta e indiretamente, o local onde o homem obtém os meios para prover o quanto necessário para a sua sobrevivência e desenvolvimento, em equilíbrio com o ecossistema".

Na Constituição de 1988, assinala, o meio ambiente do trabalho encontra tutela imediata no próprio art. 225, *caput*, quando estabelece que "o meio ambiente ecologicamente equilibrado é bem de uso comum do povo e essencial à sadia qualidade de vida". O meio ambiente, no referido dispositivo constitucional, é considerado em todos os seus aspectos, inclusive o do meio ambiente do trabalho. Todavia, o legislador constituinte não parou por aí; o meio ambiente do trabalho também foi agraciado com tutela imediata, sendo inclusive previsto de forma *expressa*, como se infere do inciso VIII, art. 200, que trata da tutela da saúde (art. 196 da CF).

> Art. 200. Ao sistema único de saúde compete, além de outras atribuições, na forma da lei:
>
> (...)
>
> VIII – colaborar com a proteção do meio ambiente, *nele compreendido o do trabalho* (grifamos).
>
> Preconiza a Carta Magna que a "saúde é direito de todos" (...) consequentemente, também é direito do trabalhador.

Acorre o autor à Convenção n. 155 da OIT:

> O art. 5º da Convenção n. 155 apresenta, com detalhes, os elementos que podem figurar como prejudiciais à saúde do trabalhador e ao meio ambiente do trabalho.
>
> Art. 5º A política à qual se faz referência no artigo 4 da presente Convenção deverá levar em consideração as grandes esferas de ação que se seguem, na medida em que possam afetar a segurança e a saúde dos trabalhadores e o meio ambiente de trabalho:
>
> (...)
>
> c)treinamento, incluindo o treinamento complementar necessário, qualificações e motivação das pessoas que intervenham, de uma ou de outra maneira, para que sejam atingidos níveis adequados de segurança e higiene;

Concluindo:

> *Destarte, o direito ao meio ambiente do trabalho equilibrado*, como aspecto do meio ambiente geral ou como elemento essencial à vida, com qualidade e dignidade, – é um direito fundamental do trabalhador.

E pontua:

> Orlando Teixeira da Costa defende a crença no valor do homem trabalhador e no valor de sua dignidade, encarando-o como pessoa, afastando-o do perigo de ser tido como mercadoria.

25. In *Estado de Direito* n. 44 (Estado de Exceção n. 17, 2014), p. 15.
26. Op. cit., p. 77-78.
27. Adotando-se o conceito de Dalmo Dallari: "Estado é a ordem jurídica soberana que tem por fim o bem comum de um povo situado em determinado território", sendo *bem comum* "entendido este como o conceituou o Papa João XXIII, ou seja, o conjunto de todas as condições de vida social que consintam e favoreçam o desenvolvimento integral da personalidade humana.", in *Elementos de Teoria Geral do Estado*. Saraiva, 2012. p. 122, 112.
28. São Paulo: LTr, 2001. p. 29, 52, 72-73.

A Constituição de 1988, sintonizada com essa necessidade de dignificação do homem trabalhador, instituiu, no seu Título reservado à Ordem Econômica e Financeira (VII), como um dos fundamentos, a "valorização do trabalho humano (...)", tendo por fim "assegurar a todos existência digna".

Pode-se inferir de todo o exposto que a organização não tem apenas fins econômicos. Trata-se uma pessoa: age, fala, propõe. Faz parte integrante da sociedade onde está alocada e, como tal, tem outras finalidades, além da que lhe é principal: a função social da empresa, respondendo pelos efeitos da sua intervenção de nível individual e social.

Se, conforme propõe Totman[29] quando expõe as teorias de doença psicossomática (*psiquê* – mente; *soma* – corpo), "o risco de ficar gravemente doente e afetado mais profundamente por fatores sociais do que por desgaste físico" (...) portanto, "que acontecimentos da vida de uma pessoa influenciam a saúde principalmente por causa de sua significação social para aquela pessoa" – então, o atendimento às *necessidades sociais* toma caráter fundamental na apreciação do problema relação pessoa/organização.

Conforme referido[30], "teóricos organizacionais como Argyris e MacGregor adotaram os pontos de vista de Maslow e acham ser do melhor interesse da organização e de seus membros que ela seja estruturada para permitir ao indivíduo realizar e satisfazer suas necessidades de amor-próprio, autonomia e individuação".

São objetivos a serem implantados ou desenvolvidos nas organizações de qualquer porte ou abrangência, portanto, de um ambiente de trabalho no sentido constitucional já assinalado, de "assegurar a todos existência digna (art. 170), tendo como objetivo "o bem-estar e a justiça sociais" (art. 193).

Restou clara a questão da *personalidade,* "a maneira de ser das pessoas, em seus hábitos motores, motivações psíquicas e *relacionamento interpessoal* conforme explicita a citada Cecilia B. Whitacker:

> A maneira de ser de cada um, isto é sua personalidade, prende-se a fatores básicos que devem ser observados. Esses fatores são: a constituição física, o potencial intelectual, os traços afetivos e emocionais, os interesses pessoais e profissionais e, finalmente, todo o cabedal de experiências vividas.

São todos elementos a considerar na análise da situação e dos direitos dos trabalhadores, fundados na Constituição e nas leis.

29. Richard Totman. "Causas sociais da doença", *op. cit.*, p. 17, 19-20.
30. Davies e Shackleton. "Psicologia e trabalho", *op. cit.*, p. 111.

33

Saúde mental no trabalho e riscos psicossociais: análise crítica

Ronaldo Lima dos Santos[1]
Carolina Spack Kemmelmeier[2]

Enquanto exercia minha profissão de médico, fiz frequentes observações, pelo que resolvi, no limite das minhas forças, escrever um tratado sobre as doenças dos operários; mas, o que se pode notar nas artes mecânicas, em que qualquer descoberta, por sua natureza incompleta, apresenta-se ao artífice sob um aspecto rudimentar, devendo ser aperfeiçoado por outro, a mesma coisa acontece nas obras literárias. Assim acontecerá com o meu tratado sobre as doenças dos operários. Ninguém, que eu saiba, pôs o pé nesse campo onde podem colher messes não desprezíveis acerca da sutileza e da eficácia das emanações. Publico esta obra imperfeita, na íntima intenção de que sirva de estímulo aos outros que nela colaborem, até que se possa obter um completo tratado que mereça um lugar digno no foro médico.

Bernadino Ramazzini[3]

1. TRABALHO, SAÚDE MENTAL E RISCOS PSICOSSOCIAIS

Um médico italiano, Bernardo Rammazzini; uma simples pergunta a um doente: que arte exerce? Dá-se o nascimento simbólico da Medicina do Trabalho, impulsionada pela obra deste médico modenês, publicada em 1700, e intitulada *"De morbis artificium diatriba"*, comumente traduzida com o título *"As doenças ocupacionais dos trabalhadores"* (*"Le maletie degli artefici"*), e que o fez ser considerado o pai da Medicina do Trabalho.

Ramazzini foi um dos primeiros estudiosos médicos a vincular o trabalho à produção de doenças, apregoando que todo médico deveria verificar qual a profissão de cada um de seus pacientes para observar a vinculação da atividade exercida por eles com o condicionamento de seus quadros mórbidos.[4]

A relação trabalho-doença foi tão central na conduta médica de Rammazzini, que ele ousou complementar os ensinamentos de Hipócrates com relação à anamnese dos pacientes, inserindo um último e importante fator de questionamento:

> Um médico que atende um doente deve informar-se de muita coisa a seu respeito pelo próprio e pelos seus acompanhantes, segundo o preceito do nosso Divino Preceptor, "quando visitares um doente convém perguntar-lhe o que sente, qual a causa, desde quantos dias, se seu ventre funciona e que alimento ingeriu", são palavras de Hipócrates no seu livro "Das Afecções"; a estas interrogações devia-se acrescentar outra: "e que arte exerce?". Tal pergunta considero oportuno e mesmo necessário lembrar ao médico que trata um homem do povo, que dela se vale para chegar às causas ocasionais do mal, a qual quase nunca é posta em prática, ainda que o médico a conheça. Entretanto, se a houvesse observado, poderia obter uma cura mais feliz.[5]

---

1. Professor Doutor da Faculdade de Direito da USP – Departamento de Direito do Trabalho e da Seguridade Social. Procurador do Ministério Público do Trabalho – PRT/SP. Psicanalista pelo Instituto *Sedes Sapientiae* – SP. *E-mail*: ronaldo.santos@mpt.mp.br.

2. Professora Adjunta da Universidade Estadual do Oeste do Paraná, *campus* de Foz do Iguaçu. Doutora em Direito pela Universidade de São Paulo na área de Direito do Trabalho e Direito Previdenciário. Mestre em Direito Negocial pela Universidade Estadual de Londrina. *E-mail*: carolinakemmelmeier@gmail.com.

3. RAMMAZZINI, Bernardino. *As doenças dos trabalhadores*. Trad. Raimundo Estrela. 3 ed. São Paulo: Fundacentro, 2000. p. 19-20.

4. NOGUEIRA, Diogo Pupo. *Apud* OLIVEIRA, Sebastião Geraldo de. *Proteção jurídica à saúde do trabalhador*. 4. ed. São Paulo: LTr, 2002. p. 60.

5. RAMMAZZINI, Bernardino. *Op. cit.*, p. 21.

Embora haja este marco simbólico, com a obra de Ramazzini, deve-se considerar que a relação trabalho-doença/trabalho-saúde já constava da literatura médica desde a antiguidade.

Em Roma, *v.g*, há relatos de diversos estudos sobre saúde e segurança de trabalhadores, *v.g.*, Plínio já descrevia as doenças mais comuns entre os escravos como também o emprego pelos refinadores de mínio de membranas de pele de bexiga como máscaras de proteção; Marcial constatou a existência de doenças peculiares aos que laboravam com enxofre; Galeno de Pérgamo discorreu sobre os riscos à segurança dos mineiros.[6]

Ao término da Idade Média, já são encontradas obras sobre saúde e segurança dos trabalhadores. As atividades dos mineiros e dos metalúrgicos foram as primeiras a ser objeto de estudos sobre doenças ocupacionais, como o desenvolvido no tratado sobre mineração (*De re metallica*), de 1556, elaborado pelo médico alemão Georgius Agrícola. Em 1567, Paracelso publicou uma monografia sobre a tísica dos mineiros e outras doenças das montanhas.[7]

A partir do século XVIII, com o incremento da produção industrial e o surgimento da sociedade massas, desenvolveu-se uma preocupação com a preservação do meio ambiente genericamente considerado. O acentuado crescimento econômico-industrial e a expansão das atividades do próprio Estado intensificaram a degradação do meio ambiente de um modo geral, e do meio ambiente do trabalho, insuflando as ações dos movimentos de trabalhadores pelas melhorias das condições de trabalho.[8] Foi, assim, a partir do crescimento da indústria e dos grandes centros urbanos, que se despertou o interesse com a preservação de ideais condições ambientais de trabalho.

Desde então, muitos avanços científicos e legislativos foram sendo realizados no campo da saúde do trabalhador. Nesta dinâmica, o enfoque meramente somático fulcrado na relação ser humano/atividade laboral/máquina expandiu-se para abranger todas as dimensões de saúde e segurança e demais condições do trabalho, o que inclui as questões de saúde decorrentes da própria forma de realização do trabalho no sistema capitalista de produção, da sua organização dentro de uma estrutura empresarial e das relações interpessoais que em torno dela se desenvolvem.

Hodiernamente, o meio ambiente do trabalho possui uma dimensão holística do ser humano no trabalho, muito mais abrangente que o reducionismo científico, que havia marcado a medicina e a segurança do trabalho ao longo do seu desenvolvimento, outrora centrados nos fatores individuais e biológicos do corpo físico do trabalhador, e estruturados em torno do médico do trabalho como principal agente, cujo trabalho restringia-se ao microambiente do trabalho e à análise da ação patogênica de determinados agentes na insalubridade das condições materiais de trabalho, bem como às condições físico-mecânicas de segurança.

O conceito moderno de meio ambiente do trabalho afasta-se desse reducionismo científico para abranger, além das demandas biológicas do trabalhador, as suas necessidades psíquicas, mentais e sociais, trazendo questões sobre a saúde mental relacionada ao trabalho em bases e perspectivas mais amplas e diversificadas.

Esse aspecto do meio ambiente do trabalho é corolário do desenvolvimento da própria noção de saúde pública para modelos biopsicossociais, tal como assinala Lenir Santos:

> Falar hoje em saúde sem levar em conta o modo como o homem se relaciona com o seu meio social e ambiental é voltar à época em que a doença era um fenômeno meramente biológico, desprovido de qualquer outra interferência que não fosse tão somente o homem e seu corpo.[9]

Esta amplitude do meio ambiente do trabalho vem retratada na Convenção n. 155 da Organização Internacional do Trabalho, ao prescrever que:

> o termo 'saúde', com relação ao trabalho, abrange não só a ausência de afecções ou de doenças, mas também os elementos físicos e mentais que afetam a saúde e estão diretamente relacionados com a segurança e a higiene do trabalho (art. 3º, *e*).

A Convenção n. 161 da OIT, sobre os serviços de saúde no trabalho, em coerência com a Convenção n. 155, igualmente se refere à saúde mental. Ao delimitar as atribuições desse serviço, insere o aconselhamento preventivo sobre: a) os requisitos para um ambiente de trabalho que favoreça a saúde física e mental ótima em relação com o trabalho; b) a adaptação do trabalho conforme as capacidades físicas e mentais dos trabalhadores.

Referido percurso, entretanto, não foi e continua não sendo uníssono. Diante da complexidade das relações sociais laborais, e do avanço científico e do aprofundamento dos estudos e pesquisas na área da saúde do trabalho, diversos marcos teórico-metodológicos foram sendo construídos no campo da saúde do trabalhador, passando-se por concepções inicial e fundamentalmente centradas nas condições físicas, químicas e mecânicas envoltas na realização do trabalho, e em doenças primordialmente biológicas e osteomusculares, como a Medicina do Trabalho, passando-se pela Saúde Ocupacional (SO) e Saúde do Trabalhador (ST), até os hodiernos marcos teórico-metodológicos centrados

6. ROSEN, George. *Apud* OLIVEIRA, Sebastião Geraldo de. *Op. cit.*, p. 58.
7. *Idem. Ibidem*, p. 58-9.
8. FIORILLO, Celso Antonio Pacheco. *Curso de direito ambiental*. São Paulo: Saraiva, 2002. p. 233.
9. SANTOS, Lenir. *Saúde e meio ambiente*. Competências. Intersetorialidade. *Revista de Direito do Trabalho*. São Paulo, ano 31, n. 120, out./dez. 2005, p. 138.

na saúde mental do trabalhador, como a Saúde Mental Relacionada ao Trabalho (SMRT) e a Psicodinâmica do Trabalho, entre outros. Como elucida Edith Seligmann-Silva:

> O estudo das conexões saúde mental e trabalho não é novo. Entretanto, os desenvolvimentos teóricos e metodológicos sobre o tema, bem como a nitidez cada vez maior dos seus significados políticos, econômicos e socioculturais, assumem tal intensidade e abrangência que se torna possível falar de surgimento de um novo campo de estudo marcado pela interdisciplinaridade. Neste campo, passam a ser examinados os processos Saúde/Doença vinculados, em suas determinações ou desenvolvimentos, à vida laboral, através de uma ótica profundamente distinta das anteriormente adotadas, tanto pelo enriquecimento dos eixos de análise quanto pela fixação de uma perspectiva em que as finalidades das investigações assumem diretrizes éticas. O que significa que princípios que ultrapassam a busca da produtividade são adotados, na medida em que os estudos se voltam para identificar todos os aspectos adoecedores, inclusive aqueles que possam estar servindo simultaneamente aos interesses da produção.[10]

São diversos os fatores relacionados ao trabalho que impactuam a saúde mental dos trabalhadores e acarretam tanto o sofrimento psíquico como os processos de adoecimento que dão ensejo aos transtornos mentais e às psicopatologias decorrentes do trabalho.

Embora cada matriz metodológica constitua uma categoria referencial, é importante assinalar que a questão da saúde mental relacionada ao trabalho deve ser compreendida a partir de uma realidade complexa que envolva toda a totalidade do mundo do trabalho no sistema capitalista de produção.

Deste modo, um determinado enfoque não pode ser compreendido a partir de uma lógica reducionista da temática, a partir de um olhar referencial parcial, com perda da totalidade dialética.

A análise da saúde mental e do sofrimento psíquico no trabalho, com os consequentes fatores de adoecimento (transtornos mentais e psicopatologias do trabalho) deve considerar os diversos momentos de uma mesma realidade que, embora possam ser analisados e considerados isoladamente como fator de adoecimento mental e psíquico, com suas peculiaridades, são também momentos de um mesmo processo: o de realização do trabalho no sistema capitalista de produção. Cada momento tem a sua potencialidade para impactar a saúde mental do trabalho e ocasionar seu adoecimento.

Assim, podem ser analisadas questões de saúde mental e psicopatologias pertinentes: a) à própria forma de realização do trabalho na sociedade capitalista de produção, onde o trabalhador é inserido num processo de alienação, estranhamento e reificação no trabalho; com geração de angústia e sofrimento psíquico, devido à desvinculação entre afeto e representação do trabalho, levando inclusive ao abuso de álcool e a drogadição; b) aos métodos e técnicas de organização e gerenciamento do trabalho, com sequestro da subjetividade, legitimação das formas de violência concreta e simbólica; acentuação dos ritmos e da intensidade do trabalho; ocasionando *burnout*, fadiga crônica, depressão, transtornos ansiosos, distúrbios do sono; c) às relações intersubjetivas no trabalho, onde aparecem questões como assédio moral interpessoal, competitividade nociva no trabalho, condutas narcísicas; d) aos transtornos mentais e às psicopatologias decorrentes das condições de trabalho, como contato com determinados agentes físicos, químicos e biológicos; e) aos transtornos mentais e às psicopatologias derivadas da ocorrência de acidentes do trabalho e doenças profissionais, como depressão, transtorno do estresse pós-traumático; f) transtornos mentais decorrentes da forma precária de realização do trabalho e das formas de contratação, que impedem a inserção do trabalhador no círculo social laboral e na empresa, obstando-o de perspectivas e projeções profissionais e pessoais; g) às doenças mentais e emocionais decorrentes da ameaça do desemprego, que elevam o comprometimento do trabalhador para além das suas possibilidades físicas e emocionais, acentuando-se o problema do presenteísmo e a cronicidade das doenças físicas e mentais; h) psicopatologias do desemprego; e i) psicopatologias e transtornos como efeitos colaterais do uso de psicofármacos para tratamento de uma outra psicopatologia, por vezes, decorrente do próprio trabalho.

Neste contexto, deve ser compreendido o direito à saúde e a questão da saúde mental no trabalho pela categoria dos riscos psicossociais, sobre o qual emerge e se estrutura o debate jurídico-institucional sobre a proteção e a promoção da integridade psicomental dos trabalhadores no âmbito da Organização Internacional do Trabalho (OIT) e em determinados círculos de debate jurídico e também na formação de marcos legislativos, nacionais e internacionais.

A teoria dos riscos psicossociais do trabalho, embora possa contribuir para a compreensão de determinadas questões referentes à saúde mental no trabalho e aos processos de adoecimento, tem enfoque em categorias como a organização do trabalho e a interação no trabalho como principais fatores de risco. Desse modo, diante dessa limitação, esse referencial deve ser analisado, de forma crítica, na totalidade das categorias constitutivas do trabalho no sistema capitalista de produção e no contexto das relações de trabalho que nele se desenvolvem, com os conflitos de classe e as relações de dominação que lhes são inerentes, e que se manifestam jurídica no estado de subordinação do empregado e pelo exercício do poder de direção pelo empregador.

10. SELIGMANN-SILVA, Edith. *Trabalho e desgaste mental*: o direito de ser dono de si mesmo. São Paulo: Cortez, 2011. p. 40.

2. CATEGORIA DOS RISCOS PSICOSSOCIAIS EM MATÉRIA DE SAÚDE MENTAL DO TRABALHO

A categoria dos riscos psicossociais tem pautado o estudo e a determinadas regulamentações da saúde mental referente ao trabalho. Categoria essa que tem como antecedente histórico relatório conjunto da OIT e da OMS sobre os "fatores psicossociais no trabalho" publicado na década de 1980.[11]

O reconhecimento dessa deterioração da saúde mental dos trabalhadores e sua associação ao estresse ocupacional e às transformações na organização do trabalho foram apresentadas em relatório conjunto da OIT e OMS em 1984.[12]

A consolidação da constatação dessa nocividade por meio de pesquisas quantitativas levou a OIT à categorização do estresse ocupacional e da violência no trabalho como riscos graves e emergentes no ano de 2010.[13] Em 2016, por meio de um relatório, essa organização internacional apresentou uma compilação de pesquisas sobre o estresse ocupacional que indicava a evolução e o avanço de um padrão específico de nocividade e desgaste nas relações laborais.[14]

Embora na literatura técnica existam diferentes denominações, tais como estressores, fatores de estresse, fatores psicossociais, fatores de risco psicossocial, predomina a terminologia riscos psicossociais.[15] Essa adjetivação psicossocial remete à interface entre a pessoa e o trabalho, com especial atenção para a interação entre a esfera psíquica do indivíduo e a dimensão social do trabalho.[16]

Essa modalidade de risco ocupacional é caracterizada pela OIT nos seguintes termos:

> Diversos especialistas concordam em definir os riscos psicossociais como aqueles relativos ao design e à organização do trabalho e seus contextos sociais e organizacionais que possam causar danos psicológicos ou físicos. Há um razoável consenso entre a comunidade científica a respeito da natureza dos riscos psicossociais, entretanto deve ser ressalvado que novas formas de trabalho e as mudanças no ambiente de trabalho podem dar origem a novos riscos, assim, a definição de riscos psicossociais pode ainda ser ampliada.[17]

Riscos psicossociais dos trabalhos sãos os fatores ligados à organização do trabalho ou à interação no trabalho que afetam a saúde mental dos trabalhadores, com potencialidade de ocasionar danos físicos e psicológicos.

Consoante a OIT, os fatores psicossociais do trabalho decorrem da interação entre dois elementos: o meio ambiente do trabalho, compreendendo o conteúdo do trabalho e as condições organizacionais em sua totalidade, e as habilidades, as necessidades, a cultura e as circunstâncias pessoais (externas ao trabalho) dos trabalhadores, que possam influenciar a saúde, o desempenho e a satisfação no trabalho.[18]

É prevalecente a associação entre riscos psicossociais e o referencial teórico do estresse ocupacional.[19] Sua proposição inicial é pautada pelo referencial da fisiologia em uma perspectiva médica positivista. Posteriormente, esse enfoque é ampliado por meio de desenvolvimentos teóricos na área da psicologia cognitivo-comportamental.[20]

A caracterização do estresse ocupacional pela OIT é estruturada a partir dessas premissas, notadamente a concepção mecanicista do desajuste entre exigências do trabalho e capacidades do trabalhador:

> Para a OIT, estresse é a resposta nociva física e emocional causada por um desequilíbrio entre as exigências percebidas e os recursos e habilidades percebidos pelos indivíduos para lidar com essas exigências. O estresse ocupacional é determinado pela organização do trabalho, pelo *design* do trabalho e pelas relações laborais e ocorre quando as exigências da função não são compatíveis ou excedem as capacidades, recursos ou necessidades do trabalhador ou quando o conhecimento ou habilidades do trabalhador, em uma perspectiva individual ou em grupo, para lidar com as demandas não são compatíveis com as expectativas da cultura organizacional da empresa.[21]

---

11. "*Psychosocial factors at work refer to interactions between and among work environment, job content, organisational conditions and workers' capacities, needs, culture, personal extra-job considerations that may, through perceptions and experience, influence health, work performance and job satisfaction*" (OIT. Psychosocial factors at work: recognition and control cit., p. 3).
12. OIT. Psychosocial factors at work: recognition and control. *Report of the Joint ILO/WHO Committee on Occupational Health*, Genebra, Ninth Session, 1984. p. 3.
13. OIT. *Riesgos emergentes y nuevos modelos de prevención en un mundo de trabajo en transformación*. 2010.
14. OIT. *Workplace stress*: a collective challenge. Geneva, 2016. p. 7.
15. OIT. *Workplace stress*: a collective challenge cit., p. 3.
16. LEROUGE, Loic. *Les Risques Psychosociaux*: identifier, prevenir, traiter. Peujeot: Lemy, 2010. p. 16.
17. "[...] *A number of experts agree in defining psychosocial hazards as those aspects of the design and management of work and its social and organizational contexts which have the potential for causing psychological or physical harm. Today there is a reasonable consensus in the scientific community regarding the nature of psychosocial hazards; however it should be noted that new forms of work and the changing working environment give rise to new hazards; and therefore the definition of psychosocial hazards can still evolve*" (OIT. *Workplace stress*: a collective challenge cit., p. 3).
18. BARUKI, Luciana Veloso. *Riscos psicossociais e saúde mental do trabalhador*. São Paulo: LTr, 2015, p. 35.
19. OIT. *Workplace stress*: a collective challenge cit., p. 3.
20. SELIGMANN-SILVA, Edith. *Op. cit.*, p. 122-123.
21. "For the ILO stress is the harmful physical and emotional response caused by an imbalance between the perceived demands and the perceived resources and abilities of individuals to cope with those demands. Work-related stress is determined by work organization,

Nos estudos sobre riscos psicossociais é usual sua associação às transformações do trabalho, notadamente aquelas pertinentes à intensificação do trabalho, à precarização, às novas formas de organização da atividade produtiva e às inovações tecnológicas.[22] Entre os aspectos compreendidos pelos riscos psicossociais, podem-se mencionar o conteúdo das tarefas, os ritmos de trabalho, a cultura organizacional, as perspectivas de desenvolvimento profissional, as relações interpessoais no trabalho e a interface trabalho e vida familiar.[23]

Apesar do desenvolvimento teórico-científico em torno dos riscos psicossociais no trabalho, não se tem uma clara definição destes riscos de natureza psicossocial que estariam presentes no âmbito das organizações de trabalho. Como acentua José Luis Goñi Sein:

> Estas dificuldades de definição são devidas, em grande parte, ao caráter complexo dos fatores psicossociais que intervêm. Na reação emocional da pessoa influem tanto os fatores de conteúdo laboral, como o desenho, organização e gestão do trabalho (a carga de ritmo de trabalho, o trabalho monótono etc.), como o contexto social e do meio ambiente, assim como as características da pessoa que trabalha. Muitos destes problemas estão vinculados não somente às exigências do trabalho como também às atitudes, capacidades ou necessidades das pessoas.[24]

Temas como estresse, depressão, assédio moral e sexual, mal-estar ou sofrimento no trabalho, *burn-out* e suicídio são associados diretamente a essa categoria.[25] Embora não exista consenso técnico sobre a definição e, principalmente, sobre a categorização desses riscos, um aspecto que pode ser tido como denominador comum é a degradação da integridade psíquica e seus desdobramentos sobre a saúde na forma de agravos físicos e mentais.[26]

Segundo a OIT, a proteção da saúde mental deve preferencialmente ser feita por meio da avaliação e da gestão dos riscos psicossociais de modo a reduzir o estresse e os agravos mentais associados ao trabalho.[27] Para tanto, aplica-se a metodologia da gestão dos riscos físicos, com as devidas adaptações necessárias, para a análise de temas diretamente associados à organização do trabalho e aos métodos de gestão.[28]

Em levantamento sobre os riscos psicossociais no direito interno dos Estados-Membros da OIT foram identificadas duas formas básicas de tratamento: normas jurídicas que remetem especificamente a essa categoria ou previsões de caráter geral sobre a saúde mental e o bem-estar dos trabalhadores. Quanto às fontes jurídicas, podem ser heterônomas ou autônomas, tais como Códigos do Trabalho, leis e atos administrativos sobre saúde e segurança do trabalho, códigos de conduta e convenções ou acordos coletivos de trabalho. Em termos de conteúdo, prevalece a referência aos riscos psicossociais de modo esparso, fragmentado e não sistemático.[29]

Como precursores da transposição dos riscos psicossociais para o direito são mencionadas as ações da Dinamarca, da Suécia e da Noruega, mais precisamente com a adoção, em 1977, de leis sobre ambiente de trabalho com ênfase na promoção do bem-estar dos trabalhadores, o que levou à abertura para questões pertinentes ao campo psicossocial.[30]

Há países que definem legalmente os riscos psicossociais, embora essa seja uma tendência minoritária. Como exemplo, há no direito mexicano a previsão de que os riscos psicossociais são os elementos relacionados às atribuições do cargo, duração do trabalho, exposição a eventos traumáticos ou à violência no local de trabalho que possam resultar em transtornos de ansiedade, transtornos do sono e condições severas de estresse. Na Estônia, por sua vez, a definição legal os associa ao trabalho monótono, à má organização do trabalho, ao trabalho em condições de isolamento e outros fatores que possam gradualmente causar alterações no estado mental dos trabalhadores. Essas definições

---

work design and labour relations and occurs when the demands of the job do not match or exceed the capabilities, resources, or needs of the worker, or when the knowledge or abilities of an individual worker or group to cope are not matched with the expectations of the organizational culture of an enterprise" (OIT. *Workplace stress:* a collective challenge cit., p. 2).

22. LEROUGE, Loic. Les riques psychosociaux au travail reconuus par le droit: le couple dignité-santé. In: ______ (Dir.). *Risques psychossociaux au travail*. Paris: L'Harmatan, 2009. p. 9.
23. OIT. *Workplace stress*: a collective challenge cit., p. 3.
24. SEIN, José Luiz Goñi. A incidência do campo da saúde mental na relação de emprego na União Europeia. *In*: FERRERIA, Januário Justino; PENIDO, Laís de Oliveria Penido (Coord.). *Saúde mental no trabalho:* Coletânea do Fórum de Saúde e Segurança no Trabalho no Estado de Goiás. Goiânia: Cir. Gráfica, 2013. p. 74.
25. A revisão de literatura desenvolvida por Aguiar identifica um inventário ainda mais extenso de temas que integram os riscos psicossociais: o estresse ocupacional, o assédio, a violência no trabalho, a síndrome de *burn-out*, a adição ao trabalho, a fadiga e a carga mental no trabalho; o trabalho emocional, o tecnoestresse (COELHO, João Manuel Aguiar. *Gestão preventiva de riscos psicossociais no trabalho em hospitais no quadro da União Europeia*. 2009. Tese (doutorado) – Universidade Fernando Pessoa, Cidade do Porto, p. 63-79).
26. LEROUGE, Loic. *Les riques psychosociaux au travail reconuus par le droit*: le couple dignité-santé cit., p. 9.
27. OIT. *Workplace stress*: a collective challenge cit., p. 5.
28. COELHO, João Manuel Aguiar. *Gestão preventiva de riscos psicossociais no trabalho em hospitais no quadro da União Europeia* cit., p. 107.
29. OIT. *Workplace stress*: a collective challenge cit., p. 12.
30. OIT. *Workplace stress*: a collective challenge cit., p. 12.

costumam ter um alcance reduzido quando comparadas com o conhecimento técnico na área de saúde e segurança do trabalho.[31]

A construção de um regime jurídico próprio para esses riscos é ainda menos comum. Considera-se como referência o direito belga, mais especificamente o Decreto Real sobre Prevenção dos Riscos Psicossociais no Trabalho. Seu conteúdo abrange: a inclusão desse tema no sistema de gestão preventiva de riscos; as atribuições dos serviços na área de saúde e segurança do trabalho e o direito de participação dos trabalhadores no sistema de gestão preventiva de riscos.[32]

No Direito brasileiro, conforme já exposto, não há previsão legal de um sistema de gestão preventiva sobre os riscos psicossociais, diferentemente do que ocorre com os riscos físicos, químicos e biológicos. Há somente menções esparsas, em que o termo é utilizado sem a abrangência da concepção prevalecente na literatura técnica.

É o caso da instrução normativa sobre lesões por esforços repetitivos ou distúrbios osteomusculares relacionados ao trabalho, que usa a terminologia fatores psicossociais como "percepções subjetivas que os trabalhadores têm sobre a organização do trabalho".[33]

Outro exemplo é a NR 33, sobre segurança e saúde para trabalhos em espaços confinados, em que há menção aos fatores de riscos psicossociais como parte do exame médico ocupacional.[34]

A NR-17, por sua vez, ao regulamentar a ergonomia no trabalho no setor de *check-out*, emprega a terminologia aspectos psicossociais do trabalho antes de determinar o uso de dispositivo de identificação visível em que constem o nome do empregado e a proibição da imposição patronal de vestuário, propaganda ou maquiagem que causem constrangimento ou atentem contra a dignidade pessoal do trabalhador.[35]

Como aspectos positivos do referencial dos riscos psicossociais são mencionadas as seguintes contribuições para a área da saúde e segurança do trabalho: a ampliação da noção técnica de riscos para além dos aspectos físicos, químicos e biológicos; a alteração do foco de um modelo biomédico de saúde, pautado pela ausência de doenças, para a concepção de saúde integral ou de saúde como bem-estar físico, psíquico e social; a maior participação dos trabalhadores e a valorização de suas percepções sobre a realidade do trabalho na construção dos processos de gestão de riscos.[36]

Segundo esse modelo, há três eixos significativos para avaliar a qualidade estressora do ambiente laboral: as exigências do trabalho, o apoio social e o controle do trabalhador sobre sua atividade (latitude de decisão). Embora o apoio social e a latitude da decisão sejam categorias que poderiam contribuir para a inclusão das determinações macrossociais, da organização do trabalho e, portanto o debate sobre os limites do poder empregatício quanto a adoção de técnicas de gestão nesse referencial, observa-se que prevalecem os estudos e as práticas de prevenção voltadas para "o gerenciamento individual do estresse através de mudanças cognitivas e comportamentais e práticas de exercícios físicos e relaxamento" na forma de programas de qualidade de vida no trabalho (QVT).[37]

Com isso observa-se o distanciamento do debate jurídico-institucional sobre o caráter nocivo *a priori* de determinados modelos de organização do trabalho e, consequentemente, de sua antijuridicidade diante do reconhecimento do direito à saúde em sua vertente biopsicossocial.

Dentre esses modelos de organização do trabalho se encontram os instrumentos de gestão voltados para a promoção de um engajamento desmedido do trabalhador aos objetivos organizacionais. Nesse campo, estão aqueles característicos da gestão por estresse ou *straining*,[38] usualmente associados ao conceito de assédio organizacional, tais como ameaças, cobranças exageradas, exposições vexatórias de resultados e premiações negativas.[39]

---

31. OIT. *Workplace stress*: a collective challenge cit., p. 12.
32. OIT. *Workplace stress*: a collective challenge cit., p. 12.
33. IN n. 98/2003, do INSS.
34. Item 33.3.4.1 da NR 33.
35. Item 5 do Anexo I da NR 17. Conforme o levantamento sobre a incorporação do termo psicossocial nas normas técnicas da saúde e segurança do trabalho no Brasil desenvolvido por: RUIZ, Valéria Salek; ARAÚJO, André Luis Lima de. Saúde e segurança e a subjetividade no trabalho: os riscos psicossociais. *Revista Brasileira de Saúde Ocupacional*, v. 37, n. 125, p. 170-180, 2012.
36. RUIZ, Valéria Salek; ARAÚJO, André Luis Lima de. Saúde e segurança e a subjetividade no trabalho: os riscos psicossociais cit., p. 173; OIT. *Workplace stress*: a collective challenge cit., p. 3.
37. JACQUES, Maria da Graça Correa. Abordagens teórico-metodológicas em saúde/doença mental & trabalho. *Psicologia & Sociedade*, Belo Horizonte, v. 15, n. 1, p. 97-116, jan.-jun. 2003, p. 102; SELIGMANN-SILVA, Edith. *Trabalho e desgaste mental*: o direito de ser dono de si mesmo cit., p. 127.
38. O termo *straining*, segundo Guedes, tem origem em laudo pericial de autoria de Harald Ege em ação trabalhista italiana. Representa a situação de estresse forçado a que é submetido grupo de trabalhadores de um determinado setor por meio da imposição de grave pressão psicológica para aumento da taxa de produtividade e por reprovações constrangedoras combinadas com a afirmação de "falta de interesse pelo trabalho", "falta de zelo" e "falta de colaboração" (GUEDES, Márcia Novaes. Assédio moral e *straining*. *Revista LTr*, v. 74, n. 2, p. 74-02/165, fev. 2010).
39. SOBOLL, Lis Andrea Pereira. *Assédio moral/organizacional*: uma análise da organização do trabalho. São Paulo: Casa do Psicólogo, 2008. p. 22.

Entretanto, a literatura especializada constata que, além daqueles, pode haver a adoção de instrumentos ainda mais sofisticados e sutis, tais como cursos e treinamentos motivacionais, mecanismos individualizados de avaliação periódica e todo o aparato de comunicação interna. Esses têm por objeto a mobilização passional e a dedicação extremada à organização por meio da idealização e da identificação com a organização produtiva.

Caracterizam-se centralmente pelo discurso da performance e da excelência em que o exercício do poder empregatício não tem por escopo apenas o controle dos atos dos trabalhadores, antes almeja a própria normalização das pessoas[40] e produzem uma forma específica de lesão à saúde por meio da alienação, da negação da singularidade e da autenticidade de cada pessoa, aspectos esses que escapam ao referencial do estresse ocupacional e ao modelo dos riscos psicossociais em sua conformação contemporânea.

3. CRÍTICA AO REFERENCIAL DOS RISCOS PSICOSSOCIAIS

Como aspectos positivos do referencial dos riscos psicossociais costumam ser mencionadas as seguintes contribuições para a área da saúde e segurança do trabalho: a ampliação da noção técnica de riscos para além dos aspectos físicos, químicos e biológicos; a alteração do foco de um modelo biomédico de saúde, pautado pela ausência de doenças, para a concepção de saúde integral ou de saúde como bem-estar físico, psíquico e social; a maior participação dos trabalhadores e a valorização de suas percepções sobre a realidade do trabalho na construção dos processos de gestão de riscos.[41]

Entretanto, como assinalado anteriormente, conquanto a categoria dos riscos psicossociais possibilite a compreensão de determinados componentes da saúde mental relacionados aos modos de organização e de interação no trabalho, esse referencial deve ser analisado, de forma crítica, na totalidade das categorias constitutivas do trabalho no sistema capitalista de produção e no contexto das relações de trabalho que nele se desenvolvem, com os conflitos de classe e as relações de dominação que lhes são inerentes, e que se manifestam jurídica no estado de subordinação do empregado e pelo exercício do poder de direção pelo empregador.

Este referencial, por exemplo, parece não considerar que a transposição de questões afetas à saúde mental para o terreno conceitual dos riscos ocupacionais representa a passagem para o terreno do cálculo, da estatística e da probabilidade, uma vez que sua questão fundamental é a "potencialidade ou a probabilidade de que uma pessoa seja lesada ou experimente efeitos adversos em sua saúde" quando exposta aos riscos psicossociais.[42]

Por este referencial, questões subjetivas ligadas à pessoa do trabalhador adquirem um relevo que não somente possibilita a ocultação dos reais fatores de adoecimento mental no trabalho, presentes na própria forma de estruturação do trabalho no sistema capitalista de produção (com seus processos de alienação, estranhamento e reificação), como possibilita inserir os transtornos mentais e as psicopatologias como meras formas de reações subjetivas às condições organizacionais e aos elementos interacionais do ambiente do trabalho, que seriam aferidos a partir dos próprios processos psíquicos, conscientes e inconscientes, do trabalhador, somados às suas experiências sociais e culturais; levando, inclusive, à dificultação de reconhecimento do nexo causal dos transtornos mentais com o trabalho e das consequências jurídicas que dele poderiam advir.

Tal perspectiva se afasta das análises estruturais e coletivas, as quais devem operar em primeira ordem em questão de saúde pública, inclusive com o reconhecimento dos transtornos psíquicos e mentais presentes em todas as formas de realização do trabalho, das mais simples, manuais, rústicas e sem qualificação até as mais complexas e qualificadas, não se limitando a estas últimas, como aparentam conceber determinados referenciais em saúde do trabalhador.

Por outro lado, as perspectivas sem saúde mental relacionada ao trabalho devem ser empreendidas a partir da concepção da classe trabalhadora em sua totalidade, considerando-se a sua morfologia e a diversidade da classe trabalhadora, embora na lógica da sua unidade conceitual.

Como aponta Ricardo Antunes, uma noção ampliada de classe trabalhadora deve incluir todos aqueles que vendem sua força de trabalho, como o proletariado industrial, os assalariados do setor de serviços, o proletário rural, o proletariado precarizado, o subproletariado, o processo de feminização do trabalho, a ampliação do trabalho intelectual abstrato, o proletariado temporalmente precarizado, o teletrabalho.[43]

O referencial em comento distancia-se significativamente, *v.g.*, das contribuições teórico-metodológicas da Saúde do Trabalhador e da SMRT, especialmente do desgaste mental e de sua associação com a violência psicológica da

40. SUPIOT, Alain. *Homo juridicus:* ensaio sobre a função antropológica do direito. São Paulo: Martins Fontes, 2007. p. 213.

41. RUIZ, Valéria Salek; ARAÚJO, André Luis Lima de. *Saúde e segurança e a subjetividade no trabalho*: os riscos psicossociais cit., p. 173; OIT. *Workplace stress*: a collective challenge cit., p. 3.

42. "For the purpose of this report, risk is the likelihood or probability that a person will be harmed or experience adverse health effects if exposed to a psychosocial hazard" (OIT. *Workplace stress*: a collective challenge cit., p. 3).

43. ANTUNES, Ricardo. Algumas teses (e ideias) sobre os sentidos do trabalho. *In*: FERRERIA, Januário Justino; PENIDO, Laís de Oliveira Penido (Coord.). *Saúde mental no trabalho:* Coletânea do Fórum de Saúde e Segurança no Trabalho no Estado de Goiás. Goiânia: Cir. Gráfica, 2013. p. 201-208.

excelência, dos questionamentos das clínicas do trabalho sobre as relações entre atividade e subjetividade e da interface entre inconsciente, controle social e violência da gestão desenvolvida pela Psicossociologia e pela Sociologia Clínica de matriz francesa.

Ao optar pela concepção dos riscos psicossociais, não se coloca em profundidade o debate sobre a relação trabalho-saúde como perpassada pelo exercício do poder e por mecanismos sofisticados de controle social. Não se analisa o trabalhador subordinado inserido em uma rede de dispositivos gerenciais e em uma cultura organizacional que articula não apenas os processos materiais de produção, por meio de procedimentos, normas, regulamentos, mas que igualmente mobiliza os processos psíquicos de identificação e de idealização para canalizar a energia libidinal em energia produtiva.[44]

O desenvolvimento de uma cultura de prevenção para a saúde mental do trabalhador não deveria ser limitado às interações negativas entre organização do trabalho e fator humano. É necessário contextualizar a origem dessas interações negativas nos modelos de gestão aptos a mobilizar o inconsciente para conformar comportamentos e emoções, para promover a performance laboral como algo ilimitado, para substituir a singularidade do sujeito pelo ideal organizacional. São esses aspectos que constroem o nexo biopsíquico historicamente específico, o processo de desgaste e o perfil patológico de um grupo humano.

A ênfase no caráter probabilístico dos riscos psicossociais afirma a incerteza sobre a ocorrência do dano ou o nexo de causalidade deste com o trabalho em matéria de transtorno mental e psicopatologias.

Distancia-se, também, do conceito de violência psicológica e, consequentemente, da gestão por excelência como dano, como lesão em si ao direito à integridade psíquica, independentemente da consolidação de um transtorno mental caracterizável como doença ocupacional.

As práticas de gestão permanecem, preponderantemente, como tema tabu diante do binômio subordinação-poder diretivo,[45] e é reforçada a cultura jurídica de compreensão da organização do trabalho como neutralidade técnica e como legítima manifestação da livre-iniciativa e de exercício do poder diretivo. Distancia-se do diálogo com os estudos organizacionais críticos e seus pressupostos de desnaturalização da Administração e das organizações produtivas.

O debate sobre as transformações nos modelos de gestão, sobre sua natureza de controle social que incide na integralidade do trabalhador, sofisticando e reconfigurando o sentido da subordinação por meio do controle psicológico expresso em práticas ditas motivacionais, é substituído, conforme indica o padrão proposto pela OIT,[46] pela validação de mecanismos técnicos de demonstração objetiva de algo que é intrinsecamente alheio a essa racionalidade, bem como pela formulação de métodos de gestão preventiva em matéria de saúde e segurança do trabalho pautados pelo dever de adoção de medidas razoáveis de eliminação ou redução desses ditos novos riscos.

Em tais medidas tem prevalecido, na experiência concreta, em detrimento da prevenção primária, ou seja, da eliminação dos riscos, a redução de danos sobre os trabalhadores por meio de mecanismos assistencialistas de promoção de qualidade de vida no trabalho, como técnicas de enfrentamento individual do estresse ou programas de aconselhamento terapêutico como equivalentes no fornecimento de equipamentos de proteção individual.[47]

Além dessa crítica sobre a formulação parcial do problema proposta pelos riscos psicossociais e o impedimento de uma real prevenção diante da ocultação da mediação entre gestão e violência psicológica, há aspectos pontuais questionáveis. O primeiro deles é o distanciamento da diferenciação teórico-metodológica entre o conceito de risco, pertinente "às propriedades materiais e mensuráveis quantitativamente dos objetos, meios e ambientes de trabalho", e entre o conceito de exigências ou de cargas de trabalho em sua acepção de constrições fisiológicas e psíquicas relacionadas a aspectos qualitativos decorrentes da organização do trabalho e da atividade do trabalhador, fundamentais para a compreensão dos processos psíquicos mobilizados pela atividade.[48]

Um segundo aspecto é como o reducionismo conceitual desencadeado pela prevalência do conceito de risco favorece a objetivação e a abstração do humano, ao analisá-lo como "máquina biopsicossocial, abstrata, submetida à normalidade estatística"[49] e, consequentemente, ao favorecer a acepção individualizante do desajuste. Esses elementos, por sua vez, associam-se a duas repercussões. A primeira refere-se à contribuição para a responsabilização do trabalhador pelo desgaste mental perante o seu desvio do padrão estatístico ou a sua incapacidade de estabelecer mecanismo de enfrentamento e de adaptação diante dos denominados

44. GAULEJAC, Vincent. *La NGP*: nouvelle gestion paradoxante cit., p. 86.
45. FERREIRA, Mário Cesar. Qualidade de vida no trabalho (QVT): do assistencialismo à promoção efetiva. Laboreal, v. XI, n. 2, p. 28-35, 2015.
46. OIT. *Workplace stress*: a collective challenge cit., p. 31.
47. COELHO, João Manuel Aguiar. *Gestão preventiva de riscos psicossociais no trabalho em hospitais no quadro da União Europeia* cit., p. 95.
48. MINAYO-GOMEZ, Carlos; THEDIM-COSTA, Sônia Maria da Fonseca. *A construção do campo da saúde do trabalhador*: percurso e dilemas cit., p. 28-29.
49. CHANLAT, Jean-François. *Traveil e santé mentale*: théories du stress et psycopathologie du travail. *Prevenir*, France: Universite Grenoble II, Coopérative d'édition de la vie mutualiste, n. 20, premier semestre, 1990.

riscos psicossociais. A segunda diz respeito à naturalização do estresse ocupacional e dos riscos psicossociais, como inerentes à vida em sociedade, e não como algo produzido pela materialidade das relações de produção, especialmente pelas práticas e pelo discurso da gestão.[50]

Como terceiro elemento específico de crítica, a prevenção na forma de gestão dos riscos psicossociais incorpora de modo apenas parcial a participação dos trabalhadores, em uma perspectiva de consulta, distinta das concepções de protagonismo e de não delegação da saúde presente, *v.g*, na Saúde do Trabalhador. Essa consulta aos trabalhadores, vale registrar, é estruturada pela ideia de colaboração entre empregadores e trabalhadores, de conciliação entre aumento da produtividade e tutela da saúde, desconsiderando a materialidade conflitual entre capital e trabalho.

Essa perspectiva geral de colaboração e de conciliação entre tutela à saúde e incremento da produtividade indica o caráter estrutural da ambivalência do direito do trabalho e, consequentemente, da distribuição vigiada de direitos e do reconhecimento parcial da subjetividade jurídica do trabalhador no campo da tutela preventiva da saúde nas relações de trabalho.

Nesse sentido, é emblemático o discurso da OIT sobre sua capacidade de conciliar saúde com aumento de produtividade:

> Em tempos de transformações no mundo do trabalho, lidar de modo adequado com os riscos psicossociais é essencial para a proteção da saúde e do bem-estar dos trabalhadores e concomitantemente para aumentar a produtividade das organizações. [...] A OIT tem uma tradição histórica no desenvolvimento de políticas nacionais e empresariais para a proteção da saúde e do bem-estar dos trabalhadores e ao mesmo tempo de aumentar a produtividade.[51]

A construção técnica dos riscos psicossociais e a incorporação dessa categoria pelo Estado representam, assim, um desvio em relação ao estudo da origem da degradação do psíquico nas relações de trabalho e da valoração jurídica dessas causas em face do referencial do direito à saúde, dos direitos de personalidade e dos limites do poder diretivo. Por meio dessa racionalidade técnica evita-se centrar o debate na origem dos processos de desgaste mental e seus possíveis desdobramentos de retomada da politização do trabalho e de atribuição de responsabilidades.

4. REFERÊNCIAS

ANTUNES, Ricardo. Algumas teses (e ideias) sobre os sentidos do trabalho. In: FERRERIA, Januário Justino; PENIDO, Laís de Oliveria Penido (Coord.). *Saúde mental no trabalho*: Coletânea do Fórum de Saúde e Segurança no Trabalho no Estado de Goiás. Goiânia: Cir. Gráfica, 2013.

BARUKI, Luciana Veloso. *Riscos psicossociais e saúde mental do trabalhador*. São Paulo: LTr, 2015.

CHANLAT, Jean-François. *Traveil e santé mentale*: théories du stress et psycopathologie du travail. *Prevenir*, France: Universite Grenoble II, Coopérative d'édition de la vie mutualiste, n. 20, premier semestre, 1990.

COELHO, João Manuel Aguiar. *Gestão preventiva de riscos psicossociais no trabalho em hospitais no quadro da União Europeia*. 2009. Tese (doutorado) – Universidade Fernando Pessoa, Cidade do Porto.

FERREIRA, Mário Cesar. *Qualidade de vida no trabalho (QVT)*: do assistencialismo à promoção efetiva. Laboreal, v. XI, n. 2, p. 28-35, 2015.

FIORILLO, Celso Antonio Pacheco. *Curso de direito ambiental*. São Paulo: Saraiva, 2002.

GAULEJAC, Vincent. *La NGP: nouvelle gestion paradoxante*. Nouvelles Pratiques Sociales, v. 22, n. 2, p. 83-98, 2010, p. 83. Disponível em: <http://id.erudit.org/iderudit/044221ar>. Acesso em: 12 mar. 2015.

GUEDES, Márcia Novaes. Assédio moral e *straining*. *Revista LTr*, v. 74, n. 2, p. 74-02/165, fev. 2010.

JACQUES, Maria da Graça Correa. Abordagens teórico-metodológicas em saúde/doença mental & trabalho. *Psicologia & Sociedade*, Belo Horizonte, v. 15, n. 1, p. 97-116, jan.-jun. 2003.

LEROUGE, Loic. *Les Risques Psychosociaux*: identifier, prevenir, traiter. Peujeot: Lemy, 2010.

MINAYO-GOMEZ, Carlos; THEDIM-COSTA, Sônia Maria da Fonseca. A construção do campo da saúde do trabalhador: percurso e dilemas. *Cadernos de Saúde Pública*, Rio de Janeiro, v. 13, suplemento 2, p. 21-32, abr. 1997.

OLIVEIRA, Sebastião Geraldo de. *Proteção jurídica à saúde de trabalhador*. São Paulo: LTr, 2001.

ORGANIZAÇÃO DAS NAÇÕES UNIDAS. *Declaração de Estocolmo sobre meio ambiente humano*. Item 3. 1972. Disponível em: <http://www.direitoshumanos.usp.br/index.php/Meio-Ambiente/declaracao-de-estocolmo-sobre-o-ambiente-humano.html>. Acesso em: 14 out. 2014.

OIT. *Convenção n. 155*: Convenção sobre segurança e saúde dos trabalhadores e o meio ambiente de trabalho. Genebra, 1981. Disponível em: <http://www.oit.org.br>. Acesso em: 3 jan. 2015.

______. Psychosocial factors at work: recognition and control. *Report of the Joint ILO/WHO Committee on Occupational Health*, Genebra, Ninth Session, p. 3, 1984.

______. *Riesgos emergentes y nuevos modelos de prevención en un mundo de trabajo en transformación*. 2010. Disponível em: < http://www.ilo.org/wcmsp5/groups/safework/documents/publication/wcms_124341.pdf>. Acesso em: 20 jul. 2016.

50. SELIGMANN-SILVA, Edith. *Trabalho e desgaste mental*: o direito de ser dono de si mesmo cit., p. 131.

51. "In times of change in the world of work coping successfully with psychosocial risks in the workplace is essential for protecting the health and wellbeing of workers while enhancing the productivity of organizations. [...] The ILO has a long tradition of developing national and workplace policies to protect workers' health and wellbeing and at the same time enhance productivity" (OIT. *Workplace stress*: a collective challenge cit., p. 32).

_____. *Workplace stress*: a collective challenge. Geneva, 2016, p. 7. Disponível em: <http://www.ilo.org/wcmsp5/documents/publication/wcms_466547.pdf>. Acesso em: 20 jul. 2016.

RAMMAZZINI, Bernardino. *As doenças dos trabalhadores*. Trad. Raimundo Estrela. 3 ed. São Paulo: Fundacentro, 2000.

RUIZ, Valéria Salek; ARAÚJO, André Luis Lima de. Saúde e segurança e a subjetividade no trabalho: os riscos psicossociais. *Revista Brasileira de Saúde Ocupacional*, v. 37, n. 125, p. 170-180, 2012.

SANTOS, Lenir. Saúde e meio ambiente. Competências. Intersetorialidade. *Revista de Direito do Trabalho*. São Paulo, ano 31, n. 120, out./dez. 2005.

SEIN, José Luiz Goñi. A incidência do campo da saúde mental na relação de emprego na União Europeia. In: FERRERIA, Januário Justino; PENIDO, Laís de Oliveria Penido (Coord.). *Saúde mental no trabalho*: Coletânea do Fórum de Saúde e Segurança no Trabalho no Estado de Goiás. Goiânia: Cir. Gráfica, 2013.

SELIGMANN-SILVA, Edith. *Trabalho e desgaste mental*: o direito de ser dono de si mesmo. São Paulo: Cortez, 2011.

SOBOLL, Lis Andrea Pereira. *Assédio moral/organizacional*: uma análise da organização do trabalho. São Paulo: Casa do Psicólogo, 2008.

SUPIOT, Alain. *Homo juridicus*: ensaio sobre a função antropológica do direito. São Paulo: Martins Fontes, 2007.

34 Trabalho, saúde e o papel da regulação trabalhista: contexto atual e perspectivas futuras

Karen Artur[1]

Ana Cláudia Moreira Cardoso[2]

1. INTRODUÇÃO

Dado que o trabalho é uma atividade central na vida do ser humano e, consequentemente, das sociedades, é necessária a sua constante análise, sobretudo num contexto de fortes transformações políticas, econômicas e sociais. Transformações estas que influenciam e são influenciadas pelo mundo do trabalho.

A sociedade capitalista tem como uma de suas principais características a desigualdade entre os atores sociais: enquanto os empregadores são proprietários dos meios de produção (e, também dos meios de comunicação, concentrando, ainda, o poder político), os trabalhos, detentores da força de trabalho, dependem da venda desta para a sobrevivência. Nessa configuração de sociedade, quanto mais abrangente for o "Estado de Bem-Estar Social" – regulando as relações sociais, construindo políticas de trabalho, determinando direitos e acessos a condições dignas de vida –, menor será a assimetria e o desequilíbrio de poder entre capital e trabalho. Por outro lado, o enfraquecimento da regulação pública tem como resultado a quebra do contrato civilizatório que possibilita a sociedade funcionar com algum equilíbrio, justiça e igualdade.

São diversas as mudanças pelas quais o mundo do trabalho passou nos últimos 40 anos, tendo como resultado a intensificação do labor, o aumento da pressão sobre os trabalhadores, do controle e da competição entre estes, bem como o aumento da sobrecarga física, mental e emocional[3]. Neste momento, entretanto, é o cenário futuro (próximos 20 e 30 anos) que está no centro no debate, com ênfase para as novas formas de contratação, a crescente informalidade, a insegurança na vida profissional, a incerteza e a precariedade do emprego e da renda. Mudanças que são fruto de escolhas em relação à implantação das novas tecnologias da informação e da comunicação, ao avanço científico, à proliferação dos processos de automação, às inovações organizacionais e de gestão e do uso cada vez maior da inteligência artificial, do Big Data e dos algoritmos[4].

São transformações antigas, atuais e que estão por vir e que alteram totalmente as configurações do trabalho e do emprego, as quais não podem ser tomadas como resultado apenas das escolhas tecnológicas e organizacionais, mas também de opções políticas e econômicas ao nível nacional e internacional. Entre elas, temos a ascensão e hegemonia do neoliberalismo, a desregulamentação financeira e a busca pela redução do papel do Estado e o consequente desmantelamento do Estado de Bem-Estar Social.

A globalização assimétrica desfavorece a capacidade de barganha dos trabalhadores, considerando que os interesses do capital foram, e ainda são, muito mais favorecidos do que os do trabalho. Por exemplo, ao aumentar a mobilidade internacional de capitais e, ao mesmo tempo, reduzir a proteção dos mercados nacionais contra a crescente concorrência internacional. Vimos, além disso, que a receita adotada de menos Estado e mais mercado teve como um dos efeitos a crise financeira de 2008, crise tipicamente suscitada pela implementação de políticas neoliberais e que deixou sequelas como o aumento do desemprego, a redução do trabalho formal e da renda do trabalho[5].

---

1. Doutora em Ciência Política pela UFSCar, com período na Northwestern University, e docente na Faculdade de Direito da UFJF. Coordenadora do Grupo de Pesquisa TRADJUST com apoio de bolsa da UFJ. *Email*: karenartur2-14@gmail.com.

2. Doutora em Sociologia pela USP, com período na Université Paris 8, e professora visitante na UFJF. *Email*: anacmc2@hotmail.com.

3. Gollac, 2005.

4. EUROPEAN TRADE UNION INSTITUTE'S – ETUI. The future of work in the digital era. *HesaMag* n. 16, autumn-winter. Bruxelas, Etui, 2017.

5. CARDOSO, Ana Claudia Moreira. Organização e intensificação do tempo de trabalho. *Sociedade e Estado*. Brasília, DF, v. 28, n. 2, p. 351-374, maio/ago. 2013.

Por sua vez, as configurações do trabalho e do emprego têm sido alteradas, sobretudo a partir do final dos anos 2000, quando da adoção das denominadas "reformas trabalhistas" no Brasil e em outros países[6]. De uma forma geral, essas reformas passaram a ampliar as facilidades para as demissões, promovendo a flexibilização crescente dos contratos de trabalho, a descentralização das negociações coletivas, o aumento da idade para aposentadoria, a maior liberdade para o aumento da jornada de trabalho e para a redução dos direitos dos trabalhadores. Novas regras são criadas para descaracterizar e destruir o chamado "contrato por tempo indeterminado"[7]. Vemos, então, que num contexto de crise econômica causada, dentre outros motivos, pela falta de regulamentação do setor financeiro, os governos decidem agir sobre as relações de labor reduzindo os direitos dos trabalhadores.

Não é por um acaso que o relatório elaborado pela Organização Internacional do Trabalho (OIT), em 2013, nos fala sobre as "perspectivas sombrias para o mercado de trabalho mundial". Nesse relatório, é apontado o aumento do desemprego e do desemprego de longa duração, sobretudo no caso de jovens e mulheres; da inatividade "forçada" e consequente dificuldade de reinserção no mercado de trabalho, gerando um ciclo vicioso entre desemprego e desqualificação. Além disso, é frisado que os salários médios se mantiveram abaixo dos níveis antes da crise de 2008; que houve uma queda da participação dos salários na renda total e, portanto, o aumento do fosso entre os 10% no topo da escala salarial e os 10% da base, bem como o aumento do percentual de indivíduos (e suas famílias) abaixo da linha de pobreza.

Tal situação tem gerado crescente insegurança e medo em relação à situação de emprego, levando o trabalhador a aceitar condições de trabalho degradantes[8], as quais têm como resultados o crescimento e a diversificação de formas de sofrimento e das doenças ligadas ao trabalho: estresse, ansiedade, depressão, medo, *burn out*, síndrome do pânico, LER/DORT, tecnoestresse, déficit de atenção e riscos psicossociais no trabalho[9]. Os suicídios são outra expressão brutal de sofrimento no trabalho que vem crescendo e chamando a atenção da sociedade.

No caso do Brasil, é necessário considerarmos que sempre houve um mercado de trabalho ilegal e informal muito grande, acentuada desigualdade social, além de um processo de negociação muito limitado e o quase impedimento do movimento sindical de ter acesso ao local de trabalho, além das dificuldades institucionais de fortalecimento da fiscalização.

Todas essas variáveis devem ser estudadas junto às dimensões da representação do trabalho, da negociação coletiva, da proteção de todos os trabalhadores, da seguridade social e a da regulação e inspeção do trabalho, as quais são componentes de uma preocupação em torno de uma governança do trabalho expressa nas discussões realizadas no centenário da OIT e que resultaram no relatório "O Futuro do Trabalho no Brasil"[10].

Nesse contexto de profunda transformação no momento presente e das que já se mostram para o período futuro, nosso objetivo, neste artigo, é analisar a relação entre o trabalho, a saúde do trabalhador[11] e a regulação trabalhista. Apesar de praticamente todas as dimensões do trabalho impactarem diretamente o processo saúde-doença, para este estudo, analisamos a questão da intensificação do labor e da adoção de novas formas contratuais do trabalho, em diálogo com as modificações mais recentes dos arranjos institucionais do trabalho, no Brasil.

2. DESAFIOS DO DESENVOLVIMENTO DOS ARRANJOS INSTITUCIONAIS DA SAÚDE DO TRABALHADOR

A saúde do trabalhador é definida pela Organização Mundial de Saúde como um direito humano e, como tal, vem sendo mobilizado pelos atores sociais nas diversas conferências de saúde do trabalho que têm ocorrido no país. Na Constituição de 1988, ela é protegida como um direito fundamental, cuja expressão revela a face de ordem pública do direito do trabalho, em seu art. 7º, XXII, dentre outros, abaixo citados com grifos nossos:

> Art. 7º São direitos dos trabalhadores urbanos e rurais, **além de outros que visem *à* melhoria de sua condição social:**
>
> (...)
>
> XXII – redução dos riscos inerentes ao trabalho, por meio de **normas de saúde, higiene e segurança;**
>
> Art. 196. A **saúde é direito de todos e dever do Estado, garantido mediante políticas sociais e econômicas** que visem à redução do risco de doença e de outros agravos

---

6. CARDOSO, Ana Claudia Moreira; REJANE, Claudia. A negociação coletiva e as possibilidades de intervenção na realidade do trabalho: avanços e limites no contexto de desconstrução de direitos. Revista Brasileira de Saúde Ocupacional, 2019. (no prelo)
7. EUROPEAN TRADE UNION INSTITUTE'S – ETUI. Atypical forms as employment contrats in time of crisis. *Working Paper*. Bruxelles, ETUI, 2013.
8. EUROPEAN TRADE UNION INSTITUTE'S – ETUI. The future of work in the digital era. *HesaMag* n. 16, autumn-winter. Bruxelas, Etui, 2017. 52 p.
9. CARDOSO, Ana Claudia Moreira. Organização e intensificação do tempo de trabalho. *Sociedade e Estado*. Brasília, DF, v. 28, n. 2, p. 351-374, maio/ago. 2013.
10. ORGANIZAÇÃO INTERNACIONAL DO TRABALHO – OIT. *O Futuro do Trabalho no Brasil:* perspectivas e diálogos tripartites. Brasil: OIT, 2018.
11. Por "trabalhador" entende-se toda a diversidade do contingente brasileiro no que diz respeito a cor, etnia e identidade de gênero.

> e ao acesso universal e igualitário às ações e serviços para sua promoção, prevenção e recuperação.
>
> Art. 200. Ao sistema único de saúde compete, além de outras atribuições, nos termos da lei:
>
> (...)
>
> VIII – colaborar na proteção do meio ambiente, **nele compreendido o do trabalho.**

O arranjo de políticas públicas direcionado a garantir esse direito é de origem recente no Brasil e ainda dá seus primeiros passos para sua articulação. Instituída pelo Ministério Público do Trabalho em 2001, a Coordenadoria Nacional de Defesa do Meio Ambiente do Trabalho (CODEMAT) teve como inspiração para a articulação estratégica em torno do tema o Fórum Pernambucano de Combate aos Efeitos dos Agrotóxicos na Saúde do Trabalhador, no Meio Ambiente e na Sociedade[12].

Em relação ao Poder Judiciário, a edição da Súmula Vinculante n. 736, em 2003, trouxe para a Justiça do Trabalho as questões relativas ao meio ambiente do trabalho e, assim, para o Ministério Público do Trabalho as atribuições para a investigação e ajuizamento dessas ações coletivas. Anos mais tarde, em 2009, a Súmula Vinculante n. 22 determinou que seria de competência da Justiça do Trabalho processar e julgar as ações de indenização por danos morais e patrimoniais decorrentes de acidente de trabalho propostas por empregado contra empregador. Oliveira defende que esse foi um passo importante para a emancipação institucional da Justiça do Trabalho, pois "(...) isso confere um sentido de unidade em questões aparentemente desconexas e maior coerência sistemática na proteção jurídica à saúde e integridade psicobiofísica dos trabalhadores"[13].

Por fim, apenas em 2012, foi editada a Política Nacional de Segurança e Saúde do Trabalhador[14] e elaborados planos em torno da Agenda do Trabalho Decente contendo disposições para sua efetivação. Artur constatou a fragilidade do controle social e sua articulação em outras instituições[15]. Contudo, há que se destacar as ações conjuntas da sociedade civil e do Ministério Público do Trabalho, que produziram debates e ações judiciais em torno de temas que afetam coletividades[16], a exemplo das condições de trabalho nos frigoríficos e o assédio moral nos bancos e *call centers*.

É importante ressaltar que a legislação que impacta a saúde dos trabalhadores também diz respeito às diversas dimensões do trabalho, abrangendo regras e direitos referentes à organização e gestão do trabalho, ao ambiente do labor, ao tempo de trabalho, às licenças, à remuneração, à segurança no emprego, à representação dentro e fora do local de trabalho, ao acesso à informação, bem como à possibilidade de participação, por parte dos trabalhadores e de seus representantes, em decisões que estão diretamente relacionadas à realização do trabalho. Afinal, todas essas dimensões exercem efeitos diretos e indiretos no processo saúde-doença[17].

3. INTENSIFICAÇÃO DO TRABALHO E A SAÚDE DO TRABALHADOR: NECESSIDADE DE SUA REGULAÇÃO

Silva afirma que o processo de intensificação do trabalho, mais presente desde os anos 1990, é um aspecto que tem sido negligenciado pela doutrina trabalhista[18]. A intensidade do trabalho é entendida como a quantidade de dispêndio das capacidades dos trabalhadores, tanto do ponto de vista físico, como psicológico e emocional[19]. As novas

12. JARDIM, Philippe Gomes; LIRA, Ronaldo José de. A Codemat em três momentos: o presente, o passado e o futuro. In: JARDIM, P. G.; LIRA, R. J. de. (Coords.). *Meio ambiente do trabalho aplicado:* homenagem aos 10 anos da Codemat. São Paulo: LTr, 2013.
13. OLIVEIRA, Sebastião Geraldo de. Competência para julgamento das ações indenizatórias decorrentes de acidente do trabalho. Jurisprudência dos Tribunais Superiores. In: COUTINHO, G. F.; FAVA, M. N. (Orgs.). *O que estão fazendo da nova competência da Justiça do Trabalho?* Análise crítica da jurisprudência do STF, do TST e do STJ após a EC n. 45/2004. São Paulo: LTr, 2011, p. 397.
14. BRASIL. Decreto n. 7.602/2011, de 7 de novembro de 2011. *Dispõe sobre a Política Nacional de Segurança e Saúde no Trabalho. Diário Oficial [da] República Federativa do Brasil*, 8 de novembro de 2011. Disponível em: <http://www.planalto.gov.br/ccivil_03/_Ato2011-2014/2011/Decreto/D7602.htm>. Acesso em: 6 abr. 2015.

    ______. Portaria n. 1.823, de 23 de agosto de 2012. *Institui a Política Nacional de Saúde do Trabalhador e da Trabalhadora. Diário Oficial [da] República Federativa do Brasil*, n. 165, Seção I, p. 46-51, 24 de agosto de 2012. Disponível em: <http://bvsms.saude.gov.br/bvs/saudelegis/gm/2012/prt1823_23_08_2012.html>. Acesso em: 18 mar. 2015.
15. ARTUR, Karen. Direitos humanos e desigualdades: processos políticos, trabalho e justiça. *Relatório CEDD de Pós-Doutorado*, Direito, Universidade de São Paulo, 2014, não publicado.
16. ARTUR, Karen. Ministério Público do Trabalho: construção institucional e formação da agenda. *Mediações – Revista de Ciências Sociais-UEL*, v. 21, n. 1, p. 167-198, jul.-dez. 2016. Disponível em: <http://www. uel.br/revistas/uel/index.php/mediacoes/article/view/26873/19505>. Acesso em: 1º maio 2018.
17. CARDOSO, Ana Claudia Moreira. Organização e intensificação do tempo de trabalho. *Sociedade e Estado*. Brasília, DF, v. 28, n. 2, p. 351-374, maio/ago. 2013; DURAND, Jean Pierre. *La chaîne invisible*: travailler aujourd'hui: flux tendu et servitude volontaire. Paris: Seuil, 2004; MAENO, Maria; PARARELLI, Renata. O trabalho como ele é e a saúde mental do trabalhador. In: SILVEIRA, M. A. (org.). *Inovação para o desenvolvimento de organizações sustentáveis*: trabalho, fatores psicossociais e ambiente saudável. Campinas: CTI (Centro de Tecnologia da Informação "Renato Archer"), 2013. p. 145-166.
18. SILVA, José Antônio Ribeiro de Oliveira. A flexibilização da jornada de trabalho e seus reflexos na saúde do trabalhador: uma questão de tutela ambiental. *Direito Ambiental do Trabalho*: apontamentos para uma teoria geral. V. 2. São Paulo: LTr, 2015a.
19. CARDOSO, Ana Claudia Moreira. *Tempos de trabalho, tempos de não trabalho*: disputas em torno da jornada do trabalhador. São Paulo: Annablume, 2009.

formas de organização do trabalho, implantadas pelo capital, estão na origem dessa intensificação, ao buscarem aumentar o fluxo da produção, sua variedade, sua capacidade de responder às flutuações do mercado, com um percentual cada vez menor de trabalhadores. Uma organização que pode ser adjetivada como enxuta e flexível, mas também como incerta e intensa.

Diversas análises têm demonstrado que o processo de intensificação do labor exerce uma influência negativa para a saúde do trabalhador[20], considerando as inúmeras fontes de intensificação do trabalho a que estão submetidos os trabalhadores: maior ritmo; maior densificação do tempo, com redução das pausas e das chamadas "porosidades"; multiplicação das tarefas; multifuncionalidade; prazos cada vez mais rígidos e curtos; interrupções frequentes de uma tarefa para realização de outra; necessidade de reação cada vez mais imediata e urgente; mudanças cada vez mais frequentes, que exigem mais tempo de aprendizado das novas tarefas e ampla gama de normas a serem seguidas pelos trabalhadores[21].

Por sua vez, a gestão por objetivos ou metas tem sido sublinhada como uma das principais causas do processo de intensificação pois ela pressiona os trabalhadores a realizarem mais trabalho. Para o capital, a gestão chamada *by stress*, *time compression* ou "minimax" é vista como um instrumento de organização do trabalho, que tem como objetivo a intensificação e o aumento da produção. Por outro lado, para o trabalhador, este tipo de gestão tem sido fonte de diversos problemas de saúde em função do extremo cansaço e fadiga. Do mesmo modo, é necessário considerar que, diante da pressão, o trabalhador fica na dúvida se ele irá atender aos objetivos/metas da produção ou ao seu desejo de preservar a saúde, dado que a urgência o leva a adotar a maneira mais rápida de trabalhar, que nem sempre é a melhor para sua saúde e segurança. De fato, a intensificação do trabalho torna quase impossível a adoção de práticas indispensáveis para a preservação da saúde, como "(...) mudar de posição, respirar por um momento, organizar o posto de trabalho, escolher o instrumento adequado, informar-se corretamente, buscar a cooperação no momento oportuno, antecipar-se para evitar ou se preparar para as situações de urgência"[22].

No Brasil, podemos observar que a questão da intensidade do trabalho também está ausente do espaço da negociação coletiva, dada a forte resistência do setor patronal em discutir questões relacionadas à organização e à gestão do trabalho. Por exemplo, em pesquisa realizada no banco de dados de acordos e convenções coletivas do DIEESE sobre o tema da saúde do trabalhador, para o período entre 2010 e 2012, foram encontradas apenas duas cláusulas sobre intensidade do trabalho que se limitavam a reproduzir as recomendações contidas na Norma Regulamentadora n. 17 e a recomendar mudanças na organização física do trabalho. Situação que permanece inalterada no período seguinte[23].

A negociação coletiva é um processo político no qual os diferentes e desiguais atores sociais definem condições nas quais se dará a relação entre trabalho e capital. Ela é extremamente necessária, considerando que essa relação se dá num contexto de conflito de interesses, como vimos na introdução deste artigo. Neste processo, "cada parte tem o direito de rejeitar uma proposição, de apresentar uma contra proposição ou de demandar à outra parte que faça uma concessão antes de aceitar a sua proposição. Trata-se de um processo decisional conjunto"[24].

Essa perspectiva de negociação, como transação e não como renúncia a direitos, é desafiada pela reforma trabalhista de 2017 e sabemos que, na ausência de limites para as exigências do capital, os trabalhadores são forçados, sistematicamente, a ultrapassar seus limites levando a agravos à saúde, que aparecem tanto nos acidentes de trabalho como nas doenças profissionais e do trabalho oficialmente reconhecidos. Esses excessos levam, igualmente, a adoecimentos que, apesar de causados pelo trabalho, são frequentemente descaracterizados ou não reconhecidos como tal, como os transtornos mentais, gastrites, hipertensão, fobias, entre outras. Além de trazerem prejuízos nas relações sociais e familiares causados pela irritabilidade, isolamento e agressividade dos trabalhadores estressados ou adoecidos. Mal-estares que nem sempre são evidentes aos próprios trabalhadores e para suas famílias, bem como para a sociedade, como decorrentes do trabalho[25].

Por isso a necessidade de legislações que impeçam a intensificação do trabalho, que limitem o tempo de trabalho, que evitem a realização de várias tarefas ao mesmo tempo, que possibilitem aos trabalhadores terem pausas. As pausas são muito importantes para a manutenção da saúde.

20. GOLLAC, Michael. L'intensité du travail. *Revue économique*, Paris, v. 56, n. 2, p. 217-236, mars 2005.
21. CARDOSO, Ana Claudia Moreira. *Tempos de trabalho, tempos de não trabalho*: disputas em torno da jornada do trabalhador. São Paulo: Annablume, 2009.
22. BOISARD, Pierre *et alii*. *Temps e travail: l'intensité du travail*. Luxembourg: Fondation Européenne pour l'Amélioration des Conditions de Vie et de Travail, 2002. p. 46.
23. CARDOSO, Ana Claudia Moreira; REJANE, Claudia. A negociação coletiva e as possibilidades de intervenção na realidade do trabalho: avanços e limites no contexto de desconstrução de direitos. *Revista Brasileira de Saúde Ocupacional*, 2019. (no prelo).
24. ORGANIZAÇÃO INTERNACIONAL DO TRABALHO – OIT. *Thèmes de négociation collective*. Fiche d'information n. 3. Novembre 2016, p. 1.
25. CARDOSO, Ana Claudia Moreira; REJANE, Claudia. A negociação coletiva e as possibilidades de intervenção na realidade do trabalho: avanços e limites no contexto de desconstrução de direitos. *Revista Brasileira de Saúde Ocupacional*, 2019. (no prelo)

No estudo realizado por Soares[26], foi observado correlações negativas entre quatro problemas de saúde mental (angústia, depressão, desesperança e exaustão) e o fato dos trabalhadores não fazerem as pausas necessárias. De forma que, quando os indivíduos têm tempo para fazer uma pausa, eles têm menos sintomas de sofrimento psicológico, exaustão emocional e depressão. Ainda de acordo com o autor:

> Intervalos de trabalho desempenham um papel importante para a saúde física como mental, como demonstramos nos estudos apresentados aqui. Não é apenas sobre a saúde de trabalhadores e trabalhadoras, mas também a saúde organizacional possibilitando melhorar o desempenho e eficiência organizacional e promover a redução da monotonia e fadiga no trabalho[27].

Assim, os estudos demonstram a relação direta entre redução da jornada laboral, aumento das pausas e redução da fadiga[28]. Isto porque, se a fadiga *é* ultrapassada cotidianamente, vai-se acumulando um desgaste residual que resultará numa fadiga crônica "que ocorre quando o indivíduo fatigado, desrespeitando os seus próprios limites, continua executando o seu labor normalmente ou até mantido na situação de laborar em regime de horas extras, agredindo seu corpo e aumentando o problema, que se tornará insuportável e poderá evoluir drasticamente"[29].

A discussão que fizemos sobre o processo de intensificação do trabalho mostra que é necessário avançarmos tanto no que se refere a uma legislação que tenha como tema central a saúde do trabalhador, como em relação a outras regras que se refiram ao trabalho, considerando seus impactos para a vida e a saúde dos trabalhadores. Sobretudo, leis que criem espaços de participação dos trabalhadores e de seus representantes nas decisões referentes, diretamente, à saúde física, mental e emocional e que garantam, também, direito de acesso ao local de trabalho, às informações e à representação sindical, como formas de se reduzir a desigualdade de poder entre os trabalhadores e os empregadores.

No entanto, não é esse cenário que se desenha no momento presente. A reforma trabalhista tenta afastar as regras sobre duração do trabalho do âmbito da saúde, higiene e segurança do trabalho, o que é manifestamente contrário à Constituição Cidadã. Além disso, introduz dispositivos que comprometem a saúde dos trabalhadores, os quais podem ser acordados individualmente, em detrimento das negociações coletivas, a exemplo do banco de horas semestral e da jornada 12x36.

A reforma trabalhista também possibilita que negociações rebaixem as condições de trabalho com a chamada prevalência do negociado sobre o legislado, a qual merece o devido acompanhamento institucional. Também visa a ampliar as possibilidades de adoção do trabalho temporário, terceirizado, autônomo, a tempo parcial e intermitente. Portanto, elastece a zona de vulnerabilidade[30] a que estão sujeitos os trabalhadores, aprofundando a desestruturação do mercado de trabalho brasileiro.

A extinção do Ministério do Trabalho e os ataques à Justiça do Trabalho e ao Ministério Público do Trabalho visam a impossibilitar as interpretações institucionais a favor da Constituição Federal de 1998, numa verdadeira adesão ao movimento do Mercado Total[31], que deslegitima a construção político-jurídica em torno da dignidade humana, expressa nos tratados do pós-guerra e no constitucionalismo social.

Sua extinção e submissão à área econômica têm um contínuo com as estratégias empresariais mais conservadoras que sistematicamente têm atacado a atuação das instituições do trabalho, em detrimento do diálogo social. Um claro exemplo dessa estratégia é a contestação da Norma Regulamentadora (NR) 12 do Ministério do Trabalho e Emprego (MTE), que versa sobre segurança do trabalho em máquinas e equipamentos. Em nota, o Sindicato Nacional de Auditores Fiscais do Trabalho[32] defendeu o direito dos trabalhadores à redução dos riscos inerentes ao trabalho por meio de normas de segurança com base no art. 7º, XXII, da Constituição Federal de 1988, na Política Nacional de Saúde e Segurança do Trabalhador e na Convenção n. 119 da OIT, ratificada pelo Brasil.

A afirmação da competência da Justiça do Trabalho para julgar as ações de indenização por danos morais e patrimoniais decorrentes de acidente de trabalho abriu a possibilidade de aproximação dos operadores do direito do trabalho com a realidade dos acidentes e adoecimentos no país. Porém, a desvalorização dessa instituição, as dificuldades de acesso à justiça impostas pela reforma, os limites que

---

26. SOARES, Angelo. *Le temps d'une pause*: la santé et le travail (in)humain. Université du Québec à Montréal. Maio 2014.
27. SOARES, Angelo. *Le temps d'une pause:* la santé et le travail (in)humain. Université du Québec à Montréal. Maio 2014. p. 22.
28. HAKIM, Sarah e CARDOSO, Ana Claudia Moreira. A Importância do Tempo de Não Trabalho para o Trabalho: Alterações da Lei n. 13.467/17. In: André Cremonesi, Silvia Nakano (Coord.). *Reforma trabalhista*: avanço ou retrocesso? São Paulo: LTr, 2018, p. 53-59.
29. BRANDÃO, Cláudio Mascarenhas. Jornada excessiva de trabalho provoca acidentes. *Boletim de Notícias Conjur,* 2009, p. 6. Disponível em: <https://www.conjur.com.br/2009-out-20/jornada-excessiva-trabalho-provoca-acidentes-tira-dignidade>. Acesso em: 22 fev. 2019.
30. CASTEL, Robert. *As metamorfoses da questão social:* uma crônica do salário. Petrópolis: Vozes, 1998.
31. SUPIOT, Alain. *Governance by Numbers*: The Making of a Legal Model of Allegiance. Oxford; Portland; Oregon: Hart Publishing/ Bloomsbury Publsing, 2017.
32. SINDICATO NACIONAL DE AUDITORES FISCAIS DO TRABALHO (SINAIT). *Nota pública em defesa da NR 12*. 2014. Disponível em: <https://www.sinait.org.br/?r=site/noticiaView&id=9214>. Acesso em: 11 abr. 2014.

tentam desestimular a análise das negociações coletivas e a interpretação do direito, bem como a limitação dos danos extrapatrimonais a 50 vezes o salário da vítima (dispositivo questionado em ADI pela *Associação* Nacional dos Magistrados da Justiça do Trabalho) revelam o descompromisso com os valores constitucionais do trabalho e da dignidade humana e os avanços, embora tímidos, da área.

Não se pode ter desenvolvimento econômico e social apenas com decisões baseadas em custos econômicos. Os tristes acidentes ambientais e do trabalho da história mais recente do país assim nos informam. Contudo, o descompromisso com a dignidade humana parece não ter limites, expresso na proposta de adoção da carteira verde e amarela para jovens, em desrespeito aos direitos constitucionais de todos os trabalhadores. Trata-se, com isso, de institucionalizar a desigualdade em nosso país, rompendo com o horizonte isonômico e solidário de nosso pacto constitucional, com consequências nefastas para toda a sociedade. Além disso, divulga-se a ameaça de "modernização" das normas regulamentadoras, sem diálogo com os atores sociais, e com afronta ao comando constitucional de proteção do meio ambiente do trabalho.

Não se sabe se serão adotadas propostas de extinção da Justiça do Trabalho. O que fica claro é que se busca extinguir o direito do trabalho, enquanto regras que visam a recompor o equilíbrio entre partes tão desiguais. Cabe acompanhar o papel que os agentes do direito irão desempenhar. Serão eles produtores de decisões que fomentam a solidariedade e a dignidade humana ou serão agentes de uma legislação baseada no cálculo econômico, distante da realidade dos trabalhadores, utilizada para a mobilização dos mesmos para um mercado que desconsidera limites?

4. NOVAS FORMAS DE CONTRATAÇÃO, PRECARIZAÇÃO DO TRABALHO E O PAPEL DA LEGISLAÇÃO

O movimento global da economia tem pressionado por medidas de desregulamentação dos direitos sociais dos trabalhadores, enfraquecendo a atuação dos atores sociais e das instituições públicas que alertam para impactos dessas mudanças na saúde dos trabalhadores, no meio ambiente e na saúde da população como um todo. Esse critério organizador do mercado tem um foco individualizador da responsabilidade pelos acidentes e mortes no trabalho, culpando-se as vítimas ou deixando-as à própria sorte.

Por sua vez, as regulações das novas formas de contratação do trabalho (tempo determinado, terceirizações, contratos intermitentes, dentre outros), assim como a não regulação dos novos trabalhos realizados por meio de plataformas digitais, precisam ser vistos não como desenvolvimentos naturais da economia, mas sim como opções políticas. Essas novas formas de contratação causam insegurança e impactam negativamente na saúde dos trabalhadores, principalmente em um cenário de desconfiguração da fiscalização do trabalho, desvalorização das instituições judiciais do trabalho, desconstituição da seguridade social, bem como de enfraquecimento dos sindicatos e da participação social.

Em relação à subcontratação, Boltanski; Chiapello[33] argumentam que, sob a justificativa das pressões de mercado, as firmas contratantes exigem cada vez mais das contratadas, com o efeito de não compensar os trabalhadores. Portanto, a terceirização possibilita o aumento da intensidade do trabalho com o potente argumento de fatores externos incontroláveis das demandas de mercado. Então, dadas as dificuldades pelas quais passam os sindicatos, a redução da proteção, a individualização da remuneração e com as novas formas de controle tornou-se possível pressionar pela flexibilização sem ter que pagar mais e, além disso, exigir a intensificação do trabalho, como vimos anteriormente.

No Brasil, os empregadores foram buscar, junto ao Judiciário, interpretações legitimadoras de novas formas contratuais. Os argumentos econômicos que demandavam a ampliação da licitude da terceirização no Brasil levaram o TST a permitir a terceirização em atividades-meio, por meio do Enunciado n. 331, de 1993 [34]. Porém, os empregadores continuaram a pressionar os tribunais para a ampliação da licitude da terceirização para atividades-fim. A importância da discussão sobre a terceirização foi reconhecida na primeira audiência pública do TST, ocorrida em outubro de 2011. Nela, cientistas sociais, sindicalistas e operadores do direito buscaram mostrar os efeitos precarizadores causados pela terceirização. Dentre esses efeitos, estão a redução dos direitos e o aumento de acidentes de trabalho ocorridos com trabalhadores terceirizados[35] (DIEESE/CUT, 2014). Através do instituto da repercussão geral, o tema chegou ao Supremo Tribunal Federal, tendo uma decisão desfavorável à sua limitação, o que mostra a inclinação da Corte a acolher os argumentos da liberdade de iniciativa em detrimento dos direitos sociais do trabalho.

Vazquez (2019)[36] traz dados que apontam para a naturalização das desigualdades no mercado de trabalho no Brasil, que já era caracterizado pelo alto grau de informalidade e do desemprego crescente, e do seu agravamento, em função

33. BOLTANSKI, Luc; CHIAPELLO, Ève. *O novo espírito do capitalismo*. São Paulo: Martins Fontes, 2009.
34. ARTUR, Karen. *O TST frente à terceirização*. São Carlos: EDUFSCar/FAPESP, 2007.
35. SECRETARIA NACIONAL DE RELAÇÕES DE TRABALHO E DEPARTAMENTO INTERSINDICAL DE ESTATÍSTICA E ESTUDOS SOCIOECONÔMICOS. *Terceirização e desenvolvimento*: uma conta que não fecha. São Paulo: Central Única dos Trabalhadores, 2014.
36. VAZQUEZ, Barbara Vallejos. Empobrecimento e naturalização das desigualdades são consequências da Reforma Trabalhista. *IHUOnline*. Disponível em: <http://cee.fiocruz.br/?q=Barbara-Vazquez-Empobrecimento-e-naturalizacao-das-desigualdades>. Acesso em: 12 fev. 2019.

da reforma trabalhista. Primeiramente, as contratações atípicas, a exemplo do contrato intermitente, têm reduzido o salário médio anual, causando empobrecimento de parte da população cujas ocupações já estavam em setores caracterizados por baixos salários e alta rotatividade. Em segundo lugar, mesmo as parcelas da classe média com empregos melhores estão sofrendo esse empobrecimento por meio dos programas de demissão voluntária e sua substituição por contratações atípicas, conforme apontam os exemplos de agências bancárias atuando com um quadro completo de terceirizados.

A autora mostra que, com a legitimação jurídica a essas formas atípicas, são incorporadas formas precárias para a formalidade. Uma medida é a possibilidade de extensão do prazo do contrato temporário e mesmo das possibilidades de sua adoção, pela aprovação da Lei n. 13.429/2017. Outra mudança é a acolhida da terceirização na atividade-fim das empresas, explicitando o critério de redução de custos e não de especialização da atividade. Com isso, os trabalhadores não terão mais seus direitos protegidos com base na alegação da ilicitude da terceirização na atividade-fim se a constitucionalidade dessa legislação for acolhida, o que parece ser o caminho apontado pelo STF, no momento. Por fim, tem-se o enfraquecimento da regulação do trabalho, tendo em vista as dificuldades para o exercício do direito fundamental do acesso à justiça, com a restrição da gratuidade e a possibilidade do trabalhador arcar com honorários e custas.

Outra situação que merece muita atenção refere-se ao teletrabalho dado que, na reforma trabalhista, busca-se prejudicar a proteção aos teletrabalhadores em relação ao ambiente de trabalho, às condições de trabalho, à jornada normal e extraordinária, aos intervalos, entre muitos outros. Uma legislação que, ao invés de garantir direitos, os retira. Para Souto Maior, o teletrabalho agride o direito ao não-trabalho, dado que "a própria vida privada do trabalhador se perde no fato de se transformar a sua residência em local de trabalho, com prejuízo para o próprio convívio familiar"[37]. O jurista ressalta, ademais, que, do ponto de vista jurídico, não há qualquer diferença entre trabalho dentro ou fora do estabelecimento do empregador, assim:

> (...) uma vez configurada a relação de emprego, o efeito concreto a se produzir, sob o prisma do direito ao não-trabalho, é o da declaração do direito à limitação da jornada de trabalho também nestes serviços, tornando efetivo tal direito com a fixação do pressuposto de que cabe ao empregador estabelecer o limite da jornada a ser cumprida. Não se pode barrar a ideia do direito ao limite da jornada com o argumento das dificuldades de se quantificar, sob o prisma da prova, a jornada trabalhada. Esta é uma dificuldade instrumental que não interfere na declaração, em tese, do direito[38].

No âmbito internacional é possível observar que já há legislações sobre o teletrabalho. Uma delas é a regulamentação da OIT n. 177[39], que não foi ratificada pelo Brasil. Outra é o Acordo Europeu, negociado em 2002[40], definindo regras para que os trabalhadores à domicílio e os teletrabalhadores tenham os mesmo direitos e a mesma proteção jurídica que os outros, valendo a mesma legislação e a mesma negociação coletiva, enfatizando a igualdade de tratamento no que se refere às condições de trabalho, à jornada de trabalho e à remuneração.

No campo da doutrina e da jurisprudência, alguns avanços começavam a delinear-se. Neste contexto, não é por um acaso que o jurista Souto Maior, desde o início dos anos 2000, nos fala sobre o direito à desconexão do trabalho ou, como ele mesmo sublinha, o "direito de não trabalhar". Um direito que não se restringe à pessoa que trabalha, mas que diz respeito à família, ao Estado e a toda sociedade. Souto Maior frisa que "descanso é pausa no trabalho"[41] de forma que ele só será efetivo quando houver a desvinculação total do trabalho, isto é, física e mental. De acordo com o jurista, não se trata apenas uma questão de lazer, mas de saúde. No mesmo sentido, em seu artigo, Silva[42] nos mostra exemplos nos quais a jurisprudência, mesmo que lentamente, vem incorporando a noção de "desconexão do trabalho, no caso, para tratar do sobreaviso[43].

---

37. SOUTO MAIOR, José Luiz. Do direito à desconexão do trabalho. *Revista do Tribunal Regional do Trabalho da 15ª Região*. Campinas, n. 23, 2003, p. 12. Disponível em: <http://trt15.gov.br/escola_da_magistratura/Rev23Art17.pdf>. Acesso em: 26 mar. 2019.

38. SOUTO MAIOR, José Luiz. Do direito à desconexão do trabalho. *Revista do Tribunal Regional do Trabalho da 15ª Região*. Campinas, n. 23, 2003, p. 13. Disponível em: <http://trt15.gov.br/escola_da_magistratura/Rev23Art17.pdf>. Acesso em: 26 mar. 2019.

39. ORGANIZAÇÃO INTERNACIONAL DO TRABALHO – OIT. *Convenção sobre o trabalho a domicílio*. 1996. Disponível em: <http://www.ilo.org/dyn/normlex/es/f?p=NORMLEXPUB:12100:0::NO::P12100_INSTRUMENT_ID:312322>. Acesso em: 26 mar. 2019.

40. EUROPEAN TRADE UNION INSTITUTE'S – ETUI. The future of work in the digital era. *HesaMag* n. 16, autumn-winter. Bruxelas, Etui, 2017.

41. SOUTO MAIOR, José Luiz. Do direito à desconexão do trabalho. *Revista do Tribunal Regional do Trabalho da 15ª Região*. Campinas, n. 23, 2003. Disponível em: <http://trt15.gov.br/escola_da_magistratura/Rev23Art17.pdf>. Acesso em: 26 mar. 2019.

42. SILVA, Michelle Cristina Taborda. Sobreaviso e o direito à desconexão. *Âmbito Jurídico*, Rio Grande, XVIII, n. 140, set. 2015, p. 7. Disponível em: <http://www.ambito-juridico.com.br/site/index.php/%3C?n_link=revista_artigos_leitura&artigo_id=16364&revista_caderno=25>. Acesso em: 2 abr. 2016.

43. "Assim, manter o trabalhador conectado ao trabalho nos momentos em que deveria estar descansando, os colocando à disposição do trabalho por meio de aparelho móvel, fere o que modernamente vem sendo chamado de direito à desconexão do empregado TRT 1ª R.; RO 0003132-71.2012.5.01.0461; Décima Turma; Rel. Des. Leonardo Dias Borges; DORJ 04.03.2015, citado por Silva, na obra acima.

Os contratos de trabalho precários, implantados pela reforma trabalhista, juntamente com a retomada do crescimento da informalidade, num cenário de instabilidade econômica e de criação de obstáculos para o acesso efetivo à Justiça do Trabalho, acabam gerando um sentimento de instabilidade, insegurança e medo por parte dos trabalhadores. Medo e impossibilidade de programar o futuro, de fazer um investimento em educação ou na reforma da casa, ou na compra de um novo bem, por exemplo.

A informalidade no emprego – que normalmente vem acompanhada por uma série de fatores desfavoráveis como a falta de estabilidade, o rendimento baixo e a falta da segurança previdenciária –, é outra fonte de preocupação para a vida e a saúde do trabalhador e de sua família. Após um período de aumento do trabalho formal, no Brasil, podemos observar que a situação se inverteu desde 2017. De acordo com os últimos dados divulgados pelo IBGE (Instituto Brasileiro de Geografia e Estatísticas), com base nas informações da Pnad (Pesquisa Nacional por Amostra de Domicílios Contínua), a informalidade vem crescendo desde este período. Em 2017, havia 37,3 milhões de pessoas trabalhando no mercado informal (sem carteira assinada), o que significa 1,7 milhão a mais do que em 2016, quando 35,6 milhões de trabalhadores estavam nesta mesma situação. Isto significa que, no ano de 2017, 40,8% de toda a população ocupada no país não tinha carteira de trabalho, sendo o maior índice de informalidade medido pela PNAD Contínua desde 2012[44].

O medo gerado por essas situações instáveis também contribui negativamente para o processo saúde-doença por diversos motivos. Entre eles o fato de que os trabalhadores acabam aceitando condições de trabalho que são maléficas para a saúde. Esta situação, por sua vez, tende a gerar mais acidentes e adoecimentos. Mas o problema não para por aqui. O fato é que os trabalhadores escondem dos colegas e da hierarquia – e muitas vezes de si mesmos – o mal-estar, o adoecimento e até pequenos acidentes. Essa conduta pode se estender até o agravamento dos sintomas, momento em que a necessidade de assistência e afastamento se impõe. Entretanto, a busca tardia pelo tratamento demanda afastamentos mais longos, maiores encargos para os setores de previdência e saúde e, evidentemente, problemas para o trabalhador e sua família (SILVA, 2015b).

Conforme os dados do European Working Conditions Survey (EWCS), questionados se, nos últimos 12 meses, trabalharam doentes, quase 40% dos entrevistados responderam positivamente, demonstrando que:

> (...) se tradicionalmente dois bons indicadores de adoecimento no trabalho eram o absenteísmo e as licenças-saúde, hoje em dia, em função do medo de perder o emprego e da forte pressão vinda não apenas da coordenação, mas também dos colegas de trabalho, laborar, mesmo estando doente – o chamado "presenteísmo" – é cada vez mais comum[45].

O maior problema é que essa extrema insegurança, vivida no momento presente, tende a se agravar, considerando as análises que têm sido realizadas sobre o mercado de trabalho e as profissões dentro do novo modelo de produção industrial, a chamada indústria 4.0. Um modelo caracterizado pela robotização, pela automatização e pela internet das coisas – na qual elementos inteligentes trocam informações entre si de forma autônoma –, com máquinas com capacidade de "aprender", manufatura aditiva, integração vertical e horizontal de sistemas, Big Data, nuvens digitais, nanotecnologia, segurança cibernética, drones inteligentes e realidade aumentada, dentre muitas outras inovações. Essas inovações, por sua vez, estão presentes em todos os setores da economia, como comércio, distribuição, banco, serviço público, atendimento, ensino, saúde e escritórios, alterando completamente as formas de trabalho e, sobretudo, a quantidade e a qualidade do emprego.

Nesse contexto, há uma preocupação mundial com a questão do emprego, sendo que, no último encontro dos maiores países industrializados do grupo G20, foram discutidos possíveis caminhos para o enfrentamento da perda de empregos de médios e baixos salários para os robôs, bem como iniciativas em relação às atividades mais complexas, que estão se transformando de forma rápida e intensa. Coutrot [46] nos mostra que, de acordo com o estudo americano realizado por Frey e Osborne[47], em torno de 47% dos empregos atuais estariam condenados a desaparecer. O autor também faz referência à análise realizada pela OCDE, diferente em sua metodologia, que constatou que 14% dos empregos nos 32 países são altamente vulneráveis, tendo, pelo menos, 70% de chance de automação, o que colocaria em torno de 210 milhões de empregos em risco nos países estudados.

Além desses dados específicos sobre desemprego, conforme pesquisa realizada no Fórum Econômico Mundial com diretores das áreas de recursos humanos em empresas de 15 países, 44% dos entrevistados acreditam que o maior impacto virá das mudanças no ambiente de trabalho, como *home office*, arranjos flexíveis e "pejotização". A tendência será reduzir ao máximo o número de empregados com

44. INSTITUTO BRASILEIRO DE GEOGRAFIA E ESTATÍSTICAS – IBGE. Desemprego cai para 11,6%, mas informalidade atinge nível recorde. Disponível em: <https://agenciadenoticias.ibge.gov.br/agencia-noticias/2012-agencia-de-noticias/noticias/23465-desemprego-cai-para-11-6-mas-informalidade-atinge-nivel-recorde>. Acesso em: 13 fev. 2019.
45. CARDOSO, Ana Claudia Moreira; MORGADO, Luciana. Trabalho e saúde do trabalhador no contexto atual: ensinamentos da Enquete Europeia sobre Condições de Trabalho. *Saúde e sociedade*, v. 28, n. 1, São Paulo, jan./mar. 2019.
46. COUTROT, Thomas. *Libérer le travail*: Pourquoi la gauche s'en moque et pourquoi ça doit changer. Paris: Seuil, 2018.
47. FREY e OSBORNE, 2017 *apud* COUTROT, 2018.

contrato por tempo indeterminado, terceirizando o que for possível para reduzir custos. Frisam também que, se é verdade que a tecnologia gera demanda por atividades altamente qualificadas, por outro lado, é fato que as empresas pretendem terceirizar esses novos empregos[48].

No caso do Brasil, embora trocar profissionais por máquinas ainda seja menos atraente do que em países desenvolvidos, dado que os salários são mais baixos, com o fato do custo da automação estar caindo rapidamente, a tendência de redução do emprego no país deverá se manifestar no curto prazo. Além disso, o país tem o desafio de começar a lidar com essas questões novas ao mesmo tempo em que ainda não resolveu problemas antigos, como o alto índice histórico de informalidade, como vimos anteriormente.

Em recente relatório elaborado pelo IPEA (Instituto de Pesquisa Econômica Aplicada)[49], "Na era das máquinas, o emprego é de quem?", os pesquisadores apontam que, até o ano de 2026, se todas as empresas decidirem substituir os trabalhadores humanos por tecnologias que já estão disponíveis no mercado e devem estar num futuro próximo, a estimativa é de que em torno de 30 milhões de vagas com carteira assinada atualmente seriam fechadas. O que significa que mais de 54% dos empregos formais no país poderiam ser trocados por um robô, um *software*, um programa baseado em inteligência artificial, em algoritmo, entre outros.

No caso da União Europeia, o estudo realizado pelo ETUI[50] nos mostra que, não obstante as diferenças em relação ao Brasil, há diversas características que são comuns, evidenciando que, apesar da especificidade de cada país, há um movimento de redução e precarização do emprego que é muito parecido, mesmo que em patamares muito diferentes. Essa pesquisa demonstra que haverá perda de emprego em diversos setores e, no que se refere ao crescimento, aponta para o aumento daqueles de baixa qualificação e realizados pela mediação de plataformas digitais, como no caso da empresa Uber. É importante frisar que esses estudos, os quais analisam as perspectivas do emprego para as próximas décadas, são explícitos em dizer que se tratam de probabilidades e que sua realização dependerá das ações dos diversos atores sociais. Seja no sentido da regulação, da formação, da compensação e das escolhas de automação e robotização.

No caso dos trabalhadores via plataforma, por exemplo, a precarização do emprego, com perda de direitos e insegurança para os trabalhadores, deve-se ao fato das plataformas se recusarem a se colocar como empregadoras, buscando uma imagem de simples mediadoras entre consumidores e pessoas que buscam vender um serviço. Esses proprietários, na realidade empregadores, como muitas decisões judiciais no plano nacional e internacional têm reconhecido, não garantem nenhum direito aos trabalhadores e nem aos consumidores e ainda criam artimanhas jurídicas para fugir de impostos e de obrigações relacionadas à contratação do trabalho.

No entanto, são as plataformas que definem se um trabalhador pode oferecer seu trabalho na plataforma, colocando-o para fora quando desejam, além de estabelecerem a remuneração pelo trabalho realizado, o tempo para realizar o trabalho, entre outras regras. Ou seja, essas empresas controlam, gerenciam, definem e obtêm lucros. Neste contexto, vale indagarmos sobre o papel dos arranjos institucionais no Brasil em promover o trabalho digno nessas relações, como vem propondo a OIT[51]. Ou seja, legislar sobre este novo tipo de trabalho é essencial para garantir direitos e segurança para esses trabalhadores.

5. DECISÕES ECONÔMICAS, REFORMA TRABALHISTA E O FUTURO DO TRABALHO (IN) DIGNO

A partir das discussões que fizemos, analisando algumas dimensões do trabalho, não há dúvida de que o papel do Estado é essencial na definição das políticas públicas, na elaboração das leis que orientam a atuação dos diversos atores sociais, no estabelecimento de regras para o processo de negociação coletiva e na elaboração da legislação trabalhista. Desta forma, a redução do papel do Estado já tem mostrado seus efeitos negativos para aqueles que dependem do trabalho para sobreviver, impactando toda a sociedade, dado que sua função em reduzir a desigualdade da relação entre trabalho e capital tem sido menos efetiva. Sobretudo num quadro de rápidas e intensas mudanças nas formas de organizar e gerir o trabalho, como é o momento presente e será o futuro, dado que as inovações estarão cada vez mais presentes e abrangendo um número maior de setores, profissões e funções. Tais inovações podem colocar em risco muitos empregos, demandando novas legislações e novas formações para a classe que vive do trabalho.

Além disso, nos momentos de crise, os trabalhadores e seus representantes têm muito mais dificuldade para ampliar os direitos, tendo que resistir para não perder o que já foi conquistado. As crises também geram um enorme

48. SCHWAB, Klaus. *A quarta revolução industrial*. São Paulo: Edipro, 2016.
49. IPEA – INSTITUTO DE PESQUISA ECONÔMICA APLICADA. Na era das máquinas, o emprego é de quem? Estimação da probabilidade de automação de ocupações no Brasil. In Instituto de Pesquisa Econômica Aplicada. *Texto para discussão*. Brasília: Rio de Janeiro: Ipea, 2019. 40p. Disponível em: <http://repositorio.ipea.gov.br/bitstream/11058/9116/1/td_2457.pdf>. Acesso em: 23 jun. 2019.
50. EUROPEAN TRADE UNION INSTITUTE'S – ETUI. The future of work in the digital era. *HesaMag* n. 16, autumn-winter. Bruxelas, Etui, 2017.
51. ORGANIZAÇÃO INTERNACIONAL DO TRABALHO – OIT. Work *for a brighter future:* Global Commission *on the* Future of Work. Geneva: ILO, 2019.

contingente de trabalhadores em situação de desemprego, possibilitando que o capital se utilize do "medo do desemprego" para forçá-los a aceitarem a redução dos seus direitos ou a laborarem em condições de riscos ou que causam adoecimento. O contexto de precariedade do emprego provoca uma estratégia defensiva de silêncio por parte de muitos trabalhadores, deixando livre o caminho para a intensificação do trabalho e o consequente aumento do sofrimento e adoecimento.

As mudanças na regulação do direito do trabalho, e mesmo na seguridade social que se anunciam, vão no sentido contrário da proteção ao trabalho e à saúde daqueles que vivem do labor, dado que elas buscam a ampliação das facilidades para as demissões, a flexibilização unilateral dos contratos de trabalho, a descentralização das negociações coletivas, o aumento da idade para aposentadoria. Vê-se a criação de novas regras que tentam legitimar as más práticas dos empregadores visando a ultrapassar os limites diários e semanais da jornada de trabalho, o uso de horas extras, o fracionamento do tempo de repouso e a desconsideração das horas de sobreaviso. Além do incentivo à "negociação individual" entre o trabalhador e o empregador, abrindo a possibilidade para reduções de direitos previstos na negociação coletiva e mesmo na legislação.

Sabemos que trabalhar resulta em desgaste físico, mental e emocional e, consequentemente em fadiga. A questão é o quanto de fadiga é gerada, qual a sua frequência e, evidentemente, a possibilidade de sua recuperação no curto, médio e longo prazos. E, nesse caso, as negociações coletivas e as legislações exercem papel fundamental na regulação e no estabelecimento de limites à gestão e organização do trabalho de forma que estas não impactem negativamente na saúde dos trabalhadores e da sociedade como um todo.

Se, apesar das dificuldades históricas, o país apresentava um cenário em que se permitia a discussão da governança do trabalho, com possíveis consequências positivas para a diminuição das desigualdades e preservação da saúde do trabalhador, atualmente, os trabalhadores vivenciam a generalização da insegurança institucional trazida com a reforma trabalhista. Com isso, perdem-se as discussões em torno da construção de arranjos institucionais que permitem a reorganização do ciclo de vida dos trabalhos com dignidade, com períodos de trabalho, descanso, qualificação e velhice amparada, diante de mudanças legislativas feitas às pressas e sob o manto do mercado.

6. REFERÊNCIAS

ALVES, Giovanni. *Trabalho e subjetividade*: o espírito do toyotismo na era do capitalismo manipulatório. São Paulo: Boitempo, 2011.

ARTUR, Karen. *O TST frente à terceirização*. São Carlos: EDUFSCar/FAPESP, 2007.

______. Direitos humanos e desigualdades: processos políticos, trabalho e justiça. *Relatório CEDD de Pós-Doutorado*, Direito, Universidade de São Paulo, 2014, não publicado.

______. Ministério Público do Trabalho: construção institucional e formação da agenda. *Mediações – Revista de Ciências Sociais-UEL*, v. 21, n. 1, p. 167-198, jul.-dez. 2016. Disponível em: <http://www.uel.br/revistas/uel/index.php/mediacoes/article/view/26873/19505>. Acesso em: 1º maio 2018.

BRANDÃO, Cláudio Mascarenhas. Jornada excessiva de trabalho provoca acidentes. *Boletim de Notícias Conjur*, 2009. Disponível em: <https://www.conjur.com.br/2009-out-20/jornada-excessiva-trabalho-provoca-acidentes-tira-dignidade>. Acesso em: 22 fev. 2019.

BRASIL. Decreto n. 7.602/2011, de 7 de novembro de 2011. *Dispõe sobre a Política Nacional de Segurança e Saúde no Trabalho. Diário Oficial [da] República Federativa do Brasil,* 8 de novembro de 2011. Disponível em: <http://www.planalto.gov.br/ccivil_03/_Ato2011-2014/2011/Decreto/D7602.htm>. Acesso em: 6 abr. 2015.

______. Portaria n. 1.823, de 23 de agosto de 2012. *Institui a Política Nacional de Saúde do Trabalhador e da Trabalhadora. Diário Oficial [da] República Federativa do Brasil*, n. 165, Seção I, p. 46-51, 24 de agosto de 2012. Disponível em: <http://bvsms.saude.gov.br/bvs/saudelegis/gm/2012/prt1823_23_08_2012.html>. Acesso em: 18 mar. 2015.

BOISARD, Pierre *et alii*. *Temps e travail*: l'intensité du travail. Luxembourg: Fondation Européenne pour l'Amélioration des Conditions de Vie et de Travail, 2002.

BOLTANSKI, Luc; CHIAPELLO, Ève. *O novo espírito do capitalismo*. São Paulo: Martins Fontes, 2009.

CARDOSO, Ana Claudia Moreira; MORGADO, Luciana. Trabalho e saúde do trabalhador no contexto atual: ensinamentos da Enquete Europeia sobre Condições de Trabalho. *Saúde e Sociedade,* v. 28, n. 1, São Paulo, jan./mar. 2019.

______; REJANE, Claudia. A negociação coletiva e as possibilidades de intervenção na realidade do trabalho: avanços e limites no contexto de desconstrução de direitos. *Revista Brasileira de Saúde Ocupacional,* 2019. (no prelo)

______ *et al.* A saúde do trabalhador no processo de negociação coletiva no Brasil. *Estudos e pesquisas*, n. 76. São Paulo, DIEESE, maio 2015.

______. Organização e intensificação do tempo de trabalho. *Sociedade e Estado*. Brasília, DF, v. 28, n. 2, p. 351-374, maio/ago. 2013.

______; DAL ROSSO, Sadi. Apresentação do Dossiê Trabalho: questões teóricas e práticas. *Sociedade e Estado*. Brasília, DF, v. 28, n. 3 set./dez. 2013.

______. *Tempos de trabalho, tempos de não trabalho*: disputas em torno da jornada do trabalhador. São Paulo: Annablume, 2009. 332p.

CASTEL, Robert. *As metamorfoses da questão social*: uma crônica do salário. Petrópolis: Vozes, 1998.

COUTROT, Thomas. *Libérer le travail*: Pourquoi la gauche s'en moque et pourquoi ça doit changer. Paris: Seuil, 2018.

DEJOURS, Christophe. Por um novo conceito de saúde. *Revista Brasileira de Saúde Ocupacional*. São Paulo, n. 54, v. 14, abr.-maio-jun. 1986.

DURAND, Jean Pierre. *La chaîne invisible*: travailler aujourd'hui: flux tendu et servitude volontaire. Paris: Seuil, 2004.

EUROFOUND – EUROPEAN FOUNDATION FOR THE IMPROVEMENT OF LIVING AND WORKING CONDITIONS. *Sixth*

European Working Conditions Survey. Luxembourg, 2017. Disponível em: <https://bit.ly/2E5qwFs>. Acesso em: 13 jul. 2018.

EUROPEAN TRADE UNION INSTITUTE'S – ETUI. The future of work in the digital era. *HesaMag* n. 16, autumn-winter. Bruxelas: Etui, 2017.

______. Atypical forms as employment contrats in time of crisis. *Working Paper.* Bruxelles: Etui, 2013.

FERNEX, Alain. Intensité du travail, définition, mesure, évolutions: premiers repérages. *Etudes et Recherche*, l'ISERES, Paris, n. 169, fév. 1998.

GOLLAC, Michael. L'intensité du travail. *Revue économique*, Paris, v. 56, n. 2, p. 217-236, mars 2005.

HAKIM, Sarah; CARDOSO, Ana Claudia Moreira. A importância do tempo de não trabalho para o trabalho: Alterações da Lei n. 13.467/17. In: André Cremonesi, Silvia Nakano (Coord.). *Reforma trabalhista: avanço ou retrocesso?* São Paulo: LTr, 2018.

INSTITUTO BRASILEIRO DE GEOGRAFIA E ESTATÍSTICAS – IBGE. Desemprego cai para 11,6%, mas informalidade atinge nível recorde. Disponível em: <https://agenciadenoticias.ibge.gov.br/agencia-noticias/2012-agencia-de-noticias/noticias/23465-desemprego-cai-para-11-6-mas-informalidade-atinge-nivel-recorde>. Acesso em: 13 fev. 2019.

IPEA – INSTITUTO DE PESQUISA ECONÔMICA APLICADA. Na era das máquinas, o emprego é de quem? Estimação da probabilidade de automação de ocupações no Brasil. In Instituto de Pesquisa Econômica Aplicada. *Texto para discussão*. Brasília: Rio de Janeiro: Ipea, 2019. 40p. Disponível em: <http://repositorio.ipea.gov.br/bitstream/11058/9116/1/td_2457.pdf>. Acesso em: 23 jun. 2019.

JARDIM, Philippe Gomes; LIRA, Ronaldo José de. A Codemat em três momentos: o presente, o passado e o futuro. In: JARDIM, P. G.; LIRA, R. J. de. (Coords.). *Meio ambiente do trabalho aplicado:* homenagem aos 10 anos da Codemat. São Paulo: LTr, 2013.

MAENO, Maria; PARARELLI, Renata. O trabalho como ele é e a saúde mental do trabalhador. In: SILVEIRA, M. A. (Org.). *Inovação para o desenvolvimento de organizações sustentáveis*: trabalho, fatores psicossociais e ambiente saudável. Campinas: CTI (Centro de Tecnologia da Informação "Renato Archer"), 2013.

OLIVEIRA, Sebastião Geraldo de. Competência para julgamento das ações indenizatórias decorrentes de acidente do trabalho. Jurisprudência dos Tribunais Superiores. *In*: COUTINHO, G. F.; FAVA, M. N. (Orgs.). *O que estão fazendo da nova competência da Justiça do Trabalho?* Análise crítica da jurisprudência do STF, do TST e do STJ após a EC 45/2004. São Paulo: LTr, 2011, pp 393-411.

ORGANIZAÇÃO INTERNACIONAL DO TRABALHO – OIT. *Work for a brighter future*: Global Commission on the Future of Work. Geneva: ILO, 2019.

______. *O futuro do trabalho no Brasil*: perspectivas e diálogos tripartites. Brasil: OIT, 2018.

______. *Thèmes de négociation collective*. Fiche d'information n. 3. Novembre 2016 4p.

______. *Tendances mondiales de l'emploi 2013*: surmonter la nouvelle crise de l'emploi. Résumé analitique. Jan. 2013.

______. *Duração do trabalho em todo o mundo*: tendências de jornadas de trabalho, legislação e políticas numa perspectiva global comparada. Brasília: Secretaria Internacional do Trabalho, 2009.

______. *Convenção sobre o trabalho a domicílio*. 1996. Disponível em: <http://www.ilo.org/dyn/normlex/es/f?p=NORMLEXPUB:12100:0::NO::P12100_INSTRUMENT_ID:312322>. Acesso em: 26 mar. 2019.

SECRETARIA NACIONAL DE RELAÇÕES DE TRABALHO E DEPARTAMENTO INTERSINDICAL DE ESTATÍSTICA E ESTUDOS SOCIOECONÔMICOS. *Terceirização e desenvolvimento*: uma conta que não fecha. São Paulo: Central Única dos Trabalhadores, 2014.

SELIGMANN-SILVA, Edith. Desemprego e Desgaste mental: Desafio às Políticas Públicas e aos Sindicatos. *Revista Ciências do Trabalho*, n. 4, junho de 2015, p 89-109.

SILVA, José Antônio Ribeiro de Oliveira. A flexibilização da jornada de trabalho e seus reflexos na saúde do trabalhador: uma questão de tutela ambiental. *Direito Ambiental do Trabalho*: apontamentos para uma teoria geral. V. 2. São Paulo: LTr, 2015a.

SILVA, Michelle Cristina Taborda. Sobreaviso e o direito à desconexão. *Âmbito Jurídico*, Rio Grande, XVIII, n. 140, set 2015b. Disponível em: <http://www.ambito-juridico.com.br/site/index.php/%3C?n_link=revista_artigos_leitura&artigo_id=16364&revista_caderno=25>. Acesso em: 2 abr. 2016.

SINDICATO NACIONAL DE AUDITORES FISCAIS DO TRABALHO (SINAIT). *Nota pública em defesa da NR 12*. 2014. Disponível em: <https://www.sinait.org.br/?r=site/noticiaView&id=9214>. Acesso em: 11 abr. 2014.

SOARES, Angelo. *Le temps d'une pause*: la santé et le travail (in) humain. Université du Québec à Montréal. Maio 2014.

SOUTO MAIOR, José Luiz. Do direito à desconexão do trabalho. *Revista do Tribunal Regional do Trabalho da 15ª Região*. Campinas, n. 23, 2003. Disponível em: <http://trt15.gov.br/escola_da_magistratura/Rev23Art17.pdf>. Acesso em: 26 mar. 2019.

SUPIOT, Alain. *Governance by Numbers*: The Making of a Legal Model of Allegiance. Oxford; Portland; Oregon: Hart Publishing/Bloomsbury Publsing, 2017.

SCHWAB, Klaus. *A quarta revolução industrial*. São Paulo: Edipro, 2016.

VAZQUEZ, Barbara Vallejos. Empobrecimento e naturalização das desigualdades são consequências da Reforma Trabalhista. *IHUOnline*. Disponível em: <http://cee.fiocruz.br/?q=Barbara-Vazquez-Empobrecimento-e-naturalizacao-das-desigualdades>. Acesso em: 12 fev. 2019.

Breves apontamentos sobre a problemática urbana e o direito ambiental das cidades

35

Karlos Alves Barbosa[1]

1. CONSIDERAÇÕES INICIAIS

Nos momentos de grandes transformações as pessoas começam a se perguntar em que ponto nos encontramos na história do homem. A pergunta pode parecer simples, mas não há uma resposta que seja definitiva, pois o que vemos são hipóteses de prospectivas sobre um futuro incerto e de transformações cada vez mais rápidas.

Há um contexto que Zygmunt Bauman chama de "mal-estar da pós-modernidade", que se caracteriza por ser um momento em que as relações tornam-se notoriamente instáveis e constantemente hostis a qualquer forma de interrupção à perpétua mudança[2].

É nesse contexto que assistimos à generalização do processo de urbanização do mundo. Ele nos coloca diante de novas formas de realização do espaço mundial, diante de novos tempos em que as relações sociais serão permeadas pelo que Niklas Luhman chamou de sistema jurídico aberto aos termos cognitivos e fechado em termos operativos.

Dito de outra forma: o que Luhman propõe é que no contexto de uma sociedade pós-moderna o direito manterá uma elevada interdependência com os outros sistemas (p. ex. econômico, político, científico etc.), sendo sensível às demandas que esses sistemas lhe formularão (abertura cognitiva); entretanto, ele só conseguirá acessá-las nos limites inerentes às suas estruturas, seleções e operações que o diferenciam dos demais sistemas (fechamento operativo)[3].

Esse quadro, como não poderia deixar de ser, contribui poderosamente para a compreensão da cidade enquanto construção humana e como um produto-histórico social materializado. Esse tipo de perspectiva constitui a base da "problemática urbana" atual, algo que impacta significativamente na construção econômica, social, nos processos demográficos, nos valores culturais, na interação entre indivíduos e grupos, nos estilos de vida e etc. Assim, a estruturação da vida cotidiana e citadina se dá a partir dessas relações estabelecidas nas cidades.

2. UMA LEITURA SOBRE A REALIDADE URBANA

A realidade urbana é algo tão presente na civilização contemporânea que às vezes é difícil pensar em algum período da história em que as cidades não existam ou que tiveram um papel insignificante.

Segundo Maria Encarnação Beltrão Sposito, a cidade de hoje é o resultado cumulativo de todas as outras cidades de antes, transformadas, destruídas, reconstruídas, enfim produzidas pelas transformações sociais ocorridas através do tempo e engendradas pelas relações socioeconômicas que promovem essas transformações[4].

Dessa forma, podemos afirmar que a cidade é um produto histórico-social materializado ao longo de uma série de gerações. Ou seja, o que temos é um processo histórico cumulativo que contém ações passadas e que ao mesmo tempo volta-se para um futuro a partir das tramas do presente.

O momento atual de análise do espaço urbano nos revela continuidades e descontinuidades que são resultado do processo de transformações do espaço-tempo sob a forma de rupturas que são construídas pela forma de realização desigual do poder. A tradução desse processo está nas

1. Mestre em Direito Público pela Universidade Federal de Uberlândia e professor adjunto desta instituição. Autor do livro: Sociedade de risco e os crimes de perigo abstrato.
2. BAUMAN, Zygmunt. *O mal-estar da pós-modernidade*. Trad. Mauro Gama, Cláudia Martinelli Gama. Rio de Janeiro: Zahar, 1998. p. 21.
3. CAMPILONGO, Celso Fernandes. *Direito e sociedade complexa*. 2. ed. São Paulo: Saraiva, 2011. p. 140.
4. SPOSITO, Maria Encarnação Beltrão. *Capitalismo e urbanização: núcleos urbanos na história, revolução industrial e urbanização a cidade moderna: para onde?* Contexto. p. 6.

construções e transformações da morfologia urbana passíveis de serem apreendidas na vida cotidiana[5].

Assim, existe uma série de contradições na vida urbana que encontra espelhamento na forma com que sistematizamos nossa política nacional urbana a partir do texto da Carta Magna de 1988. Voltaremos a tratar desse tema em momento oportuno, mas fica dito, desde já, que a Constituição de 1988, no Capítulo II do Título VII, dirigido à *ordem econômica e financeira*, contemplou a política urbana nos seus artigos 182 e 183. Não seria a política urbana uma questão mais ligada à ordem social, no título VIII, tal como o dispositivo relativo ao meio ambiente, Capítulo VI, artigo 225. Essa posição merece uma reflexão!

Atualmente, portanto, aprofundam-se as contradições no interior do que Henri Lefebvre chama de *tecido urbano*, ou seja, um conjunto de relações que se assemelha a um ecossistema construído ao redor de uma ou várias cidades. É essa rede que dá o suporte de vida ou o "modo de viver" mais ou menos intenso ou degradado da sociedade urbana. As relações econômicas, culturais, a vida social, os aspectos ligados à violência e etc. representam vertentes de uma situação de crise pela qual nossas cidades passam.

Henri Lefebvre aponta que esse processo de crise produz uma "rachadura" no núcleo urbano, parte essencial do conceito de cidade, e isso produz uma deterioração das relações nela estabelecidas[6]. Tudo é incerto, tudo é liquefeito nos tempos pós-modernos.

Nesse quadro de incerteza, temos que partir da consideração de que a cidade representa o espaço em que a vida cotidiana ganha sentido, um local em que a atividade humana produz e se apropria da produção do espaço, tornando a cidade algo a ser "consumido" pelo cidadão. Isso se dá por meio de estratégias que produzem a dominação do espaço e que necessitam do sistema jurídico para garantir a estabilidade necessária para a normatização do que irá se impor a toda sociedade, trazendo como consequência o direcionamento da prática especial.

Há um conflito entre o sentido que se quer dar ao espaço urbano na prática e aquilo que se busca com a normatização. Nesse quadro de crise, o núcleo urbano torna-se ainda mais complexo quando se leva em consideração os conflitos ambientais.

Para Ana Fani Alessandrini Carlos, todo esse processo nos coloca diante de uma série de desafios. O ponto de partida deve ser a compreensão da cidade através da análise da vida cotidiana como prática socioespacial. Ou seja, a cidade é um espaço onde se desenrola e ganha sentido a vida cotidiana. Ela produz e se apropria do espaço possibilitando a intervenção dos mais variados instrumentos de apropriação, tais como o sistema de regulamentação jurídica para a construção do seu espaço[7].

A vida se exprime enquanto ato, enquanto atividade humana que define os limites da realização de uma sociedade urbana e que coloca o sistema jurídico diante da necessidade de redefinição do urbano colocando no centro do debate como a ordem constitucional pensou o urbano, enquanto reprodução da vida em todas as suas dimensões, de forma a promover a articulação entre nossas necessidades futuras e a transformação da realidade presente.

Na sociedade contemporânea, todo o processo de transformação do espaço urbano se dá pela articulação indissociável de três planos: o plano econômico, em que a cidade é compreendida como condição para a realização do capital; o plano político, em que a cidade representa um espaço de dominação articulado e construído através da normatização das relações sociais por ela estabelecidas; e, por fim, o plano social que se constitui como o elemento central de reprodução da vida humana[8].

Deste modo, podemos afirmar que além dos objetos e da produção há um processo real, amplo, profundo, fundado num conjunto de relações e modelos de comportamento, sistema de valores estabelecidos a partir das relações entre todos os membros da sociedade, e, nesse processo, há a produção de um espaço na sua dimensão material e humana.

Em outros termos, a cidade é dialeticamente um produto, uma condição, um meio de reprodução das relações sociais produtoras da vida em sociedade. Ela se reafirma como espaço social na medida em que se consolida como um espaço de realização do ser humano social ao longo de todo o seu processo de desenvolvimento histórico.

3. ASPECTOS HISTÓRICOS DO PROCESSO DE URBANIZAÇÃO

A compreensão da problemática urbana tem como ponto de partida o processo de industrialização. Esse processo é o motor de uma série de transformações de nossa sociedade nos últimos séculos. A forma com que nos relacionamos e a forma com que passamos a pensar o espaço urbano mudam drasticamente com a industrialização.

Nesse sentido, a industrialização entendida como um traço da sociedade contemporânea, como principal atividade econômica e principal forma por meio do qual a sociedade se apropriava da natureza e a transformava, marcou de forma profunda o processo de urbanização[9].

---

5. CARLOS, Ana Fani Alessandrini. *O espaço urbano: novos escritos sobre a cidade*. São Paulo: Labur, 2007. p. 11.
6. Lefebvre, Henri. *O Direito à cidade*. Trad. Rubens Eduardo Frias. São Paulo: Centauro, 2001. p. 21.
7. CARLOS, Ana Fani Alessandrini. Ob. cit. p. 12.
8. *Idem*, p. 21.
9. SPOSITO, Maria Encarnação Beltrão. Ob. cit. p. 55.

Henri Lefebvre lembra que a cidade preexiste à industrialização, e as criações mais eminentes, as "obras mais belas" da vida urbana datam de épocas anteriores à industrialização. Assim, houve a cidade arcaica, dos gregos e romanos; a cidade medieval, inserida nas complexas relações feudais; e a cidade, que já era uma poderosa realidade, quando o capitalismo surge. Essa última já centralizava a riqueza e se orientavam no sentido da realização de práticas comerciais de trocas de produtos.

Com a industrialização, o que se assiste é a concentração dos meios de produção nas cidades, tendo em vista que no mesmo espaço tínhamos: as ferramentas, as matérias-primas e a mão de obra. A cidade, portanto, desempenha um papel muito importante na arrancada da indústria, pois as concentrações urbanas passam a acompanhar as concentrações do capital no sentido de Marx[10].

Nesse período, as cidades mudam e passam a dar à sustentação as transformações sociais ocorridas no modo de produção. As cidades que já eram um espaço comercial consolidado também passam a ser um "bom" lugar para o desenvolvimento industrial. A indústria absorve os centros urbanos fazendo surgir novos aspectos da realidade urbana.

Para Henri Lefebvre, todo o processo de transformação da cidade se estabelece a partir da dinâmica entre o que distingue ele como sendo uma "ordem próxima" e uma "ordem distante". É através da interação entre essas duas ordens que o processo de urbanização e a formação da sociedade urbana teria se generalizado. A "ordem próxima" se materializa pelas relações estabelecidas pelos indivíduos em grupos mais ou menos amplos, mais ou menos organizados ou não. A "ordem distante" se caracteriza por estar ligada às poderosas instituições, tais como o Estado, a igreja e os grandes conglomerados econômicos. Eles se valem de uma ordem jurídica formalizada ou não e por códigos culturais que representam um conjunto significante para garantir a estabilidade de todo o processo de transformação da realidade prático-sensível.

É dessa forma que a cidade acaba por ser identificada mais com uma obra de arte inacabada do que um simples produto material de ocupação do espaço. A cidade tem uma história, é gerida e vivenciada por um grupo de pessoas e de determinados grupos que realizam essa obra nas condições históricas[11].

Para se ter uma ideia da dimensão da ocupação do espaço urbano, Luís Paulo Sirvinskas cita que o crescimento populacional se dá de forma geométrica: no ano 1 haviam 200 milhões de habitantes; em 1965 passamos para 500 milhões de habitantes; em 1804 a população aumentou para 1 bilhão de habitantes; em 1913 a população mundial pula para 2 bilhões; em 1960 já éramos 3 bilhões de habitantes; em 1974 a população passa para 4 bilhões; em 1987 temos 5 bilhões; e em 1999 estima-se 6 bilhões de pessoas no planeta, e em sua maioria vivendo em cidades. De acordo com as novas projeções da ONU, em 2050 poderemos chegar em 9 bilhões de seres vivendo nesse planeta![12]

Os juristas em geral e aqueles que estudam a cidade em particular são concordes em sublimar que o Brasil apresenta um processo de urbanização tardio e que foi agravado com a globalização. Nesse sentido, Milton Santos afirma que a globalização agrava as crises urbanas e amplia o fenômeno da pobreza, a miséria e estimula a violência[13].

Em verdade, o que a história nos revela é que nunca tivemos uma política de desenvolvimento urbano, e a industrialização nunca representou, em nosso processo de desenvolvimento, o centralismo vivenciado na consolidação do capitalismo na Europa, como fora citado. Somente com a Constituição de 1988 que passamos a tentar regular de forma minimamente satisfatória as diretrizes para o desenvolvimento urbano.

4. A CONSTRUÇÃO DE UMA POLÍTICA URBANA NA CONSTITUIÇÃO DE 1988

Segundo José Afonso da Silva, o meio ambiente pode ser visto sob três aspectos: o natural, o artificial e o cultural. O artificial representa o espaço construído, consubstanciado no conjunto de edificações (espaço urbano fechado) e dos equipamentos públicos (rua, praças, áreas verdes e espaços livres em geral). Portanto, podemos afirmar que o meio ambiente urbano é o meio ambiente artificial existente nas cidades[14].

A partir dessa definição a ordem constitucional brasileira começa a trabalhar um leque de estruturas para a implementação de uma política urbana que esteja em consonância com as disposições que estabelecem um desenvolvimento sustentável de nossas cidades. Ocorre que, as estruturas que viabilizam a política urbana nacional foram colocadas no Capítulo II do Título VII da ordem econômico financeira da Carta Magna de 1988.

Podemos afirmar que a questão urbana é mais ligada a aspectos sociais do que econômicos, tendo em vista que ela está ligada a assentamentos humanos, processos demográficos, a estilos de vida, a valores culturais e a inteiração entre os indivíduos. Nesse sentido, Henri Lefebvre afirma que a história de construção do espaço urbano, enquanto realidade, e suas formas e representações, não coincide com o encadeamento de fatos históricos, mas com as sucessões de

10. LEFEBVRE, Henri. Ob. cit. p. 14-15.
11. LEFEBVRE, Henri. Ob. cit. p. 51-52.
12. SIRVINSKAS, Luís Paulo. *Manual de direito ambiental*. 10. ed. São Paulo: Saraiva, 2012. p. 660.
13. SANTOS, Milton; Cardoso, Ruth. *O preconceito*. São Paulo: IMESP, 1997. p. 139.
14. SILVA, José Afonso da. *Direito ambiental constitucional*. 8. ed. São Paulo: Malheiros, 2010. p. 19.

ideias e ideologias das estruturas socioeconômicas ou institucionais que se relacionam para a produção do espaço[15].

Se no passado as cidades emergiram como importantes centros mercantis, como representativas do poder e da estabilidade das sociedades dos séculos XVI a XVIII, quando há o surgimento das primeiras cidades industriais o contexto é, completamente, diferente. Há uma diversidade de relações sociais que devem ser consideradas.

A ocupação dos espaços urbanos pelo homem tornou-se complexa com o grande número de pessoas, necessitando de regulamentação para disciplinar a aplicação de uma política urbana. O que temos é um crescimento que nos leva a conflitos com o meio ambiente, por vezes desastrosos, principalmente ao considerarmos as condições de vida das futuras gerações[16].

Mas, por que o legislador constituinte teria se preocupado mais com o aspecto econômico, ao inserir a política urbana no título relativo à ordem econômico financeira, da propriedade do solo urbano do que com o direito de acesso a ele?

Para Édis Milaré, as circunstâncias históricas da elaboração da Constituição de 1988 foram determinantes para enfatizar o viés econômico da propriedade urbana, já que naquele momento o Brasil passava por um intenso processo de especulação imobiliária advindo de um processo de urbanização acelerado somado à exclusão social. Assim, as pressões do momento histórico vivido e as desigualdades sociais deram a feição da nossa política urbana[17].

4.1. Dos instrumentos da política urbana na ordem constitucional brasileira

Em linhas gerais, podemos afirmar que na esfera federal compete à união instituir as diretrizes para o desenvolvimento urbano, inclusive habitação, saneamento básico e transportes urbanos, bem como elaborar e executar planos nacionais e regionais de ordenação do território e de desenvolvimento econômico e social (art. 22, XX e IX, da CF).

Para a regulamentação dos arts. 182 e 183 da CF foi aprovada a Lei n. 10.257, de 10 de julho de 2001, conhecida como Estatuto da Cidade, que disciplina o adequado parcelamento do solo urbano e estabelece outros institutos jurídicos que deram aos municípios a primazia em estabelecer o adequado ordenamento territorial, mediante o planejamento e controle do uso do solo urbano.

Para Ingo Wolfgang Sarlet e Tiago Fensterseifer, a Constituição inova ao tratar o município como ente político autônomo e integrante da federação brasileira, juntamente com a União, os Estados, e o Distrito Federal, dado que as Constituições brasileiras anteriores não traziam essa previsão[18].

Também podemos falar que ela inova ao dispor que esse ente federativo será um dos responsáveis pela política de desenvolvimento urbano, pois, em verdade, o Brasil nunca teve uma política constitucional para as cidades.

Na esfera estadual, compete aos Estados-membros criar, incorporar, fundir e desmembrar municípios, por meio de lei complementar, mediante prévia consulta às populações dos municípios envolvidos e após a divulgação de estudos de viabilidade municipal. Compete, ainda, aos Estados-membros, mediante lei complementar, instituir regiões metropolitanas, aglomerações urbanas e microrregiões para integrar a organização, o planejamento e a execução de funções de interesse comum.

Um exemplo de política urbana instituída a partir de uma lei estadual foi a criação, no governo de São Paulo, na secretaria de Habitação de um Programa Estadual de Regularização de Núcleos Habitacionais – a Cidade Legal, que tinha como objetivo auxiliar os municípios mediante orientação e apoio técnico na regularização de parcelamentos do solo e de núcleos habitacionais públicos e privados localizados na área urbana ou de expansão urbana[19].

Na esfera municipal, compete aos municípios promover o adequado ordenamento territorial, mediante o planejamento e controle do uso, do parcelamento e da ocupação do solo urbano.

Aos municípios é reservada a competência para estabelecer o plano da política de desenvolvimento urbano com o objetivo de ordenar o pleno desenvolvimento das funções sociais da cidade e garantir o bem-estar de seus habitantes. Essa política vem expressa no plano diretor das cidades com mais de vinte mil habitantes ou naquelas que queiram ordenar seu desenvolvimento elaborando esse plano.

Todos esses instrumentos de política urbana são articulados a partir das diretrizes estabelecidas pela União (art. 22, XX da Carta Magna), mas foi a partir do Estatuto da Cidade, Lei n. 10.257, de 10 de julho de 2001, que houve a regulamentação dos arts. 182 e 183, restando positivado a entrega da política de desenvolvimento urbano ao município. Essa lei traz ao longo do seu texto cinco capítulos que são distribuídos, em linhas gerais, entre diretrizes, instrumentos de política urbana, regulamentação do plano diretor, da gestão democrática da cidade e as disposições gerais.

Não é o momento de tecermos comentários específicos sobre cada um desses capítulos, mas podemos consignar que esse estatuto tem uma preocupação muito grande com

---

15. LEFEBVRE, Henri. *A produção do espaço*. Trad. Doralice Barros Pereira e Sérgio Martins. Paris: Anthropos, 2000. p. 76.
16. BRUNA, Gilda Collet. *Meio ambiente urbano e proteção ambiental*. São Paulo: Signus, 2002. p. 25.
17. MILARÉ, Édis. *Direito do ambiente*. 4. ed. ver., atual. e ampl. São Paulo: Revista dos Tribunais, 2005. p. 690.
18. SARLET, Ingo Wolfgang; FENSTERSEIFER, Tiago. *Direito constitucional ambiental*. 5. ed. São Paulo: Revista dos tribunais, 2017. p. 183.
19. SIRVINSKAS, Luís Paulo. Ob. cit. p. 61.

a questão ambiental nos centros urbanos ao utilizar-se, por diversas vezes, de expressões ligadas ao saneamento ambiental, aos efeitos sobre o meio ambiente e ao referir-se ao equilíbrio ambiental etc. Ou seja, podemos afirmar que o objetivo é a garantia de cidades sustentáveis.

Para o Estatuto das Cidades, o conceito de cidade sustentável é aquela que garante o direito à terra urbana, à moradia, ao saneamento ambiental, à infraestrutura, ao transporte e aos serviços públicos, ao trabalho e ao lazer, para as presentes e futuras gerações (art. 2º, inciso I do Estatuto).

Essa garantia, segundo Celso Antônio Pacheco Fiorillo, constitui-se como uma importante diretriz destinada a orientar a política de desenvolvimento urbano em proveito da dignidade da pessoa humana a ser implementada pelo município[20].

No mesmo sentido, Eugene Odum afirma que a qualidade deteriorada do ambiente urbano representa uma ameaça ao sistema social e econômico tomado em seu conjunto. Essa ameaça se mostra mais difícil de ser enfrentada nas áreas urbanas devido a uma série de fatores, dentre eles, o elevado custo econômico associado a essas áreas. Assim, para realizarmos qualquer tipo de reforma nas áreas urbanas teremos que integrar as bases legais, econômicas e políticas[21].

O Estatuto representa uma tentativa de evitar o crescimento desordenado de nossas cidades e que ele cause uma série de efeitos negativos ao meio ambiente, o uso inadequado dos imóveis ou a sua utilização de forma incompatível, a poluição das áreas e a degradação ambiental, sendo preconizada a proteção, a preservação e a recuperação do meio ambiente natural e o artificial, o patrimônio cultural, histórico, artístico, paisagístico e arqueológico voltados para a função social do conjunto de imóveis que compõem o espaço urbano. Qualquer objetivo que não atenda a essas diretrizes não encontra respaldo nas normas gerais de política urbana.

4.2. Funções sociais e os municípios: Como a globalização e a pobreza são instrumentos de criação da "cidade irregular"

Traçando uma perspectiva histórica para a sociedade contemporânea, Yuval Noah Harari afirma que mesmo nos países mais liberais do mundo muitas pessoas ainda sofrem com a pobreza, a violência e a opressão. Para a sociedade liberal, quanto mais liberarmos e globalizarmos nossos sistemas políticos e econômicos mais cedo chegaremos à propriedade e paz a todos. Essa marcha ao progresso parece ter se tornado um mantra global, pois grande parte dos países adotaram as receitas liberais numa tentativa de se juntar à marcha da história. Contudo, em 2008, a crise financeira fez com que as pessoas ficassem desiludidas com essa narrativa.

Isso se dá porque há uma sensação de desorientação exacerbada pelo ritmo acelerado de disrupção tecnológica. O sistema político não consegue entender a velocidade com que a tecnologia se apresenta, quanto mais regulamentá-la[22]!

Quando projetamos esses fenômenos para nossas cidades, a crise do emprego, a quebra do poder aquisitivo, a redução da massa salarial, dentre outros problemas que têm agravado a situação da parcela da população que habita moradias irregulares.

Essa ocupação irregular é uma fonte de uma série de problemas urbanos, tais como: violência urbana, ocupação das áreas públicas e privadas, degradação das áreas de preservação permanente, interesse ecológico, turístico, paisagístico e dificuldade em proporcionar serviços públicos.

Segundo Édis Milaré, a ocupação irregular do espaço urbano não representa uma abolição ao direito à cidade, que é um direito derivado da cidadania, tal como o direito ao meio ambiente ecologicamente equilibrado. Nossa carta constitucional reconhece que temos direito à moradia, bem como temos direitos à vida, à saúde e ao trabalho. As construções irregulares são expressões do direito à moradia, exercidos de forma irregular devido às contradições existentes em nosso país, visto que faltam a um grande número de cidadãos em condições para edificar de forma regular[23].

Dentro desse cenário, os municípios precisam comprometer-se com o desenvolvimento de uma política urbana capaz de proporcionar a seus cidadãos e a sociedade como um todo uma sadia qualidade de vida, de forma a combinar as diretrizes do desenvolvimento urbano com uma gestão ambiental preocupada com a efetivação do bem-estar das pessoas e a sua consolidação como um valor assegurado constitucionalmente.

Nesse sentido, Odete Medauar afirma que é de grande relevância a existência de um equilíbrio entre os fatores condicionantes do uso das propriedades urbanas, já que a busca por um meio ambiente ecologicamente equilibrado é um direito assegurado a todos na Carta de 1988. Assim, a gestão ambiental e a questão urbana apresentam-se ligadas na ordenação do espaço urbano, de tal forma que a implantação de qualquer forma de política urbana não pode desconsiderar a questão ambiental[24].

20. FIORILLO, Celso Antônio Pacheco. *Curso de direito ambiental brasileiro*. 9. ed. São Paulo: Saraiva, 2008. p. 304.
21. ODUM, Eugene P. *Fundamentos de ecologia*. 4. ed. Lisboa: Calouste- Gulbenkian, 1988.
22. Harari, Yuval Noah. *21 lições para o século 21*. Trad. Paulo Geiger. São Paulo: Companhia das Letras, 2018. p. 22-24.
23. MILARÉ, Édis. Ob. cit. p. 697.
24. MEDAUAR, Odete; MENEZES, Fernando Dias. *Estatuto das Cidades: Lei n. 10.257, de 10.07.2001*. São Paulo: Revista dos Tribunais, 2002. p. 16-17.

5. CONSIDERAÇÕES FINAIS

Quando pensamos o desenvolvimento e a história das cidades vemos que ele representa um longo processo de desenvolvimento até os dias atuais. Todo esse processo é marcado por avanços e retrocessos, mas acima de tudo ele é marcado por uma importância cada vez maior do papel das cidades no processo de desenvolvimento da sociedade.

Seja como um centro de troca de mercadorias ou como referência financeira para o capitalismo de escala global, as cidades representam um aspecto que merece nossa atenção e tutela por meio da criação de diretrizes que visam a compatibilização entre o desenvolvimento e a proteção ambiental, como forma de viabilizarmos a efetivação dos direitos fundamentais.

Dentro dessa perspectiva é que nasce o direito às cidades sustentáveis como diretriz geral vinculada aos objetivos da política urbana. Trata-se de uma diretriz constituída pela primeira vez na Constituição de 1988.

Por meio dos instrumentos de política urbana criados pelo Estatuto da Cidade, procuramos viabilizar desenvolvimento e preservação ambiental, harmonizando seus preceitos com os fundamentos do Estado Democrático de Direito. Só assim conseguiremos proporcionar à sociedade cidades que tenham um equilíbrio entre desenvolvimento e proteção ambiental como forma de se alcançar a plenitude de um país verdadeiramente preocupado com a dignidade da pessoa humana.

6. REFERÊNCIAS

BAUMAN, Zygmunt. *O mal-estar da pós-modernidade*. Trad. Mauro Gama, Cláudia Martinelli Gama. Rio de Janeiro: Zahar, 1998.

BRUNA, Gilda Collet. *Meio ambiente urbano e proteção ambiental*. São Paulo: Signus, 2002.

CAMPILONGO, Celso Fernandes. *Direito e sociedade complexa*. 2. ed. São Paulo: Saraiva, 2011.

CARLOS, Ana Fani Alessandrini. *O espaço urbano: novos escritos sobre a cidade*. São Paulo: Labur, 2007.

FIORILLO, Celso Antônio Pacheco. *Curso de direito ambiental brasileiro*. 9. ed. São Paulo: Saraiva, 2008.

HARARI, Yuval Noah. *21 lições para o século 21*. Trad. Paulo Geiger. São Paulo: Companhia das Letras, 2018.

LEFEBVRE, Henri. *O Direito à cidade*. Trad. Rubens Eduardo Frias. São Paulo: Centauro, 2001.

______. *A produção do espaço*. Trad. Doralice Barros Pereira e Sérgio Martins. Paris: Anthropos, 2000.

MEDAUAR, Odete; MENEZES, Fernando Dias. *Estatuto das cidades: Lei n. 10.257, de 10.07.2001*. São Paulo: Revista dos Tribunais, 2002.

MILARÉ, Édis. *Direito do ambiente*. 4. ed. ver., atual. e ampl. São Paulo: Revista dos Tribunais, 2005.

ODUM, Eugene P. *Fundamentos de ecologia*. 4. ed. Lisboa: Calouste-Gulbenkian, 1988.

SANTOS, Milton; Cardoso, Ruth. *O preconceito*. São Paulo: IMESP, 1997.

SARLET, Ingo Wolfgang; FENSTERSEIFER, Tiago. *Direito constitucional ambiental*. 5. ed. São Paulo: Revista dos tribunais, 2017.

SILVA, José Afonso da. *Direito ambiental constitucional*. 8. ed. São Paulo: Malheiros, 2010.

SIRVINSKAS, Luís Paulo. *Manual de direito ambiental*. 10. ed. São Paulo: Saraiva, 2012.

SPOSITO, Maria Encarnação Beltrão. *Capitalismo e urbanização: núcleos urbanos na história, revolução industrial e urbanização a cidade moderna: para onde?* Contexto.

Inclusão de pessoas com deficiência e o ambiente de trabalho – considerações sobre o direito brasileiro contemporâneo

36

Hygino Sebastião Amanajás de Oliveira[1]

1. A ECOLOGIA HUMANA

Desde o Iluminismo a ideia de um movimento da civilização ou da história universal em trajetória ascendente definiu o que se chama de "progresso" (TAGUIEFF, 2001, p. 6). Em razão da desvinculação com as crenças religiosas, a noção de progresso permitiria aos homens crer num futuro, sem a presença de uma divindade, e às ciências, ou melhor, à evolução do conhecimento científico foi atribuída a noção de progresso atrelada a uma realidade melhor, ao alcance de determinado objetivo.

No sentido de alcançar uma realidade não somente melhor, mas perfeita, os positivistas ainda no século XIX defendiam a ideia de que os homens permanecem ao longo dos séculos em constante aprendizado. Assim, a noção de evolução ou de progresso passou a ser relacionada à história da própria humanidade, que não seria substituída por uma outra, mas demonstraria uma sucessão de homens, em oposição à noção de um progresso atribuído ao indivíduo isoladamente considerado. E assim que os mais antigos não deveriam ser tomados como os principiantes do conhecimento, e sim como aqueles que estão mais distantes, no tempo, em relação ao conhecimento contemporâneo, e os homens na atualidade são os verdadeiros herdeiros de um conhecimento ancestral. Essa proposta do positivismo revela que o homem está em contínuo processo de aperfeiçoamento cumulativo, porém não mais guiado por um termo, um fim determinável anteriormente (*a priori*) (id., p. 52).

Por outro lado, a noção de progresso atrelou-se aos ideais de justiça, liberdade, felicidade, avançando em direção ao sentido político. Os regimes democrático-liberais seriam os mais propícios a garantir a evolução humana, a partir do que foi difundido pelos iluministas e posteriormente pelos positivistas, a fim de reconhecer que os homens, em função do progresso realizado e já insculpido em seus espíritos, seriam os mais capazes de comandar a sociedade. Associado à política estavam as relações econômicas, que deveriam ser igualmente geridas pelos homens, plenamente capazes de formular as reformas, num e noutro senso, e em interação, como símbolo do progresso (id., p. 66).

Havia, também, ao lado do exposto anteriormente, uma noção de eugenia associada ao progresso, sobretudo a partir de conquistas realizadas nas ciências naturais e as descobertas no campo da medicina, trazendo novos medicamentos, erradicando doenças e, assim, garantindo uma melhor qualidade de vida, e capacidade para o exercício das atividades laborais, por todo o século XIX. Logo, o progresso estendeu-se às relações sociais

Nessa proposta, no entanto, ocorreram algumas interferências das teorias hegelianas e marxistas, que demonstraram um progresso fundamentado na contradição, e resultante de conflitos entre os opostos, a inserção da noção de "pausas" a um progresso constante e em espiral, nas quais os conflitos serviriam para impulsioná-lo à frente.

De fato, as relações sociais passaram a revelar um grau de incredulidade àquela noção de progresso como algo positivo, tendo em vista os desajustes existentes na estrutura social, imperfeita e desigual, em que emergiram as injustiças decorrentes da exploração do homem pelo próprio homem (id., p. 149).

Nos dias atuais, percebe-se que outra vez a ideia de progresso entre em xeque. As relações sociais ainda mantêm grandes níveis de desigualdade e exploração do homem por seus pares, e discute-se sobre a possibilidade de sobrevivência da raça humana em meio ao discurso da necessidade do progresso.

A partir de então, voltou-se a discussão para a relação entre o progresso, mas que permita ao próprio homem ser preservado, criando-se a noção de sustentabilidade. Ou seja, para se aceitar o progresso ou um desenvolvimento é necessário assegurar alguns limites que promovam a vida, a existência.

1. Mestre e Doutor pelo PROLAM – USP, Professor e advogado. <hyginoamanajas@yahoo.com.br>

A noção de sustentabilidade é empregada principalmente à ecologia e às ciências do meio ambiente.

Entretanto, Guattari (GUATTARI, 1990, p. 2, *apud* GROSSI, 2013), em reconhecimento ao deterioramento da vida na Terra, decorrente de transformações "técnico-científicas", desenvolve uma ecosofia, na qual reconhece três ecologias: a humana, das relações sociais e a do meio ambiente. A proposta do filósofo está centrada numa articulação ético-política a fim de encontrar "linhas de recomposição das práxis humanas nos mais variados domínios" (id., p. 3), considerando que o mundo contemporâneo rompeu com os modelos de conflitos fundamentados em questões ideológicas entre esquerda e direita, ou a oposição entre o Terceiro Mundo e o mundo desenvolvido. Há questões transversais, segundo Guattari, que atravessam essas discussões na atualidade, e estão relacionadas à situação homem-mulher nas relações humanas, ao movimento migratório e ao racismo.

Pode-se acrescentar a essas questões a inclusão daqueles que comumente se chama de pessoa com deficiência.

2. PÓS-MATERIALISMO

Em que pese as necessidades materiais existentes, e ainda muitos não terem o mínimo material necessário para a sobrevivência, a teoria destaca que no momento histórico atual, o homem mediano já alcançou as técnicas que lhe permitam suprir seus desejos materiais, encontrando-se então num "pós-materialismo", em que a ecologia está outra vez em destaque.

O pós-materialismo se caracteriza por "uma mudança cultural na direção de novos valores sociais, que implica um maior apreço pela natureza à medida que a urgência das necessidades materiais diminui em função de já terem sido satisfeitas." (MARTINEZ ALIER, 2015, p. 25). Conquanto o termo seja criticado, em virtude de ter sido originário, ainda na década de 70, de organizações criadas por países ricos, hoje em dia são constituídas por outros países em desenvolvimento, inclusive por causa da expansão das empresas transnacionais, que acabaram por estender os danos ambientais ao redor do mundo.

3. ECOLOGISMO DOS POBRES OU ECOLOGISMO POPULAR

Por outro lado, foi trazido à discussão sobre o meio ambiente, e em função das relações econômicas que são estabelecidas entre países ricos e pobres, com a crescente importância da produção em regiões como a América Latina e África, cujas exportações ganham cada vez mais importância nas economias dos países ricos, há uma crescente preocupação com a proteção de grupos sociais direta ou indiretamente envolvidos na produção de materiais e que sofrem um impacto enorme, mesmo que não sejam considerados ambientalistas, como os indígenas, os camponeses (id., p. 34).

Pode-se inserir dentre esses grupos que estão ligados ao movimento de preservação do meio ambiente, e segundo o proposto por Guattari, a preservação das relações sociais, em que muitas pessoas com deficiência também precisam de proteção, para que saiam de relações precárias de vida e possam ser incluídas como pessoas produtivas.

Em todo o caso, em relação às pessoas com deficiência entre aqueles que passam a questionar os valores até então vigentes, e independentemente do país ou região do planeta em que estejam, engrossam o número de pessoas que clamam por um reconhecimento, um tratamento humanizado, para dizer em outros moldes, como titulares de direitos humanos.

4. INCLUSÃO SOCIAL

Em debate a respeito da inclusão dos trabalhadores com deficiência uma simples menção deve ser feita à exclusão, seu oposto, para melhor entendimento dos sentidos utilizados.

A exclusão social pode ser entendida como um dos atributos da desigualdade social. E a desigualdade social "pressupõe a apropriação ou usurpação de bens, recursos e recompensas, implicando concorrência e luta". As origens das desigualdades sociais e, portanto, da exclusão social podem ser classificadas em quatro causas históricas: (i) apropriação privada do sobretrabalho e da propriedade; (ii) divisão do trabalho (manual-intelectual, masculino--feminino); (iii) coerção ou violência e (iv) explicações valorativo-normativo. E várias são as justificativas para legitimar a desigualdade e consequente exclusão social através do tempo, em virtude do despotismo, escravidão ou mesmo a servidão medieval, porém no século XIX a Inglaterra edita a Lei dos Pobres, e passa a surgir na Europa uma série de normas relacionadas à proteção à saúde, contra o desemprego, de proteção aos acidentes de trabalho, seguro de velhice e incapacidade (SILVA, 2015, p. 29-36).

Nas sociedades industriais ou pós-industriais ocorreu e ainda vem ocorrendo uma coisificação das novas capacidades humanas, o que poderia ser característica da desigualdade social e da exclusão contemporâneas. Nesse sentido, o fundamento se encontra em práticas novas que decorrem das transformações no mundo do trabalho, em que os atributos do trabalhador lhe são retirados, separados, influindo na sua própria subjetividade, com reflexos na esfera social. (COLLADO, 2014, p. 99). Parece então que a desumanização passou a ser a mais relevante implicação das desigualdades sociais em mundo do trabalho globalizado.

Não é sem razão que as desigualdades e exclusões sociais, sobretudo a partir de 1948, foram afastadas de qualquer justificativa para se vincularem aos direitos humanos, e, portanto, os esforços das nações consideradas civilizadas voltaram-se para a redução, senão completa extinção da desigualdade social, por meio da propagação de valores que conquistaram um sentido universal, acima de quaisquer ideologias, reconhecendo-se a universalidade e indivisibilidade desses direitos (CANÇADO TRINDADE, 1999, p. 13).

A inclusão social passou a ser então um instrumento de combate às desigualdades sociais.

E um papel importante é atribuído ao Estado para que se proceda a essa inclusão social desde que o mundo se apresentou como globalizado, isto é, em que a produtividade e a competitividade são extremas e são perseguidos prazos menores para a obtenção de lucros, com poucos riscos. Esclarece José Eduardo Faria que a política foi substituída pelo mercado, o "direito positivo e suas instituições tendem a perder uma parte significativa de sua jurisdição." (FARIA, 1999, p. 56 e 57). A regulação das relações econômicas trouxe uma nova forma de espécies de "justiças emergentes" criadas por necessidades novas e infraestatais.

Nesse contexto, esclarece Faria, criou-se um pluralismo jurídico que desafiou a noção de Estado, no sentido liberal, em que se reconhecia uma única ordem jurídica a um determinado território, deslocando-se a centralidade do direito positivo reconhecido ao Estado para uma série de regras e procedimentos espontâneos, no âmbito infraestatal, tais como uma justiça profissional, com mecanismos de conciliação e arbitragem, e outra justiça não profissional para a solução de conflitos intra-classes, intra-comunidade e intra-grupos, e no âmbito supra-estatal, com a criação de instituições-vigias, atribuição de competências para resolver conflitos a órgãos internacionais, e a múltiplos órgãos técnico-normativos .(id., p. 60 e 61).

As transformações sociais apontadas por Faria foram, de certo modo, submetidas a alguma alteração, no Brasil, durante o período em que o governo foi liderado por partidos políticos ideologicamente firmados à esquerda, em que se conciliou o capital financeiro e industrial com políticas de distribuição de riquezas e justiça social, sob o formato de um "pacto informal" ao qual Marco Aurélio Nogueira denominou de opção política melhor para combater um capitalismo selvagem, e em seu lugar implantar um "capitalismo humano, sustentável (dinâmico) e includente." (NOGUEIRA, 2009, p. 50).

Ora, não se pode esquecer que os direitos humanos foram construídos por meio de um processo histórico, em que se reconheceram três gerações de direitos: os relativos à cidadania civil e política; os relativos à cidadania social e econômica; e os relativos a uma cidadania "pós-material" (direitos difusos, diferenças, singularidades, subjetividades e identidades minoritárias)(FARIA, id., p. 66). Um papel importante é atribuído ao Estado nos dias de hoje, a fim de que dê concretude aos princípios da democracia representativa e reconheça no âmbito de sua Constituição e demais normas os direitos humanos, decorrentes das três gerações anteriormente expostas, com corolários que são dos valores sociais sustentados pela vontade popular que legitima tal Estado.

5. A INCLUSÃO DA PESSOA COM DEFICIÊNCIA E O AMBIENTE DE TRABALHO

Em atendimento aos valores sociais em transformação, que correspondem às segunda e terceira gerações dos direitos humanos, a Constituição Federal Brasileira de 1988 estabeleceu algumas normas que se destacam no sentido de inclusão das pessoas com deficiência.

Primeiramente, o princípio fundamental da dignidade do ser humano previsto no art. 1º, III do texto constitucional; em seguida o princípio fundamental determina a redução das desigualdades sociais e que veda qualquer discriminação em relação aos direitos previstos na Constituição, estabelecidos no art. 3º, incisos III e IV da Carta Magna de 1988; e por fim, o art. 6º que elenca os direitos sociais, dentre esses, o trabalho.

Não obstante, reconhece o legislador constituinte de 1998 a importância de se aferir um caráter mais humano às relações sociais, e, em particular, às relações de trabalho. Como explica Amauri Mascaro Nascimento, o direito do trabalho apresenta algumas bases culturais, dentre as quais se encontra a ideia de proteção do trabalhador e os meios de sua realização. A proteção, nesse sentido, pode ser realizada por meio da equidade, como instrumento de justiça social, ou por meio de decisões judiciais imparciais. Qual seria o melhor meio? Questiona o jurista. Em resposta, identifica Nascimento a existência de um desses valores culturais, que se vincula à "defesa da dignidade do ser humano que trabalha", quer nas relações no interior da fábrica, quer nas relações fora do ambiente de trabalho (NASCIMENTO, 2011, p. 63).

Portanto, é o reconhecimento do direito do trabalho como um consectário dos direitos humanos que impõe o respeito do trabalhador num sentido amplo, considerando-o como um direito que deve ser respeitado em qualquer ambiente (a universalidade) e a individualidade das relações humanas (cada situação particularizada), conforme exposto anteriormente.

Ao se referir ao trabalhador com deficiência, esse valor cultural que fundamenta o direito do trabalho ganha contornos especiais, uma vez que se volta ao denominado "modelo social" da deficiência.

A dignidade do ser humano revela-se por uma nova ótica, em que "as limitações funcionais de cada indivíduo não determinam o seu destino, senão requerem que o ambiente disponha dos recursos de acessibilidade necessários para possibilitar plena e efetiva participação de todos." (LOPES, 2016, p. 63).

Dessa definição retira-se, inicialmente, a noção de ambiente. Até então, a pessoa com deficiência era tomada a partir de uma funcionalidade ou utilidade na sociedade, em razão do modelo capitalista de mercado. Sob o prisma da dignidade do ser humano, o ambiente deve reconhecer a pessoa com deficiência como sujeito de direitos humanos e os valores que os embasam, quais sejam, a própria dignidade, a autonomia, a equiparação de oportunidades e a solidariedade. (id., p. 45). O trabalhador com deficiência deve ser respeitado no ambiente de trabalho em todos os valores que embasam esse princípio e que constituem um sistema de proteção de direitos humanos. No mesmo sentido, a Lei n. 13.146, de 06.07.2015 (Lei Brasileira de Inclusão), reforça em seu art. 3º a revisão da ótica dos valores que permitam respeitar o ambiente, quando faz menção à acessibilidade, em termos de aplicabilidade, a fim de tornar a norma jurídica plenamente eficaz.

Em seguida, outro aspecto a ser destacado é a noção de deficiente. O sujeito que se insere num ambiente, segundo o modelo social da deficiência, é alguém que apresenta uma característica da diversidade humana, e assim a deficiência deve ser concebida. A Convenção sobre os Direitos das Pessoas com Deficiência da ONU pondera que a deficiência é um conceito em evolução e resulta das relações com as barreiras existentes.[2] A definição legal da pessoa com deficiência tem implicação com o princípio constitucional de redução das desigualdades sociais e vedação de discriminação, uma vez que reduz as dúvidas sobre o titular de direitos, e as relações sociais que lhe impõem uma exclusão, revelando a desigualdade social que deve ser reduzida, bem como, a discriminação, tendo em vista que o "modelo social" da deficiência reconhece que a pessoa com deficiência já traz em si uma autoestima abalada, sente-se inferiorizada por causa da deficiência. Não se pode olvidar que o conceito positivado deve ser interpretado de maneira a ampliar os direitos da pessoa com deficiência, e acompanhar a evolução das relações sociais, a fim de que o mínimo necessário seja assegurado, em conformação com o princípio da dignidade do ser humano, parâmetro para a aplicação de todos os direitos constitucionalmente estabelecidos na Carta Magna de 1988. Também, destaca-se que a definição de deficiência utilizada na LBI abrange o critério médico, em que se subdivide os tipos de deficiência como física, visual, auditiva, mental e múltipla, para um "modelo social" em que o serviço social também fará avaliações, que poderão rever tais conceituações, grau de incapacidade para a vida independente e para o trabalho, e concessão de benefícios.[3]

6. CONSIDERAÇÕES FINAIS

Mais que as propostas de inclusão, em particular, de pessoas com deficiência num contexto em que se estabelecem relações sociais de trabalho, a ótica de um "modelo social" peculiar à deficiência exige uma adaptabilidade cultural considerável. É bem verdadeiro que o modelo proposto pelos iluministas e positivistas, sobre um progresso das relações sociais em evolução constante e para alcançar objetivos superiores ou melhores do que havia anteriormente, não pode ser aceito. O progresso ou evolução das relações sociais revelam um desconhecimento ou a ausência de um consenso na ciência a respeito de quem é o homem. Pode-se considerá-lo independentemente de seus atributos culturais, tradições, o ambiente em que se encontra, os valores ou crenças? Por outro lado, o reconhecimento de uma série de atributos ao homem importa no reconhecimento de diferenças. Não existe um homem universal, mas as culturas influenciam na definição ou concepção do ser humano. A pessoa com deficiência então é resultante de determinada cultura, e a sua inclusão somente será possível se essa cultura for permeável e aceitar o diferente. Por isso, a construção de um ambiente sem grandes barreiras, que facilitem a acessibilidade da pessoa com deficiência, será possível quando as relações sociais forem humanizadas. O mercado não permite a inclusão da pessoa com deficiência enquanto considerá-la improdutiva. Então a ótica de mercado deve ser substituída pela ótica do "modelo social" da deficiência, o quê, em outras palavras, significa dizer que a pessoa com deficiência não pode ser considerada como inferior, ao

---

2. A LBI traz em seu art. 2º a seguinte definição de pessoa com deficiência: "aquela que tem impedimento de longo prazo de natureza física, mental, intelectual ou sensorial, o qual, em interação com uma ou mais barreiras, pode obstruir sua participação plena e efetiva na sociedade em igualdade de condições com as demais pessoas."

   A seu turno, a Lei n. 8.213/91 prevê em seu artigo 93 que: "A empresa com 100 (cem) ou mais empregados está obrigada a preencher de 2% (dois por cento) a 5% (cinco por cento) dos seus cargos com beneficiários reabilitados ou pessoas portadoras de deficiência, habilitadas, na seguinte proporção:

   I – até 200 empregados....................2%;
   II – de 201 a 500....................3%;
   III – de 501 a 1.000....................4%;
   IV – de 1.001 em diante. ....5%.

   § 1º A dispensa de pessoa com deficiência ou de beneficiário reabilitado da Previdência Social ao final de contrato por prazo determinado de mais de 90 (noventa) dias e a dispensa imotivada em contrato por prazo indeterminado somente poderão ocorrer após a contratação de outro trabalhador com deficiência ou beneficiário reabilitado da Previdência Social.

   § 2º Ao Ministério do Trabalho e Emprego incumbe estabelecer a sistemática de fiscalização, bem como gerar dados e estatísticas sobre o total de empregados e as vagas preenchidas por pessoas com deficiência e por beneficiários reabilitados da Previdência Social, fornecendo-os, quando solicitados, aos sindicatos, às entidades representativas dos empregados ou aos cidadãos interessados.

   § 3º Para a reserva de cargos será considerada somente a contratação direta de pessoa com deficiência, excluído o aprendiz com deficiência de que trata a Consolidação das Leis do Trabalho (CLT), aprovada pelo Decreto-lei n. 5.452, de 1º de maio de 1943.

3. A avaliação da pessoa com deficiência é realizada com base na Classificação Internacional de Funcionalidade, Incapacidade e Saúde – CIF e a aplicação do Índice de Funcionalidade Brasileiro Aplicado para Fins de Aponsentadoria – IFBrA, por perícia médica e avaliação do serviço social no INSS.

   A doutrina assinala que o critério médico é predominante nas avaliações. A seu turno o STJ editou a Súmula n. 552/2015: "O portador de surdez unilateral não se qualifica como pessoa com deficiência para o fim de disputar as vagas reservadas em concursos públicos."

contrário, é o mundo contemporâneo que não está ainda preparado para inserir o ser humano, com as suas características próprias, e em sua peculiaridade, a pessoa com deficiência poderá conduzir esse processo de modificação de valores, ou o que a doutrina chama de cultura, por meio de políticas afirmativas que confiram eficácia às normas positivadas no ordenamento jurídico brasileiro.

7. REFERÊNCIAS

CANÇADO TRINDADE, Antonio Augusto. O legado da Declaração Universal e o futuro da proteção internacional dos Direitos Humanos. In: AMARAL JR., Alberto e PERRONE-MOISÉS, Cláudia (Orgs.). *O cinquentenário da Declaração Universal dos Direitos do Homem*. São Paulo: Edusp, 1999. (Biblioteca Edusp de Direito; 6).

COLLADO, Patricia A. Os trabalhadores não são imateriais: uma recusa ao renovado ímpeto pela fetichização da mercadoria força do trabalho. In: ANTUNES, Ricardo (Org.). *Riqueza e Miséria do Trabalho no Brasil* III. 1. ed. São Paulo: Boitempo, 2014.

FARIA, José Eduardo. O futuro dos Direitos Humanos após a globalização econômica. In: AMARAL JR., Alberto e PERRONE-MOISÉS, Cláudia (Orgs.). *O cinquentenário da Declaração Universal dos Direitos do Homem*. São Paulo: Edusp, 1999. (Biblioteca Edusp de Direito; 6).

GROSSI, Miriam. *As três ecologias de Félix Guattari*. Disponível em: <miriamgrossi.paginas.ufsc.br/files/2013/02/3ecologias.doc>. Acesso em: 04 ago. 19.

LOPES, Lais de Figueirêdo. Comentários ao art. 3º do Estatuto da Inclusão. In: LEITE, Flavia Piva de Almeida *et alli*. (Coord.). *Comentários ao Estatuto da Pessoa com Deficiência*. São Paulo: Saraiva, 2016.

MARTINEZ ALIER, Joan. *O ecologismo dos pobres:* conflitos ambientais e linguagens de valoração, trad. Maurício Waldman. 2. ed. 2ª reimp. São Paulo: Contexto, 2015.

NASCIMENTO, Amauri Mascaro. *Direito Contemporâneo do Trabalho*. São Paulo: Saraiva, 2011.

NOGUEIRA, Marco Aurélio. El segundo tiempo de Lula: Brasil entre incertidumbres y possibilidades. In: CALDERON, Ferando (Coord.). *Crisis y cambio en América Latina – Escenarios políticos prospectivos*. 1. ed. Buenos Aires: Siglo Veintiuno Editores/ PNUD, 2009.

SILVA, Manuel Carlos. Desigualdade, pobreza e exclusão social: entre legitimações e realidades de ontem e de hoje. In: DIOGO, Fernando *et alli*. *Pobreza e exclusão social em Portugal – Contextos, transformações e estudos*. 1. ed. Vila Nova de Famalicão: Húmus, 2015.

TAGUIEFF, Pierre-André. *Du Progrès*. Paris: Flammarion, 2001.